主　编　陈先红

副主编　刘晓程　洪君如

编委会成员（按姓氏笔画排序）

于运全　张明新　张　宁

何春晖　陈先红　陈怡如

杨　魁　杨　晨　范　红

胡百精　刘晓程　洪君如

姚　曦　游昌乔

公共关系学中国 上

Public Relations Theories for Contemporary China

主编 陈先红

中国传媒大学出版社
·北京·

序 一　　PREFACE A

发展中国特色公共关系学
——为《中国公共关系学》序

马克思曾给人下了一个哲学的定义：人的本质在其现实性上，它是一切社会关系的总和。这个定义的其中一个意义，就是鲜明地指出，每一个时代的人都不是孤立的社会存在，都是生活在一定现实的复杂关系中，除了生物学意义上的血缘、爱情等私人关系外，总是受制于社会的公共关系。为谋求公共关系生态的健康和谐，就产生了自觉的公共关系理论和实践，进而发展成了一门现代学科——公共关系学。

陈先红教授主编的《中国公共关系学》（上、下册），是国内外六十多名专家学者关于公共关系研究的精彩论文与最新成果的集大成之作，可以说是公共关系理论的基础性工具书。它所汇集的元理论思考、基础研究、方法论和应用研究，视角多元、内容丰富，对公共关系学的学习者、研究者、实践者来说，是值得一读的参考书。

中国的社会发生了前所未有的变化，形成了中国新型的公共关系，公共利益、公共服务、公共生活、公共事件、公共舆论所涉及的公共关系，已经是国家和人民共同关注的热点问题，既区别于旧中国、也不同于西方社会的公共关系，理所当然地需要中国公共关系学的自主性、独立性、科学性，这就是说，我们的任务就是在马克思主义理论指导下，构建中国特色公共关系学。

围绕这个问题，我谈一些想法。

一、深化中国特色公共关系理论研究

经过专家学者的多年努力，中国公共关系已经形成自己的理论框架和教学体系，推出了一些公共关系教科书和专著，推动了公共关系理论研究的发展，带动了公共关系人才的培养。应该说我们的探索是非常有效的，短短三十年，已经有了很大的影响，公共关系已经从一门"潜学"发展为"显学"，非常难能可贵。但是，作为一个科学体系来说，我们还处在一个开拓发展的时期，大家所看到的著作中，还不同程度地存在两种缺陷：一种是"有论无学"，集中讨论了公共关系一些环节上的理论，在某些方面不乏深入见解，但没有形成系统的学科体系；一种是"有学无论"，把不同的学术主张，汇聚成研究成果、研究系列，但是没有学科理论基础来支撑。按照学科形成的惯例和规范，一种开宗立派的学科必须要有特定的研究对象、特定的研究方法、特定的研究途径、特定的理论体系，才能与其他学科区分开来。但我们公共关系学科在这个方面还有待提高。下面，我从五个方面谈谈对深化公共关系理论研究的看法。

第一，要研究公共权力。公共关系与公共权力联系密切，不管是中国的还是外国的，不管是什么社会制度的国家，要研究公共关系必然要研究公共权力。共权力的实现形式在全球也是多样的：有总统制，像美国，既是总统又是政府，通过全民选举把权力委托给它，这是公共权力的一种委托方式；有议会制，议会可以选举总统可以改组政府，议会是行使公共权力的核心；还有半总统半议会制，君主立宪制（实际的权力在议会，君主是象征性的）；还有类似过去的苏联方式，以苏维埃的两院制方式授予公共权力的。中国是人民代表大会这样的授权形式，受全国人民委托来行使国家公共权力。公共权力授权方式不同，决定公共关系构建方式的不同。所以，要在公共权力和公共关系基本框架下研究公共关系的理论，寻找在公共权力之外解决社会关系问题的途径，是公共关系的基本问题。例如，西方的公共关系介入公共权力，而中国的公共关系一般不介入公共权力，目前还没有专门针对国家公共政策、法律进行公关的组织。

第二，要研究公共利益。公共关系说到底是解决公共利益问题。过去相当长一段时间，我们划不清公共利益和私人利益的界限。而在国外，私人领域和公共领域是截然分开的，公共利益不涉及私人利益。一个非常典型的例子，一位法国总统，他本人有多个女友，有子女，但是他没结婚。然而，法国公民把他看作私人领域的话题，不把他放在公共领域里看。所以在竞选总统的时候并没有受到任何影响。相反，要是这样一个人放在美国，那肯定是不行的，人们会把总统的私人生活放在公共领域去看。公共关系研究的是公共领域，不是介入私人领域，不然就不叫公共关系了。所以，区分公共利益与私人利益是构建公共关系理论时必须考虑的一个重要因素。

第三，要研究公共意志。 通俗地说，公共意志就是我们的共识。公共意志这个概念是由早期社会理论家卢梭提出来的，他认为，未来社会会形成一个统一的公共意志，它是维系社会公共关系的最高的精神支柱。一个社会想要维系一个正常的关系，必须注重公共意志。但事实上，这种公共意志是具有理想主义色彩的，一个社会要达成完全一致的公共意志是做不到的，资本主义社会做不到，社会主义社会也做不到。我们中国今天也难以做到——从我们的两大舆论圈就可以看出这个问题：主流媒体代表我们的主流价值观，传播主流信息，形成了一个舆论圈，并在一定的范围内有影响力；而另一个舆论圈主要由新媒体构成，特别是互联网、微博、微信和移动终端所传播的信息，大多以放大负面信息为主。这两大舆论圈说明社会统一意志是难以形成的，而各种矛盾、冲突、对立也是存在的。包括我们今天广泛热议的社会主义核心价值体系问题，核心价值观到底该怎么构建，怎么样才能得到人们的认同，这也是非常难以做到的。现在的核心价值观表述有国家的，有社会的，有个人的，有西方的，有传统的，也有现代的，混在一起，因此有不少人提出批评意见。所以，公共关系研究要注意当前的公共意志问题，它不是统一的意志，而是不同利益群体、不同社会组织、不同层次的需求所能认同的那一部分共同意志。

第四，要研究公共行为。 公共关系是一个很重视实践的学科，研究公共行为发生发展的规律能够为公共关系工作提供可靠的基础。在构建理论的时候我们就要考虑到公共行为所产生的效果，尤其是社会后果，类似我们在新闻传播里面提到的"社会效益"问题。新闻传播实践中最大的问题是我们常常忽视新闻传播后的社会效果。相当多的媒体，从它本意上来说，遵循了新闻真实性的原则，及时客观报道也没问题，但是却可能产生始料不及、甚至相反的社会效果，这常常是失误的一个很重要的原因。所以，现在强调要加强新闻传播舆论导向的调控，这种调控主要不是调控每一件具体新闻，而是要调控整个新闻传播的社会后果，这对公共关系理论研究而言是同样适用的。

第五，要研究公共关系组织。 研究公共关系的组织，以及这些组织与政权、经济、宗教、社会文化、教育科学等方面的关系，西方国家的研究比较多，国内在公共关系组织研究管理方面还不太够。总体上说，中国社会组织发育还不充分，社会发育不平衡，目前正在积极推进改革，放开社会组织发展的闸门，简化审批程序，促进社会组织健康自主发展。公共关系组织也同样面临一个发育发展的问题，怎么建设、怎么发育，怎么样适合中国的社会制度、管理体系和公共关系事业的发展，希望专家学者从理论上提供一些科学的依据，为科学合理地构建中国公共关系组织，提供科学指导。

总之，公共关系理论研究既要借鉴发达国家先进的公共关系理论思想，又要研究中国的现实问题，形成与中国特色社会主义理论相一致的，有中国特色的公共关系理论体系，这是我们需要高度重视的一个问题。

二、深化中国特色公共关系实践研究

公共关系的事业，是一项关系社会稳定、和谐、正义的科学的事业，是中国特色社会主义事业的组成部分，得到了国家的大力支持，从无到有，正在向前发展。在发展过程中，急需解决的，有这样四个问题。

第一，要建立中国特色公共关系社会组织。 作为一种公共服务，承担公共调节职能的公共关系组织还没有发育起来。现在仅限于部分重要的高等院校，一些重要的城市，绝大多数地方还没意识到公共关系需要作为一项事业去发展。这是公共关系事业发展的一项基础工作，中国公共关系协会和高校公共关系专业方面应加强合作，培养一批公共关系工作的骨干力量，引导中国特色公共关系社会组织的发展。

第二，要培养中国特色公共关系专业人才。 从职业安排上讲，国家已经设立了公关师这样一个职业。但是目前，没有多少经过系统教育训练，具备公共关系专业素质，而且能够担负一定社会责任的公共关系专业人才，尤其是国际公关人才更加缺乏。西方国家处理国内突发事件或国际危机事件，都有一大批公共关系组织、有一批包括国家政要在内的人才去承担，而中国目前还没有这方面的专业人才。人才队伍的培养是事业发展的一个基础问题，学校应适应国家发展的需要，设立现代公关学科，加大力度培育公共关系专业人才。

第三，要完善中国特色公共关系制度规则。 公共关系事业要发展，要有一套制度规则。目前，缺乏社会诚信体系等一套制度体系，各个单位、各个企业，管理其产品、形象所进行的各种公关活动，许多都是不太规范、甚至有些混乱。现在之所以产生那么多谣言、欺诈、敲诈勒索，就是因为社会诚信体系没有建立起来。社会诚信体系不解决，公共关系是做不下去的，人们不会信你，你也解决不了问题。如果公共关系进入高层社会的协调，诸如国际关系的协调等，更是要有一套制度作为保障，使之有规则地运行，不然就会走偏、出现问题。最近发生的一些事情，如乌克兰变局、马航失联以及中国境内各种恐怖暴力事件等，处理危机、化解矛盾，都涉及这一问题。一些国际信息传播颠倒是非，由谣言引导，搞得是非不分，给社会带来了混乱，带来了恐慌和不安定。这说明我们在公共传播领域还缺乏一些基本的制度约束。所以，公共关系事业的健康发展，一定要有制度规则体系来规范，使之真正成为社会和谐的推进力量，而不是为了某种利益投机取巧。

第四，要创新中国公共关系运行机制。 目前，公共关系运行机制还不是很完善，尤其在社会矛盾、国际领域，对公共关系这种方法、这种力量的使用还没有一个很好的机制。在奥运会、世博会等大多数情况下，都是临时组织一些队伍进行公共关系方面的活动。这个机制不行，我们要建立一个完整的运行机制，有组织地开展活动，可持续地做这个工作，而不是想起来了、有人要你做事情了，就做一下。所以，我们要探索国家怎么使用公共关系的力量，社会组织怎么使用公共关系的力量，企业、商业市场怎么使用公共关系的力量，在国际关系中间怎么使用公共关系的力量。要建立一些机制，国家有畅通的渠道，公共关系组织也得依法自行运行，这样才有利于中国特色公共关系事业的健康发展。

这些只是基础问题，大家还可以继续研究，不走西方发展的老路，努力建设、发展中国特色的公共关系事业。

三、深化中国特色公共关系工作研究

创新中国特色公共关系工作不能脱离社会的中心，不能脱离社会的现实，也不能脱离中国特色这个实际。中国盛行"拉关系"、"做攻关"，这不是公共关系，而是封建社会留下的依附、人情、裙带关系，公关工作也要与此划清界限。

第一，要增强社会共识。 当前，公共关系的重要任务是要传播培育核心价值体系，增强全社会的思想共识，巩固中国特色社会主义的思想基础。我们社会上出现了一些问题，经济、政治、思想、文化和社会各个领域都有表现，其中最根本的问题是缺乏一个统一的价值观引领。在人们价值判断个性化、利益需求多元化的情况下，奉行一种什么样的价值观,怎么能最大限度地凝聚全社会的共识,是我们迫切需要解决的问题。不管是对新闻传播,还是公共关系,这都是一个核心的问题。所以三中全会《决定》上讲,要围绕核心价值观的问题来推进和保障文化改革发展,把这个问题作为第一位的问题加以强调。平心而论,每一个人都有一个价值观,对任何事情也都有一个价值判断,这是由你本身的条件、客观环境、职业所在等各方面影响确定的。对国家来说,就需要一个核心的东西来统领多元化的价值判断,更高层次上提升我们的核心价值。这显然是公共关系、新闻传播、文化传播方面最主要的问题。

目前来说,什么是核心价值体系、什么是核心价值观的问题并没有解决,只是提出一些基本框架和基本表述引导人们向这个方向发展。核心价值观的问题是一个内在的、灵魂上的问题,我们并不是强制人们形成一个怎样的价值观,而是要引导大家通过自身的学习和实践,培养出信仰和信念,上升为价值判断,增强社会共识,求得一个最大的社会公约数,使大家能够在一个基础上去说话、去判断,逐步形成当代的核心价值体系和核心价值观。核心价值体系和核心价值观,既有传统的也有现代的、既有西方的也有自身的、既有共同的也有特色的,尤其是在现在的多媒体传播下,人们的思想、行为、需求已经是个性化、对象化、分众化,要找出一个共同认可的核心价值体系和核心价值观是很难的事情。但这些事情是我们非做不可的,没有这一点,我们讲的道路自信、理论自信、制度自信就都谈不上。你连一个基本的认同都达不到,你怎么能够自信呢?这个问题一定要重视起来,要作为公共关系工作的首要任务,贯穿于公共交往、处理突发事件、调解公共矛盾等各个领域,始终致力于传播核心价值观、增强社会共识。

第二,要促进社会和谐。公共关系工作要努力去沟通社会不同阶层、不同群体、不同社会组织之间的关系,促进整个社会的和谐发展。我们正处在改革发展的攻坚期,利益群体分化、社会矛盾复杂、利益观念冲突不断发生,怎样加强沟通,使大家求得共识、增加认同,减少社会前进当中的阻力,是一个迫切需要解决的重要问题。比如说,穷人和富人的关系,这是改革当中出现的问题,现在这个矛盾很激烈;官方和民间产生的一些矛盾,甚至在一些事情上,宁信民间的、不信官方的,这种网络情绪有时相当普遍。还有一些群体之间的关系也需要及时调节,像2.8亿进城务工人员,他们已经是第二代进城务工人员,和他们的父辈已经不一样了,他们生在城市、长在城市,既没有农村的经历,也难以像父辈那样在城市里任劳任怨的工作,回不去农村也很难融入城市,而在城市里经历的歧视和不公平,会给他们心理上造成很大的阴影。他们现在的生活、他们的心态、他们的情绪，都是社会要十分关注的问题。这些年，在一些工厂发生诸如跳楼自杀等问题的基本都是这一代的人，问题还不够严重吗？我们不但要在政策上去改善他们的生活环境，保障他们在城市里能接受义务教育、能治病，打通城乡社保；做到消除隔阂，释放情绪。这就需要媒介和公共关系的沟通和化解，通过积极化解社会矛盾、沟通不同群体之间的意见，求得一个更大的共识，维护社会的和谐稳定。

第三，要调节利益纷争。在不同利益主体之间调解纷争，也是公共关系工作的一个重要方面。不同利益主体之间的纷争，比如医务人员和患者之间的矛盾，在中国正处于一个高发期。最近发生的几起医患纠纷事件，社会影响非常不好。现在医患纠纷仅仅靠派出所民警调节不是办法，我们不可能把所有单位都变成一个警察式的管理方式。这不可能，也不科学。这种类似医患纠纷的公共关系中不同利益主体之间的矛盾，当事者解决不了，必须由中介来介入调解、解决矛盾。现在一些县乡政府成立了这样的公共机构，实际上就是用公共关系来解决矛盾。我们公共关系工作要在这方面承担职责，化解矛盾、解决问题。

第四，要做好危机公关。危机公关非常重要。比如马航事件中，我们有大量的心理工作者介入这个工作，去稳定家属及相关人员的情绪。因为马航失踪没有揭露，谣言满天飞，引起了大家的心理恐慌，导致家属情绪非常激烈，造成了一系列严重后果。那么如何让这些人稳定下来呢？就要靠公共关系专家、心理学专家帮助他们稳定情绪。国际上处理危机问题主要是用公共关系的手段去解决，像战争的危机、双边斗争、多边的冲突，都大量地采取第三方介入、通过公共关系渠道去解决、化解。在类似马航失联、地震灾害等突发事件中，公共关系人员要积极介入、推动矛盾的化解、纠纷的解决。

第五，要建立社会信任。主要是建立社会成员、社会组织对中国社会关系的信任。现在，国内很多人看不明白中国的社会关系，有的估计得过分严重，对现存的一些社会矛盾看得比较多，因而产生了不信任。在国际上，也经常可以看到西方的一些分析，看不懂中国社会现在的运行方式，对中国旅游、中国周边关系和中国人的素质等很多问题产生了不信任。这就需要通过一定的公共关系工作来增加关系双方的共识、形成一致的利益导向，树立中国形象，建立起信任关系。社会信任是巨大的财富，现在国家工作中出现的一些困难就是由于社会信任的程度不够高，这需要公共关系展开深入细致的研究工作。

第六,要传播好国家形象。国家形象传播,是中国公共关系面对全球研究的一项重要工作,公共关系工作也将在这个领域发挥重要作用。改革开放以来,中国加速推进现代化建设,取得了巨大的成就,在国际经济上的影响力越来越大,在国际政治上也有了相当的发言权,但整体而言,我们在国际主流社会仍然没有形成正面的、积极的国家形象。过去,我们在国家形象塑造上常常是概念化地向别人说明中国,千方百计地宣传成就、解释疑问,被动地应付国际社会的各种责任,没有形成一个传播中国形象的强大力量,以至于国际上对中国形象的认同还比较模糊,对中国的定性、判断也是各种各样,对中国的发展走向、未来和对于人类进步的作用存在种种争议。

十八大以来,中央高度重视传播国家新形象的问题,改变了过去在国际公共关系方面的一些做法和处理方式,努力构建一个全方位传播国家新形象的体系。重点是改进传播语言体系,用新概念、新范畴、新表达传播中国的新形象和好声音;改变传媒布局,加强国际公关人才培养,选调懂外语、学新闻的大学生,经过集中专业训练,选派到国外,完善新闻采访网络,加强国际新闻传播能力;整合对外传播力量,在外交使团、驻外机构、援外工程项目都切实担负起传播中国新形象责任的同时,积极发动社会组织通过民间交往扩大中国的影响力,通过高校孔子学院传播中国文化和中国声音,结合援外医疗队伍和援外工程开展中国形象塑造。还有一个很重要的方面是积极建设国家智库,依托科研机构、高等院校、社会组织,形成一大批中国的智库,研究设计、描绘、传播中国的国家形象,从多个层次、多个方面来调动国内的力量来树立国家形象。目前,清华大学正在筹备国家形象研究中心,专门来研究、设计、推广国家形象。我们要以此为契机,把传播国家形象作为公共关系的一个重要工作,进入公共关系实践的高端领域。

中国社会发展到今天,非常需要发展公共关系的理论和实践,来支撑我们调节复杂的社会关系、维护社会和谐稳定。希望有志于公共关系的事业的专家学者、公关界人士、青年学生和行业组织,以高度的使命感和求真务实精神,投入到中国特色公共关系学的创建事业中来,为人类社会的文明进步贡献力量。

柳斌杰(全国人大常委、教科文卫委员会主任委员,
中国公共关系协会会长)

序 二　　PREFACE B

中国公共关系的新里程

值此中国公共关系学界业界回顾30年、迈进新里程的重要历史时刻,由陈先红教授主编、国际国内60余位著名专家学者鼎力合作、中国传媒大学出版社出版的《中国公共关系学》一书问世了。全书分基础理论研究和应用理论研究上下两册,由元理论的思考、基础理论、方法论和应用研究四大部分构成,是国内首部集大成的奠基性公共关系理论工具书。她为中国公共关系回顾30年、总结30年后再出发,再次航扬起了新的风帆!

农历丙申仲冬之月初六日,西元2016年12月4日,祖国的"东方之珠"——香港,气候温暖宜人,四处绿荫鲜花。笔者有幸应邀参加由中国新闻史学会公共关系分会(PRSC)主办,香港浸会大学、香港城市大学合作精心筹备、隆重举行的"中国公共关系教育30年贡献奖"颁奖典礼,与其他九位公共关系专家一起分别获此殊荣。笔者当场将当年主编出版的国内第一部公共关系学著作——《公共关系学概论》(北京:科学普及出版社,1986年11月第1版)仅存的孤本之一作为纪念品赠送给学会时,陈先红会长非常高兴地接受了馈赠并热诚地表示要将其"作为学会的传家宝,代代相传"。会场顿时掌声雷动。笔者的感动也油然而生!

三十年过去,弹指一挥间!三十年,就是整整一代人!当此代际传承之时,刚刚成立的中国新闻史学会公共关系分会(以下简称学会)作为当前唯一的全国性公共关系学术组织,首当其冲就发起了历时八个多月的"中国公共关系30年贡献奖"评选活动。这凸显了学会的学术地位、学术方向和社会担当,标志着学会将以学术研究为旗帜、理论建构为导向,总结经验、薪火相传、继往开来,带领中国公共关系教育和事业豪情满怀地走上新里程、登上新台阶!

当此世界大动荡、大变局、大调整的年代,未来的中国公共关系向何处去?未来的公共关系前景如何？我看是大有可为、前途无量！关键是，我们的中国公关人今后如何往前走？往何处下功夫？

30年前，当我们在还是相对一穷二白、一无所知的情况下决定开展公共关系研究的时候，并不是平白无故、拍脑袋想出来的，而是形势所迫、被改革开放的大势逼出来的。我们在编写中国第一部公关书的时候，《绪论》第一页的页首语录选用的就是中共中央《关于经济体制改革的决定》中的一段话："为了从根本上改变束缚生产力发展的经济体制，必须认真总结我们的历史经验，认真研究我国经济的实际状况和发展要求，同时必须吸收和借鉴当今世界各国包括资本主义国家的一切反映现代社会化生产规律的先进经营管理办法。"那就是当时研究的主旨和目的。可以说，中国第一部公关书是在改革开放的大势下、经济全球化的大势下逼出来的。30年前，我们勇敢地张开了双臂来面对西方的经济全球化——我们引进了来自西方的公共关系学原理、编写出版了中国第一部公共关系学著作就是一个明证。

然而，让人意想不到的是，30年后的今天，我们却要面向西方世界而且是某些主要发达国家捍卫经济全球化！开年以来，习近平主席出国首访瑞士在联合国日内瓦总部和在世界经济论坛2017年年会开幕式上分别发表主旨演讲，主要内容之一都在于此。这实际上也给我们新时期的公共关系工作提出了一个最新、最大的任务：如何通过有效的政治公关、经济公关、文化公关、学术公关、企业公关、媒体公关、网络公关等，"引导经济全球化健康发展"，"加强协调、完善治理，推动建设一个开放、包容、普惠、平衡、共赢的经济全球化"。

要想搞好新时期的公共关系工作，使中国的公共关系教育、研究和事业真正豪情满怀地走上新里程、登上新台阶，必须抓两头带中间：

首先是一头，要进一步抓好公共关系应用与实践这一专长的充分发挥和发展。公共关系总的来说，是一门应用学科，这也正是她的实用之处、魅力之处和受欢迎之处。要抓紧研究、深入探讨微信、微博、推特、脸书、增强现实（AR）、虚拟现实（VR）、混合现实（MR）等潜在新媒体、新技术环境带来的公关传播新课题；要抓紧研究、深入探讨新媒体、新技术环境下的受众、公众新特点；要抓紧研究、深入探讨政治公关、经济公关、文化公关、学术公关、企业公关、媒体公关、网络公关等专业领域公关的新规律，以便真正能为企业、政府、行业客户提供切实有效的公关解决方案。新时期国内的供给侧改革和国际上的"一带一路"建设，都为公共关系的应用实践提出了层出不穷的新课题，值得我国广大公共关系工作者倾尽全力去研究、去探讨、去实践。

其次是另一头，要进一步抓好公共关系理论基础和框架建设。这方面，既不能简单全盘照搬国外的，也不能脱离中国国情，要建立起有国际视野、中国特色、中国方案的公共关系理论体系。我们在编写第一本公关书的时候，从一开始就充分注意了这一点。所以，我们课题组一开始就兵分五路到全国进行了公共关系萌芽的国情调查，并据此初步探索建立了有中国特色的理论体系。但是，遗憾的是，近十多年来，这方面的努力不但没有继续强化而是相当弱化了。陈先红教授感叹：中国公共关系学界充满着"美国腔的学术声音"，这是值得注意的。不过，令人高兴的是，近年来，先红教授本人和其他学者一起，在此方面做出了不懈的努力，为提升中国公共关系的理论体系的学术性、本土性，提出了一系列理论构想和论证。例如，她提出的公共传播（Public Communication）、公众关系（Public Relationships）、生态网络（Ecological Network）是公共关系的三种研究视域理论，立足国际视野、扎根中国本土、参与社会变革，建构中国公共关系理论主体性的路径等，都是很有创见的，值得继续下大功夫持久地进行下去。

第三是带中间，就是要通过进一步加强公共关系的科学研究方法应用，将公共关系理论和公共关系实践联系起来、贯通起来，不至于出现理论、实践两张皮的现象。传统的社会科学、社会学研究方法，如抽样调查法、内容分析法、实地（也称田野）调查法、室内试验法等，再加上新兴的大数据、云计算法等，都可以在公共关系实践中得到广泛应用。我们的公共关系工作者还应该努力在实践中摸索、理论中探索出一些适用于公共关系领域的特定研究方法和指标体系，使我们的公共关系理论和实践体系更加充实完备起来。

这次在参加颁奖大会期间，还有幸参加了同期举办的学会首届公共关系学术年会、第九届公关与广告国际学术论坛、第六届公关业界金旗奖颁奖典礼等系列活动，亲眼看到国内外公共关系领域专家齐聚、群贤毕至、少长咸集、精彩论文纷呈，甚感欣喜。天时、地利、人和，皆备于此。公关同人们，共同努力吧，以《中国公共关系学》为新台阶，在中国公共关系理论与实践取得有创新、有实效的新成果，为新时期的中华民族伟大复兴做出更大的贡献！

明安香

2017年7月8日于北京

目录 Contents

上册

序一　发展中国特色公共关系学 ··· 001
序二　中国公共关系的新里程 ··· 009
前言　公共关系学的想象：视域·理论·方法 ··························· 001

第一编　元理论的思考　　001

第一章　公共关系学科的正当性危机 ····································· 003
第二章　公共关系的世界观 ··· 010
第三章　公共关系的理论范式 ··· 025
第四章　公共关系学的哲学思考 ··· 038
第五章　公共关系的公众研究 ··· 050
第六章　公共关系与公共性 ··· 063
第七章　公共关系与权力多样性 ··· 075

第二编　基础理论　　089

第八章　说服理论 ··· 091
第九章　卓越理论 ··· 105

第十章　对话理论 ……………………………………………………………… 133

第十一章　关系管理理论 …………………………………………………… 166

第十二章　公共信任理论 …………………………………………………… 180

第十三章　公众情境理论 …………………………………………………… 203

第十四章　危机传播理论 …………………………………………………… 223

第十五章　声誉管理理论 …………………………………………………… 236

第十六章　权变理论 ………………………………………………………… 254

第十七章　框架理论 ………………………………………………………… 264

第十八章　议题管理理论 …………………………………………………… 279

第十九章　组织传播理论 …………………………………………………… 294

第二十章　媒介事件理论 …………………………………………………… 312

第二十一章　消息来源理论 ………………………………………………… 332

第二十二章　公共关系学的性别研究 ……………………………………… 345

第二十三章　政治传播和公共关系 ………………………………………… 358

第二十四章　公共关系和社会资本 ………………………………………… 371

第二十五章　战略传播的测量、评估和控制 ……………………………… 390

下册

第三编　方法论　411

第二十六章　公共关系研究的方法论 ……………………………………… 413

第二十七章　公共关系研究与评估的标准化 ……………………………… 422

第二十八章　公共关系效果评估研究 ……………………………………… 438

第二十九章　公共关系与社会网络分析法 ………………………………… 452

第 三 十 章　建构型案例研究法 …………………………………………… 466

第三十一章　批判话语分析 ………………………………………………… 498

第三十二章　公众咨询方法 ………………………………………………… 518

第四编　应用研究　537

第三十三章　华人公关专业主义 … 539
第三十四章　公关职业伦理 … 546
第三十五章　政治公共关系 … 568
第三十六章　国家形象研究 … 586
第三十七章　公共外交研究 … 605
第三十八章　国家公共关系研究 … 617
第三十九章　政府形象管理 … 630
第四十章　　科学传播研究 … 642
第四十一章　风险传播研究 … 654
第四十二章　企业社会责任研究 … 665
第四十三章　企业内部公关 … 692
第四十四章　性别与公共关系 … 707
第四十五章　公关素养研究 … 724
第四十六章　整合营销传播理论 … 738
第四十七章　形象修复理论 … 757
第四十八章　品牌理论 … 774
第四十九章　抗争型公共事件研究 … 793
第五十章　　情境危机传播研究 … 827
第五十一章　媒介化危机与危机公关 … 846

主要作者简介 … 861
后　记 … 871

前 言　FOREWORD

公共关系学的想象：视域·理论·方法

　　作为一门新兴的应用社会科学，现代公共关系学历经百年的实践，终于发展为一门经世致用的"显学"。现代公共关系学之父爱德华·伯纳斯提出，公共关系的本质是"搞好关系，为了公共利益"。但时至今日，这一共识始终未能达成，公共关系学科的正当性遭受质疑，学科边界始终模糊不清。公共关系真的如哈贝马斯所说，是导致媒体丧失公共领域的一股封建势力？[1]还是如格鲁尼格所说，公共关系帮助组织创造并维持了权力与宰制的结构？[2]抑或如其他公关学者所说，公共关系是基于公共利益的社会倡导者？[3]公共关系不是当前盛行的宣传、说服与操作，而是足以帮助创造社群感的互动合作与公共传播技术？[4]公共关系是协商民主的一个规范模型？[5]公共关系促进了公民社会的形成，提升了社会资本？[6]公关学者们一方面殚精竭虑地提出各种具有创见性的公共关系定义，企图规范公共关系知识体系，划出清晰的学科边界，但是另一方面，公共关系定义的多样性和竞争性，又使得建立公共关系共识的目标遥遥无期，这虽然充分证明了公共关系学术研究的活跃程度，但也带来了公共关系学科发展的集体焦虑：

---

[1] 哈贝马斯. 公共领域的结构转型［M］. 曹卫东，王晓珏，刘北城等，译. 上海：学林出版社，1999：230.

[2] GRUNIG J E. Image and substance: from symbolic to behavioral relationships［J］. Publications Review, 1993, Summer(19): 121–139.

[3] EDWARDS B. The engineering of consent［M］. S.I.: University of Oklahoma Press, 1955: 3–25.

[4] STARCK K. Public relations and community: a reconstruced theory［M］. New York: Praeger, 1988: 12.

[5] LEE E. The Role of Public Relations in Deliberative Systems［J］. Journal of Communication, 2016, 66(1): 60–81.

[6] MAUREEN T. Cultural variance as a challenge to global public relations: a case study of the Coca-Cola scare in Europe［J］. Public Relations Review, 2000, 26(3): 277–293.

公共关系有"学"吗？公共关系学是什么？公共关系学如何想象？如何超越既有公共关系学为企业服务的主流论述，突破公共关系被拘于应用传播学的藩篱，回归公共关系的社会关怀和"公共性"诉求？公共关系领域的主要理论和学术共识是什么？哪些现实问题值得关注？哪些文化视角具有解释力？要系统回答这些问题，实是一件非常不简单的工作。

迄今为止，中国大陆还没有一本像美国《公共关系理论》（Carl Botan，1989，2006）[1][2]、《公共关系手册》（Robert Heath，2011；2014）[3]那样的理论集大成之作，这反映了中国公共关系学界迄今未能对公共关系学的本体论、认识论、价值论和方法论发展出一套具有本土特色的论述，也没能从日常生活实践中提炼出具有中国特色和全球视野的问题意识，这也难怪在中国公共关系学界充斥着"美国腔的学术声音"。

著名社会学家米尔斯在其名著《社会学的想象力》一书中指出：研究社会学不只是分析社会现况，还应该指出社会发展的可能方向，以供世人遵循[4]。值此中国公共关系学会（PRSC）成立之际，也是中华公共关系学术社群形成之时，本文拟效法米尔斯指引社会学方向的精神，试图提出"公共关系学的想象"，旨在推动大家对公共关系学科的深入讨论和系统思考，激发大家对公共关系"智识品质"的洞察力。

一、公共关系学科的"阈限性"想象

作为一个学术领域，无论是国外还是国内，公共关系学自始至终都没有获得应有的学术尊严和地位，公共关系学科的"正当性危机"，如同其与生俱来的"污名化"和"妖魔化"一样，远远超过任何一门人文社会科学。2011年，三十而立的中国公共关系学科被迫从新闻传播学科转入公共管理学科，其背后的深层原因非常复杂。虽然离不开知识和权力的"共谋"，离不开新闻传播学科的"忽视"，但是，公共关系学科自身的本质阙如——放弃学科主权，开放学科边界，专业精神缺失，知识领域混乱等等，也是导致公关学科被"驱逐"命运的根本原因。黄懿慧曾提出网络公共关

---

[1] CARL R, VINCENT H. Public relations theory I [M]. Hillsdale, NJ: Lawrence Erlbaum Associates, 1989: 12-14.
[2] CARL R, VINCENT H. Public relations theory II [M]. Hillsdale, NJ: Lawrence Erlbaum Associates, 2006: 10-16.
[3] ROBERT L H. Handbook of public relations [M]. Thousand Oaks, CA: Sage, 2001.
[4] 米尔斯. 社会学的想象力 [M]. 陈强，张永强，译. 北京：三联书店，2008：23.

系的新概念①，并梳理出了中国公关学科正当性的五大危机，主要是身份正当性危机、道德正当性危机、共同体分化之危机、学科设置危机以及学术力滞后危机②。她认为，学术力滞后之危机是阻碍公共关系在中国进一步发展的深层因素，本文深以为然。

在20世纪60年代，施拉姆曾用"许多人穿过，很少人逗留"来形容传播学学科基础的认同危机。如果说传播学是一门"十字路口上的学科"，那么公共关系学则是处于"之间的空间"的阈限学科。在这里本文想引入"阈限性"（liminality）概念，帮助我们重新理解公共关系学科的独特本质，重新思考组织与利益攸关者及其环境的互构关系，重新想象公共关系过程中的主体性和公共性命题。

"阈限性"是一个文化人类学的概念，主要来自法国人类学家阿诺尔德·范·根纳普（Arnold van Gennep）的"通过仪式"（rite of passage）研究，和英国人类学家维克多·特纳（Turner）的《仪式过程：结构与反结构》和《象征之林》等著作。所谓阈限性，主要是指"非此非彼、既此又彼的之间性状态（between states）"③。它主要体现在一个仪式的中间阶段，具有模糊性和不确定性。比如教堂、婚礼、旅游、城市广场等，都是具有仪式感的阈限空间。阈限的"之间"和"模糊"特性是文化意义上的，并且具有在不同结构性状态之间转换的功能，这些特征可以很好地说明公共关系学科的"之间本质"。

根据"分离—阈限—重合"的阈限阶段理论，一个组织机构首先必须从自身的私领域中分离出来，进入一个叫作"公领域"的"之间的空间"，通过与利益攸关者进行平等性的互动与分享，才能产生"社会凝聚"和"社会团结"的融合效果，最终实现多重意义价值的"象征之林"。这样的阈限时刻或持续或短暂，但无论多么短暂，阈限时刻呈现的是一种人与人之间普适的社会联结，它在结构的间隙和边缘出现，却充满了生成的潜能。用特纳的话说，"阈限性充满了力量和潜能，也充满了实验和游戏"④。也就是说，经由阈限，人们获取共融的体验，这是一个主体性及其公共性得以建设并经历的过程。

由此本文提出，公共关系学是一门典型的阈限学科。从历史起源来看，公共关系这一新职业最初是由新闻人创造出来为广告主服务的，它是居于新闻实践与广告实践

---

① 黄懿慧. 网络科技基于公共关系之使用：挑战、契机与展望 [J]. 武汉理工大学学报（社会科学版），2010（2）：235-240.
② 黄懿慧. 公共关系学科在中国的正当性危机 [N]. 中国社会科学报，2015-10-22(003).
③ 特纳. 仪式过程：结构与反结构 [M]. 黄剑波，柳博斌，译. 北京：中国人民大学出版社，2006：11.
④ TURNER, V W. The ritual process: structure and anti-structure [M]. Chicago: Adline, 1969: 131-140.

之间的一种独特的业务方式，一方面秉持着"讲真话"和"公众必须被告知"的新闻立场，另一方面又渗透着强烈的"说服"企图心和"不对称性"的广告表达方式，通过私人领域的公共化，通过"基于事实的巧传播"，寻求其受雇主体与相关公众及其环境"之间地带"的共通与平衡。

公共关系实践就是在这种"之间的空间"（in-between spaces）里进行的，它强调公共性的社会交往，这种社会交往既是在汤普森（Thompson，2011）所谓的"公共视野之下"展开的，也是在特纳所强调的"共同体的趋向"（community orientation）之中进行的。公共性体现在社会组织通过各种中介的手段而展开的交往和互动，以此而形成体现这个共同体趋向的主体之间的关系，在这个阈限空间，作为共同体的一员的主体性身份得以彰显。阈限空间是动态地构成的，是处于情境变动之中的。换句话说，空间（场所）阈限性的获得经由人们对于这一空间潜能（capacity）的挖掘和开发，体现着空间的使用者和消费者的主观能动性，这种空间性不是一个固定的、存在论意义上的地理属性，而是一个形成中的、正在出现的社会关系的特质，具有"通过仪式"感，属于"非此非彼又即此即彼"的阈限性建构[①]。

从身份正当性来看，公共关系人员扮演着"谏臣"的角色，是一个"一仆三主，吃里扒外"的关系居间者[②]，也就是说，公共关系人员为组织所雇佣，但却基于公众利益和公共利益建言献策，公关从业者所扮演的角色是对客户长远利益负责的倡导者。倡导是在以"观点的自由流通"为依据的"观点市场空间"里进行的，公共关系的传播策略是嵌入社会倡导者的意义空间之中的，组织通过挑战话语权、社会责任以及公平的政策制定来帮助信息的自由[③]。当那些多样化的特殊利益的声音被听到时，组织才会更好地服务公共利益。公共关系学科可以对实现"全能社会"做出更大的贡献。

公共关系学科的阈限性是一把双刃剑：一方面，阈限性勾勒了宏观的经纬，它既有空间维度的结构，又有时间维度的流变。两相交织的阈限空间，既是文化杂合的空间、意识形态运作的空间，同时也是公共关系实践的想象空间。阈限性概念给公共关系实践的合法性和学科的正当性提供了一个强有力的理论解释，这更有利于挖掘公共

[①] 潘忠党，於红梅. 阈限性与城市空间的潜能——一个重新想象传播的维度[J]. 开放时代，2015(3)：140-157.
[②] 陈先红. 现代公共关系学[M]. 北京：高等教育出版社，2009：3.
[③] FITZPATRICK K, BRONSTEIN C. Ethics in public relations: responsible advocacy[M]. Los Angeles: Sage Publications, 2006：33-36.

关系研究的潜力,实现公共关系研究的"空间转向"和"生态学"回归。另一方面,阈限的"之间"和"模糊"特性使公共关系学进入一个更加难以界定的研究领域,给本来就备受争议的公共关系学的学科地位带来威胁,使得公共关系研究潜伏着更为基础性的怀疑,这样也有可能会削弱学科的力量。

总体来说,本文倾向于认为,公共关系学是一门典型的阈限学科,它可能居于新闻学与广告学之间,也可能居于传播学与管理学之间,更可能居于人文科学和社会科学之间;公共关系学科边界的模糊性和不确定性,是其与生俱来的本质特征,公共关系学科拥有一个"可移动的边界"和"可沟通的空间",也许这正是公共关系学科的魅力所在。

二、公共关系的三种研究视域

作为一个学术概念和研究领域,究其实质,"Public Relations"一词,同时包含了三重含义:Public Communication、Public Relationships、Ecological Network,即"公共传播""公众关系""生态网络"。我们可以把这三者看成是公共关系概念的操作化定义,是构成公共关系本质内涵的三个维度。"公共传播"维度视公共关系为"组织与公众之间的传播管理"[1],是一种公共性的社会交往,组织的所有公关实践都必须在公共视野之下展开,在公共空间里运作,观照到公共利益,能够形塑出一个组织和公众理性对话的公共领域。"公众关系"维度视公共关系为"组织—公众之间的关系管理"[2],一种公众性的社会交往,其目的是建立相互理解和信任。"生态网络"维度视公共关系为一种"组织—公众—环境系统的关系生态管理"[3],其目的是不断扩大组织在生态网络中的自我认同边界,实现组织—公众—环境系统的和谐。

纵观公关学术史,这三层含义构成了当前国际公共关系研究的三个取向,并逐渐形成了三种研究视域。本文把它称之为公共关系的"关系观""传播观"和"生态观"。

"关系观"关注的基本问题是公关主体如何与利益攸关者建立关系。换言之,在

---

[1] GRUNIG J E, HUNT T. Managing public relations(Vol. 343) [M]. New York: Holt, Rinehart and Winston, 1984: 173.
[2] CUTLIP S. Public relations: the unseen power [M]. Hillsdale: Lawrence Erbaulm, 1994: 156.
[3] 陈先红. 公共关系生态论 [M]. 武汉: 华中科技大学出版社,2006: 206.

具体情境下，是一方试图理解信任另一方，还是一方试图操纵利用另一方？"关系观"强调"公众性"本质和"对话世界观"，主要以OPRs等为概念系统，重点研究组织—公众关系的维度、构成、类型，以及主体间性、信任等。公共关系学的核心关怀就是帮助公关主体建立和利益攸关者之间的最好关系。公关的目的就是建立相互理解的信任关系，善尽社会责任，这才是公关行为的属性。所以真正意义上的公关行为应该是指公关主体不是以自我为中心的、基于相互理解而达成协调一致的行为。以操纵他人为目的的传播行为被认为是非公关行动，即"策略行动"。

"传播观"试图回答的主要问题是"组织应该如何进行传播"，强调公共关系的"公共性"本质和"对称世界观"。它把"独白"和"对话"看作意义的两极，公共关系传播的过程就是不断地从独白走向对话的沟通过程。传播观主要以语言、叙述、符号、修辞、话题、议题话语权等作为概念系统，并逐渐形成传播管理学派和语艺修辞学派。公共传播目前已成为新闻传播学关注和认可的主流叙述话语。

"生态观"则为公共关系学提供了一个宏观的研究取向，强调了公共关系的"网络性"本质和"生态学世界观"[1]。它关注的主要问题是组织的生态网络是如何被公共关系策略所形塑的，以及公共关系战略和战术是如何影响组织—公众—环境所构成的生态网络的。生态观研究的问题既不是以组织为中心的简单二元关系，也不是一个组织及其公众的关系，而是一个组织及其公众和所处环境的关系。这是一种复杂的多元关系。它是以"社区感"[2]"社群主义"[3]"关系网""传播流""生态位"[4]为核心概念体系来展开公共关系的论述和想象的。公共关系的过程就是一个"织网、造流、占位"的生态演化过程。强关系、弱关系、结构洞、社会资本等来自社会学的概念成为它的理论基石[5]。

从历史来看，这三个研究视角并不是同时出现的，而是经历了从传播范式向关系范式、生态范式的理论转移。尤其是生态范式的回归，弥补了主流卓越理论对"组

---

[1] YANG A, TAYLOR M. Looking over, Looking out, and moving forward: positioning public relations in theorizing organizational network ecologies [J]. Communication Theory, 2015, 25(1): 91-115.

[2] KRUCKEBERG D, STARCK K, VUJNOVIC M. The role and ethics of community-building for consumer products and services [G] //Public Relations Theory II. Lawrence Erlbaum Associates, 2006: 485-497.

[3] 赖祥蔚. 公共关系学想象：社群主义观点 [EB/OL]. (2010-10-22). https://wenku.baidu.com/view/08a50807e87101f69e3195e4/html.

[4] 陈先红. 公共关系生态论 [M]. 武汉：华中科技大学出版社，2006：219-244.

[5] 黄懿慧. 公共关系学科在中国的正当性危机 [N]. 中国社会科学报，2015-10-22(003).

织—环境关系"的忽视和不足，使公共关系学科更具有战略性和人文关怀。从社会实践来看，这三个维度都是同时在场的；从本体论意义来看，公共关系实施的过程就是运用公共传播技术建立利益攸关者信任的过程。在这个过程中，一方面，关系裁剪着信息的内容，影响着信息的流动；另一方面，关系和信息都是嵌入在组织所处的更大的生态网络中的。据此，本文综合这三种研究和实践维度，提出一个"公共关系战略轮模型"（见图0-1）。

在图0-1中，公共关系被视为是"组织—公众—环境"之间的关系生态管理，两个圆圈分别代表两个生态场：组织—公众关系场域（OPRs）和组织—环境关系场域（OERs），它们是开放的、多元的、动态的、可穿越的；两个交叉的线条分别代表传播链和关系链，它们是有方向的、连续变化的、可渗透的、可逆的。传播链条和关系链条都代表着有方向感的、连续变化的"意义两极"①：一个代表从"独白"到"对话"的，双向的、可逆的传播连续体②，一个代表从"相互控制"到"相互信任"的，双向的、可逆的关系连

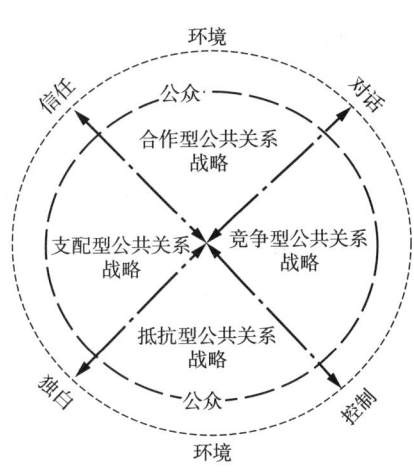

图0-1 公共关系战略轮模型

续体③。传播链和关系链相互交叉渗透、变动不居，不仅影响组织和它的公众，同时也影响了组织在运作中更广阔的社会网络。由此形成四个不同的生态网络界面：合作型、竞争性、抵抗型、支配型。公共关系战略行动随之变换，逐渐清晰。在这个三维理论空间中，包含着以下公共关系理论命题和公关战略类型：

命题1：公共关系行为越倾向于用对话传播来建立信任关系，越有利于形成合作型的生态网络和公关战略。换言之，合作型公关战略更倾向于在对话—信任两个维度

---

① 英国文化人类学家维克多·特纳在《象征之林》一书中指出，文化就是人们所编织的意义之网，文化就是体现在符号中的意义传承模式。一个支配型的象征符号具有清晰可辨的意义两极：一为理念极，一为感觉极。前者通过秩序与价值导引和控制人，后者则唤起人最底层的、自然的欲望和感受。意义的两极将不同的甚至相互对立的含义聚在一起。
② 皮尔森在《对话：公共关系的一个伦理方法》一文中提出，"公共关系最好被定义为对人际对话的管理"。对话不是一个过程或者一系列的步骤；相反，对话是持续传播和关系的产物，公共关系是一个不断地从独白走向对话的传播连续体。
③ MAUREEN T, KENT M. Dialogic engagement: clarifying foundational concepts [J]. Journal of public relations research, 2014, 26(5): 384-398.

区间采取行动，其组织生态网络更具伦理性。

命题2：公共关系行为越趋向于以对话手段来实现相互控制，越容易形成竞争性的生态网络和公关战略。换言之，竞争型公关战略更倾向于在对话—控制两个维度区间采取行动，其组织生态网络更具策略性。

命题3：公共关系行为越趋向于用独白（宣传）来建立信任关系，越有利于形成支配型的生态网络和公关战略。换言之，支配型公关战略更倾向于在独白—信任两个维度区间采取行动，其组织生态网络更具中心性。

命题4：公共关系行动越倾向于用独白（宣传）来实现控制，越有利于形成抵抗型的生态网络和公关战略。换言之，抵抗型的公关战略更倾向于在独白（宣传）—控制两个维度区间采取行动，其组织生态网络更具离散性。

命题5：在组织—公众—环境构成的生态网络中，如果公共关系战略行动适用于组织，那么它也同样适用于公众，反之亦然。

命题6："独白vs对话"的传播链和"控制vs信任"的关系链的互动方式和效果，受到其嵌入的生态网络类型的影响，反之亦然，生态网络类型会影响传播链和关系链的互动方式和效果（见表0-1）。

表0-1 公共关系战略分类

传播连续体 \ 关系连续体	控制	信任
独白	抵抗型公关战略（独白vs控制）	支配型公关战略（独白vs信任）
对话	竞争型公关战略（对话vs控制）	合作型公关战略（对话vs信任）

以上理论模型有效地整合了公共关系研究的三个视域层次："关系""传播"和"网络"。它一方面丰富和发展了公共关系理论和方法，另一方面也丰富和发展了基础传播理论，尤其是改变了"传播和元传播（关系）"的传播二分法，实现了传播学研究的"空间转向"，这可以看作公共关系学对传播学理论研究的一次创新。未来的传播学和公共关系学研究皆可围绕以上概念体系和理论模型来展开探讨。对此模型的深入思考将另文论述，在此不再赘述。

三、公共关系研究的理论版图

研究的一个重要目的在于发展和创新理论。在科学研究中，研究者强调对所在领域的知识贡献或知识增量。一门成熟的学科往往有原创性的理论，学者们也会自觉地使用这些理论开展研究，因为学科的进步是通过理论的发展来实现的，没有理论的研究是孤立的[①]。理论是现实的版图，理论刻画出的真实可能是"就在那里"的客观事实，或是我们脑中的主观意义。不管是哪种方式，我们需要有理论引导我们穿越陌生的地方。理论是一张地图，我们每一个人都是寻找地图的旅人。理论可以从总体上帮助研究者把握公共关系的概念和本质，并进行深入的思考和创造性的行动。

国际公关学界使用和发展了哪些公关理论？中国公共关系研究的理论版图是怎样的？公共关系领域有没有形成自己的大型理论、中层理论？近年来，笔者和同事、博士生一起针对国内外的公共关系理论发展现状进行了系统的相关研究。

第一，通过分析最能够代表国际公共关系理论发展最高水平的两本学术期刊——《公共关系评论（$PR\ Review$）》（1998—2011年，共1952篇）和《公共关系研究（$Journal\ of\ PR\ Research$）》（1992—2011年，共310篇，创刊于1992年）的207个量化研究样本，发现这些论文共涉及26个概念或理论。按照出现频率高低排序依次为关系理论、声誉理论、角色理论、卓越理论/双向传播模型、情景理论[②]（见图0-2）。

第二，通过分析最能够代表中国公共关系理论发展最高水平的五种国内新闻传播学术期刊（1992—2012年）的相关论文，运用社会网络分析方法，考察近20年来我国公共关系研究知识积累的内在结构，如研究议题、理论和引文结构。研究发现，1992—2012年间我国公关研究议题的整体网络结构包括了23个议题（网络密度=1.77，标准差=1.40），如图0-3所示。其中，中心度居于前三的议题分别为公关策略、危机管理、公关内涵和新媒体（点度中心度分别为40、36、24、24）。

图0-4显示的是1992—2012年我国公关研究理论的整体网络结构。该图显示，我国公共关系研究所涉及的理论之间的联系较为松散（整体网密度=1.17，标准差=0.38）。点度中心度居于前三的理论分别为对话理论、新闻理论、修辞和话语理论

---

① SHOEMAKER P J, TANKARD J S, LASORSA D L. How to build social science theories [M]. Thousand Oaks, CA: Sage, 2004: 158.
② 李贞芳，陈先红，江丛珍. 公共关系定量研究中的理论贡献的方式——对《PR Review》《PR Research》中定量研究论文的内容分析 [J]. 国际新闻界，2012(5).

（中心度分别为10、8、8）。

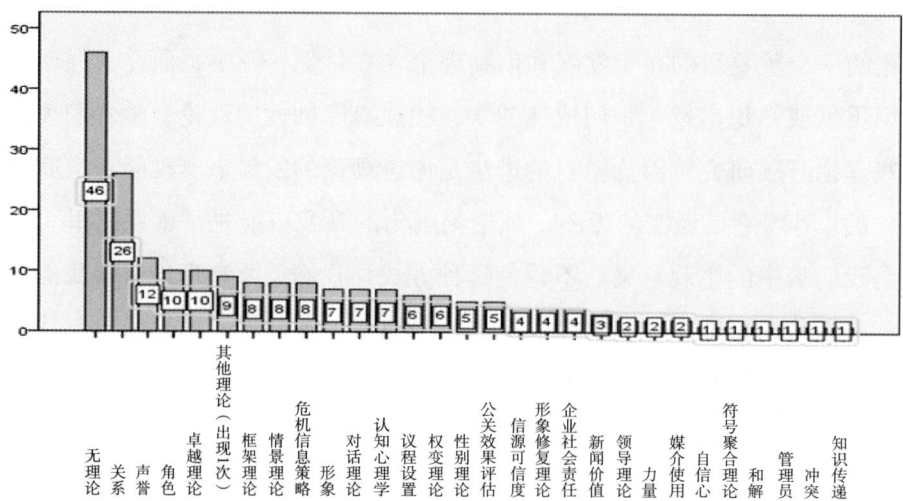

图0-2　公共关系定量研究中理论/概念的分布（N=207）

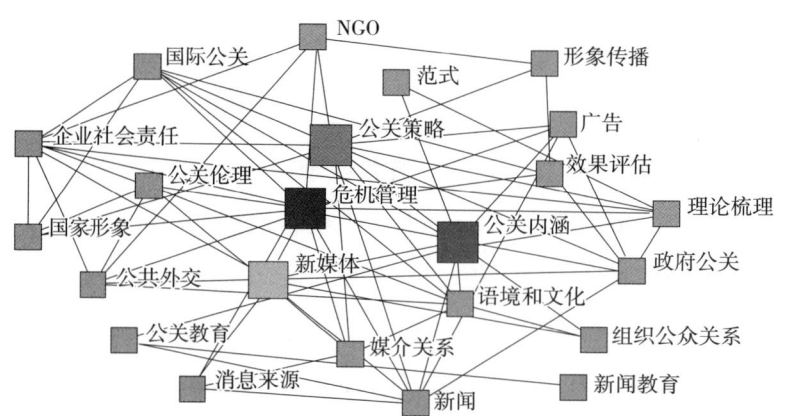

图0-3　1992-2012年我国公关研究议题的整体网络

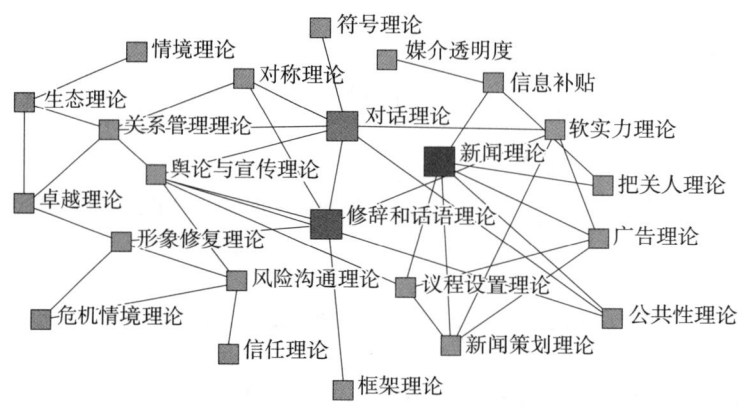

图0-4　近20年来我国公关研究理论的整体网络

在图 0-5 三个自我中心网络中，皆未形成围绕着"对话理论"联系紧密的理论群。特别值得关注的是，以新闻理论为中心的网络，还出现了与另外两个理论网络的断裂。这反映出目前公关研究者的来源结构中的一部分是新闻学者，他们更可能在原有的知识结构下从事公关研究，在理论话语的表述方面，与公关学者之间还存在着鸿沟。

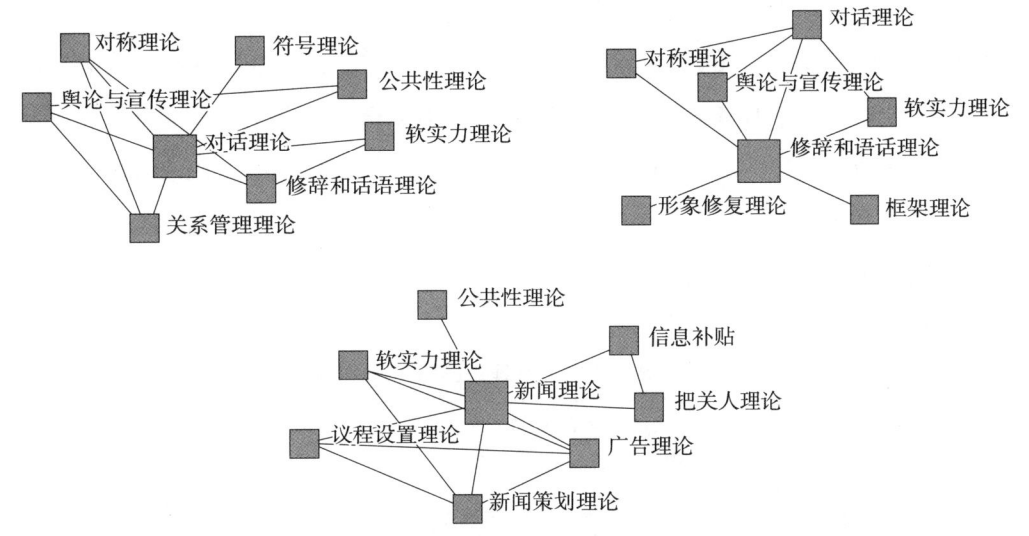

图 0-5　对话理论、修辞和话语理论、新闻理论的自我中心网络

第三，对美国公关领域第一本理论著作《公共关系理论》（1989/2006 年版）进行逐篇学习。这本书的很多章节都是由国际公关领域举足轻重的学者所写的，主要包括弗格森、克拉布尔、维伯特、希斯、尼尔森、皮尔森、格鲁尼格、布鲁姆、凯西、里奇、卡尔·波顿、肯特、泰勒、来丁汉姆、布鲁宁和黄懿慧。书中提及了前面出现的近 30 种公关理论。该书的主编卡尔·波顿认为，与过去的 20 年前相比，公共关系理论基础日益壮大，公共关系理论呈现出多样性和竞争性的局面；对称理论/卓越理论，渐成一种潜在的理论范式，以此为中心发展出一大批研究成果，其创建人格鲁尼格是最具广泛认知度的公共关系学者[①]。在过去的 20 年间，公共关系领域最显著的发展趋势是从功能主义视角向共创视角的转变。功能主义视角关注于传播技巧，将社会公众和交流传播仅仅看作是谋求企业利益的工具，新闻媒介策略尤为被看重。与之不同，共创视角是把社会公众当成有意义的创造合作伙伴，强调同社会公众共建关系。卡尔·波顿和莫林·泰勒（Maureen Taylor）预测联合

---

① BOTAN C. HAZLETON V. Public relations theory [M]. London：Routledge, 2012：12-16.

共创视角（Co-creative Perspective）会持续发展并成为公共关系理论未来发展的基础。

总之，通过对国内外公共关系理论的系统扫描，本文发现，公共关系已不仅仅局限于为企业传播服务，而真正成为一个跨学科、多领域、综合性的热门研究领域，成为应用传播学研究的一个代表性学科，而且公共关系有望成为传播学范畴研究最多的领域之一，这一观察与卡尔·波顿和莫林·泰勒的观点不谋而合。

目前，公共关系领域的知识就像一张浮点图：孤零零的知识点漂浮在各个位置上，缺乏一个将它们有序串联起来的理论网络。本文根据公共关系学术研究的三个理论层次"操作研究"（Research in Public Relations）、"本体研究"（Research on Public Relations）、"建构研究"（Research for Public Relations），归纳出迄今为止的公共关系理论图谱如下：

表0－2 公共关系理论图谱（N=45）

本体理论 （公关宏观理论）		1.说服理论 2.对称/卓越理论 3.对话理论 4.社群主义理论 5.文化生态学理论 6.战略传播理论
建构理论 （公关中层理论）	多学科相关理论	7.人际传播理论 8.组织交流理论 9.认知心理学理论 10.社会建构理论 11.社会资本理论 12.社会网理论 13.复杂理论 14.风险理论 15.社会责任理论 16.框架理论 17.消息来源理论 18.信任理论 19.国际化理论 20.公共外交理论
	公共关系基本理论	21.关系管理理论 22.语艺修辞理论 23.整合传播理论 24.议题管理理论 25.声誉管理理论 26.危机传播理论 27.政府公共事务理论 28.媒介事件理论 29.国家形象 30.权力理论 31.新媒体公关 32.共创理论
操作理论 （公关微型理论）		33.公关实践模型 34.公关角色理论 35.女性主义 36.社区理论 37.新闻价值理论 38.媒介使用理论 39.符号聚合理论 40.情境理论 41.信源可信度 42.形象修复理论 43.自信心理论 44.冲突协调理论 45.品牌传播理论

四、公共关系研究的方法应用

研究方法不仅是衡量一门学科是否进入科学性、系统性研究之列，是否被引述转载的一个重要指标，更是实现其理论发展和创新的主要手段。公共关系学术研究的方法取向主要有社会科学的、修辞学的、批判/女性主义、文化方法四大类，其中，社会科学研究方法是公共关系理论建构的合适方法①。在格鲁尼格早期出版的博士论文中，他应用到了系统论、经济决策论、量化和质化研究方法。在他后期的卓越理论研究中，主要采取量化研究方法。格鲁尼格认为，公共关系理论发展可以具体化为一个概念化的过程，它有四个步骤：（1）确定自变量，因变量；（2）对自变量和因变量进行操作定义，确定变量的测量方案；（3）提出自变量和因变量的关系的假设；（4）检验自变量和因变量的关系。②

一项关于公共关系论文的研究方法是否影响该论文被其他论文引述的研究表明，量化与质化的研究方法的确在"是否被引述"的变项上呈现出显著差异，量化研究被引述的概率显著高于质化研究（Morton and Lin，1995）③。在过去的几十年间，量化研究方法是美国公共关系学术研究的主要方法之一，美国三种公关学术期刊上使用定量研究方法占68%④。其中，调查法、内容分析法和实验法是最主要的定量研究方法。

通过对《公共关系评论（PRR）》《公共关系研究（JPRR）》中采用调查法、内容分析法和实验法三种社会科学定量研究方法的论文进行内容分析（N=214），笔者探讨了定量研究方法对公共关系理论发展的贡献（见表0-3）。

表0-3 三种定量方法在PRR和JPRR中的使用情况（N=214）

	公共关系评论（PRR） （1998—2011）	公共关系研究（JPRR） （1992—2011）	合计
实验法	12（8.4%）	16（22.5%）	28
内容分析法	60（42.0%）	8（11.3%）	68
抽样调查法	71（49.7%）	47（66.2%）	118
合计	143（100%）	71（100%）	214

---

① HAZLETON V, BOTAN C H. The role of theory in Public Relations [G] // Public Relations Theory. London;New York：Routledge, 1989：3-15.
② GRUNIG R H, HICKSON H. An evaluation of academic research in Public Relations [J]. Public Relations Review, 1976, 2(1)：31-43
③ MORTON L P, LIN L Y. Content and citation analyses of Public Relations Review [J]. Public Relations Review, 1995, 21：337-349.
④ PASADEOS Y, LAMME M, Gower K. A methodological evaluation of Public Relations Research [J]. Public Relations Review, 2011, 37(2)：163-165.

卡方检验表明，两种期刊在定量方法的使用上有显著差异（p<0.001）。《公共关系评论（PRR）》发表的论文较多采用抽样调查法（42.0%）和内容分析法（49.7%），《公共关系研究（JPRR）》发表的论文较多采用抽样调查法（66.2%）和实验法（22.5%）。

表0—4　三种定量研究方法在五类公关理论发展论文中的使用状况（N=207）

理论贡献	研究方法			合计
	调查法	内容分析法	实验法	
概念测量	9	1	0	10（4.8%）
检验原有理论/假设	9	4	8	21（10.1%）
提出新的影响因素或适用范围	36	4	12	52（25.1%）
相关分析	15	10	8	33（15.9%）
描述性研究	49	42	0	91（44.0%）
合计	118	61	28	207（100%）

（Pearson卡方检验 p<0.001）

由表0-4可以看出，调查法是公共关系理论发展的主要方法，占总样本的57%，被广泛用于描述性研究、提出新的影响因素或适用范围、相关分析以及检验原有理论/假设和概念测量等方面；内容分析法主要用于进行描述性研究以及相关分析，占总样本的29.5%；实验法主要用于提出新的影响因素或适用范围、相关分析和检验原有理论/假设，占总样本的13.5%，不适用于概念测量和描述性研究。

总之，美国公关研究成果的一大特点就是反对质化研究，支持对称性理论所提倡的量化研究。相比较而言，欧洲学者和中国学者更加强调质化研究的必要性。欧洲学者使用了更多的研究方法，比如人种志学者、语艺修辞学者、批判主义学者、女权主义学者等。而中国学者则主要采取描述性研究、案例性研究等方法。除了传统的质化和量化研究方法、案例研究法之外，一些新的公共关系研究方法，如社会网络分析法、网络生态法也日益受到关注。网络生态法可以将多种关系整合在一起，更精确地描述公共关系结构的演变与互动，这种关系结构在提高组织—公众关系学术水平和在传播领域中的整体定位是很重要的①②③。社会网络分析法、网络生态法具有理论性、方法性和基于实践的价值观，提高了我们对组织—公众关系和组织—环境关系的理解，尤其适用于研究微信、微博等社会化媒体中的公关实践。

五、公共关系学的未来展望：本土化探索

中国公共关系学的发展趋势是什么？华人的公共关系学术视野在哪里？如何建构中国公共关系的主体性？这些都是未来中国公共关系学科发展必须回答的问题。

20世纪中期以来，新媒体技术与全球化潮流的结合从根本上改变了人类社会的整体景观，新媒体的数字化、融合性、互动性、超文本性、虚拟性五大功能，表现在全球潮流化的辩证动态性、寰宇渗透性、整体连接性、文化混合性以及个体强化性五大特色基础之上，这两股相互依存的动力改变了社会科学研究中以"时间消灭空间"的研究偏向，重新定义了人类社区的内涵，带来了社会科学的"空间转向"。它是继"语言学转向"之后社会科学研究正在经历的一次重大范式革命④。

传播学者们开启了对传播学的空间想象力，开始了重构传播学之旅。除了主流的媒介融合、数据新闻、大数据传播、计算传播等焦点叙事之外，媒介地理学、传播生态学、媒介环境学等更是一种本体论层面的世界观重构。在这种背景之下，公共关系学也曾经历过几次大的研究重心的转移，比如，从20世纪初期的"宣传学"转向"传播学"，从70年代后期"语言学"转向80年代的"关系学"。随着移动互联和大数据时代的来临，社交媒体如博客、社交网站、维基将组织置于一个更加复杂的虚拟社会关系中，公共关系领域已被改变，李·爱德华兹（Lee Edwards）认为，公共关系应该重新定义为"代表个人有目的的沟通所产生的行动，包括正式和非正式组成，以及通过连续的与其他社会实体的反行动。它对地方、国家乃至全球都会产生社会、文化、政治和经济影响"⑤。

---

① 陈先红，潘飞. 基于社会网理论的博客影响力测量［J］. 现代传播，2009（1）.
② 陈先红，张凌. 草根组织的虚拟动员结构："中国艾滋病病毒携带者联盟"新浪微博个案研究［J］. 国际新闻界，2015(4).
③ 陈先红. 公共关系生态论［M］. 武汉：华中科技大学出版社，2006：206.
④ 洪浚浩. 传播学新趋势［M］. 北京：清华大学出版社，2014：297.
⑤ LEE E. Producing trust, knowledge and expertise in financial markets: the global hedge fund industry "re-presents" itself［J］. Culture & Organization, 2012, 8(2): 107–122.

罗伯特·西斯认为，新兴的网络社会的复杂性可能会使卓越公共关系理论、公众的情境理论和组织—公众关系二元方法的研究因不能跟上动态复杂的社会关系而过时[①]。因此我们有必要对公共关系进行重新思考，对公共关系进行"空间"的转向，或者说是"生态学"的回归。生态学不仅是一种科学，它同时还是一种研究取向，在哲学和方法论方面有独特贡献。生态学所倡导的整体和谐世界观和系统方法论奠定了对组织及其环境展开研究的哲学基础。其实，笔者早在2006年出版的《公共关系生态论》一书中就明确提出，生态论的面貌、内容和方法，将超越以往传统的对公共关系主体、公共关系客体和公共关系手段（如传播技巧、传播媒体、传播手段等微观的技术层面）的研究范围，而尝试引用生态学中类似森林、土壤、空气、阳光、水或者狼、鼠、栖息地等各个相关分子共时态循环式互动的因果消长关系，来重新思考公共关系的整体现象，并重新思考公共关系中各个关系要素之间双向甚至多向的依存与因果状态，这对于提升公共关系的学科地位，完善公共关系学的理论体系，增强其对公共关系现象的解释力和预测力，具有极大的理论意义和现实意义[②]。

在这种背景之下，中国公共关系学科的发展要学会"三条腿"走路：一是立足国际学术前沿，保持交流与对话；二是扎根中国本土，发展中国公关的学术视野，建构主体性；三是参与社会变革，指导公关实践的发展。

公共关系学归根到底是一门人学，宏观上属于文化人类学的研究领域。就关系而言，它是一个具有浓厚文化色彩的词汇，在不同的语境下，相同的概念可能产生出特殊的意义，建立不同的因果联系。因此我们必须建立所谓中国公关的学术框架，必须开拓既具有中国文化特色又具有普遍意义的视野，努力与国际学术界保持交流与对话。学术交流需要对话而不是独白，没有对话的学术交流就是喃喃自语，就是自娱自乐。唯有具备国际视野和比较眼光，才能知己知彼，成其大成其远，而不至于故步自封，自欺欺人[③]。

祝建华教授主张先从本土实情出发，再从国际学术界"严格选择直接相关而又能够操作化的概念、命题或者框架，在此基础上发展出整合性的中层理论"[④]。李金铨教授则认为，国际理论为体、本土经验为用的迷信不破，主体性的建立无期，建立学

---

① HEATH R L. Encyclopedia of public relations [M]. Los Angeles：Sage Publications, 2013：230-242
② 陈先红. 公共关系生态论 [M]. 武汉：华中科技大学出版社, 2006：215-216.
③④ 李金铨. 关于传播学研究的新思考 [M] // 洪浚浩主编. 传播学新趋势. 北京：清华大学出版社, 2014：3-18.

术主体性的原则和顺序应该是西经注我，而不是我注西经。在方法论上，他主张采用韦伯式的方法，出入于实证论和现象学之间，以兼顾实证的因果和现象学的意义[④]。

目前，中国公共关系正处于一个非常尴尬的境地：一方面其市场规模发展空前，社会需要日益深入；另一方面却遭遇极大的社会伦理挑战。本文认为，我们必须要从根深蒂固的传统关系观念中走出来，重新思考现代公共关系的"公共性"和"关系性"的独特性，重新思考公共关系在中国社会和文化土壤中落地生根的基本理论和原则问题。在学术研究中，避免宏大叙事，聚焦微小实践，通过微观和实证的研究，来实现公共关系学科知识的积累和主体性的建立，这是必不可少的。当然，公共关系学科更需要具有原创性的学术思想，没有思想的学术生产，只能是一种"寻章摘句老雕虫"的顾影自怜或者自怨自艾的书斋游戏。如果公共关系学研究在理论上无法把握中国现实，在实践上无力干预公关市场进程，只是软弱无力地自证清白或者口水多过茶的自娱自乐，那么中国公共关系学科建设的振兴与发展将会遥遥无期。

既然公共关系学是一门社会科学，那么它的意义就在于跟社会实践的对话当中。要提升公共关系的学术品质和学科地位，就必须站在"理解公关就是理解我们所在的社会和时代"的高度上重塑我们的公共关系观念。公共关系研究要摆脱"以术御道止于术"的狭窄格局，走向"以道御术术可求"的高远境界，在社会这个更大的价值共同体中，实现"追求真善美，传播正能量"的学术抱负。

陈先红
2017.10.10

第一编
元理论的思考

第一章 公共关系学科的正当性危机①

一、引言

应用型学科（Applied Discipline）的正当性辩论由来已久，商学、社会科学乃至于传播学都经历过这个过程。②③④学科作为一种将知识分门别类的体系，最早出现于教会大学（如巴黎大学、剑桥大学、柏林大学等），当时的"学科"包括神学、法学、医学和艺术。⑤其后，随着欧洲教会势力的衰弱，大学机构日益世俗化，实用性和应用性更强的学科逐渐出现并蓬勃发展，以此拓展了之前对学科的狭隘理解。⑥"学科"在本质上可被视为一个科学共同体的制度性存在。⑦共同体内的成员遵循一系列共同的制度来展开科研活动，以带动共同体的发展。⑧而学科之"正当性"（Legitimacy），则视为是被学科共同体所认可和接受的过程。⑨"学科正当性"所涉及的议题很广，举

---

① 本文改写自黄懿慧（2017）. 从比较视角论述中国公共关系学科发展之正当性［J］. 传播与社会学刊，2017（39）：221-256.
② MATTESSICH R. Critique of accounting: examination of the foundations and normative structure of an applied discipline［M］. Praeger Pub Text. 1995.
③ JOHNSTON B, WEBBER S. As we may think: Information literacy as a discipline for the information age［J］. Research Strategies, 2005, 20(3): 108-121.
④ SLAUGHTER R A. Futures studies as an intellectual and applied discipline［J］. American Behavioral Scientist, 1998, 42(3): 372-385.
⑤ 张咏，李金铨. 密苏里新闻教育模式在现代中国的移植［M］//李金铨，主编. 文人论证：知识分子与报刊. 桂林：广西师范大学出版社，2008：282.
⑥ History of Education, Encyclopedia Britannica (15th edition), Macropaedia vol. 6, 1977: 337.
⑦ GIBBONS M, LIMOGES C, NOWOTNY H, SCHWARTZMAN S, SCOTT P, TROW M. The new production of knowledge: The dynamics of science and research in contemporary societies［M］. Sage. 1994.
⑧ YEARLEY S, COLLINS H M. Epistemological chicken［M］// PICKERING A. Science as practice and culture, Chicago: University of Chicago Press, 1992: 301-326.
⑨ 俞吾金. 一个虚假而有意义的问题——对"中国哲学学科合法性问题"的解读［J］. 复旦学报：社会科学版，2004（3）：27-34.

例来说，传播学科的"学科正当性"与"学科危机"议题在20世纪90年代引起广泛讨论，议题面向涵盖学科认同、核心思想、本体论、理论基础、研究方法，甚或学科命名等问题。①如陈世敏所言，"学科正当性"争论的关键在于学科的"学术性"是否充分或足够。②

无论在美国还是中国，对公共关系的学科正当性争议已久。1923年，爱德华·伯纳斯（Edward L. Bernays）于纽约大学（New York University）开授第一堂名为"公共关系"的课程。然而，此课程仅开设两年即告终。美国公共关系学科的正当性面临来自学界与业界两股力量的挑战：第一，传播学院其他科系教授拒绝承认公共关系在美国大众传播系统中的地位；③第二，公关从业人员则认为公共关系课程没有实际用处，累积实务经验才真正重要。总而言之，来自学界和业界的双重质疑是阻碍美国公共关系学科与教育发展的重要原因。同样，公共关系自20世纪80年代中期从西方引进中国后，至今一直面临正当性危机的挑战。中国公关史的发展在本质上是一个逐步确立其正当性的过程。④学科之发展历程有其社会与行业语境。以下探讨中国公共关系发展史与公共关系学科正当性危机的历程与阶段，最后针对中国公共关系学科正当性的救赎提出展望。

二、中国公共关系发展史

中国公共关系的发展大致可分为三个阶段⑤：

---

① SHOEMAKER P J, REESE S D. Exposure to what? Integrating media content and effects studies [J]. Journalism & Mass Communication Quarterly, 1990, 67(4): 649–652.
　须文蔚，陈世敏. 传播学发展现况 [J]. 新闻学研究, 1996(53): 9–37.
　林福岳. 传播学和新闻学——是该分家的时候了？[J]. 新闻学研究, 1997(54): 3–7.
　陈世敏. 关于传播学入门科目的一些想法 [C] //中华传播学会年会暨论文研讨会文集, 1999.
　黄懿慧. 90年代台湾公共关系研究之探讨——版图发展、变化与趋势 [J]. 新闻学研究, 2001(67): 51–86.
　黄懿慧. 台湾公共关系学门及研究：1960—2000年之回顾 [J]. 广告学研究, 2003(20): 13–50.
　赵雅丽. 传播，"准备好了"吗？[J]. 中华传播学刊, 2008(13): 223–231。
② 陈世敏. 关于传播学入门科目的一些想法 [C] //中华传播学会年会暨论文研讨会文集, 1999.
③ CUTLIP, SCOTT M. History of public relations education in the United States. [J]. Journalism Quarterly, 1961(38): 363–370.
④ 胡百精. 中国公共关系30年的理论建设与思想遗产 [J]. 国际新闻界, 2014(2): 27–41.
⑤ HU B, HUANG Y H, ZHANG D. Public Relations and Chinese Modernity: A 21st-Century Perspective [J]. Journal of Public Relations Research, 2015, 27(3): 262–279.

（一）引进与启蒙阶段（1980—1992年）

20世纪80年代中前期，西方的公关观念被引渡至中国，并在随后数年形成了第一轮公关潮。而在1989年后，受到经济危机和政治风波等因素的影响，公共关系在中国出现了脱轨和异化，如所谓的"公关小姐""公关培训班"等扭曲的产物，令"公关"一词陷入了道德合法性与社会认同的双重危机。

（二）市场化与职业化阶段（1992—2003年）

1992年后，中国重启改革议程，搁置民主政治的争论，重点建立市场经济体制。第二轮公关潮于20世纪90年代中期兴起。业界方面，跨国公关公司和新兴的本土公关公司初步形成了专业公关服务市场，开启了中国公关职业化之路。学界方面，公关理论界致力于与西方同行进行对话。

（三）多元发展阶段（2003年至今）

2003年，中国爆发"非典"，由此中国现代性转型的局面更加复杂。此阶段，中国社会出现了如下特征：权力制约失衡、社会流动僵化，[1]为争取利益分配与公平权利的维权事件骤增[2]。另一方面，新媒体冲击了传统的权力秩序和社会结构，由此引发了对内对外的各种认同危机。在此背景下，危机管理、新媒体公关、国家公关得到充分发展，对话成为政府、企业和各类社会组织的核心公关理念。

三、公共关系学科正当性危机历程与阶段

在上述社会语境下，中国公共关系学科正当性的发展历程，大致可分为以下五个危机阶段与议题：

（一）20世纪80年代后期的"政治正确"或"身份正当性"危机

被视为西方舶来品的公共关系自20世纪80年代中期引入。公共关系倡导的公共讨论和意见竞争等主张，在当时反西化与反自由化等浪潮中是颇受争议的。在20世

---

[1] 孙立平. 走向社会重建之路[J]. 新远见，2010(2)：124-128.
[2] 于建嵘. 当前我国群体性事件的主要类型及其基本特征[J]. 中国政法大学学报，2009(6)：114-120.

纪80年代末，公关甚至一度被宣判为资本主义的"毒苗"，是西方意识形态渗透中国、颠覆中国的工具之一。①这种身份正当性危机在1992年邓小平南方谈话后才得以化解。但是，西方公关所牵涉的一些政治问题在中国至今仍是敏感话题，譬如公关对于政治选举、政党竞争的介入等。在中国，公关与政治的关系一直"不好谈""不好碰""有风险"。②

（二）20世纪80年代后期出现的"道德正当性"与"行业污名化"危机

1989年后，受到经济危机、政治风波和功利主义思潮等因素的影响，中国公关产生了"脱轨"和"异化"现象，市场上出现了所谓的"公关小姐"等扭曲的产物，令"公关"一词在国内陷入了道德合法性与社会认同度的双重危机。"在形象、道德、社会需求、核心价值、政治认同和身份合法性危机下，公关界陷入了集体焦虑。"③道德与伦理困境的危机，至今都仍然挑战着公共关系发展的正当性。以"公关"为名的走后门、靠关系、寻租媒体权力等行为非常普遍。在人情、关系、面子和伦理色彩浓厚的中国文化情境中，利益纠葛、伦理困境、潜规则、道德底线乃至于台面下的搞关系、送人情等活动，并没有因为现代化、后现代化的变动而改变。

虽说公关界自20世纪90年代即发起了一连串为公关正名与寻求合法性的行动，但迄今仍不见具体成效。"道德正当性"与"行业污名化"仍在制约着公共关系的发展。

（三）20世纪90年代后期，公关共同体发生分化、学界凋零、论文发表缺乏渠道以及大学课程停开之危机

20世纪八九十年代的中国之学界、公关组织与实务界并无清楚界限。公关组织、实务界人士和学界同样热衷于公关理论研究，在会议和专业报刊上的表现也相当活跃。"冷热、沉浮，中国公关在20世纪90年代后期已初步完成了概念引进、观念启蒙和市场化起步。"④

然而，学界与业界在90年代的中后期开始分化，甚至在90年代后期，随着公共关系污名化与分化，公关学界开始凋零。20世纪90年代后期，公共关系共同体发展面临着结构性的转变——公关共同体学界、业界开始走向分化。其具体影响如下：第一，由于缺乏实务界的财力支持，期刊停刊，许多公关组织也趋向没落。第二，专业

---

①-④ 胡百精. 中国公共关系30年的理论建设与思想遗产[J]. 国际新闻界，2014(2)：27-41.

报刊停刊,公关类的学术文章没有发表渠道,甚至迄今都没有公共关系专属的学术期刊。第三,学术社群凋零,原本来自其他领域,如社会学、文学等领域者退回原来专业。社群规模从过往90年代中期之二三百人降到二三十位活跃者。第四,部分大学开始关停公关课程。第五,欠缺学术组织,直到2015年才有在中国新闻史学会下增设的二级学会公共关系史研究委员会之成立。

2003年的"非典"事件,以及其后诸多社会事件与危机,使得社会上开始意识到需要公关来拯救危机,而"危机也拯救了公关,公关理论研究才又回暖如常"。[①]

(四)2010年代初教育政策与学科设置危机

2010年,教育部宣布不再批准在高校中增设公共关系学本科专业。2011年,教育部规定将公共关系学专业合并到行政管理专业底下。有关公共关系的学科归属,大致可汇集成三种主要观点:(1)主张公共关系学科独立,以居延安教授为代表;(2)主张归属于管理学,以徐美恒教授为代表;(3)主张归属于传播学,以廖为建教授为代表。[②]不再增设本科专业以及专业合并,都是限制公共关系学科往深耕耘、作为独立学科与提升学科正当性发展的因素。

(五)"学术力"滞后的危机

"学科正当性"争论的关键在于学科的"学术性"是否充分或足够。[③]中国公关教育自1985年开始,理论建设自20世纪90年代初期伊始,而公关研究则晚自90年代中期才出现。整体而言,公共关系理论建构与创新力明显滞后。至2003年为止,中国公共关系理论研究落后于世界25-30年。[④]细观过去25年的公关研究,研究取向明显趋向"褊狭化"(tunnel view):[⑤]单一研究法——定性研究(相对于多元方法取向)、实务取向(相对于理论取向)、组织导向(相对于公众导向)、非实证取向(相对于实证取向)、发表渠道单一(以新闻期刊为主)。此外,中国公关至今未能发展出学科之独立且健全的知识体系,表现为:理论体系建构力道不足,理论关怀型论文总体数量

---

① 胡百精. 中国公共关系30年的理论建设与思想遗产[J]. 国际新闻界,2014(2):27-41.
② 杨晨. 2013中国公关教育观察报告[J]. 国际公关,2014(2):41-43.
③ 陈世敏. 关于传播学入门科目的一些想法[C]//中华传播学会年会暨论文研讨会文集,1999.
④ 陈先红,郭丽,殷卉. 中国大陆近十年公共关系研究实证报告[J]. 华中科技大学学报(社会科学版),2005(2):102-106.
⑤ 黄懿慧. 公共关系学科在中国的正当性:基于美国与中国比较的视角. 未发表论文,2015.

偏低，探讨主题重复，内容局限于公关基本定义之探讨。此外，公关研究理论基础主要以西方公共关系理论为主，旁则援引管理学及社会心理学，传播学居后。

四、中国公共关系学科的救赎

中国20世纪90年代初期的改革开放与市场经济政策，以及2003年的"非典"与新媒体冲击下社会对公共关系的需求，帮助公共关系渡过了前三个危机阶段，从而使其得以继续生存甚或发展。但是，在诸多危机中，关于公共关系正当性的本质问题——学科的"学术性"危机，尚未得到解决。

中国公共关系学科大致可以用"星点设置、广面推展、浅度发展"的架构来说明。"星点设置"可从零星、个别学校设立公关专科、本科乃至于博士点观察。1985年深圳大学开设第一个公共关系专科专业，1994年中山大学设立第一个公共关系学本科专业，2014年华中科技大学开设第一个公共关系学博士点。到2013年，中国设置公共关系学本科学位的高校仅有18所。"广面推展"则可从不同高校、不同学院广开公共关系概论课程来观察，跨学科领域的特色明显。高校中的许多科系都以公共关系（学）作为其公共平台课。除了新闻传播、人文、管理学院外，旅游、文秘、公共卫生管理等专业常将公共关系设为其必修课程。此外，综合性大学更将公共关系学与管理学、行政管理学、西方经济学、社会心理学等课程并列，将"公共关系"设置为全校性的文科基础选修课，作为一门面向全体学生基本素质教育的重要课程。[①] 虽然公关教育具跨学科的普及性，但其"浅度发展"——"学术力"滞后、学科主体性不高，是阻碍公共关系在中国进一步发展的深层次因素。如何深化公共关系的"学术性"与"学术力"，以根本性地解决"浅度发展"的问题，应是目前学科发展的当务之急。

总体而言，在点与面之间，中国公共关系学界欠缺"线"之联结。学术共同体、学术组织、发表渠道与交流平台等，是串联点、面的重要催化剂，然而，这些扮演催化剂角色的体系仍未健全发展。就出版物而言，中国公共关系似乎仍主要以教科书为主要出版品。期刊上则仍停留于实务导向之杂志，欠缺理论型期刊。另一方面，学术研究的滞后也是造成中国公共关系学科面临正当性危机的重要原因之一。

---

① 吴世家. 中美公共关系高等教育比较研究［D］. 上海：复旦大学，2007.

这里提出以下建议，以加强公共关系研究的学术性与学术力。首先，摒弃褊狭化的研究取向，朝多元研究方法、着重资料的实证性以及"理论扎根"等方向努力。其次，告别对实务的依赖或为实务服务的本质，以"建立通则化理论"为公关研究目标，进而协助化解长久以来诸多的行业正当性危机。而在援引西方公关理论之前，必须考虑理论在中国的适用性，即从世界观、理论默认和研究方法等层面来思考西方理论是否适用于研究中国社会中的现实问题。[①]建构扎根于中国情境的公关中层理论（middle-range theory）乃实际可行的方针：中层理论建构关注具体的时间与地点，一方面重视经验、实用性与惯例，另一方面则尝试找寻普遍原则之可能性。[②]最后，搭建跨学科的学术交流平台，以使公关研究能够汲取来自其他学科的理论养分。

（黄懿慧，香港中文大学新闻与传播学院教授）

---

① 黄懿慧. 华人传播研究：取向、辩论、共识与研究前提初探[J]. 新闻学研究，2011（105）：1-44.
② 祝建华. 精确化、理论化、本土化：20年受众研究心得谈[J]. 新闻与传播，2001(4)：68-73.

第二章　公共关系的世界观

综观现今公共关系在各领域的发展，其功能从发布新闻、组织发言人、筹备记者会、对外沟通，到接触参与组织决策层的企业首席传播官（Chief Communication Officer），公共关系能为其组织所贡献的多寡，很多时候取决于组织对公共关系的认知以及公关人对此专业的知识了解程度。Beebe及Redmond的研究指出[1]，个人的世界观会对其思想、语言，对事物的诠释以及其行为有所影响。因此，本文先从"世界观"的定义切入，进而讨论组织及公关从业人员所抱持的世界观对公共关系的价值、对社会的贡献，及公共关系在与其他组织及利益攸关者互动时，所应持有的态度。

一、"世界观"定义及其重要性

"世界观"的概念已在社会科学和人文科学中被广泛地研究。West及Turner提出[2]，个人的世界观是对一个人提供观看事物、探索事物意义的滤镜。Kearney亦认为[3]，个体、他人、关系、阶级、因果关系、空间以及时间是影响人类世界观的重要成因。他进而提到，每个人会依据其各自的经验而诠释其所谓的"真实性"；而不同的概念、符号以及社会上的组织也是个体所属环境的一部分。因此，每个人对其环境的诠释也就取决于其个人经验，不同的概念、符号以及社会上的组织的体验及经验。

从传播及公共关系的角度来说，格鲁尼格及其研究团队在卓越公关的研究中，以

---

[1] BEEBE S A, BEEBE S J, REDMOND M V. Interpersonal communication [M]. Boston: Allyn & Bacon, 1999.

[2] WEST R, TURNER L. Introducing communication theory [M] // Mountain View. CA: Mayfield Publishing Company, 2000.

[3] KEARNEY M. World view [M]. Novato, CA: Chandler & Sharp Publishers, 1984.

系统论来探讨公共关系所具备的世界观[1]。

所谓系统，根据 Infante, Rancor 以及 Womack 的观点[2]，是指"一组以适应不断变化的环境而相互依存的各个单位"。学者一般将系统分为封闭的和开放的两种。在开放系统中，资源与环境中的其他子系统通过可渗透或半渗透的边界与之进行交流及互动。在封闭的系统中，系统与环境中的其他子系统之间的边界是密封的，因而无法进行资源及信息的分享与交流[3][4][5]。然而，在每个组织的日常运作中，为了生存，企业必须获取所需的社会资源；这意味着企业必须与其他掌控这些资源的人或组织有所互动。通过环境监测和议题管理，公共关系可以为其组织收集及过滤信息；同时，亦可以致力于促进组织和公众之间的交流[6][7][8][9]。如此，公共关系可以帮助企业建立与外部利益攸关者之间的良好关系，并尽量减少冲突或危机的可能性，进而达到公共关系对组织的贡献。因此，系统理论的研究有助于了解一个组织与环境的相互依存关系[10]。

为了帮助他们的组织达到效果，公关从业者需要了解建立与其利益攸关者关系的重要性，并把其他利益攸关者或其他组织的价值观纳入到组织执行策略的计划之中。以此概念来看公共关系，不难理解为何格鲁尼格将公共关系定义为："**组织与其公众之间**

---

[1] GRUNIG J E, WHITE J. The effect of worldviews on public relations theory and practice [M] // GRUNIG J E. Excellence in public relations and communication management. Hillsdale, NJ: Lawrence Erlbaum Associates, 1992: 31–64.
[2] INFANTE D A, RANCER A S, WOMACK D F. Building communication theory [M]. 2nd ed. Prospect Heights, IL: Waveland Press, 1993.
[3] GRUNIG J E, HUNT T. Managing public relations [M]. New York: Holt, Rinehart and Winston, 1984.
[4] PFEFFER J, SALANCIK G R. The external control of organizations: A resource dependence perspective [M]. New York: Harper & Row, 1978.
[5] SPICER C. Organizational public relations: A political perspective [M]. Mahwah, NJ: Lawrence Erlbaum Associates, 1997.
[6] ALDRICH H E, HERKER D. Boundary spanning roles and organization structure [J]. Academy of Management Review, 1977, 2(2): 217–230.
[7] CHASE W H. Issue management: Origins of the future [M]. Stamford, CT: Issue Action Publications, 1984.
[8] CHASE W H, CRANE T Y. Issue management: dissolving the archaic division between line and staff [M]. // DENNIS L B. Practical public affairs in an era of change. Lanham, MD: University Press of America, 1996.
[9] CRABLE R E, VIBBERT S L. Managing issues and influencing public policy [J]. Public Relations Review, 1985, 11(2): 3–16.
[10] GRUNIG L, GRUNIG J E, EHLING (1992). What is an effective organization? [M] // GRUNIG J E. Excellence in public relations and communication management. Hillsdale, NJ: Lawrence Erlbaum Associates, 1992: 65–89.

的传播管理"。以此定义来看公共关系的世界观，公共关系必须认同公众存在的合法性并了解公众的一举一动亦会对组织造成影响，反之亦然。如此，公共关系以其本身"边界扫描者"（Boundary Spanner）的功能，促成组织与公众间的良好沟通及实质良好关系的建立。

虽然学界对构成的世界观定义没有达成一致，格鲁尼格和他的研究团队将公共关系的世界观定义为"公关从业者……对道德、伦理、人性、宗教、政治、企业或性别等的一些预想及假设"。格鲁尼格将这些世界观分为不对等的世界观和对等的世界观。拥有不对等世界观的从业人员着眼于寻求以有利于其组织的方式来影响公众的行为及言论。因此，不对等的公关世界观是以影响公众的选择和使用不对等的公共关系操作模式来进行的。与不对等的世界观所不同的是，具有对等的世界观的公关从业人员以"促进相互理解"作为公关的主要目标，并使用公共关系的双向对称模式以达到有效的公共关系操作。

格鲁尼格于1989年指出此两个不同世界观的预想。根据他的理论，不对等的世界观是由以下七种预想形成的[①]：

内在取向：组织成员是以组织内部的角度来看外在的环境，而不是以外在利益攸关者或外在组织的角度。

封闭系统：信息只有从组织传出，而没有从外部反馈到组织内部。

效率：效率与成本控制比创新更为重要。

精英主义：组织领导被认为懂得最多、比公众拥有更多的知识。智慧并不被认为是自由市场思想下的产物。

保守主义：变化是不可取的。来自外在欲改变组织的行为及力量应该被抵制；所有欲变革的想法及压力应被视为对组织的颠覆。

传统：维持传统为组织提供了稳定的力量，并有助于保持组织文化的不变。

中央集权：权力应集中在少数高层管理者手中。员工应该只能拥有极少及有限的自主权且组织应以独裁的方式被管理。

根据格鲁尼格的论述，对等的世界观具有以下特点：

相互依存：虽然组织有所谓的组织边界，能将组织及其周围的环境、公众以及其他相互交流的组织有所分隔，但是，企业不仅不能从环境中孤立自己，且应与各利益

---

① GRUNIG J E. Symmetcal presuppositions as a framework for public relations theory [M]// BOTAN C H, HAZELTON V JR. Public relations theory. Hillsdale. NJ: Laurence Erlbaum Associates, 1989: 17-44.

攸关者、公众及其他组织多有所互动及交流。

开放的系统：组织是一个开放的系统，能够与其他环境中的系统自由交流、交换信息。

动态的均衡（Equilibrium）：组织系统会与其他系统不断随着环境的变化而调整自身的平衡状态。组织系统可能会尝试通过控制其他的组织系统来建立自身的平衡——有可能是使自己适应其他的系统，或者是通过彼此双方合作的方式来调整。拥有对等世界观的组织会选择以合作的方式来掌控和适应本身的环境。

平等：每个人应当被给予平等机会和拥有身为人类的尊重。不论是拥有什么样的教育及背景，每个人都可以对组织有宝贵的贡献。

自主性：当人们拥有自主权，而不是被他人所控制时，他们会更有创新力，更有建设性及更能自我实现。自主性可以让员工的满意度及与员工与外部合作的程度达到最高。

创新：组织强调新的理念和思维灵活，而不是着眼于维护传统和效能。

管理权力下放：组织的管理应该是集体的行为，管理者应做协调，而不是支配。权力下放能增加员工的自主性、满意度以及组织的创新力。

对行为负责：个人和组织必须关注他们对他人的行为所带来的后果，并致力于消除可能的不良后果。

解决冲突：冲突应通过协商、沟通和妥协，而不是通过强势、操纵、胁迫或暴力等手段来解决。

强调利益集团参与的自由主义：古典自由主义理论通常是倡导大政府，因此会流于形成如古典保守主义般的封闭思想，只倡导及主张大财团的利益。但是，在强调有利益集团参与的自由主义中，政治制度是为利益集团之间谈判的机制。此种自由主义的存在是为了使代表一般大众的公民团体与回应大众需求的企业相抗衡[①]。

综上所述，组织或公关经理人所拥有的世界观是宽阔的还是狭隘的，会影响到组织与其利益攸关者的互动方式、解决冲突方式以及如何沟通及建立关系。对等的世界观将关怀利益攸关者的权益、组织利益纳入到组织管理层做决策的考量，鼓励双向沟通、创新与合作。与不对等的世界观相较，其更能维护组织声誉，促进各组织间、组织与不同利益攸关者及公众间的和谐及良好关系。

---

① BOYTE H C. The backyard revolution: Understanding the new citizen movement [M]. Philadelphia: Temple University Press, 1980.

二、世界观与公共关系的社会角色定位

格鲁尼格和他的研究团队认为，人们应该明白何谓世界观，因为了解其概念能使人们理解公共关系理论的界限所在，以及公共关系的效能为何。公共关系学者和从业人员不仅在如何界定公共关系、阐述公共关系操作和组织沟通上有很大的不同，而且他们在对公共关系的目的和效能的假设上，亦有所差别。一些学者和从业人员认为，公共关系是以操纵民意、公众行为为目的的。然而，亦有学者及从业人员认为，公共关系是以传播信息、解决冲突，或促进组织与公众之间理解为目的的。

在公共关系领域，学者及从业人员因为采用不同的理论，因此他们用于解决公关问题的方法也有所不同。但是，诚如格鲁尼格所言[①]，并非所有的理论都是能比较的。公共关系的理论建构始于哲学假设。哲学家们提出两个层次的理论：在推论层次上的理论以及在定律或命题层次上的理论。格鲁尼格及其研究团队所发展的卓越理论，有一系列的理论推论。这些推论也受学者们的世界观所影响。这些推论乃是学者们对真理、对社会、对是非以及对于世间万物该如何运行的假设。这些预设判断影响人们解决问题的优先级。此外，学者及从业人员一般也会以符合他们世界观的理论作为理论的基础。

在卓越公关理论中，格鲁尼格及其团队认为，公共关系的预设前提始于其在社会中的角色，也就是公共关系在帮助其组织与其他公众及利益攸关者互动时，以何种出发点进行传播与沟通，从而对组织、对利益攸关者以及对社会造成影响。

一种公关的社会角色定位认为，公关在社会上的角色仅止于帮助客户达到其公关目标。这种世界观可以描述为**"务实的社会角色"**（Pragmatic Social Role）：公共关系是能帮助客户达到其组织目标并增加组织价值的有效操作。然而，格鲁尼格等学者亦表示：以此观点来检视公关在社会中的角色及作用的从业人员通常不会觉得必须要遵守公关道德及操守规范；因为，若需依照公关道德规范执行，客户想达到的预计目标便会有所阻碍。此种社会角色虽然颇为普遍，但是因为对道德操守较不重视，易使组织面对因行为偏差及错误价值观造成与利益攸关者的冲突及声誉受损。

其他两种截然不同的世界观将公共关系当作是作为维持或获得权力的工具，并将公共关系的社会角色定义为保守的社会角色（Conservative Social Role）和激进的社

---

① GRUNIG J E. Excellence in public relations and communication management [M]. Hillsdale, NJ: Lawrence Erlbaum Associates, 1992.

会角色（Radical Social Role）。

保守的社会角色：公共关系的作用在于保障拥有强大经济实力的财团或组织的利益。

激进的社会角色：公共关系的作用乃在于影响社会运动，改变及改革。

这种保守和激进角色的假设是基于对组织传播对社会有极大影响的认知。持有这种认知的学者或从业人员认为，组织及公众关系是零和的对立关系。公共关系的功能是作为组织与其对立的社会团体抗争、权力争夺的工具。是以，抱持此种认知的组织及与组织抗争的利益团体认为，社会的公众是可以通过传播的信息被操纵的。因此，公众的实际利益及权益无法被重视，而他们所接受到的亦只是片面、非完整的信息。

另一种是以对等世界观为**理想的社会角色**（Idealistic Social Role）。对等世界观并不认为公共关系是组织与其他团体对抗的零和博弈竞赛。是以，此种理想的社会角色是指一个组织与其公众在一个多元化的系统中进行互动时，公共关系可作为处理彼此之间相互依存和冲突的机制。格鲁尼格及其团队发展的卓越理论符合此种社会角色的框架。他们认为，公共关系应以实践服务公共利益，促使组织及其公众之间的相互了解，并促进组织与公众参与社会议题讨论为目的。

而最后一种是**批判的社会角色**（Critical Social Role）：公共关系或传播系统是更大的组织或社会系统的一部分。这些系统是可以被建构的，所以，它们可以被拆解及重建。公共关系学者和从业人员也应该批判因组织行为的道德缺乏所导致的对社会产生的负面影响，或无效益的组织行为；以批判眼光来检视公关学者及从业人员，亦需提供解决这些问题的方法。以此种社会角色来看，这些学者认为公共关系是社会中可以不断被改进的一种职业。公共关系的价值在于促进组织的效益；而效益的界定可以理解为组织是否达到其目标。只重视是否达到经济效益目标的世界观，将使组织在盲目地追求这些经济目标的过程中，忽略其容易造成负面的行为，而最终亦会影响到组织声誉，进而带来负面的经济效益。再者，将公共关系视为操纵公众行为、态度、认知的工具，在现今社交媒体、数字媒体盛行的社会中，将趋于困难。利益攸关者及组织的公众可以借由不同的信息渠道，获得对于议题的不同言论及探讨。因此，当组织以利己的方式与公众沟通时，公众会因不同的信息渠道了解到信息的真实性及全面性，进而影响与组织互动、建立关系的形式。批判的社会角色则提供公共关系自省的机会，通过评估与利益攸关者及公众的互动结果，分析公共关系效能的贡献及不足，进而通过重建改善操作方式。

三、由世界观看公共关系的功能及职责

本文前半部分曾提到,世界观乃在于每个人对其环境的诠释,取决于个人经验,不同的概念、符号以及社会上的组织的体验及经验。是以,组织内的管理层会以本身的经验、所学习到的知识以及业界其他组织如何操作公共关系,来决定公共关系的功能、职责及实施。也正因如此,组织的管理者(包括公共关系经理人)的世界观决定了公共关系对组织贡献的程度及对组织及社会、利益攸关者的影响。对于世界观如何影响组织、界定公共关系的操作,Toth 及 Heath 于 1992 年将公共关系的理论分为几种不同的方向[1]:继系统学派(即为大家所熟悉的管理学派、语艺学派及批判学派)之后,整合营销传播学派亦被列为公共关系研究的主要范式之一。由于这本书中已有专章探讨公共关系的范式,本文不多加赘言,而仅于此讨论世界观如何影响公共关系的效能及贡献。

先从语艺学派来看,该学派的学者认为,所有市场和公共政策领域的事实,价值观和政策都是可以被宣传及辩论的。而这些组织及公众间不断的辩论,也为社会群体及个人提供了比现实更好的愿景。Heath 也提到[2],语艺学派之所以有其道德性(Ethical),是因为组织必须提供给公众一个可以沟通、参与讨论的机会及渠道。通过一次次的辩论、讨论、沟通,真理可以越辩越明,组织也更容易了解公众及利益攸关者的想法及所关心的议题。

在批判学派中,有学者认为,组织和社会是一个可以构建的系统(Constructed Systems)。批判学派关注卓越公共关系及规范理论的道德缺失,注重公关实践可能带来的负面社会影响。批判学者 Pieczka[3] 及后现代学派学者 Holtzhausen 和 Voto[4] 认为,公共关系经理人应避免加入组织的最高决策层(Dominant Coalition)。在他们看来,给予公共关系进入组织决策层所带来的权力,会破坏公共关系功能,并对公众造成损害。是以,以批判学派观点来看,公共关系最重要的价值在于为弱势族群发声,保障

---

[1] TOTH E L, HEATH R L. Rhetorical and critical approaches to public relations [M]. Hillsdale, NJ: Lawrence Erlbaum Associates, 1992.

[2] HEATH R L. A rhetorical perspective on the values of public relations: crossroads and pathways toward concurrence [J]. Journal of Public Relations Research, 2000, 12: 69-91.

[3] PIECZKA M. Paradigms, systems theory and public relations [M] // Critical perspectives in public relations. London: International Thomson Business, 1996: 124-156.

[4] HOLTZHAUSEN D R, VOTO R. Resistance from the margins: the postmodern public relations practitioner as organizational activist [J]. Journal of Public Relations Research, 2002, 14: 57-84.

组织中的不同利益攸关者的权益。

　　许多组织及学者均认为，公共关系的价值在于为组织带来经济效益，因此，公共关系的效能在于辅助企业营销的运作。整合营销学派（Integrated Marketing Communication, IMC）的学者认为，这种范式主要的理论架构来自于市场营销理论、传播理论和数据库管理理论。在 Thorson 和 Moore 的文章中[1]，根据营销大师舒尔茨（Schultz）的观点，IMC 是"将所有有关产品或服务的信息来源加以管理的过程"，通过这个过程，使消费者或潜在消费者接触统合的信息，并且产生购买行为，以维持消费忠诚度"。此外，Schultz, Tannenbaum 及 Lauterborn[2]也强调数据库和信息技术的重要性，因为这有助于企业了解目标消费者，并了解他们毕生所抱持的价值。通过数据库管理，组织能够建立与消费者的关系。整合营销公关在近年的发展已转为强调与消费者建立及维系关系，以及强调所谓的关系营销（Relationship Marketing）；源自于北欧的关系营销，亦成为接下来所有营销工作的主要努力方向。然而，若以此世界观来看公共关系的职能及对组织的贡献将有所缺陷。虽然近几年整合营销传播有了很大的发展，然而，在实际操作中，消费者仍是其最重要的传播对象。所以说，该学派的主张无法使组织对所有组织内部及外部的利益攸关者（比如社区民众、员工、利益团体等）平等对待，因而有可能会造成消费者以外的利益攸关者因对组织有所不满而采取抗争的行为。

　　管理学派以格鲁尼格夫妇为首，该学派认为，以系统论观点来看，组织如果要获得效益，必须要与组织运作周围的环境有所互动[3]。为了达到这个目的，公共关系需要以策略性管理的方式进行运作。因此，公共关系必须具备管理功能。格鲁尼格等学者也因此主张，公共关系必须参与整个组织的策略管理，以促进组织的效能。该学派强调平衡组织及公众的利益，而公共关系的作用在于与公众进行有效的对话、鼓励公众参与，以及与公众建立关系。也因应欲建立有效益的组织，该学派所发展的理论包含了公关的四个模式（Four Models of Public Relations）、公众情境

---

[1] THORSON E, MOORE J. Integrated Communication: Synergy of Persuasive Voices [M]. Mahwah, NJ: Lawrence Erlbaum Associates, 1996.
[2] SCHULTZ D E, TANNENBAUM S I, LAUTERBORN R F. Integrated marketing communication: Pulling it together and making it work [M]. Illinois: NTC Publishing Group, 1993.
[3] GRUNIG L A, GRUNIG J E, DOZIER D M. Excellent public relations and effective organizations: A study of communication management in three countries [M]. Mahwah, NJ: Lawrence Erlbaum Associates, 2002.

理论（The Situation Theory of Public）、议题管理（Issues Management）、风险管理（Risk Communication）、环境监测（Environmental Scanning）、冲突管理（Conflict Resolution）、关系管理（Relationship Management）等理论。

综上，不同的公共关系世界观会影响公共关系在社会、组织、利益攸关者、公众等面向所承担的功能职责以及所扮演的角色。在现今科技发达的社会中，社交媒体、电子网络的普及，已使传播无远弗届，社会更趋于多元化。我们认为，一个有效益的，符合卓越公关原则，对社会、利益攸关者及公众有所负责的公共关系的世界观，是必须处于一个开放的系统中，具有管理功能，强调双向对话、对等，关怀社会，崇尚多元、创新及鼓励利益攸关者参与及互动。由于我们认同这种对等世界观的特点，在近年来的公共关系研究发展中，也出现了由此世界观发展出的新概念：利益攸关者参与（Stakeholder Engagement）、公共关系的真实性（Authenticity）及创造共享价值（Creating Shared Value, CSV）。

四、利益攸关者参与

自格鲁尼格的卓越公关理论之后，强调与利益攸关者实质互动的理论亦丰富了公共关系研究的领域。然而，随着这些新理论的发展，学者们亦需再次将我们一直视为理所当然的概念，比如关系、公众、双向以及利益人参与等重新进行检视。Taylor及Kent提到[①]，公共关系是一个帮助组织与许多公众及利益攸关者结合的传播活动。这种让组织及利益攸关者能够有互相参与的概念，亦是一种使双方能进行对话的机会；而通过互相参与，组织与利益攸关者亦会随着一起讨论与双方有关的议题中，制定出能创造社会资本的共同决议。

然而，此概念英文的原文为"Stakeholder Engagement"，许多学者仍对"Engagement"一词的含义有模糊认知。Stoker及Tusinski[②]亦提到，虽然该词常见于研究论文中并广被提及，但是，其具体的定义却从未被深入讨论过。是以，Taylor及Kent整合了公共关系研究文献后，归纳出五种参与方式：

---

① TAYLOR M, KENT M L. Dialogic engagement: Clarifying foundational concepts [J]. Journal of Public Relations Research, 2014, 26: 384–398.
② STOKER K L, TUSINSKI K A. Reconsidering public relations' infatuation with dialogue: Why engagement and reconciliation can be more ethical than symmetry and reciprocity [J]. Journal of Mass Media Ethics, 2006, 2: 156–176.

（一）社交媒体的参与

许多学者使用"参与"的概念，来研究组织如何运用Facebook或Twitter等社交媒体增进与利益攸关者的沟通。"参与"一词在这些研究中，被视为是组织通过社交媒体与利益攸关者和公众的互动。大多社交媒体参与的研究中发现，社交媒体的参与，只是一种从组织发出的与其追随者或朋友的单向传播过程，而不是任何实质的参与或互动参与。

（二）员工的参与

此一方向的研究主要是在于如何促进员工对组织的忠诚及对工作满意度的研究[1]。Welch也提到，员工参与是"一种态度，一种心理或动机状态，及一种人格特质"[2]。因此，Taylor及Kent认为，如果员工参与是一种态度或心态，那么组织的管理可以从沟通方向来影响员工。如果员工参与是一种人格特质，那么则是组织较难以影响的层面。

（三）企业社会责任的参与

此种参与被视为组织以透明和公开的方式让公众提问及检视。企业对社会议题的关注，提供了一个让组织和公众之间互动的环境。至于如何让企业通过参与社会责任的方式增进与利益攸关者的互动及了解，我们在以下"创造共享价值"的概念中将有较深入的着墨。

（四）公民参与及社会资本

一些学者探讨如何通过"参与"来建立社会资本及改善社区。Taylor及Kent认为，社会资本是建立关系的资源。社会资本是关系建立的具体成果，因为它可以为那些直接或间接建立关系者带来利益及优势。Sommerfeldt认为[3]，"参与"是一个公民

---

[1] TKALAC A, VERCIC D, SRIRAMESH K. Internal communication: Definition, parameters, and the future [J]. Public Relations Review, 2012(38): 223-230.

[2] WELCH M. The evolution of the employee engagement concept: Communication implications [J]. Corporate Communications, 2011(16): 328-346.

[3] SOMMERFELDT E J. The civility of social capital: Public relations in the public sphere, civil society, and democracy [J]. Public Relations Review, 2013(39): 280-289.

社会的根基。通过不同群体在公共领域的参与，可以建立社会资本，并有助于促进民主。因此，公共关系创造了一个可以通过媒体关系、语艺和合作/竞争①来促进参与的平台。

（五）对话的参与

Taylor及Kent认为，"参与"的概念是对话理论的中心。企业唯有进行对话参与才是道德的。"参与"是一种组织全心全力投入的表现证明，因为参与的前提是提供接触的方式、亲自出席并与利益攸关者进行互动的意愿。

五、公共关系实践的真实性（authenticity in public relations）

真实性（Authenticity）的建构，在过去几年已被各个不同领域的学科，例如大众传播②③、政治传播④、音乐学⑤、社会学⑥和语艺传播⑦等所讨论。然而，此一重要概念直到2010年左右才开始受到公共关系及传播管理学者们的重视。从公关从业人员的角度来看，比如，Cook认为⑧，在这个人们期待将社会中每个个人的真实故事完完整整呈现的时代中，公共关系的责任在于探索企业行为的真实性并真诚地将企业的故事完整、真实地传播于世界。然而，这些关于企业产品、服务和个人公关故事的真

---

① TAYLOR M. Public relations in the enactment of civil society [M] // HEATH R L. Handbook of public relations II. Thousand Oaks, CA: Sage, 2010: 5–12.
② BROMLEY M. Objectivity and the other Orwell: The tabloidism of the Daily Mirror and journalistic authenticity [J]. Media History, 2003, 9(2): 123–135.
③ MOLINA I. Mediating Frida: negotiating discourses of Latina/o authenticity in global media representations of ethnic identity [J]. Critical Studies in Media Communication, 2006, 23(3): 232–51.
④ LIEBES T. "Look me straight in the eye" The political discourse of authenticity, spontaneity, and sincerity [J]. Communication Review, 2001, 4(4): 499–510.
⑤ MCLEOD K. Authenticity within hip-hop and other cultures threatened with assimilation [J]. Journal of Communication, 1999, 49 (4): 134–150.
⑥ HOLT M, GRIFFIN C. Being gay, being straight and being yourself: Local and global reflections on identity, authenticity and the lesbian and gay scene [J]. European Journal of Cultural Studies, 2009, 6(3): 404–425.
⑦ ZICKMUND S. Deliberation, phronesis, and authenticity: Heidegger's early conception of rhetoric [J]. Philosophy & Rhetoric, 2007, 40(4): 406–415.
⑧ COOK F. It's a small world after all: Multiculturalism, authenticity, connectedness among trends to watch in next 50 years [J]. Public Relations Strategist, 2007(13): 30–33.

实性，不应该只以说服利益攸关者为目的。虽然此行为违反企业文化及其价值，但是 Molleda 认为，企业亦应将其有瑕疵的行为及决定真诚地公之于众[1]。

根据《韦伯百科大辞典》的定义，所谓"真实的行为"，意旨"真诚、实在、可靠以及值得信任"。Taylor 亦认为[2]，"真实性"让每个人有不同的看法、价值观、信念和想法；因此，真实性的内涵在于，要求我们认可与接受不同的观点及行事方式。在更进一步将此概念延伸到组织的层面，企业传播应该在代表组织时，以真实的方式呈现；也就是说，真诚的对话乃是公共关系提供真实讯息给组织的利益攸关者，并尊重利益攸关者的观点。

然而，所谓"真实性"的本质，可以是公众主观的评估[3]；"真实性"是可以根据该组织如何互动来认知的。因此，提供一个组织与公众之间真诚且具有实质对话的渠道，对于公共关系来说，已成为当务之急。在实践所谓的真实性传播方面，Bishop 发展了以下十项原则[4]：清晰、有相关性、及时、一致的、真实的、基本的、广泛的、有接触渠道、关怀且回应反馈。这些原则概念具有"对等、对话、伦理和关系建立的语言，例如，同情、公平、尊重和理解……"的理论基础。此外，根据沈红梅及金正男的研究[5]，组织应致力于让公众感觉到，所谓的组织真实的行为应是求真于己，对行为负责，且组织的行为要符合组织的价值观和信仰。

根据以上论述，我们提出，组织行为的真实性来自于以下几个方面：（1）组织的沟通是真诚的、有对话性，并且真实呈现组织的核心价值观；（2）组织提供的讯息是可以被公众所接触到的、全面的且真实的；（3）组织所表现的行为是关怀公众且回应公众所关注的议题。

如上所言，"真实性"在公共关系研究领域上，自近几年才开始。以下是公共关系研究对于此概念的研究成果：沈红梅及金正男的研究发现，真实的沟通更能加深双

---

[1] MOLLEDA J. Authenticity and the construct's dimensions in public relations and communication research [J]. Journal of Communication, 2010, 14(3): 223-236.
[2] TAYLOR C. The ethics of authenticity [M]. Cambridge, MA: Harvard University Press, 1991.
[3] GILPIN D R, PALLAZOLO E T, BRODY N. Socially mediated authenticity [J]. Journal of Communication Management, 2010, 14(3): 258-278.
[4] BISHOP B. Theory and practice converge: A proposed set of corporate communication principles [J]. Corporate Communication: An International Journal, 2006, 11(3): 214-231.
[5] SHEN H, KIM J-N. The authentic enterprise: Another buzz word, or a true driver of quality relationships? [J]. Journal of Public Relations Research, 2012(24): 371-389.

向对等沟通，帮助组织与公众建立良好的关系。此外，门林娟及洪君如[①]在中国内地针对407个不同组织的员工进行的调研结果显示，面对面的互动和社交媒体是建立组织的透明度（Transparency）、真实性和员工参与（Employee Engagement）的最有效的渠道。此外，该研究亦显示，组织的透明度和真实性亦对员工参与有较强的效果。

六、创造共享价值

为了了解企业和社会之间的相互依存关系，哈佛大学管理学大师波特和克莱姆[②]提出了"创造共享价值"的概念。创造共享价值的企业需要建立双方共识的价值观，并与社会达成认同。一旦组织的公众及利益攸关者认为，他们的需求已获企业重视并纳入企业的发展策略中，他们便会较愿意支持企业（例如，购买该企业的产品，并在企业处于困境中时，为企业的行为及声誉加以辩护）。

具有"共享价值"概念的企业将以促进企业盈利的方式来解决社会问题，并通过其创新的商业模式提升企业的竞争优势。这种观点曾被批评为企业狭义并功利地尽其企业社会责任，而其主要目的是为了提高企业利润[③]；与此同时，利益攸关者可能对其概念也只有有限的兴趣及认知，并怀疑企业是否能够真正对社会有所贡献[④]。然而，Szmigin和Rutherford则为此概念加以辩解[⑤]：创造共享价值的方法是在提升企业竞争力的价值原则与促进社会进步相结合的基础上进行的。为了达到这一目的，企业应该在整个过程中与各方的利益攸关者保持合作。例如，企业以双向、对话沟通的方式来表达对利益攸关者需求的重视，并开发出此前被忽略，但具有创新性且能使企业有所盈利的执行策略。公司可以运用创新的办法来解决与其价值链相关的一些社会问题及

---

① MEN L R, HUNG-BAESECKE C J F. Engaging employees in China: The impact of communication channels, organizational transparency, and authenticity [J]. Corporate Communication: An International Journal, 2015, 20(4): 448-467.

② PORTER M E, KRAMER M R. Creating shared value [J]. Harvard Business Review, 2011, 89(1/2): 62-77.

③ BANERJEE S B. Corporate social responsibility: The good, the bad and the ugly [J]. Critical Sociology, 2008, 34(1): 51-79.

④ STEGER U. Future perspectives of corporate social responsibility, where we are coming from? Where are we heading? [M]// CRANE A, MCWILLIAMS A, MATTEN D, MOON J, SIEGEL D. The Oxford handbook of corporate social responsibility. Oxford: Oxford University Press, 2008.

⑤ SZMIGIN I, RUTHERFORD R. Shared value and the impartial spectator test [J]. Journal of Business Ethics, 2013, 11(4): 171-182.

议题，并与政府或民间团体合作，以改善社会的情况。维瑟主张①，价值创造的目标应该由企业和利益攸关者共同实现。正如 Szmigin 和 Rutherford 指出，利益攸关者是很重要的，他们应该被企业所认同，被征询意见，并帮助管理层作出公正的决定。

此外，Jamali[②]、Michelini 和 Fiorentino[③]认为，当企业进入发展中国家时，创造共享价值将会有更强大的效果。这些国家提供有吸引力的商业机会，为企业降低劳动力和资源成本，但这也不可避免地给当地造成一些社会问题。在这种情况下，企业应该制定以社会价值观为基础的社会责任，并将其纳入组织的企业业务发展战略中，以造福于社会。

在公共关系研究中，企业社会责任的议题已被广为探讨。然而，针对创造共享价值对企业及利益攸关者的影响的研究仍然不多。为了探讨此概念对于公关操作及对组织是否有正面的影响，洪君如、Stacks、Coombs、陈怡如以及爱德曼公关的资深执行副总裁 Ben Boyd，以爱德曼公关2015年所发表的信任度（2015 Edelman Trust Barometer®）调查数据为基础，探讨在美国及中国，企业社会责任（CSR）、利益攸关者对于企业创造共享价值行为的期望、企业信任度以及利益攸关者对企业支持的行为等变量之间的关系[④]。

该研究结果显示，企业社会责任在美国是信任企业的唯一预测因素；而在中国，企业社会责任和创造共享价值二者是可以预测利益攸关者对组织信任程度的因素。此外，当利益攸关者对企业创造共享价值的行为有所期待时，且当他们也看到企业尽到其社会责任的行为时，这些利益攸关者对企业的信任度便会加深。该研究进一步发现，在美国及中国，企业社会责任行为，利益攸关者对企业创造共享价值的行为的期待和对企业的信任度，均会对利益攸关者对组织的支持行为有所影响。在中国的研究亦显示，利益攸关者认为企业在解决社会和经济问题时，企业亦是可以寻求其商业利

---

① VISSER W. The age of responsibility: CSR 2.0 and the new DNC of business [J]. Journal of Business Systems, Governance & Ethics, 2010, 5(2): 7–22.

② JAMALI D. CSR of MNC subsidiaries in developing countries: Global, local, substantive or diluted? [J] Journal of Business Ethics, 2010, 93(2): 181–200.

③ MICHELINI L, FIORENTINO D. New business models for creating shared value [J]. Social responsibility Journal, 2011, 8(4): 561–577.

④ HUNG-BAESECKE C J F, STACKS D W, COOMBS W T, CHEN Y R, BOYD B. The effects of corporate social responsibility and creating shared value on public trust, and public supportive behavior: A comparison [C]. Paper to be presented at the 19th International Public Relations Research Conference, Miami, USA, 2016.

润的；且与此同时，这些企业行为将使利益攸关者对企业的信任度及所展示的支持行为将会有更大的效果。从企业伦理道德的角度来看，该研究也显示了企业如何在界定企业社会责任目标和行动中，与社会及组织的利益攸关者共同创造多方都能接受的价值观，以携手促进企业三重底线（triple bottom-lines）的责任。

七、结论

本文讨论了各种由不同的世界观所繁衍出的不同的价值观、组织对公关执行方向，对社会、公众等所造成的影响。由这些不同的观点，我们亦可了解到世界观犹如公关职业的基础：对等的世界观能指引组织及公共关系经理人以正当、遵守道德、自律公约的方式，做好组织与公众间的沟通管理，减少风险及危机的产生，并可以提升组织的声誉，维护与利益攸关者之间良好的关系。当组织意识到与利益攸关者及其他组织的共生共存的必要性时，只追求一己私利的沟通方式，不仅无法帮助组织的永续经营，反而会导致组织在财务、声誉上的损失。正确的世界观能引导组织建立良好的价值观，强化自身与社会各阶层的互动，并以环境监测、议题管理方式，了解公众及利益攸关者对组织的意见及想法。实际上，让公众参与组织的决策过程，可以增进互信双赢的机会。

〔詹姆士·格鲁尼格（James E. Grunig），美国马里兰大学退休教授；
洪君如，新西兰梅西大学（Massey University）资深讲师；
拉丽莎·格鲁尼格（Larissa A. Grunig），美国马里兰大学退休教授〕

第三章 公共关系的理论范式

Kuhn（1970）在其名著 *The Structure of Scientific Revolutions* 中指出，所谓的范式/典范（Paradigm），是一种思考形式，一种能解惑或解决问题的概念或理论，也是一群特定人士（Community）共享的特殊理念、价值观或技巧。根据Kuhn的观点，只有一个解释力很强、多年来为多人所引用的强大理论，亦即多年来环绕它建立起无数研究的理论，才配被称为范式；或者说，当许多理论都指向同一个中心思想时，那个中心思想或主要论述，才足以称作范式。而即使是范式，也有所谓的生命周期。Kuhn认为，科学的进步不像进化论那样呈渐进式，而是一种知识上剧烈的革命与跃升，时间到了，新的范式释出，旧的范式式微，新的"世界观概念"（Conceptual Worldview）取代了旧的，也就完成了范式的转移。

一、公关理论与"范式渊源"

如果把"范式"的观念应用到公关研究上，可否整理出公关理论的范式，审视其源流脉络与发展变迁，并探讨其变迁是否与时势和大环境相关，或与世界潮流相合？于是，张依依（2007）以时间为经，以公关理论与研究为纬，以历史比较法研究，著成《公共关系理论的发展与变迁》一书，一探公关理论在1975—2006年间的发展、演变与风貌，并发现这32年的公关理论与研究，可大致分为三个十年：第一个十年是"说服"的年代（1975—1985年）——"信息运动"与起源、McGuire的"说服矩阵"、对"说服矩阵"的质疑与补充、健康传播成功范例、注意力转移到"受众"上、Grunig的情境理论、Rogers的创新传布、Petty和Cacioppo的ELM、McQuail的传播运动模式、共向模式、消息来源vs.新闻人员、议题建构理论、公关角色理论；第二个十年是"管理"的年代（1986—1995年）——生态学与公共关系、系统论、从公关定义看系统论、Grunig的"公关四模式"、卓越公共关系、卓越公关"新双向模式"、博弈理论、冲突管理、议题管理、风险沟通、危机、危机管理、从语艺取径看危机沟通，以及营销公关/整合营销传播；第三个十年则是"关系/语艺"的年代（1996—2006年）——关系理论、本土关系研究、语艺/批判学派怎么看公关、批判的理论基础、框架理论。

由于该书成时坊间缺乏公关范式哲理的相关探讨，有关大型理论与范式之间的区别，除了Kuhn最早所述之外，也没有进一步的文献可供参考。因此该书未敢对公关理论的"范式"遽下结论，仅以"范式渊源"代之（见表3-1第7项）。

表3-1 公共关系理论三阶段比较纵览（1975—2006）

	分析角度	第一个十年（1975—1985）	第二个十年（1986—1995）	第三个十年（1996—2006）
1	主轴/史观	说服	管理	关系、语艺
2	传播方向	单向	双向	双向
3	分析对象	信息发送者	组织	受众
4	分析单位	讯息、渠道、信息发送者	次系统	关系、公共记录、意义/符号、价值
5	世界观	说服、零和	双赢、适应环境、生存	合作、权力、批判
6	相关学科	心理、传播	管理、语艺	语艺、人际关系、传播
7	范式渊源	说服理论、耶鲁研究"信息处理模式"	结构—功能论、系统论	符号互动论、文化研究、冲突理论
8	范式	后实证	后实证	后实证、批判/文化、建构
9	研究取向	实证观点	实证观点	诠释观点为主，实证观点
10	研究方法	量化、因果研究、效果研究	量化、内容分析、效益分析	质化、批判研究、历史研究、量化、测量
11	效果注重	传播效果、态度行为的改变	透过双向对称沟通，发挥组织实效	建立、维系、测量关系质量，言说成效
12	代表学者	McGuire, Grunig, Broom, Dozier	Grunig, Heath, Benoit, Coombs	Ledingham, Heath, Toth, Cheney

（资料来源：张依依，2007）

张依依根据Prior-Miller[①]所述，对组织学有过启发且为公关理论提供洞见的四个大型理论——符号互动论（Symbolic Interactionist）、交换理论（Exchange Theory）、冲突理论（Conflict Theory）、结构—功能论（Structural-functional Theory），论断1975—2006年间公关研究的"范式渊源"，从早年的说服，转而为结构—功能、系统论，然后又往符号互动、文化研究与冲突理论方面发展（见表3-1第7项）。同时该书结尾预测了公关学界未来可能会增加现象学（即建构论）、文化、批判相关研究。如表3-1所示，综理该书论述，其中第8项"范式"为此番本文所新加，原先之第8项"研究取向"此时虽仍并列，但日后应取消，详见后述。

所谓大型理论，又称"后设理论"，是一种源头（orientations）与观点（Prior-Miller, 1989）。由于大型理论与本文关系密切，兹简述其中与公关"范式渊源"有关的三种大型理论如下：

符号互动论（Symbolic Interactionism）源于行为学派，是社会学家最早用来理解人类互动及其对社会所造成影响的学派。该理论认为，社会真实只是人们认为的真实，亦即社会互动的意义，由互动的人决定；人们在互动中用了很多具有象征意义的符号，而这些符号不是一成不变的，处于一种持续的磋商状态。语艺相关研究（见3-1第1项）也有一些源自符号互动论的观点，其观点与建构论相通，只是建构论更为宏观（详见后）。

冲突理论源于马克思，以生产过程为分析单位。由于每个人在组织里的竞争目标和价值都不一样，因此冲突是人类互动里不可避免的一环，同时也是社会现象的辩证；在每种情况下，都有正面和负面，这些互斥的极端会相互抵消；权力总有差别，资源也永远不够，人们因争取资源分配而时起冲突。许多公关第三个十年批判性的论文均源于冲突理论，尤以语艺相关论述为然。

结构—功能论（Structural Functionalism）源于实证主义（Positivist），顾名思义，由两种架构组成，属行政学派，展现的是一种静态的社会观。结构—功能论认为，社会现象由社会结构与功能交互作用而成。在社会里，组织与各关系同属一个大系统之下，如同身体之各部，隶属于一个整体之下，且伺服于这个整体。在结构—功能论者眼里，社会及其结构的总和大于各部分的加总，因此注重整体，个人及其价值与目标

---

① PRIOR-MILLER M. Four major social scientific theories and their value to the public relations researcher [M] // BOTAN C H, HAZ LETON V. Public relations theory. Hillsdale, NJ: Lawrence Erlbaum Associates, 1989: 67-82.

占次要的位置，一切以整体为前提。结构—功能论最适合用来研究组织，Grunig 和 Hickson[①]很早就指出，公关应能从"结构"变项里获益，后来Grunig果真演绎出源自"结构—功能"论下"系统论"的"公关四模式"[②]。

二、范式及其哲学前提与假设

时序推移，2012年公共关系新期刊 *Public Relations Inquiry* 首刊，主修哲学，又做了13年公关实务，再攻读公关博士的Curtin（2012），对公关哲学与范式多所剖析，也详加论述范式的定义、源头与内涵。由于范式本来就与哲学的本体论、认识论和方法论密切相关，所以Curtin的分析，一扫历来传播／公关学界对"范式"的模糊界定，使得公关范式有了清晰的面貌，而本文作者也终于得以超越"范式渊源"，进一步论断1975—2006年间公关研究的"范式"。虽然只有两字之差，但这却是公关研究的一大步，详见下文。

根据Curtin的观点，哲学家公认对"什么是哲学"尚无定论，而公关则否。哲学家知道"哲学就像在半夜的煤窑里寻找黑猫"，公关学者则困惑为啥还没找到猫。在哲学里，所谓主体论（Ontology），即：我们认为研究对象是什么？认识论（Epistemology）是：我们怎么知道它？而方法论则是：我们怎么研究它？但Curtin认为，公关界对什么是黑猫，怎么知道它，怎么寻找它，都还没有定论。

自从Kuhn的 *The Structure of Scientific Revolution* 一书出版后，社会科学界对其引用十分频繁，但自然科学界则嗤之以鼻，因为它挑战了17世纪笛卡尔提出理性主义（Rationalism）以来的科学研究方法。笛卡尔认为，万事万物，甚至人体，都像机器一样受制于物理法则。19世纪的孔德（A. Comte）又把这套源自自然科学的学说系统法制化，将其命名为"实证主义"（Positivism）。20世纪早期的维也纳学派（Vienna Circle），更把它进一步精练。维也纳学派主张研究有两种：一种是科学的经验研究，另一种是科学的逻辑分析。前者属经验科学，因为研究大自然必须依赖经验；后者则属于哲学的范畴（Curtin，2012；Chen，2013）。

---

① GRUNIG J E, HICKSON R H. An evaluation of academic research in public relations [J]. Public Relations Review, 1976(2): 31–43.
② PRIOR-MILLER M. Four major social scientific theories and their value to the public relations researcher [M] // BOTAN C H, HAZLETON V. Public relations theory. Hillsdale, NJ: Lawrence Erlbaum Associates 1989: 67–82.

维也纳学派视科学（含自然科学及人文科学）为一门"把系统（System）分解成细目并测量之，以寻找主掌个别真实不变法则和逻辑的学问"（Curtin，2012：32）；他们认为科学知识是积累的，因对外在世界不断地理解而增加。但Kuhn不以为然，他认为科学的进步有时是一种大步的跃升，并称这群委身同样理论与工具的科学家的共有世界观为"范式"。Kuhn的说法引起20世纪70年代的一连串批评，因为这种说法似乎意味着客观验证不必要了（Dreyfus，1980）。Curtin认为，这些人都误会了Kuhn的本意，把他的"认识论"立场误认为"本体论"立场（Nickles，2003）。

虽然自然科学家极力反对Kuhn，但根据Curtin[①]的观点，当时还很年轻的社会科学界却大大地拥抱了Kuhn的说法，认为这是一种达到学术高度的概念，而且还认为"多元"范式会降低学术高度，带来负面效果，而"单一"范式还可附带解决当时社会科学面临的正当性危机。但也正因如此，社会科学家概括接受了自然科学的通则——人类行为也有"通则"可言，而社会科学的最高目的，就是要找出一个单一、宏大又具解释力的理论或范式，以便解决那些还没有答案的问题[②]。

三、Curtin的"传播／公关范式"及内涵

Curtin[③]（2012：36）认为，人们常听信一些没有验证过、非真实的东西来选择范式，然后再本着这样的结果来发表所谓的事实或知识，这样很不恰当。所以她谨慎地提出四个建立在Guba和Lincoln[④]质化研究的基础上、本着不同哲学假设提出的范式，见表3-2（此为Curtin原表加中文翻译，其中第四个"后现代"范式为Curtin所加）：

[①][③] CURTIN P A. Public relations and philosophy: Parsing paradigms [M]. Public, 2012.
[②] HALLAHAN K. The paradigm struggle and public relations practice [J]. Public Relations Review, 1993, 19(2): 197-205.
[④] GUBA E G, LINCOLN Y S. Competing paradigms in qualitative research [M] // DENZIN N K, LINCOLN Y S. Handbook of qualitative research. Thousand Oaks, CA: Sage, 1994: 105-117.

表3-2 传播范式及其特征参考

特性 Characteristics	后实证主义 Post-Positivists	建构主义 Constructionist	批判/文化 Critical/Cultural	后现代 Postmodern
本体论 Ontology	批判实在论 critical realism	社会建构的 socially constructed	历史实在论 historical realism	随发的/破碎的 contingent, fragmented
认识论 Epistemology	修正过的二元论者 modified dualist	共识，当下的意义 consensus, in situ meaning	结构的洞见 structural insights	上下文/语境的洞见 contextualized insight
方法论 Methods	统计 statistical	质化 qualitative	批判/辩证 critical/dialectic	叙事/论说 narrative/discourse
知识之取得 Knowledge gain	累积 accretion	代理经验 vicarious experience	历史修正主义 historical revisionism	对自我的了解 self-understanding
目的 Goal	预测/控制 prediction, control	了解/建构 understanding, reconstruction	批评/解放 critique, emancipation	解放/玩耍 emancipation, play
标准 Criteria	效度/强健度/信度 validity, rigor, reliability	真实性，如实 authenticity	动作 action	自我反思 self-reflective
研究立场 Research stance	客观科学家 objective scientist	参与者 participant	鼓吹者/行动者 advocate, activist	威权的/特权的 authoritative, priviᵣleged
研究者价值 Research values	排除在外/禁止的 excluded, off limits	包含的/形成的 Included, formative	包含的/形成的 included, formative	包含的/独立实在的 included, substantive
研究目的 Object of study	个体，效果 individuals, effects	社会团体/意义 social groups/meaning	政经结构/文本 political/economic structures, texts	个人观点 individual perspective
理论之角色 Role of theory	预测 predict	解释 explain	决定 determine	启发 illuminate

资料来源：Curtin[①]

然后，Curtin分别对这四个范式，做了论证与分析。其中第一个"后实证"范

---

① CURTIN P A. Public relations and philosophy: Parsing paradigms [M]. Public, 2012.

式是笛卡尔的世界观和逻辑实证论的现代版。实证主义主张我们可以测定"存在"（nature of being）的本质，而 Karl Popper 的贡献就在于自他之后，我们能提出假设并验证之，开启了后实证的时代。所谓"后实证"就是在研究者的心智之外，还有一个独立真实的存在，并且可以测量，但研究者并不全然地知道它，因此只有在客观的状态下，研究才是有效的。当然也可以通过理论预测现象，或通过统计来测量分析，知识就这么一点一滴累积下来。这个范式与自然科学最相似，尤其研究方法。在社会科学领域，这个范式既驱动了认知科学，如认知心理学、宏观社会学等，也驱动了包括传播学在内的相关研究（含公关研究）的发展。前文提到的"结构—功能论"下的公关角色理论、系统论、卓越理论都源于后实证范式，关系理论因为要测量关系演变，也属于这个范式。后实证公关学术研究在美国一直很强大。

第二个"建构范式"的灵感源自海德格尔（M. Heidegger）和胡塞尔（E. Husserl）的现象学，其主要论点是：意义不存在于外在现实（External Reality），而存在于共享的知觉/意识中。建构论不否定物理/自然真实，但更关心人类通过互动所创造的共享真实，因为没有东西能外在于历史和社会背景而单独成立。由于意义非独自存在于外在真实，而是创造于社会各单元之间，因此"客观"就没有必要了。在这个范式下，检测一个理论是不是个好理论不在于其预测力或推论力，而在于其解释力。这个范式有很多地方借用人类学（如 Clifford Geertz）和微观社会学（如 George H. Mead）的观点，重心在文化和群体互动。Carey[①]（1989）认为，这个范式相对来说，倾向于从一个仪式（ritual）的观点看传播/沟通。根据 Curtin 的观点，建构论传播学界的相关研究非常少，除了 20 世纪 70 年代大众传播方面曾有过一系列"新闻室的社会控制"民族志研究之外，其他没有。

第三个"批判/文化范式"源自新马克思主义，与前述"冲突理论"有密切关系，理论大师如伯明翰学派的 S. Hall 及法国结构主义派学者。这个范式认为，真实（reality）是由霸权支配意识形态建构出来的，其研究目的在于揭露这些隐藏在政治经济结构下的意识形态。这个范式并不追求更认清这个世界，而是想采取行动改变世界。研究者多为倡议者，想揭露种种不平等、不公义，想从本质上改变社会。该范式的公关研究多来自欧洲、澳洲。美国则因为后实证力量强大，批判范式研究很少，经费也少。

---

① CAREY J. Communication as culture [M]. Boston: Unwin Hyman, 1989.

Curtin认为，第四个"后现代范式"已有了属于自己的普遍规律①，所以把它加在最后（见表3-2）。后现代范式是批判／文化观点中严厉的"决定论"（Determinism）的反扑，它否定后设／元叙事（Meta-narrative），而聚焦在背景和随机性。主要研究者如J. Lyotard, J. Baudrillard和M. Foucault。该理论注重的是在某些状况下，权力和话语如何流动与行使。后现代论者认为，权力不来自结构或事情，而来自当下语境的表述。后现代公关研究重视意见的分歧，而非共识。

Curtin指出，由于研究者很少说出自己研究的哲学假设，所以产生很多名词上的困扰与误解。例如，各范式间的内涵或名词，是不可"共测"的（Incommensurabilities）。在后实证主义，性别是本质问题，是个可以被量化的变项，可以用来预测行为；但在建构主义，性别是社会建构的结果，与文化和习俗相关。在批判／文化范式，性别着重批判男性霸权；但到了后现代，性别则是流动的。至于公关，也有两个语意上的混淆，例如关系，在后实证范式下是可开发、可维持的，但在后现代，是流动的。因此范式是整体的（holistic），只有在同一个语境和参考架构下才有意义；从不同的范式看世界是不兼容的，连文化上也不兼容。例如，从易经观点，公关是为了创造"和谐"（harmony），而非"平衡"（balance）②（Curtin, 2012; Chung & Ho, 2009）。

四、国际公关导致"共创"视野

从20世纪90年代中期到21世纪初期，美国公关学界因国际学生的加入，出现一种研究"关系"（Relationship）的理论风潮。③进入新世纪，在全球化／跨文化的氛围下，有人提出以"共创"的观点（Cocreative Perspective，有时称"合创"）看国际公共关系（Taylor and Botan, 2006; Botan and Hazleton, 2006），理由是过去公关研究都被功能论所笼罩，组织一味强调说服，公关不过是工具或手段，例如信息津贴、媒体关系等研究，都只注重内涵，集中在功利和结果上。而今应该要转向，转移到意义制造上。"共创"视"公众"为意义和沟通的"共同制造者"，聚焦于组织与公众之间的关系互动，如此公关则成了二者关系变化的协商者。共创观点视公众与组织为"对

---

① 其实早在上世纪末，后现代就被认为具备了正当性，见Denzin and Lincoln (1994).
② CURTIN P A. Public relations and philosophy: Parsing paradigms [M]. Public.
③ 张依依. 公共关系理论的发展与变迁 [M]. 合肥：安徽人民出版社，2007.

等的参与者"（equal player），如：OPR相关研究、对话理论（Dialogue）、共向理论、语艺等均持有这种观点（Taylor and Botan, 2006：486-487）。Botan和Hazleton[①]认为，过去20年公关领域最惊人的改变，就是从功能论——注重传播技术、媒体关系，视公众为工具，一改而为共创论——视公众为意义的共创者，强调与公众建立关系。Taylor和Botan[②]认为，培养关系最重要的就是视公众为"伙伴"，共同创造意义。传统公关视野只把公众放在第二位，但从功能论一转而到关系和对话，就是一种共创视野了。在国际公关上，这种视野正可以促进彼此了解对方文化，因此他们力言公关已经进入一种新范式。

其实在商学院"共创"早就有人提出[③]（Lovelock and Young, 1979; Von Hippel, 1987），但直到本世纪初，才形成比较清楚的概念（Prahalad and Ramaswamy, 2000; Vargo and Lusch, 2004）。私人部门（Private Sector），共创植基于两大趋势：终端用户（end-users）参与制造链上的某些活动，而成为共同制造者；或因其对产品或服务的经验带来附加价值，而成为共同创造者（Co-creators）。现今共创的观念和案例充斥管理和营销的相关讨论，并且由于科技发达，终端使用者不再遥不可及，因此日益受到商业研究的重视[④]。Voorberg, Bekkers和Tummers（2014：1335）发现，在122篇公共行政文献里，co-creation和co-production两个词常通用，但co-creation相较之下，更重视"价值"，至于偶尔有人用的participation（参与）一词，则被视为较"被动"地涉入而不能混为一谈。根据Voorberg et al.的观点，公共部门的共创研究有几个特色：其一是定义不明；其二是"过程"很重要，比结果重要；其三是质化研究过多，尤其个案研究。并且共创在公共部门简直是个魔法（magic）概念，不管成效如何，本身就被视为一种美德，政治象征性十足，是一种炫耀性的生产过程，可以被挪用来弥补民主的缺失，或正当性的不足。至于美国主要公共关系期刊，多年来只有

---

① BOTAN C, HAZLETON V. Public relations in a new age [M]. New York: Erlbaum, 2006: 1-17.
② TAYLOR M, BOTAN C H. Global Public Relations: Application of a Cocreational Approach [R]. Paper presented to 9th IPRRC, South Miami, Florida, 2006: 485-492.
③ LOVELOCK, C H, YOUNG R F. Look to consumers to increase productivity [J]. Harvard Business Review, 1979(57): 168-178.
④ 近年管理、营销领域倡言共创，P&G执行长Alan George Lafley曾公开表示，要让消费者从头参与，共同创造培养品牌，Sony, Lego, BMW等公司亦纷纷建立共创网络平台。参见：https://www.visioncritical.com/lafley-returns-to-procter-and-gamble/.

一篇短文讨论共创——新西兰学者Theunissen[①]认为,"形象"与"声誉"(reputation)有别,形象或许可以单方面包装,而一个"本真的企业识别"(authentic corporate identity)则必须共创,因为意义会一直改变,只有与公众不停"对话",视公众为企业识别的"来源"而非"目标",才能避免沟通不良的风险。

五、单一vs.多元,大型理论vs.范式

公关学界自20世纪90年代起,就探讨范式与公关之间的关系,企图寻找一个单一、能承载一切的强大范式。然而,早在1996年版的 *The Structure of Scientific Revolution* 一书里,Kuhn就提过自然科学家多在不受干扰的环境下孤立地做研究,多倚仗一个独立的宏大理论或范式来领导研究,但社会科学面对的是多变而又亟待解决的问题,单一范式难以应付。在1991年的版本里,Kuhn也说社会科学的目的是了解行为,而非发现法则;如果真有任何法则,也只是去管理它。换言之,Kuhn并不认为社会科学能依靠单一范式来解决复杂而又随机的社会问题。Miller(1983)认为,正是这种对单一范式的错误期待,阻止了学科的进步,许多追求单一范式的讨论都是个假议题。Curtin认为,公关学界应该停止追求单一范式,尊重多元范式,这才应是Kuhn的本意,因为Kuhn(1991:22-23)曾说过:"我近来少用'范式'一词,我对它失去了控制。"看来人们把这个词和这个观念,用得太浮滥了。

但放弃单一范式并不表示不追求"范式"这个概念。在各种文献里,范式被用得多且频繁,并且所指的状况都不太一样:有时指沟通风格,有时指架构(Framework),有时指跨学科整合,有时指理论或论旨(Thesis)[②]。Kuhn本来就认为范式应包含一堆兼容的理论,而非"理论"的代名词;Botan和Hazleton也同意传播应该是多元范式的,各种理论不时竞争,彼此挑战各自的底线。只是,范式应比理论或大型理论的位阶来得更高,包含范围也更广。有关此点,公关学界几乎没有讨论,但隐然同意公关应为多元范式的,这已经算是一种认识论的转变了[③](Bardhan and Weaver, 2011; Curtin, 2012)。

---

① THEUNISSEN P. Co-creating corporate identity through dialogue: a pilot study [J]. Public Relations Review, 2014, 40 (1): 612–614.
② BOTAN C, HAZLETON V. Public relations in a new age [M]. New York: Erlbaum, 2006: 1–17.
③ BARDHAN N, WEAVER C K. Introduction [M] // BARDHAN N, WEAVER C K. Public relations in global cultural contexts: Multi-paradigmatic perspectives, New York: Routledge, 2011: 1–28.

六、"共创"或"参与"是否为公关范式？

Gubat和Lincoln（1994）认为，不同的前提和定义，会影响我们问什么问题，以及用什么工具来回答问题。但Curtin①强调，范式的选择是个政治问题；每个范式底下都有一套有关存在本质以及如何去认识那个"存在"的哲学假设。又因为只是假设，无法验证，所以范式也是个信念问题。Kuhn所谓范式的跃升，就是信念的转变。那么，"共创"是不是个能被公关学术界接纳的范式呢？笔者以为，这个问题并不好回答。根据现有文献，如果把共创视为一个宽泛的概念或观点，似无不可，但若论其有无表3-2中的哲学前提与假设（见表3-2"特性"项下"本体论"等），则公关学界的相关讨论尚付诸阙如，有待后人深掘。

虽则如此，"共创"并非全无价值，前言Curtin表3-2中四个依不同哲学前提所提的范式，系本着Guba和Lincoln 1994年四个范式（实证、后实证、批判、建构）的基础增减而来——减去了原表为首的"实证范式"，增加了"后现代"范式（见表3-2：后实证、建构、批判/文化、后现代）。而Guba和Lincoln②原先这四个范式，亦曾遭到Heron和Reason（1997）的挑战，后者在其基础上，增加了"参与/合作范式"（participatory/cooperative paradigm），理由是"建构"范式这个名称，是一种自我反释（self-reflexive），没有交代清楚"建构真实"和"原初本然秩序"之间的关系，而"参与"的世界观则较有帮助，也较令人满意。

所谓参与的世界观，就是"合作探索"（co-operative inquiry），Heron和Reason认为这种说法较能指出意义、欢乐、美丽等亲身参与的形象（image）所带来的感受，也较有助于远离笛卡尔那种抽象机械的世界观。Heron和Reason③的说法基本上是经验的（experiential），他们认为，只有"经验+实体"的世界，才造就了存在与感知，所以提出重感受的经验主义（empiricism）来解救实证主义的弊病。

后来Guba和Lincoln（2000）也同意目前学者所提的问题日趋灵性，质化研究日益受到重视，各范式之间也相互滋养浸染，于是将1994年自己所提的四个范式，增加了第五个"参与范式"，并认为参与范式与建构论最为接近，甚至可以说是隶属于

---

① CURTIN P A. Public relations and philosophy: Parsing paradigms [M]. Public, 2012.
② GUBA E G, LINCOLN Y S. Competing paradigms in qualitative research [M] // DENZIN N K, LINCOLN Y S. Handbook of qualitative research. Thousand Oaks, CA: Sage, 1994: 105-117.
③ HERON J, REASON P. A participatory inquiry paradigm [J]. Qualitative Inquiry, 1997, 3(3): 274-294.

建构范式。他们也同意"价值"的不同，造成了实证派和诠释派的不同。在这个开放的年代，哲学的前提已经超越了研究方法，也加速了如Geertz（1988，转引自Guba and Lincoln, 2000：164）所预言的"类型边界的混淆"（blurring of genres）。Guba和Lincoln①（2005）亦觉得讨论各范式如何合流，有何不同，有哪些争议、哪些矛盾，比争辩范式本身，来得更有意义。

前言Guba和Lincoln②新加的"参与"范式，与本文所提的"共创"范式颇为相似，但深谙公关哲学的Curtin在其表格里，并没有加上参与范式（见表3-2），更完全没有讨论共创范式，反倒援引添加了"后现代"范式，原因何在？可能是因为"后现代"相关理论与研究已强大到较无争论，而参与或共创在传播／公关学界则根本没有什么案例研究，也缺乏该有的哲学前提与假设，所以还不能算是学术意义上的范式。其实商学院的生产、制造或营销，本是单向的，因此可以纳入终端消费者来"共创"，而公关一向标榜的是"双向"沟通，早就隐含了共创的本质，所以也似乎没有必要再度强调它。

七、建构相关研究与公关"范式"的确立

前文提到，Curtin认为，建构范式只有20世纪70年代大众传播"新闻室的社会控制"系列论文，其他没有，其实不然。G.H. Mead和其高足H. Blumer有名的符号互动观点，以及E. Goffman的"面子管理"（Face Management，在语艺里衍生出形象修复等理论）及"框架分析"（Frame Analysis），在语艺研究进入公关领域的第三个十年，是颇有一些相关论文的（参见张依依，2007），只是Curtin不查而已。

综论上述，回到表3-1，本文一开始表示其中第8项"范式"一项，为本研究所新加，而加了以后，应取消原先第8项重复的"研究取向"，其原因已如前述。此外，依据上述诸新文献与论证，公关研究前后三个十年三阶段的范式，应可从此确立为："后实证""后实证""后实证、批判／文化、建构"（见表3-1第8项）。至于2007—

---

① GUBA E G, LINCOLN Y S. Paradigmatic controversies, contradictions, and emerging influences [M] // DENZIN N K, LINCOLN Y S. Handbook of qualitative research (3rd edition). Thousand Oaks, CA: Sage, 2005：191-215.

② GUBA E G, LINCOLN Y S. Paradigmatic controversies, contradictions, and emerging influences [M] // DENZIN N K, LINCOLN Y S. Handbook of qualitative research (2nd edition). Thousand Oaks, CA: Sage, 2000：163-188.

2016年第四个十年公关研究与范式，则是另一个宏大的命题，有待后人戮力探究。

前言一个范式必须有自己的哲学立论、多年来反复为人所采用，且能如大伞般包含一群相关理论，才能为社会科学界所公认，而公关应该是天然多元范式的；凡此恰恰与张依依（2007）以历史比较法所呈现的研究结果相符合。根据张依依[①]的观点，公关理论几乎每十年"主轴"一变，而在主轴转移之际，立论常有些许重叠，而这种多元的情况，无碍于公关研究。既然上述讨论与文献已阐明范式是一种信念，也是一种世界观，则代代的世界观不尽相同，所宗法的范式和研究方法，自然可能不同，所以对公关学术的多元范式移转，并不觉得奇怪，反而符合实况。明白了这一点，我们对公关范式研究，前人研究立论及未来的研究趋向，都可以有更智慧的体认，而不再处于如 Curtin 所说的暗室之中。

（张依依，台湾世新大学公共关系暨广告系副教授）

---

① 张依依. 公共关系理论的发展与变迁 [M]. 合肥：安徽人民出版社，2007.

第四章 公共关系学的哲学思考

公共关系学相较于社会学、经济学、政治学等学门,是一门相对年轻许多的学门。晚至20世纪70年代,美国学术界才开始研究公共关系学。[①]至于海峡两岸,学术界对于公共关系学的探讨则开始得稍晚一些,大约是在20世纪80年代后期才展开。在台湾方面,公共关系的运用虽然存在已久,但是公共关系产业的兴起则是在20世纪80年代,到了90年代更加蓬勃发展。台湾最早发表公共关系论文的学者是郑贞铭,他在1969年时已经开始撰文探讨公共关系学。早先台湾的公关研究论文主题以"宣传"为主,90年代之后因为开始引进美国的整合营销与关系管理等论述而更加多元(黄懿慧,2003),一些学者不仅承袭了美国的学术精华,更试图深化理论,例如黄懿慧师从管理学派大师格鲁尼格(James E. Grunig),并将其学说进一步发扬光大。中国方面,1984年,中国社会科学院新闻研究所成立了"中国公共关系研究课题组",拉开了公关研究的序幕,自此之后,公关研究的诸子百家之言持续引入。从1986年开始,中国内地也出现了公关热潮,在1989年达到顶峰。在其后几年,公共关系学界展开了一场正名与寻求合法性的思索,希望建构具有中国特色的理论,一方面从传统文化中汲取养分,另一方面则参照在地的实际需求,提出了"关系生态说""真善美观"等论述。[②]

经过几十年的中外发展,公共关系在迈入21世纪之际,不仅在产业方面已经有了非常健全的发展,而且在学术研究方面,也呈现了百花齐放的多元精彩。美国公共关系学者Toth曾将公共关系研究划分为语艺/批判与系统论两大类。[③]台湾传播学者

---

① 黄懿慧. 西方公共关系理论学派之探讨:90年代理论典范的竞争与辩论[J]. 广告学研究,1999(12):1-38.
② 陈先红. 关系范式下的公关研究[M]. 武汉:华中科技大学出版社,2010.
③ TOTH E L. The case for pluralistic studies of public relations: rhetorical, critical, and systems perspectives[G]. TOTH E L, HEATH R L. Rhetorical and critical approaches to public relations. Hillsdale, NJ: Lawrence Erlbaum, 1992: 3-15.

黄懿慧在前述的基础上，进一步将公共关系研究区分为三个不同的主流典范。首先是"系统论（或管理）"学派，其主要代表人物为格鲁尼格夫妇；其次是"语艺／批判"学派，其主要代表人物为 E. Toth 及 R. Heath；最后是新近越来越受到重视的"整合营销学派"，主要代表人物来自于美国西北大学与科罗拉多大学。① 然而，与此同时，公共关系学的发展也遭遇了一些瓶颈与挑战，必须重视与省思。这些瓶颈与挑战反映在很多层面，但其中最值得注意的是以下两个层面：

第一个层面是：公共关系学在当代公民社会中的进一步运用。有公关研究者就指出："公关话语中的关键词——公共、关系、沟通、理解、协调、形象、信任、认同和发展等，皆属迷人的概念"，因此在20世纪80年代一引进中国大陆就受到了知识分子与青年人的欢迎。② 然而，知识分子与青年人想要追求的其实可能不只是关系管理，而是更进一步的现代性价值与启蒙，甚至"承载着人们对自我命运和国家前景的朦胧、浪漫的想象，知识分子和青年人相信在公共讨论中可以成就个体价值、影响国家现代化进程"。③ 对于公共关系发出这样的期望，其实超越了公共关系学与术的传统范畴，而是从"公共"二字望文生义，直接进入了德国大思想家哈贝马斯（Habermas）对于"公共领域"（public sphere）的论述。虽然这样的期望似乎不属于传统概念中的公共关系范畴，但是公共领域为什么不可以是公共关系的范畴呢？这其实是一个值得严肃思考的课题。

第二个层面与第一个层面其实息息相关，这就是：公共关系学在哲学层面应该如何向下扎根。早在20世纪80年代后期，美国的几位学者就已经指出公关界很少谈到哲学，引起了许多公关学者的省思。例如，Pearson 在其博士论文中就对此进行了讨论，④ 公关学者 L. A. Grunig 也呼应了公共关系学欠缺形而上学论述的质疑，并且认为哲学应该是公共关系未来的研究愿景。⑤

学者黄懿慧指出，回顾20世纪90年代台湾的公共关系学研究，与理论／学术主

---

① 黄懿慧. 西方公共关系理论学派之探讨：90年代理论典范的竞争与辩论［J］. 广告学研究，1999（12）：1-38.
② 胡百精. 中国公共关系30年的理论建设与思想遗产［J］. 国际新闻界，2014（2）.
③ 胡百精. 风险社会、对话主义与重建现代性——"非典"以来中国公共关系发展的语境与路径［J］. 国际新闻界，2013（4）.
④ PEARSON R, ALBERT J. Sullivan's theory of public relations ethics［J］. Public Relations Review, 1989, 15(2): 52-62.
⑤ GRUNIG L A. Toward the philosophy of public relations［G］. ELIZABETH L T, ROBERT L H. Rhetorical and critical approaches to public relations. Hillsdale, NJ: Lawrence Erlbaum, 1992: 65-92.

题有关的论文最少，比例仅仅为一成，到了1997年以后每年只有一两篇；相较来看，实务类研究屡创新高，反映出公共关系研究只着重"解决实务问题"而非"向理论扎根"，这对公共关系学的发展形成隐忧，危及学门的"学术力"与"正当性"。①

尽管公共关系学很少谈到哲学议题，却不等于没有哲学。公共关系学的发展有其历史脉络。举例来说，美国的公共关系发展与企业需求密切相关，其他国家与地区也大致相似。尽管公共关系的滥觞最早可以追溯到三四百年以前，但是直到19世纪末期，美国的大型企业随着资本市场的成熟而兴起，尤其铁路等大型企业面临罢工风潮，才让社会各界体认到工人与群众的重要性，从而致力于沟通，并且正式使用了"公共关系"一词；后来更因为新闻媒体进入了对企业挖掘丑闻的"扒粪时期"（The Muckracking Era），迫使企业不得不陆续成立公共关系部门。20世纪50年代之后，公共关系在美国等国家越见普遍，美国的跨国公司在开拓国际市场时把公共关系论述带到了世界。②

这样的发展历程，必然使得公共关系学优先关心实用的经验层面。公共关系先从企业界发端，其后才扩及至其他部门。传播学者孙秀蕙也直指核心强调："公共关系在近百年来的发展，事实上与资本主义制度社会的经济荣枯息息相关。"③其结果就是如学者Bivins所指出的：公共关系学的教科书很少写到关于哲学性的议题。④

传播学者赖祥蔚指出：当代的公共关系学虽然很少谈到哲学，其实却存在着隐而不显的哲学基础，这便是资本主义的运作逻辑，包括关系管理与整合营销这两大公共关系的主流学派，其实都是在不知不觉中，默默服膺了资本主义哲学。⑤赖祥蔚进一步指出，公共关系学应该回到公民社会的本质，以人本主义取代资本主义，进而从社群主义中去找到公共关系学的哲学养分。⑥陈先红则从新媒体背景结合生态学来重新思考公共关系学的本体论。⑦尽管如此，针对公共关系的哲学探讨仍然相当有限。

---

① 黄懿慧. 90年代台湾公共关系研究之探讨——版图发展、变化与趋势[J]. 新闻学研究，2001（69）：51-86.
② 林静伶，吴宜蓁，黄懿慧. 公共关系[M]. 台北：台湾空中大学，1996.
  郑贞铭. 公共关系概论[M]. 台北：台湾五南图书公司，1999.
③ 孙秀蕙. 公关人员与媒体之间的互动模式对于议题管理策略的启示——以非营利性的弱势团体为例[J]. 广告学研究，1996（8）：153-174.
④ BIVINS T H. Handbook for public relations writing[M]. Lincolnwood, Ill.: NTC Business Books, 1988.
⑤ 赖祥蔚. 公共关系学哲学的政治经济分析[J]. 理论与政策，2004（68）：25-41.
⑥ 赖祥蔚. 公共关系学想象：社群主义观点[J]. 新闻学研究，2004（80）：127-158.
⑦ 陈先红. 以生态学范式建构公共关系学理论[J]. 新闻大学，2009（4）.

前面两大层面的公关瓶颈与挑战,虽然不同源,在当代却必然合流。这是因为,当代社会的发展困境,必然会触及更深刻的思想层面,而哲学本来就是所有思想的基础,自身就具有超越时间和空间的价值。既然如此,每当人类或是社会发展遇到困境,当然就是哲学发挥功能的时刻,所有学科都是这样,公共关系学也是如此。

本研究将回顾并检视哲学在公共关系学的意义与相关学术研究成果,进而试着为公共关系学的哲学提出新的想象。以下将依次对公共关系学哲学进行回顾与思考,探讨社群主义作为公关哲学的意义,再从桑德尔(M. Sandel)的论述出发,探讨正义哲学与公共关系学哲学之间的联结性。

一、公关哲学的回顾与思考

哲学的诞生,源自于人类的理性与思考。事实上,人类之所以有别于其他生命形态,也正在于人类会进行理性的思考,而且会进行形而上的抽象思考。正因如此,才有哲学的诞生。人类社会离不开哲学,所有的社会科学研究乃至于自然科学研究也都离不开哲学。

哲学这个词的英文Philosophy是从古希腊文发展而来的。本来是两个词,一个是Philia(爱),另一个是Sophia(智),两个词结合成一个新的词"Philosophy",也就是哲学。从字面意义来看,哲学就是"爱智",因此哲学可以说是一门爱好智慧的学问。

尽管哲学已经是一门重要学问,但是西方主流的新闻传播学界过去一向比较少关注思想史,更遑论形而上的哲学议题;整个新闻传播学界都这样了,公共关系学界也是如此。

形而上学等哲学是任何学门的基础,没有哲学,学门就欠缺正当性。新闻学者潘家庆、罗文辉、臧国仁指出:"我们这个学门中,迄今没有有分量的传播哲学思想论述。"五年之后,新闻学者陈世敏也对此提出呼应,他同时也感叹:"传播学术界对于这个学门的'知识历史'一无所知,那才可怕。"[1]陈世敏进一步指出:新闻传播史和思想史的研究,不但涉及了学门的主体性,也涉及了社会的深层文化,这是任何学术要走向"本土化"都无法回避的主体课题。[2]新闻学者翁秀琪则具体指出传播学门

---

[1] 陈世敏. 导言:十字路口还是分水岭?[J]. 新闻学研究,1999(58):241-244.
[2] 陈世敏. 半世纪台湾传播学的书籍出版[J]. 新闻学研究,2001(67):1-24.

的"历史性"面向应该要包括五种取向：传播思想史、批判的政治经济学、事业史、组织史、口述历史；她所归纳的传播思想史应该探讨的内容，重点之一就包括"科学哲学、典范及典范变迁、影响传播学门的重要哲学思潮溯源及重要（核心）概念的爬梳"。①

尽管在20世纪90年代华人新闻传播学界对于重视哲学已有呼吁，在最近这十几年，也有比较多的传播学者进行新闻传播思想的相关探讨，但大多都是采取传记式或是介绍式的文章写作，少有学术论文，而且关注的对象与焦点还是以实证主义学派为主。②

在早先虽然也有新闻传播思想的研究，但因为是冷战时期的产物，具有比较浓厚的意识形态与宣传色彩。近年来，海峡两岸新闻传播学界关于新闻传播思想史的研究与专著渐渐增多，其中有不少更试图聚焦于本土特色。比如，张昆的传播思想史著作从柏拉图谈到了毛泽东；③许正林关注欧洲传播思想史，从希腊谈到了当代；④有传播学者积极探讨中国固有的传播思想，如金冠军、戴元光主编的《中国传播思想史》足足有四大册，篇幅可观；还有关绍箕独力完成撰述的一部《中国传播思想史》。除了专著之外，在学术论文方面，传播思想史也有不少收获，其中虽有一些比较偏向于典故漫谈，但是也有具有精彩洞见的学术论述。

新闻传播思想史虽然已经开始对于"知识历史"进行回顾，但这还不是真正的哲学探讨。到底什么是哲学？或许可以参考社会学者的思考与归纳。社会学者Craib指出：所有社会科学研究的核心都涉及了以下这几个层面的重要问题：第一，世界的性质：世界存在的性质究竟是什么？会有什么不同形态吗？这些问题其实涉及了本体论（Ontology）；第二，认识或解释的性质：如何对于世界或是其他研究主题获得认识与解释？从认识与方法来看，应该具备什么逻辑结构？又应该提出什么证明？这些问题涉及了知识论（Epistemology）与方法论（Methodology）。⑤

传播学者Mary John Smith在其探讨传播研究方法的专著之中，特别强调了学术典范的重要性。所谓的典范，最早是由美国物理学者Kuhn在1962年提出系统论述，

---

① 翁秀琪. 多元典范冲击下传播研究方法的省思——从口述历史在传播研究中的应用谈起[J]. 新闻学研究, 2000 (63): 9–33.
② 赖祥蔚. 言论自由与真理追求[M]. 台北：台湾五南图书公司, 2011.
③ 张昆. 中外新闻传播思想史导论[M]. 武昌：武汉大学出版社, 1997.
④ 许正林. 欧洲传播思想史[M]. 上海：上海三联书店, 2005.
⑤ 廖立文. 当代社会理论——从派深思到哈伯玛斯[M]. 台北：桂冠图书公司, 1986.

因而广受各个学门的注意与重视。典范，又被译成范式，其实就是学术之"学门矩阵"的同义词，意指一组共享的世界观或概念模式。以此为指南，才可以定义学术研究与调查如何进行，并且决定什么问题值得问，以及什么资料是提供解答所必需。Smith将自然科学界所提出、社会科学界广泛接受的典范概念移植到了传播学界，并且归纳强调，所有学门的典范都必须要有四大构成要素，这四大构成要素就是：本体论、知识论、形而上论（metatheory）以及方法论。进一步来看，对于传播学门来讲，本体论是关于传播者与传播过程本质的信仰；知识论乃是研究与认识此一主题的适合方式；形而上论是适合的解释种类；方法论则是最适合的研究方法与技巧。典范还具有两个特色：首先，四大构成要素之间具有阶层性，而且彼此互有关联；其次，这四大构成要素仅仅是一种学术上的假设，是一套共享的信仰，未经证实而且也不可证实，因此典范没有是真是假的问题，其适用的情况取决于三点考量：第一是内在的一致性，第二是详尽性，第三则是实用性。就此来说，典范所关切的四大构成要素，其实就是学门应有的哲学内涵，这不仅是学门应有的基础而已，而且也具有实用的价值。①

二、社群主义作为公关哲学

虽然主流的公共关系学界很少谈到哲学，而且被认为这其实是对于资本主义哲学的默然接受，但是也有一些学者很早就强调：公共关系的本质其实就是社会关系。例如，Kruckeberg和Starck就强调社群感的重要性，要求公关人必须培养从业者与顾客之间的社群感（a sense of community）。②对于公共关系应该强调社群感的呼吁，引来Leeper的回响。③公共关系学权威Grunig和White指出：公共关系的前提乃是致力于整合组织之社会结构与文化。④所谓组织，固然可以是公司机构，也可以扩及整个国家与社会。这么一来，公共关系学的意义与范畴当然就扩大到整个国家与社会了。

---

① SMITH M. Contemporary Communication Research Methods [M]. Wadsworth Pub Co, 1988.
② KRUCKEBERG D, STARCK K. Public relations and community: a reconstructed theory [M]. New York: Praeger, 1988.
③ LEEPER K A. Public relations ethics and communitarianism: a preliminary investigation [J]. Public Relations Review, 1996, 22(2): 163-179.
④ GRUNIG J E, WHITE J. The effect of world views on public relations theory and practice. Manuscript submitted for publication [C], 1990.

事实上，前述学者所提及之公共关系学的社会本质与特性，不仅在当代的发展中可以找到迫切的需要性，也早在人类历史中登场。古代的哲学家们很早就曾经指出：人类是社会性的动物。既然如此，如何在日渐庞大的社会之中继续维系社群感与社会的质量，这就有赖于公共关系的学与术。尤其到了社会发展快速的现在，科技进步所带来的社会疏离感问题已经广泛受到注意，当人类在享受进步所带来的成果之时，也已经开始尝到后遗症的苦果，这时候公共关系学与其社群属性就更得以彰显了。

进步所带来的后遗症，当然不只是社会的疏离感而已，或许还有更严重的社会普遍危机。在省思当代社会发展的困境时，现代性在发展之中必然会消解、否定了自己，于是形成"后现代性"。当社会面临的风险挑战程度升高，则更会造成"风险社会"，在这样的社会背景之下，更显示出公共关系学的重要性。在当代社会，风险分配的逻辑取代了早前的财富分配逻辑，"在风险和危机的语境下，达成共识与建立信任，成了政府、企业和其他社会组织专门性、系统化的迫切需求"；因此"重建现代性就是要平衡诸如真与美、技术与道德、知识与信仰、人与自然的关系"。①

从现代性到后现代性，社会日渐繁复，人类必然感觉到迷惘。知名的美国社会学者密尔斯（Mills）指出：人们急需的，以及他们自觉有需要的，乃是一种能够帮助他们运用信息和发展理智的能力，以使其清晰扼要地了解这个世界到底是怎么一回事，他们自己又将变成怎样的人。而我要提倡的正是这种能力，这是记者、学术工作者、艺术家、一般大众、科学家和编辑们都将希望拥有的一种心智特质，或许，可以称为"社会学的想象"。②其实这些想法不只适用于社会学，更适用于公共关系学。

亚里士多德在《政治学》（*Politics*）的首篇曾经提到一句名言："人在本质上是政治的动物（Man is by nature a political animal）。"所谓政治的动物，不能按照字面意义理解，其本意指的是人类必须过群居生活、形成政治社群的动物，因此亚里士多德所强调的，其实主要在于人类是社群动物，必须过社群生活，这也正是社会之所以必然组成的原因。③

历代哲学家对于社群的关切与讨论颇多，不过，当代对社群最主要的讨论来自于社群主义（Communitarianism）。社群主义的主要阵营在英国与美国。新自由主义的

---

① 胡百精. 中国公共关系30年的理论建设与思想遗产［J］. 国际新闻界，2014（2）.
② 张君玫. 社会学的想像［M］. 刘钤佑，译. 台北：巨流图书公司，1995.
③ 江宜桦. 政治社群与生命共同体：亚里士多德城邦理论的若干启示［G］. 陈秀容，江宜桦. 政治社群，1995：39–76.

主张引起了许多批评，其中一些学者特别针对新自由主义的个人主义基础提出批判。例如，罗尔斯提出"无知之幕"（veil of ignorance），强调每个人在原始状态下状况都一样，不受任何社会的政治经济、历史、文化与家庭传统条件的影响，乃是先于社会而存在。有些学者认为，新自由主义颠倒了个人与社群的关系，因为自我价值并非先天存在，而是由社群的历史文化所形成的。社群主义的理性，其实是一种自我发现的能力，因为只有当个体能够回答"我是什么""我在现实中担当什么角色"，才能进而回答"我应该做什么"的问题。①自我的本质具有社会构成性；个体不只是由社会构成的，也能参与认同的构成。前述这些论述被统称为社群主义。

归纳来看，社群主义对于新自由主义的批评包括方法论与价值观。方法论部分，社群主义批评自由主义的方法论是个人主义或原子主义，至于社群主义本身则强调社群，因此在方法论上是集体主义。价值观部分，自由主义最看重的是个人的自由权利，而社群主义则强调公共的善与公共利益。社群主义的代表人物包括桑德尔、麦金泰尔（MacIntyre）、瓦尔泽（Walzer）以及泰勒（Taylor）四人。

亚里士多德以降等哲学家强调的社群德性概念，以及当代政治学界提出的社群主义，适合用来作为公共关系学的哲学基础。赖祥蔚认为，这可以弥补当前公共关系学的哲学缺口，而公共关系所能发挥的作用，则是帮助社群成员对于社群与自我进行了解，因而促进追求公共的善。既然如此，社群主义的概念得以帮助公共关系学超越过去被批评为只为企业服务的缺点，并且有助于公共关系学强化其学术正当性。赖祥蔚进一步强调：公共关系学不应该只是服务资本主义，也不应该只是一门应用传播学；公共关系学哲学应该立基于以人为本的社群主义，以此协助个人、企业、非营利事业以及公部门等，一同厘清自我角色、社群认同与服膺的价值，以及可发挥的社会贡献，同时协助行为者对内与对外进行沟通，以求重新进行社会定位，迈向更高更大的善。②

结合社群主义来充实公共关系学的哲学基础，确实有助于公共关系学的向下扎根。然而，前述诉求提出之后，转眼十年，相关的回响不算太充分，这也显示了先前的主张与论述或许仍有不足之处。接下来本文将进一步结合桑德尔对正义的论述，来进一步强化公共关系学的哲学基础，同时探讨可能的落实面向。

---

① SANDEL M. Liberalism and the Limits of Justice [M]. Cambridge University, 1982.
② 赖祥蔚. 公共关系学想象：社群主义观点 [J]. 新闻学研究，2004（80）：127-158.

三、正义哲学与公共关系学

桑德尔是社群主义的代表学者，身为哈佛大学政治学系教授的他，在英国牛津大学师从泰勒时所撰写的博士论文，后来成为他第一本成名著作《自由主义及正义的局限》(Liberalism and the Limits of Justice)，主题就是批判罗尔斯的正义论。桑德尔认为，自我必然受到各种归属（attachment）的影响，因此应该以"构成性的自我"（a constitutive conception of the self）或"互为主体的自我"（a inter-subjective conception of the self）取代先验的自我。①

从1980年开始，桑德尔在哈佛大学以"正义"为课程名称讲授通识课程，选课人数屡创新高。2009年课程上网公开之后，更造成轰动。此后，桑德尔将课程内容撰写成多本畅销著作，并且受邀至各国演讲。以下将回顾功利主义以降的思想家们对于正义的讨论，再汇整桑德尔在其著作中的论述，进而思索公共关系学的哲学与未来发展。

桑德尔对于新自由主义的批评重点在于后者太过于看重个人主义与个人权利，以致忽略了社群与共善。尽管新自由主义大将罗尔斯后来强调他指称的原始状态中所谓的人人情况都一样只是理论假设，并非实际如此，但是这仍未正面回应桑德尔对其太看重个人主义与个人权利的质疑。从社群出发，如何实践正义与追求共善？桑德尔在后来几本著作中一再借由案例加以阐释。

桑德尔将正义论述区分为两大派别：一派只追求最佳后果；另一派则不只求后果，还要尊重某些基本的权利和义务。②回顾近代思想家对于正义的思考与论述，功利主义的集大成者、英国思想家边沁在1780年出版《道德与立法原理》阐释其主张，他认为社群只是个假想的团体，只是所有个人的加总，因此追求最大多数人的最大快乐就是正义。由于此一论述可能危及少数人的权利，英国思想家密尔1859年出版《自由论》提出在个人权利与功利主义之间寻求和解，认为只要不妨碍别人，人人皆有为所欲为的自由，这样才能追求长远的功利最大化，这也是意义最恢宏的功利。密尔认为，维护个人自由可以提升整体的社会福祉，在言论自由方面则表现为尊重异议，因为异议可能对，可能一部分对，而且也有助于防止真理僵化或是避免社会变得笨拙。依循此一思路，又产生"自由至上主义"（Libertarianism）的思想，强调完全

---

① 俞可平. 社群主义[M]. 台北：风云图书公司，1999.
② SANDEL M. Justice: what's the right thing to do?[M]. New York: Farrar, Straus and Giroux, 2009.

的市场放任。例如，海耶克1960年的著作《自由的宪章》与弗里德曼1962年的著作《资本主义与自由》对此都颇有阐述。诺齐克1974年出版的《无政府、国家与乌托邦》也有许多讨论。

自由至上主义结合当代资本主义的发展之后，逐渐使得市场成为决定一切价值分配的标准，这正是桑德尔深感忧心的现象。桑德尔归纳指出，对于正义有三种不同的出发点：第一是强调福祉，其代表思想为功利主义；第二是强调自由，其代表则是自由至上主义；第三则是强调美德。强调美德的正义论述正是桑德尔等社群主义者从社群出发所呼吁追求的共善。

桑德尔指出，把一切都交给金钱或市场决定，会有两大问题：一是不平等，另一则是腐化。桑德尔强调有一些美德不能通过金钱交易，他援引卢梭1762年的著作《社约论》指出：把国民义务变成商品，不仅不会增加自由，还会动摇自由的基础。[①]

针对不能通过金钱交易的美德，桑德尔举出许多例子，例如人类尊严、母爱与投票等。不过桑德尔也指出："在民主社会中，哪些是公民对彼此应尽的义务？这些义务是怎么来的？不同的正义论会提供不同的答案。"

对于人类的尊重，引出了桑德尔强调美德以及对于正义的主张。人应受尊重，物可交易，这是道德上的最基本差异。对于这种思想，头号捍卫者是德国思想家康德。康德认为，人有其尊严，因为人是理性动物。康德1785年出版的《道德的形上学基础》批评功利主义，强调道德就是尊重人。他提出了两大质问：什么是道德的最高原则？什么是自由？他认为道德的关键是动机，自主乃有自由，自觉有此义务而去做就是道德。他也认为道德原则不可能来自于实证，原始契约纯属想象，但却是社会发展的基础。洛克的《社约论》认为，人民对社会契约给了默然同意；康德则是诉诸假想同意，法律制定得仿佛全民同意就有正当性（桑德尔，2009）。两个世纪后，罗尔斯对于原始契约有了更具体的阐述。罗尔斯在1971年出版的《正义论》中，提出"无知之幕"作为原始契约的订定前提，他强调分配正义不是为了奖励道德应得（moral desert），而是确保游戏规则建立之后的合法期望；因为天赋分配与出身等社会条件本来就不公不义，这些只是自然事实，所谓的正义是体制处理这些事实的方式能否造福公众。

新自由主义有利于市场经济的繁盛，甚至已经进入了生活的各个层面。桑德尔忧

[①] SANDEL M. Public Philosophy: Essays on Morality in Politics [M]. Cambridge, Mass: Belknap Press of Harvard University Press, 2005.

心地指出，现在政治中最欠缺的重大辩论，是关于各种市场所扮演的角色及范围。他所关心的其实是市场对于美德的破坏。有这种感触者颇多，英国经济学者贺许（Fred Hirsch）很早就强调市场会祸害非市场基准。桑德尔指出，在决定要将某项财货商品化时，不仅要考量效率及分配正义，更要考量市场基准会不会排挤掉非市场基准，这也是社会损失。举例来说，付钱鼓励读书，把读书的内在诱因变成赚钱，排挤掉了读书的内在动机。芝加哥大学经济学者李维特（Steven D. Levitt）及杜伯纳（Stephen J. Dubner）在《苹果橘子经济学》一书中也提到：道德代表的是世界理想的运作方式，而经济则代表实际的运作方式。

相较于中国内地被认为在2003年的非典型肺炎之后进入了危机社会，美国则是在2007年发生金融海啸之后，动摇了公民对于市场万能论与其道德性的看法。桑德尔强调的正义哲学，就是在市场主宰社会的当下，重新思考正义，进而挽救被腐化的社群道德。桑德尔援引亚里士多德的论点指出，身为公民与追求美德密不可分，正义社会需要公民一起进行具有道德参与的良善思辨。桑德尔的正义哲学与道德良善诉求，可以成为公共关系学的哲学基础，主要的公共关系学派别都可以从中获得哲学激荡。例如，管理学派可以因为有了正义思辨而使得关系管理更具有正当性；整合营销学派可以跳脱商业营销的层次，进入社会公民价值的追寻与营销；修辞学派可以立足于思辨正义的高度；而桑德尔正义哲学对公民身份的关切，更与批判学派的诉求契合。

进一步来看，公共关系学的本体，应该是思考社群的存在价值与意义，也就是立足于企业、社区、都市乃至于民族与国家等社群，引领社群成员思考这个社群最想要呈现的是什么样的样貌，各个成员又希望扮演什么角色，从而协助社群追寻美德。当然，所谓美德将因社群的不同历史文化传承而有所差异，也会随着时间流转与不停思辨而产生演变。在正义哲学之下，公共关系学的本体是社群正义与美德，至于认识论与方法论则是如何追寻与认识社群对其专属美德的想象，从而实践美德，这也是公共关系学哲学的想象。

四、结论

哲学关切的其实就是生活的本质。公共关系学因为发展历史与资本主义及市场经济紧紧相关，因此过去重视实用，少提哲学，也因此默认了资本主义的运作哲学。过去一段时间以来，虽然有不少学者开始重视公共关系学欠缺哲学基础的问题，但是相关的探讨一直不多；虽然有一些学者试图从社群去重新建构公共关系学及其哲学，但是所引起的讨论还不够深入。最近几年，随着"非典"与金融风暴等重大事件的发生，公共关系学的意义与哲学性再度受到注意，在此同时，社会各界也越来越关心正义的思辨。美国学者桑德尔从社群出发提出的正义哲学，正是公共关系学需要的哲学基础，有助于公共关系学的各个学派站在正义哲学的基础上，重新思考公共关系学的本体论与认识论等哲学课题，从而强化学门的学术性与正当性。

美国学者Gandy曾经批判指出，公共关系的角色时常沦为帮助权力精英使其世界观获得大众接受。[1]在引进了社群主义的正义哲学之后，公共关系学当可完全改变先前被批评的面貌。目前，社会在科技的快速发展之下，面对了诸多危机，尽管如此，各国公民却还没能完全重新思考社群与个人的意义，更遑论美德。尽管2011年出现占领华尔街运动，强烈批判资本主义，轰动一时，但是政治上，还是没有针对市场的角色及范围进行严肃的辩论。从正义哲学出发，协助社群重新检视其应有美德并且避免过度市场化，当为公共关系学未来的重要思考课题。

（赖祥蔚，台湾艺术大学广播电视学系教授）

---

[1] GANDY J R, OSCAR H. Public relations and public policy: The structuration of dominance in the information age [G] // PUTNAM L L, PACANOWSKY M. Communication and organization: An interpretive approach. Beverly Hills, CA: SAGE, 1992.

第五章 公共关系的公众研究

公共关系领域的学者和专业人士对公共关系的定义尚未达成共识。一个最常被使用的定义是：公共关系通过传播功能为组织及其公众带来价值①，这些价值包括达成特定目标，提升名誉，建立优质的组织—公众关系（organization-public relationships）和公众参与等。在这个定义中，公众与组织及其目标的实现是相互依存的。因此，公众便是传播的目标受众。公关研究与实践的关键部分，便是要确立公众是谁②，以及了解他们在问题情境中是如何进行沟通及产生行动的。"公众"作为公共关系的核心概念之一，在公共关系领域的研究和实践中发挥了举足轻重的作用。

一、公众研究及其主要观点

不同的学科对公众的定义不同。Vasquez 和 Taylor 回顾了公共关系研究中的公众研究，并总结出四个主要的研究观点：大众、情境（社会心理）、议程建构和语艺观点③。

（一）大众观点（The mass perspective）

大众观点源自政治学的古典型民主（classical democracy）论，它将公众定义为因其不变的公民特质而能够参与所有公民事务治理过程的所有公民的一个实体。Vasquez 和 Taylor 指出，对这一观点的主要批判在于，一般个人不可能参与"所有"

---

① GRUNIG J E, HUNT T. Managing public relations [M]. New York: Holt, Rinehart and Winston, 1984.
② GRUNIG J E. A situational theory of publics: Conceptual history, recent challenges and new research [M] // MOSS D, MACMANUS T, VERCIC D. Public relations research: An international perspective. London, UK: International Thompson Business Press, 1997: 3-46.
③ VASQUEZ G M, TAYLOR M. Research perspectives on "the public" [M] // HEATH R L. Handbook of public relations. Thousand Oaks, CA: Sage, 2001: 139-154.

的公共事务，因为普通人不具有参与所有公共事务的能力[1]或无法获得参与所有事务所必需的相关信息[2]。这一批评在现代社会尤其重要。在现代社会中，传播技术的高速发展使得来自各方的海量事务相关信息相继争夺着公众的注意力，导致个人对大部分的信息只能进行选择性的短期接触[3]。

（二）情境观点

情境的观点植根于社会心理学。它将公众视为社交集合体，在集合体中的个人皆关注同一个议题/问题，并意欲通过沟通或行动解决该议题/问题[4][5]。在这个观点下，公众的规模是可以发生变化的，它通常会随着议题/问题的解决而消散[6]。因此，同一公众的成员与其的关系是动态的，且同一公众内的各成员之间不一定会进行互动[7]。此外，公众成员往往与组织（即：议题/问题的创造者）有一定关系，他们有一定程度的共通性，并可以因其特性的异同进一步细分出不同的子公众（sub-groups）[8]。

使用情境观点视角的公众研究旨在正确辨识出在同一情境（即：一议题/问题）下发展出的公众［即：因其情境感受（situational perception）与认知判断（cognitive evaluation）而展现积极传播行为的群体］。因为公众情境理论（situational theory of publics）的普及，使得情境观点在公关公众研究中占据主导地位[9]。公众情境理论可使公共关系学者和从业者理解公众是如何形成的，以及公众作为问题的解决者是怎样

---

[1] LIPPMANN W. Public opinion [M]. New York: Macmillan, 1922.
[2] DEWEY J. The Public and its Problems [M]. Chicago: Swallow, 1927.
[3] BENNETT W L, LYENGAR S. A new era of minimal effects? The changing foundations of political communication [J]. Journal of Communication, 2008(58): 707–731.
[4] BLUMER H. The mass, the public, and public opinion [M] // BERELSON B, JANOWITZ M. Reader in public opinion and communication. 2nd ed. New York: Free Press, 1966: 43–50.
[5] PRICE V. Public opinion [M]. Newbury Park, CA: Sage, 1992.
[6] KIM J-N, GRUNIG J E, NI L. Conceptualizing the communicative action of publics: Acquisition, selection, and transmission of information in problematic situations [J]. International Journal of Strategic Communication, 2010(4): 126–154.
[7] HALLAHAN K. Inactive publics: The forgotten publics in public relations [J]. Public Relations Review, 2000(26): 499–515.
[8] CHEN Y R, HUNG-BAESECKE C J F, KIM J-N. Identifying active hot-issue communicators and subgroup identifiers: Examining the situational theory of problem solving [J]. Journalism and Mass Communication Quarterly, 2017(94): 124–147.
[9] GRUNIG J E. Information, entrepreneurship, and economic development: A study of the decision making processes of Colombian Latifundistas [D]. Madison: Univ. of Wisconsin. 1968.

通过信息传播而做出抉择的①。也就是说，情境观点不仅揭示了在情境中公众的特性（即：为何个人会在议题情境中传播互动），也阐述了公众如何在这个议题情境中传播互动。按照 J. N. Jim 和 Krishna 引用 J. E. Grunig, Ferrari 和 Franca 的所言②，公众情境理论作为行为/战略管理范式的一个主要理论，是以社会中各群体对个别议题情境的认知判断（"问题识别""涉入度"和"受限识别"）所引发的信息传播（"信息搜索"或"信息处理"）来细分公众类型的。J. N. Kim 认为，公众情境理论的两个传播行为因变量仅代表公众的信息获取（information acquisition），这两个变量并没有完全解释议题情境下公众所有的传播行为③。为进一步发展公众情境理论，Kim 等人提出了一个新的概念——解决问题的传播行动（communicative action in problem solving），并将公众情境理论修正为问题解决情境理论（situational theory of problem solving）④。在问题解决情境理论中，除"信息获取"外，解决问题的传播行动还包含另两个传播行为维度："信息选择"（information selection）和"信息传输"（information transmission）。信息获取维度有两个子变量：信息寻求（information seeking）及信息参与（information attending）。信息选择维度的两个子变量为信息筛选（information forfending）及信息许可（information permitting）；信息传输维度的两个子变量为信息告知（information forwarding）和信息共享（information sharing）。因此，解决问题的传播行动完整地描述了参与解决问题的公众的传播行为，而不仅只是关注公众的问题解决对策。问题解决情境理论对公众的传播行为的全面检验，提高了此理论的建构效度和适用性。

很多研究都证实了公众情境理论作为公众识别工具的有效性和适用性。Vasquez 和 Taylor 认为，情境的观点是过时的，他们的批判从实证的角度来看是站不住脚的。然而，这个观点的局限性在于，它很少关注公众的动态变化⑤和公众内外传播机制。问题解决情境理论可以通过研究公众的信息传输（即：信息告知和信息共享）来弥

---

① GRUNIG J E. The role of information in economic decision making [J]. Journalism Monographs, 1966(3).
② KIM J-N, KRISHNA A. Publics and lay informatics: A review of the situational theory of problem solving [J]. Communication Yearbook, 2014(38): 71-105.
③ KIM J-N. Communicant activeness, cognitive entrepreneurship, and a situational theory of problem solving [D]. Unpublished doctoral dissertation, Maryland: Univ. of Maryland. 2006.
④ KIM J-N, GRUNIG J E. Problem solving and communicative action: a situational theory of problem solving [J]. Journal of Communication, 2011(61): 120-149.
⑤ JONES R. Challenges to the notion of publics in public relations: Implications of the risk society for the discipline [J]. Public Relations Review, 2002(28): 49-62.

补这个缺陷。研究信息传输可以使我们更好地了解公众成员是如何通过传播行动在不同时间点联结在一起的。为了剖析公众的动态变化，公关研究人员可以发掘显著影响问题识别与涉入度的前提因素，进一步使用它们划分与描述问题情境中的子公众。目前文献指出的前提因素有在健康议题情境中的健康意识[1][2]，在种族议题情境中的自我文化认同[3]，以及在政策争议情境中的政治身份认同（如：政党属性）、对政府的信任度、政治参与经验及参与公共传播意愿[4]。此外，作为新的研究进路，对问题链识别效应（problem chain recognition effect）的问题解决情境理论研究，也使我们更好地从情境观点理解公众的动态变化机制。问题链识别效应是指，相似类型的个人问题和社会问题具备一定的感知传染效应。这种效应会进一步引发公众的情境动机和信息行为，有利于从情境的角度理解公众的动态变化机制。问题链识别效应在对健康议题的实证研究中得到了证实。这些研究表明，在某个健康问题情境中的主动公众，具有成为另一个相关健康议题情境中公众的倾向[5]。这种效应在政策争议的情境中也被发现[6]。

Vasquez和Taylor的另一个批判，认为情境的观点把公众作为能够进行理性推理的实体。研究者应该考虑"意义"（meaning）和"情感"（emotion）对公众情境认知、传播行为和问题解决对策的作用。问题解决情境理论把参考标准（reference criterion）重新阐释并把它加入到理论模型中作为一个预测情境动机，进而引发解决问题的传播行动的自变量。参考标准代表的是与个体解决问题对策有关的先前知识或主观判断系统，它往往与个体的价值观、文化或身份相关联。把这个变量放回理论

---

[1] ALDOORY L. Making health communication meaningful for women: Factors that influence involvement [J]. Journal of Public Relations Research, 2001(13): 163–185.

[2] ZHENG Y, MCKEEVER B W. Communicating to improve health: Using theory to improve fundraising for health-related events [J]. Nonprofit and Voluntary Sector Quarterly, 2016, 45(6): 1276–1296.

[3] SHA B L. Cultural identity in the segmentation of publics: An emerging theory of intercultural public relations [J]. Journal of Public Relations Research, 2006(18): 45–65.

[4] KIM J-N, NI L, KIM S H, KIM J R. What makes people hot? Applying the situational theory of problem solving to hot-issue publics [J]. Journal of Public Relations Research, 2012(24): 144–164.

[5] KIM J-N, SHEN H, MORGAN S E. Information behaviors and problem chain effect: Applying situational theory of problem solving in organ donation issues [J]. Health Communication, 2011(26): 171–184.

[6] HUNG-BAESECKE, C J F, CHEN Y R, KIM J-N. Social amplification of problem chain-recognition effect on risk policies: Escalated issue spillover from government distrust and media use [C]. Paper presented at the 18th International Public Relations Research Conference, Miami, FL, 2015.

中，可以使问题解决情境理论识别进行理性推理和主观（非理性的）判断的公众。如果公众解决问题的传播行动受到参考标准的驱使而不是受认知判断所驱动，研究人员可以进一步考察公众成员所使用的参考标准，以及某个议题情境在公众成员中的意义。研究发现，负面情绪对认知判断和情境动机间的关系起到中介作用，并对解决问题的传播行动有直接的影响。

（三）议程建构观点（The agenda-building perspective）

第三个公众研究观点是从议程建设角度出发，将公众概念化为一个将议题提上议程的群体。所谓议程，即"值得政策决策层面关注的一组具正当性的政治争议"[①]。Vasquez和Taylor认为，议程建构观点以议题为中心。这一观点的公众研究侧重于检测公众在不同议题参与程度的影响下所发挥的议程建设的功能。议程建构观点有两个弱点：第一，这种观点仅侧重于"议程建设"此单一维度的积极传播行为。第二，这种观点没有解释公众为什么会形成，即没有解释个体为什么会集合起来通过传播行为将某议题动员进议程中。

（四）语艺观点（The homo narrans perspective）

这一公众研究的观点由Vasquez提出[②]，结合Bormann的符号聚合理论（symbolic convergence theory）和J. E. Grunig的公众情境理论，形成理论框架。Vasquez和Taylor认为，这一观点以传播为中心，将公众定义为一个语艺社群（rhetorical community），这个社群的成员经由信息传播，以创造、倡导及维护对某个议题的共同诠释。此共同议题诠释代表这个社群的群体意识，投射出社群成员的象征性现实。Vasquez指出，公众情境理论是把个人划分到不同群体，展示不同程度的传播主动性。在公众情境理论的基础上，这种语艺范式通过解析公众传播的信息内容，增进我们对公众的识别与了解。这即是说，符号聚合理论的主类比物（master analog）[③]被主动传播公众用于构造一个象征性现实，它们提供了一个分析框架，以研究所涉及议题的各类公众的传播

---

① COBB R W, ELDER C D. The politics of agenda-building: an alternative perspective for modern democratic theory [J]. Journal of Politics, 1971, 33: 892-915.
② VASQUEZ G M. Testing a communication-theory-method-message-behavior complex for the investigation of publics [J]. Journal of Public Relations Research, 1994, 5: 201-216.
③ CRAGAN J F, SHIELDS D C. Symbolic theories in applied communication research: Bormann, Burke, and Fisher [M]. Cresskill, NJ: Hampton, 1995.

动态过程（即：什么信息被某一公众积极地传播）。该语艺观点进一步发展出共同创造（co-creational）及对话（dialogic）的公共关系研究视角[1][2][3]。

（五）社交网络观点（The social network perspective）

针对公众的这种相对较新的研究观点，审视了由网络连接的社会行动者（即公众和组织）之间的关系[4][5]。这种全面的观点不涉及公众的形成或功能，但侧重于同一网络中有关组织和公众的关系的特征，以及网络中的社会结构因素如何约束或促进组织和公众的活动[6]。根据资源依赖理论，一个关系可以由各种类型的相互作用形成，如信息流、资源交换和协作。社交网络观点提出有四个主要的概念——强/弱关系（strong/weak ties）、嵌入性（embeddedness）、结构洞（structural holes）和社会资本（social capital）——用于衡量两两实体间的关系。

为实现传播管理和关系管理的目的，社交网络观点的公共关系研究主要着眼于组织和"利益攸关者"的关系而不是组织和"公众"的关系。为了使用这一观点来标识公众，我认为可以根据群体在一个议题相关的社交网络中的"位置"来划分公众[7]。这种位置规定了公众相对于组织和其他公众或利益攸关者的权力（power）。依据Saffer, Yang和Taylor[8]的测量法，公众在议题网络中的位置可以从三个维度来决定：互惠性（reciprocity，一公众在网络中有的非互惠关系的数量）；中心性（centrality，

---

[1] BOTAN C H, SOTO F. A semiotic approach to the international functioning of publics: Implications for strategic communication and public relations [J]. Public Relations Review, 1998(24): 21-44.

[2] KENT M L, TAYLOR M. Building dialogic relationships through the World Wide Web [J]. Public Relations Review, 1998(24): 321-334.

[3] KENT M L, TAYLOR M. Toward a dialogic theory of public relations [J]. Public Relations Review, 2002(28): 21-37.

[4] SOMMERFELDT E J. Networks of social capital: Extending a public relations model of civil society in Peru [J]. Public Relations Review, 2013(39): 1-12.

[5] YANG A. When transnational civil network meets local context: An exploratory hyperlink network analysis of Northern/ Southern NGOs' virtual network in China [J]. Journal of International & Intercultural Communication, 2012, 5(3): 40-60.

[6] YANG A, TAYLOR M. Looking over, looking out, and moving forward: Positioning public relations in theorizing organizational network ecologies [J]. Communication Theory, 2015(25): 91-115.

[7] WASSERMAN S, FAUST K. Social network analysis: Methods and applications [M]. Cambridge, UK: Cambridge University Press, 1994: 8.

[8] SAFFER A J, YANG A, TAYLOR M. Multistakeholder network and stakeholder relationship management [C]. Paper presented in the 66th annual conference of international Association of Communication, Fukuoka, Japan, 2016.

一公众是否在网络中位置居中）；代理人（brokers，一公众是否控制网络中组织和其他实体之间的信息的流动，并控制二者的合作机会）。总结目前所述的五个公众研究观点，仅有社交网络观点通过考察公众和组织的动态过程，检视他们的相对权力，填补了Leitch和Neilson[①]提出的公众研究缺漏。

二、公共关系研究中的公众类型

在针对公众的上述研究观点中，J. E. Grunig的公众情境理论是标识公众的主要方法。虽然Vasquez和Taylor总结了学者们从公众、情境和议程建构的角度提出的公众类型，并总结出学者用不同观点下的标签得出相似的类型，但只有从公众情境理论派生出的公众类型被广泛应用于公共关系研究。

根据为解决问题的传播与行动的主动性，J. E. Grunig和Hunt提出九个公众类型：非公众，潜在公众，感知公众，主动公众，激进公众，无感公众，全议题公众，单一议题公众和热门议题公众。非公众（nonpublic）指与组织无关的公众。换言之，非公众与组织不互相影响或其影响非常有限。潜在公众（latent public）由一个群体中面临着同一议题但并没有意识到这个议题存在的成员构成。感知公众（aware public）指虽然意识到相类似的议题，但没有主动采取行动的一类成员。积极公众（active public）是一群为解决共同问题积极参与信息传播的个体，具有高行动力。激进公众（activist public）由已积极采取行动解决问题的个体组成。无感公众（apathetic public）指一群对任何问题都不关心的个体。相反，全议题公众（all-issue public）指一群对所有议题都积极的个体。单一问题公众（single public）是一群只关心于某一特定问题的个体。热点议题公众（hot-issue public）指因一个被广泛报道并几乎涉及每个人利益的问题而形成的群体。积极公众已经占据公共关系研究的中心，因为他们在有问题的情境下，发挥积极传播（信息的获取、选择和传输）的关键作用。

不积极公众（inactive public）与热点议题公众应该被更多的公共关系研究关注。Hallahan认为，被定义为有少相关知识和低涉入度的不主动公众也应该是传播的目标，因为"从他们中是可以产生唤醒公众（aroused public）、感知公众和主动

[①] LEITCH S, NEILSON D. Brining publics into public relations: New theoretical frameworks for practice [M] // HEATH R L. Handbook of Public Relations. Thousand Oaks, CA: Sage, 2001: 127-138.

公众的"。例如，不积极公众在逻辑上是危机传播、选举或提倡议题的目标之一[1][2]。Aldoory和Sha主张[3]，由于研究的缺乏，学界对热点议题公众的传播行动及其公众组织动态变动的理解是有限的。这类公众更多的是由个人依据媒体报道而形成对热点议题的问题识别而不是个人对其议题的实际涉入所触发。因此，他们的认知相对无组织性，对议题的态度也是一时的。通过报道的推动，热点议题公众可能会演变为主动公众，或继续作为感知公众，也可能随着媒体对议题的报道失去了兴趣而消失。在数字化时代，对热点议题公众的实证研究具有特别重要的意义，因为热点议题公众现在可以更快地形成和被动员。一个议题通过跨越国界的社交媒体的战略性宣传，即使没有媒体报道，也可能在短时间内吸引大量的大众关注，凝聚热点议题公众。热点议题公众意容易经由社交媒体的信息传播快速发展成主动公众或激进公众，例如美国联合航空的强拽乘客下机事件。

三、近期公共关系对公众的研究

（一）热点议题公众

J. E. Grunig认为，大多数热点议题的公众，往往不会变成积极公众，因为他们厌倦了对热点议题的媒体报道，并逐渐失去了兴趣。然而，在媒体的关注不断减少之后，他们仍旧保留对热点议题的问题识别，即使一段时间后他们对热点议题的注意力会消散。为测试这一说法，Aldoory和J. E. Grunig实证研究[4]了几个美国热点议题公众的生命周期，并得出以下结论：首先，只有很小比例的热点议题公众成员成为主动

---

[1] GRUNIG J E, REPPER F C. Strategic management, publics and issues [M] // GRUNIG J E. Excellence in public relations and communication management. Hillsdale, NJ: Lawrence Erlbaum Associates, 1992: 117-158.

[2] VAN LEUVEN J K, SLATER M D. How publics, public relations and the media shape the public opinion process [M] // GRUNIG L A, GRUNIG J E. Public relations research annual. Hillsdale, NJ: Lawrence Erlbaum Associates, 1991, 3: 165-178.

[3] ALDOORY L, SHA B-L. The situational theory of publics: Practical applications, methodological challenges, and theoretical horizons [M] // TOTH E L. The future of excellence in public relations and communication management. Mahwah, NJ: Lawrence Erlbaum, 2007: 339-355.

[4] ALDOORY L, GRUNIG J E. The rise and fall of hot-issue publics: Relationships that develop from media coverage of events and crises [J]. International Journal of Strategic Communication, 2012(6): 93-108.

公众。其次，当热点议题涉及公众的核心价值或重大集体利益时，即使媒体停止报道后，此一热点议题公众仍有较高演变成积极公众的可能性。例如，相比于其他热点议题，结合"9·11"袭击议题的热点议题，公众更可能成为积极公众并持续活跃。

近期有关公众传播行为的研究揭示了热点议题公众的问题识别并没有对其情境动机或解决问题的传播行动[①]产生显著影响。对此研究结果可能的合理解释是，因为热点议题几乎影响到社会中的每个人而被媒体集中地报道，导致热点议题公众的成员有着相似程度的问题识别。重要的是，因为这些研究的发现与问题解决情境理论的主要立论相悖，这是需要进一步考察以论证的。

（二）问题链识别效应

如前所述，问题链识别效应是问题解决情境理论研究的最新研究议程。现有研究是在健康议题和政策议题两个不同的背景下进行的。尽管问题链的识别效应在两种背景下都有所呈现，但它对不同议题的感知传染机制似乎有所不同。在 J. N. Kim 等人的研究中，问题链识别效应是显而易见的，为解决器官捐献者短缺问题积极传播有关信息的个人也认为骨髓捐献者的短缺是一个需解决的问题。因此，他们寻求并注意有关骨髓捐助者短缺的信息。这个问题链识别是由议题的相似性（即：器官捐献者的短缺）触发。Hung-Baesecke 等人的研究显示，个人对两个热点风险政策议题（食品安全和核能）的关联性也体现了问题链识别效应。围绕食品安全政策形成的主动公众成员对核能政策也具有高水平的问题识别和涉入度，进而也主动和被动地获取关于核能政策的信息。他们进一步发现，个人对主要负责政策制定和实施的政府的信任度有放大问题链识别效应的能力。由此可以推断，问题链的识别效应更多地是由政府（导致问题者）而不是议题性质的相似性（即：风险政策）所触发。这两项研究结果表明，当一问题情境因其性质或涉入其中的实体而被牵入到一个更广泛的脉络中，人们往往倾向于将此问题情境与其他相关问题的情境联系起来思考。此外，Chen 等人的研究结果表明，与某一政策争议结合的主动公众很容易成为其他政策争议的公众，即使这些争议是不相关的。当政府遭遇信任危机时，尤其容易发生。因此，信任是政府最重要的资源。

[①] SCHWEICKART T L. Strategic messaging in a political crisis: Testing the integrated model for explaining the communication behavior of publics [D]. Tampa: Univ. of South Florida, 2013.

（三）积极传播的后续行为

从问题解决情境理论衍生出的一系列研究，旨在通过人们对问题情境的感知，对解决问题的动机，以及积极传播互动来预测人们的行为。Lee 和 Rodriguez 的研究[①]提供了对上述概念模型的支持：认为恐怖主义是一个涉及自身的严峻的社会问题，并相信有能力解决此问题的美国人，更有可能针对此问题积极地传播以寻找或处理相关信息。在恐怖袭击之前、期间和之后，他们的积极传播行为与采取行动的意图（behavioral intention）密切相关。其他一些研究人员结合问题解决情境理论与理性行为理论（theory of reasoned action）[②]，为剖析积极传播后续行为提供了更全面的理论框架[③][④]。B. W. McKeever 等人发现，健康议题的积极信息传播可以调和人们对与卫生相关的非营利筹款活动的认知和对其行为意向之间的关系。此外，人们的积极传播直接影响参与非营利筹款活动的行为意图。将问题解决情境理论和理性行为模型结合，对探索人们对健康防预（如：身体检查、反吸烟、控制体重等）和社会倡导（如：贫困、多样性和不平等、同性婚姻等）有关的情境表示支持的潜在动机是很有帮助的。

四、对公众研究的未来展望

这一节，笔者提出五个未来公众研究发展的方向，希望以此提升在不断变化的传播环境中的公关理论知识与实践。

（一）主动公众的信息传播内容

情境观点是公共关系研究中的主导范式。情境观点学者关注人们是在何时及如何参与传播行为来解决问题的。未来一个很重要的研究方向是，进一步检验人们积极寻

---

① LEE S, RODRIGUEZ L. Four publics of anti-bioterrorism information campaigns: A test of the situational theory [J]. Public Relations Review, 2008(34): 60-62.
② FISHBEIN M, AJZEN I. Belief, attitude, intention, and behavior [M]. Reading, MA: Addison-Wesley, 1975.
③ MCKEEVER B K, PRESSGROVE G, MCKEEVER R, ZHENG Y. Toward a theory of situational support: A model for exploring fundraising, advocacy and organizational support [J]. Public Relations Review, 2016(42): 219-222.
④ WERDER K P, SCHWEICKART T. An experimental analysis of message strategy influence on receiver variables: Advancing an integrated model for explaining the communication behavior of publics [C]. Paper presented at the International Public Relations Research Conference, Miami, FL, 2013.

求、避开或告知他人什么样的信息（来自何种信息源的什么信息内容）。这可以增进我们对主动公众传播的动因及其随后的行为意图的了解。被寻求和筛选的信息影响了个人对问题解决方案的内省过程。信息告知展示了在讨论问题解决时一个人对他人的影响。本研究的方向是非常有趣且重要的，尤其是在当今传播环境下，积极公众由于以下原因可以很容易地利用社交媒体寻找、筛选和告知信息。

首先，先进的信息和传播技术使个人有能力在网络空间制作一条有关某议题的病毒性信息，促使一个议题被提上媒体议程并成为大众传播的焦点。其次，最近的研究指出，数字社交媒体在公共传播领域扮演着两个重要角色。它可以作为一个"令多样性的意见和信息相互作用的公共领域"或作为一个"巩固的某个意见和观点"的回音室[①]。Colleoni等人的研究证实，跨情境变量和数字媒体在公共传播中的作用之间存在关联。他们发现，一般而言，在Twitter上的共和党人更关注其他同党人士而非民主党人。因此，共和党人更多地使用Twitter作为一个回音室。数字媒体的回音室效应在积极公众的主动传播中将导致对问题情境的狭隘观点进而可能降低问题解决的效力。再次，数字媒体提供免费且过量的信息。有研究表明，一般人不具备足够的信息素养去评价信息的质量，特别是针对健康和科学/技术相关方面的信息[②]。因此，人们可能基于他们的参考标准而不是基于信息的质量来筛选信息或告知信息给他人。最后一个原因是关于网络空间中主动公众的侵略性传播[15]。J. N. Kim和J. Y. Kim发现[③]，积极公众成员的涉入度和受限认别显著地驱使他们在网络上进行攻击性、侮辱性的传播。这种敌对的传播调动他人从不同的利害关系或从不同议题观点加深敌对，从而造成在解决问题情境时的负面影响或结果（如：群体冲突和群体极化）。

（二）被身份驱动的公众

文献指出，自定身份（enacted identity，如：文化认同、性别认同、宗教认同、

---

① COLLEONI E, ROZZA A, ARVIDSSON A. Echo chamber or public sphere? Predicting political orientation and measuring political homophily in Twitter using big data [J]. Journal of Communication, 2014(64)：317-332.

② ALLAM A, SCHULZ P J, NAKAMOTO K. The impact of search engine selection and sorting criteria on vaccination beliefs and attitudes：Two experiments manipulating Google output [J]. Journal of Medical Internet Research, 2014, 16(4)：e100.

③ KIM J N, KIM J Y. Mr. Hyde logged in：A theoretical account of situation-triggered flaming [M]. Chicago, IL：Korean American Communication Association, National Communication Association, 2009.

政治认同、思想认同）是影响个体的情境感知和参考标准的一个跨情境变量[1][2]，它引发个体解决问题的情境动机和积极传播行为。Jones提出，通过关注一群人在一个议题中的"自定身份"，而不是议题对这一群体的问题影响后果来定义公众。他断言，议题是"表达自己身份的手段"。Jones的论断与Vasquez对公众是一种修辞社区的观点相似。然而，他提出的定义无法解释为什么个体只会在与某些（而非所有）自定身份一致的议题上积极。此外，自定身份是引发一个群体对某类议题（如：拥有价值取向的问题和长期存在的问题）积极传播的动机。它似乎并不能预测有关健康、科技或经济这些议题公众的形成，因为这些议题大多以事实和科学作为讨论或决策基础。因此，未来的研究可以去实证检验这些观察，探究议题通过身份而不是问题后果而推动的公众形成，以及能够让他们参与到有效问题解决的传播沟通策略。更重要的是，自定身份在分析围绕一个议题建立的积极公众中的子公众的侧写群像时是很有价值的。另外，自定身份也可以解释主动公众用以创建、提倡或维持某议题象征性现实之积极传播的动态过程。

（三）与愤怒公众对话

正如本文的前一节中所说，现有公共关系文献中指出通过情境感知诱发的消极情绪推动公众的积极传播行为（如：数字媒体上的负面发帖或评论）。信息管理文献还表明，含有负面情绪的信息会比那些没有这样情绪的信息更进一步扩散[3]。然而，组织（企业和政府）很少通过回应愤怒公众的发帖或评论与他们进行传播互动。通常不与愤怒公众对话的理由是认为这样的传播只会使局势恶化，因为网上对话是不可控的，它们通常把更多的人变成愤怒公众，愤怒在网络上具有传染性。然而，不在愤怒公众表达他们关切的媒体上回应他们，违背了公众的期望，也让组织在议题的公共传播中输了民意。未来应在多国进行针对这一问题的实证研究，以提供在网络上组织向愤怒公众传播对话的洞见。

---

[1] ILLLIA L, LURATI F, CASALAZ R. Situational theory of publics: Exploring a cultural ethnocentric bias [J]. Journal of Public Relations Research, 2013(25): 93-122.
[2] SRIRAMESH K, MOGHAN S, WEI D L K. The situational theory of publics in a different cultural setting: Consumer publics in Singapore [J]. Journal of Public Relations Research, 2007(19): 307-332.
[3] HAO W. Decoding the phenomenon of angry youth and Internet rumors amid public emergencies [J]. Chinese Education and Society, 2011(44): 128-136.

（四）主动公众的传播动态

积极公众的传播动态（communication dynamics of the active public）是一个可以显著推进对公众研究的领域。如之前本文提出，利用社交网络分析去系统化识别公众，将会是一个很好的研究方向。此外，分析如何建构或反建构问题情境的象征性现实，以形成或巩固可被积极公众成员（或某积极公众的子组）间接受的问题解决方案，可以对复杂议题或集体行动背景下的战略传播理论和实践产生洞见。

（五）线上粉丝和追随者与组织的积极传播行为

数字媒体提供给每个人一个发声的渠道。人们可以随时随地跨越国界表达自己的观点，进行议程建设和推动社会动员。随着电子口碑（electronic word-of-mouths）等非职业性积极传播形式的增加，公关公众研究越发重视移动社交媒体用户参与组织积极传播的研究[1][2][3][4][5]。一些研究结果表明，公众对网上的组织信息行为（即：信息寻求、回应、参与和推荐），取决于他们对信息内容和格式的评价及与组织社交媒体账号产生的准社交互动与身份认同。未来的研究应测试以上所述之变量对公众网上组织信息行为的预测力。此外，今后的研究应进一步探究个人积极传播对组织的影响。一个有趣的研究问题是，如果员工成为积极公众，在他们组织的社交/移动媒体开展积极传播，是否可以在危机时期积极地帮助散布组织信息，提升危机传播的效能和降低危机对组织的负面影响？

（陈怡如，香港浸会大学传理学院副教授）

---

[1] BORTREE D S, SELTZER T. Dialogic strategies and outcomes: An analysis of environmental advocacy groups' Facebook profiles [J]. Public Relations Review, 2009(35): 317-319.

[2] CHEN Y R. Factors influencing consumer engagement in mobile SNS: A study of We Chat in China [C]. Paper presented at the 23rd annual conference of International Public Relations Symposium, Bled, Slovenia, 2016.

[3] CHEN Y R, FU J. How to be heard on microblogs? Nonprofit organization's follower networks and post features for information diffusion in China [J]. Information, Communication & Society, 2016, 19(7): 978-993.

[4] MEN L R, TSAI W-H S. Beyond liking or following: Understanding public engagement on social networking sites in China [J]. Public Relations Review, 2013, 39(1): 13-22.

[5] SAXTON G D, WATERS R D. What do stakeholders like on Facebook? Examining public reactions to nonprofit organizations' informational, promotional, and community-building messages [J]. Journal of Public Relations Research, 2014, 26(3): 280-299.

第六章　公共关系与公共性

一、公共关系的公共形象

公共关系作为一种社会职业，近几十年来在欧美及世界各国不断发展壮大。越来越多的国家有自己的公共关系行业协会以及数量日益递增的从业者。许多学校开设公共关系学专业或教授公共关系学课程。随着更多的传播从业者加入到公共关系业界中来，越来越多的社会大众开始接触到这个新兴行业（Watson, 2014）。这种现象不仅在欧美等公共关系发展历史比较久的国家蔚然成风，在很多发展中国家，如中国、印度、南非等也日趋明显（Yang& Taylor, 2014）。

但是，随着这个行业逐渐为人所知，学者们通过多年的研究发现，在世界上很多国家，公共关系作为一个行业，其"公共形象"并不好。换句话说，很多人对公共关系及公共关系从业者怀有偏见、疑虑、恐惧甚至厌恶。很多人认为，公共关系从业者一心维护其雇主利益，甘为权者谋，甚至歪曲事实，误导大众，在极端例子中甚至置公众利益于不顾。这个现象一度引起学界和媒体关注，因为这种局面对于公共关系学来说是非常讽刺的——一个专门为别人维护与设计公众形象的职业，居然有着普遍负面的公众形象。但是，随着我们对这一现象的不断深入研究，很多学者发现这样的公众舆论认知一部分来源于误解，一部分却未必空穴来风。对于这个问题的解决方法，不同的学者常常提出不同的意见，其中包括抬高从业者入行的就业门槛，强化职业培训，把职业道德的培养放在公共关系教育的核心地位等。而这一系列的讨论，也造就了在今天美国大学所有的公共关系学专业里，公共关系职业道德都是必修课的现状。而世界上绝大多数的公共关系组织都明确提出自己的职业道德宣言，并把从业者是否在工作中遵循宣言的精神作为检验从业者职业素养的重要标准（Yang& Taylor, 2014）。

笔者认为，提高公共关系的职业形象的一个重要方面是让公众了解、接受并认可公共关系。而要让公众接受并认可，公共关系应该提出明确的利民、便民、贡献于社会的理论与行业准则。这就需要公共关系学者和从业者自身对公共关系的公共性有全面深入的研究与不断更新的认知。公共关系的公共性问题，虽然在近几年的公共关系学的研究与讨论中较少为人提及，但本质上是一个关乎公共关系领域与社会及社会公众关系的基本性、核心性问题。我们对公共关系中的公共性概念的理解不足甚至曲解，在一定程度上对业界与学界都起到了负面作用。在这篇文章中，笔者想集中谈一谈公共关系的公共性问题。

在下文中，笔者先对"公共性"这一概念在欧美公共关系学界的理解、演变与研究进行一番综述与梳理，重点介绍一些主流公共性研究理论，并批判性地指出这些理论的不足。最后，笔者对如何促进公共性研究提出意见与展望。

二、公共性概念溯源

公共关系，英文为"Public Relations"。其中"公共"二字，是对"Public"一词的翻译。公共/公众（Public）是现代西方传播学理论中的一个重要概念。"Public"这个词可以做形容词或名词，并被译为公共或者公众。这个概念经常与民众（people）、民主（democracy）、民权（civil rights）、公民社会（civil society）等概念相联系，被认为是现代传播机构与传播理论的基础理念之一。直到今天，"公共/公众"在欧美传播学界依然是一个重要的研究主题。

另一个与"公共性"这个概念紧密联系的概念是公共领域（Public Sphere）。公共领域是哈贝马斯（Habermas）提出的一个概念及相关学说，最初指的是17世纪欧洲涌现的公民在公众场合（例如咖啡馆、沙龙）中对共同感兴趣的公共事务的讨论。公共领域之所以重要，是因为在这个领域中，贫富与阶级的区别都可以暂时搁置，而公众讨论的目标是在公众事务上达成共识并通过这种共识来推进社会事务的发展与社会问题的解决（Habermas, 1996）。公共领域也成为了现代西方社会传播理论模型与传播法规制定的重要的基础性理论。

与公共领域一同提出的还有公开性（德文原文Öffentlichkeit，英文译文为publicity or openness）这个概念（Habermas, 1989）。公开性指的是针对于公众的信息开放性，即公众可获取信息的可能性与便利性。公开性的实现是通过在公共领域中对一定的议题、事件与话题，人为地赋予其重要性，并确保一定范围的公众获得相关资讯。在互联网与多媒体资讯发达的今天，由于信息大爆炸等问题，保证公开性更多地体现在确保议题的话题性（Trending）与广为人知的程度，即大家常说的话题度。公开性在公共领域中至关重要。这是因为，如果没有公开性的问题，意见和观点是无法进入公共领域的，也就是说，不会得到公众的关注与讨论。举个例子，山区贫困小学的孩子上学难的问题，虽然非常紧迫并亟须解决，但如果这些信息不能有效地进入公共领域，引起公众的兴趣与讨论，则这个问题要通过公共领域寻求解决的机会也就微乎其微。而Asen（2000）更进一步指出，公众只有积极参与到公开性中，才能享受公共领域赋予的权利。Asen的观点主要指出公众不应当只作为被动的公共性接受者，也应该自主传播，对自己认为重要的社会议题主动推广与宣传。而这种积极参与的建议，在如今的社交媒体时代，正在从理论设想不断演化为屡见不鲜的现实。Downey和Fenton（2003）指出，没有公开性的公众在公共领域中将失去作为公众的权利，因为隐蔽与信息不流通堵塞了公共领域形成的基本渠道。这种开放性是现代公共关系行业赖以存在的基石之一。很多国家的公共职业协会宣称公共关系在社会中的一个重要作用是确保与促进重要议题的公开性，以及提高传播的效率与为公共领域中的公众讨论提供信息与资讯（Yang & Taylor, 2014）。与此同时，公共关系的另一个重要职能是保证不同的议题与利益团体的观点在公共领域中都能得到代表与体现。换句话说，就是公共领域不应是一言堂。不同团体与个人通过与公共关系从业者的合作，都有权利在公共领域中发表自己的观点，从而实现观点的百花齐放，推动公众对重要议题的讨论甚至争论。当然，很多美好的理论设想在现实面前都是要打折扣的，比如说公共关系的社会代言功能，由于在资本主义国家用金钱说话，很多边缘化组织和个人无法负担高额的公关费用，于是他们的利益得到代表的想法也往往流于空谈。更多时候人们看到的情况是，社会的利益既得群体雇佣公关公司为自己在主流媒体上代言，而边缘化组织只能在小众媒体上发出声音。

三、公共性在欧美公共关系学研究中的基本历史与现状

在公共关系学中，最早对公共/公众（public）的关注来源于将其视为单纯的传播受众的理论假设。这是因为，早期的公共关系从业者和学者们大都有新闻从业者的经验。很多人，包括公认的美国公共关系行业创始人，都是由记者转行做的公

关系从业者。对于他们来说，公共关系就是帮助一部分政府和企业组织或社会名流来对社会公众进行传播。公共关系的任务就是简单的意见桥梁，仅仅负责把组织的观点广播（distribute）到大众（publicity）中去。很多早期的公共关系研究都和媒体关系（media relations）相关，这些研究看重公共关系从业者如何搞好和记者与编辑们的关系，而往往视公众为被动接受信息的对象。这样的研究正是脱胎于一个特定的历史时代与早期从业人员的职业背景。以这样的理论背景来了解公众，导致很多早期的研究和实践在根本上并不尊重作为个体的公众，而是把他们视作媒体目标（target audience），在概念上当作集合的数字与概率统计单位。于是，在虚化的公众和实体的（并能付钱的）客户之间，很多从业者一面性地倒向了顾客，而忽视了公众的利益。这种对公众的忽视与弱化，可以说是早期公共关系实践中很多不规范甚至违反社会公德与职业道德行为的根本基础。

早期的这种比较粗糙的公众研究在上世纪八九十年代得到一定的改善。很多学者开始认识到公众概念的复杂性。其中，以马里兰大学的格鲁尼格（Grunig, 1997）教授的情景公众理论（The Situational Theory of Publics）尤为突出。格鲁尼格的理论受到著名哲学家John Dewey的著作《公众及其问题》（*The Public and Its Problems*）的影响，并在其学术生涯的各个阶段不断完善。简单地说，情景公众理论将公众根据他们对事件的了解程度与采取行动的程度区分为几种类别，包括不知情公众、知情公众、积极参与公众等。随着事件的演化，公众往往在不同的类别中转换角色。而面对不同的公众，公共关系从业者往往需要使用完全不同的传播策略才能达到理想的传播效果。对于公众类别的误判则容易造成背道而驰的局面。情景公众理论指出，公共关系的策略与计划需要根据公众类别不断地进行调整与完善，这一理论也进一步支持了公众研究（public research）的重要性。在当代的欧美公共关系学教育中，公众研究方法是一个重点科目。而这种对公众研究的重视，很大程度上脱胎于近几十年对公众概念的重要性与复杂性的不断深化认识。

当然，格鲁尼格的学说多年来也不断受到不同意见者的质疑。在雷迟（Leitch）与内尔森（Neilson）一篇发表于2001年的文章中，二位学者指出，在公共关系学研究中有一种奇怪的论调，那就是把公众（public）等同于组织（organization）。很多学者有意无意地把公众与组织认定为公共关系过程中等同的参与者（participants），而无视两者间在权力（power）与能力上的不同。然而，这样的去权力化论调其实选择性地忽视了一个极其严肃的问题，那就是，在现代社会中，很多组织都具有惊人的财力与物力。比如说,在世界最强大的100个经济体中,49个是公司而非国家。很多跨国公司拥有比中型国家更强大的财力和物力。它们在对信息的获取与传播中所具有的控制力是很多普通民众遥不可及的。将两者等同,在很多情况下就意味着对公众的极大不公。举个例子,格鲁尼格(Grunig)与汉特(Hunt)提出了著名的对称传播理论(Symmetric Communication)。这种传播理论的一个理论基石就是公众与组织的对称性。根据这个理论,开展优秀而道德的公共关系要求公众与组织在平等对称的对话中结成友好关系。进一步推论,当公众使用诸如和平抗议、请愿等方式施压于组织(单方面的,非对称的传播)时,那必然不是一种道德的公共关系实践,而组织就可以合理采取反弹甚至打压的方式。这种组织传播的最终目的往往是实现意见统一。但并非所有的"意见统一"都代表了公众利益的实现。很多时候那往往只代表了公众的妥协。对称传播理论忽视了传播过程中公众与组织的历史、权力与能力的不对等等现象。对于世界上很多草根的、缺乏强大社会经济基础的民众来说,与强大的组织进行对称传播不但是不可及的,很多时候甚至是不可能的。对这些问题的忽视,既体现了一种以组织为中心的精英化权力视角,也体现了对于社会历史及阶级关系的漠视,从而也就从根本上与民众/公众的很多诉求分离了。

近年来,另一个对公众研究比较深入的学术方向是公共关系中的组织与公众关系学(Organization-Public Relations,OPR)。这一学术方向脱胎于格鲁尼格及其同事主导的马里兰学派(J. E. Grunig & Huang,2000),并在近代公共关系学界引起了广泛重视。组织与公众关系学的研究重点并不是公众或组织,而是存在于公众与组织之间的关系。这一理论提出了关系培养策略(Cultivation Strategies)及策略可能导致的公众反应(Consequences of Relationship Cultivations)(L. A. Grunig, J. E. Grunig, Ehling,1992)。在这一理论的讨论框架以及之后衍生的理论研究中,公众在传播策略上达到了重要的高度,但是在理论架构中被定义为功能性"对象",即是为了让组织实现某种目的而存在的、可操控的客观元素。以这样的理论与思想导向指导的公共关系研究与实践,可想而知将会对公众采取一种功能性的态度。换句话说,公众成为达成目标的工具。但是,即使是世界上最精致的谎言,在长期的交往中也经不住时间的考验与公众的推敲。这样的公共关系,必然会被公众批评与挑战。面对这样的情况,或许有人会说:"没关系,只要继续有生意上门,只要还有人聘用我们,形象差就差吧。"但是这样的观点,其实是极为短视与有害的。这是因为，任何行业的发展都植根于社会的土壤中。在笔者与泰勒（Taylor）的一篇发表于2014年的研究中，我们发现一个行业的形象会影响到新人才的涌入（形象好的行业更容易吸引优秀人才）、行业自制的可能性（形象差的行业更可能遭到政府与其他社会力量的监督与强制性管理）、社会支持度、从业人员幸福感与职业认同度等至关重要的问题（Yang &Taylor，2014）。对于任何行业来说，行业的兴衰在很大程度上取决于行业从业人员的素质。很难想象一个形象差的行业能在长远的发展中吸引到一流人才。那么，如果要改变现有状况，我们能做什么呢？一些学者从不同角度提出了重新构建公共关系公共性的构想，笔者将在以下的篇幅中讨论一部分观点。

四、重建公众性：展望与建议

（一）对公众性的反思要求我们认识到与公众交流的权利并非公共关系从业者的一种天赋权利

公众话语圈与话语权，作为影响公众议题与社会问题解决的重要资源，是一种社会资源。当公共关系从业者将信息带入公众话语圈，他们就是在对公共资源进行占用与再分配。在这样一个过程中，公共关系从业者要实现自己传播权利的合法化，需要首先分析自己的传播内容是否有利于公众对问题的了解，有利于对话及共识的产生，以及是否有利于雇主、问题所涉及公众，以及社会的长远利益（St. John，2006）。这种从业者对公共领域的敬畏与自省，是改善公共关系与公众关系的重要一步。这一步让公共关系从业者从信息创造者与传播者的角度走出来，换位思考，而不再仅仅把公众当作抽象的数字与目的。这种观点，在大数据时代尤为重要。笔者曾经多次撰文指出，当技术的进步掩盖了我们对技术的批评性思考与接受时，这往往是技术决定论悲剧的开始。大数据时代的到来无疑将改变公共关系实践。但是这种改变将把我们带往什么方向，却是一个应该深入思考与积极引导的过程。换句话说，当大数据带来实时分析与处理百万甚至千万公众信息的可能性，我们更加要警惕这种技术便利带来的盲目自大。如果把对百万甚至千万公众行为模式的大致了解误认为是对公众本身，尤其个体公众的深刻解读，那么这种观点很可能造成公众对公共关系进一步失去信任，令公众与公共关系之间的期望距离（expectation gap）更大。

(二)对于"公众"这个概念作多样性的深入思考

其次,开展对多样性(multiplicity)的深入思考。对于"公众"这个概念作多样性思考,其根本在于承认与强调社会、历史、文化、语言与人本身的多样性。社会是复杂的,历史是多元的,语言的交流与理解也是开放性的。这种多元甚至在一定程度上混乱的局面,才是公共关系在不同国家开展的真正舞台。对于这样的舞台的诚实而认真的了解,是重构公众公共性不可或缺的部分。对公众多样性的理解与认知,应该被认为是反思公共性的先决条件。在后现代理论盛行的今天,功能主义的格鲁尼格学派在欧美公共关系学界已经不再控制学术话语权,很多新学术观点不断对Grunig学派及其理论提出挑战。例如,共创理论(Co-creational Theory of Public Relations)就认为,公众是公共关系传播过程的合作者(Botan & Taylor, 2004)。公众既是传播的目的,而长远、互利、互相尊重的组织与公众关系才是值得追求的行业准则。这种理论对公众的重视不只是在传播策略上的,同时也是在理论角度的。很多欧洲学者,例如Ihlen等人,借鉴社会学理论提出了社会趋向的公共关系学理论(Societal-oriented Public Relations),把公众、社会资本、社会利益放到了公共关系学研究的中心点上。此外,一些后现代学派,如女权主义学者、社会运动学者提出重新定义公众的概念,强烈号召去除企业中心化与男权主义的影响,并将一些在传统格鲁尼格学说中边缘化的公众群体,例如社会活动家们、社会边缘群体、同性恋与变性人士群体(LGBT)等,重新放到了研究与理论的中心,并以女性视角反思传统企业中心主义可能对女性从业者与女性公众造成的压抑。这些理论也对现代公共关系学的多元化做出了重要贡献,并为我们重建公共性概念打开了思路。很多学者认为,虽然公共关系学界依然面临重重挑战,但理论元素与论点百花齐放的今天,已经远远胜过十几年前马里兰学派一枝独秀、以功能主义一统天下的时代。

(三)从宏观角度出发,对公共性的反思也要求我们对公共关系作为一种产业与社会的关系的重新思考

公共关系与社会是如何联系在一起的?公共关系的社会价值是排他性的,可以被有钱有势的社会利益团体独占,还是一种普世性的,可以广泛便利社会各界的呢?进一步说,公共关系是服务组织的,还是服务公众的?公共关系如何服务公众呢?这些问题,实际上是公众性研究的一个更高目标,即从解决公众性问题出发来解决更广泛

范围的公共关系面对的问题。从根本上来说，公共关系行业需要搞清谁才是行业赖以为生的真正土壤，是客户还是公众的问题。

一些学者认为，公共关系通过服务组织（客户）来间接服务社会。这种观点中把公共关系与公众隔离开来，公众的利益因此成为次要的考虑因素。这种理论让很多从业者心安理得地无视公众利益，而把组织（客户）利益放在了工作中唯一重要的位置。当客户利益与公众利益重合或不矛盾时，这种观点近乎于无害的；当客户利益与公众利益对立时，这种观点往往使得从业者的天平无底线地向客户倾向，而做出失信于公众的选择。近年来，很多学者提出新的观点，认为公共关系是可以而且应该直接服务于社会的。戴维斯（Davis）认为，公共关系能够促进社会公共领域的建立，进而促进信息的流通与大众参与。泰勒与德费尔（Doerfel）认为，公共关系在转型期国家中，可以被用于国家精神与社区团结性的建设。皮兹卡（Pieczka）认为，公共关系可以成为民众挑战社会既有权力阶层的武器，进而是还权于民的公器。笔者与泰勒在2013年提出了公共关系公共性的一套理论模型。这个模型的基础概念是社会资本。社会资本不同于其他经济或人力资本，是存在于社会关系中的一种资本。这种资本的产生、维护与增长取决于社会交流与社会关系的建立与维护。当国家与社会富于社会资本，这样的社会环境有利于个人与团体的交流以及社会信任的产生，进而可以降低交易成本，对社会经济文化发展与稳定都大有裨益。而公共关系的两大职能——信息传播职能和社会关系建立与维护职能，能够促进社会资本的增长。但是，我们的模型也提出，公共关系本身并不是单一地履行这两大职能，公共关系从业者必须认识与实践一些重要的职业道德原则。而这些职能的实现，也需要社会环境的支持与允许。总而言之，公共关系与社会的关系可以通过促进社会资本的产生而直接发生联系。公共关系并不必然是组织的附庸，它可以在社会关系中独立发挥重要的社会功能。这样一来，公共关系服务谁的问题就有了新的解答方式，而公共关系与公众也就有了联系。

（四）从微观角度考虑，对公众多样性的思考同时也是对公众对组织信息的抗拒性的理解

换句话说，公共关系从业者应该理解与预期公众的多样化反应，包括非常抗拒性的、排斥性的反应。公共关系本身不应该也不必要是一个达成妥协的过程。并非事件的各方都必须在公共关系实施的过程中达成一致。真正透彻与真实地理解公众，意味

着在很多场合理解分歧的可能性，甚至在一定程度上鼓励与欢迎分歧与斗争。公共关系不是一个必须达成共识的过程，而更应该是一个公众与组织通过交流与对话了解各种不同观点、释放不同感知与情绪的过程。这个过程不以终结为目的，而以不断寻求合理解决问题的方式和不断交流与延续为目的。这种观点在社交媒体盛行的今天尤其有重要价值。很多企业在开放企业社交媒体账户后发现，公众讨论的方向往往不是企业可以预料的。例如，2014年麦当劳在美国利用Twitter账号推广了一组旨在邀请社会公众交流他们在麦当劳的幸福记忆的社交对话。但是出乎意料的是，公众非但没有在活动期间聊关于麦当劳的正面话题，反而利用这个机会大肆质疑麦当劳食材的品质，很多环保人士更用自己的Twitter发起公众对麦当劳环保恶行的抗议，在多个社交媒体上同时分享麦当劳虐待动物的资料与照片。这场公共策划迅速演变成了一场企业形象危机，最终以主流媒体大幅报道麦当劳丑闻与麦当劳草草狼狈结束这起策划收场。对于广大公共关系从业者与学者而言，这正是个典型的公众对组织信息抗拒性的教案。

（五）在公众参与组织相关活动的过程中，对公众的思考仍发挥巨大的价值

在这里，一个核心问题是：对于公众来说，他们可以从参与中获得什么。这个问题尤其在新媒体时代至关重要。很多从业者在新媒体改革的浪潮中兴奋异常，一些学者过早地喊出了新媒体将改写公共关系效用模式的断言。但是，媒体本身永远不能取代传播者与公众的决定性作用。对于公众来说，是否参与、参与的感觉好不好、会不会继续参与，并不取决于媒体本身，而是取决于公众在这个过程中得到了什么价值。公众的价值实现可能非常多元。从个体来说，这样的价值既可以是娱乐、信息、功利功能的实现，也可以是自我认同与自我实现。从团体来说，这样的价值可以是团体关系与认同感的加深，甚至是团体身份意识的传递与构建。在所有这些过程与语境中，组织的角度都应该是淡化的，公众的角度才应该是主线。只有公众主导的参与，才真正是属于公众的参与。换句话说，对公众性的反思要求从业者在策划中把组织的信息与诉求淡化，把重点放在公众的价值上，这样才能真正推出深入人心的策划。比如说Always公司在2015年推出了一系列"像个女孩"#Like A Girl的公关与广告策划。Always是一家女用卫生产品品牌。在这组策划中，Always公司只字不提其产品，而是通过采访一些年轻女孩来表现社会对女性的压抑与限制，并在策划案结束时鼓励年轻女性勇敢追求自我价值实现，向年轻女性致敬，并鼓励女孩们以像一个女孩为

荣。这组策划在社交媒体上引起广泛讨论，被很多公众自发转发与分享。这个策划为Always公司赢得了巨大的社会与商业价值，而此次策划也获得了2015年度的金狮奖，被《亨廷顿报》（*Huffpont*）盛赞为突破性策划，可谓实现了经济、社会、文化多角度的成功。究其根本，这个策划案最优秀的地方，是其对公众价值尤其是公司核心用户价值的精准把握与体现。

五、小结

总而言之，公共性是一个具有深厚学术渊源、涉及面广并对公共关系的发展影响深远的概念。对于公共关系的公共性问题的思考，究其根本，是对于公共关系是服务社会与公众还是服务有限的个人与特定利益群体这个问题的思考。其次，对于公共性的思考，也是对于公众究竟是无差别的统计数据集合体还是有血有肉、有千差万别的个人价值的思考。对于这个问题的思考不应是浮于表面的，而应该是深刻而广泛的，是一个应该由学界与业界共同探讨的话题。

在公共关系发展历史较为短暂的、像中国这样的国家，学界与业界尤其应该关注公共关系中的公共性问题。中国公共关系学研究在近几十年中经历了一个从无到有、从较少人关注到相关论文不断增加的过程。在国内的公共关系理论的研究中，对于公共关系教育、公共关系与社会科学、公共关系与经济管理的研究占了主流地位。在理论议题的选择上，学者们往往集中于讨论紧扣业界变化的实践问题，很多学者也对政府与公共关系的定位与互动做了深入的研究（Xue & Yu, 2009）。在这样一个发展机遇与挑战并存的特定历史时期，学者们一方面应该保持对业界的关注，另一方面也应该潜心做一些基础性的但影响深远的研究。笔者认为，对于公共性的研究就是一个很好的课题。对于这个问题的关注，一定程度上奠定了公共关系作为一个行业与社会的关系。对于年轻的中国公共关系行业来说，对这个问题的关注也将影响到公共关系未来在中国的发展。这条发展道路的前景取决于公众对公关行业与公关从业者的信任与关心。公共关系从业者与学者们应该理解到一个行业要想取得长远健康的发展，必须要获得社会与公众的认可。而只有公共关系真正把公众置于理论与实践的核心，才能真正为社会公众所理解与接受。

参考文献

1. ASEN R. Seeking the counter in counterpublics [J]. Communication Theory, 2000, 10(4): 424-446.

2. BOTAN C H, TAYLOR M. Public relations: State of the field [J]. Journal of Communication, 2004, 54(4): 645-661.

3. DOWNEY J, FENTON N. New media, counter publicity and the public sphere [J]. New Media & Society, 2003, 5(2): 185-202.

4. GRUNIG J E. A situational theory of publics: Conceptual history, recent challenges and new research [M] // MOSS D, MACMANUS T, VERCIC D. Public relations research: An international perspective. London, U.K.: International Thompson Business Press, 1997: 3-46.

5. GRUNIG J E, HUANG Y. From organizational effectiveness to relationship indicators: Antecedents of relationships, public relations strategies, and relationship outcomes [M] // LEDINGHAM J, BRUNING A S D. Public relations as relationship management: A relational approach to the study and practice of public relations. Mahwah, NJ: Lawrence Erlbaum Associates, 2000: 23-53.

6. GRUNIG L A, GRUNIG J E, EHLING W P. What is an effective organization? [M] // GRUNIG J E. Excellence in public relations and communication management: Contributions to effective organizations. Hillsdale, NJ: Lawrence Erlbaum Associates, 1992: 65-89.

7. HABERMAS J. The structural transformation of the public sphere [M]. Cambridge: MIT Press, 1989.

8. HABERMAS J. Between facts and norms: Contributions to a discourse theory of law and democracy [M]. Cambridge, MA: MIT Press, 1996.

9. IHLEN Ø. The power of social capital: Adapting Bourdieu to the study of public relations [J]. Public Relations Review, 2005, 31(4): 492-496.

10. LEITCH S, NEILSON D. Bringing publics into public relations: New theoretical frameworks for practice. [M] // HEATH R. Handbook of public relations. Thousand Oaks, CA: Sage, 2001: 127-138.

11. St. JOHN B, III. The case for ethical propaganda within a democracy: Ivy Lee's successful 1913-1914 railroad rate campaign [J]. Public Relations Review, 2006, 32(2): 221-228.

12. WATSON T. IPRA Code of Athens—The first international code of public relations ethics: Its development and implementation since 1965［J］. Public Relations Review, 2014, 40(4): 707–714.

13. XUE K, YU M. A content analysis of public relations literatures from 1999 to 2008 in China. Public Relations Review, 2009, 35(3): 171–180.

14. YANG A, TAYLOR M. A global perspective on public relations professionalism: Mapping the structure of public relations associations' international networks［J］. Journalism and Mass Communication Quarterly, 2014, 9(3): 508–529.

（杨爱梅，南加州大学安伦堡传播与新闻学院教授）

第七章 公共关系与权力多样性

一、主流公共关系研究梳理：不被重视的权力及权力的"物化"

现代公共关系起源于19世纪末20世纪初的资本主义与民主社会的美国，于上个世纪70年代建立起专属于自身的知识理论体系。以公共关系之父格鲁尼格为代表，主流公共关系理论建立在"功能管理主义"的思想上。该思想将公共关系定位为组织的一种子系统，其功能在于帮助组织建立并管理与公众之间的平等互惠关系，提升组织的有效性。基于这一思想，大量的规范性公关理论诞生，如"卓越理论"（Grunig, 1992），"双向对称传播理论"（Grunig & Hunt, 1984），"社群主义"（Leeper, 2001; Wilson, 2001），以及"社会责任理论"（Strarck & Kruckeberg, 2001）等。这些规范性公关理论旨在寻找西方文化社会背景下最"有效"和最"理想"的公关实践指导，以帮助实现组织利益。其中以格鲁尼格的"对称传播"（Symmetrical Communication）理论最著名，它倡导公共关系通过对话与协商建立起组织与公众之间的完全平等、信任和互惠的关系，达成相互理解和共识。

有学者指出，由于急需为公共关系这门新兴学科和职业树立起"正当性"（legitimacy），大量的研究焦点放在实践（practice）这块，以证明公共关系对组织的发展具有举足轻重的作用。鲜少研究关注和探索驱动公共关系实践背后的"权力"（power）较量和斗争，如公众与组织之间的权力不对等，市场发展与政府管理的冲突，新闻生产与公关活动的对立等。在格鲁尼格本人以及早期的公共关系研究中，公共关系的"权力"更多地被理解成一种静态的地位、影响力和可获取的属性。这种权力的获得取决于公共关系能否在组织管理结构中居于上层，能否在核心战略决策层拥有一席之地，并通过这种地位对组织行为产生影响。例如，规劝组织建立和改善与公众的关系，担负企业社会责任，践行更符合伦理道德的市场活动，甚至塑造组织的意识形态并影响公众对于该意识形态的接受和认可。这种权力思想的研究假设前提认为权力本质上依附于某种实实在在的东西，如掌握的资源、地位和专业性，可以通过政治手段和斗争来获得。比如，Spicer（1997）就曾运用政治系统的隐喻提出，公关从业者在个人层面应像政治家一样提高自己的政治敏锐性，建立优秀的政绩轨道并且富于管理精神，从而在组织的政治系统中获得更高的地位和更大的权力。她所说的公关权力，其实是指一种"微政治"权力（micro-political power），即公关实践者应该像政客一样懂得权力的游戏，精通媒体，懂得形成战略联盟进行谈判，并对组织发展提出战略性意见。另一位公关学者Lauzen（1992）则补充道，这种权力的获得最终还得仰仗于最高领导层是否认可公共关系的专业性。

然而，这种功能管理学派的权力思想因其对权力议题的轻描淡写及物化而受到了越来越多公关学者的批判。例如，Holtzhausen（2000）指出，规范性公关理论虽然对实践提供了不少指导意义，但对于如何处理实践中组织与公众权力的差异和不对等帮助甚少。她认为，公关的权力不仅是在于组织中的结构地位——能否进入核心决策层，更是内嵌于组织与公众的关系之中，关系的背后即是权力。另外，一些批判主义的公关学者则试图揭示规范性公关理论所掩盖和粉饰太平的组织与公众之间的权力不平等以及组织霸权。比如，Motion和Leitch（1996）分析道，格鲁尼格所提出的公关进入核心圈层实际上是对占主导地位利益集团的认同和接受，通过进入这个圈子，公关本质上服务的还是核心利益集团，并非公众，更谈不上对等沟通建立互惠关系。有些学者（Edwards, 2009）甚至质疑，由于代表的是具有特权的组织利益，公共关系将会加剧社会的不平等（inequity）和不公正（injustice），因为只有占据丰富资源者才能实践公关，掌握话语权，引导公众舆论。

另一种批判的声音还集中针对双向对称传播中所声称的完全平等、互利的组织与公众关系，这在现实中几乎不可能。即使是格鲁尼格本人也承认，"对称比不对称传播能更好地服务组织利益，因为当组织适当放弃或妥协一些东西的时候收益会更大"（Grunig, 2001）。Karlberg（1996）一语道破，"所谓的'对称'，是假设了公众与组织具有同等的传播资源和技能，但实际上并不是。所谓'与公众协商'并不是建立在开放、民主、公开讨论的原则之上，而是以一种建立乌托邦式的社群主义和社会福利的名义转移公众对组织自我中心传播的不满和批判，进而维护和巩固组织预先设定的利益"。即使是所谓的公众参与式传播，也只是为了引导公众参与组织预先设定的议题，维护既得利益。因此，现代公共关系理论很大程度上被批判为"冻结"的现代性范式，这种范式忽略了权力斗争、冲突、边缘化以及被压迫的少数者的声音（Duffy, 2000）。

二、新兴公共关系权力研究："权力"的回归与多样性

基于以上对主流公共关系研究中权力问题的反思和批判，越来越多的公关学者尤其以欧洲、澳洲的文化批判学者为代表，呼吁将"权力"带回到主流的公关研究议程中。不同流派的学者尝试从多样化的理论视角，如政治经济学、文化学、社会学、后现代主义理论等来构建和阐释公关权力的本质。这种多样化的权力分析也体现在不同层次：（1）个人层次：公关实践者如何从个人与人际关系网络资源中（如社会资本）汲取和发展自己的权力与影响力；（2）公关在组织系统中的结构性权力；（3）公关在社会系统中的权力与影响力。以下将分别阐述几种具有代表性意义的公关权力研究。

（一）修辞话语视角（Rhetorical/Discourse Perspectives）

修辞语艺学派是公关权力研究中一种批判声音的代表，主要以Robert Heath的著作为代表。该学派认为，公共关系的权力在于策略性地创造和运用各种话语（discourse）体系去塑造社会系统中的事实真相和背后意义。根据Motion和Leitch（2009）的定义，话语从字面意义上可理解为文字或表述，而"公共关系就是一种大音希声、大象无形的传播过程，通过对我们的思想概念和认知系统的影响，塑造我们对于客观世界的理解和感受"。换言之，修辞语艺学派主要分析"说服"在权力的发展与使用过程中所扮演的角色，研究视角聚焦于"话语—组织—社会"的相互关系上。这一视角下较有影响力的一本著作是Courtright和Smudde（2007）的《语义权力分析》。该书认为，权力既是一种斗争的过程也是斗争的结果，通过象征符号和使用这些符号的个人，权力自身能够被建构、规范、固化及永恒。作者在书中运用了10个案例阐释实践中的权力（power-in-practice），比如活跃公众（activist）运用修辞语艺反对某公司的既有决策并促使其改善原来的慈善项目，又如某金融公司通过策略性的话语运用说服相关规划部门，成功地击退了一场企业危机等。基于这些案例研究，他们提出权力是内置于（built-in）公共关系中的，可以被"获得、使用甚至误用去创造和再创造善意或恶意的世界观"。

从现实情况来看，公关实践者也正是通过这些途径来执行权力的，比如生产和推送各种符号，创造和分享企业故事，管理各种议题等。这些实践能够帮助他们所服

务的组织建立起身份认同，获得公众的认可和支持。更值得一提的是，Courtright和Smudde强调公关的权力可以是积极的，可以赋权公众，以人道主义的态度、动机和行动的权威为整个社会谋福利。而这种基于人道主义的权力使用也可以使公关从业者更注重伦理道德，鼓励组织与公众之间的合作。从更宏观的全球背景来看，意义系统的产生和公关的权力也是通过话语来实现的，尤其是在公关实践中居于中心地位的文化霸权也是通过话语系统来完成的。不论是公关实践者个人还是他们所服务的组织，都或多或少地居于某种权力的地位。公关通过生产特定的支配性话语和散布各种推广材料执行自身的权力，获得影响。而这种支配性话语产生的过程，本质上是一个备受生产者与消费者（接受者）争论的过程，因为他们持有不同的观点和权力地位。因此，权力是内置于组织与公众的关系当中的，并且在创造支配人们认知和行动的话语过程中发挥了至关重要的作用。

此外，Heath, Motion和Leitch（2010）将"话语即权力"定义为"一种集体的、理性的资源，并由话语所产生的一系列词汇来共同定义和生效"。权力反映在人们是如何认知现实、认识自我和他人以及认识社会关系中。组织领导者只有懂得权力是植根于话语中的，才能做出更具反思性的、更有效的选择。顺着这一思路，Leitch和Motion（2010）干脆将公共关系从业者称为"话语技术专家"。组织和公众均通过修辞语艺参与意义生产的竞争，他们之间的权力关系也得以发展。而作为"话语技术专家"的公关实践者则致力于削减对组织不利的声音和话语，创造新的意义，或支持既有的对组织有利的意义系统。需要注意的是，这种观点的假设前提认为公众必然持有一系列不同意见，"组织—公众"关系也是通过一系列的权力斗争来发展的。组织通过大量文本和意义的生产与发布，构建社会现实，最终实现对公众的权力和影响力。

（二）社会学视角（Sociological Perspectives）

社会学视角下的公关权力研究主张借鉴社会学的经典理论来解释公共关系的实践及其本质。2006年，在德国德累斯顿举行的第56届国际传播学会（International Communication Association）上就曾举办过一个关于该课题的工作坊，并在*Public Relations Review*上出版了一期专刊，讨论社会学理论对于公共关系研究的启发性意义，其中以欧洲公关学者Ihlen, van Ruler等为代表。这一流派主要借鉴社会学大师如Bourdieu, Foucault, Giddens, Goffman, Habermas, Luhmann, Webber等人的理论，聚焦于公共关系在社会层面的正当性（legitimacy）。Ihlen 和 van Ruler（2007）指出，对于每个公共关系研究者而言，最核心的问题是公关是如何运作的，在组织或公共领域里面，对组织或公共领域，以及为组织或公共领域都做了些什么，在更大的社会层面做了些什么。这一分支的诞生弥补了主流功能管理学派对于公关权力研究的不足，因为主流功能管理学派过于注重组织与公众之间的互动，却忽视了两者之间的权力差异和不对等，也较少考虑社会需求。社会学视角下的公关权力研究则从微观和中观层面（组织—公众）转向了宏观层面（组织—社会系统），原来的组织—公众关系可能只是占据了附属的地位。社会学理论有助于检验这些权力关系是如何发展的，正当性是如何被赋予和支持的，社会意义是如何被建构的，其中有三位社会学家 Focault、Gramsic 和 Bourdieu 的思想被公关学者频繁引用。

1. Focault 的微政治话语权（Micro-political Discursive Power）

社会学家 Focault 认为，权力是微政治的、隐秘的、不易察觉的，存在于我们漫不经心的实践中，存在于个人、组织、社会的各个层面。这种权力不同于传统的功能管理学派的理解，权力并非依附于某种载体如地位、资源、身份或专业性等，也不一定是由权威所产生的自上而下的影响力或强制力。Focault 认为，权力主要通过话语来实现，话语形成了我们思考和认识世界的方式，并主宰我们如何表达这种方式。从这种微政治话语权的角度来看，公关的权力本质上是一种辩护（advocacy），通过扩散那些容易被大众认可接受的话语，为其所服务的组织利益辩护。更进一步，公关的权力栖居于各种关系网络上（如组织—公众、组织—社会），这些关系网络的诞生正依赖于话语的生产、积累、流通和交互作用。因此，这一流派影响下的公关权力研究重点在于话语分析（discourse analysis），即分析公共关系代表"谁"在说，说"什么"，以及说话者支持的"立场"是什么。

2. Gramsci 的意识形态霸权（Ideological Hegemony）

Gramsci 的权力观主要建立在世界观、哲学思想和道德价值观等抽象层面上。他认为，社会各附属或同盟阶层容易被这些观点和意识形态所支配和影响，这其实是一种霸权。霸权并不一定需要有形的强制力来统治和压迫，却主要通过意识形态的扩散来制造社会认同或文化认同。基于 Gramsci 的思想，新西兰公关学者 Motion 和 Leitch（1996）认为，公关权力的产生正是建立在生产和传播组织意识形态的基础之上。一旦这种意识形态被公众所接受，组织的行为及其所推崇的意义与价值也会被公众所接受，组织也就因此获得社会正当性。值得注意的是，承载这种意识形态的话语是具有排他性的，即只倡导和歌颂对组织本身有利的价值，而排斥或者边缘化对其不利的价值观点。

3. Bourdieu 的象征与符号暴力（Symbolic Power and Violence）

Bourdieu 所说的象征或符号暴力，通常是由占主导地位的利益集团所产生，他们误导公众，使公众相信和支持其所代表的利益，从而使背后支撑其立场和利益的社会结构和阶层得以正常化、合理化。英国批判公关学者 Edwards（2009）借鉴 Bourdieu 的思想理论，认为公关实践者所从事的正是这样一种生产符号和象征权力的过程，甚至是生产符号暴力的过程。她分析指出，公关实践者致力于生产各种各样的书面、文本或符号以支持某种话语体系，并使该话语体系所代表的利益合理化。这种话语体系定义了什么价值是组织所追求的，并促使公众理解该组织所谓的"合理"的价值观、利益观和组织文化。换言之，公关的权力源于输送"合理化""被面具化"的组织利益以误导公众，而这一切都是通过公关话语来完成的。从这个角度看，公关的符号权力本质上还是一种霸权，公关实践就是一种与公众争夺符号权力的过程。

总之，社会学理论对公关权力研究的启示主要有5个方面：（1）公共关系本身是一种社会活动；（2）公共关系研究应跳脱组织的局限，置身于更大的社会系统中；（3）公共关系研究的核心概念应包括信任、正当性、理解与反思性；（4）与公共关系相关的社会议题应涉及权力、行为和语言；（5）社会学理论可以为公共关系研究提出更有趣、更重要的研究问题，比如，公共关系能否服务公众利益？公共关系如何帮助组织在社会系统中获取正当性？在何种程度上，组织和公众能真正平等合作，这种合作是否可能？除了公共关系之外，还有什么别的组织结构和功能可以帮助组织在时代和社会变迁中获取正当性（Ihlen, Ruler & Fredriksson, 2009）？

（三）批判文化视角（Critical Cultural Perspectives）

"权力"是批判文化视角下公共关系研究的核心议题，是一种标签。英国公关学者 Jacque L'Etang（2005）在《批判式公共关系：若干反思》一文中将公共关系的批判研究定义为一种跨学科路径研究，旨在挑战公关领域中理所当然的一些研究假设，审视公关的职业实践，并寻求"改变那些制约人类潜能的社会、政治和经济结构"。公关批判学者们致力于提高人们对于结构性、制度性局限的警觉，并将人们从各种符号牢笼系统中解放出来，改变他们的生活。权力，正是处于公关实践的中心，因为我们所有的思想和实践都是被社会历史结构化的权力关系调节过的。换句话说，批判文化学派的公共关系研究聚焦于社会行动者是如何运用或者滥用权力维持一个不公正、不平等的社会现状,以攫取更大的权力和资源的。

这一学派的研究虽然不占主流,却发展势头强劲,唤起人们对于沸沸扬扬的公关实践深层次的思考。比如,公关批判学者们一再强调"权力""真相""正当性"等这些概念,敦促职业实践者们对他们的实际操作和真正目的进行深刻反思。这些学者不断鞭策人们反观现行的制度和系统,它们是如何形成的,又是如何运转和被巩固的,谁能从中受益,谁受到剥削,如何才能改变社会系统的不平等和不平衡。因此,这一流派的权力研究善于关注宏大的社会议题,如性别平等、种族歧视、阶级分化,以及权力主导、支配、霸权和边缘化的过程。随着全球化的进程和新科技的发展,公共关系也被不断赋权,成为一种全球性的社会实践。在实践中不断被投入使用,不断改良,公共关系本身作为一种职业也获得了逐步的认可与正当性。Berger与Reber(2013)甚至提出了一个大胆的猜想:是否很快将诞生一个世界性的公关公司,该公司本身就是影响全球格局发展的一支重要力量,可以控制和分配公关的权力和专家给竞价最高的投标组织?

除此之外,批判文化学派的公关权力研究还有一个重要分支,就是后现代主义(Postmodernism)公关研究,以Holtzhausen(2000, 2002, 2012)为主要代表。这种后现代性的理论视角集中批判管理功能学派所假定的管理者都是理性的决策者,可以通过所谓的"策略"来实现组织预期目标。后现代性路径把公关当作一种制度化的实践,公关的权力并非栖息于等级结构的最高层,而是内嵌于日常公关实践中,内嵌于无处不在的关系网络中。因此,公关实践者要非常小心,防止被组织的主导利益集团所收买(co-option)。更为重要的是,后现代性视角强调公关实践者即便没有结构上的地位与权力,也要担当起组织行动主义者(organizational activist)的角色,将伦理道德纳入公关实践,实现组织的解放和自由。也就是说,公关实践者应该是组织变革的倡导者和引领者,是组织的"良心",抵抗组织不合理的霸权和等级制度,帮助实现力量薄弱的雇员和外部公众的话语权,使组织做出更人性化的决策,提升组织内部思考和解决问题的新方式。

除了作为组织内部的积极行动主义者之外,后现代主义公关学者还认为,公关也可以帮助组织本身成为社会发展的积极推进者、社会变革力量。比如,国际上有些非政府组织(如Greenpeace)就在替边缘化的社会群体发声,与政策制定者进行环境保护主义的谈判。从这种意义上来讲,后现代视角下的公关实践者(或称行动主义者)

倾向于脱离主导利益集团，或者即便是该集团中的一员，也会抵制组织的强权与霸权。相反，他们会行使另外的权力来源，比如个人的专业性、特长、社会资本等。本质上，作为行动主义的公关权力是一种积极的变革力量（Williams, 1998），促进变革或者抵抗变革都是为了使社会得到进步。Haulzhausen进一步提出，后现代主义的公关权力研究可以借鉴制度的企业家或创业者精神（institutional entrepreneurship）的理念和思路来发掘公共关系的潜在积极力量，而并非一味地都是霸权、支配、操纵、洗脑和颠倒黑白的负面力量。可惜的是，她并未对这一积极的变革权力进行深入的实证研究。

综上，尽管新兴的公关权力研究将我们的视角从纷繁芜杂的"实践"拉回到暗涌激流的"权力"，并从多学科、多视角拓展了我们对于公关权力的多样性理解，这些理论思想大多产生于资本主义经济民主政治的背景。正如Giroux（1988）所说，"批判文化学主张在权力的背景中考察知识的生产"。以此看来，现存公关理论推行的是一种有益于资本主义公司权力（corporate power）的知识体系（Miller & Dinan, 2007）。当我们回顾近十几年来公关权力研究的发展，始终有一个核心问题亟待解决："权力研究意味着什么（so what）？"公关权力研究的发展真的促进了组织或社会的改变吗？除了批判派公关学者之外，还有谁加入到了权力的探讨和对话中？管理学派的公关理论不是依旧占据主流吗？公关从业者们会真正注意到权力对实践的推动、影响和制约吗？公关权力在非西方的、威权政治体制下有怎样的表现形式？大数据时代背景下，公关的权力和影响力又是如何产生和施展的？这些问题将在下节展望中一一探讨。

三、展望未来：公共关系的权力研究何去何从？

尽管自带权力DNA，我们不得不承认"权力"仍然是公共关系研究中的薄弱项目。值得庆幸的是，之前讨论的各种新兴的多范式、多角度、多层次的公关权力研究代表着这一话题的逐渐升温，日渐丰硕的研究成果也拓展了"权力"一词的内涵与外延，比如，从功能管理学派和卓越理论强调的"主导决策层"（dominant coalition），赋权职业人士（empowerment of diverse professionals），参与构成组织权力结构的"管理角色"，到语艺和批判学派的视角转向为话语（discourse）、支配（domination）、霸权（hegemony）、解放（emancipation）和意识形态等。另一方面，这些研究的多样性也增加了权力的模糊性，我们需要更多的理论解释力（explanatory power for power）来解释权力。以下将从四个方面展望未来有待发力的公关权力研究：

（一）大数据时代的权力"稀释"

有学者（e.g., Omilion-Hodges, Baker & Weaver-Petry, 2012）指出，数码技术的发展和大数据时代的来临促使我们重新审视权力的定位，它不再是依附于组织的等级结构，不再需要通过自上而下的赋权，甚至都已经不存在于公关实践者个人手中，而是存在于网络社区的参与者手中。因此，公关实践者们必须像网络社区领袖一样监控与管理网络需求，引用 Phillips 和 Brabham（2012）的术语，公关人就是"各方权力的经纪人"（broker of power between disparate parts）。因此，向前展望，我们大概可以描绘出一种"参与者即管理者"（participant-curator model）的权力模型，网络社区人人都是参与者，也是管理者，而公关人所承担的角色就是各方权力博弈与斗争的经纪人、调解人和游说者。这种参与式管理的权力模式要求我们将公关伦理道德纳入到日常公关活动中，因为所有的暗箱操作和违规实践都将变得举步维艰。为此，公关学者需要进一步与网络研究者、社会学者、图书信息管理研究员、政治理论家甚至城市规划者们合作，探索和研究与管理、参与、新媒体技术等相关的议题。

（二）系统和职业的权力影响力

另一个值得深入研究的方向是关注职业和系统权力的影响。正如澳洲公关学者 Macnamara 所言，"现在是时候让学者们转移重心了，从原来高声呼喊的占据组织决策层的一席之地，到占据产业决策层和社会决策层的一席之地"，将公关的权力影响从组织内部拓展到社会发展方面。而为了帮助社会行动者获取或维持权力，需要将公关的职业影响和教育系统的影响发挥到极致，因为目前最能塑造和影响公关人的就是行业协会和专业教育，而这部分的"权力"影响力尚属于未开垦的处女地。由此牵涉到的另一个问题是，搞清楚公关的职业影响力和对社会系统的影响，具体来说，首先要搞清楚的问题是我们的职业是什么，我们是谁，我们服务的对象是谁，我们代表谁的利益。同样，更多研究应投入到公关的教育系统中，因为这些教育和结构化的课程培养了大量的一线实践者，而这正是社会教育系统对公关权力的塑造与影响。此外，在教育系统和行业协会系统之间产生的权力互动、学界和业界之间的知识流通和相互影响也值得关注，这种"环环相扣"（interlocking）的权力网络将为我们理解下一代公关领袖的形成提供新的视角和注解。

（三）威权体制下的权力关系

纵观现有的公关权力研究，大多是建立在西方的文化语境下。因为西方的民主政治体制和公民社会，公共关系强调"分权"（sharing power）、"赋权"（empowerment）、参与（participation）、联合（engagement）等，对应的也就有了批判学派所批判的权力主导（domination）、霸权（hegemony）、操控（manipulation）等。不论是管理功能学派还是语艺批判学派，目的都是为了明确公共关系在民主社会、多元文化中的融合功能，缓解社会的不公正和不平等（social injustice and inequality）。然而，还有很大一片研究空白在于公关"权力"在非西方、威权政治体制下的内涵、表现形式和所承载的社会功能。受不同社会权力系统和文化价值观的影响，公共关系是如何发展的，又是如何找到自己的位置并发挥作用的，这将是今后公关权力研究的一大方向。尽管目前已有越来越多的目光投注到国际公共关系的实践领域，却鲜有关注公共关系领域中多样化的权力结构和斗争形式。在这方面，澳洲公关学者Joy Chia（Mahoney, Sison, & Chia, 2012）走在了前面，他提出了一个适合于解释威权体制下公关权力的概念——Relational empowerment（关系式赋权）。通过对东南亚国家（如越南、中国等）公关实践研究的梳理，Chia认为，威权统治下的国家，虽然政府控制了媒体，规定了什么能说、什么不能说，导致公共关系很多时候只能作为企业营销的工具活跃在商业领域，但是微观层次的关系式赋权正在逐步增加公共关系的权力和影响力。她将"关系式赋权"定义为通过将个人关系与商业关系进行融合，公关实践者能够获得尊重并被赋权，从而变得更有影响力。这种关系式赋权能让公关职业者逐步推行自己的理念，实行职业化的实践，产生自下而上的影响，并且最终撬动威权体制，促进民主化进程。可惜的是，Chia并没有深入研究关系式赋权的合理性来源，比如它为何存在并且有效，赋权以后的权力结构如何变化和流动，如何从权力不对等到相对平等，权力的赋予、累积或稀释反过来又是如何影响公关的社会实践的，等等，这些都值得进一步深入研究探讨。

（四）民族志方法纪录片式的权力

最后笔者认为，未来的公关权力研究可改善目前以话语分析（discourse analysis）

为主导的单一研究方法，更多地采用札根研究（ground research），即研究者从以理论框架为先导，转为立足于田野数据的收集，深入到真实自然的研究环境中，从数据中提炼出模型或规律并发展理论，应用一种归纳法的逻辑思维过程。目前的语艺、批判和社会学派的权力分析都是以理论分析见长，而没有实证数据作为支撑（Berger & Reber, 2013）。当然，所有理论本身其实也是话语，因为在互相竞争人们的注意力，激发和培养各自理论的支持者、拥护者。但是，我们更需要的是数据（data）。我们需要更多关于权力与影响力的研究去验证、描述、澄清和阐明我们所提出的理论在何种程度上是有用的，以及为什么有用，这一类型的权力研究才能为"权力"本身提供更多的解释力（explanatory power）。因此，公关权力研究可吸收人类学研究专长，采用民族志（ethnography）的数据收集方法，深入实地去观察、去听、去谈话、去访谈，甚至亲自实践，真正理解公关的权力是如何内嵌于每一天的实践当中，每一次的互动中，甚至每一次的谈话中。"权力"并不是一个物体，可以被占有、获得，被拿来比较量化分析，而是存储于最自然的关系网络和互动实践中，因此，唯有"纪录片"式的权力研究，才可剖析其本质的建构过程。当然，这并不等于需要完全摒弃其他方法论，我们可以继续解构和分析话语，只是需要融入更多民族志的研究方法使话语分析更具说服力和阐释力。比如，民族志方法有助于懂得话语产生的过程，谁参与了话语生产的过程，选择话语的决策是怎样的，什么意向指导了人们的话语行为，以及话语本身的循环生命形态是怎样的，这些都是有待挖掘并能衍生出新意的公关权力研究方向。

四、结语

不论可见或不可见、有形抑或无形，权力总是通过内置于（in）、围绕着（around）和通过（through）公共关系的实践来实现的，忽视这个现实并不能使权力消失。权力塑造着公关怎么做，公关人如何被看待，公关在组织中是什么和可能会是什么。公关人从踏入业界的那一刻开始，就已经置身于多层次的社会等级系统中，有上级领导，有职责描述，有一系列等待完成的组织目标。当他们成为职业人士时，对内通过与组织核心决策层和其他部门的互动参与到各式各样的权力关系中，对外则通过生产和管理各种传播产品和服务输送权力关系。在更高的社会层面，公关通过生产话语和符号帮助他们所代表的组织在公共领域中争取更多的资源和利益。并且，这种竞争程度和权力斗争，将随着传播技术的革新、全球化的进程和越来越多的新型社会群体而变得更加激烈，因为每一个社会部门都在推行各自的议题和主张。本研究的意义在于，通过回顾和梳理公关各学派、范式和视角下的权力研究，以及展望未来可能的研究路径和方向，拓展我们对于公共关系权力的理解和视野。虽然徘徊在十字路口，却依然要仰望星空并脚踏实地，追寻天空中最亮的那颗星，发挥公关对社会最积极和富于建设性的影响力。也只有真正理解了潜伏于深处的权力驱动、流向和制约，我们的公关实践才能更有效地"四两拨千斤""润物细无声"，或者"此时无声胜有声"。

参考文献

1. BERGER B K, REBER B H. Power and influence in public relations［M］// Sriramesh K, Zerfass A, KIM K. Public relations and communication management：Current trends and emerging topics. New York and London：Routledge, 2013：178-192.

2. COURTRIGHT J L, SMUDDE P M. Power and public relations［M］. Cresskill, NJ：Hampton Press, 2007.

3. CURTIN P A, GAITHER T K. Privileging identity, difference, and power：The circuit of culture as a basis for public relations theory［J］. Journal of Public Relations Research, 2005, 17(2)：91-115.

4. EDWARDS L. Symbolic power and public relations practice：Locating individual practitioners in their social context［J］. Journal of Public Relations Research, 2009, 21(3)：251-272.

5. GIROUX H. Critical theory and the politics of culture and voice：Rethinking the discourse of educational research［M］// SHERMAN R, WEBB R. Qualitative research in education：Focus and methods. New York：Falmer, 1988：190-210.

6. GRUNIG J E. Two-way symmetric public relations：Past, present and future［M］. Thousand Oaks, California：Sage, 2001.

7. GRUNIG J E. Excellence in public relations and communication management［M］. Hillsdale, New Jersey：Lawrence Erlbaum Associates, Inc. 1992.

8. GRUNIG J E, HUNT T. Managing public relations［M］. New York：Holt, Rinehart & Winston, 1984.

9. HEATH R L, MOTION J, LEITCH J. Power and public relations: Paradoxes and progmmatic thoughts[M]// Heath R.L.The Sage handbook of public relations. Thousand Oaks, CA: Sage, 2010: 155-175.

10. HOLTZHAUSEN D R. Postmodern values in public relations[J]. Journal of Public Relations Research, 2000(12): 93-114.

11. HOLTZHAUSEN D R. Towards a postmodern research agenda for public relations[J]. Public Relations Review, 2002(28): 251-264.

12. HOLTZHAUSEN D R. Public relations as activism: Postmodern approaches to theory and practice[M]. New York: Routledge, 2012.

13. IHLEN O, VAN RULER B, FREDRIKSSON M. Public Relations and Social Theory: Key figures and concepts[M]. New York: Routledge, 2009.

14. KARLBERG M. Remembering the public in public relations research: From theoretical to operational symmetry[J]. Journal of Public Relations Research, 1996(8): 263-278.

15. L'ETANG J. Critical public relations: Some reflections[J]. Public Relations Review, 2005(31): 521-526.

16. LAUZEN M M. Public relations roles, intraorganizational power, and encroachment[J]. Journal of Public Relations Research, 1992, 4(2): 61-80.

17. LEITCH S, MOTION J. Publics and public relations: Effecting change[M]// Heath R.L. The Sage handbook of public relations. Thousand Iaks, CA: Sage, 2010: 99-110.

18. MAHONEY J, SISON M, CHIA J. An exploration of power and public relations, but surely there's more[J]. PRism, 2012, 9(2).

19. MILLER D, DINAN W. Thinker, faker, spinner, spy: Corporate PR and the Assault on democracy[M]. London: Pluto Press, 2007.

20. MOTION J, LEITCH S. A discursive perspective from New Zealand: Another worldview[J]. Public Relations Review, 1996, 22(3): 297-309.

21. OMILION-HODGES L M, BAKER C R, WEAVER-PETRY B. Understanding power in public relations in the age of digital natives and citizen journalists[J]. PRism, 2012, 9(2).

22. PHILLIPS L M, BRABHAM D C. How today's digital landcape redefines the

notion of power in public relations[J]. PRism, 2012, 9(2).

23. SPICER C. Organizational public relations: A political perspective[M]. Mahwah, NJ: Lawrence Erlbaum Associates, 1997.

24. WILLIAMS J. Lyotard. Towards a postmodern philosophy[M]. Malden, MA: Blackwell, 1998.

（侯正晔，新西兰梅西大学新闻传播与市场营销学院助理教授，博士）

第二编

基础理论

第八章 说服理论

无论怎样定义公共关系，亦无论采取功能、诠释和批判哪一种分析视角，公共关系的核心价值皆可被描述为形塑认同与共同体。作为一种战略观念和管理工具，公共关系实质上就是组织通过沟通达成认同、建立共同体的手段、过程和方法。而在所有的沟通形态和范式中，说服乃最基本、最重要者。即使单向的宣传和双向的对话，亦有其说服属性、取向和功能。事实上，说服理论的兴起、发展同公共关系理论和实践的成熟在历史进路上大抵是同步的。

本章试图从思想史和发展史层面，勾勒说服、共同体与公共关系三者之间的历史和逻辑关系，并重点考察共同体视域下，说服理论的发展及其在公关领域的应用。此中需要解决三个问题：共同体的演进脉络；在共同体及其认同需求转换的情况下，说服理论与公共关系的变迁轨迹；宏观语境——共同体的演进、思想资源——说服理论的发展、历史进路——公共关系范式转换三者之间历史与逻辑关系的清理与重构。

一、共同体的衰落与说服理论的兴起

共同体概念至今并无明确、严格的界定，它可以指称"人在人群中"的某种存在状态，或人与人交流、互动的某类生活方式，亦可描述生活世界、公共领域和政经系统中存在的某些社会整合机制。从规模上看，小到两三个人组成的家庭、伙伴关系、工作小组，大到国家、民族、社会，乃至世界范围内的合作组织、区域联盟均可称为共同体。在全球化进程中，人类命运共同体的概念也逐渐流行起来。从关系属性上看，凡共同体皆存在必要的信息分享和交流互动，因而皆属信息共同体；基于交流，群体既可秉持工具理性构建互惠性的利益共同体，亦可生成情感、伦理、审美和信仰同构的价值共同体。从结构和功能上看，有的共同体提供基于家元、地缘的"自发秩序"，有的则提供族群式的"创制秩序"；有的共同体追求同质性，有的则尊重多样性、差异性而强调同一性。①

在个体层面,"自我"的产生、确认,个体利益和价值的实现,都离不开与他者和更广泛社会存在的互动与涵养。"任何人类个体,唯有当他在他人组成的社会里学会行动,学会言说和产生感情,他才能长大成人。"②个体对自身的感觉、判断也在接收他人的评价和对他人评价的想象中逐渐形成。③作为紧密互动的他者的集合,共同体为个体的生命历程提供了外部环境和交往对象,切近、深入、绵密地塑造着个体的存在状态、日常生活和社会角色扮演。当个体进入共同体,就会与趋于同质性或同一性的其他成员结成稳定的关系网络,获得共同体赋予的权利和义务,培育自身的责任意识和参与能力。共同体因之发挥了社会整合作用:一方面把分散的个体嵌入社会系统,一方面把社会规范传递给分散的个体,社会得以成为人们共同的"想象"。

在传统社会,个体、共同体、社会三者呈现较为简单的关系状态,所谓共同体即家元共同体。"家"既是个体归属的最重要的共同体,也是社会构成的基本单元。个体的生活、生产大多发生在家中,自我在家中获得确认和承认,物质、情感需求于此得到满足。而国家和社会(如果存在的话)无非是家的扩展,因循家国一体的结构和功能,同时在家元共同体力所不逮处填补了一些正式的规范和宗法。

在家元共同体阶段,说服的思想资源主要来自修辞的自觉及其理论化。亚里士多德把修辞定义为"在每一事例上发现说服方式的能力"。④换言之,修辞即说服术或说服的能力。在《修辞学》一书中,亚里士多德提出了良好修辞和说服的三个"证明"或曰前提条件:信誉、情感和逻辑。说服者的信誉包括明智(good sense)、德行(good moral character)和善意(good will)三个要素;情感包括感情、意志和各种关联的人格因素三种取向;逻辑即对"事实之所以如是"的理性论证,是理性与语言的"双运"。中国古代的修辞思想与古希腊颇有相契相通的气象,譬如孔子讲"修辞立其诚"(出自《周易·乾·文言》),亦强调诚信的价值;又如古人早有"动之以情、晓之以理"的说服原则。中西古代的这些说服思想皆与家元共同体的特质有关,可信任、动感情、有逻辑,即可以说服他者,建立并维系共同体。

现代公关也部分吸收了这些思想。以情感在修辞和说服中的作用为例,公关之父

---

① 张康之,张乾友. 共同体的进化 [M]. 北京:社会科学出版社,2012.
② 埃利亚斯. 个体的社会 [M]. 翟二江,陆兴华,译. 南京:译林出版社,2008.
③ 库利. 人类本性与社会秩序 [M]. 包凡一等,译. 北京:华夏出版社,1999.
④ 亚里士多德全集:第九卷 [M]. 苗力田,主编. 颜一,译. 北京:中国人民大学出版社,2003.

艾维·李（Ivy Lee）在发给客户的剪报中，总是在左上角抄录林肯的一段话："公众情感就是一切。有了公众情感，无往不胜；反之，一事无成。形塑公众情感的人往往比政策制定者或决策者走得更远，他可以判断法令或决议是否可行。"①另一位"公关之父"伯内斯（Edward Bernays）在其奠基之作《舆论的结晶》开篇即引述了古希腊情感动员的例子，后面则明确指出公关顾问对大众思想和情感的敏感度，应远胜于"指南针之于方向的敏感度、温度计水银柱之于冷热变化的敏感度"。②

及至启蒙和现代性转型发生，尤其是随着工业化、科技化、城市化和市场化进程的深入，家国同构机制受到严重冲击：个体的自我意识觉醒，角色、身份及其需求趋于多元；自由主义、个人主义盛行；家的功能收缩，一些功能向外转移，地位逐渐下降；形式多样、利益关系复杂的族群共同体大量涌现；国家分化出政经系统、公共领域和生活世界，由单一中心的共同体转化为分散、多中心的共同体。③总之，现代性转型使社会关系变得越来越复杂，传统共同体走向衰落。这主要表现在：

一是不确定性。按照吉登斯的说法，现代性转型重构了人类的时空观，重组了社会关系，知识的反思性和自反性引发了持续的社会变革、动荡和颠覆。④这造成了传统共同体核心价值的消解乃至沦丧：不再许诺信任、安全感和确定性。首先，共同体不再是完全依附于特定时空的社会关系网络。在时间之维，知识生产和传播方式革命"杀死了"时间。人的理性凌驾于过去、现在和未来，任何继承下来的关系形式、行为规范和价值理想都成了怀疑和重构的对象，而新经验又急来骤去。在空间之维，共同体与外部环境的区隔逐渐消失，外部风险和异质价值不断渗透或奔袭，内部原本"天经地义"、不言自明的信任和信条面临合法性危机。其次，"共同理解"（common understanding）消逝。现代性转型带来了社会关系的脱域，即个体不断从一种社会关系中抽离出来，又嵌入新的社会关系。在持续转换的关系网络中，人人皆属流浪者、观光客，原属共同体提供的"共同理解"和默识不再可靠和适用，甚至成为负担或风险。至于现代性的反思性和自反性，则对一切传统权威、经验和确定性都发起了否定和攻击。在知识创新和社会变革洪流中，连"确定性"这个词都显得虚妄和可笑。

---

① RAY E H. Courtier to the crowd: the story of ivy Lee and the development of public relations [M]. Iowa State university Press, 196.
② 伯内斯. 舆论的结晶 [M]. 胡百精，董晨宇，译. 北京：中国传媒大学出版社，2013.
③ 张康之，张乾友. 共同体的进化 [M]. 北京：社会科学出版社，2012.
④ 吉登斯认为，现代性存在三大动力机制：时空分离、脱域和反思性. 参见吉登斯著. 现代性的后果 [M]. 田禾，译. 北京：译林出版社，2000.

二是不稳定性。不仅共同体提供的安全感、确定性逐渐消解,共同体自身亦处于不稳定的危脆状态。单以涵养共同体情感、合法化其权力秩序的集体记忆问题为例,亦可发现今日共同体离散的端倪。集体记忆是个体对"我们"过往的共同记忆,它通过持续的社会互动和专属的文化符号想象建构共同体。社会互动是形塑集体记忆的重要条件,"人们通常正是在社会之中才获得他们的记忆的。也正是在社会中,他们才能进行回忆、识别和对记忆加以定位"①。专属的文化符号是集体记忆的载体,保留了共同体纵向的历史感,在横向上圈画了共同体的外部边界,并为内部成员提供了彼此识别、互动、理解的可能性。譬如语言,"语言不是一个外在权力与使用语言的人类之间的联系,而是由语言使用者在他们自己之间所创造、成就出来的一个内部领域(internal field)"②。现代社会互动日益呈现临时性、短暂性、表面化和碎片化特征,浅思考和浅交往导致个体难以生发传统时代那般强烈、稳固的责任感和归属感。同时,在工具理性、功利主义的牵引下,人们因转瞬即逝的兴致、欲望和利益而交往,又不甘忍受共同体规范和义务的约束。

三是价值祛魅。"我们这个时代,因为它独有的理性化和理智化,最主要的是因为世界已被除魅,它的命运便是,那些终极的、最高贵的价值,已从公共生活中销声匿迹。"③理性是现代性的核心特质,它带来了解放和进步,而其暗面则导致了情感和道德的冷漠、审美和信仰的虚无。在理性尤其是工具理性炽盛的情况下,情感、道德、意义皆从神性的所在移至凡间,并在世俗层面被估价、计算与交换。真诚、信任、理解、美好、安宁、信仰等价值仍然被谈论、被渴望,却沦为安抚现代人焦虑的"心灵鸡汤",或被当作某种有用的修辞。"随着资本主义社会和更具动态的社会秩序的发展,随着'自然'共同体的消失,固定的价值体系无论在实践中,还是作为活动的结果,在伦理学说中也都会消亡。"④事实上,共同体的工具、欲望、利益之维被无限放大,而其审美、伦理、价值之维则遭到贬抑。在利益驱动的共同体中,个体优先于集体,自我优先于他者,权利优先于善。

如是,建立、维系认同和共同体变得越来越复杂和困难,说服因此成为一种专门化、系统化的社会需求。与此相应,说服理论于20世纪的现代化洪流中逐渐兴起。

---

① 哈布瓦赫. 论集体记忆 [M]. 毕然,郭金华,译. 上海:上海人民出版社,2002.
② EDWARD S. Orientalism [M]. London: Penguin Books. 2003.
③ 韦伯著. 学术与政治 [M]. 冯克利,译. 上海:生活·读书·新知三联书店,1998.
④ 赫勒著. 日常生活 [M]. 衣俊卿,译. 重庆:重庆出版社,1990.

在传播学界，以下说服理论的发展史可谓人尽皆知：先是由拉斯维尔提出了著名的"5W"模式，他将宣传、说服、传播的过程抽象为传者（who）、内容（says what）、渠道（in which channel）、对象（to whom）、效果（with what effect）五个要素的线性关系；拉扎斯菲尔德（Paul Lazarsfeld）在实证研究中提出了诸如传播效果的类型、多级传播、意见领袖等理论假说；随后的集大成者是霍夫兰，他在"二战"期间和战后持续开展了大量的说服实验，对信源资质、信息设计、诉求方式、信道选择、信宿反馈等做了系统的考察和测量；霍夫兰的助手麦奎尔在1960—1990年间进一步拓展了前者的研究，并提出了一个试图整体性的说服解决方案——麦奎尔矩阵。矩阵由五个自变量（即5w）和13个因变量构成：[①]

> 暴露→关注→喜欢→理解→准确认知→获得→同意→记忆→当有行动的机会时：提取支持新态度的信息→决策→行动→认知调整（如果照新态度采取的行动未得到强化，则新态度受到损害，相反会获得巩固）→改变信仰

此中，"暴露"和"改变信仰"两个变量是麦奎尔在20世纪90年代才加入矩阵的。之所以加入"暴露"，是因为麦奎尔注意到了信息爆炸、社会多元的现实，说服他者的一个重要前提是有机会在对方面前呈现和表达自己。而"改变信仰"则是前述共同体危机尤其是价值认同危机在说服领域的一个直观反映——说服要摆脱简单的工具理性和科学主义范式，重彰价值理性和人文之光。

除了前述理论之外，传播学和心理学领域有关议程设置、沉默螺旋、精心可能性模式、自我效能等学说也在20世纪中后期登场，并迅速被公共关系学界和业界大量借鉴和挪用，公关研究走向成熟，伟达等以说服为业的公关公司大量涌现。

二、社群主义理想及其可能性

前述变化让渴望从共同体中寻求确定性、稳定性与价值皈依的人们感到失望。鲍曼、佐克·杨（Jock Young）等社会学家提出，传统共同体已不复存在，后者甚至认为共同体形塑的认同已然消隐，唯存自我的身份认同。"正是因为共同体瓦解了，身

[①] MCGUIRE W J. Attitudes and attitude change. Handbook of social psychology [M]. New York: Random House, Vol. 2.

份认同（identity）才被创造出来。"①当然，20世纪后期也涌现了一批心有不甘者，他们举起社群主义（communitarianism，又译共同体主义）旗帜，决意在现代性语境下重振共同体。

社群主义者将共同体衰落归因于启蒙以降自由主义的泛滥，因而与自由主义者展开了激烈辩论。他们提出，"真正的共同体"不仅是个体与他者、社会之间的关系结构，也不仅是鲍曼定义的"社会中存在的、基于主观上或客观上的共同特征（这些共同特征包括种族、观念、地位、遭遇、任务、身份等等）（或相似性）而组成的各种层次的团体、组织"，②而且是关乎人的存在方式、具有价值优先性的"实体"。社群主义者强调，人既要有自己的生活，又要与安身立命的共同体契合无间、唇齿相依。③在与自由主义者的辩论中，泰勒（Charles Taylor）、麦金泰尔（Alasdair C. MacIntyre）、贝尔（Daniel Bell）和桑德尔（Michael J. Sandel）等社群主义者主要表达了以下主张：

一是共同体具有价值优先性。社群主义者反对以罗尔斯（John B. Rawls）为代表的自由主义者提出的"权利优先于善"的论断。④所谓权利优先于善，即个体的自由选择和权利主张优先于共同体之善。泰勒等人认为，自由主义的这一观点必然导致个体高于社会，并将社会看成满足个体权利和地位的工具。⑤与自由主义相对，社群主义认为个体正是在共同体中展开、完成社会化的，进而形成自己独特的认知和行为模式。因此，共同体乃个体获取"严格判断"（strong evaluation）、成就自我的前提。换言之，对个体的理解只能在其所处的共同体中进行。社群主义将善的概念追溯至亚里士多德。亚氏认为，个体之善不可与共同之善分开对待：正是对共同之善的追求，使个体获得了各自的利益和善。⑥这意味着在共同之"善"和"德性"上达成共识比自由主义主张的"普遍原则"和"个体判断"更为重要。若违背共同体的价值优先性，将个体判断、自我利益视为首要的普遍原则，那么共同之善则无以保障，个体亦将失去真正的自由。麦金泰尔进一步指出，缺少共同体层面的共识也就排斥了善和正义等原则的现实可能性，导致人们在道德和政治问题上陷入无尽的冲突，最后只能武力制胜。⑦

---

① JOCK Y. The exclusive society: Social exclusion, crime and difference in late modernity [M]. London: Sage Publications Ltd, 1999.
② 鲍曼. 共同体 [M]. 欧阳景根，译. 南京：江苏人民出版社，2003.
③ [美] 贝尔. 社群主义及其批评者 [M]. 李琨，译. 上海：生活·读书·新知三联书店，2002.
④ 罗尔斯. 正义论 [M]. 何怀宏等，译. 北京：社会科学出版社，1988.
⑤ AVINERI S. Communitarianism and individualism [M]. Oxford: Oxford University Press, 1992.
⑥ 亚里士多德. 尼各马可伦理学 [M]. 廖申白，译. 北京：商务印书馆，2003.
⑦ MACINTYRE A. After Virtue: A study in moral theory [M]. Indiana: University of Notre Dame Press, 2007.

二是共同体成就自我认同。在罗尔斯看来，人之存在有一个自由、独立的"原初状态"，并不受共同体约束。社群主义者则认为并不存在所谓个体的原初状态，共同体并不导向通往奴役之路，而是有助于个体自我确认、自我认同，获取安全感、归属感和确定性。首先，人是政治、社会的动物，只能在与他人的互动中形成自我、反观自我。政治属性或社会依附性对个体属性至关重要，二者无法剥离。倘若强行剥离，则会对个体造成严重乃至难以医治的心理创伤。① 其次，自我认同必然包含着"维持与群体理想和身份的内在连带"，② 即自身连续性与外在同一性的融洽。因此，自我认同并非独善其身、浑然自成，而恰恰是自他互动、内外互通的结果。再次，共同体屏蔽了部分外部信息，在一定程度上免除了个体选择和面对外部风险的无限性。人们之所以将共同体喻为"家园"，正是由于家中的信息、议题和事件多为成员所熟悉、理解、可分析预测、可凭现成经验把握，亦可遮挡外部的风雨和变故。最后，共同体拥有先在或约定的价值排序，拥有稳定、亲密的关系网络。投身共同体，个体可以获得必要的关心、理解和信任以及何为正确、何者优先的确定性价值，在相类的他者那里找寻佐证和答案，在亲密关系中确立自身相对独特的角色和位置。

三是共同体促进社会整合。在对共同体生活的积极参与中，个体逐渐生发出对他者和共同事务的道德感与责任意识。它们向内涵养个体的人格特质，向外则超越个体的生活世界和所处的共同体而延伸至社会公共事务当中，扩展为公民素养、公民精神。贝尔强调了一种特殊形式的共同体——心理性社群（psychological community），即建立在直接交流之上，基于信任、合作和利他原则，成员参与共同活动、追求共同目标，感受"共生共存感"的共同体。心理性社群发挥着类似托克维尔（Alexis de Tocqueville）笔下"中间结构"的作用：一方面制约国家或其他大型机构对个体生活的渗透，回归生活世界友善、和谐、自主的面貌，一方面将个体的人格特质和共同体精神扩大至社会范围。③ 从贝尔出发，真正的共同体应当鼓励积极、平等的讨论、协商和参与，建立真诚、友善的相互关系，超越个人主义、利己主义，超越工具理性和单向度逻辑。这有助于避免个体出于一己私利、道德冷漠损害共同之善和公共利益，缓解诸如"搭便车""公地悲剧"等社会难题。

基于前述理想设计，社群主义提出了重振共同体的方案，大抵存在三个取向：

一是重返前现代共同体。以社群主义的视角看，现代共同体丧失了情感纽带和共

---

①③ 贝尔. 社群主义及其批评者[M]. 李琨，译. 上海：生活·读书·新知三联书店，2002.
② 吉登斯. 社会的构成[M]. 李康、李猛，译. 上海：生活·读书·新知三联书店，1998.

享价值，单凭工具理性和利益契约维系。而一旦充溢的情感和价值被淘空，共同体便成了机械的、"人为"的社会聚合体。有鉴于此，麦金泰尔提出只有古希腊亚里士多德伦理学意义上的共同体和基督教修士共同体才堪称真正的共同体。[①]泰勒也向古希腊寻求灵感，他对共同体的设计贯穿了以亚氏为代表的古希腊智慧，譬如共同体要建立休戚与共的价值依存关系，避免对个体的放逐——在古希腊，被放逐是个体最糟糕的命运。[②]桑德尔强调的"共同体"也是一个充盈传统情感和伦理的构成性概念（constitutive conception）。[③]这就回到了滕尼斯。滕尼斯将"社会"和"共同体"这两个概念并置，前者是人们为了完成任务而形成的机械的、契约化的聚合体，而后者是带有强烈前现代色彩的"自然社群"，代表着一种"亲密的、私人的、排他性的共同生活"。他认为，共同体是一个在情感、价值和语义上完全正面的词汇，"说坏的共同体是违反语言的含义的"。[④]

二是构建"小共同体"或多元共同体。社群主义因对治自由主义、个人主义泛滥而生，却并不主张走向另一个极端——重建大一统的国家和社会共同体。麦金泰尔给出的方案是建设家庭、邻里、教区、农场、渔业队、学校、诊所和实验室等小共同体（local communities），以区别于都市、国家等大规模的社会网络。小共同体既是共享行动目标的实践共同体，也是伦理同构的道德共同体，且是平等协商、协同参与的政治共同体。[⑤]泰勒则直面文化多元主义现实，提出基于文化和个体的多样性、差异性，在对话、交流中构建彼此承认的多元共同体。"泰勒面对的正是一幅多元文化主义的图景，每一种文化都意味着一种生存感悟、一种生活方式、一种生命精神……"[⑥]贝尔也主张基于多元文化和立场创建或重建家庭、同性恋和女性主义等形式多样的共同体。

三是寻求自由与确定性的平衡。社群主义批评却并未从根本上否定自由主义，前者正是在后者充分发展以至泛滥的情况下得以兴起的。二者实为相互补充而非彼此替代的关系。既为补充，就涉及前者对确定性的吁求与后者主张的自由之间何以平衡的问题。鲍曼敏锐地指出，共同体衰落的一个重要原因就是难以协调自由与确定性的关

[①] 龚群. 当代社群主义的共同体观念 [J]. 社会科学辑刊，2013(1)：32-37.

[②] LAFOREST G. Reconciling the solitudes: essays on canadian federalism and nationalism [M]. Montreal & Kingston: McGill-Queen's University Press. 1993.

[③] 桑德尔. 自由主义与正义的局限 [M]. 万俊人，译. 上海：译林出版社，2001.

[④] 滕尼斯. 共同体与社会 [M]. 林荣远，译. 北京：商务印书馆，1999.

[⑤] MACINTYRE A. Three perspectives on marxism [M] // Ethics and politics. Cambridge: Cambridge University Press, 2006.

[⑥] 韩升. 查尔斯·泰勒共同体概念的生存论考察 [J]. 济南大学学报（社会科学版），2011(6)：76-79.

系：要自由便牺牲了确定性和安全感；反之，要确定性和安全感则会妨碍个体自由。"确定性和自由是两个同样珍贵和渴望的价值，它们可以或好或坏地得到平衡，但不可能永远和谐一致，没有矛盾和冲突。"①社群主义一边批评自由主义的权利优先于善，一边也忧惧自身主张的共同之善优先于个体权利会导致极权主义。显然，一旦具体到实践选择，在传统价值凋零的情况下，谁来规定共同之善？

以上三个取向及其问题可以概括如下：首先，彻底重返前现代共同体是不切实际的，因而这一取向实质上是如何在现代性语境下重彰衰落的价值理性，重建共同体的情感纽带和共享价值；其次，构建小共同体或多元共同体其实是一种折衷取向，即在原子化的个体和制度性的国家、机械式的社会之间充实多元的实践共同体、道德共同体和政治共同体；最后，在共同体内部结构上，最重要的设计同时也是最大的困境在于如何平衡自由与确定性的关系。

再回到说服与公共关系问题上。正是在前述背景下，格鲁尼格等人在20世纪末提出了公共关系的双向均衡模式。这一模式强调组织与利益攸关者之间通过协同式倡导和合作式对抗达成双赢。"我相信合作（collaboration）、集体主义（collectivism）和社会统合主义（societal corporatism），以及共同体关系（communal relationships），应该成为我们认定的公关职业的价值核心；它们也正是公关所能贡献给客户和社会的核心价值。"②显然，格鲁尼格的双向均衡理论已然带有强烈的社群主义色彩。但是，何以将双赢落到实处？何以在新形势下构建组织与利益攸关者共同体？值得一提的是，在具体的方法设计和策略选择上，格鲁尼格明确反对"说服"，而是苦心孤诣地选择了一个新词汇——"倡导"。在他看来，组织可以倡导一种观点（如批评不正当竞争）、行为（如购买或投票）、风潮（如时尚和理财），甚至一种主义（如环保或者打击恐怖分子）。但是，它们必须基于正当性合作，而非说服、诱导或强制。但是，倘若深究下去，何以实现组织的倡导并形塑共同体呢？

在饱受各方质疑和批评的情况下，格鲁尼格在进入新世纪以后着力拓展"新卓越公关理论"，而新理论"以对话问题"为中心。③

---

① 鲍曼. 共同体 [M]. 欧阳景根, 译. 南京：江苏人民出版社, 2003.
② GRUNIG J E. Collectivism, collaboration, and societal corporatism as core professional values in public relations [J]. Jornal of Public Relations Research, 12(1)：45
③ GRUNIG J E. Constructing public relations theory and practice [M] // DERVIN B, CHAFFEE S H. Communication, a different kind of horserace：Essays honoring Richard F. Carter. Cresskill, NJ：Hampton Press.2003.

三、对话与合作共同体

恢复情感纽带、再造共享价值、培育价值理性，是社群主义者重建共同体的诸多冀望之一。实际上，共同体的衰落不过是现代性危机和价值理性危机的同病别发。在韦伯、哈贝马斯、泰勒、鲍曼、吉登斯、贝克（Ulrich Beck）、布隆纳（Stephen E. Bronner）等人看来，申张价值理性乃对治现代性各种病症的一个基本方案。他们都主张节制工具理性、提升价值理性，在二者的均衡拓展中，实现由"简单现代性"向"高级现代性"的过渡。那么，何以重彰价值理性？尽管解决方案的名称和所指有所不同，但哈贝马斯等20世纪后期最重要的思想家还是达成了共识：对话。

哈贝马斯使用的相关概念是主体间性、交往理性、对话伦理、生活世界和公共领域，即改造启蒙所确立的主体哲学，将自外与他者、自我与环境之间的关系由"主体—客体"式的支配关系，转换为"主体—主体"式的主体间性；进而基于必要的交往理性，在多元协商中重构生活世界和公共领域；生活世界的对话有利于重塑情感、伦理、审美和不言自明的信念之库；公共领域的协商有利于推动多元主体的"意见之路"向"真理之路"靠近，并对抗、缓解政经系统对生活世界的殖民。

吉登斯提供的方案包含了对话民主、积极信任、生活政治等内容，即在亲密关系、社会运动与自治团体、民族国家和全球范围等层面内，以对话的观念和方式构建协商、民主机制。在他看来，对话可以再造人与人的亲密关系并生发积极信任，进而将信任资本扩大至社会运动、民族国家和全球共同体层面。贝克的说法是推动参与民主。他认为即使所谓西方民主国家也总是将普通公民排除在公共决策之外，或仅在程序、形式上整合民意。而为了以共同体的力量应对风险社会，必须建立多元、实质性的参与的民主机制。

鲍曼也视共同体的衰落为现代性危机的表现形式之一。他的着眼点有三处：承认文化多元主义的现实，尊重多元主体的平等权利，在充分的对话、协商中产生共同关心和人道，促进自由、平等与安全感、确定性的相互协调。"如果说这个个体的世界存在共同体的话，那么它只可能是（而且必须是）用相互的、共同的关心编织起来的共同体；只可能是一个由做人的平等权利，和对这一平等权利的平等能力的关注与责任编织起来的共同体。"[①]

---

① 鲍曼. 共同体 [M]. 欧阳景根，译. 南京：江苏人民出版社，2003.

在这一点上，对于现代认同、共同体产生巨大冲击和影响的互联网潜隐着巨大的积极可能性。互联网的哲学就是对话。尽管有种种不尽如人意的表现，互联网确实奉行着对话的技术逻辑，酝酿着平等、民主、协商、参与的思维和精神，为重振人际交往、亲密关系、生活世界、公共领域提供了观念、渠道、平台和氛围。它甚至为依照严密的制度理性、利益契约组织起来的政经系统带来了更多的开放性，更加关注情感、尊严、伦理、审美和信仰等价值之维的有效对话。事实上，拥抱互联网必然要接纳其内蕴的对话逻辑和民主精神。即使这一接纳过程并不顺利——时常为犹疑、排拒和反复所打断，但它仍是不可避免的。譬如，官方虽然一再宣称网络舆论并非全体民意、全体民意未见得总是正确的，但还是在躲躲闪闪中走向了主动对话。又如，人们一边抱怨"网上的信息不可信"，一边借由互联网恢复或新建多样的社会关系。这些关系仍为"浅交往"所困，但一些关系毕竟得以持存、沉积和加固，并由互联网赋予了平等、无强制、不断反思、持续超越的对话品质。这正是构建纯粹关系和积极信任的基础。再比如，尽管互联网世界行走着充满偏见的原子式的个体，但大规模的信息共享、符号传递和公共参与正在培育鲍曼意义上的共同关心、参与能力和责任意识。面对互联网空间不断涌现的开放的共同体，个体拥有自由选择的充分机会与便利条件，而承诺、责任亦可于此发生。倘以更加长远、乐观的眼光来看，互联网可以训练这样的公民：在自由选择中承担责任。

社交互联、移动互联以及互联网与物联网的融合之势重建、创建了形式多样的小共同体、多元共同体。这从三个层面回应了社群主义的关切：一是互联网进一步发现、唤醒了个体，个体真正获得了可欲可行的表达资源和行动平台，并在交往、对话中形成"小"而多元的共同体；二是互联网重构了生活世界，推动了生活政治，它提供了一个融合情感、交往、审美、文化、消费、健康等多重向度的生活空间，渗透和影响了自我与他者、自我与共同体关系的所有方面；三是在传统大众媒体如哈贝马斯批评的那样不再胜任公共领域角色时，互联网则提供了更多的可能性：为多元意见交换提供了一张"谈判桌"，在生活世界与政经系统之间辟出一介"缓冲带"。这三个层面若得以有效拓展，则可许诺一些新的前景：

首先，发现个体意味着不再像传统时代那样，个体一旦进入共同体，自己就消失了。"在传统文化中，人成为事件和预先建构的情景的囚徒，而不是使其生活臣服于自身的自我理解的支配。"[①] 其次，从生活世界、公共领域到政经系统，个体通过自身

---

① 吉登斯. 现代性与自我认同[M]. 赵旭东，方文等，译. 上海：生活·读书·新知三联书店，1998.

所处的小共同体、多元共同体穿越其间,并通过对话、参与和必要的抗争,协调三者关系。诚如泰勒和哈贝马斯所指出的,现代性转型带来了公共领域退化和再度封建化的隐忧,造成了政经系统殖民生活世界的恶果,个体也因此失去了真正的自由。而互联网构建的来自生活世界和公共领域的小共同体、多元共同体,一方面避免了个体的分散无力,一方面则避免了政经系统以共同体的名义重返大一统的、工具理性和利益契约主导的社会结构。简言之,小共同体、多元共同体提供了更多选择,更强的对话和对抗力量。理想的未来景象也许是这样的:国家和社会层面的共同体提供规范,即在制度上建设进步、体面的"正派社会"和"正义社会";而安全感、确定性、幸福等价值许诺则主要靠小共同体、多元共同体来兑现,"那些希望在共同生活中体验到确定性、归属感和幸福的人们则可以在政治社会的制度框架下面团结成各种复合多元的共同体"[1]。最后,鉴于互联网的对话逻辑、民主精神以及政经系统倡导的"互联网+社会诸领域"语境,小共同体、多元共同体在积极参与、充分训练的前提下,亦可扮演如泰勒所宣称的实践共同体、道德共同体和政治共同体角色。仅以中国情境为例,大量基于互联网平台的各种共同体已经在政治、经济、健康、环保等领域发起了有影响力的社会行动。

重建或创建共同体的另一个关键问题是如何平衡自由与确定性的关系。在共同体衰落的进程中,其实一直潜隐着三个紧密关联、彼此缠结的关键词:认同、共识、承认。与家元共同体对应的关键词是认同,它既包括工具、利益上的互惠性、连续性和归属感,同时也指向情感、价值上的同一性、同质化和意义感。而在利益认同与价值认同的关系上,后者更具基础性、优先性和统摄性。先赋的血缘和地缘条件、天生的身份和地位、理所当然的情感纽带和共享价值既是认同的来源,也为认同所强化。也正因为如此,家元共同体提供的主要是一种理所当然、不言自明的"共同理解"和自发秩序。"家元共同体成员倾向于固守在家中,即生活在熟人圈子之中,熟人圈子会给予人们安全感。"[2]

及至启蒙和现代性转型发生,人的理性和主体性被召唤,时空边界被消解,家元共同体走向衰落,多元主体汇聚为新型的族群共同体。共识是与族群共同体相对应的关键词,它一方面反映了家元共同体衰落后的认同危机,一方面也做出了这样一个许

---

[1] 周濂. 政治社会、多元共同体与幸福生活 [J]. 华东师范大学学报(哲学社会科学版),2009(5):11-19.
[2] 张康之,张乾友. 共同体的进化 [M]. 北京:社会科学出版社,2012.

诺：多样化、差异化的主体经过博弈、辩论、协商亦可达成认同。因此，共识不再代表无须置辩、理所当然的"共同理解"，而是协商之后达成的某种约定和协同。这就带来了两个后果：族群共同体成员之间的共识是一种人为、创制的秩序而非早前的自发秩序；受工具理性驱动，多元主体在博弈、辩论中日益倾向于通过利益契约而非价值认同来维系共同体，直到瓦解了共同体的价值之维，而"做大"了利益之维。质言之，共同体就是一种利益驱动的认同，即寻求多元主体在利益层面的公约数。前文将共同体区分为信息、利益和价值三个维度，而共识视域的共同体消解了价值之维，这也正是现代性和价值理性危机的一个表现。

随着现代性谱系全面铺展，特别是自由主义、个人主义泛滥，社会关系愈加多样化、碎片化，不但传统认同弱化，就连在具体利益上达成共识也变得困难。面对这一境况，泰勒、法兰克福学派的新生代旗手霍耐特（Axel Honneth）等人开始转向承认问题寻求解决之道，强调"承认的政治""为承认而斗争"。承认首先意味着一种妥协，既然个体之间难以重返自发的认同，也难以在辩论中达成共识、得出公约数，那么"我们"至少应当相互承认各自的主体性、利益主张和价值诉求。承认也意味着救赎和超越，它在确保个体的主体性和自我持存的同时，也开放地容纳多元主体各自的情感和审美体验、道德理想和人生信仰。也就是说，承认强调以兼容并包、多样共生的原则恢复共同体的价值之维。按照霍耐特的说法，承认所形塑的是一种既自由又承载情感、信心和伦理的"后传统共同体"，个体在"体验到社会重视的同时也伴随着一种切实感觉到的信心，即个人的成就和能力将被其他社会成员承认是'有价值的'"。[1]在相互承认的前提下，多元主体通过对话、合作来维系共同体的存在。因而所谓后传统共同体是一种多主体、多中心的合作共同体，成员之间相互承认法权地位，相互承诺信任与道德义务，接受彼此尊重的自治性规制。[2]在对话中，共同体成员自愿参与、自由选择、彼此承认，若可激发、凝聚家元共同体式的认同、族群共同体式的共识自然是好的，即使成就不了这般功德，亦可导向合作共存。而在多元共同体之间，因其对话、承认和合作原则，亦有望实现意义共创，培育公共性和公共精神。所以，承认可以被视为与合作共同体相对应的关键词，它所提供的是一种多样共生式的生态秩序。

互联网使承认的政治和为承认而斗争变得更加迫切，也更具可能性。在线上，互

---

[1] 霍耐特. 为承认而斗争 [M]. 胡继华, 译. 上海：上海出版集团, 2005.
[2] 孔繁斌. 公共性的再生产 [M]. 南京：江苏人民出版社, 2012.

联网促成了多元主体的相遇和对话,相互承认、寻求合作有其必然性,也始终存在可能性。谓之必然,是因为多元主体唯有相互承认、合作才能得以彼此共存、增益,避免彼此伤害、各自受损;谓之可能,除了互联网在技术上创造的便利外,兼容并包、多样共生、跨界融合原本就是互联网思维的精髓所在。承认的政治正与互联网精神相契。在线下,今日全球治理、国家治理、社会治理、公司治理的一个普遍趋势是多元协商、多中心合作治理,而互联网在观念、工具、平台、语境等层面皆为形成这一趋势的重要动力。以公司治理为例,早前由工具理性、利益契约、权力等级主导治理体系的局面正在改变,大量企业转向开放、对话、合作式的扁平结构,承认个体和小团队的价值,倡导"公司内的公司""公司内的创业",而在外部则广泛建立跨界的合作共同体。甚至有人宣称"所有的公司都会消亡""所有的组织都会被颠覆"。这种论断未免极端,却也揭示了变革的方向:即使那些组织严密的共同体,亦将依循对话、承认、合作的理念重构自身。

最后,重返公共关系问题。进入新世纪以来,伯顿等人在公共关系学科范式层面引入了对话理论和哈贝马斯的主体间性概念,呼吁公关走向以对话为观念和手段的战略传播。他们认为,格鲁尼格等人提出的双向对称模式在实践中仍不免落入组织本位(organization-centered),因而要逐步转向公众本位(public-centered)的"共创模式"(Cocreational Model)。对话范式将组织和公众视为公共议题的诠释共同体(interpretive community),强调公共议题的意义和价值是由组织和公众共同构建的。[①]因此,公关理应更加重视对话本身的价值,而不像传统的宣传、说服那样过分追求灌输或讨论的结果。在对话中,公众不再是旁观者和无思者,而是获得了积极、平等的主体地位。至于说服,它所潜隐的支配性价值观遭到抛弃,而它所期许的效果则可以在对话中得以实现和转化。

(胡百精,中国人民大学新闻学院教授,
中国人民大学国家发展战略研究院研究员)

---

① CARL B, MAUREEN T. Public relations: state of the field [J]. Journal of communication, November 2004, 54(4): 645-661.

第九章 卓越理论*

一、卓越研究（Excellence Study）简介

30年前，受国际商业传播者协会（IABC, the International Association of Business Communication）资助，James Grunig带领包括Larissa Grunig, David Dozier, Jon White, William Ehling和Fred Repper在内的研究小组开始了一个研究项目。这个研究被命名为"公共关系与沟通管理的卓越研究"（excellence in public relations and communication management），简称"卓越研究"（Excellence Study）。研究历时15年，囊括了加拿大、英国以及美国三个国家，针对327个组织进行问卷调查以及深入访谈，包含了1700个问题，涵盖了25个质化的个案研究，总共访问了3400名员工、CEO和传播部门的负责人员。30年后的今天，我们仍对这一研究津津乐道，不仅仅因为它是公共关系历史上史无前例的大规模学术研究，更是因为研究的成果——卓越理论，成为"20世纪80年代后公共关系研究的主导理论范式（dominant theoretical paradigm）"[①]。从理论提出的那一刻起，大量公共关系学者对其进行讨论、研究、在地化的检验，包括质疑与批评，理论影响的涟漪直到今天。

卓越研究的主要研究成果集中体现在三本书中，分别是1992年出版的《卓越公共关系与传播管理》（*Excellence in Public Relations and Communication Management*），[②]1995年出版的《卓越公共关系与传播管理经理指南》（*Manager's*

---

* 本文改写自黄懿慧、吕琛. 卓越公共关系理论研究三十年回顾与展望［J］. 国际新闻界，2017(5)：129-154.

① Botan C H, Taylor M. Public relations: State of the field［J］. Journal of communication, 2004, 54(4): 645-661.

② Dozier D M. Excellence in public relations and communication management［M］. Hillsdale, NJ: Lawrence Erlbaum Associates, 1992.

Guide to Excellence in Public Relations and Communication Management），①以及2002年出版的《卓越公共关系与有效的组织：三个国家的传播管理研究》（*Excellent Public Relations and Effective Organizations: A Study of Communication Management in Three Countries*）。②卓越研究的概念框架在1992年的书中得以详细阐述，而接下来的两本书则分别报告了用量化与质化方法进行实证研究的结果。三本书从不同的角度，用不同的方法，有不同的重点，共同对公共关系对于组织的价值作出了解释，并提出了一系列理论原则描述一个能够对组织效益进行贡献的公共关系部门或是传播沟通部门所应具有的特质。对这两方面的具体研究发现如下：

首先，公共关系对组织的价值主要体现在两个方面。第一，帮助组织达成其与策略性公众间所设定的目标；第二，帮助组织建立与策略性公众之间长期且良好的关系。在这两个主要的贡献之下，格鲁尼格具体指出公共关系可以在以下五个执行层面帮助组织的策略管理：一是参与组织的决策过程来界定出会对利益攸关者（stakeholder）造成影响的相关层面；二是进行利益攸关者与公众的区隔化（segmentation）；三是使用传播工具或沟通来建立并维护与策略性公众之间的良好关系；四是影响管理阶层的行为；五是进行关系质量的测量。此外，研究还发现，卓越公共关系对提升组织的投资回报（return of investment，ROI）亦有所贡献。

再者，相对于一般的公共关系与沟通实践，格鲁尼格的研究团队提出了以下几个方面所谓的卓越公共关系特质（generic principles of excellent public relations）：

1."策略管理"（strategic management）必须成为公关作业的核心。

2.必须将公共关系纳入组织的"权力中心"（dominant coalition）；至少，公关作业必须得以向组织的资深管理部门直接报告。

3.公关作业必须具备整合性功能。

4.公关作业必须与其他功能进行区分（譬如：营销部门）。

5.公关部门应由管理级人员（非技术性人员）所领导。

6.公共关系应使用"双向对称沟通模式"。

7.公关部门必须具备"管理"与"对等沟通"的知识。

---

① DOZIER D M, GRUNIG L A, Grunig J E. Manager's guide to excellence in public relations and communication management [J]. LEA's communication series Show all parts in this series, 1995.

② GRUNIG J E, DOZIER D M. Excellent public relations and effective organizations: A study of communication management in three countries [M]. Routledge, 2003.

8. 组织内部必须实施对等沟通系统。

9. 组织内部必须采行"多元化"的理念，尊重女性、尊重少数民族及弱势族群。

10. 组织必须严格遵守企业道德，并履行社会责任。

简言之，卓越研究的理论成果"卓越理论"是一整套理论的名字，包含了一系列中层理论（middle-range thoeries），如公众理论、公共关系和战略管理、公共关系模式、公共关系评估、雇员沟通、公共关系角色、性别、多样化、权利、激进主义、道德与社会责任、全球公共关系等。而在所有的理论概念中，最凸显的两个理论是：关系（relationship）与双向对称沟通（two-way symmetrical communication）。卓越理论指出，当组织与其策略性公众建立起长期、良好的关系时，公共关系能提高组织的有效性。研究同时发现，无论是单一使用双向对称沟通模式，还是将其与双向不对称沟通模式（two-way asymmetrical communication model）混合使用，在培养建立与维系这种良性关系上均优于其他沟通模式，即新闻代理模式（press agentry model）与公共信息模式（public information model）。换言之，"公共关系通过'关系'，对组织与社会创造价值；当公共关系能产生管理、策略、对等、多样化、综效，担负社会责任、重视道德以及全球化等特质，那么，它就是最有价值的"①。

二、卓越研究的学术影响力

2004年，Botan和Taylor在《传播期刊》（*Journal of Communication*）上发表文章介绍并回顾了公共关系这一研究领域的发展历史与现状，总结得出作为卓越研究的关键概念"对等沟通"，是20世纪80年代后期至今公共关系研究的主导理论范式。他们具体指出，公共关系在过去20年的研究中最显著的趋势就是从功能性的思维方式（functional perspective），转向对等沟通所倡导的共创型的思维方式（co-creational perspective）。功能性的思维方式在公共关系研究早期十分盛行，认为公众（public）与沟通都是帮助组织实现目标的工具；而共创型的思维方式认为公众与组织一起，是沟通与意义的共创者（co-creator）。Botan和Taylor承认社群理论（community theory）、共同导向理论（co-orientation theory）、顺应理论（accommodation theory）以及对话理论（dialogue theory）等都是持共创思维方式的研究，但"研究最深入、

---

① GRUNIG J. Public relations excellence 2010 [J]. Journal of Professional Communication, 2011, 1(1).

彻底的理论是倡导对等的卓越理论"。[1]

2010年，Pasadeos, Berger和Renfro用文献计量分析方法研究2000—2005年间公共关系的学术研究成果，发现被引用最多的是三本著作所代表的卓越研究。1999年，Pasadeos, Renfro和Hanily同样用文献计量分析法对1990—1995年间发表的公共关系学术成果进行研究，按被引用次数的多寡进行排序，卓越研究团队1992年出版的《卓越公共关系与传播管理》排位第八，而排位前七的著作均发表在1989年前。[2] 在2010年的研究中，他们发现在被引用次数的排行榜上，1992年出版的《卓越公共关系与传播管理》位列第二，1995年出版的《卓越公共关系与传播管理经理指南》位列第四，2002年出版的《卓越公共关系与有效的组织：三个国家的传播管理研究》位列第十。[3] 总结研究发现，Pasadeos, Berger和Renfro认为，作为公共关系的主导理论，卓越理论促进了公共关系领域的重大变革，即将焦点越来越多地集中在公共关系理论的发展上。

2012年，Huang和Lyu用引用分析的方法检视在卓越理论的第一本著作出版后的20年间（1992—2011）理论被引用的情况，试图呈现卓越研究对不局限于公共关系的所有学术领域的影响的全面而系统的图景。[4] 研究发现，从引用数量上看，卓越研究对于学术的发展影响深远。研究将1992—2011年的二十年，以每五年为一个时间区间分为四段，即1992—1996年，1997—2001年，2002—2006年，2007—2011年；将研究成果分类为：期刊、学术书籍、学术书章节、会议论文、硕士/博士论文及其他。研究发现，各个类别的研究成果（无论是英文研究还是非英文研究）在四个时间段内均呈现上升趋势。

此外，卓越理论所影响的地理范围、语言、学科种类也在不断扩大。到2011年底，除英文外，卓越理论被24种语言的学术研究引用共计385次，其中，中文研究引用次数位列第八。引用卓越理论的期刊及图书出版商则分别来自15个和14个国家。

---

[1] BOTAN C H, TAYLOR M. Public relations: State of the field [J]. Journal of communication, 2004, 54(4): 645-661.
[2] PASADEOS Y, RENFRO R B, Hanily M L. Influential authors and works of the public relations scholarly literature: A network of recent research [J]. Journal of Public Relations Research, 1999, 11(1): 29-52.
[3] PASADEOS Y, BERGER B, RENFRO R B. Public relations as a maturing discipline: An update on research networks [J]. Journal of Public Relations Research, 2010, 22(2): 136-158.
[4] HUANG Y C, LYU J C. The influence of excellence: A citation analysis of the excellence study in PR scholarship, 1992-2011 [J]. Public relations and communications management: Current trends and emerging topics, 2013: 349-374.

研究尤其发现，有16个国家的硕博士论文对卓越研究有所引用，且引用的频率在上述四个时间段内均呈持续快速增长趋势。这一发现在一定程度上预示着已经问世了20多年的卓越理论对未来公共关系学界的持续影响力。

三、理论发展过程

卓越理论的产生发展在很大程度上得益于格鲁尼格早期的一系列研究，尤其是20世纪60年代对公众行为的研究和由此发展的情境理论，以及20世纪70年代到80年代间发展出的对等对话的（symmetrically dialogical）公共关系理论。接下来，我们将对分众理论、情境理论以及公共关系四模式理论进行详细的介绍。

（一）分众理论

20世纪60年代，在Freeman[①]的利益攸关者（stakeholder）分类以及Esman的"连结"（linkage）[②]分类的基础上，格鲁尼格发展出了情境理论，阐释了面对不同类型的公众，公共关系从业人员应如何应对的一套法则。在这样一套法则当中，首先要明确利益攸关者的相关概念。根据Freeman（1984）的理论，利益（stake）可以从四个方面进行探讨：第一是利益（an interest），意味着如果一个人或一个团体受到某一决议的影响，那么在这个决议中，就有"利益"的因素存在。譬如工厂倒闭会影响到社区，社区就成为该事件的利益攸关者。第二是权利（a right），在此特指法律权利（a legal right），意味着当一个人或一个团体可以合法地要求以某种方式受到照顾，或要求某些特殊的权利需要得到保障时所享有的权利。例如：客户期望企业适当地处理其隐私问题，那么顾客或债权人就具有某种合法的权利。第三是道德权利（a moral right），意味着当一个人或一个团体认为其出于道义权利应当受到某种照顾，或有特殊权利需要得到保障时所享有的权利。例如：公平、公正、正当。第四是所有权（ownership），意味着一个人或一个团体对一项资产或地产有合法的所有权。因此，根据上述有关利益的定义，利益攸关者可被界定为：任何一个影响到机构或者被机构的活动、决议、政策、业务、目标所影响的个体或团体。根据Edward Freeman

---

① EDWARD F R. Strategic Management: A stakeholder approach [M]. Boston: Pitman, 1984: 46.
② ESMAN M J. The institution building concepts: An interim appraisal [R]. Research Headquarters, University of Pittsburgh, Graduate School of Public and International Affairs, 1967.

（1984）的理论，企业的利益攸关者可具体分为以下11类：股东、消费者、顾客、竞争者、媒体、员工、特殊利益群体、环保团体、供应商、政府、社区。从利益及权力（power）的角度，上述利益攸关者与组织间的关联性如图9-1所示：

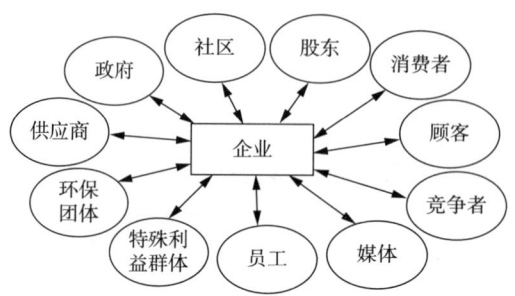

图9-1　利益攸关者与组织间的关联性

接下来要定义的是public（公众）。格鲁尼格引用Freeman（1984）有关利益攸关者的定义，认为但凡会被组织行为所影响或者能够影响组织利益的团体或个人，都可以被界定为组织的"利益攸关者"，也就是公共关系中的公众（public）。如果要进一步界定"公众"的概念，格鲁尼格强调，在区隔目标公众的概念上，公共关系学者应该重视同质的"利益攸关者与公众"，而非异质的大众。格鲁尼格和亨特（1984）因此指出，所谓的公众，是指一群具有相同的特质或面临相同问题的个人。[①]进一步来说："公众是指一个结构松散的系统，系统中的成员面临相同的问题，彼此间可能会进行面对面的沟通，也可能通过中介的媒体进行互动，虽然沟通的方法不尽相同，但他们采取行动时却如同一个个体一般，行动一致。"

另一个对于情境理论起到启发作用的是Esman提出的四个"连结"分类。格鲁尼格和亨特（1984）引用Esman（YEAR）的"连结"概念，提出组织有四种主要连结或者说公众：第一是援权连结（enabling linkage），是指对组织拥有"裁定"权力的公众；第二是功能性连结（fundamental linkage），具体又可以分为两类，即"输入连结"（input linkage）和"输出连结"（output linkage）；第三是规范性连结（normative linkage），是指与组织具有相同价值观的团体或公众；第四是散慢性连结，是指组织结构较为松散的团体或公众，例如环保团体。这四类连结及其可能包含的团体如图9-2所示：

---

① GRUNIG J E, HUNT T. Managing public relations [M]. New York: Holt, Rinehart and Winston, 1984.

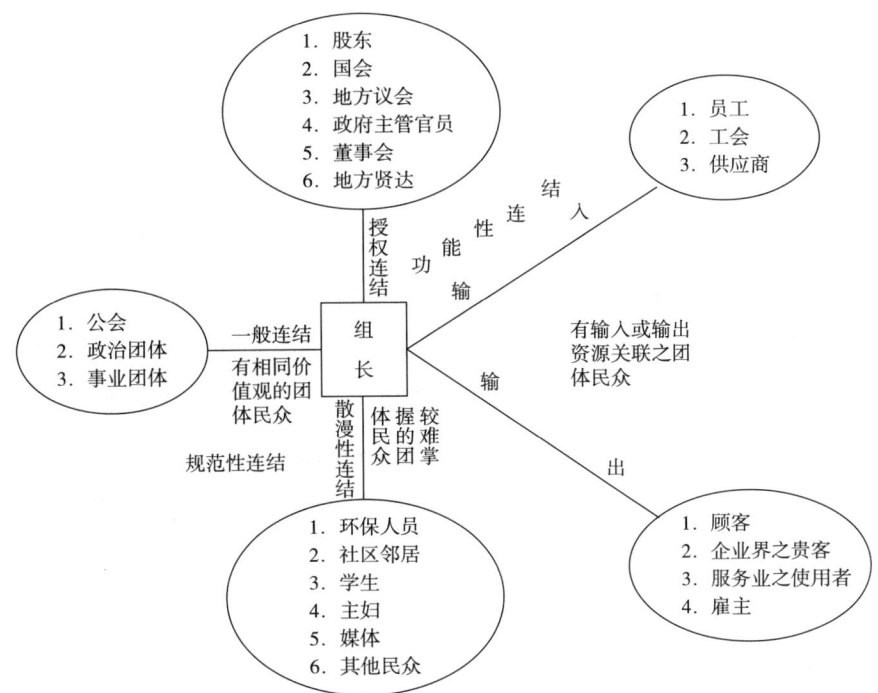

图9-2 四类连结及其可能包含的团体

(二)情境理论

在厘清了上述公众、利益攸关者、连结等概念的基础上,格鲁尼格发展了情境理论(Situational Theory)。其主要假设是上述的利益攸关者或是各类的连结,因为议题或是特定的情境产生结盟或联盟,甚至形成抗争性的团体并采取行动时,这些"利益攸关者"即转变成"组织的公众",而这个过程受到一系列自变项以及应变项的影响。格鲁尼格的情境理论中主要包含三个自变项及两个应变项,三个自变项是问题认知度(problem recognition)、限制认知度(constraint recognition)与涉入程度(level of involvement),两个应变项则是信息处理(information processing)与信息找寻(information seeking)。

对于三个自变项,格鲁尼格提出,第一,问题认知度就是对问题产生认知或认知到该事件是一个问题的程度;第二,限制认知或阻力认知程度是指公众察觉到自己的能力或行动在这个议题上受到限制的程度;第三,涉入程度是指公众或是团体在这件事情受到的影响或是影响这个组织的程度。对这三个自变项的测量,举例来说,可以分别使用如下几个问题:"请问你在最近三天是否想过abc问题?""请问你在abc问题上,是否可以采取任何行动使得问题产生不同成果?""请问abc问题影响到你的程度如何?"

两个应变项是信息处理与信息找寻，分别可以用以下问题来测量："我将念出有关abc这个议题的新闻标题与摘要，请问你是否想知道详细的内容？""在一个柜台有abc议题免费的相关手册与信息，请问你是否会主动索取？"

依照以上自变项与应变项，情境理论的主要论点是上述三个自变项的交互作用会影响受众的沟通行为。具体而言，情境理论将公众依据其行动爆发力区分成四类：第一类是非公众（Non-public）；第二类是潜伏性公众（Latent Public）；第三类是察觉型公众或知觉型公众（Aware Public）；第四类是行动型公众（Active Public）。前两类公众的沟通特质属于"被动沟通型"，后两类公众则会采取"主动沟通"的行为，甚至有激烈抗争的行动。对于公关人员而言，在利益攸关者成为行动型公众之前就应该采取沟通的行动，这是公共关系策略管理的关键时间点。而且格鲁尼格等人指出，根据公众对于议题的涉入程度，又可以把公众分成四类：第一类是全议题公众（All-issue Public）；第二类是冷漠型公众（Apathetic Public）；第三类是热门议题公众（Hot-issue Public）；第四类是单议题公众（Single-issue Public）。第一类公众是对各类议题都有兴趣参与而且也会涉入其中的公众；第二类冷漠型公众是指他在各类议题上面都反应冷漠，不感兴趣也不会采取行动；第三类热门议题公众是指他只对热门的或者被强烈动员或热烈讨论的议题产生兴趣；第四类单议题公众，这一类公众一般来说只参与他感兴趣的特定议题，比如对环保、核能、生态、性别等议题产生兴趣或强烈参与的，就叫单议题公众。

情境理论主要是根据以上三个自变项、两个应变项、四类议题公众以及四类不同行动阶段的公众所进行的讨论以及界定的理论。情境理论的应用主要包括三类：第一，探讨组织对于信息处理与信息寻找都低的人应该采取什么样的沟通策略；第二，对于信息处理与信息寻找都低却属于授权连结，也就是他对组织的运作具有干涉性或是规范性，或是对于组织的生存会产生影响的这些机构（比如政府），组织的沟通行为应该如何做？第三，面对被动型的公众应如何进行沟通；第四，如何对待主动型或行动型的公众？以上为有关情境理论的论述与内容。

（三）公共关系模式及对等公共关系理论

此外，对卓越理论产生影响的，还有公共关系四模式及对等公共关系理论。格鲁尼格和亨特（1984）以沟通的"方向性"（direction）与"目的性"（purpose）为两个维度，发展出四种公共关系沟通模式——新闻代理模式、公共信息模式、双向不对称模式以及双向对称模式（如图9-3所示）。两位学者将"沟通方向"区分为单向沟通与双向沟通。"单向沟通"是指组织单向对公众传播信息，而不从公众处取得"反馈"（feedback）。反之，"双向沟通"指的是组织与公众进行"对话"（dialogue）。这种沟通方式不仅会传递信息给公众，亦会采取倾听或研究调查等方式，得知公众的意见与态度。就沟通的"目的"而言，格鲁尼格将沟通的行为区分为"对等沟通"与"不对等沟通"。"不对等沟通"指的是沟通关系不平等，组织只希望通过"沟通"改变公众，而不愿意自我调整。相反，"对等沟通"则是指组织亦会寻求改变，以适应环境或公众的要求。

在四种公共关系沟通模式中，新闻代理、公共信息和双向不对称沟通的模式都是不对等的公共关系模式，因为它们都仅仅试图改变公众而非组织的行为。在新闻代理模式下，公共关系试图通过各种方式在媒体上对组织进行宣传报道。在公共信息模式下，公共关系运用"驻地记者"（journalists in residence），向公众传递关于组织的客观的但仅仅是正面的信息。在双向不对称沟通的模式下，公共关系在调查研究的基础上，确定并传递最有可能说服公众产生预期行为的信息。只有在对等的公共关系模式下，组织会通过调查研究和平等对话的方式，管理与公众之间的冲突，促进彼此的理解，建立起互相信赖的关系。在这种情况下，组织和公众双方都在一定程度上被对方说服，双方都可能改变自己不利于双方利益的行为。格鲁尼格认为，沟通模式的选择是公共关系模式背后所隐含的世界观的问题。①②

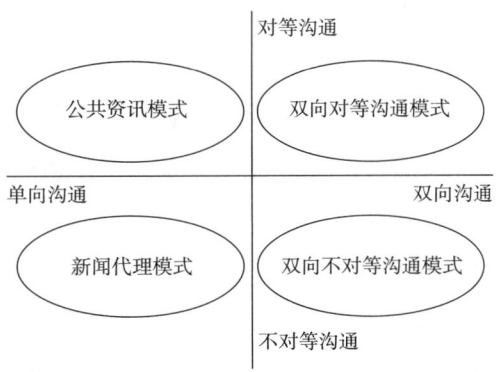

图9-3　公共关系四模式及对等关系理论

---

① GRUNIG J E. A situational theory of environmental issues, publics, and activists [J]. Environmental activism revisited: the changing nature of communication through public relations, special interest groups, and the mass media, 1989: 50–82.

② DOZIER D M. Excellence in public relations and communication management [M]. Hillsdale, NJ: Lawrence Erlbaum Associates, 1992.

关于对等沟通与不对等沟通世界观，格鲁尼格和怀特（1992）指出，公关部门主管或主事人员自身的"世界观"会直接影响其处理公关作业的模式。[①] 管理学派对"世界观"的研究着墨较多，格鲁尼格和怀特（1992）指出，"不对等"（asymmetrical）的世界观视沟通为改变他人认知、想法、态度或行为的行动，而"对等"（symmetrical）的世界观，则视沟通为双方或多者一起建构想法和态度，以产生或"共生"（synergistic or symbiotic）行为的互动过程。

格鲁尼格和怀特（1992）指出，不对等的世界观是由"内观式心理学理论"（introspective psychological theories）发展而成的。此种世界观视公共关系为一种操纵公众说服公众的工具。此类观点包含以下这些层面：

1.封闭系统。信息只从组织流出而不流入。

2.效率。效率和成本控制比创新重要。

3.精英主义。组织的领导者是最有能力的，他们永远懂得比其他人多。

4.智慧只属于这些精英，而不是自由市场的产物。

5.保守主义。"改变"是不需要的，外来促使改变的力量应该被阻止，改变的力量应被视为颠覆的行为。

6.传统。传统可维持组织稳定与固有文化。

7.中央集权。权力应该被少数管理者所掌握，员工只可以被赋予少许自主权。

相反，对等的世界观不视公关的目的为说服或操纵他人，而视公关的目的为"冲突管理与增进了解"。对等的世界观，其中心思想包含以下特质：

1.借沟通产生了解。沟通的目的是要促进了解而非说服对方。

2.整体观（Holism）。系统是由许多次系统互动所组成的，而系统与环境应被视为一体，不可独立存在。

3.开放性系统。组织对所有的"渗透性系统"（penetrating system）应保持开放，所有的信息可自由交换与流通。

4.动态平衡。组织借由调整与合作的方式（而非控制或操纵的方式），达成与环境间的平衡状态。

5.平等。所有组织内的成员应被视为平等。

6.自主权。人类在拥有自主权的情况下，最具原创力且最能自我实现。

[①] GRUNIG J E, WHITE J. The effect of worldviews on public relations theory and practice [J]. Excellence in public relations and communication management, 1992: 31-64.

7. 创新。新的理念与弹性思考的方式，比传统的效率更应被重视。

8. 责任。组织与个人皆应重视行为对他人所造成的影响，并为之负责。

9. 冲突解决。冲突应通过谈判、沟通、妥协，而非通过暴力、操纵、胁迫等方式解决。

10. 管理阶层的非集权化。管理阶层与员工的相处，应是共向互动（coordinate）而非指示性（dictate）互动；非集权化的管理方式，可以增加员工工作的满足感。

公共关系的三个学派在"世界观"的理念上有明显的差异。语艺学派的主张属于"不对等沟通"的理念。该学派学者认为，公关人员必须通过各种宣传渠道，告知或影响其目标公众，为组织谋取最大的利益。[①] 同样的，整合营销传播（IMC）学派的主张也是倾向于"不对等沟通"的理念，认为公关人员应该有效使用各类传播渠道来说服消费者购买公司的产品或服务，借此为组织争取利益。[②] 而以格鲁尼格为代表的管理学派反对具有操纵或控制意图的非对等性沟通模式的主张，认为公关人员应该使用同时顾及组织与公众双向利益的"双向对称沟通模式"与"混合动机沟通模式"（mixed-motive model）。格鲁尼格指出，奉行不对等的世界观的公共关系从业者往往认为组织懂得更多，公众只有在与组织的合作中才能获得一定的利益，他们甚至认为操纵公众是为了公众的利益。不对等的世界观通常指导公共关系从业人员采取不符合职业道德的、不能承担社会责任的和无效果的行动。当组织奉行的基本价值观和世界观认为向外部环境施加影响是合乎伦理的时候，组织就会给公众带来灾难。在此基础上，他提出卓越公共关系的世界观包含三点：从内部准则看，它应该符合逻辑、有凝聚力、统一并且具有秩序；从外部看，它应该能够有效解决组织和个体的问题；最后，它应该选择合乎伦理，即能够帮助组织构建关心、爱护社会上受其影响的个人或群体的关系机制。

在上述有关公共关系的四个模式中，双向对称沟通模式是格鲁尼格卓越公关理论中最重要且受到最多重视和关注的一个概念。所谓双向对称沟通，是指组织通过倾听、调查或是研究了解其利益攸关者的想法、需求与态度，进而共同建构想法并产生共同或是双赢结果的沟通模式。对等的主要概念是在沟通效果概念上的平衡

---

① HEATH R L. Critical perspectives on public relations [J]. Rhetorical and critical approaches to public relations, 1992: 37-61.

② SCHULTZ D E, TANNENBAUM S I, Lauterborn R F. The new marketing paradigm: Integrated marketing communications [M]. McGraw Hill Professional, 1994.

（Balanced Effect）。换言之，组织不只希望能够改变或是说服其利益攸关者的想法、态度和行为，同时组织也愿意根据利益攸关者的需求进行政策上与行为上的调整，以达到对等或者平衡效果。根据格鲁尼格夫妇于2006年10月访问台湾时所做的演讲，双向对称沟通模式有以下五个特色。

第一个特色是，以研究为基础（based on research）。如前文所言，双向基本上就是组织通过研究、倾听等方式来了解利益攸关者的想法，所以双向对称沟通模式的执行是以研究为基础的。第二个特色是，重视对话与平衡效果，也就是说，沟通的进行是持续不断的、对话式的，而且同时重视组织的利益与公众的利益，希望能够达到平衡与对等效果。第三个特色是，双向对称沟通既可以发生在人际沟通的层次，也可以发生在中介沟通的层面（can be either interpersonal or mediated）。双向对称沟通模式既可能会通过面对面（interpersonal）的方式来进行，也可能通过书面、文字等中介媒体来进行所谓的中介传播，所以双向对称沟通模式既可以发生在人际关系的层面，也可以发生在中介传播的模式当中。第四个特色是，双向对称沟通模式是符合伦理规范的（ethical）。管理学派强调公共关系必须具备并发挥实用性与理想性的角色与功能。格鲁尼格（1992）曾明确提出公共关系的三点职责：第一，为公众的利益服务；第二，促进组织与其公众间的相互了解；第三，促使各方人士对重要的议题进行辩论。因此，卓越公关必须符合传播道德规范以及社会责任和公众利益。另外，对等的世界观包含借由沟通产生了解、开放性系统、平等、自主权、创新、责任、冲突解决、管理阶层的集权化等概念。综合以上理念，双向对称沟通强调的是所有沟通或是传播行为的执行都必须符合专业伦理规范。第五个特色是，双向对称沟通使用沟通（communication）来进行冲突的管理，增进组织与其利益攸关者彼此的了解。双向对等沟通模式与不对等沟通模式最大的不同之处是，双向对称沟通模式主要的目的是增进了解。当组织与利益攸关者之间对于彼此的利益与立场进行充分的沟通后，相对的彼此之间的冲突比较容易化解，也更容易产生良性的互动关系。总而言之，上述五项双向对称沟通的特色是卓越公关理论有关双向对称沟通模式的基本立论与重点。

影响公共关系四模式选择之因素由格鲁尼格（1992）提出。如图9-4所示，这是一个影响公共关系模式选择的因素结构图。在这个图中，最核心的概念就是中间的选定哪一个公共关系模式为主要的策略。通过观察图中上下左右方位可以看出，下方主要探讨的是社会文化（social culture）会影响组织文化，组织文化会进一步影响选定何种公共关系模式作为公关的主要策略。从上方来看，格鲁尼格的理论指出，权力持

第九章 卓越理论

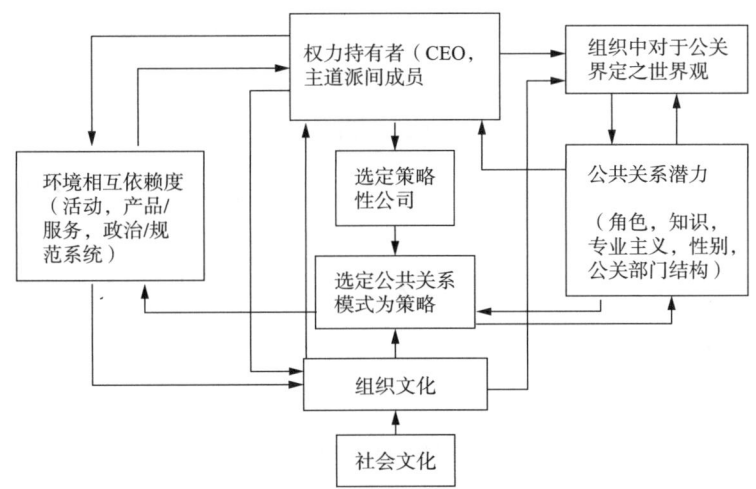

图9-4 影响公共关系模式选择的因素

有者（power holder）包含公司的CEO还有公司的决策高层，会决定策略型公众或是主要的利益攸关者，之后就会进一步选择采用哪一种公共关系模式来作为其主要的策略。所以，上方是有关组织中的权力结构中心对于公共关系的影响。左方指的是组织与环境间的相互依赖程度（environmental interdependency），不仅包含了活动、产品与服务，还包含了政治或者是规范系统。在格鲁尼格的理论中，公共关系策略模式的选定会影响组织与环境的相互依赖程度，也就是说，这个公共关系模式选定之后，它会决定生产什么产品、组织什么活动，环境之间的互动也会进一步左右权力持有者。右边是两个另外的层次，表明组织中对于公共关系界定的世界观会影响底下的公共关系的力量或者说潜力，包括公共关系的角色、知识、专业主义、性别、公共关系部门的结构等等这些部门的结构，也会在一定程度上影响组织的权力持有者。

总的来讲，卓越理论认为，一个有效的组织必须采用对等的沟通模式，以培养建立与"组织的公众"之间长期且良好的关系。组织中权力持有者的世界观对公共关系至关重要，对策略性公众的选定、公共关系模式的选择、公共关系潜力（包括角色、知识、专业主义、性别、公共关系部门结构），甚至组织与环境的相互依赖程度等都有重要影响。卓越理论认为，组织必须采用对等的世界观，兼顾公众与组织的利益去解决问题；否则，利益攸关者就会对组织施压去改变，甚至利益攸关者会反对组织，而这些负面的力量无疑会增加组织决策的成本和风险，降低组织的有效性。双向对称沟通不仅适用于组织与外部战略公众的沟通，如激进行动主义者，同样适用于与内部雇员的沟通。卓越研究发现，虽然只有在参与式文化中，内部沟通才会得以执行，但对等的内部沟通系统确实可以提高雇员对于其工作及组织的满意度。此外，卓越理论的内容还包括重视女性在公共关系中的重要地位，使她们与男性接受平等对待，以及种族多样化的内容。而对公共关系中种族问题的关注，与卓越研究本身所具有的国际性的特点一道，延伸、拓展了卓越理论的意涵，使得它同样适用于美国以外的文化、政治、经济的多元环境。

四、主要质疑与批评

格鲁尼格所领导的团队主张的卓越理论认为：首先，对等公共关系模式尊重利益攸关者的权益，不以功利动机为出发点，可以增进组织与利益攸关者之间彼此的了解，就长期的稳定性来看，最能维持公共关系的效果；其次，以道德的观点来看，双向对等沟通模式不以说服为目的，而且不蓄意操控阅听人，也最符合理想性的社会角色，在以平等互惠为出发点的基础上，双向对称是卓越公关的主要条件之一。然而，格鲁尼格对于双向对称沟通模式的强烈主张，在学界也引起了学者与研究者以及实务工作者极大的回响与辩论，批评大致可归纳为以下三点：①

第一点是，对等沟通真的有效吗？理论虽然显示有许多有关对等沟通支持的论证（譬如，Anderson, 1992; Grunig, 1992; Pavlik, 1989），②③但是，这些理论上的支持，主要是来自于对于另外三个不对等的沟通模式，也就是新闻代理模式、公共信息模式以及双向不对称沟通模式的反证。如L. Grunig（1985）在她的研究里发现没有任何一个组织采用双向对称沟通模式，但是也没有任何一个组织采用不对等的沟通模式而成功地降低了与反对公众间的冲突。Lauzen（1986）发现，那些综合性使用上双向对称的模式，比新闻代理及双向不对称模式的特许经营企业，成功地减少了与特许经营权拥有者之间的冲突。④由于它们是把这三种模式混合在一起使用的，因此我们不能得出双向对称模式独自使用时是否更有效的结论。换言之，也就是说，对于双向对称

---

① HUANG Y H. Is symmetrical communication ethical and effective? [J]. Journal of Business Ethics, 2004, 53(4): 333–352.

② ANDERSON D S. Identifying and responding to activist publics: A case study [J]. Journal of Public Relations Research, 1992, 4(3): 151–165.

③ PAVLIK J V. The concept of symmetry in the education of public relations practitioners [C] // International Communication Association (ICA) conference, San Francisco. 1989.

④ LAUZEN M. Public relations and conflict within the franchise system [M]. 1986.

沟通模式的支持来自于其他三个不对等模式，在研究上面显示它们是无效的，但是相对来讲，并没有直接有关对等沟通是有效的研究发现与支持。

第二点批评的焦点在于双向对称沟通、说服与伦理道德规范的关系。卓越公关理论批评说服是一种不符合伦理规范的说法也受到一些学者的质疑。格鲁尼格认为，双向对等沟通符合伦理道德规范，而说服（persuasion）是对阅听人语言与行动的操控，不符合对等沟通的精神，亦有违传播伦理规范，对于企业追求卓越表现而言会有相当程度的损害。然而，Heath在1992年提出不同的看法，他认为，公共关系从业人员受雇于企业组织，凡事会以客户利益为主要的考量并借此向社会大众进行说服的活动，这是属于专业的职责，也是工作的常规。① 只要说服者的动机被充分理解，而且在说服的过程当中，不涉及蓄意的欺骗或信息的误导，此种说服应该不会涉及伦理问题。亦有学者，如研究说服的Miller（1989）主张公关与说服实为一体两面。②

第三点批评围绕着理论的适用性问题，焦点在于所谓的唯一的最佳模式（the one-best style）。Leichty和Springston（1993）质疑所谓的唯一的最佳模式这样的一个论点，他们认为，公共关系模式应该是一个所谓的比较性的模式，而非是跨利益攸关者以及跨组织都应该要使用唯一这样的一个模式。③ 换言之，这两位学者认为，其实要使用哪一种公共关系模式或是哪一种公共关系模式是最有效的模式，应该要视组织的类型、视不同的利益攸关者、视不同的情境来做决定，而不是像格鲁尼格所说的，不管对于任何组织来讲、不管对于任何的利益攸关者来讲，双向对称沟通模式都是最佳的模式。他们质疑格鲁尼格对于公关模式的思考，认为对于公共关系目标与效果的测量是因个案而异的，想选取几个分类标准，如单向与双向、对等与不对等，就等于将公关操作简约化，忽略了现实世界的复杂性，实践中可能有更重要的因素决定了公关模式的选择。④ 而这点批评的延伸就是理论的全球适应性问题，即在不同的政治、经济、文化系统里，卓越理论所倡导的双向对称一系列原则是否同样适用。

---

① HEATH R L. The wrangle in the marketplace: a rhetorical perspective of public relations [M] // HEATH R L, TOTH E L. Rhetorical and Critical Approaches to Public Relations. 1992.
② MILLER G R. Persuasion and public relations: two "ps" in a pod [J]. Public relations theory, 1989: 45-66.
③ LEICHTY G, Springston J. Reconsidering public relations models [J]. Public Relations Review, 1993, 19(4): 327-339.
④ 孙秀蕙. 公关理论中的"双向对等性沟通模式"再省思 [J]. 广告学研究, 1995 (5): 185-201.

第四点批评是，双向对称沟通模式到底是一个规范性的模式还是其实它也是一个实际存在于社会中的模式。孙秀蕙和Meiden（1993）都提出来双向对称沟通模式基本上是提出了组织应该如何做这样一个规范性的论述，但是并没有办法真正描述现实社会里面组织真正采行的公共关系模式。①孙秀蕙认为，格鲁尼格提出的是"应然"的公关理论，与"实然"的公关实务存在很大的鸿沟。她指出，"格鲁尼格勾勒出公关工作的理想图像，却忽略了现实世界中的组织与个人的限制因素，使双向对称沟通几乎不可为。"她进一步指出，从实务人员的角度来看，企业的主要目标在于赚取利润，要求他们舍弃可能会威胁到其生存的利益而与其反对者进行对等沟通，实在难以为之。与之相似，Murphy（1991）将双向对称沟通模式类比成纯粹合作模式（Pure Operation Model）。她认为，双向对称沟通模式其实在实际的现实社会里面是很难找到的，因为这是一个相当理想性、乌托邦式的模式，基本上对于组织来讲，组织都会追求它们利益的最大化，所以它们并不会把利益攸关者的利益当成其主要的考量点。②她进而认为，与纯粹双向对称模式相比，混合动机模式更好地描述了公共关系人员在实践中的所作所为。换言之，对等世界观的批评者，包括从业者和理论研究者，认为这一世界观不切实际和过于理想化。他们指出，组织之所以聘请公共关系人员就是为了使他们成为组织的倡导者而不是使他们成为"做好事者"（go-good-ers），拿出一套"屈服于"外部组织或个人的、不能完全满足组织利益的互动议程。简言之，这些批评者坚信，一个组织不会聘用不能按照不对等的思路开展公共关系工作的人，因为将对等沟通模式视为卓越公关的重要准绳，似乎与企业追求利益的目标格格不入。

在上述的争议底下，20世纪80-90年代，整个公共关系的学术界以及研究的领域，对于公共关系双向对称沟通的辩论，持续了近十年之久。在每一次的国际会议研讨上面，都可以看到许多针对双向对称沟通模式提出复证、检验、讨论、支持以及辩论的文章，小组讨论反映相当热烈。

---

① MEIDEN A. Public relations And Other' modalities of professional communication: asymmetric presuppositions for a new theoretical discussion [J]. International Public Relations Review, 1993, 16: 8-8.
② MURPHY P. The limits of symmetry: a game theory approach to symmetric and asymmetric public relations [J]. Journal of Public Relations Research, 1991, 3(1-4): 115-131.

五、回应与相关实证研究

对于卓越理论的批评与质疑,卓越理论的支持者进行了回应并开展了一系列的实证研究,对理论加以验证和丰富。卓越理论相信"互惠规则"(norm of reciprocity),认为,组织必须认识到通过满足公众的需求,他们能够获得更多。"互惠规则"的概念是功能主义社会学家Alvin Gouldner(1960)提出的职业道德准则中全球适用的部分,他认为"利己主义本身也包含了利他主义,这由互惠行为而产生……利己主义能够激励人们去满足对方的期望,因为通过这种方式,一方就会促使对方在互惠规则的基础上满足自己的需要"。[1]卓越理论认为,兼顾组织与其他利益攸关者的利益,事实上是卓越公共关系部门所持有的更务实的观点,即认为公共关系是一种彼此协商和妥协的过程,而不是一种为了权力而展开的战争。从长远来看,对等的世界观更符合组织的利益:当组织为了公众利益而放弃一些自己的利益时,反而能够获得更多。那些认为公共关系就是促使人们按照你所希望的行事的世界观,只会把组织引向无效果的状况,不利于组织的长远利益。Pavlik(1989)运用博弈论的方法,对双向不对称模式和双向对称模式分别给组织所带来的收益进行了对比。[2]他指出,在组织里公众拥有更多权利的情况下,组织会从双向不对称的公共关系中获得更多的收益。然而,现在公众已经比以前又有了更多的权利。在双方权利大体相同的情况下,组织应会从双向对称的公共关系中获得更多的收益。

有关双向对称沟通模式有效性的探讨,仅仅停留在观点交锋的层面并不能真正说服多数人。黄懿慧(2004,2012)的多个实证研究发现似乎为这一模式的有效性提供了更为有力的辩护。她的一系列研究归根结底是在探讨公共关系,无论是学界还是业界,长期以来始终关注却难以回答的问题,即如何评估公共关系的有效性,或者说,如何测量公共关系的价值。[3]黄懿慧(2012)用问卷的方式对美国、欧洲及中国香港的数百名公共关系从业人员进行调查,进而发展出具有文化普适性的公共关系价值评

---

[1] GOULDNER A W. The norm of reciprocity: a preliminary statement [J]. American sociological review, 1960: 161-178.
[2] PAVLIK J V. The concept of symmetry in the education of public relations practitioners [C] // International Communication Association (ICA) conference, San Francisco. 1989.
[3] HUANG Y H. Is symmetrical communication ethical and effective? [J]. Journal of Business Ethics, 2004, 53(4): 333-352.

估量表（Public Relations Value Assessment，PRVA）。①她提出，公共关系价值是一个包含两个层面的多维度概念。具体而言，公共关系的有效性包括公共关系层面的有效性及组织层面的有效性。公共关系层面的有效性具体体现在媒体报道、组织与公众关系及组织声誉方面。组织的有效性体现在创造收益及降低成本方面。她的实证研究发现，双向对称沟通在公共关系价值的五个层面均有所贡献。不仅如此，研究还发现，双向对称沟通对于冲突解决和组织的危机管理有着非常强大的预测能力，也就是说，双向对称沟通对于提升组织的有效性，尤其是在冲突解决和危机管理方面做出重要贡献。概括起来，黄懿慧（2012）的研究结果，不仅为Meiden（1993）等学者批评对等世界观不切实际的观点提供了反证，②更直接证实了双向对称沟通公共关系的有效性，同时也验证了格鲁尼格（1989）对于双向对称模式有利于解决冲突的论述。③他曾指出，"总体上讲，最好的公共关系项目应该是双向的，在这个过程中，组织努力从公众那里了解可能对工作造成的后果，并把组织为此而采取的措施告知公众"，尤其在帮助解决组织与外部公众之间的冲突方面，两个双向模式比其余两个单项模式更为有效。可惜的是，在应对激进行动主义者压力方面，双向对称的公共关系模式是最少运用但却是最有效的模式。

公共关系理论中有关对等沟通与伦理道德沟通的关系的论述大致可分为两类：一类认为，两者可以共存，而另一类以格鲁尼格为代表，认为如果公共关系遵循双向对等模式的基本原则，那么它在本质上一定是符合伦理道德规范（Grunig&Grunig，1996）的，④而如果其他公共关系模式所采用的原则规范符合伦理道德时，它们也可被认为是道德的。只是不对等但合乎伦理道德的公共关系虽然可能存在，但这种组合难度实在太大。多个实证研究在一定程度上支持了格鲁尼格的主要观点。Karlberg（1996）、Lauzen和Dozier（1994）的研究证明了组织的对等世界观有利于组织实现

---

① HUANG Y H C. Gauging an integrated model of public relations value assessment (PRVA): scale development and cross-cultural studies [J]. Journal of Public Relations Research, 2012, 24(3): 243-265.

② MEIDEN A. Public relations AndOther'modalities of professional communication: Asymmetric presuppositions for A new theoretical discussion [J]. International Public Relations Review, 1993, 16: 8-8.

③ GRUNIG J E, Grunig L S. Toward a theory of the public relations behavior of organizations: Review of a program of research [J]. Journal of Public Relations Research, 1989, 1(1-4): 27-63.

④ GRUNIG J E, Grunig L A. Implications of symmetry for a theory of ethics and social responsibility in public relations [C] //annual meeting of the International Communication Association, Chicago, IL. 1996.

其公共关系的伦理道德特质，如关注道德规范和社会责任等。[1][2] Culbertson（2013）提出，世界范围内有效公共关系三点原则之一即是双向对称的实践。[3]跳脱出对于西方社会的关注，黄懿慧（2004）发表于《商业伦理期刊》（Journal of Business Ethics）上的文章《对等沟通是符合伦理道德且有效的吗？》，通过三组问卷调查（分别为301份来自于台湾公务人员的问卷，台湾岛内1087名居民的问卷，及326份来自于台湾500强企业和公关公司中公关从业人员的问卷），探索台湾社会中对等沟通与伦理道德沟通的关系。[4]研究发现，虽然在概念层面上，可以将对等沟通与伦理道德沟通区分开来，但数据表明，两者总是会聚合成一个因子，即在现实中将两者进行区分的尝试被证明无效。虽然，有关说服是否符合伦理道德的争论，似乎无法通过实证研究的方式做出解答，但至少，黄懿慧（2004）的研究证明了格鲁尼格的论断，双向对称的公共关系模式在本质上是符合伦理道德的。也就是说，不论说服与伦理道德的关系如何，双向对称沟通符合伦理道德的观点得到了实证的支持。

此外，对于双向对称模式的批评是，格鲁尼格认为，这是唯一最佳且具有全球普适性的模式，而批评者认为，在不同的环境下，可能其他的公共关系模式更加有效。代表性的如权变理论（contingency theory），其支持者认为，组织采取什么样的策略与沟通方式，应视组织类型、当时的情势等具体情况而定，"相机行事"，而不存在一个放之四海皆准的最佳模式。此外，亦有人认为，双向对称沟通的实践可能只在美国、英国、加拿大这三个卓越理论的研究地零星存在，在其他国家和地区，这一模式可能从未被实践过。对此，多位学者就曾针对卓越理论在不同国家和地区、不同类型组织中的应用进行研究，如希腊、印度和中国台湾等。研究发现，公共关系的四种模式，即新闻代理模式、公共信息模式、双向不对称模式、双向对称模式，在非英语文化（Anglo Culture）的社会文化中同样存在，但略有差异。

Sriramesh（1991）对印度南部的公关从业人员进行调查发现，他们对于双向不

---

[1] KARLBERG M. Remembering the public in public relations research: From theoretical to operational symmetry [J]. Journal of Public Relations Research, 1996, 8(4): 263-278.

[2] LAUZEN M M, Dozier D M. Issues management mediation of linkages between environmental complexity and management of the public relations function [J]. Journal of Public Relations Research, 1994, 6(3): 163-184.

[3] CULBERTSON H M, Chen N. International public relations: A comparative analysis [M]. Routledge, 2013.

[4] HUANG Y H. Is symmetrical communication ethical and effective? [J]. Journal of Business Ethics, 2004, 53(4): 333-352.

对等以及对等沟通的模式反应积极，认为公共关系应该是双向的且应该建立在研究的基础上，很多人亦宣称他们在进行双向沟通前会进行调查研究。①但有趣的是，通过深入观察这些公关从业者的工作并请他们列举出典型的工作内容后，Sriramesh（1991）认为，印度公关人员的工作更具备典型的新闻代理模式与公共信息模式的特点。最后，Sriramesh（1991）总结，双向沟通被印度的公关从业者认为是理想的公共关系模式，但在当时，印度的公关实践还没有进入到成熟的双向沟通模式阶段。

与 Sriramesh（1991）的研究发现近似，Lyra（1991）在希腊的量化研究发现，希腊的公共关系从业者对于四种公共关系模式均会采用，但是由于他们几乎不做研究，使得他们在双向沟通模式上的得分较低，也就是说，总体上讲，希腊公共关系从业者更多采用新闻代理公关模式。②但是，Lyra（1991）意识到受访人绝大多数是比较初级的公共关系人员，当她把初级的公共关系人员与公关经理分开之后，发现在公关经理中，双向对称沟通模式的得分高于其他三个模式。也就是说，当公共关系实践跳脱出技术的层面而进入管理层面后，更多地遵循双向对称沟通模式。此外，希腊的从业者与南印度的公关人员有一个共同点，即他们普遍把营销活动与建立企业形象作为公共关系的主要职能，这样的世界观在一定程度上解释了为什么新闻代理模式在希腊的公共关系实践中占据主导地位。

黄懿慧（1990）的研究，检视台电集团公共关系部门的公关行为，发现双向不对称模式占主导地位。③而台电集团的失败也再次印证了双向不对称模式的无效。④

对 Sriramesh（1991），Huang（1990）以及 Lyra（1991）的研究进行元分析（meta-analysis），格鲁尼格总结：在以上三个区域中，至少在这些地区的部分组织中四种公共关系模式都会被执行。在以市场营销或者建立企业形象为公共关系主要职能的组织中，新闻代理模式占主导地位。虽然对于大多数的公关从业者来讲，培养双向对称沟通公关模式所需要的条件、知识以及来自于管理层的支持都不足够，但他们大多认为双向对称沟通模式是公共关系的行为典范。而对于那些有见地的少数公关经理

---

① SRIRAMESH K. Societal culture and public relations: Ethnographic evidence from India [J]. Public Relations Review, 1992, 18(2): 201-211.
② LYRA A. Public relations in Greece: Models, roles and gender [M]. 1991.
③ HUANG Y H. Risk communication, models of public relations and anti-nuclear activism: A case study of a nuclear power plant in Taiwan [M]. 1990.
④ GRUNIG J E, GRUNIG L S. Toward a theory of the public relations behavior of organizations: Review of a program of research [J]. Journal of Public Relations Research, 1989, 1(1-4): 27-63.

来讲，他们更多地实践着双向对称模式，至少是双向对称模式与其他模式的混合使用。尽管在各国的公关实践中，双向对称模式仍属少数，但总的来讲，在以上三个区域中，该模式（至少是包含双向对称沟通模式的要素）从长远来看，仍可能是最有效的公共关系模式，在各个文化体系中皆是如此（Grunig, Grunig, Sriramesh, Huang & Lyra, 1995）。①

格鲁尼格（1992）强调，在抽样的层面上，这个理论的原则是一致的。然而在实际情况中，卓越公关理论的原则会因环境差异而需要作相应的调节。②因此，一方面，我们必须了解卓越理论的普适原则以作为通用标准；另一方面，将文化、政治、经济、媒体等潜在影响因素纳入考量，探讨这些情境因素如何影响卓越公关理论的普适性。Sriramesh（1991），黄懿慧（1990）以及Lyra（1991）的研究在此方面亦有发现：在印度、希腊、中国台湾三地均发现了与四个公共关系模式不尽相同的，也可视为四种模式变体的个人影响模式（personal influence model），在希腊还发现了一种叫作文化阐释者模式（cultural interpreter model）。个人影响模式指公共关系从业者努力与媒体、政府、政治或激进行动主义团体中的关键人物建立私人关系或友谊，希望借由此类个人的联系（contact）获得利益。文化阐释者模式在希腊的研究中尤为明显。Lyra（1991）指出，在跨国企业中，外国的CEO或者高级管理层经常会向本地的公共关系从业者询问很多议题，来了解希腊的文化及政治。格鲁尼格等人（1995）认为，尽管文化阐释者模式特别存在于在外国做生意的组织里，但在同一个国家中，那些运营环境中需要应对多元群体的组织中仍可见这一模式。格鲁尼格等人（1995）尤其强调个人影响模式与文化阐释者模式不尽然是不对等的。对等的个人影响模式是可能存在的，且一旦被建立，将成为卓越公共关系非常有价值的一部分。同样地，文化阐释者也可在跨国企业的双向对称沟通模式中扮演重要角色，帮助促进来自于不同文化的公众与组织间的对话与相互理解。

格鲁尼格（1992）所倡导的普遍原则与具体应用，不仅体现在以"对等"沟通为核心的公共关系模式上，也体现在卓越理论另一个主要的概念"关系"的研究上。在两岸社会当中，公共关系学者的实证研究均证实，在卓越理论中，有关"组织—

---

① GRUNIG J E, GRUNIG L A, SRIRAMESH K, et al. Models of public relations in an international setting [J]. Journal of public relations research, 1995, 7(3): 163–186.

② DOZIER D M. Excellence in public relations and communication management [M]. Hillsdale, NJ: Lawrence Erlbaum Associates, 1992.

公众关系"（organization-public relationship）的根本元素（如信任、互相控制、满意度、投入感），是跨文化适用的，换言之，卓越公关理论在原则上，在海峡两岸均是相同的。然而，由于中国社会中的"关系"与西方的概念存在本质上的差异，一众研究卓越公关理论的两岸学者，包括研究中国大陆的洪君如、陈怡如，以及研究台湾的黄懿慧，均强调"面子与人情"作为测量华人关系维度的应用元素。这就说明，在中国的公共关系应用模式虽然与西方的略有不同，但基本的原则还是具有相当的普适性的。此外，Sriramesh和Vercic编辑的《全球公关手册》也以卓越理论为架构，分析其在不同国家公共关系中的应用，基本验证了卓越理论一般原则的普遍适用性。

六、多元理论与互联网环境下卓越理论的机遇与挑战

如前文所述，卓越理论开创了公共关系作为一个研究领域理论化的进程。其后，一系列公共关系理论陆续出现，如利益攸关者理论（stakeholder theory）、关系管理理论（relationship management theory）等，在危机沟通与管理领域中，权变理论（contingency theory）、情境危机沟通理论（situational crisis communication theory）、混沌理论（chaos theory）和复杂理论（complexity theory）等为很多学者所引用。

事实上，在卓越理论之后出现或者此前已经出现但之后得到较大发展与应用的一些理论与卓越理论都存在着很大的关联性，如强调组织的利益攸关者影响决定着组织目标的完成与利润的实现的利益攸关者理论。在Freeman（2010）的《战略管理：一个持筹人的视角》之后，公共关系学者就与经济管理学者一道开始在此基础上共同构建一个"利益攸关者理论"体系。[①]2000年之后，多项研究就此展开，尤其在对利益攸关者的重视与企业社会角色的部分与卓越理论一脉相承。Schwarzkopf（2006）的一系列对比实验证实，企业决策者不仅要经常性地与其各类利益攸关者进行沟通，并且要把他们的思维考虑在企业总体的沟通策略中，如利益攸关者判别"风险"的思考模式与知识盲点等。[②]Buchholz和Rosenthal（2005）认为，经济组织与其利益攸关者

---

① FREEMAN R E. Strategic management: A stakeholder approach [M]. Cambridge University Press, 2010.

② SCHWARZKOPF D L. Stakeholder perspectives and business risk perception [J]. Journal of Business Ethics, 2006, 64(4): 327-342.

之间的关系，取决于人们如何看待企业在社会整体中的角色。①如果企业仅仅被视为通过市场交换来实现自身存在意义的实体，就既背离了现实，又背离了企业的社会存在本质。正确的理解应该是，企业与其所在的社会环境之间，是密不可分的有机体，共荣共生。Steurer, Langer, Konrad 和 Martinuzzi 在 2005 年的研究中，将组织与利益攸关者的关系放到了整个社会"可持续发展"与"企业社会责任"的架构下考量。②他们提出了一个"可持续发展与利益攸关者关系管理"（Sustainable Development–Stakeholder Relations Management）模型，并强调在新的社会经济形态下，那只"看不见的手"，不再只是市场的调节，还应当有企业的社会责任义务。③

此外，与卓越理论密切相关的一个理论是关系管理理论。在关系的管理中，一个核心的概念是信任（trust），信任度高，则关系密切；信任度低，则关系松散。因而，很多"关系管理理论"的研究者都不约而同地把研究重点放在如何界定、区分影响信任的因素。当然也有学者背道而驰，关注那些造成不信任的因素。Welch（2006）就曾通过案例研究、深度访谈、图表模拟等方式，探索并分析了组织与利益攸关者关系中造成信任和不信任的机制。格鲁尼格对于公共关系的定义是，对组织与其公众间沟通与关系的管理。他曾多次强调组织与公众间建立长期、积极、互信关系的重要性。④因而，与其说关系管理理论是一个完全独立的理论，它更像是对卓越理论中关于关系管理的一个延伸。

在卓越理论之后发展起来的理论中，近年来，尤以权变理论受到最多关注。与卓越理论的普适性建议不同，权变理论的研究者认为，组织采用什么样的公关与沟通策略是由多种因素决定的。理论的拥护者认为，每个组织的内在要素与外在环境各不相同，在管理实践中要根据组织所处的环境和内部条件的发展变化随机应变。Cameron 总结出分属于内部与外部的两大类变量，共 86 种变动因素（contingency theory），并

---

① BUCHHOLZ R A, ROSENTHAL S B. The spirit of entrepreneurship and the qualities of moral decision making: Toward a unifying framework [J]. Journal of Business Ethics, 2005, 60(3): 307–315.
② STEURER R, LANGER M E, KONRAD A, et al. Corporations, stakeholders and sustainable development I: a theoretical exploration of business–society relations [J]. Journal of Business Ethics, 2005, 61(3): 263–281.
③ 吴旭. 国际前沿公关理论扫描（2006-2009）[EB/OL]. http://www.aisixiang.com/data/35850-5.html 2014.
④ WELCH M. Rethinking relationship management: exploring the dimension of trust [J]. Journal of Communication Management, 2006, 10(2): 138–155.

于之后将这86个因素重组缩减为12个主要影响因素（Cameron，2006）。①虽然权变理论更像中国传统文化中的"随行就势""因势利导"，也被批评为有失理论的简洁精练原则，但近年来很多研究都是在权变理论的框架下展开的，该理论在公共关系的研究领域占有一席之地。

与权变理论同属于"非常态危机应对"理论群（吴旭，2014）的还有混沌理论和复杂理论。Murphy（1996）曾详细阐释了混沌理论，她认为，"一般而言，一个危机的出现，往往由一系列环环相扣的事件组成；随着时间变动，这些事件逐渐积攒能量，变得错综复杂，并迅速从秩序演变至混沌无序甚至全面失控。正如一个混沌系统一样，在事件初始阶段，一个企业组织还可能对事件发挥一定控制和影响，但一旦超过某个升级点，任何决策者都将束手无策"。②

与混沌理论类似，近些年才引起公共关系学者尤其是危机沟通研究学者关注的复杂理论（Complexity Theory）认为，一个繁复系统的整体不同于其所有组成部分之和，因而，无论人们如何了解整体系统的每一个部分（暂且不论这种可能性是否现实），人们都始终无法准确判断事物整体发展的态势、走向和结局。世界是复杂多变的，危机更是复杂多变的；这些错综复杂的变量之间的互动，构成了一个无穷尽的变化集合；任何试图降低这些变动复杂性的策略，都可能得不偿失，枉费心机。③当然，复杂理论不是宣扬不可知论，而是要求公共关系从业者尤其是危机处理人员能够从心态上认识并尊重危机本身的复杂性，并顺应这种超出控制和预测能力范围的繁复性（吴旭，2014）。

与这些"非常态危机应对"理论有所不同，近年来，在危机沟通领域得到较大发展的情景危机沟通理论，强调危机沟通策略的效果会因一些前置变量（antecedent variables）的不同而有所差异。这些前置变量包括：企业的危机历史、过往与利益攸关者的关系、危机严重程度等。Coombs通过一系列的研究，尝试着对危机沟通策略效果进行理论化。当然，情境危机沟通理论之前，更多的研究是对危机沟通可能的

---

① SHIN J H, CAMERON G T, Cropp F. Occam's Razor in the contingency theory: A national survey on 86 contingent variables [J]. Public Relations Review, 2006, 32(3): 282-286.
② MURPHY P. Chaos theory as a model for managing issues and crises [J]. Public Relations Review, 1996, 22(2): 95-113.
③ SNOWDEN D J. New wine in old wineskins: From organic to complex knowledge management through the use of story [J]. Emergence, A Journal of Complexity Issues in Organizations and Management, 2000, 2(4): 50-64.

策略进行探讨，如Sturges（1994）的信息策略、Allen与Caillouet（1994）的印象管理理论，以及Bradford和Garrett（1995）的企业危机沟通模式、Benoit（1995）的形象修复理论等。①②③④ 其中的形象修复理论，虽然会被质疑是否可称为严格意义上的理论，但在很长的一段时间内，仍被作为很多危机沟通个案研究的基础。

在危机沟通策略的研究中，华人学者将中国传统文化纳入考量，对领域发展做出贡献，如"家丑不可外扬"的传统理念解释了很多组织面对危机时的回避态度及不回应的做法。⑤

而高情境沟通（high-context communication）方式，导致华人在面对危机时往往采用模糊的沟通策略。黄懿慧等人（2005）在此基础上，通过多个个案研究，提出了具有华人文化特点的危机沟通策略——转移策略（Diversion Strategy），丰富了当时源于西方社会现实的危机沟通策略分类表。⑥

概括起来，作为公共关系开创性的理论，卓越理论主导了公共关系的早期研究。随着学科的发展，越来越多的理论出现或进入到公共关系的研究中，理论不断丰富与多元。这些理论或者与卓越理论有着相似的世界观，又或者与卓越理论针锋相对，但它们都为公共关系的研究者提供了多样的视角和研究框架，在一定程度上改变了早期卓越理论在公共关系学界近乎一统江山的局面，标志着公共关系作为一个学科的成熟与发展。

除了多元理论的出现，互联网的应用与发展改变了公共关系存在的信息环境，进而改变了公共关系实践与研究，将卓越理论置于新的研究场域。互联网的出现和普及，改变了人们接受信息的方式与环境。传统的传者中心受到了根本挑战。公众有了自媒体，有了用户自创内容（user-generated content），有了公民记者，这一切都改

---

① STURGES D L. Communicating through crisis: A strategy for organizational survival [J]. Management communication quarterly, 1994, 7(3): 297–316.
② ALLEN M W, CAILLOUET R H. Legitimation endeavors: Impression management strategies used by an organization in crisis [J]. Communications Monographs, 1994, 61(1): 44–62.
③ BRADFORD J L, Garrett D E. The effectiveness of corporate communicative responses to accusations of unethical behavior [J]. Journal of Business Ethics, 1995, 14(11): 875–892.
④ BENOIT W L. Accounts, Excuses, Apologises: A Theory of Image Restoration Discourse [M]. 1995.
⑤ YU T, WEN W C. Crisis communication in Chinese culture: A case study in Taiwan [J]. Asian Journal of Communication, 2003, 13(2): 50–64.
⑥ HUANG Y H, LIN Y H, Su S H. Crisis communicative strategies in Taiwan: Category, continuum, and cultural implication [J]. Public Relations Review, 2005, 31(2): 229–238.

变了过去公众与组织进行沟通时所处的劣势地位。而去中心化、互动性、对话、赋权等互联网固有的特性或者说影响，似乎与卓越理论所倡导的双向对称沟通的理念不谋而合。黄懿慧2012年对网络公共关系研究所做的后设分析（meta-analysis）发现，在网络世界中，对等沟通的探讨成为企业抗争者研究的主轴。[1]孙秀蕙（2000）认为，在网络时代，企业必须重新调整其沟通策略。[2]对等性沟通是必要条件。刘正道（2003）的研究则明确指出，互相了解导向的网络传播，以及双向网络传播策略模式，会带来较高的网络互动满意度。[3]

Rakow（1986）曾指责对等的公共关系是没有实际意义的。[4]因为她认为，至少在美国的社会系统中，组织比公众拥有更多的权力，因而就没有了采取互惠行动的动机。Gouldner（1960）也认为"在存在显著权力不均衡的情况下，利己主义者就会只考虑自身的收益，而根本不顾忌回报"。[5]与之相似，Pavlik（1989）指出，在组织比公众拥有更多权力的情况下，组织会从双向不对称的公共关系中获得更多的收益。[6]

可见，过往对于双向对称沟通模式的质疑，很大程度上是因为人们对于组织与公众关系的认识上，双方权力不均衡的假设。那么，在互联网盛行的今天，公众已经比以前有了更多的权利，组织是否能从遵守对等的公共关系中获得更多的收益？今天的信息环境，是否是双向对称的公共关系模式最适宜的土壤？问题的回答呼吁更多的实证研究。

七、总结

1985年，当格鲁尼格带领的研究团队开始卓越研究项目时，有关公共关系的认

---

[1] HUANG, Y H. Internet public relations: a review of research articles and the construction of a theoretical model [J]. Communication & Society, 2012(19): 181-216.
[2] 孙秀蕙. 网路时代的企业公关——格鲁尼格模式的理论性重构 [J]. 广告学研究, 2000 (15): 1-25.
[3] 刘正道. 大学网路公关策略之研究：网路使用者之策略认知和互动满意度分析 [J]. 广告学研究, 2003 (20): 51-75.
[4] RAKOW S J. Teaching science as inquiry. Fastback 246 [M]. Phi Delta Kappa, Eighth and Union, Box 789, Bloomington, IN 47402, 1986.
[5] GOULDNER A W. The norm of reciprocity: A preliminary statement [J]. American Sociological Review, 1960: 161-178.
[6] PAVLIK J V. The concept of symmetry in the education of public relations practitioners [C] // International Communication Association (ICA) conference, San Francisco. 1989.

识仅停留在公共关系部门功能以及公共关系从业者公关实践的讨论；今天，公共关系已成为一个迅速发展且不断完善的研究领域，卓越理论与整个公共关系学科一起走过了最近的30年。作为公共关系历史上第一个完善的学术研究，卓越理论在公共关系中的重要贡献之一是它促进了公共关系领域的重大变革，开启了公共关系理论化的进程。而作为一个学科的开创性理论，卓越理论一经问世，就在学界与业界引起了激烈的辩论。大量的研究与讨论围绕着这一理论展开，尤其是其核心概念"双向对称沟通"，使得它成为了公共关系领域的主导理论（Pasadeos, Berger&Renfro, 2010）。[①] 更重要的是，这些研究与讨论不仅仅局限于卓越理论的最初的三个研究地，即美国、英国、加拿大，而是扩展到了世界上更多的国家与地区，对这些国家与地区的公共关系发展影响深远。就其在中国的影响而言，郭惠民曾称卓越研究的第一本著作《卓越公共关系与传播管理》，不仅是公共关系管理学派的代表性著作，更是迄今为止，公共关系学术研究领域里最为成熟的理论结晶。他认为，外国著作对中国公共关系学术的影响，若从1987年开始计算，第一个十年对中国公共关系界影响最大的是英国学者以及美国学者所著的《有效公共关系》，而之后十年影响最大的就是格鲁尼格及其研究团队的卓越理论。此后，随着公共关系学科的发展，越来越多的新兴理论出现，也有一些理论从其他学科中被引入到公共关系的研究中。尽管这些理论未必尽可以称为卓越理论的竞争性理论，如关系管理理论更像是卓越理论一些观点的延伸，但多元化理论在公共关系的研究中得以应用，打破了早期公共关系学界近乎被卓越理论统治的局面，改变了这一学科的理论格局。近些年来，随着互联网的出现及广泛应用，传统公众与组织之间的权力关系随之发生变化。互联网的中心化、互动性、对话、赋权等特点不禁使人开始思考一个问题：互联网是否正在培育真正适合双向对称沟通的环境，多项研究也随之展开。当然，更有说服力的结论需要更多扎实的研究，但无疑，互联网下的新的信息环境与公共关系实践为卓越理论提供了新一轮检验与讨论的场域。

---

① PASADEOS Y, BERGER B, RENFRO R B. Public relations as a maturing discipline: an update on research networks [J]. Journal of Public Relations Research, 2010, 22(2): 136–158.

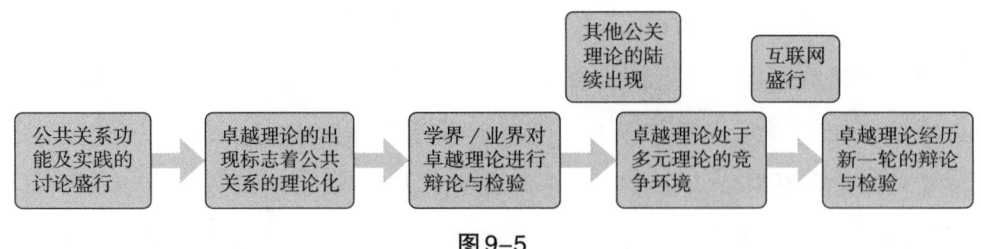

图9-5

最后，经过对卓越理论系统地梳理，我们不认为倡导双向对称沟通，关注公众利益，重视组织公众关系管理及强调企业社会角色的卓越理论已经走过其最辉煌的时期而走向衰亡。我们更倾向于认为，它进入了一个新的生命周期。在新的环境下，它将接受新一轮的挑战与检验，而这些挑战与检验可能成为卓越理论，甚至在更广义的层面上，整个公共关系理论发展新的契机。

（黄懿慧，香港中文大学新闻与传播学院教授；
吕琛，香港恒生管理学院助理教授）

第十章　对话理论

过去20多年，对话理论已经从根本上改变了很多学者和从业人员认识公共关系实践的方式。对话的方法本质上代表了公共关系已经偏离了过去的利己主义的大众传播的趋向。这一趋向包含了利益攸关者和公众之间的单向或双向的信息流动，它存在于公共关系"对称"模式的方法之中（Grunig & Hunt, 1984）。目前，从对参与（Johnston, 2014; Taylor & Kent, 2014a），完全功能社会（Heath, 2006; Taylor, 2010），公民社会（Doerfel & Taylor, 2004; Taylor, 2000），关系的方法（Botan, 1992; Sommerfeldt & Kent, 2015），社会资本（Sommerfeldt & Taylor, 2011; Taylor, 2011），社会网络（Kent, Sommerfeldt, Saffer, 2016; Taylor & Doerfel, 2003）相关领域的研究可见，公共关系正转向至人际的、关系的、以公众为中心的修辞的方法。

然而，在公共关系研究中，对话理论和其他理论方法（诸如组织—公众关系或对称）之间的关键区别在于，对话将对传播的强调置于利益攸关者和公众的需求之上，并构建与利益攸关者和公众之间真正的关系，而不是将公关专业人员的工作首先视为服务于组织目标的枪手。聚焦于传播管理和服务于组织目标的理论仅关注组织的福祉而非他人的利益。当然，"关系管理"一词意味着关系可以也应当被控制或管理。传播管理与"构建关系"或对他人持有无条件的正面态度是截然不同的（下文要讨论对话的概念）。

与之形成对比的是，对话关注关系的发展和出现，而不是组织对传播的控制。肯特和泰勒（1998）指出，"对话是产品而非过程"，认为"整体的总和大于部分的总和，一个传播系统不能被简化为各个组成部分"（Taylor & Kent, 2014）。对话不是一种规定性的工具。关系是有机的，需要通过有效的人际传播来实现，但是真正的关系，最终是关于信任和时间的。在这个引言中，最值得一提的是在对话的方法下，公众如何被认知。

在很多老一些的公关理论的视角下，公众被视为达成目的的途径。黑泽尔顿

(Hazelton, 1987)认为，公关从业者交流是为了帮助组织管理信息的交换，识别和解决问题，管理冲突，管理行为。这个方法将公众视为战略资源，组织为了收集信息、预测和控制的目的而培养他们。早期的公关理论，例如双向对称和不对称模式（Grunig & Hunt, 1984），就与那个时代的科学管理思想保持一致，为了"预测和控制"，而不是聚焦于关系。

与之相反，对话假定组织应当是一个承担社会责任的实体，它为其所存在的环境做贡献，为了让社会更好地服务（cf., Taylor, 2013），或者，即使组织没有承担社会责任，它们也尝试自我完善。因此，对话的组织—公众关系的核心，并不在于说服或者影响其他人按照组织的意图来采取行为，而是意在构建关系（在真正的、沟通的、人际的层面，不是操纵性的或利己的，而是满足彼此）。

为了阐述对话理论和公共关系的对话过程，本文主要探讨以下议题：（1）对话理论基本原则概述；（2）对"什么不是对话"的简要讨论，从而进一步阐明对话理论；（3）对几位对话理论家的中心观点进行概述；（4）对话公共关系的关键视角；（5）目前公关领域中对话的研究和趋向的概述；（6）对话研究方法的探讨；（7）结论部分回顾了公关学者和从业者的一些关键话题。

一、什么是对话理论？

对话理论包含了一系列的传播原则，这些原则是为了促进两个人之间，或一群个体之间的交互而逐渐发展起来（Buber, 1970）的。对话的基本假设在于，为了让人们进入有益的、诚实的、有意义的交互，人际传播必须是多样的（比如风险、信任、积极的态度、移情等）（参见 Johannesen, 1990; Kent & Taylor, 2002）。然而，对话也绝对不是目前常见于社交媒体之上的那种老套的、自恋的交谈（Taylor & Kent, 2014a; Theunissen & Wan Noordin, 2012）。对话传播者投身于挑战性的、有意义的交互，他们需要在对话理论和技巧方面得到专门的训练，才能够有效地展开对话。

对话理论可追溯至理论家和哲学家马丁·布伯（Martin Buber, 1923）在"一战"前的宣传经验，以及诸如卡尔·罗杰斯（Carl Rogers, 1957）、保罗·弗雷勒（Paulo Freire, 1970）等行动主义者、激进分子、教育家和科学家，还包括其他一些不同领域的学者。对话被理论化为一种人际传播的真正形式，理论基础源于诸如信任的人性原则（Freire），"对他人无条件的正面态度"（Rogers），移情和同情（Noddings），以及一系列被传播学者（参见Stewart, 1978）、哲学家（例如Gurin, Nagda, & Zúñiga, 2013）、伦理学家（Burbules, 1993）、教育家（Phillips & Napan, 2016）所考虑的关系变量。

公关学者肯特和泰勒（2002）回顾了大量的文献，总结了对话的一般性特征，其中包括风险、相互性、接近性、移情和承诺。虽然对话的每个特征并不一定在每次对话交互中都必然存在，但这些原则存在得越多，对话的纽带联系就越强（见图10-1）。

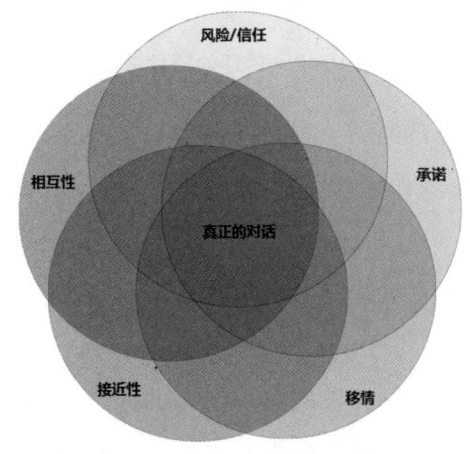

图10-1　对话模型（Petra Theunissen & Kent）

风险涉及易损性，个体对于无法预测的经验和结果保持开放，"对陌生的他者"的认识也涉及对他人的独特性的无条件的接受。**相互性**涉及与他人的合作，以及一种相互平等的精神。相互性认为，互动应该构建在平等的基础之上。**接近性**包含了即时性和实时的互动，对关系的瞬时性的感知，或者对与他人可能的关系的过去、现在和潜在的将来的承认，以及参与他人的观点或理念。**移情**包含了对他人的确认支持和一种公共的趋向，这一趋向包含了他人利益与自身利益同等重要甚至更为重要的理念。**承诺**涉及保持开放和持续的交谈，或尝试理解他人所说、所感的真诚和承诺（Kent&Taylor, 2002）。泰勒和肯特（2014a）提出以下观点：

人们可以将对话视为一个连续体，其中一端是宣传和独白，另一端则是对话……宣传人员想要限制个体的自由和选择，他们设计信息是为了产生黏度和服从。宣传是一种单向的传播模式……然而，处于连续体另一端的对话，注重人际交互，强调意义的产生、理解、现实的再创造，以及同情的/移情的交互。对话模式更接近于正在发生的现实。

在独白和对话这两个端点之间是其他的因素（意图、社会和文化语境、交谈的目的等），这些因素影响了传播的结果。对话的原则有助于将人际传播往对话方向推近。一般来说，专业的传播者常常更接近于对话而不是独白（见图10-2）。

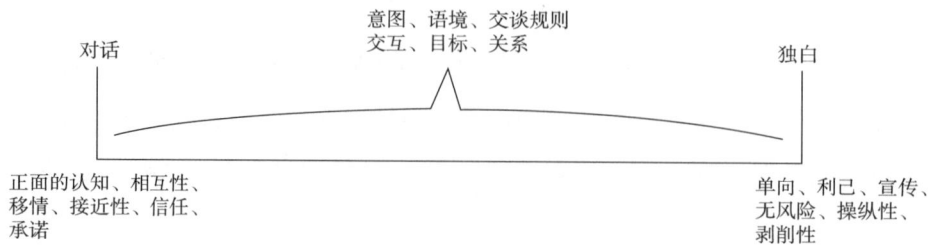

图10-2 对话的连续体

对话是一种交谈和交互的特殊形式，它是被一些规则所指引的，但同时也是经验性的、开放的。虽然很多学者认为，对话有时可以自发地、偶然地、短暂地发生（Buber, 1923; Laing, 1961; Freire, 1970; Pearce & Pearce, 2000），但也有很多研究认为，对话是正在发生的关系过程（参见，Buber, 1923; Johannesen, 1990; Kent & Taylor, 2002）。。

有些批评者认为，对话是一种发展意识形态的努力，他们将对话描述为晦涩的、规范的理论，而这些理论偏离了现实世界（参见，Burbules, 2000; Jones, 1999）。事实则恰恰相反，对话是非常务实的，它的理论基础在于大量有效的人际传播，基于关系的、哲学的原则，有些甚至可以追溯到几千年前的古希腊。比如，哲学和伦理的辩证法原则，是一种古希腊用来洞察真理的交谈方法，曾经被用于柏拉图和苏格拉底的对话，就提到了对话理论。因此对话理论并不是新事物；对话围绕着意义共创的基本假设（Heath, 2000, 2006），这一假设在几十年前已经被教育家、哲学家、心理学家和行动主义者所认识（e.g., Bohm, 2010; Freire, 1970; Gurin et al., 2013）。最近，对话开始赢得公共关系的职业传播者，诸如广告、营销、新闻和其他一些专业人员的关注，对话被作为一种创造更加持久和稳固的组织—公众关系的手段被广泛使用。

共创理论是修辞的、后结构主义的理论，它认为人们每天所经历的正在发生的现实是通过与他人的交互而来的。也就是说，我们所见的世界是基于我们本体的经验，而不是一个等待我们发现的固定现实。对于组织传播者而言，理解共创原则十分重要，因为很多决策者一旦做出某种决策，就再不考虑其他的可能性（Lane, 2014）。正如朗（Lane, 2014）十分肯定地主张，经理人在与社群人员或利益攸关者开会的时候，常常对坚持自己的主张更感兴趣，而不是立足于寻找一个最优的行动方案来做决策。

作为一种在那些有过不太愉快的关系历史的个体和群体之间的传播方法，对话可以帮助参与者发展出新的、共享的意义和从对方角度出发的彼此理解（Bohm, 2010）。越来越多的研究表明，对话是与大量的个人和群体间的证明结果相关的，例如，增加批判思维技巧，选取更好的立场，移情，对诸如种族特权、制度性歧视等社会议题的批判性认知（Gurin et al., 2013; Muller & Miles, 2016），同时，对话也和群体间态度与行为的正面变化相关。即使目前社交媒体和互联网技术的融合事实让人们彼此分割（Rainie & Smith, 2012; Kent, 2001），带来关系的不满足、难以维系的关系自我陶醉和狭隘的思想（Anderson, Cissna, & Arnett, 1994, p. passim; Spinney, 2012），对话传播作为一种帮助人们站在对方立场思考和学会包容的方法，仍然是显而易见的。

对话理论成为了互动的中介，既存在于城市议会的多样群体之间（Pearce & Pearce, 2000, 2003），也存在于交战的国家之间。但是，在运用社交媒体网络进行实质性传播，发动利益攸关者、公众、公民和组织方面，运用得还远远不够（参见 McAllister-Spooner, 2009; Sommerfeldt, Kent, & Taylor, 2012）。很多学者曾经研究社交媒体的界面，例如脸书和推特，得出了这样的结论：社交媒体并非对话的工具（参见, Kent, Taylor, & White, 2003; McAllister-Spooner, 2009; Sommerfeldt, Kent, & Taylor, 2012; Taylor, Kent, & White, 2001）。因此，下文要探讨什么不是对话。

二、什么不是对话

如前文所述，对话是一个人际的和小群体的过程。然而，对话并不是一个关于大众传播或中介传播的理论。对话的传播者被假定有理由聚在一起（讨论议题，达成更好的理解，解决问题，构建关系等）。因此，对话不能够成为其他传播形式的次要结果，对话也不是偶然发生的。有些学者探讨瞬间的对话交换（Buber, 1923; Laing, 1961; Freire, 1970; Pearce & Pearce, 2000），但是一般来说，对话是有意识的行为而不是无意识或偶然的，它也不可能在大众传播的环境中发生。

在实践中，对话手段的目标是：（1）对话不仅仅是"说话"；（2）对话不是随意或偶然发生的事情；（3）设定对话特别需要训练有素的、理解对话原则的推进者或传播者；（4）对话参与者也必须熟悉对话的过程和对话的"规则"，才能有更有效的对话交换。此外，对话理论也假设在对话过程中，更有权力的成员将会采取措施来平衡或减少既有的权力动力，因此，进行对话需要参与谈话的各方都要保持公正，立场转换，构建信任，最小化风险，同时也愿意承担交谈的风险。

无论是面对面的还是基于媒体的谈话，都不能被简单地界定为对话，因为对话中必须存在一个信息的双向交换。即使到最近，也没有人去思考在大众传播中运用对话。然而，在1998年，肯特和泰勒提出对话的原则可以用于指导网站的结构和开发，从而带来较好的组织—公众关系。肯特和泰勒提及网站的"对话潜力"，认为增加信息、响应性，并结合其他策略，可以使网站的访问者感到网站的价值，并且更愿意参与组织的某些重要议题。在肯特和泰勒的文章之后，上百篇的文章、书籍、会议论文都运用了"肯特和泰勒的五原则"来探讨网站以及近来的社交媒体的对话传播特征。

大量尝试通过网站或社交媒体找到实现对话传播蛛丝马迹的研究表明"并没有发现真正的对话"，这一结果虽然可悲，但也有一定的预见性。虽然某些研究者在社交媒体上发现的特征确实有对话的潜质，但是并没有证据表明，真正意义上的对话的社交媒体是存在的。其中原因主要有两方面：一方面，对话是非常复杂的过程，涉及的远不止双向传播，因此很少有传播专业人员受过如何运用对话的培训；另一方面，通过网络或社交媒体的组织—公众交流普遍被设定为单向的、从发出者到接收者的信息传播。公众聚集的地方并不适合发生复杂的、个人化的、亲密的交谈。在网站管理者和专业的传播人员缺乏专门的对话训练，同时对中介传播结构的不当利用的情况下，实质性的对话难觅踪迹。

泰勒和肯特（2014a）谈到真正的对话和对话潜力之间的重要区别。就修辞学者所知的语艺的（rhetoric）与修辞的（rhetorical）区别。正如泰勒和肯特所解释的：

> 对于公共关系而言，对话和交流（dialogic）之间的区别并不是微不足道的。类似的关系也存在于**语艺的**（艺术的、技巧的、激发兴趣的、精妙的、信息的或说服的话语）和修辞的（语艺赖以发生的传播结构：报纸、广播、书籍、杂志、事件等），**盖然性辩论**（enthymeme，一种三段式辩论，口语或书面语，其中论辩的一个部分被省略，意图让观众、听众或读者从心理上去补充），省略论证的（enthymematic，一种辩论的方式，具有省略式的特征，但是并不实质上包含清晰的论断）。因此，电视商业广告常常是省略式论证的，运用诸如色彩、爱国的旗帜这类形象和符号来创造精妙的论断，但是并没有在词语上作出什么实际的辩论，它们并不包含盖然性辩论。对话与之相似。

因此，对话的发生需要一定的条件。但是我们应注意不要将双向传播和对话混为一谈，潜在对话的发生标准要高于简单的信息交换。

本文的下一个部分将回顾一些有影响的对话学者的研究。正如前文所提到的，对话原则和随后的研究十分广泛，使得对话理论成为公共关系领域最古老和最丰富的理论。

三、对话的历史视角

相比任何其他公共关系理论，对话得到了最为广泛的审视和接受，其中既有政治的和社会的行动主义者，也有来自传播、社区关系、教育、女性主义、语言和文献、哲学、政治学、心理学、神学、技术和其他领域的学者。很少有理论具有这么长的历史，除了少数例外，如那些可以被追溯到古希腊和罗马的一般修辞学和说服原则（民族精神、悲怆的词句、标识等），对话是最古老的传播理论之一，可以回溯到100多年前的马丁·布伯（Martin Buber，1923）的著作《我和你》。

虽然对话的原则开始看来是多样的，对话也有一系列共性，如之前所提到的风险、接近性、相互性、移情、承诺，但是也包括诸如信任、移情、同情和积极认知这类原则。乔纳森（Johannesen，1990）提出"对话的条件和语境"，认为在对话的或支持性的传播中，"讲话者"对其他群体成员的态度是真正客观的、合作性的，将他人作为人来对待，开放、诚实、真挚、移情、平等，不轻易给出判断。如乔纳森所解释的：

> 在对话的视角下评价传播伦理，关注在传播发生时参与者对他人的态度。参与者的态度被视为传播伦理标准指标。基本假设是有些态度（对话的特征）更加尊重人和人性，比其他态度更有助于自我实现（独白的特征）。

根据很多学者的观点，对话与传播理论一样，是一种伦理的理论。对话先验地假设在辩护性的独白传播中一定的"人性"和"移情的"行为被设定出来。乔纳森认为，在独白的传播中，"演讲者的态度是否定的、快速决断的、控制的，操纵他人的收获拥有知识和价值观的优势，有欺骗性，漠不关心，疏离，教条主义"。

对话的理论被很多学者和大量的理论背景所影响，并不是单一的、个体的学者发展了这个理论（虽然有很多其他理论是这样的），在很多年里，数十位学者构建和延伸了对话概念。在本节后面的内容，笔者将回顾一些主要的对话理论家，从而展现对话的假设从何而来。考虑到马丁·布伯在这个领域中的地位，从他开始比较合适。

（一）马丁·布伯的对话理论

马丁·布伯（Martin Buber，1878—1965）是一个犹太人，出生于奥地利，哲学家。布伯成长于维也纳，并最终定居在耶路撒冷。布伯在一个卓越的犹太家庭中成长为一个严谨的犹太人，他的祖父是一位研究米德拉什和拉比教义的著名学者，布伯的名字就来自于16世纪一位著名的拉比法师。布伯的父母在其3岁的时候离婚，之后他由祖父抚养长大。虽然布伯是一个严格的犹太教徒，但他还是打破宗教的习俗学习了哲学，并且在其成年之后大多数时间都作为一个行动主义者、人道主义者和学者出现。布伯虽然在早期20多岁的时候是犹太复国主义者组织的成员，但他在快30岁的时候脱离了这个组织，抛弃了犹太复国主义理念，拥护两民族的犹太—阿拉伯国家。1923年，布伯出版了享有盛誉的著作〔*Ich und Du*（《我和你》），1937年翻译为英文版〕。毫无疑问，《我和你》受到了布伯的宗教、哲学和家庭观念的影响，同时也受到之后德国逐渐发展的希特勒政权的影响。

布伯的对话理论的前提是，人类有两种基本的交互形式，工具性的"我—它"，和关系的或对话的"我—你"或"Thou"。对于布伯而言，最有伦理、最有价值的关系发生于人们将他人视为一种内在的价值，而不是如康德所说的"达成目的的手段"。

虽然在这个理念原则中有两条路径，我—它和我—你，好像让人迷惑般的简单，但对话应该是更复杂的。将他人置于平等位置比将他人视为工具要难得多。瓦尔特·考夫曼（Walter Kaufmann），一位布伯著作的翻译者对这个思想的解读相当到位，他认为："并不是所有的简化都是明智的。大量的可能性带来恐惧。因此那些话语中包含着大量可能性的人只能拥有很少的读者，且对更少的人有用。明智的做法是只给出两种选择，其中一个是好的选择，这样就可以对更多的人有用。"（Buber, 1970）考夫曼相信布伯理解这个悖论，这也就是为什么《我和你》是围绕着一个双面概念来架构的。

布伯在这本书中所提出的对话理论既是诗性的，也是哲学的。布伯（1970）在其早期文章中这样解释：

那些经历着的人们并没有真正参与到世界中，因为经验是在"他们"中，而不是存在于他们和世界中。

世界没有参与到经验中，它只是让自己去经历，但是它并不关注这些经历，因为经历没有用处，没有什么事情会发生。

作为经验的世界属于"我—它"。

真正的"我—你"存在于关系之上。

对于布伯而言，对人类的认识经验真正有意义的，是将自我交予他人、交予周围世界的意愿。人类的本质并不是关于操纵和控制，而是真相和理解。

布伯相信对话是断断续续的，没有人存在于一个完全对话的世界中，即使我们聚焦于将他人作为"你"而不是"它"来对待，我们仍然是在反复地转换："在有些时间和地点，我说你，但也并不一定能发现真正意义的人。我一遍一遍地把他放在那里，但是一旦他成为了他或她，或它，他就不再是我的你"。

对于布伯而言，对话是一个过程，不断要求承诺并聚焦于彼此，将自我交予他人（在对话中被很多学者反复重复的主题），正如对话本身所诠释的，它是交互的：

"我—你"这一基本概念只有在全身心投入时才成立。全身心的关注和融合不可能仅仅由我来完成，也不可能在我缺席的情况下完成。我需要一个你来成就；成就我，我说你。

才能邂逅真实的世界。

布伯认为一个人不可能存在于永恒的对话中，然而，作为一种传播规则的理想的对话仍然是存在的。

虽然布伯被认为是"对话理论之父"，但作为一个哲学家和伦理学家，他的理论必然是规范性的，布伯没有提出任何关于如何设定对话的技巧和建议。相反，他花费了大量时间尝试描述这些基本的原则，以及一个没有对话的世界将是怎样的。接下来要谈的理论家是卡尔·罗杰斯（1956），一个精神分析学家和学者。

（二）卡尔·罗杰斯：必要和充分条件

卡尔·罗杰斯（Carl Rogers，1902—1987）在哥伦比亚大学成长为一位心理学家，同时他也是一个多产的学者和临床医生。作为20世纪最杰出的心理学家，罗杰斯是研究个性和人类关系的"个人中心方法"的先锋。

罗杰斯对对话及其相关概念感兴趣，和布伯一样，罗杰斯视对话为人际交往过程的一部分。在对话的文献中，罗杰斯因其提出的概念"对病患无条件的积极认知"而出名（1992），或"他者"，这些概念在文献中也越来越多。正如罗杰斯所解释的：

> 治疗师所感受到的自己得到病患的善意接受的程度，是病患的一部分，他经历了无条件的积极认知……这意味着接受是没有条件的，没有"如果你这样或那样，我才喜欢你"的感觉。它意味着对人的"赞赏"……它是选择性评价的反面——"你在这方面很差，那方面不错"……它意味着关爱病患，而不是用占有的方式来简单满足治疗师的要求。它意味着将病患作为一个独立的人来关爱，允许他们有自己的感受、自己的经验。

很多当代的对话学者（下文要讨论）并不赞同这一概念的难度，罗杰斯对这一概念非常清楚，即对话者需要按照自己的方式接受对方，而不是为了达成个人的目的，也不强迫其他人去适应我们自己的需求和愿望。对他人无条件的积极认知和接受，在组织和行动主义者或媒体的情况下，是一个很难实现的概念。当其他人挑战我们对自我、观念、价值、个人身份的感知时，我们还要将他们视为"正面认知"则很难实现，更何况"无条件的正面认知"。

罗杰斯的工作也涉及了其他几个重要的对话概念，包括：真实性、自发性、面对面互动。然而，"关系"的概念是罗杰斯最重要的概念，确实，相对于其他对话理论中的概念，关系是最必要的前提条件，正如罗杰斯所解释的：

> 第一个需要明确的条件是一个最微不足道的关系，心理学家只有去接触，才能存在。我解释……在没有关系的情况下，改变不会发生。

改变和增长被很多学者认为是对话的原则，但罗杰斯是第一个系统化这一理念的。罗杰斯提出的第三个重要理念是移情，根据他的观点，为了"将病患的个人世界犹如自己的来感受，而又不丧失'犹如'这一特征——这就是移情"，移情是必要的。罗杰斯继续解释道："为了感受……生气、害怕，或迷惑，如同自己的情绪，同时又不要带入自己的生气、害怕、迷惑，不要沉迷其中"，这些是我们所想要的互动。

在1956年的论文中，罗杰斯提出两个重要主张："如果一个或多个条件不具备，建构人性的改变就不会发生"，且"这些假设在任何情境下都成立，无论是否贴上了'心理治疗'的标签"。此外，罗杰斯相信他所述的参与对话状态的能力，参与者（或至少是推进者）需要特别的训练——这是一个布伯也主张的概念。和布伯一样，罗杰斯相信虽然人们偶尔自发地参与积极的对话，但能够在一段时间里维系对话的状态需要技能和训练，大多数双向交换都不是对话的。

最后值得一提的观点与罗杰斯对"建构"一词的使用有关，这个词带有一些肤浅的和家长式的意味。基本上，"建构的"或"规范的"，是从治疗者（或者公共关系情况下组织的传播者）的立场界定的，因此，对话的发起人，在某种程度上有这样的观念，他们可以帮助参与者。最终，对话在发起人缺席的情况下不可能存续，所以在语言的选择上存在一个内在的悖论，但这一议题渗透到对话以及类似的危机传播研究文献中，这些研究都始于这样的假设危机——首先发生于组织而不是利益攸关者/公众（参见Kent, 2010）。下文要谈的是伽达默尔（Gadamer）——关注对话的本质以及如何演化，而不是如何管理。

（三）汉斯·格奥尔格·伽达默尔：解释学的对话

汉斯·格奥尔格·伽达默尔（Hans-Georg Gadamer，1900—2002），出生于德国的哲学家，因其代表作——解释学著作《真理和方法》而闻名。这是一个伦理学的文本，但对语言、解释和传播的研究都产生了影响。伽达默尔活了102岁，卒于海德堡。因其年轻时健康状况不好，他从未参与过"一战"或"二战"。然而更重要的是，伽达默尔从未像其同时代的学者如海德格尔一样加入过纳粹党。在战后1946年，美国将领强行推举伽达默尔为莱比锡大学的校长，因为他与纳粹党没有任何关系。

伽达默尔作为一位真正的哲学家，沉浸在思想和理念的世界中。伽达默尔有辉煌的职业经历，曾经与20世纪最伟大的哲学家一起工作，包括：保罗·瑙托尔普（Paul Natorp，其博士生导师）、尼古拉·哈特曼（Nicolai Hartmann），马丁·海德格尔（Martin Heidegger）、列奥·斯特劳斯（Leo Strauss）、卡尔·洛维特（Karl Löwith）、汉娜·阿伦特（Hannah Arendt）、艾德蒙德·胡塞尔（Edmund Husserl）、尤尔金·哈贝马斯（Jürgen Habermas）等。

首先，对话是伦理的、解释性的。伽达默尔认为，在最基本的层面，对话者需要允许偏见的出现，这样传播者才能够与之一起工作，并促进相互的理解和增长。伽达默尔进一步解释了其他对话学者所提出的立场和结构的重要性，以及坚持开放和改变的意愿：

> 要进行对话首先要求参与者不能就相反的目标来交谈。因此问题和回答的结构是非常必要的。谈话艺术的首要条件是确保其他人是和我们在一起的……进行一次交谈意味着允许个体被对话中的伙伴所意图的主题所引导。它要求个体不要总是试图压倒对方，而是真正考虑他人意见的重要性……辩证法并不在于试图发现已经表达的内容的弱点，而是要发现它的优势。对话不是辩论的艺术……而是思考的艺术。（1975）

对于伽达默尔而言，首先，对话是发现真相的一部分。对话和智力性活动并不是为了某种立场的胜利而进行的，更不是为了操纵他人的行为，或影响他人改变立场，而是为了真正理解他人，在共创的意义上，理解他人的观点。

其次，对话是自发的，在很多方式下，人们仅仅是对话的召集者而不是管理者，"真正的对话绝对不是试图引导他人的。而是说，我们进入交谈，或我们被卷入交谈更加准确"。

再次，"对话是达成理解的过程"。伽达默尔认为，在真正的交谈中，每个参与的团体都真正尝试接受他人的观点，也认同他人的观点完全和自己的观点一样有道理。那么对话就不会成为一个同样观点汇集的俱乐部，或者是与他人论辩或说服他人的工具。对话也不是一种消极的研究—收集工具，在这个过程中，他人的观点被分门别类，以备将来使用。对话是一个真正的、完整的过程。

这里还需要阐明的是，对话的研究者和实践者提出的概念和议题有很多共性。另一位心理学家莱恩，将对话视为培育心理健康过程中的一部分，是其职业实践中的工具。

（四）莱恩的自我和他者

理查德·大卫·莱恩（R. D. Laing, 1927—1989）是一位苏格兰的精神病学家和学者，他写了很多关于心理健康和疾病的有影响力的著作。然而，莱恩的一生可能最不像前文所描述的那些对话理论家。在他的个人生活中，莱恩沉溺于女色，而且滥用药物。四个女人给他生过十个孩子，他个人和家庭的生活与他的公共形象大相径庭。

对我们而言，莱恩早期的著作《自我和他者》（1961）提供了大量对对话和对话理论的评论。一个来自于对话理论家研究文献的中心理念是"对话的情境性"，人们从他们与世界的关系去解读世界。更重要的是，当人们不正确地对待别人时，事实上也会伤害自己。这个观点同样出现在家庭治疗专家乔治·贝思顿和乔海丽的著作中（参见 Watzlawick, Beavin & Jackson, 1967）。根据莱恩的观点，"我们不可能在不考虑一个人与他人关系的情况下去真实地理解一个人。即使我们仅理解一个人也不能忘记个人既影响他人也被他人影响"（1969）。

与对话的情境性概念相关的是身份和被他人承认的重要性。莱恩的研究提出了关于元传播的重要性和身份理解并不是一个易懂的问题。个人的身份通过与他人的互动而形成，正如组织身份形成于组织行为和我们对组织的体验中。对话传播者需要理解身份，这与交谈和对话紧密相关，也与他们如何与其他事物互动、如何对待其他事物相关。正如莱恩的解释：

> 一个人对于自我身份的认识不可能完全抽象于他对于他者身份的认识，还涉及他对自己身份的认识，他心中对他者身份的认识，他者对他的身份认识，他认为他者对他的身份认识，以及他认为的他们怎么想、怎么看他们自己的身份认识。

伦理的传播者并不会用机会主义的态度去对待别人，按照大多数专业的伦理学的要求，传播者有责任公平地和伦理地对待利益攸关者和公众。对话的互动给个人和组织提供了一个独特的机会来塑造组织的身份，帮助他人理解组织立场。

莱恩最终的对话观念是确认和不确认的观念。很多治疗师，特别是家庭治疗师，都在谈论确认和不确认的作用。确认与稳定的自我形象和自信相关，而不确认则与自我怀疑和缺乏自信相关，在极端情况下，甚至会导致精神分裂。讽刺的是，确认是社交媒体的核心（喜欢、点赞等），这个过程使社交媒体让人如此着迷。确认是一个有力的概念。正如莱恩所解释的：

> 确认和不确认的模式是迥异的。确认可以通过一个回应性的微笑（视觉）、一次握手（触觉）、同情的表达（听觉）来实现。如果不是针对一个

回应者，确认的过程与唤起行为相关，它与唤起行为一致，接受唤起者的意义。一个确认的反应是一个直接的回应……有些人可能比其他人更需要确认，有些形式的不确认行为对自我发展的破坏性可能比其他人都大。

作为一个专业的传播者，当我们选择运用对话理论，我们就有责任理解我们所做的事情的含义。真正的对话并不是可以被随意使用的工具，操纵性的、错误的对话是专业传播者应该避免的。

下一位理论家保罗·弗雷勒，将对话思维放到一个新的层面，他提出对话可以被用来训练那些社会中被压迫的群体，告诉他们如何过得更好，如何变得更成功。弗雷勒发展了对话，将其作为一个社会和个人成长的工具。

（五）保罗·弗雷勒，批判的教育学

保罗·弗雷勒（Paulo Freire，1921—1997），巴西教育家。他同情贫穷和被压迫的人，第一个主张将教育作为社会中的积极的颠覆性的力量（参见，Postman & Weingartner，1969），这一观点也被称作"批判教育学"——一种连接了批判理论和教育学的教育哲学。弗雷勒花费数年测试他的教育理论，教移民工人读写，教工人对话传播技能，从而给他们赋权，让他们在生活中得到更多。正如理查德·舒尔在《被压迫者的教育》（1970）一书的序言中写道：

事实上，那些学会了读写的人，对自我将有一个全新的认知，他们开始批判地看待所生活的社会情境，常常带头发起行动来促进那个曾经拒绝他们的社会开始转型，教育再次成了一种颠覆性的力量。

弗雷勒的观点非常有智慧，他对理论教学的关键概念进行了分类，将对话囊括其中，并展现了即使人群中最卑微的人、没有文化的穷人，也可以通过传播和对话提升生活质量。对弗雷勒而言，对话不是抽象的，而是极其实际的。

通过《被压迫者的教育》，弗雷勒触及了几乎所有的对话原则，对他人无条件的积极认知、信念、风险、信任等，并将这些原则作为他培训的一部分。但是，弗雷勒也知道社会中最贫困的人正越来越疏远于技术的社会。虽然这部著作成书于50多年前，但弗雷勒认为，技术（例如自动化、福特制）并没有让多数人生活变得更好（参见，Robins & Webster, 1988）。在一段精彩的论述中，弗雷勒解释了"我们vs他们"的心态是很多组织传播结构的一部分：

> 对话，作为人与人之间的邂逅，确立了学习和行为的基本任务。如果对话中的部分缺乏人性，对话就会失效。如果我总是对他人无知或从来不能感知我自己，我要如何去对话呢？如果我认为我自己是与其他人彼此分离的一部分，仅仅是人们认知的对象，我要如何去对话呢？如果我认为自己是一群纯粹的人中的一员，一群拥有知识和真理的人中的一员，是那些认为所有非我类者都是"这些人"或"肮脏的下等人"中的一员，我要如何去对话呢？如果我坚持世界是精英的，群众在历史中的出现是一种恶化的信号，是必须避免的状况，我要如何去对话呢？如果我保持封闭，甚至将他人的贡献视为冒犯，我要如何去对话呢？如果我担心被取代，担心那些让我痛苦和变弱的可能性，我要如何去对话呢？……人类缺乏人性（或者丢失了人性）就难以为人，更难以成为为世界命名的伙伴。

弗雷勒在这里只是从字面上阐述了对话的问题，组织常常不将自己视为"命名世界的伙伴"，而是认为他们不需要从彼此身上学习什么（参见Lane, 2014）。在弗雷勒的著作中，对话作为一个有力的平衡工具，也是感受和理解他人观点的有力工具。

下一个讨论的学者是米哈伊尔·巴赫金，他是一位俄罗斯学者、语言哲学家、伦理学家、文学批评家、符号学家。巴赫金的著作最近才被翻译成英文，所以他对对话的贡献还比较不为人所知。

（六）米哈伊尔·米哈耶洛夫齐·巴赫金：对话和生活

米哈伊尔·巴赫金（Mikhail Mikhailovich Bakhtin，1895—1975），出生于古老的贵族家庭，是一个银行家的儿子。巴赫金的学术生涯很平坦，然而，他在俄罗斯的生活并不轻松。信息是危险的商品，除了那一段被流放的日子，以及在斯大林统治俄罗斯时期作为一个知识分子的个人风险，巴赫金的早年生活并不广为人知。

作为语言哲学家和文学批评家，巴赫金的观点与伽达默尔有很多相似之处。他的观点"文本的意义只有通过与文本遭遇或对话，才能被理解"，是一个普遍的解释学和语言学的假设。但对公共关系的目标而言，我们对对话的兴趣聚焦于人类的互动。

巴赫金也认为我们所有的思想和情感，我们所思考、所说的每件事，都已经被发生在过去的交谈和互动（对话）所影响。因此，对话是理解我们自己和周围世界的过程的一部分。

巴赫金视对话为所有传播的一部分，对话是话语、思维、想象及与其他人关系的出发点。但对于巴赫金而言，更重要的是他把独白或单向传播视为威权政权统治被压迫者的工具（Morris, 1994）。独白是不伦理的、操纵性的、剥夺的，同时"真正的对话……是话语传播最简单和最经典的形式"（McGee, 1986）。巴赫金认为，对话是人类传播的自然状态，而不是大众传播和互联网传播的单向传播。

特别需要提出的是，当我们思考对话学者布伯和巴赫金的概念时，我们必须要记住他们的著作形成于电子媒介和互联网出现之前。我们不确定各类学者如何适应互联网时期的对话，然而，我们确定的是，对话，而不是独白，不是说服，被视为人类传播最伦理的形式，也最可能带来真正的理解。

下文探讨的尼尔·诺丁斯，是一位出生于美国的女性主义者、哲学家和教育者，也是我们要讨论的第一个真正意义上的现代对话学者。

（七）尼尔·诺丁斯：关心的对话

尼尔·诺丁斯（1929—），因教育哲学而闻名。她提出的关心的伦理，是一种让关怀产生意义的女性主义方法。诺丁斯最初被训练成一位数学家，她从新泽西州的蒙特克莱尔大学获得学士学位，在罗格斯大学获得数学硕士学位，在斯坦福大学获得教育博士学位。诺丁斯花费了17年在小学和初中教数学，然后在职业生涯的晚期成为一名哲学家。

虽然诺丁斯的著作因为过多强调对他人的关心，而没有适当强调关心自己而受到批评，但其对话思想很引人瞩目和有用。与其他人一样，诺丁斯将对话视为民间互动的工具，以达成一致意见或真相，而不是通过争论或战争来赢得对手。正如诺丁斯在她的《关心：伦理和道德教育的女性方法》一书中的观点："这里做出的特别建议是……表现的方法、思维的模式和教育的情感，它们是发起对话的引导，而不是战争的导火线"（1984）。

诺丁斯的重要贡献是对组织和公众的相关性的认知。组织对他们的利益攸关者和公众负有责任。按照诺丁斯的界定，关怀者和被关怀者（她对对话概念的解释类似于布伯的我和你），存在主义文献的大部分读者认为这类命名是令人生厌的。人们可能可能会由此想到萨特的"自在"和"存在"概念、海德格尔的"在世"概念以及布伯的"我—你"和"我—他"两对概念。当然，诺丁斯提出的组织对利益攸关者和公众的责任，与企业社会责任有类似之处（参见Kent & Taylor, 2016），或者类似于赫尔德（1987）反对契约社会的隐喻。正如诺丁斯解释的，"这是一个伦理的理念，自我作为关怀者的真实状况，引导我们道德地与他人相处"。

诺丁斯在她的文本和观点中也提出男人和女人是不一样的，看待世界的方式不一样，对刺激的回应不一样，关心的伦理是必须考虑差异。正如诺丁斯在讨论性别差异时的概括：

> 父亲可能牺牲自己的孩子来满足这些原则；母亲可能会牺牲任何原则来保护自己的孩子，这种被认为是总结性和概念性的立场有点过于简单了，但被认为是预示性的和非结构性的，它低估了现有的对传统伦理立场定位的差异。

她的另一个重要研究贡献是她关注规则的结果。为伦理对话建立"原则"是下文要讨论的对话学者的普遍主题，按照诺丁斯的界定，他们都围绕着创造一个对彼此公平的系统，不那么强权，有关怀。但是一般来说，在制定规则或做出重大决策的时候，个体往往并不会去全面思考他们的行为可能带来的结果。按照对话的思路，人们在做出那些可能带来可怕后果的决策的时候，也不会去咨询别人的意见（参见Noddings, 1984）。组织应该与利益攸关者和公众合作，而不是将他们视为达成组织目标的障碍，或待剥削的资源。

最后要讨论的学者是班纳特·皮尔斯，皮尔斯是对话的公民社会学者，他将对话视为让世界变得更好的途径。

（八）班纳特·皮尔斯：应用的对话和社区关系

班纳特·皮尔斯（Barnett Pearce, 1939—2011）因其对"意义协调管理（CMM）"理论的研究而闻名。这一理论假设意义是被人们创造、协调、管理的，意义是日常与他人互动的一部分。CMM不是一个单一的工具，而是一系列帮助人们理解与他人交流的原则。CMM很有名，在很多地方被广泛引述，所以这篇文章不会被遗忘。但是皮尔斯真正重要的贡献，是她选择了对话的分析框架，证明了对话可以被任何人所掌握和应用，同样对意义的产生、决策、构建参与者之间的合作都很有用。

皮尔斯创造了所谓的库比蒂诺项目。她解释道：

> 1996年，在加州，库比蒂诺的城市管理者接触了主域控制器，提出了一个协作计划以识别在社群中最重要的议题，将之吸收到更有效率的传播形式中（Pearce & Pearce, 2000a）。

皮尔斯等（200b）提出了"对话的精湛技巧"概念，作为解释这个项目终极目标的方式：

> 指导我们工作的前提可以被表述如下：（1）对话是一种有特定"规则"的传播形式，与其他形式不同。（2）这些规则的影响是传播模式使得人们这样交谈，因此其他人才能够也愿意倾听，也因为倾听其他人才能够也愿意交谈。（3）参与这样形式的传播需要一系列的能力，其中最重要的是在坚持自己的观点与对那些不喜欢你的人保持开放的张力之间行走，并让别人也这么做。（4）这些能力都是可学可教的，同时也是有感染力的。（5）能力至少有三个层次，包含了响应他人进行对话邀请的能力，继续邀请其他人参与对话的能力，建构适宜于对话发生语境的能力。（6）有技巧的促进者能够建构促使对话发生的环境，这样参与者能够用某种方式进行对话，而离开了这个促进者，他们可能不参与对话。

对话推进者的理念在很多对话理论家（包括罗杰斯、弗雷勒、莱恩、诺丁斯）的思想中都有。皮尔斯概括的内容与以上讨论过的观点是一致的，其中皮尔斯提出了很多理论原则，都被一系列描述对话过程的学者探讨过。

（九）小结

以上学者的观点有一个很鲜明的特征，即对话不是一种抽象的东西，虽然很多对话理论家都是哲学家和知识分子，但对话已经被广泛地运用于教育、政治、公民社会语境以及其他地方。对话是卓越现实的工具。那种认为对话非常难、不实际，或者甚至是不伦理的观点（参见Burbules, 2000; Stoker, & Tusinski, 2006），可能是因为对对话的实质并不了解，也可能是不愿意了解如何去运用它。

下一节回顾一些研究对话的公关学者的观点。因为近几十年来对话研究的文献非常多，这一节只回顾一些在这个领域影响力非常大的文献。

四、公共关系视角下的对话

正如本章引言中所讨论的，公共关系中的对话很大程度上是一种对公共关系的管理理论的响应，这一理论将传播视为一种战略的传播工具，被设计出来向利益攸关者和公众传播，它将公众视为工具性地达成组织目的的方法。按照公共关系领域中学者对对话的研究，人们强调对话是一种更加伦理的、不同的公共关系实践，这种实践强调关系和公民社会的建构，也就是西斯所描述的所谓完全功能社会（Heath, 2013, p. 368）。

（一）罗恩·皮尔森

过去十年，对话理论被公关学者广泛讨论。罗恩·皮尔森（Ron Pearson, 1989a, 1989b）的突出贡献在于他将这一理论带到了公关领域中。不幸的是，皮尔森的生命在他没为对话理论做更多研究时就因为癌症戛然而止，但是他所发表的有限的研究仍然促进了这个学科的转型。

罗恩·皮尔森首先在他俄亥俄大学的博士论文中（1989a）探讨了对话的可能性。他的论文非常优秀，回顾了与对话相关的大量文献，从伦理学到哲学，其中一些非常抽象，皮尔森找到了一种处理方式，提出公关组织和专业人员可以采纳一些引导整个系统的原则。对于皮尔森而言，一个职业的传播者应该遵循的原则，是要对利益攸关者、公众、雇员赋权，呼吁组织传播者真正理解对话理论及其可能性和限制。

在对话的互动中，皮尔森提出了几个原则（1989a，也参见 Taylor & Kent, 2014a）：

（1）对支配开始、维系、终结互动的规则应该有所理解和认同。

（2）对那些因时间差而不能同步的讯息，不能同步的问和答，我们对于其中的规则必须有共同的理解和共识。

（3）对支配了提出、改变话题的机会的规则应该有公共的理解和认同。

（4）对支配了什么时候回应才能算是回应的规则有公共的理解和认同。

（5）对传播渠道的选择的规则应该有公共的理解和认同。

（6）对谈论和改变规则的原则应该有公共的理解和认同。

皮尔森观点中很清晰的一点是，他认为诸如风险和信任这些对话的原则，在对话参与者不信任组织的前提下不可能实现。然而，皮尔森没有指出来的是，有了这一系列原则并不等于实现了对话。皮尔森所描述的东西可能非常接近于肯特和泰勒（1998）提出的"对话的潜力"这一概念。

皮尔森对哈贝马斯、康德、布伯、塞尔和其他学者的成熟的分析证实了他关于对话是一个复杂过程的理解。正如皮尔森在阐述哈贝马斯和交互行为论时所说的：

> 这些话语行为，包含了揭示、公开、坦白等，表达话语行为揭示了说话人的感受。这些话语行为对真相和真实感受做出了一个含蓄的表达，因此这使得说话者必须通过后续行为，表明他们的行为符合他们所表达的意图，从而证明自己是可信赖的。（1989a）

皮尔森理解了对话理论的复杂性，试图为对话的实践带来一个可用的模式。

虽然皮尔森的工作为公关业界和学术研究作出了重要贡献，但他的离世使得这一理论没能得到进一步发展。幸运的是，其他学者在皮尔森的洞见基础上接过了他的工作。接下来公关学界的主要学者，是迈克·肯特和莫林·泰勒。他们研究这一理论20多年，围绕对话理论做了很多实质性的研究。

（二）迈克·肯特和莫林·泰勒

在皮尔森之后，肯特（Michael L. Kent）和泰勒（Maureen Taylor）是公关对话理论的领军人物，他们提出了公共关系对话理论（Kent & Taylor, 2002），也进行了对话的经验研究（参见，Kent, Taylor, & White, 2003; Taylor & Kent, 2004; Taylor, Kent, & White, 2001）。如前文所述，肯特和泰勒（2002）提出对话有五个特征：风险、相互性、接近性、移情和承诺，这个过程与对话理论文献中的精华部分重合：信任、积极认知、对公众的伦理趋向等。

肯特和泰勒对对话的独特贡献包括确定通过网站、社交媒体和数字技术的数字化对话的努力。肯特和泰勒（1998）的文章《通过互联网构建对话关系》聚焦于对话的潜力和如何创建网络框架使组织能够与利益攸关者和公众进行对话。

之后包括肯特和泰勒在内的学者探讨了博客（Kent, 2008）、社交媒体（Kent,

2013; Kent & Taylor, 2016; Yang & Kent, 2014)、行动主义（Sommerfeldt, Kent, & Taylor, 2012）和其他领域。肯特和泰勒对对话的研究上千次地被引用，是公关对话理论中被引用最多的文献。确实，对话五原则已经被各类研究者所应用——从博物馆（Capriotti & Kuklinski, 2012）、制药公司（Rennie & Mackey, 2002）到教育机构（McAllister & Taylor, 2007）和行动主义（Reber & Kim, 2006）。

肯特和泰勒构建了对话理论，检验了对话的实践。确实，对话公共关系理论构建是最需要研究的领域。另一位也研究了公共关系对话理论的学者是下文将要讨论的佩特拉·托尼森。

（三）佩特拉·托尼森

构建理论的目的是为了拓展、精练、阐明理论和实践。换句话说，理论是研究的基础，对理论的理解能够带来实践理解的提升。更重要的是，在理论构建的早期阶段，也就是库恩所谓的科学革命，随着学者的研究，知识快速地推进，库恩认为除非他们探究的内容缺乏独创性，才会使得学者无所斩获。然而，如果理论要持续地解决和解释学科的重要问题，学者需要强大和有用的理论来推进研究。佩特拉·托尼森（Petra Theunissen）对之作出了贡献。

例如，托尼森和万诺丁（2012）在一篇论述充分的理论文章中，认为对话被不正确地等同于双向对称传播，我们需要对它的或然性进行稳健性检验。最近，托尼森（2015）提出将对话与量子理论连接起来，认为对话和说服是紧密连接的概念。

在最近的一篇探讨对话理论及其首要原则的文章中，肯特和托尼森提出了一个对话的隐喻性批判，运用了印度的湿婆作为比喻。肯特和托尼森认为学者需要支持对话的复杂性，考虑对话需要提供什么，而不是尝试将对话简化为一些简单的概念：

> 对话是一个复杂的概念，这是一个好事。对于很多传播理论而言，包括议程设置、创新扩散、话语在内，这些理论都通过一些入门的教材或互联网被简要地陈述，人们常常认为对理论一知半解就可以运用理论……相对而言，对话是一个有力而复杂的工具，它可以用来构建关系，增进理解。为了有效地运用对话理论，我们需要超越既有的双向传播渠道和反馈。

最后，在本节值得一提的是，有些学者保持了对话的活跃，通过理论构建的过程加强了修辞的、对话的关系。

（四）卡尔·波顿

卡尔·波顿（Carl Botan）可能是第一位提出要将对话的方法运用到战略管理中的学者。在1997年《商业传播管理》杂志的文章《战略运动的伦理：公共关系新方法的案例》中，波顿认为：

> 独白和对话运动越来越明显的区别解释了为什么当前处于支配地位的公共关系的独白的方法已经被从业人员和学者认为具有伦理的危险性……对话方法在伦理上更合适……具有伦理和实践的益处。

波顿的论文也指出：

新信息技术展现了选择对话和独白方法的越来越多的可能性……认为对话模型相对于独白方法而言是更加伦理的、好的替代方法。

虽然波顿不是第一位对话学者，但他认识到对话理论的重要性，在他的《公关理论》（Botan & Hazleton, 1989, 2006）一书中，发表了数篇关于对话理论的文章。因为波顿的工作，一些学者开始写对话理论的文章并逐步在这一领域中产生影响。最后一位探讨的学者是罗伯特·西斯。

（五）罗伯特·西斯

罗伯特·西斯（Robert Heath），是一位受过修辞训练的公关学者，也是公关领域中最有影响力的学者。西斯是《公关手册》（2001, 2010）、《公关百科全书》（2005, 2013b）的主编，还出版了其他一些有影响力的书籍和文集。

西斯也探讨过其职业生涯中公共关系的对话潜力（1997, 2000, 2006）。如西斯在十多年前指出的：

> 为了探讨这些议题……首先，引导实践的伦理原则持续被修辞的对话所改进……其次，因为修辞的对话，公共关系给社会增加了价值。通过对话，利益团体（公司、行动者、政府）塑造了商业和公共政策的标准，这可以创造双赢的关系，增加整个社群的社会资本。他们因此验证了事实、价值、政

策、身份以及修辞,这使得他们能够更理性地消费,也能带来更多好的公共政策。

虽然西斯从来没有进行过对话的研究,或者特别聚焦于对话理论,但他对对话和修辞原则的支持已经成为其学术生涯中的永恒,帮助推动了对话理论中的思想。

本章的下一节将探讨目前公关的研究趋势。这里要阐明的是,本章的前提是对话在成为公共关系领域中有效的和可被接受的理论之路上仍有很长的路要走。

五、目前的研究和趋势

对话可能已经确立了自己作为公共关系理论的地位,对有些人而言,对话已经被视为广为接受的公共关系理论,正如这三位学者加西亚、瑞卡德、卡马乔的观点:

> 对话的概念已经成为了公共关系研究中的主流……在过去的30年里,与利益群体——利益攸关者的对话和承诺,已经成为了商业领域中的关键研究和专业议题。

作为一个对话理论家,我很高兴看到这样的论断。然而,这样的论断是不是真正成为了有用的研究还需要检验。

一篇对《公关评论》杂志上过去两年(2015—2016)的回顾文章指出,有75篇文章提到了对话。其中仅有三分之一从实质上运用了对话理论(例如引述对话研究、检验对话理论等),仅有10篇检验了对话原则,或构建了对话理论。然而,75篇文章是一个比较大的量,代表了这个领域中很大的一个部分。当然,正如杜赫(Duhé,2015)在她的《从1981—2014年公关杂志的新媒体研究概述》中所说,在公共关系领域,过去16年基于理论的论文中有11%的文章是关于对话理论的,这是个非常大的比例,是公关研究中最大的领域,因为危机研究只有9%。

根据目前的研究趋势,大量理论的和批判的对话研究正在进行。然而,探讨实际对话的研究已经变得不那么多了,仅有少数的研究是探讨对话实践的。比如,在《欧洲传播工作人员的在线实践和数字媒体的感知分析》一文中(Moreno, Navarro, Tench & Zerfass, 2015),研究者发现从业者运用对话,或更准确地说,是他们印象中的对话，其实只是在一个相当低的层面的对话（更准确地说是交谈），但是他们从来没有实际地提出任何基于对话原则的对话研究或实践的知识。

澳大利亚学者兰（2014）检验了澳大利亚公关从业人员心目中的对话理念（2014）。在这个扩展性研究中，兰确认了被传播从业人员所认同的关于对话尝试的议题，特别是那些由政府推动、以发动公众和利益攸关者的议题。但是，兰的研究对象从来没有受过任何对话理论的训练，也没有任何参与实际对话的个人经验。

在另一个研究中，学者（Paquette, Sommerfeldt & Kent，2015）通过探讨USAID赞助的玻利维亚国际发展项目，比较了对话理论与道义论。但是，这篇文章首先是批判的和比较的，而且没有包含任何关于如何进行对话的建议，也没有涉及专业传播者如何在现实世界中使用对话原则。

有些研究事实上认为对话远远不止是交谈，这些研究在尝试构建理论而不仅仅是去探讨对话的案例，这类研究中以下几个比较突出。兰和肯特已经在即将出版的《参与手册》中的文章《参与对话和对话作为参与》中研究了参与和对话理论的原则。类似的，肯特和托尼森认为公关学者要重新评价基本对话的原则。

在一项研究中（Avidar, Ariel, Malka, & Levy，2015），作者通过分析"智能电话、公众和组织—公众关系"来探讨组织和公众之间约定的层次。此外，约定和对话的概念近来被很多学者所探讨（Lane & Kent, in press; Taylor & Kent, 2014a），艾维达等人的文章也探讨了类似问题，但是他们从来没有真正探讨行业人员、利益攸关者或公众在现实中是如何进行真正的对话的。

最后要说的研究是，黄和杨（2015）给IPR、PRSA、IABC成员进行的一个调查——"探讨组织发动公众进入对话中的障碍"。黄和杨总结道："这个研究关键的收获是一个支持对话的组织，它需要接受一定层次的风险。对话是一个可以带来不可预测结果的传播战略。"

在过去几年还有一些很优秀的基于对话的文章，然而，其中变得很清晰的一点是早期将推特和脸书作为对话例子的研究将逐渐式微，其实很明显，它们在任何情形下都不是对话。如前文所建议的，社交媒体已经被证实并不是好的对话工具，尽管学者在过去十年认为它有很大的潜力和野心。但是如上文所论述的，社交媒体之所以被证明为不是一个好的对话工具的原因在于，我们对于社交媒体潜力的反思还不够多，这些研究常常把那些并非对话的传播实践视为是基于对话原则的。社交媒体和"真正的对话"是一个有待进一步探讨的领域。

六、对话研究的方法

学术研究不存在唯一正确的途径。学术研究的实践非常宽泛，吸收了批判的、历史的、社会科学的和实验的方法。然而，根据一个特定的理论进行科学的或学术的审视，有些原则还需要被加进去，研究支持从一系列特定的假设开始，例如对话，应当保持对这些假设的真诚，否则采用理论的人除了得到一点象征意义之外，什么也得不到。

因此，对检验通过社交媒体的"对话"感兴趣的学者需要实际地审视对话。客户服务人员键入信息在脸书和推特上进行信息交流，其中有一些诸如关于餐馆的不愉快经历，或难以预约航班的匿名客户投诉，以及组织的代表对一些有用评论的回复，凡此种种，基于本文所谈到的任何一位学者的理论都不能被认为是对话。类似的，对话研究的实验方法，涉及阅读他人发布的信息，或按照安排写一些回复，但这些与在互联网上的他们并没有什么实际的关系，这些并不是在进行对话，或者回应他人的对话。

那么，这些给专业的传播者和学者留下了什么？如果对话仅仅能够存在于那些彼此怀着善意的，并有着共同的坐标和关系氛围的个人或小群体的人们之间，那么我们需要从这里开始。学者需要发现一个方式来研究真正的对话，而不是名义上的对话。我们最好不要去做那些关于推特的内容分析，构建一些学生、专业人士、学者或者所有这三类人员的对话实验群体才是更好的选择。很多学校都有PRSSA或LPH俱乐部，在其中学生和专业人士能进行互动。创造民族志的，或其他的实验研究环境，其中对话原则可以被真实地使用，将是研究对话的最终的方式。学生参与者可以学到一些推进型的技巧，一些对他们成为专业人士有价值的东西，专家和学者可以构建彼此之间更强的关系；专业人士可能会意识到对话方法对利益攸关者和公众的价值。

更进一步，技术在很多方面给对话提供了陈旧的工具。学生、研究人员和专业人士常常需要彼此虚拟地交流，因为能使参与者更加方便地、更少承诺地做更多的事情。构建遵循对话原则的在线对话渠道的实验，似乎是一个很明显的研究选择。类似于什么是"新对话"的问题，在交谈过程中没有蜂窝电话似乎是最明显的特征，但还需要其他吗？

现在有很多研究哲学和伦理原则的对话文献，但是我们的研究应用还非常少。更多的关于如何制定对话和运用对话的教学研究是必需的。很多学者和专业人士并不应用对话，因为关于如何使用的原则还没有被广泛地理解。将对话学者聚集起来，在会议、寓所、专业场所来解决这类议题，将会是推进真正关注对话而不是双向信息交互的对话公关理论的最好方式。

七、结论

对话理论可能是近20年来进入公关领域的最主要的理论。与对话相关的修辞原则、公民社会、参与以及其他概念已经被普遍引用。本章回顾了对话研究中的核心，也探讨了公关对话研究。在这里我们不可能回顾全部公关领域中的对话学者，这样的元分析方法也并不适合本章。学者目前可以通过互联网，诸如Academia.edu, ResearchGate.net, Google Scholar（Scholar.Goolge.com），接触到不计其数的信息，也可以通过电子邮件、LinkedIn和其他工具直接与作者联系。学术研究工具可以将数以千计的文章发送给任何学生、学者或对对话感兴趣的专业人士手中，这一点并不难做到。

希望这一章对引导那些寻求对话理念的年轻学者和专业人士有用，能够给他们一个框架进一步谈论作为公关活动的对话。从文化的视角来看，很少有关于对话的研究。不同国家的学者研究了对话的实践，诸如在较早的时期，研究澳大利亚对话的学者兰（2014），以及贾（1999）写了关于中国的对话交互的文章。然而，对中国的对话研究的跨国性告诉我们，很多对话的假设是被普遍接受的。这是一个在将来的研究中需要进一步探讨的话题，但是我们希望那些不熟悉对话的读者也能考虑研究和推动对话理论的可能性。

参考文献

1. ANDERSON R, CISSNA K N, ARNETT R C. The reach of dialogue: confirmation, voice, and community [M]. Cresskill, NJ: Hampton Press, 1994.

2. AVIDAR R, ARIEL Y. MALKA V, LEVY E C. Smartphones, publics, and OPR: Do publics want to engage? [J] Public Relations Review, 2015, 41(2): 214–221.

3. BAKHTIN M M. The dialogic imagination: four essays [M]. Austin TX: University of Austin Press, 1971/1975.

4. BOHM D. On dialogue [M]. New York, NY: Routledge Classics, 2010.

5. BOTAN C H. Ethics in strategic communication campaigns: the case for a new

approach to public relations [J]. Journal of Business Communication, 1997, 34(2): 188-202.

6. BOTAN C H. International public relations critique and reformulation [J]. Public Relations Review, 1992, 18(2): 149-159.

7. BOTAN C H, HAZLETON V. Public relations theory [M]. Hillsdale, NJ: Lawrence Erlbaum Associates, 1989.

8. BOTAN C H, HAZLETON V. Public relations theory II [M]. Hillsdale, NJ: Lawrence Erlbaum Associates, 2006.

9. BUBER M. I and thou [M]. W. Kaufmann (Trans.) New York, NY: Charles Scribner's Sons, 1970.

10. BURBULES N C. Dialogue in teaching: theory and practice (Advances in Contemporary Educational Thought Series) [M]. New York: Teachers College Press, 1993.

11. BURBULES N C. The limits of dialogue as a critical pedagogy [M]// TRIFONAS P P. Revolutionary pedagogies: cultural politics, instituting education, and the discourse of theory. New York: Routledge, 2000.

12. CAPRIOTTI P, KUKLINSKI H P. Assessing dialogic communication through the Internet in Spanish museums [J]. Public Relations Review, 2012, 38(4): 619-626.

13. DOERFEL M L, TAYLOR M. Network dynamics of interorganizational cooperation: the Croatian civil society movement [J]. Communication Monographs, 2004, 71(4): 373-394.

14. DUHÉ S. An overview of new media research in public relations journals from 1981 to 2014 [J]. Public Relations Review, 2015, 41(2): 153-169.

15. FREIRE P. Pedagogy of the oppressed [M]. New York: Continuum Publishing Company, 1970.

16. GADAMER H-G. Truth and method [M]. New York: Crossroad Publishing, 1991.

17. GRUNIG J E, HUNT T. Managing public relations [M]. New York: Holt, Rinehart, and Winston, 1984.

18. GURIN P, NAGDA B R A, ZÚÑIGA X. Dialogue across difference: practice, theory, and research on intergroup dialogue [M]. New York, NY: Russell Sage Foundation, 2013.

19. GUTIÉRREZ-GARCÍA E, RECALDE M, PI˜NERA-CAMACHO A.

Reinventing the wheel? a comparative overview of the concept of dialogue [J]. Public Relations Review, 2015, 41(5): 744-753.

20. HABERMAS J. The theory of communicative action, vol. 1: reason and the rationalization of society [M]. Boston: Beacon Hill Press, 1984.

21. HEATH R L. Strategic issue management: organizations and public policy challenges [M]. Thousand Oaks, CA: Sage, 1997.

22. HEATH R L A. Rhetorical perspective on the values of public relations: crossroads and pathways toward concurrence [J]. Journal of Public Relations Research, 2000, 12(1): 69-91.

23. HEATH R L. Handbook of public relations [M]. Thousand Oaks, CA: Sage, 2001.

24. HEATH R L. Encyclopedia of public relations [M]. Thousand Oaks, CA: Sage, 2005.

25. HEATH R L. Onward into more fog: thoughts on public relations' research directions [J]. Journal of Public Relations Research, 2006, 18(2): 93-114.

26. HEATH R L. Handbook of public relations (Second edition) [M]. Thousand Oaks, CA: Sage, 2010.

27. HEATH R L. Fully functioning society theory [M] // Encyclopedia of Public Relations. Los Angeles: Sage Publications Ltd, 2013a.

28. HEATH R L. Encyclopedia of public relations (Second Edition) [M]. Thousand Oaks, CA: Sage, 2013b.

29. HELD V. Non-contractual society: a feminist view [J]. Canadian Journal of Philosophy, 1987, 13: 111-137.

30. HUANG J, YANG A. Implementing dialogic communication: a survey of IPR, PRSA, and IABC members [J]. Public Relations Review, 2015, 41(3): 376-377.

31. JIA W. From kaihui to duihua: The transformation of Chinese civic discourse [M] // KLUVER R, POWERS J H. Civic discourse, civil society, and Chinese communities, 1999: 67-75.

32. JOHANNESEN R L. Ethics in human communication (3rd ed.) [M]. Prospect Heights, IL: Waveland, 1990.

33. JOHNSTON K A. Public relations and engagement: the oretical imperatives of a multidimensional concept [J]. Journal of Public Relations Research, 2014, 26(5): 381-383.

34. JONES A. The limits of cross-cultural dialogue: pedagogy, desire, and absolution in the classroom [J]. Educational theory, 1999, 49(3): 299-316.

35. KENT M L. Managerial rhetoric and the metaphor of the World Wide Web [J]. Critical studies in media communication, 2001, 18(3): 359-375.

36. KENT M L. Critical analysis of Blogging in public relations [J]. Public Relations Review, 2008, 34(1): 32-40.

37. KENT M L. What is a public relations "crisis?" refocusing crisis research [M] // COOMBS W T, HOLLADAY S J. Handbook of crisis communication. Oxford, England: Wiley/Blackwell, 2010: 705-712.

38. KENT M L. Using social media dialogically: public relations role in reviving democracy [J]. Public Relations Review, 2013, 39(3): 337-345.

39. KENT M L, SOMMERFELDT E J, SAFFER A J. Social networks, power, and public relations: tertius Iungens as a cocreational approach to studying relationship networks [J]. Public Relation Review, 2016, 42(1): 91-100.

40. KENT M L, TAYLOR M. Building dialogic relationships through the World Wide Web [J]. Public Relations Review, 1998, 24(3): 321-334.

41. KENT M L, TAYLOR M. Toward a dialogic theory of public relations [J]. Public Relations Review, 2002, 28: 21-37.

42. KENT M L, TAYLOR M. From homo economicus to homo dialogicus: Rethinking social media use in CSR communication [J]. Public Relation Review, 2016, 42(1): 60-67.

43. KENT M L, TAYLOR M, WHITE W. The relationship between Web site design and organizational responsiveness to stakeholders [J]. Public Relations Review, 2003, 29(1): 63-77.

44. KENT M L, THEUNISSEN P. Elegy for dialogue: Shiva the Destroyer and reclaiming our first principles [J]. International Journal of Communication.

45. KUHN T. The structure of scientific revolutions [M]. Chicago: University of

Chicago Press, 1970.

46. LAING R D. Self and others [M]. New York: Pantheon Books, 1961.

47. LANE A, KENT M L. Engagement as dialogue, dialogue as engagement [M] // JOHNSTON K, TAYLOR M. Handbook of Engagement. Oxford England: Wiley Blackwell.

48. LANE A. Pragmatic two-way communication: a practitioner perspective on dialogue in public relations (unpublished doctoral dissertation) [D]. School of Advertising, Marketing, and Public Relations, Queensland University of Technology Business School, Queensland University of Technology, Australia, 2014.

49. LASCH C. The culture of narcissism: American life in an age of diminishing expectations [M]. New York: W. W. Norton and Co, 1979.

50. LONG L W, HAZLETON V. Public relations: a theoretical response [J]. Public Relations Review, 1987, 13(2): 3-13.

51. MCALLISTER S M, TAYLOR M. Community college Web Sites as tools for fostering dialogue [J]. Public Relations Review, 2007, 33(2): 230-232.

52. MCALLISTER-SPOONER S M. Fulfilling the dialogic promise: a ten-year reflective survey on dialogic Internet principles [J]. Public Relations Review, 2009, 35(3): 320-322.

53. MCGEE V W. Speech genres and other late essays: M. M. Bakhtin [M]. Austin Texas: University of Texas Press, 1986.

54. MORENO A, NAVARRO C, TENCH R, ZERFASS A. Does social media usage matter? an analysis of online practices and digital media perceptions of communication practitioners in Europe [J]. Public Relations Review, 2015, 41(2): 242-253.

55. MORRIS P. The Bakhtin reader: Selected writings of Bakhtin, Medvedev, and Voloshinov [M]. London: Oxford University Press, 1994.

56. MULLER J T, MILES J R. Intergroup dialogue in undergraduate multicultural psychology education: group climate development and outcomes [J]. Journal of Diversity in Higher Education. Advance online publication, 2016.

57. NODDINGS N. Caring: a feminine approach to ethics and moral education [M]. Berkeley, CA: University of California Press, 1984.

58. PAQUETTE M, SOMMERFELDT E J, KENT M L. Do the Ends Justify the Means? Dialogue, development communication, and deontological ethics [J]. Public Relations Review, 2015, 41(1): 30-39.

59. PEARCE B, PEARCE K. Extending the theory of the Coordinated Management of Meaning (CMM) through a community dialogue process [J]. Communication Theory, 2000, 10(4): 405-423.

60. PEARCE B, PEARCE K. Combining passions and abilities: toward dialogic virtuosity [J]. Southern Journal of Communication, 2000b(65): 161-175.

61. PEARSON R. A theory of public relations ethics. Unpublished Doctoral dissertation [D]. Ohio University, Athens, 1989a.

62. PEARSON R. Business ethics as communication ethics: Public relations practice and the idea of dialogue [M] // Public relations theory (pp. 111-131). Hillsdale, NJ: Lawrence Erlbaum Associates, 1989b.

63. PHILLIPS L, NAPAN K. What's in the "co?" Tending the tensions in co-creative inquiry in social work education [J]. International Journal of Qualitative Studies in Education, 2016, 29(6): 827-844.

64. POSTMAN N, WEINGARTNER C. Teaching as a subversive activity [M]. New York, N.Y.: Dell Publishing, 1969.

65. RAINIE L, SMITH A. Social networking sites and politics [EB/OL]. Washington, DC: Pew Research Center's Internet & American Life Project. http://pewinternet.org/Reports/2012/Social-networking-and-politics.aspx.

66. REBER B H, KIM J K. How Activist groups use websites in media relations: evaluating online press rooms [J]. Journal of Public Relations Research, 2006, 18(4): 313-333.

67. RENNIE C, MACKEY S. Pharmaceutical companies' public relations and representation by Internet [C]. Competitive paper of the ANZCA Conference, Communication Reconstructured for the 21st Century, Coulangatta, Australia, 2002.

68. ROBINS K, WEBSTER F. Cybernetic capitalism: Information, technology, everyday life [M] // MOSCO V, WASKO J. The political economy of information. Madison, Wisconsin: The University of Wisconsin Press, 1988: 44-75.

69. ROGERS C R. The necessary and sufficient conditions of therapeutic personality change [J]. Journal of Consulting and Clinical Psychology, 1992, 60(6): 827–832.

70. SENNETT R. The fall of public man [M]. New York: W. W. Norton and Co, 1992.

71. SOMMERFELDT E J, KENT M L. Civil society, networks, and relationship management: beyond the organization–public dyad [J]. International Journal of Strategic Communication, 2015(9): 235–252.

72. SOMMERFELDT E J, KENT M L, TAYLOR M. Activist practitioner perspectives of website public relations: why aren't activist websites fulfilling the dialogic promise?[J]. Public Relations Review, 2012, 38(2): 303–312.

73. SOMMERFELDT E J, TAYLOR M. A social capital approach to improving public relations' efficacy: diagnosing internal constraints on external communication [J]. Public Relations Review, 2011, 37(3): 197–206.

74. SPINNEY L. All about me. The curse of generation Y [N]. New Scientist, 2012(2862): 44–47.

75. STEWART J. Foundations of dialogic communication [J]. Quarterly Journal of Speech, 1978, 64(2): 183–201.

76. STOKER K L, TUSINSKI K A. Reconsidering public relations' infatuation with dialogue: why engagement and reconciliation can be more ethical than symmetry and reciprocity [J]. Journal of Mass Media Ethics, 2006, 21(2–3): 156–176.

77. TAYLOR M. Media relations in Bosnia: a role for public relations in building civil society [J]. Public Relations Review, 2000, 26(1): 1–14.

78. TAYLOR M. Chapter 1: Public relations in the enactment of civil society [M] // HEATH R L. Handbook of Public Relations: 2nd ed. Thousand Oaks, CA: Sage, 2010: 5–16.

79. TAYLOR M. Building social capital through rhetoric and public relations [J]. Management Communication Quarterly, 2011, 25(3): 436–454.

80. TAYLOR M. Corporate social responsibility campaigns: what do they tell us about organization–public relationships? [M] // RICE R E, ATKIN C K. Public communication campaigns: 4th ed. Los Angeles: Sage, 2013: 259–272.

81. TAYLOR M, DOERFEL M L. Building interorganizational relationships that

build nations [J]. Human Communication Research, 2003, 29(2): 153-181.

82. TAYLOR M, KENT M L. Congressional Web sites and their potential for pub-lic dialogue [J]. Atlantic Journal of Communication, 2004, 12(2): 59-76.

83. TAYLOR M, KENT M L. Dialogic Engagement as a Foundational Concept in the Practice of Public Relations [J]. Journal of Public Relations Research, 2014a, 26(5): 384-398.

84. TAYLOR M, KENT M L. The value of social media for pushing activist organizations social agendas: Implications for public relations theory and practice [J]. Quarterly Review of Business Disciplines, 2014b, 1(1): 76-87.

85. TAYLOR M, KENT M, WHITE W. How activist organizations are using the Internet to build relationships [J]. Public Relations Review, 2001, 27(3): 263-284.

86. THEUNISSEN P. The quantum entanglement of dialogue and persuasion in social media: introducing the per-di principle [J]. Atlantic Journal of Communication, 2015, 23(1): 5-18.

87. THEUNISSEN P, WAN N W. Revisiting the concept "dialogue" in public relations [J]. Public Relations Review, 2012, 38(1): 5-13.

88. TOLEDANO M. Dialogue with the enemy: lessons for public relations on dialogue facilitation drawn from the Israeli-Palestinian conflict [M] // Public relations in deeply divided societies: International perspectives. London: Routledge.

89. WATZLAWICK P, BEAVIN J H, JACKSON D D. Pragmatics of human communication: a study of interactional patterns, pathologies, and paradoxes [M]. New York, NY: W.W. Norton, 1967.

90. YANG A, KENT M L. Social media and organizational visibility: a sample of Fortune 500 corporations [J]. Public Relation Review, 2014, 40(3): 562-564.

〔迈克·肯特（Michael Kent），美国田纳西大学博士、教授；

张凌（译），湖南农业大学讲师〕

第十一章　关系管理理论

> 公共关系的意思是企业与公众之间的实实在在的关系，这个关系中不仅只有对话，企业需要通过正当的行为来发展关系。
>
> ——Ivy Lee

一、引言

人们定义和实践公共关系的方式发生了重大改变，而关系管理的概念是这一变化的基础。传统的公共关系定义被"公共关系是一个组织和利益攸关者之间的关系管理"这个概念所取代。关系管理的概念日益被接受，是因为它解决了传统公共关系困扰的很多问题，这些问题诸如：战术和战略的混淆，单向沟通，试图用产出（output）而不是成效（outcome）来作为公共关系操作后的结果。

"关系管理"这一概念认为，在相似的组织与利益攸关者拥有共同的利益和目标，且双方努力寻求相互理解和共赢时，双方关系能达到最好的状态。此外，该关系模式证明了一个研究论断："关系"作用于双方沟通后的成效，而不是产出（比如发布的新闻稿量或举行的记者招待会数量）。Ledingham亦表示："当公共关系被当作组织与公共关系（组织与利益攸关者关系）来看待时，管理的有效性就可以通过关系的建立来衡量，进一步说，对这些关系的评价可以用来预测公众的行为"。（Ledingham, 2001）

今天，关系管理是一个主流学术研究的基础，也作为研究对象出现在多本书籍章节、期刊文章和行业读物的报道中。它也是本科和研究生阶段的公共关系课程背后的指导思想。随着关系管理的出现，公共关系完成了从战术策略到作为一个组织管理的重要部分和负责记录公关专案投资回报的战略职能的转变。并且，在组织制定政策和决定发展方向方面，作为管理的一部分，公共关系还有更多的可能性。

本章回顾了关系管理的理论，包括作为公共关系中心焦点的"关系"的出现，"关系管理"的概念，对组织与利益攸关者关系的解构，用来确定关系形态的工具建设，以及从关系管理理论中得到的启发。此外，本章也回顾了利益攸关者参与的概念，这是组织与利益攸关者关系中很有价值的一个方面。

二、关系：不是传播

要理解关系管理，第一步需要学者们认同，在公共关系中，"关系"已取代传播成为了研究的中心点。

这一趋势可以追溯到1984年，弗格森（Ferguson）总结了十年间的一系列公共关系的学术文章后，得出了结论。以这些总结为依据，弗格森建议，与公众的关系能够给该学科建设提供最好的机遇。接着，弗格森提出这一看法。一年后，布鲁姆（Broom）在他署名的文章《有效的公共关系》中，首次引入了关系管理的概念。

随着公共关系的焦点从传播转移到了关系上，Broom和Dozier指出，这一改变意味着传播扮演了新的角色——作为管理过程中的工具。Ledingham和Bruning随后指出，组织依据关系制定目标，而传播作为战略工具帮助达成这些目标（1998a）。在弗格森看来，关系视角能够让组织关系和公共关系都更易于控制。她还声称，这种新视角将关系本身变成了研究的"首要问题"。

另外，弗格森（Ferguson, 1984）指出，研究关系时涉及的分析单位和研究传播时的分析单位是不一样的，并且，以关系为研究中心时，该研究领域能够鼓励公共关系学者去证明他们通常不愿证明的假设。弗格森还指出，新的研究单位（关系）使研究人员得以根据自己的兴趣，选择或大或小的问题。

此外，弗格森还预测，将关系取代传播作为焦点，很有可能让公共关系"合理化"（详见Sallot, Lyon, Acost-Alzary & Jones, 2003）。值得注意的是，对于从业者来说，将关系作为公共关系的中心，有助于他们将相关学术研究和实践集中在关系成效上，而不是根据传播的产出做决策。

洪和詹姆斯·格鲁尼格（Hon & J. Grunig, 1999）认为组织与公众存在着截然不同的两种关系：交易式关系（exchange relationship）和共有式关系（communal relationship）关系。他们的理论是，在交易式关系中，双方只有在对方曾经或未来将要给自己提供好处的情况下才会让对方获利。而在共有式关系中，双方互相提供好处，不是为了求得回报，而只是为了让对方获利及为对方着想。了解关系的类型，有助于依据不同种类的关系来制定战略。

洪君如（Hung, 2005）解构了关系的概念，并定义了另外的六种组织公共关系：剥削关系（exploitive relationships）、操控式关系（manipulative relationships）、共生关系（symbiotic relationships）、契约关系（contractual relationships）、对等立约关系（covenantal relationships）和相互共有公共关系（mutual communal relationships）（详情见Hung, 2005）。这些关系分布在一个连续区域内，区域一端标记出"关心自我利益"，另一端是"关心他人"（Hung, 2005）。连续区域的概念更加现实地说明了"自我利益"与"关心他人"的范围，而不是两者不可兼得。

三、公共关系作为一种管理职能

弗格森的论文最终的结论是，公共关系的概念是一种以关系为中心的战略管理职能。根据Dozier, L. A. Grunig和J. E. Grunig（1995年）的研究，因为有关系，关系管理中的管理方面才得以显现。他们指出，关系成为这一概念的核心之后，公共关系也被重新定位成了"一种战略管理职能，帮助管理对组织任务、战略和战术目标有影响的关键公众群体"，换句话说，关系的概念本身有可能产生积极或者消极的作用，关系是需要被管理的。Ledingham（2001年）认同这一观点，认为公共关系的重新定义不仅"把对公共关系的研究和实践从一直以来新闻的影响中拉了出来"，还激发了该领域从业者去借鉴管理的工作方法。此外，关系的重新定义迫使该行业淘汰了通过计数等产出计量来验收工作的方式，而转变成以表现为中心的效果评估（Broom & Dozier, 1990年）。以同样的方式，重新定义公共关系后，公关部门的领导也从技术人员变成了擅长分析、计划、执行和评估的公关经理（Broom & Dozier, 1990）。

此外，从1970年到1996年，拥有MBA学位的人数就从26 490增长到了93 544。这让美国商界更加关注管理学原理，也向公共关系界施加压力，促使他们借鉴管理的工作方法。同时，也由于这种压力，组织中的人员也更多地使用高级管理人员能够理解和认可的方式交流（Dozier & Broom, 1995）。

随着关系管理的概念逐渐成为学术研究的主流，显而易见，弗格森对于公共关系状况的分析引起了公共关系概念和实践的变革。

四、关系管理的定义

促进关系管理普及的因素有很多,其中有一本名叫《以关系管理为主体的公共关系:公共关系研究与实践的关系方法》(Ledingham 和 Bruning 主编,2000年)的集著。这本书收录了 Broom,J. Gruning,Coombs 等人的文章,为日后关系管理引起大规模的关注奠定了基础。

在他们的文章中,Broom 等人再次提出了定义的问题,尤其是社会缺乏一个公认的对"关系"的定义。定义可以明确被定义者和与主题相关的结果之间的关系,从而让人们对一个概念的理解更加清晰。

此外,对组织公共关系的定义有许多种。例如 Ledingham,Bruning,Thomlison 和 Lesko(1997年)就给出了如下定义:

> (组织—公众关系)是存在于一个组织及其关键公众之间的状态,在这个状态中,双方可以在经济、社会、文化、政治方面相互影响。

随后,Huang(1998年)加入了组织的定义:

> 组织—公众关系是组织与公众相互信任的程度,双方承认有相互影响的合法权利,一起享受成果,并且相互负责。

随后,在2000年的一篇文章中,Broom,Casey 和 Ritchey 对组织—公众关系给出了如下定义:

> 组织—公众关系以一个组织及其公众之间的互动、交易、交流模式为标志。这些关系拥有一些属性,是不同于身份、特性以及个人与社会群体对于关系的认知。因为关系在本质上是动态的,所以我们可以将其形容为时间上的一个单点,并且可以长期追踪。

在我们的研究过程中,我们发现,虽然一个统一的对组织—公众关系的定义尚未出现,但是有关关系管理,我们已经有了足够的公认的元素:需要确定组织—公众关系的各个维度，双向沟通的使用，关系的中心位置，战略化管理的需要，以及组织—公众关系中信任与开放的重要性。因此，就像我们在理论部分看到的那样，想做进一步的解释并不困难。

五、研究文献综述

正在进行的研究，增加了关系管理的价值，帮助塑造这一概念。

例如，Ballinger（1991）被认为是响应弗格森号召、进行关系研究的第一人。那时，还是研究生的Ballinger构建了一个基于六个变数的组织—公众关系模型：亲密度、信任、控制、感知、沟通行为，以及相关成果。Ballinger的模型和变数一直作为Broom和他的同事们的后续工作的基础，在其他方面也发挥了巨大作用。事实上，该模型和关系变数概念奠定了多年OSR的研究方向。

Ballinger提出这一模型的六年之后，Broom，Casey和Ritchey（1997年）以此为基础，提出了一个组织—公众关系的模型，补充了前因、管理过程以及结果。J. Grunig（2000年）也提出了一个相似的模型，帮助了关系过程的概念化与可视化，这些都为后续的组织—公众关系研究奠定了基础。

J. Grunig和Huang（2000年）在论述组织—公众关系模型的过程中，借鉴了Stafford和Canary（1991年）的培养策略、组织效率的管理理论以及冲突解决策略（Plowman，1995年）。此外，他们也提供了不同阶段的关系的评估方法：关系的影响因素、培养策略、以及关系结果。

Hon和J. E. Grunig（1999年）在对相关学科文献进行总结的基础上，提出了几种组织—公众关系的维护策略。这些策略包括：准入、积极性、开放性、担保、关系网的建立和任务共用。此外，他们建议控制关系结果，诸如交互、信任、满意度以及责任。多位学者随后在应用这些策略时发现，它们在帮助从业者管理关系时，发挥着重要作用。

同年，Ledingham，Bruning，Thomlison和Lesko（1997年）进行了一项多学科的研究，该研究得出了18个维度，后来被减少至5个，并且在同利益攸关者的焦点小组访谈中得以实施。这些维度分别是：信任、公开透明化、参与、投资与承诺。他们按照如下方式实施：信任被形容是"按照你说的去做"；开放是"分享你对未来的计划"；参与是"参与到繁荣社会的工作中来"；投资是"投资对社会有利的事物"；而承诺是"长期服务于社会"。次年，Ledingham 和 Bruning（1998）将这些维度应用于一次利益攸关者调查，很显然，这是首次组织—公众关系背景下的定量试验。

利益攸关者调查影响了以不同维度评估的结果，而这可以作为维护良好关系战略的基础。例如：如果对于信任的评估低于其他维度，那么就可以花更多精力，确保组织确实是在"按照自己说的去做"，还可以确保某些利益攸关者了解组织的承诺，这样比猜测要高效得多。

此外，Bruning 和 Ledingham（1999）基于对调查数据的聚类研究，分类出了三种关系：专业关系、私人关系和社区关系。专业关系表明组织在提供专业服务方面的表现；私人关系表明组织在与利益攸关者进行私人互动方面的表现；而社区关系则与该组织认为一个企业公民的优秀程度相关。同样，利益攸关者也会对这三个维度进行评估，来决定哪一个维度需要重点关注。

关系的视角也被应用于媒体关系中。通过这种方式，研究人员开展了一系列与媒体关系从业者的讨论，以此来确定哪些是媒体规划者认为最重要的行为，以及媒体规划者认为对于记者来说最重要的行为。随后，研究人员还开展了一项针对记者的调查，记者被要求对媒体规划者关于上述行为的表现进行评估。通过这样相互定向的分析，研究人员提炼出一个"最佳行为"列表，组织便可以按照该列表发展和维系与记者的关系（Ledingham & Bruning, 1998）。通过对比两组分数，媒体规划者也能够清晰地知道他们应该在哪些方面集中努力。

其他研究（Bruning & Ledingham, 2000）也发现，商务关系的运行方式或多或少地也和组织—公众关系相似。研究结果表明，尽管人际关系和组织—利益攸关者关系在本质上有所不同，但不论在何种环境下，两种关系特征、行为和结果都是相似的。显而易见，这项研究结果将为处理公司—客户关系及人际关系提供巨大的帮助。

六、作为"附加值"的组织—公众关系

一个在竞争日益激烈的世界里进行的研究表明，那些对一个组织在公关方面评价较高的消费者，通常会在作出竞争性选择时使用该组织的服务。此外，当一个组织提供的支持被利益攸关者知晓时，公众对该组织在关系支持的看法通常是正面的（Ledingham & Bruning, 1998）。按照这种方式，确定利益攸关者的兴趣点并且为之提供支持可以作为一个"附加价值"保护市场占有率，并且/或者产生积极作用。如果

这种支持不为利益攸关者所知晓，那么就不会产生附加价值。

七、研究结果的重要意义

除了对众多研究结果的论述，我们需要记住，本章所归纳的研究不仅仅是为了让学者们思考，同时也具有使用价值。模型可以帮助我们追踪一段关系的发展状况，确定一段关系处于哪个阶段，从而制定出与之相匹配的战略。关系的维度可以被用于确定一段关系中的难点，以及在哪些方面进行努力解决这些难点。众多的研究明确了容易和难以生存、繁荣的关系的类型。

八、关系管理理论

2003年，Ledingham基于文献资料，提出了关系管理理论。理论如下：

> 关系管理是对一段组织与利益攸关者的关系，随着时间的推移，基于有利于双方互信互利的共同兴趣点与目标，所进行的正当有效的管理。

以关系管理理论的角度来看，如果管理寻求的是长期的关系，那么共同的兴趣点是必须的。如果一个组织和利益攸关者拥有不同的兴趣点、目标或者目的，那么关系则有可能是短期的。同理，如果组织和利益攸关者中的任何一方开始觉得另外一方从这段关系中获益，而自己没有获益，那么关系也无法持续下去。此外，关系是需要时间来巩固的，某些情况下甚至需要很多年（Ledingham, Bruning & Wilson, 2000）。

在论述关系管理的众多优势时，Ledingham提到：

> 理论中提及关系的视角，是为了确定公共关系的组织功能，明确传播的作用，为确定公共关系在实现组织目标中发挥的作用提供了方法。此外，这个视角也符合计划要能够增进组织与公众的理解和共同利益的理念。另外，这个概念强调了从业者需要更加熟悉战略规划及其他管理方法，以及专案计划报告。
>
> 关系管理指出，组织和利益攸关者是处在合作关系中的。并且，虽然利益可能不是永远均等的，但是关系中的双方必须认为，对方的出发点是好

的，否则关系就无法维系。此外，如果一方因为拿了好处，就纵容一段虚假或不公平的关系，那这段关系也无法维系。

关系，就像交流，不是一方施加在另一方身上的。

九、进一步研究——利益攸关者参与（Stakeholder Engagement）

Taylor和Kent（2004）指出，在多年对组织—公众关系的研究中，不断地有解释关系多变性和复杂性的新理论出现。在这些理论当中，利益攸关者参与理论被纳入了研究议程。由于公共关系是相关公众和利益攸关者的交流和行为活动，因此，对利益攸关者参与的背景与定义的探究成为了研究的焦点。

此外，Greenwood（2007）认为，尽管从业者和学者明确指出了利益攸关者参与的重要性，为了发展互惠互利的关系，围绕利益攸关者参与的话题也开展了大量研究，但针对这个概念的含义和它的特点，却始终没有达成一个共识。

一些学者试图解释利益攸关者参与的意思。例如，Greenwood（2007）就给出了如下定义：

> （利益攸关者参与）是一种同意的机制，这种机制用来控制、合作、追责。是一种员工参与的形式，是一种增进信任的方式，是一种真正的信任的替代品，一种提高公正性的论调，一种公司治理的机制。

Sloan（2009）认为，利益攸关者参与是"一种将影响公司活动或受到公司活动影响的个人和群体纳入的关系"。Devin和Lane（2014）提出，利益攸关者参与包括社区参与、社交媒体参与、员工参与以及企业社会责任的参与。他们还认为，这个概念不应该仅仅被理解为处理利益攸关者的期待，还应该有更深层次的目的：通过关系创造一个相互尽责的网络。

Taylor和Kent认为，参与的概念应该要超越建立关系。对他们来说，参与是互动双方认可将自己的全部展示出来。参与意味着可接触性、在场性以及互动的意愿。因此，参与的利益攸关者意味着组织要尽一切努力，保证所有的传播和交流渠道的畅通，并且向公众公开，与公众互动。在阐释利益攸关者参与和组织—公众关系之间的联系时，Men和Tsai（2014）认为，因为利益攸关者参与具有显而易见的组织透明性和真实性，能更加有力地证明一段良好的关系。当然，这是建立在关系管理使积极的参与成为可能的假设基础之上的。

让利益攸关者参与应该是一个多方面的努力，包括与不同的利益攸关者进行真诚的沟通。Taylor和Kent（2014）总结了针对于利益攸关者参与的研究，它们主要集中在如下几个方面：社交媒体参与（Yang & Kang，2009）、员工参与（Men，2012）、企业社会责任和参与（Golob & Bartlett，2007）、公民参与和社会资本（Sommerfeldt, 2013），以及对话参与（Kent & Taylor, 2002）。他们还提出阐释参与的最好方式是从对话理论的角度来讨论，因为对话理论产生的基础是正确的：组织应当让公众知情，让公众参与进来有利于组织决策，有助于社会的进步。

通过以上的讨论，我们能够理解，为了更好地发展、培养和管理与利益攸关者的关系，利益攸关者参与的概念起着举足轻重的作用。这提醒公共关系的学者和从业者，组织要致力于开发传播渠道，鼓励双向对话，并且开展各方面的参与式活动。当然，如果关系本身不存在，也自然不会有参与的利益攸关者。

十、观察与结论

综上所述，我们能够更清晰地认识什么是关系管理、关系管理的优势，以及关系管理的方法原则。

毫无疑问，通过对理论的研究和阐释，关系管理的优势使其成为公共关系的一个合适的视角。同样清晰的是，公共关系的研究应该基于关系，不是宣传、形象、名誉。此外，研究明确地阐释了，关系管理作为一种功能，与责任、正当性和效率的管理概念非常契合。

此外，对研究文献的探讨符合"卓越研究"的要求（J. Grunig, L. Grunig, Dozier, 1995），同时加强了"卓越"和关系管理的合理性。另外一个以关系为基础的研究方法的优势是在发展一段关系中双向交流的运用。本章也明确地指出，没有对管理原理和实践的理解，包括浏览、计划、实施、评估的四步骤管理法，就无法成功地进行关系管理。

当今的要求是：公关经理履行公关职能时，要寻求一致性。此外，在关系管理的事件中，经理必须要有办法了解哪些部分运行良好，哪些部分出了问题，并且要有方法解决问题。回顾过去的实践经历，困难之一是结果难以量化。相反的，从业者试图通过以新闻稿件、印刷册的数量或者其他产出来说明结果，而这些产出可能更适用于一家打印店的绩效。

公关经理一定要理解管理原则的方法,而技术人员需要负责执行。此外,公关经理必须理解作为基础的定性和定量研究,这样才能够将关系管理作为工具使用。

公关经理还要懂得如何管理一个公关人员团队,如何代表团队面对更高的领导层,如何向团队成员传达高层的指令。此外,公关经理还要懂得如何将组织目标转化成关系管理策略与战术。

关系管理是一种处理公共关系的方式,如果公关经理、员工和组织不遵守本章提到的原则,关系管理是无法有效实施的。如果只是嘴上说说而没有实际行动,可能要比什么也不做造成更大的损失。

几十年来,一些公共关系的从业者声称,公共关系是一门"艺术",不应该被量化,或者这个领域处理的是"形象"的问题,而不应该是一个被衡量的概念。当然,这些观点是错误的,认为管理是限制性的这样的观点也是错误的。然而,当我们发现很多从业者无法定义公共关系是什么,而只是知道它能做什么的时候(Ledingham & Bruning,1998),也就不奇怪为什么公共关系很少被囊括在与高级管理相关的讨论中了。

本章显而易见的观点是,关系管理为建立长期、有效、互惠互利的关系提供了可能性,并提供了满足问责需要的途径。此外,通过对组织与利益攸关者关系进行正当有效的管理,公共关系也能够更好地帮助达成组织长期与短期的目标。

十一、关系管理理论的启示

公共关系的历史并不总是光彩的,从早期的媒体专员(那时人们总是低估真实的价值),到"扭曲事实"("spinning")的盛行,一些从业者将利益放在诚信之上。另外,即使当真实与准确的行业标准被引入之后,公共关系的从业者也没有接受训练,去制定以关系为基础的长、短期目标,启动战略活动和负责专案计划。因为这种管理意识的缺乏,公共关系常常被要求作为行销、广告甚至是销售的支持部门来运行。此外,一些公关部门是由有技术背景的人领导的:编辑、设计、媒体专家,这些人的背景并不能够让他们适应管理的工作。因此,许多组织并不放心让公关部门完全成为战略伙伴。一些从业者坚持将产出,而不是行为、态度或知识方面的变化作为支出后得到的结果,这些评估的方式并不符合一个企业对战略领导的要求。

但是,公共关系之所以无法赢得决策者的尊重,最大的障碍是,许多从业者一直无法理解关系与传播的对应角色：对组织—公众关系的管理是公共关系的首要功能，传播是在此过程中用到的一个工具。

所以，关系管理的最大作用，是继续展示人们对于公共关系核心功能理解的变化所带来的好处：管理一个组织和利益攸关者之间的关系。

参考文献

1. BART C K. Industrial firms and the power of mission [J]. Industrial Marketing Management, 1997, 2：9-18.

2. BRUNING S D, LEDINGHAM J A. Relationships between organizations and publics: development of a multi-dimension organization-public relationship scale [J]. Public Relations Review, 1999, 25(2)：157-158.

3. BRUNING S D, LEDINGHAM J A. Organization and key public relationships: Testing the influence of the relationship dimensions in a business to business context [M] // Public relations as relationship management: A relational approach to the study and practice of public relations. Mahwah, NJ: Lawrence Erlbaum Associates, 2000a：159-173.

4. BRUNING S D, LEDINGHAM J A. Perceptions of relationships and evaluations of satisfaction: an exploration of interaction [J]. Public Relations Review, 2000b, 26(1)：85-95.

5. CUTLIP S M, CENTER A H, BROOM G M. Effective public relations [M]. Englewood Cliffs, NJ: Prentice Hall, 1994.

6. DESANTO B. Public relations journey into management: building bridges between public relations and other managerial function [M] // Public Relations: A Managerial Perspective. Thousand Oaks, CA: SAGE Publications.1988, 3-22.

7. DOZIER D M. Program evaluation and roles of practitioners [J]. Public Relations Review, 1984, 10 (3)：13-21.

8. FERGUSON M A. Building theory in public relations: interorganizational relationships as a public relations paradigm [R]. Paper presented at the annual conference of the Association for Education in Journalism and Mass Communication, Gainesville, FL. 1984, 8.

9. GALLAGHER A. The muckrakers: American journalism during the age of reform

[M]. New York, NY: The Rosen Publishing Group. 2006.

10. GLADWELL M. The tipping point: how little things can make a difference [M]. New York, NY: Little, Brown & Company. 2000.

11. GRUNIG J E. Excellence in Public Relations and Communication Management: Contributions to effective organizations [M]. Hillsdale, NJ: Lawrence Erlbaum Associates. 1992.

12. GRUNIG J E, HUANG Y-H. From organizational effectiveness to relationship indicators: antecedents of relationships, public relations strategies, and relationship outcomes [M] // Public relations as relationship management: a relational approach to the study and practice of public relations . Mahwah, NJ: Lawrence Erlbaum Associates.2000, 23-53.

13. GRUNIG J E, HUNG-BAESECKE C-J F. The Effect of Relationships on Reputation and Reputation on Relationships: a Cognitive, Behavioral Study [M] // Public relations as relationship management: a relational approach to the study and practice of public relations (2nd Edition). New York: Routledge, 2015.

14. GRUNIG L A, GRUNIG J E, DOZIER D M. Excellent public relations and effective organizations: a study of communication management in three countries [M]. Mahwah, New Jersey: Lawrence Erlbaum Associates, 2002.

15. GRUNIG L A, GRUNIG J E, EHLING W P. What is an effective organization? [M] // Excellence in Public Relations and Communication Management: Contributions to effective organizations . Hillsdale, NJ: Lawrence Erlbaum Associates. 1992, 65-90.

16. HILL C W, JONES G R. Strategic management : an integrated approach [M]. Boston, MA: Houghton Mifflin Company. 2008.

17. HON L C, GRUNIG J E. Guidelines for measuring relationships in public relations [EB/OL]. http: //www. instituteforpr. org/research_single/guidelines_measuring_relationships. 1999.

18. HUANG Y-H. OPRA: a cross-cultural, multiple-item scale for measuring organization-public relationships [J]. Journal of Public Relations Research, 2001(13): 61-90.

19. JOSEPHSON M. The robber barons: the great American capitalists, 1861-1901,

New York [M]. Harcourt, Brace and Company.1934.

20. KENT M L, TAYLOR M. Toward a dialogic theory of public relations [J]. Public Relations Review, 2002, 28: 21-37.

21. KNAPP M L. Interpersonal communication and human relationships [M]. Boston, MA: Allyn & Bacon.1984.

22. KI E J, HON L C. Testing the linkages among the organization-public relationship and attitude and behavioral intentions [J]. Journal of Public Relations Research, 2007, 19(1): 1-23.

23. KIM Y. Searching for the organization-public relationship: a valid and reliable instrument [J]. Journalism and Mass Communication Quarterly, 2001, 78(4): 799-815.

24. MORRIS T. Ivy Lee and the origins of the press release [N]. Behind the Spin, 2014-08-25.

25. LEDINGHAM J A. Guidelines to building and maintaining organization-public relationships [J]. Public Relations Quarterly, 2000, 45(3): 44-47.

26. LEDINGHAM J A. Government and citizenry: extending the relational perspective of public relations [J]. Public Relations Review, 2001, 27(3): 285-295.

27. LEDINGHAM J A. Explicating relationship management as a general theory of public relations [J]. Journal of Public Relations Research, 2003, 15(2): 181-198.

28. LEDINGHAM J A. SMARTS PR: a management process model of public relations [J]. Business Research Yearbook, 2003b, 4: 969-973.

29. LEDINGHAM J A, BRUNING S D. Relationship management and public relations: dimensions of an organization-public relationship [J]. Public Relations Review, 1998, 24(1): 55-65.

30. LEDINGHAM J A, BRUNING S D. Introduction: background and current trends in the study of relationship management [M] // Public relations as relationship management: a relational approach to the study and practice of public relations. Mahwah, NJ: Lawrence Erlbaum Associates. 2000: 11-17.

31. LEDINGHAM J A, BRUNING S D. A longitudinal study of organization-public relationship Dimensions: defining the Role of Communication in the Practice of Relationship Management [M] // Public relations as relationship management: A

relational approach to the study and practice of public relations. Mahwah, NJ: Lawrence Erlbaum Associates. 2000: 55-70

32. LEDINGHAM J A, BRUNING S, LESKO C, THOMLISON D. The applicability of interpersonal relationship dimensions to an organizational context: toward a theory of relational loyalty a qualitative approach [J]. Journal of Organizational Culture, Communication and Conflict, 1997, 1(1): 23-43.

33. LEDINGHAM J A, BRUNING S D, WILSON L J. Time as an indicator of the perceptions and behavior of members of a key public: monitoring and predicting organization-public relationships [J]. Journal of Public Relations Research, 1999, 11(2): 167-183.

34. LINDEMANN W, LAPETINA A. Management's view of the future of public relations [J]. Public Relations Review, 1981, 7(3): 3-13.

35. LORDAN E J. Guidelines for implementing new technology in public relations [J]. Public Relations Quarterly, 1999, 44(3): 15-17.

36. LORDAN E J. Essentials of Public Relations Management [M]. Chicago, Illinois: Burnham Inc. 2003.

37. Management innovation [EB/OL]. (2008-12-04). http://managementinnovations.wordpress.com.

38. MILLS J, CLARK M. Communal and exchange relationships: controversies and research [M] // Theoretical Frameworks for Personal Relationships. Hillsdale, NJ: Lawrence Erlbaum Associates.1994, 29-42.

39. PAPESH M E. Frederick Winslow Taylor [EB/OL]. http://www.stfrancis.edu/content/ba/ghkickul/stuwebs/bbios/biograph/fwtaylor.htm. (1998-02-14).

40. SALLOT L M, LYON L J, ACOSTA-ALZURU C, OGATA JONES K. From aardvark to zebra: a new millennium analysis of theory development in public relations academic journals [J]. Journal of Public Relations Research, 2003, 15(1), 27-90.

〔约翰·勒丁汉（John A. Ledingham），美国首都大学传播学系博士；
洪君如，新西兰梅西大学商学院传播新闻暨行销系博士〕

第十二章 公共信任理论[①]

今天的现代社会经常被描述为信息社会、传播社会或媒介社会——人们通过公共传播感知现实世界正在发生什么,进而间接地体验世界。公共传播的构成一方面涉及信息在公开之前通过公共关系进行的信息生产,另一方面与创造媒介真实涉及的选择和建构过程有关。因为间接的信息常常不是直接的或可即时验证的,信任——特别是公共信任——在这样的社会显得更加重要。基于同样的原因,个体的政治行动者、来自业界的行动者,以及不同类型的组织越来越依赖(公共)信任。结果是,学术界面临着前所未有的挑战,需要就信任和个体或组织的可信度进行更加全面的探讨。

一、信任,公共信任和可信度——概念界定

按照卢曼(Luhmann, 1973)的观点,信任可以基本被界定为一个社会复杂性的减弱机制。然而,作为针对人们对将要发生的事情的期待的风险预警机制,信任基于人们对过去已经发生的事情的认知,也就是说,经验在这个过程中扮演了重要的角色。信任,无论是个人的还是公共的,常常是一个过程,其中一方面是或多或少主动地尝试信任的人类行动者,另一方面是或多或少被信任的人和事(行动者、事情,或社会系统)。尝试信任的行动者可以被称为信任者(trustor),被信任对象可以被称为信任对象(Trustee),信任对象可以是一个人,也可以是被信任的实体或系统。

在这个基础上,我们有理由将公共信任界定为一个过程,在有感知能力的行动者(个体行动者、组织行动者),以及系统(社会子系统、派别、政治或经济系统、整个社会系统)之中公开地产生信任的过程(参见Bentele, 1994)。所谓"公开地产生信任"是什么意思?我们并不能够以个人的身份直接结识我们从中获取信息的这个社会

[①] 本文是在Bentele, G. & Seidenglanz, R.(2015)基础上的修改版,原文用德语撰写。

上的大多数人，我们与这个世界上的大多数人素未谋面，我们个人不能直接观察事实和环境。大多数情况下，我们间接地，通过中介进入某种情境，关于这些人或事的公共信息都需要媒介作为中介。因为这不是一个像地震发生一样的过程，而是一个通过信息和传播过程，不同组织有目的地制造信息的过程，因为信任过程是信息和传播处理体系的一部分，我们可以称之为"公开的信息过程"。

可信度可以被概念化为一种子现象，可以被界定为通过一些人（接收者）对一些事情（一个事件，或事情的真相）等反映的，对个体、组织或其传播产品（书面或口头文本，视听呈现）的特征的归因。同样的，可信度并不是文本的内在特征，而是一个处于多重立场的关系场中的元素（Bentele, 1988, 2008）。

在日常生活中，可信度的特征大多局限于传播的维度（一辆汽车不存在是否可信的问题），包括对信任的意义多少是延伸性的：它不仅指一个人对观点和代理机构相信的程度，也包括对物体技术范畴（如汽车）、社会制度（如失业保险、党派）、地理环境（如天气状况）或社会系统（如养老系统、市场经济后议会民主）等层面的相信程度。

在德语中，语源上"vertrauen"（信任）和"glauben, hoffen, zutrauen"（相信、希望、自信）是"vertrauen schenken"（信赖）的外延，它源自于"sich trauen"（敢于），外延意义是"wagen"（勇于）。"vertrauen"（相信）源自于古德语单词"fertruen"，中期德语单词"hoffen"（相信）、"truwen"、动词"glauben"（坚信）可追溯至德语单词"ga-laubjan"（看重、证实），它存在于天主教德国，指的是人对神类似友谊的信任。之后，人们一般用程度较轻的意义"für wahr halten"（相信）或者"annehmen, vermuten"（假定）来指代信任。

二、作为学术研究主题的"信任"

（一）范式和视角

学术界对信任现象的研究产生了一系列不同的概念，特别是研究路径方面，每个路径强调的是这个复杂概念的不同方面。这使得我们需要对其进行元分析。首先，"信任"的不同方法从各类学科的陈旧观点出发，用它们自己的范式考虑相关概念和现象的理论过程，揭示内涵，如果可以，也会经验性地运用专门的研究方法。从这个角度来说，来自心理学、政治科学、传播学研究、商学、社会学，以及其他学科（例如教育学）的不同视角均可以被用来为"信任"研究服务。

除了系统—理论和行动—理论视角的区别以外，其他关于信任的结构型概念和理论的选择可以是自下而上的或自上而下的。自下而上的战略尝试从功能的角度理解和界定信任，它将社会视为一个整体、一个社会系统。这里常常将信任概念化为重要的"机制"，并将之视作社会功能的一个要素。自下而上的战略首先出现在该系统理论的相关著作中[①]，同时也出现在其他学科中，比如政治学。

自下而上战略的方法以最小的社会单元——个体或行动者为起点，描述和解释信任。在这里，信任常常被理解为个体对其他个体或组织的态度（Vercic, 2000）。基于个体的经验和行动的知识，这个战略在某种程度上发展出了更深刻的理论。

（二）理论的一般方法

在卢曼的结构—功能方法中，信任被界定为社会关系，受制于自身的内在逻辑（Luhmann, 1973）。信任被理解为一个降低复杂性的、必要的、不可避免的机制，同时也作为一个"额外的表现"（ibid）而存在，这种表现虽然不需要直接声明，但是需要信任者自觉地给出。作为一个为将来做准备的预警机制，信任是随时间变化的，需要持续地被确认。

安东尼·吉登斯（Giddens, 1990）通过运用宏观的社会模型，发展和解释了现代社会信任的必要性，回应了自上而下的战略。他认为，现代社会形成中心的原因是"抽象系统"中的信任，特别是对专家系统的信任（法律、科学、政治和经济）。因为确定性不再仅仅是一个关于真相的问题，而是一种社会的可接受性，信任具有反射性和操纵性机制的功能。在这个概念中，现代性被认为是"高度信任的时代"的产物。在考量现代社会的时候，吉登斯用信任的概念替代了在他心目中定义了传统社会的"确定性"的概念。

詹姆斯·科曼提出了一个信任过程的心理发现模型（Coleman, 1982, 1995）。信任的系统由个人构成，被工具理性所引导。该模型假设相关的个体在追求自身利益的时候必须作出决策。至少有两个因素参与了信任过程：信任者和信任对象。这两者代表了构成信任系统的基本元素。在很多信任关系中，信任者仅仅是准备相信信任对

---

① 然而，有些文献同时适用两种战略，比如 Luhmann (1973)，就同时运用了从社会心理视角的自下而上的元素，和从功能结构视角的自上而下战略。

象，因为中介比信任者更加了解信任对象。相对地，信任者对中介者的判断有充分的自信。遵循自下而上的方法，科曼也发展了这类微结构——最小信任单元——相互信任的整体社群被设想为"信任关系的广大系统"（Coleman，1995，p. 243ff.）。

三、从不同学科视角看"信任"

（一）心理学的"信任"：人际信任

不同学科提出了信任和可信度的不同方法。然而，它们有的平行，有的相互引用，还有的相互重叠：例如，心理学的发现与政治学和经济学有重合。然而，心理学的观点仅限于观察信任的人际方面，Petermann（1992，9ff.）在文章中认为，心理学的观点在政治信任中的应用其实并不恰当，同时，这种研究范围的缩小令研究得以聚焦，因而产生了大量的经验研究结果。一个基本的假设是信任是基于对将来事件的期待，这种方法通过 Deutsch（1958，1973）的价值期待模型而变得更加具体。根据这个模型，授予信任的决策首先依赖于这个决策是否会有一个正面的结果，以及相应结果的重要性。相应地，这个决策构建于知识之上，它源于个体自身的经验，或者由他人灌输的信息。因此，正面的经验对信任的发展至关重要。基于这个角度，按照 Rotter（1967，1971，1980）的观点，信任的期待可以被描述成学习过程的结果。Rotter 区分了特定的期待——与个人的情境相关——和从相对稳定的人性出发的普遍期待。Rotter 的"人际信任量表"（ITS）促成了对这类普遍性期待的审视。对一个人是否值得信任的测试工具被普遍地认同。①

超出从理论角度来确定主题，（社会）心理，特别是在归因研究的视域下，主要关注信任和可信度，其目的在于测量个体是不是被评价为值得信任的，这种思路主要是受到因果逻辑焦点的影响。②此外，还有更深层地探讨可信度的心理学研究，以及相应的可信度评价手段，该研究致力于解答可信的或不可信的行为是如何被确定为肯定的、客观的，可测量的特征（例如，面部表现、手势、精神病心理现象）的（参见Köhnken，1990）。

---

① 参见 Rotter（1971，1980）。ITS 已经被广泛运用于心理学的经验性调查中（甚至超出了心理学，例如政治学）。
② 参见 Kelley（1972）的方法，以及 Eagly，Chaiken & Wood（1978），还有 Köhnken（1990）所做的总结。

(二)经济学中的"信任":信任资本

从经济学的视角看,信任可以被认为是扭转经济理论研究局面的关键概念(Albach, 1980),因为当时的经济理论不能将这个现象吸纳到它的框架之下(ibid)。流行的新经济学理论甚至无法探讨信任的状态和相关性。它的基本理论假设在于完美的市场是基于理性行动的个体,市场完成、纠正了信息,且总是具备必要的处理能力。据此,可以认为,市场整体上是透明的,市场和参与者之间的一切不确定性都被排除了,因此,不确定性是信任产生的前提。

古登堡的潜力获得理论含蓄地提到了信任的早期模型(Gutenberg, 1979),该理论描述了客户在自己或他人经历的基础上对特定商品的偏好。西蒙(Simon, 1985)认为,这种潜力就是信任资本(Vertrauenskapital)。

直到新制度经济流行以后,有关信任的理论基础才被进一步夯实,人们开始对信任投入越来越多的理论研究。很多理论都与之相关,包括财产权理论、交易成本模型、委托—代理理论、信息经济理论(Kaas, 1992b; Fischer, 1993),这些理论中都包含了对新经典理论一定的假设。将信任作为一个研究议题的标志是新制度经济学派接受了信息是不对称的这一观点。例如一个提供信息或服务的小贩相对他的客户而言就具有信息优势(Kaas, 1992a)。不对称是不确定性的根源,承认这一点给信任提供了相关的理论基础。如果媒介如媒介经济主张的那样,被认为是"信任的商品",那么信任就成为一个非常重要的问题,需要理论解释(Heinrich & Lobigs, 2003)。在对经济市场的研究中,信任的现象开始受到关注,特别是在其与"声誉"的概念联系起来后(参见Fombrun, 1996; Voswinkel, 2001)。

通过运用自下而上的策略,Plötner(1995)尝试在心理学发现(人际信任)的基础上解释市场事务。最近尝试理论地、清晰地解释信任现象的经济学文献(例如,Dill & Kusterer, 1988; Plötner, 1995)中,Bittl尝试在传播研究的基础上提出一个更令人信服的方法。在信任概念和Bentele(1994)提出的差异论点的基础上,他转化了论题,简化了"无差异"的观点——传播差异的缺乏(Bittl, 1997, 2003)。进一步说,Ripperger(1998)结合经济理论对信任进行的探讨,概念化了委托—代理问题,将之作为每个信任关系的核心,认为信任对象在其真实的质量和意图方面有着信息优势。

（三）政治和信任

虽然信任在大多数经典民主理论的理论概念中并不是一个主角（参见Röhrich, 1981; Von Beyme, 1991; Böhret, Jann & Kronenwatt, 1988），但是在政治科学中关于这个现象的论争由来已久。在马基雅维利（Machiavelli[①]）的著作中，他勾画了在自由的基础上由人民参与统治的政府形式。只有被广大人民所信任的人才能保证政府的延续。"也只有在人们完全没有信心的时候——因为有时候人们被一些人或事情欺骗过，它则意味着破坏，也必然会这样"（Machiavelli, 1970, 1979）。社会学家马克斯·韦伯在此基础上引申出值得信任的领袖[②]（Weber, 1956）的概念。在约翰·洛克的著作中，信任也获得了一定的关注。根据洛克的观点，民主的社群是基于人们对统治者的信任基础上的。然而，这种信任需要政府的控制和担保来保护（Locke, 1966）。信任和控制之间的平衡仍然构成了现代民主的正式基础。因此，德国的政治系统始终坚持遵守法定的程序（比如，要求"信任的投票"忽略"不信任投票"）。艾尔蒙德和韦巴（Almond and Verba, 1965）用他们的公民文化的方法发展了一套政治文化的分类，构建了"公民参与"和"信任"两个维度。

美国从20世纪50年代、德国从20世纪60年代开始，研究者和调查机构开始就"政治家和政治组织在多大程度上满足了人民对他们的信任"的问题收集数据。[③]关于政治家的一些变量，诸如个性、政治表现、特定政党的选民支持范围，以及关于选民本身的变量被很多经验研究证实会对信任产生影响。例如，帕克（Parker, 1989）的研究表明，选民的信任对美国大选的结果比他们各自的政党身份影响更大。然而，我们必须指出，原则上，美国对政治趋势的研究特别地指向对个体的调查，也就是指向对那些掌控政治权力的人被公共信任程度的调查。

与美国的方法形成对比的是，德国的研究关注分析对政治制度的信任（Franz, 1985; Döring, 1990; Gabriel, 1993; Walz, 1996）。Jäckel（1990, p. 33ff.）通过指出政治生活被其制度代表解释了这个趋势。

[①] 参见Machiavelli, 1977。
[②] 韦伯也强调这样的领导人的民主合法性。
[③] 较早的美国文献参见Lipset & Schneider, 1983; Listhaug & Miller, 1990, 以及近期爱德曼全球研究的年度报告中的"信任晴雨表"（Edelman, 2016）。这个研究每年提供了全球不同社会领域（经济、政治），不同组织群体（公司、政治家、非政府组织）的信任状态和变化，其数据由一群社会学家深入分析后得出。（e.g. Yi-Ru Regina Chen, Chun-Ju Flora Hung-Baesecke, Brian H. Reber, etc.）

整体来说，在德国，不同的政治制度享有不同的信任：联邦法庭和大学享有民众高度的信任，政治团体和劳工联盟享有的信任则相当低。一定的政治制度（联邦议会、联邦政府）享有比个体政治家和党派（Bentele & Seidenglanz, 2004）[①]更多的信任。随着年龄的增长，对政治制度的信任会增加。党派的偏好和政治利益是信任的主要决定因素（See ibid.; Bentele 1992）。

自上而下策略的一个基本的论战界定了以上我们关注的问题，在什么范围信任或不信任可以被认为是现代民主社会的构成部分，这里可以确定三种不同的方法：[②]盖默森的政治信任趋向理论认为，广泛的信任是民主国家正常运转的基础（Gamson, 1968）。与之形成对比的如艾尔蒙德和韦巴强调批判型公众的不信任在国家治理中所扮演的角色。这种不信任功能作为一种控制机制，使得政治系统的持续法制化成为必须。此外还有第三种方法（如 Sniderman, 1981; Wright, 1976），它赞同将信任和不信任结合起来才是最适合的，对 Barber 而言，这个议题如何界定取决于人们对国家这个概念的界定。精英主义的民主不可能在信任缺失和民众参与度低的情况下实现，而平民主义则认为不信任可以作为一种不可或缺的纠偏手段而存在。

四、传播研究中的"信任"：可信度和政治信任

（一）媒介可信度

自20世纪90年代开始，社会学越来越关注信任。在 Kramer（1999）的文献回顾中，谈到了对这个主题的学术研究的快速发展。这个研究目前在传播学研究中还比较边缘。在霍夫兰早期的研究中，可信度，特别是信源和传播者的可信度，一直是传播研究特别是媒介效果研究中（Schenk, 2001; Jäckel, 2002）的重要主题。在过去的20年中，媒介的可信度引起了更多人的研究兴趣。这里，除了公众人物或包括媒介在内的制度之外，可信度作为一个重要的形象因素在发挥作用。形成这种现象的原因很复杂，主要原因是归因中所指的"可信度的对象"是多层次的。Schweiger（1999）将其系统地区分为六个层次：展现者（如电视主持人、演讲者）、发起人/行动者（如政治家）、编辑部（如节目、特征）、媒介产品（如BBC的 *The Sun*）、媒介的子系统

[①] 联邦议会法庭和警察一直在德国人中享有高可信度，大众媒介和记者的可信度稍微高于平均值，政党的可信度最低.

[②] See e.g., Schweer, 2000, p. 11.

（公共广播、文摘）、媒介样式（电视、日报）。在可信度评价中，这些层面可能是重叠的。美国有数十年探讨信源和媒介的可信度的研究传统；在德国，仅仅从20世纪80年代才开始从理论和经验层面探讨这些问题。例如，Bentele（1988a, b）指出，公众对可信度的归因不仅仅随着媒介样式而转移（电视、广播、印刷媒介），也受到个人媒介的强烈影响。例如，小报就比高质量大报的可信度低。影响公众可信度归因的重要变量是年龄、性别、教育和媒介使用情况。学术研究可以确定影响可信度归因的多种因素和维度[①]，这使得经验研究变得很难。近期，一本会议读物（Rössler & Wirth, 1999）致力于网络信息的可信度研究，延续了德国媒介可信度研究的传统。Matthias Kohring近年来对这个问题非常感兴趣，对他而言，信任指的是选择。Kohring通过指出信任行为的概念，从15个方面对之进行了阐释，区分了愿意与信任、信任或声称信任以及值得信任之间的差异（Kohring, 2001, p. 56ff）。对新闻的信任以及传统媒介的可信度被重建为对新闻选择的信任，该信任可分为四种类型：对主题选择的信任、对事实选择的信任、对描述正确性的信任和对清晰评价的信任（Kohring, 2001, 2002, 2004）。

（二）信任和可信度的损失

近几十年来，信任的持续下降是西方民主面临的一个关键问题，因为除了政治家和政党，它也影响了公司、经济代理机构、生产机构。失去信任的损失，或者说信任危机常常与特定的事件相关（或媒介上的形象），有时，可被归结为丑闻。偶尔信任的损失可变为信任危机。除了人们价值观的普遍改变，还可能因为媒介系统对丑闻过于关注（Kepplinger, 2012），更普遍的说法是，对差异的关注造成了这种现象。反之，媒介系统的变化助长了后者（竞争力提升、视觉化、对娱乐的强调）可能导致对政治、经济等信任的增加。与之相关的重要方面是通过传播，信任得以维系或说信任变得可能，比如，通过替换或选择恰当的领导、调整组织结构、选择更加有吸引力的主题，以及更加专业的公关达到这一目的。

比如，对政治行动者和制度的减少是否与民主系统整体的危机一致这个问题，早期相关文献的回答是否定的。Gabriel（1993）仅仅辨识了政党国家的危机；Walz（1996）也不相信民主系统正处于危机中。这种观点可归因于政府信任——对当前管

[①] 参见能力或主观知识、值得信任度、动态、主观性、综合性、吸引力、伦理、相似度、社会赞同和喜好的维度等概念，例如Navratil（1999）或Wirth（1999）。

理的信任、系统信任——对整体民主信任之间的区别。这个方法最有名的组织部分是米勒[①]和Critin（1974）。甚至，伊斯顿（Easton, 1975）在他的分散的政治支持概念中也指出了二者的区别。Kuhlmann（2000, p.28）从理论角度证实了这些概念，将对政治系统的信任与对行动者和制度的信任区分开来。一个系统不能按照伦理标准来判断，而行动者或制度的正当性可以。

（三）作为公关理论的公共信任理论

一方面，"公共信任"的概念指基于接受度的个体的信任行为（Kohring, 2004）——行动的对象是对公开的、可感知的个体。另一方面，公共信任指的是公共传播的社会机制，它构成了对行动者和系统的信任。政治家、政党，或总统办公室都是行动者，但是福利和健康系统、多党系统或社会市场经济系统得到的信任和支持可能更高。信任能否建立或信任感是否降低很大程度上取决于公关和媒介传递的信息，换句话说，取决于组织传播的规则，也取决于公共传播的整体过程和结果。

在公共传播的过程中有五个基本要素：

公共信任，例如，积极信任的个人（团体）；

信任对象，例如，那些公开的、可见的个体，被信任的组织或系统（机械系统、社会系统）；

信任的中介，也就是那些公共传播的代理人（公共关系和媒介）；

事实和事件，指公共传播提及的对象；

文本和讯息，在公共传播中扮演关键角色。

信任的主体常常是个人，但是他们也可以是群体或组织。信任的对象是个体和组织。一个更加广泛的社会系统（例如社会健康系统、政治系统、经济系统等）也可以是信任的对象。在公共传播过程中，那些有意或无意扮演了中介将信任传递给信任主体的代理机构，被称为信任中介。信任中介也可以是在公共传播中扮演专业角色的个人，如记者或公关人员，然而，因为他们常常在组织的语境中行动，如编辑部、组织的公关部，因此，组织也是信任的中介。公共关系和新闻的关系取决于信任的相互归因。在这个过程中，另一个重要的因素是事件和事实，以及它们的语义等价物，文本和主题，没有它，后者就难以被分析。

---

① 参见 Miller, 1974; Listhaug & Miller, 1990。

已有相关理论区分了这四类信任：（人际）基本信任、（公共的）个人的信任、组织的信任、系统信任。这种分层的方法强调用社会学的方法整合（个体）心理视角的可能性，接受自下而上和自上而下策略的结合。

另一个概念很重要：信任因素。信任因素来自信任主体对信任客体的归因，是信任过程的要素。它们在组织或个体的传播和非传播活动中被体现出来，在结构、特质或充分性方面被体现出来，又或者在技术或社会系统的成功中被体现出来。在直接传播中，信任的主体知晓这些因素，但是他/它们也能够无意识地感知到一些因素，信任主体在公关活动和媒介报道中表现自己。

产生信任的要素有专业性、问题解决能力、传播的完整性，例如传播内容和传播实体的完整、一致性，传播的透明度、社会责任和责任伦理。越来越多的有明显区别的信任要素被区分出来，信任要素的强度越大，在接收方而言信任程度就越高。然而，低级别的事件或这些要素的缺席会导致不信任。在信任构建或被破坏的过程中，有不同的动态过程：一般来说这需要很长时间，将信任构建到一定水平，而信任被破坏却往往只在一瞬之间（例如在危机中）。

信任被破坏最重要的原因在于信任主体对差异的感知。差异的不同类型被感知出来，例如信息和事实之间的差别（比如谎言），言行之间的差别，在同样的制度下不同的行为中，在标准和表述或行动中。通过传播或行动者的行动，差异被有意无意地制造出来，差异也潜存于（政治、经济）系统中，差异被记者系统传递和挑选出来，与民主社会中被规范性界定的媒介的批判功能一致。即使这样，因为媒介对新闻价值原则的遵守，差异或者被媒介加强，或者在第一时间被媒介制造出来——虽然这种行为与媒介的任务不一致。新闻报道的要素（Staab, 1990）既包括负面的、冲突、话题性，也包括报道的工作规则，例如"主题的工具化"（Kepplinger, 1994）能促成媒介建构，以及强化接收方方对矛盾的感知。特别是在公共传播中冲突（Kepplinger 1994）往往被传递，冲突加剧甚至会带来矛盾，进而造成公众对经济、政治等领域中的代理的不信任。

公关专家的工作逻辑中有一个基本要素，就是他们尝试避免组织传播中的矛盾，或者至少他们尝试不要让这种矛盾被公众感知。此外，记者，至少如果他们视自己为批判性的记者——批判功能是民主社会中新闻的重要功能——会尝试揭露这些隐藏的矛盾，并将之告知公众。有时候矛盾不是被记者发现，而是被媒介刻意强化甚至制造出来。公关业者的角色正是"矛盾的回避者"，然而很多记者将他们自己视为"矛盾的搜查员"。在这个语境下，它可以从经验角度展现出来（参见Bentele & Seeling, 1996），人们直觉地感知矛盾，例如，第一手经验的矛盾和被政治家、一定团体的代理人（失业的人等）制造的媒介报道之间的矛盾。

公共信任理论中最重要的方面是当信任损失后"信任再获取"的机制。信任必须被视为一种人力资源，它一直不可避免地降低；它可以通过传播和行动重新获得，Thiele（2001）就此曾发表过相关文章。

对个人和公共传播而言，最简单的传播技巧是私下地或公开地道歉。例如广告形式的公开道歉常常有利于再次建立组织的信任。但是这些技术常常并不充分，在组织决策的情形下，控制机制的提升或引入可以解决信任的问题，这种组织工具是控制程序或评价步骤的引入或提升。但是仅仅靠组织的传播行动并不一定能获得信任。惩罚或责任转移，包括高管和CEO对构建形象修复和重获信任而言是十分必要的。

基于公共信任的理论，最早发表在Bentele（1994）的文章中，在Leipzig大学有超过30篇有关经验性案例研究的硕士论文。大部分这些研究确认了这个理论机制，他们特别关注媒介报道的信任的要素或矛盾，并将之具体化。大多数的案例研究[①]都采用了内容分析的方法，并结合了专家访谈，特别是政治和商业领域的专家访问。

在一些早期的案例中（Sommer, 2005; Smirek, 2005; Sommer / Bentele, 2008），学者们探讨了德国政府组织中曾出现过的特定的危机情境，给出了一些清楚的证据，70%至80%的媒介报道都包含了信任的要素，超过50%的文章中都提到了不同类型的矛盾。在一般情境下，对矛盾的报道频率要低得多。所有的研究都表明，每篇文章都有超过平均数量的信任因素出现。特别是在危机情境下，50%至70%的文章包含了矛盾议题，而在一般情境下，这个比例显著偏小。

在大多数案例中，研究者研究探讨了对个人和不同类型的组织（公司、政党、NGO）信任的降低，同时也分析了更宏观的社会系统中信任的降低。2007年金融危机，雷曼兄弟（2008）的破产带来的银行系统的危机使得全球的银行系统的信任都大面积受损（Emmer, 2010）。Patricia Grünberg（2014）研究了德国的健康系统。健康系统的信任层次除了受到来自人们对医生和健康机构的直接体验的影响，至少部分受

---

① 在Leipzig大学有超过30个案例研究探讨公共信任的主题，特别是危机情境下信任的降低，这里我们可以参考下列研究：Sommer (2005), Smirek (2006), Wetzig (2007), Wohlgemuth (2010), Emmer (2010), Tietz (2010), John (2010), Spengler (2010), Thiele (2011) and Sassen (2011)。有些硕士论文的研究结果已经发表。参见Sommer/Bentele (2008)或Wohlgemuth /Bentele (2012)。

到了媒介报道的影响。Grünberg（2014）关于11年中（1998年至2009年）对健康的报道与信任研究的一个结果是，1/3的文章展现了矛盾，特别是内部行动者之间的矛盾。健康系统及其行动者的中介形象受到负面影响。媒介所描述的对个人和组织行动者的信任有明显的负面趋向。媒介系统地传播了对健康系统中政治家和其他利益攸关者核心能力的质疑。

除了这些案例研究，2014年起，人们开始使用一个新的内容分析工具。① 从2008年到2011年底，媒介报道了30家德国最大的上市公司，将这些公司作为研究对象，按照基于主题、行动者、评价、信任因素、差异编制的编码本，每个月分析超过5000个条目。在这些内容中三个信任的维度和七个信任的因素被区分出来，分析、等级表在此基础上被建立起来。每个月在管理者杂志上都会有一篇文章出版，对某个在危机情境下的公司进行分析。公司信任量表（CTI）这个工具在德国有很好的反响（参见Löser/Mende, 2017; Seiffert/Bentele/Mende, 2011）。

Jens Seiffert（2014）在博士论文中利用了公司信任量表收集数据，他进一步发展了公共信任理论，测试了一系列假设。在他的论文中，有一个很有趣的结果，在信任降低的周期中，报道中的伦理信任维度是最重要的；在构建和修复信任的时候，专家信任是最重要的。另外两个结果是：股票价格并不会随着媒介对信任价值的报道变化，公司利润和测量得到的媒介报道中的信任价值无关。

Seidenglanz（2014）在他的博士论文中集中论述了公共关系中的信任（也见Hoffjann, 2012）。他结合系统理论及行动理论，发展了不同的理论框架。通过对国内超过1000名记者的调查，他发现在编辑部的信息处理过程中，人们偏好委婉的措辞，仅有20%的记者发现了编辑部门有矛盾行为。随着接触和报道频率的上升，例如，记者和编辑部越是接近，记者就越是会与编辑部保持一致，减少差异。

（四）公共关系实践中的"信任"

信任——特别是公共信任——是学术研究的重要主题，从外部来看，对各类专业人员而言，这个问题都至关重要。

毫无疑问，信任在很多专业领域，还有社会生活的一般领域中具有决定性作用。

---

① 这是一个合作项目，有三个成员：Leipzig大学（Günter Bentele, Ansgar Zerfass; www.communicationmanagement.de），PMG，柏林的一个内容分析机构（www.pressemonitor.de）以及媒介合作伙伴——德国最有影响的商业杂志 Manager Magazin (www.manager-magazin.de)。

客户需要相信中介是从专业角度在表达其建议，如病人或多或少信任医生，我们需要信任工程师和建筑师建造了功能健全的房屋，建筑物不会倒塌。公共关系的特殊地位源于它在大量制度化信任关系中的中心位置。首先，公关行动者（例如公关机构、雇员或组织公关部）对他们各自的雇主和那些对他们感兴趣的客户而言，处于信任的位置。第二，因为其能力，中介被称为组织与特定的公众例如媒介之间的信任传导器。第三，公共关系处于与这些公众相互信任的关系中。记者或者行动群体的成员需要相信发言人或者公关代理机构提供了正确的管理信息，这也解释了为什么信任在学科文献中是用得最多的概念，特别是在考虑环境相关的组织关系的质化分类时。

德国的公关从业人员在20世纪五六十年代将信任界定为公关实践中的关键要素（sFriedrich Korte, 1954; Carl Hundhausen, 1957; Albert Oeckl, 1960; Georg-Volkmar Graf Zedtwitz-Arnim, 1961）。然而，这个观点很大程度上只是一个理论，是职业者的自我构想。"信任"被作为一个日常概念使用，是一种理念的反映，在公关出现最初十年发表的文章中并没有体现出来，也不存在于经验研究中。自20世纪90年代初，才开始出现有关这些问题的文章（Ronneberger and Rühl, 1992）。

即使从业人员的文章也将信任作为一个目标价值，他们却没有能够将其从信任的概念体系中分离出来，"获得公共信任"似乎成了一句口号（Hundhausen, 1951）。信任是建立于值得信任的行为之上的，可信度和信任取决于对信任因素的归因。（例如，主体的知识、传播的透明度等），然而信任是一个多面体，注定总是被可察觉的矛盾所动摇。与其他的制度化传播相比，例如，广告，公共关系可以有效地支持这个过程，发挥关键作用。

当我们关注通过公共关系来获得和维系信任时，很明显，许多传播技术是必须的。更进一步，增多的信息活动以及准确的信息本身就会带来更多的信任。确实，传统的单向传播中缺乏支持和维系信任的元素，但是对话、透明的传播行为、批判性地反思自己的能力，改正自己的行为（承认错误）均有助于强化信任。这里对话并不仅仅指观点的交换，而是指理解其他人立场的沟通与努力，也包括调整自身行为的可能性。"对称传播"的概念（Grunig & Hunt, 1984）推崇达成共识的公共关系（Burkart & Probst, 1991; Burkart, 1993），给公关事件提供了新的动力。

然而，公共关系本身必须提升自身被信任的程度。本文作者2003年的一项研究揭示了这个行业正需要提升公众对之的信任这一事实。[①]公关人员需要有良好的教育背景、高度的社会责任感，这是他们的职业特点，也是人们将来对公共关系产生信任的基础。

因此，选民的支持、政治权力、经济成功、文化和科学组织的成功取决于各类公众的信任。将来，公共信任在信息和传播社会的大环境下一定会增强，这是因为，媒介，特别是电视和网络媒体的重要性，它们被认为传递了几乎全部信息。关于世界的所有信息通过媒体被人们间接地获得，因此，可以说，信任已成为现代社会的必需品。

参考文献

1. ALBACH H. Vertrauen in der ökonomischen Theorie［J］. Zeitschrift für die gesamte Staatswissenschaft, 1980, 136 (1), 2–11.

2. ALMOND G A, VERBA S. The civic Culture, political attitudes and democracy in five nations［M］. Princeton: Princeton University Press, 1965.

3. BARBER B. Logic and limits of political trust［M］. New Brunswick, New York: Rutgers University Press, 1983.

4. BENTELE G. Der Faktor Glaubwürdigkeit. Forschungsergebnisse und fragen für die sozialisationsperspektive.［J］. Publizistik, 1988, 33 (2/3), 406–426.

5. BENTELE G. Öffentliches Vertrauen. Eine Literaturauswertung［R］.［Public Trust. A Literature Report］Unpublished report (edited for "Presse-und Informationsamt der Bundesregierung Deutschland"). University of Bamberg, Bamberg, Germany, 1992.

6. BENTELE G. Öffentliches Vertrauen–normative und soziale Grundlage für Public Relations［M］. ARMBRECHT W & ZABEL U. Normative Aspekte der Public Relations. Grundlagen und Perspektiven. Eine Einführung. Opladen: Westdeutscher Verlag, 1994.

7. BENTELE G. Glaubwürdigkeit/Vertrauen［M］. JARREN O, SARCINELLI U, SAXER U. Politische Kommunikation in der demokratischen Gesellschaft. Ein Handbuch mit Lexikonteil. Opladen, Wiesbaden: Westdeutscher Verlag, 1998, 305–311.

---

① 参见Bentele & Seidenglanz（2004）。与其他社会制度和行动者相比，公关咨询人员在德国人口和记者之间信任度很低。

8. BENTELE G. Objektivität und Glaubwürdigkeit von Medien. Eine theoretische und empirische Studie zum Verhältnis von Realität und Medienrealität [C]. FU Berlin: unveröffentl. Habilitationsschrift, 485 S. Objectivity and Credibility of Media. A theoretical and empirical study concerning the relation between reality and media reality. Free University Berlin: Unpublished Habil-Theses, 1998.

9. BENTELE G. Objektivität und Glaubwürdigkeit: Medienrealität rekonstruiert [M]. [Objectivity and Credibility: Media Reality Reconstructed] Edited by S. Wehmeier, H. Nothhaft und R. Seidenglanz. Wiesbaden: Springer VS, 2008.

10. BENTELE G, SEELING S. Öffentliches Vertrauen als zentraler Faktor politischer Öffentlichkeit und politischer Public Relations. Zur Bedeutung von Diskrepanzen als Ursache von Vertrauensverlust [M]. JARREN O, SCHATZ H & WESSLER H. Medien und politischer Prozess. Politische Öffentlichkeit und mediale Politikvermittlung im Wandel (pp. 155-167). Opladen: Westdeutscher Verlag, 1998.

11. BENTELE G, SEIDENGLANZ R. Das Image der Image-Konstrukteure. Eine repräsentative Studie zum Image der PR-Branche in Deutschland und eine Journalistenbefragung [M]. Leipzig: Universität Leipzig, 2004.

12. BEYME K. v. Theorie der Politik im 20. Jahrhundert [J]. Frankfurt am Main: Suhrkamp, 1991.

13. BITTL A. Vertrauen durch kommunikationsintendiertes Handeln [M]. Eine grundlagentheoretische Diskussion in der Betriebswirtschaftslehre mit Gestaltungsempfehlungen für die Versicherungswirtschaft. Wiesbaden: Gabler, 1997.

14. BITTL A. Vertrauen in der Betriebswirtschaftslehre – Deus Ex Machina oder Forschungsgegenstand? [M]. SCHMITZ W & HESS-LÜTTICH E W B. Maschinen und Geschichte – Machines and History: Beiträge des 9. Internationalen Kongresses der Deutschen Gesellschaft für Semioitik (DGS) vom 3-6. Okt. 1999 an der TU Dresden. Dresden: Thelem, 1999.

15. BÖHRET C, JANN W, KRONENWETT E. Innenpolitik und politische Theorie [M]. Ein Studienbuch. Opladen: Westdeutscher Verlag, 1988.

16. BURKART R. Verständigungsorientierte Öffentlichkeitsarbeit-Ein Transformationsversuch der Theorie des kommunikativen Handelns [M]. BENTELE

G & RÜHL M. Theorien öffentlicher Kommunikation. Problemfelder, Positionen, Perspektiven (pp. 218-227). München: Ölschläger, 1993.

17. BURKART R, PROBST S. Verständigungsorientierte Öffentlichkeitsarbeit [J]. Eine kommunikationstheoretisch begründete Perspektive [J]. Publizistik, 1991, 36 (1): 56-76.

18. COLEMAN J S. Systems of trust. A rough theoretical framework [J]. Angewandte Sozialforschung, 1982, 10 (3): 277-299.

19. COLEMAN J S. Grundlagen der Sozialtheorie. Band 1: Handlungen und Handlungssysteme [M]. München: Oldenbourg, 1991.

20. CRITIN J. Comment: The Political Relevance of Trust in Government [J]. American Political Science Review, 1974, 68 (3): 973-988.

21. DEUTSCH M. Trust and Suspicion [J]. Journal of Conflict Resolution, 1958, 2 (4): 265-279.

22. DEUTSCH M. The Resolution of Conflict: Constructive and Destructive Processes [M]. New Haven: Yale University Press, 1973.

23. DILL H, KUSTERER M. Beziehungsmanagement: theoretische Grundlagen und explorative Befunde [J]. Marketing ZFP, 1988, 10 (3): 211-220.

24. DÖRING H. Aspekte des Vertrauens in Institutionen. Westeuropa im Querschnitt der Internationalen Wertstudie 1981 [J]. Zeitschrift für Soziologie, 1990, 19 (2): 73-89.

25. EAGLY A H, CHAIKEN S, WOOD W. Casual Inferences about Communicators and their Effect on Opinion Change [J]. Journal of Personality and Social Psychology, 1978, 36 (5): 424-435.

26. EASTON D. A Re-Assessment of the Concept of Political Support. [J]. British Journal of Political Science, 1975, 5 (4): 435-457.

27. Edelman. 2016 Trust Barometer [EB/OL]. http: //www.edelman.com/insights/intellectual-property/2016-edelman-trust-barometer/

28. EMMER C. Die Vertrauenskrise des Finanzsystems. Eine inhaltsanalytische der Medienberichterstattung von September 2008 bis Februar 2009. Universität Leipzig: unveröff. Magisterarbeit, 2010.

29. FISCHER M. Marketing und neuere ökonomische Theorie: Ansätze zu einer

Systematisierung [J]. Betriebswirtschaftliche Forschung und Praxis, 1983, 45 (4): 444-470.

30. FOMBRUN C J. Reputation. Realizing Value from the Corporate Image [M]. Boston, Massachusetts: Harvard Business School Press, 1996.

31. FRANZ G. Zeitreihenanalysen zu Wirtschaftsentwicklung, Zufriedenheit und Regierungsvertrauen in der Bundesrepublik Deutschland [M]. Entwicklung eines dynamischen Theorieansatzes zur Konstitution der Legitimität einer Regierung. Zeitschrift für Soziologie, 1985, 14 (1): 64-88.

32. GABRIEL O W. Institutionenvertrauen im vereinigten Deutschland [J]. Politik und Zeitgeschehen, 1993(43): 3-12.

33. GAMSON W A. Power and Discontent [M]. Homewood: The Dorsey Press, 1968.

34. GIDDENS A. The Consequences of Modernity [M]. Cambridge: Polity Press, 1991.

35. GIDDENS A. Konsequenzen der Moderne [M]. Frankfurt am Main: Suhrkamp, 1996.

36. GÖTSCH K. Riskantes Vertrauen. Theoretische und empirische Untersuchung zum Konstrukt Glaubwürdigkeit. Münster [M]. Hamburg: LIT, 1994.

37. GRUNIG J E, HUNT T. Managing Public Relations [M]. New York: Holt, Rinehart and Winston, 1984.

38. GRÜNBERG P. Vertrauen in das Gesundheitssystem [M]. Wie unterschiedliche Erfahrungen unsere Erwartungen prägen. Wiesbaden: Springer VS, 2014.

39. GUTENBERG E. Grundlagen der Betriebswirtschaftlehre. Band 2: Der Absatz [M]. Berlin: Springer, 1979.

40. HEINRICH J, LOBIG F. Neue Institutionenökonomik. In K. D. Altmeppen, & M. Karmasin (Eds.), Medien und Ökonomie [M]. // Band 1/1: Grundlagen der Medienökonomie. Wiesbaden: Westdeutscher Verlag, 2003: 245-268.

41. HOFFJANN O. Vertrauen in Public Relations [M]. Wiesbaden: Springer VS, 2012.

42. HUNDHAUSEN C. Werbung um öffentliches Vertrauen. Public Relations. Band

1 [M]. Essen: Giradet, 1951.

43. JÄCKEL H. das Vertrauen in der Politik. Nicht an Personen, sondern an Institutionen entscheidet sich das Wohl der Bürger [M]. HAUNGS P. Politik ohne Vertrauen? Baden-Baden: Nomos, 1990.

44. JÄCKEL M. Medienwirkungen. Ein Studienbuch zur Einführung [M]. Wiesbaden: Westdeutscher Verlag, 2002.

45. JOHN C. Volkszählung und der Verlust öffentlichen Vertrauens. Eine zeithistorische Fallstudie und eine vergleichende Inhaltsanalyse der Berichterstattung zum Volkszählungsboykott 1983 und 1987 [M]. 2 Bde. Leipzig: unveröff. Magisterarbeit, 2010.

46. KAAS K. P. Kontraktgütermarketing als Kooperation zwischen Prinzipalen und Agenten [J]. Schmalenbachs Zeitschrift für betriebswirtschaftliche Forschung, 1992a, 44 (10): 884-901.

47. KAAS K P. Marketing und Neue Institutionenlehre. Arbeitspapier aus dem Forschungsprojekt Marketing und ökonomische Theorie [M]. Frankfurt am Main: Johann Wolfgang Goethe-Universität Frankfurt am Main, 1992b.

48. KELLEY H H. Attribution in Social Interaction. In H. H. Kelley (Eds.), Attribution: Perceiving the Causes of Behavior [M]. Morristown: General Learning Press, 1972.

49. KEPPLINGER H M. Publizistische Konflikte. Begriffe, Ansätze, Ergebnisse [M]. NEIDHARDT F. Öffentlichkeit, Öffentliche Meinung, soziale Bewegungen. Sonderheft 34 der Kölner Zeitschrift für Soziologie und Sozialpsychologie. Opladen: Westdeutscher Verlag, 1994.

50. KEPPLINGER H M. (Die Mechanismen der Skandalisierung zu Guttenberg, Kachelmann, Sarrazin & Co: Warum einige öffentlich untergehen und andere nicht. München: Olzog, 2012.

51. KÖHNKEN G. Glaubwürdigkeit: Untersuchungen zu einem psychologischen Konstrukt [M]. München: Beltz PVU, 1990.

52. KOHRING M. Vertrauen in Medien–Vertrauen in Technologie. Arbeitsbericht. Nr. 196, September 2001. Stuttgart: Akademie für Technikfolgenabschätzung Baden-

Württemberg, 2001.

53. KOHRING M. Vertrauen in Journalismus. In A. Scholl (Eds.), Systemtheorie und Konstruktivismus［M］//der Kommunikationswissenschaft. Konstanz：UVK, 2002：91-110.

54. KOHRING M. Vertrauen in Journalismus. Theorie und Empirie［M］. Konstanz：UVK, 2004.

55. KORTE F H. Werbung um Vertrauen. Frankfurt am Main：Verlags- und Wirtschaftsgesellschaft der Elektrizitätswerke, 1954.

56. KRAMER R M. Trust and Distrust in Organizations：Emerging Perspectives, Enduring Questions［J］. Annual Review of Psychology, 1999(50)：569-598.

57. KUHLMANN C. Die Begründung von Politik als Beitrag zur Vertrauensbildung?［M］. SCHWEER M K W. Politische Vertrauenskrise in Deutschland? Eine Bestandsaufnahme. Münster：Waxmann, 2000.

58. LIPSET S M, SCHNEIDER W. The Confidence Gap. Business, Labor and Government in the Public Mind［M］. New York：The Johns Hopkins University Press, 1983.

59. LISTHAUG O, MILLER A. H. Political Parties and Confidence in Government：A Comparison of Norway, Sweden and the United States［J］. British Journal of Political Science, 1990, 20(3)：357-386.

60. LÖSER M. / Mende, L. Der Corporate Trust Index. In：Bentele, G. / Seiffert, J. Öffentliches Vertrauen［M］. //der Mediengesellschaft. Wiesbaden：Springer VS (forthcoming), 2017.

61. LOCKE J. die Regierung［M］. Reinbeck：Rowohlt, 1996.

62. LUHMANN N. Vertrauen. Ein Mechanismus zur Reduktion sozialer Komplexität［M］. Stuttgart：UTB, 1973.

63. MACHIAVELLI N. The Discourses, edited with an introduction by Bernard Crick, using the translation of Leslie J. Walker［M］. London：Penguin Books, 1970.

64. MILLER A H. Rejoinder to "Comment" by Jack Citrin：Political Discontent of a Ritualism?［M］. American Political Science Review, 1994, 68(3)：989-1001.

65. NAWRATIL U. Glaubwürdigkeit als Faktor im Prozess medialer Kommu-

nikation [M]. RÖSSLER P, WIRTH W. Glaubwürdigkeit im Internet. München: Reinhard Fischer, 1999: 15-31.

66. OECKL A. Öffentlichkeitsarbeit in Theorie und Praxis [M]. Stuttgart: Kohlhammer, 1990.

67. PARKER G R. The Role of Constituent Trust in Congressional Elections [J]. Public Opinion Quarterly, 1998, 53 (2): 175-196.

68. PETERMANN F. Psychologie des Vertrauens [M]. Göttingen: Hogrefe, 1992.

69. PLÖTNER O. Das Vertrauen des Kunden. Relevanz, Aufbau und Streuung auf industriellen Märkten [M]. Wiesbaden: Gabler, 1995.

70. RIPPERGER T. Ökonomik des Vertrauens. Analyse eines Organisationsprinzips [M]. Tübingen: Mohr Siebeck, 1998.

71. RÖHRICH W. Die repräsentative Demokratie. Ideen und Interessen [M]. Opladen: Westdeutscher Verlag, 1981.

72. RONNEBERGER F, RÜHL M. Theorie der Public Relations [M]. Ein Entwurf. Opladen: Westdeutscher Verlag, 1992.

73. RÖSSLER P, WIRTH W. Glaubwürdigkeit im Internet. Fragestellung, Modelle, empirische Befunde [M]. München: Reinhard Fischer, 1999.

74. ROTTER J B. A New Scale for the Measurement of Interpersonal Trust [J]. Journal of Personality, 1967, 35 (4): 651-655.

75. ROTTER J B. Generalized Expectancies for Interpersonal Trust [J]. American Psychologist, 1971, 26 (5): 443-452.

76. ROTTER J B. Interpersonal Trust, Trustworthiness and Gullibility [J]. American Psychologist, 1981, 35 (1): 1-7.

77. SASSEN S. Öffentliches Vertrauen. Eine Metastudie [M]. Leipzig: unveröff. Magisterarbeit, 2011.

78. SCHENK M. Medienwirkungsforschung [M]. Tübingen: Mohr, 2002.

79. SCHWEER M K W. Der "vertrauenswurdige" Politiker im Urteil der Wähler [M]. // SCHWEER M K W. Vertrauen und soziales Handeln. Facetten eines alltäglichen Phänomens. Neuwied: Luchterhand, 1997.

80. SCHWEER M K W. Politisches Vertrauen: Theoretische Ansätze und empirische

Befunde [M]. SCHWEER M K W. Politische Vertrauenskrise in Deutschland? Eine Bestandsaufnahme. Münster: Waxmann, 2000.

81. SCHWEIGER W. Medienglaubwürdigkeit – Nutzungserfahrung oder Medienimage? [M]. RÖSSLER P, WIRTH W. Glaubwürdigkeit im Internet. München: Reinhard Fischer, 1999: 89-110.

82. SEIDENGLANZ, R. Vertrauen und Public Relations. Theorieentwicklung und empirische Umsetzung [M]. Universität Leipzig: unveröff. Dissertation, 2014.

83. SEIDENGLANZ, R. Aspekte der Medienglaubwürdigkeit. Definition, Abgrenzung und Bezugstypen [M] // BENTELE G. Objektivität und Glaubwürdigkeit: Medienrealität rekonstruiert. Hrsg. von S. Wehmeier, H. Nothhaft und R. Seidenglanz. Wiesbaden: Springer VS, S, 2008.

84. SEIFFERT J. Vertrauen und Mediengesellschaft. Untersuchung eines kommunikativen, sozialen Mechanismus anhand der Printberichterstattung über DAX-30-Unternehmen [M]. Universität Leipzig: unveröff. Dissertation, 2014.

85. SEIFFERT J. / BENTELE G. / MENDE L. Discussing Public Trust. An explorative study on discrepancies in communication and action of German companies [J]. Journal of Communication Management, 2011, 15(4): 349-367.

86. SIMON H A. Rationality as Process and as Product of Thought [J]. American Economic Review, 1978, 68 (2): 1-16.

87. SOMMER C, BENTELE G. Vertrauensverluste: Der Fall Gerster [M]. Eine deutsche Fallstudie über Interdependenzen zwischen Prozessen öffentlicher Kommunikation und öffentlichen, 2008. Vertrauens. // BENTELE G, PIWINGER M, SCHÖNBORN G. Kommunikationsmanagement. Köln: Wolters-Kluwer, 2008: 1-31.

88. SOMMER C, BENTELE G. Losing Public Trust. A German Case Study on Interdependencies between Processes of Public Communication and Public Trust [C]. Unpublished Paper ICA Conference Dresden 2006.

89. Smirek, Katja Politische Kommunikation und öffentliches Vertrauen [D]. Der Fall Biedenkopf 2001 (Rekonstruktion und Inhaltsanalyse). Unpublished Master's Theses. University of Leipzig.

90. SNIDERMAN P M. A Question of Loyalty [M]. Berkeley: University of

California Press, 1981.

91. SPENGLER P. Politische Kommunikation und Lüge [D]. Theoretisch-analytische Grundlagen und eine Fallstudie (Andrea Ypsilanti). Universität Leipzig: unveröff. Magisterarbeit, 2010.

92. STAAB J F. Nachrichtenwert-Theorie [M]. Formale Struktur und empirischer Gehalt. Freiburg, München: Alber, 2010.

93. THIELE S. Die Rückgewinnung öffentlichen Vertrauens: Strategien, Maßnahmen und Erfolge [M]. Analyse und Fallstudien. Leipzig: unveröff. Magisterarbeit, 2011.

94. TIETZ S. Vertrauen in der Unternehmenskommunikation [M]. Anwendbarkeit des Corporate Trust Index als Instrument im Kommunikationsmanagement. Leipzig: unveröff. Magisterarbeit, 2010.

95. VERCIC D. Trust in Organisations: A Study of the Relations between Media Coverage, Public Perceptions and Profitability [D]. Unpublished doctoral dissertation, London School of Economics and Political Science, London University, London, 2000.

96. VOSWINKEL S. Anerkennung und Reputation. Die Dramaturgie industrieller Beziehungen [M]. Mit einer Fallstudie zum "Bündnis für Arbeit". Konstanz: UVK, 2001.

97. WALZ D. Vertrauen in Institutionen in Deutschland zwischen 1991 und 1995 [J]. ZUMA-Nachrichten, 1996, 38 (20): 70-89.

98. WEBER M. Soziologie. Weltgeschichtliche Analysen [M]. Politik. Stuttgart: Kröner, 1956.

99. WETZIG A. Vertrauensverluste im Schlaglicht der Öffentlichkeit. Analytische Grundlagen und eine Fallstudie (Fall Welteke) zur Adlon-Affäre des ehemaligen Präsidenten der Deutschen Bundesbank [M]. Universität Leipzig: unveröff. Magisterarbeit, 2007.

100. WIRTH W. Methodologische und konzeptionelle Aspekte der Glaubwürdigkeitsforschung [M]. // RÖSSLER P. / WIRTH W. 1999.

101. WOHLGEMUTH C. Vertrauensverlust in der Öffentlichkeit – Die "Spendenaffäre" bzw. "Führungskrise" bei UNICEF Deutschland. II Bände (mit Anhang) [M]. Universität Leipzig: unveröff. Magisterarbeit, 2010.

102. WOHLGEMUTH C, BENTELE G. Die Vertrauenskrise des deutschen Komitees für UNICEF – Eine Fallstudie zum Verlust öffentlichen Vertrauens im NGO-Bereich [M]. BENTELE G, Piwinger M & SCHÖNBORN G. Kommunikationsmanagement. Strategien, Wissen, Lösungen. No. 6.33. [Loseblattsammlung]. Neuwied: Luchterhand, 2012: 1–29.

103. WIRTH W. Methodologische und konzeptionelle Aspekte der Glaubwürdigkeitsforschung [M]. RÖSSLER P & WIRTH W. Glaubwürdigkeit im Internet. München: Reinhard Fischer, 1999.

104. WRIGHT J D. The Dissent of the Governed [M]. New York: Academic Press, 1976.

105. ZEDTWITZ-ARNIM G-V G. v. Tue Gutes und rede darüber. Public Relations für die Wirtschaft [M]. Berlin, Frankfurt am Main, Wien: Ullstein, 1961.

〔冈特·班特乐（Günter Bentele），
德国莱比锡大学传播和媒介研究中心教授、公共关系部主席；
张凌（译），湖南农业大学讲师〕

第十三章 公众情境理论

公共关系研究常招致其他社会科学领域诟病的一个"不足"是其理论深度不够,然而,"公众情境理论"(Situational Theory of Publics,STP)的出现,通过引发学术界的长期热议,已然引导公关研究步入理论"深水区"。那么,该理论的基本内涵和外延是什么?其核心的理论假设是如何建构的?对其实证检验的结果怎样?该理论的发展仍面临哪些挑战?这些是本文重点关注的议题。

一、公众情境理论概述

公众情境理论在20世纪60年代悄然现身,著名公关学者J. E. Grunig是该理论的初创者。经过数十年的磨炼,该理论逐步受到公关学界和业内的高度认可,并在形成过程中被融入了"卓越公关"的理论体系中[1]。

公众情境理论在建构的过程中备受关注的是其在描述、分析和预测"为何公众需要交流传播""公众何时最倾向于进行交流传播""如何将可预测的交流传播行为的情境运用于细分公众",乃至"如何达致交流传播之最佳效果"等议题上所做出的重要理论贡献,因此而被认为是帮助公关从业人员理解和把握公众交流传播行为的"最具实用性"的公关理论之一[2]。同时,其也由于理论建构的精细,被公关学者誉为公共

---

[1] DOZIER D M, GRUNIG A, GRUNIG J E. Manager's guide to excellence in public relations and communication management [M]. N.J.: Lawrence Erlbaum Associates, 1995; GRUNIG J.E. Excellence in public relations and communication management [M]. Hillsdale, N.J.: Lawrence Erlbaum Associates, 1992; GRUNIG L A, GRUNIG J E, DOZIER D M. Excellent public relations and effective organizations: A study of communication management in three countries [M]. Mahwah, N.J.: Lawrence Erlbaum Associates, 2002.

[2] ZOCH M, COLLINS E. PR educators-"the second generation": Measuring and achieving consensus [C]. Miami, FL: Association for the Association for Education in Journalism and Mass Communication, 2002.

关系领域"第一个有深度的理论"(The first deep theory)①。

"情境理论"的一个**基本假设**是：不同的公众在特定的情境下，对同样的问题会有不同的观点、态度和行为②。这个基本假设看似简单，但从一开始便为公关学者就如何理解公众的态度和行为，并根据认知去探索公众何时可能对问题、议题或情境做出何种行为反应提出了一个分析框架，继而又为公关学者针对如何定义和分类公众及怎样针对不同公众进行有效"定制"传播提供了一种具有界定意义的方法。③

首先，到底何为公共关系意义上的"公众"(publics)？对此，公众情境理论最初受到了哲学和社会学的启发。J.E. Grunig特别参考了哲学家杜威（John Dewey）和社会学家布鲁姆（Herbert Blumer）关于公众的论述，即：公众的形成是人们面对共同问题的结果，而这些共同的问题对这些人会产生至少相似的影响。他发现，共同问题是形成公众的一个必要条件，而公众对问题的反应则和公共关系的基本假设相一致。于是，他对"**问题**"与"**公众**"进行了公共关系和传播意义上的延伸：第一，当公众认知面临共同的问题时，通常会主动去解决问题；第二，公众在一个特定的情境中，会产生不同的传播行为。④其他公共关系学者基本接受了Grunig关于公众的最初定义。⑤

---

① ALDOORY L, SHA B-L. The situational theory of publics: Practical applications, methodological challenges, and theoretical horizons [M]. Mahwah, N.J.: Lawrence Erlbaum Associates, 2007.
② GRUNIG J.E, HUNT T. Managing public relations [M]. New York: Holt, Rinehart & Winston, 1984.
③ GRUNIG J E. Sierra Club study shows who become activists [J]. Public Relations Review, 1989(15): 3-24; GRUNIG J E. A situational theory of publics: Conceptual history, recent challenges and new research [J]. Public relations research: An international perspective, 1997, 3-48; GRUNIG J E. Constructing public relations theory and practice [M]. B. Dervin, S, 2003; HAMILTON P K. Grunig's situational theory: A replication, application, and extension [J]. Journal of Public Relations Research, 1992(4): 123-149.
④ GRUNIG J E. Defining publics in public relations: The case of a suburban hospital [J]. Journalism Quarterly, 1978(55): 109-118; GRUNIG J E. Communication behaviors and attitudes of environmental publics: Two studies [J]. Journalism Monographs, 1983, 81; GRUNIG J E. When active publics become activists: Extending a Situational theory of publics, 1987 [C]. International Communication Association, Montreal; GRUNIG J E. Sierra Club study shows who become activists [J]. Public Relations Review, 1989(15): 3-24; GRUNIG J E. Excellence in public relations and communication management [C]. Hillsdale, N.J.: Lawrence Erlbaum Associates, 1992.
⑤ CUTLIP S M, CENTER A H, BROOM G M. Effective public relations [M]. 8th ed. Upper Saddle River, N.J.: Prentice-Hall, 2000; VAN LEUVEN J K, SLATER M D, et al. How publics, public relations, and the media shape the public opinion process [J]. Public relations research annual, 1991(3): 165-178; HALLAHAN K. Communicating with inactive publics: The moderating roles of motivation, ability and opportunity [C]. MD: College Park, PRSA Educators Academy, 1999.

由此，Grunig认为公众至少可分为**主动型**与**被动型**两类。之后，在加入了"问题"要素后，Grunig将公众细分为以下四类①，即：

（1）零知觉公众（non-publics）：不觉得问题存在，无问题意识；

（2）潜伏型公众（latent publics）：虽然处于问题情境中，但尚未意识到问题的存在；

（3）知晓型公众（aware publics）：察觉到问题的存在，但尚无应对问题的意愿；

（4）行动型公众（active publics）：意识到问题的存在，并有主动应对问题的意愿。

无疑，对公众进行如此定义和细分，为根据不同类型公众的特点和状态来设计并实施更有效的针对不同群体的沟通、交流及传播提供了一个重要的分析工具。

为了更准确地预测公众的传播行为或其参与交流以解决问题的可能性②，如"主动交流、被动交流或无交流"③，Grunig对**"情境"**进行了分析和描述，公众情境理论也由此逐步形成了其**分析框架**，该框架包含了**三个因变量和两个自变量**④，即：

（1）问题识别（problem recognition），

（2）受限识别（constraint recognition），

（3）涉入度（level of involvement），

以及相对应的两个**因变量**（即主动和被动传播行为）：信息搜寻（information seeking）和信息处理（information processing）。

自变量一：问题识别。通常指个人对所面临问题的认知度。基于对经济决策心理

---

① GRUNIG J E. A situational theory of publics: Conceptual history, recent challenges and new research [M]. MOSS D, MACMANUS T & VERCIC D. Public relations research: An international perspective, London: International Thomson Business Press, 1997: 3-48.

② GRUNIG J E. Excellence in public relations and communication management [M]. Hillsdale, NJ: Lawrence Erlbaum Associates, 1992; GRUNIG J E. A situational theory of publics: Conceptual history, recent challenges and new research [M]. MOSS D, MACMANUS T & VERCIC D. Public relations research: An international perspective, London: International Thomson Business Press, 1997: 3-48; GRUNIG J E, HUNT T. Managing public relations [M]. New York: Holt, Rinehart & Winston, 1984.

③ GRUNIG J E. Situational theory of publics [M]. Thousand Oaks, CA: Sage, 2005.

④ GRUNIG J E. When active publics become activists: Extending a Situational theory of publics [C]. International Communication Association, Montreal, 1978; GRUNIG J E. A situational theory of publics: Conceptual history, recent challenges and new research [M]. MOSS D, MACMANUS T & VERCIC D. Public relations research: An international perspective, London: International Thomson Business Press, 1997: 3-48; GRUNIG J E, HUNT T. Managing public relations [M]. New York: Holt, Rinehart & Winston, 1984; GRUNIG J E, IPES D A, et al. The anatomy of a campaign against drunk driving [J]. Public Relations Review, 1983, 9(1): 36-51; GRUNIG J E, STAMM K R, et al. Communication situations and cognitive strategies in resolving environmental issues: A second study [J]. Journalism Quarterly, 1979(56): 715-726.

方面的理解，Grunig认为，只有当人们意识到问题的存在时才会停下来思考、识别和理解所面临的问题，并主动搜寻相关信息、参与交流，来帮助制定解决问题的方法和策略。①信息搜寻这一行为发生在问题识别这么一个情境中，据此，问题识别被认为是信息搜寻的一个特定情境，也是该理论的第一个变量。

自变量二：受限识别。通常指个人对自身处理所面临问题的能力与经验的认知度，如对其行动可能被超出其所能控制的因素所限制的担心。当人们面对需要解决的问题时，会由于认为其他因素的影响超过了自身的行为能力而感到受限制。有些学者发现这种受限的感觉更多是心理上的，如自我能力评估（对个人有能力执行行为并产生特定成效的自信心）低下。②受限也可能来自客观条件的限制，如缺乏必要的设施或设备。该变量是在Grunig关于决策程序以及传播行为研究的基础上发展起来的。在这个阶段（20世纪60年代末到70年代初），传播行为已经被概念化为目的性的和主动性的行为（例如，解决问题的工具）。

自变量三：涉入度。通常指个人对所面临问题与自身有无关联的认知度。20世纪70年代中期，Grunig在其理论中加入了来自于Krugman的概念，目的是用其解释被动的和主动的传播行为（信息处理、信息搜寻）。由于该变量是指个人是否认为某个问题会对自己产生影响，反映的是个体如何本能或情绪化地识别与问题相关联的程度，③因而个体涉入度越高，其重视以及理解与问题相关信息的水平也相应会更高。④有些学者对此表示认同并指出，只有当危险或机遇"与个人相关或对其产生影响"时，个体才会对问题给予重视并参与解决。⑤其他研究也发现，涉入度高者表现出更经常地分析问题、更积极地索求和拥有更多参数的信息⑥，同时追求更高的知识

---

① GRUNIG J E, HUNT T. Managing public relations [M]. New York: Holt, Rinehart & Winston, 1984.
② WITTE K, ALLEN M, et al. A meta-analysis of fear appeals: Implications for effective public health campaigns [J]. Health Education & Behavior, 2000, 27(5): 591-616.
③ GRUNIG J E, HUNT T. Managing public relations [M]. New York: Holt, Rinehart & Winston, 1984.
④ PAVLIK J V. Audience complexity as a component of campaign planning [J]. Public Relations Review, 1988(14): 12-20.
⑤ DERVIN B. Audience as listener and learner, teacher and confidante: The sense-making approach. RICE R E & ATKIN C K. Public communication campaigns [M]. Newbury Park, CA: Sage, 1989: 68.
⑥ HEATH R L, DOUGLAS W, et al. Involvement: A key variable in people's reaction to public policy issues [J]. Public relations research annual, 1995(2): 93-204; PRETTY R E, CACIOPPO J T. Attitudes and persuasion: Classic and contemporary approaches [M]. Dubuque, IA: Brown, 1981; PETTY R E, CACIOPPO J T. Communication and persuasion [M]. New York: Springer-Verlag, 1986.

水平①。

上述三个变量通常用来解释在何种情境下个人或者公众将主动参与到两种不同类型的传播行为中②，这两类行为即形成因变量。

因变量一：信息搜寻。展示的是一种"主动型传播行为"，因而被定义为一种有目的性的信息寻求过程。信息搜寻描述了Clarke和Kline的"预先有计划的信息搜寻"判断，即"在某个环境下对一个具体主题之相关资讯进行扫描"③。主动寻求信息的个体，通常会主动查找并获得与问题相关的信息和参考资料，并加以分析和理解。正因为如此，对于一个情境形成观点或认知的可能性就会变高。研究发现，主动搜寻信息的个体成为知晓型公众的概率要远大于仅被动或随机处理信息的个体。

因变量二：信息处理。信息处理描述的是一种被动型传播行为，被动传播的个体或者公众不会特意寻求信息。当他们偶然收到信息后通常仅仅是随意地处理这些信息，并不会试图去理解这些信息，从而无法形成对问题或事件的结构型认知，任何信息的流通与他们基本无关。

这两组共五个变量之间到底有何关联性？这五个变量和"公众"的概念又是如何联系在一起的呢？对此，大致可作如下简述：

首先，自变量与因变量之间的关系。研究表明：当问题识别变强，涉入度变高，而受限识别变低时，人们将更经常地表现出不管是信息搜寻还是处理的传播行为。④

---

① CHAFFEE S, ROSER C, et al. Involvement and the consistency of knowledge, attitudes and behaviors [J]. Communication Research, 1986(13)：373-399；ENGELBERG M, FLORA J A, NASS C I, et al. AIDS knowledge：Effects of channel involvement and interpersonal communication [J]. Health Communication, 1995(7)：73-91.

② GRUNIG J E. Communication behaviors and attitudes of environmental publics：two studies [J]. Journalism Monographs, 1983.
GRUNIG J E. Excellence in public relations and communication management [M]. Hillsdale, N.J.：Lawrence Erlbaum Associates, 1992.
GRUNIG J.E. A situational theory of publics：Conceptual history, recent challenges and new research [M]. MOSS D, MACMANUS T, VERCIC D. Public relations research：An international perspective, London：International Thomson Business Press, 1997：3-48.
GRUNIG J E, HUNT T. Managing public relations [M]. New York：Holt, Rinehart & Winston, 1984.

③ GRUNIG J.E. A situational theory of publics：Conceptual history, recent challenges and new research [M]. MOSS D, MACMANUS T, VERCIC D. Public relations research：An international perspective, London：International Thomson Business Press, 1997：9.

④ GRUNIG J E. Communication behaviors and attitudes of environmental publics：two studies [J]. Journalism Monographs, 1983.

尤其是这种情境感知的结合会刺激个体或公众积极地寻求关于该情境的信息，即采取主动的传播行为。

（1）问题识别与传播意愿及行为有关。即：问题意识越高，人们将越发主动地去搜寻应对信息的方法，而非简单、被动地处理信息。[①]Major发现，问题识别增加了传播的可能性，如此，当人们面对问题的时候，即使在涉入度低的情境中，传播行为也会发生。[②]

（2）与问题识别一样，涉入度对于积极地搜寻或被动地接受信息也会产生很大的影响。由于涉入度是个体用来衡量一个问题的情境与自己相联系的程度，因此，关联性越大，涉入度也越高。涉入度高的公众更倾向于分析问题，希望得到含有更多不同观点的信息。因此，高涉入度会促使人们积极寻求传播信息。根据Hallahan的观点，涉入度就如同摩尔结构一般，能为研究人员带来大量新的发现。[③]Grunig也指出，当涉入度高时，人们对于情境的问题认知便相对提高，而受限识别则相对减低[④]。由此，涉入度可以用来了解人们的传播行为，更重要的是可以用来预测何时会发生传播行为，是主动还是被动的传播行为。

（3）受限识别是指人们对自身能否解决问题的能力之主观判断，即：个人在多大程度上感知到采取行动或者改变行为的抑制因素。它对人们寻求传播信息的意愿乃至行为产生影响。受限识别程度高的公众通常表现为自身对解决问题无能为力或束手无策，不会主动去搜寻传播信息，也不会参与寻找任何解决问题的方法；反之亦然。高受限识别的感知会使信息搜寻和传播行为及意愿趋于减少。再者，受限识别与问题识别相结合，可解释人们何时及为何主动搜寻传播信息[⑤]。

其次，基于自变量与因变量之间的关系，公众情境理论认为，被动的"信息处理"和主动的"信息搜寻"行为很大程度上取决于公众的类型。

[①] KIM J N, GRUNIG J E. Problem solving and communicative action：A situational theory of problem solving[J]. Journal of Communication, 2011(61)：120-149.

[②] MAJOR A M. Environmental concern and situational communication theory：implications for communicating with environmental publics[J]. Journal of Public Relations Research, 1993(5)：251-268.

[③] HALLAHAN K. Communicating with inactive publics：The moderating roles of motivation, ability and opportunity[C]. MD：College Park, PRSA Educators Academy, 1999, 12.

[④] GRUNIG J E. Sierra Club study shows who become activists[J]. Public Relations Review, 1989, 15：2.

[⑤] KIM J N, GRUNIG J E. Problem solving and communicative action：A situational theory of problem solving[J]. Journal of Communication, 2011(61)：120-149.

（1）行动型公众表现出具有较高的涉入度和问题识别度，以及较低的受限识别度。此类公众由于感知到问题会影响自身并确定有能力应对问题，因此，不管在主动搜寻传播资讯方面或是被动接受资讯方面，都表现出相当积极的态度，并会根据信息采取相应的行动。

（2）知晓型公众表现出较低的涉入度和问题识别度，以及较高的受限识别度。他们通常会处理信息，但不会轻易采取行动；只有当他们认识到自己所感知的受限因素已被排除，他们才有可能变为主动。

（3）潜伏型公众表现出非常低的涉入度和问题识别度，以及非常高的受限识别度。他们通常不去或无法感知问题如何与自身相关，对问题视而不见；只有在问题信息发生变化以致真实地影响他们对问题的认知时，他们才有可能转变为知晓型甚或主动型公众。

简言之，作为探讨传播行为的理论，公众情境理论阐释了自变量与因变量之间的关系，揭示了什么因素可以影响人们的传播行为，并通过对这些因素的了解来预测人们的传播行为。同时，该理论用三个自变量和两个因变量来区分不同公众的类型。公众因其在问题识别、受限识别，及涉入度上的差别，大致可被分为四种不同的类型；不同类型的公众对问题情境会做出不同的行为反应，即：主动传播行为的信息搜寻行为和被动传播行为的信息处理行为。另外，不同类型的公众对组织的关联性与重要性是不同的。

那么，公众情境理论对公共关系又有何理论和实践意义？

最初，该理论解释的是个体或公众"何时"以及"为何"会主动采取诸如信息搜寻等积极交流与传播的行为；其后，随着从个人层面去定义、区分和解释"谁"是"怎样"的公众群体，该理论上升到了集体层面，继而成为公共关系中涉及个体交流行为和组织决策的理论。[①]其理论与实践意义至少体现在三方面：

意义之一，通过细化和改进由杜威等提出的关于公共舆论的经典理论，该理论更有效地定义了公共关系意义上的公众，以便理解和分析他们的观点。例如，Grunig通

[①] GRUNIG J E. The role of information in economic decision making[J]. Journalism monographs, 1966, 3.
GRUNIG J E. Sierra Club study shows who become activists[J]. Public relations review, 1989(15):3-24.
GRUNIG J E. A situational theory of publics: conceptual history, recent challenges and new research[M] // MOSS D, MACMANUS T, VERCIC D. Public relations research: an international perspective. London: International Thomson Business Press, 1997: 3-48.
GRUNIG J E. Constructing public relations theory and practice[M]. DERVIN S B, 2003.

过基于个体应对问题的倾向、交流行为的量和质去区分公众,不仅描述了传播对公众认知问题和解决问题的态度及行为可能产生的影响,还分析了不同的公众是否会参与集体解决问题的可能性。① 正因为该理论可以用来定义和识别公众②,它能够帮助公关人员更好地理解公众的观点以及公众行为所构成的交流与传播过程。再者,不同类型的公众对组织的关联性与重要性是不同的。知晓型公众和行动型公众应被视为组织的战略公众（strategic publics）需要特别加以重视。③ 公众情境理论无疑梳理并提升了以往过于宽泛的"公众"概念,提供了一个能识别出对组织产生影响的"战略公众"的有效方法,并揭示了在问题情境中公众的认知与传播行为之间的关系。④

意义之二,公众情境理论能够解释和预测哪类公众最可能对问题主动实施交流和传播。正因为其鲜明的预测能力,该理论不仅成为应用传播学最常使用的理论,也是公关学者和公关人员时常运用的分析工具。⑤ 例如,对前者而言,该理论为建构公共关系战略管理机制提供了指导；⑥ 对后者而言,该理论对策划更具战略性的传播计划具有指引意义,特别是在识别公众类型、制定有针对性的短期或长期传播目标,以及评估传播效果等环节,该理论可操作性甚大,可帮助有效地节约组织的资源,避免无效的沟通。

意义之三,该理论的一个最重要的发现是：平常被动、随机地使用信息的个体只有在信息与其认知的问题相关联时才会主动、系统地使用信息。对公共关系（特别是公共关系战略管理）而言,这一发现解释了为何盲目地在普通公众中寻找认同群体,

---

① GRUNIG J E. The role of information in economic decision making[J]. Journalism Monographs, 1966, 3.
　GRUNIG J E. Sierra Club study shows who become activists[J]. Public Relations Review, 1989(15)：3-24.
　GRUNIG J E. A situational theory of publics：Conceptual history, recent challenges and new research[M]// MOSS D, MACMANUS T, VERCIC D. Public relations research：an international perspective, London：International Thomson Business Press, 1997：3-48.
　GRUNIG J E. Situational theory of publics[M]. Thousand Oaks, CA：Sage, 2005.
② GRUNIG J E. Constructing public relations theory and practice[M]. DERVIN S B, 2003.
③ GRUNIG J E. Furnishing the edifice：Ongoing research on public relations as a strategic management function[J]. Journal of Public Relations Research. 2006, 18(2)：151–176.
④ 赖泽栋. 问题解决情境理论：公共情境理论的新进展[J]. 国际新闻界. 2014, 36(2)：164–76.
⑤ ALDOORY L, SHA B-L. The situational theory of publics：Practical applications methodological challenges, and theoretical horizons[M]. Mahwah, N.J.：Lawrence Erlbaum Associates, 2007.
⑥ GRUNIG L A, GRUNIG J E, DOZIER D M. Excellent public relations and effective organizations：A study of communication management in three countries[M]. Mahwah, N.J.：Lawrence Erlbaum Associates, 2002.

要比有目的地在特定群体中培养知音失败的概率大很多。由于人们只有在认为有必要和相关联的情况下才会有选择地寻求信息和实施交流传播，那些针对大范围人群的公关活动，无论策划得多么完美，都会事倍功半甚或无功而返。据此，公关学者建议，公关人员首先要确定谁最可能与他们交流（找到主动型和知晓型公众，排除被动或零知觉型公众），然后将有限的信息与传播资源集中用于选定的主动型公众，以便最有效地建构可长期维持高质量的互动关系的战略公众。①

大量的实证研究表明，公众情境理论有较强的解释力和实践价值，被认为是公共关系研究和实践的基础理论之一。再者，公众情境理论已持续进行了全球化试验②并被论证为是一个全球性理论，其核心具备了一些普世性规则。

二、公众情境理论的建构

为了有效地理解公众的传播认知、态度和行为及预测交流行为改变的可能性，公众情境理论难免在寻找、实证与确认一些核心的要素方面经过一个复杂的建构过程。

无疑，争议最集中的是确定相关自变量。关于自变量问题识别，争议聚焦在个体多大程度上会意识到自身正在面临的问题。Grunig 和 Hunt 的研究表明，一定情境中的个体通常不会主动理解或思考相关问题，除非他们认为应该或必须采取一些行动去解决问题。③ Hamilton 后来发现，人们的问题识别与使用媒体的意愿和行为没有正相关性。④ Major 则认为，"问题识别"与信息搜寻传播的可能性相关联。⑤ 他发现：当人们面对问题时，即使在低涉入度的情境中，他们仍会处理或搜寻信息。此后，问题识别作为自变量取得了广泛共识。

---

① GRUNIG J E. A situational theory of publics: Conceptual history, recent challenges and new research [M] // MOSS D, MACMANUS T, VERCIC D. Public relations research: an international perspective, London: International Thomson Business Press, 1997: 3-48.
② VERDC D. Towards fourth wave public relations: A case study. MOSS D, MACMANUS T & VERCIC D. Public relations research: An international perspective [M]. London: International Thomson Business Press, 1997: 264-279.
③ GRUNIG J E, HUNT T. Managing public relations [M]. New York: Holt, Rinehart & Winston, 1984.
④ HAMILTON P K. Grunig's situational theory: A replication, application, and extension [J]. Journal of Public Relations Research, 1992, 4: 123-149.
⑤ MAJOR, A M. Environmental concern and situational communication theory: Implications for communicating with environmental publics [J]. Journal of Public Relations Research, 1993, 5: 251-268.

自变量"受限识别"是在 Grunig 20世纪60至70年代进行的关于决策程序及传播行为研究的基础上发展而来。此间，作为具有目的性和主动性的行为，传播被认定是一种能够理解问题、解决问题的方法，即：受限识别低者可能会采取行动或改变其行为，而受限识别高者则不会采取行动甚至会通过减少沟通来回避问题。在对美国公众如何认知"禁止酒驾"宣传影响的实证研究后，Grunig 和 Ipes 指出："对于一项意在促使人们去发展组织化认识并试图改变人们行为的运动来说，它必须向人们展示如何移除受限识别。"①

争议最大的一个自变量便是"涉入度"。在建构情境理论时，Grunig 于1976年建议，将 Krugman 提出的涉入度作为自变量②，以便有效地描述、解释、分析和预测被动（信息处理）和主动（信息搜寻）的传播行为。此后，考虑到需要进一步探讨"个人与某个问题的相关度"，Grunig 和 Hunt 认为，涉入度不仅可解释"感知的情感与被识别的问题之间的相关性"，也可预测"个人了解并理解信息的可能性"。③此后的实证研究发现，涉入度高的公众更会留意和理解信息，会更积极地寻求、传播信息，也会更经常地分析议题以及更喜欢信息量大、观点新颖的信息。④

同期有研究发现，"涉入度"作为自变量可能影响公众的态度甚或行为转变。⑤有些研究表明，人们的信息处理其实发生在无意当中，如果促使他们增加对信息索取和拥有的兴趣，他们会转变对信息的态度和行为。一旦从被动型公众变成主动型公众，他们就有可能改变仅处理大众媒体信息的习惯，变得会通过不同形式的媒介（甚或使用专业化频道）搜寻信息、分享信息。⑥另有研究揭示，由于人们常会搜寻与某个议题相关的信息，故而这种主动、积极的信息行为可能促使他们形成一种有组织的

---

① GRUNIG J E, IPES D A, et al. The anatomy of a campaign against drunk driving [J]. Public Relations Review, 1983, 9(1): 36–51.

② KRUGMAN H E. The impact of television advertising: Learning without involvement [J]. Public Opinion Quarterly, 1965(29): 349–356.

③ GRUNIG J E, HUNT T. Managing public relations [M]. New York: Holt, Rinehart & Winston, 1984.

④ PAVLIK J V. Audience complexity as a component of campaign planning [J]. Public Relations Review, 1988(14): 12–20.

⑤ GRUNIG J E. A situational theory of publics: Conceptual history, recent challenges and new research [M] // MOSS D, MACMANUS T, VERCIC D. Public relations research: an international perspective, London: International Thomson Business Press, 1997: 3–48.

⑥ SLATER M D, CHIPMAN H, AULD G, KEEFE T, KENDALL P. Information processing and situational theory: A cognitive response analysis [J]. Journal of Public Relations Research, 1992, 4: 189–203.

认知，即对某一种情境保持某种特定的态度，并就这种情境采取某种特定的行为。[1] 为了增加理论的应用性，还有一些研究分别加入了其他变项，比如，源于社会判断理论[2]的内在涉入度（internal involvement）和外在涉入度（external involvement），及非人际涉入度（impersonal involvement）。[3]

在确认自变量的过程中，Grunig曾试图提出第四个自变量，即参照标准（reference criterion）。他认为，参照标准描述的可能是一种从先前的情境过渡到目前情境的解决方案，即：人们将先前情境中的解决方案应用到当下情境中；其所表明的是人们在试图解决目前面临的问题时，仅习惯于参照过往的经验，而非寻求更新的信息，以致主动沟通的意愿和需求无意中降低[4]。后续的研究表明，尽管参考标准在预测认知和态度中可能有一定的参考价值，但其作为自变量对于传播行为的影响是有限的。[5]Grunig自己也发现，参考标准似乎更像是传播行为的效果而非原因，更应作为因变量而非自变量。[6]

尽管在此后的研究中仍无法确认参考标准是否可作为一个完美的自变量，其一度曾被认知模式所替代，该模式由认知广度和认知深度所支撑[7]，但由于后来的一些实证研究表明这个变量对于传播行为的影响并不确定，包含认知广度和认知深度的认知

---

[1] GRUNIG J E. Communication of scientific information to nonscientists [M]. Norwood, N.J.: Ablex, 1980; HEATH R L, LISA S, DOUGLAS W, et al. Effects of perceived economic harms and benefits on issue involvement, use of information sources, and actions: A study in risk communication [J]. Journal of Public Relations Research, 1995, 7: 89–109.

[2] SHERIF C W, SHERIF M, NEBERGALL R E. Attitudes and attitude change: The social judgment-involvement approach [M]. Philadelphia: W. B. Saunders, 1965.

[3] CAMERON G T, YANG J et al. Effect of support and personal distance on the definition of key publics for the issue of AIDS [J]. Journalism Quarterly, 1991(68): 620–629.

[4] GRUNIG J E. A situational theory of publics: Conceptual history, recent challenges and new research [M]. MOSS D, MACMANUS T & VERCIC D(Eds.), Public relations research: An international perspective, London: International Thomson Business Press, 1997: 3–48.

[5] GRUNIG J, DISBOROW J B, et al. Developing a probabilistic model for communication decision making [J]. Communication Research,1998(4): 145–168.

[6] GRUNIG J E. Communication behaviors and attitudes of environmental publics: Two studies [J]. Journalism Monographs, 1983: 81.

[7] GRUNIG J E, CHILDER L. Reconstruction of a situational theory of communication: Internal and external concepts as identifiers of publics for AIDS [C]. Portland: Meeting of the Association for Education in Journalism & Mass Communication, 1988.

模式作为自变量，在20世纪80年代中期以后便逐渐淡出了公众情境理论的讨论。①

　　不少学者也同样尝试了对已确认的自变量进行深度分析和重新界定。20世纪90年代初，一些学者②测试了三个自变量的个人和非个人围度后发现，作为自变量的涉入度有可能受到"自我关注（个人）"或是"利他关注（非个人）"因素的影响，他们据此提出，区分个人和非个人围度可有效地延伸情境理论的研究范围。Grunig和Chiders也试图验证和区分了三个自变量内部和外部围度的作用。③他们发现，涉入度可由内部涉入与外部涉入程度分别表明，前者指个人在其内心实施思辨性或认知性参与，后者则表示个人以具体行动参与解决问题。他们还认为，人们最经常认识到的问题（外部涉入）与他们的自我认知或自身世界观（内部涉入）有关。然而，对此假设的实证研究，尚未完全验证涉入度及受限识别的内部和外部围度与传播行为及内部与外部问题的认知具有相关性。

　　一些学者还考察了所确认的自变量是否具有前置因素（antecedent factors）④。例

---

① GRUNIG J E. A situational theory of publics: Conceptual history, recent challenges and new research [M] // MOSS D, MACMANUS T, VERCIC D. Public relations research: an international perspective, London: International Thomson Business Press, 1997: 3-48.
　　GRUNIG J E, CHILDER L. Reconstruction of a situational theory of communication: Internal and external concepts as identifiers of publics for AIDS [C]. Portland: Meeting of the Association for Education in Journalism & Mass Communication, 1988.
　　GRUNIG J E, CLIFFORD L, RICHBURG S J, WHITE T J, et al. Communication by agricultural publics: Internal and external orientations [J]. Journalism Quarterly, 1988, 65: 26-38.
　　GRUNIG J.E, HUNT T. Managing public relations [M]. New York: Holt, Rinehart & Winston, 1984.
　　GRUNIG J.E, IPES D A, et al. The anatomy of a campaign against drunk driving [J]. Public Relations Review, 1983, 9 (1): 36-51.
② CAMERON G T, YANG J et al. Effect of support and personal distance on the definition of key publics for the issue of AIDS [J]. Journalism Quarterly, 1991(68): 620-629.
　　DORNER C, COOMBS W T. The addition of the personal dimension to situational theory: A re-examination and extension [C]. Sydney: International Communication Association, 1994.
　　HEATH R L, DOUGLAS W. Involvement: A key variable in people's reaction to public policy issues [M]. N.J.: Lawrence Erlbaum Associates, 1990.
③ GRUNIG J E, CHILDER L. Reconstruction of a situational theory of communication: internal and external concepts as identifiers of publics for AIDS [C]. Portland: Meeting of the Association for Education in Journalism & Mass Communication, 1988.
④ AIDOORY L. Making health communications meaningful for women: Factors that influence involvement and the situational theory of publics [J]. Journal of Public Relations Research, 2001(13): 163-185.
　　SHA B L, LUNDY L K. The power of theoretical integration: Merging the situational theory of publics with the elaboration likelihood model [C]. Miami, FL: International, Interdisciplinary Public Relations Research Conference, 2005.

如，Sha通过加入"种族"作为控制变量后发现，不同种族的公众群不仅在身份认同上具有显著的差别，同时在问题识别、涉入度以及信息处理和信息搜寻倾向上也表现出相当的差异性。[1]她认为，不同种族的公众之所以在涉入度等方面有不同的反应，是因为他们可能参照了不同的过往经验或受到了前置因素的影响。据此，她建议重新审视参照标准作为自变量的前置因素作用，并将其放在文化身份的情境下进行验证。

此后，Sha和Lundy借鉴"详尽可能性模型"进一步探究了影响人们信息处理和搜寻行为的前置因素并发现，有些个人因素，诸如认知的需求和处理信息的动机，和受限因素，诸如注意力分散、信息的可理解性、事件的熟悉度以及适当的模式，均可能是三个自变量的前置因素；此外，一些与信息相关的因素，诸如观点的质量和力度及信息的可信度等，也有可能是影响人们信息处理和信息搜寻态度及行为的前置因素。[2]

与此同时，Hallahan认为动机也可能作为一种前置因素直接或间接地影响涉入度。[3]基于对市场和消费者的调查，他发现，当媒体信息包含了有趣的信息、小说般刺激的故事、适度复杂的消息、来源可信的报道以及能引起受众共鸣的情境时，人们明显表现出主动搜寻信息的动机，他们主动涉入交流的可能性也变大。Aldoory也发现了可能影响女性对于健康信息涉入度的前置因素，包括日常生活意识（如母性、孕妇、就业、住房安排、邻居、性别身份等），媒体来源可信度，个人身份认知以及个人健康意识（对健康议题的敏感性、感知健康议题的主动性、自身不受侵害的认知）。[4]

当然，两个因变量——信息搜寻和信息处理——同样也经历了由争议到确认的过程。Grunig指出，信息搜寻描述的是"预先计划的信息搜寻"，即人们"在某个环境下对某个具体主题相关资讯的扫描"；而信息处理表现的则是"消息发现"，即"在对

---

[1] SHA B L. Cultural identity in the segmentation of publics: an emerging theory of intercultural public relations[J]. Journal of Public Relations Research, 2006(18): 45-65.

[2] SHA B L, LUNDY L K. The power of theoretical integration: merging the situational theory of publics with the elaboration likelihood model[C]. Miami, FL: International, Interdisciplinary Public Relations Research Conference, 2005.

[3] HALLAHAN K. Communicating with inactive publics: The moderating roles of motivation, ability and opportunity[C]. MD: College Park, PRSA Educators Academy, 1999.

[4] AIDOORY L. Making health communications meaningful for women: factors that influence involvement and the situational theory of publics[J]. Journal of Public Relations Research, 2001(13): 163-185.

信息持续性的处理后意外的（无意识的）发现相关消息"①。据此，一些学者认为，有必要全面地描述这两个自变量的变化情况，以便更有效地解释个人或者群体在何种情况下主动参与到这两类传播行为中。通过研究，他们发现，对于主动寻求信息的个体，信息搜寻具有目的性（如帮助做出行为方向性的决定），个体一旦搜寻到信息，就会尝试了解它，继而，其对每个情境或问题形成观点或认知的可能性就会变大。②

相反，被动传播的人们不会特意寻求信息，当他们偶然收到信息时，常常随机处理，使得其对某个问题或事件的认知松散、无结构。据此，一些学者假设，只有当问题识别变强、涉入度变高、受限识别变低时，人们才会从信息处理过渡到信息搜寻。事实上，由于人们在毫不费力地接收到信息后会更多地注意和记住这些信息，对既定情境的被动感知便鼓励了被动传播。③据此，学者们关于信息处理和信息搜寻在三个自变量怎样的作用下才会发生变化的研究得以深入。

近期，一些研究试图在因变量中增加了认知效果、态度效果及行为效果衡量。④公众情境理论的初衷是为了帮助预测公众对特定议题或问题的反应，特别是预测公众在认知、态度和行为等方面可能产生的变化，即通过分析人们信息交流的数量、类型和效果及此种交流对其对传播的认知、态度以及行为的影响，去预测他们集体参与解决问题行动的可能性。有学者指出，认知效果、态度效果及行为效果作为因变量具有

---

① GRUNIG J E. A situational theory of publics: conceptual history, recent challenges and new research [M]. MOSS D, MACMANUS T, VERCIC D. Public relations research: An international perspective, London: International Thomson Business Press, 1997: 3–48.

② GRUNIG J E. Communication behaviors and attitudes of environmental publics: Two studies [J]. Journalism Monographs, 1983: 81.
GRUNIG J.E. Excellence in public relations and communication management [C]. Hillsdale, NJ: Lawrence Erlbaum Associates, 1992.
GRUNIG J E. A situational theory of publics: Conceptual history, recent challenges and new research [M]. MOSS D, MACMANUS T & VERCIC D. Public relations research: An international perspective, London: International Thomson Business Press, 1997: 3–48.
GRUNIG J E, HUNT T. Managing public relations [M]. New York: Holt, Rinehart & Winston, 1984.

③ GRUNIG J E. Communication behaviors and attitudes of environmental publics: two studies [J]. Journalism Monographs, 1983: 81.

④ CAMERON G T. Memory for investor relations messages: An information-processing study of Grunig's situational theory [J]. Journal of Public Relations Research, 1992(4): 45–60.
SLATER MD, CHIPMAN H, AULD G, KEEFE T, KENDALL P. Information processing and situational theory: a cognitive response analysis [J]. Journal of Public Relations Research, 1992, 4: 189–203.

学术意义。①但是，正如先前将参照标准作为自变量一样，这三个要素想要成为新的自变量，仍需经过大量、持续的实证验证。

与此同时，已有研究表明，公众情境理论在公关实践中具有鲜明的应用性。例如，学者们关于环保公关、投资人关系、健康宣传及公共教育的相关研究证实，情境理论对公关从业人员设定策略、组织设计及检测效果有着明显的指导作用。②还有研究发现，公关从业人员根据对不同类别公众涉入某个事件程度的分析和预测，在公关策划中有目的将信息变成活动消息，成功地实践了该理论。③

特别是在公众健康教育的公关活动中，公关从业人员已经根据涉入度以及受限识别帮助区分不同的公众，并让健康的讯息更有针对性地提供给不同的受众以期影响他们对问题的关注和参与。④Grunig和Ipes关于"禁制酒驾"活动效果的研究，证明了活动组织者可以通过调整受限识别来提升传播效果。⑤Pavlik在测量了涉入度和受限识别在调解心脏健康信息的作用后指出，公关人员似乎可以设计相关形式的信息以降

---

① GRUNIG J E. Communication behaviors and attitudes of environmental publics: Two studies [J]. Journalism Monographs, 1983: 81.
　GRUNIG J E. Excellence in public relations and communication management [C]. Hillsdale, NJ: Lawrence Erlbaum Associates, 1992.
　GRUNIG J E. A situational theory of publics: Conceptual history, recent challenges and new research [M]. MOSS D, MACMANUS T & VERCIC D. Public relations research: an international perspective, London: International Thomson Business Press, 1997: 3-48.
　GRUNIG J E, HUNT T. Managing public relations [M]. New York: Holt, Rinehart & Winston, 1984.
② BERKWITZ D, TURNMIRE K. Community relations and issues management: an issue orientation approach to segmenting publics [J]. Journal of Public Relations Research, 1994(6): 105-123.
　CAMERON G T. Memory for investor relations messages: An information-processing study of Grunig's situational theory [J]. Journal of Public Relations Research, 1992(4): 45-60.
　GRUNIG J E, CHILDER L. Reconstruction of a situational theory of communication: Internal and external concepts as identifiers of publics for AIDS [C]. Portland: Meeting of the Association for Education in Journalism & Mass Communication, 1988.
　MAJOR A M. Environmental concern and situational communication theory: Implications for communicating with environmental publics [J]. Journal of Public Relations Research, 1993(5): 251-268.
③ WERDER K P. An empirical analysis of the influence of perceived attributes of publics on public relations strategy use and effectiveness [J]. Journal of Public Relations Research, 2005(17): 217-266.
④ CAMERON G T, YANG J et al. Effect of support and personal distance on the definition of key publics for the issue of AIDS [J]. Journalism Quarterly, 1991(68): 620-629.
　DORNER C, COOMBS W T. The addition of the personal dimension to situational theory: A re-examination and extension [C]. Sydney: International Communication Association, 1994.
⑤ GRUNIG J E, IPES D A, et al. The anatomy of a campaign against drunk driving [J]. Public Relations Review, 1983, 9(1): 36-51.

低目标受众对心脏健康知识复杂性的畏惧。①基于对女性参与健康运动涉入度的考察，Aldoory建议，针对健康运动的公关活动可以针对不同民族、种族、性别和经济背景的女性，提供不同的宣传信息，以期排解相关因素的限制影响。②

此外，Sha和Pine对"预防虐待儿童"教育活动有效性的研究，也表明了该理论的应用价值。③例如，在她们运用情境理论的公众分类法确定了那些可能成为主动型的公众后，便建议公关人员可将这些公众锁定为国家开展反对儿童性虐待教育工作的战略受众，如对一次宣传反对儿童性虐待的特殊马拉松活动设计这样的新闻头条："参与竞赛吧，不要再沉默。（Race to Stop the Silence.）"

公众情境理论最新的发展发生在2011年。Kim和Grunig提出了"问题解决情境理论"（Situational Theory of Problem Solving，STOPS）④。他们虽未试图弥补公众情境理论的缺陷（如理论解释力不强、相关变量模糊等），但对其理论模型做出了较大的改变。首先，该理论模型将参考标准（reference criterion）再次列为自变量。其次，将问题解决的情境动机（situational motivation in problem solving）作为调节变量加入。再次，将原先的两个因变量扩充为信息搜寻（information seeking）、信息注意（information attending）、信息筛选（information forefending）、信息许可（information permitting）、信息告知（information forwarding）和信息共享（information sharing）共六个方面。最后，Kim和Grunig刻意强调了"问题解决情境理论"不仅可以应用于公共关系中的议题管理中，还能在健康传播、科学传播、政治传播、公益营销等应用传播和机构管理领域得以运用（Lai，2014）。至于问题解决情境理论在多大程度上可以弥补公众情境理论的不足甚或替代该理论在公共关系研究的应用，仍有待于更多的实证研究予以验证。

---

① PAVLIK J V. Audience complexity as a component of campaign planning[J]. Public Relations Review, 1988, 14: 12-20.
② AIDOORY L. Making health communications meaningful for women: Factors that influence involvement and the situational theory of publics[J]. Journal of Public Relations Research, 2001, 13: 163-185.
③ SHA B L, PINE P. Using the situational theory of publics to develop an education campaign regarding child sexual abuse[C]. Miami, FL: Interdisciplinary Public Relations Research Conference, 2004.
④ KIM J N, GRUNIG J E. Problem solving and communicative action: a situational theory of problem solving[J]. Journal of Communication, 2011(61): 120-149.

三、公众情境理论发展的挑战和机遇

公众情境理论的建构迄今仍面临诸多挑战，但也蕴含着深化发展的机遇。

首先，在方法论和理论视野方面，尽管该理论已具备了用于本科生教学和专业应用的基本条件，但在方法论方面仍有改善的空间。无论是定性还是定量分析，均需更加系统，更加深入。例如，通过定性方法来阐述情境理论变量的研究为数不多，其中一些一度被证明可能有分析意义的工作未能继续下去。此外，除了常规的定量分析外，可否采用其他方法（如实验设计法）去验证和拓展自变量预测能力，也值得学者们去探索。

尽管此前研究情境理论的学者们已经力图拓宽该理论的视野，但可惜的是，他们先前探讨的一些有可能成为重要变量的因素并未得到持续不断的验证，以致欠缺说服力。比如参考标准作为一种可能的变量，包括Grunig等学者的研究均有创意，但仅依据他们目前的研究结果而未能对这一极具变量特质的因素予以深入研究，实属遗憾。另外，更接近人们传播行为的"情境动机"，是否可成为问题识别、受限识别和涉入度的调节变量以分析人们的认知变化、态度变化与行为变化的相关性，非常值得进一步探究。

同理，如何对已经取得共识的相关变量进行必要的深化研究仍为一大挑战。例如，每个自变量的重点研究尚显不足。虽然大多数现存研究已经客观地验证了三个自变量与影响传播行为的相关性，并在这些变量之间建立了一个显著的逻辑关系。然而，对于每一个自变量的说法似乎已经约定俗成，学者们未能进一步研究其可能的复杂性，以致自变量被概念化。再如，对于两个因变量也需要更为深入的分析。虽然建构情境理论的最初目的是发现能够解释传播行为（如信息搜寻与信息处理）的分析工具，然而这个关联性常常在研究中被忽略。最后，关于自变量前置因素的研究，大都聚焦于一些特殊群体，未能通过比较研究得到交互验证。无论是关于自变量甚或因变量的客观及主观前置因素，均需更多质化和量化的实证，否则，理论的完善性即显不足。

情境理论在建构过程中也存在简单化倾向。例如，将公众的传播行为仅聚焦于信息搜寻和信息处理，难以全面、客观地反映当今快速变化的传播情境。传播技术的日新月异必然导致传播形态的不断变化。作为公众情境中的群体，主动型的人们恐怕不仅会主动搜寻信息，也可能会积极地选择信息、分享信息甚或自创信息。现存关于情

境理论的研究中，尚未看到关于新媒体、自媒体时代中人们对待特定公共信息的认知、态度和行为可能变化的实证研究，而此类研究至少可以降低理论建构过于简单化的风险。

其次，情境理论在公关实践方面的应用性仍需在更大范围内得到验证，并获得公关业界的普遍认可。

毋庸置疑，尽管情境理论关于"主动沟通"的表述已十分明晰，但是这个概念是否具有明确的应用性，不仅需要学者更清晰地描述此概念，更为重要的是需要验证其到底在何种情境中会得到怎样的具体运用。例如，根据现存研究，主动沟通可能是信息搜寻态度和信息搜寻行为的交汇点或转折点，但其仍不能具体地描述和预测现实中发生的行为，如：当有人主动在一次公关活动中索取相关小册子，或已经走近了一次公开抗议活动的队伍，这是否意味着主动沟通开始发生？

据同理，体现情境理论应用性的范围、议题领域及深度均有必要予以拓宽。现存的研究大都展现了该理论可应用于环境保护传播、健康教育传播、公共教育活动等积极公共关系领域，然而，显然，该理论也可应用于其他公关主题或领域，如：媒体关系、政府关系、公共外交甚或新近兴起的战略传播。

当然，正如辨析其他公关理论的应用性那样，情境理论可否在实践中得以有效应用，很大程度上依赖于公关从业人员的作为，他们对该理论的认可度、接受度以及应用的主动程度，是决定该理论应用性的关键要素。公关学者和公关从业人员似乎可以尝试联手测试情境理论的应用性，并提出修正意见。

最后，公众情境理论也必须面对全球化的挑战。经济全球化带来传播的全球化已然成为现实，而不断更新的传播技术更使得在当下的全球背景中验证情境理论不仅必要，也成为可能。①

目前对情境理论在全球范围内的实验虽凤毛麟角，但已有成果。例如，近期在克罗地亚进行的系列研究②，不仅验证了该理论对一个处于经济、政治和社会转型期国

---

① VERDC D. Towards fourth wave public relations: a case study [M]. Public relations research: An international, 1997.

② TKALAC A, PAVIDC J. How global is the situational theory of publics: The case of Croatia. In 9th International Public Relations Research Symposium [M]. Bled, Slovenia: Pristop Communications, Ljubljana, 2002.

TKALAC A. Public relations in attitude formation and change: The application of the situational theory of communication behavior [M]. Unpublished doctoral dissertation, University of Zagreb, 2003.

家的有效性，也得出了认知模式有可能替代参照标准作为一个变量的具体结论。该研究表明，相比于被动型公众，主动型公众更倾向于传播，更有可能发生认知、态度以及行为方面的变化；反之，被动型公众更倾向于保持态度，尽管这些态度往往比较薄弱。这一发现进一步揭示出，情境的变化可以解释并预测行为的变化，促进是否变化的要素似乎具有普遍性，而传播更易促进主动识别型公众改变其认知、态度和行为。更为重要的是，此项研究至少可被当作一个具有真正意义的全球性理论验证实例，它的贡献是对该理论在不同国度、不同文化背景中是否具备普遍的、有用的规则进行了有效的验证。

显然，类似的关于公众情境理论的全球验证对该理论的进一步完善十分必要，也呼唤着更多此类研究的出现。例如，中国虽直至近期才移植了根植于西方的公共关系，但无论作为一种行业还是作为一门学科，公共关系在经济快速增长的中国已经得到了空前的发展。情境理论是否也可以在中国得到跨国度、跨文化的验证？答案是显然的。

已经有中国学者提出，由公众情境理论最新发展出来的问题解决情境理论在中国至少可从四个方面予以验证尝试：（1）聚焦跨文化情境研究，如在不同文化情境中（如集体文化与个人文化、权力距离大小）考察问题识别的应用性，在跨文化情境中考察参考标准的有效性或差异性；（2）聚焦不同的公共议题，如对"公民社会"尚未发育全面的中国所显现的具有其特殊性的公共问题（如食品安全、政治传播、品牌危机等）考察受限识别及涉入度的适用性；（3）聚焦新兴领域的传播，如在健康传播领域考察和预测不同的公众群体（如农民工）对信息的认知、态度和行为改变的可能性；（4）聚焦新媒体技术的广泛运用对人们的传播行为的影响。[①]无疑，一个迅速发展的中国为公众情境理论的全球验证提供了前所未有的机遇。

四、结语

毋庸置疑，公众情境理论对助推公关理论的发展和公关实践的创新，在任何情况下都是有意义的。尽管该理论仍处于建构和不断完善的过程中，其仍具有重要意义，主要体现在如下几方面：

---

① 赖泽栋. 问题解决情景理论：公共情景理论的新进展[J]. 国际新闻界. 2014, 36(2)：164-176.

- 为"人们为何沟通以及什么情况下沟通的可能性最大"提供了一种解释路径；
- 为"如何通过细分公众以提升在一个或者多个情境中选择传播的预测可能性"提供了一种分析模型；
- 为"传播将如何影响相关群体的认知、态度和行为"提供了一种预测方式；
- 为公众在何种情境中从一个无关联的个人群体转化为一个有组织的积极群体，并通过他们形成的公众舆论以影响组织及商业的决策行为提供了一种思辨方向。

也如任何一种正在建构的社会科学理论一样，公众情境理论必须面对来自方法论、理论视野、应用性和全球化等方面的挑战。但是，关注该理论的公关学者和从业人员若能采取更加开放的态度、更具创新的方法，致力于对该理论的深化和精准研究，情境理论真正成为公关领域的"第一深度理论"指日可待，也必将对下一代公关学者和从业人员提供具有价值的理论与实践指导。据此，本文作者呼吁新一代学者和专家即刻行动起来，共同努力，使公众情境理论在公共关系中变得更具影响力。

（陈霓，澳门大学社会科学学院副教授）

第十四章　危机传播理论

危机传播在公共关系实践研究领域中的发展呈迅猛上升的态势。作为实践研究，危机传播的宗旨就是要寻求更有效的危机管理实践的方法和路径。从2008年三鹿奶粉门到2015年大众汽车的排放欺诈丑闻，再到2016年三星Galaxy Note 7因电池过热的安全隐患被迫召回，危机已经普遍存在。危机不仅会给组织的资产构成威胁[1]，还会给公共安全造成威胁，比如三鹿事件和三星的危机。危机传播与公共关系研究的专业人员紧密相关，因为他（她）们就是危机管理团队的核心成员（Barton, 2001; Coombs, 2015）。因此，公关与传播专业人员理解何为有效和无效的危机管理至关重要。

一、术语的定义：危机和危机传播

令人遗憾，目前学界还没有对危机的定义达成共识。因为危机这个词被广泛且多元化地使用，对危机传播研究者而言，限定使用这个词的条件就显得尤为重要。本章的这一部分旨在对危机进行定义，并对危机和危机沟通的共同目标进行阐释。

危机指的是灾难和组织的危机，这是两种全然不同的情境，因此研究者必须区分到底是灾难传播还是组织危机传播。这一章将关注组织的危机传播。组织的危机可以被视为如下情境：利益攸关者觉察到现实情况违背了他们的收益预期，且会对组织和（或）利益攸关者造成潜在的负面影响，这个定义中的两个重要特征就是可觉察到的预期违约以及负面的影响。

危机是利益攸关者看法的集合。如果足够多的利益攸关者认为组织处于危机之中，这个组织就会处于危机之中，因为利益攸关者将会按照组织在危机中的情境来作出反应，危机在利益攸关者认为现实情况违背了他们的期望时就会发生。换言之，组织正在做一些投资者认为是错误的事情。在上文中的例子里，大众汽车因为在车上安装了故意伪造排放数据的软件而违背了利益攸关者的期待，三鹿集团因为在奶粉中添加了有毒的三聚氰胺成分违背了利益攸关者的期待，而三星因为生产了可能导致自燃的手机而违背了利益攸关者的期待，对利益攸关者期待的违背也必然存在给组织和（或）投资人带来危害的可能性。如果这些负面的影响并不存在风险，那么这种情境就只是微不足道和易于掌控的小插曲而不属于危机范畴（Coombs, 2015）。

危机至少造成了危害组织和（或）利益攸关者的风险，伤害可能是生理方面、心理方面或者财务方面的。我们需要再次回到篇首介绍的例子，大众遭受了声誉损害，造成了经济损失，又被政府处罚，还因违纪导致了股价下跌。大众的顾客则因为罚款和对大众汽车的质量担心受到伤害。三鹿集团则受到了更严厉的惩罚，利益攸关者因婴儿的疾病和死亡造成了生理和心理上的巨大创伤。三星则遭遇了声誉受损、销售额下降、因产品被召回造成巨大损失、市场份额丢失以及股价下跌，三星的顾客则面临被产品烧伤的危险、损失金钱以及更换手机所需要消耗的时间精力。在每一个危机中，组织和利益攸关者都受到了伤害，并伴有遭受潜在和更深层伤害的风险。

危机传播是一系列复杂的程序，包括危机中的信息管理和意义管理。在危机中，管理者必须收集、分析和传播与危机相关的信息。例如，危机管理者必须在采取行动之前理解当下的情境，理解危机的情境就是管理信息。另外，需要与利益攸关者分享特定的危机信息，比如雇员和社区成员。例如，雇员需要知道危机如何影响他们的工作日程。意义管理指管理者需要影响利益攸关者对危机、组织对危机的应对以及对组织本身的看法。意义管理即危机传播的战略性质（Coombs, 2010）。危机管理者影响组织利益攸关者对危机的看法和行动常常被视为有效危机管理的标准。

有了对组织危机的定义和危机传播的定义，我们就能对组织危机做出进一步的区分。危机潜在的危害令组织危机分为两个类型：经营型危机和声誉型危机。经营型危机就是对组织的经营具有实际或潜在的干扰，危机管理早期就是旨在处理好经营危机。三鹿集团和三星的危机就是显而易见造成经营困境的例子，在每一次经营危机中，组织都不得不停止生产和销售。经营型危机的共性包括工业和运输的事故及产品导致的人身伤害事件、工厂暴动、自然灾害、产品贿赂、黑客攻击以及恐怖袭击。经营型危机造就了受害者——危机中受到伤害的利益攸关者。事实上，经营型危机会对利益攸关者和组织造成伤害（Coombs, 2014）。

声誉危机是指会潜在地对组织的声誉造成显著的危害但不会造成经营困境的危机情境。Sohn和Lariscy（Sohn & Lariscy, 2014）发展和完善了声誉危机的含义。这种情境包含了利益攸关者视之有负面影响的组织行为或政策。因为声誉会影响企业行为和财务回报，所以声誉型危机很可能导致严重的后果。大众汽车的危机主要是声誉型危机，因为它并没有对生产造成明显损害但是产品召回让企业耗费了数十亿美元的资金。声誉型危机包括对组织失责行为的指控、关于产品的谣言、管理者说了或做了不恰当的事情，以及组织信息（比如广告）冒犯了利益攸关者。绿色和平组织声称雀巢的采购失责①，CEO在社交媒体上吹嘘如何杀死一头大象②，止痛药布洛芬的广告涉嫌误导其售卖对象——年幼孩子的母亲③等，这些例子都属于声誉型危机。

需要澄清的是经营型危机和声誉型危机经常会有交替出现。声誉型危机可能会日益严重以至于造成经营上的损害，与此同时，经营型危机也会导致一些声誉方面的损失，如三星的声誉已经被其产品危机所损害。当政府禁止人们携带三星Galaxy Note 7上飞机时就对三星的声誉造成了损伤。但对于危机管理者而言，区分一个危机主要是属于经营型危机还是声誉型危机仍然具有重要的战略意义。

如前所述，经营型危机造成了明确的受害者，同时会对利益攸关者生理和心理的健康产生威胁。运营危机中的传播必须以利益攸关者即危机的直接或潜在的受害者为中心。当危机对利益攸关者造成生理上的危害时，危机管理者要实现的首要目标就是告诉利益攸关者如何在生理上保护自己远离危机（Coombs, 2015）。在问题产品的情境中，任何消费者都有可能成为受害者，因为他们可能会被问题产品伤害。产品召回就是为了保护消费者免于遭受问题产品造成的潜在的生理伤害。除此之外，在召回事件后，公众对产品的安全往往会持续的关注（心理上的关注）。危机传播者必须想方设法让消费者确信此类问题不会在未来重演。Sturge（Sturges, 1994）呼吁传播战略应该设置指示性信息以保护利益攸关者的身体安全、并设置调试性信息以保护利益攸关者的心理安全。在经营型危机中，危机反应的第一步就是要提供指示性和调试性的信息。最初的危机反应目标必须是帮助受害者。对受害者的漠视很可能会加重危机，有损组织的声誉，因为管理者会被认为对公众利益漠不关心（Mowen, 1980）。在后面的章节中讨论危机情境沟通理论（SCCT）的时候，我们会再探讨这个问题。

---

① 2010年3月18日上午，国际环保组织绿色和平行动人员扮成红猩猩，来到雀巢公司在北京的大中华区总部门前递交公开信，要求雀巢公司立即停止从金光集团购买导致印尼热带雨林及红猩猩栖息地遭受破坏的棕榈油。——译者注
② 域名注册商GoDaddy CEO鲍勃·帕森斯（Bob Parsons）2011年公开了一段视频，记载了自己在非洲津巴布韦度假时射杀过一头大象，引发众怒。——译者注
③ 据英国《每日邮报》2016年6月29日报道，英国广告标准管理局（ASA）宣布，布洛芬（Nurofen）类止痛药在广告中声称"该药品能够缓解女性背部疼痛"，这一说法具有误导消费者之嫌，将被禁止使用。——译者注

声誉型危机主要是指组织的危机。对组织的声誉而言危机是迫在眉睫的威胁，对利益攸关者而言也是不安全的因素。很多人称之为声誉型危机的事件经常属于类危机（paracrisis）事件而不是真正的危机。类危机是指管理者必须全盘考虑其利益攸关者而采取的处理危机风险的情况。如果能有效处理，早期的声誉威胁就会消除。对危机风险处理不当，就会使类危机的情境恶化成为对组织声誉有严重损害的声誉型危机（Coombs, 2012）。对类危机和声誉型危机战略传播的关切非常相似并且经常会被统筹考虑。当面临一个潜在的或实在的声誉型危机时，管理者需要考虑当前的情境是否会对组织构成严重的威胁，再决定是否需要采取管理措施。不回应也是一种应对选择，尤其是在类危机的情境中。如果管理者笃定要对声誉危机采取行动，那么就需要思考如何回应。管理者会在为其行为辩护和针对情境做出调整间进行抉择。当选择辩护的时候，管理者就等于认为当前的情境不存在问题并且（或者）他们的行动和政策是恰当/负责任的。当选择针对这种情境采取措施时，就需要管理者承认这是一个问题并且及时寻求解决问题的方法。

挑战型危机是挖掘潜在的声誉型危机所需要的传播需求的卓越途径。在挑战型危机中，一些利益攸关者会抱怨组织有失范或失责的运营行为（Coombs, 2015）。比如，一个非政府组织（NGO）可能控诉一个服装生产商采购的棉花来源于一个使用奴隶劳动力生产棉花的产地，管理者必须评估这类控诉的潜在威胁。如果利益攸关者声称不存在威胁，那么管理者就可以忽略它。管理者也许决定了利益攸关者对这个议题不感兴趣。但是，如果利益攸关者认为这个威胁的确存在，管理者就必须考虑要采用什么样的危机传播方法进行回应。如果管理者认为奴隶劳动力的议题会使利益攸关者产生兴趣，他（她）们就会制定应对策略。组织可能通过文书记录辩称并没有在那个使用奴隶劳动力生产棉花的产地采购棉花，或者组织也可能终止在那个产地购买棉花的合同而转向其他原材料供应商，以便让自己的形象更富有社会责任感。在经营型危机中，组织永远不应无视危机，如果坚持为自己辩白会使情境变得更糟糕而深陷危机之中无法脱身。在声誉型危机中，忽略情境和采取辩白的防御措施都是可行的选择（Coombs, 2014）。

二、危机传播研究和理论的发展

在传播的实践领域，比如公共关系和危机传播，由实践驱动研究的情况并不普遍。专业人员面临的问题是他们必须解决关于这个领域是否存在相关研究。传播专业人员在类似的研究出现以前早已经处理了几十年的危机事件。在1980年，传播专业人员和传播研究者对危机传播的研究兴趣日益增长，并且研究的队伍也开始出现。本章将回顾危机传播研究的发展历程：从传播专业从业人员的建议到学术案例的研究，再到危机传播的创建。

三、早期专业传播人员的写作

危机传播研究源自专业的传播人员开始把他们在危机实践中的学习经验诉诸笔端，不难发现，自20世纪80年代起，这类专业人员的文章的产量呈稳定上升的趋势。一些人认为，这是由于泰诺产品贿赂案和切尔诺贝利核反应堆事故让组织强烈意识到，危机传播是极有价值的资源。不管何为真正的原因，关于危机管理的文章和第一本危机管理的书在20世纪80年代诞生，由此，这类研究开始以指数级的态势迅速增长。

专业的管理人员写的都是较为短小的文章，一般发表在以专业人员为受众的杂志上，目的是为了给后来的专业传播提供建议。专业传播人员会写下他们在危机处理中的经验，并总结出什么该做、什么不该做的危机处理清单。专业传播人员还会撰写短小的案例研究文章介绍其从案例中学到的经验教训。专业传播人员早期的建议如：快速反应，保持与危机信息同步，随时准备回答来自新媒体上的问题，绝不可以说"无可奉告"且论调要始终如一（Coombs，2015）。我们从这些建议中注意到，这种研究是属于策略型的，即如何回应危机。几乎很少有关于战略的讨论或为什么这个选择要优于其他的选择的讨论，也没有关于这些建议可信度的检验标准。但是，实践研究经常是从专业传播人员探讨传播问题开始的，继而才是学界审慎地进行传播问题的研究并寻求更为充分的解释方法。

直到20世纪80年代末期，越来越多传播领域的学者才开始对危机传播产生兴趣。我们发现，早期关于市场营销领域的学术研究的焦点局限在问题型产品危机，而且传播只是被作为次要的考虑因素（Coombs，2007）。20世纪80年代晚期到90年代早期，在学术共同体中的危机传播研究已经形成气候。早期在危机传播领域的学术研究仅仅局限于案例研究法，学者们运用传播理论和模型对选定的危机传播案例进行分析，这使得危机传播研究出现了从简单的策略型到系统的战略型的转变。传播理论和模型过去往往被用来解释特定的危机传播行动成功或失败的原因。

四、企业的道歉

在早期的传播理论中，企业的道歉就已经被作为危机处理的手段。道歉是政治传播中的概念，它是人们在遭受诟病的时候如何采取自我防御的方式。例如一个官员因被指控贪污而采取的道歉行为（Ware，1973）。当人品遭受质疑的时候，道歉有四种沟通方式：（1）否认，声称并未卷入不法行为中；（2）支撑，提醒人们自己在过去所做的善举；（3）分化，试图从当前不利的情境中转移；（4）超越，试图把错误的行径放在更广泛和更易于被接受的语境中。Dionisopolous 和 Vibbert（1998）把道歉的方法运用到了组织上，他们声称，组织也具有人格特征（我们现在称之为声誉）。和人一样，企业的人格也会遭受攻击，企业也会像个人一样采取自我防卫的措施。他们的著作第一次使用了企业道歉这个词，并且解释了道歉如何被运用于理解企业面临不法行为的指控时的回应。尽管他们没有特指组织危机，但对于企业不法行为的指控就是典型的危机，他们最先提及的关于企业道歉的研究案例就是美孚石油公司的危机情境。

Hearit（1994；2006）发展了企业道歉的概念，并丰富了企业回应的选择，提出了三种形式的分散法，分散指传播者寻求把一个概念分离为两种维度。Hearit（1995）声称，这三种分散法都适用于组织对不法行为的回应：（1）意见—知识，强调当人们了解事实真相的时候就会发现企业与此丑闻无关；（2）个人—团体，不是整个组织的问题只是组织中的个别人对此不法行为负责；（3）行为—本质，当前的不利情境并不反映企业的真实本质（Hearit，1995）。

五、形象修复理论

Benoit 发展了形象修复理论，并解释了人和组织可以利用传播回应（形象修复战略）来维护声誉。借鉴了道歉研究和客户研究，Benoit 提出了最全面的危机响应战略清单，他的形象修复战略分为五组：（1）否认，建立组织对此危机无需负责的形象；（2）逃避责任，力求减少组织对此危机负责的感知度；（3）降低程度，试图使危机看起来没那么糟糕；（4）纠正行动，寻求修复被危机损害的形象并避免重蹈覆辙；（5）负荆请罪，对危机负责并恳求宽恕（Benoit，1997）。但是，Benoit 并没有特别将形象修复理论（IRT）作为模型运用于危机传播，也没有将其专门作为运用于组织危机的理论，他的贡献在于创建了一个理论，这个理论适用于任何因失范行为而致使企业声誉受损的情境。事实上，Benoit和他的研究合作者们已经将形象修复理论运用于组织危机、名人危机和政治危机中。

六、对早期危机传播研究的批判

不论是企业道歉还是形象修复理论，案例研究法是在危机传播领域被运用得最广泛的方法。更确切地说，企业道歉和形象修复理论都是修辞案例的研究，二者均关注危机中的实体的措辞和行动，在媒体报道和其他的档案数据中寻找成功或者失败的证据支撑。企业道歉和形象修复理论的研究主要是为危机管理者解释和提供建议。这类建议是探索性的，因为修辞视野的案例研究方法并没有提供给研究者如何描绘因果关系的方法。企业道歉和形象修复理论是最早被用来解释危机传播的理论，这些理论可以帮助解释危机传播的成功或者失败，但是，结论是推测和探索性的，并没有为循证的危机传播提供必要的证据。

循证管理的研究方法寻求运用当前最佳的证据去指导实践，医学和管理学都是运用循证的研究方法。例如，循证的管理学运用社会科学的研究方法呈现和改善管理学实践（Denise，2006）。实证研究被奉为最佳的证据，因为循证方法就是源于经验主义的。此外，有观点认为，拥有多元化的来源（不同的研究者和不同的实验）得出的相同的结论才是帮助建立理论的最佳证据（Pfeffer Sutton，2006）。企业道歉和形象修复理论为危机传播提供了重要的、新的理论视角，但是由这些理论产生的研究缺乏循证危机传播的要求。

七、情境危机理论

情境危机理论（SCCT）从企业道歉、形象修复理论和归因理论中吸取观点（Weiner，1986），从而为危机传播创建了社会科学的方法。情境危机理论运用实证方法验证变量，包括在危机结果中的危机反应战略的效果，比如组织的声誉、购买意愿、口碑、影响等。情境危机理论基于危机责任的概念或组织对于危机的利益攸关者而言需要负有多大的责任（Coombs，1995）。大量的研究表明，企业要承担的责任归因越多，将导致越多负面的组织结果，比如声誉损害、下降的购买意愿和利益攸关者持续上涨的愤怒（Coombs，2007）。情境危机理论运用危机责任决定在已知的危机情境下最恰当的危机回应，其核心就是理解危机情境的本质，这将有助于管理者确定对于已知的情境而言，何为有效和无效的危机传播。

情境危机理论认为，特定情境下的危机责任情况需要与管理者采取的危机反应战略中的危机责任情况相匹配。SCCT根据其他传播研究中提出的被广泛使用的防御—适应机制设计了危机回应策略，对防御端而言就是否认战略，即声称对危机不负有责任并对危机受害者毫无关切。减少战略就是寻求危机的责任最小化并对受害者表现出有限的同情与关切。重建战略则是要主动对危机负责，并对危机受害者给予高度的关切。

危机责任的归因至少有两个加强因素，危机种类是帮助人们解释危机情境的框架。研究证实，危机种类表现了危机责任的可预测水平，它可以分为三个集群：（1）受害者集群，几乎为零的危机责任归因；（2）事故集群，低归因的危机责任；（3）可预防的集群，强烈的危机责任归因（Coombs，2015）。危机的种类提供了一个利益攸关者认为组织应该承担的初步的危机责任程度。企业在危机出现之前的历史和声誉可以加强危机责任归因。一个过去有过相似的危机或负面声誉的组织会发现，企业的责任归因更大（Coombs，2002，2006）。管理者应该对危机的种类和任何可能会加强危机的因素进行评估，以便对利益攸关者认为企业应负有的危机责任水准做出预测。

由于危机责任归因持续上升的局面，危机管理者应该运用持续可调节的危机回应战略（即那些对受害者表示关切和对危机负责的战略）（Coombs，2007）。管理者面对任何危机，都应该一开始就对危机受害者进行有道德底线的回应。支持战略作为补充策略可以被运用于任何危机情境，支持战略包括感谢人们的帮助（讨好）和提醒人们该公司过去的善举（提醒）（Coombs，2015）。情境危机理论最近的一个元分析（meta-analysis）证实了该理论的主要观点，即情境危机理论中的关键变量和对危机回应战略提出的主要的、说明性的建议都是行之有效的（Ma & zhan，2016）。

八、创建危机传播的基础研究

20世纪90年代建立的危机传播研究的理论基础日益扎实，一个研究要获得发展，需要一些理论引导更多的研究，从而激发研究者提出新想法。企业道歉、形象修复理论和情境危机理论为危机传播研究奠定了发展的基础，到了90年代末，危机传播的研究越来越多。进入21世纪，危机传播呈爆炸式的增长，在过去的15年间，危机传播成了公共关系研究的主导领域。与公共关系相关的会议和杂志中，危机管理这一议题占据了绝对的优势地位，甚至有很多年度会议论坛专门着眼于危机传播研究。对危机传播研究的兴趣已经不仅仅局限在美国和欧洲，而是成了全球化的现象。

九、削弱危机的影响：危机回应的时机

时间常常被用来描述一个组织作为报告自身危机的第一信源。实证研究报告已经重申了如果危机是由企业第一时间自身公开的而不是源自其他来源诸如新媒体，那么危机对组织声誉造成的危害相对就较小（Arpan，2003；Claeys & Cauberghe，2010）。人们似乎倾向认为如果企业第一个公开危机的相关信息，那么危机应该不那么严重（Claeys & Cauberghe，2012）。更有力的证据表明，组织应该尽可能清晰地公开危机的相关信息，这样就能削弱危机造成的危害。

十、以应急理论为原型的危机传播研究

公共关系的应急理论（Amande et al., 1997）启发了危机管理的实证研究，威胁评估模型使用应急理论中的变量来帮助阐释危机管理者如何感知危机的威胁。威胁类型和威胁持续的时间过去往往被用来解释危机管理者的威胁感知。确认威胁类型即确认威胁是内在还是外在于组织的。威胁持续时间是指危机产生的威胁是长期的还是短期的。数据显示，危机管理者认为外在的和长期的威胁是最严重的威胁。此外，威胁影响了情境可感知到的严重性、解决威胁所需要的组织资源的数量，以及威胁产生或唤醒的情绪（Jin，2009；Jin & Glen，2007）。威胁评估模型提供了循证的视角来关注管理者是如何应对危机威胁的。

应急理论还激发了综合危机映射模型（ICM）。ICM模型试图描绘利益攸关者对危机的情绪化反应情况。关注利益攸关者的情感非常重要，因为这有助于对危机反应战略的选择。这个理论的观点是，如果反应是有效的，那么危机反应战略必须要把利益攸关者的情绪考虑进来。ICM理论的危机模块是一个由公众应对战略（采取行动或改变他们对情境的理解）和组织应对层次（组织资源的投入情况由高到低）的2×2的矩阵。ICM模型下的实证研究发现，焦虑是危机造成的大部分利益攸关者的第一大共有情绪特征，而愤怒是第二大共有情绪。此外，这些情绪暗示了危机管理战略需要一个基于行动的姿态（即对利益攸关者的需求采取更宽松和更可调节的战略（Jin et al., 2012））。

十一、危机传播研究的光明前景

另外两个危机传播理论的发展也很重要，因为它们有影响危机传播研究领域的潜力：（1）修辞领域理论；（2）危机媒介融合的内容分析。对于危机管理而言，修辞领域的理论是多义的方法。大部分危机管理理论是意义明确的，它只关注危机中的组织是如何回应危机的。而修辞领域多义的方法还要考虑关于危机的其他实体传播有什么影响、人们对危机和危机中的组织如何回应，以及组织是如何管理危机的（Frandsen & Johansen，2010；Frandsen & Johansen，2016）。随着社交媒体日益占据显赫地位，现在我们面临更多的企业危机传播，例如，支持顾客或反对组织的活动家都会讨论危机。未来的研究需要帮助我们更好地理解其他危机之声是如何影响危机传播过程的。

多年来，研究者已经在检视新媒体是如何为危机塑形和报道的，这个研究发现了新媒体影响危机传播是在报道什么样的危机，以及如何报道危机的基础上展开的（Ann & Gowei，2009；Holladay，2008），例如，当报道危机时，新媒体运用的信息来源能令什么样的信息得以呈现，以及此信息是如何被制定和框架的。最近，研究者开始探索社交媒体提供的框架并使用计算机辅助分析技术检视后来媒体报道的框架集（Toni et al.，2014）。新媒体和社交媒体如何谈论危机和危机中的组织对危机传播研究具有重要的意义，值得研究者进一步关注。

十二、结语

本章讨论了危机传播理论的发展及其对实践的贡献，并着重阐述了一些有潜力、有效用的前沿发展理论。在不到30年的时间里，专业传播人员和学术界对危机传播理论的兴趣从局限到广泛涉猎。刚开始，实践者创造的简单清单演化为案例研究，并最终成为实验研究，提供了受理论指引的实践者经受了时间检验的建议。危机传播实证研究的结果为循证的危机传播提供了坚实的基础。企业道歉、形象修复理论以及情境危机理论为研究者夯实了研究基础，从而得以产生新想法、发展出进一步改善危机传播实践的新根据。危机传播理论仍然是一个充满活力的研究领域，需要我们持续的关注，以期为改善危机传播实践寻找更多的依据。

参考文献

1. BARTON L. Crisis in organizations II [M]. 2nd ed.Cincinnati: College Divisions South-Western, 2001.

2. COOMBS W T. Ongoing crisis communication: Planning, managing, and responding [M]. (4th Ed.) Thousand Oaks, CA: Sage, 2015.

3. COOMBS W T. Crisis Communication: A Developing Field [G] // HEATH R L. Handbook of public relations (2nd). Thousand Oaks, CA: Sage, 2010: 477-488.

4. COOMBS W T. Editor's introduction: Crisis communication—a field emerges [G] // COOMBS W T. Crisis communication (pp. xxv-xivi). Thousand Oaks, CA: Sage, 2014

5. SOHN Y J, Lariscy R W. Understanding Reputational Crisis: Definition, Properties, and Consequences [J]. Journal of Public Relations Research, 2014, 26(1): 23-43.

6. STURGES D L. Communicating through Crisis: A Strategy for Organizational Survival. [J]. Management Communication Quarterly: An International Journal, 1994, 7(3): 297-316.

7. COOMBS W T. Protecting Organization Reputations During a Crisis: The Development and Application of Situational Crisis Communication Theory [J]. Corporate Reputation Review, 2007, 10(3): 163-176.

8. COOMBS W T & HOLLADAY J S. The paracrisis: The challenges created by publicly managing crisis prevention [J]. Public Relations Review, 2012, 38(3), 408-415.

9. MOWEN J C. Further information on consumer perceptions of product recalls [J]. Physiological Zoology, 1980, 66(4): 619-627.

10. WARE B L, LINKUGEL W A. They spoke in defense of themselves: On the generic criticism of apologia [J]. Quarterly Journal of Speech, 1973, 59(3): 273-283.

11. DIONISOPOLOUS G N, VIBBERT S L. CBS vs. Mobil Oil: Charges of creative bookkeeping [M] // RYAN H R. Oratorical encounters: Selected studies and sources of 20th century political accusation and apologies. Westport: Greenwood, 1988: 214-252.

12. HEARIT K M. Apologies and public relations crises at Chrysler, Toshiba, and

Volvo [J]. Public Relations Review, 1994, 20(2): 113-125.

13. HEARIT K M. Crisis management by apology: Corporate response to allegations of wrongdoing [M]. Mahwah, NJ: Erlbaum, 2006.

14. HEARIT K M. "Mistakes were made": Organizations, apologia, and crises of social legitimacy [J]. Communication Studies, 1995, 46(1): 1-17.

15. BENOIT W L. Accounts, excuses, and apologies : a theory of image restoration strategies [J]. Administrative Science Quarterly, 1997, 42(3): 584-586.

16. DENISE M. Rousseau. Is there Such a thing as "Evidence-Based Management" [J]. Academy of Management Review, 2006, 31(31): 256-269.

17. PFEFFER J, SUTTON R I. Evidence-based management [J]. Harvard Business Review, 2006, 84(1): 62.

18. WEINER B. An Attributional Theory of Motivation and Emotion [M]. Springer US, 1986.

19. COOMBS W T. Choosing the right words: The development of Guidelines for the Selection of appropriate" crisis response strategies[J]. Management Communication Quarterly,1995, 8(4): 447-476.

20. COOMBS W T, HOLLADAY S J. Helping Crisis Managers Protect Reputational Assets: Initial Tests of the Situational Crisis Communication Theory [J]. Management Communication Quarterly: An International Journal, 2002, 16(2): 165-186.

21. COOMBS W T, HOLLADAY S J. Unpacking the halo effect: reputation and crisis management [J]. Journal of Communication Management, 2006, volume 10(2): 123-137.

22. MA L, ZHAN M. Effects of attributed responsibility and response strategies on organizational reputation: A meta-analysis of situational crisis communication theory research [J]. Journal of Public Relations Research, 2016, 28(2).

23. ARPAN L M, POMPPER D. Stormy weather: testing "stealing thunder" as a crisis communication strategy to improve communication flow between organizations and journalists [J]. Public Relations Review, 2003, 29(3): 291-308.

24. CLAEYS A S, CAUBERGHE V. Crisis response and crisis timing strategies, two sides of the same coin [J]. Public Relations Review, 2010, 38(1): 83-88.

25. CLAEYS A S, CAUBERGHE V. Crisis response and crisis timing strategies, two sides of the same coin [J]. Public Relations Review, 2012, 38(1)：83-88.

26. AMANDA E C, GLEN T. Cameron, LYNNE M S, et al. It Depends：A Contingency Theory of Accommodation in Public Relations [J]. Journal of Public Relations Research, 1997, 9(1)：31-63.

27. JIN Y. The effects of public's cognitive appraisal of emotions in crises on crisis coping and strategy assessment [J]. Public Relations Review, 2009, 35(3)：310-313.

28. JIN Y, GLEN T. Cameron. The Effects of Threat Type and Duration on Public Relations Practitioner's Cognitive, Affective, and Conative Responses in Crisis Situations [J]. Journal of Public Relations Research, 2007, 19(3)：255-281.

29. JIN Y, PANG A, GLEN T, Cameron. Toward a Publics-Driven, Emotion-Based Conceptualization in Crisis Communication：Unearthing Dominant Emotions in Multi-Staged Testing of the Integrated Crisis Mapping (ICM) Model [J]. Journal of Public Relations Research, 2012, 24(3)：266-298.

30. FRANDSEN F, JOHANSEN W. Crisis communication, complexity, and the cartoon affair：A case study [M] // CoombsWT, Holladay S J. The handbook of crisis communication.Malden：Blackwell, 2010：425-448.

31. FRANDSEN F, JOHANSEN W. Organizational crisis communication：A Multivocal approach [M]. Thousand Oaks, CA：Sage, 2016.

32. AN S K, GOWER K K. How do the news media frame crises? A content analysis of crisis news coverage [J]. Public Relations Review, 2009, 35(2)：107-112.

33. HOLLADAY S J. Crisis Communication Strategies in the Media Coverage of Chemical Accidents [J]. Journal of Public Relations Research, 2008, 21(2)：208-217.

34. TONI G L A, MEER, V D J W M. Emotional crisis communication [J]. Public Relations Review, 2014, 40(3)：526-536.

［W.提摩西.库姆斯（W. Timothy Coombs），美国德克萨斯A&M大学教授；
刘晶（译），南昌大学公共管理学院教师］

第十五章 声誉管理理论

在经济全球化的背景下,企业之间的竞争越发激烈,企业声誉越来越受到重视。作为企业的无形资产,良好的声誉是企业独有的特性,能够为企业带来巨大的经济效益,赢得消费者的尊敬。企业声誉日益成为企业战略研究的焦点。本章将梳理国内外关于企业声誉和声誉管理的文献,对声誉的概念、声誉管理的方法和声誉的测量做系统的综述,并对国内外声誉管理研究的历史、现状及未来研究趋势做简要分析。

一、企业声誉的研究视角与特征

《新华汉语词典》(最新修订版)将声誉解释为声望名誉;新版《韦氏字典》将其解释为特定个体所具有的被公众所尊重的特色品质;《牛津词典》中将其解释为关于某人和某事的特征和性质的一般概念。亚当·斯密很早就意识到了声誉是能够保证商业契约得以顺利实施的重要机制。自20世纪60年代以来,经济学和管理学开始逐渐关注企业声誉的概念,并感知到了其对于企业成功的重要影响,并从不同角度出发,给出了声誉不同的定义。Levitt(1965)从消费者的感知角度出发,认为企业声誉包含企业的知名度、可靠度、可信度和美誉度。Penrose(1974)将声誉看作是企业把它们的关键特征传递给其成员,使其社会地位最大化的结果。Spence(1974)认为,声誉是企业把其关键特征传递给其成员后,使企业的社会地位达到最大化的因素。Fombrun(1996)系统地回顾了经济管理类文献中的各种观点,总结了对企业声誉的解释:(1)企业品牌在市场领域中的效应;(2)未来活动和行为的一种象征,在代理理论中被看成是维护和促进代理原则的一种保证;(3)是会计方面的一种好名声;(4)在组织理论中被认为是企业身份的表现;(5)在管理领域被认为是一种潜在的市场进入壁垒。在这些观点的基础上,Fombrun(1996)认为,声誉是对一个企业过去行为和将来前景的一种感觉描述，这种感觉形容了当企业与其他竞争对手相竞争时，企业对其所有利益攸关者的综合吸引力。

相关研究从三个角度出发，给出了对企业声誉的定义和解释。

（一）对企业声誉的不同定义

1. 从企业行为方面定义企业声誉

企业声誉是从公司过去的行为中推断而来的，可归纳为公司的经济和非经济属性的总和（Wegietl & Camerer，1988）。Yoon（1993）认为，企业声誉反映了公司以往的行为。Deephouse（2001）则从媒体和对外沟通的角度出发，提出了媒体声誉（media reputation）的概念，指出企业要创立和管理声誉，主要是通过沟通手段，以新闻发布等方式向公众及媒体不断输送信息流。白永秀（2001）认为，声誉是一个人、一个企业或某一团体在公众的头脑中所留下的一个总体印象。它是行为主体的各方面行为能力的综合反映，它依附于主体又相对独立于主体，是行为主体的一项总体性的无形资产，其对主体的作用具有一定的时滞性。刘汉林（2007）认为，企业声誉是企业通过自己的行为在他人头脑中形成的对本企业的一种看法，这种看法源于他人通过自己的感官和掌握的相关信息形成的综合性判断，进而通过这种判断之间的交流、传播在社会上形成的对某一企业的评价。

2. 从企业声誉构成要素定义企业声誉

声誉包含认识和情感两部分，企业声誉是众多个体对企业的理性认识和情感倾向相加得到的结果（Hall，1992）。Levis（2000）主张将企业声誉看做是企业行为、信息沟通和企业前景等因素综合形成的产物。Prayen（2001）将企业声誉分为内在声誉和外在声誉两个维度，内在声誉主要回答企业"是什么"，外在声誉则回答企业"表现出什么"。Barnett（2004）将声誉定义为一种社会结构的公共形象，是价值体系、公众印象和信念交互作用的结果。Manfred（2004）提出了企业声誉的二维模型，把声誉定义为一个由情感和认知两部分组成的态度的复合结构。郑文哲和王水嫩（2004）主张将声誉看做是企业在与其公众（顾客、协作者、投资者、员工、政府、新闻界、社区等）的社会交往中自然形成的，是企业行为能力与公众认知两方面相互作用的结果。

3. 从利益攸关者角度定义企业声誉

利益攸关者包括企业的雇员、消费者、投资者、供应商等交易伙伴，也包括社区、团体和政府部门等。Saxton（1998）、Whetten 和 Mackey（2002）将企业声誉看做是企业利益攸关者以自己对企业的期望为标准而对企业行为做出的判断。中国学者张四龙（2002）将企业声誉看做是利益攸关者根据直接或间接经验和信息对企业做出的总体评价，表达了对企业的信任和尊敬的程度。干勤（2001）指出，企业声誉是一个企业获得利益攸关者信任的程度，企业声誉由知名度、美誉度和信任度组成。刘靓（2005）认为，企业声誉是由利益攸关者对该企业的某些特征的感知引发并决定的，而这些特征是企业过去的行为和结果，集中代表了企业为各种利益攸关者提供有价值的产出能力。

4. 从企业无形资产角度定义企业声誉

Gray 和 Balmer（1998）在 Fombrun 研究的基础上提出，应把企业声誉当做是一种重要的战略资源，并形成企业的竞争优势，转化为一项重要的企业无形资产。缪荣和茅宁（2003）认为，公司声誉是公司在社会公众中的知名度和美誉度，并且会随着时间的推移而凝结成一种无形资产。王晨（2003）认为，企业声誉是由企业价值网络对社会网络的嵌入过程形成的。公司声誉是由于公司的行为方式和准则取得了社会的高度认同或确信，从而在社会网络中可以取得较多的支持。

Fombrun（1997）在总结前人观点的基础上，从内在属性的角度提炼了企业声誉的六个特征：（1）声誉明晰了企业在组织领域的突出地位；（2）声誉是企业内部识别的外在反映；（3）声誉源自企业发展历史及以前的资源配置，并作为行动壁垒影响了企业自身的行为和竞争对手的反应；（4）不同的人使用不同的标准对企业的能力和潜力进行评价，而声誉是这些评价的综合体现；（5）声誉可以简化企业绩效的构造，可以帮助观察者应对市场的复杂性；（6）声誉体现了评价企业效率的两个维度：经济绩效和社会责任履行情况。

Gotsi 和 Wilson（2001）补充了 Fombrun 总结的企业声誉特征：（1）它是动态的；（2）它需要花时间建立和管理；（3）它不同于企业形象，但它与企业形象是相互影响的；（4）由于不同的利益攸关者具有不同的经济、社会和个人背景的差异，所以同一个公司在他们眼中有不同的声誉。

白永秀（2001）提出了声誉的四个特性：（1）声誉具有社会性，它是行为主体在与其他行为主体的社会交往中自然形成的；（2）声誉具有相对的独立性，行为主体的行为能力等在其他行为主体头脑中形成的声誉具有独立于行为主体，并对行为主体有反作用的性质；（3）声誉具有二重性，好的声誉有利于行为主体克服困难，超常规发挥，不良声誉会阻碍企业发展；（4）声誉的形成具有长期性，损毁具有短期性。张四龙和周祖成（2002）强调了声誉效应的滞后性、全员性和声誉评价的外在性。韩兴武（2004）概括了企业声誉形成的特征：第一，形成因素的综合性，即企业声誉是企业各种因素协同合作所产生的"溢出效应"，而非个别因素作用的结果；第二，积累的长期性，即企业声誉的形成是一个长期的过程，需要企业坚持不懈的努力和积累；第三，存续的不稳定性，即企业赢得声誉后，不是一劳永逸的，需要企业持之以恒地对其进行呵护。

比较而言，企业声誉与"企业形象""企业品牌""企业身份识别""企业沟通""企业商誉、信誉、商标"等概念都是不尽相同的。

（二）企业声誉与其他概念之间的区别与联系

1. 企业声誉与企业形象

企业声誉是建立企业形象的总体过程和最终结果（Franklin，1984）。企业形象和企业声誉是相互关联的概念，但是二者又有着本质的区别：企业形象可以通过商标、广告和公关等企业沟通手段在较短的时间内获得，而企业声誉是对企业特点的价值判断，塑造良好的企业声誉是一个长期的过程，需要企业有持续的、长时间的优异表现（Gray & Balmer，1998）。声誉和形象是两个截然不同的概念，但是它们之间有一种动态的相互作用的关系，二者会相互影响（Gotsi，2001）。

2. 企业声誉与企业品牌

品牌是销售者向购买者长期提供的一组指定的特点、利益和服务（Kotler，2001）。徐金发（2010）认为，企业品牌是公司在产品、服务等方面所期望传递的信息，强调"你想成为谁"，企业声誉强调的是"所有利益攸关者是如何看待你所告诉他们的关于你是谁的问题"。

3. 企业声誉与企业身份识别

企业身份识别由公司具体的人和事物组成，例如它的人员、产品和服务，针对的是"你是谁"；而企业声誉是利益相关群体对企业所持有的各种印象的集中表现，基于"你已经做了什么"而得出（Argenti & Druckenmiller，2004）。徐金发（2010）认为，身份识别强调的是公司和品牌的特色，需要由营销部门或者公关部门负责；而企业声誉强调的是品质和良心，面向所有利益攸关者，需要公司全体工作人员共同建立和维护。

4. 企业声誉与企业沟通

企业沟通（corporate communication）是在国外企业声誉文献中频繁出现的一个概念。企业沟通是企业的一切正式与非正式信息的集合，通过不同的传媒渠道将企业客观存在的属性传达给各种利益攸关者，企业沟通是连接企业具体的表现与企业形象、企业声誉的纽带（Gray & Balmer，1998）。

5. 企业声誉与企业商誉、信誉、商标

白永秀（2001）认为商誉是指企业在转让过程中，由于企业的地理位置、经营方式而形成的其总体价值大于其分开出售的价格的差额；声誉则是企业的整体性无形资产的价值，前者只能存在于某一特定的时间，而声誉将与企业共存亡。信誉是企业行为能力的一种表现，是企业是否能够履行诺言的一种标识度；而声誉不仅包括企业对诺言的履行情况，还包括企业对产品质量的保证、对重大社会问题的关注、对生态环境保护建设的行动、对社会公益事业的参与等。商标是企业所拥有的有形资产和无形资产的综合能力体现的一个标志，可以通过广告宣传提高商标价值；声誉是企业在与其他行为主体的交往中建立起来的，商标价值大的企业不一定拥有良好的声誉。

总而言之，良好的企业声誉可以吸引股东的投资和好的雇员，并且留住消费者（Markham，1972）。一个企业如果拥有良好的企业声誉，就相当于赢得了一种有价值的关键资源，使得企业更具有竞争力（Gray & Balmer，1998）。良好的声誉通常能使企业在与利益攸关者协商时具有一定优势，声誉良好的公司能够吸引更多优秀的求职者，拥有良好声誉的企业遭遇风险的概率更小，应对风险时的成本更低（Fombrun，1996）。"良好的声誉"和"企业与利益攸关者之间关系的改善"是相互强化的（Fombrun，1997）。良好的企业声誉有助于企业吸引人才和培养员工忠诚度，从而有利于企业在竞争中获胜（Edson，2000）。Kevin（2004）明确提出了声誉资本（reputational capital）的概念，指出充裕的声誉资本储备能够使组织拥有独特的优势并创造竞争优势。在技术和社交媒体平台日益发展的今天，企业可以发挥自身的声誉优势，促使消费者选择它们的产品（Mitu，2015）。

企业声誉和企业的盈利能力之间存在着一定的关系，这种观点早已经被西方学界和实践所证明。Fombrun（1996）提出了"声誉创造财富"的理念，良好的企业声誉可以培养股东的信息和行为忠诚度，促进企业经济和财政的良好运转（Bromley，2002；Chun，2005；Helm，2007；Frooman，1999）。Fombrun 和 Riel（2004）在《声誉与财富》一书中，经过大量的实证分析，论证了在规模和技术等条件相近的情况下，拥有良好声誉的企业会获得更多的利润，市场风险也越小。声誉良好的公司有控制价格的能力，因为它们的声誉代表着它们能够提供优质的产品和服务（Fombrun，Shanley，1990）。

我国学者张四龙、周祖成（2002）认为，良好的企业声誉能够提高经济效益，而糟糕的企业声誉会损害经济效益。二人（2004）进一步指出，声誉良好的公司一般都建立了严密的内控体系，往往能对预警信号快速作出反应，将危机消除在萌芽状态。梁涛和王洪元（2009）认为，企业声誉能够弥补市场上信息的不对称，促进顾客对企业产品的消费；企业声誉也会成为利益攸关者进行决策所必须考虑的因素之一；作为一种战略性资源，在企业拥有良好声誉的情况下，可以增加新进入者成本的不确定性，加大进入风险，形成进入壁垒；声誉还可以成为企业独有的战略资源，使得企业在激烈的竞争中脱颖而出，获得比较竞争优势。

二、声誉管理模型与步骤

戴维斯·扬（1996）在《创建和维护企业的良好声誉》一书中指出，声誉管理是对企业声誉的创建和维护，是指企业以正确决策为核心，通过声誉投资、交往等手段，从每个员工做起，建立和维持与公众的信任关系的一种现代管理方法。我国学者干勤（2001）、陈平（2003）认为，企业声誉管理是对企业声誉的创建、维护和发扬，是企业以科学决策为核心，通过多种手段和方法，建立并维持与社会公众信任关系的一种现代管理方法。作为一种过程的声誉管理，它包括声誉创建、维护、巩固、扩张、挽救、修复等环节；作为一种管理方法的声誉管理，是指通过声誉投资、交往等手段，建立和维持与社会公众的信任关系，其目标是在公众和企业之间建立起相互信任的关系。赵友宝、李萌（2000）总结了声誉管理和公共关系管理的区别：第一，声誉管理的实质是决策，公共关系管理的实质是沟通。声誉管理离不开公共关系管理的帮助，公共关系管理部门需要声誉管理决策者提供信息。第二，公共关系管理仅仅发生在组织和环境交界面上，而声誉管理则贯穿企业所有活动中。第三，公共关系管理的参与者仅限于本部门工作人员，而提升企业声誉则是每一位员工的责任。因此，公共关系管理的层次要低于声誉管理。戴维斯·扬（1996）认为，任何一个团体或组织要想取得恒久的成功，良好的声誉是至关重要的，声誉管理是一个价值不菲的产业。良好的企业声誉是企业与公众交往的前提，能够为企业借助顾客的思维定势摆脱不利局面而提供条件，作为一种特殊的无形资产，能够成为企业竞争的有力武器。何亚军（2014）指出，声誉管理具有四点特征：（1）目标的明确性。声誉管理的目标就是建立企业与公众之间相互信任的关系。（2）价值的增值性。作为无形资产的声誉在得到良好的管理后可以不断增加。（3）独特的补偿性。良好的声誉会补偿突发事件和危机事件造成的负面影响。（4）管理的艰巨性。良好的声誉需要企业精心设计、培育和维护。

国外学者从以下四个方面指出了影响企业声誉形成的要素：

（一）影响企业声誉形成的要素

1. 企业战略方面

Rose 和 Thomsen（2004）通过实证研究，Brammer 和 Pavelin 通过样本数据发现，公司财务绩效能够提高企业声誉。Tom Bell Jr.（2001）通过对众多的 CEO、证券分析师、新闻媒体人员和政府官员等的访谈进行分析后，得出结论：CEO声誉占企业声誉的40%左右。Williams、Schnake 和 Fredenberger（2005）经研究发现，专业化经营的公司比多元化经营的公司声誉高。

2. 企业管理质量方面

管理的质量是企业声誉的重要驱动力（Ballen & Kate，1992）。Sylvia（2000）从企业的关系能力、财务能力和运营能力三个方面证明影响企业声誉因素的分别是公司人格、社会效用、社会敏感性和消费者接触。Newen 和 Goldsmith（2001）在多个行业进行了实证研究后发现，企业声誉的影响因素主要有企业的专业技术型和可信赖度。

3. 企业利益攸关者方面

Daniel（1997）指出，公司声誉和对待员工的公平性有关。Maathuis（1999）从利益攸关者需要理论出发，得出企业声誉的影响因素分别为产品实情、产品评价、组织实情、组织绩效、组织人格、组织所属国家以及市场的结论。Maignan 和 Ferren（2003）强调了企业应该承担各项社会责任，这与企业声誉有着密切的联系。Graham 和 Helen（2005）通过调查发现，在现实中最能够影响企业声誉的因素是消费者对公平的感知，以及企业的成功和领导。刘汉林（2007）指出，企业声誉的构成和形成有着多方面的要素，包括企业整体经营管理、拥有的知识和技能、与利益攸关者进行情感沟通、企业的领导力、企业愿景、产品质量、财务信誉、承担社会公益、环境保护以及消费者的消费评价等。刘晖（2009）认为，培育企业声誉必须从多方面着眼，包括保证产品和服务的质量、关心社会问题、维护人们共同利益、恪守信誉、公平竞争、妥善处理企业与员工的关系，同时还要进行适度的广告宣传和公关活动。

（二）六种主要的声誉管理模型

根据以上影响因素，研究者们发展出不同的声誉管理模型，主要包括以下六大类型：

1. 戴维斯·扬的声誉管理模型

戴维斯·扬（1996）将企业声誉管理流程分为分析、决策、执行和监控四个过程。分析是对企业声誉的状况和影响因素进行考察；决策是依据分析的结果决定采取什么样的行动；执行则是对声誉进行投资；监控是对企业声誉的变化、进程等进行监管，并反馈给决策者。如图15-1所示，各部分之间互相影响，每一期的声誉变化过程都是基于现实声誉状况的分析开始，经过决策与监控，再到新的企业声誉，如此循环往复。

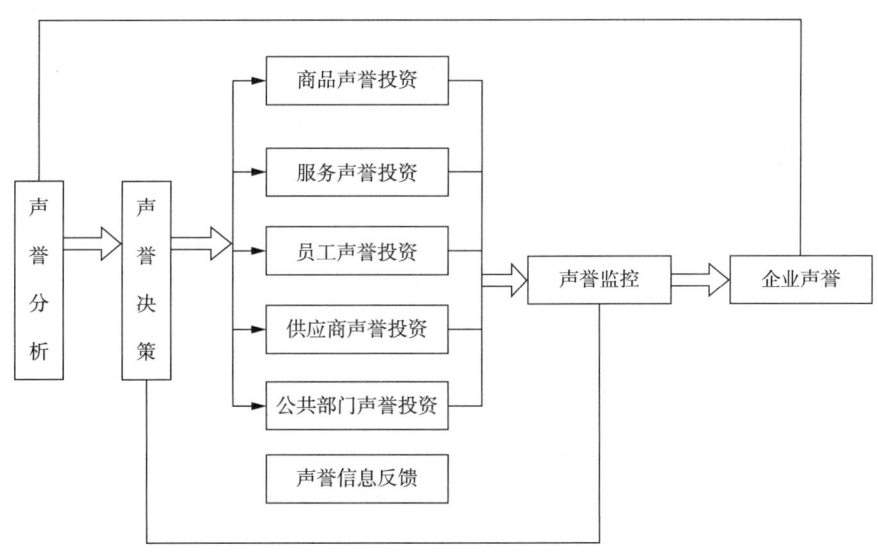

图15-1　戴维斯·扬的声誉管理模型

2. F-A声誉模型

Fomburn和Argenti（2005）建立了如图15-2所示的声誉形成模型。二人认为，声誉来自企业利益攸关者（包括员工、顾客、社区、投资者等）累积的印象，并与企业身份识别有着密切的联系。这个模型强调，为了加强声誉管理，尤其应该注重管理利益攸关者对企业的印象。

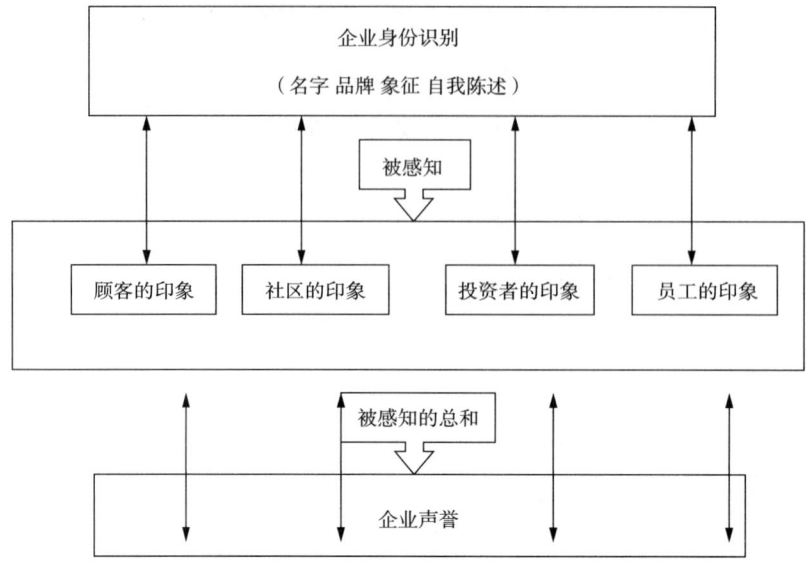

图 15-2　Fomburn 和 Argenti 的声誉形成模型

3. F-S 声誉模型

Fombrun 和 Shanley（1990）建立了如图 15-3 的声誉形成模型，这个模型强调利益攸关者通过企业行为，对企业产生认知和评价。这些认知和评价在社会公众中传播后，就形成了企业声誉，企业声誉反过来影响企业行为。

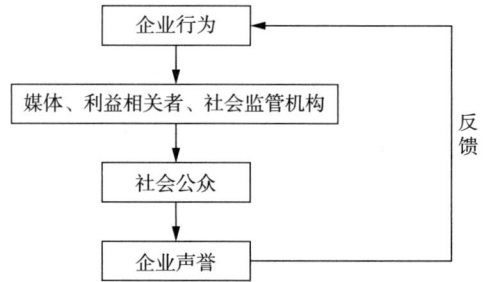

图 15-3　Fombrun 和 Shanley 的声誉形成模型

4. M-W 模型

Mahon 和 Wartick（2003）提出了一个企业声誉形成和管理的动态模型。如图 15-4 所示，这个模型说明了企业声誉随着企业在竞争市场上的活动而不断变化，以及利益攸关者之间的动态交互作用对声誉的影响。图中用虚线围起来的部分表示一个空白领域——显示了利益攸关者之间是如何进行交互作用并影响企业声誉的。

这个模型还反映了随着时间的推移，企业面临着声誉变化的机会和挑战，企业可以采取沟通/象征性活动或者实质性活动，并对利益攸关者产生影响，从而重塑企业声誉。

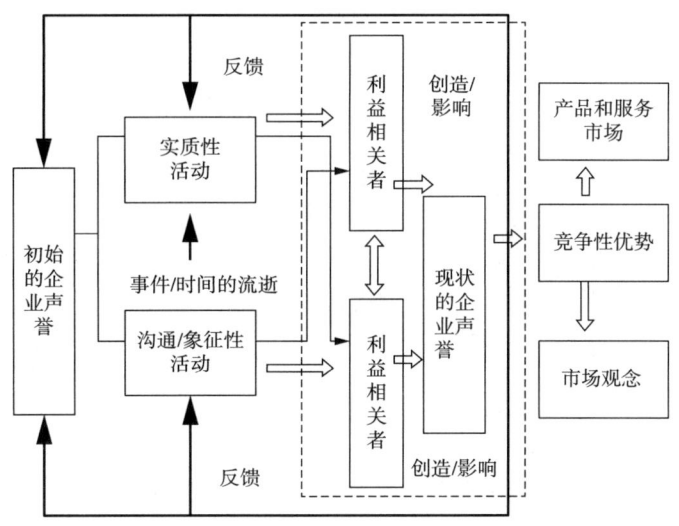

图 15-4　Mahon 和 Wartick 的声誉形成及管理动态模型

5. G-B 声誉模型

Gray 和 Balmer（1998）提出了一个操作性较强的企业声誉管理模型（见图 15-5）。这个模型的核心理念是企业先树立起身份识别，通过企业沟通，在短时间内创立企业形象，在长时间内积累企业声誉，从而产生竞争优势。

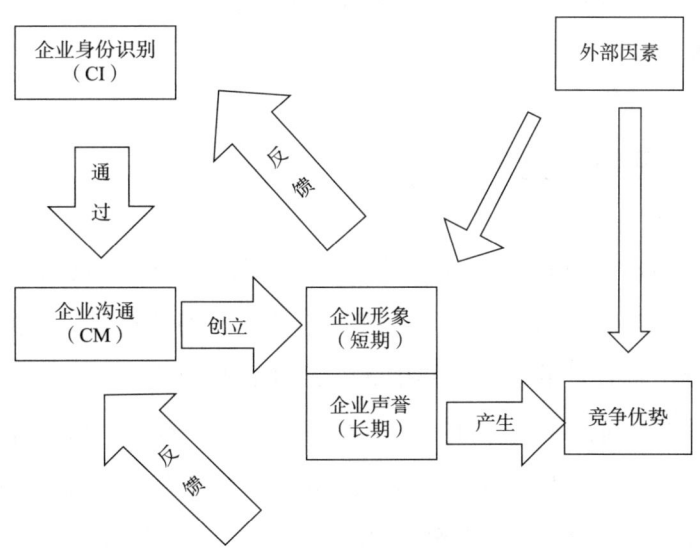

图 15-5　Gray 和 Balmer 的声誉管理模型

6. 以公司公民行为为基础的企业声誉管理模型

Fomburn、Gardberg 和 Barnett（2000）创造了如图 15-6 所示的以公司公民行为

为基础的企业声誉管理模型。在社会生活中，公司作为一个独立的法人存在，像每个社会公民一样具有自己的权利和义务，因此公司可以被称为"公司公民"，公司履行权利和义务的行为被称为公司公民行为。

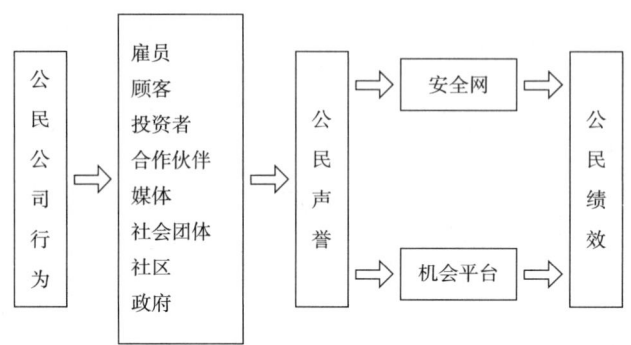

图15-6　以公民行为为基础的企业声誉管理模型

公司公民行为作用于媒体、顾客、投资者、雇员、合作伙伴、社区、管理当局、社会行动主义者八类利益攸关者，公司从每一类利益攸关者处获得支持，才能建立良好的声誉。因此，公司的公民行为要充分考虑到各类利益攸关者，避免引起彼此之间的冲突，不然公司就会面临威胁。公司一旦建立起良好的声誉，就可以在公司运营中分化为安全网和机会平台两种职能。安全网可以帮助公司渡过危机，机会平台可以帮助公司拓展机会，加快公司发展，从而提高公司绩效，公司绩效的提升反过来又能进一步巩固公司声誉。

三、声誉管理手段与步骤

Kevin T. Jackson（2006）在《声誉管理》一书中认为，声誉管理应该分为四部分：创造声誉资本、从内部打造公司声誉、由外而内的策略，以及挽救声誉。创造声誉资本是进行声誉管理的第一个步骤，公司通过长时间的公平交易和注重诚信的行为，慢慢提高主要利益攸关者的期待，从而建立起良好的声誉，即使这样做在初期会牺牲一些潜在的财务成果，使公司承担一定的风险。第二步是从内部打造公司声誉，包括树立公司的愿景、强调CEO的作用、树立定期审查声誉制度、鼓励所有的员工关心公司声誉并积极投身于传播良好的公司声誉。声誉管理的第三步是通过由外而内的手段，即通过与相关利益者保持良好的关系，提高其对公司的期待，树立良好的声誉。主要利益攸关者包括客户和消费者、投资人、商业伙伴、当地社区和大众传媒等。声誉管理的第四步是挽救声誉。公司时刻处于由于各种原因而失去声誉的危险中，例如缺乏社会责任感、突发事件、领导人的违法行为、营销过失等。当这种危机来临时，企业必须立即采取措施重建声誉，具体包括承担责任、迅速对所有受影响的利益攸关者表示关心、公开披露信息并迅速进行内部处理。

康紫波和董关鹏（2007）认为，声誉管理分为八个步骤，分别是：树立愿景，发挥公司战略在声誉管理中的作用；分析声誉管理的机会和效果；CEO承担声誉管理的最高责任；动员全体员工参与声誉管理；注重媒体传播；承担企业公民责任；提升客户情感忠诚度；危机中实施全面的声誉管理。

Doorley和Garcia（2007）在《声誉管理》一书中提出了声誉管理的六大组成部分：个性化的声誉模板，内部和外部的声誉贡献，声誉资本目标，问责机制，声誉管理计划和年度跟踪审计计划。作者认为，每个公司都要有较为独特的声誉目标，注重声誉作为一种企业资本的效益，协同内外沟通机制共同树立企业声誉，对声誉管理做好计划，每年都对计划进行审计和调整，并建立有力的问责机制作为管理不力的惩戒。

四、声誉测量流派

对于如何测量企业声誉，不同学者持有不同的态度。多位学者认为对企业声誉的测量不应该用简单的"好"或者"坏"来评价（Poiesz，1989；Van Riel，2004），因为这样单纯的评价是无益于企业声誉管理和实践的，所以，不同的学者创立了基于不同纬度和标准的企业声誉测量工具。Berens和Van Riel（2004）通过对过去50多年的企业声誉相关文献的梳理，发现不同学者之所以提出了不同的声誉测量工具，原因在于他们基于的思想和分类标准不尽相同。因此，他们依据三大主流思想，划分出了三类声誉测量流派，分别为：基于社会期望理论、基于公司个性理论和基于信任理论。

（一）基于社会期望理论的企业声誉测量工具

社会期望是在社会中利益攸关者对企业持有的期望。基于社会期望理论发展出的企业声誉策略工具主要有以下四种：

1.《财富》主办的最受尊敬企业（AMAC）

《财富》（Fortune）从1983年举办美国最受赞赏企业调查，以电话和电子邮件的方式调查大批高级经理、董事和财务分析师，对企业的八项指标从0分（最差）到10

分（最优秀）进行打分，指标的平均分为全面声誉指数（ORS）。这八项指标分别是：创新性，管理质量，长期投资的价值，社区及环境责任，吸引、发展和保持人才，产品或服务的质量，财务合理性，公司资产的使用。

2.《当代管理》主办的英国最受尊敬的企业评选活动（BMAC）

《当代管理》（Management Today）主办的英国最受尊敬的企业评选活动在指标设计上参考了《财富》杂志，共有九项指标，调查对象非常广泛，包括经理、董事、金融公司成员、政治家、媒体代表和顾客。这九项指标分别是：管理质量、财务合理性、吸引发展和留住人才的能力、产品和服务的质量、长期投资价值、创新能力、营销质量、社区和环境责任、公司资产的运营。

3. Fombrun的商誉指数（RQ）

Fombrun（2000）创立了企业商誉指数（corporate reputation quotient，简称RQ）评价指标体系，该评价体系分六个维度，分别是：情感吸引、产品和服务、愿景和领导、工作环境、社会和环境责任、财务绩效。这种量表在不同国家和商业环境中进行的越来越多的关于RQ的研究和实证检验证明了其有效性，因此得到了广泛应用。

4.《经济观察报》主办的中国最受尊敬的企业评选

北京大学企业管理案例中心和《经济观察报》于2001年联合开展了"中国最受尊敬的企业"评选活动，参与评选的包括在国内注册的国有企业、民营企业和外商投资企业。北大案例中心在测评体系上主要参照了《财富》的指标，并结合中国的具体情况，设计了独特的评测指标。评选活动包括问卷调查和专家评估两个程序。参与问卷调查的被调查者主要是企业家、经理人、记者和著名高校的MBA。在专家评估阶段，选用的10项指标分别为：人力资源、财务能力、社会责任感、公司形象、领导、管理质量、发展潜力、创新能力、国际竞争力、对中国的长期承诺。

（二）基于公司个性理论的企业声誉测量工具

与前者不同，企业个性测量不是一种直接的声誉测量工具，而是一种间接的心理投射。Spector（1961）指出，人们会像看待人一样看待企业，企业也有各种个性特征。基于此种理论，Davies（2003）开发了公司个性评价量表，共有七项指标：随和性、事业心、竞争力、冷酷、独特性、非正式性、男子气概。

（三）基于信任理论的企业声誉测量工具

此理论以人们对公司的信任为基准，主要表现为可信赖性和仁爱（Selnes，2000）。可信赖性指公司恪守明示承诺与暗示承诺。仁爱指以互惠双方的方式行动的自愿主动性。Newell和Goldsmith（2001）建立了一种声誉测评量表：专业性和可信赖度。

五、结语

国外学者于20世纪60年代开始关注企业声誉，并逐步开展了包括声誉管理在内的一系列研究，起步时间较早，到目前已经有60多年历史，涌现了大批学者，例如Fomburn、Van Riel等集大成者。20世纪90年代之前的学者从不同学科和视角出发，多着眼于声誉内涵、相关概念比较等较为零散的概念，尚未建成完整的学科体系。20世纪90年代至21世纪初，声誉形成和管理模型、声誉管理内涵、声誉管理框架等理论逐步发展起来，建立起了较为完整的学科理论体系。声誉研究将定性和定量相结合，既有经验性的描述、实际的案例考察，也有借助数学模型进行科学、精准的定量描述。20世纪末，声誉管理研究加大了与企业实际相结合的力度，创立了多个维度的企业声誉测量标准和模型，并在全世界多个企业进行了广泛的统计，形成了相对固定的标准和流程。进入21世纪后，声誉管理理论进一步加强与企业实践的结合，纯理论性的描述逐渐式微，取而代之的是对具体公司具体声誉情况的考察和案例分析，实践性和指导性更为突出。

我国学者对声誉管理的研究始于1998年王新新发表的《声誉管理理论及其发展》，起步时间远远落后于西方。20世纪初，政府开展了整顿市场经济秩序活动，声誉管理的相关研究紧紧跟随我国宏观经济政策的发展而展开，2001年和2002年的相关论文数量猛增，后逐渐平稳，但是每年的论文数量并不多，据笔者粗略统计，CNKI数据库中的相关论文数量近5年来每年在20篇左右，研究学者较少。就研究视角而言，我国声誉管理的角度从单一学科逐渐发展到多学科的交叉研究，包括经济学、管理学、社会学、传播学等，研究的领域也在不断扩大。就研究内容而言，随着互联网的发展，已从传统的企业声誉管理逐步发展到互联网时代的新型声誉管理。从研究方法上看，绝大多数相关研究都采用了定性描述的方法，缺乏精准化和科学化。很少见到像查尔斯·J.F福诺布龙主持的那种对声誉和财富之间关系进行多角度定量分析的研究，最为明显的是，我国目前的声誉管理研究过于集中在理论层面上，很少能结合我国企业实际进行实践层面上的指导，这是我国声誉管理研究最亟待改进之处。

未来，声誉管理研究趋势将具体表现为：第一，以往的声誉管理从理论框架到管理手段再到声誉测量，就算完成了声誉管理的全部步骤。目前有学者提出了"声誉追踪"的概念，即对一家企业的声誉进行评测后，持续追踪声誉在一段时间内的变化情况，以精准的数据进行定量研究，深层次考察影响企业声誉的因素和声誉变化的规律。第二，互联网时代的便捷性既给企业声誉管理带来了机遇，也带来了挑战。互联网言论能够轻易改变消费者对于企业声誉的印象，企业可以通过互联网迅速积累起声誉，也可能使已有的良好声誉毁于一旦。在这种情况下，传统的企业声誉管理理论可能存在不适用的情况，声誉管理理论急需发展和提升。第三，在经济全球化时代，跨国企业得到了迅猛发展。越来越多的跨国公司在当地进行了许多有利于公司声誉提升的本土化策略和行动，但是由于文化折扣和价值观差异等原因，跨国公司在本国的声誉管理经验可能并不适用于在他国的实践。对我国而言，近几年越来越多的公司进入非洲，出现了多次声誉危机。跨国公司如何进行差异化的声誉管理策略，也是声誉管理理论未来发展不能回避的问题。

参考文献

1. Argenti P A, Druckenmiller B. Reputation and the corporate brand [J]. Corporate reputation review, 2004, 6(4)：368–374.

2. Barnett M L, Jermier J M, Lafferty B A. Corporate reputation: the definitional landscape [J]. Corporate reputation review, 2006, 9(1)：26–38.

3. Fomburn C, Riel V. The Reputational Landscape [J]. Corporate reputation review, 1998, (1)：5–14.

4. Fomburn C.Survey-mastering management [N]. Financial times, 2000-12-04.

5. Deephouse D L, Carroll C E, McCombs M E. The role of newsroom bias and corporate ownership on the coverage of commercial banks in the daily print media [C] //5th International conference on corporate reputation, identity, and competiveness, Paris, 2001.

6. Doorley J, Garcia F G. Rumor has it: understanding and managing rumors [J]. The public relations strategist, 2007 (3)：27–31.

7. Fombrun C J, Gardberg N A, Barnett M L. Opportunity platforms and safety

nets: corporate citizenship and reputational risk [J]. Business and society review, 2000, 105(1): 85–106.

8. Fombrun C, Shanley M. What's in a name? reputation building and corporate strategy [J]. Academy of management journal, 1990, 33(2): 233–258.

9. Fombrun C. Reputation [M]. John Wiley & Sons, Ltd, 1996.

10. Foreman J, Argenti P A. How corporate communication influences strategy implementation, reputation and the corporate brand: an exploratory qualitative study [J]. Corporate reputation review, 2005, 8(3): 245–264.

11. Frooman J. Stakeholder influence strategies [J]. Academy of management review, 1999, 24(2): 191–205.

12. Gotsi M, Wilson A M. Corporate reputation: seeking a definition [J]. Corporate communications: an international journal, 2001, 6(1): 24–30.

13. Graham J, Camerer C F, Loewenstein G, Smith A. Behavioral economist [J]. The journal of economic perspectives, 2005, 19(3): 131–145.

14. Gray E R, Balmer J M T. Managing corporate image and corporate reputation [J]. Long range planning, 1998, (31): 659–702.

15. Hall R. The strategic analysis of intangible resources [J]. Strategic management journal, 1992, 13(2): 135–144.

16. Levis J. Adoption of corporate social responsibility codes by multinational companies [J]. Journal of Asian economics, 2006, 17(1): 50–55.

17. Levitt T. Industrial purchasing behavior: a study of communications effects [M]. Division of research, graduate school of business administration, Harvard University, 1965.

18. Maathuis O J M. Corporate branding: the value of the corporate brand to customers and managers [D], 1999.

19. Mahon J F, Wartick S L. Dealing with stakeholders: how reputation, credibility and framing influence the game [J]. Corporate reputation review, 2003, 6(1): 19–35.

20. Marketing management, 10 [M]. Pearson Education Canada, 2001.

21. Measurement research on the composition and driving factors of corporate reputation. Zhejiang: Zhejiang University Press, 2006.

22. Rose C, Thomsen S. The impact of corporate reputation on performance: some

danish evidence [J]. European management journal, 2004, 22(2): 201–210.

23. Saxton M K. Where do reputations come from? [J]. Corporate reputation review, 1998, 1(4): 393–399.

24. Whetten D A, Mackey A. A social actor conception of organizational identity and its implications for the study of organizational reputation [J]. Business & society, 2002, 41(4): 393–414.

25. Williams R J, Schnake M E, Fredenberger W. The impact of corporate strategy on a firm's reputation [J]. Corporate reputation review, 2005, 8(3): 187–197.

26. 白永秀. 中小企业发展与声誉管理 [J]. 经济管理, 2001(16): 51–55.

27. 宝贡敏, 徐碧祥. 国内外企业声誉理论研究述评 [J]. 科研管理, 2007, 28(3): 98–106.

28. 扬. 创建和维护企业的良好声誉, 赖月珍译 [M]. 上海: 上海人民出版社, 2009.

29. 干勤. 国内外企业声誉管理研究报告 [J]. 企业文明, 2005（5）: 11–15.

30. 干勤. 对我国企业加强声誉管理的思考 [J]. 南京经济学院学报, 2001（2）: 27–29.

31. 梁涛, 王洪元. 论企业声誉管理 [J]. 现代商贸工业, 2009, 21（24）: 34–35.

32. 刘靓. 企业声誉的构成及其驱动因素测量研究 [J]. 浙江大学硕士学位论文. 浙江. [Jing Liu] (2006).

33. 韩兴武. 企业声誉的提升与维护 [J]. 经济论坛, 2004（11）: 75–76.

34. 康紫波, 董关鹏. 声誉管理: 构建可持续发展的资本 [M]. 中国财政经济出版社, 2007.

35. 刘汉林. 论我国企业声誉管理存在的问题与对策 [J]. 贵州社会科学, 2007(8): 97–101.

36. 陈平, 向长江. 加强企业声誉管理的探讨 [J]. 郑州航空工业管理学院学报, 2003(4): 38–40.

37. 郑文哲, 王水嫩. 企业声誉的概念、特征及培育、维护 [J]. 金华职业技术学院学报, 2004, 4(2): 60–63.

38. 刘晖. 企业声誉管理问题分析 [J]. 冶金经济与管理, 2009（1）: 25–27.

39. 缪荣, 茅宁. 公司声誉管理模型探讨 [J]. 管理现代化, 2003（3）: 20–23.

40. 王新新. 声誉管理理论及其发展 [J]. 经济学动态, 1998 (2): 53-56

41. 张四龙, 周祖城. 论企业声誉管理的必要性 [J]. 技术经济, 2002 (2): 24-26.

42. 刘汉林. 论我国企业声誉管理存在的问题与对策 [J]. 贵州社会科学, 2007(8): 97-101.

43. 赵友宝, 李萌. 声誉管理: 现代管理新领域 [J]. 中国煤炭经济学院学报, 2000(3): 23-25.

(范红, 清华大学新闻与传播学院教授;
范译丹, 清华大学新闻与传播学院研究生)

第十六章 权变理论

1997年，公关学界的顶尖期刊《公共关系研究学刊》发表了一篇论文，题为"视情况而定：公共关系顺从立场下的权变理论"。该文由Cancel、Cameron、Sallot和Mitrook撰写，文中详细阐述了权变理论的核心理念：视情况而定（it depends），即组织的决策方法没有最好的，组织所面临的情况是瞬息万变的，其对公众的立场也随之变化。这种动态性体现在权变理论中提出的组织立场连续带和87个来自组织内外的权变因素。

权变理论经过近20年的发展（1997—2015），已成为公关界经典理论之一，它被广泛应用于组织、国家及全球情境下，并帮助解决发生在健康冲突、政治危机与合作、危机管理和收购与兼并等多领域的问题。本文通过对权变理论学术史的深度追踪，采用理论整合分析的方法（meta-theoretical analysis），总结了自1997年起至2015年所有应用权变理论的英文文献，并希望从以下三个方面给公关理论的学术发展带来贡献：首先，通过追踪和整合权变理论的创始、巩固、发展和未来，将该理论的演变过程清晰呈现，为公关学研究，尤其在危机和冲突管理方面提供一个基本理论的知识谱系。其次，基于对已有知识的理解，本文作者为权变理论的未来发展议程提出了参考，增强了该理论在公关领域的影响。最后，本文通过介绍西方的权变理论流派，也希望为本土化公关研究提供重要的参考。为了详细阐述权变理论近20年的发展脉络，本文将其学术史大致分为以下四个阶段。

一、挑战权威：权变理论的创始（1997—2000）

1992年，马里兰大学教授詹姆斯·格鲁尼格（James Grunig）和他的同事提出了卓越公关理论。该理论提出了公共关系实务运作的四种模式（four models of public relations），即新闻代理（press agency）、公共讯息（public information）、双向非对称

（two-way asymmetrical）与双向对称（two-way symmetrical）模式（Grunig，1992）。其中，新闻代理和公共讯息模式都属于单向沟通模式，但新闻代理以宣传为目的；公共讯息公关则以告知大众为目标。双向非对称与双向对称模式都以双向沟通为主，然而，格鲁尼格教授认为，只有双向对称模式才以互惠互利互信为基础，积极促进组织和公众的相互了解，并使得公关效能发挥到最大。因此，格鲁尼格（Grunig，1992）认为对称模式，以及较以操纵为目的的非对称模式，应该成为公关界的典范模式。卓越理论在近30年被不断验证，并作为公关学的重要基础理论得到了广泛认可和应用。

在卓越理论几乎成为美国公关学界单一典范的理论背景下，来自佐治亚大学的卡梅伦教授和他的同事开始研究双向对称模式中组织所持的积极态度，也就是所谓的完全顺从立场。Cancel等人（1997）对卓越理论提出了挑战，并提出"顺从立场下的权变理论"（contingency theory of accommodation）。该理论认为，在危机或者冲突发生的情况下，组织并不会一直遵从卓越理论提倡的对称沟通模式。实际上组织的立场是动态变化的，且在完全抵抗和顺从（pure advocacy-pure accommodation）的连续带（见图16-1）上变化。其中完全抵抗是指无论舆论压力如何，组织坚持自己的立场且只考虑自身利益；完全顺从指的是组织完全迎合公众的需求且只考虑对方利益；连续带则描述组织对应公众所有可能立场的范围。当然，完全顺从或者完全抵抗往往都不是组织应该采取的最佳立场，所以组织会在这两者之间的连续带上来回波动。

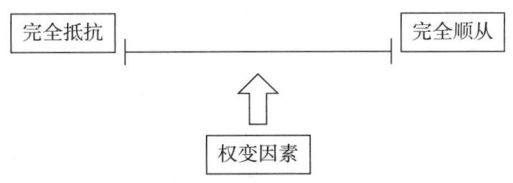

图16-1　组织立场连续带

资料来源：Cancel, A. E., Cameron, G. T., Sallot, L. M., & Mitrook, M. A. It depends: A contingency theory of accommodation in public relations. Journal of Public Relations Research, 1997, 9(1), 31—63.

在密苏里大学任教期间，卡梅伦教授和他的同事进一步提出了"冲突管理中的权变理论"（Cancel，Mitrook & Cameron，1999），并研究各种权变因素如何影响组织对公众的立场。他们提出了约87个权变变量。这些变量来自组织内部和外部，并成为影响组织公关策略制定的重要因素。其中内部因素又包括六个方面：组织自身的特点、公关部门的特点、优势联盟（决策层）的特点、内部威胁（在形势下所占的利益）、个人特点，以及组织与参与方或公众的关系特点。外部因素则包括威胁，产业环境，政治、社会和文化环境，外界公众（团体、个人等），和被质疑的问题等。

二、验证假设：权变理论的巩固（2001—2003）

自2001年起，为提高理论的适用性，Cameron、Cropp和Reber（2001）对以上陈述的87个变量进行了精简，这87个权变因素被进一步划分成前置因素和情境因素。其中，前置因素指的是在组织与公众互动之前就影响组织的变量。包括组织的规模、公关可否参与组织决策和职员的个人特点等。例如，Reber和Cameron（2003）通过采访91位公关从业人员发现，组织过去与公众交涉的负面经验很可能影响组织与公众对话的意愿。Shin、Cameron和Cropp（2002）对800位公关实践者进行问卷调查并发现，优势联盟（决策层）的特点也是影响制定公关策略的重要因素。因此，公关人员应该积极争取优势联盟的支持和加深他们对公关工作的理解，积极参与到公司重大的决策中，并获得行动自主性。

情境因素则在某些特定条件下影响组织立场，其中包括威胁、形势的紧迫性、参与公众的特点（例如公众情绪以及公众索赔或者要求的性质），和选择立场的潜在成本和收益等。例如，Cameron等人（2001）发现，参与公众的规模、可信度以及权力大小都决定了组织是否愿意与之对话。然而在冲突管理中，即使综合考虑了前置因素和情境因素，Cameron等（2001，p.253）发现，依然有六种强制因素可能导致组织无法采用完全顺从的立场：（1）道德信念使得组织认为采用顺从公众立场的做法是不道德的；（2）法律条文使得组织无法与公众和解；（3）规章制度阻碍了和解的进程；（4）高级管理人员可能禁止公关人员采用顺从的立场；（5）在组织内部，被质疑的问题上升到司法层面，使得解决这一问题需要经历繁琐的谈判过程；（6）在抗争的公众面前需要维护道德中立。这些强制因素也得到了研究的有效支持，例如，Reber、Cropp和Cameron（2003）发现，当法律从业者参与到危机管理时，对话和谈判往往变得复杂而使得冲突无法调解，法律条文阻碍了和解的进程，这时公关的作用就变得更为重要。综上所述，权变理论认为，前置因素、情境因素以及强制因素均可能影响组织的决策立场（Cameron et al., 2001）。

三、推陈出新：权变理论的发展（2004—2009）

当权变理论的有效性和可靠性得到广泛支持时（Cameron et al., 2001；Reber et al., 2003），卡梅伦教授和他的同僚开始在全球背景下（Cho & Cameron, 2009；Choi & Cameron, 2005；Shin & Cameron, 2006；Zhang, Qiu, & Cameron, 2004）应用和拓展了这一理论。Zhang等（2004）学者也开始将这一理论应用在国际冲突管理中。他们发现，在2001年4月中国南海发生的中美撞击事件中，当冲突双方发生道德上的争执时，调和往往是不可行的，道德信念使得双方政府难以采用顺从的态度。Jin、Pang和Cameron（2007）发现，在2003年"非典"爆发期间，这种传染疾病给社会带来的威胁成为影响新加坡与中国政府立场的主导因素。Shin、Cameron和Cropp（2006）的研究则支持了组织方面的因素，如优势联盟在决策中的参与度对组织立场的重要影响。此外，权变理论也被广泛应用于韩国的公关案例中，学者们不断验证其假设并发现了新的权变因素。如Choi和Cameron（2005）采访了韩国的公关从业人员后发现，跨国企业对媒体负面报道的惧怕使其在危机中不得不采用顺从立场；而本土文化理念的影响使得韩国民众将跨国公司和本土公司严格区分对待，导致跨国公司不敢过度抵抗。Cho和Cameron（2009）则在另一个研究中发现，韩国民众的爱国主义理念和在互联网上的集群活动是导致企业立场变化的新因素。

在全球情境的研究中，学者们还将权变理论与声誉修复理论结合起来分析案例。在权变理论中，组织对公众的立场是中心要点，而不同的公众立场又决定了组织会采取不同的策略或战术。例如，如果公众立场是强烈抵抗，组织可能会采用攻击原告、借口或否定的策略；而如果公众立场是顺从的话，组织则可能选择逢迎、道歉或合作的策略来满足对方的要求（Coombs, 2007）。因此，组织的战略也和立场一样在完全抵抗与完全顺从的连续带上来回波动（Coombs, 2014）。基于以上理论阐述，Jin等（2007）将声誉修复理论中提到的八个策略（即攻击、否定、借口、辩解、纠正、逢迎、合作和道歉）依次排列在权变理论中提到的连续带上，并以此作为理论框架来分析政府在"非典"事件中的危机管理策略和立场。

此外，其他研究在应用权变理论的同时，发现了混合立场。例如，Jin、Pang和Cameron（2006）在研究新加坡政府的立场时发现，政府对公众采取抵抗态度的同时（例如针对受感染人群包括医务人员制定了严格的隔离措施），亦对该措施的被施行对象进行了经济上的补偿。Jin等（2006）称这种抵抗与顺从并存的策略叫作"抵抗中的顺从"。Pang、Jin和Cameron在2006年还提出了威胁评估模型（Threat-Appraisal Model），并认为公关人员在面对不同类型的威胁时，他们的不同情感（例如愤怒、惊恐、悲伤和焦虑）以及情感的基调与强度对组织所采取的立场都起着至关重要的作用（Jin & Cameron，2007）。

四、探索未知：权变理论的展望（2010—2015）

近五年里，学者们致力于积极探索权变理论的潜在价值（Cheng，2016，2017；Pang, Jin & Cameron，2010），并展开新的研究议程，例如，权变的组织—公众关系（Contingent OPR，COPR）和中国情境下权变理论的应用等。

（一）权变的组织—公众关系

关系管理理论（Grunig & Huang，2000；Lerdingham，2003）假设，建立积极的组织—公众关系是以实现双赢为目标的。然而在现实生活中，组织—公众关系的测量是复杂的：一方面，我们必须考虑同一时间会有两个或多个参与者间存在关系；另一方面，权变因素例如法律和道德因素也会影响组织—公众关系的变化。首先，在二进（dyadic）关系中，组织和公众并不一定以合作为目的来达到双赢；相反，交涉双方甚至会积极寻找冲突并以自身利益为前提。有研究表明，无论最后冲突是否解决，组织和公众都在冲突中以敌对立场而不是顺从为主（Shin, Cheng, Jin, & Cameron，2005）。双方都会优先考虑自身的利益，在可能的情况下才会考虑关键公众的利益。其次，组织和公众关系可能涵盖多方。例如，在中东，伊朗和以色列曾是联盟关系，但自2001年以来，美国发动了反恐战争，并将伊朗称为"邪恶轴心"，将其作为主要的打击对象，而与以色列却保持着相对友好关系。因此，我们再考虑伊—以两国关系时就必须加入美国的立场（Landau et al.，2004）。最后，在既定情境中，我们需要考虑和识别影响组织—公众关系的权变因素。权变理论发现，组织的立场具有动态性，因此前置因素和情境因素都会影响组织立场（Pang et al.，2010），而双方所持的立场往往决定了相互间的关系。

基于以上三方面的因素，Cheng（2017）提出了一个全新概念，即权变的组织—公众关系。如图16-2所示，权变的组织—公众关系融合了关系管理理论和权变理论，并描述了现实中双方或多方从互惠互利到激烈竞争的动态关系。在权变的关系中，组织和公众都以自我利益为先而持各自立场，而前置因素、情境因素与强制因素等因素则导致立场的变化，也直接影响了组织与公众间的关系；在测量方面，我们可通过对公共话语中组织相对公众立场的内容分析来追踪两者间的关系（Cheng，2017）。

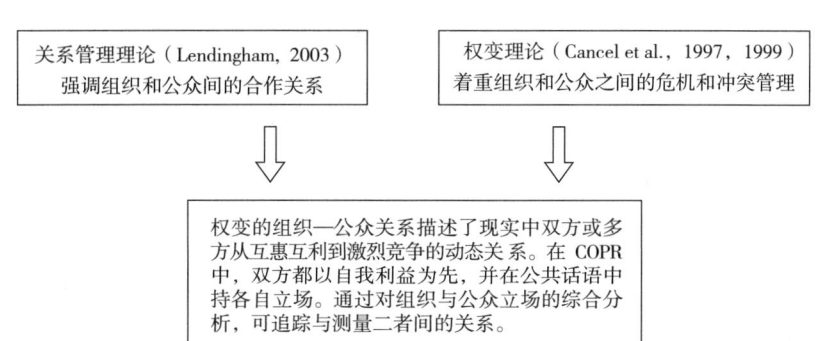

图16-2 权变的组织—公众关系模型

（二）中国情境下权变理论的应用

在传播学领域，已有越来越多的研究在不同情境下测试和拓展权变理论（Jin et al., 2007; Reber et al., 2003），然而绝大部分的研究都只集中在美国或韩国。有限的论文中，权变理论在中国的应用也局限于跨情境领域。例如，学者们讨论中美两国在南海事件上的立场（Zhang et al., 2004）或者研究中国和新加坡政府（Jin et al., 2007）在SARS危机时的立场等。然而，随着中国各类社交媒体的迅速普及（如微博、人人网和微信）和公民新闻平台的兴起，组织在网络危机中易失去对社会和媒体的主导控制，其相应的危机策略也值得探讨。

目前，中国互联网用户已有6.18亿人，在2017年达到7.3亿人，这相当于美国总人口的两倍（Rapoza，2014）。基于这样庞大的网上用户群，本土软件企业成功克隆并创造了中国化的社交网站（SNS）作为实时报道工具，如微信（中国版的Facebook）和微博（中国版Twitter）。这些社交网站在中国公民搜集、报告、分析和传播新闻和信息的过程中发挥了积极作用（Bowman & Willis, 2003, p.2）。例如新浪微博（Sina Weibo），作为中国最大的社交媒体平台之一，有高达6020万活跃用户（Millward, 2013）。大量的社交媒体用户充分发挥言论自由的权利，并通过接收和发送帖子或视频的方式积极参与到虚拟公共社区活动中（Goode, 2009）。

基于中国的特殊背景，Cheng（2016）应用权变理论探讨了中国红十字会在"郭美美事件"中的危机管理。通过内容分析1300篇微博评论、576篇新闻报道以及红十字会的官方资料,他们发现,一些基于中国本土的权变因素,例如缺失信任的社会、强大的公众议程和严格审查的媒体环境等。其中,他们对中国非政府组织的研究也值得关注(Cheng,2016)。相对于西方社会如美国,中国的非政府组织的自主性更低(Knup,1997)。例如,中国红十字会作为"官方组织"的代表是国营组织:它的员工更像是政府官员;资金主要来自于政府补助;组织依照政府政策来制定规章制度;其本身遵从一定的权力等级结构(Lu,2008)等。因此,中国红十字会的组织文化和与中国网民的关系类型决定了其在危机中所持的立场。

综上所述,本文通过对权变理论近20年的发展回顾,追述了其创始(1997—1999年)、巩固(2001—2003年)、发展(2004—2009年)和展望(2010—2015年)四个历程。与卓越理论不同的是,权变理论并不强调必要的策略以及双赢的重要性,而是以谦和开放的心态面对冲突中双方博弈的可能性,并提供不同的权变因素来协助公关实践者的管理工作。权变理论以其灵活的应用性和重要的实践价值推动了公关理论的范式转移。该理论的基本理念和实践性值得我们借鉴。文章末尾,我们亦期待学者们可以采用实验(experiment)、问卷调查(survey)等方法继续验证和发展出新的权变因素,例如探讨媒体方面的权变因素(即公众对社会化媒体的依赖,在线和离线媒体内容的融合等)。我们亦期望,基于中国国情,更多研究可以采用权变理论来分析网络群体以及非政府组织(例如健康传播组织)的立场,并将权变理论与其他各领域理论有效地结合使用。

参考文献

1. BOWMAN S, WILLIS C. We media: How audiences are shaping the future of news and information [M]. Reston, VA: The Media Center at the American Press Institute, 2003.

2. CAMERON G T, CROPP F, REBER, B H. Getting past platitudes: Factors limiting accommodation in public relations [J]. Journal of Communication Management, 2001, 5(3): 242-261.

3. CANCEL A E, CAMERON G T, SALLOT L M, MITROOK M A. It depends: A contingency theory of accommodation in public relations [J]. Journal of Public Relations Research, 1997, 9(1): 31-63.

4. CANCEL A E, MITROOK M A, CAMERON, G T. Testing the contingency theory

of accommodation in public relations [J]. Public Relations Review, 1999, 25(2), 171-197.

5. CHENG Y. The Model of Contingent Organization-Public Relationship: Reconciling Contingency and Relationship Management Theory [D]. Columbia: University of Missouri, 2017.

6. CHENG Y. Social media keep buzzing! A test of contingency theory in China's Red Cross credibility crisis [J]. International Journal of Communication.2016, 10: 1-20.

7. CHO S Y. CAMERON G T. Netizens unite! Strategic escalation of conflict to manage a cultural crisis. In Guy J. Golan, Thomas Johnson, and Wayne Wanta (eds) International Communication in a Global Age [M]. New York: Routledge, 2009.

8. CHOI Y H, CAMERON G T. Overcoming ethnocentrism: The role of identity in contingent practice of international public relations [J]. Journal of Public Relations Research, 2005, 17(2), 171-189.

9. COOMBS W T. (2007). Protecting organization reputations during a crisis: the development and application of situational crisis communication theory [J]. Corporate Reputation Review, 2007, 10 (3): 163-176.

10. COOMBS W T. Crisis Management and Communications [OL]. [2014-09].

11. GOODE L. Social news, citizen journalism and democracy [J]. New Media & Society, 2009, 11: 1287-1305.

12. GRUNIG J E. (Ed.). Excellence in public relations and communication management [M]. Hillsdale, NJ: Lawrence Erlbaum Associates, 1992.

13. GRUNIG J E, HUNT T. Managing public relations (2nd ed.) [M]. Fort Worth, TX: Harcourt Brace, 1996.

14. GRUNIG J E, HUANG Y H. From organizational effectiveness to relationship indicators: Antecedents of relationships, public relations strategies, and relationship outcomes. In J. A. LEDINGHAM, S D BRUNING (Eds.), Public relations as relationship management: A relational approach to the study and practice of public relations. Mahwah, NJ: Lawrence Erlbaum Associates, In, 2000: 23-53.

15. JIN Y, CAMERON T G. The effects of threat type and duration on public

relations practitioner's cognitive, affective, and conative responses in crisis situations [J]. Journal of Public Relations Research, 2007, 19(3): 255-281.

16. JIN Y, PANG A, CAMERON G T. Different means to the same end: A comparative contingency analysis of Singapore and China Governments' management of the emotion and perception of their multiple publics during the Severe Acute Respiratory Syndrome (SARS) Crisis [J]. Journal of International Communication, 2007, 13(1): 39-70.

17. JIN Y, PANG A, CAMERON G T. Strategic communication in crisis governance: Singapore's management of the SARS crisis [J]. Copenhagen Journal of Asian Studies, 2006, 23: 81-104.

18. LANDAU M J, SOLOMON S, GREENBERG J, COHEN F, PYSZCZYNSKI T, ARNDT J, et al. Deliver us from evil: The effects of mortality salience and reminders of 9/11 on support for President George W. Bush [J]. Personality and Social Psychology Bulletin, 2004, 30, 1136-1150.

19. LEDINGHAM J A. Explicating relationship management as a general theory of public relations [J]. Journal of Public Relations Research, 2003, 15(2), 181-198.

20. LU Y. NGOs in China: Development dynamics and challenges. ZHENG Y, FEWSMITH J. China's Opening Society: The non-state sector and governance [M]. London: Routledge, 2008: 89-105.

21. MILLWARD S. Sina Weibo: we're still seeing growth, now up to 60.2 million daily active users. TechinAsia [N], 2013-12-12.

22. PANG A, JIN Y, CAMERON G T. Contingency theory conflict management: Directions for the practice of crisis communication from a decade of theory development, discovery, and dialogue. In W T COOMBS, S J HOLLADAY (Eds.), Handbook of crisis communication [M]. Malden, MA: Blackwell Publishing, 2010: 527-549.

23. PANG A, JIN Y, CAMERON G T. Do We Stand on Common Ground? A Threat Appraisal Model for Terror Alerts Issued by the Department of Homeland Security [J]. Journal of Contingencies and Crisis Management, 2006, 14(2): 82-96.

24. RAPOZA K. By 2016, China Internet users to double entire U.S. population [N]. Forbes, 2014-04-23.

25. REBER B, CAMERON G T. Measuring contingencies: Using scales to measure

public relations practitioner limits to accommodation [J]. Journalism and Mass Communication Quarterly, 2003, 80(2), 431–446.

26. REBER B, CROPP F, CAMERON G T. Impossible odds: Contributions of legal counsel and public relations practitioners in a hostile takeover of Conrail Inc. by Norfolk Southern Railroad [J]. Journal of Public Relations Research, 2003, 15(1): 1–25.

27. SHIN J. CAMERON G T. Contingent factors in public relations practice: Modeling generic public relations in South Korea [J]. Public Relations Review, 2006, 32(2).

28. SHIN J, CHENG. I, JIN Y, CAMERON G T. Going head to head: Content analysis of high profile conflicts as played out in the press [J]. Public Relations Review, 2005, 31: 399–406.

29. Shin J, CAMERON G T, CROPP F. Asking what matters most: A national survey of public relations professional response to the contingency model [C]. Miami, AEJMC, 2002.

30. ZHANG J, QIU Q, CAMERON, G T. A contingency approach to the Sino-US conflict resolution. Public Relations Review [J], 2004, 30(4): 391–399.

〔程杨，北卡莱罗纳州立大学传播学院助理教授；
格伦·卡梅伦，美国密苏里大学哥伦比亚分校教授〕

第十七章　框架理论[①]

作为一种理论和研究方法，框架理论最初发端于文化学（社会学/文化社会学）和心理学，后来逐步被引入到传播学、社会学、政治学等领域，由此形成了认知框架、宣传叙事框架、新闻框架和行动框架并立的研究格局。相比于其他学科，新闻框架研究无疑又是运用最为广泛、成果最为丰盛、"出现频率最高、使用最广泛的理论"[②]，其使用频率甚至超过了使用与满足、第三人称效果等理论。[③]但与此同时，框架理论的概念和内涵也呈现出混乱之局面，潘忠党由此把它视为"一个理论混沌的研究领域"[④]，美国政治学家恩特曼（Entman）甚至将框架研究概括为"破裂的范式"。究其原因，很大程度上是由于各学科在引入框架概念后，并未充分注意到学科之间对话的重要性，导致框架理论在各个学科之间形成话语壁垒。有鉴于此，本文尝试从新闻框架的理论渊源入手，并探索不同学科之间的延伸与关联，试图找到不同学科间理论对话空间的着力点，以拓展框架理论研究的想象空间。

一、从议程设置到新闻框架：继承与发展

议程设置理论是由美国北卡罗莱纳州的两位学者马克斯韦尔·麦库姆斯（Maxwell McCombs）和唐纳德·肖（Donald Shaw）在1972年发表的《大众传播的议程设置功能》论文中正式提出。在此之前，帕克在1922年发表的一篇文章中设想了媒体把

[①] 本文是国家社科基金一般项目"网络时代共意性社会运动的媒介动员机制研究"（批准号：15BXW041）的阶段成果，主持人：郭小安。
[②] 陈阳. 框架分析：一个亟待澄清的理论概念[J]. 国际新闻界, 2007(4)：19-23.
[③] MATTHES J. What's in a Frame? A Content Analysis of Media Framing Studies in the World's Leading Communication Journals, 1990-2005 [J]. Journalism & Mass Communication Quarterly, 2009, Vol.86, No.2.
[④] 潘忠党. 架构分析：一个亟需理论澄清的领域[J]. 传播与社会学刊, 2006(1)：17-46.

关问题，他对能否成为公众议题的问题加以区分，描述了新闻稿件是如何被编辑"枪毙"的，以此暗示议程设置的过程。① 同年，李普曼在《公众舆论》中提出了著名的观点"新闻媒介影响我们头脑中的图像"，因而被麦库姆斯视为议程设置理论的学术先祖。② 遗憾的是，李普曼许多大胆的假设并没有得到很好的检验，直到1940年，拉扎斯菲尔德和其哥伦比亚大学的同事一道，对俄亥俄州伊利县的选民进行了七轮采访，得出的结论与当时盛行的某些观点（如强效果论）相左，由此开启了传播效果研究的实证调查之风。1963年，伯纳德·科恩（Bernard Cohen）有一句名言："在多数时间，报界在告诉它的读者该怎样想上可能并不成功，但它在告诉它的读者该想些什么时，却是惊人地成功。"这句话把媒介的议程设置功能表述得淋漓尽致。③ 1968年，麦库姆斯和肖以1968年美国总统选举为例，开展了著名的"查普希尔研究"，并指出，"犹豫不决的选民最有可能受到媒体报道的影响"，描绘了议程设置效果的最初图景。④ 1972年，麦库姆斯和肖在《公众舆论季刊》上发表了《大众传播的议程设置功能》一文，标志着议程设置理论的正式形成。麦库姆斯认为，大众媒介突出某些问题或者忽略某些问题的做法，确实可以影响公众舆论，人们一般倾向于了解大众媒介注意的那些问题，并采用大众媒介为这些问题所确定的优先次序来确定自己对这些问题的关注程度，换句话说，媒介议程决定了公众议程。⑤ 正是因为大众媒介具有强大的议题设置功能，美国记者怀特曾把大众媒介的影响力形容成"一种在别的国家只有暴君、牧师、政党，以及官僚才拥有的权威"⑥。

与传统的效果研究相比，议程设置理论更倾向于舆论学的研究范畴，正如麦库姆斯所指出的，议程设置的特定源泉来自舆论研究的传统，而不是在大众传播研究中长期占主导（地位）的效果研究。⑦ 迪林（Dearing）和罗杰斯（Rogers）认为，议程设

---

① DEARING J W, ROGERS E M. 传播概念［M］. 倪建平，译. 上海：复旦大学出版社，2009.
② 麦库姆斯. 议程设置大众媒介与舆论［M］. 郭镇之，徐培喜，译. 北京：北京大学出版社，2008：3.
③ COHEN B. The press and the foreign policy［M］. Princeton, N.J.: Princeton University Press, 1963, p13.
④ MCCOMBS M E. 麦库姆斯. 议程设置大众媒介与舆论［M］. 郭镇之，徐培喜，译. 北京：北京大学出版社，2008：149.
⑤ MCCOMBS M E. SHAW D L. The agenda-setting function of mass media［J］. Public Opinion Quarterly, 1972, 36：176-187.
⑥ WHITE T H. The making of the President 1972［M］. New York, Harper Perennial, Reissue edition, 2010.
⑦ MCCOMBS M E, SHAW D L. The agenda-setting function of mass media［J］. Public Opinion Quarterly, 1972, 36：176-187.

置研究的产生虽然与效果理论关系密切，但其本身却天然地就是一个政治过程。正是按照这样的界定，迪林和罗杰斯把"议程设置"看成是多个议程间产生复杂互动的过程，包含：媒介议程、公众议程和政策议程。①

麦库姆斯和肖运用内容分析和民调研究来检验一个时段内的议程设置，后继研究者在方法论和研究对象上对议程设置理论做出了拓展。芬克豪泽（G. Ray Funkhouser）首开在议程设置中研究真实世界指标的先河，Shanto Iyengar 和 Donald R. Kinder 从微观的个人层面对议程设置过程中的心理学问题进行了实验室实验。②麦库姆斯和肖在查普希尔研究中所采用的研究路径是在1968年9月到10月这一时点内对公共议程中所有重要问题的等级进行排列及研究，芬克豪泽在1973年开创了在宏观分析层面对议程设置的历时研究。③与在某个时点上的等级排列方法相比，纵向的历时研究得到了后来的议程设置研究者的青睐，此研究路径侧重于研究一个议程如何被建构、如何被其他议程"挤掉"的过程，并对其原因给出了更深入的阐释。

20世纪80年代之后，框架理论开始被引进到新闻与传播研究领域，这是对议程设置理论的一种继承和发展。在新闻操作层面，议程设置和新闻框架都是对新闻人"把关"含义的拓展和具体表现，把关人利用议程设置和新闻框架建构提供了外在世界的图像。学者 Carragee 曾对议程设置提出质疑，"议程设置研究一直认为媒介议程是一种正确的假定，没有考虑到议程是如何被建构的过程"④，而框架理论的主要贡献便恰是开启了对"议题、话语和意义是如何被准确构建、组织并得以展开"⑤的研究，进一步细化了新闻媒体的内容分析，从主题筛选、事件意义赋予、语言符号和文法技巧等方面来探讨议程如何被媒介设置、媒介如何影响公众对此议题的接收与阐释。克里斯廷·阿德（Christine Ade）等研究者发现，媒介议程与真实世界的指标之间并不存在正相关的联系，⑥新闻专业主义的价值观与工作惯例往往比真实的世界指标更能决定哪些议题可以成为媒介议程。

议程设置和新闻框架之间既存在诸多差异，也同时具备兼容性与互补性。首先，与议程设置理论相比，框架构建所关注的焦点不仅是媒介议程和公众议程之间单向的因果关系，而在于探讨传播过程中各个要素的互动过程，是一个由诸多环节组成的复

---

① ② ③ ④ ⑥　DEARING J W, ROGERS E M. 传播概念［M］. 倪建平，译. 上海：复旦大学出版社，2009.

⑤　REESE S D. Prologue-Framing public life: A bridging model for media research.［EM/OL］. Framing public life: Perspectives on media and our understanding of the social world. Hillsdale, N.J.: Lawrence Erlbaum. 2001：7-31.

杂关系结构，它不仅需要物质资源，还依赖于各种社会（生产）关系。"当框架理论以这样的眼光来看待媒介实践、文化、受众以及媒介生产者的相互作用时，就会十分警惕地防止对涉及传播各个部分的过分割裂（传者、内容、受众），并由此有可能在它们中间架起一条重要的桥梁，为长久以来处于分隔状态的研究打开联系的通道。"[1]

其次，议程设置和框架理论都指出，在媒介对议题建构的过程中，存在多元化力量。议程设置理论研究认为，政策议题、媒介议题和公众议题相互影响，相互作用，议程设置理论把此种行为称为议题建设，框架理论则运用框架竞争来进行解释，它认为一个议题中存在着多个行动角色，不仅有政府、公众，还有利益相关团体以及其他社会团体，每个行动都有自己的框架，彼此之间相互竞争。其中，媒体也需要有自身的框架，它在对行动者框架进行筛选的过程中形成了新闻报道框架。相比议程设置理论的议题建设研究，框架理论中的框架竞争对议题影响因素的考察更加全面，也能更加清晰地呈现各种力量相互作用，直至最后议题被构建的动态过程。

最后，议程设置理论一直比较注重受众的外化行为效果研究，对于内在的心理机制研究较少。而框架研究则深入到心理学领域，它与人性、认知框架和文化记忆有关。陈阳将传播效果研究中的框架分析归纳为两类，其一是分别将媒体框架视为自变量、将受众框架视为因变量来探讨"媒体效果是否产生及其强度"；其二是"只测量与特定媒体议题有关的受众框架"，相关的研究也更多地倾向于探究框架效果的内在心理机制。[2]正如朔伊费勒（Dietram A. Scheufele）指出的那样，传统议程设置所产生的"想什么"和框架构建产生的"如何想"成为效果研究的两个层次，如果说议程设置在于"议题"的传输及对报道对象进行设置排列，那么框架则显著性地表明了"属性的传输"。[3]换句话说，议程设置理论虽然在定量研究上能做到较为精致的水平，对各个方面都给予一种可测量的形式，但媒介和受众环境终究是错综复杂的，不是完全可计算和可控制的。因而，相比于议程设置理论，框架理论把新闻视作为符号系统内符号间互动的结果，其对话语本身及其意义建构过程的关注具有更宏观和多元化的视野。在对"如何想"的研究上，框架理论更注重研究受众的个人接触和处理大众传

---

[1] REESE S D. Prologue-Framing public life: A bridging model for media research.［EB/OL］. Framing public life: Perspectives on media and our understanding of the social world. Hillsdale, N.J.: Lawrence Erlbaum.2001: 7-31.

[2] 陈阳. 框架分析：一个亟待澄清的理论概念［J］. 国际新闻界，2007(4): 19-23.

[3] SCHEUFELE D A, TEWKSBURY D. Framing, Agenda Setting, and Priming: The Evolution of Three Media Effects Models［J］. Journal of Communication, 2007(57): 9-20.

播信息的认知结构与诠释规则,注重探讨媒介现实与受众现实之间的互动关系。由于这种解读规则来自受众在经验社会中的积累,因此会形成例如对新闻信息的"同向解读""对抗式解读""妥协式解读"等不同的解释框架。

二、新闻框架的结构及研究理路

框架概念被认为渊源于心理学和社会学两大学科的研究传统。[1]心理学传统关照下的框架概念具有"心理基模"的含义,其概念源自凯尼曼(Kanneman)和特维尔斯基(Tversky)的决策研究,心理学界将个人认知过程的假设建构称为"基模",认为人们可以通过"心理基模"来了解、判断、诠释外界事物,由此形成了认知心理学范畴的框架效应。社会学一脉的框架概念则源自贝特森(Bateson)[2],由戈夫曼(Goffman)将这个概念引入到文化社会学,后再引入大众传播研究中,成为传播学的一个重要理论。

美国社会学家戈夫曼在1974年出版的《框架分析:经验组织论》一书中系统地分析了框架理论。"框架"一词并非是戈夫曼的首创,他对于框架理论的研究起点来自素有美国心理学之父的威廉·詹姆斯(William James)在1896年发表的著名文章 The Perception of Reality 中提出的问题:"在什么情境下,我们认为事物是真实的?"[3]1945年,舒茨在其论文 On Multiple Realities 中继续讨论了威廉·詹姆斯的论点,着重探讨了"怎么建构现实的一部分"(one realm of reality)和"意义的一个特定范畴"(one finite province of meaning)等问题,戈夫曼认为,舒茨提到的这些概念很有趣,但他并未完全将这些概念解释清楚。[4]戈夫曼沿着胡塞尔(Husserl)和舒茨(Schutz)的现象学视角,并借鉴了人类学家贝特森提出的框架概念,更深入地分析

---

[1] PAN Z, KOSICKI G M. Framing analysis: An approach to news discourse[J]. Political Communication, 1993(10): 55-75.

[2] BATESON G. A theory of play and fantasy[M/OL]. Steps to an ecology of mind[M]. New York: Ballantine Books (1972).1955: 177-193.

[3] GOFFMAN E. Frame analysis: An essay on the organization of experience[M]. Boston, MA: Northeastern University Press, 1974: 2.

[4] GOFFMAN E. Frame analysis: An essay on the organization of experience[M]. Boston, MA: Northeastern University Press, 1974: 4.

了人们如何回答"现在发生的是什么？"、如何凭借组织经验来建构现实等问题。①戈夫曼第一次将框架概念引入传播语境中，运用框架理论探讨人们在日常生活、人际交往中如何使用诠释基模或架构来诠释事物和对象产生的特定意义。戈夫曼认为，对一个人来说，真实的东西就是他或她对情境的定义，这种定义可分为条和框架，条是指活动的顺序，框架是指用来界定条的组织类型。②他同时认为，框架是人们将社会真实转换为主观思想的重要凭据，也就是人们或组织对事件的主观解释与思考结构。此后，甘姆森（Gamson）在戈夫曼的基础上，进一步发展了框架理论。他认为，一个成熟的框架分析应包含三个部分：一是关注生产过程；二是考察文本；三是带有主动性的受众和文本之间的复杂互动。③

在新闻传播领域，新闻框架研究一直被认为可以划分成媒介（新闻）生产研究、媒介（新闻）内容研究和媒介（新闻）效果研究。④从新闻传播学的视角来看，新闻框架反映了新闻从业人员的某种偏好或者偏见，它通过新闻从业人员的选择、强化、过滤、增加和同化等方式，以及标题、导语、引文和重要段落的编排，以实现对事件的归因和意义赋予。但对于新闻框架理论的结构层次，目前学术界仍然有不小的争议。究其原因，一方面，框架理论在扩散与转换过程中，逐步形成了一系列的概念谱系，如框架（frame）、框架理论（frame theory）、框架分析（frame analysis）、框架化（framing）、框架化分析（framing analysis）、框架化研究（framing research）等概念，这些概念在不同的学科中产生了一些相近的阐释性概念，但没有形成统一的规范和研究范式，往往产生了很大的歧义。⑤另一方面，框架本身既可以当名词，又可以当动词，还可以当复合结构，不同学者从不同的视角切入，自然会有不同的理解：一是把框架作为动词，认为框架是界定外部事实和心理再造真实的框架过程，如吉特林（Gitlin）认为框架是选择、强调和排除，恩特曼（Entman）认为框架是选择与凸选，钟蔚文认为是选择与重组，Volkenburg、Semetko和Vreese进一步区分了媒体框架和受众框架等。二是把框架作为名词，认为框架的结构其实就是一种"语言及意

---

① GOFFMAN E. Frame analysis: An essay on the organization of experience [M]. Boston, MA: Northeastern University Press, 1974: 6-8.
② GOFFMAN E. Frame analysis: An essay on the organization of experience [M]. Boston, MA: Northeastern University Press, 1974.
③ 黄旦. 传者图像：新闻专业主义的建构与消解 [M]. 上海：复旦大学出版社，2005.
④ 陈阳. 框架分析：一个亟待澄清的理论概念 [J]. 国际新闻界，2007(4)：19-23.
⑤ 刘强. 框架理论：概念、源流与方法探析——兼论我国框架理论研究的阙失 [J]. 中国出版，2015(08)：19-24.

义符号"，如潘忠党把新闻话语或文本中的框架策略分成了四类：句法结构、脚本结构、主题结构和修辞结构，并强调在诠释者和符号文本的互动中才能体现出框架的作用。① 三是作为复合词的框架，如台湾学者臧国仁提出了新闻框架的三层次说，高层次是对某一事件主题的界定，如标题、导言或直接引句等；中层次则包括主要事件、先前事件、历史、结果、影响、归因、评估等；低层次则是指语言符号的使用，包括由字、词等组合而成的修辞与风格，如句法结构与用字技巧等，这里可以把框架概念理解为一个名词和动词的复合体。②

就方法论层面而言，由于"框架"的概念滥觞于早期文化社会学，因而初期的框架构建研究多采用语言学、符号学中常用的文本分析等质化研究方法，如坦卡德（J.W.J. Tankard）就曾为避免质化研究的主观性而设计出了包括新闻标题、新闻图片、图片说明、新闻导语等11项指标在内的"框架列表"③，某种程度上为框架的界定工作提供了操作意义上的客观性标准。随着框架理论越来越多地介入传播研究，研究者也开始尝试使用实验法、内容分析等量化研究方法来完成对媒介框架的把握和理解，④因而目前框架理论在新闻传播的生产规则、内容建构等方面的应用集中表现为质性的文本分析、话语分析；而在传播效果研究中则表现为以量化研究为主的精确的内容分析与议程测量。学者万小广曾从框架分析的内容、分析手段以及分析层次三个方面对"架构分析"的特点进行了概括，⑤ 他将框架理论分析所指向的对象——社会行动者话语的内容视为以话语、话语建构与话语接收等多个环节构成的共同体，并且指出，"架构分析"是一种对社会行动者的话语、话语实践、行动及社会场景进行的"整合式分析"。而从新闻框架分析的操作层面来看，量化的内容分析和质化的文本分析、话语分析以及观察、座谈、访谈等方法实际上分别关照了话语的接收及其效果和话语本身的建构问题。在传播研究领域高度饱和的信息环境下，定性方法与定量方法共同构成了框架理论应用的方法论视野，作为研究方法的框架分析便是这两种手段高度整合的产物。

---

① PAN Z, KOSICKI G M. Framing analysis：An approach to news discourse[J]. Political Communication, 1993(10)：55–75.
② 臧国仁. 新闻媒体与消息来源——媒介框架与真实建构之论述 [M]. 台北：三民书局，1999.
③ Jr. TANKARD, J W. The Empirical Approach to the Study of Media Framing. REESE S D. GRANDY O, and Jr. GRANT A E. Framing Public Life：Perspectives on Media and Our Understanding of the Social World. Mahwah, N.J.; Lawrence Erlbaum Associates, 2001：95–106.
④ 钟新，陆佳怡. 走近唐纳德·肖[J]. 国际新闻界，2004(04)：25–30.
⑤ 万小广. 论架构分析在新闻传播学研究中的应用[J]. 国际新闻界，2010(09)：6–12.

在新闻传播学对框架理论的研究中，学者对于新闻框架的理论内涵、研究路径所持观点略有差异，但多数研究主要基于以下四点理论假设：第一，新闻框架由文本具体内容承载，却不等同于文本内容本身；第二，新闻框架能影响受众的认知、社会交往和舆论，同时也能实现某些政治目的；第三，新闻框架是"个人头脑中的认知结构"，又是"政治话语中的互动、象征符号组合"；第四，媒体框架能够影响社会舆论。①

需要指出的是，框架理论确立后，迅速扩散并流行开来，导致的结果是"戈夫曼创立框架理论后，引发了美国学界的跟风热潮，一时间几乎言必称框架"②。同时，框架理论也极大地影响了国内传播学的研究范式，有学者考证，台湾地区最早是1995年钟蔚文和臧国仁教授发表的《新闻的框架效果》论文，中国大陆于1996年由清华大学李希光等在《妖魔化中国的背后》研究中首次采用框架分析方法。此后，框架理论的文献犹如汗牛充栋，成为初步奠定中国大陆框架理论研究的基础，仅通过中国知网查询，有关框架分析的文章就已经达到上万篇，且绝大多数集中在新闻传播学科。但是，现有的研究中，多数文章集中于媒体报道的文本或内容分析，数量描述性的文章占据多数，而对背后的社会结构、权力关系以及文化符号等问题的研究仍然不够深入。

三、从新闻框架到行动框架：社会运动框架的延伸与发展

如上所述，框架概念最初是指帮助个体认知、理解、鉴别，以及标记周围所发生的事情的"解读程式"（interpretive schema）③，是微观个体层面（micro-individual level）社会心理学的分析概念，框架理论确立后，迅速成为传播学研究的主流范式。与此同时，框架理论也进入社会运动领域，对社会动员理论产生了重要的影响。与传播学中框架理论关注新闻生产过程不同，社会运动的框架理论关注的是如何通过动员赋予意义，并将其纳入社会动员的情感、理性范式中来，其概念化、理论化程度更高。20世纪80年代，甘姆森（Gamson）、本福特（Benford）和斯诺（Snow）等人将框架视角引入社会运动研究，他们指出，行动者们需要通过框架化过程建构社会运动

---

① 潘霁. 略论"媒体框架"的概念化[J]. 国际新闻界，2010(9)：13-17.
② 刘强. 框架理论：概念、源流与方法探析——兼论我国框架理论研究的阙失[J]. 中国出版，2015(08)：19-24.
③ GOFFMAN E. Frame analysis: An essay on the organization of experience[M]. Boston, MA: Northeastern University Press, 1974.

的意义，并建立了"社会运动框架"，他们将框架从个体的"解读程式"重新定义为集体行动的"解读包"（interpretative package）①，即社会运动领袖用来表达诉求、界定问题时所使用的一系列观点、修辞、论述、文本和标记等。②社会运动框架的含义是，通过一定的"框架"，社会运动组织或社会运动领袖赋予客观世界和运动所涉事件或现象以特定意义，并通过扮演"信息发射体"的角色对其进行传播与推广，其最终目的在于取得潜在参与者的共鸣，并成功地动员他们付诸行动。③虽然新闻框架和社会框架指向的研究对象不同，但都来源于戈夫曼的框架理论，在某种程度上有着相同的理论基础和研究范式。社会建构学者在提出"社会真实均由建构而来"的说法后，接着强调人们须透过语言或其他中介结构来处理社会"原初真实"，④新闻框架是通过新闻文本来构建新闻事件的真实，而社会运动框架则是通过行动中的各种文本符号形式来建构、承载意义，建构主义是新闻框架和社会运动框架中重要的理论基础。同时，新闻框架和社会运动框架都基于认知主义来探讨框架对个体看待事物的看法或思路是怎样形成和改变的，新闻框架被认为可以帮助新闻生产者和读者选择、组织及诠释外界的信息，而社会运动框架的最终目的是框架整合，改变行动者的目标和方向，即改变行动者的原有认知，使其认可框架制定者的思路和理念。⑤另外，有学者将学界目前对框架的概念化途径分为两类，第一类是功能性的，第二类是注重"框架"概念本身抽象的理论属性的，⑥多数学者对新闻框架和社会运动框架给出的概念属于前者，二者皆注重框架的"功能属性"。

（一）社会运动框架的建构过程

克兰德曼斯曾把社会运动的动员任务概括为"共识动员"（consensus mobilization）和"行动动员"（action mobilization）两方面；威尔逊把意识形态分解为诊断、预后和推理三种观点。⑦社会运动框架建构论的旗手斯诺和本福特以威尔逊的思想为基础，结合克兰德曼斯的观点，将社会运动的框架建构工作划分为三个步

---

① GAMSON W A. & LASCH K E. The political culture of social welfare policy [M/OL]. S. E. SPIRO et al. Evaluating the Welfare State [M]. N.Y.: Academic Press, 1983.
② SPECTOR M & KITSUSE J I. Constructing Social Problems [M]. Menlo Park, CA: Cummings, 1977.
③ 夏瑛. 从边缘到主流：集体行动框架与文化情境 [J]. 社会, 2014(1): 52-74.
④ 臧国仁. 新闻报导与真实建构：新闻框架理论的观点 [J]. 传播研究集刊：第三集, 1998, 12.
⑤ 冯仕政. 西方社会运动理论研究 [M]. 北京：中国人民大学出版社, 2013.
⑥ 潘霁. 略论"媒体框架"的概念化 [J]. 国际新闻界, 2010(9): 13-17.
⑦ 冯仕政. 西方社会运动理论研究 [M]. 北京：中国人民大学出版社, 2013.

骤，同时也是框架建构的三个核心任务：诊断性框架建构（diagnostic framing），明确运动所针对的问题；预后性框架建构（prognostic framing），明确解决这一问题的方法；促动性框架建构（motivational framing），明确具体的行动动机。① 他们认为，成功的社会运动框架需同时具备这三个要素。

从整个社会运动的高度来说，斯诺将社会运动框架建构过程划分为诊断性、预后性和促动性框架建构三个过程；具体到某个集体行动框架是如何被创造和发展的问题时，斯诺等研究者认为，具体社会运动框架的创造、发展和更新过程可以区分为三组互相交织的过程，分别是：言说过程（discursive process）、谋划过程（strategic process）和竞争过程（contested process）。② 其中，"框架谋划"最初叫"框架整合过程"（frame alignment process），是框架建构论关注最早和最多的部分，竞争过程次之，言说过程研究最少。斯诺等研究者在《框架整合过程、微观动员与运动参与》一文中提出了框架整合理论（frame alignment theory），框架整合包括四个过程：框架桥接（frame bridging）、框架渲染（frame amplification）、框架扩展（frame extension）和框架转变（frame transformation），具体是指个人与社会运动组织之间阐释性倾向的连接，例如将个体的利益、价值观和信仰集合塑造得与社会运动组织者的活动目标以及意识形态相一致或互为补充。③④ 在斯诺等人看来，框架整合是社会动员的关键要素，它能够改变行动者的目标和方向，创造出一种有利于集体动员的策略性框架。也有研究者认为，社会行动参与的决定因素不仅仅在于民众是否持有不满，而是这种不满以何种方式被阐释，以及这种阐释如何在社会群体扩散。不满的阐释问题也就是共识动员问题，研究不满的阐释问题有助于理解社会行动当中组织者如何获得支持与参与。社会行动组织者，不仅改造了世界或本身就是世界的一部分，他们也用框架来阐释世界。从这个意义上说，框架整合是一个很重要的概念。⑤

（二）社会运动框架建构的场域

社会运动不只是一个结构过程，也是一种文化现象。⑥ 社会运动的框架化过程总

---

①② 冯仕政. 西方社会运动理论研究［M］. 北京：中国人民大学出版社，2013.
③ 赵鼎新. 社会与政治运动理论：框架与反思［J］. 学海，2006(2)：20–25.
④ 冯仕政. 西方社会运动理论研究［M］. 北京：中国人民大学出版社，2013.
⑤ 杨银娟. 社会化媒体、框架整合与集体行动的动员：广东茂名PX事件研究［J］. 国际新闻界，2015(2)：117–129.
⑥ 赵鼎新. 社会与政治运动理论：框架与反思［J］. 学海，2006(2)：20–25.

是存在于一定的宏观文化情境中，动员者在制造意义和塑造框架的过程中不可避免地会受到这些情境因素的影响。然而，在相当长的时间内，框架建构论具有强烈的意志论色彩，即夸大建构主体的主观能动性，同时忽视社会结构因素的制约作用。① 例如，文化情境如何影响动员框架的形成和发展，成功的动员框架又是否会对文化情境产生一定的影响，这些都被以往的主流框架分析理论所忽视，而是大多将文化情境作为社会运动领袖进行框架化预设的、稳定的背景条件，研究者虽指出文化为社会运动领袖的框架动员提供了工具或资源，但提供怎样的工具或资源，以及如何提供却不是他们关注的重点。② 近年来，学术界从意识形态、文化、政治结构和媒体等方面来讨论场域对框架建构的研究逐渐增多。

斯诺等研究者的研究表明，意识形态和运动框架是既相联系又有区别的事物，社会运动的框架建构的过程和效果都会受到意识形态的制约。有研究发现，社会运动在框架建构的过程中会采用特定意识形态的词汇或逻辑作为合法的政治外衣，甚至认为框架建构只不过是意识形态在特定条件下的派生物；但也有研究者持相反观点，认为意识形态有时也会妨碍社会运动框架的构建。③ 关于意识形态与框架建构之间的关系研究总体来说还比较薄弱，缺乏理论阐述。在文化场域角度，以往的框架研究经常忽视了文化的结构性、相应而来的约束性以及主流文化与亚文化的冲突问题。作为一种价值信仰，文化场域会制约框架建构的策略和方向，因此应当注意并揭示文化作为一种场域的限制性。④ 特定时期和地区的社会政治结构也会影响框架建构过程和效果，框架之间的竞争也是政治机会之间的竞争、所获得的资源支持的竞争，但这部分研究至今进展甚微。

(三) 社会运动框架建构的效果

本福特和斯诺认为框架建构的效果及影响，取决于框架的内容和实质，并概括了四个方面的变量特征：首先是框架关心问题的识别及归因落点，第二是框架的弹性和刚性、以及包容性和排他性，第三是解读的范围和潜在影响力，第四是共鸣度，共鸣度是框架建构效果的集中体现，甚至是唯一体现。⑤⑥ 目前对于框架建构失败案例的

---

① 冯仕政. 西方社会运动理论研究 [M]. 北京：中国人民大学出版社，2013.
② 夏瑛. 从边缘到主流：集体行动框架与文化情境 [J]. 社会，2014(1)：52-74.
③④⑤ 冯仕政. 西方社会运动理论研究 [M]. 北京：中国人民大学出版社，2013.
⑥ 赵鼎新. 社会与政治运动讲义 [M]. 北京：社会科学文献出版社，2012：211-214.

研究比较少，只有斯诺和其学生对框架整合失败的情况做过总结：社会运动提供的框架与目标人群兴趣不匹配或对应程度差、框架的范围过宽或过窄、框架使用过度、框架未能切合受众文化背景和政治环境，上述情况会导致框架整合的失败。①

需要指出的是，西方的社会运动理论已经非常成熟，而中国对集体行动的研究尚处于知识积累和理论建构的阶段。相对而言，通过分析社会运动中的话语、意识形态或符号性活动，使用框架化理论来解释动员结果的研究并不多。②对于媒体和社会运动的关系，甘姆森等学者认为，二者是相互依赖的关系，但这种依赖是一种非对称性依赖，运动需要媒体远甚于媒体需要运动，这一事实使媒体能够在交易中获得更大的权力。③和西方的社会运动相比，中国语境下社会运动框架形成的特殊性表现为，社会运动框架的建构主要是由媒体承担的，其原因可能是由于中西方媒体与社会运动的不同关系。西方主流新闻媒体对社会运动特别是与意识形态相左的社会运动往往不予报道，当不得不报道时，则倾向于琐碎化与妖魔化，因此，就对现有体制的挑战性程度而言，西方主流媒介具有相当的保守性。而中国媒介通常在运动初期就会努力试图突破种种阻碍做出正面报道，媒体甚至会积极地介入社会运动。④现代社会，互联网日益普及，随着社交媒体的兴起，中国的媒介舆论与社会运动框架建构的关联互动效应更加显著。

四、对框架理论研究的总体反思

框架理论自20世纪80年代兴起以来，得到了传播学、政治学、社会学等学科的学者们的关注，学者们普遍认为，框架理论的主要贡献是开启了一个重要的分析领域，即：议题、话语和意义是如何被准确地建构、组织并得以展开的。⑤尽管框架理论研究开辟了诸多新的分析领域，引发了学界的极大关注，但也不可避免地招致了很

---

① 冯仕政. 西方社会运动理论研究[M]. 北京：中国人民大学出版社，2013.
② 夏瑛. 从边缘到主流：集体行动框架与文化情境[J]. 社会，2014(1)：52-74.
③ Wolfsfeld, G Introduction [M/OL]. COHEN A A, WOLFSFELD G. Framing the intifida: people and media. Norwood, N.J.: Ablex, 1993.
④ 孙玮. 中国"新民权运动"中的媒介"社会动员"——以重庆"钉子户"事件的媒介报道为例. 新闻大学，2008(4)：13-19.
⑤ REESE S D. Prologue-framing public life: a bridging model for media research. [EB/OL]. Framing public life: perspectives on media and our understanding of the social world. Hillsdale, N.J.: Lawrence Erlbaum.2001：7-31.

多质疑与诟病。

首先，从框架理论的基本概念问题考量。有学者认为，戈夫曼的框架概念含混模糊，它有时指看待正在发生事情的观点，有时指经验的组织方式，有时又被"固定"于现实中，看上去任何东西只要能被组织或能被分辨，就能够被框架。后来戈夫曼自己也承认对一些概念（如初始框架）的分析过于简单，这意味着，框架概念从一开始就有偏于宽泛的倾向。[①] 但也有研究者从另一角度认为，戈夫曼的框架概念能为许多领域接受，仍然说明它揭示了重要的本质现象。[②] 潘忠党认为，无论从哪个角度说，框架分析都是一个理论混沌的研究领域，美国政治学家恩特曼将其概括为"破裂的范式"，虽然有学者认为框架分析是个多范式、研究方法多元化的课题，但并不能解决基本概念混乱的问题，而理论的混沌则与研究问题的杂乱直接相关。[③] 由于框架理论定义和概念化上的模糊不清，使得"框架"在研究中的操作化与概念之间时常出现脱节。[④] 对于框架分类的现有研究，潘忠党认为，无论具体的实证问题属于哪个范畴，研究者都需要首先确认框架，但目前框架有多种分类，并且这些分类体系各自都不完整，因为这些研究都没有从分析框架的概念出发，以逻辑演绎法，分析在新闻和公共表达中的实践行动，并以此提出分类的层面与标准，因此无法显示不同框架途径或类别之间的理论关联。[⑤]

其次，从个体框架与社会的政治、历史与制度的关系角度考量。有批评者指出，《框架分析》这本专著存在的最大问题是论述脱离了与现实世界的互动，戈夫曼对于框架的分析没有向我们提供任何关于历史的社会关系、多样化的阐释等信息，而是将互动僵化到一个单一的"框架"中，忽视了不同个体在具体情境中的多样性。[⑥] 盖伊·塔奇曼（Gaye Tuchman）认为，相较于关注社会组织本身，戈夫曼更为关注经验的弱点以及经验社会组织的弱点，其研究的最终落脚点是人的主体性问题。[⑦⑧] 传播学者凯瑞（James W. Carey）指出，对于政治、理性、权力及社会变迁的回避，是芝加哥学派符号互动论学者的共同特点，这种回避在戈夫曼那里也不例外。[⑨] 有研究者认为，主流社会运动框架研究对文化情境关注不够，难以回答"社会运动领袖如何确定他们的动员框架能得到动员对象的共鸣"等问题，这些研究倾向于认为社会运动

---

①②⑧⑨ 肖伟. 论欧文·戈夫曼的框架思想[J]. 国际新闻界, 2010, 12: 30-36.
③⑤ 潘忠党. 架构分析：一个亟需理论澄清的领域[J]. 传播与社会学刊, 2006, 1: 17-46.
④ 潘霁. 略论"媒体框架"的概念化[J]. 国际新闻界, 2010(9): 13-17.
⑥ DENZIN N K, KELLER C M.Frame analysis reconsidered[J]. Contemporary sociology, 1981, 10.
⑦ 塔奇曼. 做新闻[M]. 麻争旗, 刘笑盈, 徐扬, 译. 北京：华夏出版社, 2008.

组织或社会运动领袖可单方面地决定框架内容，并总能策略性地塑造成功的动员框架。至于文化如何影响框架化、人们如何理解动员框架，以及他们是否可能对动员框架做完全不同的解读，主流研究对这些问题的回答并不充分。①黄旦则认为，由于没有对意识形态作出界定，Hertog和Mcleod事实上也没有彻底说清框架与意识形态、文化的关系。②所以，这种区分更富启示意义的不在于概念本身，而首先是强调框架的形成要以原存框架为基础，是在现有种种文化框架内的互动与采择。③

再次，从研究范式角度考量。在效果研究领域内，框架分析往往遵从行为主义范式，分析受众接受媒体框架后所进行的心理活动以及做出判断和决策的心理机制，不关注与媒体框架相联系的一整套政治和文化环境，也没有特别重视权力因素在其中所扮演的角色。因此，有学者批评近年来的框架分析忽视了权力因素、失掉了批判立场；也有学者持相反观点认为，框架概念本身涉及多种含义，框架分析是一个多范式的研究领域，应该容许多样化研究的存在和交锋。④学者里斯（Stephen D. Reese）在《框架构建的设计：修正媒介研究的一种桥接模式》一文中认为，框架构建不应该被视为一个统一的范式，而应该成为一座可以嫁接不同研究领域的桥梁，不管是定性的还是定量的，是实证的还是解释的，各种研究都可以通过框架构建实现对话和交流，框架构建本身就是一种具有整合性的理论模式。⑤

最后，从研究层次考量。使用新闻框架的实证分析较多，对新闻框架理论本身研究比较少，研究缺乏分析性，新闻框架的工具性特质较为明显。目前国内使用新闻框架理论进行媒介文本分析的研究较多，但普遍以实证分析为主。研究方式基本为，引用国外比较成熟的实证研究模板，结合国内时事热点，将内容套进框架分析的模板，理论探讨不足。国内目前对框架理论的探讨仍是分散在期刊论文或某些著作的篇章中，较少有解释框架理论的专著。⑥框架研究将分析文本作为核心内容之一，⑦但就目前的研究成果来看，如何实证地考察话语的文本，仍是框架分析的瓶颈。很多新闻

---

① 夏瑛. 从边缘到主流：集体行动框架与文化情境［J］. 社会，2014(1)：52-74.
②③ 黄旦. 传者图像：新闻专业主义的建构与消解［M］. 上海：复旦大学出版社，2005.
④ 陈阳. 框架分析：一个亟待澄清的理论概念［J］. 国际新闻界，2007(4)：19-23.
⑤ 李莉，张咏华. 框架构建、议程设置和启动效应研究新视野——基于对2007年3月美国《传播学杂志》特刊的探讨［J］. 国际新闻界. 2008(3)：5-9, 27.
⑥ 孙彩芹. 框架理论发展35年文献综述——兼述内地框架理论发展11年的问题和建议. 国际新闻界，2010(9)：18-24, 62.
⑦ PAN Z, & KOSICKI G M. Framing analysis: an approach to news discourse［J］. Political communication, 1993(10)：55-75.

框架研究重点落在文本分析上，但是，研究者往往不考虑所分析的是什么行动者在什么场景形成的话语，而是孤立地将新闻框架作为工具来分析。因此，这种对新闻文本的框架分析很少超越简单的描述。[①]框架分析虽已成为传播学的核心关注点之一，但传播学对框架分析的理论贡献甚微，也未引发传播学内的理论突破。如何进行框架分析，以及框架分析作为一种理论和方法的取向适合回答什么样的研究问题，仍然很模糊。

此外，还有学者质疑社会运动框架理论具有静态化倾向、精英倾向，其现有研究关注的"是框架而不是框架建构"，对不同种类的社会运动框架描述较多，而对框架建构的动态过程关注较少。还有学者质疑现有研究只注重社会运动中的精英组织者的框架建构活动，而忽视普通民众的作用，但作为带有互动特点的框架建构过程，普通民众对框架的理解方式也会对社会运动产生重要影响。[②③]

总之，框架理论仍然有不少问题需要进一步研究并厘清。如：（1）不同学科领域对于框架理论的研究存在割裂现象，框架理论需要学科之间的沟通与对话，回归戈夫曼的思想对框架理论重新审视，将认知框架、叙事框架、新闻框架和行动框架四个层次做到有机整合。（2）需要重新回归框架理论的心理学渊源，从心理学的检验机制考察在不同框架下，人们的认知如何与文本、组织进行互动。（3）需要考察框架对公共商议和行动过程的结构作用；分清在什么条件下会同时存在多个框架，以及它们之间特定形态的交锋，将如何导致商议和行动的成功或失败。（4）从符号学和话语分析的角度理解框架理论，对与话语网络、不同话语体系相关联的结构网络，以及话语者的社会关系网络之间是如何互动的，乃至框架是否意味着建立这些不同网络的某部分间的特定组合。已有的关于传播网络与日常政治讨论的研究显示，这应当是极有理论潜力的研究课题。（5）需要考察通过互联网展开的资讯呈现、搜索和制作活动如何一体化，如何因此使框架过程更加多元，使框架的区分、连接、拓展、解体以不同形态发生，并因此而影响公共商议的内容、结构和效果。[④]

（郭小安，重庆大学新闻学院研究员、博士研究生导师；

霍凤，重庆大学法学院新闻法方向博士研究生）

---

①②④ 潘忠党. 架构分析：一个亟需理论澄清的领域[J]. 传播与社会学刊，2006(1)：17-46.
③ 冯仕政. 西方社会运动理论研究[M]. 北京：中国人民大学出版社，2013.

第十八章　议题管理理论

霍华德·蔡斯（W. Howard Chase, 1910—2003）被认为是议题管理（issue management）之父。1976年，蔡斯在《企业公共事务与管理》（*Corporate Public Issues and Their Management*）第一期中对"议题管理"这一措辞的使用被认为是这一概念的首次出现。① 按照这一说法，议题管理只是一个相对较新的领域，只有40多年的历史。不过迄今为止，议题管理的界定仍众说纷纭，因此笔者在这里不会尝试给议题管理下一个明确、具体的界定，仅大致总结一下与议题管理相关的主要问题。

一、议题界定与类型划分

（一）议题界定

议题的界定至今仍不统一，依据的标准不同，对议题的界定也会不同。

1. 基于公众关注情形

议题门槛（issue threshold）② 可以用来说明特定议题自身拥有的公众关注度情形。依据议题门槛，议题大致可以分为三类：低门槛议题（low threshold issue）、中门槛议题（threshold issue）与高门槛议题（high-threshold issue）。低门槛议题指能够吸引公众高度注意力的议题。这样的议题即使未被报道，也很有可能得到公众的关注，因为在个人层面上，公众对这类议题比较熟悉。正是因为这一原因，低门槛议题有可能直接替换已经位于公共议程（public agendas）中的议题，或被吸纳进公共议程。

---

① EWING R P. Issues management: managing trends through the issues life cycle [C]. CAYWOOD C L. The handbook of strategic public relations & integrated communications. New York: McGraw Hill. 1997: 173–188.

② LANG G E, LANG K. Watergate: an exploration of the agenda-building process [C]. WILHOIT C G, DEBOCK H. Mass communication review yearbook 2. Newbury Park, CA: Sage, 1981: 447–469.

中门槛议题只能吸引部分公众的关注，比如城市犯罪。高门槛议题的抽象程度最高，与公众的亲身体验距离遥远，因此最难引起公众的关注；但正是因为这一特点，媒体最容易在这一类议题方面发挥议程设置的效果。但是，并非媒体报道越多，公众的关注度就越高。

2.基于指向情形

依据界定的指向，议题界定有三种方式：争论式界定（disputation theme）、期望缺口界定（expectation gap theme）与影响界定（impact theme）。①

（1）争论式界定

这类界定倾向于将议题界定为公共争议（public dispute）或不同群体之间的可争论的意见差异。西斯给出的界定就是其中的典型代表："议题是关于事实、价值观念或政策的可争论的话题（contestable question），这一话题可能促使利益攸关者给予（grant）支持或拒绝（withhold）支持，进而通过公共政策寻求改变。"②

其他界定虽然没有直接使用"争议"这一措辞，但也强调了"未决"要素。比如："一项议题就是一个等待作出决策（ready for decision）的未决事务（unsettled matter）。"③这一类界定没有获得广泛的支持，因为社会中有太多存在争议的话题，但是并不是所有存在争议的话题都会被界定为议题。也就是说，所有的议题都属于有争议性的话题，但是并不是所有有争议的话题都会成为议题。

（2）期望缺口界定

这类界定倾向于认为，议题表现为社会组织的行为与其利益攸关者期望之间的差距；一项议题之所以存在，是因为企业行为（corporate action）与利益攸关者期望（stakeholder expectation）之间存在缺口（gap），议题管理就是填充这一缺口的过程。④这类界定也在逐渐丧失影响力，这是因为这一界定偏于被动，偏于认为议题管理就是社会组织对"不满意的"利益攸关者的回应，缺乏对议题管理过程中社会组织

---

① JAQUES T. Issue and crisis management: quicksand in the definitional landscape [J]. Public relations review, 2009, 35(3): 280-286.
② HEATH R L. Strategic issues management: organizations and public policy challenges [M]. Hillsdale, N.J.: Lawrence Erlbaum Associates. 1997: 44.
③ CHASE W H. Issue management: origins of the future [M]. Stamford, CT: Issue Action Publications, 1984: 38.
④ CHASE H, CRANE T. Issue management: dissolving the archaic division between line and staff [C]. DENNIS L B. Practical public affairs in an era of change. Lanham, MD: University Press of America, 1996: 130.

内积极主动的因素的必要强调。

（3）影响界定

这类界定试图将议题界定为一个事件或一种趋势、情境，这些事件、趋势或情境有可能对社会组织产生显著的影响。这类界定在20世纪90年代开始获得比较广泛的认可。

（二）议题类型

1. 基于议题的重要性

按照议题本身的重要性，议题大致可以被划分为三种：策略性议题（tactical issue）、操作性议题（operational issue）与战略性议题（strategic issue）。议题管理与这三种议题都有关联，也就是说，并不是所有的议题都是战略性议题，也不是所有的议题管理都是战略性的。或者说，并不是所有的议题管理都是对战略性议题的管理，也不是所有的战略管理都指向议题。但是，对于什么是"战略性议题"，至今仍缺乏比较一致的认知。因此，在"议题管理"上添加"战略性"这个词，实际上会令议题管理的含义显得混乱。因为没有什么议题天生就是战略性的，只有当社会组织的上层管理者认为某一议题与组织绩效（organizational performance）相关时，这一议题才拥有了战略性。①

但是，社会组织主管人员认为某一议题具有重要性，并不一定促使该议题成为战略性议题。一项议题拥有相当的重要性，不是由于社会组织内部主管人员认为这一议题具有重要性，而是因为社会组织之外的第三方（outside third party）认为这一议题具有重要性。

比如，英国壳牌公司于1995年准备将位于北海的布兰特史帕尔（Brent Spar）海洋漂浮式储油平台沉入海底，导致这一事务成为国际性议题。但是导致这一结果的并不是壳牌公司，而是绿色和平组织。布兰特史帕尔储油平台建成于1976年，高147米，直径29米，由壳牌公司与美国埃索石油公司（Esso）联合拥有，由壳牌公司独自运营。因此壳牌公司负有最终清理该储油平台的职责。壳牌公司在众多清理方法中选出两种方法加以慎重考虑：第一种方法是岸基拆解处置（将其拖曳到岸上加以拆解），第二种方法是深海爆沉处置（将其拖曳到北大西洋深海处引爆使之沉入海底）。壳牌公司认为深海爆沉的处置方法是最优方法，所以壳牌公司联系苏格兰渔业研究局

---

① DUTTON J E, ASHFORD S J. Selling issues to top management [J]. Academy of management review, 1993, 18(3): 397–428.

（Fisheries Research Services，FRS）确认适合处置的海域。1995年2月16日，绿色和平组织知晓了壳牌公司的这一处置方案。1995年4月30日，四名绿色和平组织工作人员首先占领了布兰特史帕尔储油平台，之后共计25人加入到占领行列（包括绿色和平组织的工作人员、记者、摄影人员等）。绿色和平组织在全世界范围内开展了为期三周的媒体活动，对壳牌公司的这一方案加以抵制。最终，壳牌公司放弃了深海爆沉处置方案，转而采取了岸基拆解方案。1998年1月，壳牌公司宣布将拆解后的部件重新应用于挪威斯塔万格市附近港口设备的建设之中。在这一事例中，储油平台清理事务之所以成为议题，并不是因为壳牌公司主管人员认为这一事务重要，而是因为绿色和平组织认为这一事务重要。

同时，并不是所有战略性议题都具备高优先级，也不是所有的操作性议题都只具有低优先级，因此可能存在具有高优先级的操作性议题，也可能存在只具有低优先级的战略性议题。同时，最初被认为只是操作性议题的议题，当其有机会充分发展时，可能就被改认为是战略性议题。

2. 基于议题的指向

不同的社会组织会面临不同类型的议题，同一社会组织在不同情境中也会面临不同类型的议题（因为涉及不同的利益攸关者）。具体而言，议题大致可以分为如下七类：公共政策议题（public policy issues）、品牌资产议题（brand equity issues）、关系议题（relationship issues）、社会责任议题（mission-environment alignment issues）、客户满意度议题（customer satisfaction issues）、风险管理议题（risk management issues）、危机回应议题（crisis response issues）（表18-1由西斯总结，不过该表来自其他人员对西斯的访谈）。[①]

（三）议题的生命周期

任何一项议题都会经历不同阶段的生命周期。对于议题生命周期，研究者也有不同的描述，不过这些描述只是试图凸显某些不同的因素而已。这里仅举一种三阶段论

---

① STEEL M B P. How new media is used for issues management [D]. Master's Thesis, University of Houston. 2010.
② HEATH R L, PALENCHAR M J. Strategic issues management: organizations and public policy challenges [M]. Thousand Oaks, CA: Sage, 2009: 353.
③ HEATH R L, PALENCHAR M J. Strategic issues management: organizations and public policy challenges [M]. Thousand Oaks, CA: Sage, 2009: 314.

加以说明（见图18-1）。①

表18-1 议题类型

议题	界　定
公共政策议题	公共政策议题是可争议的事务（contestable matters），为了解决与这些事务有关的一些难题（problem），需要维持已有的政策，或者需要实施新的政策。其中的逻辑是：特定社会组织做了某事，导致某难题，这些难题需要通过特定的政策加以解决。
品牌资产议题	品牌资产代表着特定群体（比如顾客、捐赠者或股东等）对特定组织及其产品或服务的态度所具有的市场价值（market value）。①品牌资产议题指与这一类价值密切关联的议题。
关系议题	关系议题聚焦于社会组织与其公众之间的关系。
社会责任议题	这一类议题聚焦于社会组织的使命及其相应的活动对社会的影响。
客户满意度议题	客户满意度议题聚焦于客户与社会组织的互动、该社会组织的回应、客户对该组织回应的满意度等。
风险管理议题	当关键公众（key publics）深切感到某一社会组织导致或允许可能影响公众健康、公众安全、环境品质、公众经济状态等的风险产生时，风险管理议题就会出现。②
危机回应议题	风险显现出来，即危机。当社会组织的危机回应可能改动社会组织与其利益攸关者之间的关系时，危机回应议题就会产生。

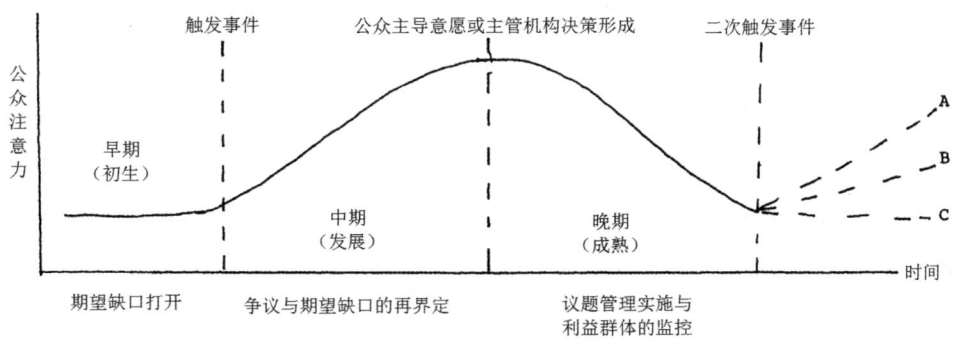

图18-1 议题生命周期

图18-1中，A表明原先的议题再次出现，因为原先的议题解决方案并没有获得

---

① WARTICK S L, MAHON J F. Toward a substantive definition of the corporate issue construct: a review and synthesis of the literature [J]. Business & society, 1994, 33 (3): 293-311.

满意的结果,或原先的议题解决方案又导致新的议题产生。B表明只要原先的解决方案存续,原先的议题即处于令人满意的解决状态。C表明由于进一步的社会、经济、政治或技术方面因素的转变,导致原先的议题消失。

二、霍华德·蔡斯与议题管理协会

蔡斯20世纪30年代从艾奥瓦大学毕业后,担任《德梅因纪事报》(Des Moines Register)的社论作者。20世纪40年代,蔡斯为通用磨坊(General Mills)与通用食品(General Foods)创建了公共关系部。1947年,他与其他五人联合创建了美国公共关系协会(Public Relations Society of America, PRSA),并担任第一届执行委员会的主席,1956年担任协会会长。他也是1948年第一届金砧奖(Gold Anvil Award,美国公共关系协会最高规格的个人奖项)的获奖者。蔡斯于1952年共和党全国代表大会期间担任艾森豪威尔的公共关系总监。之后,蔡斯离开公共服务部门,担任过几家大型企业与公共服务机构的公共关系顾问。20世纪70年代,蔡斯担任了美国制罐公司(American Can Company)的副总裁与公共事务主管助理。

1982年,蔡斯联合创建了议题管理协会(Issue Management Association,现名Issue Management Council),①并担任第一任会长。1988年,议题管理协会设立W.霍华德·蔡斯奖(W. Howard Chase Award,表18-2),意在表彰在议题管理过程中表现卓越的社会组织。该奖项由议题管理协会的理事会于1988年首次评选,在议题管理协会年度论坛上颁发(见表18-2,数据截至2016年4月22日)。1993年开始,议题管理协会增加了个人奖,意在表彰对议题管理发展做出贡献的个人。第一年有三人获奖,其中包括蔡斯本人,另一位是马洪(John F. Mahon,1993年时任职于波士顿大学,现任职于缅因大学)。第三位是当时任职于雪佛龙公司的布鲁斯·斯马特(Bruce Smart)。迄今为止能查询到的最后一次评奖是2007年,获奖者是来自休斯顿大学的罗伯特·L.西斯(Robert L. Heath)。西斯是公共关系领域知名的研究者,其研究成果在本章的脚注中就频频出现。

---

① http://issuemanagement.org/.

表18—2 蔡斯组织奖

年份	社会组织
1994	百特国际（Baxter International, Inc.）
1995	新星输气（Nova Gas Transmission Ltd.）
1996	惠好公司（Weyerhaeuser Company）
1997	美国诚保公司（The Prudential Insurance Company of America）
1999	壳牌国际（Shell International Ltd.）
2000	英国哥伦比亚医学协会（British Columbia Medical Association）
2001	麦当劳公司（McDonald's Corporation）
2001	戴姆勒克莱斯勒公司（DaimlerChrysler Corporation）
2002	东爱达荷医疗中心（Eastern Idaho Regional Medical Center）
2005	华盛顿互惠银行（Washington Mutual）
2006	瑞士再保险公司（Swiss Re）
2008	科罗拉多斯普林斯公用事业（Colorado Springs Utilities）
2013	杜邦公司（DuPont）

蔡斯使用"议题管理"来描述在前瞻思考型（forward-thinking）企业中发生的某一类活动。[①]20世纪70年代早期社会动荡期间，众多企业主管努力对环境进行把控，对社会变化进行预测，并尽力维持公司的稳定运营。企业管理者们在应对暴乱环境（tempestuous environment）的过程中发展出了议题管理的职能，这就是蔡斯视野中的议题管理的产生，很明显，蔡斯的议题管理界定是企业导向的。

三、议题管理研究的发展

有研究者就过去四十多年议题管理观念的发展总结出四项特征：议题管理的主体由企业导向逐渐延伸开来，并将政府机构与NGO也囊括了进来；与危机管理的关联持续转变；议题管理在社会组织内部的位置持续变化；社会化媒介开始发挥影响并导

---

① HAINSWORTH B E. Issues management: an overview [J]. Public Relations Review, 1990, 16(1): 3-7.

致新的期望情形。① 不过在此之外还有一项重要特征：议题管理的内涵由被动回应变为积极参与。

（一）议题管理的主体由仅局限于商业企业的狭隘定位到全面定位

上文已经说明，蔡斯最初对议题管理的认知是显著的企业导向，当时其他诸多研究者同样采取这一类界定。② 1978 年，公共事务委员会（Public Affairs Council）对议题管理的界定就是企业导向的代表：议题管理是特定企业开展的特定活动，意图增加企业对公共决策过程（public policy process）的了解，并提升企业参与公共决策过程的熟练程度与效果。③

20 世纪 70 年代末到 80 年代，美国企业正面临前所未有的麻烦（unprecedented battering）。④ 蔡斯及 20 世纪 80 年代的后继者们都明显认为议题管理就是一种对当时情境的回应性管理活动（management response）。蔡斯最初认为，议题管理就是私有组织（private sector）试图脱离作为遍地争斗的政治链条尾随者的方法。⑤ 稍后，蔡斯明确表示，议题管理就是试图为私有组织在公共政策的形成过程中争取与政府机构和公民同等的位置，而不是仅仅尾随其后。⑥

不过，随后议题管理内涵的发展明显超越了这一狭隘的认知，将企业之外的其他社会组织都纳入到关注对象之中。这一转变早在 20 世纪 80 年代就开始了，比如，20 世纪 90 年代同一时期的四项界定，虽然彼此之间稍有区别，但是都超越了狭隘的企业导向：

（1）议题管理是对正在显现的可能在未来几年对社会组织产生影响的趋势、关注

---

① JAQUES T. Is issue management evolving or progressing towards extinction [J]. Public communication review, 2012, 2(1): 35–44.

② FLEMING J. Linking public affairs with corporate planning [J]. California management review, 1980, 23(2): 35–43. FAHEY L, KING W, NARAYANA V. Environmental scanning and forecasting in strategic planning: the state of the art [J]. Long range planning, 1981, 14(1): 32–39. BUCHHOLZ R. Public issues management: business environment and public policy [M]. Englewood Cliffs, N.J.: Prentice-Hall, 1982: 486–519.

③ HEATH R L. Strategic issues management: organizations and public policy challenges [J]. Thousand Oaks, CA: Sage, 1997.

④ BOE A. Fitting the corporation to the future [J]. Public relations quarterly, 1979, 24(4): 4–6.

⑤ CHASE W. Issues and policy [J]. Public relations quarterly, 1980, 25(1): 5–6.

⑥ CHASE W. Issue management: origins of the future [M]. Stamford, CT: Issue Action Publications, 1984: 10.

点（concerns）或议题进行识别，并为社会组织准备广泛的积极的回应方式的有组织的活动（organized activity）。①

（2）议题管理试图识别舆论的趋势，以便可以在这些趋势打破社会架构（social fabric）并脱离控制之前，促使社会组织作出回应。②

（3）议题管理是一个过程，社会组织通过这一过程与其环境进行了解、理解与有效的互动（interact effectively）。③这是系统论与战略管理视角下的议题管理界定。

（4）议题管理是对议题分析（issues analysis）与战略回应（strategic responses）的战略性应用，意在协助社会组织作出需要的变动（adaptations），以便与社会组织所处的社区（communities）融洽互动并促进双方的利益。④

（二）议题管理的内涵由被动回应到积极参与

蔡斯等最初的界定，明显是认为议题管理是一种回应性活动。但是很快，一些企业开始不再仅仅将议题管理作为一种对不利公共政策的被动回应方式，转而将议题管理作为一种社会参与的方式。这一转变的早期代表是1986年的《议题管理：信息社会中的企业公共政策建构》。⑤这一著作不再采取狭隘的企业劝服（corporate persuasion）的视角，而是采取社会和谐（social harmony）的视角，认为议题管理是一系列战略性的职能，被用于减少社会组织与位于公共政策领域中相关的公众之间的摩擦（friction），并增进两者之间的和谐。⑥

进入21世纪之后，议题管理的界定进一步摆脱了被动回应的角色。比如2001年的议题管理不只是表现为一种简单的传播职能（communication function），而表现为

---

① GAUNT P, OLLENBURGER J. Issues management revisited: a tool that deserves another look [J]. public relations Review, 1995, 21(3): 199-210.

② MURPHY P. Chaos theory as a model for managing issues and crises [J]. Public relations review, 1996, 22(2): 95-114.

③ LAUZEN M M, DOZIER D M. Issues management mediation of linkages between environmental complexity and management of the public relations function [J]. Journal of public relations research, 1994, 6 (3): 163-184.

④ HEATH R L. Strategic issues management: organizations and public policy challenges [M]. Thousand Oaks, CA: Sage, 1997: 3.

⑤ HEATH R, NELSON R. Issues management: corporate public policymaking in an information society [M]. Beverly Hills, CA: Sage, 1986.

⑥ HEATH R. Issues management [C]. HEATH R. The encyclopedia of public relations (Vol.1). Thousand Oaks, CA: Sage, 2005: 460-463.

一种跨领域职能，其总体目标是试图将社会组织的有利机遇最大化，并尽量削减社会组织可能遭遇的威胁。为了实现这一总体目标，议题管理不仅需要影响社会组织的公众，而且需要改变社会组织的行为方式，促使社会组织对公众的利益进行更加积极的回应。[1]

（三）议题管理与危机管理关联的持续转变

第三项特征是，议题管理与危机管理之间的关联处于持续转变之中。

最初，议题管理被界定为危机发生之前或危机发生初期的警告机制。[2]当时担任好事达保险公司（Allstate Insurance）CEO的阿尔奇·博埃（Archie Boe）对此进行了明确说明："前危机管理方式被称为议题管理，是当今商业组织主管们的一项重要管理工具。"[3]

危机管理在美国成为正式研究领域的时间要晚于议题管理。依据相关说法，1982年的泰诺中毒事件促使危机管理在美国开始成为正式的研究领域，[4]1986年的切尔诺贝利核事故促使危机管理在欧洲开始成为正式的研究领域。[5]

虽然依据初期界定，议题管理试图主动积极地识别带有威胁性的议题，以便对其施加影响，避免其转化为危机事件，不过一些研究者仍旧试图在议题管理与危机管理之间加以区分。部分研究者认为，议题管理是一种战略性的管理活动，危机管理更大程度上仅是一种回应性的操作性事务。对危机管理的这一类认知属于操作路径（tactical approach）的界定，也就是事件路径（event approach）。但是之后出现了过程路径（process approach）的危机管理界定。[6]20世纪90年代，研究者开始正式在过程路径中界定危机管理，将危机管理看作是危机事件发生之前广泛、持续开展的一系列管理活动。其典型界定是，为了发挥更明显的效果，危机管理本身就应该是一种

---

[1] PRATT C B. Issues management: the paradox of the 40-year U.S. tobacco wars [C]. HEATH R L. Handbook of public relations. Thousand Oaks, CA: Sage, 2001: 335-346.

[2] FAHEY L, KING W R. Environmental scanning for corporate planning [J]. Business horizons, 1977, 20(4): 61-71.

[3] BOE A. Fitting the corporation to the future [J]. Public relations quarterly, 1979, 24(4): 4-6.

[4] MITROFF I. Managing crises before they happen [M]. New York: Amacom. 2001.

[5] FALKHEIMER J, HEIDE M. Multicultural crisis communication: towards a social constructionist perspective [J]. Journal of contingencies and crisis management, 2006, 14(4): 180-189.

[6] JAQUES T. Embedding issue management as a strategic element of crisis prevention [J]. Disaster management and prevention, 2010, 19(4): 469-482.

系统活动，以便预防危机事件的发生。[①] 从过程路径来看，议题管理归属是持续的危机管理过程中的环节之一，这就是所谓的整合视角。这一认知认为，议题管理不仅是危机预防的关键（被用于在危机事件爆发之前对风险因素加以识别并试图进行操控），也是危机事件之后的重要管理活动（应对危机事件之后可能发生的相关风险因素）。[②]

很明显，过去的四十几年中，议题管理最初被认为与危机管理不同，之后有一种认为议题管理归属于危机管理范畴的界定趋势。

（四）议题管理在社会组织内的位置持续转变

第四项特征是，议题管理在社会组织内部的位置始终无法得到明确。这一情形明显影响到了议题管理的发展，致使议题管理持续游移在商业、公共关系、企业传播等几大领域之间。

议题管理最初被视为企业管理的一种工具，因此，最初议题管理被认为与战略策划（strategic planning）紧密关联。[③] 但是战略策划迅速得到了企业管理者们的认可进而获得迅速发展，议题管理却并没有获得广泛认可，继而自身界定也发生了明显变化，导致议题管理在组织内部的位置更加模糊。

（五）社会化媒介发展导致新的界定因素

当社会化媒介开始盛行时，社会组织利益攸关者的期望缺口界定有抬头趋势。社会化媒介的传播方式，改变了拥有权力者与受权力影响者之间的互动方式。这不仅因为社会化媒介增加了公众争议的场所，更因为社会化媒介也提升了公众表达观点的能力与意愿。

[①] SMITH D. Business (not) as usual: crisis management, service recovery and the vulnerability of organizations [J]. Journal of services marketing, 2005, 19(5): 309-320.

[②] JAQUES T. Issue management and crisis management: an integrated, non-linear, relational construct [J]. Public relations review, 2007, 33(2): 147-157. JAQUES T. Issue management as a post-crisis discipline: identifying and responding to issue impacts beyond the crisis [J]. Journal of public affairs, 2009, 9(1): 35-44.

[③] JAQUES T. Integrating issue management and strategic planning: unfulfilled promise or future opportunity [J]. International journal of strategic communication, 2009, 3(1): 19-33.

四、议题管理的过程

目前已有多种不同的议题管理过程说法,不过各种过程说法之间大同小异,差异主要体现在对不同因素的凸显上。这里仅以最为典型的三阶段论为例加以说明。

(一)三阶段论

依据这一说法,议题管理的过程包括三个主要阶段:"议题识别"(issues identification)、"议题分析"(issues analysis)与"议题回应策略的发展与议题回应活动"(response development)。①

1. 议题识别

议题管理的第一个阶段是议题识别。组织必须首先识别利益攸关者。之所以要首先识别利益攸关者,是因为议题就是利益攸关者对特定社会组织的期望与该社会组织实际表现之间的缺口(gap)。很明显,对于利益攸关者而言,议题就是"应该怎么样"和"是怎么样"之间的不同。这一缺口会激励利益攸关者试图改变社会组织的行为。

为了识别实际或潜在的期望缺口(expectational gaps),社会组织需要同时识别内部与外部环境。议题管理中的环境扫描(environmental scanning)就是负责这方面的事务,这一过程主要监测利益攸关者对组织行为的期望和认知以及能对利益攸关者产生影响的环境因素。

2. 议题分析

议题分析包括四个主要部分:审视个别议题的历史,预测议题未来的发展趋势,预判不同结果出现的可能性,评价议题可能对组织产生的影响。

议题分析的最终结果常以议题议程表(issues agenda)体现,用以从更长远的管理角度来界定不同议题的优先次序。在议程表中排名最高的议题最需要管理人员注意并持续监控,排名稍后的议题只需要给予周期性注意,排名最低的议题是仅对社会组织有潜在影响的议题。

3. 议题回应

完成议题议程表之后,社会组织要为高优先级议题(high priority issues)制定恰

---

① NIGH D, COCHRAN P L. Issues management and the multinational enterprise [J]. Management international review, 1987, 27(1): 4–12.

当的回应策略并开始执行。

社会组织的议题回应过程需要一系列相互关联的具体活动，这些行动可能是内部导向的，也可能是外部导向的。从外部导向看，社会组织可以进入公众舆论和政府政策领域去尝试影响利益攸关者的期望与认知；从内部导向看，社会组织可以改变自身的政策与实践（组织实际行为）。

（二）议题界定阶段

基于上述议题生命周期的说明，在议题回应阶段之后，还有一个阶段，需要根据议题自身的发展情形以及议题管理活动的结果采取进一步的识别与分析。从这个意义上讲，议题管理过程可以分为两大阶段：议题界定阶段（issue definition）与议题回应阶段（issue response）。议题界定阶段不仅负责在议题早期阶段对议题进行识别与分析，还负责对议题回应策略进行策划与完善，以及在议题管理活动后期负责对议题的发展情形进行进一步的识别与分析。不同的人对议题界定阶段也有不同的具体说明，不过本质上大同小异，只是试图凸显的因素不同而已。这里仅以五阶段论为例加以说明。

依据五阶段论，议题界定阶段大致包括五个具体步骤：议题识别（issue identification）、议题初步分析（preliminary analysis）、议题深层分析（analyzing the issue further）、议题简报（a brief written analysis）与议题处置（issues assignments）（见图18-2）。[①]

1. 议题识别

议题管理的第一步是议题识别。议题可能有不同的来源，议题可能代表威胁、机会或者二者兼有。依据议题的来源（内在/外在）以及对于特定社会组织而言的倾向性（积极/消极）两条标准，战略性议题（strategic issues）大致可以分为四种类型：优势议题（strengths，内在的、积极的）、机遇议题（opportunities，外在的、积极的）、劣势议题（weaknesses，内在的、消极的）与威胁议题（threats，外在的、消极的）。[②]这些情形都需要首先加以判定，这是下一步工作的基础。

议题被识别后，通常由特定的负责人员在一个MIS高级管理人员会议（MIS senior management staff meeting）上提出，高级管理人员对其进行判断。这一会议

---

① DANSKER B, HANSEN J S, LOFTIN R D, VELDWISCH M A. Issues management in the information planning process [J]. MIS quarterly, 1987, 11(2): 223-230.

② ANSOFF H I. Strategic issue management [J]. Strategic management journal, 1980, 1(2): 131-148.

由 MIS 高级管理层（MIS senior management）参加，其中包括 MIS 高级执行人员（senior MIS executive）和那些向该职位直接报告的人员，这个工作组会定期开会。

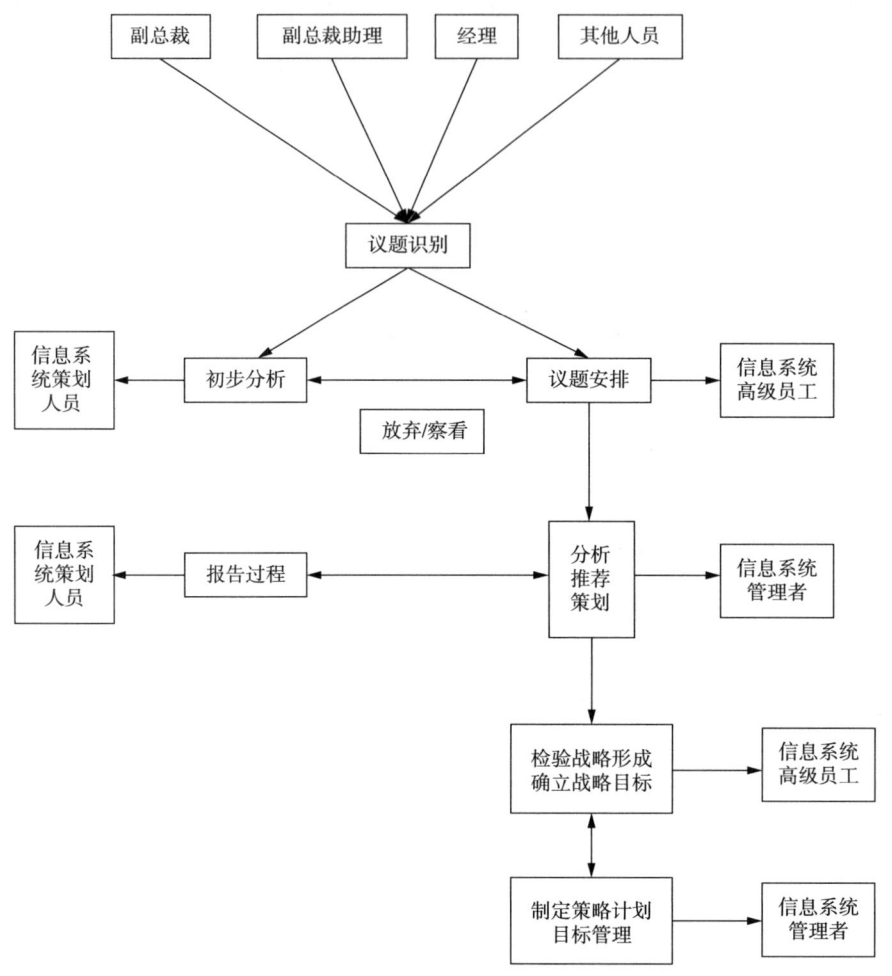

图 18-2　议题界定阶段五步模式

2. 议题初步分析

承担议题初步分析任务的是 MIS 高级管理小组（MIS senior management staff）。这个小组应当包括对相关议题最熟悉的人员，也应当尽量将有关的技术人员包括在内。

MIS 高级管理小组进行议题初步分析的目的，是为了识别对于社会组织而言，哪些议题需要回应，哪些议题需要社会组织对当前的计划加以调整或者需要社会组织采取一些全新的应对活动。

MIS 高级管理小组应当依据议题真正出现的可能性与对社会组织的影响程度对议题进行类型划分，以便增加议题管理的便利性。最初的议题类型划分更大程度上基于

MIS 高级管理小组的经验、认知和判断，而不是已有的议题类型划分体系。这一过程中，MIS 高级管理小组的一项重要事务，是预测那些通常不可能发生但却对社会组织有潜在的重大影响的议题，以便为接下来可能的深度调查提供依据。

3. 议题深层分析

由于议题需要深度调查，该过程的第二步即明确指派 MIS 小组里的某一特定的直接管理者（line manager）来具体负责议题的深层分析，并且给 MIS 高级管理小组提供报告。

这项分析需要在较短的期限内完成（通常是两周或者更少），分析结果也不应超过三页纸的内容。这样做的目的是为了尽量避免"分析麻痹"（analysis paralysis）。这项分析结果是 MIS 高级管理者决定是否调用更多其他资源的基础。

4. 议题简报

议题简报不仅可以作为议题分析的纪录，同时可以辅助并促进议题分析团队对议题进行更多的思考。在 MIS 高级管理会议上，议题简报被分发给 MIS 高级管理人员，以便就特定议题进行讨论。

5. 议题处置

议题回应活动开展之后，MIS 高级管理小组应当依据议题的具体情形，判断是否需要采取进一步的应对活动。如果不再需要进一步的应对活动，该议题就可以从议题议程表中删除；如果还需要采取进一步的应对活动，则视具体情况，确定是继续之前的议题回应活动，还是需要对原计划进行调整，引入新的回应方式。

（冯丙奇，中国传媒大学广告学院副教授；

祝宝杨、张贺如，中国传媒大学研究生）

第十九章 组织传播理论

组织传播、组织交流、组织沟通等概念都与英文中的"organizational communication"相通,而英文文献中"organizational communication"的中文翻译大多被译为"组织传播、组织交流"或"组织沟通"。笔者在中国知网上以"组织,并含组织沟通"为关键词搜索,得到13个结果,以"组织沟通"为关键词搜索,得到1 539个结果;笔者以"组织,并含组织交流"为关键词搜索,得到0个结果;以"组织交流"为关键词搜索,得到8个结果;笔者以"组织,并含组织传播"为关键词搜索,得到12个结果,以"组织传播"为关键词搜索,得到3 142个结果。搜索结果见表19-1、表19-2。[①]

表19-1 关键词搜索结果一

关键词	组织传播	组织交流	组织沟通
搜索结果数量	3142	8	1539

表19-2 关键词搜索结果二

关键词	组织,并含组织传播	组织,并含组织交流	组织,并含组织沟通
搜索结果数量	12	0	13

在中国语境下,由于历来注重人际交往与关系的传统,以"组织沟通"为关键词的研究较多,但大多集中于组织内部上下级之间的人际沟通与传播技巧,学科分布上也比较分散。而组织传播与组织交流方面的研究既能更好地与西方相关理论对接,又涵盖了组织内部的人际传播,因此本文未采用组织沟通一词。考虑到以"组织传播"为关键词的搜索结果远远大于以"组织交流"为关键词的搜索结果,加之组织传播的

---

① 笔者搜索中国知网日期为2015年12月3日。

概念相对组织交流来说更为宽泛，组织传播也可以囊括组织交流，因此，本文统一使用"组织传播"一词。

组织传播研究始于1940年前后，借助工业心理学、社会心理学、组织行为学、行政管理学、人类学和政治学等相关理论得以成长。20世纪60年代，国际传播学会（ICA）设置组织传播组，组织传播开始得到广泛关注，各国学者从不同角度对其进行研究，逐渐形成了功能学派和社会文化学派。[①]1962年，美国俄亥俄州立大学设立了第一个名为组织传播的主修课程。毋庸置疑的是，对组织传播研究贡献最大的是美国的众多学者。罗杰斯曾指出，20世纪70年代，美国与组织传播相关的文献已达1200种。

一、组织传播概念界定

马克斯·韦伯（Max Weber，1947）认为，组织是一种通过规则对外来者的加入既封闭又限制的社会关系……就其秩序而言，为特定个体的行动所支配，这个特定个体的功能通常是作为领导或"头领"，有时也可以是一个管理团体。也就是说，"组织是组织成员在追逐共同的目标和从事特定的活动时，成员之间法定的相互作用方式"。[②]霍尔（Richard H. Hall）认为，组织是有相对明确的边界、规范的秩序（规则）、权威级层（等级）、传播系统及成员协调系统（程序）的集合体，这一集合体具有一定的连续性，它存在于环境之中，从事的活动往往与多个目标相关；活动对组织成员、组织本身及社会产生结果。[③]

从强调组织中信息沟通与传播的角度来讲，西蒙（Herbert A. Simon，1960）认为，组织是一个人类群体当中的信息传播与相互关系的复杂模式。它向每个成员提供其决策所需的大量信息，如决策前提、目标和态度；它还向每个成员提供一些稳定的、可以理解的预见，使他们能够料到其他成员将会做哪些事、其他人对自己的言行将会有什么反应。[④]法瑞斯（R. Farace，1977）指出，组织中的个体通过信息传播结成全通道的组织网络，而组织成员之间相互沟通、相互作用时所显示出来的组织活动特征，实际上也是组织传播的基本特征，即均衡性、强弱性、相互性、目的性和载体性。[⑤]卡茨和坎恩（Daniel Katz & Robert Kahn，1978）认为，传播——

---

① 黄孝俊. 组织传播的研究模式及思考［J］. 浙江大学学报（人文社会科学版），2001(9).
②-④ 胡河宁. 组织传播［M］. 北京：科学出版社，2006：3-5.
⑤ 彭凤仪. 论组织与组织传播［J］. 杭州大学学报，1996(9).

信息交流及意义的传递，是社会系统及组织的基本要素。①组织理论学家维克（K. E. Wieck，1979）指出，组成组织的过程其实就是传播过程，组织组成之后，组织成员必须通过适当而有效的传播和信息交流来维系组织的稳定和发展，达到组织的目标。组织行为研究者巴纳德（C. I. Barnard，1993）认为，在广泛的组织理论中，传播占有一个中心位置，因为组织的结构、组织影响的广度和范围，几乎全都由传播所决定。②

从公共关系学的视角来看，格鲁尼格（James E. Grunig，1984，1992）认为，公共关系是组织与其公众之间的传播管理。这一定义将公共关系和组织的传播管理置于平等位置一起考量，认为公共关系与传播管理描述的是一个组织与其内外部公众（那些影响到组织达成其目标的能力的群体）之间的总体传播行为的规划、实施和评估。因此，公共关系或传播管理也可以被称为组织传播。格鲁尼格指出，组织传播不仅仅是"关于组织内部高级管理人员、中层管理人员和其他雇员之间的沟通，"将"组织传播或公共关系界定为被组织管理的沟通，特别是沟通专家为组织开展的沟通……既可以是内部的，也可以是外部的"。③公共关系如何、为什么以及在何种程度上影响组织目标的达成，这些根本性的问题是卓越公共关系与传播管理的核心问题。也就是说，组织传播是疏通组织的内部沟通渠道、密切组织内外关系的重要方式。一个组织的内部沟通系统既是卓越公共关系的必要条件，也是卓越公共关系项目必要的组成部分。然而，组织很少会构建对等性的沟通系统，除非该组织也具备有机的结构和参与型的文化。陈先红（2016）指出，公共关系"传播观"视角试图回答的主要问题是"组织应该如何进行传播"，强调公共关系的"公共性"本质和"对称世界观"，她认为，公共关系传播的过程是不断从独白走向对话的沟通过程，主要以语言、叙述、符号、修辞、话题、议题话语权等作为概念系统，逐渐形成传播管理学派和语艺修辞学派。④

从传播学的视角来看，传播学者习惯于将组织传播分为三大类，即组织内的人际传播、组织内部门之间的传播和组织外部传播，基于此，传播学者给组织传播下的定义也有所不同并各有侧重。有的侧重于组织内的人际传播的概念，如顾孝

---

① 林瑞基. 组织传播及其效果［J］. 深圳大学学报（人文社会科学版），1988.
② 彭凤仪. 论组织与组织传播［J］. 杭州大学学报，1996(9).
③ 詹姆斯·格鲁尼格等. 卓越公共关系与传播管理［J］. 卫五名，等译. 北京：北京大学出版社，2008：4-5，1-2，21，407-437.
④ 陈先红. 公共关系学的想象：视域、理论与方法［J］. 现代传播，2016（5）.

华（2003）认为，组织传播指"组织成员交换信息的行为，其中包括两个或两个以上组织的成员交换信息的行为"，并认为"传播是贯穿于组织和管理整个过程中的一个必不可少的因素"。[①] 有的侧重于组织中部门间的传播（含组织与个人、组织与次组织间的传播）的概念，如国内最早给组织传播下定义的学者潘玉鹏（1994）认为，组织传播实际上是组织内部的公共关系。[②] 有的侧重于组织外部传播（组织与政府、组织与媒体、组织与客户、组织与大众以及组织与环境等）的概念，如魏永征（1997）认为，组织传播是指某个组织凭借组织和系统的力量所进行的有领导、有秩序、有目的的信息传播活动。[③]

从管理学的视角来看，学者们意识到信息传播对于组织管理及其效能的重大意义，组织传播被认为是实现组织管理的手段和方法，贯穿于组织中的一切管理活动，侧重于探究组织传播对组织效能产生的影响和作用。林瑞基（1988）指出，组织传播和公共关系都是管理科学的分支学科。在公共关系中通常把组织传播作为一种方法来研究。[④]

也有学者给出了比较综合的定义，比如罗杰斯（Everett M. Rogers，1976）认为，组织传播是发生在组织内和组织之间以及组织与环境之间的传播活动。[⑤] 胡河宁（2006）认为，组织传播是一个组织使用其特有的组织媒体工具和传播措施的总和，其目的是形成组织氛围，凝聚组织力量，展示组织影响，促进组织内部、组织之间和组织外部的良性互动。[⑥] 在演讲和沟通领域，对组织传播的研究更多地起源于组织心理学，通常从个体、人际间和小群体层面进行研究；而组织社会学则是从宏观、整体层面对组织传播进行研究。[⑦]

上述概念均不相同，研究视角各有侧重，笔者认为，随着时代的发展和学科的完善，组织传播的定义也在不断发展与变革，但大体上应该涵盖以下要素：组织作为一个系统，与社会环境之间的互动、利用新旧媒介进行的组织相关信息的内外部传播与互动、以组织为纽带建立起来的个人与个人之间的关系及其社会网络的建构与维

---

① 顾孝华. 论组织传播的意义 [J]. 上海大学学报（社会科学版），2003(3).
② 潘玉鹏. 建立中国特色的组织传播学 [J]. 新闻大学，1994(2).
③ 魏永征. 关于组织传播 [J]. 新闻大学，1997.
④ 林瑞基. 组织传播及其效果 [J]. 深圳大学学报（人文社会科学版），1988.
⑤ ROGERS E M, ROGERS R A. Communication in organizations [M]. New York: Free Press, 1976.
⑥ 胡河宁. 组织传播 [M]. 北京：科学出版社，2006：32.
⑦ 格鲁尼格，等. 卓越公共关系与传播管理 [M]. 卫五名，等译. 北京：北京大学出版社，2008：429.

护等。

二、组织传播理论发展回顾

明茨伯格（H. Mintzberg）在20世纪60年代通过对五位企业高层经理的调研后发现，五位经理在组织中扮演10种角色，而这10种角色可归为三类，即人际角色（包括头面人物、领导者和联络者）、信息传递角色（包括监控者、传播者和发言人）以及决策角色（包括创业者、混乱处理者、资源分配者和谈判者）。明茨伯格认为，管理者在担任这10种角色时都要进行广泛的信息交流活动，这些交流活动有些是正式的，有些是非正式的，有些是组织内部的，有些是组织外部的。20世纪80年代后期到90年代初期，路萨斯（F. Luthans）等人对管理者传统管理、日常交流、社交活动和人力资源管理四个方面进行调研后发现，管理者平均用于传统管理的时间是32%，用于日常交流的时间是29%，用于社交活动的时间是19%，用于人力资源管理的时间是20%。其中，成功的管理者用于社交活动的时间是48%，有效的管理者用于日常交流的时间是44%。[①]可以看出，从管理学角度来看组织中的传播行为，得出的结论是，组织中的信息交流活动，无论是日常交流还是社交活动，无论是正式的信息传播还是非正式的信息传播，都对成功和有效的组织管理起到了非常重要的推动作用。

随着传播学的兴起，组织传播越来越成为一门融合管理学、心理学、组织行为学、传播学等跨学科的科学，虽然组织传播及其作用越来越受到重视，但不同派别对于组织传播本身的认识和研究视角有所不同。

（一）组织传播理论不同派别

美国管理学家哈罗德·孔茨曾把现代组织管理理论的不同学派称为"管理理论的丛林"（据其1980年的论文《再论管理理论的丛林》）。他指出，组织管理理论学派有11个，主要的有6个：社会系统学派、决策理论学派、系统管理学派、经验主义学派、管理科学学派和权变理论学派。另外，还有一种与系统管理学派关系极为密切的比较管理理论学派。社会系统学派以美国的巴纳德（Chster Irving Barnard）为代

---

① 顾孝华. 论组织传播的意义 [J]. 上海大学学报（社会科学版），2003（3）.

表；决策理论学派（从社会系统学派中发展出来的）代表人物有美国的西蒙（H. A. Simon）等；系统管理学派的代表人物有美国的卡斯特和罗森茨韦克等；经验主义学派的代表人物有美国的德鲁克（Peter Drucker）、戴尔（E. Dale）等。美国管理科学学派的代表人物有美国的伯法（E.S. Buffa）等。但正如阮志孝（2006）指出的，无论是源于哪种学派的著作，都有一个共同的特点，即都把信息及传播问题、组织的沟通问题摆在了重要地位，并将其作为管理理论不可缺少的一部分。[①]本文中，参照国内组织传播学研究者普遍认可的划分，将组织传播研究者分为功能学派和社会文化学派两大类，其中，功能学派包括古典理论学派、人际关系学派和系统学派；社会文化学派包括解释学派和批判学派。

功能学派的学者将组织视为一部机器或一个有机体。功能学派研究组织情境的传播行为，目的是了解并操纵传播行为，以增进组织的正常功能，如提高士气和工作满意度、兑现组织的承诺、增加生产力及组织效能。功能学派大多从管理者的角度出发，试图以科学的方法来解析传播行为，使组织顺利运转，其关心的焦点是传播与组织结果之间的因果关系。社会文化学派的学者则把组织看成是社会的一个组成部分，把组织活动作为一个社会活动的组合，而这些活动是经由传播来完成的。社会文化学派认为，组织的传播活动并不仅仅是为了达成组织目标，还包括许多非目的性行为，如组织成员的闲聊、交往等，倾向于从客观立场来描述及解释组织的传播行为，其目的并不在于探寻传播与组织之间的因果关系。笔者根据黄孝俊（2001）[②]、凯瑟琳·米勒（1999）[③]和胡河宁（2010[④], 2011[⑤]）等人的研究对西方早期组织传播理论进行了梳理（见表19-3）。

[①] 阮志孝. 现代管理学派的企业传播观念［J］. 成都大学学报（社科版），2006（5）.
[②] 黄孝俊. 组织传播的研究模式及思考［J］. 浙江大学学报（人文社会科学版），2001（9）.
[③] 米勒. 组织传播［M］. 袁军，石丹，周积华，等译. 2版. 北京：华夏出版社，2000.
[④] 胡河宁. 组织传播早期研究中的人际关系学派［J］. 今传媒，2010（12）.
[⑤] 胡河宁. 组织传播早期研究中的批判学派［J］. 今传媒，2011（2）.

表19-3 组织传播理论主要学派观点

研究派别	研究目的	研究立场	关注焦点	主要研究方法	衍生学派	对组织的理解	对传播的理解	代表人物
功能学派	功利性的，了解并操纵传播行为	管理者	提高劳动生产率等与组织结果之间关系密切的传播行为	定量的，基于经验的，实证为主	古典理论学派：科学管理理论		没有突出传播，但其很多理念和做法都依赖于传播，传播以命令、规定和指示的方式从上到下流动	Frederick W. Taylor
					古典理论学派：古典管理理论			Henri Tayol
					古典理论学派：官僚制理论			Max Weber
					人际关系学派	组织是人的群体活动的形式和框架，只要人以群体的形式出现，就包含人际关系问题	在肯定古典学派倡导的信息垂直流动的必要性的同时，大力提倡组织内部的横向传播与相互沟通	Frederick Herzberg; Douglas McGregor
					人力资源学派	强调生产效率和人员在组织运作中的重要性，把员工视为能对组织目标有所贡献的资产	是人际关系学派的延伸，强调重视员工的意见和想法及其对组织的贡献	Robert Blake; Jane Mouton; Rensis Likert
					系统学派	把组织比作有机体，组织真实是客观的，重点是达成目标	以目标为指导的系统中反馈和调节的重要性，传播是工具	Daniel Katz; Robert Kahn; K. Miller
社会文化学派	非功利性的，完成组织目标，与成员交流	客观中立	组织传播一切行为	定性的，描述与阐释为主	解释学派	组织如文化，组织真实是主观的，经由传播建构	传播是意义的建构与经验的共享，传播过程是组织的形塑过程	Herbert A. Simon; Edgar Schein
					批判学派	组织即阶层支配，组织中权力的行使是一个群体以自己的旨趣对其他群体的旨趣（需要、利害关系、世界观）进行框定	传播本质与行为呈现组织深层结构，符号与语言表露组织权力结构与运作机制	James Barker; Dennis K. Mumby

（二）组织传播理论不同维度

胡河宁（2007）指出，1940年到1970年是组织传播学的形成期。其发展脉络是，随着修辞学、言语传播的衍生，传播学作为独立学科被不断完善，为组织传播提供了理论基础。由于管理理论、管理技术和管理实践的发展，组织研究方面开始关注人和物的有意义的秩序，将传播看作组织的核心，通过象征性的表述和思考，组织传播的理论形态逐步形成。1970年之后，组织传播进入成熟创新期。从早期深受传统组织与管理学科影响，重视实证—功能主义与传播效果，发展到囊括文化—解释、批判与后现代等论点，组织传播理论发展日臻成熟。其研究范围涵盖传播理论、组织—管理理论与组织传播理论三个方向，研究的重心包括组织结构、传播的作用、交流过程中的信息与信道、组织成员的态度、关系和组织气候、交流的有效性。[①]国内外组织传播研究重点关注的主要维度主要有七个方面的内容。

1.组织传播与信息互动

信息在组织中的流通与互动是传播学者关注的重点，罗杰斯甚至认为，"没有传播就没有组织"[②]。野中郁次郎（Nonoka）曾提出组织传播的 SECI 知识管理模型：（1）隐性知识—隐性知识的社会化过程；（2）隐性知识—显性知识的外在化过程，又称编码化；（3）显性知识—显性知识的组合化过程；（4）显性知识—隐性知识的内在化过程。这一模型为组织提供了一个信息流通的场所——即野中郁次郎所说的"场"（Ba）。[③]卡茨和卡恩将组织内部信息流动方向分为三类：信息从下级向上级流动的上行传播、信息从上级向下级流动的下行传播和信息从一个组织结构单元到另一个组织结构单元水平流动的平行传播。[④] Mark Granovetter 的研究表明，相对于组织内部成员之间的强连接，组织间的弱连接更有利于组织获取新信息、新观念。[⑤]朱知（2009）指出，组织传播核心的内容在于如何利用传播来产生组织动力、提高组织工作绩效并维持组织精神。由上至下的、单向的传播方式以其自身隐含的强制力维护了组织的正常运作，却忽略了组织成员对组织文化的需求和组织精神的培养。[⑥]20世纪后期以来，

---

① 胡河宁. 组织传播研究的学术路径［J］. 学术研究，2007（1）.
② 林瑞基. 组织传播及其效果［J］. 深圳大学学报（人文社会科学版），1988.
③ 周荣庭，何登健. 基于群体博客科普的组织传播研究［J］. 今传媒，2011（9）.
④ 杨元龙. 互联网自组织的组织结构及其传播演化过程研究［D］. 合肥：中国科学技术大学，2014.
⑤ 田慧敏，李南，邓丹. 弱连接在促进隐藏隐性知识转移中的作用［J］. 科技进步与对策，2005（6）.
⑥ 朱知. 组织传播活动中的仪式［J］. 华中师范大学研究生学报，2009（3）.

作为后工业时代的象征，信息在组织传播中所产生的巨大能量已深深地留在人们的记忆之中：信息是能够改变组织的东西；信息居于组织生命的核心地位；信息在组织中无处不在，维持并影响着组织的运行过程。因此，胡河宁认为，"所有的组织都是信息组织"，这一判断得到了研究者的一致公认。[①]

2. 组织传播与学习

怀特（Wright，1936）发现，在产品生产过程中，单位成本随着经验的累积而下降，由此，他提出了学习效应概念，把对学习的研究拓展到了生产领域。[②]基于此发现，坎格洛斯和迪尔（Cangelosi & Dill，1965）发表了《组织学习：对一个理论的观察》一文，该文也被视为组织学习理论的开端。[③]20世纪70年代，阿吉瑞斯和舍恩（Argyris & Schon）提出了"组织学习"的概念，他们将其定义为发现错误，并通过重新建构组织的"使用理论"（人们行为背后的假设，却常常不被意识到）改正错误的过程。[④]接下来，在接受了诸如"组织学习仅仅是个体学习出色的变种"等批评后，彼德·圣吉从系统科学和一般动力学出发，提出了"学习型组织"的管理理念，并从本质、方法及措施等方面提出建议使组织学习有效地走向了实践领域。[⑤]

3. 组织传播与权力

胡河宁（2010）认为，权力表现为组织传播结构之中所有人的关系特征，并以此构成了组织传播理论的重要范畴。它决定着组织中什么人能够得到什么东西、何时得到，乃至如何得到。因此，权力资源就为组织成员提供了改善自己利益、解决组织中的问题，乃至将与他人的矛盾激化或消除矛盾的方法。然而，这种显而易见的权力现象，在实践中又会衍生出多种多样的、令人难以捉摸的权力形式。消极权力就是其中一种在各类组织中普遍存在，但又往往会被人忽视的特殊的权力现象。消极权力是一种打乱组织结构秩序、干扰组织正常关系或者阻止组织传播发生的权力。[⑥]

4. 组织传播与组织文化

自从1982年特伦斯·迪尔和艾伦·肯尼迪的《企业文化：企业生活的礼仪和习俗》以及汤姆·彼得斯和罗伯特·沃特曼的《追求卓越：美国最成功的公司的秘诀》

---

① 胡河宁. 组织传播中信息与决策问题的讨论［J］. 今传媒，2010（7）.
② 郭小兵，王勇，许庆瑞. 组织学习理论：喧嚣中蠕行［J］. 研究与发展管理，2003（4）.
③ 冯建民. 现代企业组织学习理论研究述评［J］. 深圳大学学报（人文社会科学版），2001（2）.
④ 陆吕勤，方俐洛，凌文轻. "组织学习"研究的历史、现状与进展［J］. 中国软科学，2001（12）.
⑤ 秦发盈. 国外组织学习理论综述与本土应答［J］. 继续教育研究，2004（4）.
⑥ 胡河宁. 组织传播中的消极权力及其表现形式［J］. 今传媒，2010（10）.

这两本书问世以来,"组织文化"的概念迅速得到普及和传播。①沙因(1985)提出了组织文化的"深层假定"概念,他认为,文化是一个特定组织在处理外部适应和内部融和问题中所学习到的、由组织自身发明和创造并且发展起来的一些基本的假定类型,这些基本假定类型能够发挥很好的作用,并被认为是有效的,由此被新的成员所接受。②正是因为组织文化有上述特征,所以一旦形成便根深蒂固,难以变化。强势文化(strong culture)理论几乎与组织文化理论同时产生。Deal和Kennedy(1982)指出,"强势文化几乎总是美国企业持续成功的驱动因素"。Peters和Waterman(1982,2003)也指出,"毫无例外,企业文化的支配性和一致性是优秀企业的本质特征"。这一理论认为,强势文化有助于保持企业目标的一致性,提高员工的工作积极性,并提供必要的组织和管理机制。③Denison指出,适应性、投入与使命、一致性是不相容的,但同时具备这四种文化特质的组织文化才是最有效的文化。Gordon和DiTomaso的研究结果显示,不论文化的内涵如何,强势文化在短期内都与较好的绩效相关联。同时,内涵适宜的文化也会产生积极的效果。而把两者结合起来的文化则是最有效的文化。④Cameron和Quinn(1999)认为,每一个组织都有其主导性的文化类型,特定类型的主导文化可以使组织变得更加稳定、更具一致性,或更加灵活、更具适应性。组织文化是在不断演进的,但不同类型的组织文化演进方向是可预见的。因此,为了适应迅速变革的外部环境并推动组织内部的其他变革,组织必须进行文化变革。⑤刘善仕、彭娟、邝颂文(2010)将承诺型、控制型、合作型和市场型四种人力资源管理系统类型(Lepak & Snell, 2002)与团队式、发展式、官僚式和理性式四种组织文化类型(Quinn & Rohrbaugh, 1983)进行了4×4的匹配模式分析,以探讨HRMS与组织文化匹配关系对组织绩效的影响。研究发现,企业必须选择与组织文化相匹配的人力资源管理系统,才能带来组织绩效的提升。⑥因此,有利于组织发展的、与组织特点相匹配的文化才有可能增加员工对组织的认可度和归属感,才能提高组织的效率。反之,不适合组织的文化越强势、越根深蒂固,就越可能起到相反的作用。

5. 组织传播与人际关系

道格拉斯·M.麦格雷戈(Douglas M. McGregor, 1957)提出了著名的"X理论"

---

① 他们把文化看作组织所拥有的一个"事物",认为企业的成功与否应该通过其组织文化来判断。
② SCHEIN E H. Organizational culture and leadership [M]. San Francisco: Jossey-Bass Pub., 1985.
③④⑤ 李海,张德. 组织文化与组织有效性研究综述 [J]. 外国经济与管理,2005(3).
⑥ 刘善仕,彭娟,邝颂文. 人力资源管理系统、组织文化与组织绩效的关系研究 [J]. 管理学报,2010(9).

和"Y理论"。麦格雷戈把泰勒的雇员观称为X理论。X理论认为,雇员们基本上都很懒惰、消极,而且都逃避改变和责任,对组织的需要漠不关心。因此,管理人员必须对指导和控制组织完全负起责任来。那些无情、自私的老板在X理论的控制下,只关心聚积财富与权力。麦格雷戈的Y理论行为观可概括为:工作中付出体力和脑力的努力,与玩耍或休息时的付出一样,是再自然不过的事;外部控制和惩罚的威胁,不是促使人们完成组织目标而努力的唯一手段,人们在完成所承诺的组织目标时,会采用自我导向和自我控制的手段;对目标的承诺,具有一种与人们的成就需要密切相关的奖励作用;在正常情况下,普通人不仅学会了接受责任,而且学会了找寻责任;多数人有使用相当高水平的想象力、灵感和创造力来解决组织的问题的潜能;在现代工业化生活条件下,普通人的聪明才智只得到了很少部分的发挥。[①]人际关系学派提出了"人是组织传播成功的关键所在"的思想。但批评家们认为,人际关系学派只关注组织传播中的人文领域,而对其他主要问题,如组织结构、工会的目标和环境的压力等缺乏重视。

6.组织传播与组织气候

概念群的概念是依照卡尔·韦克的理论建立的。该理论认为组织的形成包括三个步骤:产生、筛选、保存。韦克的这一观点被斯科特·普尔应用于组织传播研究中。普尔认为,组织中"不断由成员间的相互作用产生和再产生的集体态度"形成了组织气候。组织对于不同的群体可以有不同的气候。普尔进一步将气候视为一个有三个级别的分级体系。第一级是组织成员用来定义和描绘组织的一组基本术语,即概念群;第二级是关于组织氛围的一个基本的、高度抽象的、由组织成员共享的概念,即核心气候;第三级是组织群体将核心气候转化成影响组织某一特定部分的更为具体的术语,这样就构成了组织建构的第三个要素——特别气候。普尔认为这个分级体系的三个层次之间呈线性联系:(1)概念形成对组织事务的认识;(2)基于这种认识,形成核心气候;(3)子群体将这些一般性原则转化成特别气候,特别气候又反过来影响个人的思维、感受及行为。[②]胡河宁(2005)认为,传播作为组织的生命线,传递着组织的发展方向、期望、过程、产物和态度。通过传播,组织把自身投射到由相关群体组成的世界大舞台上,进而形成声音和形象。其中包括组织声誉、组织形象、员工传播、政府关系、媒体关系和危机处理,等等。因此,组织传播反映了组织对待传播交

---

① 胡河宁. 组织传播中信息与决策问题的讨论[J]. 今传媒,2010(7).
② 约翰逊. 传播理论[J]. 陈德民,叶晓辉,译. 北京:中国社会科学出版社,1999:560-564.

流的态度，或一套为员工所内化的精神习惯。其结果是建立一套能渗透到组织内部的良好传播机制，并将其体现在它与相关群体的一切传播活动之中。①

三、组织传播理论的本土化探索

20世纪80年代后期，组织传播研究被引进中国大陆，1992年，组织传播被正式列入学科目录（作为传播学科的一个分支）。②据黄孝俊（2001）统计，1981年至1996年间，大陆有影响的新闻传播期刊刊载的组织传播领域的文章，只有潘玉鹏发表在《新闻大学》上的《建立中国特色的组织传播学》③一篇。笔者发现，该统计不太全面，比如1996年国内传播学者彭凤仪对于组织传播的研究就比较有影响。

彭凤仪（1996）论述了人、组织和组织传播之间的关系，并描述了组织传播具有认识环境、协调关系、劝服激励和统一行动的功能。彭凤仪将组织传播分为自上而下和自下而上的纵向传播结构、水平性和对等性的横向传播结构、纵横结合的组合式传播结构和在组织内部设立"智囊团"的"参谋"传播结构四类，并指出，与组织传播结构有密切关系的是组织传播网络。彭凤仪依据理查斯（Richards，1976）的研究绘出的组织传播网络图显示，组织成员依照传播互动情形分为"群"（三人或三人以上彼此频繁沟通的小群体）、"联"（与两个以上的群联络和交流，而本人不属于任何群）、"桥"（小群体内负责与其他群体交流的主要成员）和"独"（很少与其他成员交流的孤独者）四类，而"联"是信息传播的枢纽和轴心，在信息的流量和流向、关系的协调与控制、权利的分配与任免等方面发挥重要作用，如图19-1所示。④

---

① 胡河宁. 组织意象图式中的组织传播隐喻 [J]. 安徽大学学报（哲学社会科学版），2005（11）.
② 国家技术监督局. 学科分类与代码（GB/T13745-92），1992-11-1.
③ 黄孝俊. 组织传播的研究模式及思考 [J]. 浙江大学学报（人文社会科学版），2001（9）.
④ 彭凤仪. 论组织与组织传播 [J]. 杭州大学学报，1996（9）.

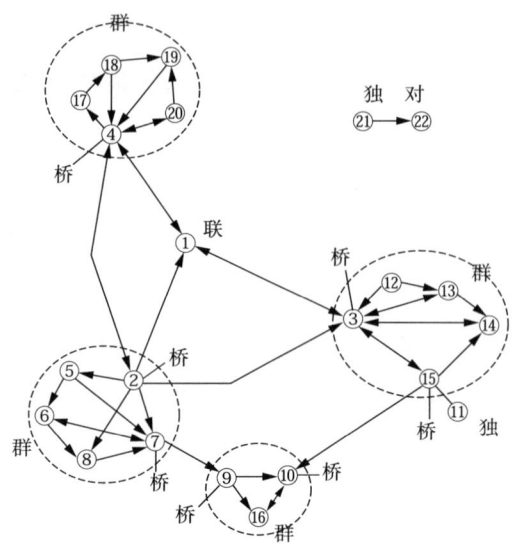

图 19-1　组织传播网络图

彭凤仪对于组织传播及其功能的强调,对于组织传播结构与网络的勾勒以及对于早期组织传播理论的梳理,虽然大多不属于原创,但为中国学者了解和进一步探究组织传播提供了理论参照。魏永征(1997)曾对组织传播和大众传播的传播本位与立场、传播对象、传播范围、受传者是否被强制接受、传播场合、传播是否单向以及传播方式等方面做了对比,如表19-4所示。①

表 19-4　组织传播与大众传播对比

	组织传播	大众传播
立场	组织本位	受众本位
对象	特定	不特定
范围	有界	无界
接受	组织强制	受众自由
场合	工作时间	闲暇时间
走向	双向	单向
方式	指令灌输	舆论引导

该对比在大众传播媒介与技术发展日新月异的今天来看,有些特征显然已经过

---

① 魏永征. 关于组织传播[J]. 新闻大学,1997.

时,但对于当时传播学和组织传播学都还作为引进国内不久的新兴学科来说,这种对比是有很大的价值和意义的,尤其对于组织传播在国内传播学领域的开拓和发展有举足轻重的推动作用。

虽然国内学者对组织传播理论有所探求,但数量确实有限,以至于胡河宁、叶玉枝(2004)指出,"组织传播学科在我国几近空白"。①根据刘立荣(2013)的统计,在1988—2004年的7年间,组织传播领域相关论文仅有20篇。②胡河宁(2005)也指出,我国的组织传播学科目前还处在为生存从其他领域获得养分而奋斗的酝酿发酵时期。③但可喜的是,自2005年开始,组织传播领域相关论文明显增多,尤其是以胡河宁为代表的国内组织传播学者开始了大量的组织传播研究,并发表了不少研究成果。

胡河宁、胡昭阳(2008)在对美国几种有影响的"传播—组织""平衡""学派—过程"等组织传播理论模式比较研究的基础上,提出并论证了具有本土语境特征的组织传播"结构—关系"模式。胡河宁认为,结构是深藏于组织内部各要素的组合形式,以对组织传播特征的控制暗示着组织的价值与信念;关系是渗透在组织传播复杂多样过程中的意义交流,是掌握本土组织传播多维面向的基本方式。"结构—关系"模式中的"关系"是基于中国传统文化中的核心假设提出来的。中国传统的人际关系是建立在差序格局中的人伦关系。因此,中国组织传播的对象往往是组织中的"人"而不是"组织"。由于组织中的人都是个别的、特殊的和独一无二的,组织传播就演变成了特殊人物、特殊情境和特殊处理的人际关系传播。④

陈力丹和陈俊妮(2009)借用心理学家厄文·贾尼斯(Irving Janis)的群体思维概念指出,在一个相对稳定、长期存在的组织内,群体压力对成员的作用往往会更大,这种压力不仅来源于多数,也来源于权威,即被关系限制。陈力丹将群体思维引入组织内传播,认为组织内的传播受群体思维和群体压力的影响。同时,陈力丹还分析了组织内发生意见冲突时的交流,认为冲突并不是坏事,关键在于如何面对冲突,因为自由的信息沟通和意见交流是组织文化孕育的土壤。⑤这是从组织内传播入手,探讨群体思维如何影响组织传播与交流,以及组织内部如何对待冲突及其作用。

---

① 胡河宁,叶玉枝. 组织传播学的界定及其意义 [J]. 中国人民大学学报,2004(6).
② 刘立荣. 我国大陆组织传播研究现状调查 [J]. 新闻世界,2013(9).
③ 胡河宁. 组织意象图式中的组织传播隐喻 [J]. 安徽大学学报(哲学社会科学版),2005(11).
④ 胡河宁,胡昭阳. 组织传播的几种理论模式及其讨论 [J]. 中国人民大学学报,2008(2).
⑤ 陈力丹,陈俊妮. 论组织内传播 [J]. 新闻与传播评论,2009(3).

李洋（2010）指出，西方学者目前对于组织传播的研究主要集中于微观层面，比如从传播、沟通的语音、词语、句子等作为出发点。超越这种基于实用性工具理性的关键在于建构新的范式，比如基于权力、关系、文化、心理、修辞等考察组织传播研究。①

谢清果（2011）对老子的组织传播思想进行了归纳和梳理，认为从当代自我管理、国家管理、家庭管理、企业管理等方面都可以钩沉老子的管理精华；而从宏观角度而言，老子的管理智慧对组织战略抉择、战术运用、人才选任以及管理者素质养成等具有指导意义。老子追求"正善治"的组织传播目标，并以"以正治国，以奇用兵，以无事取天下"为其基本纲领，而贯穿组织治理全过程的是组织管理者要对出现的问题及早治理，要与组织成员利益共享等"啬"的原则。②

刘立荣（2013）从高校开课、论文发表（含硕博论文）及教材专著的出版三方面分析了中国大陆组织传播研究的现状。研究发现，截至2013年，国内共有13所高校开设了组织传播课程，③其中4所高校将其设为硕士研究生课程，④1所高校将其设为博士研究生课程。⑤论文发表方面，属于学科建设、理论发展性的文章较少，大多都是运用组织传播理论研究解决具体问题，体现了组织传播研究的实务导向。在著作与教材方面，1990年至2003年，有3本组织传播著作出版，⑥2000年至2005年间有5本国外组织传播的著作引进国内。在2005年以前，组织传播的书籍大都是对译著的引进介绍，或在其基础上编写。2006年，体现组织传播本土特色的专著开始出现。⑦

总体来看，从2005年开始，国内组织传播研究有了突破性的发展，相关研究成果增加，并且试图挖掘中国传统文化中的组织传播理念和思想，并与西方组织传播理论展开对话，本土化研究增多，同时，开设组织传播课程的学校增多，组织传播研究

---

① 李洋. 组织传播：研究进路、"范式"建构及其未来［J］. 云南行政学院学报，2010（5）.
② 谢清果. 老子的组织传播思想纲领初探［J］. 今传媒，2011（3）.
③ 13所大学包括：中国科技大学、厦门大学、复旦大学、华中科技大学、武汉大学、西北大学、华东师范大学、华南师范大学、浙江大学、南京大学、天津外国语大学、中山大学、天津师范大学津沽学院.
④ 4所大学包括：中国科技大学、复旦大学、华中科技大学、西北大学.
⑤ 1所大学是：武汉大学.
⑥ 林瑞基《组织传播学》，1990年；教军章、刘双《组织传播：洞析管理的全新视野》，2000年；张国才《组织传播理论与实务》，2003年.
⑦ 胡河宁《组织沟通》《组织传播》，2006年；顾孝华《组织传播论》，2007年；胡河宁《组织传播学——结构与关系的象征性互动》，2010年；谢清果、郭汉文《和老子学管理：老子的组织传播智慧》，2011年；李卫东《组织传播行为》，2012年.

本土化正在进行中。但是，国内组织传播研究的学科建设还很不完善，研究队伍也不够壮大。在学科建制方面，在越来越强调学科交叉的现代，组织传播学作为一种综合性学科，到底应该如何建制与发展，如何搭建学科班底，形成研究队伍及其梯队，组织传播研究的学理性和本土化如何提升，与国外组织传播领域的最新研究成果的对话如何进一步拓展等问题亟待解决。总之，作为一门新兴学科，组织传播研究的发展空间依然很广阔。

四、网络时代的组织传播理论发展及展望

肯尼思·普瑞斯（Kenneth Preiss, 1991）作为最早为虚拟组织定义的学者之一，认为虚拟组织是通过共享使命、共享远景，特别是共享信息技术平台来协调活动的网络伙伴关系。[①]多对多、实时进行或错时进行的全球电子通信是一种新技术，是一种新的传播媒介，也是一种新的组织形式。

有学者试图找出网络时代组织传播的新特征，唐乐（2011）指出，在Web2.0时代全新的传播生态中，信息内容的"组织中心"立场趋于弱化，组织与外部环境（尤其是社会公众）双方的关系趋于平等、互动和对话。[②]有学者将组织传播理论引入网络游戏玩家群体的研究中，张红薇（2009）指出，组成网游家族最原始的目标是为了实现单个玩家无法达到或完成的游戏预期值。随着网络游戏的玩家队伍不断壮大，网游家族群体的发展从最初的各自为战，到三两成群，直至"家族"式的组织性游戏群体。网络游戏的玩家成为有组织的虚拟群体。[③]有学者探讨新技术的发展，尤其是物联网的发展对组织传播理论带来的促进作用，谭天、王婧（2010）分析了物联网对于组织传播研究的激活作用，并指出，新技术的发展可以使组织传播学的研究进入全新阶段，也将带来新的问题和矛盾。[④]还有学者将组织传播理论引入博客组织，探讨虚拟组织中的传播形态，周荣庭、何登健（2011）从组织内传播、组织间传播、组织外传播三个角度，以科学松鼠会、煎蛋网、蹲点网等群体博客组织为例，分析了群体博

---

① 王磊，常松. 虚拟组织传播对传统组织传播的创新研究——基于阿里巴巴组织传播文化的考察 [J]. 今传媒，2011（12）.
② 唐乐. 从"传者—受者"到"对话者"——Web2.0时代组织外部传播的传受关系分析 [J]. 新闻大学，2011（2）.
③ 张红薇. 网游家族中的组织传播 [J]. 中国商界，2009（4）.
④ 谭天，王婧. 物联网作用下的组织传播 [J]. 数字未来与媒介社会，2010（2）.

客组织的形态特征,并指出,群博网络科普组织内部成员间的传播属于互应型传播,组织内部成员间的沟通较流畅、高效。从组织间传播来看,群博网络科普组织利用互联网,与许多组织都保持着"弱连接"关系,这些组织或多或少地给他们传递了一些新信息和新观念;从组织外传播来看,群博网络科普组织的组织外传播包含两大目标:一是向公众传播科普知识,二是向公众推广自身形象。相对于传统的科普组织,群博网络科普组织借助网络,能够更好地进行科普工作,同时也能更好地传播自己的品牌。①李晓灵(2011)指出,网络组织(虚拟组织)借助现代通讯技术、信息存储技术、机器智能产品等现代信息路径,实现了对传统实体组织在边界、时间及空间等方面限制的突破,并通过各成员核心能力和资源的互补性、组织边界的模糊性、组织结构的扁平化以及组织构成的动态化等特点,来实现资源的优化配置,最终强化组织的竞争力和生命力。②杨元龙(2014)认为,虽然互联网组织有去中心化特征,但互联网组织依然存在隐含层次,与传统组织相比,互联网组织层次不是由行政命令结构设置造成,而是更多地由组织活动分工造成的隐含层次,在此前提下,杨元龙将互联网自组织的演化分为自创生、自扩张、自维持和自退化四种状态。通过引入组织传播的层次结构分析,杨元龙指出互联网自组织结构层次的变化导致上行传播、下行传播和平行传播产生变化。即在自创生阶段,组织层次发生变化,组织传播以平行传播为主;在自扩张阶段,组织结构不发生变化,组织传播以上行传播和下行传播为主,对外传播频率高;在自维持阶段,组织结构不发生变化,组织内外传播趋于稳定;在自退化阶段,组织结构发生变化,组织内外传播活跃度均降低。同时,杨元龙提出互联网自组织可以使用社交工具加强交流,利用网络吸收新成员,线上与线下活动相结合,灵活使用协同工具等组织传播策略。③

新媒介对组织传播造成的影响的研究成果则大都交织于两种视角,一种主要围绕新媒介技术的发展为组织传播带来的便利(Patricia Hayes Andrews & Richard T. Herschel, 1995④;Christopher B. Sullivan, 1995⑤),另一种则是主要探讨新媒介对组织

---

① 周荣庭,何登健. 基于群体博客科普的组织传播研究[J]. 今传媒,2011(9).
② 李晓灵. 网络虚拟组织传播机制及其运行——以搜狐网为例[J]. 今传媒,2011(7).
③ 杨元龙. 互联网自组织的组织结构及其传播演化过程研究[D]. 合肥:中国科学技术大学,2014.
④ ANDREWS P H, HERSCHEL R T. Organizational communication: empowerment in a technological society [M]. London: Pearson, 1995.
⑤ SULLIVAN C B. Preferences for electronic mail in organizationa communication Task [J]. The journal of business communication, 1995.

传播带来的负面影响（Joanne Yates & Wanda J. Orlikowski, 1992[①]）。网络技术与新的移动终端技术的发展为组织传播带来了巨大的影响，组织传播中的时空观不再是传统意义上的时空观，工作时间与工作地点理念与实践都发生了巨大的变化。同时，随时随地互联互通打破了组织内部与组织外部的界限，很难界定一个员工在工作时间或非工作时间发一条微信朋友圈信息（无论是关于工作单位活动信息还是个人信息），得到同事（包括上下级和同级）、朋友（包括亲密与非亲密）、同学（包括熟络与不熟络）等各类朋友圈个人的点赞或评论甚至转发，到底属于组织内传播还是组织外传播，传统观念中的组织内传播与组织外传播需要重新被界定与认识。

总体来说，组织传播是多学科、多视角以及跨文化融合的一个研究领域，而新媒介、新技术的发展将更加开拓组织传播研究的思路，实体组织对于新媒体技术的运用已经不足为奇，但基于网络虚拟组织及其传播的研究还有待进一步拓展。将来，随着物联网、人工智能和移动终端等技术的升级和发展，组织与组织形态、组织文化和组织传播都将产生极大的变化，传播理论方面的探索也将迎来新的机遇与挑战。

（雷霞，中国社会科学院新闻与传播研究所副研究员）

[①] YATES J, ORLIKOWSKI W J. Genres of organizational communication: a structurational approach to studying communication and media [J]. The academy of management review, 1992.

第二十章　媒介事件理论

无论传播实践还是学术研究,"媒介事件"都是无法绕开的一个重要概念。事实上,它早已成为公关实践、传播理论、文化研究等多学科视域中的重要议题,人们使用"媒介事件"的概念、引述有关"媒介事件"的论述,已是家常便饭。然而,迄今为止,不少论者对"媒介事件"并没有清晰而透彻的理解,以致中国语境中的"媒介事件"成为学术研究中一个相当混乱的表述。正本清源,弄清"媒介事件"的概念建构及其流变,已成为传播学界必须解决的课题。

一、媒介事件概念的提出及其不同的理论观照

媒介事件是从西方学界引进的概念。引进之后,国内学界又有自己的发挥。因此,梳理媒介事件概念的提出及其理论内涵的发展演变,不仅很有必要,而且很有意义。

(一)戴扬与卡茨的媒介事件理论

在西方的学术传统中,普遍认为"媒介事件"是由丹尼尔·戴扬(Daniel Dayan)和伊莱休·卡茨(Elihu Katz)在20世纪80年代提出的一个学理概念。从1980年开始,戴扬和卡茨及其学生在以色列耶路撒冷希伯来大学和美国南加州大学举办了一系列研讨会,研究电视对重大历史事件的直播现象,对媒介事件概念做了初步的探讨与建构。20世纪80年代,功能主义传播研究受社会学和人类学启发,发生了传播研究的文化研究转向,其核心思想是认为大众传媒乃整合社会的凭借。戴扬和卡茨等人在这一思想框架下研究电视直播,主要是为了与传统的传播研究范式划清界限。[①]因

---

① 参见:Elihu Katz, Daniel Dayan & Pierre Motyl. Communications in the 21st Century: In defense of Media Events,[J]. Organizational Dynamics, 1981(10)2:68-80.

此，戴扬和卡茨的研究可以说是20世纪80年代功能主义传播研究向文化研究转向的产物。①1992年戴扬与卡茨出版的《媒介事件：历史的电视直播》一书，标志着媒介事件理论的正式成型。②

在戴扬与卡茨看来，"媒介事件"是指"对电视的节目性收看，即是关于那些令国人乃至世人屏息驻足的电视直播的历史事件"，"可以称这些事件为'电视仪式'或'节日电视'，甚至是文化表演"。③戴扬与卡茨在《媒介事件》一书中强调，媒介事件是由电视呈现而不是由电视创造的事件，是指电视直播的令国人乃至世人集体观看的重大历史事件，不仅与电视直播对事件的呈现有关，而且与大规模的、同一时刻的集体观看有关。因此，媒介事件研究的理论关注点不在"事件"本身，而是分析大众媒介在强化"神圣中心"从而整合社会这方面所扮演的重要角色。这主要是受涂尔干的启发。涂尔干认为，仪式是将个人与社会相连接的工具，社会核心价值观可以通过仪式得到强化，从而激发个体的身份认同，促进个体与群体的情感统一，最终实现社会整合。在戴扬和卡茨那里，"神圣中心"就是指一套被社会群体成员所共享和认可的情感、行为方式和价值理念，而"神圣中心"的强化则可以通过对重大历史事件的电视直播和集体观看来实现。这个直播与观看的过程，类似于涂尔干所说的"仪式"。

戴扬和卡茨提出了媒介事件的三个"基本脚本"或三种基本类型：竞赛、征服和加冕。以"竞赛"为脚本的媒介事件是那些发生在竞技场、体育场、演播室中的，围绕"谁赢"而展开直播的事件，如政党电视辩论、奥运会直播。以"征服"为脚本的媒介事件是围绕那些人类历史巨大飞跃事件展开的电视直播；比如阿波罗登月的电视直播。这些媒介事件的中心或者说主旨是完成这一历史飞跃过程中的"英雄人物"。以"加冕"为脚本的媒介事件，是对各种庆典的电视直播，比如就职典礼、皇室婚礼、葬礼以及奥斯卡金像奖之类的颁奖典礼。戴扬和卡茨认为，这三种形式紧密相连，有的媒介事件兼具其中两种甚至三种脚本的特征。比如奥斯卡金像奖颁奖典礼就兼有"竞赛"和"加冕"两种脚本特征。④

---

① 参见：James Curran. Media and Power [M]. London: Routledge, 2002：134–136.
② Andreas Hepp & Nick Couldry. Introduction: Media Events in Globalized Media Cultures, in Nick Couldry, Andreas Hepp & Friedrich Krotz, ed. Media Events in a Global Age, [M]. London: Routledge, 2010：1–20.
③ [美] 丹尼尔·戴扬，伊莱休·卡茨·媒介事件：历史的现场直播 [M]. 麻争旗译，北京：北京广播学院出版社，2000：1。
④ 戴扬，卡茨. 媒介事件：历史的现场直播 [M]. 麻争旗，译，北京：北京广播学院出版社，2000：30–57.

戴扬和卡茨的媒介事件概念，主要是探讨"媒介事件的仪式性特征（ritual character）及其在社会整合中的作用"①，是传播研究走出劝服研究而走向文化研究的一种理论探索，着重探讨重大事件的媒介化呈现及其产生的社会历史作用。此前，美国文化研究代表人物凯瑞（James Carey）在1975年发表《传播的文化研究取向》一文，明确提出"传播的仪式观"，1977年又在《大众传播与文化研究》中加以重申。凯瑞认为，从仪式的角度看，传播一词与"分享"（sharing）"参与"（participation）"联合"（association）"团体"（fellowship）及"拥有共同信仰"（the possession of a common faith）这类词有关。传播"仪式观"的核心，"是将人们以团体或共同体的形式聚集在一起的神圣典礼"②。尽管《媒介事件》并未提及"传播的仪式观"，但在探讨媒介事件的仪式性特征及其社会整合作用的意义上与"传播的仪式观"一脉相承。此后，美国社会学家亚历山大（Jeffrey Alexander）在耶鲁大学社会学系和他的学生从事一项关于建构文化社会学（Cultural Sociology）理论的庞大研究项目（即"Strong Program"）③，也有关于媒介与仪式的研究。可见，"媒介事件"概念及其学理阐述反映了20世纪80年代前后美国学界关注的一个研究议题：媒介与文化（仪式）研究。

《媒介事件》中译本2000年出版以后，戴扬和卡茨的媒介事件概念也获得了国内学者的认同与追随。刘祖斌认为，"应重新定义媒介事件，充分肯定媒介事件的社会影响力"④。张华认为，"媒介事件容易唤起人们对事件的广泛关注和对社会主流价值的认同，从而实现其社会整合功能"⑤。齐济也说："媒介事件对于塑造公众的意识形态、历史记忆，特别是对当前现实社会的认识作用巨大。"⑥所有这些论述，都是在从新闻学、传播学、社会学、人类文化学的角度去探讨"媒介事件"在社会整合、文化

---

① Andreas Hepp & Nick Couldry. Introduction: Media Events in Globalized Media Cultures, in Nick Couldry, Andreas Hepp& Friedrich Krotz, ed. Media Events in a Global Age, [M]. London: Routledge, 2010：1-20.
② [美] 詹姆斯·凯瑞. 作为文化的传播——"媒介与社会"论文集 [M]. 丁未译，北京：华夏出版社，2005：7、28。
③ Jeffrey Alexander, Philip Smith. The Strong Program in Cultural Theory: Elements of a Structural Hermeneutics, in Jonathan H. Turner, eds. Handbook of Sociological Theory [M]. New York: Springer, 2006：135-150.
④ 刘祖斌. 浅谈媒介事件及其意义 [J]. 湖北大学学报（哲学社会科学版），2002（04）：98-100.
⑤ 张华. 论媒介事件的意识形态建构 [D]. 兰州：兰州大学，2009.
⑥ 齐济. "网络标签"在媒介事件报道中的舆论功效 [J]. 新闻战线，2009（12）：57-59.

认同、国家形象建构等方面的积极作用。

（二）布尔斯廷的"假事件"概念及其相似家族

1961年，历史学家布尔斯廷（Daniel J. Boorstin）在《图像：美国假事件指南》一书中使用了"pseudo-events"一词，"pseudo"源于希腊语，意思是"假的"或"有意欺骗"，因此通常将"pseudo-events"译为"假事件"或"伪事件"。中国语境中的媒介事件概念及其理论探讨，除了戴扬与卡茨的媒介事件，"假事件"是另一个理论来源，甚至是更重要的理论来源。

对于中文的"假事件"，不能望文生义，将其理解成"虚假事件"或"不真实的事件"。尽管"pseudo""假""伪"都有虚假、不真实的含义，但布尔斯廷所说的"假事件"（pseudo-event），并非"虚假"、"捏造"，而是"由传播者以吸引媒体注意和进行公共宣传（publicity）为目的而制造的事件"①。假事件的主要特点，大体可归纳为以下几个方面：其一，它不是自然发生的，而是人为设计和策划的；其二，策划这种事件的直接原因就是要制造和报道它；其三，假事件与真实情况的关系暧昧，模棱两可；其四，假事件的策划者总是希望事件是一种自我实现的预言；其五，假事件比自然发生的事件更具有戏剧性；其六，由于事先做好了报道计划，传播起来更方便和生动；其七，假事件更加社会化，具有话题性，容易引人注目。②

追本溯源，布尔斯廷的"假事件"（pseudo-event）概念其实是在李普曼"拟态环境"（pseudo-environment）基础上的创新。1922年，李普曼在《舆论学》一书中论述拟态环境，提出了"假事实"（pseudo-fact）的概念，用来阐述构成拟态环境的那些事实。③布尔斯廷认为，"pseudo-event"不是"假"在事件本身，而是这种事件营造了一种可能与现实状况不一样的"假象"或者说"错觉"（illusion），可能导致人们依照"假象"做出错误的判断。④在布尔斯廷看来，假事件（pseudo-event）是当代社会和新闻业发展中不可避免的现象："如今高效的大众传播生产假事件（pseudo-

---

① MonicaPostelnicu. Pseudo-Event, in Lynda Kaid& Christina Holtz-Bacha,ed. Encyclopedia of Political Communication [M]. Thousand Oaks: Sage. 2008.

② Daniel J. Boorstin. The Image: A Guide to Pseudo-events in America [M]. New York: Vintage Books, 1992(1961)：11–12, 39–40.

③ Walter Lippman. Public Opinion [M]. Mineola: Dover, 2012：8.

④ Daniel J. Boorstin. The Image: A Guide to Pseudo-events in America [M]. New York: Vintage Books, 1992(1961)：43.

event），正是我们当代社会整个机制的写照。假事件（pseudo-event）实际上是人们美好愿望的日常生产。媒体必须要有料！人们必须要知道！"①可见，在布尔斯廷那里，"pseudo-event"是一个描述社会历史发展变化的概念，也是一个带有批判色彩的分析性概念。

1971年，施拉姆主编 The Process and Effects of Mass Communication 文集，收录了布尔斯廷的文章 From News-Gathering to News-Making: A Flood of Pseudo-Events②。1982年，他又在 Men, Women, Messages, and Media 一书中采用"media event"这个通俗的概念来介绍布尔斯廷的"pseudo-event"。施拉姆认为，布尔斯廷以历史的眼光看到了当代的生活，大多数的媒介事件都是真的。③总之，"媒介事件"（media event）"主要是用来制造供媒介作报道的事件，换句话说，不是随着新闻的潮流行动，聪明的人学会了怎样去推动新闻本身"，并且重点讨论了为各种竞选服务的媒介事件④。

可见，施拉姆不仅认同布尔斯廷的"pseudo-event"概念，而且将其从历史学引入传播学，使用了一个更加中性化的"media event"概念。随着 Men, Women, Messages, and Media 中译本《传播学概论》1984年的出版发行，施拉姆笔下的"媒介事件"在国内得到广泛传播。

20世纪80年代，在改革开放的历史大潮中，公共关系作为一种经营管理艺术受到社会各界的高度重视。随着公共关系活动的开展，"媒介事件"从学术视野进入实践领域。1987年，国内早期研究公共关系的学者居延安在《公共关系学导论》中写道，"所谓媒介事件就是专门为了新闻媒介进行报道而策划的事件"⑤。显然，这个说法与施拉姆的看法一脉相承。

应当说，汉语的"媒介事件"是比较富有学术气息。当时公关界直截了当的说法

---

① Daniel J. Boorstin. The Image: A Guide to Pseudo-events in America [M]. New York: Vintage Books, 1992(1961): 36–37.
② Daniel J. Boorstin. From News-Gathering to News-Making: A Flood of Pseudo-Events, in Wilbur Schramm, Donald F.Roberts, eds. The Process and Effects of Mass Communication, Urbana [M]. University of Illinois Press, 1971: 116–150.
③ Wilbur Schramm, WilliamE.Porter. Men, Women, Messages, and Media: Understanding Human Communication [M]. New York: Harper & Row Publishers, 1982: 235–238.
④ [美] 威尔伯·施拉姆，威廉·波特. 传播学概论 [M]. 陈亮、周立方、李启译，北京：新华出版社，1984：272–274。
⑤ 居延安. 公共关系学导论 [M]. 上海：上海人民出版社，1987：139.

是"制造新闻"（news-making），即"指专业公共关系人员经过精心策划，有意识地安排某些具有新闻价值的事件在某个选定的时间内发生，由此制造出适于传播媒介报道的新闻事件"①。从公关的立场说，"制造新闻"乃出奇制胜的招数②。不言而喻，所谓"制造新闻"，其实是"制造新闻事件"③，或者说"策划媒介事件"，名词性的表述则是"媒介事件策划"。

"制造新闻"的说法语意显豁，但如此明火执仗，很容易被认为是在挑战新闻界长期以来奉为圭臬的客观性法则，肯定会引起新闻界的抵制与批判。没过多久，公关界就将"制造新闻"的说法不动声色地改为"新闻策划"。1993年出版的《策划家——商界传奇的创造者》第十九章"新闻策划"，论述的问题是如何制造新闻和发布新闻④；1995年出版的《当代公共关系学》一书在论及"制造新闻"时就采用了"新闻策划"的表述⑤。

从"媒介事件"到"制造新闻"再到"新闻策划"，国内公关界不断翻新概念，实质却未改变，都是通过举办活动来制造新闻事件，从而吸引媒体报道。对此，国内新闻学者曾用"宣传性现象"来加以解释："它不是事物日常运转所产生的现象，而是因为同传播联系起来以后才产生的现象。""这种现象是人为的现象。这里说的'人为'不是广义上的。因为从广义上说，任何社会活动都是'人为'的。这里所说的'人为'是特指那些为了特定的宣传目的，而不是正常的工作目的的'人为'。即这种现象的出现只是某个人或某个单位为了达到某种宣传目的而制造的一种现象。所以我们又把它称为'宣传性现象'。"⑥

应当说，"宣传性现象"概念的提出，蕴含了作者对此现象的批判性思考，其价值取向比布尔斯廷的"假事件"概念更具批判色彩。1990年，李拉把"媒介事件"与"假事件"联系起来。在他看来，媒介事件专指历史学家布尔斯廷所说的"有意安排的事件"，或称"伪事件"。比如，记者招待会、公关活动、揭幕剪彩等，这种媒介事件都经过人为安排，专供媒介报道。不过，他又认为媒介事件远远不限于"伪事件"，可以把所有经过大众媒介传播的大大小小的事情通称为媒介事件，不管它是人

---

① 周晓虹. 走向社会的名片——公共关系理论与实务 [M]. 北京：中国社会出版社，1993：181.
② 程曼丽. 出奇制胜的招数——制造新闻 [J]. 国际新闻界，1992(4)：62.
③ 张学勤. 试论公关对新闻的利用和影响 [J]. 杭州师范学院学报，1999 (1)：89-92.
④ 孙黎. 策划家——商界传奇的创造者 [M]. 北京：中国经济出版社，1993：226-241.
⑤ 王朝文. 当代公共关系学 [M]. 北京：中国社会科学出版社，1995：161.
⑥ 艾丰. 新闻写作方法论 [M]. 北京：人民日报出版社，1996：106.

为制造的"伪事件",还是自然发生的"真事件"。①这样,作者就将"媒介事件"概念泛化了,削减甚至取消了"媒介事件"概念的批判性内涵。

(三)两种"媒介事件"概念的理论观照

至此,本文已揭示了媒介事件概念及其理论的两种不同来源、界定与内涵。

在西方,"假事件"与"媒介事件"具有各自的概念起源、概念内涵与理论观照。"媒介事件"是一个媒介社会学、媒介人类学、文化研究等领域内使用的概念,"假事件"的概念主要是在公共关系与媒体关系技巧(public and media relations technique)方面使用。②《政治传播学百科全书》"pseudo-event"词条明确说,"假事件是一种公共关系策略"③。卡茨1980年发表在《视觉人类学研究》第6期的论文《媒介事件:在场的感觉》明确指出,"媒介事件"(media event)和布尔斯廷的"假事件"(pseudo-event)并不相同。假事件可以和媒体无关,摄像机可以不在场,而媒介事件是一定要通过媒体进行传播。④席尔(Dan Schill)强调,美国的政治顾问们最喜欢将"假事件"称为"媒介事件",但"假事件和媒介事件是不同的现象,一定不能将二者混淆","两个概念的互换偏离并误用了布尔斯廷提出这个概念的本意",且导致"媒介事件"被赋予贬义,因此"我们必须警惕那些政客们对假事件和媒介事件两个不同概念的混淆"。⑤

在国内学界,人们往往将源于"假事件"的"媒介事件"概念与源自戴扬和卡茨的"媒介事件"概念混同使用,导致很多文章的论述似是而非。为解决这个问题,刘自雄于2005年提出"媒介事件的两种范式",把与"媒介事件"相关的概念及其纷繁复杂的传媒现象纳入两种不同的范式中:其一,真实事件——媒介化(编码:聚焦、放大、删减、扭曲)——媒介事件(奇观);其二,媒介化的动机(个人、社会组织、媒介、政府)——导演事件(预编码:人为安排、表演)——媒介化——媒介事件

---

① 李拉. 试论大众传播的隐性功能 [J]. 郑州大学学报(哲学社会科学版),1990(6):7-12,28.

② Brian AnsePatrick. The National Rifle Association and the Media: The Motivating Force of Negative Coverage [M]. London: Arktos, 2013:70-71.

③ Monica Postelnicu. Pseudo-Event, in Lynda Kaid & Christina Holtz-Bacha, ed. Encyclopedia of Political Communication [M]. Thousand Oaks: Sage. 2008.

④ Elihu Katz. Media Events: The Sense of Occasion [M]. Studies in Visual Anthropology, 1980(6):84–89.

⑤ SCHILL D. Stagecraft and statecraft: advance and media events in political communication [M]. Lanham: Lexington Book, 2009:19.

(伪事件)。① 质言之，前者是"事件的媒介化呈现"，这是戴扬和卡茨所说的"媒介事件"；后者是"导演媒介化的事件"，即为吸引媒介报道而策划或制造的新闻事件，乃"策划媒介事件"或者说"制造新闻"，可归属于布尔斯廷所说的"假事件"。

二、公共关系中媒介事件策划的合理性及其限度

从公共关系的立场与视域出发，媒介事件在理论层面值得探讨的问题，集中体现在媒介事件策划的合理性及其限度。具体说，则包括以下几个问题：（1）媒介事件策划与新闻报道策划的区别何在？（2）媒介事件策划的合理性何在？（3）如何处理媒介事件策划与新闻客观性法则的关系？

（一）媒介事件策划与新闻报道策划的区别

在西方，公共关系领域的媒介事件策划往往与"假事件"（psenudo-event）相关，尽管存在不同的表述，但大都没有脱离"假事件"的概念内涵。我们在有关著作中可以读到这样的论断："事件，也被称为假事件（pseudo-event），是至关重要的工具。""事件管理，也被称为特殊事件策划（special event planning）"。② "特别事件（special event）是一个编排的事件（也叫'假事件'）。"③ "不幸的是，我们的报纸已经发展了一种习惯，这种习惯是以报道政客的主张为新闻。这样的新闻是'假新闻'（pseudo-news），围绕政客主张组织的事件是'假事件'。这些都是提前编排好的事情（products of stage-managed happnings）。有人将其称为公关事件和言说（PR events and utterances）。"④

与西方不同的是，当代中国语境中的媒介事件策划，却与新闻界在公关以及广告的影响下产生的新闻报道策划乃至新闻传播策划纠缠在一起。集中体现出这种纠缠的，就是"新闻策划"的概念。

前已述及，1993—1995年间，国内公关界悄然将"制造新闻"的说法改为"新闻策划"的表述。其时，国内新闻界开始探讨新闻报道策划，有关文章纷纷在专业刊

---

① 刘自雄. 解析"媒介事件"的内涵［J］. 辽东学院学报，2005(5)：35-39.
② Robert L. Heath. Encyclopedia of Public Relations［M］. Thousand Oaks: Sage, 2005：301.
③ Ronald D. Smith. Strategic Planning for Public Relations［M］. New York: Routledge, 2013：117.
④ J. V. Vilanilam. Public Relations in India: News Tasks and Responsibilities［M］. Los Angeles: Sage, 2011：57.

物上发表。例如：《搞好新时期的报道策划》，载《新闻战线》1993年第11期；《关于新闻报道策划行为的思考》，载《新闻窗》1995年第5期。刚开始，人们使用的是"报道策划""新闻报道策划"等表述，但很快就有人开始使用"新闻策划"的概念，例如：《新闻策划：报纸新的生长点》，载《青年记者》1995年第4期；《浅谈部主任的新闻策划》，载《新闻大学》1995年第4期。

这就产生了一个新的问题：同一概念却名同而实异。公关界说的"新闻策划"是媒介事件策划，也即"新闻事件策划"，新闻界大多数论者说的"新闻策划"却是策划新闻报道，是"新闻报道策划"。一个概念具有两种完全不同的内涵，自然引发了20世纪90年代后期关于新闻能不能策划的争论。①在汉语中，"新闻"既可能是指新近发生的事实，又可能是指新近发生事实的报道。②无论是在语义上还是在实践中，"新闻策划"既可能是指"新闻报道策划"，也可能是指"新闻事件策划"。对此，董天策指出，应将"新闻策划"明确区分为"新闻事件策划"与"新闻报道策划"。③

新闻界说的"新闻策划"，基本涵义是指"新闻报道策划"。艾风说："我们可以给新闻策划下一个定义：是编采人员对新闻业务活动进行有创意的谋划与设计，目的是更好地配置与运用新闻资源，办出特色，取得最佳社会效益。"④

如果"新闻策划"的内涵仅仅是"新闻报道策划"，那就不会产生歧义，也便于探讨新闻传播实践中的策划问题。然而，公关实践和理论却打破了新闻准则和新闻理论的限制，认为新闻事件不仅可以策划，而且应当策划，正是"新闻事件策划"充分显示了公关工作的创造性。周晓虹认为，"新闻事件策划"是"公共关系策划的核心和精髓"⑤。于是，在当代中国的公关实践和公关理论中，"新闻策划"也就成为"新闻事件策划"的代名词。

此外，有关"新闻策划"的讨论，业界与学界都将策划的对象和范围不断扩大，似乎无所不包。《华西都市报》首任总编辑席文举将新闻策划归纳为八个方面：（1）报纸定位策划；（2）办报思路策划；（3）拳头产品策划；（4）新闻报道策划；

---

① 胡翼青，高小燕. 自为的主体抑或自觉的主体：对新闻策划论战的知识社会学透视[J]. 中国地质大学学报（社会科学版），2010(4)：77-81, 93.
② 董天策. 新闻定义的语义学探讨[J]. 西南民族学院学报（哲学社会科学版），2001 (9)：190-194.
③ 董天策. "新闻策划"之我见[J]. 四川大学学报（哲学社会科学版），1998 (1)：95-100.
④ 艾风. 新闻策划是新闻改革的产物[J]. 新闻界，1997 (2)：12-14.
⑤ 周晓虹. 社会的名片——公共关系理论与实务[M]. 北京：中国社会出版社，1993：181.

(5)报纸营销策划;(6)发展道路策划;(7)社会活动策划;(8)内部管理策划。①对此,董天策做了学理的归纳与分析,提出"新闻策划"研究既不应把范围局限得过窄,也不宜把边界放得太宽,较为合适的范围应当是新闻业务策划的三种类型加上新闻事件策划,可概括表述为三个层面四项内容,即:宏观层面的媒介定位策划,中观层面的版面/栏目策划,微观层面的新闻报道策划和新闻事件策划。而能够比较科学地统率这几项策划行为的总名,应当是"新闻传播策划"。②

因此,从理论表述的严谨性出发,对于公共关系中的"新闻事件策划",还是应当回归到"策划媒介事件"或"媒介事件策划"的概念为好。从理论上讲,"媒介事件"意味着研究者站一旁去审视"媒介事件"这一对象或现象;而"媒介事件策划"更突出了话语本身的实践性或操作性内涵,带有鲜明的实践本性。

(二)媒介事件策划的合理性

在美国,公共关系经过百余年的发展,早已成为专门职业。媒介事件策划是公关的,其合理性已被事实所证明。在当代中国,公关的历史还比较短暂,只有30多年,无论在理论上还是在实践上,媒介事件策划的合理性都有待阐明。

从新闻的产生过程来看,媒介事件策划其实是对新闻事件或新闻事实的策划,这完全超出了传统新闻理论所认可的范围。我们知道,新闻实际上是新闻事实经过报道活动的加工而形成的一种信息、一种社会意识。从新闻理论角度讲,有三点值得注意:其一,"新闻事实"是客观世界的变动情况,是一种客观存在,记者不能人为设计,即不能策划。其二,报道活动,包括采访、写作、编辑、出版、播出等,是采编人员对新闻事实的反映和加工。正是通过这种反映和加工,新闻事实才成为人们阅听的新闻。而怎样报道新闻事实,则可以充分发挥主观能动性,进行合理的策划。其三,作为报道活动结果的新闻,是新闻事实的反映或表达,只能真实再现,不能无中生有,也不能随意玩弄,故而不能策划。③因此,新闻界说的"新闻策划",往往着眼于新闻报道策划。

然而,公关却打破了新闻事实不能策划的神话,其毫不迟疑地策划各种各样具有某种意义或相当新奇的社会活动,使之成为适合媒体报道的媒介事件。随着公关在改

---

① 席文举. 策划艺术[M]. 北京:中国社会科学出版社,2000:230-232.
② 董天策. "新闻策划"研究的学理审视[J]. 暨南学报(哲学社会科学版),2002(5):65-72.
③ 董天策. 略"新闻策划"剖析[J]. 新闻大学,1998(1):17-20.

革开放大潮中被引入中国，由工商企业的公关人员策划出来的媒介事件就频频亮相于新闻媒体上。例如，1984年，刚刚开业的长城饭店邀请来华访问的里根总统到该饭店举行盛大的答谢宴会，改变了国家元首的宴会总是在人民大会堂宴会厅举行的惯例，成为海内外媒体关注的焦点；1990年，郑州亚细亚商场近千名职工统一着装，来到二七纪念塔前举行"向二七纪念塔致敬"活动，引起多家媒体报道；1994年，河南双汇集团以"华懋双汇集团漯河肉联厂祝逛北京活动圆满成功"的祝贺方式，首次将广告巧妙地做到天安门，成为媒体报道的新闻事件。①

应当说，社会组织在公关中尽其所能各显神通，策划出丰富多彩的媒介事件，并不一定能够获得媒体的报道。只有当策划主体的宣传意图与媒体报道的新闻选择相吻合或相交织时，那些具有新闻价值与社会意义的媒介事件才能通过媒体的把关，进入传播渠道，成为人们所阅听的新闻，这种特别类型的新闻即"公关新闻"。"公关新闻"是对那些由公关人员策划出来而又被媒介报道的"新闻事件"的科学表达。它不同于"媒介事件"，也不同于"宣传性现象"。严格讲，因为"媒介事件"和"宣传性现象"所指称的，仅仅是社会组织策划出来的"新闻事件"本身。只有当这种人为的新闻事件被媒介报道之后才能成为"公关新闻"。而没有被媒介报道的那些人为新闻事件，就仅仅是策划或制造出来的"媒介事件"或"宣传性现象"，不属于"公关新闻"的范畴。②由此可见，社会组织在公关活动中策划媒介事件，新闻媒体在报道过程中进行传播把关，公关与新闻既相互联系、相互依赖，又相互独立、相互制约，从而各尽其责、各得其所。

不用说，社会组织策划媒介事件应当遵循某些基本原则。首先，要以公众利益和公众兴趣作为出发点。无论如何，公关始终是为社会组织的利益服务的。然而，媒介事件的策划却必须从公众利益出发，才能达成这个目的。这是因为，只有当媒介事件本身具有社会意义，与公众利益相关，甚至首先体现为一种公众利益，才有新闻价值，才能赢得媒体的青睐。在不能直接体现担当社会责任、服务公众利益的情况下，媒介事件策划就必须考虑公众兴趣，只有公众感兴趣的媒介事件，才能激发公众的参与和媒体的报道。其次，要巧妙推动媒介事件的发生与发展。如何做到"巧妙"，是体现媒介事件策划水平的地方。2009年初，澳大利亚昆士兰旅游局发布了以15万澳

---

① 董天策. 新闻传播策划对传媒运作的重要意义［G］新闻·公关·广告之互动研究. 广州：暨南大学出版社，2008：60-71.
② 董天策. 要重视公关与新闻的联系——兼论"公关新闻"［J］. 新闻界，1998（2）：24-25.

元/半年的薪酬招聘大堡礁护岛员的信息。在全球金融危机的背景下，这一招聘立即成为"世界上最好的工作"。招聘在众多应聘者中层层海选，历时半年才确定了人选。全球的媒体都被大堡礁招聘活动牵着鼻子走，纷纷报道，轰动一时，引发世界各地的关注，巧夺天工。①再次，要与新闻报道构成有效而合理的互动。媒介事件策划，不仅要策划出具有新闻价值的媒介事件，还必须让它得到充分的传播。因此，做好新闻报道策划是媒介事件策划的步骤之一，要做好报道方案，加强与媒体和记者的联系，尽可能让媒介事件与新闻报道相互促进、相得益彰，争取最大的传播效果。②

问题在于，当新闻媒体作为市场运作主体，在开展公关活动、策划媒介事件之际，新闻媒体既是新闻事件的发起人、当事人，又是新闻事件的报道者、传播者，③信源与信道合二为一，这样报道出来的新闻，其真实性、客观性难免让人生疑。陈力丹从批判的立场出发，将新闻媒体的这种媒介事件策划命名为"传媒假事件"，并归纳出它的五个基本特征：一是消息来源与报道者重合，二是隐藏的动机，三是导演事件，四是事件媒介化，五是暧昧的真实。④其实，除了第一个特征为新闻媒体所策划的媒介事件所独有之外，其余四个特征恰恰是所有媒介事件的共同特征。

在民主化程度高、市场经济发达的社会，公共关系已得到普遍运用：工商企业在运用，政党政府也在运用，事业机构（学校、图书馆、博物馆），以及民间团体（如福利基金会、慈善社团）等同样在运用。道理很简单，在现代社会，没有公众的了解、认同、信任和支持，任何社会组织都难以生存、难以发展。诚如前引布尔斯廷所说的那样，假事件或者说媒介事件已成为"当代社会整个机制"的重要组成部分，不可避免。要形成良好的公众关系，任何社会组织都必须高度重视和充分运用公关这一经营管理战略和策略。作为一种社会组织，新闻媒体的生存与发展同样离不开公共关系。尤其是在市场经济条件下，媒体竞争日益激烈，公关运作中的媒介事件策划早已成为一种新的媒体经营管理策略。⑤因此，对于新闻媒体的媒介事件策划，固然需要加强引导，却也无可厚非。

---

① 董天策，蔡慧. 媒介事件如何取得轰动性传播效应？——从"大堡礁招聘"说起[J]. 国际新闻界，2009（12）：57-61.
② 董天策. 出奇制胜的新闻事件策划[G]新闻·公关·广告之互动研究. 广州：暨南大学出版社，2008：89-99.
③ 董天策. 莫把奇策当正道——关于新闻策划的再认识[J]. 中国广播电视学刊，2001（7）：37-38.
④ 陈力丹，周俊. 试论"传媒假事件"[J]. 北京大学学报（哲学社会科学版），2006（6）：122-128.
⑤ 董天策. 新闻传播策划对传媒运作的重要意义[G]新闻·公关·广告之互动研究. 广州：暨南大学出版社，2008：60-71.

（三）媒介事件策划与新闻客观性法则

居延安认为，社会组织策划的媒介事件，其实是为了解决如何与新闻媒体打交道的问题。公共关系活动与新闻媒体打交道，与策划媒介事件的宗旨是一样的，都是为了利用新闻媒体来传播组织所希望传播的信息，以扩大社会影响。在公共关系活动中，社会组织与新闻媒体打交道通常有两种情况：一种是组织积极地寻找扩大影响的传播途径，要求最能胜任此职的新闻媒体给予协助，以促成一种可称为"主动邀请型"的媒介事件；另一种是组织中所出现或发生的一些情况引起新闻媒体的注意或兴趣，新闻媒体要求组织提供事实或给予协助，以便向社会宣传、推广、解释、澄清，成为一种可称为"积极配合型"的媒介事件。①

应当说，这样的概括性论述具有操作性的实用价值。不过，如今的媒介事件策划，历经千锤百炼，在事件导演、动机隐藏、媒介化呈现等诸多方面，更加炉火纯青。1997年6月1日，凤凰卫视和中央电视台举办的"柯受良飞越黄河壶口瀑布活动"；1999年10月至2000年3月，凤凰卫视历时4个多月，跨越4万多公里，踏遍全球10个国家制作的《千禧之旅》；还有前面述及的"世界上最好的工作"——大堡礁招聘……诸如此类的媒介事件策划，早已超越"主动邀请型"媒介事件、"积极配合型"媒介事件的范畴，走向一种自然天成、大道无痕的境界，让人根本就没有意识到这些其实是媒介事件。换言之，随着媒介事件策划水平的不断提高，公关与新闻之间的互动越来越深，从而对新闻客观性法则的挑战也越来越大。

客观性法则，曾被认为是"发展于美国、奉献于世界"的新闻职业道德准则。首先，从立场上看，"客观"是新闻从业者努力探寻并呈现新闻事实本来面目的态度；其次，从适用范围看，它从对报业实践进行指导的操作原则上升为新闻从业者的道德约束与职业理想；再次，其目的也从精确地反映客观现实演化为尽量减少主观偏见，力争最终逼近客观现实。客观性法则的操作方法，则是在实践中为新闻界同仁和全社会所认同的，包括新闻素材分类、平衡与对等原则，第三者写作角度，中性词与引语的使用等一整套科学步骤与程序。②

杰·布拉克和弗雷德里克·惠特尼指出，"假事件就是公共关系的虚构，其唯一目的，就是产生宣传效果"。③尽管这是从批判立场出发做出的论断，却也道出了媒介

---

① 居延安. 公共关系学［M］. 4版. 上海：复旦大学出版社，2008：263-266.
② 陆晔. 美国新闻业"客观性法则"的历史演进［J］. 新闻大学，1994（1）：51-54.
③ 明安香. 当代实用公共关系［M］. 北京：经济管理出版社，1991：103.

事件策划总是力图使媒介事件得到最大程度传播的实情。为了得到最大程度的传播，公关人员必然要使用各种方法与手段诱导媒体对其策划的媒介事件大肆报道。于是，"新闻炒作"也就在所难免。① 一般来说，"炒作"就是为扩大人或事物的影响通过媒体做反复的宣传。"新闻炒作或是对素材的新闻价值人为地夸大和拔高，或是主动参与'制造'新闻，以获得受众和经济利益。"② 前者是新闻报道中出现的问题，后者与媒介事件策划具有直接的关联。从某种意义上，正是媒介事件策划导致了后一种新闻炒作。当然，不管是哪种形式的新闻炒作，都背离了新闻客观性法则的价值理念与操作准则。

然而，从公关的角度看，"新闻炒作"正是媒介事件策划所期盼的效果，实务界人士对此往往持肯定态度。1994年，广东顺德的碧桂园学校作为碧桂园别墅配套设施奠基之际，新闻媒体对"高价学校"的报道受到严格限制，且呈批评倾向。不过，策划者通过把正在筹办的碧桂园学校与北京景山学校联姻，从而将该校与邓小平为景山的题词联系起来，利用景山学校和邓小平题词十周年纪念大做文章，使得粤、沪、京等地的新闻媒体纷纷以"抢新闻"的姿态对碧桂园学校做了突出报道，刮起了一股"碧桂园旋风"。对此，一位新闻工作者赞叹道："碧桂园的初步成功，广告奇袭掌握了'控空权'，新闻炒作的'地面部队'也功不可没。王志纲作为策划人，他自己又曾是新华社的名记者，对新闻舆论在策划中的作用十分重视，对炒作新闻热点更是运用自如、出神入化。"他认为，策划就是要像这样"善于抓住不同时期的传奇因素，在新闻'热点'上聚焦放大，吸引新闻界的注意力，'炒'出一台又一台有声有色的活话剧来。"③

由此看来，对于如何处理好媒介事件策划与新闻客观性法则之间的关系，恐怕难以找到一劳永逸的解决办法，只有让公关与新闻在互动中不断博弈、不断平衡，才能不断维护各自的价值理念与行为准则。

三、新媒体环境下的媒介事件概念与媒介事件策划

随着网络与新媒体的崛起，特别是进入新世纪以来，媒介事件概念以及媒介事件

---

① 董天策. 传媒竞争中公关行为的介入及其影响[J]. 新闻与传播研究，1999（4）：28-33，92.
② 李长锁，李君. 新闻炒作——新闻策划的异化[J]. 理论观察，2000（4）：91-93.
③ 谭启泰. 谋事在人——王志纲策划实录[M]. 广州：广州出版社，1996：13-21.

策划面临全新的媒体环境。在新媒体时代，媒介事件概念与媒介事件策划有什么样的理论动向与现实问题呢？

（一）新媒体环境下媒介事件概念的新变

从术语源流上看，与"媒介事件"概念联系最紧密的应当是"新媒体事件"。2006年，邱林川提出"新媒体事件"的概念。其后，"新媒体事件"逐渐成为中国内地与香港学界关注的一个焦点。在邱林川、陈韬文看来，"新媒体事件"和传统的"媒体事件"有着千丝万缕的联系。他们把"新媒体事件"放在戴扬与卡茨的"媒介事件"理论传统中加以阐释。然而在具体论述中似乎又和戴扬与卡茨的媒介事件概念分道扬镳，他们认为"'新媒体事件'不仅是政经势力和媒介体系制造出来的'成品'，更是一个过程，或称'发展中的事件'"，"可粗线条地把传统'媒体事件'，即戴扬与卡茨的'挑战、征服、加冕'三大类型与'新媒体事件'分开"。

那么，"新媒体事件"究竟是意味着什么呢？邱林川、陈韬文认为"新媒体事件"的传播形态不再是卫星电视，而是新兴的网络媒体，包括互联网和手机网络，因而又称为"网络事件"[①]。事实上，根据董天策的研究，从1997年至2010年十余年间，国内学界先后提出了"网络事件""网络群体性事件""新媒体事件""网络舆情事件""网络热点事件""网络公共事件""网络媒介事件""网络集体行动"等15种不同的概念，表述各不相同，指说的对象即事件案例却惊人地相同或相似，从孙志刚到华南虎，从反日游行到厦门PX事件，诸如此类的案例，在不同的研究者那里往往会用不同的概念表述，实际上却是对同一研究对象的不同命名。[②]

研究者使用不同的概念，自然也就选择了不同的理论资源与研究范式，所关注的问题、所采取的立场、所研究的旨趣，具有很大的差异性。在当代中国的语境中，"网络群体性事件"研究占据着支配与统治地位，而且从一开始就把"网络群体性事件"定性为一种现实危机，旨在如何对其加以监测、防范、控制、应对、处置、引导，从而维护社会稳定，形成一种危机管理的研究范式。董天策认为，从这些不同概念所表述的"事件"案例这个最基本的事实来看，大多数"网络群体性事件"的准确命名应

---

① 邱林川，陈韬文．前言：迈向新媒体事件研究［G］陈韬文，邱林川．新媒体事件研究．北京：中国人民大学出版社，2011：1-16．
② 董天策．从网络集群行为到网络集体行动——网络群体性事件及相关研究的学理反思［J］．新闻与传播研究，2016（2）：80-99，127-128．

当是"网络公共事件"①。"网络公共事件"具有以下特征：其一，事件涉及公共事务或公共利益，无论直接与间接，事件本身都具有公共性；其二，网民积极参与对该事件的言说与讨论，形成网络公众与网络公共舆论；其三，事件的展开过程主要是公共舆论过程，也可能发生相应的集体行动，最终以事件的妥善解决为结束。②

换言之，"新媒体事件"更准确的表述应当是"网络公共事件"，相关研究的理论资源与学术传统主要是以哈贝马斯为代表的公共领域理论或传媒公共性理论，而不是戴扬与卡茨的"媒介事件"概念及其学理阐释。已有论者注意到，"新媒体事件"是以"互联网为代表的新兴媒体为呈现媒介，由公众参与传播、推动事件进程并挑战主流意识形态和现存社会权力结构的权威，带有争议性并产生重大社会影响的公共事件"③。这个界定，突出的仍然是其"公共事件"性质，说得形象一点，虽然戴了一顶"新媒体事件"的帽子，表达的却是"网络公共事件"的内核。邱林川、陈韬文也在"新媒体事件"前面加上了"公共性"，形成了"公共性'新媒体事件'"的表述，④而且强调对"新媒体事件"的研究，"可看作是对传媒公共性及社会转型等问题的回应"⑤恰好揭示了"网络公共事件"的内涵。

已有学者指出，"将网络事件作为'新媒体事件'来考察，从概念的界定上值得进一步商榷"⑥。"从严格意义上说，所谓'新媒体事件'很大程度上已经不同于戴扬和卡茨的经典定义，最为突出的，是它们越来越明显地具有冲突性而非社会秩序的整合，此外，它们也远离'媒介事件'最初定义中的庆典仪式性质，而具有重大新闻（major news）的意味。"⑦当然，戴扬、卡茨等人也在近年对"媒介事件"的概念做了修订。2007年，卡茨和利布斯（Liebes）提出，媒介事件主导类型已从"和平"

---

① 董天策. 中国语境中的网络时代与传媒公共性——《网络时代媒介公共性的建构》序[J]. 新闻界，2015（13）：43-46，52.
② Tiance Dong, Chenxi Liang, Xu He. Social media and internet public events, Telematics and Informatics, 2017（34）：726-739.
③ 肖玲英. 新媒介事件研究[D]. 南昌：南昌大学，2013.
④ 邱林川，陈韬文. 前言：迈向新媒体事件研究[G]陈韬文，邱林川. 新媒体事件研究. 北京：中国人民大学出版社，2011：1-16.
⑤ 陈韬文，邱林川. 结语：新媒体事件与社会的躁动[G]陈韬文，邱林川. 新媒体事件研究. 北京：中国人民大学出版社，2011：311-319.
⑥ 雷蔚真. 从"仪式"到"派对"：互联网对"媒介事件"的重构——"范跑跑事件"个案研究[G]陈韬文、邱林川. 新媒体事件研究. 北京：中国人民大学出版社，2011：66-96.
⑦ 孙藜. 转化性建构：媒介事件与权力结构转变——新媒体语境下对媒介事件研究的再回顾[J]. 新闻记者，2013(9)：80-85.

转向到"冲突"(disruption),灾难、恐怖、战争已成为"媒介事件"的新类型。①除了卡茨和利布斯提出的"冲突"(disruption)类型,戴扬指出还有"幻想破灭型"(disenchantment)与"脱轨"(derailment)两种类型。②孙藜认为,即使戴扬与卡茨等人将其理论由"3C"发展为"3D","媒介事件"的概念也难以直接用来解释当下的"新媒体事件"。③

的确,被纳入戴扬与卡茨的"媒介事件"理论传统来加以阐述的"新媒体事件",在现实性上同戴扬与卡茨的"媒介事件"概念风马牛不相及,在学术传统上同戴扬与卡茨的"媒介事件"理论关注"电视直播"以及人们在电视机前的集体观看这样一种媒介事件机制全然无关,是一种全新的"媒介事件"类型,即"网络公共事件",且具有全然不同的学术理路与研究传统,是以哈贝马斯为代表的公共领域理论或者说传媒公共性学说。因此,从概念内涵到理论框架再到研究范式,"网络公共事件"研究都具有自身的本质规定性,和戴扬与卡茨的"媒介事件"理论判然有别,需要在网络公共领域或传媒公共性的学术理路与研究传统中展开更深入的研究。

(二)新媒体环境下媒介事件策划的新变

如果说新媒体环境下产生的"网络公共事件"及其学理问题,已经逸出戴扬与卡茨的"媒介事件"概念的范畴,奔向网络民主政治的论域,成为网络公共领域或传媒公共性研究的课题,与其"媒介事件"论已没有多大关系,那么,媒介事件策划在新媒体环境下又有什么样的新变呢?

从公关角度看,由网络媒体与社交媒体所构成的新媒体,为公关提供了新的传播工具,从而给公关的发展带来全新的历史性机遇。大卫·菲利浦斯在最早的一本新媒体公关专著中断言:"网络把公关推到了企业的重新设计、企业管理、企业和品牌关系、声誉提升和议题管理的核心位置。这是一个巨大的机遇。"④具体说,这个机遇主要体现在公关主体即任何一个组织机构都可以拥有自己的媒体,譬如建立自己的官方

---

① E.Katz & T.Liebes. ' No More Peace!': How Disaster, Terror and War Have Upstaged Media Events, International Journal of Communication, 2007(1): 157-166.

② 邱林川,陈韬文. 前言:迈向新媒体事件研究[G]陈韬文、邱林川. 新媒体事件研究. 北京:中国人民大学出版社,2011:1-16.

③ 孙藜. 转化性建构:媒介事件与权力结构转变——新媒体语境下对媒介事件研究的再回顾[J]. 新闻记者,2013(9):80-85.

④ 菲利浦斯. 网络公关[M]. 陈刚,袁泉,译,北京:北京大学出版社,2005:3.

网站、官方微博、微信公众号等，从而"可以按照自己的意愿向包括媒体在内的各类公众发布信息，而不必经过第三方的'解释'和'过滤'。这使得公关人员在信息发布时处于前所未有的有利地位。"①

信息传播的去中心化、去中介化，自然给媒介事件策划带来极大便利。道理很简单，公关主体策划的媒介事件，不必经过新闻媒体的筛选就可以通过社交媒体自行发布有关信息，只要媒介事件具有足够的影响力，就会成为社会各界关注的热点。而公关主体又会随着媒介事件的进展源源不断地提供信息，放大某些引人注目的因素，加上公关主体处于相当隐蔽的地位，使新闻炒作效应更容易形成和扩散。从2003年木子美的性爱日记，到2005年"天仙妹妹"走红网络，再到2008年的"封杀王老吉"，2009年的"贾君鹏""凤姐"，2010年的"兽兽门""犀利哥"，2013年的"派单女神"，诸如此类的炒作接连不断，显示出新媒体环境下的媒介事件策划"变本加厉"。

不难发现，新媒体环境下的媒介事件策划具有不同于传统媒体时代的某些特点。譬如，突出和放大事件本身的新奇因素，很少顾及甚至谈不上担当社会责任。换言之，媒介事件承载公众利益的价值追求在减少，却蕴含甚至放大事件的新奇因素，凭借对人们好奇心的驱使而获得广泛的传播。自然，这与新媒体为公关重构了新的传播环境具有十分密切的关系。从传播的信息流程上看，过去是企业—媒体—公众，新媒体环境下，则是企业—社交媒体—公众—媒体—公众。媒介事件策划的重点变成了在社交媒体上制造新闻事件，然后由媒体机构放大传播力，进而覆盖更广泛的公众。②

值得注意的是，新媒体环境下的媒介事件策划如果不加强自律，不加强公关伦理建设，很容易使网络时代的公关像一匹脱缰的野马一样狂奔乱跳，走火入魔。2009年12月，中央电视台《经济半小时》栏目揭批"网络公关""网络营销"形成"网络黑社会"。按百度的解释，"所谓'网络黑社会'，俗称是'网络推手''网络打手''发帖水军'，也叫'网络公关公司''网络营销公司'。之所以称其为'黑社会'主要在于，它们不仅能为客户提供品牌炒作、产品营销、口碑维护、危机公关等服务，更能按客户指令进行密集发帖，诋毁、诽谤竞争对手，使其无法正常运营"。

应当说，像这样不分青红皂白就把"网络推手""网络公关公司""网络营销公司"统称为"网络黑社会"，言过其实，而把"品牌炒作、产品营销、口碑维护、危

---

① 王晓晖. 浅析网络媒体对公共关系实践活动的影响［J］. 国际关系学院学报，2002(6)：60-62.
② 仇勇. 新媒体时代的公关其实需要"外开放、内管制"［J］. 杭州金融研修学院学报，2016(5)：46-48.

机公关"这些正常的公关业务也称为"网络黑社会",更是没有道理。浪兄炒红"天仙妹妹",很阳光,也很健康。即使多少带有"无厘头"色彩的"贾君鹏,你妈喊你回家吃饭"以及被众多媒体推波助澜的"犀利哥",也并非什么"网络黑社会"。当然,新媒体环境的确也给某些企业开展不正当竞争大开方便之门。2010年10月,中国乳业两大企业——蒙牛和伊利集团利用网络互相揭丑,抹黑对手,上演了一场声势浩大的"公关"恶战,就是相当典型的案例,其教训应当引起我们的深刻反思。①

因此,新媒体环境下,公关如何正常运作、健康发展,媒介事件策划如何发挥积极作用、守住底线,仍是值得深入探讨的课题。

四、结语及探讨

综上所述,"媒介事件"的概念建构及其流变,涉及三种媒介现实或传播现实,以及相应的三种学术理路与研究传统。一是在传播研究文化转向过程中对重大历史事件的仪式化传播进行研究而提出了"媒介事件"概念,由戴扬和卡茨提出;二是公关实践与理论针对自身特点而使用"媒介事件"概念,源自布尔斯廷,转述于施拉姆,普及于公关界;三是针对新媒体环境出现的新型"媒介事件",邱林川、陈韬文将其命名为"新媒体事件",产生了"媒介事件"的衍生概念。

本文认为,前两种媒介事件概念具有各自的内涵、使用范围,也有各自的学术理路与研究传统,从而具有各自的理论自洽性。由第一种概念衍生出来的第三种概念即"新媒体事件",在突出新媒体的意义上似可成立,但其理论内涵与学术理路却与第一种概念并没有多少内在联系,是一种并不恰当的理论挪用。由第二种概念引申出来的"新闻策划"等概念,是典型的中国语境中的学理问题,反过来又加剧了"媒介事件"概念的复杂性。

本文的论述也表明,国人对"媒介事件"概念的使用,往往比较随意,甚至相当混乱。之所以出现这种情形,原因可能是多方面的。一是翻译问题。不必讳言,新闻传播学的很多知识、理论都是引进的,翻译著作对于关键性概念往往直接写出中文表述,并未注明原文。中文译名相似的,往往容易被误解为相同概念。二是学术训练与学术规范问题。对于重要的理论概念、理论命题,不少研究者缺乏深入考察,没有弄

---

① 董天策,章琴丽. "网络公关"为何成为不正当竞争手段——蒙牛伊利"网络黑公关"事件反思[J]. 当代传播,2011(3):54-55.

清楚概念的内涵和语境，对概念的理论框架及其研究传统一知半解，就开始"研究"，自然容易造成概念的混乱与理论的杂糅。三是学风问题。不少人习惯于我行我素，对概念的提出与使用比较随意，尤其是传播业界常常不经论证就创制、借用甚至误用一些概念来解释实践中的问题，而这样的业界话语却通过大量业务刊物"回流"到学界，让青年学子不加分辩地接受下来，导致并不严谨的表述进入学术话语。当然，还可能是研究者引用某些理论资源来探讨某种新的现实问题，由于学术视野的限制、问题的复杂性等主客观原因，在理论引申或概念衍生时考虑不周，从而出现概念化不确切甚至理论挪用错误的情况。所有这一切，都是需要高度重视并积极改进的学术问题。

（董天策，重庆大学新闻学院院长、教授、博士生导师；郭毅，澳大利亚麦考瑞大学媒体传播与文化研究学系博士候选人；梁辰曦、何旭，重庆大学新闻学院—法学院新闻法学博士研究生）

第二十一章　消息来源理论

消息来源自20世纪70年代开始，被新闻传播学科的众多学者所关注。[1]从消息来源那里获得信息是新闻生产过程中的关键环节。新闻记者在收集信息、采访并撰写新闻报道的过程中，一直与消息来源打交道，需要消息来源提供信息、进行评价。新闻学与其他媒体内容，如广告信息、公关报告等的最大区别，在于对"事实"的侧重，而说服读者相信报道的内容是"事实"的一个重要因素，是对消息来源的倚重。虽然传统上认为新闻媒体是新闻内容的"把关人"，然而在新闻记者传播新闻内容的过程中，信息最初的发出者、新闻记者的采访对象，即消息来源才是事件的"第一手建构者"，新闻记者所报道的信息，是基于消息来源提供的信息，在此意义上，对消息来源的研究，成为新闻传播学科无法绕过的一个重要议题。

何谓消息来源？消息来源是指新闻的资料来源。郑瑞城（1991）认为，消息来源是指能作为新闻素材的任何资料，这些资料是新闻工作者通过人物访问、文件搜集及观察所得，而人物访问是最常运用也是最重要的新闻来源。[2]Shoemaker和Reese（1991）将消息来源定义为原材料的外部供应者，即提供资讯给媒体组织用以转化为新闻报道的个人或团体，有时还包括目睹事件发生的受众。[3]可以看出，消息来源可能是人或者组织，也可能是书面资料。在本文中，消息来源是指接受新闻记者采访或把消息提供给新闻记者的机构或人员，如政府机构、政府工作人员、企业组织、公共关系人员等。

新闻内容究竟是由新闻记者所决定，还是由消息来源所决定，或者是由两者共同

---

[1] 消息来源的研究领域主要集中在两个方面：其一、新闻传播法学领域探讨新闻记者是否有权利拒绝透露消息来源；其二、新闻传播理论与实务界探讨新闻记者在新闻生产流程中消息来源的作用、角色、影响等。前者属于传媒法的问题，本文不进行讨论，本文探讨的是后者。
[2] 郑瑞城. 从消息来源途径诠释近用媒介权：台湾的经验[J]. 新闻学研究，1991(45)：39-56.
[3] SHOEMAKER P J, RESSE S D. Mediating the message: theories of influences on mass media content [M]. NY: Longman, 1991.

决定？哪些消息来源会影响新闻媒体的报道，或者新闻媒体的报道是不是受消息来源左右？不同的研究者从不同角度对这些问题进行了回答，从而使消息来源这一领域成果颇丰。对于新闻传播学者来说，这个问题是如此重要，因为众所周知的事实是，无论是突发事件报道、还是政务新闻发布，新闻媒体报道的信息不是新闻记者头脑中已有的，而是需要询问消息来源以获取，如果新闻记者只听从某些人或组织的言论，媒介难以获得全面的信息，因为消息来源通常只有在对自己有利的情况下，才会愿意把消息透露给新闻记者。从媒体功能来看，新闻媒体具有监督政府、守望环境和联系社会的功能，如果新闻媒体在选择消息来源时有一定的偏向性，如依赖于少数权贵人士，那新闻将无法保持公正，也难以展现社会现实，新闻媒体的功能与可信度就会受到损害。同时，通过研究新闻报道中消息来源的呈现状况，也可以透视社会资源与权力的分配情况。① 基于此类种种，消息来源这一研究议题，与新闻媒体运作、社会权力结构、团体力量等密切相连，其研究具有社会价值。

一、新闻传播学领域消息来源的研究面向

在新闻传播学领域，对消息来源的研究时常以这样的问题为出发点：媒体上如何呈现消息来源？消息来源对于媒体是否有控制力？各种不同消息来源在新闻报道中如何竞争？等等。为了回答这些问题，研究者会运用量化的、质化的研究方法，结合不同的主题进行探讨。具体来说，目前的研究主要集中在以下这几个方面：消息来源偏向研究、消息来源控制力研究、消息来源与新闻框架研究等。②

（一）消息来源偏向研究

在新闻生产流程中，偏向是一个和客观相对的概念，而客观原则是新闻媒体职业伦理的最基本要求。消息来源偏向研究主要探讨新闻记者或新闻媒体在选择消息来源时，是否会系统地偏向某些人物、团体或组织，却忽视了另一些人物、团体或组织的问题。

Gans（1979）发现，无论电视新闻还是杂志，其主要消息来源，都是显著的知

---

① 罗文辉. 新闻记者选择消息来源的偏向 [J]. 新闻学研究, 1995(1): 1-13.
② 本文对于消息来源研究面向的分类，主要参考翁秀琪. 消息来源策略研究——探讨中时、联合对妇运团体推动 "民法亲属编" 修法的报道 [J]. 新闻学研究, 1996(1): 121-148.

名人士，如总统、总统候选人、政府官员及违法乱纪的政界人士，这些知名人士分别占电视、杂志新闻来源的71%与76%。[1]Sigal（1973）在分析了《华盛顿邮报》和《纽约时报》20年间的头版新闻后发现，官方消息来源在新闻生产过程中，占有举足轻重的地位，美国及外国政府占消息来源的四分之三。[2]Lo, Cheng和Lee（1994）也进一步发现，在报道情境中，政府官员、机构主管的言论不但被引述得频率高，出现的情境也比较有利。[3]王芳（2007）发现，中国大陆的大众化报纸的消息来源总体上呈现偏向情形：在职业上，政府官员、专家学者、经济精英以积极且主动的状态被呈现在新闻报道中，成为消息来源中的强势者；而一般民众作为消息来源的几率极少，而且往往角色单一、模糊与被动。在性别上，男性是消息来源绝对的强势者，他们在媒体中更多地扮演着理性、权威、公共领域活动者的主导形象；而女性则常常是被动的、感性的、点缀式的。[4]Justin Lewis、Andrew Williams和Bob Franklin（2008）以2006年英国2 207条报纸新闻和402条广播电视新闻为内容分析对象，发现公共关系材料对于新闻报纸有巨大的影响，从而对新闻工作者的独立性构成威胁。[5]Deirdre O'Neill和Catherine O'Connor（2008）在《消极的新闻记者：消息来源如何决定本地新闻》一文中对英国2 979篇新闻报道进行了分析，发现76%的新闻报道只有一个消息来源，这意味着新闻记者对这个消息来源的依赖程度加深而且只传播单方面的信息。[6]

分析消息来源的偏向，可以发现新闻消息来源通常有两种形态：提供信息者以及能说出具有价值话语的新闻人物（Bell, 1991）。不论是哪一种，社会精英与有权势的人，包括政治人物、政府官员以及高社会阶层与专业团体的发言人、成员（例如律师、医师），或是学术界的人、名人（例如运动明星、演艺明星）等都常被报道与引述。但是，相反，非官方或是比较低的社会阶层、职业成员的意见则很少被报道，没有权力的人、穷人、年轻人、教育程度低的人在新闻报道中，被系统性地消音（Teo,

---

[1] GANS H J. Deciding what's news: a study of CBS evening news, nbc nightly news, newsweek and time [M]. New York: Pantheon, 1979: 9.
[2] SIGAL L V. Reporters and officials [M]. Lexington, MA: D.C. Heath and Co, 1973: 4.
[3] LO V H, CHENG J C, LEE C C. Television news is government news in Taiwan: patterns of television news sources selection and presentation [J]. Asian journal of communication, 1994, 4(1): 99–110.
[4] 王芳. 当前我国大众化报纸消息来源偏向研究 [D]. 武汉：武汉大学，2007.
[5] LEWIS J, WILLIAMS A, FRANKLIN B. A Compromised fourth estate? [J]. Journalism studies, 2008(1): 1–20.
[6] O'NEILL D, O'CONNOR C. The passive journalist [J]. Journalism practice. 2008(3): 487–500.

2000）。① 除非他们是罪犯、目击证人，或犯罪中的受害者、趣味事件中的人物（Bell，1991）。②

为什么新闻记者在选择消息来源时具有偏向性？或者说为什么秉持客观、全面理念的新闻记者在实际的新闻操作中会有固定化选择消息来源的偏向？Herbert Gans（1979）指出，记者为迎合截稿时间、提高工作效率、维持新闻可信度，再加上信息易得性（availability）与适用性的考量（suitability），在选择消息来源时，记者会较为偏好政府官员、民意代表、学者专家等。其中，权力（power）和权威性（authoritativeness），都是构成易得性与适用性内涵的重要元素。③ Noelle-Neuman 与 Mathes（1987）的研究则显示，记者对报道事件有特定的认知结构，这层认知决定了选择消息来源的策略，使得报道的参考架构与真实背景背离。④ Herman、Chomsky（1988）从政治经济学的角度讨论消息来源与记者的关系，认为这两者之间存在一种共犯结构，即媒体为了确保本身的利益，会倾向选择（甚至固定）特定对象作为消息来源。⑤ McQquail（1994）认为，官方来源以及权威人士是记者较愿意引述的消息来源，消息来源越权威，报道的可信度也越高。⑥ 消息来源的偏向特点与媒体性质也有相关性。刘慧雯（2013）在考察台湾电视新闻处理网络消息来源的策略时发现，与商业电视相比，公共电视较少引用网络言论作为消息来源，网络言论的极端化可能是商业新闻台大量播出"网络说新闻"的主因。⑦

对消息来源偏向的研究显示，无论是基于何种原因，新闻记者倾向于选择具有权力或权威性的消息来源，对消息来源的选择偏好是无法避免的，这其中隐含着对新闻记者专业性与独立性的批判与质疑。

---

① TEO P. Racism in the news: a critical discourse analysis of news reporting in two Australian newspapers [J]. Discourse & society, 2000, 11(7): 7-49.
② BELL A. The language of news media [M]. Oxford: Blackwell, 1991: 193-194.
③ GANS H J. Deciding what's news: a study of cbs evening news, NBC nightly news, newsweek and time [M]. New York: Pantheon, 1979.
④ NOELLE-NEUMANN E, MATHES R. The events as events and the events as news: the significance of consonance for media effects research [J]. European journal of communication, 1987(2): 391-414.
⑤ HERMANN E S, CHOMSKY N. Manufacturing consent: the political economy of the mass media [M]. New York, NY: Patheon Books, 1988.
⑥ MCQUAIL D. Mass communication theory: an introduction [M]. London: Sage, 1994.
⑦ 刘慧雯. 网友作为消息来源：探讨数位时代中电视新闻制作的实质秩序 [J]. 广播与电视，2011(6): 37-68.

（二）消息来源控制力研究

消息来源控制力研究，是指研究者探讨消息来源通过哪些策略来影响媒体的报道议程，有时会结合议程设置理论来分析。

不同消息来源因其身份、地位不同，有些可以直接被大幅报道，有些却必须以各种策略、方法才能挤入报道之列，对于消息来源来说，多是希望自己成为报道的对象或信息的提供者。在消息来源通过一定的策略影响新闻媒体的研究中，一个重要的研究发现是Oscar Gandy（1982）提出的"信息补贴"（information subsidy）概念，Gandy认为，公共关系从业者和其他的信息来源通过提供发布新闻（材料）、记者招待会，发布视频新闻（材料）、新闻简报、游说和特殊报告给新闻机构，以这种"信息补贴"的方式与新闻工作者交换利润，使新闻工作者花费较少的支出成本就可以获得报道的信息。这样一来，新闻记者把消息来源希望报道的内容传播给公众。[1]Shoemaker与Reese（1991）曾指出，消息来源的常规渠道包括：官方手法（如试探汽球、议会听证会等）、公关稿件、记者会、非实时事件（如演说、典礼）。[2]此外，还有一般单位发表的公关新闻稿（即一般业界所称的"通稿"），或一般为促销商品、宣达政令而举办的记者会等，都算是"新闻发布"（press release），这也都是消息来源希望被报道的常用策略。Shoemaker和Reese（1991）则将消息来源影响新闻记者的策略归纳为两种类型：第一种是单纯发送可直接被记者所用的信息；第二种则是建构一种情境，让记者不自觉地"随之起舞"。后者与其说是新闻或公关策略，不如说是一种意识形态的动员（ideological mobilization）。

另外，实证研究发现，消息来源可以成为主动的信息提供者，甚至可以成为媒体内容的操控者，即记者倾向于让消息来源提供新闻报道内容时，就产生了"议程设置"。Turk（1986）针对政府部门的公关人员对新闻的影响所做的研究发现，日报"守门人"会优先考虑使用政府公关人员所发布的新闻稿，至于接受与否则必须判断其新闻稿是否合乎新闻价值，政府公关部门新闻稿的议题也经常转换成媒体报道的议题，他得出结论：消息来源的确会对媒介议题产生若干影响，并且影响社会事实

---

[1] GANDY O. Beyond agenda setting: information subsidies and public policy [M]. New York: Ablex, 1982.

[2] SHOEMAKER P J, REESE S D. Mediating the message: theories of influences on mass media content [M]. White Plains, NY: Longman, 1991: 106–107.

的建构。①Green、Sachsman、Sandman 和 Salomone（1989）对旧金山地区环保议题的研究发现，绝大多数报纸上的环保故事，都是政府部门发布的公关稿。②Walters·L. M. 和 Walters·F.N.（1992）的研究结论更直言，政府公关部门创造了一种对新闻媒体来说非常舒适的氛围，使媒体乐于刊载公关部门的信息。③Patricia A. Curtin 和 Eric Rhodenbaugh（2001）在探讨关于环境运动的新闻报道时发现，公共关系材料更多地被新闻记者使用，作为消息来源的政府对媒体进行了信息补贴。④Justin Lewis、Andrew Williams 和 Bob Franklin（2008）指出，许多研究都发现公共关系具有议程设置功能，但事实上，公共关系对媒体的影响不仅仅是进行议程设置，而是直接影响报道内容，他们发现，在英国，20%的报纸新闻和17%的广播电视新闻的内容主要或者完全来自于公共关系活动和公共关系材料。⑤

对于消息来源所采取策略的评价，研究者大抵上认为多数新闻内容确实会受到这些公关新闻内容的影响，记者往往因此疏于自行采访。因此，这一类型的研究，也在于质疑新闻记者会受到消息来源的公关策略的影响而丧失自主性。

（三）消息来源与新闻框架研究

基于社会建构论对消息来源的研究，更多地将消息来源纳入新闻框架之内进行考量，即探讨新闻媒体如何利用不同的消息来源来建构新闻框架，从而建构意义。社会建构论的观点认为，新闻是由新闻工作者建构的符号真实，但新闻工作者并不是新闻制作过程中唯一的"守门人"，无法单独完成报道工作，需要依赖消息来源获得信息。可以说新闻是由新闻记者与消息来源共同建构的。

20世纪80年代的新闻框架研究（Framing analysis）者认为，在新闻的生产过程中，新闻媒体与消息来源、各消息来源之间等处于竞争的局面，两者在争取"定义社会"的发言权。Thompson（1991）指出，新闻框架是信息转换的过程，也是信息

---

① TURK. Public relations' influence on the news [J]. Newspaper research journal. 1986, 7(4): 15–27.
② GREEN M R, SACHAMAN D B, SANDMAN P M, SALOMONE K L. Risk, drama and geopraphy in coverage of enironmental risk by network TV [J]. Journalism quarterly, 1989, 66(2): 267–276.
③ WALTERS L M, WALTERS F N. Environment of confidence: daily newspaper use of press release [J]. Public research review, 1992, 18(1): 31–46.
④ PATRICIA A. Building the news media agenda on the environment: a comparison of public relations and journalistic sources [J]. Public relations review. 2001(27): 179–195.
⑤ LEWIS J, WILLIAMS A, FRANKLIN B. A compromised fourth estate [J]. Journalism studies, 2008(1): 1–20.

的编码和再编码。新闻报道是"框限"部分事实、"选择"部分事实以及主观地"重组"这些社会事实的过程。[1]新闻框架是新闻记者使用语言或符号再现社会真实的过程，在这个过程中，受到不同消息来源的政策立场、新闻机构的生产流程、新闻工作的意识形态等各方面的影响，其中消息来源是影响新闻记者进行选择、重建的一个重要因素。Wolfsfeld（1993）指出，记者和消息来源不断使用各种策略影响对方的框架，使其朝符合自己组织利益的方向发展。Wolfsfeld（1993）对政治冲突的报道进行研究后发现，这些报道都可以被视为不同的消息来源对框架进行争夺的结果，对某一事件各不同消息来源不断尝试提出各自属意的解释版本，以供大众媒体采用，这种现象在选择过程中最为明显。[2]臧国仁（1995）指出，消息来源是塑造新闻框架的重要变量，不同的新闻记者往往会为了支撑自己的说法而寻找不同的消息来源，消息来源的作用不仅在于提供客观报道的证据，更在于协助新闻记者框限文本的内容。

基于框架理论对消息来源探讨的研究者将消息来源视为建构新闻框架的重要变量，认为大部分新闻事件的信息来自消息来源，消息来源与媒介在某一事件中，会分别透过各自的观点诠释事件、建构真实，借此运用新闻话语以影响受众支持其观点，进而获取政治或社会的实质利益。[3]新闻报道在对消息来源的选择和排序中形成了特定的框架，尤其是新闻媒体在单一议题和事件中引用消息来源的广度和深度，以及连续实践中通过消息来源而建构新闻文本。[4]

---

[1] THOMPSON D R. Framing the News: a methodological framework for research design [A]. Paper presented to the AEJMC convention, Boston, MA, 1991.
[2] WOLFSFELD G. Introduction. In COHEN & WOLFSFELD G. Framing the intifida: people and media [M]. Norwood, N.J.: Ablex, 1993.
[3] 王芳. 当前我国大众化报纸消息来源偏向研究 [D]. 武汉: 武汉大学, 2007.
[4] 这方面的研究如: 张克旭, 臧海群, 等. 从媒介现实到受众现实——从框架理论看电视报道我驻南使馆被炸事件 [J]. 新闻与传播研究, 1999(2); 陈丹. 中国媒介的大众健康传播——1994-2001年《人民日报》"世界艾滋病日"报道分析 [J]. 新闻大学, 2002(3); 戴元光, 陈杰, 等. 两岸主流媒体关于"9·11"事件报道的比较分析 [J]. 上海大学学报（社会科学版）, 2003(9); 张自力. 媒体艾滋病报道内容分析: 一个健康传播学的视角 [J]. 新闻与传播研究, 2004(1); 潘晓凌, 乔同舟. 新闻材料的选择与建构: 连战"和平之旅"两岸媒体报道比较研究 [J]. 新闻与传播研究, 2005(4); 夏倩芳, 张明新. 社会冲突性议题之党政形象建构分析——以《人民日报》之"三农"常规报道为例 [J]. 新闻学研究, 2007(4).

二、新闻传播学领域消息来源研究的两种取向

对于消息来源与新闻媒体的研究，虽然内容繁多，但总体来说有两种取向，Schlesinger（1990）将其分为"内部途径模式"和"外部途径模式"。[①] 内部途径模式是指在新闻生产过程中研究消息来源，将消息来源视为新闻生产过程中的一个环节，这一模式具有"媒介中心论"的倾向；外部途径模式是指在权力互动与实践框架中研究消息来源和新闻媒体，认为各类消息来源可以共同接近、使用媒介进行表达，这是一种"权力互动论"的视角。

（一）传统的消息来源研究持"媒介中心论"取向

通过前面的学术梳理会发现，传统新闻传播学的研究者对消息来源的研究采用的是媒介中心论取向（media-centered orientation），即研究者基于新闻生产流程而对消息来源进行探讨，将消息来源视为信息的提供者，其假定前提是新闻媒体可以保证新闻信息的客观、中立、真实，新闻记者是信息的把关人。在默认这种假设之后，研究者多将消息来源视为是破坏媒体独立、客观、公正的侵入性力量。Schudsom（2003）曾声称："新闻记者正面临大量的主观任意式新闻报道者——公关公司、公共信息官员、政客、营利和非营利组织的发言人等。"[②]

这些研究延续了媒体守门研究与议程设定理论的传统，基本上认为新闻流程"起自新闻工作者，或任何新闻工作者收集资料、撰写新闻的场所"，即将新闻视为一个独立运行的体系，其他社会组织依赖于新闻媒体传播消息。[③] 在消息来源的偏向研究中，研究者认为新闻记者选择消息来源不具有平等性，有违职业伦理标准；在消息来源控制力研究中，研究者认为消息来源具有强大的操控力，从而影响了报道内容；在新闻框架和消息来源的研究中，研究者认为消息来源是建构新闻框架的主要因素之一。研究者除了提出一些中性的描述和分类外，多是以质疑的态度，指出消息来源对媒体的"操弄"可能会使媒体丧失独立性。

研究者将新闻媒体的守门人角色视为是合理正当的，而将消息来源视为外在于新

---

① SCHLESINGER P. Rethinking the sociology of journalism: source strategy and the limits of media centrism [M]. FERGUSON M. Public communication and the new imperatives. London: Sage, 1990.
② MICHAEL S. The sociology of news [M]. New York: Norton, 2003.
③ 臧国仁，钟蔚文，黄懿慧. 新闻媒体与公共关系（消息来源）的互动：新闻框架理论的再省 [J/OL]. [2016-07-25]. http://deepplay.km.nccu.edu.tw/xms/content/show.php?id=2341.

闻媒体的、影响新闻报道的力量,将负面的标签贴在消息来源身上,认为消息来源影响了新闻的客观性和公正性、影响了媒介功能的发挥和社会事实的展现,这种"媒介中心论"取向的研究,是基于媒介内部去寻找消息来源与媒体之间的关系,而没有基于媒体外部,没有将消息来源与媒体都视为是社会互动过程中相对独立的个体来探讨,具有一定的局限性。

(二)基于"权力互动论"的研究较少但具有启发性

除了基于新闻媒体的立场探讨消息来源外,如前所述,也有研究者注意到应在权力互动与实践框架中研究媒体与消息来源,我们将这种模式称为"权力互动论"。这种模式将消息来源视为组织化或非组织化利益团体的代表、社会行动者和传媒接近权的竞争者(即消息来源场域),它强调消息来源场域对新闻媒体的影响力,认为新闻的影响力必须与其他社会机构共享。①基于"权力互动论"的研究者多是以社会互动、社会资本等为理论支撑,探讨新闻记者与消息来源的关系。

新闻记者与消息来源的互动关系,以学者Gieber和Johnson(1961)的三种互动关系模式最为出名:第一种模式为"对立关系",记者和消息来源各自独立,对新闻价值的认知不同,彼此处于对立、抗衡的状态;第二种模式为"合作关系",记者和消息来源分属于不同的科层结构,但为了彼此的利益相互合作,以完成其传播角色和功能;第三种模式为"同化关系",记者和消息来源间有一方被对方同化,彼此不再各自独立,彼此功能和角色十分相似。②Reese(1991)将影响消息来源的力量分为组织内的权力与跨组织的权力,研究消息来源需要考虑这些复杂权力之间的互动关系,并提出消息来源权力配置的四种类型,即将消息来源和媒体机构分别分为高、低权力两种,当不同程度的权力配置相遇时,消息来源权力的影响力是不同的。③Wolfseld(1991)提出了交易模式(transactional model),认为媒体与抗争团体之间的权力关系取决于信息与新闻报道的交换,在交换的过程中,任何一方主控此过程就进而决定了双方权力的平衡关系。喻靖媛与臧国仁(1995)在探讨台湾新闻记者与消息来源互

---

① 陈先红,刘晓程. 专业主义的同构:生态学视野下新闻与公关的职业关系分析[J]. 新闻大学,2013(2): 99-100.
② GIEBER W, JOHNSON W. The city hall beat: A study of report and sources roles [J]. Journalism quarterly. 1961(33): 423-243.
③ REESE S D. Setting the media's agenda: a power balance perspective [J]. Annals of the International communication association.1991, 14(1): 309-340.

动和新闻处理之关系时认为，新闻记者与消息来源的互动理论中，其关联性有共生、同化、对立与交换等四种类型。[①]余颖（1998）也提出了类似的概念，在研究地方政府与消息来源的互动关系时，提出了"同化关系""对立关系""利益合作关系"三种行为模式。[②]

现有的新闻传播理论常常针对消息来源与新闻记者之间的关系进行探讨，主要是因为两者间的关系存在不同的价值和规范，且隐含着某种程度的矛盾。Awad（2006）指出，记者希望从消息来源获得有用的信息，而消息来源则意图影响记者偏向自己组织的诉求。[③]Smith（2003）强调探讨消息来源与记者的互动是了解新闻产制与内容的重要凭借。[④]

基于权力互动论的观点，我们可以看到，新闻媒体与消息来源都会影响新闻产品，两者在新闻流程中处于既竞争又合作的局面。不仅如此，新闻媒体之间、消息来源之间也存在着彼此竞争而产生不同新闻报道的可能。

三、基于消息来源探讨对公共关系研究的启发

公共关系组织或公共关系从业者是新闻报道流程中不可或缺的一部分，时常作为消息来源为新闻记者提供线索、材料或专业知识等。之前关于消息来源的研究中，或多或少地都涉及公共关系机构或人员的作用，虽然多是基于媒介中心论的立场，但仍可以为公共关系研究提供丰富的理论资源。另一方面，如果基于权力互动论的视角，我们就会发现即使是同一组织中，不同层级的个人，其利益、关怀或理念都是各不相同，甚至可能彼此冲突，媒体的作用不是传播自己认为正确的理念，而是挖掘出更多元的声音、更加深入地接触消息来源。公共关系作为新闻资讯提供者和其他社会机构的利益代表者，既有影响新闻公正报道的意图，又有与新闻共建社会真实的功能。[⑤]

---

① 臧国仁. 新闻记者及消息来源的互动关系［A］. 臧国仁. 新闻学与数的对话Ⅲ新闻工作者与消息来源［C］. 台北：台湾政治大学新闻研究所，1995.
② 余颖. 地方政府消息来源与记者互动关系之研究——以三重市为例［D］. 台北：世新大学传播研究所，1998.
③ AWAD I. Journalism and their sources: Lessons from anthropology［J］. Journalism studies, 2006, 7(6): 922-939.
④ SMITH R F. Groping for ethics in journalism［M］. 5th ed. Ames, IA: Iowa State University Press, 2003.
⑤ 陈先红，陈欧阳. 公关如何影响新闻报道：2001-2010年中国大陆报纸消息来源卷入度分析［J］. 现代传播，2012(12)：36-41.

在这样的认知之下,无论是媒介中心论取向的消息来源研究,还是权力互动论取向的来源研究,都会对公共关系研究有启发。具体来说,可以从以下几个方面进行研究。

(一)基于公关机构的个案研究

可以探讨社会权力高低不同的公共关系机构通过怎样的策略成为媒体的消息来源,从而使其活动、主张等成为媒体的报道内容,特别是可以在社交媒体、自媒体被广泛应用的年代,探讨不同的机构如何利用自媒体力量和营销事件成为新闻机构关注与报道的重点。以个案为研究对象,目的在于了解过程而非结果,注重整体观点,了解现象或事件的情况脉络而不只是变量。通过个案研究,可以了解公共关系机构或人员在特定情况脉络下的活动特质,了解其中的特殊性与复杂性。

(二)基于公关稿件的内容研究

可以探讨公共关系中新闻发布与公关稿件被大众传播媒体采用的状况,或进一步探讨公共关系如何透过传媒影响公众对事件的认知。如分析为什么某些公关稿件可以成为媒体的报道内容,结合公关机构的业务、角色、知名度或权威性、媒介近用权等进行分析。Walters(1992)运用内容分析法分析了美国某一州立机关送交日报的238篇公关稿件,结果发现其上报成功率平均为85.9%,但是这些新闻稿的内容必须符合新闻工作人员的需求,也就是必须注意其是否有新闻价值,如及时性或显著性,若是符合,见报成功率也会相对高很多。[1]杨意菁(2010)研究发现,台湾报纸报道企业新闻时,以"社会参与"层面的"慈善赞助"议题最多。另外,大型企业较关注"艺文教育"与"环保"等社会参与议题,中小型企业则偏重于"生产良好产品"等经济层面的议题。[2]陈先红、陈欧阳(2012)通过分析2001—2010年中国大陆的四份报纸的1 600篇新闻,发现公共关系的"信息补贴"现象十分普遍,各类公关主体在与新闻媒体互动时存在明显的选择性和策略性。[3]如前所述,公关机构与人员具有建构新闻议题、新闻框架的功能,无论是何种组织,都会拥有与公众相关的信息,所以,都有可能策划成为新闻媒体感兴趣的生活层面、经济层面或政治层面的话题,通过对新

---

[1] WALTERS L M, WALTERS F N. Environment of confidence: daily newspaper use of press release [J]. Public research review, 1992, 18(1): 31-46.
[2] 杨意菁. 企业公民与媒体报导:一个公民社会的观点 [J]. 中华传播学刊, 2010(6): 95-138.
[3] 陈先红,陈欧阳. 公关如何影响新闻报道:2001-2010年中国大陆报纸消息来源卷入度分析 [J]. 现代传播, 2012(12): 36-41.

闻媒体上报道内容的消息来源、与消息来源相关的议题的研究，可以反向推出什么样的议题可以成为媒体、公众关注的热点，从而为公共关系策划与实务操作提供建议。

（三）基于公关人员的认知研究

可以探讨公关人员、公关教育者等对公关职业、新闻职业的认知差异，进而探讨同构专业主义的可行性。从新闻记者的视角看，公共关系机构、人员或公共关系学科总是与负面的、消极的形象相联系，这种固化的刻板印象成为阻碍公共关系获得认可的重要因素，有研究表明这是与个人体验、社会文化、新闻教育等相关的。现在需要思考的是，对于公关从业者和新闻记者来说，两者之间是否存在巨大的、不可调和的鸿沟？他们如何界定自己的工作角色和对方的工作角色？指导公关从业者和新闻记者的伦理规范、职业指南又分别是什么？公共关系伦理与新闻职业伦理是否具有相通之处？Fedler 和 DeLorme（2002）历史性地考察了新闻记者与公共从业者的关系，发现新闻记者对公关人员抱持轻蔑的态度，认为公关从业者弄虚作假，使新闻记者的合法报道变得困难，侵犯了新闻写作的基本规范。[1]Thomasena Shaw 和 Candace White（2004）对187名新闻教育者和公共关系教育者进行了问卷调查，他们在问卷中请受访者回答对以下问题的同意程度：公共关系和新闻在信息的传播方面是合作关系；在对于组织的报道方面，公共关系从业者帮助提升了新闻记者获得信息的潜力；公共关系从业者提供自由的、广泛的信息可以提升新闻报道的质量；总体上，公共关系威胁新闻的合法报道；由于新闻记者的水平有限所以他们依赖公共关系从业者提供的信息；公共关系从业者是典型的阻挠者，阻挠新闻记者获得真相；新闻记者和公关从业者的关系是对抗性关系。研究发现，两个团体的人在一些选项上有明显的差异，但他们都不认为两个团体是对抗的关系。[2]Jae-Hwa Shin 和 Glen T. Cameron（2005）对641位公共关系从业者和新闻记者进行了调查，研究这两个职业团体的自我评价、对对方的评价存在着何种不同以及产生这种不同的原因，研究发现这两个职业团体都认为对方是冲突产生的原因，公关从业者采取策略管理的方法与新闻机构建立关系，而

---

[1] FEDLER F, DELORME D E. Journalists' hostility toward public relations: an historical analysis [A]. Annual meeting of the AEJMC public relations division, 2002.
[2] THOMASENA S, Candace White. Public relations and journalism educators' perceptions of media relations [J]. Public relations review. 2004, (30): 493–502.

新闻机构将自己视为是公众的保护者。① 基于权力互动论的观点,将公关从业者和新闻记者视为社会有机运作中不可缺的两个平等主体,这两个主体之间相互理解、共同协作对于建构一个良好的社会具有一定的意义。

四、结语

新闻传播者希望记者不要与消息来源的关系涉入太深,以免丧失独立自主性;作为消息来源的公共关系机构或公关人员的任务是借助新闻媒体及其权威性传播自己的声音。对于新闻媒体与公共关系这两者之间的矛盾,传统的研究多是以新闻媒体为中心,站在新闻记者的立场上,研究如何避免消息来源的侵扰。此类研究具有一定的价值,但却有失片面。因为"消息来源"是一个复杂的多元概念,对于新闻记者来说,需要与各类消息来源建立良好的互动关系,从而尽可能地提供多元的、全面的信息;对于公关人员来说,需要承担起社会责任,成为公众可信赖的消息来源,为建构良性社会贡献力量。未来的研究可以将公共关系和新闻媒体视为社会有机体中平等的、相对独立的主体,基于公关机构进行个案研究、基于公关稿件进行内容研究、基于公关人员进行认知研究,探讨作为消息来源的公共关系发挥的积极或消极作用,使公共关系的研究内容更为丰富。

(牛静,华中科技大学新闻与信息传播学院副教授,博士生导师)

---

① SHIN J H, CAMERON G T. Different sides of the same coin: mixed views of public relations practitioners and journalists for strategic conflict management [J]. Journalism & mass communication quarterly. 2005, 82(2): 318-339.

第二十二章　公共关系学的性别研究

在美国公共关系学的研究中，20世纪80年代见证了女性工作者的大量涌入，并引起了学界对性别研究的普遍关注。职业社会学家（occupational sociologists）Reskin 和 Roos 的观察发现，公共关系曾是由男性主导的一种职业，但从20世纪70年代开始，女性工作者的大量参与导致这个行业男女比例"严重失衡"。[1] 现今，美国公关行业的女性比例估计已经达到70%至80%。[2][3]（Vardeman, 2013; Khazan, 2014）本文基于对"公共关系"如下的理解和定义，即公共关系是"对组织与其需要面对的公众之间的传播行为所构成的一种管理"[4]，（Grunig and Hunt, 1984, p. 6）旨在从历史脉络、学科演进以及发展流变的角度出发，探讨美国的公共关系与性别研究。

在公关与性别的相关研究中，早期关注的话题主要集中于该职业在收入和社会地位上的变化。在美国，很多由女性占主导的职业，如教师和护士，几乎都被社会的刻板印象所固化，并标以"女人的工作"这样类似带有歧视性的标签，薪资水准也因此被带入较低的层次。

早期在该领域的主要成果是在美国公共关系协会与国际商业交流者协会（International Association of Business Communicators）的主导下完成的。这些成果普遍关注女性在公关领域中与男性相比在收入和社会地位等方面存在的差异。其中最广为人知的成果

---

[1] RESKIN B, PATRICIA R. Job queues, gender queues: explaining women's inroads into male occupations [M]. Philadelphia: Temple University Press, 1990.

[2] WINTER V J. Feminization theory. HEATH R L. Encyclopedia of public relations [M]. 2nd ed. Thousand Oaks, CA: Sage, 2013: 338–339.

[3] KHAZAN O. Why are there so many women in public relations. The Atlantic. August 8, 2014. [EB/OL]. [2016–10–07]. https://www.theatlantic.com/business/archive/2014/08/why-are-there-so-many-women-in-pr/375693/.

[4] GRUNIG J E, HUNT T. Managing public relations. [M]. New York: Holt, 1984.

包括 The Velvet Ghetto①, Beyond the Velvet Ghetto②; Public Relations Review 主办的一期名为"公关中的女性"特刊③; Under the glass Ceiling④; 以及美国公共关系协会成员所做出的努力⑤。

由 Grunig、Toth 和 Hon 在 2001 年出版的 Women in Public Relations: How Gender Influences Practice 一书,对上述做出贡献的成果进行了详细总结。该书从一系列话题切入,分析女性在收入不对等、升职歧视、权力分配、职业满意度、性骚扰、角色限制等方面所遭遇的问题与挑战。该书还试图搭建理论框架来分析性别与公共关系学的相关问题。当然,随着该学科的不断发展与深入,理论体系的建设也将不断完善。书中概述了相关理论,包括人力资本理论、性别隔离理论以及在传播过程中逐渐形成和演变的一些组织性的、社会性的规范与用语。⑥

一、性别的定义

"性别"这个概念是基于生物学差异而提出的,但由于这些差异在人类社会中被简化成两个类别,即男人和女人,若把"性别"当成一个社会性的组织原则来看待的话,将是带有挑战性的。(Grunig, Toth & Hon, 2000)⑦ Pompper 和 Jung(2013)曾经对性别作出过如下的解释:"由社会过程中产生的,并由传播行为不断复制的一系列

---

① CLINE C G, TOTH E L, TURK J V, WALTERS L M, JOHNSON N, SMITH H. The velvet ghetto: the impact of the increasing percentage of women in public relations and business communication [C]. IABC Foundation, San Francisco, 1986.
② TOTH E L, CLINE C G. Beyond the velvet ghetto [C]. IABC research foundation, San Francisco, 1989.
③ GRUNIG L A. A research agenda for women in public relations. [J]. Public relations review, 1988, 14(3): 48-57.
④ WRIGHT D K, GRUNIG L A, SPRINGTON J K, TOTH E L. Under the glass ceiling: an analysis of gender issues in American public relations. PRSA foundation monographs series [C] New York, PRSA Foundation.
⑤ SERINI S A, TOTH E L, WRIGHT D K, EMIG A. An examination of managerial traits by men and women in public relations [C], International communication association conference, jerusalem, 1998,6.
⑥ GRUNIG L A, TOTH E L, HON L C. Women in public relations: how gender Influences practice [M]. New York: The Guilford Press, 2001.
⑦ GRUNIG L A, TOTH E L, HON L C. Feminist values in public relations [J]. Journal of public relations research, 2000, 12 (1): 49-68.

规范与准则。"①（p. 498）Dow 和 Wood（2006）将"性"（sex）与"性别"（gender）两个概念区分开来，前者更多意味着生理特征，而后者则指代文化层面上构建的意义、期望、约束与权力。②（p. xiii）性别研究更应关注如下方面的研究视角：工作中平等对待女性与男性特征；对"性别"及时关注，如 LGBT（lesbian，女同性恋；gay，男同性恋；bisexual，双性恋；transgender，变性人）人群的身份认同，以及对不同种族（race）和民族（ethnicity）进行深入的了解。

Rakow（1989）对性别有着自己的见解，他说："性别不是我们的存在形式，而是我们的所作所为以及我们所相信的东西。"③我们的性别认同是基于我们和他人互动过程中所确定与维持着的。（p. 289）Golombisky（2015）持有类似的观点，她指出，性别是"表现性的"④（performative），这与相应的社会机制（mechanisms）密切相关。在这种社会机制中，男人和女人被要求按照自身的规则去表现，各归其位。Golombisky继续指出，我们应该意识到多元化的"性别自我定位"（self-defined gender），例如从性别、种族、阶级和性小众等多角度看待事物，（p. 391）并在人类传播过程中这些观点也会不断被复制与再造。⑤（p. 498）

理论家们认为，性别之所以成为一个值得关注的议题，是因为我们的社会在长期发展过程中将性别和与之相关的特征固化所致。例如我们常说"这是女人的工作，那是男人干的活"⑥。（Bryant, 1984, p. 47）企业和机构往往直接采用这些固化的文化理解，要求男人和女人各行其道，做该做的事。我们的社会规范并没有更宽容地纳入多元的性别认同与行为方式，反而将权力与统治行为分配给男性一方，女性则被认定为从属的群体。事实上，一个人的生理性特征，并不意味着他或她就应该待在社会早已给他们划好的范围之内。Grunig、Toth 和 Hon（2000）指出："任何性别的人群都具有一定的女性特质……并非所有女人展示出女人的一面。同理，并非所有

---

① POMPPER D, JUNG T. "Outnumbered yet still on top, but for how long?" Theorizing about men working in the feminized field of public relations [J]. public relations review, 2013, 39: 497–506.
② DOW B, WOOD J. Sage Handbook of Gender and Communication [M]. CA: Sage, 2006: 185–199.
③ RAKOW L F. From the feminization of public relations to the promise of Feminism [C] // IABC Foundation, 1989, San Francisco.
④⑤ GOLOMBISKY K. Renewing the Commitments of Feminist Public Relations Theory From Velvet Ghetto to Social Justice [J]. Journal of public relations research, 2015, 27(5): 389–415.
⑥ BRYANT G. The working women's report: Succeeding in business in the 1980's [M]. New York: Simon and Shuster, 1984.

男人表现得像个'男人'。并非所有应该归属于男性的特征就与女性完全对立。"①（p. 54）我们对性别的践行应该从一个更复杂的视野去考察，而不是简单地依从社会的类别。

二、与性别相关的三个理论

Aldoory 和 Toth（2002）采用三个理论视角来推进公共关系与性别的相关研究。他们从人力资本、性别隔离、组织与社会规范三个理论出发，分析了女性在性别、身份、收入以及升迁等方面所遭受的不公。②人力资本理论的观点是，在美国，人人均可获得平等的资本，如教育、工作年限、专业发展的机会。从职业是否成功这个方面来考察，女性的表现不如男性主要是因为她们对教育的投资不够，她们往往选择一些没有"钱途"的本科专业，甚至没有投资那些能增加专业技能的职业。但是，这个理论的默认前提是职业投资的机会对男性与女性来说是均等的。

第二个理论是性别隔离理论。该理论认为男女在职业上的差异往往体现在他们进入职业时不同的比例。并不是所有职业两性比例都处在同一个水平。因此，某一职业若提供过量的女性工作者，将导致男性选择更高收入和社会地位的职业。随着男性的撤离，他们给女性留出更多空间来从事该职业。③

我们通过传播行为形成并强化的组织与社会规范，则是性别研究中的第三个理论视角。该理论认为性别差异归因于组织和社会的结构性偏向。工作和性别被看作是两个紧密关联的事物，"二者有效地维持着、改变着、贯穿着人类符号性的行为，并作为制度性权力的中介和结果。"④（Ashcroft and Mumby, 2004, p. 26）组织性期望映射出社会性期望，女性在组织工作中被安排从事符合社会期望的职业。她们早已被刻板印象化，只能承担如秘书和行政助理之类的支持性社会角色，而不能获取更多的机会向同样被刻板印象化的男性职业晋升，如领导和经理。

---

① GRUNIG L A, TOTH E L, HON L C. Feminist values in public relations.［J］. Journal of public relations research, 2000, 12 (1): 49–68.

② ALDOORY L, TOTH E. Gender discrepancies in a gendered profession: A developing theory for public relations.［J］. Journal of public relations research, 2002, 14(2): 103–126.

③ RESKIN, BARBARA, PATRICIA ROOS. Job queues, gender queues: explaining women's inroads into male occupations［M］. Philadelphia: Temple University Press, 1990.

④ ASHCROFT K L, MUMBY D K. Organizing a critical communicology of gender and work.［J］. International journal of the sociology of language, 2004, (166): 19–43.

性别化的组织规范虽然允许女性离开家庭进入职场，但是女性仍然面临家庭与工作在安排上的种种困难，她们工作的同时还需承担更多的家庭劳务、抚养孩子、赡养老人等工作，这导致她们更加难以投入到工作中去。

在工作领域，男人和女人其实都在潜移默化地践行、强化着我们的社会规范。通过平日的交流与传播行为，他们实现并维护着对社会规范的理解，并通过惩戒不遵守这些社会角色的人来维护这个系统。例如，女人更愿意从事服务男性的工作，争取权利的女人常被称为"蜂王"。总之，工作领域并不是一个没有性别差异的空间，反而是社会对两性特征与关系认知的映照。

三、人力资本理论

公关与性别研究中，最棘手的问题就是男女两性间的收入不平等。公关界拥有长达30年的纪录历史，数据清晰地呈现出女性在收入方面长期低于男性。[1]（Dozier, Sha & Shen, 2012）在2010年，女性收入只占男性收入的78%。（Sha & Dozier, 2011）当收入随着工作专业经验而调整时，男女收入之间的差距缩小至86%。当工资进一步随着经理和技术岗位发生变动时，女性收入仍只占男性收入的87%。（Sha & Dozier, 2011）早期的研究者认为，女性通过获得相关专业经验来弥补两性收入差距只是时间问题。但超过30年的时间里，无数的研究报告与学术成果都指出，公关行业里的两性收入差距依然存在。[2]

薪酬一直以来被认为是鉴定职业地位的一个重要标准。薪酬越高，职业的社会地位越被认可。早期理论认为，由于女性大量涌入职场，将会导致薪资水平和职业社会地位的大幅下降。但事实上，研究结果并没有发现公关领域里男性收入因为女性竞争对手的涌入而被拉低。相反，如学者Dozier、Sha和Shen（2012）所指出的，女性收入较低是因为她们从事收入本身就较低的工作岗位。同时，她们具备较少的专业经验也是导致其收入较低的原因。此外，女性更易受到来自外界的对工作的干扰，如她们可能会被要求牺牲工作去保全家庭，这也导致她们被阻拦继续提升职业经验，进而令

---

[1] DOZIER D M, SHA B-L, SHEN H. Why women earn less than men: The Cost of gender discrimination in U.S. public relations.[J]. Public relations journal, 2013, 7 (1): 1–15.
[2] SHA B-L, DOZIER D M. Women as public relations managers: Show me the money, Augest, 2011 [C]. The Association for Education in Journalism and Mass Communication, St. Louis, MO, 2011.

其工资比男性更低。当然，上述理由虽然普遍存在，但需要指出的是，"女性的薪资层次低，仅仅只是因为她们是女人"①。

四、性别隔离理论

过去，人口统计学曾经这样认为：女性会集中涌入一些特定行业，而不是以同等比例进入其他职业。在很多案例中，女性独立谋生者必须非常在意她们获取的工作报酬能否负担她们的生活条件。尽管她们也会遇到一些高报酬的职业选择，但她们还是会倾向更高的选择。Khazan的报告显示，女性公关工作者处于该职业的最底层，平均收入为55 705美元，而男性同行的收入则是71 449美元。美国的全职女性工作者的平均收入为37 232美元。②

由于女性大量涌入公关领域，造成了一种普遍性的认知，即公关是女人的工作，公关甚至被认为是"粉红色"的隔离区，是情感性的工作，从而在职业金字塔的结构中被低估。③

公关研究中有关性别的调查得到进一步扩展，男性在这一领域中的表现开始被关注，学者注意到"男性一样也有性别"④。在学者参照性的一项调查结果中，男性工作者被发现普遍认同这样一个概念——公关变得越来越像"老女孩俱乐部"，他们会根据该行业的性别发展趋势来调整自身的行为。⑤（p.502）Pompper和Jung的报告显示，男性工作者认为他们是少数族群，并且感受到反向歧视。他们表示会受到一些基于男性特征的攻击，如排挤、忽略、缺乏自信、缺乏信任、对女性有性别固化思维等。尽管Pompper和Jung的样本是通过非概率抽样获得的，但是他们的研究发现还是表明了一种现象，即男性工作者对两性的理解，以及其对"男性特质"的期望，使得他们更愿意选择符合自身期望值的职业，而不是去选择相反的领域遭受排挤和

---

① DOZIER D M, SHA B-L, SHEN H. Why women earn less than men: The Cost of gender discrimination in U.S. public relations [J]. Public relations journal, 2013, 7 (1): 1–15.

②③ KHAZAN O. Why are there so many women in public relations. The Atlantic. Auguest 8, 2014. Available at https://www.theatlantic.com/business/archive/2014/08/why-are-there-so-many-women-in-pr/375693/.As accessed on Oct. 7, 2016.

④⑤ POMPPER D, JUNG T. "Outnumbered yet still on top, but for how long?" Theorizing about men working in the feminized field of public relations [J]. Public relations review, 2013, 39: 497–506.

批评。①

五、通过传播得到强化的组织与社会规范

组织传播学者早已发现，组织机构是性别区分的重要场所。性别被看作是组织规范和职业认同，继而为劳动分工和等级划分提供了重要途径。②（Ashcraft, 2006, p. 111）早期组织传播研究就关注到工作领域中基于性别产生的不平等现象，以及女性在工作中由于性别原因遭受的待遇差异、窘境与障碍，例如，职场中的"玻璃天花板"现象与女性受到的"双重约束"现象，这些已被公关领域中的性别研究揭示了出来。

Jung的研究指出，性别并不是简单的存在，而是我们为了回应两性主流观点践行的差异性，当然还可以基于更多的考量因素来研究性别，如种族、阶级等。③学者Ashcroft进一步指出，性别研究从组织的视角转移至制度化本质的分析，是通过日常传播，或者更广义地说，通过人类传播的过程提供并强化了具有偏向性的表达、权利与工作关系。（Ashcroft, 2006, p. 103）Ashcroft总结道："男性和女性都在共同强化着已经固化的对彼此的两性认知，男性努力成为权利主导者而女性热衷于贬低其他女性，从而共同维持着职场中的两性关系。"④

Aldoory、Reber、Berger和Toth对学者Ashcroft上述有关组织传播中的性别本质化分析有着深入的阐述。他们在调查时发现，公关工作者努力影响组织约定时，存在着一种性别化的意识形态。借助三份调查中的二手质化研究数据，他们发现男性与女性在使用资源时存在性别差异，表现在劝服技巧的选择、对约束条件的理解以及论述时的风格与词汇等方面。（p. 735）举例子来说，男性在管理过程中明显更愿意采取直面、斗争与挑战的沟通方式，而女性更愿意通过表达、建议或者分享不同解决方案来实现她们的目的。⑤

---

①③ POMPPER D, JUNG T. "Outnumbered yet still on top, but for how long?" theorizing about men working in the feminized field of public relations [J]. Public relations review, 2013(39): 497–506.

②④ ASHCROFT K L. Back to work: sights/sites of difference in gender and organizational communication studies.[M] // In DOW B J, WOOD J T. The Sage handbook of gender and communication. Thousand Oaks, CA: Sage Publications, 2006: 97–122.

⑤ ALDOORY L, REBER B H, BERGER B K, TOTH E L. Provocations in public relations: a study of gendered ideologies of power-influence in practice.[J]. Journalism and mass communication quarterly, 2009(85): 735–750.

同样，在另一项由学者 Werder 和 Holtzhausen（2011）开展的研究中，他们试图分析传播管理活动和公关工作者在性别视角下的组织结构。他们发现女性工作者倾向使用小组型决策，而男性工作者更愿意选择风险承担型决策。①（p.134）总体来说，女性比男性更愿意达成观点上的一致②（p.139）。

六、公关与性别视域下的女性主义研究

女性主义研究包括多重维度的观察：基于性别权利关系的批评研究，日常生活与语境表达的研究，有关复杂争论与细微差异的再现研究，历史语境的理解，反思性的践行以及对影响工作的个人偏见的认知研究。③（Aldoory, 2009, pp.112-113）

学者 Dow 和 Condit（2005）给女性主义研究做出如下定义："这是一种对既定思维和态度的自我反思。既定思维以性别为轴巩固、维持着社会系统的统治关系。女性主义研究从特定的资料出发，在理论上和方法上尝试着去改善这种既定思维"（尽管事实并非完全如此）。④（p.449）

有研究将女性主义视角引入公关与性别研究当中。Hon（1995）提供了两种女性主义理论：自由女性主义理论和激进女性主义理论。自由女性主义理论试图在既定的社会组织结构中探讨性别议题，研究其应该如何被认识，如何被阐述。自由女性主义的斗争策略，以 Hon 的理解来看，是吸纳和为系统服务的。大量有关公关与性别研究的成果持续表现出自由主义倾向，因为它们只在收入、晋升偏见、性别差异和工作鉴定（如为了取得性别平等而对工作与生活进行调节的行为）等范畴内讨论性别平等。激进女性主义理论则以挑战既有组织结构的形式来达到改变性别压迫的目的。在 Hon 的研究中，她指出，激进女性主义的斗争策略是寻求社会的、企业机构的以及公共关系层面的改变。一部分参与 Hon 研究的被访者反映，应该将公共关系纳入商学院的教

---

①② WERDER K P, HOLTZHAUSEN D. Organizational structures and their relationship with communication practice: a public relations perspective from the United States.[J] International Journal of strategic communicati-on, 2011(5): 118-142.

③ ALDOORY L, REBER B H, BERGER B K, TOTH E L. Provocations in public relations: a study of gendered ideologies of power-influence in practice.[J]. Journalism and mass communication quarterly, 2009(85): 735-750.

④ DOW B J, CONDIT C M. The state of the art in feminist scholarship in communication.[J]. Journal of communication, 2005(55): 48-478.

育环节。①另一位参与者指出,公关本身可以考虑被解构,若放入到一些功能性领域,或许能对现状有所改善。(p. 64)

另一个改变公关与性别研究视角的成果是Aldoory在2005年发表的一篇名为《对公共关系女性主义研究范式的再思考》的文章。在文中,作者指出,性别是后天习得的,权利也是通过话语表达才得以建构和合法化的,多样化和包容性应该被纳入科研。作者再次呼吁,公关与性别的经验性研究会持续强化性别差异,因为此类研究常常会让参与者们去确定自己是"男性"还是"女性",从而进一步强化社会对性别的既定思维。②不过这份研究成果忽略了一个关键性论点,即性别是社会交往过程中形成的,对所有人都产生意义上的影响,从而导致人们形成刻板印象并产生错误预期。

学者Aldoory(2005)质疑权利和权利差异的有关说法,并呼吁赋予雇员和公众更多自主权。权利这个概念,如果深入讨论,其实就是某种失去或从未被分享的事物。Aldoory认为需要一个更加细致和复杂的观察视角来分析权利:"主从关系的多样性,以及权利如何被植入公共关系当中的。"③(p. 673)最后,Aldoory再次考察了女性主义的研究范式,提出多样性和包容性研究视角对公关实践行为的意义,以纠正白人女性在该领域长期受到更多关注的失衡现状。④

女性主义研究转变了个体从业人员有关"性别化"分工和两性价值的认知。Rakow和Nasatasia(2008)挑战了传统的研究视角,即在公共关系的视阈中考察女性的生存状态,他们提出了一种超越传统思维的新型研究视角,即在女性生活的视阈中考察公共关系。两位学者指出,研究应该聚焦于体制话语所导致的结果,这包括公关领域内部的女性、被女性公关所形塑出来的外部女性以及两个群体间的公共关系。并且,更应考虑到女性是否在强化着,或者说某种程度上修改着社会有关两性方面根深蒂固的想法。⑤(p. 272)学者Aldoory(2009)也呼吁研究应该更多注意到组织层面对性别规范形成的影响,以及这种规范如何促使男女公关从业者制造出相应的公关

---

① HON L C. Toward a theory public of feminist, relations. [J]. Journal of public research relations, 1995(7): 27–88.

②–④ ALDOORY L. A (re)conceived feminist paradigm for public relations. [J]. A case for substantial improvement. Journal of communication, 2005, 55(3): 668–684.

⑤ RAKOW L, NASTASIA D I. On feminist theory of public relations: an example from Dorothy Smith. In O. Ihlen, B. Van Ruler & M. Fredrickssons. Public relations and social theory: key figures and concepts. [M]. New York: Routledge, 2008: 252–272.

产品。① 组织层面对两性角色的固化思维，是否在男女从业者日常的传播行为中被再次强化呢？

七、流变

概述性别与公共关系研究的综合性文章有以下两类：一类是如L. Grunig（2006）发表在 Public Relations Review（1976—1995）、The Journal of Public Relations Research（1992—1995）以及 Public Relations Research Annual（1989—1991）上的文章。该类文章基于研究分析，探寻性别表达与公共关系的发展阶段。Grunig指出，女性与公共关系研究包括如下五个阶段：男性研究（male scholarship）、补偿性研究（compensatory）、双焦点研究（bifocal，该方法在对比两性研究时较为常见）、女性主义研究（feminist）以及多灶性研究（multi-focal）等阶段。② "男性研究"阶段的主要特征是，忽略对性别的讨论，并默认男性经历是具有普适性的。"补偿性研究"阶段的特征则在于试图补偿女性在科研中的缺失，对杰出女性以及她们的成功故事展开描述。"双焦点研究"阶段开始将男性与女性分开理解，并将二者定义为可分开且具有平等地位的"性别双方"。此时涌现出许多对比性研究成果，探讨男女在理解与行为方式上的差异性。虽然这一阶段已经意识到两性差异，但是研究所提出的建议与解决方案仍然局限于倡导女性去摆脱性别压迫，这样的解决方案带来的结果却是对女性自主选择权的低估。③ 在"女性主义研究"阶段，L. Grunig提出女性自身经历在价值评估时的重要性，女性主义研究方法并非刻意去对照"男"与"女"，而是提供了一种非对照性的研究范式。"多灶性"研究阶段则对人类经历进行再次概念化，即将其视为一个连续统一体，而不是简单地将男人与女人进行二元归类。④ L. Grunig继续提出第六个整合性阶段，他指出，应综合考察公关领域中女性来自工作、家庭与社区生活

---

① ALDOORY L, REBER B H, BERGER B K, TOTH E L. Provocations in public relations: a study of gendered ideologies of power-influence in practice. [J]. Journalism and mass communication quarterl. 2009, 85: 735–750.

②④ GRUNIG L A. Strategic public relations constituencies on a global scale [J]. Public relations review, 1992, 18(2): 127–136.

③ GRUNIG L A. Power in the public relations department [J]. Journal of public relations research, 1990, 2(1-4): 115–155.

等各方面杂糅而成的组织性图景。[①]

第二类综述文章是Kim Golombisky（2015）发表的研究成果。Golombisky试图将公关理论的研究视角向女性主义研究调整。她注意到，女性主义学者将性别视为一种社会构造，但尚未提供可操作性的定义来解释这一性别观点。Golombisky认为以往的研究较少以"交叉性"（intersectionality）视角来定义女性，也很少采用更加复杂的视野来看待女性，因此应纳入更丰富的观点，超越过去非男即女的性别概念，如性别、种族、阶层、教育以及更小型的社会群体，这样可作为一种方法超越"二元对立的悖论"。[②]（p. 389）

在后续的研究中，性别与公关研究学者意识到，白人女性与异性恋女性在研究中持有偏见。女性主义理论的观点是坚持性别多样化，除了性别这个概念，种族、民族与性取向同样需要被关注。Pompper（2005）在性别研究中引入了"批判性种族理论"（Critical Race Theory, CRT），CRT是一种揭露"有害假象"（harmful fictions）的手段，"有害假象"掩盖了制度对种族平等的颠覆，从而保证了白人的特权，使美国社会的种族主义常态化和自然化。[③]（Pompper, 2005, p. 144）Pompper（2005, 2012）[④]还回顾了公共关系中少数族裔女性的经历以及拉丁女性在工作中面临的困扰（2007）。[⑤]此外，Tindall和Waters（2012）运用"酷耳环"理论为公关领域中的男同性恋者发声。[⑥]

Golombisky指出，为公关从业者发声还有很长的一段路要走，这是由于种族、阶层、年龄、能力、性别、性别认同、民族、宗教所构筑的社会结构以及那些持有根

---

① GRUNIG L A. Feminist phase analysis in public relations: where have we been? where do we need to be? [J]. Journal of public relations research, 2006, 18(2): 115–140.
② GOLOMBISKY K. Renewing the commitments of feminist public relations theory from velvet ghetto to social justice [J]. Journal of public relations research, 2015, 27(5): 389–415.
③ POMPPER D. "Difference" in public relations research: a case for introducing critical race theory. [J]. Journal of public relations research, 2015(17): 139–169.
④ POMPPER D. On social capital and diversity in a feminized industry: further developing a theory of internal public relations. [J]. Journal of Public Relations Research, 2012(24): 86–103.
⑤ POMPPER D. The gender-ethnicity construct in public relations organizations: using feminist standpoint theory to discover Latinas' realities. [J]. The Howard journal of communications, 2007(18): 291–311.
⑥ TINDALL N T J, WATERS R D. Coming out of the closet: exploring LGBT issues in strategic communication with theory and research. [M] New York: Peter Lang, 2013.

深蒂固观念的人们共同导致的。①（p. 408）但她仍致力于推动重建女性公共关系理论，并以追求社会公义为奋斗目标。这包括：跨国女性主义、全球边缘化人群以及妇女权力支持者的策略。随着东方、中东与第三世界国家的女性公关从业者逐渐被纳入研究视野，Golombisky 认为，在全球化时代，公关研究应该超越单纯对从业者的关注，她呼吁采取跨国女性主义观点来批评人们通过全球资本主义扩张下的新自由主义、自由市场和个人选择等渠道获取财富、健康与快乐，某种程度上，她认为，失败是由个人错误导致的而不是体制不公与剥削造成的。②（p. 405）此外，她还借用了"第三空间女性主义"去观测边缘化群体，她讲述了边境、移民、流散群体中的混血女性，以丰富对人类经历的描述。妇女权力支持者的策略同样呼吁建立联盟，诸如提倡"自我照顾、协调、对话、互助、自助、在爱与领导力方面的"非洲式母爱"（African models of mothering），以及物质与精神治愈"等口号。③（p. 407）

八、历史、演进与流变：最终的思考

研究性别与公共关系的学者们为考察两性不平等现象提供了一面镜子，揭示了两性差异不仅源自出生时二者的生理特征，而且还受制于紧密围绕性别概念衍生出的社会构造。社会规范与期望在人类沟通的过程中被创造并被强化，从而对个人的行为产生了十分强大的影响力与束缚力。个体在诸如家庭、工作场合等组织中生活或工作，这些组织里的性别规范及所创造的社会结构是迎合男性潜意识的，这些潜意识在美国文化中被描述为独立、理性、竞争、支配。女性主义理论学家试图回顾人类经历，以纳入多重观点的复杂性并提高研究价值。

当性别学者为了克服两性间的不平等现象，当他们试图提供更丰富的理论视野，当他们意识到改变组织层面对两性僵化的认知是无比困难的时候，他们的研究信条开始从自由逐渐演变至激进。基于性别而生的社会构造，容易导致我们对女性议题的关注产生过度简单化的倾向。性别是关于女人和男人以及他们在两性观念下，即何为"刚"何为"柔"的认识下，所共同筑造的社会结构。

---

① TINDALL N T J, WATERS R D. Coming out of the closet: exploring LGBT issues in strategic communication with theory and research. [M] New York: Peter Lang, 2013.
②③ GOLOMBISKY K, HAGEN R. White space is not your enemy: a beginner's guide to communicating visually through graphic, web & multimedia design [M]. Taylor & Francis, 2013.

公共关系作为一种通过建立关系来实现组织目标的组织化活动较早得到性别研究的关注，是因为大量女性工作者的涌入威胁到了相关职业的社会地位和薪酬。但是，性别研究者们同样正确地指出，企业以及公关从业者们应超越职业束缚和组织职能，去思考如何以及通过什么途径，不仅是为美国，更是为全球社会做出贡献。

〔伊丽莎白·L.托斯（Elizabeth L. Toth），美国马里兰大学教授；
徐明华（译），华中科技大学新闻与信息传播学院副教授、硕士研究生导师〕

第二十三章 政治传播和公共关系*

传播和政治的联系有着绵长的历史（Chen & Culbertson, 2009; St. John Ⅲ, Lamme, L'Etang, 2014）。有些历史学家甚至认为公共关系派生于政治领域（L'Etang, 2004; Lamme & Russell, 2009）。例如在美国，1773年的波士顿倾茶事件就被认为是个典型的为政治目的作秀的例子，也就是抗议英国对美洲殖民地的征税（Cutlip, 1995）。从早期类似的例子中可以发现，政府十分沉迷于媒体操纵。在1841年，德国当权者建立了一个部门以消除负面的媒体报道（Bentele & Wehmeier, 2009; Nessmann, 2000/2003）。换句话说，公共关系和政治传播在实践领域的关系已经有很长的研究传统。本文将讨论不同学科之间的关系，聚焦欧美的相关理论发展以及西方的民主形式。除此之外，政治传播作为一个领域，引导性的问题在于公共关系如何受益于这个学科。本文先简要回顾政治传播领域的研究历史，接下来回顾一下"政治公共关系"研究，然后探讨既有文献如何讨论权力和冲突。本文的一个主要论点是这两个领域可以给彼此提供理论支撑。

一、政治传播的概念

哈罗德·拉斯韦尔（1936）认为政治可以通过一个问题来界定，即谁、在何时、如何得到了什么。其他的定义将政治描述为"价值的权威式社会分配"（Bennett & Entman, 2001, p. 2）或者"权力的限制性运用"（Goodin, 2009, p. 3）。这里的限制指权力有隐藏的对立面，它服务于其他的利益。此外，权力也被法律和社会结构所限制。

政治传播的构成包括：

- 讨论关于政治资源（收入）的分配、官方的权威（有权力制定法律法规和行政

---

* 本文包含以前在挪威发表过的章节（Ihlen, Skogerbø, & Allern, 2015b）。

决策的人）、官方制裁（国家的奖励或惩罚）（Denton & Woodward, 1990, p. 14）。

- 符号和讯息的交换存在于政治行动者和制度之间、一般公众之间、政治系统与对之施以影响的新闻媒体之间……（McLeod, Kosicki & McLeod, 2002, p. 217）
- 关于政治的有目的的传播（McNair, 2011, p. 4）。
- 政治传播可以被描述为政治制度和行动者、媒介制度和行动者、作为公民的人或选民与媒介消费者之间持续的关系（Strömbäck, Ørsten, & Aalberg, 2008, p. 11）。

这些概念强调了政治传播的不同面向，但是本文强调的主要是以下方面的内容（Ihlen, Skogerbø, & Allern, 2015a）：

（1）形式。政治传播的经典形式是对群体受众的政治演说。在现代，政治传播者通过印刷和电子媒介接触最广泛的受众。政治传播在很大程度上是中介性的，这里，我们可以认为政治传播甚至包含一系列形式化的符号运用、平面设计或服装设计。

（2）行动者。虽然很多政治传播研究聚焦于选举运动中的党派、政治家和记者，我们也可以假定每个个体都尝试去影响政治决策，也会参与政治传播。（Semetko & Scammell, 2012a）这里的个体包括政治党派及权威、记者、政治利益组织、联盟、公司，也包括个体公民。因此，政治传播研究将聚焦于这些行动者如何就政治优先秩序和价值进行协商（Norris, 2000）。

总之，政治传播可以被界定为运用各种信号，通过合作或冲突尝试影响社会治理，让一些价值和利益得以优先实现。

二、作为领域的政治传播

从实践看，政治传播可以追溯到早期帮助组织社会达成政治利益的决策尝试（Chesebro, 1976; Meadow, 1980）。这在很多研究中都有介绍。诸如布莱恩·麦克纳尔的《政治传播导论》（McNairs, 2011），现在已经出到了第五版，还有《政治传播读物》的修订版（Negrine & Stanyer, 2007）。《国际政治传播》等杂志在这些书之外提供了更多的研究趋向（Esser & Pfetsch, 2004; Johnson, 2012; Kaid, 2004; Maier, Strömbäck, & Kaid, 2011; Reinemann, 2014; Semetko & Scammell, 2012b）。从国际上看，政治传播发端于20世纪50年代，并在发展过程中采用不同的方式被描述着。有些人认为，政治传播在西欧和美国已经发展成两个相对不同的支流（Blumler, Dayan & Wolton, 1990）。在西欧，政治传播的学者已经具备了更加全面的视角，并清楚地意识到它的政治参与功能。也有观点认为，地域不是形成这种差异的主要原因，不同的民主模型和研究方法已经在不同的流派中得到支持，这其中有些已经在相关出版物中有所提及（e.g., Semetko & Scammell, 2012b）。

从实践层面看，政治传播在西方世界自"二战"以来的发展可以被划分为三个阶段（Blumler & Kavanagh, 1999）：第一个阶段，政治机构相对强势，舆论相对稳定，选举形式很大程度上反映了阶级身份，广播和党派控制的报纸居于统治地位；第二个阶段，选民开始游走于党派之间，后者变得更加专业，更适应新闻价值和媒介平台；第三个阶段，互联网引入以后，五个趋势居于主要位置：专业性的提高、竞争加剧、反精英民粹主义、离心的多元化，以及人们获得政治信息的变化（Blumler & Kavanagh, 1999）。

在很多针对欧洲政治传播的研究中，中介视角很关键。政治传播的研究者指出了新媒体对政治的影响。议程设置功能在很多场合被频繁讨论（Aalberg & Curran, 2012; M. E. McCombs, Holbert, Kiousis & Wanta, 2011）。一个被关注比较少的问题是政治传播战略开始为信源所借鉴（M. McCombs, 2014; Schlesinger, 1990）。然而，最近十年，相关讨论越来越多地集中在中介的过程上，政治传播被认为是一种社会变革（Esser & Strömbäck, 2014; Hjarvard, 2013; Lundby, 2014）。媒介机构和政治机构越来越彼此依赖。媒介需要政治行动者和机构作为信源，政治行动者需要媒介的关注以凸显其重要性。机构努力使自己适应媒介，它们通过扩大公共关系的功能，令工作流程按照媒介需要变得更加专业。媒介的权力变得更加直观，并影响着机构的工作过程以及媒介自身的操纵系统。媒介的权力可以对那些在文献中被广泛讨论的机构产生不利影响，如果我们问政治是不是"被中介"了，答案往往是肯定的。

我们仍然可以举出很多历史上的政治行动者如何运用媒体来影响观点和政治决策者的例子，有些研究也展现了机构和组织如何利用工作流程及媒介的需要反过来影响政治（Ihlen & Pallas, 2014; Thorbjørnsrud, Figenschou & Ihlen, 2014）。政治信源通过提高其专业化程度强化了它们的立场，通过运用媒介技术规避了媒介中传统的守门人。政治行动者利用他们的能力制造自己的内容，提供"修正"的信息或在媒介介入之前先发表消极信息（Bruns, 2008; Skovsgaard & Van Dalen, 2013）。

对于政治传播的研究发生于媒介研究、政治科学、社会学、历史、修辞、心理学、人类学、营销学和文化研究中（Ihlen, Skogerbø, et al., 2015a）。换句话说，政治传播总是一个跨学科领域（Semetko & Scammell, 2012a; Swanson & Nimmo, 1990），这也意味着关于什么是政治研究的主要问题仍有争论。很多学者可能会同意一个广泛的争论，即关键问题是政治传播如何有助于权方，以及影响政治行动者和机构之间的关系。如前文指出，有些人会认为政治已经被居间了（Mazzoleni & Schulz, 1999），另一些人会认为问题是关于媒介如何有利于知晓信息的选民（Holbert, 2005）。但是一些人被营销所启发，认为该研究领域围绕着同一个维度，其中公民被认为是消费者和内容的生产者（Semetko & Scammell, 2012a）。在同一个维度的基础上，政治家需要构建一个品牌并对其进行营销。

哈罗德·拉斯韦尔（1936）和玛瑞·爱德曼（1964）等人将社会学、人类学、心理学、语言学、新闻学研究、战略传播和经济学整合起来（Bennett & Iyengar, 2008）。我们可以认为政治传播领域是跨多学科的，而不是在某一个学科内部形成的。这也意味着有很多不同的研究传统可以归入政治传播的范畴。这既是一个优势也是一个劣势（Bennett & Iyengar, 2008; Ihlen, Skogerbø, et al., 2015a）。更重要的是，我们可以认为政治传播是不能用单一的理论或单一的方法来理解的。斯旺森和尼蒙对此持肯定态度。

如果将政治传播作为一个独立的研究领域而不是一种语境，我们可能会转而研究其中更普遍的主题，例如说服、信息过程、政治行为、媒介效果，这样政治传播就会被视为提出了关于传播和政治的基础性问题（Swanson & Nimmo, 1990, p. 11）。

三、政治公共关系

第一个提出"公共关系"概念的人，也会关注意见形成和宣传如何在第一次世界大战中使用（Bernays, 1923/1934, 1928/2005）。有些学者认为，公共关系作为一个领域，并不能使其摆脱总是与说服保持着糟糕的关系的刻板印象（Moloney, 2006; Weaver, Motion & Roper, 2006）。按照这些学者的观点，公共关系是一种弱宣传形式。在战时，公共关系代理人理所当然地在战争和冲突中扮演了重要角色（McGreal, 2015, April 25）。然而，很多公关学者认为这种形式的公共关系是基于操纵的目的，这样的实践无法被宽恕。

第一本清楚地使用了"政治公共关系"概念的书出版于1956年。在引言中，它指出政府依赖于舆论，那些做公关的人应该帮助政治家更接近民众，也帮助民众接近政治家（Kelley, 1956）。

虽然政治和公共关系更接近了，但很少有学者谈论"政治公共关系"（Martinelli,

2011; Strömbäck & Kiousis, 2011）。当布莱恩·麦克纳尔引用这个概念时，他首先着重提及公开性（McNair, 2011）。也有其他狭隘的概念，认为政治公共关系的主要目的是利用媒体来促进一定的框架以支持特定的政策（Froehlich & Rüdiger, 2006）Strömbäck和Kiousis（2011）。超越了这些非常有局限性的对媒介中心的理解，并提出了下列概念：

政治公共关系是一个管理过程，通过它，组织或个人行动者为了政治目的，通过有目的的传播和行动寻求影响，建立、构建并维持与关键公众的良好关系及声誉以支持他们的任务，达成目标（Strömbäck & Kiousis, 2011, p. 8）。

Strömbäck和Kiousis认为，政治传播和公共关系都关注通过传播形成的关系，这些领域都专注于关系和声誉以及媒体扮演的重要角色，它们离开了对双赢关系的普遍性关注，很多公共关系学者聚焦于此，认为这是一个经验性问题。

Strömbäck和Kiousis探讨了媒介关系、运动、议题管理、政治营销、框架、危机传播、关系管理、公共外交和数字媒体运用。整体来看，作者将理论从其他领域转移到政治中，并展现了它们之间的相关性。例如公共关系相关文献已经成形的提议，可能被政治行动者用来考虑传播如何实现战略管理功能。情境理论（Kim & Grunig, 2013）和权变理论（Pang, Jin & Cameron, 2010）都被认为为政治公共关系作出了特殊贡献。有观点认为，这些理论最重要的贡献是强调进行环境分析的必要（Strömbäck & Kiousis, 2011）。

四、传播和权力

虽然只有很少的学者运用政治公共关系这一术语，但还是有一些人沉迷于公共关系和权力的关系的研究中，这种关系也被称为政治传播或政治公共关系。在英国和美国，"宣传"的概念被用来描述政治行动者尝试如何通过对政治议题积极地进行重新构造来影响媒介（de Vreese & Elenbaas, 2009; Esser, Reinemann & Fan, 2000）。公共关系的影响也被与政治领域的概念结合起来讨论，正如哈贝马斯（1989）预期的那样。哈贝马斯声称，他对公共关系持怀疑态度，认为它通过培养共识破坏了批判性公共领域，而不是基于理性或好的论辩，并认为公共关系的目的是展现公共利益和私人利益。

为了公司、分支机构或整个系统的利益对他人进行动员从而获得类政治信誉的行为，是一个人对政治权威表现出尊重的体现。寻求"普遍的利益"这一共识是建立在观点公开、自由竞争的理性共识的基础上的，它会因为公共关系从业人员对私人利益的采纳而消失（Habermas, 1989, pp. 193-195）……

对公共关系这种近乎苛刻的分析与一些公共关系学者所构想的内容形成了鲜明的对比。例如，莫林·泰勒认为，"公共关系"在社会中的角色是创造或（重新创造）形成公民社会的条件（Taylor, 2010, p. 7）。其他学者也认为公共关系在帮助形成决策方面有积极作用（Heath, Waymer & Palenchar, 2013）。换句话说，一些学者认为，公共关系可以通过帮助利益表达和寻求有益于全社会的结果来提升民主，这样的观点与那些或多或少批判实践的文献形成了鲜明的对比（i.e., Stauber & Rampton, 1995）。

有些研究分析了公共关系是如何工作以支持特权利益的。（Berger, 2005; Heath, Motion, & Leitch, 2010）有观点认为，公共舆论是公共关系从业者按照营销研究和关于目标群体的广泛知识触发正确"按钮"的结果。如果这个实践总是在帮助那些拥有更多资源的人谋求利益，这就对民主的理念构成了威胁（Mayhew, 1997）。公共关系不再是那些有钱人和有权力的人才能涉及的问题（Davis, 2002; Moloney & McKie, 2015）。

除了这个视角，研究者也探讨框架理论，以展现政治行动者如何在框架的帮助下构建特定的政治视角、找到问题的解决办法并寻求理解（Froehlich & Rüdiger, 2006; Ihlen & Nitz, 2008）。结合议程设置，框架的建构过程被认为是一个传播过程，对政治讨论和公共政策的形成有巨大影响（Berger, Hertog & Park, 2002）。例如，通过宣传自由企业和新自由主义政权，公共关系实践者的参与代表了特定的利益集团。（Crable & Vibbert, 1995; Ewen, 1996; Miller & Dinan, 2008）

总之，很多研究跨越了政治传播和公共关系之间的鸿沟，公共关系的主要议题就是传播、权力和政治。

五、研究挑战

政治传播和公共关系有助于我们理解社会中公共领域和权力关系的两个传播议题，然而，有些研究仍然存在挑战。例如，从本质上去研究战略行为是有争议的，对媒介表达和引用、报道与其他文本的质化访谈及分析只能让人对其产生有限的理解。然而，如果加入民族志的研究，就等于取得了一些进步（Ihlen, Figenschou & Larsen, 2015）。研究战略的问题是很现实的。类似地，我们很难谈论因果关系，很难证实被说服是特定传播战略的结果。"解决办法"包含很多可能的解释因素，目前也没有得出很可靠的结论。

对公共关系应用研究的一个挑战是组织寻求平息更多的人，避免攻击、激怒或对抗利益攸关者群体。组织将明显地选择特定的目标群体，准备对抗来自其他群体的批评。然而在政治领域，对其他群体的公开批评和攻击比在商业活动与组织生活中更普遍。因此，关于关系构建和对话的理论在某种意义上是有用的，但是我们也需要关于其他传播形式和情境的理论，如政治传播理论和政治理论。

Chantal Mouffe在她的著作中（Mouffe, 2005）强调了冲突并不是应该回避的东西，冲突包含了社会和政治的建构性要素。她提倡的竞争多元主义基于关于自由民主框架有其存在价值的共识，例如所有人的自由，然而，对这些价值应该如何被理解和促进却存在异议（Davidson, 2016; Mouffe, 2005; Ramsey, 2015）。

六、结论

政治传播关注使用信息影响社会的治理问题。考虑到政治的本质、特定的利益和价值令其优先于其他群体。虽然公共关系的理论常常强调如何达成共识，政治传播和公共关系部分强调的却是冲突的价值。

参考文献

1. AALBERG T, CURRAN J. How media inform democracy: a comparative approach [M]. London: Routledge, 2012.

2. BENNETT W L, ENTMAN R M. Mediated politics: an introduction [M] // BENNETT W L, ENTMAN R M. Mediated politics: communication in the future of democracy. Cambridge, England: Cambridge University Press, 2001: 1-30.

3. BENNETT W L, IYENGAR S. A new era of minimal effects? the changing foundations of political communication [J]. Journal of communication, 2008, 58(4): 707-731.

4. BENTELE G, WEHMEIER S. Commentary: linking sociology with public relations-some critical reflections in reflexive times [M] // Ihlen Ø, RULER B V & FREDRIKSSON M. Public relations and social theory: key figures and concepts. New York: Routledge, 2009: 341-361.

5. BERGER B K. Power over, power with, and power to relations: critical reflections on public relations, the dominant coalition, and activism [J]. Journal of public relations Research, 2005, 17(1): 5-28.

6. BERGER B K, HERTOG J K, Park D J. The political role and influence of business organizations: A communication perspective [J]. Communication yearbook, 2002(26): 160-200.

7. BERNAYS E L. Crystallizing public opinion [M]. New York: Boni and Liveright, 1923.

8. BERNAYS E L. Propaganda [M]. New York: IG Publishing, 2005.

9. BLUMLER J G, DAYAN D, WOLTON D. West European Perspectives on Political Communication: Structures and Dynamics [J]. European journal of communication, 1990(5): 261-284.

10. BLUMLER J G, KAVANAGH D. The third age of political communication: influences and features [J]. Political communication, 1999, 16(3): 209-230.

11. BRUNS A. Blogs, wikipedia, second life, and beyond: from production to produsage [M]. New York: Peter Lang, 2008.

12. CHEN N, CULBERTSON H M. Public relations in mainland China: an adolescent with growing pains [M] // SRIRAMESH K, VERCIC D. The global public relations handbook, 2009.

13. CHESEBRO J W. Political communication [J]. Quarterly journal of speech, 1976, 62(3): 289-300.

14. CRABLE R E, VIBBERT S L. Mobil's epideictic advocacy: "Observations" of Prometheus bound [M] // W. N. Elwood. Public relations inquiry as rhetorical criticism: Case studies of corporate discourse and social influence. Westport, CT: Praeger, 1995: 24-46.

15. CUTLIP S M. Public relations history: from the 17th to the 20th century [M]. Hillsdale, NJ: Lawrence Erlbaum, 1995.

16. DAVIDSON S. Public relations theory: an agonistic critique of the turns to dialogue and symmetry [J]. Public relations inquiry, 2016, 5(2): 145-167.

17. DAVIS A. Public relations democracy: public relations, politics and the mass

media in Britain [M]. Manchester, UK: Manchester university press, 2002.

18. DE VREESE C H, ELENBAAS M. Spin doctors in the spotlight: Effects of strategic press and publicity coverage on perceptions of political PR [J]. Public Relations Review, 2009, 35(3): 294-296.

20. DENTON R E Jr, WOODWARD G C. Political communication in America [M]. New York: Praeger, 1990.

21. EDELMAN M. The symbolic uses of politics [M]. Chicago, IL: University of Illinois Press, 1964.

22. ESSER F, PFETSCH B. Comparing political communication: theories, cases, and challenges [M]. Cambridge, UK: Cambridge University Press, 2004.

23. ESSER F, REINEMANN C, FAN D. Spin doctoring in British and German election campaigns: how the press is being confronted with a new quality of political PR [J]. European journal of communication, 2000, 15(2): 209-239.

24. ESSER F, STRÖMBÄCK J. Mediatization of politics: understanding the transformation of Western democracies [M]. London: Palgrave Macmillan, 2014.

25. EWEN S. PR! a social history of spin [M]. New York: Basic Books.

26. FROEHLICH R, RÜDIGER B. Framing political public relations: measuring success of political communication strategies in Germany [J]. Public relations review, 2006, 32(1): 18-25.

27. GOODIN R E. The state of the discipline, the discipline of the state [M] // GOODIN R E. The Oxford handbook of political science: Oxford University Press, 2009.

28. HABERMAS J. The structural transformation of the public sphere: An inquiry into a category of bourgeois society [M]. Cambridge, MA: MIT Press, 1989.

29. HEATH R L, MOTION J, LEITCH S. Power and public relations: paradoxes and programmatic thoughts [M] // HEATH R L. the SAGE handbook of public relations. Thousand Oaks, CA: Sage, 2010: 191-204.

30. HEATH R L, WAYMER D, PALENCHAR M J. Is the universe of democracy, rhetoric, and public relations whole cloth or three separate galaxies? [J]. Public relations review, 2013, 39(4): 271-279.

31. HJARVARD S. The mediatization of culture and society [M]. New York:

Routledge, 2013.

32. HOLBERT R L. Back to basics: revisiting, resolving, and expanding some of the fundamental issues of political communication research [J]. Political communication, 2005, 22(4): 511-514.

33. IHLEN Ø. Building on Bourdieu: a sociological grasp of public relations [J]. Public relations review, 2007, 33(3): 269-274.

34. IHLEN Ø. On Pierre Bourdieu: public relations in field struggles [M] // IHLEN Ø, RULER B, FREDRIKSSON M. Public relations and social theory: key figures and concepts. New York: Routledge, 2009: 71-91.

35. IHLEN Ø, FIGENSCHOU T U, LARSEN A G. Behind the framing scenes: challenges and opportunities for NGOs and authorities framing irregular immigration [J]. American behavioral scientist, 2015, 59(7): 822-838.

36. IHLEN Ø, NITZ M. Framing contests in environmental disputes: paying attention to media and cultural master frames [J]. International journal of strategic communication, 2008, 1(4): 1-18.

37. IHLEN Ø, PALLAS J. Mediatization of corporations. In LUNDBY K. Handbook on mediatization of communication [M]. Berlin: De Gruyter Mouton.

38. IHLEN Ø, SKOGERBØ E, ALLERN S. Introduksjon [Introduction] [M] // IHLEN Ø, SKOGERBØ E, ALLERN S, Makt, medier og politikk: Norsk politisk kommunikasjon [Power, media and politics: Norwegian political communication] (pp. 11-21). Oslo, Norway: Universitetsforlaget, 2015a: 11-21.

39. IHLEN Ø, SKOGERBØ E, ALLERN S. Makt, medier og politikk: Norsk politisk kommunikasjon [Power, media and politics: Norwegian political communication] [M]. Oslo, Norway: Universitetsforlaget, 2015b.

40. JOHNSON D W. Routledge handbook of political management [M]. London: Routledge, 2012.

41. KAID L L. Handbook of political communication research [M]. Mahwah, NJ: Lawrence Erlbaum Associates, 2004.

42. KELLEY S J. Professional public relations and political power [M]. Boston, MA: Johns Hopkins University Press, 1956.

43. KIM J N, GRUNIG J E. Situational theory of problem solving: communicative, cognitive, and perceptive bases [M]. New York: Routledge, 2013.

44. L'ETANG J. Public relations in Britain: a history of professional practice in the twentieth century [M]. Mahwah, NJ: Lawrence Erlbaum, 2004.

45. LAMME M O, RUSSELL K M. Removing the spin: toward a new theory of public relations history [J]. Journalism & communication monographs, 2009, 11(4): 280–362.

46. LASSWELL H D. Politics: who gets what, when, how [M]. New York: Peter Smith, 1936.

47. LUNDBY K. Handbook on mediatization of communication [M]. Berlin: De Gruyter Mouton, 1936.

48. MAIER M, STRÖMBÄCK J, KAID L L. Political communication in European parliamentary elections [M]. Farnham, Surrey, England: Ashgate, 2011.

49. MARTINELLI D K. Political public relations: remembering its roots and classics. In STRÖMBÂCK J, KIOUSIS S. Political public relations [M]. London: Routledge, 2011.

50. MAYHEW L H. The new public: professional communication and the means of social influence [M]. Cambridge: Cambridge University Press, 1997.

51. MAZZOLENI G, SCHULZ W. "Mediatization" of politics: a challenge for democracy? [J]. Political communication, 1999, 16(3): 247–261.

52. MCCOMBS M. Setting the agenda, the mass media and public opinion [M] 2nd ed. Cambridge: Polity Press, 2014.

53. MCCOMBS M E, HOLBERT R L, KIOUSIS S, WANTA W. The news and public opinion: media effects on civic life [M]. Malden, MA: Polity, 2011.

54. MCGREAL C. Vladimir Putin's 'misinformation' offensive prompts U.S. to deploy its cold war propaganda tools [N]. Guardian, 2015-04-25.

55. MCLEOD D M, KOSICKI G M, MCLEOD J M. Resurveying the boundaries of political communication effects [M] // BRYANT J, ZILLMANN D, Media effects: Advances in theory and research. Mahwah, N.J.: Lawrence Erlbaum, 2002.

56. MCNAIR B. An introduction to political communication [M]. 5th ed. London:

Routledge, 2011.

57. MEADOW R G. Politics as communication [M]. Norwood, N.J.: Ablex, 1980.

58. MILLER D, DINAN W. A century of spin: how public relations became the cutting edge of corporate power [M]. London: Pluto Press, 2008.

59. MOLONEY K. Rethinking public relations: PR propaganda and democracy [M]. 2nd ed. London: Routledge, 2006.

60. MOLONEY K, MCKIE D. Changes to be encouraged: radical turns in PR theorisation and small-step evolutions in PR practice [M] // L'ETANG J, MCKIE D, SNOW N, XIFRA J. Routledge handbook of critical public relations. London: Routledge, 2015: 151-161.

61. MOUFFE C. On the political [M]. London: Routledge, 2005.

62. NEGRINE R, STANYER J. The political communication reader [M]. London: Routledge, 2007.

63. NESSMANN K. The origins and development of public relations in Germany and Austria [M] // MOSS D, VERČIČ D, WARNABY G. Perspectives on public relations research. London: Routledge, 2000.

64. NORRIS P. A virtuous circle: political communications in postindustrial societies [M]. Cambridge: Cambridge University Press, 2000.

65. PANG A, JIN Y, CAMERON G T. Strategic management of communication: Insights from the contingency theory of strategic conflict management [M] // HEATH R L. The SAGE handbook of public relations. Thousand Oaks, CA: Sage, 2010: 17-34.

66. RAMSEY P. The public sphere and PR: deliberative democracy and agonistic pluralism [M] // L'ETANG J, MCKIE D, SNOW N, XIFRA D. Routledge handbook of critical public relations. London: Routledge, 2015: 65-75.

67. REINEMANN C. Political communication [M]. Berlin: De Gruyter Mouton, 2014.

68. SCHLESINGER P. Rethinking the sociology of journalism: source strategies and the limits of media-centrism [M] // FERGUSON M. Public communication: The new imperatives: Future directions for media research. London: Sage, 1990: 61-83.

69. SEMETKO H A, SCAMMELL M. The expanding field of political communication in the era of continuous connectivity [M] // SEMETKO H A,

SCAMMELL M. The SAGE Handbook of Political Communication. London：Sage Publications, 2012：1-5.

70. SEMETKO H A, SCAMMELl M. The SAGE handbook of political communication［M］. London：Sage Publications, 2012.

71. SKOVSGAARD M, DALEN V, A. Dodging the gatekeepers?［J］. Information, communication & society, 2013：1-20.

72. St. JOHN Ⅲ, B, LAMME M O, L'ETANG J. Pathways to public relations：histories of practice and profession［M］. London：Routledge, 2014.

73. STAUBER J, RAMPTON S. Toxic sludge is good for you! Lies, damn lies, and the public relations industry［M］. Monroe, ME：Common Courage, 1995.

74. STRÖMBÄCK J, KIOUSIS S. Political public relations：Defining and mapping an emergent field［M］// STRÖMBÂCK J, KIOUSIS S. Political public relations：principles and applications. London：Routledge, 2011：1-32.

75. STRÖMBÄCK J, ØRSTEN M, AALBERG T. Political communication in the Nordic Countries［M］// STRÖMBÄCK J, ØRSTEN M, AALBERG T. Communicating politics：political communication in the Nordic Countries. Göteborg：Nordicom, 2008：11-24.

76. SWANSON D L, NIMMO D. New directions in political communication：a resource book［M］. Newbury Park, CA：Sage, 1990.

77. TAYLOR M. Public relations in the enactment of civil society［M］// HEATH R L. The SAGE handbook of public relations. Thousand Oaks, CA：Sage, 2010：5-16.

78. THORBJØRNSRUD K, FIGENSCHOU T U, IHLEN Ø. Mediatization in public bureaucracies：A typology［J］. Communications, 2014, 39(1)：3-22.

79. WEAVER K, MOTION J, ROPER J. From propaganda to discourse (and back again)：truth, power, the public interest and public relations［M］// L'ETANG J, PIECZKA M. Public relations：Critical debates and contemporary practice. Mahwah, NJ：Lawrence Erlbaum, 2006：7-21.

〔欧依芬·英（Øyvind Ihlen），挪威奥斯陆大学媒体传播系教授；
张凌（译），湖南农业大学讲师〕

第二十四章 公共关系和社会资本

公共关系为个人、组织、社区和社会带来了什么样的价值呢？本文旨在梳理公共关系和社会资本之间关系的历史背景。在21世纪，传统实践的概念化需要反映技术和全球化的动态变化。传统的研究线路，如卓越理论和议程设置不再能回答有关在不同的国家和文化下的国际化实践的问题。学者们在公共关系理论框架之外寻找能够更好地解释现代化、多样化、网络化社会中出现的公共关系议题的可能。社会资本这一概念性框架出现了，它能够解释道德的公共关系行为，衡量公共关系的成果，并将公共关系从有助于组织向有利于社会进行转换。本文探讨公共关系的历史和未来，并将公共关系的未来定义为创造社会资本的实践。

本文由对公共关系的实践和学术史的介绍开启，笔者点评了公共关系实践和学术研究是如何逐渐成熟起来的，特别关注大众媒体在其中发挥的作用。然后，引入了社会资本的概念，并追溯其社会学、商学和传播学的历史背景。本文的最后一部分结合了公共关系和社会资本来确定一种方式，以更好地了解公共关系在社会中的角色。社交媒体被建议作为一种最多样化的途径来为社群和国家建立社会资本。

一、公共关系：过去和现在的点点滴滴

（一）公共关系：理论与实践简史

公共关系不是新近才出现的。它不仅存在于西方国家，也不仅仅为营利性组织服务。虽然学术界大多采用一些来自西方的观点，也有一些在古代开展公共关系实践的例子，但是，公共关系作为一种有说服力的传播活动有着悠久的历史，超越了时间和地域的限制。Ron Smith教授指出：

"公共关系既古老又现代。它的古老在于其基础的年代久远，扎根于早期社会人们的互动，它的现代在于公共关系是当今社会的新兴行业之一。公共关系给予当今从

业者的一个重要启示是：现在我们所说的公共关系是人类社会的一个基本方面。它在历史上早已存在。它已经成为社会的一部分，被空间和时间分隔开来。纵观从古至今的社会交往活动，我们会发现今天公共关系实践的要素：信息、说服、和解和合作。"①

Cutlip② 认为，公共关系可以追溯到古代文明的统治者、军事将领和宗教领袖利用通讯稿、海报和建筑等来说服人们相信他们的权力和公信力。公共关系不仅仅限于西方文明，中国的长城作为建筑艺术的典范，不仅为中国提供了军事保护，而且也传达给外界一个明确的信息：这些高墙内的领土属于我们。

作为被研究的学术领域，公共关系在过去的40多年中（1975年至2015年及以后）发生了巨大的转变，这种转变有助于促使该领域的专业化。在20世纪70年代和80年代，公共关系表现为媒体的活动策划，还没有独立的知识体系、理论基础和教育课程。

（二）当下的公共关系：专业领域的实践与认识

公共关系在历史上依赖于许多不同的因素，但有两个因素脱颖而出：首先，媒体的历史和进化在实践及研究传统的发展过程中发挥了作用；其次，在组织行为影响公共关系方面，舆论起着一定作用。在许多方面，这两个因素常联系在一起，因为在世界各地的许多国家，随着媒体和信息收集的出现，个人和组织竞相争取公众及组织的关注，公共舆论变得更加突出。

在公共关系出现早期，对公共关系从业者的聘请往往是因为他们的新闻和媒介代理人技能。20世纪，公共关系已经发展为基于理论、道德行为准则的独特的学术体系，以及国家、国际专业协会的完全专业化的实践。如今，数以万计的公关从业人员每天为代表机构和社会公共利益而工作着。媒体在其中发挥着重要作用，从纸媒到印刷媒介、广播、电视，再到现在的社交媒体，均在为人们提供着不同主题的信息。随着人们对组织相关信息的需求的增长，他们对组织的道德行为的预期也在增长。在有着自由和独立媒体的国家，通常是由大众媒体（报刊、电台、电视）对组织行为进行报道。以企业社会责任（CSR）为代表的积极行为被正面提及，公众有机会了解企业

---

① 资料来源：http://faculty.buffalostate.edu/smithrd/pr/history.htm。
② CUTLIP S M. Public relations history from the 17th to the 20th century: The antecedents [M]. Mahwah, NJ: Lawrence Erlbaum, 1995.

为社会群体所做的好事。然而，大众媒体也会报道组织危机、事故和不良行为。公众对组织的认识是通过媒体的报道形成的。

在这种方式下，公共关系是真正的媒体关系。公共关系专家与媒体密切合作，并为媒体提供补贴让其发布新闻，使他们组织的负面报道可以被其他新闻覆盖。

然而，在许多国家，不会有太多的独立媒体。相反，是由政府所有的媒体或与政治相关联的媒体提供有关企业、团体和政府的新闻故事。这些故事往往过分乐观，当人们知道他们阅读的内容以及听到或看到的内容是不准确的以后，会产生更多的不信任。Web 2.0时代的到来和社交媒体的出现挑战了新闻媒体所拥有的超过组织的垄断地位。今天，市民可以通过网络媒体，共享有关组织的图片、故事和数据。社交媒体使公民成为记者，有时甚至成为最可信的消息来源。

（三）技术和全球化推动公共关系超越大众媒介

在20世纪80年代和90年代，公共关系作为一种管理功能出现。公共关系迅速从新闻发布和新闻代理那里获得"一席之地"。这个"一席之地"的表述是为了说明公共关系专业将被纳入组织领导团队之中，来为相关公众和利益攸关者贡献见解。

正是在这个时候，詹姆斯·格鲁尼格和他在马里兰大学的同事提出了卓越公共关系的理论，他们特别指出，"公共关系是如何使组织更有效，如何组织和管理才能促进组织效率，在组织和其环境之中有哪些条件使企业更有效，以及公共关系的货币价值该如何确定"[①]。

卓越理论的这一研究基于在美国、英国和加拿大专家、执行总裁的相关调研及访谈。该项目由商业传播者国际协会（IABC）在1985年的基金支持下进行。卓越理论为组织之中的公共关系提供了"理论和实践的标杆"。公共关系被编纂成一个独立的、自我导向的组织功能，帮助组织与公众管理关系。基于卓越的公共关系理论，公共关系已不再是一个让从业者为媒体和公众制造内容的技术人员的角色，相反，公共关系被认定为在组织结构中充当管理角色。以这个角色，公关可以倾听公众的声音，然后与组织领导人共享见解。这时，另一个专注于测量组织和公众之间的关系的领域出现

---

① GRUNIG J E. Excellence in public relations and communication management [M]. Hillsdale, NJ: Lawrence Erlbaum Associates, 1992: 27.

了。①②③④ 关系管理理论（OPR）确定了一系列可以扩展到组织与公众关系领域的人际关系变量。

20世纪90年代至今，有两个变化改变了公共关系：技术和全球化。技术，如万维网，有着改变组织和公众之间关系的潜力。电子邮件、网站、社交媒体改变了公共关系传播发生的性质。然而，公共关系作为技术人员的作用再次体现出来，因为公共关系人员需要完成创建和维护网站的任务。20世纪90年代至今，许多公共关系专家重拾将创建内容作为一项重要工作任务的想法。

全球化也改变了公共关系的形态。当我们看到其他国家公共关系如何发展时，我们发现新的实践是基于文化经济、政治制度和媒体系统的不同。卓越理论被更多学者和实践加入了其他理论元素，从而进入了一个新技术和全球化的世界。

在过去几十年中，公共关系理论和实践发生了变化。今天我们看到了公共关系概念化的转变。曾经，我们认为公关的未来在于它是发挥管理功能的。而今天许多学者和实践者认为，公共关系可能应该更好地被理解为一种关系构建的功能。公共关系的管理功能和关系建构功能并不是相互排斥的，它们相互关联，但是完全不同。更重要的是，它们对人际关系、公共关系、人际交流、组织机构对于公共观念的适应性有不同的思考角度。

笔者认为，公共关系是在战略传播中，作为多种传播功能的一部分将意义的构建（creation of meaning）放在中心位置。可以用一种新的方式来思考公共关系的功能，即允许组织和公众来共同创造意义。一种更加实用的公共关系定义是，公关就是利用传播来协调族群之间的关系⑤。

这个概念性的变化在数字时代对于公共关系实践是很重要的，这主要基于以下几

---

① BROOM G M, CASEY S, RITCHEY J. Toward a concept and theory of organization–public relationships [J]. Journal of public relations research, 1997, 9(2)：83–98.
② FERGUSON M A. Building theory in public relations：interorganizational relationships as a public relations paradigm：Paper presented at the annual meeting of AEJMC, University of Florida, 1984 [C]. Thousand Oaks, CA：Sage.
③ LEDINGHAM J A, BRUNING S D. Relationship management in public relations：dimensions of an organization–public relationship [J]. Public relations review, 1998, 24(1)：55–65.
④ LEDINGHAM J, BRUNING S. Public relations as relationship management：a relational approach to the study and practice of public relations [M]. Hillsdale, N.J.：Lawrence Erlbaum Associates, 2000.
⑤ BOTAN C H. Ethics in strategic communication campaigns：the case for a new approach to public relations [J]. Journal of business communication, 1997, 34(2)：188–202.

个原因：对于很多公共关系学者来说，他们将公共关系的功能定义为企业传播。在已有研究企业的文献中，有一种偏见是将公众或公关活动看作组织成功的障碍。

Botan 和 Taylor[1]指出，之前的公共关系研究是遵循功能路径的。公共关系的功能路径强调"技术和战略化组织消息的制造。基于功能路径的公共关系研究主要感兴趣的是公共关系从业者和媒体之间的关系，并强调新闻技术和制造技能。从功能角度出发的研究主要关注面向业务方面的主题，例如广告、营销和媒体关系。根据这种方法，研究人员专注于将公关作为一种工具来完成特定的组织目标，而不是关系"（2004：650-651）。

遵循功能路径的公共关系学术研究有自己的特点。在研究中，要求呈现有效的媒体关系、链接广告、向客户解释公共关系、测量媒体投放、议程设置以及战略信息的设计。遵循功能性方法的公共关系实践者或学者在回答公共关系在社会中作用的问题时会认为"公共关系创造和传播那些帮助组织实现其目标的信息"。公共关系的这一社会角色毫无疑问地被很多专业人士、政府机构和非营利组织所接受。

然而，Botan 和 Taylor（2004：652）指出，近年来的公共关系理论研究是遵循着共同创造路径的，让公众和团体成为共同意义的创造者。在这种方法中，公共关系是一种"创造共享意义、解释和目标的可能。这种视角从长远看来，侧重于公众和组织之间的关系。研究是用来增进了解的，并且研究角度应该明确共享这些价值（例如：相关的方法或社群）或可以用来促进他们的理论"。

共同创造路径不是仅仅将公共关系的研究和实践限制在组织传播的功能性产出上，如新闻发布、网站或广告。相反，共同创造路径的研究方法研究的是传播以及团体和组织之间的关系。传播允许团体和组织进行协商，并改变与他人的关系。共同创造路径的好处在于"公众不仅仅是组织利用其达成目的的一种工具，公众不是被工具化的，而是组织在意义决策进程中的伙伴"（Botan & Taylor, 2004：652）。

共同创造的做法将意义创造作为任何个人、团体或组织传播的主要目标。意义是如何被创建的呢？首先，意义是通过互动、参与、共享和共同创造被营销、广告和品牌称为"内容"的东西创建的。其次，共同创造的意义是通过技术来实现的，传播技术的进步使意义的共同创造和内容分享成为可能。最后，共同创造要基于相互了解，

---

[1] BOTAN C H, TAYLOR M. Public relations: the state of the field [J]. Journal of communication, 2004, 54(4): 645-661.

今天，理解彼此以及理解他人已变得十分必要。

以共同创造的途径来执行公共关系最好的方法可能就是为社会作贡献，即为社会群体之间的沟通创造条件。在许多国家，公共关系的做法可以被用来重建破裂的关系、树立或重建国家形象，并共同创造出一个国家的未来。可以认为，当人们参与意义的构建时，他们也正在参与社会资本的构建。

下面我们将探讨社会资本，并说明公共关系如何帮助建立社会资本。

二、社会资本

如今，社会资本的概念出现在几乎所有的社会科学和人文学科之中，这个概念有着漫长的历史根源，并跨越了西方和东方文明的界限。

（一）社会资本的历史背景

社会资本概念的起源并不是那么容易精确地指出的，也许有人会说，当希腊人和罗马人中的社会精英成员讨论着如奴役、税收和战争之类的社会问题时，他们其实是渴望创造社会资本。其他人认为，中国的"关系"概念代表着早期儒家思想对于社会资本这一概念的认识。"关系"这一概念将自己与他人以层级化的方式联系起来，以维护社会秩序和经济秩序。"关系"的概念隐含着对义务、互惠、互信等一系列西方社会资本理论中术语的强调。

"社会资本"作为一种概念在17世纪的启蒙时期首次出现。霍布斯强调帮助人们在社区建设之中相互合作对于共同和平的重要性，洛克强调意识形态宽容作为自由和民主社会基石的重要性。霍布斯和洛克在几个世纪前讨论的内容再次吸引了社会科学的关注。如今，被霍布斯和洛克称为在社会中个人之间的合作和相互尊重的观念被概念化为"社会资本"。

200年后，Alexis de Tocqueville对美国公民的生活进行了观察。在19世纪上半期，Alexis de Tocqueville对美国公民会议、谈话和商讨进行了描述，社会资本的术语也于20世纪20年代在教育和民主理论家杜威的著作中出现。

所有这些启蒙学者一致认为，当人们聚集到一起来讨论想法以及为社群的最佳利益作出决定时，一些特别的情况就会发生，霍布斯、洛克和杜威很少下定义，但通过他们的著作，确实让我们对社会资本有了基本的了解。

（二）现代社会资本的概念

直到20世纪70年代，社会学家才开始定义社会资本，并对描述和衡量社会资本产生了普遍兴趣。法国社会学家布尔迪厄最初于1972年在他的《实践理论纲要》（Outline of a Theory of Practice）一书中使用了社会资本的术语。15年后，布尔迪厄通过对比社会资本与文化、经济和象征资本等概念，明确了社会资本的概念，他将社会资本定义为"对实际的或潜在资源的整合，并与持久的、共同的熟人或认识的人、或多或少的制度化关系的拥有相关联"[1]。布尔迪厄的构想基于马克思主义的视角，他大体认同资本是用来授权一部分人并压榨其余人的剩余价值，有三类资本在他的书中被讨论（1986：241-258）：

- 经济资本：这种资本类型以货币的形式出现，允许富人继续影响政府、政策和经济，经济资本为社会中的一些人创造了机会，但同时也阻碍了另一些人在社会中发挥影响。
- 文化资本：这种类型的资本是一种被传递的知识，增强了精英阶层成功的可能性，例如，当人们参加同一名校或属于同一主流文化群体，他们的孩子通过获得这些资源而受益。
- 社会资本：这种类型的资本提供关系和信息共享的网络，对于那些属于网络和团体中的人有利。

布尔迪厄所描述的社会资本作为一种手段，能使个人将社会关系转化为经济资本，战胜领导阶级。布尔迪厄的定义是以圣母概念——有界团结（bounded solidarity）作为界限的[2]。简单来说，有界团结认为，在一个社会阶层中，个人基于他们对资源的共同占有来构建与他人的关系。人们可以联合起来争取更多的资源，或联合起来为阻止他人或占有其集团的资源而努力。布尔迪厄的逻辑是，人们对粮食、教育、资源和影响力的共同获取，使社会关系行成了网络。正是在这些网络中，组群的社会资本存在着。当人们联合起来寻求改变时，社会资本可以最终成为经济资本，挑战着占主导地位的经济阶层。

社会资本的增长是由于对资源的获取的增多，但在如何衡量方面仍然有很多含糊

---

[1] BOURDIEU P. The forms of capital. In J G RICHARDSON. Handbook of theory and research for the sociology of education. New York：Greenwood，1986：p248.
[2] PORTES A. Social capital：its origins and perspectives in modern sociology［J］. Annual review of sociology，1998，243(1)：1-24.

不清之处①。资源可以是从新的信息到新的机会之类的任何东西。人际关系帮助个人获取如就业、投资信息或新朋友之类的资源,这些资源的数量和质量影响社会资本的构建。经济资本是发展社会资本和文化资本所需资源的一部分②。

随着新的社会科学试图解释为什么在系统中的一些个人和群体似乎比其他人更好的问题,社会资本作为一门跨越多种学科的社会科学的概念出现了。Nahapiet 和 Ghoshul③尝试着去测量那些在20世纪60年代末的社会团体或邻里的研究中涌现出的概念。例如,许多人都知道格兰诺维特④的研究中关于弱关系的力量以及在邻里生活中,弱关系对度过艰难过渡阶段生存的启示。到了20世纪80年代中期,社会资本成为一个试图解释构成每个社会基础的关系的社会学概念⑤⑥。

管理学和组织传播学的学者们,尤其是那些研究网络的学者们,探索了如何在企业和非营利组织之间建立联系,以产生社会资本。Laurie Lewis(2005:246)呼吁传播学者研究社会资本,以说明组织如何为社会福祉作出贡献:

"我们在这样的工作中可能忽略的是社会在更大范围内(例如区域、地区、城市、镇和邻里)的意义,以及组织如何作为一个整体来建立社会资本。组织如何在社群内为社会资本授予、激发和提供途径?"⑦

几乎所有与社会资本有关的学术文献均强调信任和沟通在建立社会资本过程中的

---

① KIKUCHI M, COLEMAN, C L. Explicating and measuring social relationships in social capital research [J]. Communication theory, 2012, 22(2): 187–203.
② PORTES A. The two meanings of social capital [J]. Sociological forum, 2000, 15(1): 1–12.
③ NAHAPIET J, GHOSHAL S. Social capital, intellectual capital, and the organizational advantage [J]. The academy of management review, 1998, 23(2): 242–266.
④ GRANOVETTER M S. The strength of weak ties [J]. American journal of sociology, 1973, 78(6): 1360–1380.
⑤ BOURDIEU P. The forms of capital. In J G RICHARDSON, Handbook of theory and research for the sociology of education. New York: Greenwood, 1986: 241–258.
⑥ COLEMAN J S. Social capital in the creation of human capital [J]. American Journal of Sociology, 1988, 94: 95–120.
⑦ LEWIS L. The civil society sector: a review of critical issues and research agenda for organizational communication scholars [J]. Management communication quarterly, 2005, 19(2): 238–267.

重要性，从而清楚地将公共关系社会资本的理论和实践结合起来[1][2][3]。

(三) 公共关系是社会资本的创造者

根据Nahapiet和Ghoshal（1998）的观点，建立联系和建立社交网络是发展社会资本的主要目标。没有信任的存在，这些关系和网络是无法被创建的。此外，网络中的成员必须是可信的合作伙伴（Nahapiet & Ghoshal, 1998）。

Coleman（1988）将社会资本定义为在网络之中包含的东西。Coleman不同意Bourdieu（1986）的表述，他批评布尔迪厄接受了马克思主义的传统，将人类在更大的社会系统中看作是被动的实体。相反，Coleman（1988）在理性选择理论的基础之上，建立了社会资本的理解。对于Coleman等人来说，人是自主的，人的机构创造了人力资本。人力资本是"通过带来技术和人的能力变化，而使他们能够以新的方式行事……人力资本推动生产活动"（Coleman, 1988, 100-101页）。人力资本是在社会资本的基础之上被定义的，Coleman（1990）定义为"不是一个单一的实体，而是具有两个共同元素的不同的实体：它们都包括社会结构的某些方面，它们促进在社会结构中的个人采取一定的行动"（302页）。在网络中的关系模式是Coleman对社会资本的首要关注问题。

对社会资本的定义可分为两种：以自我为中心的和以社会为中心的。一些研究者认为[4][5]，Coleman对社会资本的概念是一种停留在以自我为中心的和以社会为中心的中间的方法。Coleman（1988：98）所描述的社会资本是："它不是一个单一的实体，而是具有两个共同元素的不同的实体，它们都包括社会结构的某些方面，它们促使在社会结构中的个人或组织行为者采取一定的行动。社会资本是具有创造性的，可以使得在没有社会资本的情况下不可能的成就成为可能……不同于其他形式的资本，社会资本

---

[1] NAHAPIET J, GHOSHAL S. Social capital, intellectual capital, and the organizational advantage [J]. The academy of management review, 1998, 23(2): 242-266.

[2] PORTES A. Social capital: its origins and perspectives in modern sociology [J]. Annual review of sociology, 1998, 243(1): 1-24.

[3] PUTNAM, R. Bowling alone: the collapse and revival of American community [M]. New York, NY: Simon & Shuster, 1995.

[4] KIANTO A, WAAJAKOSKI J. Linking social capital to organizational growth. Knowledge management research & practice [J], 2010, 8(1): 4-14.

[5] ESSER H. The two meanings of social capital [M] //D CASTIGLIONE, J W VAN DETH, G WOLLEB. The handbook of social capital. New York: Oxford University Press, 2008: 22-49.

存在于参与者的关系结构之中"。

Coleman（1988）认为，各种参与者（个人和组织）、社会结构的意义以及自主的个人可以在他们的行动之中利用他们的社会关系。

公共关系研究者Kennan和Hazleton[①]提出了具体的公共关系概念："公共关系是组织创建、维护和使用关系网络来实现组织想达成目标的能力。"（322页）他们把社会资本放在了组织的语境中进行考虑。

Kennan和Hazleton（2006）认为公共关系是考虑组织及其与个人（公众）的关系这一特性。然而，这些社会资本的概念考虑的是社会关系在密集网络中，即一组行为者与大多数其他行为者相连的状况。网络理论，作为通常用来在更广阔的背景下解释社会资本的概念，认为行为者是通过网络来连接到其他行为者[②③④]。

（四）不同类型的关系建立了社会资本

有两种方法理解社会资本，每一种都有助于理解公关在社会中的角色。一条学术研究脉络将社会资本视为结合型（bonding）的功能。Coleman（1988）认为，社会资本不应被理解为一个单独的实体，而是不同的实体结合，且具有两个基本的共同特征："它们都包括社会结构的某些方面，它们在社会框架中，促进行为者的特定行为。（98页）政治学家Robert Putnam（1995）将社会资本定义为"如网络、规范和社会信任等社会组织的特征为达成双方利益而促进协调与合作"。（66页）这一定义确定了社会资本的一些实证指标，如网络、规范和信任。Putnam对社会资本的界定为公共关系研究提供了很多有益的指导，他对社会行动和群体网络的政治倾向已在公共关系的多个研究中被测试。

公共关系学者应用网络概念解释了社群如何建立社会资本（Yang & Taylor,

---

① KENNAN W R, HAZLETON V. Internal public relations, social capital, and the role of effective organizational communication [M] //C H BOTAN, V HAZELTON. Public relations theory II. Mahwah, NJ: Lawrence Erlbaum Associates, 2006.
② LIN N. Building a network theory of social capital [J]. Connections, 1999, 22(1): 28–51.
③ LIN N. Social capital: a theory of structure and action [M], London: Cambridge University Press, 2001.
④ LIN N. A network theory of social capital [M] //D CASTIGLIONE, J W VAN DETH, G WOLLEB. The handbook of social capital. New York: Oxford, 2008: 50–69.

2013[①]）。社会资本的积累取决于社会关系的建立和维护，因此，公共关系因为其在社会关系的建立和管理的功能，对社会资本的积累有直接或间接的贡献。社会资本存在于个人、团体和组织结构的相互关系之中，它可以产生信任感以促进社会交往，并具有迭代的功能，能使小的社会资本成长并产生新的社会资本。

然而，另一种对于社会资本的理解研究了社会资本如何在社会关系的破坏和失去社会网络连接的情况下存在。企业管理学者Ron Burt将社会资本定义为"蕴藏的社会关系网络，从社会关系网络中可获得的、从社会关系网络获取的，实际的或潜在的资源"。[②]换句话说，当网络中的成员之间的关系微弱时，个人、团体和组织是可以获得社会资本的。结构洞理论源于社会网络理论，比如弱关系强度[③]、中介中心性[④]、网络交换理论[⑤]以及Burt[⑥]对于冲突社团之间的自治权观察。根据Burt的理论："结构洞是两个接触点之间非冗余的关系……由于二者之间的结构洞，这两个接触点为社交网络提供一定程度上是新添加的而不是重复性的收益。"[⑦]结构洞不一定是有害的。实际上，结构洞是机遇——因为它为个人、团体和组织结构提供了独特的有利条件去连接结构洞。在公共关系领域中，学者们已经研究了个人、团体和组织结构如何在连接两个分隔的社交网络成员中获得利益。

由于组织结构掌控着经济资本，公共关系可以帮助战略性地利用一部分经济资本来改善在组织结构内部和社群中的社会资本。社会资本继而帮助组织结构和个人直接获得更稳定的社会和经济资源，并建立更多的文化资本。基于Bourdieu的理论，Ihelen（2007）认为组织结构在可以获得社会关系、支配权和资源的大众团体中很难

[①] YANG A, TAYLOR M. The relationship between the professionalization of public relations, societal social capital and democracy: Evidence from a cross-national study [J]. Public relations review, 2013, 39(4): 257-270.

[②] BURT R S. The contingent value of social capital [J]. Administrative science quarterly, 1997, 42(2): 339-365.

[③] GRANOVETTER M S. The strength of weak ties [J]. American journal of sociology, 1973, 78(6): 1360-1380.

[④] FREEMAN L. A set of measure of centrality based upon betweenness [J]. Sociometry, 1977, 40(1): 35-41.

[⑤] COOK K S, EMERSON R M. Power, equity and commitment in exchange networks [J]. American sociological review, 1978, 43(5): 721-739.

[⑥] BURT R S. Models of network structure [J]. Annual review of sociology, 1980, 6(1): 79-141.

[⑦] BURT R S Structural holes: the social structure of competition [M]. Cambridge, MA: Harvard University Press, 1992.

有社会空间。社会资本是资源的一种形式,由"连接关系和组群成员构成"①。

三、公共关系的社会资本概念化

公共关系学者在很长一段时间内认为公关可以(实际上一定会)帮助改善团体。一些学者对公共关系主张社群主义。②③Kruckeberg和Stark④从芝加哥学派汲取灵感,认为公共关系可以帮助重建社群。他们认为组织在他们的社群中扮演一定角色,当社群的利益得到满足时,组织的利益才会得到最大的满足。这些早期对公关的社会层次的理解,为现今对于公共关系和社会资本的理论研究提供了基础。

(一)社会资本在正常运作社会理论中的探讨

把公关和社会资本联系在一起的最有效途径之一可能就是Robert Heath(2006)⑤发展的FFST理论。Heath在其早期研究的基础上提出,如果公关促进了一个正常运作的社会(fully functioning society),那么公共关系就为社群增加了价值。Heath针对组织结构的言论和公关在改善社群方面的作用,提出了八个前提。⑥Taylor总结了Health的要素如下:

前提一是"管理工作为不确定性带来秩序",其解释了如果组织想使自身成为使社会更加全面运作的有价值的伙伴,组织应该如何行动。组织尤其是组织领导者,应该帮助做出一些带来秩序及控制不确定性的决定,有利于社会的决定最终将使组织受益。公共关系研究,例如环境扫描可以帮助组织领导人面对这些挑战,并影响组织领

---

① IHLEN O. Building on Bourdieu: a sociological grasp of public relations[J]. Public relations review, 2007, 33(3): 269-274.
② LEEPER K. Public relations: ethics and communitarianism[J]. Public relations review, 1986, 22(2): 163-179.
③ LEEPER R. In search of a meta theory of public relations: an argument for communitarianism[M]//R L HEATH. Handbook of public relations. Thousand Oaks, CA: Sage, 2000: 93-104.
④ KRUCKEBERG D, STARK K. Public relations and community: a reconstructed theory[M]. New York: Praeger, 1988.
⑤ HEATH R L. Onward into more fog: thoughts on public relations' research directions[J]. Journal of public relations research, 2006, 18(2): 93-114.
⑥ Heath(2006)的八个前提可以概括为:(1)管理工作为不确定性带来秩序;(2)企业责任;(3)权力资源管理;(4)社群作为既冲突又结合的利益和期望的综合体;(5)对称关系:交融与合作;(6)组织传播;(7)责任主张;(8)叙事和其他形式的导致开明选择的言论(99-110页)。

导人的决定。

组织不是独立的。代表公共利益的公众和政治制度都有能力（尽管并不总是会）对组织发挥显著影响。FFST提醒我们，一个组织的合法性依赖于它的能力，或是超越利益攸关者的期望标准。当企业违反了社会期望，它们就失去了合法性。公众（和决策者）更容易在这个时候审议该组织以前未审议的行为。

前提二"企业责任"和前提三"权力资源管理"认为，当企业负责地利用手中的权力时，能最好地服务社会。有些组织比其他一些拥有更大的象征性和资本资源。当组织有能力获取资源时，包括通过媒体获取资源，它们不应该使用这些资源来满足自我利益而对社会造成损害，如果它们这样做，那么这些机构应该做好打算，因为它们有可能会受到社群其他参与者的质疑。举例来说，企业必须有雇佣说客和媒体关系专家的能力。虽然社会活动团体可能不会有这样的有形资源，它们会作为公民来进行修辞选项和制定公共关系战略。无论对于企业、政府还是社会活动团体，修辞的价值在于它是一种资源，帮助那些拥有有形资源和未拥有有形资源的企业之间展开公平竞争。

前提四是"社群作为既冲突又结合利益和期望的综合体"。该前提假定所有人和组织最大限度地提高他（它）们的自身利益。当试图协调和管理自己及社会各界的风险利益，一个组织的利益能够得以保障。当不同的社会行动者使用修辞来分享和竞争信息时，公开承认和提倡他们的利益，并明确表示自身利益与社会其他人利益的交集时，才会出现开明的选择。

前提五是"对称关系：交融与合作"，该前提梳理出社群—合作（协作精神）之间的差异，倡导基于信任和合作（一种协作精神）来创造群体间的开放与双向传播（对话）。Heath认为，群体之间的利益均衡，最有利于社会的运转。Boyd和Stahley（2008）[1]运用社群—合作差异，进一步探寻对于组织行为者来说的内在矛盾，寻求平衡这些相互竞争的修辞。Boyd和Stahley的例子，虽然是从体育的论述中获取，但非常适用于组织的竞争与合作。

FFST的这五个前提是基于组织对社区方针的确定以及组织关于如何与社群相联系方面的认识。方针的确定是第一步，但一个组织必须有内部能力来将隐含的承诺坚持到底。另外三个FFST前提表明，组织可以通过建立必要的办事流程和结构方式，以便于对社群执行方针。

---

[1] BOYD J, STAHLEY M B. Communitas/corporatas tensions in organizational rhetoric: finding a balance in sports public relations [J]. Journal of public relations research, 2008, 20(3): 251-270.

前提六是"组织传播",该前提认为,企业需要有内部沟通流程,允许外部工作的协调。组织需要是开放的、有能力应对利益攸关者的诉求。最好的组织是那些倾听公众想要什么,然后再进行改变以达到公众预期的组织。公共关系帮助组织倾听公众诉求和作出改变。

前提七"责任主张"和前提八"叙事和其他形式的导致开明选择的言论"强调,在一个正常运作的社会,给个人、团体和组织提供宣传的工具。对于Heath来说,开明的选择是来自于被Kenneth Burke称为"思想的争论"(倡导与反倡导,声明与反声明)。人们基于创建、定义和解决问题等论述作出决定。如果没有社会活动者的倡导,其他人将无法拥有他们需要的信息、评估鉴定和政策态度来使他们做出明智的选择。Heath总结了这些前提,指出对于一个正常运作的社会,通过公共关系来进行组织修辞是必不可少的。

FFST理论指出了公共关系如何帮助社会变得更美好的一些前提。Heath的正常运作社会的概念作出了一个隐含的论断:组织和团体之间的关系能够建立社会资本,这会使社群变得更强,更好地满足其成员的需求。组织取向、组织对支持公众立场的反应能力,以及不同参与者在推进社群利益正向选择时的共同倡导(通过修辞和公共关系),这三者形成了社会资本。公共关系是组织修辞的制定,二者共同帮助创造组织资本和社会资本。

(二)社交媒体和公共关系

在公共关系的视野里,社交媒体作为一种关系构建和销售工具,连接人与品牌、人与人、人与组织以及组织与组织。对于营销和广告来说,社交媒体为将内容推送给现有的和潜在的客户,提供了一种廉价和方便的工具。对于公共关系来说,社交媒体在众多渠道之中,提供了又一种渠道来共同创造意义。

然而,对于公共关系的专业人士来说,社交媒体超越了传统媒体的局限,并提供了潜在的共享信息、公众参与、建立与公众关系的可能。传播技术的创新允许共同意义的创造。社交媒体的类型使组织和公众既可以扩大关系网又可以限定关系网。谈到关系网时,在美国,"大"社交媒体是Facebook、Twitter、YouTube、LinkedIn、Pinterest、SnapChat以及Instagram。这些工具在西方国家占主导地位。但Facebook和Twitter在中国不能使用。

在中国,占主导地位的社交媒体是微信、QQ、人人网和每个月新涌现出来的争夺关注的社会媒介。中国的社交媒体微博已达到1亿的用户量。如果一个组织希望建立与世界各地人民的关系，如果它不是以更有创造力的方式，并在社交媒体工具的选择上更有文化敏感性，那么它只能建立一种狭隘关系。事实上，有很多社交媒体和应用程序对国际化、特殊的文化有着特别的兴趣。

人们在网上花费的时间越来越多，移动平台正在成为人们的连接方式，而不再仅局限于计算机。新的数字通信工具意味着各种新技术和渠道已经出现，为公共关系人提供了新的途径来接触利益攸关者、公众和媒体。此外，个人、社会活动者和非营利组织也可以使用社交媒体来影响组织和吸引媒体的关注。如今，个人和组织不再仅仅依靠传统媒体的渠道和把关人。一个组织即使没有媒体，也可以与公众进行对话。

（三）社交媒体和对话

对话对公共关系来说很重要。Kent和Taylor（1998[①]，2002[②]）是在公共关系研究界中建议运用理论框架来思考新的传播技术的开拓者之一。在1998年，Kent和Taylor认为网站可以以这样的方式被设计以促进关系。Kent和Taylor将Martin Buber和Ron Pearson的研究运用到公共关系的研究之中。虽然对话比网站的沟通更为宽泛，Kent和Taylor还是看到了组织通过网络促进关系构建的潜力。企业可以利用自己的网站告知人们，社会活动家可以运用网络来做出某种倡导，政府可以运用网络来服务大众。不过，网站没有能够真正促进关系的建立，因为互动在那里是不存在的。2007年，随着社交媒体一起到来的是组织与公众进行互动的新机遇。社交媒介为用户之间提供了互动的机会，同时有着桥接型（bridging）和结合型（bonding）社会资本的潜力。

（四）对于社交媒体的研究

20世纪90年代末组织博客的出现后，公共关系领域已经将社交媒体看作一个有效的交流工具，许多研究建议组织利用社交媒体与公众建立联系。事实上，从2010年起，超过250篇关于社交媒体的文章在 Journal of Public Relations Research、Public Relations Journal 和 Public Relations Review 上发表。

[①] KENT M L, TAYLOR M. Building dialogic relationships through the World Wide Web [J]. Public relations review, 1998, 24(3): 321–334.

[②] KENT M L, TAYLOR M. Toward a dialogic theory of public relations [J]. Public relations review, 2002, 28(1): 21–37.

对于公共关系在社交媒体方面的学术研究，主要集中在公共关系专业人士和关键公众群体对社交媒体的使用上。然而，社会关系的建立与销售和市场营销相比更为模糊，更加难以衡量。因此，有两种研究方法主导着这类研究：对社交媒体信息和工具的内容分析，以及对从业者和用户对社交媒体的认识的调查。

内容分析的研究是对从业者发布的内容进行调查的研究[1][2][3][4]。这类研究还会询问从业者对于社交媒体的印象[5][6][7]。Wigley和Lewis[8]证实公共关系研究者对于Twitter和Facebook两个社交媒体的研究远超过了对其他社交媒体的研究。

很多学术领域的研究和专业人士的经验都表明，社交媒体是非常有价值的传播工具。Kent将社交媒体定义为"任何允许双向互动和反馈的互动性的传播渠道"（2010，645页[9]）。社交媒体有两个主要特点：一是它们都是相互关联的，二是它们都涉及某种程度的反馈与互动。

作为战略性的传播工具，Trammell（2006）[10]注意到社交媒体的价值在于为接触大众提供了新的路径。"从业者不需要再依赖媒体来传递信息和联系公众"（402页）。在公共关系领域，有一种观点是相信"如电子信息传播、播客、博客一类的公共关系

---

[1] MURALIDHARA S, RASMUSSEN L, PATTERSON D, SHIN J W. Hope for Haiti: an analysis of Facebook and Twitter usage during the earthquake relief efforts [J]. Public relations review, 2011, 37(2): 175–177.

[2] RYBALKO S, SELTZER T. Dialogic communication in 140 characters or less: how Fortune 500 companies engage stakeholders using Twitter [J]. Public relations review, 2010, 36(4): 336–341.

[3] WATERS R D, JAMAL J Y. Tweet, tweet, tweet: a content analysis of nonprofit organizations' Twitter updates [J]. Public Relations Review, 2011, 37(3): 321–324.

[4] XIFRA J, GRUA F. Nanoblogging PR: The discourse on public relations on Twitter [J]. Public relations review, 2010, 36(2): 171–174.

[5] SWEETSER K D, KELLEHER T. A survey of social media use, motivation and leadership among public relations practitioners [J]. Public relations review, 2011, 37(4): 425–428.

[6] WRIGHT D K, HINSON M. D. How blogs and social media are changing public relations and the way it is practiced [J]. Public relations journal, 2008, 2(2): 1–21.

[7] WRIGHT D K, HINSON M D. How new communications media are being used in public relations: A longitudinal analysis [J], Public relations journal, 2010, 4(3): 1–27.

[8] WIGLEY S, LEWIS B K. Rules of engagement: practice what you Tweet [J]. Public relations review, 2012, 38(1): 165–167.

[9] KENT M L. Chapter 45: Directions in social media for professionals and scholars. In R HEATH. Handbook of public relations. 2nd ed. Thousand Oaks, CA: Sage, 2010: 643–654.

[10] TRAMMELL K D, KESHELASHVILI A. Examining the new influencers: A self-presentation study of a-list blogs [J]. Journalism and mass communication quarterly, 2005, 82(4): 968–982.

策略（将）会取代传统的新闻播报和媒介工具"（Turk, 2006, 31页①）。无论如何，过去公共关系从业者对于社交媒体的使用主要是单方面的，这与很多广告的假设相同。

近年来，更多的学者开始讨论社交媒体中超越广告策略和市场营销工具的公共关系特性。学者们开始阐述社交媒体如何延展社会关系、建立社会资本、促使坦诚公开的对话、帮助活跃的组织团体并改善政府与民众的沟通交流。社交媒体可以将本来无法接触的人们联系在一起。

这些特性跟社交媒体在创造社会资本中起到的桥接型（bridging）和结合型（bonding）的作用有关。社交媒体可以通过很多不同的途径来有策略地传播、扩展社会关系并产生实质性的效果。在过去的几年中，公共关系和社交媒体会产生对个人、团体、组织、社区和社会有益的实质性效果，这让笔者尤其感兴趣。

（五）社交媒体创建社会资本和社会关系

社会资本在组织与公众之间的社交关系之中产生。社会资本指的是为了共同的目标共同行动的个人与组织之间存在互动和共享的意识形态，在这个过程中产生的收益。传播学和公共关系领域的学者对社会资本进行了相关研究（Heath, 2006②; Taylor, 2011③）。同样，企业管理领域的学者（Burt, 1992④）、经济学家（Coleman, 1988⑤）、政治学家（Putnam, 1995⑥, 2000⑦）都做过相关研究。社会资本的理念是指社交网络中的个人通过合作来达成共同的目标，这又是如何实现的呢？联系（或关系）是社会资

---

① TURK J. The professional bond: public relations education and practice [R]. The commission on public relations education, 2006.
② HEATH R L. Onward into more fog: Thoughts on public relations' research directions [J]. Journal of Public relations research, 2006, 18(2): 93–114.
③ TAYLOR M. Building social capital through rhetoric and public relations [J]. Management communication quarterly, 2011, 25(3): 436–454.
④ BURT R S Structural holes: The social structure of competition [M]. Cambridge, MA: Harvard University Press, 1992.
⑤ COLEMAN J S. Social capital in the creation of human capital [J]. American journal of sociology, 1988(94): 95–120.
⑥ PUTNAM R D. Bowling alone: America's declining social capital [J]. Journal of democracy, 1995, 6(1): 65–78.
⑦ PUTNAM R. Bowling alone: The collapse and revival of American community [M]. New York, NY: Simon and Shuster, 2000.

本的核心。在个人层次，Li 和 Chen（2014）①通过对 Facebook 和人人网的调查来研究在美国学习的中国留学生之间桥接型社会资本的形成。Li 和 Chen 发现社交媒体的使用对中国留学生之间社会资本的建立有显著的积极作用。也就是说，对中国留学生在美国形成微弱的社会联系并维护这种联系来说，Facebook 和人人网是很好的工具。这些通讯工具让他们有更广阔的社交圈，以获取更广泛的信息和资源。

Zhang（2014）②从对新浪微博使用强度的研究中发现中国人民通过使用新浪微博获得桥接型和结合型社会资本。社交网络对于增进之前已经存在的亲密的结合型关系和发展微弱的桥接型关系有重要作用。

以上两种是连接公共关系、社交媒体和社会资本之间的重要研究。在像中国这样政治论述和媒体要服务于和谐社会的环境中，社交媒体为建立桥接型和结合型社会资本提供了机制。在线上社会媒体中开始讨论一段时间后，可能会促进线下的互动和支持。

事实上，社交媒体还会产生一种社会型的社会资本。早期社交媒体被用作如动员或者是提高社会意识等战略性传播行动的一部分。然而，仅仅通过转发关于人道主义的、社会性的或者政治性的信息，是无法建立社会资本的。社会资本需要公共关系领域定义的"大众"：即因为共同的目标或者原因结合在一起的，并且相信他们的参与会产生影响的一群人。

实际上，随着互联网的发展，社交媒体为全世界数以万计的社会活动者和非营利组织带来了福利。社会活动者可以通过社交媒体交流传播议题，在网络出现之前，只有那些最大的、金融状况最好的、组织结构良好的非营利社会活动组织才能引起一个州或者一个地区的注意。在网络出现之前，所有的社会活动者和非营利组织需要依赖主流媒体来进行报道传播（信息补贴）。在网络出现之前，组织要拥有庞大的成员、赞助者和支持者的网络，需要维持庞大的邮寄和联系列表，花销巨大。社交媒体从根本上改变了社会活动者的行为模式和许多非营利组织的生存状况。

然而需要再一次强调的是，大部分社会活动组织对于如何利用媒体视角来创造并

---

① LI X, CHEN W. Facebook or Renren? A comparative study of social networking site use and social capital among Chinese international students in the United States [J]. Computers in human behavior, 2014(35): 116-123.

② Zhang, F. Who you @ today? : the mediating impact of social capital on Sina Weibo use and political expression in China. Paper presented to the National Communication Association (NCA) Annual Convention, Chicago, 2014 [C].

维持社会关系、建立庞大的支持者网络以及其他社交网络的其他用处等认知十分有限。社交媒体的发展很大程度上追随着类似广告、市场营销、新闻报道等模式，在这种模式中，数字比关系更重要，并且网络成员的组成和网络的建立主要是为了上级组织或广告商、附属组织的利益，因此对于社交网络的利用就会非常有限。公共关系对于扩展对社交媒体的理解、帮助社会活动者和非营利组织达成目标、发展工具、策略，都是有影响的。

四、结论

本文以一个亟待解决的问题开启：公共关系给个人、组织、社区和社会带来什么样的价值？本文为公共关系和社会资本之间的关系提供了一个历史背景。在21世纪，公共关系领域必须适应和改变，以反映技术和全球化的动态变化。早期的理论研究脉络，如卓越理论和议程设置理论不再能回答不同的国家和文化的国际实践问题。公共关系学者需要在学科之外寻找一些可以更好地解释现代化、多样化、网络化语境下公共关系的理论框架。本文认为社会资本的概念框架有解释以下一些议题的潜力：道德的公共关系行为、衡量公共关系的成果、将公共关系从有利于组织向有利于社会进行转变。

公共关系在社会的转型中发挥作用，我们需要使用所有的形式（功能性、共同创造、管理、社交、数字化）以帮助我们的组织和社区前进。公共关系可以在传统媒体和社交媒体建立桥接型和结合型这两种社会资本，从而创建共享的意义和社会资本。

〔莫林·泰勒（Maureen Taylor），美国田纳西大学
广告和公共关系学院教授、主任；
熊英（译），美国田纳西大学诺克斯维尔校区广告与公共关系学院博士生〕

第二十五章　战略传播的测量、评估和控制

引言

在过去十年中，战略传播和公共关系的复杂性明显增加，其中最显著的原因是全球化、碎片化的社会，数字传播技术以及越来越重要的无形价值，如品牌、声誉和对员工的承诺。公司和其他组织要处理众多的利益攸关者（客户、员工、政治家和当地团体）以及媒介（记者、意见领袖、网络"大V"）。他们使用各种不同的传播渠道（媒体和媒体关系、广告、企业媒体、事件和社交网络），并追求不同的目标，这些目标包括：一方面，通过影响认知、达成共识，改变利益攸关者的态度以实施其战略；另一方面，传播管理者分析了意见，提出组织的传播环境可能会导致组织战略的修正。

各种各样的目标和工具的运用使得我们难以验证战略传播创造的价值，并评估特定传播活动的效果。然而，传播管理人员保持持续的影响力，并成为他们组织内的主导核心的一部分仍然是必要的。在当今竞争日益透明的环境下，高管需要的是"有力的事实"而不是去做基于直觉或经验的传播决策。[1]

为了应对这一困境，世界各地的研究人员和从业人员采用各种方法矫正针对组织目标的传播策略以及传播效果的衡量和评估。[2]然而，尽管广泛讨论和激烈的跨行业合作已经超过40年，人们仍然没有达成评估传播效果基本措施和最佳工具的共识。[3]根据实证研究，在亚太地区的传播实践中，与组织目标相联系的传播是最关键的一项

---

[1] YIN P L P, KRISHNAN K, EAN C L C. Evaluation research on public relations activities among public relations practitioners in malaysian corporations: an exploratory study [J]. Search, 2012, 4(1): 41–60.

[2] STACKS D W, MICHAELSON D. A Practioner's Guide to public relations research, measurement and evaluation [M]. McGraw-Hill Professional, 2012.

[3] WATSON T. The evolution of public relations measurement and evaluation [J]. Public relations review, 2012, 38(3): 390–398.

挑战，在世界上的其他地区也是如此，包括欧洲和拉丁美洲。

本文表明，建立一个系统的传播控制系统是实现组织目标的必要结构和前提。描述整个传播的影响并在整个传播的过程中创新方法来衡量传播的影响也是必要的。为了记录传播的价值，有必要使所有的传播活动与总体的组织目标相一致，并测量传播对组织产生的影响。"组织为了完成其任务而进行有目的的传播"是战略传播的传统定义。

为了应对这一挑战，本文：
- 体现了传播管理和传播控制的理论概念；
- 介绍了传播效果的多层次框架；
- 解释了如何通过价值链模型和记分卡的使用来使传播与组织目标相连接；
- 基于在亚太和欧洲的实证分析，提出了测量和评估的实践应用报告；
- 反映了未来研究的重要方面和方向。

一、传播管理和传播控制

传播如何支持组织目标是公共关系和传播学交叉领域的一个概念化议题，同时也是管理理论、控制与核算研究的重要议题。学者们主要通过企业内部的传播来研究价值创造，从企业的角度看，面对挑战，管理适用于所有的组织类型，如政府和非营利部门，并促使其有针对性地转向传播活动。

人们在很大程度上承认，传播直接或间接地创造价值[1]：传播为组织创造直接的价值，其不断地通过服务、通过传播措施来建立无形的价值，如声誉、公众的信任，或者员工的承诺，传播进一步增加了间接价值，它通过风险控制和解决问题来降低成本，或者预测未来的创新潜力。因此，传播可以产生长期的支持潜力，确保组织的合法性，这对于任何组织的生存来说都是至关重要。[2]

传播实际上有助于创造价值，但首先需要在几个层次上满足一定的前提条件：
- 合理的传播结构设置；
- 传播人员具备合格水平；

---

[1] VOLK S C. A systematic review of 40 years of public relations evaluation and measurement research: Looking into the past, the present, and the future [J]. Public relations review, 2016.
[2] ZERFASS A. Corporate communication revisited: integrating business strategy and strategic communication [J]. Public relations research.

● 在执行层面上传播功能的识别度足够高。

在结构层面，任何一个致力于扩大传播影响的组织都应该首先致力于智能传播管理和控制系统的可实现化。

（一）战略管理、传播管理与传播控制

在任何组织中，战略管理都承担着全面的组织战略，这是实现既定目标、盈利和提升组织价值的关键。这样做，对于管理组织与内外利益攸关者的关系、协调多个行为主体和利益冲突是十分必要的。① 这种情况发生在不同的社会和不同的背景下（市场、层次结构、价值体系和权威命令，法律制度）。② 传播有助于在不同的公众中进行关系管理。传播有助于激励员工，为新产品吸引潜在客户，获得政治家的支持，或敦促股东和工会支持重组计划。在任何情况下，传播过程都是一种社会互动，包括具有象征性的行为，以及对这种行为的理解，促进理解和实际建设，从而达成说服（图25-1）。③

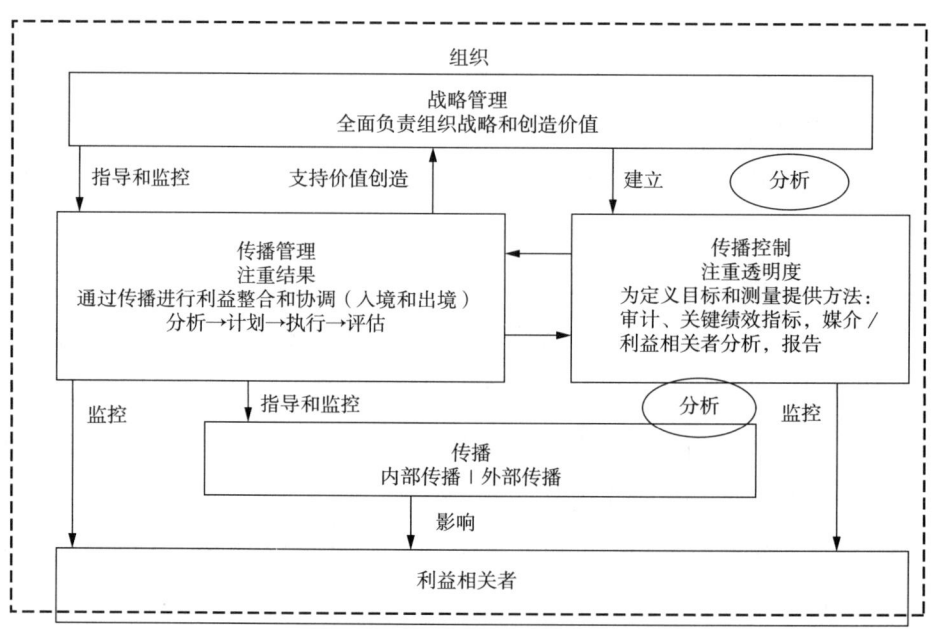

图25-1 传播控制作为管理的辅助功能示意图

---

① RIEL C V, RIEL C V. Essentials of corporate communication.
② ZERFASS A. Corporate communication revisited: integrating business strategy and strategic communication [J]. Public relations research VS Verlag für Sozialwissenschaften.
③ HEATH R L. Management of Corporate Communication: From Interpersonal Contacts to External Affairs. Lawrence Erlbaum Associates, 1994.

第二十五章　战略传播的测量、评估和控制

显然不是所有与战略相关的任务都可以通过传播被影响，不是所有组织内部的传播过程都与整体战略相连接。因此，战略传播应包括所有传播活动，这有助于定义和实现组织内的任务，使内部和外部的行动相协调，且明晰利益，这样有助于管理组织与其特定的利益攸关者之间的社会经济关系。① 在这个意义上，传播是有意识地进行塑造和部分委托，如传播部门或机构。基于典型的利益攸关者的不同整合模式，战略传播可以分为几个子域：

- 在组织内的所有者、管理人员和雇员之间的内部传播，为确定目标提供服务；
- 与客户、合作伙伴和竞争对手有关的市场传播，以达到发起或停止交易的目的；
- 在合法性和保证操作空间的社会及政治领域针对利益攸关者的公共关系传播；
- 与股东和资本市场的财务传播（投资者关系），严格来说，实际上可能会被分配到前面提到的两个领域，但其往往被认为具有强监管关系的独立基础。

从这个角度来看，传播管理有双重任务。一方面，它关系到战略传播的管理，即本质上是发起传播过程，目的是传达公司的观点和影响利益攸关者。因此，应支持创造价值的具体目标，如销售业绩的增加或努力降低成本。但外部意见的给出和组织决策过程（"入境"）② 一样重要。传播管理负责监控组织内部利益攸关者和传播过程③ 及组织环境④ 或其他组织接收模式，⑤ 这不一定必然导致传播活动的实施，价值创造的贡献也可以作为研究结果（例如，从学术研究看网上社区的客户意见或新的见解）来刺激新的想法，并提高组织战略。

传播管理有责任承担后果，像所有其他的管理流程一样，可以细分为几个理想的阶段：利益攸关者的关系分析、主题／问题、图像／意见以及公司自身的能力，其次是

---

① HOLTZHAUSEN D R, ZERFASS A. The routledge handbook of strategic communication [M], 2005.
② RÖTTGER U, PREUSSE J. Communication controlling revisited. Annotations to a consolidation of the research agenda on planning and controlling communication management. Rogojinaru A & WOLSTENHOLME S. Current trends in international public relations. Bucharest, Romania: Tritonic, 2009: 165-184.
③ HARGIE O, TOURISH D. Communication and organisational success. Nippon Ronen Igakkai Zasshi Japanese journal of geriatrics, 24(3): 272-277.
④ HEATH R L, PALENCHAR M J. Strategic issues management [M]. 2nd ed. Thousand Oaks, CA: Sage, 2009.
⑤ MACNAMARA J. Organizational listening, the missing essential in public communication [M]. Medical image computing & computer-assisted intervention: miccai international conference on medical image computing & computer-assisted intervention: Vol.15, 115-22.

规划和传播策略，计划活动的实施、个人的措施，最后是监测结果。① 此外，有必要通过跟踪关键事件和捕捉不可预见的变化来实施过程监控。② 这样，传播管理一方面试图支持价值创造，另一方面连接公司与利益攸关者的生活世界。它的这些功能是必要的，因为传播过程是社会相互作用的过程，只有当组织和它的利益攸关者参与其中并贡献力量时，传播才能取得成功。

（二）以透明度为重点的传播控制的支持功能

传播控制可以概括为一种支持功能，它为基于传播基础的劳动分工保证了策略、流程、绩效和财务管理的透明度，同时提供了适当的方法、结构和规划，以完成需要的指标和企业传播监控。③ 传播控制和传播管理的目标，在实践中有时包括：分析企业传播管理流程；监控利益攸关者的态度；测绘业务战略和企业传播的原因与效果之间的关系；确定指标并记录指标上的选择；提升评价方法；评价公司的管理以及处理结果，这意味着测量的可视化。由于后者的功能，传播控制作为传播管理的一部分，与测量和评估紧密联系在一起。④

遵循这个定义，传播控制只是创造规划、实施和监测发生的基础，并仍然坚守传播管理人员的责任。然而，由于许多公共关系专业人士缺乏相关认识，传播控制专家往往是唯一能够处理推断目标和发展测量程序先进方法的人。从组织的角度来看，大多数已经实施了传播控制系统的公司整合了传播部门内的相关任务。实施这样的系统化的实际行动几乎总是从传播部门自身开始的。然而，控制部门和控制者对这个问题同样感兴趣，并产生了自己的想法。例如，国际控制协会已经批准了关于传播控制的规范。⑤ 然而，参与传播和控制的专家本身是不够的。在保持成功的基础上，支持高层管理人员是必需的。随着传播管理的重要性日益增加，相应的部门得到越来越多的预算，可以预期，占主导地位的联盟将活跃在许多公司。从这些部门的角度来看，在传播管理过程中建立一个以确保理性为重点的传播控制系统是有意义的。

---

① SMITH R D. Strategic planning for public relations [J]. Strategic planning for public relations 2013, 55(1): 5.
② ZERFASS A. Corporate communication revisited: integrating business strategy and strategic communication [J]. Public relations research. VS Verlag für sozialwissenschaften, 2008.
③ ZERFASS A. Rituale der verifikation? grundlagen und grenzen des kommunikations-controlling. distinktion und deutungsmacht. VS verlag für sozialwissenschaften.
④ WATSON T, NOBLE P. Evaluating public relations [M]. 3rd ed. London, UK: Kogan Page, 2014.
⑤ ICV Internationaler Controller Verein. Grundlagen für kommunikations-controlling [principles of communication controlling] [M]. Gauting, Germany: ICV.

（三）传播控制的目标和维度

传播控制是保证传播管理的合理性、理解占主导地位的专家的观点的特定手段。①传播管理是指组织通过建立一个传播控制系统实现价值创造的目标。同时，应当保证公司按照目前的水平进行传播。合理性的水平可以区分为三种：②基于结果的合理性（正确的传播目标或监测目标被针对和瞄准了吗？）、程序的合理性（适当的工作模式和概念被使用和实现了吗？）和输入为基础的合理性（传播专业人士和其他人是否具有必要的诀窍和意志？是否提供适当的资源？）。因此，不同的行动领域是相互关联的（见图25-1）：分析影响企业目标和传播目标之间的传播，例如，通过应用平衡计分卡、价值链；③分析企业传播的不同阶段，从起始点到最后的结果，均适用传播效果的多层次框架。④

此外，传播控制假定为传播管理和企业管理提供信息，如果传播管理人员由于缺乏才能或能力，不能够观察、监控并进行分析，数据的收集就会凸显其优势。⑤第一，传播管理的监测和转向能力增加时，信息被聚集在一个地方，可以用共同的指标和共同的数据收集的方法进行综合分析。第二，价值链和传播过程的系统分析，使公司能够改善组织结构、程序和传播管理的工具（创新功能）。第三，越来越多的传播控制机构的分化也有利于促进传播实践与法律和道德准则规范进行比较，比如，广告和公共关系的职业道德规范之间的比较（合规功能）。

---

① WEBER U, SCHÄFFER U. Introduction to controlling [J]. Stuttgart, Germany: Schäffer-Poeschel, 2008.
② WEBER U, SCHÄFFER U. Introduction to controlling. Stuttgart, germany: Schäffer-Poeschel, 2008.
③ PFANNENBERG J. Strategisches kommunikations-controlling mit der balanced scorecard [strategic communication controlling with the balanced scorecard]. In PFANNENBERG J, ZERFASS A, Wertschöpfung durch kommunikation [Value creation through communication][M]. Frankfurt, Germany: Frankfurter Allgemeine Buch, 2010: 61-83.
④ ROLKE L, ZERFASS A. Wirkungsdimensionen der kommunikation: ressourceneinsatz und wertschöpfung im DPRG/ICV-Bezugsrahmen [Dimensions of communication effects: resource management and value creation]. In PFANNENBERG J, ZERFASS A, Wertschöpfung durch Kommunikation [Value creation through communication]. Frankfur, Germany, Frankfurter Allgemeine Buch, 2010: 50-60.
⑤ HARGIE O, TOURISH D. Communication and organisational success. Nippon Ronen Igakkai Zasshi Japanese Journal of Geriatrics, 2002, 24(3): 272-277.

（四）战略与业务传播控制

战略传播控制的任务是创造和保持传播管理成功的潜力。它的主要焦点是整体传播政策及其基础设施的有效性（我们正在做正确的事情吗？）。业务传播控制涉及方法和信息的提供，通过传播管理和战略传播创造的成功促进成功的潜力达到最大。①

首先，战略传播控制涉及对传播策略的转向和监控的合理性保证。这恰恰涉及组织策略和传播策略的连接，通过传播创造价值。②这里的重点是在方法上，通过传播的贡献，使实现组织的战略目标可以被证明。相衔接的组织策略和传播策略是经常讨论的问题，这里的重点在方法上，通过传播的贡献，实现组织的战略目标。组织策略和传播策略的联系是经常讨论的问题，虽然传播对于组织成功的价值贡献在实践中很少实现。③此外，传播令无形资产评估方法标准化，如信任或声誉资本标准化。

其次，战略传播控制包括传播管理的结构和过程的合理性保证。通过审计、分析组织结构以及传播部门的人员编制、内部的工作流程和服务提供商的接口，传播管理的基础设施可以评估和优化。通过使用这些方法，高层管理人员和传播部门的领导者可以确保一个必要的、有效的传播基础设施，将有助于提升创造价值的潜力。

在操作层面上的传播控制的第三个方面关系到传播程序和活动与评价程序的合理性保证。在项目和活动的情况下，这一点必须被保证，例如，他们建立了严格、持续的金融资源，且被分配在最有效的方式上。随着对程序的分析和对概念的评价，可以引导和监督个别程序的性能。以同样的方式管理复杂的程序，如问题管理，环境监测和其他形式的扫描，都应检查其一致性。

传播控制的第四个领域是传播工具的水平，这关系到传播活动合理性的保证，例如管理和控制媒体关系、员工和客户杂志、事件或在线交流的方法。回顾经典的领

---

① ZERFASS A. Assuring rationality and transparency in corporate communications. Theoretical foundations and empirical findings on communication controlling and communication performance management [M]. In Dodd M D, YAMAMURA K. Ethical issues for public relations practice in a multicultural world, 13th International Public Relations Research Conference. Gainesville, FL: Institute for Public Relations, 2010a: 947-966.
② PFANNENBERG J & ZERFASS A. Wertschöpfung durch kommunikation [Value creation through communication][M]. 2nd ed. Frankfurt, Germany: Frankfurter Allgemeine Buch, 2010.
③ ARGENTI P A. Corporate communication [M]. 7th ed. New York, NY: McGraw Hill, 2013.

域，总结性的评价研究。①在这里，要问的问题涉及传播活动和对利益攸关者（潜在）的工具性影响。利益衡量—进行回顾性任务—多种证明方法是可行的，从媒体的民意调查分析测量声誉。②作为一个整体，业务传播控制的目的是提高成本效率、质量、消息的生产和工具的性能。

（五）执行结构和程序

根据之前的论述，传播控制创造了战略规划、实施、监控传播管理发生的基础。战略传播控制的重点是保证组织战略和传播策略的优化，并通过传播引导整个价值创造的过程。传播控制从而为领导层和传播巨头提供实施理性、价值增值的传播政策。③

建立一个复杂的传播控制系统，从而成为一个关键的结构前提，传播管理努力组织这样一种方式，实现组织价值创造的目标。然而，尽管传播控制的概念已被公认为是一个"令人鼓舞的尝试"，超越了传播调整和组织策略的回顾性测量，④但该方法很少得到国际科学界从事测量和评估的研究者的关注。⑤这是有趣且矛盾的，因为传播和组织目标的连接已被列为世界传播实践研究的一个关键挑战。

系统传播控制的必要性在欧洲领先的公司成为激烈的讨论对象。⑥案例研究表明，传播控制是传播管理人员的责任，在实践中不断地保持成功，在执行层面的支持以及对于合法性的要求。传播控制必须在内部被组织，可以通过咨询或研究者支持制定和

---

① Smith R D. Strategic planning for public relations [M]. 4th ed. New York, NY: Routledge, 2013.
② PAINE K D. Measuring public relationships. Berlin, NH: KD Paine, 2007.
③ ZERFASS A. Assuring rationality and transparency in corporate communications. Theoretical foundations and empirical findings on communication controlling and communication performance management. In DODD M D, YAMAMURA K. Ethical issues for public relations practice in a multicultural world, 13th International Public Relations Research Conference. Gainesville, FL: Institute for Public Relations, 2010Q, 947–966.
④ LIKELY F, WATSON T. Measuring the edifice: Public relations measurement and evaluation practice over the course of 40 years [M]. In SRIRAMESH K, ZERFASS A, KIM J, Public relations and communication management: current trends and emerging topics. New York, NY: Routledge, 2013: 143–162.
⑤ VOLK S C. A systematic review of 40 years of public relations evaluation and measurement research: Looking into the past, the present, and the future [J]. Public relations review, 2016.
⑥ PFANNENBERG J, ZERFASS A. Wertschöpfung durch kommunikation [Value creation through communication]. 2nd ed. Frankfurt, Germany: Frankfurter Allgemeine Buch, 2010.

实施个人管理方法或指标。①

二、传播效果的测量和评价

除了建立必要的基础设施用于记录通过传播创造的价值，传播部门的一个关键的先决条件是了解传播过程，并在整个传播效果的各个阶段描绘传播的影响。作为面对传播战略定位和组织目标的研究，对超过40年的关于评价和传播效果的测量问题进行广泛的讨论。②

许多研究者和实践者认为，传播的影响需要通过传播过程的典型阶段或水平进行分析，比如，分析从一个组织进行的传播活动，对媒体和利益攸关者不同阶段的影响，评价其对关键组织及其目标的潜在影响。③随着时间的推移，一些模型被提出，其中包括卡特利普等人的准备、实施、影响（PII）模型、公关研究金字塔模型④，持续评价模型⑤和统一的评价模型。⑥

林登曼⑦引入公共关系评价的一种常用方法，他谈到了公共关系的输出、公共关系的片断、公共关系的结果和业务成果。其他作者已经修改了这种方法，并介绍了略有不同的阶段和不同的术语。例如，一些模型定义了四个或多个阶段的传播评估，包括输入输出—镜头—结果—测量结果⑧或输入—中介影响—意识的传播周期中目标受

---

① ZERFASS A. Corporate communication revisited: integrating business strategy and strategic communication [J]. Public relations research VS Verlag für Sozialwissenschaften, 2008.
② LIKELY F, WATSON T. Measuring the edifice: public relations measurement and evaluation practice over the course of 40 years [M]. SRIRAMESH K, ZERFASS A, KIM J, Public relations and communication management: Current trends and emerging topics. New York, NY: Routledge, 2013: 143-163.
③ WATSON T, NOBLE P. Evaluating public relations [M]. 3rd ed. London, UK: Kogan Page, 2014.
④ MACNAMARA J. Evaluation of public relations: the achilles heel of the public relations profession [J]. International public relations review, 2014, 15(2): 19-25.
⑤ Watson T. Measuring the success rate: evaluating the PR process and PR programs [M]. KITCHEN P. Public relations principles and practices Boston, MA: International Thomson Business Press, 1997: 283-299.
⑥ WATSON T, NOBLE P. Evaluating public relations [M]. 3rd ed. London, UK: Kogan Page, 2014.
⑦ LINDENMANN W K. An "effectiveness yardstick" to measure public relations success [J]. PR quarterly, 2014, 38(1): 7-9.
⑧ PRIA Public Relations Institute of Australia. [M]. Principles on best practice research, measurement, and evaluation in public relations. Sydney, Australia: PRIA, 2014.

众的影响—认识—兴趣—支持—行动。①有人建议区分测量和评价活动之间的新方法，这样才能更好地描绘出可以告知战略规划数据分析的见解。②近年来，行业协会③介绍了一种建立在以前模型基础上的集成框架，试图建立一个共同的分类。

尽管有上述差异，模型的共性与最重要的输入、输出和结果的条件，指的是最后阶段的不同模型的条件，包括诸如"冲击""组织/业务成果""组织/业务结果"或"外流"。

（一）DPRG / ICV 传播控制框架

传播影响的多层次框架已被证明是卓有成效的，这就是所谓的 DPRG / ICV 传播控制框架。德语国家传播控制概念的热烈讨论导致人们越来越呼吁一个规范传播效果特点的通用框架。④根据认可的标准，人们呼吁学者、专业协会、传播管理者、管理控制者开发 DPRG / ICV 框架。⑤这一概念被德国公共关系协会（DPRG）和国际控制协会（ICV）采用，作为一个行业标准，且被其他专业机构认可，如美国国家广告协会。

从开始到影响评价传播目标的实现，DPRG / ICV 框架概念化的评价和测量活动分为四类：输入—输出—结果—产出。"产出"一词等同于其他模型中"影响"或"组织/商业结果"。所有阶段都很重要，如果是在结果和产出的水平下展示传播的价值会更加透明。⑥该框架测量几个出发点的区分（图 25-2）：

- 输入：传播上正在做什么支出？
- 内部输出：组织本身及其机构所取得的成就是什么？
- 外部输出：正在开发什么样的联系方式？
- 直接结果：利益攸关者的感知和认识改变了吗？

---

① AMEC. Valid metrics for PR measurement. London, UK：AMEC, 2011.
② MACNAMARA J. Breaking the measurement and evaluation deadlock：A new approach and model [J]. Journal of communication management, 2015, 19(4)：371–387.
③ AMEC. Integrated valuation framework, 2016.
④ ROLKE L, ZERFASS A. Wirkungsdimensionen der kommunikation：ressourceneinsatz und Wertschöpfung im DPRG/ICV-Bezugsrahmen [Dimensions of communication effects：resource management and value creation] [M]. PFANNENBERG J, ZERFASS A. Wertschöpfung durch Kommunikation [Value creation through communication]. Frankfur, Germany.：Frankfurter Allgemeine Buch, 2010：50–60.
⑤ WATSON T, NOBLE P. Evaluating public relations (3rd ed.) [M]. London, UK：Kogan Page, 2014.
⑥ DPRG, ICV. Position paper communication controlling – How to maximize and demonstrate the value creation through communication. Berlin and Gauting, Germany：DPRG, ICV, 2011.

- 间接结果：意见和意图的影响有多强烈？
- 产出：哪些业务或组织目标已经实现？

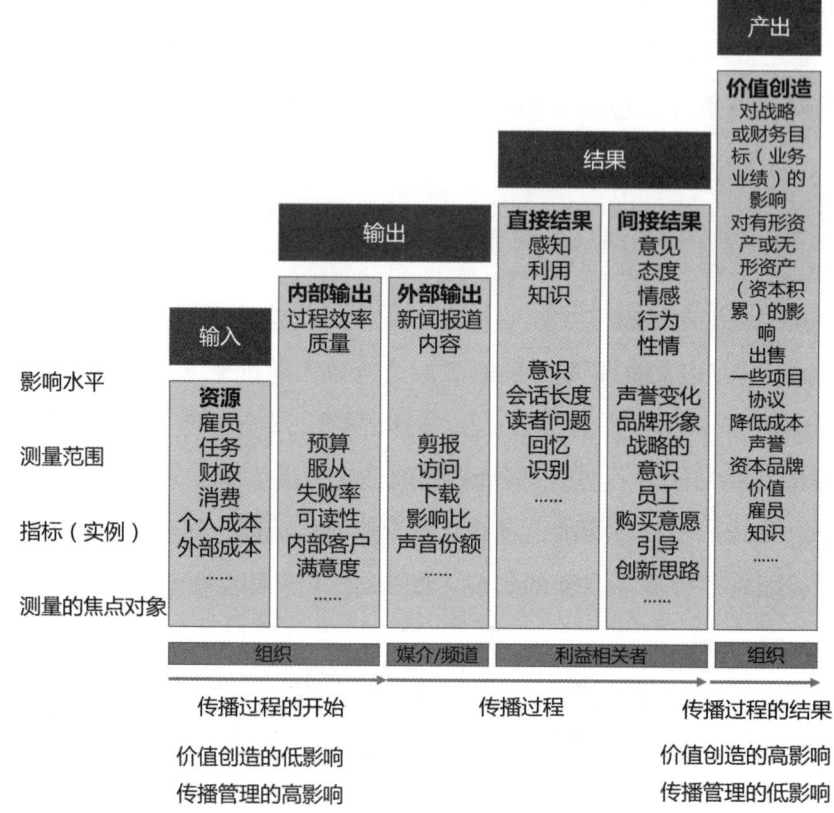

图25-2 传播控制框架出发点

DPRG / ICV框架已达到相当高的水平，被德国的科学界和实践所接受，因为它的分析方法对于可视化传播效果的整体性和在传播过程中确定规范措施来评估各阶段特别有用。[①]然而，对于传播性能的战略管理来说这种分析框架是不够的，因为它没有完全描述复杂的过程中不同的影响水平下的价值创造和因果链。

到目前为止，实践和学术讨论主要集中在输出或结果层面的探索性测量，但已经很少强调调查产出层次上传播的影响。[②]因此，在传播实践面临困难时这是不足为奇

---

① LIKELY F, WATSON T. Measuring the edifice: Public relations measurement and evaluation practice over the course of 40 years [M]. SRIRAMESH K, ZERFASS A, KIM J, Public relations and communication management: Current trends and emerging topics. New York, NY: Routledge, 2013: 143-162.

② VOLK S C. A systematic review of 40 years of public relations evaluation and measurement research: looking into the past, the present, and the future [J]. Public relations review, 2016, 7(03).

的，通过传播展示创造的价值，如果传播的投资和结果受到不恰当的评价，传播效果的相互依存关系就会被忽视。这一观察是惊人的，因为一维的方法来测量传播效果无法提供令人满意的传播活动如何贡献组织价值的描述。相反的，这种方法只是评价传播活动本身的效果，但不可以证明该组织的目标作为一个整体是否已经实现或传播活动是否支持这一过程。[1]

三、调整传播和组织目标

虽然战略的一致性和传播的价值增值构成战略传播的核心意义，[2]但传播活动很少在一致的基础上在实践中与具体目标相联系。因此，它们经常保持自己的结果。传播战略与组织的整体战略目标相连接，目标的实现需要传播实践跨越组织职能的边界，采用管理范式。[3]这意味着，任何致力于价值创造的传播策略，必须来自于总体的组织战略，然后分解成个体的传播活动。一旦传播活动的总体与组织目标一致，必须实施适当的方法来测量从输入到产出的整个目标实现过程。

（一）价值链模型

传播活动与组织目标之间的联系只能以价值链为代表。这种价值链通过传播影响来识别价值驱动程序之间的功能链。通过传播的整个过程，价值链模型提供了可视化的方式，传播效果有助于组织目标的实现，从传播开始到对财务指标和无形资源的影响。[4]例如在图25-3中，专业的媒体关系（输入）可能产生有利的媒体报道（输出），从而增强利益攸关者的认识（直接结果），可能会导致更高的信任级别（间接结果），

---

[1] ZERFASS A. The corporate communications scorecard – A framework for managing and evaluating communication strategies [M]. RULER B V, VERČIČ A T & VERČIČ D, Public relations metrics: research and evaluation. Mahwah, NJ: Routledge, 2008b: 139-153.
[2] HALLAHAN K, HOLTZHAUSEN D, RULER B, VERČIČ D, SRIRAMESH K. Defining strategic communication [J]. International Journal of Strategic Communication, 2007, 1(1): 3-35.
[3] DPRG, ICV. Position paper communication controlling – How to maximize and demonstrate the value creation through communication. Berlin and Gauting, Germany: DPRG, ICV, 2011.
[4] ZERFASS A. Assuring rationality and transparency in corporate communications. Theoretical foundations and empirical findings on communication controlling and communication performance management [J]. DODD M D, YAMAMURA K. Ethical issues for public relations practice in a multicultural world, 13th International Public Relations Research Conference, 2010a: 947-966. Gainesville, FL: Institute for Public Relations.

这最终可能导致一个预期的行为，如一个特定服务的利用（产出），反过来，也确保了组织的长期生存。这些因果链的透明度使传播部门和行政部门认识到传播对于目标完成的贡献和对组织成功的影响。①

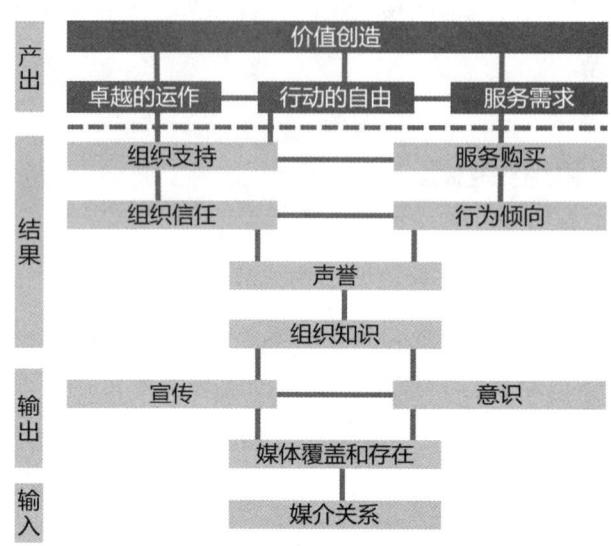

图25-3　媒体关系通用价值链模型②

价值链必须从组织的实际战略出发，因此需要用组织特定的方式来进行。用指标补充所确定的价值链：这些比率或指数将测量信息转化成有意义的数字，从而表明所测得的影响的差异。因此，指标提供透明度，并启用对目标的监控和转向。在实践中面临的最大挑战是找出最相关的和决定性的价值驱动因素，同时考虑传播事业因果链之间的相互依存关系，并与适当的指标相匹配。③

针对传播和组织目标之间"缺失环节"的困境，关于战略传播的学术一直致力于

---

① ZERFASS A. Assuring rationality and transparency in corporate communications. Theoretical foundations and empirical findings on communication controlling and communication performance management [J]. DODD M D, YAMAMURA K. Ethical issues for public relations practice in a multicultural world, 13th International Public Relations Research Conference, 2010a：947-966. Gainesville, FL：Institute for Public Relations.

② PFANNENBERG J. Strategisches kommunikations-controlling mit der balanced scorecard [Strategic communication controlling with the balanced scorecard] [M]. In PFANNENBERG J, ZERFASS A. Wertschöpfung durch kommunikation [Value creation through communication]. Frankfurt, Germany：Frankfurter Allgemeine Buch, 2010：61-83.

③ ZERFASS A. The corporate communications scorecard – A framework for managing and evaluating communication strategies [M]. RULER B V, VERČIČ A T & VERČIČ D, Public relations metrics：research and evaluation. Mahwah, NJ：Routledge, 2008b：139-153.

在传播的主要领域努力提高通用价值链模型的发展。①该 DPRG / ICV 框架随后被各个阶段的个体交际价值驱动的一般价值链和典型指标所补充。这样，通过传播创造价值的整个过程是透明的。②

（二）传播记分卡

价值链模型是典型的描述和集成的记分卡，用来计划和监控整个传播活动。事实上，价值链模型起源于管理研究的使用，并成为卡普兰和诺顿的商业书籍中最流行的部分（1996），其引入平衡计分卡（BSC），指导基于战略的绩效管理系统。最初的发展是基于价值的管理，记分卡的目的是显示一个公司如何产生价值。从四个角度（财务、客户、流程和潜力），在平衡计分卡上对组织和流程进行分析。组织的目标是从组织的战略（即通过战略地图的使用）和具体的财务及非财务指标的形式产生。而战略目标是因果链关系下相互关联的四个记分卡的总体观点结果。③

传播记分卡是组织描绘组织目标和组织活动之间的价值链，命名具体的关键绩效指标（KPI），并测量输入（成本）和产出（物质/精神）的传播。在这种方式中，记分卡允许传播策略的多位转向和基于可衡量的指标的传播活动。④平衡计分卡可以作为更高阶的组织系统来控制整体策略，它们也可以被用来控制传播策略及措施。在任何情况下，量身定制的解决方案是必要的，因为组织的策略是不断变化的，记分卡和指标必须定期更新和调整。⑤

---

① PFANNENBERG J, ZERFASS A. Wertschöpfung durch kommunikation［Value creation through communication］［M］. 2nd ed. Frankfurt, Germany：Frankfurter Allgemeine Buch, 2010.

② DPRG & ICV. (2011). Position paper communication controlling – How to maximize and demonstrate the value creation through communication. Berlin and Gauting, Germany：DPRG, ICV.

③ KAPLAN R S, NORTON D P. The balanced scorecard：Translating strategy into action. Boston［M］. MA：Harvard Business Press, 1996.

④ PFANNENBERG J. Strategisches Kommunikations-Controlling mit der balanced scorecard［Strategic communication controlling with the balanced scorecard］［M］. PFANNENBERG J, ZERFASS A. Wertschöpfung durch kommunikation［Value creation through communication］. Frankfurt, Germany：Frankfurter Allgemeine Buch, 2010：61-83.

⑤ ZERFASS A. The corporate communications scorecard – a framework for managing and evaluating communication strategies［M］. RULER B V, VERČIČ A T, VERČIČ D. Public relations metrics：research and evaluation［M］. Mahwah, NJ：Routledge, 2008b：139-153.

（三）输入产出评价

除了确定组织特定的价值驱动和适当的指标外，还需要将其整合到一个多角度的传播记分卡上，面临的挑战是结合不同的测量方法以确定支出和评估结果。

而各种社会实证的研究方法可用于测量交流输出（例如，媒体分析、可用性测试、调查）和进行传播的审计及分析内部结构和过程，而对传播输入和支出评估方法进行的试验研究和应用较少。在这里，企业管理的方法，重点是对成本进行核算，对资本支出进行预算，或项目管理采用，例如里程碑和在预算目标基础上的进度评估。然而，在输入测量上明显的赤字仍然需要跨学科研究和共同实践的努力。评估产出的水平，管理研究和管理实践为评估经营业绩提供一般性的方法（例如，销售、利润），实物资产（例如，固定资产、工作资产）和无形资产（例如，品牌、声誉）。特别是无形价值的测量是传播实践的一大障碍，因为目前的方法还没有被标准化。①

综合记分卡、无形价值的评价方法与传统的评价方法，可用于对传播部门绩效进行评估。在传播控制的综合系统需要把这些方法汇集在一起，然后进一步去发展。因此，致力于系统的应用和著名的管理理念及评价方法的连接需要进一步努力，而不是开发新的方法程序和公式。然而，由于不同的概念和个体的学科范式，这样的努力常常失败。②

四、传播评价的实证见解

在组织环境中的传播和测量实践的实证研究有着相当长的历史，从20世纪80年

---

① ZERFASS A. Immaterielle Werte und Unternehmenskommunikation – herausforderungen für das kommunikationsmanagement [Intangible assets and corporate communication – challenges for communication canagement][M]. MÖLLER K, PIWINGER M, ZERFASS A, Immaterielle Vermögenswerte: bewertung, berichterstattung und kommunikation [intangible assets: evaluation, reporting and communication]. Stuttgart, Germany: Schäffer-Poeschel, 2009: 23-47.
② ZERFASS A. Assuring rationality and transparency in corporate communications. Theoretical foundations and empirical findings on communication controlling and communication performance management [M]. DODD M D, YAMAMURA K. Ethical issues for public relations practice in a multicultural world, 13th International Public Relations Research Conference. Gainesville, FL: Institute for Public Relations, 2010a: 947-966.

代初美国的第一个查询方法开始,[1]到目前为止,对测量方法的见解被用于北美洲,[2]拉丁美洲,[3]欧洲,[4]澳大利亚,[5]和亚洲。[6]

在南亚、澳大利亚、新西兰和欧洲等超过60个国家的2 500余名受访者的最近两项调查揭示了传播部门的现状和对于测量方法的评价。[7]在进行2015年的网上调查时,公共服务和政府组织、非营利组织和公司的传播部门的专业人士被问及如何评估和测量组织传播,欧洲的调查结果是从1601个传播专业人士那里得到的,而亚太研究调查了901名专业人士。

一个重要的发现是,整个亚太地区和欧洲的传播部门还没有采用适当的方法来测量传播过程(见表25-1)。在欧洲,通过剪报和媒体反应测量输出仍然是任何类型的组织的主要活动(82.4%),在亚太地区为85.6%。[8]同时,组织忽视了成本(输入)和对组织目标或资源(产出)的影响。事实上,在亚太地区只有56.1%的受访者和欧洲35.6%的传播者对无形或有形资源(产出)的影响进行评估。结果与低水平产出的实施效果是非常有趣和矛盾的,考虑到主要的增值对组织目标的贡献通常被描述为建设无形资产,如品牌、声誉、组织文化。

---

[1] LIKELY F, WATSON T. Measuring the edifice: Public relations measurement and evaluation practice over the course of 40 years [M]. In SRIRAMESH K, ZERFASS A, KIM J, Public relations and communication management: current trends and emerging topics New York, NY: Routledge, 2013: 143-162.

[2] LINDENMANN W K. Research, evaluation and measurement: A national perspective. Public Relations Review, 16(2), 1990, 3-16.

[3] MORENO A, MOLLEDA J C, ATHAYDES A, SUÁREZ A M. Latin American communication monitor 2015. Excelencia en comunicación estratégica, trabajo en la era digital, social media y profesionalización. Resultados de una encuesta en 18 países. [Excellence in strategic communication, working in the digital age, social media and professionalism. Results of a study in 18 countries]. Belgium: EUPRERA.

[4] BASKIN O, HAHN J, SEAMAN S, REINES D. Perceived effectiveness and implementation of public relations measurement and evaluation tools among European providers and consumers of PR services. Public [J]. Relations review, 2010, 36(2): 105-111.

[5] MACNAMARA J. Evaluation of public relations: the achilles heel of the public relations profession [J]. International public relations review, 1992, 15(2): 19-25.

[6] HUANG I C. Gauging an integrated model of public relations value assessment (PRVA): scale development and cross-cultural studies [J]. Journal of public relations research, 2012, 24(3): 243-265.

[7] MACNAMARA J. Breaking the measurement and evaluation deadlock: a new approach and model [J]. Journal of communication management, 2015, 19(4): 371-387.

[8] ZERFASS A. Value-contribution and measurement in strategic communication: an international comparison. Paper presented at the 8th International Forum on Public Relations and Advertising (PRAD), Wellington, New Zealand, January 2016.

表 25-1 传播测量与评价的实践

	亚太地区		欧洲	
	频率	%	频率	%
剪报和媒体的反应	737	85.6	1,257	82.4
关键信息的理解	636	74.4	809	53.6
项目的财务成本	549	64.7	1,021	67.8
（内部）客户满意度	564	66.2	869	57.5
互联网/内联网使用	582	67.8	1,046	68.9
利益攸关者态度与行为改变	559	65.5	690	45.8
对无形/有形资源（即经济品牌价值）的影响	480	56.1	536	35.6
财务/战略目标的影响（即记分卡，策略地图）	467	54.6	590	39.4
流程质量（内部工作流）	403	47.6	577	38.6
项目人员成本	389	45.7	675	44.9

在世界范围内，许多研究表明，专业人士往往忽视了跟踪传播过程的必要性，从开始到产生潜在的经济影响。[1]洞察亚太和欧洲先前的研究：传播部门很少关心用于启动传播进程的资源，利益攸关者的传播活动，以及他们所产生的对实现组织目标的影响。不同的传播活动很少与财务目标联系起来的事实是决定性的和警示性的。基于价值创造的传播在世界各地的大多数公司依然是不可行的，系统应用、管理概念和评价方法仍然是一个关键的挑战与实践。[2]

关于测量和评估的好处，亚太地区和欧洲的传播部门有着推动和管理未来的传播活动测量的洞察（表25-2）。传播部门最经常使用的测量数据还是传统的，用回顾性的方式评价他们的活动的成功，在亚太地区国家（百分之72.8）和欧洲（百分之

---

[1] LIKELY F, WATSON T. Measuring the edifice: Public relations measurement and evaluation practice over the course of 40 years [M]. SRIRAMESH K, ZERFASS A, KIM J. Public relations and communication management: Current trends and emerging topics. New York, NY: Routledge, 2013: 143-162.

[2] ZERFASS A. Value-contribution and measurement in strategic communication: an international comparison [D]. Paper presented at the 8th International Forum on Public Relations and Advertising (PRAD), Wellington, New Zealand, January 2016.

66）①。评估数据往往很少为前瞻性的目的，如规划即将到来的活动（百分之68.5在亚太地区；百分之62.9在欧洲）或为领先的传播团队或指导机构（百分之58.5在亚太地区；百分之43.3在欧洲）。

表25-2　测量数据和洞察的使用

	亚太地区		欧洲	
	频率	%	频率	%
传播活动的成功评估	653	72.5	1,057	66
规划即将到来的传播活动	617	68.5	1,007	62.9
反映传播策略的目标和方向	609	67.6	929	58
向高层管理人员和（内部）客户传播的价值	603	66.9	952	59.5
领先的传播团队和指导机构/服务供应商	527	58.5	693	43.3

总体而言，传播管理和调整策略的数据前瞻能力似乎被今天许多传播部门所忽视②。随着传播人员测量专业意识的缺乏和全球估值方法实施的低水平，测量洞察的过早使用，可以解释为什么多年来记录传播的价值一直是传播管理的重要的问题。这是特别令人不安的，连接组织策略和传播策略仍然是全球传播管理的重要问题。

五、挑战与误解

虽然控制和测量系统的引入可以提高传播部门的表现，但不可忽视存在潜在的消极后果③。

第一个问题，可以追溯到缺乏经验，记分卡的指标体系设计不合理。这种风险是

---

① ZERFASS A. Value-contribution and measurement in strategic communication: an international comparison [D]. Paper presented at the 8th International Forum on Public Relations and Advertising (PRAD), Wellington, New Zealand, January 2016.
② MACNAMARA J. Breaking the measurement and evaluation deadlock: a new approach and model [J]. Journal of communication management, 2015, 19(4): 371-387.
③ RÖTTGER U, PREUSSE J. Communication controlling revisited. annotations to a consolidation of the research agenda on planning and controlling communication management [M]. ROGOJINARU A, WOLSTENHOLME S. Current trends in international public relations. Bucharest, Romania: Tritonic, 2009: 165-184.

关于熟悉的战略管理和营销控制。一个典型的应用流程错误是，传播控制只为特定的传播通道或部门建立，而在之前或之后没有建立一个明确与整体组织目标的连接。没有连续的价值链，许多善意的评价和优化方法退化为一种"验证仪式"①。在这一点上，从业者，顾问和研究人员之间的经验交流，起着重要的作用。学习"最佳实践"有助于避免典型的应用程序错误，并采用有意义的价值链或指标。

第二个挑战是指标体系，测量结果和数字的表面上的客观性。②这些元素不是在所有的一般假设中有效的和成立的。但是涉及到方法和指标的背景下，是很少被质疑的。因此，已经建立的传播工具，可以很容易地进行测量而且往往是被青睐的。创意和新的传播工具，是具有持续竞争优势的重要来源，同样方式的"入境"或传播管理输入功能退居其次，特别是其对基于利益攸关者的监督和倾听的问题的监控策略的调整③。

第三，传播控制的讨论通常是基于两种误导性的假设：认为利益攸关者可以单向影响和组织在传播过程具有可控性。这两个假设在面对现代组织社会学和传播学的研究成果时是不足的④。特别是，正如上面提到的，一个经常被忽视的问题是，传播活动（刺激）并不必然导致接收者态度和行为的变化（反应），因为社会互动成功的结果总是受到所有参与者的利益和战略的影响。到这个程度，影响模型不应该被误解为机制，实证证明和计算模型。相反，这些框架用来描绘因果关系模式，作为传播专业讨论和话语规划的基础⑤。

最后，传播控制不可避免地包括与利益攸关者关系的系统的描述，价值链和传播过程，这可能会导致一种情况，在该情况下，该组织中的变化和组织环境不能被及时察觉，作为政治、社会和经济利益的接口，传播管理需要非常灵活地调整结构、流程

---

① POWER M. The audit society. rituals of verification [M]. Oxford, UK: Oxford University Press, 1997.
② POWER M. The audit society. rituals of verification [M]. Oxford, UK: Oxford University Press, 1997.
③④ RÖTTGER U, PREUSSE J. Communication controlling revisited. annotations to a consolidation of the research agenda on planning and controlling communication management [M]. ROGOJINARU A, WOLSTENHOLME S. Current trends in international public relations. Bucharest, Romania: Tritonic, 2009：165-184.
⑤ ROLKE L, ZERFASS A. Wirkungsdimensionen der kommunikation: ressourceneinsatz und Wertschöpfung im DPRG/ICV-bezugsrahmen [Dimensions of communication effects: resource management and value creation] [M]. PFANNENBERG J, ZERFASS A. Wertschöpfung durch kommunikation [Value creation through communication]. Frankfur, Germany.: Frankfurter Allgemeine Buch, 2010：50-60.

和措施①，这种灵活性是在风险控制时系统进行预防，例如，预算分配。在可能的情况下，新的传播工具仍然缺乏标准化的指标和评价方法，在这一点上，较为清晰的是传播控制在整个组织控制的情况下，必须不断增加多方向的战略扫描②，这是公司管理层监督任务的关键以及调整工具的使用③。

上述挑战不是传播测量的意义、评价与控制。恰恰相反的是，彻底的解决理论基础的问题是必要的，以避免错误的解释。

六、对未来研究的启示

对于传播学和管理科学来说，战略定位和传播控制来说是开放的研究。在理论发展方面，研究人员目前面临的最紧迫的挑战是决定性的，通过传播学的价值创造的整体理论。实证调查表明，几大洲的传播专业人士用多种方式给高管解释他们工作的价值④。从建立声誉，品牌和身份，以获得思想的领导，提高销售，激励员工，防止危机和聆听利益攸关者。大多数方法通过分析传播过程开始。然而，它不是战略传播的能力，而是企业战略的要求，应该维持或创建对于定义的价值观。因此，在讨论有效的传播影响之前，重要的是要开始解释在组织和商业世界中"价值"意味着什么。沿着这一思路，研究人员已经开始工作在一个"大版图"中，通过传播来整合价值创造的框架⑤。我们需要更多的研究来验证和扩大这方面的认识。

更具体来讲，有必要探索传播过程和影响的理论基础，特别是在传播理论和业务

---

① RÖTTGER U, PREUSSE J. Communication controlling revisited. annotations to a consolidation of the research agenda on planning and controlling communication management [M]. ROGOJINARU A, WOLSTENHOLME S. Current trends in international public relations. Bucharest, Romania: Tritonic, 2009: 165-184.

② SCHREYÖGG G, STEINMANN H. Strategic control: a New Perspective [J]. Academy of Management Review, 1987, 12: 91-103.

③ ZERFASS A. Assuring rationality and transparency in corporate communications. Theoretical foundations and empirical findings on communication controlling and communication performance management [M]. DODD M D, YAMAMURA K. Ethical issues for public relations practice in a multicultural world, 13th International Public Relations Research Conference. Gainesville, FL: Institute for Public Relations, 2010a: 947-966.

④ MACNAMARA J. Breaking the measurement and evaluation deadlock: A new approach and model. Journal of Communication Management, 2015, 19(4): 371-387.

⑤ ZERFASS A, VIERTMANN C. The communication value circle. How communication contributes to corporate success [M]. Communication director – european edition, 2016, 11(2): 50-53.

管理（会计和审计）的关系上。迄今为止的研究主要是考虑建设与测量无形价值作为传播的终极目标，但很少讨论如何通过传播来降低成本[①]。应优先考虑进一步解释，传播间接的、隐藏的增值贡献和合适指标的定义，专门去聆听利益攸关者的利益[②]。

最后但同样重要的是，一个国际和比较范围内的实证研究是必要的，尤其是在组织和社会的具体结构中，如中国的新兴市场，案例研究可能为这些地区的传播测量和控制的做法和挑战提供深入的见解。

〔安斯格·策法斯（Ansgar Zerfass），博士，
德国莱比锡大学传播与媒体研究学院教授兼主任；
李鑫（译），华中科技大学新闻与信息传播学院研究生〕

---

① VOLK S C. A systematic review of 40 years of public relations evaluation and measurement research: looking into the past, the present, and the future [J]. Public relations review. DOI 10.1016/j.pubrev.2016.07.003.
② MACNAMARA J. Organizational listening: The missing essential in public communication [M]. New York, NY: Peter Lang, 2016.

主　编　陈先红

副主编　刘晓程　洪君如

编委会成员（按姓氏笔画排序）

　　　　于运全　张明新　张　宁
　　　　何春晖　陈先红　陈怡如
　　　　杨　魁　杨　晨　范　红
　　　　胡百精　刘晓程　洪君如
　　　　姚　曦　游昌乔

公共关系学

Public Relations
Theories for
Contemporary China

中国

主编 陈先红

下

中国传媒大学出版社
·北京·

目录 Contents

上册

序一　发展中国特色公共关系学 …………………………………………… 001
序二　中国公共关系的新里程 …………………………………………… 009
前言　公共关系学的想象：视域·理论·方法 …………………………… 001

第一编　元理论的思考　　001

第一章　公共关系学科的正当性危机 …………………………………… 003
第二章　公共关系的世界观 ……………………………………………… 010
第三章　公共关系的理论范式 …………………………………………… 025
第四章　公共关系学的哲学思考 ………………………………………… 038
第五章　公共关系的公众研究 …………………………………………… 050
第六章　公共关系与公共性 ……………………………………………… 063
第七章　公共关系与权力多样性 ………………………………………… 075

第二编　基础理论　　089

第八章　说服理论 ………………………………………………………… 091
第九章　卓越理论 ………………………………………………………… 105

第十章　对话理论…………………………………………………………… 133
第十一章　关系管理理论…………………………………………………… 166
第十二章　公共信任理论…………………………………………………… 180
第十三章　公众情境理论…………………………………………………… 203
第十四章　危机传播理论…………………………………………………… 223
第十五章　声誉管理理论…………………………………………………… 236
第十六章　权变理论………………………………………………………… 254
第十七章　框架理论………………………………………………………… 264
第十八章　议题管理理论…………………………………………………… 279
第十九章　组织传播理论…………………………………………………… 294
第二十章　媒介事件理论…………………………………………………… 312
第二十一章　消息来源理论………………………………………………… 332
第二十二章　公共关系学的性别研究……………………………………… 345
第二十三章　政治传播和公共关系………………………………………… 358
第二十四章　公共关系和社会资本………………………………………… 371
第二十五章　战略传播的测量、评估和控制……………………………… 390

下册

第三编　方法论　411

第二十六章　公共关系研究的方法论……………………………………… 413
第二十七章　公共关系研究与评估的标准化……………………………… 422
第二十八章　公共关系效果评估研究……………………………………… 438
第二十九章　公共关系与社会网络分析法………………………………… 452
第 三十 章　建构型案例研究法…………………………………………… 466
第三十一章　批判话语分析………………………………………………… 498
第三十二章　公众咨询方法………………………………………………… 518

第四编　应用研究　　　537

第三十三章　华人公关专业主义 539
第三十四章　公关职业伦理 546
第三十五章　政治公共关系 568
第三十六章　国家形象研究 586
第三十七章　公共外交研究 605
第三十八章　国家公共关系研究 617
第三十九章　政府形象管理 630
第 四 十 章　科学传播研究 642
第四十一章　风险传播研究 654
第四十二章　企业社会责任研究 665
第四十三章　企业内部公关 692
第四十四章　性别与公共关系 707
第四十五章　公关素养研究 724
第四十六章　整合营销传播理论 738
第四十七章　形象修复理论 757
第四十八章　品牌理论 774
第四十九章　抗争型公共事件研究 793
第 五 十 章　情境危机传播研究 827
第五十一章　媒介化危机与危机公关 846

主要作者简介 861
后　　记 871

第三编

方法论

第二十六章 公共关系研究的方法论

公共关系正快速地从一项学术主流外的专业课程蜕变成为一个自成一体的学术领域。有越来越多的学者从不同的视角关注并研究公关方面的议题，并开始对公关学科在身份认同、世界观及理论方面进行系统性的思考、建构、梳理与整合（Botan & Taylor, 2004; Heath, 2001; Pasadeos, Berger, & Renfro, 2010）。一门成熟的学科不但需要有其独立及完整的理论体系，还要有一套与之相应的研究方法。相对于同时代的其他新兴学科（例如认知科学和行为经济学等）而言，公共关系领域的学术研究在研究方法使用上显得更为驳杂及多元。此现象不但源于这个领域极强的专业应用性，也同时体现了它跨学科、融学科的特点。本章从公关研究的科学性及实用性角度出发，旨在方法论层面上对公关研究做一个系统性的梳理，同时也就其融学科的特性提出一个相应的研究方法范式。

一、研究方法、研究范式和方法论

一个研究领域的凝聚力来自于一群研究者在兴趣及选题上的相似性及相关性。而一个学术领域的形成则需要整个研究群体在世界观及认识论层面上的共识与统一。一个研究者在面对一个研究问题时所选择的解决方法不但受其训练及经验积累的影响，也同时能反映这个研究者的世界观。因此，一个学术群体在研究方法上的一致性和系统性往往被看作是衡量一个"研究领域"迈向一个"学术领域"的重要标志。

对于学术研究方法的系统性探讨（方法论）主要可以分成"方法"（Methods）和"范式"（Paradigm）两个层面。方法层面的讨论主要着重于对各种研究工具之特性及优缺点的描述和评判。每个学科往往也会因自身的特点及需要对各种研究方法的操作流程、样本采集、测量精准度和数据分析订立不同的标准。例如在社会科学领域里，实验、问卷调查和内容分析等研究工具往往被归为"量化研究方法"；访谈、民族志和话语分析则被归类为"质化研究方法"。在社会科学范畴,"量化"不只是指对数字和统计的使用,更体现在研究者对学术概念的系统性描述(Explication),和在为其制定操作定义(Operationalization)及测量标准(Measurement)过程中的科学性与规范性(Chaffee, 1991)。在某些人文研究领域里,一个研究只要运用到数字和统计就已经属于"量化"了。而在一些自然和工程科学领域,任何以非仪器采得的测量数据则都不符合"量化"的标准。由此可见,研究者群体对研究方法的标签及分类是相对的,并没有一个绝对统一的标准。研究方法层面的核心是研究手段本身的特性和操作过程,以及研究手段与研究目的之间的匹配。在这个层面上,就单个研究课题而言,研究手段的选择是一个实用性的问题。需要研究的问题决定研究方法。

方法论的第二个层面是研究范式。范式是指一个研究者群体围绕某一学科或专业在理论或方法上的共同信念。这些信念决定了研究者的基本观点,思考模式,及理论前提。可以说研究范式是一个学术群体所持有的世界观的直接体现。例如,在人文及社会科学领域里,"实证主义"(Positivism)和"解释主义"(Interpretivism)是最常见的两个对立的研究范式。这两者之间的区别远远超出两个学术群体间在研究手段选择及应用上的差异,而反映的是他们在哲学思想层面对人类世界看法的分歧。前者认为人类社会是客观物质世界的一部分,所以对于人类社会及行为的研究应该也必须借鉴自然科学的研究范式,追求研究的客观性及科学性,并排斥研究过程中研究者本身持有的看法与偏见。而后者,源于唯心论,主张人类对世界的体验并非是对外界物质世界的被动感知与接受,而是主动的认识与解释。因此,对于人类社会及行为的研究必须结合研究者本身的经验和认知。一个学者所信奉的研究范式往往受到其自身的世界观以及理论学派传承的影响。与研究方法层面不同,研究范式层面的核心问题不是研究方法的实用性和适用性,而是研究方法与理论方向乃至整个学科的世界观之间的匹配性。

研究方法和研究范式虽然息息相关,但它们之间的相关性并非必然。很多人文及社会科学领域的研究者常常把质化研究看作是解释主义的代表,而把量化研究等同于实证研究。这种理解并非正解。例如,一个研究者可以通过随机抽样来进行样本采集,然后通过话语分析法呈现研究结果,也可以就某个单一事件或文本进行大量的量化数据收集并进行统计分析。前者是一个秉承实证研究范式的质化研究,而后者则是一个采用量化研究手段的个案解释性研究。在公关研究领域,一个与此相关的经典案例就是"卓越理论"的研究及发展(Grunig, 1992 & Dozer, 2002; Grunig, 2008)。

James Grunig 和他的研究团队用15年的时间对327个机构各个层次的人员做了抽样调查和深度访谈。虽然量化和质化的研究手段在同一研究中都被灵活使用，但整个研究的框架及设计是遵从了典型的实证研究范式的。

二、公关研究方法论面临的两大挑战

研究理论和研究方法论的梳理及整合是一个学科走向成熟的必经之路。自从公关领域在1975年有了第一本属于自己的学术期刊 Public Relations Review 以来，不断有学者对公关研究的理论发展进行系统性的回顾、梳理及整合（Botan & Hazleton, 1989; Botan & Taylor, 2004; Ferguson, 1984; Meadows & Meadows III, 2014; Pavilik, 1987; Pasadeos, Renfro, & Hanily, 1999; Sallot, et al., 2003; Vasquez & Taylor, 2000; Ye & Ki, 2012）。这些研究显示，虽然就整体而言，大部分公关研究仍然缺少理论贡献，但从历史眼光来看，公关领域的理论性研究逐年显著增加。在1975—1984年期间，只有3%的公关研究涉及理论；而到了2005—2013年，理论性研究已经占到37.8%（Meadows & Meadows III, 2014）。陈先红和李贞芳（2015）以调查法、内容分析法和实验法三种社会科学定量研究方法对 Public Relations Review 和 Journal of Public Relations Research 中的214篇文献进行内容分析，以探讨定量研究方法对公共关系理论发展的贡献。她们发现有78%的量化研究使用了某个理论或理论概念，这其中又有38%的研究做出了理论贡献。不可否认，公关研究在理论建构层面上已经开始趋于成熟。

然而公共关系要从一个以实用性研究为主导的研究领域成为一个自成一体的学术领域，仅有理论的建构是不够的。它必须要发展出一套从世界观、理论范式、研究范式，一直到具体研究手段都有连贯性并且可以自圆其说的研究体系。随着公关研究中理论性研究的比例不断提高，研究者也不可避免地要跳出方法论就研究工具层面的讨论，而面对在研究范式层面的两个挑战。第一个挑战来自于公关研究自身的应用性本质。大部分应用性公关研究所需解决的问题对理论建构并没有很强的要求。大量的公关研究仍是以研究议题为主导。Meadows & Meadows III（2014）对 Public Relations Review 和 Journal of Public Relations Research 这两本公关研究最核心的学术期刊过去39年发表的725篇研究性论文进行了历史性回顾，发现其中只有不到半数的论文系统性地描述了研究程序和手段。也就是说，近半数的论文在研究范式上并没有系统性的标准，而仅仅着重对单个事件或组织的分析和评判。它们既不追求实证研究范式所崇尚的客观性和普遍性，也不会顾及解释性研究范式所注重的研究情境和视角。此类研究以单个而言虽然可能有较强的实用性和及时性，但从学术领域整体来看缺乏系统性及研究方法范式。

公关研究方法论的建立还有另一个挑战：跨学科性。在学术范畴，公关研究一贯被认为是传播学的分支（Grunig & Grunig, 1992）。但因为传播学本身是一个兼容了心理学、社会学、人类学和文化研究学理论体系的跨学科领域，公关研究也同时继承了传播学所面临的研究范式之间的对立冲突。Meadows & Meadows III（2014）发现在177篇有理论性的研究论文里引用了多达87个不同的理论或研究模式。公关研究的多元性可见一斑。其他的系统性文献回顾也显示公共关系学术研究的方法取向包括了社会科学、修辞学、批判/女性主义和文化方法几大类（Botan & Hazletong, 1989; Sallot, et al., 2003）。然而，在研究范式层面上，社会科学取向的研究大多采用实证主义研究范式；而修辞、批判及文化取向则是解释主义范式的代表。这两种范式在世界观层面是冲突对立的。而且，因为公关研究者群体人数和学术期刊较少的特性，公关研究在范式层面上存在的自相矛盾的缺点就显得尤为突出。秉承对立范式的研究往往会出现在同一个学术刊物甚至同一期里。这不免使公关研究的学术期刊在方法论上显得驳杂无序。

三、实用主义：适合公关研究的方法论体系

面对研究范式层面的挑战，公关研究应该何去何从？公关研究的科学性究竟应该体现在哪儿？公关研究能否发展出科学性和应用性共存的方法论体系？本章就这些问题提出以下具体的看法和建议。

（一）重新思考公关研究的"科学性""科学研究"（Science Research）和"有科学性的研究"（Scientific Research）之别

"科学研究"是一种以追求客观真理和创造知识为最终目的的科学哲学观，而一个研究是不是具有"科学性"则要究其过程及手段是否符合科学研究的标准。因此，科学研究必然具有科学性，但有科学性的研究不一定是科学研究。很多研究者把针对人类社会及行为的观察和研究定义为"科学研究"，并且以从科学哲学观衍生出的实证主义范式作为衡量"科学性"的唯一标准。这种价值观有其片面性和局限性。有很

多自成体系的学术研究领域，例如艺术、音乐、文学、法律、历史、哲学等等，与人类社会活动及行为息息相关，但都不是"科学"，也并不以"科学性"来衡量其研究的质量及社会影响。而一些给人类社会带来极大的贡献的应用性学科，例如医学、工程学科、商务管理等等，虽然有极强的科学性，但在严格意义上并不属于"科学"的范畴。这类研究的本质不是追求真理及创造知识，而是解决问题，因此也不会刻意信奉"实证主义"的研究范式。由此可见，盲目地为追求"科学性"而把一个研究领域局限在"科学研究"的框框里是一种短视的做法。

从研究目的及性质来看，公关研究的应用性是不可否认的。公关研究的价值也来自于它的实用性。虽然公关研究的理论体系源于社会科学，但这个领域的研究目的及本质更接近于商务管理学及工程学。所以在追求研究科学性的同时，公关学者应该跳出传统社会科学的束缚，并在理论和方法上借鉴其他已经成熟的应用性学科。例如，就公关效果检测这一研究课题而言，管理学和工程学领域里常用到的系统论和标准化研究范式可能要比传统的社会科学研究方法更为适用。

（二）摒弃传统人文社会学科所遗留的"实证主义"与"非实证主义"之争，寻求适合公关研究的世界观及研究范式

公共关系要从一门专业学科走向一个学术研究领域，必需建立一套完整的方法论。而现实是其研究在研究范式层面上缺乏共识。研究范式之间的冲突并不是公关研究所独有的。在面对这个问题时，大多数学科往往会通过创建新的学术机构、组织、分支或学术期刊来保持其研究领域内部的一致性及系统性。然而，对于一个研究者群体不大的新兴学科而言，这个做法无疑是不利于发展的。因此，公关研究者应该寻求一个能包容其跨学科的多元研究方法体系但又能充分反映其科学性的研究范式。公关学者需要摒弃传统社会科学领域里遗留下来的"实证主义"和"非实证主义"之争。这个争议来自于北美学派社会科学研究者从20世纪初起在身份认同、世界观、理论建构及方法范式各个层面上向自然科学靠拢的理想和追求。对具有应用性研究本质的公关研究而言，这个争议的意义不大。

先前提到，公关研究应该跳出传统的社会科学范畴并更多地借鉴于应用性学科的世界观及研究范式，既要有科学性和系统性，又要保留实用性和兼容性。一个与之相符的哲学观点是"实用主义"（James, 1890; Peirce, 1992; Rescher, 1977, 2000）。实用主义起源于18世纪中末期的美国，以皮尔士、威廉·詹姆斯及杜威为代表人物，并

由胡适最早带入中国。实用主义在本质上是唯物的,但并不排斥唯心的观点。它以任何事物及行为对具体人类生活带来的价值为标准来确定其存在的意义。实用主义与实证主义的最大不同之处在于它们对真理的态度。实用主义者不认为学术研究的最终目的是探索、发现及描述真理,而是预见、改变和创造现实。实用主义认为理论只是对行为结果的假定总结,是一种工具,是否有价值取决于它能否使行动获得成功(Peirce, 1992)。实用主义的贡献在于它在形而上的层面上根本解决了当代哲学理性主义及经验主义的分歧。它的产生不仅令美国的现代学术研究打破了自古希腊以来重科学而轻技术的偏见,而且提升了如工程学及管理学等应用性学科的学术地位。

有实用主义取向的研究既不刻意追求自然科学所崇尚的以证伪而求真的原则,也不过度重视实证研究范式所提倡的研究结果的普遍性。实用主义研究的重点在于其方法的适用性和有效性,以及其手段的可操作性和可重复性。任何思想或行动如果不能取得实际效果,就毫无价值可言。实际效果是判定任何思想和行动意义大小的标准。为了产生满意的效果,实用主义研究者应当勇于创新,并采用多种不同的方法和手段。从实用主义的角度看,要提升公关研究的学术价值和地位,理论体系的建立及整合固然必不可少,但为追求纯理论性研究而盲目放弃公关研究的实用性价值效果可能会适得其反。当务之急是在公共关系研究议题的选择、研究方法的取向以及研究结果的展示这几个方面进行整合,以使公关研究对人类社会更有实用价值。因此,公关研究者不必太纠结于量化研究和质化研究之分,而更应该重视并清晰地表达其研究目的及实用意义。公关领域的学术期刊则必须更严格地审核其论文中对研究过程、工具和结果的描述。

(三)充分利用公关研究跨学科、融学科的特点,借鉴和引进前沿新兴学科的研究方法

实用主义可以让学者群体用正面积极的态度对待公关学科在研究方法上的多样性,在追求研究"科学性"的同时不拘泥于"科学研究"的范式。一旦跳出传统社会科学领域对研究范式所设定的框框,公关研究者在面临一个研究问题时就不再局限于"量化研究"及"质化研究"的二元对立,而是"有什么更好的研究方法可以解决这个问题"。这种开放性、实用性的观点能使研究者充分利用公关研究跨学科的特性来借鉴和引进一些前沿学科的研究方法。Turnbull(2003)就提出公关研究更应该关注行为经济学、神经科学、网络分析法等前沿学科的发展,并及时地引入这些领域的研

究发现和方法。Himelboim, etal.（2014）也认为公关学者可以利用社交网络的分析方法来更好地研究公众和企业组织之间相互依存的关系以及公关信息对维护这种关系所起到的融合剂作用。

受到近年来计算机研究领域突破性进展的带动，很多一些原来只有在尖端科技领域才能用到的研究工具对人文及社会科学研究者来说已经不再遥不可及。网络数据挖掘及大数据分析已经开始被大众传播、社会心理，甚至音乐、文学等研究领域接纳和应用。对于公关学者而言，这些工具也具有极高的实用价值。例如，传统人文和社会科学研究一般把语言分析看作解释主义及质化研究的方法范式，因此对文字样本的代表性及分析方法的客观性没有特别要求。然而，公关研究中对文字语言的处理分析则往往是出于实用性需求，必须注重系统性及科学性。特别是在公关传播效果的研究里，如何大量、客观、及时并且系统性地对传播信息进行处理更是一个难题。而网络数据挖掘、文本数据分析及人工智能研究正是解决这个难题的有效工具。

四、总结

本章针对公关研究的应用性本质及融学科的特点对其方法论进行了分析和梳理。从实用主义的观点来看，公关学术领域中研究方法多元驳杂、多种研究范式共存一体的现象并不是它的缺点，也不应该被看作是非科学性的标志。公关研究的科学性应该体现在它对人类社会带来的实用价值及贡献方面。公关学者群体应该摒弃传统人文及社会科学之间的世界观之争，充分利用其跨学科研究视野的优势，积极主动地借鉴应用科学领域的研究方法和工具来提高研究的实用价值。而公关领域的学术期刊则需要通过制定和执行更严格的论文审核标准（如对过程、工具和结果的描述）来提升这个学术领域总体的科学性和规范性。

参考文献

1. BOTAN C, HAZLETON V. Public relations theory［M］. New Jersey：Erlbaum, 1989.

2. BOTAN C H, TAYLOR M. public relations：state of the field［J］. Journal of communicatin, 2004, 54(4).

3. CHAFFEE S. Explication：communication concepts［M］. CA：Sage, 1991.

4. FERGUSON M A. Building theory in public relations: inter-organizational relationships as public relations paradigm [C]. The annual conference of the association for education in journalism and mass communication, 1984.

5. HIMELBOIM I, GOLAN G J, MOON B B, SUTO R J. A social networks approach to public relations on twitter: social mediators and mediated public relations [J]. Journal of public relations research, 2014, 26(4): 359-379.

6. JAMES W. Principles of psychology [M]. Cambridge, MA: Harvard University Press, 1890.

7. GRUNIG J E. Excellence in public relations and communication management [M]. New Jersey: Erlbaum, 1992.

8. GRUNIG L A, GRUNIG J E, DOZIER D M. Excellent public relations and effective organizations: a study of communication management in three countries [M]. Mahwah, NJ: Lawrence Erlbaum Associates, 2002.

9. GRUNIG J E. Conceptualizing quantitative research in public relations [M] // RULER B V, VERCIC A T, VERCIC D. Public relations metrics: research and evaluation, New York; London: Routledge, 2008.

10. MEADOWS C. MEADOWS C W. III. The history of academic research in public relations: tracking research trends over nearly four decades [J]. Public relations review, 2014, 40(5).

11. PAVLIK J. Public relations: what research tells us [M]. Newbury Park, CA: Sage, 1987.

12. PASADEOS Y, RENFRO R, HANILY M. Influential authors and works of the public relations scholarly literature: a network of recent research [J]. Journal of public relations Research, 1999, (11)29-52.

13. PEIRCE C S. The essential peirce: selected philosophical writings: volume 1(1867-1893) [M]. Nathan Houser and Christian Kloesel(eds.). Indiana University Press, Bloomington and Indianapolis, 1992.

14. RESCHER N. Methodological pragmatism [M]. Oxford: Blackwell, 1977.

15. RESCHER N. Realistic Pragmatism [M]. Albany: SUNY Press, 2000.

16. SALLOT L, LYON L, ACOSTA-ALZURU C, JONES, K. From aardvark to zebra:

a new millennium analysis of theory development in public relations academic journals [J]. Journal of public relations research, 2003(15).

17. TURNBULL N. Five hypotheses on an epistemology of public relations [J]. Asia-pacific public relations journal, 2003, 4(2).

18. VASQUEZ G M, TAYLOR M. Public relations: an emerging social science enters the new millennium [C]. Communication Yearbook, 2000: 24.

19. YE L, KI E-J. The status of online public relations research: an analysis of published articles in 1992-2009 [J]. Journal of public relations research, 2012, 24(5): 409-434.

20. 李贞芳，陈先红，江丛珍. 公共关系定量研究中的理论贡献的方式——对《PR Review》《PR Research》中定量研究论文的内容分析 [J]. 国际新闻界. 2012（5）.

（姚正宇，美国伊利诺伊大学厄巴纳—香槟分校查尔·H.桑德奇广告学院副教授）

第二十七章 公共关系研究与评估的标准化

在公共关系学的领域中,研究与评估扮演着至关重要的角色。提及"研究",不少公共关系从业者似乎面露难色。事实上,在实践中,为了向客户展示项目对受众产生的影响,公共关系从业者总是或多或少地涉及一些研究,比如统计新闻稿发放的数量,或是去了解有哪些媒体报道了相关事件。这两者都属于非正式研究方法。非正式研究方法可以帮助我们了解特定的客户或项目,但并不能为更广泛的公共关系实践提供有效的信息。对于现当代的公共关系活动与项目而言,对其效能的评估已不仅仅局限于列数其所制造出的信息产物,比如宣传手册、新闻稿等,更重要的是要衡量其对企业或组织盈利所产生的作用。这就需要我们对公共关系的研究与评估从非正式为主导进阶到以正式研究方法为主导,并从社会科学研究的角度来系统地了解其各个项目与功能对组织及受众带来的影响。

那么,究竟什么是"研究"?在《公共关系评估与研究辞典》中,研究被定义为"传播活动前、活动中和活动后所进行的系统化作业,目的为发掘并收集有关目标议题、需求或问题的事情或意见"[1]。可以说,研究与评估贯穿于公共关系管理过程的各个阶段。正如美国公共关系学者Donald K. Wright (1998) 所指出的,研究是公共关系实务中不可或缺的一部分。[2] 公共关系从业人员通过研究为他们的传播战略、传播问题咨询以及战略与行动,提供方向和有效支撑。正可谓如果没有研究,公共关系作为策略传播的"策略"性就无法实现,其效能也无法得到验证。在当今社会,公共关系已由传统的技术职能转变为了管理职能,而研究与评估在其职能的转型过程中功不可没。管理决策总是受到组织内外各个不同因素的影响。在此过程中,我们势必要收

---

[1] STACKS D W, BOWEN S A. 公共关系评估与研究辞典 [M]. 洪君如,陈怡如,译. 美国公共关系研究机构效益评估理事会,2013.
[2] WRIGHT D K. Research in strategic corporate communication [M]. New York: The Executive Forum, 1998.

集数据信息对不同因素进行分析。从这个角度来说,我们不妨把研究及数据理解为一种不间断的回馈和传送过程——严谨的研究和准确的数据可以帮助我们更有效地评估和衡量公共关系项目的效能,从而帮助我们更好地预测其成效。

近年来,公共关系行业成效及管理职能日渐得到重视,对于公共关系研究与评估标准化的呼声亦在学术界和业界日益高涨。[①]标准给予我们在衡量方法中所具备的表现等级,以用于进行比较评估。[②]通过标准,我们得以了解公共关系项目是否达到了既定的层级,从而树立相关的基准,以用于衡量其计划、执行与评估考量是否正确、有效。因此,研究与评估的标准化可以帮助我们通过与基线和基准的比较,更有效地评估、考量公共关系项目所产生的影响,从而进一步推动公共关系学科与行业的发展。

本章从三个方面阐述了公共关系研究与评估的标准化,讨论了标准化的重要性和必要性,并就标准化提供了相关的理论与实证模型支持。首先,我们论述了公共关系评估与分析的标准化,介绍了公共关系的目标、受众、传播生命周期(BASIC模型),以及衡量的信度和效度。我们同时梳理了数据与测量层级,并对公共关系项目的产出、涉入和成效进行了辨析。其次,我们着眼于公共关系项目效能评估的标准化,从传播生命周期出发,论述了标准化对于公共关系项目发展阶段、精进阶段以及评估阶段的作用。同时为了就评估的标准化提供可行性方案,我们介绍了几种公共关系评估模型,如期望达标率/投资回报率模型和卓越金字塔及其实践分析案例。最后,我们对公共关系研究与评估伦理的标准化进行了梳理。

一、公共关系评估与分析的标准化

在公共关系评估与分析中,标准化具体指什么呢?在公共关系研究中,为什么标准化如此重要?美国公共关系行业研究者David Michaelson与公共关系学者Don W. Stacks(2011)曾指出,尽管学者和从业者已经意识到在公共关系研究中测量和评估的重要性,但是它们还未得到进一步完善和发展。[③]在《牛津词典》中标准化被如此定义:标准指一个得到公共广泛认证的概念,在评估时起到校准作用。Stacks

---

[①][③] MICHAELSON D, STACKS D W. Standardization in public relations measurement and evaluation [J]. Public Relations Journal, 2011, 5(2).

[②] STACKS D W, BOWEN S A, 公共关系评估与研究辞典 [M]. 洪君如, 陈怡如, 译. 美国公共关系研究机构效益评估理事会, 2013.

(2016)指出,优秀的实践须基于已建立的标准之上,并且符合其规范。[1]其中研究人员需要注意的是,这些标准以及规范并不是一成不变的。比如,在大多数国家,长度计量标准是公尺制。然而,有些国家却使用不一样的长度计量单位。如果要在使用不同长度计量单位的国家间做长度的比较,我们就需要把计量单位标准化(比如中美之间,英里就应该转化成米再做比较)。

同理,传播策划项目的标准化可以为评估其绩效和执行情况提供标杆,从而更准确地预测得失成败,并和业内的其他项目进行横向比较。通过建立和使用标准,公共关系从业人员可以准确地知晓当前的决策和策划案是否得到准确得当的布置、执行、定位以及评估。随着学科的发展,公共关系的主要角色已经从单纯的传播、曝光发展到承担市场营销和顾问的职能。这样的转变更为标准化的发展提供了前提和需要。现如今公关从业者亟须向客户和市场证明公共关系的提升能够直接地正向影响相关的商业财务指标。正因为大量的公共关系项目和策划关注于商业转化值,协调公共关系和财务指标之间的关系变得更为重要。

(一)公共关系的目标

任何公共关系的改变和提升都从设立目标开始。美国公共关系学者Broom和Dozier首先指出公关策划中所设立的任何目标都必须能够被量化。[2]也就是说,当设立短期目标时,从业者必须要有全局观,能预见整个项目的终极成果。Stacks更进一步指出,公共关系的短期目标应该依照信息层面(即相关信息是否被传达和准确被唤起)、动机层面(即是否符合情感认知,起到行为助推作用),以及行为层面(即是否最终促使改变行为)依序设立并进行不间断的评估。[3]

(二)公共关系的受众和传播生命周期(BASIC模型)

分析受众和相关利益群体在建立和改善公共关系项目的过程中也起到至关重要的作用。对此,由Michaelson和Stacks提出的BASIC模型(见图27-1)可以帮助我们更好地从"传播生命周期"(communication lifecycle)角度来分析公共关系的建立和优化。BASIC模型通常应该在项目建立实施前使用,从而从传播学角度评估目标群

---

[1][3] STACKS D W. Primer of public relations research: third edition [M]. New York: Guilford Press, 2016.
[2] BROOM G M, DOZIER D M. Using research in public relations: application to program management [M]. Englewood Cliffs, NJ: Prentice Hall, 1999.

体和相关利益群体的现状。比如,目标群体是否对项目目标有所认知?如果是,他们是否掌握足够的相关信息以改变认知并做出相关决定?同时,这一项目及其目标受众是否有直接相关性?受众是否会做出实质性的行为改变?最后,他们是否会成为该产品或品牌的拥护者与推广者?值得注意的是,BASIC模型是一个无尽的循环。在这个循环中可能会有新的目标产生,从而导致受众的具体认知和信息知识产生改变。随着时间的推移,一个产品或品牌的拥护者也可能不再支持该产品,那受众的认知也可能就此改变,并需要重新定义哪种信息可以被界定为认知或知识。

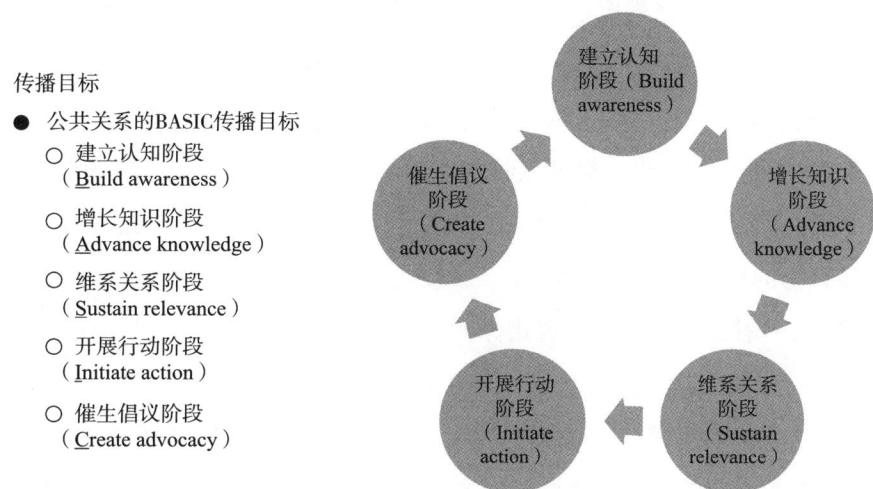

图27-1 BASIC模型(译自Stacks,2011;Michaelson & Stacks, 2014)

(三)公共关系测量(measurement)的标准化

在之前的段落里,我们多次强调公关必须被量化的重要性。那我们该如何测量公共关系和其变量?接下来我们会介绍几个与测量紧密相关的核心概念。

1. 产出(Output)、涉入(Outtake)与成效(Outcome)

在具体深入到测量之前,我们想先强调数据在公共关系实践和研究中的重要性。有战略性的公共关系必须扎根于数据。有了数据我们才能:(1)建立基线(Baseline)和基准(Benchmark),以检测公关活动是否正中目标,以及是否和先前基线预期的相一致;(2)准确判断在活动中布置的相关策略是否有效;(3)进一步制订计划,以使受众的感知和行为达到量变或质变。正如先前提到,在策划案中所有制定的目标必须和最终追求的成效紧密关联。而目标则可以被量化成三种不同的数据:产出、涉入与成效。

Stacks和Bowen在《公共关系评估与研究辞典》中是这么定义"产出"的:"公共关系项目或活动制造出的信息产物,这类产物由目标受众接收并分析后,可能改变受众的感知(如其感觉、思考、认知或信念)进而影响受众对信息的涉入;传播产出过程的最终阶段就是散播制造出的信息产物(手册、新闻稿、网站、演说,等等)。"① 在传播生产流程中,产出经常被量化成类别数据,比如是否有传播产品或服务产出(有/无),或者连续数据,比如传播或服务产品的具体数量(以社交媒体为例,微博点赞数、转发量、评论量等)。这些数据为公关从业者提供信息,如某一品牌的传播能力,或是受众对其的知晓程度、记忆程度,等等。涉入或涉入状况则比产出更进一步,可以衡量受众对传播产品的了解、注意和/或回应程度。受众对接收到的传播产品的反应,包括对产品的喜好、对产品信息的回想或记忆,以及受众是否思考到或响应提供的信息或推广的行动,都可以收集成为数据做统计分析,以帮助鉴定和优化公关策划。成效指的是"公共关系活动或项目引发的影响,即受众在认知、知识、态度、意见和行为的可量化改变程度"②。成效既可以是短期的,也可以是长期的。

数据或数字往往能反映绩效关键指标。公关人员若长时间追踪,就能得知公关项目、计划呈现出的特定绩效项目或活动的持续性结果。虽然我们在此强调数字的重要性,但这不等于每一个数字都有意义。数据/数字本身并无意义,只有当研究人员或具体实践操作者通过叙述性统计或者推论性统计对这些数字进行归类分析,才能把简单的1、2、3、4……为我们所用。那在公共关系实践中我们怎样才能获取数据?这就必然离不开测量。

2. 测量的概念

测量是一个观察的过程,在其中研究人员会对可见以及不可见的事物进行比较和排序。③ 比如,最简单来说,新闻通稿A比B篇幅长,男性比女性对某产品更感兴趣,有某特性的受众更有可能参加某活动,等等。在公共关系领域,科学测量可以帮助我们了解人们的行为及促成此类行为的因素。在公共关系的角色从微观操作转为宏观决策的今天,测量可以帮助从业者更好地树立和呈现公共关系的实际价值。

科学的、有条理的测量必须符合精简的特点。研究人员如何定义被测量的事物或变量决定了我们是否可以精简地解释被研究对象,以及我们应该具体应用哪种统计分析方法。举个例子,当我们说A是大客户,B是小客户,这样的测量就不是科学的方式,不

---

①② STACKS D W, BOWEN S A. 公共关系评估与研究辞典[M]. 洪君如,陈怡如,译. 美国公共关系研究机构效益评估理事会, 2013.

③ STACKS D W. Primer of public relations research: third edition [M]. New York: Guilford Press, 2016.

够精简。"大"和"小"在这里难以定义和解释。科学的测量方法可以很好地解决这类由不准确的文字描述所引起的问题。尽管公共关系领域的测量有时会和经济以及自然科学指标相关，如变量GDP（国内生产总值）和MPH（每小时英里数），但是大多数情况下，公共关系的测量更多和"软性"变量息息相关，如态度、信仰、价值观等。

3.测量的层级

不一样的观察测量方式会帮助我们获得不同种类的数据。总体来说，测量的层级可以分成四等：名目测量（Nominal）、序位测量（Ordinal）、等距测量（Interval）、定比测量（Ratio）。这四种测量方式在公共关系研究和实践中都得到了广泛的应用。其中前两种测量层级（名目测量和序位测量）可以归类为类别测量，以获取类别数据（Categorical Data）；后两种（等距测量和定比测量）则可以归类为连续测量，从而获取连续数据（Continuous Data）。类别数据相对比较简单，而连续数据更为复杂。连续数据可以进一步被整理成为类别数据，但是，反之则行不通。

（1）类别测量

类别测量在直观上把观察到的信息划归不同的种类。研究人员通过系统化的方式定义信息类别，明确指出分析单位，并将信息分解为固定的成分（类别），形成可度量的判定结果。[1]名目测量是类别测量中最基本的方式。在观察测量过程中，研究人员仅仅对信息进行归类而不做出排序或区分优劣等分析。常用的名目测量可以观测性别、种族等变量。在区别分类的基础之上，如果研究人员需要对观察到的信息进行进一步排序，则需要用到序位测量，比如年龄大小和收入高低。需要注意的是，类别测量方式所包含的选项必须具有唯一性，不能和其余选项相重叠。

（2）连续测量

与类别测量比，连续测量则相对复杂。在进行连续测量时，我们设定每一个选项和分类之间是等距排列的，并且所有数据呈现为一个连续统一体。比如，年龄可以用等距测量来观测。1岁和2岁的差别为1个数量单位，因此1岁和35岁之间的差别为34个数量单位，以此类推。在使用等距测量时，我们不仅能比较观察到数据的大小，还可以比较等距尺度测量值之间的差别。等距尺度测量值可以相加和相减，其结果仍然有意义。使用等距测量得到的数据可以被简化成低等级的类别测量数据。比如测量年龄这一变量，我们可以通过询问具体年纪这样的等距测量方式得到等距数据，这些

---

[1] STACKS D W, BOWEN S A. 公共关系评估与研究辞典［M］. 洪君如，陈怡如，译. 美国公共关系研究机构效益评估理事会，2013.

数据又可以进一步被转化成为年龄大或者小这样的类别数据。定比测量则比等距测量更上一层，只有当一组连续的等距分布的数据拥有一个绝对的0点时，定比测量才能够成立（有些等距数据也拥有0点，但这一0点多为人为设置，比如零度、零岁）。定比数据中的0点则自然存在，比如在电视节目点阅率中（0–7），0即表示无人收看，或在微博点赞量中（0–100），0表示无人点赞。

4.衡量的效度（Validity）和信度（Reliability）

在量化测量数据时，测量量表是必用工具。其效度和信度对数据质量和最终结果起到至关重要的影响。一个不准确的测量量表会导致公关从业者对市场、受众、舆论等做出错误的认识，制订不适宜的项目计划，甚至最终造成重大的商业失败，导致客户名利双失。正如我们先前提到，因为公关的特定职能，我们测量的变量往往较为抽象。因此，建立和选择高信度和效度的测量工具在公共关系研究与实践中显得尤为重要。

（1）效度

效度指的是研究计划是否能够实际测量到意欲测量或应该要测量的变量。测量效度用以反映某测量量表实际衡量所欲测量对象的确实程度。在实践中，效度直接关系到我们如何定义所测量的变量，并进行准确观测和量化。效度一共有四个维度，包括表面效度（Face Validity）、内容效度（Content Validity）、建构效度（Construct Validity）及效标关联效度（Criterion-related Validity）。这四个维度层层递进。表面效度根据研究者对于受测概念的知识实施测量，属于最低阶的效度测量。内容效度以其他研究者或专家对于测量项目的评估作为基础。建构效度指测量理论的概念或特制的程度，可以通过统计学中的因素分析得以建立。效标关联效度则对照其他测量方法与被测量对象之间的确知关联，比较某种测量方法的效度，属于最高阶的效度测量标准。在社会科学和公共关系学相关的研究中，构建一个高效度的衡量工具需要一个较为漫长的过程。大多数情况下，研究人员会先对一个变量进行字面和深层含义的剖析，从而生产出大量的个体量表（很多情况下会多达一百多个甚至更多）。这些个体量表可以从不同层面衡量该变量，甚至可能组成二层构建（Sublevel Construct）。接下来研究人员会从表面效度、内容效度、建构效度、效标关联效度等四个方面对所有的个体量表进行筛选，去除不相关联或者重复的项目。这一筛选的过程会涉及大量的问卷调研。这些数据之后将会被通过因素分析确定最终留下来的个体量表项目，以保证测量量表整体上的精简和准确性。

（2）信度

信度反映了一个测量量表在不同时间点衡量同一事物的一致程度。一个信度高的测量工具表现会非常稳定。当我们选择适当的量表对研究变量进行衡量时，我们必须同时考虑信度与效度。效度是信度的充分必要条件而反之则不然，即一个高效度的量表必然拥有高信度，但是高信度的量表未必是高效度的。

相对于建立测量工具的效度之复杂，评估一个测量量表的信度则来得更为简单、直观，通常能以统计数据呈现某项测量工具在进行重复研究后的一致性或稳定程度。评估信度的统计量度包括 α 系数、KR-20 衡量、科恩卡帕系数（Cohen's Kappa）、Holsti 信度系数、Krippendorf α 系数及史考特氏 π（Scott's pi）等。研究人员可以根据不同的需求和数据的特质进行选择。

二、公共关系项目效能评估的标准化

在了解了如何对公共关系评估与分析制定标准之后，我们需要进一步了解对公共关系项目效能的评估。那么，我们该如何评估一个公共关系项目的效能，又该用什么标杆来衡量其所带来的影响？接下来，我们就公共关系项目效能评估的标准化及用于公共关系成效评估的几个模型进行具体阐释。

（一）公共关系项目管理与评估过程的标准化

要对公共关系项目的效能进行评估，我们需要对整个公共关系项目的评估过程进行标准化的管理，而研究与评估则应贯穿于公共关系项目的每个阶段，包括在项目开展之前的发展阶段（Development Phase），项目开展之后的各个精进阶段（Refinement Phase），以及项目的完成阶段（Final Phase）。图27-2展示了研究与评估应如何融入整个公共关系项目的各个阶段，以及对于项目中各个不同目标的评估与衡量。在项目的准备与发展阶段，我们可以通过次级研究方法进行环境监测与分析，了解过往项目的影响与成效及评估方法，从而设立相应的基线与基准。在项目精进的各个阶段，我们可以通过不同的研究方法来衡量项目成效与目标的呼应程度，用以评估各个环节的效能。在项目精进阶段的各个环节，我们需要分别从信息、动机与行为目标出发，评估项目的效能。

需要注意的是，如果公共关系达不到既定的目标，我们需要通过研究与评估来诊断其不达标的原因，对该项目战略与战术进行调整。而调整后的公共关系项目同样需要我们再次在各个阶段进行相应的评估。当项目完成之时，我们可以对其效能进行总结，并作为基准用于之后的项目评估。

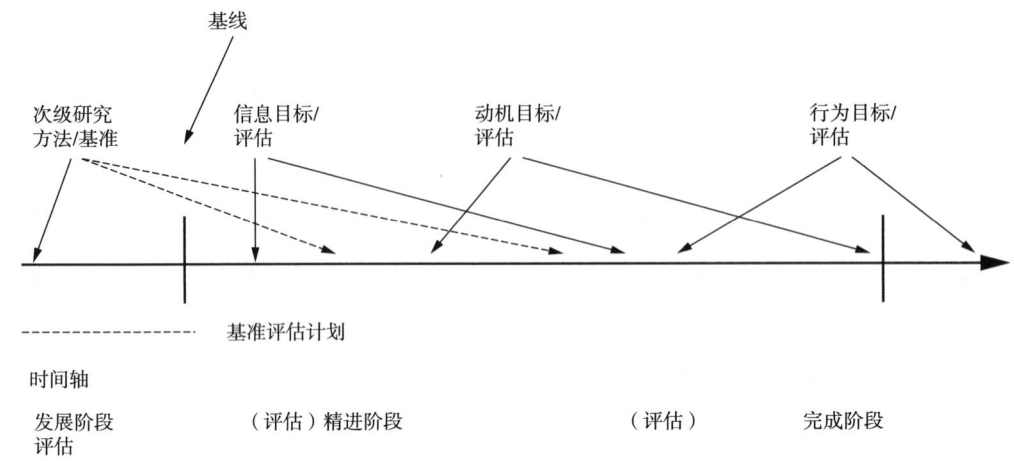

图27-2　公共关系项目管理过程中的评估（译自Michaelson & Stacks, 2014; Stacks, 2016）[1][2]

（二）公共关系项目效能评估的标准化：公共关系评估模型

对公共关系项目效能的评估主要围绕着一个核心命题展开，那就是我们应该如何展示其所带来的影响。在过去的二十几年间，公共关系学者们致力于研究卓越公共关系的影响因素，为提升公共关系职能的有效度和卓越度带来了突破性的进展。当把卓越的标准带到对公共关系项目的评估中时，我们需要进一步确立卓越在项目评估中的定义，从而为研究与评估设立相应的标准。[3][4][5][6]也就是说，这个核心命题可以被分解为：在公共关系项目中，卓越意味着什么？应该如何评估？我们应该如何对公共关系

---

[1] MICHAELSON D, STACKS D W. A professional and practitioner's guide to public relations research, measurement, and evaluation [M]. 3rd ed. New York：Business Expert Press, 2014.

[2] STACKS D W. Primer of public relations research (third edition) [M]. New York：Guilford Press, 2016.

[3] DOZIER D, GRUNIG L A, GRUNIG J E. Manager's guide to excellence in public relations and communication management [M]. Mahwah, NJ：Lawrence Erlbaum Associates, 1995.

[4] GRUNIG L A, GRUNIG J E, DOZIER D M. Excellent public relations and effective organization：a study of communication management in three countries [M]. Mahwah, NJ：Lawrence Erlbaum Associates, 2002.

[5] GRUNIG J E, GRUNIG L A, DOZIER D M. The Excellence Theory [M]// BOTAN C H, HAZLETON V. Public Relations Theory II. Mahwah, NJ：Lawrence Erlbaum Associates, 2006：21–55.

[6] GRUNIG J E, GRUNIG L A. Characteristics of excellent communication [M] // GILLIS T. The IABC handbook of organizational communication. San Francisco：Jossey–Bass, 2006：3–18.

项目的卓越程度进行标准化评估？① 我们将通过几个公共关系评估模型，来阐释对公共关系项目效能及卓越程度标准化的评估。

1. 财务指标和非财务指标与公共关系效能的关系

公共关系的效能可以从财务指标和非财务指标中体现。② 非财务指标可与财务指标相关联，从而得出利益攸关者和持股人的期望达标率。在这个基础之上，我们可以继而得出可衡量的投资回报率。在这其中，财务指标指的是纳入成效评估的财务数值，如单位产品销售额（Unit Sales）、毛利润（Gross Profits）和支出（Expenses）等，一般以"硬性"数据为主。非财务指标则主要包括与利益攸关者态度有关的变量，如可信度（Credibility）、关系（Relationship）、声誉（Reputation）、信任（Trust）与信心（Confidence）等。图27-3展示了这两个指标与公共关系效能的关系。

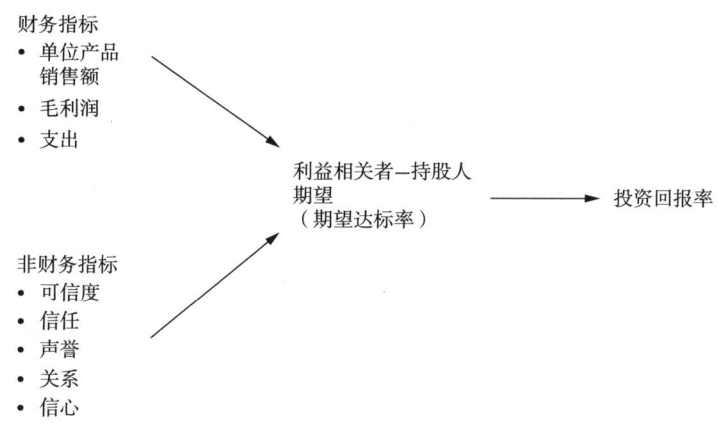

图27-3 财务指标和非财务指标与公共关系效能的关系
（译自Michaelson & Stacks, 2014; Stacks, 2016③④）

2. 期望达标率/投资回报率模型（ROE/ROI模型）

在了解了财务指标和非财务指标与公共关系效能的关系之后，我们可以进而得出一个期望达标率/投资回报率模型（见图27-4）。公共关系的成效可以通过一系列非财务因素得到衡量。当代公共关系学一般着眼于五个主要变量：可信度、关系、声

---

① MICHAELSON D, WRIGHT D K, STACKS D W. Evaluating efficacy in public relations/corporate communication programming: toward establishing standards of campaign performance [J]. Public Relations Journal, 2012, 6(5).
② STACKS D W. Primer of public relations research (third edition) [M]. New York: Guilford Press, 2016.
③ MICHAELSON D, STACKS D W. A professional and practitioner's guide to public relations research, measurement, and evaluation [M]. 2nd ed. New York: Business Expert Press, 2014.
④ STACKS D W. Primer of public relations research: third edition [M]. New York: Guilford Press, 2016.

誉、信任及信心。我们也可以通过一个复回归模型的公式来增强这个概念的可操作性：

$$成效 = B + [可信度 +/- 关系 +/- 声誉信任] +/- 信心 + 误差$$

这其中，B作为一个常量，是一个衡量的起点，可以是一个公共关系项目的基线或基准。五个自变量（可信度、关系、声誉、信任及信心）可用于预测因变量，即公共关系成效。这五个变量互相关联，但又有所不同。可信度反映了利益攸关者对于组织行动力的信服程度。关系是期望达标率的关键，影响着一个组织的成败。声誉与可信度息息相关，从组织过去已有的表现中折射出其未来可能产生的行为。信任以未来为导向，由双向对称沟通产生。[1]信心则是利益攸关者对组织兑现承诺的感知。图27-4为我们展示了公共关系成效所带来的影响，并通过期望达标率（Return on Expectations，ROE）与投资回报率（Return on Investment，ROI）阐释了其对组织财务指标及盈利所带来的效应。比如说，某一公共关系项目的成效体现为可信度的增长，那么根据这个模型，可信度同时与关系、声誉和信任相关联，并受到这些变量的影响。这些变量接下来影响到利益攸关者对该组织的信心，继而可得出该组织是否达到了其利益攸关者和持股人的期望（即期望达标率）。期望达标率则可以进一步影响到利益攸关者与持股人对该组织的财务决策，从而反映出该公共关系项目的投资回报率。

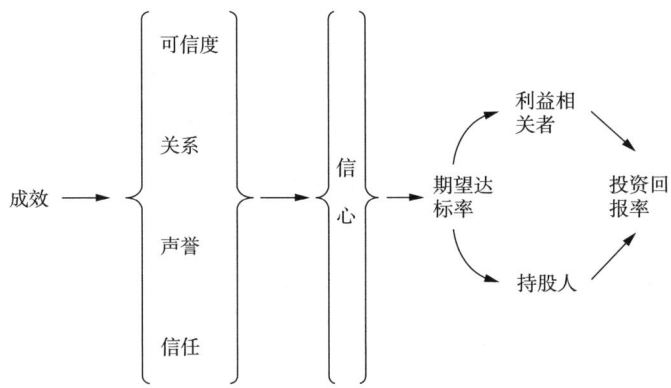

图27-4　期望达标率/投资回报率模型（译自Michaelson & Stacks, 2014; Stacks, 2016）[2][3]

---

[1] GRUNIG L A, GRUNIG J E, DOZIER D M. Excellent public relations and effective organization: a study of communication management in three countries [M]. Mahwah, NJ: Lawrence Erlbaum Associates, 2002.

[2] MICHAELSON D, STACKS D W. A professional and practitioner's guide to public relations research, measurement, and evaluation (second edition) [M]. New York: Business Expert Press, 2014.

[3] STACKS D W. Primer of public relations research (third edition) [M]. New York: Guilford Press, 2016.

那么，这个模型能否在实际操作中成立？公共关系的成效以及非财务指标究竟能否影响到财务指标？策略传播学者李聪与Stacks通过实际数据对期望达标率/投资回报率模型进行了论证。在《衡量社交媒体对企业盈利与成功的影响：基于财富五百强企业的研究》一书中，他们通过数据库，收集了上榜《财富》杂志美国五百强企业中472家企业从2009年到2013年五年来的财务指标，如季度收入、利润率及每股收益等。同时，他们通过内容分析法，收集了这些企业五年来在四大社交媒体（包括Facebook、Twitter、YouTube和Google+）上的关键绩效指标（如点赞数、转发量、评论等）。通过数据分析，他们证实了这些非财务指标可用于衡量利益攸关者的期望达标率，而期望达标率进而能对企业的财务指标产生正面影响。[①]该研究的结果展示了公共关系活动（在此案例中具体化为社交媒体公共关系活动）对于企业盈利和投资回报率的作用。目前，大部分对公共关系成效的研究和评估仍然专注于其对非财务指标的影响。由此，期望达标率/投资回报率模型可进一步推进评估公共关系项目效能的标准化进程，帮助我们以科学、系统的方法展示公共关系对企业和组织经营成败的影响。

3. 卓越金字塔（Excellence Pyramid）：对公共关系项目的卓越性进行标准化评估

为了解决在公共关系项目中对"卓越"的评估问题，Michaelson、Wright与Stacks对"卓越"在公共关系项目效能评估中的定义进行了梳理。[②]基于以格鲁尼格（James E. Grunig）为代表的美国公共关系学者所进行的卓越公共关系研究，以及业界对公共关系影响力的一系列研究［如爱德曼公关公司的全球信任度调查报告以及Arthur W. Page协会的《真诚企业》（Authentic Enterprise）白皮书］，他们对公共关系项目的卓越性进行了三个层面的定义。[③]第一，在发展阶段，我们需要了解一个公共关系项目在传播生命周期中的位置，并从其位置出发，制定相应的信息、动机与行为目标。这些目标应与组织的文化以及总体经营目标相一致。通过目标的设立，建立相关的基线，用于之后的效能评估。第二，在精进阶段，我们需要对目标进行衡量，了解项目成效与目标的呼应程度。在必要时根据衡量的基准，修改相关的战略与战术，并不间断地进行环境监测和分析，做到有备无患。第三，我们需要将公共关系的非财

---

① LI C, STACKS D W. Measuring the impact of social media on business profit & success: a fortune 500 perspective [M]. New York: Peter Lang Publishing, 2015.

② MICHAELSON D, WRIGHT D K, STACKS D W. Evaluating efficacy in public relations/corporate communication programming: toward establishing standards of campaign performance [J]. Public Relations Journal, 2012, 6(5).

③ The Arthur W. Page Society. The authentic enterprise [M]. Arthur W. Page Society, 2007.

务成效(如行为动机)与组织职能的财务成效相关联,进行期望达标率与投资回报率的评估。

在对公共关系项目的卓越性进行可操作的定义之后,Michaelson、Wright 与 Stacks 提出了用于评估与衡量公共关系项目卓越程度与效能的"卓越金字塔"模型(见图27-5)。[①]卓越金字塔将公共关系项目的卓越程度分为三个不同的层级。其中,基础层级包含了五个不同的组成部分:制定目标、研究与规划、产出、涉及状况以及成效。这五个组成部分须从左到右被依次进行衡量。要达到基础层次的"卓越",一个公共关系项目需符合以下五个条件:

(1) 该项目有合理的目标;

(2) 该项目规划方案的开展是基于研究结果的;

(3) 该项目制造出了合理的产出,且这些产出接触到了目标受众;

(4) 对涉及状况的衡量体现该项目在各个环节都维持在其应有的轨道上;

(5) 该项目的结果产生了相应的公共关系成效,且这些非财务成效可以与组织经营的财务成效相关联。

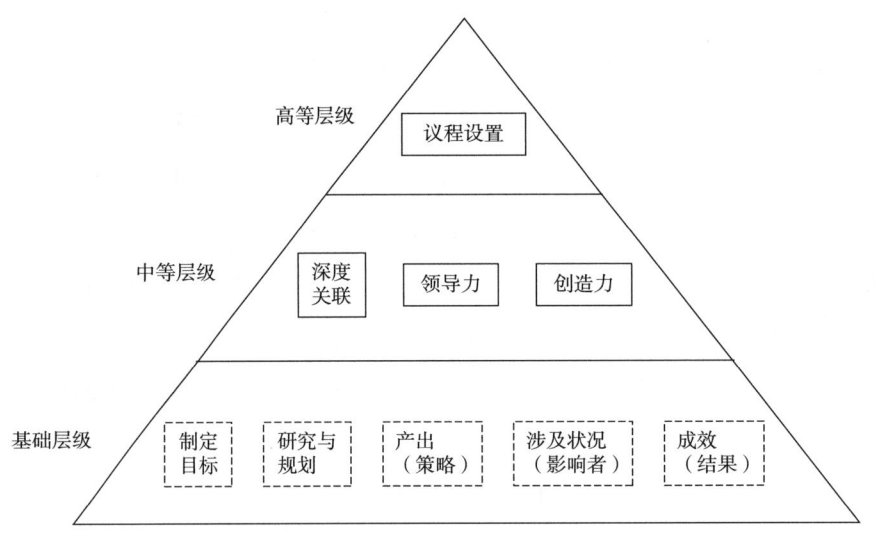

图27-5　卓越金字塔(译自 Michaelson, Wright, & Stacks, 2012)[②]

我们对这五个条件的衡量既可以是量化的,也可以是质化的。比如说,我们可以

[①②] MICHAELSON D, WRIGHT D K, STACKS D W. Evaluating efficacy in public relations/corporate communication programming: toward establishing standards of campaign performance [J]. Public Relations Journal, 2012, 6(5).

通过简单的"是"与"否"来衡量一个公共关系项目是否达到了这些条件。

在基础层级之上是中等层级。中等层级主要从以下三个非财务变量来评估一个公共关系项目的卓越程度：

（1）与目标受众的深度关联：该项目是否与其目标受众产生了深度关联？是否与他们建立了联系？受众是否在动机与行为上参与到项目中来？

（2）领导力的支持：该项目是否得到了组织中领导层的支持？是否占据了一个组织的核心职能？组织中的最高层领导是否参与到该项目的决策中来？

（3）创造力：该项目的战略是否有创造力？其信息的制造、传播与项目的执行是否高效、创新？一个有创造力的公共关系项目可以增强其在组织领导层中的可信度。

卓越金字塔的第三层则是公共关系项目的高等层级。在高等层级中，我们需要衡量项目在议程设置中的作用，即该项目是否在业界设立了相关的议程，成为其他公共关系活动与项目用以衡量对比的基准。这个层级将公共关系项目的影响力上升到更广泛的层面。在这个层面上，公共关系项目中的信息传递不仅来自于组织本身，更来自于他人的口碑传递与背书。而组织的领导层也不仅仅局限于组织内部的项目和决策，更是将影响力提升到了整个行业范围。这对于实现组织与其目标受众间的双向对称沟通起着关键的作用。

需要进一步指出的是，我们可以通过过往项目的基准与研究数据来对不同层级的评估进行加权。如果一个项目有着全新的目标，并无历史基准可参照，我们可给予基础层级相应高的权重比例，如50%。如果一个传播职能有过往成功案例，我们则可以相应增加第二、三层级的权重比例。在实践中，很少有公共关系项目能达到卓越金字塔的高等层级。其中一个达到了该层级的优秀案例便是国际商业机器公司（IBM）的"智慧地球"（"Smarter Planet"）项目。Stacks、Wright和Bowen（2014）通过卓越金字塔模型评估了"智慧地球"项目的卓越性，展示了其在各个层级中的效能。[1]

---

[1] STACKS D W, WRIGHT D K, BOWEN S A. IBM's Smarter Planet initiative: building a more intelligent world [M] // TURK J V, VALIN J, PALUSZEK J. Public relations case studies from around the world. New York: Peter Lang Publishing, 2014: 3–20.

三、公共关系研究与评估伦理的标准化

随着公共关系学科的发展,研究者们开始愈加注重最佳实务(Best Practices)在方法论中的体现。美国公共关系研究机构中的效益评估理事会更是把研究中所涉及的评估伦理作为重中之重。伦理、伦理学或道德守则(Ethics)被定义为"在公关活动的脉络当中,正直、自省、勇于负责地行动";延伸到公共关系研究中,伦理则特指以正直谨慎的态度对待研究受访者、赞助者和客户结果。①伦理学及其相关研究可以被追溯到亚里士多德时期,但在20世纪中后期和21世纪初又重新得到更多的重视,众多批判学研究也应运而生。在公共关系研究领域,遵守道德守则的最佳实务行为则更注重于研究行为本身——研究者在参与调研时问心无愧,不做与道德准则相悖的事。美国公共关系研究机构效益评估理事会更是提出了规范研究行为的相关准则,以使被长期提及的评估研究伦理得以标准化,让学者和从业者在具体实践时都有据可依。

准则中提到:"所有从事参与公共关系调研、衡量、评估的专业人员都必须本着以提高公共关系道德准则的职业操守开展工作。所有调研研究都必须信守学术诚实,秉承公平、公正、公开的态度,尊重所有研究参与者包括相关利益群体、服务客户、调研参加人员、调研学者、公关从业者等。"②由此可见,开展最佳务实的研究恪守伦理道德,可以从头至尾(发展阶段、精进阶段以及完成阶段)完整保护整个调研过程不失偏颇。

四、总结

当代的公共关系已不再是一种传统的技术职能,而是一种基于科学研究与分析的管理职能。要让公共关系经理人在组织的决策桌上占有一席之位,并参与到组织的核心决策中去,离不开科学、系统的研究与评估。公共关系研究与评估的标准化对于其学科与行业的发展起着关键的作用。通过标准与标准化的研究与评估,我们得以建立

---

① STACKS D W, BOWEN S A. 公共关系评估与研究辞典[M]. 洪君如,陈怡如,译. 美国公共关系研究机构效益评估理事会,2013.
② Institute for Public Relations Measurement Commission. Ethical standards and guidelines for public relations research and measurement[M]. Institute for Public Relations, 2012.

基线与基准，正确、真实、有效地评估考量公共关系的效能，以及其对非财务指标和财务指标的影响，从而展示公共关系对于组织的积极影响。

本章着眼于公共关系研究与分析的标准化，从三个方面为标准化提供了相关的理论与实证模型支持。我们从公共关系评估与分析的标准化出发，梳理了三个层面的公共关系目标（信息、动机和行为），并论述了传播生命周期以及产出、涉入和成效在标准化评估中的应用。我们接下来阐释了公共关系项目效能评估的标准化，并论述了期望达标率/投资回报率模型以及对卓越金字塔模型的应用，实证与展示了公共关系项目在各个层面上的效能。最后，我们简要论述了公共关系研究与评估伦理的标准化。

我们希望通过对本章的阅读，公共关系学者和从业者可以更有效地进行公共关系的研究与评估。本章中所介绍的理论与相应的评估模型主要是以西方的尤其是美国的公共关系理论与实务为基础。近年来，中国的公共关系学科与行业均得到了蓬勃的发展。我们希望本章中提到的评估标准与评估模型可以被应用到中国的公共关系学科与实务中去，从而帮助公共关系在中国展示其效能与影响力，获得组织的核心决策权。而对这些模型在不同社会及文化背景下的更广泛应用，亦可以帮助我们进一步深化与推动公共关系研究与评估的标准化进程。

〔陈子霏（Zifei Fay Chen），美国旧金山大学传播学系助理教授；季汜（Yi Grace Ji, Ph.D.），美国弗吉尼亚联邦大学传媒与文化学院助理教授；唐仕达（Don W. Stacks, Ph.D.），美国迈阿密大学传播学院教授〕

第二十八章 公共关系效果评估研究

卓越研究建构了卓越理论，指出传播管理中卓越的特征，回答公共关系职能应如何组织和管理以对组织有效性做出最大贡献的规范性问题。最初，格鲁尼格确定了组织、部门和项目三个层面的10个卓越原则。这10个原则是：公共关系进入战略管理；对公共关系赋权；整合专业公共关系职能；公共关系作为管理职能的独立性；由经理而非技工管理公共关系部门；公共关系实践的对称模型；对称的内部沟通；管理角色和对称公共关系的潜在部门知识；体现在角色中的多元化（如性别多元化）；符合伦理的公共关系。卓越理论在20世纪90年代通过一系列的经验研究，建立了一个在公共关系传播管理研究中被广为接受的概念框架。5000多名调查对象遍及北美、欧洲。如理论所预测，研究证实单个卓越原则的存在。在不同的文化和政治背景下成功的定量研究都被重复证实，如在韩国、斯洛文尼亚。定性研究也证实卓越原则。

卓越的公共关系的规范性理论认为，公共关系目标的确定应该能够最大化地保证组织管理及其与战略公众之间的关系[1]。同时，卓越的公共关系部门将会运用科学的调研方法来评估传播过程，在调研基础上，规划、监测和评估公共关系项目效果。卓越理论作为主导的公共关系研究范式，其现实适用性的研究甚多，但在我国的公关实践中，关于公共关系目标确定和效果评估的适用性如何，尚无可靠的经验数据的支持。

本章试图探讨三个问题：理论研究者提出了哪些效果评估的理论和方法？公共关系从业人员在运用哪些方法和工具评估与测量公共关系项目的效果？实践中的公共关系人员在多大程度上运用科学的调研方法来评估公关传播过程和效果？

---

[1] 格鲁尼格. 卓越公共关系与传播管理[M]. 卫五名，等译. 北京：北京大学出版社，2002：13.

一、卓越的公共关系理论的一般原则、项目目标与效果的确定

作为公共关系研究领域的主导范式[①],公共关系的卓越性(Excellence)是指:怎样实施公共关系和运用传播职能,才能使其对于组织的有效性发挥出最大的效能?为了达到公共关系的目标,怎样管理公共关系职能,能保证其更为高效?卓越理论的一般原则或核心概念包括:高层管理者理解公共关系的价值;公共关系对战略计划有贡献;公共关系承担管理者角色;公共关系使用双向对称公关模型;公关人员有承担管理职能和双向对称公关模型的专业技能和知识;激进行动主义者压力迫使组织产生沟通的需求;组织有参与型文化;种族和性别多元化有利于公共关系。

卓越理论在被提出之后,人们对于其在不同文化背景和不同类型的情景下的适用性(Applicability)的研究非常丰富。Yun[②]引用公共外交部门的数据发现,卓越理论的概念和测量模型拟合度甚佳;Rhee[③]发现在韩国集体主义和儒家文化元素强化了卓越公关实践。Broom和Dozier(1983)[④]认为,如果组织的公共关系部门不关心公共关系项目效果及对此进行评估,公共关系"就会降到一种只重执行的职能地位,从而使其成员被系统性地排斥在决策制定和战略规划职能之外"。他们在1990年运用双向对称模式,提出了确定符合对等原则的公共关系项目目标以及评估此类项目效果的方法。

理论上讲,公共关系项目所达到的效果包括项目所影响人群的知晓程度、知识、舆论、态度和行为,但是在实践中,许多公共关系将传播管理本身看作是目的,他们无目标、无目的、无意图地追求公共关系本身。Bell[⑤]运用功能性(Functional)和公务性(Functionary)来形容两类公共关系实践。公务性公共关系纯粹是叫卖正面的组织形象,不存在环境监测、解读和管理咨询。公务性的公共关系部门被权力中心

---

① BOTAN C, HAZLETON V. Public relations in a new age [M] // BOTAN C, HAZLETON V. Public relations theory II: 2nd ed. Mahwah, NJ: Lawrence Erlbaum Associates, 2006: 1-20.

② YUN S H. Toward public Relations theory-based study of public diplomacy: testing the applicability of the excellence study [J]. Journal of public relations research, 2006, 18(4): 287-312.

③ RHEE Y. Global Public Relations: A Cross-cultural study of the excellence theory in South Korea [J]. Journal of public relations research, 2002, 14(3): 159-184.

④ BROOM G M, DOZIER D M. An overview: evaluation research in public relations [J]. Public relations quarterly, 1983, 28(3): 5-8.

⑤ BELL S H, BELL E C. Public relations: functional or functionary? [J]. Public relations review, 1976, 2(2): 47-57.

视为装饰品，公共关系人员关注的只是发多少新闻稿件，如何应对刚刚发生的危机，而不是关注最终效果，即为什么要发布新闻稿件，在发生危机时媒介应该怎样行事。Broom[1]从系统理论的角度对无目的的公共关系进行描述，认为**制度化的公共关系**排斥外来信息，只是一种僵化的机制，对环境变化不敏感，即使它在最初设立的时候是为了应对环境的挑战。这种制度化、惯常化的公共关系成为局限于封闭性系统的决策行为，成为组织的"仪式"、象征性的活动，对组织的环境监测和项目效果评估非常有限，把沟通本身作为结果和目标。但是，东方学者仍在呼吁建立起制度化的公共关系[2]。

在发展公共关系应用性调研方法的过程中，Broom和Dozier[3]运用谱系的概念，在谱系的一端是个体层面的公共关系实践，是主观的、依赖直觉的、个人化的、不需要行为科学或社会科学方面的研究成果，公共关系人员凭直觉制定决策，这一思路指导下的"目标"就是制造一种稳定的公共关系产出物（Output），通常是针对内、外部公众的**沟通行为**，项目效果通常通过新闻剪报来评估；在谱系的另一端是科学化的知识与技能，决策以可靠的证据为基础，这一实践是客观的和富有活力的，并且有赖于对实用性知识和社会科学及行为科学理论的应用。

Cutlip、Center和Broom[4]提出了准备公共关系项目计划的10个步骤，指出项目目标是抽象的一般化结果，项目目标对于公众而言是具体的。Broom和Dozier[5]认为，为了评价一个项目的效果，公共关系目标必须能够区分：（1）要影响到的目标公众；（2）所期望发生的变化的本质；（3）所要实现的具体的认知、态度和行为；（4）所期望发生的变化的数量；（5）实现目标的预定期限。

公共关系对组织权力中心和公众的知晓度、认知、态度与行为能产生什么样的影响呢？从业者往往会持大众传播的"强效果"观点，即在组织所做的沟通（或讯息传递）和公众直接的、即时的，在认知、态度和行为方面所受的影响之间，有着强烈的

---

[1] BROOM G M, GOX M S, KRUEGER E A, et al. The gap between professional and research agendas in public relations journals [J]. Journal of public relations research, 1989, 1(1-4): 141-154.

[2] 陈霓. 企业社会责任传播与公共关系制度化 [J]. 国际新闻界，2009(11): 22-26.

[3] BROOM G M, DOZIER D M. Using research in public relations: applications to program management [M]. Englewood Cliffs, NJ: Prentice Hall, 1990.

[4] CUTLIP S, CENTER A, BROOM G. Effective PR: 6th ed [M]. Englewood Cliffs, NJ: Prentice-Hall, 1985: 232.

[5] BROOM G M, DOZIER D M. Using research in public relations: applications to program management [M]. Englewood Cliffs, NJ: Prentice Hall, 1990: 44.

因果关系，它意味着，沟通能够自动地影响到公众和组织管理者的认知、态度和行为。但实际上，大众媒介只具有有限效果，主要是**强化**受众既有的感知、观点和态度[1]。根据议程设置理论，公共关系人员在形成和塑造媒介对于组织和对组织具有重要作用的相关议题的报道方面，具有重要作用；使用与满足理论[2]改变了拉斯韦尔的"信源—讯息—渠道—受众"的传播链条的方向，受众是信息传播积极的参与者，他们通过选择媒介渠道和内容，满足自身的可实际测量的需要。受众积极"与媒介文本进行对话"的结果是不确定的，经过受众重新解码媒介讯息被认为是在"阐释领域"中的人际互动过程，**对话的概念**成为理解传播和公共关系项目的关键。

迄今为止的研究表明，对于**传播效果**必须持谨慎的态度。Wallack[3]批判了他称之为"大众媒介的幻象"的说法，这一观点认为，任何问题"都能够得到解决，只要正确的讯息能够通过正确的方式，在正确的时机传递给正确的人"。当公共关系人员认识到大众媒介的幻象不成立的时候，三个因素可成为解决之道：一是公共关系和传播管理中对所期望效果的选择，行为方面的效果相对说来是难以达到的，但是许多的沟通实践表明，认知方面的效果是可以达到的[4]；二是相关公众的活跃和激进程度，定位于一般公众的项目很难取得成效，组织可以把公共关系项目集中于那些与组织相关联的或受到组织影响的、数量相对较少的公众；三是在规划、执行和评估公共关系项目的过程中，奉行对等模式。

（一）对所期望效果的选择

Broom和Dozier[5]将讯息传递及其影响标准划分为10个层次，较低的层次包括所**传递**信息或**执行**项目的数目（所进行的工作和努力）、在媒介上**发布**的信息及实施项目的数目（相关报道、媒介组合形式、报道内容、持续时间、总体印象、潜在到达

---

[1] KLAPPER J T. The social effects of mass communication [M]. New York: Free Press, 1961.
[2] KATZ E, BLUMLER J G. The uses of mass communications: current perspectives on gratifications research [M]. Sage Publications, 1974.
[3] WALLACK L. Mass communication and health promotion: a critical perspective [J]. Public communication campaigns, 1989: 353-367.
[4] HORNIK R, RICE R, ATKINS C. Channeling effectiveness in development communication programs [M] // HORNIK R, RICE R, ATKINS, C. Public communication campaigns: 2nd ed. Newbury Park, California: Sage Publishing, 1989.
[5] BROOM G M, DOZIER D M. Using research in public relations: Applications to program management [M]. Englewood Cliffs, NJ: Prentice Hall, 1990: 32-35.

率)、**获得**相关讯息或参加活动的人数（覆盖率、发行率、潜在受众规模）、**接触**到讯息或项目的数目（阅听/视率、参与人数和频率），较高的影响层次包括感知到讯息内容的人数、改变观点的人数、改变态度的人数、表现出所期望行为的人数、重复此类行为的人数、社会和文化方面的变革。显然越低层次的目标越容易实现。为了高效，一个项目必须在维持或改变与目标公众的关系方面有所作为，公众细分研究提供了对目标公众的理解。

（二）相关公众的活跃和激进程度

对于组织而言，一般的公众不具有相关性，组织也没有与所有的人和组织建立与维持关系所需要的资源。理论上讲，公众是靠某一特定情境下与组织之间的关联程度来界定的。Broom 和 Dozier[①] 提出按照地理特征、人口统计特征、心理统计特征、潜在权力、地位、声誉、成员身份、在决策中的角度和基于情境理论的沟通行为等九项特征来划分公众，其中前八项都与具体的时间和情境无关。Grunig 的公众情境理论[②] 揭示了存在于组织与受其影响或卷入的人群之间的、不断变换的关联类型的作用机制，成为界定公众的有效途径。当组织的行为对于其他组织或人群造成影响时，它创造了公众。这些能构成潜在的互相牵制的系统，限制组织追求其目标的能力。在理想状态下，组织追求自主性，不愿受潜在牵制系统影响。在现实中，组织通过四种形式与其环境关联[③]：（1）与政府部门、主管机构等之间的关联为组织提供合法性授予型关联，为组织提供了生活和追求自身目标的权利；（2）功能型关联为组织提供所需的输入（如原材料和劳动力）和输出，或消费者及客户；（3）规范型关联，比如与专业或行为协会的关系；（4）松散型关联是与那些本身不属于特定组织的人群之间的关联，如社区关系、环保关系等。

当人们面临着一个相同的问题，意识到一个问题的存在，并组织起来采取行动的时候，公众就形成了。如果不存在以某种方式把人们联系起来的共同的问题，这些人就是**非公众**。当人们面临着一个共同问题，但还没有意识到的时候，他们就是**潜在公众**，意味着一个问题正待爆发；一旦人们意识到面临一个共同的问题，他们就会成为

---

① BROOM G M, DOZIER D M. Using research in public relations: Applications to program management [M]. Englewood Cliffs, NJ: Prentice Hall, 1990: 32-35.
② GRUNIG L A, GRUNIG J E, EHLING W P. What is an effective organization [J]. Excellence in public relations and communication management, 1992: 65-90.
③ ESMAN M J. The elements of institution building [J]. Institution building and development, 1972: 19-40.

知晓公众。当他们针对问题组织起来并采取相应行动的时候，他们就是活跃或**激进公众**（又称行动公众）。前馈式的公共关系需要从知晓和潜在公众那里收集信息，并进行可能的沟通，与知晓公众之间的沟通比与激进公众的沟通更容易取得效果；另一方面，对于潜在公众，沟通也会较为困难，因为他们还没有意识到问题的存在。

（三）奉行对等模式

在讨论公共关系项目的效果及评估时，通常来说，效果指的是项目对于公众的影响，然而，这一假设是不对等的，原因在于，这一观点把沟通和公共关系看作是组织对公众——而不是**与公众**——所做的事情，它隐含的目标是使公众依照组织的意愿行事。这一假设认为，公共关系项目本质上是一种劝服行为，公共关系本质上就是对公众的操纵。而对等模式无论是在沟通本身还是在最终效果上，都把公共关系看作是一种对话，在公众与组织高层管理者的双向沟通中，公众也有可能劝服管理者改变其态度或行为，认同对等世界观的公共关系从业者，也会借助调研和协商——而不是劝服和媒介传播效果——来寻求解决组织与公众间冲突的方法，规划可行的项目方案。在某些方面，组织的高层管理者同内、外部公众一样，也是项目所要影响的目标。对等模式更有效力，因为它认定，组织高层管理者和公众的认知、态度与行为都是注定要改变的，公共关系人员通过使双方都作出让步，以弥合彼此间的距离，比单纯让一方（公众）向另一方（权力中心）的观点看齐会更容易。

为公共关系项目设定具体的、可测量的目标，是公共关系实践中的一种创新。然而，在日常实践中，各种项目目标中充斥着如何改变（或维持）目标公众的感觉、认知、态度和行为的不对等思维模式。

二、公共关系效果评估的理论演进

对公共关系效果的研究有四种类型：（1）传播效果分析，公共关系项目引起目标公众知识、态度和行为改变的过程和原理[①]；（2）对公共关系评估的规定性分析

---

① DOZIER D M, EHLING W P. Evaluation of public relations programs: What the literature tells us about their effects [M] // GRUNIG J E. Excellence in public relations and communications management. Hillsdale, NJ: Lawrence Erlbaum Associates, 1992: 159-184.

（Prescriptive Analysis），强调评估在整个公关活动中的必不可少的地位[①]；（3）公共关系评估的个案研究；（4）公共关系评估的现状和类型。

早期的公共关系项目评估可追溯到20世纪20年代以Thurstone为代表的心理学研究，关注**态度和公共舆论**。Lindenmann[②]对评估实践做出了一个重要的贡献，即建立了一个三个层次的垂直过程：**产出**（Output）、**接收**（Out-growth）、**结果**（Outcome）。产出测量项目或公关战役的呈现；接收判断目标受众群体是否确实收到公关信息，并且保持理解和知晓该信息；结果测量意见、态度和行为改变。

公共关系效果评估的实践长期以来都主要强调对产出的测量，尤其是媒介关系[③]，虽然学术研究已进展到关系价值测量的时代。关系的概念及其作为公共关系最终效果的评价始于Ferguson 1985年的一篇会议论文[④]，此后，Cutlip、Center和Broom[⑤]在教材中将"关系"这一概念置于公共关系的核心地位；Ledingham和Bruning[⑥]将组织—公众关系的管理确定为"关系管理"，并将之定义为"公共关系人员创造与一系列公众的互惠关系的过程"；为了测量无形的公共关系，Hon和Grunig[⑦]开发了一个评价组织与其公众之间的互相控制感、信任、投入度和满意度的量表。此后在这个量表的基础上，又有很多学者提出了修正的关系测量量表。

Kim和Ni[⑧]提出了一个基于目标和基于情景理论公众细分类型的公共关系效果评估的综合模型，整合了说服理论和问题解决理论的短期目标变量，以及基于关系质量

---

① BROOM G M, DOZIER D M. Using research in public relations: Applications to program management [M]. Englewood Cliffs, NJ: Prentice Hall, 1990.

② LINDENMANN W. An "effectiveness yardstick" to measure public relations success [J]. Public Relations Quarterly, 1993, 38: 7-10.

③ WATSON, P. SIMMONS. Public relations evaluation—survey of Australia practitioners. Proceedings of The ANZCA 04 Conference [C], Sydney, Australia, July 7-9, 2004.

④ FERGUSON M A. Building theory in public relations: Interorganizational relationships as a public relations paradigm. Paper presented to the Public Relations Division, Association for Education in Journalism and Mass Communication Annual Covention [C]. Gainesville, FL, 1984.

⑤ CUTLIP S M, CENTER A H, BROOM G M. Effective public relations [M]. Englewoods Cliffs, NJ: Prentice-Hall, 1987.

⑥ LEDINGHAM J A, BRUNING S D. Relationship management in public relations: dimensions of an organization-public relationship [J]. Public Relations Review, 1998, 24(1): 55-65.

⑦ HON L C, GRUNIG J E. Guidelines for measuring relationships in public relations [J]. The Institute for Public Relations Commission on PR Measurement and Evaluation, Gainesville, FL, 1999.

⑧ KIM, JEONG-NAM, NI HAN. Two types of Public Relations Problems and Integrating Formative and Evaluative Research: A Review of Research Programs with the Behavioral, Strategic Management Paradigm [J]. Journal of Public Relations Research, 2013, 25(1): 1-29.

和关系类型的长期目标变量。

公共关系项目的评估包括过程目标和结果目标。过程目标通常是某个公共关系项目或活动的直接结果。过程目标不能最终说明项目是否达到预期效果，但如果没有过程目标的达成也不可能有最终效果目标。过程目标帮助公共关系人员监测和调整项目的实施并改进最终的结果目标。

基于说服理论的短期目标包括仅针对公众的单向效果和同时针对组织和公众的双向效果[1]。单向目标有五种：**接触**（战略公众接受到讯息）、讯息的**保持**、**认知**（讯息接受者理解讯息并创造出新知识）、**态度**（公众或管理者按有利的方向评估讯息并欲以讯息所导向的方向采取行为）、**行为**（公众或管理者以新的或不同的方式行为）——改变了组织与公众之间的**行为**关系。

基于问题解决理论的短期目标包括**感知**、**认知框架**、**信息行为**。问题解决理论着眼于解释个体在何时、为什么及如何经历信息行为的动机，它假设人类的绝大多数信息行为都是由某种问题感知和问题解决动机所触发的。Kim建议公共关系人员可通过确定每个内容的变量来评估公共关系项目的效果。这样，评估过程就成为对执行传播项目之后的公众状态的变化的评价。比如，某些传播策略可能提升问题意识，也可能提升采取信息行为的效能感，强化卷入度。信息行为包括**信息转发**、**分享**、**搜寻**，**信息偶遇**，**信息防御**。这些信息行为变量可用于测量旨在影响人们与组织有关的**传播行为**的公共关系项目的效果。

公共关系项目的长期效果就是组织与战略公众之间的关系质量的提升。就组织层面而言，关系的价值在于通过增加战略公众的支持和减少干扰性活动来提升组织的有效性。

一般使用组织—公众关系量表和关系的类型来测量长期效果。**关系**质量的改善，如增加互相掌控感、关系满意感、关系投入度（Relations Commitment）[2]、信任，这四维度的关系质量可通过关系量表抽样调查来进行评估。有些被访者与组织有直接互动或交易，这类公众与组织的关系称为行为关系（Behavioral Relationships）；与组织无直接关系，仅通过媒介或观察他人与组织的行为关系的公众，与组织的关系称为声誉关

---

[1] GRUNIG J E. Conceptualizing quantitative research in public relations [M] // Public relations metrics: Research and evaluation. New York, NY: Routledge, 2008: 88-119.

[2] MOORMAN C, ZALTMAN G, DESHPANDE R. Relationships between providers and users of marketing research: the dynamics of trust within and between organization [J]. Journal of marketing research, 1992, 29(29): 314-329.

系（Reputational Relationships）[1][2]。交易关系（Exchange Relationships）指双方曾经或将互相为对方做事的关系；共同关系（Communal Relationships）指双方互相为对方福利着想，有着真诚关心的关系[3]。

此前的效果理论研究未将信息行为纳入到目标设定之中，但在社交媒体席卷人们的生活的时代，公众在采取任何实际行为之前必然先采取信息行为，如信息偶遇、信息搜索、信息分享和转发等。Kim[4]的理论框架将信息行为作为公共关系短期效果的一个重要部分，将互联网和社交媒体时代人们的信息传播行为特征纳入到公关效果的层面，反映了公关实践的发展。

三、公共关系效果评估的实践

由于对公共关系效果的评估在实践中存在争议，公共关系人员始终未能走出媒介关系测量以及寻求单一目的评估工具或方法的现状。为了结束争议，CIPR在2005年发布了一个关于评估的政策宣言，指出三点：（1）所有组织的测量都是有问题的，将公共关系活动从其他管理活动中独立出来是非常困难的；（2）如果公共关系活动有良好的规划和目标设定，那么效果测量将更加方便；（3）公共关系活动发生在一个复杂领域，所以必须考虑具体的关系而不是单个变量，比如基于金钱的产出。CIPR提出公共关系应该从四个方面的贡献来测量和评估：（1）社会和经济发展，帮助领导者和组织做出更好的决策和避免错误来提高组织绩效；（2）作为项目开发和执行的一个过程和要素；（3）通过公共关系人员的贡献和能力；（4）支持社会科学和市场研究领域的方法，建议避免像广告等值和展示简单的媒介产出这种没有信度和效度的测量方式。

---

① GRUNIG J E, HUNG C J. The effect of relationships on reputation and reputation and relatinships: A cognitive, behavioral study. Paper presented at the 5th Annual International, Interdisciplinary Public Relations Research Conference [C], Miami, Florida, 2002.
② KIM J-N, BACH S B, CLELLAND I J. Symbolic or behavioral management? Corporate reputation in high-emission industries [J]. Corporate Reputation Review, 2007, 10(2): 77-98.
③ HON L C, GRUNIG J E. Guidelines for measuring relationships in public relations [J]. Gainesville, FL: Institute for Public Relations, 1999.
④ KIM J N, NI L. Two types of public relations problems and integrating formative and evaluative research: a review of research programs within the behavioral, strategic management paradigm [J]. Journal of Public Relations Research, 2013, 25(1): 1-29.

各大洲的研究者都有报告本国的公共关系从业者对公共关系目标设定和效果测量的内容与工具的使用状况[1][2][3]。早在1990年，Blissland就发现Sliver Anvil公关奖的获奖作品中，有三类评估：**传播产出**（如媒介报道）；**间接效果**（如态度、行为等）；**组织目标**的达成（如销售额、筹款、成员注册、法案通过等）。Hon[4]对公共关系从业者的定性研究表明，CEO们认为，公共关系的最终目标是传播**组织形象**，很少进行正式公共关系效果测量，虽然他们也进行一些非正式的基于经验的效果评估。Pieczka[5]通过对111份公关协会优秀奖的策划案进行内容分析，发现被确定为公共关系目标的共有六大类：**知识**（包括知晓、形象、理解、可信度和工具化的目标）、**架构议题**、**卷入或参与**、**目标群体的行为**、**销量或财务收益**、**职业要求**。这些目标大致对应于Blissland所述的三类目标中的间接效果和组织目标两类。显而易见，目标与评估（包括十大类：对公关人员的专业工作的评价、媒介产出、知识、态度、意见、行为、形象、公关策划案被认可、财务指标、目标）内容之间并没有一一对应的关系。其中，没有作为目标的传播产出，却成为效果评估的主要内容。Xavier[6]对70位来自澳大利亚政府、企业、咨询公司和教育界的公共关系人员的调查发现，公共关系对**组织目标**的贡献的测量内容主要是声誉（34.5%），投资回报（20.7%），关系质量（20.7%）；虽然理论总是强调结果的评估，如态度、观点和行为，但43.1%的项目评估在产出（Output）层面，只有27.7%在结果（Outcome）层面，有12.3%的评估是长期效果，如企业声誉；52.9%的业者会使用已有的、可行的公共关系效果评估工具，41.4%的业者会自行设计评估工具，只有5.7%的业者报告会使用专业评估服务。Baskin[7]对欧洲

---

[1] PIECZKA M. Objectives and evaluation in public relation work: what do they tell us about expertise and professionalism? [J]. Journal of public relation research, 2000, 1(3): 211-233.

[2] HON L. Demonstrating effectiveness in public relations: goals, objectives and evaluation [J]. Journal of public relations research, 1998, 10(2): 103-136.

[3] BASKIN O, HAHN J, etc. Perceived effectiveness and implementation of public relations measurement and evaluation tools among European providers and consumers of PR services [J]. Public relations review, 2010, 36(2): 105-111.

[4] HON L C. What have you done for me lately: exploring effectiveness in public relations [J]. Journal of public relations research, 1997, 9(1): 1-30.

[5] Institute of Public Relations. Sword of excellence awards 1998 [M]. London: Wuthor, 1998.

[6] XAVIER R, MEHTA A, GREGORY A. Evaluation in use: the practitioner view of effective evaluation [J]. PRism, 2006, 4(2): 1-11.

[7] BASKIN O, HAHN J, SEAMAN S, REINES D. Perceived effectiveness and implementation of public relations measurement and evaluation tools among European providers and consumers of PR services [J]. public relations review, 2010, 36(2): 105-111.

的752位公共关系服务提供企业以及公共关系服务的消费者的调查表明，测量公共关系效果认同度最高的工具，实际使用度不高，如公关方案在股东中对**品牌形象**和企业声誉的影响，项目前/后调查测量事件的影响等；实际使用度最高的工具，效果认同度低，如媒介报道；效果认同度比较高的工具，在实际中也比较经常地使用，包括媒介内容分析、关键信息在目标媒体上的渗透、跟踪内部沟通的有效性等。

O' Neil[①]通过对15年里国际政府组织和非政府组织的公共关系传播效果评估报告进行分析显示，大部分评估都明确了传播目标，并遵循评估方法，同时聚焦于结果的评估，其目的是为了持续的改进。但很少使用严格的研究设计，以及将传播活动与组织目标相联系。

由上面的研究发现可以看出，公共关系效果评估的理论研究远远走在实践的前面，二者之间存在着明显的鸿沟。在实践中，几乎很少使用关系理论研究者一直呼吁和推崇的"关系"的测量作为效果评估的方法。

四、目前我国公共关系效果评估的基本现状

为了描述我国公共关系效果评估的现状，我们需要回答以下问题：我国目前的公共关系都有哪些类型？在公共关系规划中，设定了哪些目标？测量了哪些效果？使用什么工具进行测量？

由中国公共关系网（17pr）组织编写的《最具公众影响力公共关系案例集》已出版了2013和2014两册[②]，汇集了获奖的公共关系作品。本研究根据这64个案例来考察中国公共关系行业是如何制定公共关系项目的目标，以及如何测量公共关系项目的效果的。

根据Pieczka[③]对公关策划案的目标和效果评估的编码框架，我们将目标划分为五大类：（1）认知目标；（2）情感目标（如让公众对品牌或企业产生好感，塑造品牌形象等）；（3）行为目标；（4）财务目标；（5）职业目标。效果评估的内容则比较细化，不仅包括Pieczka提到的几乎所有的类别，而且将基于社会化媒体的信息行为专列为一项，包括：媒体出席，活动到场人数，参与人数，媒体报道，媒体内容分析，广告等值，知晓度，

---

① O' NEIL G. Evaluation of international and non-governmental organizations' communication activities: a 15 year systematic review [J]. Public relations review, 2013, 39(5): 572-574.
② 中国公共关系网（17PR）编委会. 最具公众影响力公共关系案例集 [M]. 北京：企业管理出版社，2013；2014.
③ Institute of Public Relations. Sword of excellence awards 1998 [M]. London: Wuthor, 1998.

销量，千人成本，关键意见领袖，品牌形象，态度，信息行为，外界对项目的评价等。

由两位编辑员分别进行两次编码，最后取认知目标、情感目标、态度、信息行为四个变量计算的编码员信度为96%。因为这四个变量在判断时比较容易出现分歧，而其他变量则不容易有歧义，故只选取这四项计算编码员信度。此外，我们还对是否采用了前期公众调研和项目后调研，以了解业界对科学调研方法的使用的程度。

表28-1 目标类型

目标	百分比（%）
客户关系	6.3
关注度	17.2
认知目标	12.5
情感目标	60.9
工具性目标	21.9
卷入	56.3
行为目标	31.3
财务目标	3.1

表28-2 效果评估

效果	百分比（%）	效果	百分比（%）
媒体出席	25	销量	15.6
活动到场人数	15.6	千人成本	3.1
参与人数	37.5	关键绩效指数KPI	3.1
媒体内容分析	4.7	关键意见领袖	18.8
广告等值	6.3	品牌形象	28.1
关注	31.3	态度	25
品牌记忆	9.4	外界对项目的评价	14.1
活动后消费者调查	6.3	媒体报道	62.5
知晓度	3.1	信息行为	62.5

我们发现，如上文无目标的公共关系中提到的将公关作为一种公务性的装饰品、

例行公事、叫卖形象，这样的倾向在这些案例中亦有所体现。60.9%的个案都将提高公众对品牌或企业的好感的情感性目标作为项目的目标，其次是公众的卷入和行为目标，明确提出财务目标的只有3.1%的个案。但效果评估中，15.6%的个案提出了销量效果。

恰如世界各地的公关同行一样，我国的公共关系人员在项目评估的时候使用频率最高的是公关产出——媒体报道，有62.5%的个案都将媒体报道作为项目评估的内容；没有说明媒体报道的个案，是案例中有一个类别为"社会化媒体应用案例"，这类案例在运用社会化媒体展开活动，效果通常对应于受众的信息行为，所以此类个案一般不提媒体报道效果。在发布会或公关活动现场有多少家媒体出席似乎是一个有中国特色的项目评估的内容，在文献中未见提及，有25%的个案报告了媒体出席情况。

值得注意的是，公众的信息行为成为越来越多的公关项目评估的内容，信息行为包括点击、转发、社交媒体讨论等，62.5%的个案都将信息行为作为项目的效果。

与别国同行相比，我国的公关人员对科学调研方法的使用似乎比较迟疑，只有一个个案报告了前期消费者调查，仅有6.3%的个案报告了活动后的消费者调查，对媒体报道进行内容分析者更寥寥，仅有4.7%的个案展开媒体内容研究。

6.3%的个案将客户关系作为公关目标，但并未在效果评估中提出客户关系的目标是否达成。

25%的个案提到公众态度的改变，但并无任何项目评估提到组织管理者的改变，单向的、不对等的传播态势非常清楚。从双向沟通的角度来看，我们的公关实践距离卓越公关还非常遥远。

五、结论与讨论

本章梳理了公共关系效果评估的理论演进和世界各地的公关行业的评估实践之间的鸿沟，分析了中国的公关获奖案例，发现极少有从业者运用科学的调研方法来了解公众，无论是公众调查还是媒体内容分析都很少出现；项目效果评估仍然以媒体产出为核心内容，但受众的信息行为开始成为关注的重点；组织管理者的改变既未进入目标，也未进入效果评估，新媒体提供了双向沟通的物质手段，但效果评估更注重公众反馈的量的特点，而对质的特点未加关注，也未关注这些反馈最终对管理者的影响。

按照卓越公关的假设,有确定的目标,对公众进行调研和了解,同时组织管理者亦在公共关系这个居间者的帮助下作出改变,双向对称沟通是卓越公关的基本假设,但从效果评估这一角度,我们发现卓越公关的理念尚未进入我国公关人员的视野。

(李贞芳,华中科技大学新闻与信息传播学院副教授;
刘练、方新子,华中科技大学新闻与信息传播学院硕士研究生)

第二十九章 公共关系与社会网络分析法*

一、引言

社会网络分析作为一种有效测量社会结构与网络关系的方法体系,被社会学、经济学、管理学、情报学、传播学、系统学等越来越多的学科所关注,它为这些学科提供了新的研究视域和方法体系,也为这些学科搭建了一条跨学科、跨领域的理论创新通路。公共关系学作为一门跨学科的理论体系,其主要任务是研究组织与公众的"关系"如何形成、如何管理、如何增值的。无论是在研究对象、研究内容,还是研究目的和跨学科特性上,社会网络分析与公共关系都具有亲近性。社会网络分析能够极大地拓展公共关系的研究视野,丰富公共关系的学科体系,为公共关系提供一整套科学、系统的方法论纲,将公共关系的研究从经验层面上升到理性、科学层面。社会网络分析应当作为公共关系的"元方法"而被纳入学科体系中。本研究通过梳理社会网络分析与公共关系在研究视角、研究内容上的统一性,为求让社会网络分析理论与方法引起更多公共关系研究者的关注,为社会网络分析在公共关系学科中的应用提供理论依据。

二、公共关系的理论发展与范式创新

1923年,美国学者爱德华·伯内斯出版《舆论之凝结》(*Crystallizing Public Opinion*)一书,标志着现代公共关系理论正式诞生。此后,现代公共关系理论和实践得到了长足发展,一系列重要理论和方法陆续出现,学科体系也不断完善。由于公共关系学和社会学、经济学、管理学、新闻学、传播学、广告学、市场营销学等学科存在着天然的关联,

---

* 本章是国家社会科学基金青年项目"网络微信息知识化的形成机理与组织模式研究"(12CTQ046)和教育部人文社会科学研究青年基金项目"媒介融合环境下的微学习模式及实现机制研究"(12YJCZH036)的成果。

其理论发展也出现了非常庞杂的局面，不同的学者和从业者从自身的视角纷纷提出了不同的观点。如卡特利普（S. Cutlip）和森特（A. Center）提出了"双向对称"理论，即组织和公众形成一种信息传播与反馈的双向模式，才能达到双向沟通的良好状态[1]；马斯顿（J. Marston）把公共关系活动过程概括为"研究""行动""传播""评估"四个环节[2]；杰夫金斯（Frank Jefkins）提出"公共关系工作六步曲"，即"估计形势⇨确定目标⇨确认公众⇨选择传播媒介与技巧⇨编制预算方案⇨评价结果"。[3]

一些学者把公共关系研究的观点划分为："咨询参谋说""沟通（传播）说""关系说"等；还有学者将公共关系理论划分为三大流派：一是以格鲁尼格为代表的管理学派，二是以托斯（Elizabeth L. Toth）和希斯（Robert L. Heath）为代表的语艺修辞学派（Rhetorical Perspective），三是以舒尔茨（Don E. Schultz）等为代表的整合营销学派[4]。这些研究充分体现出公共关系学科体系的多元性、交叉性、包容性、动态性和演进性。

20世纪80年代是公共关系理论创新的重要分水岭，一些学者开始用"Public Relationship"代替"Public Relations"这个词，借此强调公共关系的主要任务应该是建立、维持和提高组织与公众的关系质量；而在此之前，公共关系理论研究和业务实践都是紧紧依附于大众媒介，进行传播、沟通和说服，忽视"关系"的核心作用[5]。Relations和Relationship两个词虽同为"关系"之意，但前者指的是包括人在内的事物的关联性，意指的是一种集成的、笼统的、非个性化的关系，而后者指的是具体的、个体的、人与人之间的关系。[6]显然，后者比前者更强调人与人之间的相互性、交流性、情感性。关系管理学派的思想基础由此而逐步成形。这一学派的代表人物玛丽·弗格森（Mary Ann Ferguson）指出："通过把研究重点放在关系上，而不是涉入关系的组织或公众，将能够带来一些研究公众关系的新视角和新方法。"[7]

---

[1] SOCCT M CUTLIP, ALEN H CENTER, GLEN M BROOM. Effective Public Relations [M]. Prentice Hall Inc., 1952: 140
[2] JOHN E MARSTON. The Nature of Public Relations [M]. New York: McGraw-Hill, 1963: 161-173.
[3] FRANK JEFKINS. Public Relations [M]. Hazell Watson & Viney Ltd, 1983: 85.
[4] 黄懿慧. 西方公共关系理论学派之探讨 [J]. 广告学研究（台湾），1999.
[5] 陈先红. 新媒介推动下公共关系理论范式的创新 [J]. 国际关系学院学报，2006(4): 72-76.
[6] 居延安. 公共关系学 [M]. 上海：复旦大学出版社，2013: 155
[7] FERGUSON M A. Building Theory in public relations: interorganizational relationships as a public relations paradigm [C]. Public relations division, association for education in journalism and mass communication annual convention, Gainesville, FL, 1984.

关系视角解构了主客体二元论，以组织为主体、以公众为客体的公共关系难以从根本上避免诱导式和操控式传播，因为主客体的区别就暗含了不平等。而在关系视角中，涉入关系的双方被平等地对待，价值提供者与接收者的差别、施动者和被动者的潜在定义等双方之间的不平衡预设都不存在，着眼点是双方的"关系"，而非"节点"本身的属性，这样公共关系的合法性才算得以成立，其理论和实践也为公共关系的研究与实践开辟了一条新的发展道路。关系是构成社会系统的基本要素，人总是处于与他人的各种关系之中，如马克思所言，"人是社会关系的总和"。卡西尔从符号学的角度也指出："人的突出特征既不是他的形而上学本性，也不是他的物理本性，而是他在劳作过程中形成的活动体系，也即各种关系，这规定了'人性'的圆周。"①

　　基于"关系"的视角将研究对象置于对称、平等的关系维持与发展上，而对事实存在的传播目的性、功用性以及传播者与接受者天然的差异性有所忽视；而基于"传播"的视角把传播目的、传播手段与传播效果作为研究对象与业务的出发点，忽略了传播者与接受者互为影响、互为因果的互动性与对等性。因此，应当将这两种视角相融合，形成一个统一的理论体系。基于此，一些学者提出了"关系传播"理论。其中，具有代表性的是巴罗阿多学派，他们认为，传播过程包括"内容信息"和"关系信息"，它们分别为"传播"和"元传播"。传播是社会关系的整合，并且关系总是按照自身的意志来裁剪传播内容的，传播是通过一种被传播的内容来反映或说明一种关系的。②斯蒂芬·李特约翰（Stephen W. Littlejohn）认为，关系总是与传播有关，两者不能分开，关系的本质是由关系成员的传播行为决定的，同时关系总是随着卷入关系方的传播过程而发展的③。

　　近年来，新媒体的发展解构与重构了人与人、人与物、人与组织、人与社会之间的关系。传播不再是单向线性模式，而是一种复杂、网状、多维、动态的模式。基于关系的传播已经成为当前基本的传播模式，以互联网、移动互联网为代表的新媒体不仅仅作为一种传播工具存在，而且构造了一个与现实社会平行的虚拟空间，形成了一种全新的社会生态环境。基于这一现状，我国学者陈先红提出了"关系生态说"④，为公共关系的研究与实践构建了一个较为完整的理论体系，该理论将宏观社会结构与微

---

① 卡西尔. 人论 [M]. 甘阳，译. 上海：上海译文出版社，2004.
② 李特约翰. 人类传播理论 [M]. 史安斌，译. 北京：清华大学出版社，2009：235.
③ STEPHEN W LITTLEJOHN. Theories of human communication：international ed of 9th revised ed [M]. Cengage Learning, 2007.
④ 陈先红. 公共关系生态论 [M]. 武汉：华中科技大学出版社，2006.

观个体特征有机结合，将静态的关系特征与动态的交互作用有机结合，体现了新媒体环境下公共关系的新视域。新的传播环境使得公共关系的认识论、本体论、价值论和方法论都面临着新的挑战，公共关系学亟待进行理论创新与方法突破。如何吸收其他学科的知识，不断丰富天然具有跨学科属性的公共关系学的学科体系，如何使公共关系理论与方法科学化、系统化和可测量化，这是公共关系学未来的重要发展方向，社会网络分析的理论与方法为公共关系学科体系的发展奠定了重要的基础。

三、社会网络分析的理论与方法

社会网络分析（Social Network Analysis，简称SNA）也可称为社会网络理论或社会网络科学，主要研究行动者（Actor，既可以是个人，也可以是集体和单位，如家庭、部门、组织等）如何建立和发展社会关系，以及社会关系所形成的网络对行动者的态度和行为的影响等问题。它既是描述和分析社会现象的一种理论视角，也是一种新兴的定量研究方法。在社会网络分析的视角中，社会是一张人际关系网。其中"节点"（Node）代表一个人或一群人组成的小团体，"线"（Line）代表人与人之间的关系。作为线段的关系，可以有方向，可以加权重以量化的方式呈现关系的远近亲疏、诉求方向；通过中心度和中心势等指标计算节点在所在关系网中的重要程度，提示现实社会中处于不同圈层的行动者的位势差异及关系特征。

社会网络分析用具象的结构形式表现抽象的社会关系形态，揭示复杂社会关系中的结构特征、权力格局、资源禀赋、群落分布等。社会网络分析将"结构"和"关系"杂糅在一起，在研究视角上实现了宏观和微观的跨越，打通了社会规约与个体理性选择之间的脉络。它指出，个体总是嵌入社会网络中，其行为既受到社会规范、制度、道德等的影响，也受到与之有关系的其他人的影响；同时，个体也是理性、能动的，个体能够通过建立起社会关系网络、获取社会资本来追求自身利益，在这个过程中，个体行为的不断涌现会对整个社会结构与社会形态产生变革。社会网络分析对理解人与人的关系以及人与社会的关系具有极为深刻的作用。

（一）社会网络理论的代表性观点

社会网络理论衍生的诸多中层理论不仅给其他理论提供了连接宏观定义和微观实证量化的一座桥梁，而且也提供了一套完整的量化方法——社会网络分析法。近年来，社会网络理论在各个领域得到了广泛应用，极大地丰富了各个学科的研究理论与研究方法。其最有代表性的是嵌入性理论、弱关系假设、强关系假设、结构洞理论以及社会资本理论等。

1. 嵌入性理论

Polanyi最早（1957年）使用"嵌入"这个概念来描述现代市场的社会结构，他指出人类的互惠、再分配和交换这三种经济活动以不同的嵌入形式根植于不同的制度环境之中[1]。此后，Granovetter进一步发展了其理论，将"嵌入"划分为制度性嵌入和关系性嵌入两种，指出由行为主体之间构成的社会网络能够构建一种信任机制，这种机制能够限制嵌入网络中的个体的机会主义行为[2]。Uzzi指出，嵌入性强度与组织绩效的关系呈"倒U形"分布，如果嵌入性过强则会影响组织绩效，如果嵌入性过弱则会使关系无法建立，只有适度的嵌入关系才有利于组织绩效提升[3]。随后，人们对嵌入性理论的分析框架进行了分类，如Zukin和Dimaggio提出结构嵌入、认知嵌入、文化嵌入、政治嵌入等分析框架[4]；Andersson、Forsgren和Holm提出了业务嵌入和技术嵌入[5]；Hagedoom提出层次嵌入理论[6]。嵌入性理论强调社会网络结构对个体行为的制约因素，认为个体行为不是独立、单纯的，而受制于社会结构，因此，应从具体的社会关系入手来揭示个体的行为。目前，"嵌入性"概念已经成为美国新经济社会学的一个基础性概念。

2. 弱关系假设

Granovetter于1973年发表了《弱关系的力量》一文，首次提出了"关系力量"的概念，他将关系划分为强关系和弱关系，两者的区别由互动频率、感情强度、关系

---

[1] POLANYI K. The Great transformation [M]. Boston: Beacon Press, 1957.
[2] GRANOVETTER M S. Economic action and social structure: the problem of embeddedness [J]. American journal of sociology, 1985, 91(3): 481–510.
[3] UZZI B. The Source and consequences of embeddedness for the economic performance of organizations: the network effect [J]. American sociological review, 1996, 61(4): 674–698.
[4] ZUKIN S, DIMAGGIO P. Structures of capital: the social organization of the economy [M]. Cambridge: Cambridge University Press, 1990.
[5] ANDERSSON U, FORSGREN M, HOLM U. The Strategic impact of external networks: subsidiary performance and competence development in the multinational corporation [J]. Strategic management journal, 2002, 23(11): 979–996.
[6] HAGEDOORN J. Understanding the cross-level embeddedness of interfirm partnership formation [J]. Academy of management review, 2006, 31(3): 670–680.

亲密、互惠交换四个方面进行测度①。他指出"强关系"往往是在"个人特质相似的群体内部形成的",因而传递的大多是重复信息,容易形成一种故步自封的状态,不利于创新;而弱关系代表着个体拥有更多的异质性,能够拓宽个体的信息源,并提供与其他系统相接触的桥接,从而获得更丰裕的信息,使组织充满活力。与一个人工作和事业最密切的社会关系并不是强关系,而是弱关系,尽管后者不如前者稳固。弱关系理论确定了关系程度在个体行动与组织绩效中的作用,是社会网络理论发展的重要里程碑。

3.强关系假设

与Granovetter的观点不同,一些学者通过实证研究,认为强关系更能获得比较优势。如DeGraaf和Flap通过对荷兰技术工人的研究,认为在荷兰,技术工人主要通过强关系获得工作机会,而非弱关系②。Wegener通过实证调查,认为德国劳动者通过强关系能够获得更多的社会资源,并实现地位的跃迁③。我国学者边燕杰通过对天津求职者的调查,发现中国社会的求职者大多是通过"强关系"(如亲属、朋友等)来获得第一份工作的,他指出在中国社会中,职业流动会涉及信任问题,基于信任和义务的强关系能够为个体带来更多的关系资源④。

4.结构洞理论

"结构洞"这一概念由Ronald Burt最早提出,他指出在社会网络中,某个节点与一些节点直接连接,而与另一些节点无直接连接,就像在网络结构中出现了一个"洞",他把这种现象称作"结构洞"⑤⑥。将两个无直接连接的节点连接起来的第三者会拥有比其他两个点更多的信息优势和资源控制能力,即处于结构洞位置的节点具有更高的价值。同时,他指出,关系强弱与社会资本之间无必然联系,结构洞才是竞争

---

① GRANOVETTER M. The strength of weak ties [J]. American journal of sociology, 1973, 78(6): 1360-1380.
② DEGRAAF N, FLAP H. With a little help from my friends: social resources as an explanation of occupational status and income in west Germany, Netherlands, and The United States [J]. Social forces, 1988, 67(2): 452-472.
③ WEGENER B. Job mobility and social ties: social resources, prior job, and status attainment [J]. American sociological review, 1991, 56(1): 60-71.
④ BIAN Y J. Bringing strong ties back in: indirect ties, network bridges, and job search in China [J]. American Sociological Review, 1997, 62(3): 366-385.
⑤ BURTON R S. Structural Holes: the social structure of competition [M]. Cambridge: Harvard University Press, 1992: 1-2.
⑥ BURTON R S. Structural holes and good ideas [j]. American journal of sociology, 2004, 110(2): 349-399.

者获取信息、时间、人员和控制的机会。占据结构洞位置的竞争者,能够有更强的竞争优势和获得较大经济回报的成功机会。

5. 社会资源理论

该理论强调如何利用社会关系网络来获得社会资源、社会地位,以及如何测量这种资源的价值。如 Coleman 提出,社会关系和社会网络结构能带来特定形式的社会资本,网络密集程度能够推动个体的合作,进而降低合作成本①。Putnam 认为,一个社会网络的价值在于,让一个节点接触到拥有某种资源的有价值的节点,后者能够帮助前者达成某些目标②。

林南认为,那些嵌入于社会网络中的资源,如权力、财富、身份、声望等,并不为个人所直接占有,而是通过个人的直接或间接的社会关系来获取,人们需要通过建立、维持和利用与其他人的社会关系来获得社会资源。这一观点否定了资源只有通过占有才能运用的观点,是社会网络理论的重要贡献③。

（二）社会网络分析研究方法与研究工具的拓展

社会网络分析方法是20世纪60年代以来由 Harison White、Boorman、Brieger 和 Linton Freeman 等构建的一套数学分析方法,包含数学、统计学、图论等多学科方法,可以有效地对网络结构进行测量。社会网络分析不同于传统的数据分析,其分析的数据为关系数据,即网络中的节点联系、接触、联络或者聚会等方面的数据。④ 其视角主要集中于分析由这种连接关系所构成的网络拓扑结构,以及流动在网络关系上的各种有形或无形资源,研究节点间的交互关系以及由这种关系所构成的一种系统涌现行为。

社会网络分析近年来已经发展出一系列算法模型与应用工具,如随机图、社群图、小世界模型、自我中心社会网研究、整体网研究、2—模网研究、中心性分析、凝聚子群分析、关联性分析、结构洞测量、中间人分析等。相关处理工具,如支持综合数据分析的 Ucinet、支持大量数据集的 Pajek、支持时序分析的 Agna、支持网络和图形分析环

---

① COLEMEN J. Social capital in the creation of human capital [J]. American journal of sociology, 1988, 94(1): 95–120.
② PUTNAM R. Making democracy work: civic traditions in modern Italy [M]. Princeton: Princeton University Press, 1993.
③ LIN N. Social capital: a theory of social structure and action [M]. Cambridge: Cambridge University Press, 2001.
④ 刘军. 社会网络分析导论 [M]. 北京: 社会科学文献出版社, 2004: 20.

境的 Gradap 以及可视化工具 InFlow 和 NetDraw 等。这些方法和工具极大地提高了社会网络分析效率[1]。特别是社会化媒体的快速发展和基于非样本的总体性大数据分析技术的不断成熟，使得社会网络分析的数据获取更为便利，研究场景和分析手段也更加多元化。

实际上，在过去相当长的一段时间里，由于对社会关系数据的获取不易操作以及对复杂的社会网络因素较难进行量化性的理论建模，使得很多学者对社会网络分析缺乏足够的"兴趣"。今天，这些问题正在被网络新技术的发展与普及不断地予以克服。随着一大批来自数学、系统科学、物理学、生物学、信息科学、计算机科学等自然科学领域的学者参与研究，该领域的研究不断向科学化、技术化方向迈进，相关理论模型与应用工具不断涌现，社会网络分析正在诸多学科中起到越来越重要的作用。

四、社会网络分析在公共关系领域的体现

公共关系学是建立在关系传播基础之上的，具有跨学科属性，公共关系人员处于"结构洞"的位置，扮演着公共领域代言人的角色，通过"织网""造流"和"占位"来建立一个"关系生态场"[2]。可见，社会网络分析与公共关系学具有天然的亲近性，前者在后者的理论构建与方法体系中占有重要的位置，甚至可以将社会网络分析定位于公共关系研究的元方法。下面将社会网络分析在公共关系中的应用做一梳理。

社会网络分析从研究内容和目的来看，大致可以分为两个维度：一是研究社会网络结构是如何形成的（形成机理）、其结构特征如何、网络中各节点之间连接关系的强度如何等，在这里称其为社会网络的"机制解释"研究。二是研究网络结构、关系强度等特征所带来的效果问题，如由于某种网络结构引起的权力格局差异、由于传播扩散与资源流动所引起的趋同化等问题，在这里称其为"实现效果"研究。

"机制解释"又可以分为"结构"和"关系"两个视角。前者注重网络结构对节点的固化，采取一种聚焦于连接模式的结构拓扑的方法，研究网络中的小世界现象、高聚集性及幂律分布特征以及网络中心性等问题；后者将连接看作网络中各个节点获取所需资源（如信息、权力、支持等）的渠道，以网络中节点之间的关系为基础，研究弱关系与强关系的优势比较、关系的度量等问题。前者属于结构主义，以网络结构作为研究的逻辑起点与分析目标；后者属于联连主义，将节点关系作为研究的逻辑起

---

[1] 王陆. 典型的社会网络分析软件工具及分析方法[J]. 中国电化教育, 2009(4): 95-100.
[2] 陈先红. 公共关系学学源的传播学分析[J]. 湖北大学学报（哲学社会科学版）, 2007, 34(3): 120-124.

点与分析目标,主要考量节点之间的连接情况与交互作用。

"实现效果"分析是指社会网络的结构与关系差异对研究对象所产生的影响作用。这种影响作用表现为"异质化"和"同质化"两个视角。"异质化"是指网络结构及关系差异给嵌入其中的对象(节点)带来不同的资源优势和权力格局;"同质化"是指由于网络中的扩散效应和资源、能量的流动性,引起网络成员之间在态度、行为、文化上不断交互,并逐步趋同,呈现出一种趋近或趋同的效应。

由此,基于这两个维度建立一个2×2的交叉表,得到社会网络分析的四个方面,以下分别探讨公共关系在这四个方面的体现(如表29-1所示)。

表29-1 社会网络分析在公共关系研究中的应用

机制解释	结构(结构主义)	1.中心性与危机公关、组织形象塑造	3.凝聚子群与组织传播
	关系(联连主义)	2.结构洞、社会资本与关系管理	4.传播扩散与议程设置
		异质化	同质化
		实现效果	

(一)中心性与危机公关、组织形象塑造

通过对社会网络"结构"的解释,剖析不同位置上的节点在资源禀赋、权力格局等方面的差异。通过对网络节点和网络图的度数中心性、中间中心性、接近中心性的分析,可以了解网络节点和网络图的中心性。一般来讲,在网络中处于中心位置的节点通常比边缘位置拥有更高的地位、更大的权力、更多的信息和更频繁的人际互动。目前,这些研究被充分应用于网络舆情分析、危机公关、意见领袖传播等方面。通过中心度测量和核心边缘模式分析,识别社会网络中成员所处的位置,判断活跃分子间的紧密程度,从活跃分子中筛选出具有较强影响力的舆论意见领袖,进而把握舆情发展态势,针对舆情意见领袖及潜在关键人物实施关键节点干预,开展靶向引导策略,高效率、优效果地开展危机公关活动[1][2][3];社会网络分析中的相关研究方法已经成为

---

[1] 李卓卓,丁子涵. 基于社会网络分析的网络舆论领袖发掘:以大学生就业舆情为例[J]. 情报杂志,2011,11:67-70.
[2] 刘怡君,马宁,王红兵. 创新社会管理中的网络舆论引导研究[J]. 中国科学院院刊,2012(1):3.
[3] 朱正威,石佳. 重大工程项目中风险感知差异形成机理研究:基于SNA的个案分析[J]. 中国行政管理,2013(11):106-112.

政府和企业危机公关、形象塑造、品牌传播的重要手段①②；舆情监测也成为政府与企业公关行业的一项必要工作③④；从公关管控到舆情引导，社会网络分析方法与技术正在推动政府社会治理模式的转型⑤；从广告宣传到口碑营销，社会网络分析正在为企业的形象塑造和市场推广提供新的技术和工具⑥⑦。不论是组织危机公关还是品牌形象塑造，社会网络分析方法和技术都能够提供一系列可测量的计算模型，同时，基于相应的工具，精准化地对各种具有异质性的关键节点进行识别、监测和信息推荐，对信息传播扩散、演化趋势进行实时判断，并有效管控和干预，这些都极大地提升了公共关系的工作效率与效果。

（二）结构洞、社会资本与关系管理

以"关系"的视角切入，每个节点所拥有的关系都不同，不同的连接形式和强度所获得的价值与产生的效果自然不同。什么样的关系更能获益？"弱关系假设"认为弱连带在获取非冗余和多样信息方面具有优势；而"强关系假设"认为强连带则可能在社会支持提供方面发挥作用。"结构洞"理论建立于弱连接优势上，认为网络中"断开"的弱连接是网络运转动力的核心，是否处于结构洞位置比关系强弱更为重要，它决定了个人的信息、资源与权力。如果存在结构洞，那么将没有直接联系的两个行动者联系起来的第三者就拥有信息优势和控制优势，这个第三者实际上就是公共关系人员或机构。不论是弱连接假设、强连接假设还是结构洞理论，它们都有一个共同指向，就是关系能够创造社会资本。社会资本存在于社会关系网中，借助于网络成员的资源和联系获得财富与回报。社会资本的获取是公共关系职能的实现目标，公共关系行为的主要目的就是通过关系管理给组织创造社会资本，公共关系人员处于"结构洞"的位置，占有明显的信息资源、关系资源优势地位。正如公共关系学者陈先红

---

① 周艳．"抢盐防辐射"政府危机公关舆情报告［J］．公关世界，2011(5)：13–15．
② 何丹．企业网络公关传播研究：以中国汽车业为例［D］．北京：中国人民大学，2009．
③ 沈健．2011年舆情环境变化及公关界的挑战［J］．国际公关，2012(1)：91–91．
④ 康伟．突发事件舆情传播的社会网络结构测度与分析：基于"11·16"校车事故的实证研究［J］．中国软科学，2012(7)：17．
⑤ 苑丰．从"公关管控"走向舆情引导：政府应对网络事件的实证剖析与反思［J］．理论与改革，2012(3)：84–87．
⑥ 宋晓兵，丛竹，董大海．网络口碑对消费者产品态度的影响机理研究［J］．管理学报，2011，8(4)：559–566．
⑦ 薛可，陈晞，王韧．基于社会网络的品牌危机传播"意见领袖"研究［J］．新闻界，2009(4)：30–32．

教授指出，公共关系的价值在于对期待有回报的社会关系进行投资，以此获得"社会资本"。社会网络分析为社会资本的测量提供了有效的工具[1]，并为关系管理提供了依据。

（三）凝聚子群与组织传播

社会网络的结构特征不仅通过中心性呈现出更多差异化的价值禀赋，同时，网络中团体和圈群的构造和涌现，使得其内部呈现出同质化特征，这些团队和圈群被称为"凝聚子群"。社会网络分析使得人们对于这些"凝聚子群"的研究从一种"质"的研究向"量"的研究过渡。同时，社会网络分析还给出了一系列算法，用于分析网络的整体结构如何由小结构（如n派系、n宗派、k丛）组成，分析网络中存在多少个派系，各派系之间是何种关系，派系内部成员之间的关系具有怎样的特点，一个派系成员和另一个派系成员之间的关系具有怎样的特点等。"凝聚子群"内部成员之间具有较强的同质性，而与外部成员表现出较强的差异性，这是凝聚子群价值与功能的体现。这种内部同质、外部异质的特性在一定程度上是有效率的：一是避免了潜在的冲突[2]；二是便于隐性知识的传播[3]；三是降低了协调成本[4]。提升组织（即凝聚子群）内部成员的同质性，并在它们之间形成合作和协同效应，是公共关系的重要任务。格鲁尼格认为，公共关系等同于组织传播，组织传播既可以是组织内部的，也可以是组织外部的[5]。对于组织内部，公共关系"以理解和认同为目标"，推进组织内部成员间的沟通，实现组织内部的协同性和效率性。比如在企业、政府等组织内部，通过知识分享、知识溢出、模仿学习、宣传教育等机制，创造一种协同的环境，营造某种文化氛围、价值观念和行为范式，实现集群内的成员的协作和共同进步[6][7]。对于组织外部，则是通过组织间的公关行为，实现组织间的合作与协同，如在政府、企业之间协作

---

[1] 谢美英. 基于社会网络分析的银行用户关系管理系统的设计与实现[D]. 长沙：湖南大学，2014.
[2] PELLED L H, EISENHARDTV K M, XIN K R. Exploring the black box: an analysis of work group diversity, conflict and performance[J]. Administrative science quarterly, 1999(44): 1–28.
[3] CROSS R, BORGATTI S P, PARKER A. Beyond answers: dimensions of the advice network[J]. Social networks, 2001, 23(3): 215–235.
[4] ANCONA D G, CALDWELL D F. Bridging the Boundary: external activity and performance in organizational teams[J]. Administrative science quarterly, 1992(37): 634–665.
[5] GRUNING J E, HUNT T. Managing public relations[M]. New York: Holt, Rinehart and Winston, 1984.
[6] 耿彦新，于新恒. 政务公关在协调组织内部关系中的功效及其技巧[J]. 领导科学，2009(11Z): 34–36.
[7] 梁舞. 从公关的角度看企业内部员工关系管理[J]. 人力资源管理，2014(2): 158–159.

中，通过有效的公关行为，实现相互的沟通与协作[①]。

(四) 传播扩散与议程设置

社会网络中基于节点间相互关系的信息流、资源流的传播扩散，有时会产生趋近化、同质化的效果，比如信息知识的传播、舆情的传播、流行病的传播等，随着时间的进化，各个节点被其他节点"感染"，而逐步具有相同的性状。它们是如何传播的、传播的动力因素是什么、传播的特征如何、被"感染"的阈值是什么、一段时间演进后的均衡状态是什么，等等，这些是网络传播动力学研究的重要内容，相关学者进行了有益的探索[②③④⑤]。这些研究都是公共关系研究与实践的基础。如果说社会网络"凝聚子群"的研究为组织内部和组织间的公关提供了有价值的理论支撑，那么社会网络中传播扩散的研究则为组织与公众的沟通与交流提供支撑。公共关系在这一过程中的主要任务和目标：一是引起公众对某一话题的关注；二是说服公众对某一组织、某一议题、某一产品产生认同；三是强化公众既有的认知。因此，公共关系组织和人员必须要熟悉和了解社会网络中的信息流传播机理，掌握媒介议程设置与管理的方法，制定、发现及筛选出足以支撑特定话语的议题，通过媒介的力量使信息在受众中进行有效扩散，引导更广泛受众的认同，并影响其态度和决策行动。基于社会网络的传播动力、传播路径、传播机理、演化模式等方面的研究，能够为公共关系工作提供新的视角，帮助公共关系研究者建立更加完整有效的工作体系。

五、结语

社会网络分析的两个维度构成的四个视角对应了公共关系理论与实践的主要内

---

① 刘建胜，封孝生，何晚辉. 社会网络分析在政府间国际组织研究中的应用 [J]. 计算机应用研究，2014, 31(1): 28–32.
② GUILLE A, HACID H. A predictive model for the temporal dynamics of information diffusion in online social networks [C]. The 21st International Conference on World Wide Web. New York: ACM, 2012: 1145–1152.
③ LAGNIER C, DENOYER L, GAUSSIER E, PATRICK GALLINARI. Predicting Information Diffusion in social networks using content and user's profiles [G]. Advances in information retrieval. Berlin: Springer, 2013: 74–85.
④ 周东浩，韩文报，王勇军. 基于节点和信息特征的社会网络信息传播模型 [J]. 计算机研究与发展，2015, 52(1): 156–166.
⑤ 任志安，毕玲. 网络关系与知识共享：社会网络视角分析 [J]. 情报杂志，2007, 26(1): 75–78.

容，涵盖了公共关系中"组织""公众""传播"这三大范畴。实际上，这四条研究进路并非有明显边界的区隔，它们之间是相互交叉、相互融合的。大多数情况下，网络"结构"与"关系"特征会同时产生作用，其产生的影响既存在异质化效应，也存在同质化效应。比如凝聚子群，在子群内部体现为一种同质化效应，在子群之间体现为一种异质化效应，公共关系的任务在子群内部要强化这同质化效应，形成内部的凝聚力、认同感，在子群之间则是要利用这种异质化特点形成优势互补、合作共赢，从而达到既定的战略目标。在公关活动中，既要充分利用节点的中心性、结构洞这些网络"结构"和"关系"特征上的差异性，创造更高的社会资本，也要通过关键节点干预、议程设置等方式，使公众认知与公关目标达成一致性，从而提升组织影响力或有效化解危机。

社会网络分析对公共关系的作用可以体现在两个方面：一是理论视野的拓展。社会网络分析从社会"结构"和"关系"的视角来研究社会问题，这一研究进路既与公共关系学科高度契合——公共关系将"关系"作为研究对象；也高于公共关系现有的研究视角——在"关系"这个维度中加入了"结构"这一维度。它让我们知道，决定效率与效果的往往不仅仅是双方交互而形成的某种"关系"，还有双方的社会"结构"因素。比如，在甲乙双方的合作过程中，甲方对乙方的付出是否让乙方感到满意，往往不仅仅取决于甲方付出价值的本身，还在于甲方的社会位置能否给予乙方更多的"综合社会价值"（如社会认同、信誉背书等等），在同样付出的前提下，甲方的地位和社会身份越有利于提升乙方的"综合社会价值"，则让乙方感觉到的获益也越大。因此，满意度不仅取决于双方交互所形成的"关系"，还取决于双方的社会结构，这是社会网络分析对公共关系的一个重要启发。二是研究方法的突破。社会网络分析为关系与结构提供了一系列可测度的方法和模型，让公共关系的方法论体系更加科学和完善。特别是随着互联网、物联网的广泛普及，社会关系数据的获取变得更加容易，通过社会网络分析能够将整个社会结构、节点关系的特点以更科学、深刻、系统、精确、形象的方式展示出来，也极大地提升了社会预测和风险控制的能力，这为公共关系提供了更严谨、精确的方法基础。

长期以来，公共关系较多着眼于"怎么做"的问题，如品牌宣传、形象构建、活动执行、协调沟通、危机处理等，而对于"是什么""为什么"以及"怎么样"等问题研究得不够深刻，社会网络分析对"关系"有了更加深刻的界定，提供了定量的测度方法，剖析了社会网络的"结构"格局和"关系"特征，揭示了公共关系形成与演化的机理，同时它借助于社会化媒体环境下的大数据技术，为关系管理、关系效果测量提供了更加精准化、个性化的解决方案，这些都极大地拓展了公共关系研究视域与研究方法。

因此，社会网络分析极大地拓展了公共关系理论与方法体系，在公共关系整个学科体系建构与公关业务实践中都起到越来越重要的作用，为公共关系提供了一整套科学、系统的理论体系与方法论纲，将公共关系的研究从经验层面上升到理性、科学层面。同时，随着各学科研究者对社会网络分析的关注与参与，跨学科、多视野的方法将不断融入社会网络分析体系中，使社会网络分析的理论与方法不断完善，这也会给公共关系研究提供更多的理论与方法基础。由此，公共关系学界和业界均应认识到社会网络分析在学科体系建构和公关实务中的作用，使社会网络分析成为公共关系学科体系的核心内容和业务实践的核心工具。

（杜智涛，中国青年政治学院新闻与传播学院副教授、博士后；

陈世爱，中国青年政治学院新闻与传播学院硕士研究生）

第三十章 建构型案例研究法

公共关系是快速发展、不断丰满的学科，具有实践现象丰富、涉及主体多元、应用导向性强等特征[1]。其理论研究呈现出"从个体向群体""由单面向多面"的发展演进趋势[2]。因此，引进借鉴其他领域的研究范式和方法策略来构建本学科独特理论体系显得尤为必要。在社会学、管理学等领域得到广泛应用和发展的案例研究方法目前也成为公共关系研究中最重要的研究范式之一[3][4]。

案例研究在公共关系领域的发展大致经历了三个阶段。第一阶段，由公关实践者主导的公关实践案例经验总结分享。以危机传播为例，通常是经历过危机应对的实践者详细描述他们在危机中所做的努力，对行为有效性做出总结，但并没有应用任何分析框架或理论基础。这种案例研究（准确地说是案例分享）的结果是，为将来的危机管理者提供了"要做什么""不要做什么"的建议列表[5]。用学者McElreath和Blamphin的话来说，就是前几十年公共关系"研究的实用性、描述性太强，普遍适用性很有限"[6]。第二阶段，由公关学者引入专门理论框架或原则来分析案例。这种案例研究相比第一阶段会更加严谨。最早的实例是将论辩分析应用到危机传播

---

[1] 陈先红. 现代公共关系学[M]. 北京：高等教育出版社，2009：19.
[2] 陈霓. 公共关系活动模式[M]//鲁曙明，洪浚浩. 传播学. 北京：中国人民大学出版社，2007：376.
[3] BRONN P S, OLSON E L. Mapping the strategic thinking of public relations managers in crisis situations [J]. Public relations review, 1999, 25(3): 351-368.
[4] CUTLER A. Methodical failure: the use of case study method by public relations researchers [J]. Public relations review, 2004, 30(3): 365-375.
[5] COOMBS T W. The handbook of crisis communication [M]. Wiley-Blackwell, 2012.
[6] MCELREATH M P, BLAMPHIN J M. Partial answers to priority research questions and gaps found in the public relations society of America's body of knowledge [J]. Journal of public relations research, 1994, 6(2): 69-103.

中。Benoit 等 1995 年所做的形象修复研究也是一个很好的示例[1]。目前大量已经发表的案例研究都使用了 Benoit 的形象恢复框架[2][3]。这个阶段的公关案例研究，虽然有了理论框架或分析原则，但对于（多渠道）数据收集和分析过程的描述过于简单，从科学的角度来讲，无法"复制"研究，信度和效度存在一定问题。这种案例研究更多是从公关活动评估批判的视角出发，输出结果一般是对现有理论的验证或修正，鲜见对新理论的建构。第三阶段，公关学者开始借鉴其他学科领域的案例研究范式，反思和规范公关案例研究。例如，Cutler 通过分析 1995—1999 年间发表在《公共关系评论》（Public Relations Review）上的论文，发现有三分之一的文献都用到了案例研究方法。他对其中的案例研究论文进行分析后指出了方法上的问题："令人不安的结果是，一半以上的案例研究都没能描述一个可靠的数据收集方法，致使人们不可能以该研究为基础或复制该研究。""这些方法问题破坏了案例研究潜能，使其不能对公共关系的认知发展做出（重要）贡献。"An Seon-Kyoung 和 Cheng I-Huei 对 1975—2006 年发表在两本公关期刊（PRR 和 JPRR）上的危机传播论文进行分析，发现 30 余年来发表的 74 篇危机传播学术论文中，有案例研究论文 38 篇（占 51.4%），比非案例研究（36 篇文献，占 48.6%）更占主导地位，其中 JPRR 发表了 7 篇案例研究，而 PRR 上发表了 31 篇案例研究。案例研究相比于非案例研究，更关注于对危机事件的评估（84.2%vs. 11.1%），而非案例研究相比于案例研究，更重视对策略有效性的考察（27.8%vs. 2.6%）。值得关注的是，只有 10 篇案例研究文献（占案例研究文献的 26.3%）包含了单独的方法介绍章节，说明公关领域的案例研究在科学性和规范性等方面还有待进一步提升。

　　针对公共关系领域的案例研究现状，本章拟在介绍案例研究的内涵、分类与适用性的基础上，比较其与传播学领域其他研究方法的联系与区别，梳理介绍社会学、管理学等学科领域"更为严谨"地通过案例研究构建理论的程序步骤，提供四类典型的案例研究论文范式，为国内同行提供借鉴。

---

[1] BENOIT W L. Accounts, excuses, and apologies : a theory of image restoration strategies [J]. Administrative science quarterly, 1997, 40(3): 584–586.

[2] BENOIT W L, BRINSON S L. Queen Elizabeth's image repair discourse: insensitive royal or compassionate queen? [J] Public relations review, 1999, 25(2): 145–156.

[3] BENOIT W L, CZERWINSKI A. A critical analysis of USAir's image repair discourse [J]. Business communication quarterly, 1997, 60(3): 38–57.

一、案例研究内涵、分类及对公共关系研究的适用性

（一）内涵

案例研究起源于美国芝加哥大学社会学院所进行的生活史研究及生活环境调查。但与参与观察、问卷调查等资料收集技术不同[①]，其本质上是一种利用多种数据收集分析技术的研究策略[②][③]，是对某一个体、群体、组织或事件等的描述性、探索性或解释性分析，焦点在于理解某种单一情境下的动态过程[④]，用于提供描述[⑤]、检验理论[⑥][⑦]，或者建构理论[⑧][⑨]。

从上述定义可以看出，案例研究具有如下特征：（1）案例研究对象，可以是个体、群体、组织或事件的某一类单元（unit）。（2）案例研究背景，是情境依赖的。即案例对象处于一定时空范围内，在"有边界的系统内"[⑩]，与周围的环境很难分离。所以案例研究是调查"现实环境中当代现象"的研究[⑪]。（3）案例数量，可以是单案例或多案例。（4）案例分析层次，可以有多分析层次或嵌套[⑫]。（5）案例研究数据收集，一般会综合运用多种方法，如文档资料、访谈、问卷调查和实地观察。数据既可能是定性的（如文字），也可能是定量的（如数字），或者两者兼有。通过多来源数据

---

① PLATT J. Case studying american methodological thought [J]. Current sociology, 1992, 40(1): 17–48.
② STOECKER R. Evaluating and rethinking the case study [J]. Sociological review, 1991, 39(1): 88–112.
③ YIN R K. Case study research: design and methods [J]. Applied social research methods, 1989, 5(4): 206–207.
④ EISENHARDT K M. Building theories from case study research [J]. Academy of management review, 1989, 14(4): 532–550.
⑤ KIDDER L, JUDD C. Research methods in social relations [J]. Eugenics review, 1986, 52(6): 65–70.
⑥ PINFIELD L T. A field evaluation of perspectives on organizational decision making [J]. Administrative science quarterly, 1986, 31(3): 365–388.
⑦ ANDERSON P A. Decision making by objection in the Cuban missile crisis [J]. Administrative science quarterly, 1983, 28(2): 201–222.
⑧ GERSICK C J G. Time and transition in work teams: toward a new model of group development [J]. Academy of management journal, 1988, 31(1): 9–41.
⑨ HARRIS S G, SUTTON R I. Functions of parting ceremonies in dying organizations [J]. Academy of management journal, 1986, 29(1): 5–30.
⑩ SMITH L M. An evolving logic of participant observation, educational ethnography, and other case studies [J]. Review of research in education, 1978, 6(1): 316–377.
⑪ YIN R K. Case study research: design and methods [M]. Beverly Hills, Sage Publications, 1984.
⑫ YIN R K. Case Study Research: design and Methods [M]. Beverly Hills, Sage Publications, 2008.

资料相互印证，形成证据三角形[①]。（6）案例研究意图，在于展现做出一个或一系列决策的过程（或发生一个或一系列事件的过程），以及为什么做出这一决策（或为什么发生这个/些事件），决策是怎样执行的（事件是如何发生的），其结果如何[②]。换句话说，案例研究主要用于回答"how"和"why"，其重视洞见、发现和解释，而非假设检验，追求"在场景中解读"[③]。（7）案例研究目标，可以是提供描述、检验理论或者建构理论。（8）案例研究过程，符合科学研究范式，即遵循科学发现的逻辑和可重复性（可检验性）原则。第一，案例研究遵循的是归纳逻辑，通过收集到的数据资料深入分析事件间的逻辑关系，得出归纳性结论，创建理论构念、命题和/或中层理论。第二，由案例构建理论的核心在于其复制性逻辑[④]，即每个案例都可视为一个独特的实验，是自成一体的一个分析单元。而多案例正像一系列相互关联的实验室实验一样，通过这些不连续的实验对所产生的理论进行重复、对比和扩展[⑤]。

（二）分类

学者们从多个角度对案例研究进行分类，单一维度的划分如表30-1所示。（1）按照案例数量，划分为单案例研究和多案例研究[⑥]。在多案例研究中，主要存在两种逻辑。一是逐项复制（Literal Replication），用于预测相似的结果，即总结归纳；二是差别复制（Theoretical Replication），用于检验产生相同结果的对立性研究假设（Rival Hypothesis），即进行对比[⑦]。（2）按照研究目的，划分为探索性、描述性和解释性案例研究。探索性案例研究旨在提炼出某一些概念、范畴或关系，界定后续研究或提出研究命题；描述性案例研究是对真实情境下的社会现象的白描；解释性案例旨在使用具有因果关系的数据解释现象发生的原因。（3）按照研究视角，本章作者根据公共关系领域的实际，将案例研究划分为传播视角和管理视角两类。传播视角的案例研究，是从组织外部媒介传播的视角，通过案例分析考察组织面对利益攸关者的公共

---

① PATTON M. Qualitative research and evaluation methods［M］. Los Angels：Sage publications, 2002.

② SCHRAMM W. Notes on case studies of instructional media projects［J］. Case studies, 1971：43.

③ CRONBACH L J. Beyond the two disciplines of scientific psychology［J］. American psychologist, 1975, 30：116-127.

④ EISENHARDT K M. Better stories and better constructs：the case for rigor and comparative logic［J］. Academy of management review, 1991, 16(3)：620-627.

⑤ YIN R K. Case study research：design and methods［M］. Los Angels：Sage Publications, 1994.

⑥ YIN R K. Case study research：design and methods［M］. Los Angels：Sage Publications, 2009.

⑦ 苏敬勤，崔淼. 工商管理案例研究方法［M］. 北京：科学出版社，2014。

关系策略、修辞、行为及其后果；管理视角的案例研究，是从组织内部运营管理的视角，考察组织公共关系策略、修辞或行为背后的内部决策沟通机制及其结果。（4）按照理论贡献，Dul和Hak等人将案例研究分为理论建构型、理论验证型和实践导向型三类①。理论建构型案例研究，旨在通过对一个或多个案例分析，构建新的理论构念、命题和/或中层理论。由案例研究构建理论的核心在于其复制性逻辑②。而多案例则是对所产生的理论进行重复、对比和扩展；理论验证型案例研究，是通过对一个或多个案例分析，检验前人理论，发现适用性或适用的边界条件、环境等；实践导向型案例研究，旨在对一些干扰（Intervention）设计、实施和/或评估，或者是对某一特定企业或情境下理论或方法应用的说明。③④⑤⑥

表30-1 案例研究分类一览表

序号	划分维度	分类	描述	文献举例
1	案例数量	单案例研究	在案例研究过程中，研究者将全部精力都投入到一个个案的数据收集和分析中的案例研究。	（Wang，2012）③ （Brummette，2012）④
		多案例研究	在案例研究过程中，研究者使用两个或两个以上的案例进行理论检验或（和）构建的案例研究。	（Wakefield, Plowman, Curry A, 2013）⑤ （Santos, Eisenhardt, 2009）⑥

---

① DUL J, HAK T. Case study methodology in business research [M]. Boston, 2008.
② EISENHARDT K M. Agency theory: an assessment and review [J]. Academy of management review, 1989, 14(1): 57-74.
③ WANG X. Combating negative blog posts and a negative incident: a case study of the "Mayday" incident between Juneyao Airlines and Qatar Airways [J]. Public relations review, 2012, 38(5): 792-795.
④ BRUMMETTE J. Trains, chains, blame, and elephant appeal: a case study of the public relations significance of Mary the Elephant [J]. Public relations review, 2012, 38(3): 341-346.
⑤ WAKEFIELD R I, PLOWMAN K D, CURRY A. Institutionalizing public relations: an International multiple-case study [J]. Journal of public relations research, 2013, 25(3): 207-224.
⑥ SANTOS F M, EISENHARDT K M. Constructing markets and organizing boundaries: entrepreneurial action in nascent fields [J]. Academy of management annual meeting proceedings, 2004(1): 643-671.

续表

序号	划分维度	分类	描述	文献举例
2	研究目的	探索性案例研究	研究者对于个案特性、问题性质、研究假设及研究工具不是很了解时所进行的初步研究，以提供正式研究的基础①。	（戴鑫，荆美星等 2010）②
		描述性案例研究	研究者对案例特性与研究问题已有初步认识，而对案例所进行的更仔细的描述与说明，以提升对研究问题的了解。	（Mellado, Hanusch, 2011）③
		解释性案例研究	旨在观察现象中的因果关系，以了解不同现象间的确切函数关系。	（戴鑫，熊英，李鹏飞，2015）④
3	研究视角*	传播视角的案例研究	从组织外部媒介传播的视角，考察组织面对利益攸关者的公共关系策略、修辞、行为及其结果的案例研究。	（Mitra, 2011）⑤ （Chen, 2009）⑥
		管理视角的案例研究	从组织内部运营管理的视角，考察组织公共关系策略、修辞或行为背后的内部决策沟通机制及其结果的案例研究。	（Wiggill, 2014）⑦ （Leidner, Pan, Pan, 2009）⑧

---

① 郑伯埙，黄敏萍. 实地研究中的案例研究［M］//陈晓萍，徐淑英，樊景立，主编. 组织与管理研究的实证方法：第二版. 北京：北京大学出版社，2013：236-271.

② 戴鑫，荆美星，邓雪芬，等. 企业危机情境下的合法性策略及其效应研究［J］. 管理学报，2010(7).

③ MELLADO C, HANUSCH F. Comparing professional identities, attitudes, and views in public communication: a study of Chilean journalists and public relations practitioners［J］. Public relations review, 2011, 37(4): 384-391.

④ 戴鑫，熊英，李鹏飞. "侵入"还是"渗入"：职业经理人团队进入后的变革逻辑与合法性确立［J］. 管理学报，2015(12).

⑤ MITRA R. Framing the corporate responsibility-reputation linkage: the case of Tata motors in India［J］. Public Relations Review, 2011, 37(10): 393-398.

⑥ CHEN N. Institutionalizing public relations: a case study of Chinese government crisis communication on the 2008 Sichuan earthquake［J］. Public Relations Review, 2009, 35(3): 187-198.

⑦ WIGGILL M N. Communicating for organisational legitimacy: the case of the Potchefstroom fire protection association［J］. Public Relations Review, 2014, 40(2): 315-327.

⑧ LEIDNER D E, PAN G, PAN S L. The role of IT in crisis response: lessons from the SARS and Asian Tsunami disasters［J］. Journal of strategic information systems, 2009, 18(2): 80-99.

续表

序号	划分维度	分类	描述	文献举例
4	理论贡献	理论建构型案例研究	此类案例研究旨在通过对一个或多个案例的分析，构建新的理论构念、命题和/或中层理论。	（Bingham, Eisenhardt, 2011）①（Sitoh, Pan, Yu, 2014）②
		理论验证型案例研究	通过对一个或多个案例分析，检验前人理论，发现适用性或适用的边界条件、环境等。	（Hether, 2014）③（Veil, Reno, Freihaut, et al, 2015）④
		实践导向型案例研究	此类案例研究旨在对一些干扰（Intervention）设计、实施和/或评估，或者是对某一特定企业或情境下理论或方法应用的说明。	（Takano, 2013）⑤

说明：（1）表中资料为作者根据相关文献整理而成。（2）*是作者根据公共关系领域案例研究文献现状重新提出的分类方式。

（三）案例研究在公共关系领域的适用性

社会科学研究有多种方法，如实验法、调查法、档案分析法、案例研究等。每一种方法都有其长处和不足。采用何种研究方法，要考虑三个条件：（1）需要研究的问题类型；（2）研究者对研究对象的控制能力；（3）关注的重心是历史现象抑或当前问题。一般来说，案例研究适用于以下三种情况：（1）需要回答"怎么样"和"为什么"的问题时；（2）研究者几乎无法控制研究对象时；（3）关注的重心是当前现实生活背景下的实际问题时。这些情形，将案例研究与其他社会科学研究方法区分开来。当

---

① BINGHAM C B, EISENHARDT K M. Rational heuristics: the "simple rules" that strategists learn from process experience [J]. Strategic management journal, 2011, 32(13): 1437–1464.

② SITOH M K, PAN S L, YU C Y. Business models and tactics in new product Creation: The interplay of effectuation and causation processes [J]. IEEE transactions on engineering management, 2014, 61(2): 213–224.

③ HETHER H J. Dialogic communication in the health care context: a case study of Kaiser Permanente's social media practices [J]. Public relations review, 2014, 40(5): 856–858.

④ VEIL S R, RENO J, FREIHAUT R, et al. Online activists vs. kraft foods: A case of social media hijacking [J]. Public relations review, 2015, 41(1): 103–108.

⑤ TAKANO K. McDonald's Japan: a case study of effective public relations [J]. Public relations review, 2013, 39(1): 60–62.

然，各种方法在很多方面存在交叉①。

案例研究之所以适用于公共关系研究，是因为其学科的特殊性。公共关系是组织、群体、个人等"试图对评价倾向（态度，形象等）施加象征性控制的过程以及相关公众和广大受众的随后行为"②。（1）对于这种过程和行为的研究是要回答"怎么样"和"为什么"的问题，符合Yin提出的上述第一种条件。（2）公关学者一般是从旁观者角度来观察公关现象，无法控制研究对象，符合上述第二种适用条件。（3）公关现象与当时的情境密切联系，不可分割。研究公关问题必须从当时所处的实际背景出发，符合上述第三种适用条件。例如，Fortunato采用案例研究方法，分析Ticketmaster公司门票危机和公关行为。该公司2009年因操作失误导致所出售的Bruce Springsteen演唱会门票价格抬高，引发信任危机，后在舆论监督与压力下做出危机处理，给广大顾客一个合理、满意的解决方案③。该研究说明公共关系研究中，特别适合采用案例研究。

公关学术文献的调查分析也反映出上述适应性。Cutler发现案例研究占了公共关系期刊中三分之一的文章数量。Broom等人也注意到发表在公共关系期刊中的许多学术研究都采用了案例研究（35%的案例研究或描述性研究）④。在公共关系中，案例研究被使用得如此广泛的主要原因是对于分析不同的复杂现实环境来说，该方法特别有效。正如Gruning所言，公共关系并不存在于独立环境中，组织周围的社会现象会影响其建构以及公共关系作用的实践⑤。

案例研究领域国际最知名学者之一的Eisenhardt也指出，构建理论之案例研究方法，很有可能成为一个对中国及亚洲研究有着特殊意义的研究方法。理由之一，该方法特别适合创建新颖洞察见解和独特理论。通过该方法，研究者可能从全新的视角重新审视广为流传的西方理论，更有助于构建真正亚洲本土的组织和战略理论。理由之二，该方法与中国文化十分吻合。中国人重视事情的整体全面性、动态性和复

---

① YIN R K, Qualitative research from start to finish [M]. Guilford Press, 2010.
② MILLER G R. Persuasion and public relations: two ps in a pod [J]. Public relations theory, 1989, 20(5): 45-66.
③ FORTUNATO J. Dancing in the dark: Ticketmaster's response to its Bruce Springsteen ticket crisis [J]. Public relations review, 2011, 37(1): 77-79.
④ BROOM G M, COX M S, KRUEGER E A, LIEBLER C M. The gap between professional and research agendas in public relations journals [J]. Public relations research annual, 1989, 5(20): 141-154.
⑤ GRUNIG J E. Excellence in public relations and communications management [M]. Lawrence Erlbaum Associates. 1992.

杂性，以及涌现的关键作用，这些因素与构建理论之案例研究方法一脉相承。换言之，中国或亚洲学者可能发现案例研究方法与他们本身独特的思维方式以及文化如出一辙①。

综上所述，案例研究不仅适用于国际公共关系学术研究，而且更有利于学者们基于中国情境构建公关理论，为全球公关学术研究做出中国贡献。

二、案例研究与社会科学领域其他研究方法的辨析

传播领域提及较多的研究方法主要有定性研究、定量研究、内容分析、调查研究、实验设计、案例研究、叙事分析、符号分析等②③④⑤⑥⑦。因文章篇幅所限，以下着重对容易与案例研究产生混淆的几种方法进行比较说明。

（一）案例研究与定性、定量和混合研究的关系

社会科学领域目前主要有三种研究范式（Research Paradigm），分别是定量研究（Quantitative Research）、定性研究（Qualitative Research）和混合研究（Mixed Research）⑧。其中第三种研究范式是20世纪80年代才正式提出的。（1）哲学基础方面，三类范式分别基于实证主义（定量研究）、建构主义（定性研究）和实用主义（混合研究）的哲学体系⑨。（2）研究目标方面，定量研究期望用定量的、数值的描述来进行因果解释和预测，以识别普遍的科学法则；定性研究期望用定性的、主观的描述来进行有移情作用的理解探究，以理解和评价特殊群体即个体；而混合研究

---

① 李平，曹仰锋. 案例研究方法：理论与范例 [M]. 北京：北京大学出版社，2012.
② SEVERIN W J. Communication theories–origins, methods and uses in the mass media: international edition [M]. Pearson Schweiz Ag, 2009.
③ STOKES J C. How to do Media and Cultural Studies [M]. Sage, 2012.
④ 戴元光. 传播学研究理论与方法 [M]. 上海：复旦大学出版社，2008.
⑤ FREDERICK W, PETER R M. How to read quantitative research: 5th ed [M]. Wadsworth Publishing, 2000.
⑥ RIFFE D, LACY S, FICO F. Analyzing media messages: using quantitative content analysis in research(2nd) [M]. Taylor & Francis, 2005.
⑦ 周翔. 传播学内容分析研究与应用 [M]. 重庆：重庆大学出版社，2014.
⑧ JOHNSON B, CHRISTENSEN L B. Educational research: quantitative and qualitative approaches [M]. Allyn and Bacon, 2000.
⑨ CRESWELL J W. A concise introduction to mixed methods research [M]. Sage, 2015.

则有多重目标，提供复杂的、全面的解释与理解，期望连接理论和实践，理解多重因果关系（普遍的或特殊的关系）。（3）方法论方面，定量研究采取验证性或"自上而下"的方法，研究者用数据来检验假设和理论；定性研究采取探究性或"自下而上"的方法，研究者基于实地研究所得数据来生成或构建知识、假设和扎根理论；混合研究则综合采用验证性和探究性的方法。（4）研究视角方面，定量研究采用"窄角"，检验具体的假设；定性研究采用"广角""深角"，检验现象的广度与深度，从而获得更多了解；而混合研究则采用多物镜方式。（5）观察方式方面，定量研究一般在可控的条件下研究行为和孤立单一变量之间的关系；定性研究则观察自然条件下的群体、个人等，试图理解局内人的观点、含义和视角；混合研究则观察多重情境、视角或条件下的多重因素同时运作的效果。（6）数据收集方面，定量研究采用结构化的、经过验证的数据收集工具进行精确测量，基于此收集定向数据；定性研究通过深度访谈、参与式观察、田野记录、开放式问题等收集定性数据，研究者自身是首要的数据收集工具；混合研究则综合收集上述两类数据（此处详细比较论述可参考文献[1]）。

根据上述三类研究范式特征，学术界对案例研究的定位经历了三阶段演变。第一阶段，案例研究被认为是一种为定量研究（如实验室实验）服务的定性研究，例如先通过案例研究得到初步假设，再用实验方法来检验这些假设。这实际是案例研究中的一个类别——探索性案例研究所扮演的角色。第二阶段，案例研究作为一种独立的定性研究范式出现，用于揭示个案过程中的理论规律。例如，应用一个已有的理论框架，分析刚刚发生的公关活动，修正和补充原来的理论框架[2]。这属于案例研究中的第二类——理论验证式案例研究。第三阶段，案例研究作为一种混合研究范式出现，在没有前期理论预设的情况下，通过多渠道的质性数据和量化数据收集分析，建构一种新颖的理论。例如，Eisenhardt的研究范文就属于案例研究中的第三类——理论建构式案例研究。这类研究重视对个案的剖析而不是研究过程中的数据分析方法。只要是有利于解释案例现象背后的事实和规律，所有的数据收集处理方法都可以为我所用。不能因为案例研究过程中用到了质性数据的收集分析，就说它属于定性

---

[1] 克雷斯威尔. 研究设计与写作指导：定性、定量与混合研究的路径［M］. 崔延强，译. 重庆：重庆大学出版社，2007.
[2] BOWEN S A, ZHENG Y. Auto recall crisis, framing, and ethical response: toyota's missteps［J］. Public relations review, 2014, 41(1): 40–49.

研究；也不能因为用到量化数据的统计分析，就将其归为定量研究。为了避免混淆，Eisenhardt等学者建议在案例研究论文中的方法论部分不要同时提及定性、定量研究方法。

（二）案例研究与其他传播研究方法的关系

内容分析法（Content Analysis）是对传播内容的"客观化、系统化和数量化的描述"[1]，它与案例研究的区别表现为：（1）研究目标方面，案例研究旨在描述或/和解释某一情境下的动态过程，回答"how"和"why"的问题；而内容分析则是对公关传播等相关真实信息的分析，试图阐明公关主体是如何引导或应对公众，侧重于回答"what"和"how"的问题。（2）研究对象方面，案例研究主要针对行为主体、事件、行为等；而内容分析则是围绕信息展开。（3）研究范式方面，最新的案例研究更多属于混合研究，而内容分析则属于定量研究。（4）研究方法的层次方面，案例研究更像一种"策略"[2]，而内容分析更像一种"工具"。（5）数据资料来源方面，案例研究强调多渠道的数据资料收集，例如访谈当事人、问卷调查、公开媒体报道、企业或组织内部文档、统计分析等便利渠道，属于"异质化"的来源；而内容分析则强调同类媒体、同类平台的信息科学抽样，是"同质化"的来源。（6）数据收集中研究者所扮演的角色方面，案例研究属于"介入式"研究，即研究者要深入案例对象所在组织、企业中获得一手资料，要与案例发生的当事人（以及当事人周围的人）进行当面"对质"或对其进行"讯问"，从多种信息来源还原事件或行为的真实性；而内容分析属于"非介入式"研究，研究者只是作为旁观者，从组织外部收集公开信息，统计分析信息中的"显性"内容。（7）数据资料处理原则方面，案例研究强调"三角检验"，将隐性的内容显性化、一致化，隐性内容显性化的过程同时也是一个理论建构过程；而内容分析强调信度，对"所见即所得"的信息显性内容进行频次统计和关系分析，之后再对统计结果做出个人主观推断。（8）研究遵循的科学逻辑方面，案例研究遵循的是归纳逻辑、"复制逻辑"，而内容分析遵循的是演绎逻辑，对假设做出统计检验。（9）结果输出方面，案例研究可以是提出假设（供后续实验检验），也可以是检验修正理论，还可以是建构理论；但内容分析一般输出假设检验的

---

[1] BRADAC J J, BOARD S C A. Message effects in communication science [M]. Sage Publications, 1989.
[2] DENSCOMBE M. Good research guide: for small-scale social research [M]. Open University Press, 2007.

结果。

此外,案例研究与调查法[1]访谈法、实验室、现场实验[2][3]、民族志、参与观察[4]等方法也有一定的区别与联系(详见相关参考文献)。

三、如何利用案例研究来构建公共关系理论

利用案例研究来构建公共关系的科学理论是一种较好的途径。Eisenhardt曾经指出由案例构建理论的三个优势:(1)案例研究具有产生新颖理论的潜质。创新性的真知通常会在矛盾或相悖的证据比较中出现[5]。化解这些矛盾的过程迫使研究者努力调节来自跨案例、各种数据和不同研究者的证据,以及案例与已有文献的对比,会"解冻"思想,产生新理论,并且比"渐进式增量研究(Incremental Studies)""闭门造车式研究(Armchair)"和"公理演绎式研究(Axiomatic Deduction)"有更少的研究者偏见。(2)案例研究形成的理论较可能是可检验的,其构念可直接测量而其假设可被证伪。因为通过案例构建理论的过程,实际就是构念反复测量和假设反复验证的过程。与此相反,那些不是由直接证据产生的理论可能会出现能否被验证的问题。(3)获得的理论可能具备实证效度,而且这种可能性很高。因为案例研究者在构建理论的过程中,一直都是基于数据的。这种紧密联系能产生一种亲密接触事实的知觉,往往能产生准确反映现实的理论。以下我们分别介绍科学理论的三个层次、构建中层理论的四种方法和通过案例构建理论的八个步骤。

(一)利用案例构建的公共关系理论一般属于中层理论

科学理论是按照逻辑组织起来的一组命题(断言、陈述、主张),用来定义事

---

[1] 巴比. 社会研究方法:第11版 [M]. 邱泽奇,译. 北京:华夏出版社,2009.
[2] EISENHARDT K M, MELISSA E G. Theory building from cases: opportunities and challenges [J]. Academy of management journal, 2007, 50(1): 25–32.
[3] MOSTELLER F, BROUCH R. Evidence matters: randomized trials in education research [M]. Brookings Institution Press, 2002.
[4] SCHENSUL S L, SCHENSUL J J, LECOMPTE M D. Essential ethnographic methods: observations, interviews, and questionnaires [M]. AltaMira Press, 1999.
[5] QUINN R E, CAMERON K S. Paradox and transformation: toward a theory of change in organization and management [M]. Ballinger, 1988.

件（概念）、描述事件间关系和解释事件的发生过程[1]。一个学科领域内的理论一般分为三个层次，即宏大理论（Grand Theories）、中层理论（Middle Range Theories）和细微理论（Trival Theories）。宏大的社会科学理论是高度复杂、非常抽象和系统的理论，其试图覆盖社会、组织和个人中的方方面面[2]。每个学科的先驱者都希望建立宏大理论。例如，公共关系领域中的著名学者Botan提出的"大公关（Grand Public Relations）"就属于宏大理论。宏大理论像是一种范式，代表那些广泛意义上共享的信念和看法，往往能够提供一种学科的理论透镜，去界定和检验世界，也常常担任学术研究中的通用参照框架。这些理论旨在被应用，而不是被系统地进行检验和改进，因此，这些理论成为构建和检验公共关系中新的中层理论的基础。细微理论类似于"工作假设"，是普通人在日常生活建立起来的常识。它们与可观察的现象之间几乎是相同的。与宏大理论一样，细微理论更多地作为基本假定而非可以检验的假设。中层理论介于上述两个极端之间，在全面性和抽象程度上都是中等的，目的在于用抽象化的学术概念去揭示所观察到的特定情境现象背后的模式。所以，中层理论是有边界的，只适用于某些现象而非所有现象。中层理论的倡导者力求在研究的集中性（集中于某些现象或者现象的某些方面）和全面性之间取得平衡[3]，以及在精确性和广泛性之间取得平衡[4]。对于一个学科的绝大多数学者来说，从事的都是中层理论的构建研究。公共关系领域同样如此。

（二）构建中层理论的四种方法

根据Wagner和Berger[5]关于理论发展的观点和陈昭全、张志学、Whetten的分类，构建中层理论主要有四种理论发展方法，分别是：（1）深化（Elaboration），指研究者在已有理论的基础上增加一些新的成分，使原来的理论更全面、更具体、更精确和

---

[1] SHAUGHNESSY J J, ZECHMEISTER E B, ZECHMEISTER J S. Research Methods in Psychology [M]. McGraw-Hill Education, 2010.

[2] 陈晓萍，徐淑英，樊景立. 组织与管理研究的实证方法：第二版 [M]. 北京：北京大学出版社，2013.

[3] DIMAGGIO P J. Comments on "What theory is not" [J]. Administrative science quarterly, 1995, 40(3): 391-397.

[4] OSIGWEH C A B. Concept fallibility in organizational science [J]. Academy of management Review, 1989, 14(4): 579-594.

[5] WAGNER D G, BERGER J. Do sociological theories grow [J]. American journal of sociology, 1985, 90(4): 697-728.

更严谨，从而增加了理论的解释力和预测力。例如，情境危机沟通理论（SCCT）的发展过程就是一个理论不断深化的过程。（2）繁衍（Proliferation），即研究者从其他领域的理论中借鉴某个或某些思想，将其应用到新领域中的现象上。繁衍与深化的区别在于，繁衍是将其他领域或学科的理论应用到一个新领域中去，而深化则是针对同一领域中的相同现象。运用繁衍途径建立理论时，研究者对原来的理论可能没有大的改变，但借鉴它的思想却能很好地解释新现象。例如，Coombs曾经就将社会学和管理学领域的合法性理论引入到公关领域，分析里根政府当时的一个粮食援助小组建构议题的合法性，丰富了议题管理研究[①]。（3）竞争（Competition），是针对某一个已经完全建立起来的理论，提出新理论，做出与原来理论针锋相对的解释。新理论以令人信服的证据展示原来理论的重大缺陷，从而提出另外的解释，甚至替代原来的理论。（4）整合（Integration），即在两个或两个以上已经建立起来的理论基础上，创造一个新的理论模型。在对理论进行整合时，可以采取前面提到的深化、繁衍或竞争的方法。做出理论贡献的四种方法，并不是相互排斥或者截然分开的，可以将它们看作是对自己的理论观点与已有文献联系起来的手段。因此，学者可以在理论建立的某个方面使用深化的途径，而在另一个方面使用竞争或者繁衍的方法。

（三）通过案例研究构建理论的三个阶段、八个步骤

案例研究同样遵循科学研究的逻辑[②③]。学者们对案例研究步骤有着不同看法，如Yin提出了计划、设计、准备、收集、分析、分享的六阶段模型，Pan提出申请准入、现象概念化、初始数据收集、建立并完善理论视角、结构化访谈、数据筛选、理论—数据—模型校对、撰写案例研究报告的SPS（Structured、Pragmatic、Situational）研究范式[④]。管理学界案例研究最知名的学者Eisenhardt也提出了准备、执行、对话的三个阶段、八个步骤模型，台湾学者郑伯埙、黄敏萍又对Eisenhardt的步骤进行了补充完善（如表30-2所示）。

---

① COOMBS W T. The failure of the task force on food assistance: a case study of the role of legitimacy in issue management [J]. Journal of public relations research, 1992, 4(2): 101–122.
② MONIQUE H. Inge hutter and ajay bailey [J]. Qualitative research methods, 2011.
③ STINCHCOMBE A L. The Logic of science in sociology [J]. American journal of sociology, 1973, 79(1).
④ PAN S L, TAN B. Demystifying case research: a structured–pragmatic–situational (SPS) approach to conducting case studies [J]. Information & organization, 2011, 21(3): 161–176.

表30-2 案例研究的执行步骤

阶段	步骤	活动	原因
准备阶段	启动	界定研究问题； 找出可能的前导观念	将工作聚焦，为构念测量提供更好的基础
	研究设计与案例选择	不受限于理论与假说，进行研究设计； 聚焦于特定族群； 理论抽样，而非随机抽样	维持理论与研究弹性；限制额外变异，并强化外部效度；聚焦于具有理论意义的有用案例，如能够补充概念类别的理论复制与引申的案例
	研究工具与方法选择	采用多元数据收集方式； 精制研究工具，同时掌握质化与量化资料； 多位研究者	透过三角验证，强化研究基础；证据的综合；采纳多元观点，集思广益
执行阶段	资料搜集	反复进行数据收集与分析，包括现场笔记； 采用有弹性且随机应变式的数据收集方法	实时分析，随时调整资料的收集；说明研究者掌握复现的主体与独特的案例性质
	资料分析	案例内分析； 采用发散方式，寻找跨案例的共同模式	熟悉数据，进行初步的理论架构；促使研究者摆脱初步印象，并透过各种角度来查看证据
	形成假设与理论化	针对各项构念，进行证据的持续复核； 横跨各案例的逻辑复现，而非样本复制； 寻找变量关系的原因或"为什么"的证据	精练构念定义、效度及测量；证实、引申及精练理论；建立内部效度
对话阶段	文献对话	与矛盾文献互相比较； 与类似文献互相比较	建构内部效度，提升理论层次并强化构念定义；提升类推能力，改善概念定义及提高理论层次
	结束	尽可能达到理论饱和	当改善的边际效用越来越小时，结束研究

资料来源：根据郑伯埙，黄敏萍（2013）和Eisenhardt（1989）等研究整合梳理。

需要说明的是，由案例研究构建理论的过程是一个不断反复的过程。虽然研究者在研究的某个步骤可能只关注某个方面，但是案例研究过程本身包含了前后步骤间的不断反复。例如，研究者可能从跨案例比较回到了研究问题的重新定义，然后重新进入新的案例现场搜集证据。并且这个过程充满了两种状态间的频繁转换，即一会儿分开从多种途径来理解数据，一会儿聚合成单个的理论框架。例如，这个过程会采用多个研究者和多种数据收集方法，以及运用多种跨案例分析方法，每种方法又会从不同角度来看待数据。但是，这个过程也会聚敛到构念的定义、测量和构建结果的框架。最后，这里描述的过程是和实证证据紧密联系在一起的。

（四）公共关系案例研究科学性和规范性的评判标准

中国学者苏敬勤、崔淼曾经比较系统地梳理了国内外学者关于案例科学性和规范性的评价标准，要点如下：（1）科学性评价指标方面，主要包括信度（Reliability）和效度（Validity）两类。信度是案例研究结果的一致性、稳定性和可靠性。测量信度理想化的方式是，使用相同数据，遵循原有的数据分析方法，对案例重新分析一次，通过比较两次结果，判定案例研究的信度。两次结果越接近，则信度越高。对于公共关系案例研究者来说，就是要对数据的采集、整理、分析过程进行详细陈述，说明该过程是可以经受其他人重复检验的。效度分为外部有效性、内部有效性和建构有效性三类。其中，外部有效性是指在一个情境下产生的概念或理论能否适用于其他情境，即案例研究结论的可推性；内部有效性是指案例研究者在进行案例分析的过程中是否对变量进行了全面的考虑，将所有相关的因素均纳入到了研究框架中，而未出现遗漏；建构有效性是案例研究者是否为构念建立了正确的、可操作的测量标准，即获取和整理的数据是否能够客观全面地测量研究问题涉及的相关构念。为了提高案例研究的信度和效度，过程的规范性和三角验证（如前文提及的数据三角验证、调查者三角验证、研究方法三角验证和理论三角验证）必不可少。（2）案例研究的规范性指标方面，主要包括：研究之初的充分理论回顾，并明确提出研究问题，以便界定研究问题边界，发现理论空白，提出研究问题，同时指导后续研究草案的设计、数据的收集、整理分析等工作；研究过程中方法及数据收集分析过程的充分说明，以便于其他学者重复过程和逻辑，完成研究结果的评估，以及相关的修正完善和拓展工作；案例结论要突出研究的理论贡献，无论是理论建构型案例研究还是理论验证型案例研究，均是如此。

（五）评判由案例研究构建的理论是好理论的标准

Eisenhardt指出，要从三方面来评估由案例构建的理论是否是好理论：（1）研究过程中产生的构念、框架或命题是否是"好的理论"。Pfeffer建议，一个好的理论应该是简洁、可检验和逻辑一致的。所以，好的理论建构研究能在研究最后而不是开始，产生好的理论①。（2）理论的提出过程是否遵循了实证属性，如严格的方法和理论扎根于证据。证据是否支持了理论？研究者是否排除了矛盾的解释？像其他实证研究一样，研究者应该提供关于样本、数据收集过程和分析的说明信息，也应该为每个构念展示足够的证据，以使读者能够自己评估理论是否与证据相符。虽然没有诸如相关系数或F值这样简明的指标，但是全面的报告信息应该可以给人理论具有效度的信心。总之，就像假设检验研究一样，好的理论构建研究，即使不一定要完美地与数据匹配，但也应该有好的匹配。（3）好的理论建构研究，应该产生新的深刻见解。如果仅仅是简单地复制已有的理论，那么这个研究充其量只作了微薄的贡献。复制在理论检验的研究比较恰当，但理论构建研究的目标是新理论。因此，好的理论建构研究能产生新的、也许是打破框架的真知灼见。

四、公共关系领域四种典型的案例研究范式

为了更直观地了解案例研究方法，我们这里分享四种典型的公共关系案例研究。按照研究视角（传播或管理）和案例数量（单案例、多案例）形成的2×2矩阵，划分为四类，分别是传播视角的单案例、多案例研究，管理视角的单案例、多案例研究。这些文章主要发表在公共关系领域的两本国际期刊 *Public Relations Review* 和 *Journal of Public Relations Research* 上，个别论文发表在管理学领域的学术期刊上。

（一）传播视角的单案例研究

1. 案例研究一　制度化中的公共关系：2008年四川地震中中国政府危机沟通案例研究

文献来源：CHEN N. Institutionalizing public relations: a case study of Chinese government crisis communication on the 2008 Sichuan earthquake [J]. Public relations review, 2009, 35 (3): 187–198.

研究问题：制度化作为公共关系中的一项重要的管理功能，有关其重要性和优势方面已有较多学者进行研究，但依然存在以下不足:（1）在探讨制度化的必要性方面，出现了两种观点，一种是在公众关系中使制度化合法化，另一种是赋予公共关系部门

---

① Organizations and organization theory [J]. Journal of the international college of commerce & economics, 1984, 13(6): 171–174.

更多的权力进行战略决策。但少有人讨论公共关系怎样实现制度化，何种努力是无效的。（2）在探讨中国政府的公共关系方面，与欧洲和美国的实践不同，危机沟通在制度化中有重要作用，但少有学者从中国政府实际出发讨论公众关系制度化的问题。为弥补以上不足，本研究以中国政府对2008年四川大地震的危机沟通为例，讨论了公共关系制度化的必要性和优势。回答以下两个问题：（1）危机沟通是否为中国政府对地震把控的过程中增强了政府的形象和可信度？（2）中国政府是如何利用危机沟通增强公共关系制度化管理有效性的？

案例选择：选择中国政府在2008年5月12日汶川大地震中的表现有以下几点原因：（1）地震的破坏力巨大，死伤人数众多，震惊国内外，属于重大危机案例；（2）中国政府的危机处理方式和公共关系的维护关系到国家政治稳定、政府的形象和声誉，属于重大危机中的公共关系处理案例。

资料收集：包括在线调查、电话访谈、对政府的宣传材料进行内容分析，并在北京和成都进行拦截调查。电话访问了三名政府官员，其中两名在国务院新闻局工作，另一个在民政部的应急管理部，每个采访持续大约35分钟。在北京和成都进行街头拦截调查，样本200人（每个城市100人），主要调查大众对中国政府的工作以及中国领导人的声誉、口碑、形象的看法。

资料分析：内容分析主要采取以下方式进行：（1）通过对State Council Information Office（SCIO）网站上的新闻报道进行内容分析，主要从政府层面，包括新闻发言人的讲话、政府紧急会议、网友提问回答等几个方面进行研究，探讨政府在地震发生后的日程安排，以及如何与公众进行相关的危机沟通。（2）电话访谈作为网站信息的补充，主要了解政府官员个人对政府危机沟通所做努力的看法。（3）现场访谈调查主要是了解普通民众对政府作为的看法，更加直观和具有代表性。

信度与效度：文中没有提及。

研究结果：（1）中国政府前所未有地重视信息公开，及时和直接地与公众沟通，这有助于维护和加强它在危机中的形象和声誉。（2）中国政府在与媒体沟通中采用双向不对称模式，旨在控制议程设置和发布制定，使用了不同的战略和战术，沟通既具有说服力也具有可操控性。（3）在试图"管理"公众的看法过程中，政府沟通团队尝试确定危机的范围和性质，从而提高公众对"政府总在控制危机局面"的认知。（4）政府危机沟通很大一部分是为了加强利益攸关者的关系，寻求积极的结果。（5）中国政府危机沟通，在到达公众的过程中只轻微地使用了互联网，赢得了国内外的一致好评。(6)在这次危机中,中国政府在建立和培养与人民群众的关系上做出的努力得到了回报。(7)中国政府危机沟通的目的是要表现出对受害者的怜悯和同情,以及帮助受害者的决心,这进一步增强了政府形象和义务。

2. 案例研究二　星巴克在故宫被禁止:博客、文化回路与中国非正式公共关系战役①

文献来源：HAN G, ZHANG A. Starbucks is forbidden in the forbidden city: Blog, circuit of culture and informal public relations campaign in China [J]. Public relations review, 2009, 35 (4): 395-401.

研究问题：文化回路模型起源于文化研究,主要存在于国际社会公共关系中,是指特定产品的存在意义受到客观社会环境条件的约束。该模型主要包括五个方面:调节（Regulation）、再现（Representation）、生产（Production）、消费（Consumption）和认同（Identify）,以上五点作为一个整体来展现某产品或品牌在特定文化环境中的公共关系表现。本章主要讲述星巴克在故宫经营七年,经过一场公共关系危机后,宣布退出的案例。研究回答了以下问题:(1)随着互联网非正式维权活动的发展,如何实现文化回路的发展?(2)如何在全球公共关系的背景中利用数字化沟通和全球化?

案例选择：国际品牌的选址与中国传统文化的冲突屡见不鲜,2000年肯德基快餐店退出北海公园与现在星巴克案例如出一辙,文中选取星巴克案例有以下两个方面原因:(1)星巴克从1999年进入中国以来已经开设了400多家分店,其中在故宫博物院内的分店于2000年开张,但一直饱受舆论压力,被认为与故宫文化不符,直到2007年不得不关闭。这属于国际公共关系中的文化敏感性内容。(2)对于故宫星巴克的反对浪潮主要集中于互联网舆论,由网络名人发起,后引发大规模舆论效应,对文化回路在网络媒体背景下的公共关系的拓展提出了新的挑战。

资料收集：本章采用定性分析方法,采纳了各种有效的途径,如纳克斯数据库、谷歌搜索引擎、星巴克官方网页、报道此事件的大型网站及论坛。主要收集的资料包括:(1)某媒体记者博客的5篇报道;(2)一月、三月、七月、八月和九月在某媒体记者博客下的5436条评论;(3)媒体报道,包括30篇中国全国性和地方性报纸的报道、25篇美国报纸的报道,主要包括《纽约时报》《华尔街日报》《今日美国》《洛杉矶时报》《西雅图时报》等。分析这些文字材料中的关于星巴克在故宫事件中的发展过程,运用文化回路五个因素探讨星巴克在故宫被禁止事件的全过程。

---

① HAN G, ZHANG A. Starbucks is forbidden in the forbidden city: blog, circuit of culture and informal public relations campaign in China [J]. Public relations review, 2009, 35(4): 395-401.

资料分析：本研究利用一种文化回路的模型对典型的全球化造成的文化冲突案例进行深层次解析。首先，对文化回路的模型作简要的介绍。文化回路模型是由英国文化研究代表人物 Stuart Hall 等人在1997年出版的一套名为"文化、媒体与身份认同"的书中提出的。它强调文化活动是在调节、再现、生产、消费、身份认同等五个环节中进行，而且各个环节彼此交叉影响、循环发展成一种回路状态。文化回路欲表达的是现今文化与经济的彼此紧密结合与交互渗透。其次，作者通过各种有效的途径，如谷歌搜索引擎、星巴克官方网页、报告此事件的大型网站及论坛，搜索到了很多的相关资料，然后以文化回路为基本的理论模型，围绕它的五个方面对星巴克与故宫之间的矛盾冲突展开探讨。

信度与效度：文中没有提及。

研究结果：（1）新浪博客为媒体记者想法的传播提供了一个强有力的平台，星巴克案例阐释了名人博客影响公众意见的强大作用。星巴克旨在给人提供一种舒适、忙里偷闲的休闲场所，产品代表西方文化，让人感受一个美国人的生活方式。故宫在各个方面的设计都体现着一种皇权象征，是中国传统文化的标准，它一系列的象征意义都与星巴克的企业文化完全不相容。星巴克其实在适应中国的主流文化方面做出了相当大的努力，它为迎合中国人的口味设计菜单，一系列的策略体现着它对中国文化的尊重。然而，这些并未受到消费者的认可，网络上的抗议者实际上并未对星巴克咖啡本身提出不满，而是它自身带来的西方文化，在故宫这样一个完全象征中国传统底蕴的地方经营星巴克在某种程度上是文化入侵，是对传统形象的侮辱。公众认为，星巴克应立即从故宫退出。（2）利用文化回路模型也获得了一些启示，例如，公众的意见在如今新媒体的带动下发挥着越来越重大的影响力；全球化的企业文化与当地传统文化之间的矛盾冲突愈演愈烈，尊重中国传统文化并不代表能与中国文化传统交融；企业应越来越重视新媒体的影响力，建立网络危机防范意识，掌握国际公共关系管理的主动性。因此，首先，企业应该越来越重视当地文化对产品营销的影响，跨国企业要了解当地的文化，只有理解当地的历史才能真正做到对其传统文化的尊重。其次，企业要善于处理国际公共关系，不能只重视上层，只跟政府和企业打交道，要顾及公众的情感，以真诚沟通的态度与公众进行交流。最后，企业应重视并利用新媒体如博客等，第一时间让媒体和公众了解公司的真实动态，利用博客有效地进行网络营销，展示企业文化，也能与公众更直接地沟通。

（二）传播视角的多案例研究

1. 案例研究三　三聚氰胺污染奶粉危机背景下中国大陆和台湾危机沟通战略比较研究[①]

文献来源：CHEN L J. A comparative study of crisis communication strategies between Mainland China and Taiwan：The melamine-tainted milk powder crisis in the Chinese context [J]. Public Relations Review, 2012, 38（5）：779-791.

研究问题：危机对于企业的生存、发展和繁荣会带来重要影响，危机后的话语回应决定性地影响了危机管理的结果。虽然已有较多文献研究危机，但依然存在如下不足：（1）在研究对象方面，大部分关于危机传播的案例研究都是涉及美国企业或者美国政府以及说英语的受众，迫切需要在危机传播策略的研究中考虑文化因素。（2）在研究方法方面，目前大多数的危机传播研究采用实验设计的方法和单一案例分析研究。即使有个别多案例研究，这些研究也要么是跨文化分析，要么是在同一个社会背景下比较。到目前为止，危机沟通很少有研究关注具有相同文化传统的两个不同社会之间的比较。为了弥补上述不足，本研究调查了两个三聚氰胺毒奶粉危机案例，识别并比较在两种典型的中国社会（中国大陆和台湾）文化背景下，两家顶级乳制品企业所采取的危机传播策略。由于中国大陆和台湾有不同的政治媒体系统，本研究还探讨了政府和媒体如何为面临危机的企业创建不同的危机后社会环境，并进一步影响了企业的危机传播策略选择。

案例选择：在同一种文化背景下的两种社会制度中，选取两家领先的乳制品企业——三鹿（位于中国大陆的企业）和金车（位于中国台湾的企业）。尽管三鹿集团的危机有着更高的伤亡人数和更大的规模，但这两个案例之间的可比性在于以下几点：（1）两个被选择的案例是同源危机，即三鹿和金车都面临三聚氰胺掺假的毒奶粉危机，有同源性质；（2）三鹿和金车都具备两个市场的领先地位；（3）在三聚氰胺危机中，三鹿和金车分别是中国大陆和台湾受影响最大的两家企业；（4）两家企业之前都具有良好的企业信誉；（5）它们都经历了同源危机却产生了完全不同的后果，前者因为危机处置不当，最终消亡破产，后者虽然也被证实产品含有三聚氰胺，但其通过负责任的态度和公关行动在危机中成功地捍卫了30年来的企业声誉。

[①] CHEN L J. A comparative study of crisis communication strategies between Mainland China and Taiwan：The melamine-tainted milk powder crisis in the Chinese context [J]. Public relations review, 2012, 38 (5)：779-791.

资料收集：本研究采用慧科新闻数据库和相关网页来调查三聚氰胺危机的新闻报道。在台湾这边，"金车"作为关键字被用来从"中国时报"《联合报》《自由时报》和《苹果日报》中进行搜索。这四份报纸之所以被选择，是因为它们是在台湾地区发行量最大、批判这次危机力度最大的日报。在中国大陆这边，"三鹿"作为关键字被用来从《新京报》《东方早报》《南方都市报》《燕赵都市报》和《人民日报》中进行搜索。这五大报纸之所以被选择是基于不同的考虑：（1）与台湾地区不同，媒体在中国大陆是党和政府的喉舌，并按照政府的层级分层组织。因此，本研究选择了一份报纸在中央层面，一份报纸在地方层面，即《人民日报》和《燕赵都市报》（这是三鹿集团所在河北省的当地日报）。（2）三鹿毒奶粉危机影响的主要城市遍及全国各地，所以本研究选择了三家在大城市的报纸，即《新京报》《东方早报》与《南方都市报》，这三家分别是北京、上海和广州地区具有最高发行量并且报道三鹿最多的报纸。（3）由于三鹿危机并没有持续多久，为了呈现清晰的背景和足够的细节，本研究查阅了Sina.com的三鹿危机专题（中国大陆的新闻门户网站）及有关此问题的其他网络论坛的专题页面。

资料分析：本研究根据Coombs（1998）抵制与和解路径图以及Vercic等人（1996）提出的政治、媒体环境因素，采用双案例比较研究的方法探讨了三鹿与金车之间的危机传播策略差异，以及政治因素和媒体系统如何影响它们的危机传播策略选择。从媒体报道的内容来分析确定三鹿和金车针对三聚氰胺毒奶粉危机所使用的危机传播策略，以及媒体报道在每个社会中的频率。不同于文本分析只专注于文本内容，话语分析的主要任务是研究语言使用与社会实践的关系，并且涉及权力关系和社会结构。因此，话语分析被用来研究鲜明的政治和媒体系统如何促成了三鹿和金车之间的危机传播策略选择的差异。

信度与效度：第一步，确定信息源（例如，三鹿/金车，记者，评论员，受害人的父母，政府等），只对信息源是三鹿/金车的信息进行编码。第二步，根据由三鹿或金车所作的发言中的主题做出判断，涉及每篇新闻文章中企业危机传播策略使用方法的声明，通过计算各类危机传播策略的总数进行编码。本次研究有两个编码者，一个是作者，另一个是在同一所学校就读的博士生。她被提供了含有编码准则的码本，并分辨危机传播策略。对否认、寻找借口、辩护、让步、转移等所有的危机传播策略进行信度检验，均在0.90以上。

研究结果：结果发现，在危机传播策略采用方面上，两家公司面临同源危机不仅选择了不同的策略，也在不同顺序上使用了策略。至于策略的类型，都使用了寻找借口、辩护和让步。否认策略是三鹿采用但金车没有使用的战略，而转移注意力则是金车的独特策略。至于使用策略的频率，两家公司都频繁地使用了让步策略。三鹿第二个最常用的策略是否认，而金车是辩护。至于危机传播策略使用的顺序，按照Coombs的路径图，两家公司展示完全相反的模式。随着时间的推移，三鹿从抵制端移动到和解端，相比之下，金车开始使用和解的策略，然后逐渐加强抵制。中国大陆和台湾具有相同的文化传统，但经过50多年的发展，它们已经形成各自不同的政治和媒体系统，为企业处理应对危机事件提供了不同的环境。企业、媒体和政府之间的关系可以在一定程度上影响公司的危机传播策略选择。对于媒体而言，不同的媒体系统可能会带来不同的媒体表现。媒体报道创造的舆论环境，使得企业需要对危机进行管理，这也影响了危机传播策略的选择。总之，谁也不能否认文化力量在危机状况下的作用，但由政治和媒体系统共同创建的环境同样是一个显著的因素。组织的危机传播策略深入研究必须涉及特殊具体的环境背景。这并不是指"危机情境"本身（包括危机的类型、危机的严重程度等），而是指组织对危机的管理的社会背景。

2. 案例研究四　危机反应信息网络[①]

文献来源：Pan S L, Pan G, Leidner D E. Crisis response information networks[J]. Journal of the association for information systems, 2012, 13（1）：518-555.

研究问题：过去20年世界上频发的灾害引起了学者们的研究兴趣，其注意力开始从研究危机预防转向危机反应。危机反应的研究表明，信息流和信息网络对于危机反应有很大的重要性。信息流和网络的管理对于大规模灾害的危机反应尤为重要，因为决定通常被时间急迫性限制，同时信息也会很快随着危机的发展而过时。决策者经常面临信息过载过多的矛盾，沟通渠道的不足、信息延迟过滤等烦恼，以及对于中介传达的不正确信息的处理。在危机情况下，当事人没有时间建立和发展强关系，只能利用现有关系，同时还要快速建立新关系。这样的结构复杂性很高，需要提出其他形式的危机反应网络来提高信息流。但现有对于IT的研究，主要集中于其在接收者中的信息流协调作用，很少集中在与受害者和公众的沟通上。而且现有文献在不同的危机反应网络类型和其对信息流的影响方面并没有具体研究。因此，本研究旨在弥补上述不足，考察在危机处理过程中建构信息网络的途径，研究IT在信息网络中的

---

① PAN S L, PAN G, LEIDNER D E. Crisis response information networks[J]. Journal of the association for information systems, 2012, 13(1): 518-555.

作用。

案例选择：选择4个危机应对案例，其中2个成功，2个失败，属于"极端抽样"。这四个案例涉及的四个机构中，一家为私营非营利组织，其他三家为公有机构。这四个案例具有相似的危机背景，都面临着大规模自然灾害，分别是：SARS，斯里兰卡海啸，卡特里娜（KATRINA）飓风和缅甸（BURMA）风暴。参与救灾的机构既有本地的、区域性机构，也有国际性的救援机构。不同点是它们4家各自的危机反应途径与信息管理。因而具有典型的代表性。

资料收集：采用实地调查和二手数据收集两种方法。（1）其中两个案例采用实地调查，主要是采访参与危机反应小组的关键成员，每个人大概面对面访谈半个小时，采访问题基于危机管理、信息流和社会网络理论，内容包括：最新消息如何公布出来，危机中参与收集和发送消息的信息机构的总数等。（2）另外两个案例采用二手数据收集，是因为无法收集一手资料。即使是收集二手资料，也是遵从三角检验的原则，从媒体报道中寻找"反映现实"的客观信息。

资料分析：作者基于信息流和网络理论框架，对数据、理论和相关文献的反复迭代，构建了4个典型危机反应信息网络模型，经过重复迭代，实现理论饱和。具体步骤：（1）试探性定义现象；（2）搜查数据来确定分类；（3）发展已有分类；（4）发掘现有分类之间的联系；（5）继续定义类型直到没有缺漏。其中，单个案例采用的分析步骤是：事件简介、控制中心、信息技术，与相关利益者的交流等。分析的要素包括：危机反应的中心运营机构，它的活动、组织情况等。在单案例基础上，再进行跨案例分析，主要解决的问题是：抽象概念，构建4种信息网络架构模型，分析项目包括：信息强度、信息方向和信息到达等。

信度与效度：对于一手资料的收集，为了确保准确性，全程进行了抄写和录音；在分析中，也有未参与调查的研究者做出判断，实现评判者的三角测量，避免精英偏见，以保证信度。对于第二手资料的收集，也用到了相关的信度保证措施。在理论模型的归纳中，反复迭代，与数据、理论不断比较对话，实现理论饱和，保证效度。

研究结果：根据四个案例当中的信息强度、网络密度、信息方向、操作中心角色的不同，将危机反应网络结构分成了四种：星形信息网、金字塔形信息网、森林信息网和信息阻隔。同时提供了IT在四种不同危机反应中的作用：（1）星形信息网，对提供广泛覆盖的信息和处理大量信息至关重要；IT技术必须和技术结构以及社会结构相和谐才能被使用。（2）金字塔形信息网，强调与过去合作者的沟通。（3）森林信息网，IT是效率的阻碍者。（4）信息阻隔，IT技术扮演了怠工者和破坏者的角色。本研究通过案例研究，从信息流和网络的视角观察信息流和网络在危机反应中是如何被管理使用的。通过综合信息流和网络里的各种概念，扩展了危机管理研究；提供了一个研究在危机反应过程中是怎样管理信息的新视角。4种模型为发展和协调不同的危机信息网络种类提供了起点，以后可以用来解释危机反应现象；通过对比信息流顺畅和受阻的危机情境，扩展了原有的危机反应中的IS研究。

（三）管理视角的单案例研究

1. 案例研究五　粮食援助特别小组的失败：议题管理中合法性作用的案例研究

文献来源：COOMBS W T. The failure of the task force on food assistance: a case study of the role of legitimacy in issue management [J]. Journal of public relations research, 1992, 4 (2): 101-122.

研究问题：由于议题管理目前发展较为初步，所以没有成为公共关系领域的专门工具。前人为了拓展该研究，已经确定了议题管理的两个主要维度：（1）议题识别；（2）影响议题解决所做的努力。因此，对议题管理更准确的表述将包括阐明议题管理者可能会用来辨别或影响议题解决的资源。本文将议题管理定义为主体参与政策的过程，引入合法性理论（Legitimacy Theory），从议题合法性、议题管理者的合法性和政策提议合法性三个方面细化和拓展议题管理。

案例选择：1983年8月，里根（Reagan）总统声明他对国内饥饿问题的报道表示"深切关注"与"困惑"。于是创建了粮食援助特别小组（以下简称特别小组）来调查饥饿存在的可能性，并在问题确实存在情况下，给出可行的解决办法。本文则是研究该特别小组的组建、身份以及政策建议的合法性。

资料收集：资料分析中使用到的数据既包括定性的，也包括定量的，采用公开媒体及国会辩论记录等资料。定性数据包括对使用的合法性策略类型的辨别、对合法性声明中三部分辩论性结构等。定量数据包括公众对特别小组合法性工作的评估，以及国会和媒体的相关反应。

资料分析：里根总统的粮食援助特别小组被选作议题管理研究对象。特别小组的工作在研究人员的控制范围之外。这里的研究问题在于合法性如何影响议题管理努力。这两个因素构成了案例研究一个合适的设计（Yin, 1984）。用到的研究方法是修辞批判，目标是提供更多关于话语的理解。修辞批判将观点与辩论性分析结合起来，共同用于考查特别小组为建立议题、议题管理者以及政策议题合法性所做的努力。每种类型的合法性都依次进行观点评价、辩论性分析、公众反应的单独检查。该分析遵循饥饿问题的背景信息、议题管理工作的目标公众识别的陈述顺序。

信度与效度：文中没有提及。

研究结果：特别小组成立的一个可能目标是，通过整体拨款提议来解决饥饿问题。根据这一目标，特别小组的委员们失败了。为了获得成功，特别小组的委员们需要建立起如下三个方面的合法性：（1）饥饿问题的合法性；（2）他们作为饥饿问题管理者的合法性；（3）他们提出的作为解决饥饿问题方法的整体拨款提议的合法性。分析表明，只有问题合法性建立起来了，没有组织公开反驳饥饿问题；相反，饥饿问题得到了国会、关注的公众以及新闻媒体的普遍接受。另一方面，特别小组的合法性以及整体拨款的合法性遭到了媒体和国会的反驳。特别小组的委员们没有能够为议题管理者、政策提议提供强有力的再次证明。委员们只能再次重申他们作为议题管理者合法性的相关凭证，同时，没有能够为整体拨款提议的合法性提供更多的支持。特别小组失败的更多指标能从国会听证会以及媒体报道中发现出来。负面的国会质疑、消极的媒体报道都表明，无论是国会还是关注的公众，都不接受特别小组以及整体拨款提议的合法性。本案例研究表明了合法性对问题管理者以及对议题管理的潜在重要性。为了增加成功的可能性，问题管理者必须做到以下几点：（1）建立议题合法性来吸引公众的关注；（2）建立自身的合法性，这样公众就会接收来自他们的信息；（3）在公众支持将政策建议作为问题解决办法之前，建立起该项政策提议的合法性。反对者可能会在过程中的每一步都通过驳斥任何或者所有合法性声明来与议题管理者相抗争。如果合法性即将建立起来，那么议题管理者必须准备好持续抗争，并在合法性声明遭到驳斥时提供额外的支持。当议题、议题管理者和/或政策提议的合法性遭到质疑时，议题管理者应该充分借助所有可能的资源去化解。议题管理者必须知道哪些资源是可用的，以及如何最好地利用这些资源来建立合法性。

2. 案例研究六　为组织合法性而沟通：Potchefstroom消防协会案例研究

文献来源：WIGGILL M N. Communicating for organizational legitimacy: the case of the potchefstroom fire protection association [J]. Public relations review, 2014, 40(2): 315-327.

研究问题：非营利组织（NPOs）这个角色在灾害的风险降低和管理领域正变得越来越重要，因为政府无法解决所有的服务提供问题。非营利性组织可以从和政府合作中获益，他们可以拓展他们的工作，加大他们的影响力和参与政策制定。但非营利性组织和政府的关系常常会被质疑，尤其是当非营利性组织提供了政府不能提供的服务时。因此，非营利性组织与关键利益攸关者，特别是政府，交流它的愿景、使命以及目标对完成组织合法性目标是很重要的。本研究关注非营利性组织和政府在灾害风险管理中的关系，以及这种关系对非营利性组织的组织合法性的影响。

案例选择：Potchefstroom Fire Protection Association（FPA）是南非一家民间消防组织，在20世纪80年代开始运行。1989年，该组织以Potchefstroom的田园灾难管理闻名，并且它由Potchefstroom灾难管理局直接操作。2005年，FPA被注册为一个组织，并且由当地市民来对其进行管理。通过立法，FPA在2008年成为一个独立的组织，当地的市民成为其中的成员。从2011年起，FPA开始收会员费，并在2012年7月注册成为一个非营利性组织。组织对政府既是一个补充者又是一个支持者，它为Tlokwe政府在预防和管理草原火灾中提供帮助。FPA在发展过程中，逐渐认识到并向它的关键利益攸关者（政府）传达它的作用，同时，政府对FPA的作用的观点也在影响FPA的组织合法性。因此，该案例具有较好的代表性。

资料收集：本章资料采用半结构化的访谈收集资料。访谈对象包括：FPA的主席、副主席、公共管理者、各个分支团队的领导，三个Tlowe消防局的上级领导，Tlowe灾害管理中心的危机控制官，区域灾害的管理者和灾害管理中心负责人等。访谈的目的是：（1）判定FPA对它自己的角色感知和传达；（2）判定FPA对它自己与政府利益攸关者的关系质量感知；（3）判定FPA的关键利益攸关者（政府）对FPA的角色以及他们与FPA的关系质量的感知；（4）判定FPA角色和利益攸关者的关系不同感知对它的组织合法性感知的影响。所有访谈都进行了录音（得到被采访者的许可）。

资料分析：基于组织合法性、战略沟通、关系管理、角色理论等，对在访谈过程中获得的数据进行分析。包括：（1）FPA对它的角色，以及它与它的关键利益攸关者（政府）的关系感知；（2）政府利益攸关者，如Tlowe灾害管理中心、Kenneth Kaunda区域灾害管理中心和Tlowe消防局的认知；（3）这些认知如何影响FPA组织合法性的感知。

信度与效度：文中没有提及。

研究结果：本研究证实了一个非营利性组织的角色，与关键利益攸关者（政府）参与双向沟通来建立的强关系，以及它的组织合法性感知的理论性关系；展示了非营利性组织的沟通必须由它的行动来确定，否则利益攸关者的关系，特别是与政府的关系将会受到影响。基于FPA案例的研究同时也证实了Suchman（1995）指出的实用、道德和认知合法性共存，这也就意味着，非营利性组织应该努力获得和维持三种类型的合法性，以便从它的关键利益攸关者（政府）处感受全部组织合法性。非营利性组织应该在声明中仔细地描述它们的愿景、使命，演绎它们的目标和随后的角色。本研究的另外一个重要发现是，非营利性组织应该在它们的角色范围中工作，特别是涉及与政府的合作时，这对于非营利性组织与政府利益攸关者的合作非常重要。如果非营利性组织与它的关键利益攸关者（政府）传达和演绎它们的期望角色和关系利益是牢固的、持久的和互利的，那么非营利性组织就拥有高水平的组织合法性，特别是认知合法性，能够被大部分社区所接受。

（四）管理视角的多案例研究

1. 案例研究七　危机响应中的IT作用：来自SARS和亚洲海啸灾难的教训

文献来源：LEIDNER D E, PAN G, PAN S L. The role of IT in crisis response: lessons from the SARS and Asian Tsunami disasters [J]. Journal of strategic information Systems, 2009, 18（2）: 80-99.

研究问题：因为社会危机会造成很大的社会经济影响力，所以需要投入关注。这些危机往往需要有多种公/私机构合作应对，所以它们之间的沟通也至关重要。在危机中，信息对于决策人评估危机范围和性质等非常重要，同时决策人也需要通过减少（无用）信息和沟通所需经过的渠道来实现快速反应，所以这往往会造成重要信息的忽视。此外，在危机处理过程中，收集和发送信息的过程总是带来过分延迟，阻碍了危机的快速反应。目前有很多危机相关的研究提及了处理信息相关的挑战，但对于揭示IS（信息系统）加速危机决策的影响机制，以及使用IS的先决条件研究甚少。现行的RBV理论（资源基础观）通常是在一个竞争的环境下使用，而在危机反应阶段，各种机构必须合作以达到共同目标，本研究正是把各个组织放在合作的基础上——我们研究在危机情况下，组织和公司们是如何高效合作的。具体研究三个问题：（1）危机反应中需要哪些IS资源；（2）IS资源和其他非IS资源如何组合使用；（3）它们是如何有效联合发挥作用的。

案例选择：本研究选择了两个典型的危机案例，它们与信息技术的使用密切相关，分别是：（1）新加坡SARS危机案例。2003年5月1日，3位游客从香港回新加坡后便发高烧住院治病，6日发现异常。两天内，MOH建立了9人跨组织任务小组，受

HAM指导。在MOH的要求下，PA聚集了84个团队来帮助救援。5月24日开始对病患行踪溯源并对去过同样地点的游客进行体检，此过程涉及很多机构联合。5月末，新加坡有80名病人，其中4人死亡。DSTA被要求开发一个可以支持150个员工处理溯源过程的操作中心系统。5月30日，新加坡不再受SARS困扰，只有238例病例和33例死亡。（2）亚洲海啸灾难案例。2004年12月26日，印度洋的地震引发了海啸，损失惨重。事后马上有超过160个救援机构和UN组织开始救援工作。2005年1月1日，新加坡政府组织召开了SRCC建立事宜，DSTA被任命开发SRCC的IT系统以及储存传播信息的功能。其中，CCMS具有控制救援物资的供需并决定如何配送等功能。2005年1月11日，近20家非政府组织加入SRCC系统。同时开发了很多协调物资活动的运作中心，包括OPS中心、计划中心、现状中心和通话中心，最终联合处理了灾难。

资料收集：采用田野调查与二手数据收集。田野调查的流程为：（1）2003年8-11月，采访DSTA的18个经理，了解该信息技术平台在SARS爆发时的能力配置；（2）2005年8-10月，进一步采访有关亚洲海啸发生时的危机反应信息，对象包括DSTA和SAF的高级管理人员和反应团队成员共15位采访者。二手数据包括新加坡的阅读新闻报道、政府机构出版物、预先警告的建议、报纸文章、网络出版物等。

资料分析：分为两个步骤。首先是单案例分析，分析过程为：事件经过——成立机构——IT使用——评价。描述了相关组织如何使用已有资源，然后又加强了自己现有资源的分析要素："危机反应资源配置框架"，包括现有核心资源、核心能力、核心流程、强化过程、危机反应组织结构、危机反应信息结构、危机反应IT结构、协作机制等。其次是跨案例研究，寻找两个案例的共性，主要解决的问题是解释"危机反应资源配置框架"。

信度与效度：为了保证一手访谈资料的准确性，作者通过录音和文字笔记，建立资料库，建立了每个主题下的特定提纲，并为读者提供了详细的二手数据来源渠道。在分析过程中，为了保证信度，对文字记录进行开放编码，标注出有关资产、能力、行动的词句——分别编制三张表细致描述和列举。对于不能归为以上三种但是较为重要的访谈言论，进行集体讨论思考，对元标签达成共识，然后再细致地对资产能力和行动进行描述，将反应协作机制的重要言论进行更加细化的描述编码，使其分别归入危机反应组织架构、IT架构和信息架构的分类。

研究结果：发现的规律有：（1）危机反应中需要哪些IS资源：IT设备是中心资

源，IS人力资源的开发能力等；（2）IS资源和其他非IS资源是如何组合使用的：资源和能力的组合在提高单个IS资源价值上很重要，如IT开发能力＋认清信号和看清全局的领导力等；（3）它们是如何有效地联合发挥作用的：迅速建立起危机反应架构。IT和组织结构在危机处理中是互补关系。本研究的贡献在于：（1）为IS资源在危机反应中的核心地位提供了有力证明，成为内部危机和跨危机研究的桥梁；（2）将RBV理论拓展到合作环境下，分辨不同环境下不同的重要因素；（3）填补了一个空缺：通过联系起协调机制，结合了资源和能力要素，展现了资源和能力具体是如何被使用的，以及如何协调影响公司业绩；（4）讨论了为救援而采取的由资源和能力引发的三种行动，以及在危机反应中资源和能力的结合是如何配置的；（5）提供了协调危机反应的控制机制。

2. 案例研究八　快速变化环境下战略决策中的政治[①]

文献来源：EISENHARDT K M. Making fast strategic decisions in high-velocity environments [J]. Academy of management journal, 1989, 32 (3)：543-576.（本文同时参考了刘鹏、孔芳等人的译文，详见李平、曹仰锋主编的《案例研究方法：理论与范例》）

研究问题：现有文献认为，组织内政治的来源是冲突，权力分散时会出现政治；为了平稳地对决策施加影响，个体会努力使联盟尽可能扩大；人们会基于对问题的一致观点而结盟；所以政治是有利的，尤其是在快速变化的环境中。但研究不足是：（1）现有文献对以上三个研究条目的结论不一致；（2）对公司政治的研究相对较少，尤其是对快速变化环境中高管团队的政治研究更有限；（3）缺乏对政治随时间变化的观察。因而，本研究为弥补上述不足，拟回答如下问题：（1）政治如何影响快速变化环境中的战略决策过程；（2）政治为什么出现；（3）政治的表现形式是什么；（4）政治如何影响公司的绩效。

案例选择：本研究使用理论抽样以决定案例的数量——也就是说，当新增的个案无法提供更多新知识时，结束增加案例。共联系到12家公司，保留其中的8家进行研究。这8家企业均在旧金山海湾地区做微电子产业，都是私有性质，按照职能组织建立起来。研究8家企业的如下决策沟通活动：（1）公司改名；（2）新产品开发；（3）新的战略联盟；（4）新的战略方向等。

---

① EISENHARDT K M. Making fast strategic decisions in high-velocity environments [J]. Academy of management journal, 1989, 32(3)：543-576.

资料收集：数据主要有四种来源：（1）对公司 CEO 进行初步访谈；（2）对高管团队成员进行半结构化访谈；（3）对高管团队中的每位成员进行问卷调查；（4）二手数据，包括产业报告、内部文件、非正式观察等。

资料分析：资料分析采取归纳研究范式。（1）从每家公司收集定性和定量数据后，每位作者独立分析一种数据类型，并形成模式。另一位作者分析定性资料。（2）当课题组每个人形成各自的初始假设后，成员之间便交换分析，从数据中寻找模式。（3）在探究模式的过程中，进行配对比较，列举每对公司之间的相似与不同。（4）从两两比较中，归纳出变量间的初步关系。（5）回到个案分析验证这些关系。（6）如果这些关系得到验证，就通过该个案对决策机制进行更好的理解。（7）在对多次数据与假定之间进行反复比较和验证后，我们与现有文献进行比较，以突出本研究的发现。（8）当新增个案无法提供更多新知识时，结束增加案例。

信度与效度：遵循三角检验的四个方面：（1）数据的三角检验；（2）调查者的三角检验；（3）研究方法的三角检验；（4）理论的三角检验。

研究结果：提出了如下命题：（1）首席执行官权力的集中化程度越高，高管团队内部政治运用得越多；（2）冲突不是运用政治的充分条件，相反，只有当权力集中时，冲突才会导致政治；（3）高管团队里政治运用得越多，稳定联盟模式的可能性越大；（4）当政治运用程度较高时，联盟的基础可能是人口统计学属性的相似性；（5）人口统计学上的相似性并非形成稳定联盟的充分条件，相反，只有当权力集中且运用政治的程度很高时，人口统计学的相似性才导致稳定联盟模式；（6）稳定联盟模式的形成滞后于政治运用的变化；（7）高管团队内部运用政治越多，该公司的绩效越差。本研究的理论贡献在于：（1）支持了民主型领导与专制型领导的研究。（2）对过去的很多理论进行了校正，如政治的来源是冲突，权力分散时会出现政治；为了平稳地对决策施加影响，个体会努力使联盟尽可能扩大；人们会基于对问题的一致观点而结盟；政治是有利的，尤其是在快速变化的环境中。（3）解释了快速变化环境中变量间的关系。该研究为高管团队中的政治行为提供了中层理论的雏形。

五、结语

本章一方面借鉴了前人有关案例研究方法论的学术成果，将散落在不同学科领域的经典案例研究方法做了整合与梳理，归纳出案例研究的基本内涵、分类，并将其与社会科学其他领域研究方法做了比较；另一方面，基于公共关系学科特点，分析了案例研究在本领域的适用性，归纳了如何利用案例研究来构建公关理论的路径与方法，提出了基于传播视角和管理视角的案例研究分类方式，并剖析了四类典型的公共关系案例研究论文写作范式，既展示了案例研究在公共关系领域的应用情况，又在与其他学科的案例比较中，发现了本学科在科学性和规范性方面存在的差距。

本章相比于前人研究，从两个方面做出了学术贡献：第一，本章将其他领域更为科学规范的案例研究范式引入到公共关系领域，推动了通过案例研究构建公共关系理论的进程；第二，本章结合公共关系的传播属性，提出了基于传播视角和管理视角的案例研究范式，并结合实例分析了两者之间的差异，丰富了案例研究方法论。

最后，本章主要基于通过案例研究构建理论的优势展开论述，但正如 Eisenhardt 指出的那样，通过案例研究构建理论既有其优势，也存在不足。首先，深度使用案例实证证据会产生过于复杂的理论。好理论的标准是简洁，但面对惊人的海量数据，研究者难免会试图构建包罗万象的理论，结果所建立的理论在细节方面很丰富，但是缺乏简洁的总体视角。其次，由案例构建的理论可能是狭隘和特殊的理论。案例研究是一种自下而上的方法，由具体的数据产生理论的一般性。那么就可能产生这样的风险，所产生的理论描述的是一个非常特殊的现象或者研究者无法提升理论的普适水平。因此，在构建公共关系理论的过程中，既要发挥案例研究方法的优势，也要结合其他研究方法来弥补案例研究的不足。

（戴鑫，华中科技大学管理学院博士、副教授、研究生导师、院长助理，美国伊利诺伊大学香槟分校商学院访问学者；刘莉，华中科技大学公共管理学院博士研究生）

第三十一章 批判话语分析

一、引言

20世纪70至80年代,欧洲话语研究最重要的发展就是批判话语分析(Critical Discourse Analysis, CDA)的出现,由Norman Fairclough、Ruth Wodak、Theo van Dijk三位学者所领衔的一系列研究构筑了CDA的核心理论与方法论,也使其逐渐成为话语分析(Discourse Analysis)的一个重要分支。Fairclough在1989年出版的《语言和权力》(*Language and Power*)一书,一般被认为是CDA方法论成型的标志性著作。CDA既是理论也是方法,并且能够与其他理论和方法形成对话,如系统—功能语言学、社会符号学、社会认知理论、话语社会心理学、修辞学、对话分析等等[①]。Fairclough等学者将CDA界定为"一种问题导向的跨学科研究思潮",这种跨学科属性(Transdisciplinary)派生自CDA与生俱来的学术使命——社会政治目标,以及分析对象的复杂性[②],也决定了CDA探寻社会问题之途径的多元性,每一种途径都有自己的理论模型、具体方法和操作程序,能将它们统合起来的是一种共同的兴趣,如"对权力关系、不公平和权力滥用现象、政治经济或文化变迁的关注"[③]。

至90年代,CDA已是社会科学研究者不可忽视的叩问路径,公共关系领域的学

[①] BLOMMAERT J, BULCAEN C. Critical discourse analysis [J]. The annual review of anthropology, 2000(29):447–466. DAYMON C, HOLLOWAY I. Qualitative research methods in public relations and marketing communications:3rd ed.[M]. New York:Routledge, 2010.

[②] VAN DIJK T A. Principles of critical discourse analysis [J]. Discourse & society, 1993, 4(2):249–283.

[③] FAIRCLOUGH N, MULDERRIG J, WODAK R. Critical discourse analysis [M] //VAN DIJK T A. Discourse studies:a multidisciplinary introduction.2nd ed. Thousand Oaks, CA:Sage, 2011:357–378.

者也开始产生兴趣①。过去二十几年间的公关研究越来越多地使用CDA方法,它深沉的批判视角,以及对语言和社会之间关系的特别认知②,于公关研究而言,有不可替代的应用价值,尤其当研究者试图探明公关在社会行动与进程中的角色,或是意欲了解公关事件背后的意识形态与权力结构的时候③。

在当下的公众生活中,几乎所有领域的变化都无法规避话语实践的影响④,话语的批判分析就变得越来越重要,对公关领域亦不例外,因为公共关系是一种话语实践,一种意义生产活动,以保持或改变社会话语和实践为最终目的⑤。除此,公关研究对批判话语分析的引入,也与其本身的社会角色有关。Grunig和White⑥总结了公关学者和从业者对公关实践的六种角色认知,即实用、保守、激进、理想、中立和批判的社会角色观。其中,批判的社会角色观从建构论的角度出发,将公共关系视作组织体系或社会体系的一部分,认为公关研究者和从业者能够并且应该对公关所造成的社会影响进行审视和批判,并为消除一些不良影响提出有效建议。将公关实践视作一种"建构",正是话语的批判分析者介入公关研究的概念起点。对于公关研究而言,CDA可以提供区别于实证主义的研究路径,不仅能够促进公关领域的理论和研究方

---

① BROOKS K P, WAYMER D. Public relations and strategic issues management challenges in Venezuela: a discourse analysis of Crystallex International Corporation in Las Cristinas [J]. Public relations review, 2009(35): 31–39. HAIG C. Some observations on the critique of critical discourse analysis [J]. Studies in Language and Culture, 2004, 25(2): 129–149. MOTION J, LEITCH S. A discursive perspective from New Zealand: another world view [J]. Public relations review, 1996, 22 (3): 297–309.
② FAIRCLOUGH N, MULDERRIG J, WODAK R. Critical discourse analysis [M] //VAN DIJK T A. Discourse studies: a multidisciplinary introduction. 2nd ed. Thousand Oaks, CA: Sage, 2011: 357–378.
③ DAYMON C, HOLLOWAY I. Qualitative research methods in public relations and marketing communications: 3rd ed. [M]. New York: Routledge, 2010.
④ BLOMMAERT J, BULCAEN C. Critical discourse analysis [J]. The annual review of anthropology, 2000(29): 447–466.
⑤ MOTION J, LEITCH S. A toolbox for public relations: the oeuvre of Michel Foucault [J]. Public relations review, 2007, 33(3): 263–268. MOTION J, WEAVER K. A discourse perspective for critical public relations research: life sciences network and the battle for truth [J]. Public relations research, 2005, 17 (1): 49–67.
⑥ GRUNIG J E. Communication, public relations, and effective organizations: an overview of the book [M] // GRUNIG J E. Excellence in public relations and communication management. Mahwah, NJ: Lawrence Erlbaum Associates, Inc, 1992: 1–30.

法的进展，而且能为公关实践提供洞见①。

本章的主要目的是探讨将CDA理论和方法论引入公关研究的必要性，以及研究的基本方法和操作步骤等。下文将从几个部分深入阐述：第一，爬梳CDA的发展简史；第二，介绍CDA的框架，主要是Fairclough所发展的分析方法；第三，探析公关实践的本质，并论述CDA对于该领域研究的重要性；第四，借用公关研究领域的实例，详解CDA方法论的运用；第五，探讨CDA的方法局限性及其效度问题。

二、批判话语分析：概念、历史与发展

话语分析成为语言和社会互动研究（Language and Social Interaction Research）的一个方法论类别，取决于三个重要前提：（1）互动双方协作实现意义的生产；（2）聚焦人们日常生活中的交往，才能理解他们的存在方式；（3）语言是指向性的（Indexical）②。作为话语分析的分支，CDA的出现基于同样的前提，并也因此拥有了两种属性：既是一种易受背景影响的存在③，又是一种能够干预社会实践和社会关系的存在④。

20世纪70年代，CDA在批判语言学（Critical Linguistics）的理论土壤中渐显雏形，至今这两个概念还常被换用⑤。至90年代初期，Teun van Dijk, Norman Fairclough, Gunther Kress, Theo van Leeuwen和Ruth Wodak等学者在阿姆斯特丹大学的支持下，

---

① FAIRCLOUGH N. Discourse, social theory and social research: the case of welfare reform [J]. Journal of sociolinguistics, 2000, 4 (2): 163-195.
MOTION J, LEITCH S. A discursive perspective from New Zealand: another world view [J]. Public relations review, 1996, 22 (3): 297-309.
WEAVER C K. Dressing for battle in the new global economy: putting power, identity, and discourse into public relations theory [J]. Management communication quarterly, 2001, 15 (2): 279-188.
② MERRIGAN G, HUSTON C L. Communication research methods: 2nd ed [M]. New York: Oxford University Press, 2009.
③ HUCKIN T. Critical discourse analysis and discourse of condescension [M] //BARTON E, BARTON G. Discourse studies in composition. New York: Hampton Press, 2002: 155-176.
④ FAIRCLOUGH N, WODAK R. Critical discourse analysis [M] //VAN DIJK T A. Discourse as social interaction. Thousand Oak, CA: Sage Publications, 1997: 258-284.
⑤ WODAK R. What is CDA about: a summary of its history, important concepts and its development [M] //WODAK R, MEYER M. Methods of critical discourse analysis. London, Thousand Oaks and New Delhi: Sage Publications, 2001: 1-10.

开启了他们对CDA理论和方法论持续的学术对话，这是CDA学科化、体系化发展之肇始。1990年，van Dijk创办了名为《话语和社会》(*Discourse and Society*)的学术期刊，同时，重要的学术专著陆续出版，如Fairclough的《语言和权力》(*Language and Power*)、Wodak的《语言、权力和意识形态》(*Language, Power and Ideology*)、van Dijk的《话语中的偏见》(*Prejudice in Discourse*)等。CDA由此不仅在语言学中获得一席之地，而且以跨学科的姿态与其他社会学科展开了积极的对话[1]。

需要强调的是，CDA借鉴了植根于批判传统的社会理论，其中最具影响力的理论源于声名远扬的法兰克福学派。该学派的学者以马克思、恩格斯的理论为前提，广泛地分析了资本主义对文化、政治与社会的影响。他们都重视批判的力量，认为批判研究能加深我们对统治结构的认识，并可能最终达成社会变革与解放的远大目标。具体说来，法国马克思主义哲学家Louis Pierre Althusser的意识形态学说、意大利思想家Antonio Gramsci的霸权主义理论，以及法国思想家Michel Foucault的话语和权力分析构成了CDA之批判性的理论基石。Althusser[2]指出，意识形态作为社会形成的基础，构成了人们生活的真实状况，吊诡的是，意识形态话语也是虚假的，因为它通常掩饰了真正的权力与阶级关系。统治阶级借由意识形态国家机器，诸如家庭、教育体系、教堂或大众媒体等，构建并传播对其有利的价值观。Gramsci[3]的霸权主义理论拓展了意识形态的概念，他认为霸权主义是"被统治的大众对于占据统治地位的群体所强加的社会生活'不由自主'地表示赞同"。于Gramsci[4]而言，霸权统治正是建立在这种被胁迫的顺从之上，统治阶级（如资产阶级）打着"常识"的名号，掩饰并散播其信仰与价值体系，被统治阶级则无意识地维护社会现状，甚至包括他们所受的压迫。Althusser和Gramsci都汲取了马克思的思想，剑指等级制度、不平等、统治与操控等社会问题或弊病。Foucault[5]则关注权力在统治与反抗过程中的具体作用，他从后结构主义的观点出发，认为话语（包括语言和实践）在知识生产的过程中扮演着调节的角色，知识生产的过程也是意义生成的过程（例如，将意义赋予物质实体和社会

---

[1] FAIRCLOUGH N. Critical discourse analysis: the critical study of language [M]. London and New York: Longman, 1999.
WODAK R. What is CDA about: a summary of its history, important concepts and its development [M] //WODAK R, MEYER M. Methods of critical discourse analysis. London, Thousand Oaks and New Delhi: Sage Publications, 2001: 1–10.
[2] ALTHUSSER L. Lenin and philosophy and other essays [M]. London: New Left Books, 1971.
[3][4] GRAMSCI A. Selections from the prison notebooks [M]. London: Lawrence & Wishart, 1971.
[5] FOUCAULT M. The archaeology of knowledge [M]. New York: Pantheon, 1972.

实践活动)。与此同时,话语拒斥其他论证与思考方式,这体现了话语权力——"不仅分散于社会结构的各个层面",而且"创造着社会关系与身份"[①]。

Huckin[②]曾指出,CDA、社会语言学和社会符号学具有同样的"批判精神",这也是许多杰出的批判理论家所秉持的精神传统,这三个研究路径都提供了一种"去神秘化功能"[③]。CDA的最终目标就是将话语去神秘化、将意识形态解码,从而造成"启蒙与解放"[④],鉴于此,它提供了一整套有力的分析工具,让我们不仅能够细致考查公共文本,而且能将文本细读同背景分析(包括话语实践、互文关系和社会文化因素等)联系起来[⑤]。Wodak[⑥]指出,在分析"显现于语言中的统治、歧视、权力和控制的结构关系"时,CDA颇具效力。

自90年代始,CDA的创始学者们致力于提升CDA的理论深度,并拓展其作为理论和方法论的应用范围。Wodak[⑦]曾历数主要学者的贡献:Kress[⑧]提出了CDA范式主导下的研究工作的重要标准,Fairclough与Wodak[⑨]在Kress的基础上提出了CDA的十条指导性原则,Wodak[⑩]将批判语言学与CDA结合起来,致力于CDA的理论完整性。此外,来自语言学、符号学和话语分析等不同领域的学者也表现出对权力、意识形态和历史及其之间复杂关系的兴趣。媒介和公共话语是CDA学者们探讨的核心议题之一,例如,Kress[⑪]关注"表征性媒体的政治经济学",研究社会如何优先采用各种表征模式,以及这些表征模式是怎样被具体运用的[⑫]。Fairclough认为媒体本身就是权力与斗争的场所,在此观点之下他细致考查了媒体语言的使

[①] BARKER C. Cultural studies: Theory and practice [M]. London: Sage, 2012.

[②] HUCKIN T. Critical discourse analysis and discourse of condescension [M] //BARTON E, BARTON G. Discourse studies in composition. New York: Hampton Press, 2002: 155-176.

[③] MCKERROW R. Critical rhetoric: theory and praxis [J]. Communication monographs, 1989, 56 (2): 91-111.

[④][⑦][⑫] WODAK R. What is CDA about: a summary of its history, important concepts and its development [M] //WODAK R, MEYER M. Methods of critical discourse analysis. London, Thousand Oaks and New Delhi: Sage Publications, 2001: 1-10.

[⑤] HUCKIN T. Critical discourse analysis and discourse of condescension [M] //BARTON E, BARTON G. Discourse studies in composition. New York: Hampton Press, 2002: 155-176.

[⑥] WODAK R. Critical linguistics and critical discourse analysis [M] //VERSCHUEREN J, OSTMAN J, BLOMNAERT J, BULCAEN C. Handbook of pragmatics. Amsterdam: Benjamins, 1995: 204-210.

[⑧][⑪] KRESS G. Critical discourse analysis [J]. Annual review of applied linguistics, 1990(11): 84-97.

[⑨] FAIRCLOUGH N, WODAK R. Critical discourse analysis [M] //VAN DIJK T A. Discourse as social interaction. Thousand Oak, CA: Sage Publications, 1997: 258-284.

[⑩] WODAK R. Introduction [M] //WODAK R. Language, power and ideology. Amsterdam: Benjamins, 1989: i-ix.

用①。van Dijk 主编的《话语分析手册》(*Handbook of Discourse Analysis*)的主旨是反思大众媒体的传播,该书汇集了关于"媒体话语的生产、使用与功能"的诸多研究②。

以上只是约略回顾CDA的概念和发展轨迹,囿于篇幅,无法详述几位重要CDA学者的具体观点。下文将主要介绍Fairclough的三维度框架及其在公关研究领域的应用。

三、Fairclough的三维度框架

基于不同的社会理论,话语分析的路径也有不同,Fairclough③将其分为两派:文本导向的话语分析,主要关注文本的语言学特征;非文本导向的话语分析,受福柯的影响,关心的是文本产生、存在的历史和社会文化背景。Fairclough④试图打破二者的界线,强调文本分析是话语分析的本质部分,但是话语分析并不仅限于语言学分析,在此认识上,他发展了关于话语的社会理论,以及批判话语分析的方法论体系。按照他的界定,批判话语分析是关于指号过程(Semiosis)和社会实践中的其他元素之间辩证关系的分析,具体要探究的是社会生活中所发生的重要变化,以及指号过程在该变化进程中的作用⑤。

Fairclough认为语言是社会生活不可缺少的部分,语言与社会现实之间的辩证关系是通过文本、话语秩序和社会结构实现的⑥。他将话语分析的传统分析方法嫁接起来,提出了"文本—话语实践—社会实践"的三维度分析框架(Three-dimensional Framework),这是第一个CDA理论框架,也被后来诸多领域的研究者经常采用⑤。

第一维度是"作为文本的话语"。若将话语作为文本进行分析,要同时考虑文

---

①② WODAK R. What is CDA about: a summary of its history, important concepts and its development [M] //WODAK R, MEYER M. Methods of critical discourse analysis. Thousand Oaks, CA: Sage Publications, 2001: 1-10.

③ FAIRCLOUGH N. Discourse and social change [M]. Cambridge: Polity Press, 1992.

④⑥ FAIRCLOUGH N. Analyzing discourse: textual analysis for social research [M]. New York: Routledge, 2003.

⑤ FAIRCLOUGH N. Critical discourse analysis as a method in social scientific research [M] //WODAK R, MEYER M. Methods of critical discourse analysis. Thousand Oaks, CA: Sage Publications, 2001: 121-138.

⑤②③ FAIRCLOUGH N. Discourse and social change [M]. Cambridge: Polity Press, 1992.

本的形式和意义，可以从四个主要方面来系统地进行：（1）词汇（Vocabulary），考查单个词语；（2）语法（Grammar），分析词汇如何合并为分句和句子；（3）衔接（Cohesion），了解分句如何被连接为句子，句子又如何被连接为文本中更大的单位；（4）文本结构（Text Structure），考查文本的组织方式，同时关注它的"建筑风格"，即不同类型的文本的较高层次的构成与设计属性，例如报纸上的一篇犯罪报道的组织方式②。

第二维度是"作为话语实践的话语"。Fairclough认为话语实践涉及文本的生产、分配和消费/阐释的过程，话语类型不同，这些过程的本质也有所差异。例如，一篇新闻报道是由一个团队在不同的生产阶段按照复杂的常规做法进行操作的结果。将话语看作是话语实践，也就意味着除了分析第一维度中的四个方面，还要关注文本的力量（Force）、连贯性（Coherence）和互文性（Intertextuality），这几个要素将文本同它的背景联系起来。文本的力量是指文本的行动成分，是其人际意义的组成部分，换言之，即文本被用来表现什么样的"言语行动"（Speech Acts），如命令、威胁、询问等。文本的连贯性是指文本的各个组成部分是否被富有意义地联系在一起，使文本作为整体的存在能够被理解。互文性概念强调文本的历史性，认为文本是将过去的事物改造为当下的事物。Fairclough同时认为，将文本作为话语实践进行分析，应该包括微观和宏观这两个不可分割的分析层次，这是因为在三维度框架中，话语实践是连接环节，调节着文本和社会实践之间的关系。微观分析关注话语的参与者如何利用成员资源（即在社会认知过程中，被参与者内化的、用来进行文本处理的资源）来生产和阐释文本，宏观分析则关注成员资源（如话语秩序）的本质属性③。

第三维度是"作为社会实践的话语"，借此维度，Fairclough意图揭示文本中潜在的意识形态和霸权斗争的模式。他认为话语并非价值无涉或中立的存在，而是意识形态的物质形式，受意识形态的激发或驱动。在批判性地借鉴Louis Pierre Althusser的意识形态理论和Antonio Gramsci的霸权理论的基础上，Fairclough认为意识形态是现实的建构，它被植入话语实践不同的形式和意义中，话语实践正是霸权斗争的一个重要方面。因此在分析话语时，要将它置入其归属的权力关系中进行考查，探寻话语是否再生产或挑战了现存的话语秩序以及权力关系①。

Fairclough等借分析英国前首相撒切尔的广播访谈，总结了CDA的若干主要原

---

① FAIRCLOUGH N. Discourse and social change [M]. Cambridge：Polity Press, 1992.

则,其中一些原则适用于不同的CDA研究路径。第一,CDA关注的是社会问题。CDA不仅关注语言和语言的使用,还关心社会和文化进程中的语言学特征。第二,权力关系是话语性的。CDA强调的是当代社会中权力关系的话语本质。权力的社会关系不仅通过话语体现,且通过话语进行协商。第三,话语构成了社会和文化。话语和社会/文化之间是相互构成的关系,只有了解这一点才能明白话语在当代社会进程中的重要性。社会和文化都是通过话语得到生产、再生产和变更的,权力关系也不例外。这正是话语的权力。第四,话语是意识形态工具。意识形态是通过话语生产出来的。若要判断一个具体的话语事件是否有意识形态功能,仅仅分析文本是不够的,还要考虑文本是如何被接收与阐释的,以及产生了什么样的社会效果。第五,话语具有历史性。只有将话语放入背景中进行分析,才能真正理解它。由于话语总与其他话语有关联,因此所谓背景也包括互文性和社会文化知识。第六,话语分析是阐释的。CDA不仅仅是文本分析,还是对文本的阐释。对同一文本的阐释并非固定不变的,而是取决于背景和受众。第七,话语是一种社会行动。CDA的主要目标是揭示社会问题与权力关系,以及话语、权力模式、社会政治实践的变化等[1]。

四、公共关系实践的本质

公共关系通常被界定为一种管理功能,管理的对象是组织和公众之间的复杂传播活动。无论商业还是政府组织,它们利用公关实践的主要目的是生产或创造意义,引导或控制公众的态度与行为,建立、维护或改变同公众之间的关系,最终达成利益诉求[2]。在公关实践中,话语作为一种重要工具和政治资源,被用来影响舆论,进行权力斗争与协

---

[1] FAIRCLOUGH N. Language and power [M]. London: Longman, 1989. FAIRCLOUGH N, MULDERRIG J, WODAK R. Critical discourse analysis [M] //VAN DIJK T A. Discourse studies: a multidisciplinary introduction. 2nd ed. Thousand Oaks, CA: Sage, 2011: 357–378.

[2] GRUNIG J E. Communication, public relations, and effective organizations: an overview of the book [M] // GRUNIG J E. Excellence in public relations and communication management. Mahwah, NJ: Lawrence Erlbaum Associates, Inc, 1992: 1–30. KITCHEN P J. Public relations: principles and practices [M]. London: International Thomson Business Press, 1997.

商，实现政治、经济、社会文化的某种改变①。在此意义上，公关实践本质上是一种有权力影响的话语实践和社会实践，公关从业者也因此被称为"话语技术人员（Discourse Technologists）"②，他们借由公关实践，在话语的演进过程中扮演着重要角色。

CDA在公关研究中的应用是必然和恰切的。首先，公关实践是构筑在文本之上的，它对社会的改变或维持，主要是利用文本诉诸人们的认知来实现③。第二，公关是更大的组织或社会体系的构成部分，这些体系都是建构的结果，因此可以被解构和再建构。从建构论的视角审视公关实践，即是承认它的批判社会角色④。第三，公关被认为是为了争取权力或进行权力协商的合法技巧⑤。

Pavlik⑥曾指出，公关研究领域过分注重应用研究，批判研究不足。这一情况在90年代有些微改观，公关领域的学者初显对批判路径的兴趣⑦。过去二十多年间，越来越多的研究者使用CDA方法论，他们试图揭示公关实践背后的意识形态与权力关系，想要了解公关实践如何使用具体的策略去提升某一特定群体的霸权⑧，例如，政府组织在劝服公众时使用的话语策略是什么？商业组织推动某一个项目的真正目的是什么？将CDA引入公关研究的重要价值在于，研究者更为重视公关实践在社会中的

---

① MOTION J, LEITCH S. A discursive perspective from New Zealand: another world view [J]. Public relations review, 1996, 22 (3): 297–309.
　MOTION J, WEAVER K. A discourse perspective for critical public relations research: life sciences network and the battle for truth [J]. Public relations research, 2005, 17 (1): 49–67.

② MOTION J, LEITCH S. A discursive perspective from New Zealand: another world view [J]. Public relations review, 1996, 22 (3): 297–309.

③ VAN DIJK T A. Principles of critical discourse analysis [J]. Discourse & society, 1993, 4(2): 249–283.

④ GRUNIG J E, WHITE J. The effects of worldviews on public relations [M] // GRUNIG J E. Excellence in public relations and communication management. Mahwah, NJ: Lawrence Erlbaum Associates, Inc, 1992: 31–64.

⑤ MOTION J, WEAVER K. A discourse perspective for critical public relations research: life sciences network and the battle for truth [J]. Public relations research, 2005, 17 (1): 49–67.

⑥ PAVLIK J V. Public relations: what research tells us [M]. Thousand Oaks, CA: Sage Publications, 1987.

⑦ BROOKS K P, WAYMER D. Public relations and strategic issues management challenges in Venezuela: a discourse analysis of Crystallex International Corporation in Las Cristinas [J]. Public Relations Review, 2009(35): 31–39.
　HAIG C. Some observations on the critique of critical discourse analysis [J]. Studies in language and culture, 2004, 25(2): 129–149.
　MOTION J, LEITCH S. A discursive perspective from New Zealand: another world view [J]. Public relations review, 1996, 22(3): 297–309.

⑧ MOTION J, WEAVER K. A discourse perspective for critical public relations research: life sciences network and the battle for truth [J]. Public Relations Research, 2005, 17(1): 49–67.

角色和责任，不再孤立地看待公关实践，而是希望厘清它与既定的政治、经济、社会文化框架以及价值观之间的关系，由此判断公关从业者所代表的权力、影响和控制的源头[①]。CDA不仅能为公关实践研究提供颇具价值的发现，而且有助于公共关系的概念化与理论化[②]。

五、方法运用及实例举证

Fairclough[③]在批判理论家Roy Bhaskar所提出的"解释性批判"的概念基础上，发展了社会科学研究中CDA操作的五个阶段：（1）聚焦某个社会问题，该社会问题需包含符号学特征；（2）通过间接方式诊断该问题，即分析该问题无法被解决的障碍是什么；（3）当下的社会秩序是否需要这个社会问题来维持自身的存在，即维持特定的权力和统治关系；（4）找出解决障碍的可行性方法；（5）对前四步分析进行批判性反思，评估其有效性。批判公共关系学者的主要任务是探查公关实践如何使用具体的话语策略创造意义、劝服公众并最终实现组织目标，以及公关实践最终服务于谁的利益。Fairclough的五阶段论并不完全适用，本章在此基础上，结合近年来公关领域的

[①] HOLTZHAUSEN D R. Postmodern values in public relations [J]. Journal of Public Relations Research, 2000(12): 93–114.
MICKEY T J. Selling the Internet: a cultural studies approach to public relations [J]. Public Relations Review, 1998, 24(3): 335–349.

[②] MOTION J, LEITCH S. A discursive perspective from New Zealand: another world view [J]. Public Relations Review, 1996, 22 (3): 297–309.
MOTION J, WEAVER K. A discourse perspective for critical public relations research: life sciences network and the battle for truth [J]. Public Relations Research, 2005, 17(1): 49–67.
WEAVER K. Dressing for battle in the new global economy: putting power, identity, and discourse into public relations theory [J]. Management Communication Quarterly, 2001, 15 (2): 279–188.

[③] FAIRCLOUGH N. Critical discourse analysis as a method in social scientific research [M] //WODAK R, MEYER M. Methods of critical discourse analysis. Thousand Oaks, CA: Sage Publications, 2001: 121–138.

CDA实例①，提出下列研究步骤：

（一）研究主题—理论框架—具体问题

CDA并非始于固定的理论立场，而是由研究主题驱动②。公关领域的批判话语分析者，将公关活动当作一种有权力影响的话语实践，并在此前提下解构公关实践。具体而言，他们将权力关系和意识形态体系内塑造的公关文本去神秘化，从而揭示政治、经济、社会文化环境如何塑造了公关实践，公关实践又是如何使用话语策略去再生产或改变话语秩序和社会现状。批判话语分析者不可能在真空中分析话语，精准的问题意识和透彻的探讨取决于他们能否从其他学科和理论中寻求支持。因此，在上述主题的指引下，研究者还须借由相关理论与公关实例将研究主题精炼化，确认具体的研究目标与问题。例1展示了五个研究中的研究主题、理论框架和具体问题之间的关联。

例1："研究主题—理论框架—具体问题"

（1）Motion和Weaver③：

　　研究主题：公关实践如何使用话语策略去建立"真理王国"？

　　理论框架：批判理论、话语理论、政治经济学理论

　　具体问题：新西兰生命科学网的宣传活动出现的具体政治与经济环境是什么？该宣传活动代表了谁的利益？在该宣传活动中，公关从业者使用了什么话语策略？该宣传活动是怎样去影响舆论或政策议程及其具体运作的？

---

① GAITHER T K, CURTIN P A. Examining the heuristic value of models of international public relations practice: a case study of the Arla Foods crisis [J]. Journal of public relations research, 2008, 20(1): 115–137.
MOTION J. Participative public relations: power to the people or legitimacy for government discourse? [J]. Public relations review, 2005, 31(4): 505–512.
NILSEN H R, ELLINGSEN M-B. The power of environmental indifference. a critical discourse analysis of a collaboration of tourism firms [J]. Ecological economics, 2005(109): 26–33.
PILECKI A, HAMMAC P L. Invoking "the family" to legitimize gender- and sexuality-based public policies in the United States: a critical discourse analysis of the 2012 democratic and republican national party conventions [J]. Journal of social and political Psychology, 2015, 31(1): 8–23.
② FAIRCLOUGH N, MULDERRIG J, WODAK R. Critical discourse analysis [M]//VAN DIJK T A. Discourse studies: a multidisciplinary introduction. 2nd ed. Thousand Oaks, CA: Sage, 2011: 357–378.
③ MOTION J, WEAVER K. A discourse perspective for critical public relations research: life sciences network and the battle for truth [J]. Public relations research, 2005, 17(1): 49–67.

主要结论：转基因问题从科学和环境话语中脱离出来，被当作经济话语来进行陈述，目的是为了与新西兰的主导性政治议程保持一致。新西兰生命科学网的宣传活动事实上采取了一个秘而不宣的政治立场来支持特定的政治议程。

（2）Brooks 和 Waymer[①]：

研究主题：商业组织如何利用公共话语进行有效管理？

理论框架：国际公关的概念、议题管理理论

具体问题：Crystallex 国际公司在其公关话语中使用了什么样的法律战略来实现对委内瑞拉的 Las Cristinas 金矿的合法权利？

主要结论：Crystallex 国际公司在遭遇合法性质疑时，利用策略性议题管理来构建话语，确立自身位置，话语成为它解决问题的重要资源。

（3）Schoenberger-Orgad[②]：

研究主题：国际组织如何使用公关策略构建自身形象与行为合法性？

理论框架：文化回路理论

具体问题：北大西洋公约组织（北约）在1999年军事干预科索沃时使用的公关策略是什么？北约发言人使用什么样的话语策略将北约塑造成人道主义军事组织？

主要结论：北约通过话语构建自身的人道主义军事组织的角色，借此创建一个跨国的欧洲文化框架，在此过程中，北约发言人的个人魅力与沟通技巧扮演了重要角色。与此同时，北约还构建了其作为超国家组织在21世纪存续下去的合法性。

（4）Attar 和 Genus[③]：

研究主题：权力关系和意识形态如何影响和框限公众关于公共议题的讨论？

[①] BROOKS K P, WAYMER D. Public relations and strategic issues management challenges in Venezuela: a discourse analysis of Crystallex International Corporation in Las Cristinas [J]. Public relations review, 2009(35): 31-39.

[②] SCHOENBERGER-ORGAD M. NATO's strategic communication as international public relations: the PR practitioner and the challenge of culture in the case of Kosovo [J]. Public relations review, 2011, 37(4): 376-383.

[③] ATTAR A, GENUS A. Framing public engagement: a critical discourse analysis of GM Nation? [J] Technological forecasting and social change, 2014(88): 241-50.

> 理论框架：公众参与理论
>
> 具体问题：在英国2003年关于"转基因国家？（GM Nation?）"的公众讨论中，文本对创造、维持或改变意识形态有什么影响？这些影响如何框限了"转基因国家？"的公众讨论？与讨论的自主参与者的思考有什么关联？
>
> 主要结论："转基因国家？"的讨论框架是市场意识形态和关于科学与技术革新的公众讨论的话语实践相结合的产物，强化了当下主导的权力关系。"转基因国家？"的讨论再生产和强化了新自由主义经济的意识形态话语。
>
> （5）Chaka[①]：
>
> 研究主题：政治话语如何被用来进行民族塑造？
>
> 理论框架：民族塑造的概念、关系管理理论、公共关系在关系管理中的应用
>
> 具体问题：南非总统的政治演讲在多大程度上被用作公关工具来实现南非的民族塑造目标？公关宣传活动如何创造和促进了南非的民族团结？演讲的哪些特征有利于促进南非国家和人民之间的关系？
>
> 主要结论：民族塑造与民族身份的构建体现在南非总统的演讲中。演讲是公共关系工具，向公众传达了南非政府在通往民族塑造的路上应该采取的步骤。演讲中传递的信息与政府的民族塑造目标一致，主导的意识形态是自由民主。

（二）样本搜集

CDA关注的是文本在创造、生产、延续和改变意识形态和权力关系过程中的影响，因此它的分析对象是最广泛意义上的文本。承继Halliday的理论，Fairclough[②]将文本界定为话语实践的口头或书写的物件。虽然一些学者尝试将CDA的对象进行拓展，如分析视觉影像[③]，但是普遍存在的偏见是只关注语言学所界定的文本概念，以

[①] CHAKA M. Public relations (PR) in nation-building: an exploration of the South African presidential discourse [J]. Public relations review, 2014(40): 351-362.

[②] FAIRCLOUGH N. Analyzing discourse: textual analysis for social research [M]. New York: Routledge, 2003.

[③] KRESS G, VAN LEEUWEN T. Reading images: the grammar of visual design [M]. London: Routledge, 1996.

及语言-话语的文本结构[1]。Fairclough[2]认为文本是"社会事件（Social Events）"的组成部分，或"社会事件的元素"，它能引起变化，即成为其他社会事件的原因或结果，换言之，有两种"因果力量（Causal Powers）"塑造了文本：一是社会结构与社会实践，二是社会代理者，即卷入社会事件中的人。我们可以借此角度去理解公关实践中的文本。公关从业者通过创造文本和策略性地配置文本参与到话语协商和斗争中，目的是再生产或改变现存的话语秩序与权力关系。

在公共关系的批判话语分析中，研究者搜集的文本类型取决于研究问题本身，可以是已有的文本，如政府公报、公司新闻简报或档案文件、新闻报道、广告、互联网资讯、演讲等[3]，也可以是为了当下研究新生成的文本，如深度访谈或焦点小组访谈记录、电子邮件、田野调查笔记等[4]。一个研究可以分析多种类型的文本（详见例2）。

文本多寡，或样本大小，主要取决于两个因素：研究问题本身，以及可搜集到的或可利用的文本的数量，因此并无既定标准。若搜集到的样本数量太过庞大，研究者可以使用一些方法选择最符合需求的那部分（参见例2中Attar和Genus的研究）。

关于样本的代表性，Haig[5]曾发现，甚少作者会在研究中交代他们是如何选择样本的，似乎并不关心样本的代表性问题。这样的做法会招致对研究结果效度的怀疑，甚至是对作者偏见性选择和解读的诟病。如果研究使用的是全样本，自然无须过多解

---

[1] BLOMMAERT J, BULCAEN C. Critical discourse analysis [J]. The annual review of anthropology, 2000(29): 447–466.

[2] FAIRCLOUGH N. Analyzing discourse: textual analysis for social research [M]. New York: Routledge, 2003.

[3] BROOKS K P, WAYMER D. Public relations and strategic issues management challenges in Venezuela: a discourse analysis of Crystallex International Corporation in Las Cristinas [J]. Public relations review, 2009(35): 31–39.

CHAKA M. Public relations (PR) in nation-building: an exploration of the South African presidential discourse [J]. Public relations review, 2014(40): 351–362.

MOTION J, WEAVER K. A discourse perspective for critical public relations research: life sciences network and the battle for truth [J]. Public relations research, 2005, 17 (1): 49–67.

ROPER J. Organizational identities, identification and positioning: learning from political fields [J]. Public relations review, 2005, 31(1): 139–148.

SCHOENBERGER-ORGAD M. NATO's strategic communication as international public relations: the PR practitioner and the challenge of culture in the case of Kosovo [J]. Public relations review, 2011, 37(4): 376–383.

[4] COOK G, REED M, TWINER A. "But it's all true!" commercialism and commitment in the discourse of organic food promotion [J]. Text and talk, 2009, 29(2): 151–173.

[5] HAIG C. Some observations on the critique of critical discourse analysis [J]. Studies in language and culture, 2004, 25(2): 129–149.

释，但若是有所选择，最好在文中说明选择的标准与具体做法，例如是否使用了统计学的抽样方法等（参见例2中Attar和Genus的研究）。

例2：样本类型

（1）Motion和Weaver[①]：

研究样本包括两份报纸上的社论式广告以及互联网上关于转基因工程的资讯。

（2）Brooks和Waymer[②]：

研究样本包括Crystallex国际公司的新闻发布档案、委内瑞拉报纸上刊登的广告，以及专业电子媒介上的资讯，共298个样本。

（3）Schoenberger-Orgad[③]：

作者首先搜集了1999年3月25日到6月11日间北约的每日简报以及新闻报道，然后使用主题分析的方法对样本进行选择。

（4）Attar和Genus[④]：

作者首先搜集了2003年在六个地区开展的公众会议的记录，以及"转基因国家？"官方网站上的1200个电子邮件与评论，然后只保留了166个来自自主讨论参与者的邮件和评论。

作者在文中详释了样本选择的标准。

（5）Chaka[⑤]：

作者搜集了1994年至2009年间南非三位总统（曼德拉、姆贝基、祖玛）的就职演说和其他全国性政治演说，以及相关新闻报道。

---

① MOTION J, WEAVER K. A discourse perspective for critical public relations research: life sciences network and the battle for truth [J]. Public relations research, 2005, 17(1): 49-67.

② BROOKS K P, WAYMER D. Public relations and strategic issues management challenges in Venezuela: a discourse analysis of Crystallex International Corporation in Las Cristinas [J]. Public relations review, 2009(35): 31-39.

③ SCHOENBERGER-ORGAD M. NATO's strategic communication as international public relations: the PR practitioner and the challenge of culture in the case of Kosovo [J]. Public relations review, 2011, 37(4): 376-383.

④ CHAKA M. Public relations (PR) in nation-building: an exploration of the South African presidential discourse [J]. Public relations review, 2014(40): 351-362.

（三）分析方法

关于文本分析的具体方法，由于研究问题的差异性，CDA其实并未提供必须遵循的分析程序与做法，下文在Fairclough的研究框架之上，结合具体的公关研究，提供一些通用的方法或技巧。

1. 文本细读

在进行分析之前，要对所有文本进行细读，在阅读中有所思考与发现。虽然在质性编码与分析过程中，研究者还要反复阅读文本，但是分析之前、不带有解决问题之目的的细读是非常必要的，因为它能让研究者以一个普通读者的角色去体会文本的话语影响[1]。

2. 文本分析

在具体研究问题的指引下，研究者要对文本进行语言学和符号学特征的分析，既包括语言学分析的传统内容，如语音、语法、词汇与语义等，还包括文本的组织形式，如句子间的衔接、整个文本的结构等[2]。对于构筑在文本之上的公关实践来说，文本的语言学分析是我们了解其本质的初始和关键环节。例如，Chaka[3]通过对比三位总统在演讲中使用的词汇，来推断他们的政治话语的主题差异。Schoenberger-Orgad[4]发现北约在其发布的新闻中使用"国际社会"这个词汇，将自己与国际社会结成一体，创建新的想象共同体，并成为其代言者；北约还使用"遗弃"的隐喻，暗示南斯拉夫像一个需要合格父母来照顾的孩子，借此将自己军事干预的诉求合法化。在对文本进行细致分析的过程中，研究者可借助人工或分析软件对文本进行某种形式的编码。例如，Attar和Genus[5]在分析"转基因国家？"官方网站上的电子邮件与评论、公众会

---

[1] WILLIG C. Discourse analysis [M] //SMITH J A. Qualitative psychology: a practical guide to research method. 3rd ed. London: Sage Publications, 2015: 143–167.

[2] FAIRCLOUGH N. Discourse and social change [M]. Cambridge: Polity Press, 1992.
FAIRCLOUGH N. Critical discourse analysis: the critical study of language [M]. London and New York: Longman, 1995.

[3] CHAKA M. Public relations (PR) in nation-building: an exploration of the South African presidential discourse [J]. Public relations review, 2014(40): 351–362.

[4] SCHOENBERGER-ORGAD M. NATO's strategic communication as international public relations: the PR practitioner and the challenge of culture in the case of Kosovo [J]. Public relations review, 2011, 37(4): 376–383.

[5] ATTAR A, GENUS A. Framing public engagement: a critical discourse analysis of GM Nation? [J] Technological forecasting and social change, 2014(88): 241–50.

议的转录文件时，借助Nvivo软件来确定文本中的陈述和主题，每一主题构成一个节点，再将公众会议内容、电子邮件及评论附在相关节点，方便比较与联系。

3. 背景分析

文本的生产、流通及消费都是在具体的政治、经济、社会、文化背景中进行的，若只有前面的文本分析，研究者无法确知文本的意义及意识形态影响[①]，因此要将文本置入其存在的情境中，了解意识形态和权力关系是如何借由话语实践与结构来运作的[②]。对于公关领域的CDA来说，此时至少要关注三个问题：谁生产了公关文本？为什么会生成这样的文本（或文本生产的政治、经济、社会文化背景是什么）？在文本生产与消费过程中，谁或哪一个社会机构或建制会是利益攸关者？例如，Schoenberger-Orgad[③]分析了主持北约新闻发布会的发言人Jamie Shea的个人经历以及媒体对他的评价，认为他的公关策略与技巧使北约针对科索沃的军事行动得到了大多数媒体的正面报道，从而赢得了舆论支持。Motion和Weaver[④]将文本分析的结果置入新西兰的政治与社会文化背景中进行考查（具体指新西兰政府对于国家未来的发展规划，以及与新西兰大选有关的环境和政治论争等），发现生命科学网将转基因议题重新构建为经济话语，是为了与新西兰的政治议程中的首要任务保持一致。

4. 互文性分析（Intertextual Analysis）

文本与社会背景之间的关联是通过文本的互文性特征实现的[⑤]。任何文本都非孤立的存在，而是建构于先前存在的话语中，是其他文本的汇编或马赛克式的组合，即互文性的结果[⑥]。例如，Chaka[⑦]总统的演讲不是孤立文本，而是延续了南非的"民族

---

① MICKEY T J. Selling the Internet: a cultural studies approach to public relations [J]. Public relations review, 1998, 24(3): 335-349.

② FAIRCLOUGH N. Analyzing discourse: textual analysis for social research [M]. New York: Routledge, 2003.

③ SCHOENBERGER-ORGAD M. NATO's strategic communication as international public relations: the PR practitioner and the challenge of culture in the case of Kosovo [J]. Public relations review, 2011, 37(4): 376-383.

④ MOTION J, WEAVER K. A discourse perspective for critical public relations research: life sciences network and the battle for truth [J]. Public relations research, 2005, 17(1): 49-67.

⑤ FAIRCLOUGH N. Critical discourse analysis: the critical study of language [M]. London and New York: Longman, 1995.

⑥ KRISTEVA J. Desire in language: a semiotic approach to literature and art [M]. New York: Columbia University Press, 1980.

⑦ CHAKA M. Public relations (PR) in nation-building: an exploration of the South African presidential discourse [J]. Public relations review, 2014(40): 351-362.

塑造"的历史话语。互文性分析是前述文本分析的延续及补充，从文本所利用和勾连的不同的话语、文体与风格进一步审视文本，了解先前话语如何被嵌入文本，文本又如何被汇入当前话语。在公关批判话语分析中，一方面要考查公关文本存在的社会与历史背景为其提供了哪些可利用的话语秩序资源，另一方面要考查公关文本如何选择性地利用话语秩序资源，这样的选择与公众拥有的话语秩序资源又有什么关系。例如，Attar和Genus[1]分析了"转基因国家？"网站上的公众在讨论转基因商业化问题时如何将不同的外部观点引入各自表述，并因此造成了意识形态冲突。Brooks和Waymer[2]分析了涉入Crystallex国际公司的公关文本的三个话语体系——合法性话语、委内瑞拉政府合作话语、社会话语，以及它们之间如何纠葛在一起的。

（四）批判性反思

如前所述，Fairclough[3]建议批判话语分析者对研究过程进行批判性反思，评估分析的效度。为什么要反思？又该如何进行反思？下文将详释。

CDA：价值、局限性与效度

作为一种由社会问题驱动的、从一开始就带着拷问社会现状之目的的方法，CDA的价值不仅仅是让研究者以一种积极的态度去审视我们生存的社会是如何被建构的，它还能将特定的权力关系和意识形态体系内形成的文本去神秘化，揭示话语实践被权力操弄的本质，例如，公关实践背后的政治意涵和霸权影响。

然而，CDA试图了解整个社会、探究社会错误（Social Wrongs）的宏愿的实现，受到其方法论内在缺陷的钳制。自出现始，CDA方法就遭到不少质疑与批评，主要集中在以下几个方面。

第一，CDA被认为拥有太多模糊或混淆的概念[4]。什么是话语、文本、结构、实

---

[1] ATTAR A, GENUS A. Framing public engagement: a critical discourse analysis of GM Nation? [J]. Technological forecasting and social change, 2014(88): 241–50.

[2] BROOKS K P, WAYMER D. Public relations and strategic issues management challenges in Venezuela: a discourse analysis of Crystallex International Corporation in Las Cristinas [J]. Public relations review, 2009(35): 31–39.

[3] FAIRCLOUGH N. Critical discourse analysis as a method in social scientific research [M]//WODAK R, MEYER M. Methods of critical discourse analysis. Thousand Oaks, CA: Sage Publications, 2001: 121–138.

[4] WIDDOWSON H G. Discourse analysis: a critical view [J]. Language and literature, 1995, 4(3): 157–172. WIDDOWSON H G. Reply to Fairclough: discourse and interpretation: conjectures and refutations [J]. Language and literature, 1996, 5(1): 57–69.

践、模式？似乎都缺乏明晰且统一的界定。单说"话语"这一概念，Fairclough[1]也认为它是令人费解的，拥有太多来自不同理论和学科体系的定义，彼此间难免冲突或重复。

第二，CDA被认为植根于语言学理论，社会学理论基础薄弱。例如，Hammersley[2]曾指出，CDA常常采用宏观社会学的理论，把社会群体分成压迫者和被压迫者两方，似乎他们之间存在的唯一关系就是统治与被统治，这样的观点会让研究陷入天真、狭隘的境地。

第三，一些学者认为使用CDA方法的研究者很难避免先入为主的政治偏见。Haig[3]曾言，CDA最具危险性的特征是其研究野心，它不但想要了解话语进程，还想了解整个社会，试图探明它出现了什么问题以及该如何解决，然而CDA的方法论体系是无法完成这样的任务的。如此野心有时会让研究者带着意识形态偏见，对文本进行过度阐释，或是先入为主，将意义读入文本，而非从文本中读出意义，甚至在选择文本时都带有偏见，倾向于那些支持自身观点的文本。此类研究者似乎只关心文本的政治意涵，却忽略了研究结果的效度，由此他们的阐释和普通读者的阐释并无任何分别[4]。

由于上述若干局限性，CDA方法通常被认为是不具效度的。应该如何去评估CDA的效度？Gee和Green[5]认为可以从三个方面去考察话语分析的效度，也适用于CDA：（1）趋同性。基于相同文本，若使用不同的方法或分析工具，是否能够得到类似的结果？（2）一致性。文本均是以某种社会语言呈现，社会语言的母语使用者与其他的话语分析者是否一致认为该分析确实反映了社会语言在实际情境中的功能？（3）覆盖性。当下的话语分析是否可以应用于相关类型的文本（包括用它去理解以前

---

[1] FAIRCLOUGH N. Discourse and social change [M]. Cambridge: Polity Press, 1992.
[2] HAMMERSLEY M. On the foundations of critical discourse analysis [J]. Language and communication, 1997, 17(3): 237-248.
[3] HAIG C. Some observations on the critique of critical discourse analysis [J]. Studies in language and culture, 2004, 25(2): 129-149.
[4] BLOMMAERT J, BULCAEN C. Critical discourse analysis [J]. The annual review of anthropology, 2000(29): 447-466. SCHEGLOFF E A. Whose text? Whose context? [J] Discourse & society, 1997, 8 (2): 165-187. WIDDOWSON H G. Discourse analysis: a critical view [J]. Language and literature, 1995, 4(3): 157-172. WIDDOWSON H G. Reply to Fairclough: discourse and interpretation: conjectures and refutations [J]. Language and literature, 1996, 5(1): 57-69.
[5] GEE J P, GREEN J L. Discourse analysis, learning, and social practice: a methodological study [J]. Review of research in education, 1998, 23(1): 119-169.

的文本,或预测之后在相关情境中可能会生产出的文本)?

批判话语分析者虽然可以从以上三方面去评估自己的研究,但更为重要的是,要对读者进行意识形态澄清[①],让他们相信这并不是一种带有偏见的分析。因此,他们还可思考以下问题,借以提高研究效度[②]:

第一,对于研究中提出的问题的本质而言,CDA是否是最适合的方法?

第二,分析框架是否有社会理论的支撑,二者之间的联系是否足够明确?

第三,分析结果是否扎根于文本,而非研究者个人的立场与看法?

第四,研究者是否现身在文本阐释中?亮明阐释立场,能够让读者去判断他的阐释是否恰切。

第五,研究者是否在文中批判性地反思了分析过程?

(孙瑱,澳门科技大学人文艺术学院副教授,博士;

罗蔚,美国印第安纳大学-普渡大学韦恩堡分校传播系终身任职副教授)

[①] ROBERTSON S L. Approaching critical discourse analysis (CDA) for education policy analysis: theory and analytical categories. [Z] Working paper. Bristol: Centre for Globalization, Societies and Education, 2007.

[②] HAIG C. Some observations on the critique of critical discourse analysis [J]. Studies in language and culture, 2004, 25(2): 129-149.
ROBERTSON S L. Approaching critical discourse analysis (CDA) for education policy analysis: theory and analytical categories [R]. Working paper. Bristol: Centre for Globalization, Societies and Education, 2007.

第三十二章 公众咨询方法*

一、前言

信息时代要求重视舆论、政务公开及公众参与，以建立良好的公众关系。中华人民共和国中共中央办公厅、国务院办公厅印发《关于全面推进政务公开工作的意见》提及，推进政务阳光透明要求，在决策前应向社会公布决策草案、决策依据，通过听证座谈、调查研究、咨询协商、媒体沟通等方式广泛听取公众意见，以适当方式公布意见收集和采纳情况（新华社，2016年2月17日）。政府愈加重视公众关系的同时，民众参政议政意愿渐高，使得对公众咨询的需求迫切。为此，本研究聚焦于公众咨询领域理论探索，综合多方研究成果，梳理与总结，为公众咨询研究和实践提供理论及操作层面的参考。

二、公共关系与政府公共关系

（一）公共关系与政府公共关系定义

公共关系作为传播学与管理学领域常见概念，目前的国内外学术界及实务界尚无统一定义，内涵与范畴多视学科及使用领域而定。检视过往文献给出的公共关系之定义，多有研究强调公共关系是一种管理功能[2]，如美国公共关系协会（Public Relations

---

* 本文感谢曹文鸳、常雪、赵莹及林焕笙在文献整理及校对方面作出的贡献。

① CANFILD B R, MOORE H F. Public relations: principles cases and problems[J]. Chicago: Irwin, 1977.
GRUNIG J E, HUNT T. Managing public relation[J]. New York: CBS College Publishing, 1984.
CUTLIP S M, CENTER A H, BROOM G M. Effective public relations[M]. Englewood Cliffs, NJ: Prentice-Hall, 1985.
SIMON R. Public relations: Concepts and practices: 2th ed.[M]. Columbus, OH: Grid, 1984.
SUMPTION M R, ENGSTROM Y. School-community relations: a new approach[M]. New York: McGram-Hill, 1966.

Society of America, PRSA）定义公共关系是一项独特的管理功能，用来协助、维持组织与公众间相互的沟通、了解、接纳与合作①；也有学者认为公共关系侧重沟通传播，尤其是双向沟通，用以寻求达成共同利益，解除冲突②。公共关系先驱研究者Harlow收集了众多公共关系定义③，将其中400多个定义加以分析，得出一个大家公认的合乎理论也合乎实际的定义："公共关系是一种特殊的管理功能，从事协助建立并维持机构与群众间的双向沟通、了解、接纳及合作，并参与解决公共问题，协助管理阶层促进群众了解事实真相。对民意有所反应，对管理阶层说明并强调本机构对群众利益所负的责任。协助管理阶层随时回应外界变化，并加以利用，视这种做法为一种早期预警系统，以预测将来发展趋势，以及利用研究和健康的传播，作为主要工具。"④

将公共关系概念扩展到政府施政领域，其定义区分为广义及狭义范畴。广而言之，政府公共关系是政府为了达至施政目的，实现政治主张，需与施政对象全方位沟通，以期产生共识；狭义而言，即落实至具体执政行为，政府公共关系指政府在制定公共政策及执行政策时，传播相关信息，了解民意，增进民主参与。⑤

（二）政府与公民之关系

因政府之特殊角色与定位，其公共关系的对象可称之为公民（Citizens）。经济合作与发展组织（Organisation for Economic Co-operation and Development, OECD）以《作为伙伴的公民》（*Citizens as Partners*）为题发表了政策制定中关于信息、咨询和公民参与的参考手册，当中介绍了强化与评估政府与公民之间关系的重要面向与可行之工具。⑥

1. 政府与公民关系之含义

OECD给出对政府与公民之间关系的直接定义：政府与公民关系是政府和公民在民主层面上的相互沟通。从政策制定，到公共服务的传达与使用，过程中均涉及政府与公民关系。从形式上而言，选举即是政府与公民关系最典型的体现，然不局限

---

① Public Relations Society of America. About public relations [EB/OL], 2011.
② 王洪钧. 公共关系 [M]. 台北：华视文化事业出版, 1986, 1994.
  臧国仁, 孔诚志. 公关手册：公关原理与本土经验 [M]. 台北：商周文化, 1988.
  袁自玉. 公共关系 [M]. 台北：前程文化事业, 1988.
③ HARLOW R F. Building a public relations definition [J]. Public relations review, 1976, 2(4)：34–42.
④⑤ 张在山. 公共关系学：第三版 [M]. 台北：五南图书, 2006.
⑥ Economic Co-operation and Development (OECD). Citizens as partners: OECD handbook on information, consultation and public participation in policy-making [M], 2001.

于此，政府还可通过信息传播（Information）、公众咨询（Consultation）、积极参与（Active Participation）强化与公民之间的关系，在执行和完成这三个环节的过程中，公民可对政策制定施加影响力，无损政府决策权力尊严的同时，达至民主的原则。

（1）信息传播

政府主动传播信息，内容关于某项政策制定或是公众想要获得的信息。信息流动主要为由政府向公众的一种单向关系，如公共记录、政府信息、政府官方网站。

（2）公众咨询

公众咨询作为强化政府与公众关系中的一种形式，指政府针对公众对某个政策的反馈进行咨询。通过确定目标民众，事前提供信息，从而在政府与公众之间创造了一个有限的双向互动关系，如评论立法草案，公众意见调查。

（3）积极参与

公众积极参与到政策及决策的制定过程中。公众在决策过程中交换角色，参与到决策制定的过程，如提出决策的选择。同时，负责政策制定和最终的决策还是取决于政府。将公众带进决策制定是一种政府与公众之间基于合作原则的且积极的双向关系，如开放的工作小组。

2. 强化政府与公民之关系的必要性

政府通过维持和强化与公民之间关系可带来诸多好处。

（1）提升决策质量（Better Public Policy）

即为政府提供决策的基础——信息源、意见、潜在解决方案，使得政府成为一个学习型机构。为政府与公众之间更好、更快、更有效地互动做准备，同时，在公众明确获取有关政策信息并且参与到政策发展的过程中，确保了决策实施的有效性。

（2）增强对政府的信任度（Greater Trust in Government）

在公众和媒体监督下，为决策结果提供更强的接纳性，通过公开透明的方式为政府建立了可信度，强化政府的合法性。

（3）强化社会民主（Stronger Democracy）

它是社会中活跃的公民关系的基础，整合公众意见并将其意见纳入决策制定范畴，同时也是对公众参与到公共空间的鼓励，如参与政治辩论，选举，社会组织等均能强化社会民主。

OECD在手册中强调，政府在强化与公民之间关系的过程中，信息传播、公众咨询、积极参与的手段，应被视作是民主的一部分。政策决策的情景（Context）已变，显现了政府愈加重视与公民之间的管理，并且正在努力巩固这种关系。

三、公众咨询理论基础

（一）公众咨询的产生背景

从运作效率的角度来看，由于公共政策的决策与执行千头万绪，复杂多变，国家制定和实施政策时，不可能事事交由民众决定，因此，国家需要一群"代理人"（Agents）来帮助民众处理公共事务，这也是直接与代议民主取舍问题的起点[①]；而就政策的"回应性"（Responsiveness）而言，政策决议必须与民意协同，当国家政策与民意有所相左时，公共管理者（Public Managers）必须意识到公共政策与民意落差发生的原因为何？是否可以改进？从公共管理者的观点来讨论，民主政治的目的为保护公共利益，因此，如何消弭民意与公共政策之间的落差，让民主政治能够更加深化，是一个值得探讨的问题。在民意与公共政策产生落差的情况下，公共管理者应该扮演的关键角色，就是强化自身进行"公民接触"（Civic Engagement）的能力，并且在制定公共政策的过程中，要以"公众咨询"（Public Consultation）替代"专业独断"（Professional Tyrany）。Nabatchi提到公众咨询不免将遭遇公共价值（Public Values）冲突的问题，而公共管理者应该在设计公众咨询或公民参与机制时，需要注意与界定政策冲突中的公共价值，并特别提出以下设计公众咨询机制的八个要点：（1）合作的层级（Level of Cooperation）；（2）沟通模式（Communication Mode）；（3）共享决策权力的层级（Level of Shared Decision Authority）；（4）参与机制（Participatory Mechanisms）；（5）信息数据（Informational Materials）；（6）筛选参与者（Participant Selection）；（7）招募参与者（Participant Recruitment）；（8）再生与重述（Recurrence and Iteration）（针对设计选项的讨论）。[②]

（二）公众咨询定义

公众咨询作为一个实践性较强的领域，目前在全球范围内尚没有一个明确、统一

---

① HASKELL J. Direct democracy or representative government? dispelling the populist myth [M]. Westview Press, 2000.

② NABATCHI T. Putting the "public" back in public values research: designing participation to identify and respond to values [J]. Public administration review, 2012, 72(5): 699–708.

的定义，其具体方式与制度实践目前仍在发展之中。OECD关于公众咨询的定义是："人民与国家之间的双向关系，大多数是由国家设定咨询议题、问题并管理咨询程序，邀请人民提供观点与意见。"① 爱尔兰共和国（Republic of Ireland）的描述则是："对于利益攸关者（Stakeholders）的回馈意见，进行寻求、接收、分析与响应的结构化公共参与过程。"② 而Roberts则认为公众咨询将涉及社会成员（非任职于政府单位的人员）与政府官员在权力共享的过程中，制定出与社群相关的实质决策。③ 在Dawson和Maule的总结中，一些定义认为，公众咨询是政府通过普通民众的社会参与来提升其信任度的一种策略；另一些定义认为，公众咨询是通过正式的、结构化的对话形式，实现政府与民众就特定事务达成相互理解的过程，政府需要在对话过程中收集有价值的意见或建议；还有定义认为，公众咨询是促进政府与民众间信息双向流动的过程，突出公众咨询对寻求公众意见，协助政策制定和改善公众服务的作用。④

本研究综合各地文献，对公众咨询进行操作层面之定义：政府部门就特定政策或法律议题，向社会中各类人群进行公开咨询，并依据所收集的社会意见之分析结果，制定、修改或推行相关政策或法律的全过程。相应研究范围将界定在咨询前期立项、咨询中期意见收集以及咨询后期决策三个阶段。

（三）公众咨询之重要性

根据香港特别行政区立法会政治事务委员会发布的《公众咨询工作的指引》，开篇提及公众咨询的目的，认为"政府既定的政策，是确保施政公开、透明，并对市民负责。为此，我们必须及时响应市民的要求，并在制定公共政策及措施时考虑市民的意见"⑤。

公众咨询已经成为提高管理质量的最佳工具之一，可更好地评估影响力且使得成本最小化，在某种程度上，应该能够监管公众咨询过程中所有涉及的部分。⑥ Dawson及

---

① Economic Co-operation and Development (OECD). Public management policy brief: engaging citizens in policy making: information, consultation, and public participation [J], 2001.
② Republic of Ireland. REACHING OUT: Guidelines on consultation for public sector bodies [EB/OL], at3, 2005.
③ ROBERTS N. The age of direct citizen participation [M]. Armonk, NY: M. E. Sharpe, 2008.
④ DAWSON L R, MAULE C. Background Paper on Public Consultation and Trade Policy [J], 2005.
⑤ 香港特别行政区立法会政治事务委员会. 公众咨询工作的指引 [立法会CB(2)337/03-04（02）号文件], 2003.
⑥ Economic Co-operation and Development (OECD). Background document on public consultation [R], 2006.

Maule 也指出，公众咨询是政府一项非常重要的管制型工具（Regulatory Tools），能够增进政府的透明度、效率和效能，该研究更进一步将公众咨询的重要性归纳出六个面向：

1. 公众咨询可以改善政策方案与法规的质量，并且提高政府与公民在法规遵循上的顺服及减少执行成本；

2. 公众咨询增加政府在决策上所需的信息；

3. 公众咨询是改善政府管制质量的良善工具之一；

4. 公众咨询增加政府信息的透明度；

5. 咨询过程能够透过两种方式强化意愿顺服：实时性地改变或调整发布或告知的管道、具备合法与所有权的基础并能够确保政党遵行结果行事；

6. 公众咨询能够适时地运用在修改法令上。

（四）公众咨询制度规划

当确认某项议题能够执行公众咨询之后，即开始考虑需要何种参与程度的公众咨询，澳大利亚南部地方政府出版的《社区参与指引手册》中谈到社区参与的规划有七个步骤[①]：

1. 与决策制定者共事（Work with Decision Makers）

议会民选的官员对于决策应该负有责任。因此，清楚说明议会成员对社区参与的观点和角色是必要的，更重要的是，要获得他们对于参与过程的承诺，才能确保社区参与的成效。一个较好的做法是组成一个计划小组，纳入社区参与的重要原则与议会的相关单位，这也提供一个方式，经由议会来整合内部社区参与的实际行动与外部社区参与的准备工作。

2. 说明决策之生成（Clarify the Decision to be Made）

决策过程的清楚与否自然关系到公众咨询或参与的成效。但实际上，议会与社区间经常因为决策过程不够清楚而形成一种紧张关系。因此，关键在于要明白分类决策生成的过程，比如：将议会成员、方案团队（Project Team）与关键的利益攸关者都纳入过程中，并对其建议都设法谨慎考虑。

3. 界定利益攸关者（Identify Key Stakeholders）

界定利益攸关者的步骤主要是考虑对决策过程可能有影响的某些人或团体的特定

---

① Local Government Association. Community engagement handbook: a model framework for leading practice in local government in south Australia [R], 2008.

利益。对于某项政策或方案来说，发展一个可行的途径或机制，将潜在的利益攸关者公平地包括进决策过程，将能真实地反映出社区的人口分配状态（Demographics）。

4. 考虑立法的规定（Consider Legislative Requirements）

澳大利亚南部地区议会在1999年通过法案，规定当地议会必须准备并实行公众咨询。并且政策内容必须明列咨询的步骤，同时议会也会遵照法令要求公众咨询政策的实际落实。除此之外，议会也将以此原则运用到其他类似个案情况中。法令中除了描述必须咨询公众外，还要求必须将相对应的技术和社区参与所需咨询的层级清楚地记载在指引手册与公众参与国际协会（International Association for Public Participation, IAPP）模式中。

5. 选择社区参与的层级（Select a Level of Community Engagement）

选择社区参与的层级将影响内外部利益攸关者的期望。因此，有关当局对于利益攸关者期望的本质有所了解与认识是相当重要的。

6. 建立与维持社区参与的记录（Set Up and Maintain Community Engagement Record）

建立与维持社区参与的相关记录是非常重要的。如人事异动、决策制定者所要求的变更计划，以及社区成员关注的利益可能随着社区参与过程发生改变等，应该将参与过程予以记录并保存。

7. 建立评估措施（Establish Evaluation Measures）

指引手册中提供基本的测量方式，借以评估社区参与过程的效益。指引说明中也参考了几项社区参与评估方法论的素材。实际上，方法论选择的关键是执行方案是否已经在议会内部建立，评估方法将会结合量化（Quantitative）与质化（Qualitative）技术，并将过程与结果予以分开，通过不断的界定，评估社区参与的目标和行动。

（五）公众咨询落实基础

公众咨询的途径或机制并不会影响到行政机关或官员的实质决策权力，有实证资料指出这当中有一部分原因可能是大多数受访者认为公众咨询的途径或机制仅是一种教育民众、多元意见呈现的管道，最终的政策决定仍回归到政府身上。有些行政官员会认为当民众的偏好与长官的决策相左时，会产生服从与回应的冲突。因此，公众咨询能否落实仍须取决于几个面向，包含民众参与的知识与能力、行政机关提供给民众参与的空间，以及官民之间必须要能达成共识，甚至是将达成共识作为最核心的概念,则公众咨询方能有效与稳定地开展。

就公众咨询的落实来说,可以从三项条件加以检视:第一,政策知能:民众对于公共政策要有一定的认识;第二,政策信息:民众拥有公开获取充分政策信息的管道;第三,政策共识:民众必须要有达成妥协共识的机制。以第一个条件而言,即谈的是"公民能力"的问题(Citizen Competence)。[1]一直以来,质疑民主运作可能性的论者,最喜欢拿民众能力不足做其主要论点;从实务当中观察,民众对于复杂政策议题的认知的确是不足的,根据Fishkin及Luskin的说法,过去民主改革有两个趋势:一是朝向更直接的民主,二是在政府决策过程中,征询更广泛的民众意见,这两个民主改革方向的确强化了民意的获取,促进了民主政治所追求的平等价值,但同时却妨碍了民主政治所强调的商议过程,也就是指对于不同政策选项正反意见的认真思考和辩难过程。[2]更明确地说,直接及更广泛的民众参与造成了所谓"理性的无知"(Rational Ignorance)[3],并形成所谓"不表态"(Nonattitudes)[4]的问题(黄东益,2008)。[5]然而,即便公民能力或有瑕疵,但民意的获取与应用仍然是政治实务上不能忽略的工作。

第二个条件,是"信息不对称"的问题(Information Asymmetry)。理论上,民众是民主政体的委托人,政治精英是代理人。然而,由于民众政策偏好形成能力及自主性的不足,政治精英可以从专业以及程序上进行操控,不论操控的形式是什么,都足以摧毁民主治理最基本的精神——"民众自己统治自己"。[6]因此,人民在这种信息不对称的环境中,为了维护自身权益,与拥有信息和专业优势的统治阶层进行一场不对称的战役,信息不对称的困境势必需要加以应对。Cohen认为此问题需要政府从"协商式民主"(或"商议式民主",Deliberative Democracy)的精神来寻求解决之道,不但治理信息需要公开,政府还必须提供公民可阅读的信息,才能真正弥平官民之间的统治

---

[1] 黄东益,陈敦源,萧乃沂. 政策民意调查:公共政策过程中的公众咨询[J]. 研考,2006,30(4):13-27.
[2] FISHKIN J S, LUSKIN R C. Bringing deliberation to the democratic dialogue [C] //The poll with a human face: the national issues convention experiment in political communication. 1999:3-38.
[3] DOWNS A. An economic theory of political action in a democracy [J]. Journal of political economy, 1957, 65(2): 135-150.
[4][5][6] CONVERSE P. The nature of belief system in mass publics. in APTER D (Eds.). Ideology and discontent [M]. New York: Free Press, 1964: 206-261.

困境。①

最后一个条件,是"共识形成"的问题(Consensus Formation)。这是公共政策形成过程中最为困难的问题。在近代民主政治体制中,协商式民主认为民主政治重要的是相互妥协的过程,在这个过程当中,不同意见的人相互协商甚至形成偏好重组(Preference Structuration),找出最可能的共识。②当然,协商式民主必然有其在共识建立上的作用,但是否真能带来妥协,学界提出两个问题:第一,偏好将被描述成为行动的决定因素,同时被表述为个人福祉(Well-being)的标准。③这种将偏好进行简单评估,并将之视为执行目标的行动,会造成在目标呈现多元且抽象的情况下,难以估算决策效应且难以采取立即行动,而且更容易造成高层次的偏好顺序(Higher-order Preferences)在转换过程中被特定行动者所操控,迫使其他行动者置身于对话的系统中而浑然不觉。第二,可转换的偏好产生的问题将表现在个人认同(Individual Identity)概念上。试想,某一个不属于行动者认可的偏好,难道能够构成行动者的认同?每个人的禀赋、文化、背景和其他人都有所不同,每个人都很重要,但由于外在环境因素,一些个人机会难免会遭受限制。

哈佛大学的 Archon Fung 教授在《公共行政评论》(Public Administration Review)上发表文章,提供了一个公众参与在制度设计上的架构。在民主治理框架下,公众咨询仍然扮演相当重要的角色,原因在于这些形式是最直接与公民面对面接触的形式,这些参与者都是对某个议题有着高度兴趣与关注的人,政府若能把握机会与其充分沟通,将大大提高政策制定的合法性与效率。④不过,Archon Fung 认为公众咨询会议在公众咨询机制中仅属小的区域,而且真正能达成参与者间共识的可能性并不高,决策制定者仍在其中占得优势。⑤以其提出的公众参与架构来说,有三项元素对于制度设计而言是至关重要的(如图32-1):

---

① COHEN J. Deliberation and democratic legitimacy [M] // BOHMAN J, REHG W. Essays on reason and politics: deliberative democracy. The MIT Press: Cambridge, 1997: 67-91.
② FISHKIN J S. Democracy and deliberation: new directions for democratic reform [M]. New Haven: Yale University Press, 1991.
③ SEN A. Behaviour and the concept of preference, economica, XL, August, 241-259 [J]. International library of critical writings in economics, 1998, 100: 147-165.
④ FUNG A. Varieties of participation in complex governance [J]. Special issue, public administration review, 2006: 66-75.
⑤ FUNG A. Putting the public back into governance: the challenges of citizen participation and its future [J]. Public administration review, 2015, 75(4): 513-522.

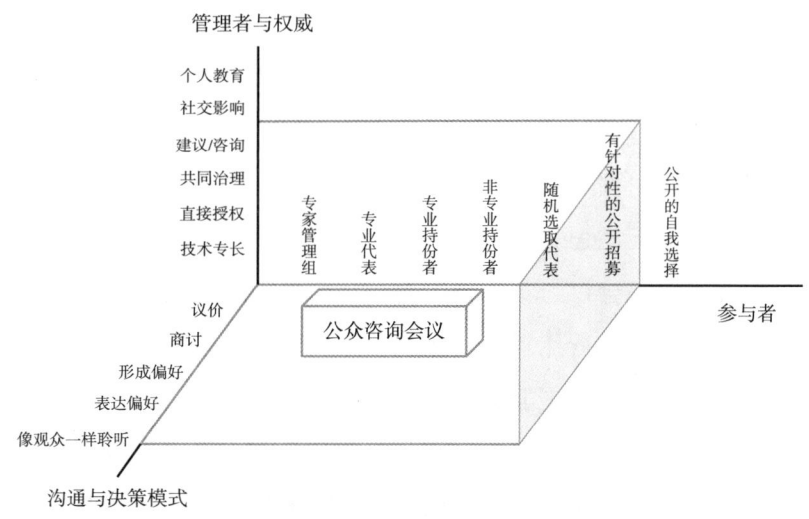

图32-1　民主框架中的传统公众咨询会议（Fung, 2006）

1. 谁来参与（Who participates）：公众参与机制的参与者到底有谁？是否具备涵盖应该参与的多元利益攸关者之涵容性，例如：政府专家或是专业与普通的利益攸关者，参与者是随机挑选、有锁定特定族群的公开征选等。

2. 他们如何沟通与决策（How they communicate and make decisions）：这是指公众参与过程中，参与者的沟通模式为何，是审议的、发展偏好的、讨价还价式的、技术专家导向的等。

3. 对社会行动与公众决策的影响程度为何（The extent of their influence over social action and public decisions）：此部分指的是权威对于社会行动之影响如何，是具备共同统理性质、咨询性质、沟通影响，或是个别教育等，以最普遍的公众参与形式，对于公众咨询会而言，其实很少真正达成多数参与者之间的共识，而咨询后的结果通常也较难以被权威式的决策制定者所采用。

四、公众咨询执行原则及方法

（一）公众咨询执行原则

在制定政策的过程中，政府会采取多种管道进行咨询，从中与专家、学者及利益攸关者交换对于公共政策的意见。公众咨询会、新闻稿、记者会等形式是过往最常采用之管道，也有着单向沟通、被动参与的限制；然而随着信息科技的演进，社交媒体突破了上述限制，创造出公民能够直接与政策制定者互动沟通的新渠道，且该渠道仍在不断演进发展中，多元意见在不同的移动载体上发声、汇集与串联，同时涌现出不同的互动方式和参与者。此一模式带来民主参与的新契机，但对政府机构与官员而言，却是一种对传统单向沟通渠道的破坏性创新（Disruptive Innovation）。

在传统公众咨询仍无法触及实质公众意向的情况下，也开始有其他形式的产生。陈敦源等人针对在线公民会议与实体公民会议在会议效果上的异同，以及在线公民会议运作的可行性两项问题进行比较，其研究结果发现，信息科技对于公民审议上的效果相较于传统面对面的会议，更能够提升政策知识的传递效果，让所有与会者更有效率地获得相关政策知识；此外，在线公民会议的与会者，可以更理性地进行讨论，达成共识的可能性相对高于传统公民会议模式，但在无法进一步测量两种会议的议题讨论深度之下，更为理性讨论的原因仍待未来研究的进一步确认；而在参与效果上，在线开会模式更能驱动过去不善于发言民众的讲话机会与动机。①

目前，较普及的公众咨询方式多数仍以实体会议为主，但不管是实体的公众咨询会议，或是在线开会模式，公众咨询的基本原则与要素并不会改变，Dawson与Maule即以图表方式呈现公众咨询的循环过程，强调此过程早先是从世界贸易组织的贸易协调行动中产生，而其包含的五项概念也是公众咨询制度设计十分关键的要素②（见图32-2）。

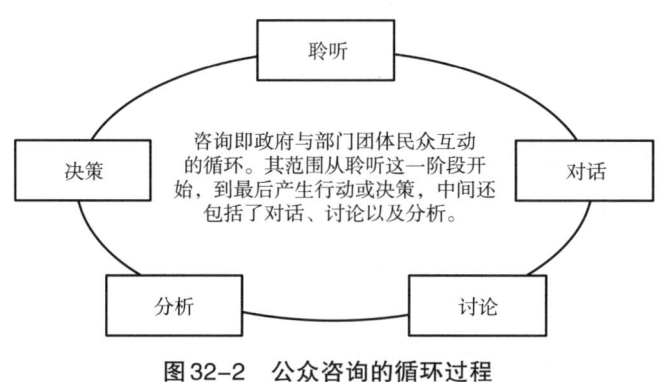

图32-2 公众咨询的循环过程

欧洲执行委员会（2014）也曾以利益攸关者的观点提出公众咨询普遍性原则，借以维系咨询范围的利益攸关者，共有参与（Participation）、公开（Openness）、问责

---

① 陈敦源，黄东益，李仲彬，等．信息通讯科技下的审议式民主：在线与实体公民会议比较分析［J］．行政暨政策学报，2008（46）：49-105．
② DAWSON L R, MAULE C. Background paper on public consultation and trade policy［J］, 2005．

（Accountability）、效率（Effectiveness）与连贯（Coherence）等五项，并且延伸出五项公众咨询制度设计上所必须达成的最低标准：

1. 咨询文件必须清晰、明确，并包含所需的所有信息；
2. 所有相关的团体都有表述意见的机会；
3. 适当地唤起公共意识，并与所有目标团体表达的需求建立沟通管道；
4. 公众咨询的参与者必须要给予足够的时间来响应；
5. 提供确认通知与适时的反馈。

英国政府商业、创新及技能部（Department for Business, Innovation and Skills, BIS）属下部门更好执行监管（Better Regulation Executive）于2008年公布最新版《咨询实践法则》（*Code of Practice on Consultation*），其中明确了七条咨询准则：

1. 何时咨询（When to consult）：正式咨询发生于任何可以影响政策结果的时间范围；
2. 咨询持续时间（Duration of consultation exercises）：通常咨询应持续至少12周，可灵活调整至更长时间范围；
3. 明确咨询范围和影响（Clarity of scope and impact）：咨询文件应明确咨询程序，何时提出，影响范围、预期成本和收益；
4. 咨询可达性（Accessibility of consultation exercises）：咨询的设计应该具有可达性，明确目的，应该覆盖哪些人群；
5. 咨询的负担（The burden of consultation）：将咨询的负担降至最低十分重要，想要咨询有效，需要得到被咨询者的认可；
6. 咨询回应（Responsiveness of consultation exercises）：需要仔细分析咨询收到的响应，并且给参与者提供清楚的反馈，以跟进咨询；
7. 咨询能力（Capacity to consult）：官方咨询需要获得指导，关于如何进行一个高效的咨询活动，并且分享咨询经验。

（二）公众咨询执行步骤

公众咨询过程所需要的条件或行动必须视个案基础与咨询的目标而定。欧洲执行委员会针对公众咨询提出执行必备的步骤，共分成三大区块，分别是界定策略（Defining Strategy）、执行咨询（Running Consultation），以及分析结果（Analyzing

Results)。而此三大主轴又涵盖十个步骤（见图32-3）[①]。

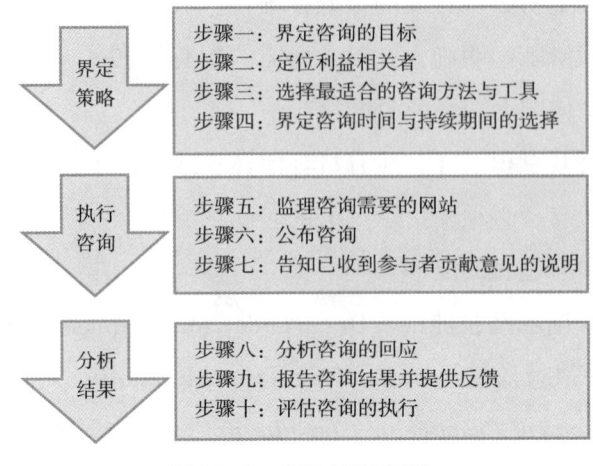

图32-3　咨询过程步骤

1. 界定咨询策略与规划（步骤一至四）

咨询策略实际上应该视个案而定，并且在规划过程中应该要界定清楚。就界定咨询策略与规划阶段来说，其涵盖了四个步骤。"界定咨询的目标"代表利益攸关者应该被赋予能对问题界定给予评论，并针对可能的选项及其效应进行辅助分析（Subsidiarity Analysis）与描述的能力。而"定位利益攸关者"的概念有二：第一个是界定咨询的目标团体；第二个是清楚地说明关于这些咨询目标团体的咨询文件或电子文件。"选择最适合的咨询方法与工具"则是确保公开发表的内容，而运用的方法或工具则视咨询的目标、已界定的利益攸关者、方案的本质，以及所需的时间和资源等条件而定。第一阶段咨询过程的最后一个步骤是"界定咨询时间与持续期间的选择"，意即在咨询文件和电子文档中，清楚地公布每一回合咨询的时间与长度。

2. 执行咨询（步骤五至七）

当咨询策略设计完成（步骤一至四），且相关的咨询工具（如文件或问卷）准备妥当后，下一步就是建立咨询专属的网站，并开始进行实质的咨询。而从第五个步骤——"建立咨询需要的专属网站"开始，必须先确保网站内容与数据足够清楚。以欧盟来说，欧洲议会和欧洲执行委员会于2014年4月达成协议，认为提高"透明度登记"（Transparency Register）将能够增加咨询的透明度。第六个步骤为"公布咨询"，公布咨询用意在于确保咨询的宣传与沟通管道能让所有目标团体所熟知并适应。执行

---

① European Commission. Public consultation on the commission's stakeholder consultation guidelines [R], 2014.

咨询阶段的最后一个步骤为"告知已收到参与者贡献意见的说明"，此步骤的关键在于，不管涉入咨询的利益攸关者何时提供的咨询建议或贡献，主导咨询的组织都应该实时地回复，例如，利益攸关者是透过在线论坛或社交媒体给予建议或评论，即应该实时以电子邮件或在线回复方式告知对方已经收到相关的意见。

3. 分析结果（步骤八至十）

分析结果的阶段，就其字面上的意思而言，即针对所搜集到的咨询意见加以分析，并评估其成效。以步骤八而言，"分析咨询的回应"即对于每一项咨询意见加以搜集并分析，为了之后的政策执行做准备。此步骤的重点原则在于咨询的回应并非仅是运用统计上的代表性来回应目标团体，还要给予整体性的回复。在"报告咨询结果并提供反馈"方面，参与咨询者关心的是他们的要求或建议是否能获得采纳。因此，适时地提供反馈给参与咨询者将有助于后续决策制定上的透明度与合法性。最后一个步骤为"评估咨询的执行"，评估程序有助于咨询过程找到下列问题的答案。

（1）咨询策略是否有效，如是否涵盖所有目标团体、是否达成咨询目标、不同方法和工具所发挥的效率如何等。

（2）咨询过程是否有效，如程序运作过程的优缺点、参与者的满意程度等。

（3）咨询程序将带来何种后续效应，如对参与者、对咨询结果、对政策制定者等。

（三）公众咨询执行方法

除了咨询的执行步骤，公众咨询的具体实施方法发展至今日，也已有多项不同方法的使用技巧以及不同方法的优劣之处。实际上，在多数的公众咨询案例中，通常是多种方法并行采用，使用多种方法将会增加获得更多、更好的回应的机会。这里将对各种公众咨询的多元方法予以说明。①

1. 一般民调（Surveys）

民意调查发源于美国，民意调查的本意是源于尊重民意的概念。而民意调查的前身，则开始于19世纪，当时为了要预测某位候选人或是某一项政策方案较受支持所进行的"草根投票"（Straw Polls 或 Straw Votes）。而现今民意调查所用的方法，则是

---

① ABELSON J, FOREST P G, EYLES J, SMITH P, MARTIN E, GAUVIN F P D. A review of public participation and consultation methods. Paper presented at McMaster University Centre for Health Economics and Policy Analysis Research [C]. Canada, 1993.

当今社会科学研究方法中最重要的"抽样调查"（Sample Survey），从广大的母群体当中，挑选部分个案作为调查对象，针对相关主题对调查对象进行访问，最后以部分个案的访问结果来推论广大母群体的意向。民意调查活动兴起后，逐渐推展至不同领域，经由政府机构、民间企业与学术机构不断的推动、技术研究与发展，成为相当热门的调查方式，可以采用电话、面对面或在线方式进行。

2. 公众咨询会（Public Hearings）

对参与人数有一定的限制，不过出席的是对于特定议题有兴趣的公民，形式将是由专家和公民一同参与。咨询会目的在于发现和表达他们对某一具体问题的看法。会议通常选择在方便到达的公开地点举行。会议讨论的主题通常已事先通过招贴、传单、信件和邀请函等方式公布。

3. 公民会议（Consensus Conference）

由不同背景的公民所组成，针对具有争议性的政策，事前阅读相关数据并作讨论，设定这个议题领域中他们想要探查的问题，然后在公开的论坛中，针对这些问题询问专家，最后，他们在有一定知识信息的基础上，对争议性的问题相互辩论并作判断，并将他们讨论后的共识观点，写成正式报告，向社会大众公布，并供决策参考，主要包含两个阶段：

（1）专家会议，以共识为导向的讨论（包含小型团体的公民）；

（2）根据会议内容所总结的重要观察和结论呈现给媒体和一般大众。

4. 公民陪审团（Citizens Juries）

公民陪审团最初出现于德国和美国，这种方式的目的是在民主决策中更注重普通公民的意见和作用。在英国，这种方式目前主要在地方政府和卫生领域中被采纳。公民陪审团通常由12–20个公民组成，通过这种方式，行政机关可以获得公众成员对特定问题的详细的、经过深思熟虑的意见。同时，陪审团成员也会获知足够的信息，并听取相关的证词。

5. 协商式民调（Deliberative Polling）

协商式民调是对传统民意调查的一种有建设意义的新尝试。它主要是要联结民主改革中"平等（Equality）"及"审慎思辨（Deliberation）"两个互不兼容的核心价值，并且尝试克服一般民调所遭遇到的"理性的无知（Rational Ignorance）"的问题，在受访者回答问题前，向其提供议题的详细资料、不同立场论述及认真思索的机会。它引入民主协商这一环节，参与者在获得均衡全面的信息的基础上讨论议题，从而形成经过深思熟虑的民意。参与的人数比公民陪审团多。其操作方式是将随机抽样产生的250至600位公民予以聚集，针对特定议题进行相互讨论与辩论。

6. 世界咖啡馆（The World Café）

世界咖啡馆（The World Café）由华妮塔·布朗（Juanita Brown）和戴维·伊萨克（David Isaacs）于1995年提出，是一种集体的对话方式，适用于创造共识和解决问题，强调尊重和鼓励每个与会者独特的见解。对话的进行借由咖啡桌主持人引导4至5人的小团队对谈，将重点形成心智图，且不断移动参与者至不同桌次，以交换、分享与散播不同角度、不同心境的想法。经由关键问题的引导与温馨会谈气氛的营造，与会者能有更深的共识与解决问题的方法和有效的行动。

7. 焦点小组访谈（Focus Group）

邀请一个小团体表达他们对于特定议题的立场、观点（尤其是针对平时不易碰触到的社会类别，如老人与弱势族群）。焦点团体的组成结构大约是6到12位左右，通过一次性面对面交谈，以开放式的讨论为主要进行方式。

8. 愿景工作坊（Scenario Workshop）

由政治人物、政府官员、专家、利益团体及民众约25-30人，以两天的时间，针对事先发展出来的脚本，批判、讨论，借以了解民众对于未来愿景的相关知识以及态度，以形成愿景及其行动方案。

9. 法人／公民论坛（Corporate／Civic Forum）

法人／公民论坛乃结合公民会议及协商式民调之特色所创建，论坛中除了由各小组形成结论之外，也进行问卷后测，除了呈现较精致、知情的民意外，也能提炼具代表性的偏好。借由确立讨论议题及不同的政策选项，搜集相关数据并准备可阅读数据，设计问卷并确立招募原则以及论坛安排。

10. 规划小组（Planning Cells）

相似于公民陪审团的形式和功能，主要是受地方或国家所赞助，目的在于协助政府决策制定，组成的公民数量大约25人，通过审慎的讨论将报告呈现给地方或中央的赞助单位。

11. 共识建立活动（Consensus Building Exercises）

共识建立活动是协助人民对于某特定议题更为聚焦的过程。

12. 开放说明会（Open Houses）

公民只要在说明会举行的地点和时间内前来即可，可以与官方人员交谈，获取想知道的信息，并且可以浏览展示的数据，参加小组讨论。

13. 公民咨询委员会（Citizen Advisory Committee）

委员会成员的组成可以是相当多元的，从政府官员到社会大众皆可。此机制运作的最终目的在于将委员会讨论的结果诉诸大众。

14. 社区规划（Community Planning）

使公民对于地方政府或地方社区未来计划给予偏好上的优先级，以响应地方政府机构的建议，从而了解在众多的施政项目中，公民最迫切的项目为何。

15. 公民投票（Referenda）

公民对于特定议题或决定，以投票方式表达其意见，例如地方税制的改革。

五、结语

从事政府公共关系研究或实务者皆认识到，政府在推动一项政策的制定到落实至具体执行，过程中必然涉及信息的传播，了解民意，反馈民意。将公众咨询作为现代政府的常态工作，在日常施政中积累经验，以尊重民意为出发点，方能不断提升公众咨询成效，真正为政府施政提供科学的民意依据。然而，公众咨询是一个实践性极强的领域，无论是执行流程确立，还是咨询方法选定，抑或社会民意特征，都会随着执行地域的变化而有明显的差异，这也是该领域无法寻求到全球标准化指引的深层原因。

本章作者在澳门本土公众咨询领域的实践中，执行了20多个公众咨询项目，涉及城市规划、人口规划、交通、房屋、环保、央基金、养老、社工等领域。近来，针对澳门特区政府《公共政策咨询规范性指引》缺乏操作性、定位不清晰、指引不规范、欠缺科学有效咨询执行机制等问题，进行了系统的梳理，并结合先进国家或地区的经验，提出了具备科学性及可操作性的《全民意公众咨询框架》，以三角校正法为理论指导，把线下的抽样调查、讨论会及线上的网络舆情结合在一起，全方位地执行公众咨询，或许是一个值得持续探讨研究的方向。

回顾本研究结果，综合探索了公众咨询的产生背景，综合各地文献，在操作层面对公众咨询定义为：政府部门就特定政策或法律议题，向社会中各类人群进行公开咨询，并依据所收集的社会意见之分析结果，制定、修改或推行相关政策或法律的全过程。在明晰概念的基础上，本研究侧重于公众咨询执行原则、执行步骤和执行方法方面的理论探析,将为政府公共关系及公众咨询的研究,提供理论及操作层面的诸多参考,也是本章作抛砖引玉之意。

(张荣显,博士,澳门民意调查研究学会创会会长、易研方案研究咨询机构及珠海博易数据技术有限公司创始人兼总裁)

第四编

应用研究

第三十三章 华人公关专业主义

何谓公关专业？当各个企业对公关产业的需求逐渐增加，学者Palea（2014）[1]指出"专业"这个词条因为被滥用，使得该词的定义已经模糊不清，时常被错误地理解或是在不适当的情况下被使用。现今任何一种职业都可以冠上"专业"二字，专业销售员、专业会计、专业顾问等等，然而在公关的领域中，专业的公关人员应该如何被定义，过去许多学者都有所研究，针对公关专业人员应有的职责和特质分类整理，也针对不同文化下公关人员不同的发展做出论述。Black将公关人员必须精通的能力，定义为包括公关要领、规则和评估、写作技巧、演讲技巧、媒体关系处理、咨询能力、客户沟通能力、议题危机处理、预算管理和营利能力、电子通讯知识、部门专业技能和知识、经营策略和营销策略。当然他们也拥有公关人该有的特质，他们是好的沟通者、压力下仍然保持冷静、学习意愿强、温暖、善解人意、热情、坚定、实际、自信、活力充沛、有幽默感、创造力、组织能力、好奇心、专注力、毅力、整合能力（Black, 2003）[2]。

根据美国公共关系协会（PRSA）所提出的"公共关系认证"（Accredited in Public Relations, APR），其中按照不同权重详载了六项重要的公关职能，分别是研究、规则、执行与评估职能（Researching, Planning, Implementing and Evaluating Programs），占比33%；对公关功能的熟悉度（Leading PR Function），占比18%；关系管理职能（Management Relationships），占比15%；议题管理与危机沟通职能（Managing Issues and Crisis Communications），占比13%；道德与守法职能（Applying Ethics and Law），占比13%；对沟通理论模式与公关史的了解程度（Understanding Communication Models, Theories and History of the Profession），占比

---

[1] PALEA A. The public relations professional. Elements of Identity [J]. Professional communication and translation studies, 2014(7): 17-22.

[2] BLACK C. The pr practitioner's desktop guide [M]. London: Thorogood, 2003.

8%。这样的界定被大多数的人所认同,是最基本的公关从业人员应具备的标准。目前普遍的公关专业定义都是来自西方,然而当公关被实践时,不同文化的公关从业人员如何展现其专业?由西方文化所主导的公关专业真的适用于华人世界吗?

华人文化讲究关系,人与人之间的关系非常重要,也就是说,相较于达到目的,华人更讲究诚信的价值抑或是更高层级的道德素养。这样的故事在中国的历史上就常常出现,宋太祖赵匡胤在公元964年平定了南唐后本想一鼓作气攻下吴越国,不料吴越国王钱俶前来拜见,并献上该国地图以示臣服。然而私底下钱俶却暗通宋朝大臣为其说项以保住吴越国,赵匡胤得知此事后却也没有立即的举动。钱俶因说项未果遂决定返回,朝臣纷纷上表请求杀了钱俶以免纵虎归山,赵匡胤认为钱俶在吴越国的声望很高,且吴越国民风剽悍,若能以诚心,则可不战而屈人之兵,若是强加武力则可能得不偿失。因此,赵匡胤亲送钱俶到城外,并将朝臣们对他不利的奏章装在箱中送给他,钱俶看后又是害怕又是感激。半年后钱俶再次前来拜见,并且献上了吴越全国的军事图,举国投降。赵匡胤未用一兵一卒,就将吴越并入了大宋版图之中。

由上可知,赵匡胤不管是能力还是特质,都无法用前面所描述的公关专业能力进行简单定义,若要浅白定义赵匡胤的公关专业,约莫是良好的沟通力和冷静明确的判断力,然而却都不如"诚信"二字更能展现其气度和高明的公关。中国历史上,还有许多故事皆展现出类似高端的公关手段,但与其说是"手段",更应该说是因为先人们极高的气度和道德素养,让对方诚心地顺服。

西方国家发展的公关多是将其视为一种手段,这点从西方历史的发展中可见一斑。因为工业革命的发展,为了更有效率地增加工厂的产量,泰勒(Frederick Winslow Taylor,1856—1915)运用科学管理计算工人的动作,以发挥最大效率。然而这样的科学管理,将员工当作是机器般的管理终究是行不通的,行政学及管理学者转而研究人的行为,包括心理学、社会学、文化人类学等等。事实证明,社会及心理因素是决定工人生产及满足感的重要因素,而较愉悦的工作环境也会提高效率和产量,也就是与员工沟通的重要性,公共关系的观念因而萌芽。当工厂规模日渐扩大,为拉近产品和公众间的距离,必须要有人专职和公众沟通,接着公共关系逐渐发展成运用各项传播方式以便与社会公众和组织沟通。然而在这样的历史文化下的公关通常都是以目的为导向的发展,如同美国近代历史学家Olasky(1987)[1]支持的论点,公关就是

---

[1] OLASKY M N. Corporate public relations: a new historical perspective [M]. Hillsdale, NJ: Lawrence Erlbaum Associates, 1987.

企业用来控制市场的手段，大多数的国外学者也认同公共关系与管理上的功能密不可分。从重视工厂作业的发展，公共关系作为单向的传播或宣传，一直发展到重视消费者行为的双向沟通，公共关系学科发展逐渐成熟，也不难看出其发展原因和管理功能密不可分，也就是说，公共关系思想的发展是随着管理功能的需求发展而来的。

东方与西方在公关的发展上，由于文化上的差异而有许多不同，但是两岸现今针对公关专业的定义多半是着重于西方国家所强调的"术"的培育；也就是说，"公关素养"的培养是极度缺乏的，此一现象从两岸的大学教育课程对于传播领域相关系所的学程编排中就可以有大致的了解。举例来说，在台湾的众多大学中，在培育传播人才方面最具代表性的世新大学就设有公共关系暨广告学系，该系希望将公共关系的概念从众多的传播学门中抽离出来，经过四年的课程训练，引领学生能够习得公关专业人员所需的知识与技能，以达到最专业的公关人才培育。从该系针对2016学年度新生所设立的课程计划表中可以发现，其中不乏有许多"术"的培育，例如：广告策略与企划、公关案例研讨等，这些课程主要是教授公关产业所需之专业知识，重点在于帮助学生能够更加了解公关产业的结构以及实际的操作手法，希望经过大学四年的学习后，学生们在进入业界时能够利用这些专业知识，在工作岗位上可以有更好的发展。但是，在课程的编排上，对于东方国家的公关意涵中所崇尚的"道"的培育却是占少数的，唯有在大一时的少数课程，例如：资讯素养、媒体识读，才有对新生们进行"道"的简单培养。除了台湾之外，在中国大陆的人才培育上也有相同的现象，笔者以大陆第一个经过教育部认可，可授学生公关学士学位的大学——中山大学为例，中山大学在传播与设计学院下设有公共关系学专业，该专业主要以培养掌握现代传播学的基础理论，懂管理、善策划、会传播，具备全媒体素养和整合沟通能力的现代应用传播人才。更要求学生掌握系统的经营管理知识、熟悉现代传播沟通理论和方法，理解现代媒体（尤其是新媒体）的传播规律，具备调研、策划和创意能力，掌握各种宣传技巧和沟通艺术。其中主要的专业课程有：公共关系学原理、公共关系实务与案例、公共关系写作、市场营销学、广告学原理、危机管理与传播等。从上述这些撷取自中山大学系网页的人才培育目标及方向，笔者发现，不管是专业的创立宗旨，还是人才培育的方向，主要都是引进西方国家的理论与技能导向为基础来进行教学，此现象也再次证实了台湾与大陆在公关专业人才的培育上面，多半着重技术与知识等"术"方面的传授，而对于经由华人世界数千年历史，经世代所传承下来的公关素养，即所谓"道"的培育却是较缺乏的。

但是，过于重视"术"好吗？从上述两个学校的例子可以发现，一般公关相关课程的设立目标及宗旨，多半都是在培育公共关系和广告的专业人才，希望学生毕业后能够到各大企业、商业机构、专业公关公司和广告公司以及传播媒体等，从事相关的工作，以提高公共传播的水准。假如经由"术"的传授，使得学生们毕业后可以顺利地与社会衔接，似乎只重视西方国家的"术"也没什么不好，但事实真的如此吗？

根据本人以台湾具代表性之公关代理商及企业公关部门主管人员为研究对象，通过德菲法进行三次修正与回馈，整理出公关工作的项目（赖正能，2017）[①]共计八大项目，分别为："媒体关系管理""说服传播策略规则""公关活动执行""危机管理""形象塑造""政治宣传与沟通""组织内部关系经营"与"会展筹办"。"媒体关系管理"系指配合说服传播或其他组织形象塑造的活动，以发新闻稿、举办记者会、媒体聚会，或安排媒体采访等方式，确保组织品牌、产品与服务在目标媒体的曝光率与报道品质。其工作任务包含媒体联系与沟通、促进媒体报道机会、掌握媒体市场动态三项。"说服传播策略规则"系指确认所遇到的产品行销目标或问题，并透过资讯搜寻、内外部环境分析，进而制定策略/企划去传递品牌沟通主轴，进而达到改变目标公众的态度、信念或行为。其工作任务包含利害关系人分析、行销活动策略规则两项。"公关活动执行"系指针对说服传播策略的规划内容，实际执行该企划，以达到与目标公众沟通之目的。其工作任务包含活动筹备、活动执行、活动成效评估三项。"危机管理"系指为组织制定一套可以侦测与应变危机运作的标准作业流程，进行顾问服务，促进组织内部与外部的沟通与协调，便于掌握潜在危机及回应已发生的危机，使危机所造成的伤害降到最低。其工作任务包含成立危机管理小组并制定危机处理计划、客户危机问题解决与咨询、危机发言训练三项。"形象塑造"系指透过企业识别系统的建构与企业社会责任的实践，使一般公众对组织产生正面形象。其工作任务包含企业识别系统的建构、企业社会责任的实践两项。"政治宣传与沟通"系指针对政治相关议题，进行策略性的沟通与宣传，目标在于改变目标公众态度与认知，或是影响政策与法令的制定。其工作任务包含政策沟通、竞选与选民服务、游说三项。"组织内部关系经营"系指针对组织内部相关利益关系人（包含员工、经营管理者、企业各部门以及股东），拟定相关活动与刊物，型塑企业文化并培养团结力与向心力。

[①] 赖正能. 应用德菲法探讨公共关系工作范畴之研究[M]. 台北：双叶书廊，2017.

其工作任务包含内部活动规则与举办、内部资讯传递与沟通、教育训练三项。"会展筹办"系指筹划具时效性的临时活动,让销售者与采购者于现场有效互动,以增加客层与业绩协助。其工作任务即会展筹办本身。由以上的内容可以得知,公关高阶经理人对于公关工作项目多偏向于实务操作之"术"的层次。

再从公关从业人员应具备的职能来看,以下将以"KSAO"模型来进一步说明。"KSAO"模型是人力资源管理中对员工职业岗位资质的描述模型,其中"K"(Knowledge)知识:是指执行某项工作任务需要的具体讯息和专业知识,这种信息通常通过正规的学校教育、在职培训或者工作实践中积累获得。"S"(Skill)技能:在工作中运用某种工具或操作某种设备的熟练程度。这种技能可以通过正规的课堂学习获得,也可以在工作实践中通过非正规的方式获得。"A"(Ability)能力:包括人的能力和素质,如空间感、反应速度、耐久力、逻辑思维能力、学习能力、观察能力、解决问题的能力、基本的表达能力等内容。"O"(Other)其他:主要是指有效完成某一工作需要的其他个人特质,包括对员工的工作态度、人格个性以及其他特殊要求,例如应变能力与创新能力。其中知识、技能都较偏向"术"的培养,也就是公关从业人员需具备的专业技能,如危机处理能力、公关稿写作能力等;而其他则是偏向"道"的培养,如公关素养、道德等。从上述两所学校的例子中,我们可以发现,不管是创立的宗旨或课程的编排上,他们所着重的都是模型中知识与技能的培育,主要的目标为:让学生们在进入产业前就已经有良好的基础能力,可以很好地与工作接轨;但是,KSAO模型对于知识与技能的定义,这两者除了在正规的学校教育中可以获得外,在工作实践中也可以得到。也就是说,现今两岸对于公关专业都普遍重视"术"的养成,并且认为有利用四年去学习的必要,但实际上,利用如此长时间及资源所习得的知识与技能,在就业后经由实际的操作,也能够达到相同的效果。如此看来,两岸的公关科系在课程编排的比重上就有许多待讨论的空间。除此之外,从业界征才的角度来看,公关专业中"术"的有无是企业选才的第一条件吗?从台湾知名的征才网站中可以发现,"广告行销公关"产业的征才标准多半都没有要求必须是相关学系(专业)出身,也没有强调必须具备某些公关专业能力;反倒是有许多公司及企业提出需有良好的沟通能力、富有创意、抗压性、热情等个人能力或特质,作为优先选用的附加条件。由此可知,公关产业在进行人才征选时,相较于KSAO模型中的知识与技能,反而更在乎个人的其他特质,如"人格特质"的适配性。由此可知,在东方文化下的公共关系产业,相较于"术"的有无,其实更重视"道"的高低,这也表示,西方国家所提倡的"术",对于两岸的公关产业而言,并不是唯一指标,反倒是较为重视东方文化中对于"道"的理解与培养。

公关专业者所必备的条件,如同第一段所述,是在这样的条件下发展而成,而这样的条件由西方发展适用于西方,然而讲究关系的华人社会里,是否要强加学习这样的公关专业知识,又或者如宋太祖的诚信策略,可以发展成一属于华人也适合华人的公关思想公关专业?

以一个习武之人作为比喻,练习一套拳法时,其中的动作、步伐精准,就是称为你学会这套拳法的"术",然而,若是无法体悟拳法其中的涵养或是缺乏该有的品德时,即使这套拳法的动作练得再怎么精准,也一样无法打出真正的好拳法,即为武术"道"的重要性,故学武之人,越是武术高强越是谦卑有礼,因为他们知道唯有术道合一,才是真正拳法精神的展现。而"公关素养"即武术中的"道",并非靠外界压力规范而产生,而是身为公关人对自己的公关涵养和道德的严谨要求。现今无论中西方文化中公关的工作内容和能力,所谓"术"已发展成熟,然而训练公关专业人员的课程却不像少林寺训练学徒那般要求功夫要跟品德并进,以至于公关人必须在进入职场后,重新对公关品德涵养经历一番磨炼,进而让公关的道术合一。世纪奥美公关董事长丁菱娟就曾经表示,公关人员除了需具备解决事情的专业能力外,更强调公关核心价值为诚实与诚信。广东方圆公关管理公司董事长谢景芬指出,公关的价值是要说真话且强调事实永远是第一。关键点传媒集团董事长游昌乔则强调,公关的基础为建立信任。由此可知,业界对公关人员最在意的并非"术",而是完善健全的"公关素养"。

由于欧美国家在工业革命之后,在各个领域都有突破性的发展,不只在公关专业,在许多领域都占有领先的地位,而后起的亚洲国家争相学习与效仿也实属常态,但这并不表示欧美国家所发展出来的就是对的,或是完全适用于亚洲国家的。以本章为例,尽管在先前的论述中,借由公关专业的人才培育课程中,发现强调知识与技术的"术",已经渐渐取代强调人与人之间和谐关系的"道",但也在接下来的业界征才角度中,指出在东方文化的熏陶底下,"道"依然是众多企业在选才时的第一要素,从中我们可以得出两个结论:第一,其实西方国家的公关专业并非完美;第二,西方国家着重公关专业技术的理念并不是完全适用于东方国家。为什么会说西方国家的公关专业知识并未发展至完美状态呢?假如公关专业发展至完美,理应如物理专业或文学专业一样,可以套用到各个国家而不会有上述之矛盾产生。而其未发展完美的原因在于，由于西方国家强调个人主义，因此在公关专业中也是强调"个体"知识及技术的高低；但在实际的公关操作上，并非有高超的技术就可以，还得要符合社会的道德规范，这也是为什么在每本公共关系概论的教科书中一定会有一章节在讲述公关道德规范的重要性。在强调技术的欧美国家，在符合道德的规范下，尽可能地去约束公关从业人员，使得公关产业在健康且完善的情况下发展。对于两岸的公关产业而言，由于东、西方的文化差异甚大，比起个人的能力，东方国家更重视整体社会的和谐。因此，虽然依旧可以从西方国家的"术"中撷取可用之处，以利在本地产业的发展，但是在人才的培育以及产业的未来发展中，应该更多地重视"人"在素养上的培育，例如人的诚信与正直等，如此一来，华人世界的公关专业才会从只会背诵理论和重复的操作中有所突破，发展至更高的高度，并且为公关产业提供更完善的社会环境，以期能提高华人世界的公关产业与人才在国际上的竞争力。

两岸的公关专业发展，因为社会文化的差异，专业公关的发展也有所不同，西方国家运用完善的制度和规范展现出专业公关水平，相较之下，华人的公关专业发展却踌躇不前，我们不应盲目追求和西方相同的方式训练人才，而应回归华人最初的文化和道德观念，如同拳法般让公关从业人员由内而外主动规范要求自己，这样的培训可以结合公关专业课程来教授，当学生学习公关技能时，应对道德规范和素养也一并训练，真正展现属于华人专业公关人员的精神。

（赖正能，台湾世新大学公共关系暨广告学系副教授）

第三十四章　公关职业伦理*

一、问题提出：社交媒体究竟是促进还是阻碍了公共关系的职业化进程？

互联网技术变革给公共关系行业带来了前所未有的机会，远远不止于创造了全新的社交媒体等新兴传播渠道。然而，在公共关系职业进入了互联网时代的时候，网络炒作、网络推手、水军、五毛党、删帖等各类负面词汇，也成为大众媒体或普通公众在界定"公共关系职业"时的常见词汇。新媒体技术革命对作为一种职业的公共关系来说究竟带来了何种正负影响？社交媒体所带来的技术赋权与传播民主化等潜力，是推进还是阻碍了公共关系的职业化进程？在此过程中公共关系实践面临哪些伦理问题？

与新闻传播行业相比，公共关系行业在社交媒体时代得到了更大的社会需求和机会。互联网的新闻传播对传统媒体的新闻部门冲击巨大，以揭示问题和问责权力为特征的调查新闻，曾经是激发企业使用公共关系的重要驱动力量，而如今很多传统媒体取消了调查新闻部，调查新闻也因此受到冲击。进入 21 世纪之后，两股新兴力量使得政府企业对公共关系的需要更为增强。一个是非政府组织（NGO）的调查报道。很多媒体记者转型成为公益倡导类非政府组织的发起人，而他们的主要工作就是延续自己以前的媒体优势，服务于某一类公益事业的倡导。另一个是新兴社交媒体的普及及其所带来的传播民主化，普通人因此有了更多的表达和被倾听的机会。这在一定程度上打破了传统媒体的信息垄断，并冲击了有偿新闻、广告置换等劣质新闻生产文化的固有地位和负面影响。因而社交媒体的技术赋权、即时互动和公共参与的能力，在激发政府和企业对公共关系的需求上不亚于传统媒体时代的调查新闻。这些新的变化

---

* 本文得到广州市大数据与公共传播人文社会科学重点研究基地项目资助及中山大学"三大建设"专项资助（99123-18823306）。

趋势彰显的是民意在社会的政治和经济决策中地位的凸显，而这正是现代公共关系在20世纪初兴起之后走向专业化的始终未变的动力。

不过，对于社交媒体能否推动公共关系的职业化进程，见仁见智。有人认为，由于社交媒体具有赋权普通人的潜力，使得普通人有了更多表达的机会和被倾听的机会，而政府和企业也不能不更重视普通人的意见，并且需要以更高水准的专业方法来与公众沟通。因而新媒体的技术革命有助于推动公共关系行业的职业化进程。也有人认为，由于新媒体给了普通人更多的表达机会，近年来国内外曝光了一系列"网络水军"事件，这也警示人们，政府企业和社会组织可以使用众包的手法雇佣大量的普通人，冒充独立第三方来发布有利于组织的信息，重新收编和利用普通人因为新媒体而得到的表达机会，从而阻碍和延缓了公共关系行业的职业化进程，同时给公共关系行业的实践行为带来众多的伦理挑战。

本章试图通过文献梳理和案例研究，对近年来见诸报端的四个比较有影响力的网络水军典型案例作为观察和分析的对象，以讨论网络水军现象对于公共关系的职业化、专业主义和实践伦理建构所带来的挑战，以及新的传播环境中公共关系实践伦理的建构所面对的问题。

二、主题回顾：公共关系行业的职业化及其伴随的伦理困境

在欧美文化中，"职业（Profession）"是一种具有崇高地位和良好声望的社会群体。作为一种新兴行业或准职业，公共关系从其问世开始，就从未停止过对其成为一门职业的追寻。现代公共关系被认为首先兴起于美国，源起于卑微的新闻代理。文艺演出经纪商人巴农（P. T. Barnum）由于其善于举办各类猎奇活动，制造噱头和轰动效应，从而吸引当时媒体和民众的注意，常被认为是早期公共关系的鼻祖[①]。而20世纪之初则被认为是公共关系走向职业化的开端，艾维·李（Ivy Lee）和爱德华·伯奈斯（Edward Bernays）两人被认为是将公共关系从一个赝品经销行当提升为真正的

[①] 巴农常常被各类公共关系的教材和公关批评者视为是愚弄和操纵民意的祖师爷，其实这样的论断是有违历史事实，有欠公允。巴农作为一位民间杂耍艺人，其使用的吸引人注意的逗乐手法，和相声、双簧等曲艺中的手法并无二致。尽管存有异议，巴农在美国还是被认为是一位有着良好职业操守的伟大商人和爱国者。巴农写过一本专门揭秘自己各种杂耍技术的书，称自己是娱乐大众，并无欺骗和愚弄公众的主观意图。参考 Barnum, P.T.(1865/2012). The Humbugs of the World. Cambridge University Press.

传播管理行业的推动者①。艾维·李在1906年首次提出了最早的公共关系从业者守则"原则宣言（Declaration of Principles）"，而伯奈斯则于1923年首先在纽约大学开设了公共关系方面的大学课程，而且还陆续出版了影响深远的多本著作②。而20世纪中期二战结束后，一些战时服务于政府的宣传专家纷纷转向于服务企业。随着公共关系行业协会的成立、行业和学术期刊的出版，以及伟达、爱德曼和博雅等一些重要公关公司的创立，公共关系的职业化进程得到进一步的推动。詹姆斯·格鲁尼格（James Grunig）对于公共关系职业化的推进主要是体现为抽象知识的生产及其对业界的影响，尤其是以推动组织及其公众之间的双向对话，从而实现相互理解和共识达成为特点的卓越公共关系理论的建构③。总体而言，公共关系在美国的职业化进程，是19世纪后半叶之后美国社会发生巨大变革，尤其是民意在社会与政治生活中地位和重要性日渐凸显的结果。正如罗伯特·布莱迪（Robert Brady）所说，大体而言，在有悠久历史的自由民主传统和议会制国家，公共关系的重要性程度就越高；而在集权和专制社会中，则其重要性越低，甚至根本就不存在公关活动。④

公共关系在中国的职业化努力在20世纪上半叶其实也不是空白。有新近的研究发现，早在20世纪30年代，当时燕京大学新闻学系主任梁士纯就开设了公共关系课程，并编写了相关的教材。⑤但更多以"公共关系"为名的研究与实践，还是在20世纪后期从计划经济转向市场经济的社会转型之后。从80年代初中国的公共关系被寄望于推动经济改革的想象，到1999年"公共关系"正式列入当时劳动部职业大典，"公共关系"正式进阶为一种名义上获得认可的职业。而公共关系进入高等教育的建制则是始于中山大学，并且在基于中山大学的办学实践基础上，公共关系学本科专业从1994年开始正式列入了国家教育部本科专业目录中的试办专业，到2001年则定位

---

① DIGGS-BROWN B. Strategic public relations: audience focused practice: an audience-focused approach [M]. Cengage Learning, 2011.
② HIEBERT R E. Courtier to the crowd: the story of Ivy L. Lee and the development of public relations [M]. Ames: Iowa State University Press, 1986.
　DIGGS-BROWN B. Strategic public relations: audience focused practice: an audience-focused approach [M]. Cengage Learning, 2011: 40.
③ GRUNIG J. HUNT T. Managing public relations [M]. New York: Holt, Reinehart & Wintson, 1984.
　GRUNIG J. Symetrical presuppositions as a framework for public relations theory [M] //CARL H. BOTAN, VINCENT H Jr.(eds.). Public relations theory. New Jersey: LEA Publishers, 1989: 17-41.
④ BRADY R A. Business as a system of power [M]. New York: Columbia University Press, 1983: 288-289.
⑤ 刘海龙. 宣传：观念、话语及其正当化 [M]. 北京：中国大百科全书出版社，2013：345.

为目录外专业，2012年被正式列入目录内专业。

但是，无论中外，公共关系职业化的进程始终是一个充满悖论和争辩的过程。新闻媒体上的"公关"或"公共关系"的媒介形象大多数时候是带着负面的含义，常常等同于掩盖真相，甚至蒙蔽欺骗，或者是配合社会精英和权力集团，操纵民意和公众。当媒体在描述一个人或组织使用"公关"时，往往带着对其动机和目的的满腹狐疑。但是，学术界对于何为"公共关系"的界定，即"公共关系是组织与其公众之间旨在建立互利关系的策略传播过程"①，与媒体和流行文化产品中对于"公关"的描述有着天壤之别②。通过强调组织与利益方之间的相互依赖彼此互惠的对等关系，很多学者将对话，即组织与利益方之间的信息和影响的对等双向互动，视为建立、维系和管理组织与其利益方之间关系的有效且合乎伦理的方法。③因而学术界对于"公共关系"的界定事实上为人们参与意见市场的竞争铺垫了基础，包含有民主成分。

同一个行业在不同社会群体中存在如此悬殊的职业声誉，与其历史上出现过若干不良案例有一定的关系。但是，不良案例未必会是导致其行业声誉长期不佳的决定性因素，因为任何行业都可能会有害群之马。更为关键的还是从这些不良案例中，人们看到的是公共关系始终和社会权力关系的密切的不透明的关系。这与公共关系自诞生之日起便与利益、权势、伦理问题相随如影。特别是强势公关总是掌握在智者、富人和统治阶层手中，公共关系为强者操纵的事实，使之一开始便成为伦理的挑战者，极端控制、不良共谋、蓄意欺诈都是公共关系异化后可能带来的"双刃剑"之险④。

加拿大学者卡尔伯格（Michael Karlberg）曾经提出，由于现代公共关系服务的主要对象是大型企业和强势政府，而公民和社会团体由于其资源匮乏或由于资源有限而无法构成在公共论辩中与企业和政府的平等竞争，因此公共关系通常被认为是强化

---

① 这个定义是美国公共关系协会（PRSA）2012年在30年前即1982年定义基础上的修订版，新版定义的英文原文是："Public relations is a strategic communication process that builds mutual beneficial relationships between organizations and their publics"。《纽约时报》对PRSA的公共关系新定义的产生过程做过报道，详情可见http：//www.nytimes.com/2012/03/02/business/media/public-relations-a-topic-tricky-to-define. 上网获取时间：2013年3月2日。
② 大众媒体、行业媒体和学术界对于"公共关系"有着分野悬殊的认知，对于这个问题的讨论可以参考 COOMBS W T, HOLLIDAY S J. It's not just PR: public relations in society [M]. Blackwell Publishing, 2007. 作者在此书中较多地讨论了美国的情况。
③ COOMBS W T, HOLLIDAY S J. It's not just PR: public relations in society [M]. Blackwell Publishing, 2007: 2.
④ 胡百精. 合法性、市场化与20世纪90年代中国公共关系史纲：中国现代公共关系三十年 [J]. 当代传播，2013(5): 4-9.

现有强权的手段或工具，而不是用于赋权公民和社会团体或弱势群体①。

除了由于其模糊的工作性质及其和社会精英及权力集团的关系而影响到其职业声誉之外，公共关系作为一个行业之所以还未能完成从准职业到职业的转型，至少存在两个方面的问题。首先，是缺乏公共关系专业主义（Professionalism）的建设。这既包括专业主义的文化与制度建构，也包括将其转化成为日常实践的行动能力建设。公共关系作为一个行业，目前在国内外都还缺乏基于行业实践和业内共识的专业主义建构，也缺乏使之成为对公关实践具有约束力的制度建设（既包括能有效惩罚违规者的刚性制度，也包括影响从业者认识和偏好的软性的观念制度）。毫无疑问，在公共关系行业内，并不缺职业价值观的话语表述，而且这类话语非常多，例如美国公共关系行业协会的章程、中国国际公共关系协会的会员章程等。但是，最大的悖论是这类制度建设的符号化，很多时候停留在纸面的话语表述，而和政府及企业的日常公共关系实务的不相融合，游离于公共关系实务的日常实践，因而并不构成对日常实务的影响。

其次，是缺乏抽象知识及其核心专业能力的建设。随着现代社会劳动分工的细化，界定专业（Profession）与行业（Occupation）的区别越来越难。但是一般而言，抽象知识和业务技能的程度是常见的区分标准，而高等教育以及职业工作对于社会的价值，也是界分行业与职业的基本标准。根据Pavalko区分专业与行业的八个维度，有系统且独特的理论以及基于科学的方法、专业工作与社会价值相融洽等，都是用于界分专业与行业的首要标准。②但是，目前谈及公共关系专业的抽象知识和核心专业能力，业界和学界都常缺乏基础性的共识。一个行业（Occupation）要成为受人尊敬且也在一定程度上合法地垄断其市场供给的职业（Profession），非常基础的一步是要在高等教育机构中获得其建制，而抽象知识和核心专业能力应该是其建制化（Institutionalized）的条件和基础。

目前公共关系作为一门学科在国内外高校中的建制化程度及其在社会科学中的学术影响，都还略显得薄弱。以学术期刊为例，目前在国际上比较有影响力的两本公共关系领域里的学术期刊，《公共关系评论》（Public Relations Review，创刊于

---

① KARLBERG M. Remembering the public in public relations research：From theoretical to operational symmetry［J］. Journal of public relations research, 1996, 8(4)：263-278.
② PAVALKO R M. sociology of occupations and professions［M］. Chicago, IL：F. E. Peacock Publishers, Inc, 1971：19-25.

1975年，最早的公共关系学刊）和《公共关系研究学刊》（*Journal of Public Relations Research*，创刊于1989年），其2012年影响因子（Impact Factor）分别是0.749和0.875，在传播学类的学术期刊中位于中等偏后的位置。

三、现实图景：技术赋权、传播范式变革带来的挑战和机遇

回顾从18世纪工业革命到21世纪初约三百年的媒介发展历史，互联网技术给人类传播行为的影响可能是自活字印刷技术之后，影响最为深远的传播技术革命。它不仅仅影响到了人类交往行为，也因技术赋权颠覆了传统的传播权力中心与边缘的关系，而影响到象征领域信息、知识和文化的生产与再生产[①]，而且也影响到人类行为与活动的组织模式（比如众包对设计、新闻生产、抗争政治等的影响）[②]。当然，我们需要审慎地分析技术变革的影响，避免批判社会理论一直所抨击的、忽略社会结构和权力关系等因素的技术决定论思维（Technological Determinism），因为技术从来不会自动地成为驱动社会变革的力量，而人才是决定技术应用的定夺者，因而是社会变革的真正驱动者[③]。但是，毫无疑问，技术会为个体和组织等各类社会行动者设置行动的条件，因而应用传播学的研究需要密切关注媒介变革的社会、政治和文化影响。在新媒体时代，传播载体和传播范式发生了革命性变化，作为传播学研究核心内容的新闻传播因之也发生了革命性变化，这对于现代社会的民主与政治、经济与商业发展影响巨大，特别是对于中国这样的转型国家影响深远。从这个意义上说，媒介作为传播载体的研究，在应用传播的研究中其意义就重新突显了。[④]

新传播技术不仅仅是为现有公共关系理论提供了新的媒介环境，更重要的是在新媒体环境以及随之而来的传播范式变革中预备了创新理论的土壤。公共关系的对话理论就是在传播技术变革为公共关系实践提供了新的媒介环境和技术条件的语境

---

① BENKLER Y. The wealth of networks: how social production transforms markets and freedom [M]. Yale University Press, 2006: 1-28.
② HOWE J. Crowdsourcing: why the power of the crowd is driving the future of business [M]. New York: Three Rivers Press, 2008: 1-22.
③ WILLIAMS R. Television: technology and culture forms [M]. Psychology Press, 2003: 1-25.
④ 这里的分析源自于2013年12月作者与中山大学传播与设计学院院长胡舒立教授就新媒体之社会影响的讨论。

里提出并被不断丰富和完善的。①公共关系的使命通常被认为有两种角色，即倡导者（Advocator）或者是协调者（Mediator），而对话理论更侧重于强调公共关系作为组织与公众之间互利关系的协调者角色。围绕着这一使命，公共关系理论中的关系管理、协同理论、对话理论等均是这一理论路径里的讨论，但最有影响力的还是20世纪90年代初由美国马里兰大学教授格鲁尼格（James Grunig）所提出的卓越公共关系理论中的双向对称沟通理论②。

对话理论被认为是在过去三十年里公共关系领域里的一个重要趋势，具体而言就是从策略范式向关系范式的转型。③对于这一转型的特征，我们认为是从旨在改变和控制的策略范式（Strategic Paradigm）转向旨在实现相互理解和共识达成的关系范式（Relational Paradigm），从以往强调舆论的引导和管理转向关系的建立和维系。格鲁尼格提出公共关系对话理论的时候，有线电视卫星电视技术已极大地改变了媒体环境，而进入21世纪之后互联网日新月异的发展，博客、手机、即时通讯等社交媒体的出现，不仅使得对话理论获得更坚实的技术条件支持，而且还使企业与各利益方的互动对话不再依赖传统的大众媒体实现，而是转向依靠具有技术赋权、去等级化、去中心化、即时互动等特征的社交媒体来实现。

任何一个准职业在走向职业化（Professionalization）的过程中，都不能回避作为一门职业如何参与公共服务的问题。因为职业化过程不仅仅意味着抽象学理知识和专业核心技能的长期培育和训练，更意味着崇高的职业声誉、社会地位和一定程度上的垄断性市场供给，而作为获取这种市场特权的代价，社会期待专业人士（Professionals）的专业实践需要有不求回报的利他奉献和服务于社会整体福利和公共利益。那么，公共关系与公共服务之间的逻辑关联是哪里？换言之，公共关系作为一

---

① 邓理峰. 媒介变革中公关理论和实务的传承与革新：第94届NCA年会公关主题研讨的几个关键词及评析［J］. 国际新闻界，2009(1)：86-90.
② GRUNIG J, HUNT T. Managing public relations［M］. New York：Holt, Reinehart & Wintson, 1984.
③ 对于公共关系领域里的这一转型，可以参考文章BOTAN C H, TAYLOR M. Public relations：state of the field［J］. Journal of communication, 2004：645-661.具体而言，对于这一转型的描述，不同的学人曾经使用过不同的表述。Botan和Taylor在此文中使用的表述是功能范式（Functional Perspective）和协同范式（Cocreational Perspective）。也有的学人使用的表述是修辞或策略范式（Rhetorical/Strategic）和沟通或关系范式（Communicative/Relational）。参考MCCROSKEY J C, RICHMOND V P. Human communication theory and research：traditions and models［M］. STACKS D W, SALWEN M B. (eds). An integrated approach to communication theory and research. Lawrence Erlbaum Associates, 1996：233-242.

种职业，其存在于社会的独特价值在哪里？

当然，由于对于公共关系究竟是什么会有不同的理解，对于这个问题的答案自然各异。但我们认为，公共关系之于现代民主社会的最大价值在于帮助希望表达的群体（无论是个体公民，还是企业公民等组织），能有自己的声音，而不是消声异见者，更不是通过使特定社会群体消声而边缘化该社会群体。但是，声音表达过程中的藏匿身份与目的，是公共关系行业备受诟病而无法回避的问题。若公共关系的从业者都能遵循公共关系从业者守则，不回避不藏匿意见表达者的身份和目的，那么公共关系之于现代民主的价值就是赋予每一个需要表达的人或组织以同样的表达权利和被倾听的权利。

如果我们将现代民主溯源到古希腊的城邦民主的传统，那么说服就是整个民主体系的基石，而为每一个公民提供平等的表达机会也是该民主体系得以正常运行的必要条件。因而，我们可以说就其民主理想的原型而言，赋予公民这样的表达能力即自由、均衡和公开的辩论，是服务于公共利益的。毕文思（Thomas H. Bivins）曾做了一个非常有启发意义的类比，认为若说追求客观性的新闻业为人们提供的是客观、公允且中立的新闻信息，而这正是新闻业对公共服务的使命。而公共关系业则是通过为每一位公民（无论是个体公民、企业，还是政府）获得同样的自由表达权利，从而实现其公共服务的使命。①

若从这点来看，则社交媒体的爆发式成长及其普及，对于公共关系的公共服务使命而言，可谓是巨大的潜在机会。因为在互联网环境里信息产制和流通的成本及门槛均大为降低，从而消解了大众媒体时代传统媒体对信息产制与流通的垄断，因此在社交媒体环境里普通网民获得了发言和被倾听的潜在机会，封锁和钳制各种对企业的批评声音的难度大为增加。而且在社交媒体环境里，公共关系向媒体发布的信息被网民解构的可能性也大为增加了。

四、突出问题：口碑传播作为一种"公关实践"

网络水军现象的泛滥与口碑传播在社交媒体上的延伸、拓展及其商业化有重要关联。因而为了更好地分析网络水军现象，我们还不能缺少对口碑传播在社交媒体上的

---

① Bivins T H. Public relations, professionalism, and the public interest [J]. Journal of business ethics, 1993, 12(2): 117–126.

新形态及其商业化的分析。

口碑传播（Word-of-Mouth Communication）原来是指发生在人际网络当中的非商业目的的人际沟通。口碑传播出现在社交媒体等互联网平台上，出现了一些和传统人际网络中的口碑传播不一样的新特征，比如更易保存、可以非实时沟通等，则被称为是网络口碑传播（Electronic Word-of-Mouth）。由于口碑传播是发生在人际网络当中，很多研究都发现人们更倾向于认为口碑传播的信源由于其利益和价值的中立超然立场，会更为诚实可信，因而对其的信任程度要高于各类正式的宣传推广信息。①因而口碑传播的最大优势，是其嵌置于熟人交往网络中的交往规则比如信任、互惠及随之而来的影响力。这在营销传播中近乎成了常识，多年来也一再得到市场研究公司的调研数据支持。比如A.C.尼尔森公司在2013年发布的调研结果发现，基于在58个国家的调研发现，有84%的受访人都认为口碑是他们最为信赖的信源。有68%的受访人称他们相信互联网上其他消费者的言论，这个数据比2007年的数据还高出7个百分点。除了口碑最受信任之外，尼尔森的调研还发现，口碑是最有可能激发消费者行动的信源。②

正是由于口碑传播强大的影响力，以及近年来诸如付费电视、视频点播等反广告的各种技术不断精进改善，使得传统的广告媒体渐渐难以影响到目标消费者群体。加上互联网技术的创新，Web2.0技术平台和用户自创内容的爆发式增长，这些都是推动口碑传播得以快速商业化的重要动力。

社交媒体环境里的口碑传播之所以容易得到公共关系需求方的重视，从而加速其商业化过程，还和网络口碑传播与基于面对面、共同在场的传统口碑传播的不同有重要关系。有学人非常扼要地归纳过这里的几大不同：第一，网络口碑传播的影响范围和速度远胜过传统口碑传播。第二，网络口碑传播的内容可以保存且可以随时使用。第三，网络口碑传播比传统口碑传播更便于测量。第四，传统口碑传播中信源与受众之间是彼此熟识，且信源的可信度和信息内容的目的更便于受众识别和判断。相比于

---

① GREWAL R, CLINE, DAVIES. Early-entrant advantage, word-of-mouth communication, brand similarity, and the Consumer Decision-Making Process [J]. Journal of Consumer Psychology, 2003, 13(3): 187-197.
② NIELSON. global trust in advertising and brand messages [EB/OL]. (2013-10-05) [2017-06-15]. http://www.nielsen.com/us/en/reports/2013/global-trust-in-advertising-and-brand-messages.html.

此，网络口碑传播过程中，受众很难对信源的可信度和信息目的做出判断。① 由于网络口碑传播和传统口碑传播之间存在这样的不同，使得基于互联网平台的口碑传播商业价值要远大于传统口碑传播，因而更有可能被需求者所用。

然而，口碑传播在中国容易被等同于"软文或有偿新闻（Checkbook Journalism）"在互联网环境里的电子化及其衍化发展的新形态。软文原本是国内传统媒体走向市场化和商业化过程中，由于采编业务与经营业务的区隔缺位、媒体之外的外部监管缺位、新闻专业主义的组织文化缺位等因素共同作用而产生的时代产物。软文的本质是付费广告，以新闻报道的形态呈现在大众媒体上。因此，软文的本质是付费的广告内容，但得到的是新闻的处置。付费，是指等同于广告而言。新闻的处置，是指企业和媒体合谋，藏匿了提供信息者的身份和目的，而获得了新闻等同的地位。因此，软文事实上乃是信息发布者隐藏其行动目的和身份的一种欺骗。这是违反我国《广告法》的违法行为。但是，软文与公共关系实践中常见的"新闻通稿（News Release）"是不同的，因为专业规范的新闻通稿从来不避讳自己的身份和目的，而是由媒体和公众根据自己的自由和理性，去判断是否接受这样的信息。

软文或有偿新闻作为一种传统媒体时代企业媒体关系的实践形态，并不仅仅在中国出现，同样也在西方国家存在。不过，软文现象在欧美等西方国家的新闻业没有如同中国那么泛滥，而且司空见惯。但是，隐身营销（Stealth Marketing）的现象非常常见。②

我们认为，软文是网络水军的前身。网络水军实质上是传统媒体时代软文在互联网环境里的延续，并利用新媒体环境里信息产制和传播的规则，如众包、因信息产制和流通成本下降而带来的公众参与、基于新媒体平台的组织与协调等，而衍化和创新的新形态。不过，尽管如此，口碑传播带来的传播伦理问题还是成为学术和业界争辩的热点，关键点在于网络口碑传播者的身份与信息目的的藏匿。

---

① CHEUNG C M K, THADANI D R. The effectiveness of electronic word-of-mouth communication: a literature analysis [C]. Paper presented at the 23rd Bled e-Conference "e-Trust: Implications for the Individual, Enterprises and Society". 2010-06-20, Bled, Slovenia.
② 关于软文的性质、软文在营销传播中的成效以及公共政策的应对，美国学者 Siva K. Balasubramanian 曾经做过非常有意思的讨论。见 BALASUBRAMANIAN S K. Beyond advertising and publicity: hybrid messages and public policy issues [J]. Journal of advertising, 1994, XXIII(14): 29-46.

五、四个案例：为何网络水军阻碍和牵制了公共关系的职业化进程？

本章试图通过案例研究和分析，回答以下问题，即：为什么说社交媒体与传播民主化给公共关系职业化带来了推动力，但网络水军现象的出现、泛滥和不受规制，和由此带来的伦理和法律问题，将会是消解和牵制这一推动力？成为一种反向牵制力量？

本章中"网络水军"的概念专指在互联网的公共讨论中，受雇于特定组织的个人或群体特意藏匿自己的受雇身份来发起和参与相关话题的公共讨论，旨在影响和操纵公共讨论的立场和方向。网络水军本质上是一些组织用众包的方法，将原本由建制化的公关公司来负责发布的信息，改为由众多普通网民以个人身份来发布，并从组织委托的公关公司领取佣金。和"网络水军"相关的另一个概念，是"网络推手"。网络推手是在管理和组织结构上，高于水军一个或多个层级的专业水军，通常是水军的管理者。[1]

本章选择案例的标准是：第一，涉及知名企业。第二，均涉及使用社交媒体作为主要的阵地，并对口碑传播做商业使用。第三，被媒体广泛报道，从而有较多的相关细节的披露。第四，均使用所谓众包的手法，广泛使用网民参与作为信息散播的手段。时间的范围是2010年至2013年。

网络水军可以分为两种类型，即宣传型水军和攻击型水军。宣传型水军主要是通过参与某个组织的宣传和推广而服务于雇主，或者是通过发起、参与并操纵公共讨论而服务于雇主。而攻击型水军主要是通过攻击竞争对手而服务于雇主。

宣传型水军的主要发生情境是某些组织带着不同宣传和推广目的而产制的信息，无论是推广产品、形象，或者是政治候选人。这些信息并不一定是基于组织卓越非凡的成绩，通常对信息来源和目的也含糊其辞。一般而言，宣传型水军不涉及对其他利益方的直接伤害，但涉嫌商业贿赂，最严重的问题是败坏和腐蚀了公共讨论。

而攻击型水军的主要情境是某些组织的危机公关、行业竞争等，有时涉及同业竞争对手之间的恶性竞争。涉嫌毁谤、损伤竞争者的声誉，和破坏公平竞争的市场环境。

近三年来国内市场里的几次著名"商战"，也即不同行业里的同行竞争企业之间的舆论战（比如蒙牛蓄意陷害伊利事件、奇虎与腾讯的用户争夺战、三一重工与中联重科、怡宝与农夫山泉、王老吉与加多宝、阿里巴巴与腾讯、三星与HTC的智能手机市场争夺战等），企业都在不同程度地使用网络水军。在这些商战中，企业公共关

---

[1] 关于网络推手及其运作的特征，还可以参考吴玫，曹乘瑜. 网络推手运作揭秘：挑战互联网公共空间[M]. 杭州：浙江大学出版社，2011：6-12.

系是如何通过话语产制来生产和再生产企业合法性，又是如何借助于媒体关系等非市场领域里的舆论战，来构建市场领域里的竞争优势，均是非常值得思考的问题。

网络水军活动很多都涉及违背伦理，甚至触犯法律。国内同行业竞争企业之间的水军舆论战，已经不仅仅是一般意义上的在线话语行动，而是这样的话语行动已经严重地损及了其他利益相关方的基本权益和自由，主观有意地伤及了涉事企业的声誉。比如2010年的蒙牛与伊利之争、腾讯与奇虎之争、2011年鲁花雇佣网络公关公司策划的网络帖子"金龙鱼，一条祸国殃民的大鳄鱼"等，这些案例都已经宣判定罪。但是，目前大量企业的水军行动是游走在合法与非法的边缘。

案例一：2010年，"封杀王老吉"[①]

2008年5月18日，在为四川地震举行的赈灾晚会上，王老吉品牌运作方加多宝集团捐出了高达一亿元的善款，使得这家此前一直不为公众所知的企业步入了公众视野。捐款的次日晚，天涯社区出现了一个题为"让王老吉从中国的货架上消失！封杀它！"的帖子，以"买光超市的王老吉，上一罐买一罐"等语句正话反说，倡导人们大量购买王老吉。无数公众跟帖留言，类似"今年夏天不喝水，要喝就喝王老吉"的跟帖在论坛上大量涌现，数量惊人的讨论、转载、点击量，为加多宝集团和王老吉品牌带来了极大的支持与赞美之声，并引起了媒体的广泛报道。

对此，有人怀疑是"人为操作的"，也有网友称是加多宝找了公关公司和专业发帖团体策划运作了此事，并言明很多在不同网站论坛频频跟帖赞美加多宝和王老吉的IP都是重复的。一位业内人士称，王老吉从2007年就开始重视网络营销的传播效果，正是因为有此前的资源和经验积累，加多宝才能在捐款后的关键时刻快速高效地开展网络营销。

网络写手詹鹏认为，王老吉是借助消费者心理进行产品宣传，是一次漂亮的情感营销。央视对话主编刘戈表示，"王老吉的一掷千金赢得公众满堂喝彩，也许一段时间内他们能享受成功的营销战术赢得的销售业绩，但当人们的情绪随着时间的流逝归

[①] 南都周刊. "封杀王老吉"背后的加多宝［EB/OL］.（2008-06-15）［2014-01-03］. http://past.nbweekly.com/Print/Article/5121_0.shtml.
张文杰. "封杀王老吉"背后的网络营销［EB/OL］.（2008-06-18）［2014-01-03］. http://www.cnwinenews.com/html/200806/18/20080618083523.htm.
齐鲁晚报. "封杀王老吉"被传自导自演［EB/OL］.（2008-06-13）［2014-01-03］. http://www.qlwb.com.cn/display.asp?id=311029.

于平静之后,是否在利用公众情绪进行有违道德标准的行为,将是一个他们需要一直面对而却不好回答的问题"。

时至今日,此事已然被很多视为"网络营销经典案例",撇开真相不谈,不可否认的是,王老吉品牌确实因此赢得了广泛美誉与社会认可,原本默默无闻的加多宝集团更是凭借此事"一举成名"。

案例二:2010年,鲁花雇用网络公关公司攻击金龙鱼[①]

2010年9月15日,一篇题为《金龙鱼,一条祸国殃民的鳄鱼》的文章在互联网上发表后,立即引起网民强烈关注,短短40天时间,其浏览、跟帖、回复次数便超过80万。该文章直接点名金龙鱼食用油为转基因产品,具有影响生育能力、采用化学浸出法提炼残留有致癌物质、摧毁中国大豆产业链等危害。2010年10月11日,南海油脂工业公司负责人向深圳南山公安分局报案,北京赞伯营销管理咨询有限公司项目总监郭成林被锁定嫌疑人后于11月30日被批捕,并于2011年7月15日因损害商品声誉罪被判有期徒刑一年,处罚金一万元。

深圳市南山区人民检察院的起诉书中指出,2010年8月,郭成林所在的北京赞伯营销管理咨询有限公司与山东鲁花集团签订协议,鲁花支付180万元委托赞伯公司提供"鲁花坚果调和油营销整合服务",赞伯公司指派郭成林负责此项目。接手项目后,郭成林带领项目团队根据鲁花的介绍,"提炼"出其主要竞争对手金龙鱼的很多"缺点"。但是鲁花集团相关负责人否认曾授意郭成林发表文章,郭成林曾经承认与鲁花方面有过交流,但之后又翻供否认此事。

事件发生后有网友提出,郭成林的行为是为了公益的目的,为了反转基因而呐喊,为了保护国人不至于丧失生育能力而奋斗。中国犯罪学学会副会长、中国政法大学教授、博士生导师张凌则认为,损害商品声誉行为是一种威胁企业经营根基的犯罪,必须严厉打击。而是否具有公益性不能根据行为人的主观认识来判断,而应当从损害商品声誉的事实本身、散布的方式、事实所依据的资料、对转基因事实调查的深度、行文的态度等内容进行客观判断。张凌教授也指出,自由发表言论应当是有界限的,散布虚假事

[①] 损害金龙鱼声誉鲁花公关公司项目总监获刑[EB/OL].(2011-07-16)[2014-01-04]. http://www.chinanews.com/cj/2011/07-16/3187005.shtml.
使用贬损诋毁语言损害企业商品声誉法学专家称网上发表文章攻击金龙鱼不具公益目的[EB/OL].(2011-07-15)[2014-01-04]. http://www.legaldaily.com.cn/bm/content/2011-07-15/content_2795368.htm.

实、诋毁他人的言论，法律不予保护。郭成林的涉案文章带有明显的捏造虚构痕迹。

金龙鱼遭诽谤这一事件同样给公关营销行业敲响了警钟。同行之间互相诋毁，影响着整个行业的发展，最终甚至会导致消费者对这一行业失去信任。

案例三：2013年，央视"3·15"晚会上的"820帖"[①]

2013年3月15日晚，央视"3·15晚会"进行的同时，演员何润东一条以"315在行动"为标签的微博将央视推上了舆论的焦点。微博内容直指苹果公司的售后服务水准，但结尾一句"大概8点20发"，使得网友纷纷猜测这是为央视当托。与此同时，作家郑渊洁、免费午餐发起人邓飞、网络红人"留几手"等6位加V名人也在8点20左右相继参与"315在行动"的话题讨论，并都对苹果进行指责。尽管何润东在当晚10点左右再发微博表示此前是被盗号，但这只是引起网友更为强烈的嘲讽。

此后，李开复爆料说，"事情很简单，是央视邀请一些名人配合某个事件，在某个时段发微博点评"，但他也澄清说这次策划并不是有偿行为。而郑渊洁、伍洲彤也承认，自己确实受邀去晚会现场，但并没有收钱。陈赫、邓飞更表示，发微博的时间和内容没有被要求。无论事实真相如何，这场原本应关注被曝光企业的讨论被引向了对央视本身的议论，央视315晚会遭受到了前所未有的公信力危机。

案例四：2013年，阿里巴巴与腾讯的舆论战[②]

2013年12月3日下午14：21，腾讯的微信团队在微博上通过配图长微博的形式，

[①] 谢鹏．"3·15"那一天［EB/OL］．（2013-03-22）［2014-01-03］．http：//news.ifeng.com/opinion/gundong/detail_2013_03/22/23416702_0.shtml．

何润东斥苹果被疑是"托" 央视：有策划非有偿［EB/OL］．（2013-03-17）［2014-01-03］．http：//tech.ifeng.com/internet/detail_2013_03/17/23192004_0.shtml．

何润东点评央视"3·15"后缀标大概8点20发［EB/OL］．（2013-03-16）［2014-01-03］．http：//nb.ifeng.com/qtwz/detail_2013_03/16/639989_0.shtml．

[②] 腾讯阿里在微博交手，公关底线受关注［EB/OL］．（2013-12-03）［2014-01-4］．http：//companies.caixin.com/2013-12-03/100613046.html．

"阿Q"开战，腾讯阿里掀起微博口水仗［EB/OL］．（2013-12-05）［2014-01-04］．http：//www.wccdaily.com.cn/shtml/hxdsb/20131205/172461.shtml．

腾讯阿里上演微博口水战，360入局力挺阿里［EB/OL］．（2013-12-4）［2014-01-04］．http：//tech.ifeng.com/internet/special/qqvsali/content-3/detail_2013_12/04/31769235_0.shtml．

腾讯阿里之间不应只是扔"生石灰"［EB/OL］．（2013-12-05）［2014-01-04］．http：//finance.chinanews.com/stock/2013/12-05/5586262.shtml．

称自从微信推出微信支付,腾讯负面新闻就不断增加。此微博将矛头直指阿里巴巴,称阿里涉嫌推广微信支付的负面信息,并附上了两张遭受阿里公关打压的邮件截图。截图显示邮件均发自阿里巴巴公关部,正文贴有关于微信的负面新闻稿件。而在晚间18:12,阿里来往团队在微博上回应,同样附上了三张截图,暗示腾讯利用自有媒体优势发布阿里负面信息。10分钟后,360转发了来往的微博,并称自己也是"腾讯媒体优势的受害者",支持阿里。

自腾讯推出微信支付后,腾讯与阿里巴巴的竞争便愈演愈烈。2013年8月,先是淘宝封杀了微信,随后来往、新浪微博等相继对微信链接进行封杀,而微信则随即封杀来往链接。11月,手机淘宝封掉了来自微信的所有链接,而腾讯旗下的App商店"应用宝"在排行榜中抹掉了阿里系的"支付宝钱包",用户主动搜索才可见。而12月3日双方在微博上正式开战,腾讯与阿里的矛盾和争夺也完全公开化。这也被业界称为"中国互联网第三次世界大战"。

互联网观察人士王斌接受采访时说,过去腾讯、阿里、百度三巨头泾渭分明,垄断格局形成,互相难以动摇,而移动互联网时代,市场格局未固化,谁能抢到制高点谁就能给对方致命打击。微信支付的推出,直接威胁到阿里的核心利益。而腾讯以免费服务为基础,再将用户导入其他领域,如果不做其他业务光靠QQ,因为是免费的,很难支撑企业发展。所以腾讯不得不侵入互联网其他领域。即便3Q大战后,腾讯痛定思痛,将平台开放出来,在一定程度上缓和了与中小创业公司的矛盾。"但阿里、百度、360等巨头,腾讯与他们是平台层级的竞争,无法通过开放策略双赢,因此只能开打。"

"互联网的竞争,不要求有骑士风采和贵族自矜,重点应该是你是否有'你争我赶'的模式,是否有'创新较量'的方向,是否'致力于打破封闭'的路径。腾讯与阿里的竞争,注定一交手就是寡头的竞争,而寡头之间的竞争是你好我要比你更好,而不是我烂你要比我更烂。竞争应该让消费者受益,让企业因危机感而去创新产品、商业模式。当两个都看重创新的企业巨头贴面竞争时,有望为中国式竞争开创一个新的范式,拼创新、拼创意和拼掉对方的明星产品。通过更好的产品而让对方败走麦城,而不是通过更厚黑的重伤让对手跳进黄河,也不是通过更深厚的人脉逼对手远走他乡。"[1]

---

[1] 北京商报. 腾讯阿里之间不应只是扔"生石灰"[EB/OL].(2013-12-05)[2014-01-04]. http://finance.chinanews.com/stock/2013/12-05/5586262.shtml.

从以上案例可以看出,社交媒体环境中口碑传播已经是企业公共关系实践中的一种常见的做法,这种商业化的做法不可避免地会带来各种法律和伦理问题。在欧美法制较为健全且法治理念的社会基础较好的国家,社交媒体环境里口碑传播的主要问题是伦理问题。在中国由于网络公关大量使用社交媒体上的口碑营销传播来攻击和抹黑同业竞争对手,因而更多地呈现为法律问题。

通过欺骗、侵扰、利用陌生人的善良、让人与亲友为敌等手段来牟利,这是人们诟病隐身营销存在的主要问题。有的营销策略正是通过隐身和藏匿信息来源等手段,来规避消费者的警觉与怀疑。① 欺骗(Deception)、侵扰(Intrusion)和利用(Exploitation)是隐身营销存在的主要问题。除了可能产生的法律问题之外,公共关系行业的人必须考虑到隐身营销可能给行业健康发展带来的长期影响,如败坏人们对整个行业的信任。长期的欺骗行为,可能会严重地损及一个行业的公信力。行业自律是否足以解决问题,非常值得存疑。

目前互联网上普遍存在但较不容易被公众察觉识破的是宣传类水军。宣传类水军是某些组织以众包的方法将自我推广的任务分派给大量个体网民。无主观恶意,一般也不构成对其他利益方的明显伤害。但隐匿了推广者的身份和目的,涉嫌隐瞒、误导,甚至欺骗。网络水军既涉及悖逆伦理的问题,也涉及触犯法律的问题。对网络水军中的"宣传类水军"而言,因为目前暂时没有具体而直接的法律条文来规定水军的言论行为是非法行为,就目前的法律和立法状况而言,它更多触及的是伦理问题,是一种新媒体环境里对话和互动性增强之后公共关系实践的新问题。其最大的伦理焦点是对人的利用(Exploitation),将人作为达成商业目的的手段。

神学家马丁·布伯(Martin Buber)被认为是现代的对话理念之父。他认为,对话需要人们努力去发现他人的价值,那种把他人看作"他"或"她"的方式无助于实现人们在交往中所渴望实现的目标。他建议,人们不应该把他人看成物件,即采用"我与你"的方式来看待自己与他人,每一个人都应该把其他人看成与自己平等的人,即"我与您"。布伯的研究是基于互惠互利、相关性、相互包含以及开放性等原则的。② 按照马丁·布伯的分类,水军问题的实质,就是"我—它"的工具性关系(无论其目的是否正义和正当)在以"我—你"人本关系的伪装之下,对"我—你"关系

---

① KAIKATI A M, KAIKATI J G. Stealth marketing:how to reach consumers surreptitiously [J]. California management review, Vol. 46, No. 4, Summer 2004. pp.6–22.
② 章辉. 马丁·布伯《我与你》的美学解读 [J]. 深圳大学学报(人文社会科学版), 2006, 23(3).

的侵蚀。这大概是水军之所以难以被人们接纳的原因。

所以说,网络水军不是公共关系的新形态,而是一种舆论钳制。只不过是以往劣质公共关系活动的数字化转型之后的新形态,是变异之后缺乏制衡的社会权力滥用的新形态。是对公共关系的扭曲和异化,是公共关系发展历史上的倒退。

从历史的角度看公共关系,其拥有两种重要角色,即调停者(Mediator)或者是倡导者(Advocator)。主要使命大致被认为有三种,说服公众,回应公众,以及推动互惠对等关系。公共关系行为是协助组织在与其各类公众之间构建互利关系的策略传播行为[①]。网络水军并不在这个范畴之内。

网络水军现象让我们看到的是互联网带来的声音表达机会的壮大。公共关系的最大价值也是在于帮助希望表达的群体能有自己的声音,而不是边缘化群体消声。但是,通过这四个案例,我们可以发现,网络水军事实上不是致力于组织的发声,而是让其他组织消声,或者是破坏其他组织的意见表达。从这一点来说,网络水军是对公共关系职业理想的扭曲和异化,是涉及商业贿赂、敲诈勒索、掩盖真相、伪造民意等触犯法律或悖逆伦理的灰色实践,而不是所谓公共关系的服务领域在新媒体环境里的全新拓展。因而网络水军就其使他人消声的本质而言,是一种舆论钳制行动(Internet Censorship)。

水军的出现,一个重要背景是互联网技术赋权民众,民意在社会政治和经济领域里的决策影响力渐趋凸显,网民力量渐渐不容忽视的结果。但是,水军是对新技术赋权公众,对地位凸显的民意的僭取、挑战和消解。由于普通网民对于企业水军的身份、目的均不知情,也因其个体化而非组织化的行动方式而不宜察觉和识别,因而水军是企业更为精巧地控制和操纵民意。这大概是之所以一些组织不愿意公开讨论水军,且水军也不为公众所接纳的原因。

六、案例讨论:社交媒体与公共关系职业化及其伦理建设的困境

通过以上四个案例的剖析,我们可以从以下几个方面看到,作为网络公共关系的实践,网络水军现象已经成为公共关系职业化和实践伦理建设中的新的阻碍因素。无论是四个案例中的哪一个,都呈现出某些企业利用了其他个人或组织所无法企及的庞

---

① IPR 的 2012 年版本新定义。

大资源、对信息产制与流通的强大控制，以及单向散播的特征。尤其是阿里巴巴和腾讯的舆论战案例中，我们可以看到以社会福利和公共利益伪饰之下的企业私利，如何可能影响到公共讨论空间里公众对相关问题的认知、判断和议题重要性的排序，以及由此而来的潜在的政策偏向。

第一，网络水军的基本思路仍旧是工具性地使用公共关系，从而使得社交媒体为企业与各利益方之间的对话潜力被消解和解构。其本质是企业利用其企业权力，干扰和阻碍新媒体技术所带来的潜在机会。

网络水军中的宣传型水军即使不存在影响其他利益方的主观恶意，也仍旧是基于传统媒体时代的公共关系理念在社交媒体环境里的延续和拓展，这种理念和实践在公共关系行业发展历史的初期占有主导地位，最主要的特征就是将公共关系视为商业的实现其目的的手段和工具，而受众仍旧是被动的信息接受者和消费者，是等着被企业说服、影响和操纵的目标对象。换言之，公共关系更多地被用来操纵民意，控制公众的工具或手段。在这样的理念和实践中，企业在使用社交媒体的过程中，这一新兴媒体所具有的技术赋权、去等级化、去中心化和即时互动等传播民主化的潜力完全被人为有意地忽略了。因而，从这点来看，网络水军作为"软文"在互联网上的延续和拓展，事实上是公共关系职业化进程中的历史倒退。

第二，网络水军中所涉及的影响公众的方法既不需要抽象知识，也不需要核心专业技能。和公共关系的职业化进程是南辕北辙，缘木求鱼。可以从职业纯粹性、职业自主性、服务于公共利益以及抽象知识的建构与制度化等方面来描述目前国内公共关系行业追求成为一种职业进路上的主要障碍。

针对职业纯粹性，公共关系的核心知识包括哪些？一般来说，若一项工作需要外行所不能摄取的专门技能和抽象知识，就意味着这个专业更接近于职业核心的抽象知识。当某些组织可以雇佣水军来塑造和引导网络民意的时候，则公共关系作为一门专业的职业纯粹性就降低了，这种行为并不是购买专业的沟通能力，而是有购买虚假民意的支付能力即可。另外，针对职业的自主性，当网络公关公司不依靠其职业知识和能力来服务于企业的组织效率和竞争优势的建构时，其职业自主性完全是拱手让给了企业，任由企业来操纵和控制，这也是对公共关系专业性的一种破坏。

第三，从是否服务于公共利益的角度看，虽然所有公共关系行业协会的行为守则中都会提及服务于公共利益，但是对于公共关系从业者或专业机构如何服务于公共利益，都是语焉不详。有学者（John Kultgen）认为服务于公共利益可能成为一种职业谋求其特殊职业地位和声望的华丽外衣。①但是现实中如何将这样的意识形态变成为具体的实践，尚缺乏具体的制度性设置。从这个角度讲，网络水军是对公共利益的最大破坏，伤害和妨碍了公共理性生成与运作，从而败坏了公共讨论。

　　网络水军是必须严肃反思的互联网环境里的新现象。回顾自2010年来被媒体披露出来的十数起知名企业雇佣水军的事件，我们不能不做出反思。网络水军现象毕竟尚未根深蒂固，在尚未根深蒂固的情况下，更有清理除污的可能。若广为接受，甚至见怪不怪，如同传统媒体时代里的"有偿新闻"一样，则互联网环境里的公共关系职业化的障碍会因此更加尾大不掉，积重难返。

　　从有偿新闻到网络水军，一方面两者存在前行后续、前世今生的连带关系，另一方面都广泛地存在使得其可能得以长期存续的社会土壤。有鉴于此，我们对于网络水军现象对于公共关系职业化所造成的障碍不可小觑。"有偿新闻"现象在中国新闻行业和公共关系行业里的长期存在，涉及很多因素。媒体的市场化、广告收入成为媒体的主导收入、新媒体对传统媒体的冲击等等，都是导致有偿新闻绵延不绝的社会因素。而"网络水军"现象同样存在长期存续的同类因素，比如同行业企业在法律框架之外的恶性竞争、硬性广告传播效果下降的压力、社交媒体环境里信息产制与传播成本的下降以及由此而来普通人得到更多的表达机会，以及这样的表达机会更有可能被商业利益所利用，等等。

　　此外，威权文化传统及其在政治与社会等各个领域的长期浸润，人们习焉不察，也是水军作为虚假民意之所以泛滥的不可忽视的因素。在威权体制下，民意长期以来，甚至直到现在若非涉及社会与政治稳定，都还不是国内各类政治过程里的关键且有效影响决策的因素。在这样的政治传统里，各种类型的权力机关（无论是公权力机关如各级政府，还是私权力组织如各类企业），都会更侧重于政令等信息的单向宣传和传达，而不太需要说服公众，影响态度及行为意向层面的民意。宣传比说服更有需要，这样的政治文化可能是公共关系行业里不需要以人的变化作为效果评估，而只需要以媒体信息的单向扩散及其程度作为效果评估的基础。从这个角度看，我们似乎更能理解为什么这么长的时间里，国内公共关系行业的客户方，都缺乏变革效果评估方法（从媒体产出效果的评估，变为对人的变化之评估）的动力。也正因为有这样的社会基础，2016年微信公号"刷量事件"才得以发生。而且，现在只不过曝光了这个

---

① KULTGEN J. Ethics and professionalism [M]. University of Pennsylvania Press, 1988: 99.

行业的皇帝新装，并没有起底这个行业为什么热衷于这一虚无新装的原因。若不正视问题的症结，则变革仍旧不会自动发生。这意味着类似"刷量事件"这类伪造民意的社会现象，其背后的产生机制不会消失，"刷量模式"注定会以新的形态，换个马甲，继续繁荣。总之，目前网络水军现象在国内仍旧具备长期存续的社会土壤，这是我们需要警惕、反思和有待破解的问题。

七、结论与展望：社交媒体对公关职业化和伦理建设的推动与消解

如上分析，社交媒体与传播民主化带来了推动公共关系走向职业化的潜力，但网络水军的出现、泛滥和不受规制，将会是消解和牵制这一潜力得以实现的反向牵制力量。互联网从技术上而言是潜藏着无限的赋权社会的能力，但是，在以利润最大化作为第一目标的企业控制之下，其对于公共讨论和民主参与的潜能无可避免地受到制约。商业的逻辑可能会非意图性地限定了公共利益和公共讨论的边界。删帖、网络推手、水军、五毛党、屏蔽搜索关键词、网络口碑营销等，都已经成为部分企业管控网络内容和隐性商业推广的常规武器。而更有争议的事实是，维基百科、百度百科等内容开放、没有门槛且影响面极为广泛的网络百科知识库，任何人都可以参与其中的内容制作。那么，受雇于企业并依照网络发帖数量和质量而从案主领薪的互联网内容生产，是否可以被允许参与这类知识库的内容产制，目前尚没有具体的互联网法律法规对此做出规制。

此外，互联网平台上的信息泛滥，对于企业而言，可能意味着更多信息控制的便利和机会。可以从两个方面来看这个分析。一方面是在社交媒体环境中，人人皆可为媒体，信息泛滥，鉴别真伪变得更为艰难，真相并没有因为大量的信息供给而更多地呈现。恰相反，真相可能会因为信息的爆发性呈现而被埋没。另一方面，企业向来善于通过提供大量信息，使接收者疲于应对，甚至无法应对，从而趁机藏匿真相。在Web2.0技术及其层出不穷的各种应用推动之下，尤其是社交媒体的普及和活跃，企业控制信息的便利和机会不是减少了，而是增加了。

毋庸置疑，互联网的确为有论政热情的网民提供了门槛更低因而更可近用的交流空间，并可以突破时空、地域或科层等级的限制，获得更为便捷的发声渠道和更为广泛的社会影响力。这样的自由表达和交流的机会，当然同样也为企业提供了更多的信息发布和管控的平台。在社交媒体环境里，传统媒体不再是企业新闻通稿的唯一出

路，越来越多的企业通过自有媒体和社交媒体来实现其影响力。

网络媒体时代的公共关系活动更多地体现在各种传播行为上，因此，从宏观的角度来说，公共关系和新闻传播一样也同时应该具备对以下四个基本伦理原则的遵守，而社交媒体时代的传播生态给公共关系带来的伦理挑战，也集中在这几个方面。

1. 公共利益原则：服务于公共利益，追求正义。艾维李的"原则宣言"就指出"有利于公共利益和公众价值的事情"才有利于公共关系建设。在网络传播时代，社会公众、利益团体的多元化，诉求导向的复杂化，让什么是"公共利益"也成为讨论的焦点，社会舆论呈现多元多角度的观点和看法，这给公共关系的传播实践带来的是第一个困惑。

2. 真实性原则：不欺骗不隐瞒既是社会伦理的基本原则，也是公关的职业准则。公共关系沟通必须以诚实、及时、准确和坦率为准则，但是网络传播的匿名性很容易隐藏或者模糊信息源，带来大量的虚假信息或者主观信息，模糊了事实与观点的不同，甚至混淆是非。网络传播成为社会沟通的主要工具，而网络传播的碎片化和多元发声主体也增加了人们辨识真伪的难度。

3. 公民权利原则：尊重和保障公民知情权、名誉权、隐私权、知识产权等多个方面。同上，网络的匿名性和信息源的隐蔽，对上述几个方面的公民权利都有挑战。当公共传播需要通过收集和使用商业大数据进行时，隐私泄漏是一个较大的问题。

4. 公平竞争原则：公共关系组织的商业竞争要遵守商业伦理与道德，防止恶性竞争，在没有明确法律限制的情况下也要有不逾越道德底线，慎踩灰色地带的觉悟。"公共关系的价值在于帮助企业响应社会变革，培育并维持社会责任感"[1]，强调的是在多元主体之间的"协调、互惠和共同的善意"[2]公共关系组织的社会责任感的形成，公关共同体对公共关系职业道德和伦理是否达成共识，也是不可避免的挑战。

本章因此提出一个警示，社交媒体的发展给公共关系职业化带来的挑战可能不小于正面机会，公共关系伦理建设在尚未有扎实的基础之时，已经匆匆步入了社交媒体为社会沟通主要平台的时代，公关伦理的四个基本原则不管是主观共识的形成或者客观情况的限制，都会因社交媒体的影响而加大实现的难度。

此外，我国公共关系的职业化进程和公关实践伦理的建设，不仅取决于企业公关人和公共关系学界的努力，还取决于外部环境和相关行业群落生态中其他职业的职业

---

[1][2] 胡百精，杨奕. 现代公共关系伦理史纲[J]. 现代传播，2013(1)：41-42.

化进程之进展，和行业间的彼此互动和借鉴。比如，公共关系行业的职业化水准相当大程度上与新闻业的职业化进程具有相辅相成、荣衰与共的互动关系。新闻媒体在任何一个社会的公共生活里都是最重要构成内容，遗憾的是由于各种原因，目前我国尚未发育发展出一个充分竞争、健康运行且相对均衡，因而可以相互制约的媒体体系。事实上过去三十多年来新闻媒体行业里没有节制和约束的市场化带来了诸多问题，而新闻业的媒体腐败与公共关系业内的软文盛行，是相互孳生的恶行，并不是公关行业独自的贡献。

（邓理峰，中山大学传播学院副教授；
张宁，中山大学传播学院教授）

第三十五章 政治公共关系

一、政治、传播与公共关系

要理解政治公共关系,首先要理解什么是政治,以及信息传播在政治中的重要作用。拉斯韦尔认为,政治即是决定"谁得到什么?何时和如何得到"[①]。这个决定的过程伴随着沟通、说服和信息的扩散[②]。举一个简单的例子,一个社区要建一座公立的幼儿园,决定这所幼儿园能不能建,什么时候建,谁来出钱建,建好之后哪些家庭的孩子可以入读等问题的过程就是政治。而在这个决定的过程中,居民和其他涉及此事的人员需要及时了解此事的动态,联合起来表达自己的诉求,说服他人以便达成有利于自己的决定。由此可见,政治、传播和公共关系是密不可分的。有"公共关系之父"之称的爱德华·伯内斯曾在1952年写道:"公共关系的三个基本功能是:告知人,说服人,组织人。公共关系的实践的历史和社会的历史一样悠久。"[③]

正如伯内斯所说,历史上政治公共关系的实践比比皆是。公元前64年,著名的古希腊哲学家、政治家、演讲家马库斯·西塞罗竞选罗马共和国执行官时,他的弟弟昆图斯·西塞罗就曾为哥哥竞选提供建议。昆图斯指出,竞选成功有两条路径:朋友的支持和人民的喜爱。在政治舞台上,作为一个竞选者,必须研究他的对手,了解对手的动机、合作伙伴;同时,听取民意,争取人民的喜爱。这里,我们能看到许多现代政治公共关系战略的影子,例如关系管理、战略定位、研究对手、修辞,以及说服学,等等。在美国独立战争期间,塞缪尔·亚当斯和他领导的革命党人运用"无代表,不纳税"这样简明有力的口号传播自己的政治主张,同时策划了美国历史上第一个伪

---

① LASSWELL H D. Politics:Who gets what, when, how [M]. New York:McGraw-Hill, 1936.
② CASTELLS M. Communication power [M]. Oxford:Oxford University Press, 2013.
③ BARNAYS E L. Public relations [M]. Norman:University of Oklahoma Press, 1952:12.

事件——"波士顿倾茶事件",用以制造媒体舆论导向。

在中国历史上,政治公共关系的例子也很多。《史记》中就记载了商鞅立木建信的故事。当时变法的方案已成,还没有公布。为了树立自己的威信,商鞅在都城的市场南门立木,凡能搬到北门者赏十金。百姓感到惊奇,不敢上前,商鞅遂把赏金加到五十金。这时,有一人上前把木头搬到北门,商鞅当即给了他五十金,以表示自己言而有信。通过策划"南门立木"这个事件,商鞅树立了自己的政治品牌。无独有偶,陈胜、吴广在发动大泽乡起义之前,也策划了鱼腹中放置锦书、篝火狐鸣等系列事件,借助神鬼背书来树立自己的政治威望。这样的做法可以视为现代选举政治中竞选人背书策略的雏形。

正是由于政治公共关系历史悠久,许多现代的公共关系策略都源自于政治领域的实践。直到19世纪下半叶,伴随着工业革命和现代大众传媒的发展,商业领域才开始成为公共关系的主战场。然而,现代公共关系学科理论建设始于20世纪上半叶,这导致了公共关系成为一门独立学科,其理论发展的重心就集中在了商业领域。尽管政治公共关系始终是公共关系学科重要的一部分,与之相关的研究却是寥寥无几。在许多公共关系教材中,政治公共关系往往被作为"特例"一笔带过,鲜有教材系统性地剖析政治公共关系与传统公共关系研究之间的联系与区别。

政治公共关系这个提法在学术领域的出现可以追溯到20世纪中叶,和公共关系研究领域的很多现象一样,政治公共关系的提法最初源于实践。在20世纪的最初十年,有些政治家就已经意识到民意的力量,他们发现政治运动的成功依赖宣传,而这样的宣传工作需要具备新闻素养的前报纸记者承担。在20世纪30年代,一批专业的政治公关公司率先在加利福尼亚州诞生,这些政治公司有三块业务:政治运动和竞选管理、大众传媒专家和舆论专家。这些公司在20世纪50年代引起了学界的兴趣,政治学者罗伯特·皮切尔[1]、斯坦利·凯利[2]、托顿·安德森和尤金·李[3]分别研究了专业化政治公关公司在加州的出现及其政治影响。在公共关系领域,斯考特·卡特李普在1980年也研究了政治公共关系的实践对美国社会的影响。他在文中提到,一些政治公关公司为三K党、麦卡锡主义的宣传服务,不仅给美国政治带

---

[1] PITCHELL R J. The influence of professional campaign management firms in partisan elections in California [J]. The Western political quarterly, 1958, 11(2): 278-300.

[2] KELLEY S. Professional public relations and political power [M]. Baltimore: Johns Hopkins Press, 1956.

[3] ANDERSON T J, LEE E C. The 1966 election in California [J]. The western political quarterly, 1967, 20(2): 535-554.

来了很坏的影响，也给政治公共关系蒙上了负面的色彩①。麦克·哈斯在1976年的研究中也提到政治公共关系这一概念，但与前人不同的是，麦克·哈斯用"政治公共关系"一词来形容政客对选民意见判断的准确程度和据此做出的投票决定，这样的定义虽然远离了当时政治公共关系的实践，却更接近当代公共关系理论。②2000年以后，政治公共关系这个提法受到了学者们的重视，政治公共关系在这一阶段的文献中主要有三种意义：一种指的是政治参与者试图影响媒体的议程和对特定事件的报道角度③④⑤⑥⑦；另一种指的是政治家的形象管理或带有贬义色彩的"政治化妆"⑧⑨⑩。除此之外，富兰克林⑪认为政治公共关系是对政策的包装。倪炎元⑫在2009年使用"公关政治学"这一提法来形容以形象管理、政治议题操纵和政治营销为核心的为政治目的服务的公关活动。贾斯珀·斯特伦贝克（Jasper Strömbäck）与斯皮罗·丘希思（Spiro Kiousis）合编的《政治公共关系：原理与实践》⑬一书中第一次系统地对政治公共关系这一概念做出定义，并且探讨了政治公共关系所涵盖的范畴。

---

① CUTLIP S M. Foundation lecture: Public relations in American society [J]. Public relations review, 1980, 6(1), 3–17.
② HESSE M B. A coorientation study of wisconsin state senators [J]. Journalism and mass communication quarterly, 1976, 53(4): 626.
③ DAVIS A. Public relations democracy: public relations, politics and the mass media in Britain [M]. Manchester, England: Manchester University Press, 2002.
④ FROEHLICH R, RÜDIGER B. Framing political public relations: measuring success of political communication strategies in Germany [J]. Public relations review, 2006, 32, 18–25.
⑤ MCNAIR B. Journalism and democracy: an evaluation of the political public sphere [M]. London: Routledge, 2000.
⑥ MCNAIR B. An introduction to political communication: 3rd ed. [M]. London: Routledge, 2003.
⑦ Moloney, K. Rethinking public relations: 2nd ed. [M]. London: Routledge, 2006.
⑧ FARNSWORTH S J. Spinner in chief: how presidents sell their policies and themselves [M]. Boulder, CO: Paradigm, 2009.
⑨ MCNAIR B. PR must die: spin, anti-spin and political public relations in the UK, 1997-2004 [J]. Journalism studies, 2004, 5(3): 325–338.
⑩ PALMER J. Spinning into control: news values and source strategies [M]. London: Leicester University Press, 2000.
⑪ FRANKLIN B. Packaging politics: Political communications in Britain's media democracy (2nd ed.) [M]. London: Arnold, 2004.
⑫ 倪炎元. 公关政治学：当代媒体与政治操作的理论、实践与批判 [M]. 台北：商周出版社，2009.
⑬ STROMBACK J, KIOUSIS S. (Eds.)Political public relations: principles and applications [M]. London: Taylor & Francis, 2011.

二、定义政治公共关系

政治公共关系是公共关系与政治传播的交叉领域，要定义政治公共关系，我们必须追溯这两个领域的渊源。公共关系与政治传播的共通之处为政治公共关系提供了生长的土壤，而两者之间的区别，使得政治公共关系成为一个区别于政治传播的独立领域。

公共关系的定义有很多，不同的定义往往侧重于公共关系的某一部分属性。爱德华·伯内斯在《舆论的结晶》一书中，首次对公共关系做出了定义。他认为，"公共关系顾问所扮演的角色，乃是对公众日常生活有重大影响的客户行为的领导者和督导者。他向公众解释客户，而之所以胜任于此，大抵是因为他同时也向公众解释客户"。① 由此可见，公共关系的组织跨界人（boundary-spanning）职能，在理论形成初期就已经被强调了。②

除此之外，公共关系经常被强调的属性还有以下几个方面：（1）管理职能，即公共关系是管理组织和其公众之间的沟通；（2）关系属性，即公共关系的核心是组织与其公众之间的关系；（3）互惠属性，即组织与公众之间的关系应该对双方都有好处。这些属性在公共关系的定义中都有集中体现。卡特里普等人提出了一个经常被引用的公共关系定义："公共关系是这样一种管理功能，它能建立和维护组织与公众之间的互利互惠关系，而公众决定了一个组织的成功或失败。"③ 格鲁尼格和亨特对公共关系的定义也经常被引用，即公共关系是"一个企业与其公众之间的沟通管理"④。哈罗归纳了500多种关于公共关系的定义，并基于归纳结果提出了一个颇具影响力的公共关系定义：

> 公共关系是一种独特的管理职能，它帮助组织建立和维护与其公众之间的沟通、理解、接纳与合作。为了实现这一管理职能，公共关系的工作涉及问题管理；帮助决策层及时了解公众意见并作出回应；界定并强调管理在公共利益方面的责任；它还作为监视预警系统，帮助管理部门预先做好应变准备，与社会趋势保持一致并有效地加以利用；以调查研究和合乎道德的沟通

---

① 伯内斯. 舆论的结晶 [M]. 胡百精，董晨宇，等译. 北京：中国传媒大学出版社，2013.
② WHITE J, DOSER D M. Public relations and management decision making [M] // GRUNIG J E (Eds.). Excellence in public relations and communication management. Hillsdale, NJ: Erlnaum, 1992.
③ CUTLIP S M, CENTER A H, BROOM G M. Effective public relations: 8th ed [M]. Upper Saddle River, NJ: Prentice Hall.
④ GRUNIG J E, HUNT T. Managing public relations [M]. Belmont, CA: Thomson Wadsworth, 1984.

作为主要工具。①

库姆斯和霍拉第将公共关系定义为"管理组织及其利益攸关者之间互相影响的关系连接成的网络"②。该定义进一步界定了公共关系中的"关系"范畴,强调了组织和利益攸关者之间的影响力。

尽管公共关系的多种属性在定义中反复被提及,但很多定义混淆了描述性、指示性和规范性要素。最明显的例子就是许多定义规定组织与其公众之间的关系应当是互惠互利的。这样的关系是公共关系追求的理想状态,然而实际上,组织与其公众之间的关系是否真的是互惠互利,结论必须基于观察实践。也就是说,"公共关系是什么"和"公共关系应当是什么"是两个需要区别看待的问题。在定义公共关系和政治公共关系的时候,我们更关心"是什么"的问题。

因此,在政治公共关系的定义中,我们有意剔除了规范性的语言,把公共关系视作一种管理职能,帮助组织建立和维护与对其有影响力的公众之间的关系。这种提法强调了组织和公众之间是互相依赖的,组织和公众都能对彼此产生重大的影响。这种相互依赖的关系很像政治传播中参与政治的机构和个人、媒体机构和个人,以及公众这三者之间的关系。因此,J.M.马格隆、科茨基和D.M.马格隆(1994)将政治传播定义为:"在政治机构与个人、公众和新闻媒体之间进行的符号和信息的交流,这样的交流对政治体制构成影响或是政治体制的产物③,最终结果是强化或改变权力分布。"④布朗勒和古列维奇也认为,"政治传播源于既有分歧又有共同目的的政治格局。在政治家和媒体的合作关系中,两者都希望达成影响公众的目的(尽管二者期望达成的影响不尽相同),它们很清楚如果没有对方的合作,自己的目的是无法实现的"。⑤

基于关系管理论,公共关系和政治传播有如下共性:(1)参与者之间有相互依赖

---

① 翻译参考:刘志明."公共关系"再定义[J]. 新闻与传播研究,2014(11).
② COOMBS W T, HOLLADAY S J. It's not just PR: Public relations in society [M]. Malden, MA: Blackwell, 2007: 2.
③ 相互影响关系取决于三者之间的的权力分布。
④ MCLEOD J M, KOSICKI G M, MCLEOD D M. The expanding boundaries of political communication effects [M]. In J. Bryant & D. Zillman (Eds.), Media effects: advances in theory and research, Hillsdale, NJ: Erlbaum, 1994: 123-162.
⑤ BLUMLER J G, GUREVITCH M. Towards a comparative framework for political communication research [M]. In S. H. Chaffee (Ed.), Political communication: issues and strategies for research. Beverly Hills, CA: Sage, 1975: 32.

的关系。(2)这样的关系依靠沟通建立。(3)受法律和宪法的制约。(4)来自政治、文化、组织机构、社会体制等背景条件的影响在政治传播和公共关系中都非常重要，不可忽视。

除了关系之外，公共关系和政治传播都很重视声誉及其对公众的影响。[①]公共关系对问题管理的研究和政治传播对事件所有权的研究都表明，良好的声誉和组织机构的有效运转是息息相关的[②][③]。那么什么是声誉呢？加特西和威尔逊认为："一个公司的声誉是利益攸关者对这个公司长期表现的评估，这样的评估基于利益攸关者们与这个公司的直接接触的经验，或任何其他形式获取的有关该公司及其竞争对手的信息。"[④]瓦提克将声誉定义为："每一个利益攸关者个体对公司印象的总和，这样的印象基于该公司是否能够满足利益攸关者的需求和期待。"[⑤]

声誉和关系作为两种影响公共关系结果的机制同时存在，并不矛盾。哪种机制起作用的关键在于公众的参与度。[⑥]对于参与度高的公众，关系管理更重要一些；对于参与度低的公众，声誉就更重要些。就好像陌生人之间的了解更多的是基于他人的口碑，而熟人之间则更多的是基于两个人的交情。同理，对于一个政治团体来说，积极活动的团体成员、志愿者和为政治活动提供资金支持的人对这个团体的参与程度高，因此关系管理就变得格外重要。对于偶尔参与活动的民众，其参与度相对较低，一手经验比较少。对于这样的人群，声誉和口碑就变得更重要了。

公共关系和政治传播的另一个相通之处是媒体在整个传播过程中居于中心地位。对于广大公众来说，了解政治和时事的主要途径依然是通过媒体，特别是大众传媒。

---

① CARROLL C, MCCOMBS M. Agenda-setting effects of business news on the public's images and opinions about major corporations [J]. Corporate reputation review, 2003(6): 36–46.

② KIOUSIS S, POPESCU C, MITROOK M. Understanding influence on corporate reputation: an examination of public relations efforts, media coverage, public opinion, and financial performance from an agenda-building and agenda-setting perspective [J]. Journal of public relations research, 2007(19): 147–165.

③ PETROCIK J R, BENOIT W L, HANSEN G J. Issue ownership and presidential campaigning, 1952–2000 [J]. Political science quarterly, 2003, 118(4): 599–626.

④ GOTSI M, WILSON A M. Corporate reputation: seeking a definition [J]. Corporate communications, 2001(6): 24–30.

⑤ WARTICK S. The relationship between intense media exposure and change in corporate reputation [J]. Business & society, 1992(31): 33–49.

⑥ HUTTON J G, GOODMAN M B, ALEXANDER J B, GENEST C M. Reputation management: the new face of corporate public relations? [J] Public relations review, 2001, 27(3): 247.

媒体不仅传播信息，成为人们观察世界的窗口，同时潜移默化地传递着"主流"文化，塑造着人们对世界的想象①。李普曼说过，媒体影响人们在特定情境下会做出何种反应，有怎样的感受，做出怎样的努力②。因此，不管是政治家、企业，还是其他组织，媒体的作用都不容小觑。

与之相关的是许多大众传媒领域的理论在政治公共关系中都有重要应用和发展。一个典型的例子就是议程设置理论。麦克姆斯在1972年提出了经典议程设置理论，即"大众传媒无法告诉人们怎么想，但可以告诉人们想什么"。在此后半个多世纪的发展中，学者们发现，大众媒体中的内容并不是凭空而来的，而是多种力量和因素影响的结果③。这其中，公共关系的影响是十分显著的。公共关系人员通过发布会、通稿等多种方式向记者提供信息补贴，希望由此影响媒体议程④。研究表明，公共关系对媒体内容的影响占25%—80%⑤。这种公共关系试图通过影响媒体议程间接影响公共议程的努力被称为议程建立。议程建立理论和信息补贴理论在政治公共关系研究中有广泛的应用。

以上，根据我们的总结可以发现，公共关系和政治传播都非常重视关系管理、声

---

① IYENGAR S, KINDER D R. News that matters: television and american opinion [M]. Chicago, IL: University of Chicago Press, 1987.
KINDER D R. Communication and politics in the age of information [M]//SEARS D O, HUDDY L, JERVIS R. (Eds.), Oxford handbook of political psychology. New York: Oxford University Press, 2003: 357–393.
MCCOMBS M. Setting the agenda: The mass media and public opinion [M]. Cambridge, England: Polity, 2004.
② LIPPMANN W. Public opinion [M]. New York: Free Press, 1997, Original work published 1922.
③ BERGER B K. Private issues and public policy: Locating the corporate agenda in agenda-setting theory [J]. Journal of public relations research, 2001, 13(2): 91–126.
CURTIN P A. Reevaluating public relations information subsidies: market-driven journalism and agenda-building theory and practice [J]. Journal of Public Relations Research, 11(1): 53–90.
④ GANDY O H. Beyond agenda setting: information subsidies and public policy [M]. Ablex Publishing Corporation, 1982.
⑤ CAMERON G T, SALLOT L M, CURTIN P A. Public relations and the production of news: a critical review and theoretical framework [J]. Annals of the international communication association, 1997, 20(1): 111–155.
LEE M A, SOLOMON N. Unreliable sources: a guide to bias in news media [M]. New York: Lyle Stuart, 1990.
KIOUSIS S, MITROOK M, WU X, SELTZER T. First-and second-level agenda-building and agenda-setting effects: exploring the linkages among candidate news releases, media coverage, and public opinion during the 2002 Florida gubernatorial election [J]. Journal of public relations research, 2006, 18(3): 265–285.

誉和媒体，但这两者之间又有以下区别。

首先，在政治传播中，传播行为有时并不都像公共关系那样目的明确并具有管理属性。公共关系将信息的沟通传播视作一种管理关系的途径，强调二者之间的因果联系，而政治传播更强调传播行为与政治行为是不可割裂的整体。回到本章最开始提到的例子，我们可以看到，离开了传播行为，政治的过程是无法完成的。

其次，两个学科对"关系"这个概念的看法有所不同。政治学的传统更注重权力和权力的不平均引发的冲突，它认为政治中对立的利益、冲突，以及权力使用构成了形形色色的关系。因此，冲突和对立是关系的本质属性。而公共关系学科曾一度认为所有的冲突都是可以解决的。因此，组织和它的公众之间的关系一定是互惠互利的。当然，并不能就此认为政治传播的学者都愤世嫉俗，或者公共关系学者都过分天真。两个领域有很多共性，但因为关注的重心不同，因此对不同的关系的本质有着不同的认识。

以上我们分析了公共关系和政治传播的共通之处和区别，为了更准确地定义政治公共关系，避免学术概念因重复定义而产生的不必要分歧，我们在提出定义之前要总结现有文献中对政治公共关系这个名词的使用。相比公共关系学界对于政治传播的有限关注，政治传播学界则很重视研究有目的性的传播，但这些研究很少涉及公共关系的理论和实践。"政治公共关系"这个名词很少被提及。[1] 相比之下，政治传播[2]、竞选传播[3]、政治管理[4]、政治营销、政治市场定位[5]，甚至于政治化妆[6]都被更普遍地用来描述政治中有目的性的传播。这些概念之间有或细微或明显的差别，有些时候，这些概

---

[1] JACKSON N. Political public relations: spin, persuasion or reputation building? [C]. Political Studies Association Annual Conference, Edinburgh, Scotland, 2010, April.

[2] NEGRINE R. The transformation of political communication: continuities and changes in media and politics [M]. New York: Palgrave Macmillan, 2008. SANDERS K. Communicating politics in the twenty-first century. Basingstoke, England: Palgrave Macmillan, 2009.

[3] PLASSER F, PLASSER G. Global political campaigning: a worldwide analysis of campaign professionals and their practices [M]. Westport, CT: Praeger, 2002.
TRENT J S, FRIEDENBERG R V. Political campaign communication: principles and practices [M]. 5th ed. Lanham, MD: Rowman & Littlefield, 2004.

[4] JOHNSON D W. Routledge handbook of political management [M]. New York: Routledge, 2009.

[5] LEES-MARSHMENT J. Political marketing: principles and applications [M]. London: Routledge, 2009. SCAMMELL M. Designer politics: how elections are won [M]. London: Palgrave, 1995.

[6] FARNSWORTH S J. Spinner in chief: how presidents sell their policies and themselves [M]. Boulder, CO: Paradigm, 2009.
PALMER J. Spinning into control: news values and source strategies [M]. London: Leicester University Press, 2000.

念甚至被认为是可以互换的①。显然，学界对于政治中有目的的传播现象的定义不够明确。这里需要说明的是，当我们说传播是有目的性的时候，是不带任何贬义的，但有些用来形容此类传播的概念，比如"政治化妆"就带有明显贬义色彩。

在"政治公共关系"一词被提及的有限的文献中，这个概念常常被用来形容政治参与者试图影响媒体的议程设置和针对具体事件的框架的形成②，简而言之，就是媒体舆论管理。更普遍也是更糟糕的情况，是政治公共关系的工作经常被称作颠倒是非黑白的"政治粉刷匠"。这是一个非常负面的评价，政治公共关系的工作也被视作是对民主政治的威胁③。

毫无疑问，政治公共关系的实践远远超过媒体舆论管理的范畴，更不能简单粗暴地认为政治公共关系是政客粉饰政绩的工具。无论何种政治制度，每一个政治参与者为了争取其他参与者的支持都在或多或少地进行着政治公关活动。白宫的新闻办公室从事的工作是政治公共关系，我国各级信访部门的工作也是政治公共关系。总统候选人一乡一镇的拉票活动，基层乡镇街道人大代表的选举，非政府组织为了抗议大型项目上马组织的游行活动，以及居委会联合起来争取居民的利益都是政治公共关系。政治公共关系涉及面很广，它是政治和民主的重要组成部分。在学术上，政治公共关系属于公共关系、政治传播、政治学的交叉领域。

然而正如前文所说，在现有的文献中有关政治公共关系的研究零散分布在各个不同领域，缺乏对其进行全面系统的定义。何谓全面系统呢？政治公共关系是在政治领域运用公共关系的战略和方法达到政治目的，因此一个全面系统的定义应符合以下特征：（1）当代公共关系理论为核心。（2）重点关注传播在政治中的作用。（3）承认传播活动明确的目的性，即说服和影响其他政治参与者。（4）综合相关领域对政治公共关系实践的研究，包括政治学、说服学、竞选研究、政治营销、政治传播、政治管理、公共关系、公共事务、国际关系和公共外交。

据此，Strömbäck 和 Kiousis 对政治公共关系作出如下定义：

> 政治公共关系是政治组织和个人借由有目的的传播和行动影响其他政治

---

① STRÖMBÄCK J. Political marketing and professionalized campaigning: a conceptual analysis [J]. Journal of political marketing, 2007, 6(2/3): 49-67.
② 请参照议程设置理论和框架理论。
③ MCNAIR B. Journalism and democracy: an evaluation of the political public sphere [M]. London: Routledge, 2000.

参与者，建立和维护该政治主体与其重要公众之间的有利关系和良好的声誉。这样的行为为达成该主体的政治愿景和目标服务。

根据这一定义，我们可以作出以下推论：政治公共关系的主体和客体并不仅限于政府或政党，它可以是任何一个政治参与者，包括政治组织和个人。在近年来的研究中我们还发现，在很多政治公共关系活动中，有共同利益的相关组织或个人可能结成的联盟，以联盟为单位活动。政治公共关系的主体带有明确的政治目的，但这并不代表它可以完全主导其与公众之间的关系和声誉，良好的关系和声誉要靠政治公共关系主体和客体之间的双向沟通去建立和维护。此外，在政治中有很多矛盾是不可弥合的，例如执政党和在野党在竞选时的关系。因此，政治公共关系的主体试图建立和维护有利于达成自己政治目标的有利关系，这是对现实的总结，并不带有评判色彩。

三、政治公共关系的主体

谁在从事政治公共关系活动呢？在绝大多数国家，特别是代议制民主国家，政治活动都是围绕着政党展开的。政党招募和训练候选人，将政治问题化繁为简，变成可以投票决定的议案，动员人民参与政治，协调不同利益集团结成联盟，组织政府和反对党，并且保证政府负责任地运转[1]。因此，政党无疑是政治公共关系的主体之一。

此外，一种与政党有关联但有自己独立议程的平行组织也是政治活动的重要参与者。政党通过平行组织发动选民，相应的平行组织通过政党为自己代表的团体争取利益。[2]这样的组织包括妇联、工会、共青团、智库、宗教团体、行业协会等社会团体。

除了正式的组织，还有许多民间组织和社团，例如各地关爱抗战老兵组织、小动物保护协会，以及同乡会、校友会，等等。这些团体对政治的参与不一定是持续性的，议程也比较单一，但往往集合了对某一具体政策关注度、参与度很高的人群，因

---

[1] DALTON R J, WATTENBERG M P. Parties without partisans: political change in advanced industrial democracies [M]. New York: Oxford University Press, 2000.
MONTERO J R, GUNTHER R. Introduction: reviewing and reassessing parties [M] // GUNTHER R, MONTERO J R, Linz J J. Political parties: old concepts and new challenges. New York: Oxford University Press, 2002: 1–35.

[2] POGUNTKE T. Political parties and other organizations [M] //KATZ R S, CROTTY W. Handbook of party politics. London: Sage, 2006: 396–405.

而也是政治公共关系的一个重要主体。

除了组织之外，国家元首、社会活动家、各行各业的名人、意见领袖，甚至普通个人，只要他们出于政治目的使用有目的的沟通传播，都有可能成为政治公共关系的主体。最后，个人和组织在面对共同的政治利益或挑战时还可以结成或紧密或松散的联盟，并以联盟为单位进行政治公共关系活动。

四、政治公共关系与其他相关领域

政治公共关系的活动和以下几个领域关系密切，但因为一直以来定义不清，政治公共关系的研究与它们相对孤立。我们希望通过以上提出的定义，为政治公共关系学界与以下领域之间的交流与合作提供基础。

首先是公共事务，哈里斯和弗莱舍[1]将公共事务的定义总结为三种：第一种认为公共事务是"公众或企业利益攸关者的计划参与到政策制定过程中"。第二种认为公共事务是"企业关于环境、政治和社会发展等因素对自身影响的考量，并基于这种考虑有计划地与意见领袖接触"。第三种认为公共事务是"政府事务和关系的总和"。考察这三种定义我们可以发现，公共事务和政治公共关系的定义是非常相似的。二者都涉及一个主体，这个主体出于政治目的利用传播和行动，试图影响他人并建立和维护其与重要公众之间的有利的关系。在公共事务中这个主体往往是企业，重要公众主要是政府或政府官员。

公共关系和政治公共关系的另一个相关领域是市场营销，但这些领域的研究也是相对孤立的。从公共关系学界来看，许多公共关系学者认为，公共关系和市场营销的主要区别在于市场营销最终只有一个目的就是销售商品，而公共关系关注多种多样的目的和关系。此外，公共关系学界经常有一种公共关系会被市场营销矮化并最终吞并的担忧[2]。从市场营销的角度来看，近年来市场营销的重心逐渐从交易营销转向关系

---

[1] HARRIS P, FLEISHER C S. The handbook of public affairs [M]. London: Sage, 2005.
[2] EHLING W P, WHITE J, GRUNIG J E. Public relations and marketing practices [M] //GRUNIG J E. Excellence in public relations and communication management. Hillsdale, NJ: Erlbaum, 1992: 357–393.

营销①。市场营销不再是简单地向消费者提供他们想要的商品,而是更重视与消费者建立和维护长期关系。这样的趋势实际拉近了市场营销和公共关系这两个独立领域之间的距离。

与之相关的是政治营销理论的发展。尽管政治营销是市场营销和政治学的交叉领域,但是政治营销和政治公共关系有明显的关联。政治营销可以定义为:候选人、政党、政府、说客、利益集团等,为了争取民意,宣传意识形态,赢得竞选或通过某项议案,将市场营销原理和方法应用到政治运动中,对社会上一部分人或团体的需求作出回应。这样的方法是分析、开发、执行并管理战略活动。②

根据以上定义我们不难看出,政治营销和政治公共关系都很重视有目的的传播和行动,都重视对于传播过程的管理职能,都需要处理和多种公众之间的关系。二者的区别在于:首先,政治营销研究的重点主要集中在选民上;其次,虽然关系在两个领域中都很重要,但在政治营销的定义中,并没有像公共关系那样强调关系的建立与维护。

很遗憾的是,目前除了极少数特例③,以上三个领域与政治公共关系的研究是相对孤立的。

五、政治公共关系是一种管理职能

当代对于公共关系的定义大都认为公共关系是或者至少应该是一种管理职能。尽

---

① CHRISTOPHER M, PAYNE A, BALLANTYNE D. Relationship marketing: creating stakeholder value [M]. Oxford, England: Butterworth-Heinemann, 2002.
GRÖNROOS C. Service management and marketing: a customer relationship management approach [M]. England: Wiley, 2000.
GUMMESSON E. Total relationship marketing: marketing management, relationship strategy and CRM approaches for the network economy [M]. 2nd ed. Oxford, England: Butterworth-Heinemann, 1999.
LEES-MARSHMENT J. The political marketing revolution: transforming the government of the UK [M]. Manchester, England: Manchester University Press, 2004.
② NEWMAN B I. Preface B. I. Newman (Ed.), [M] //Handbook of political marketing. Thousand Oaks, CA: Sage, 1999.
③ NEWMAN B I, VERČIČ D. Communication of politics: cross-cultural theory building in the practice of public relations and political marketing [M]. New York: Haworth Press, 2002.
STRÖMBÄCK J, MITROOK M A, KIOUSIS S. Bridging two schools of thought: applications of public relations theory to political marketing [J]. Journal of political marketing, 2010, 9(1/2): 73-92.

管许多公共关系从业人员从事的是技术型工作而不是管理型工作,①②但学界认为,公共关系若想有效,公共关系人员必须成为组织的高级决策层的一部分。③④尽管这样的观点是诊断性的而非描述性的,但公共关系的研究对此给出了充分的理由。

公共关系必须参与到管理职能中才能完成它向组织解释公众,同时向公众解释组织的跨界人职能⑤。为了向公众解释组织,公共关系人员必须了解组织行为和决策背后的理由。为了向组织解释公众,公共关系人员必须确保公众的声音能被高层管理者听到,并且公众的利益在组织决策时会被考虑。如果公共关系不是一种管理职能,公共关系人员就没有完成这项工作的必备资源,也就无法帮助组织建立和维护它与公众之间有利的也是互相影响的关系。此外,一个组织的传播活动是无法完全与该组织的其他活动割裂开来的。奥拉和马特里在分析声誉管理的时候曾说过:"声誉管理要做好事,传播有益的信息,并且经营良好的关系。"⑥一个组织如何表达自己,决定哪些公众作为目标受众,哪些关系是重要关系,想要塑造怎样的声誉,这一系列问题的答案都不仅仅适用于传播活动,它们对于一个组织的全局战略也很重要。这一系列问题的答案往往也取决于该组织的内部和外部环境,包括它的历史、现有关系和公众,以及竞争者,等等。公共关系人员通过环境扫描系统地收集这些信息,在理想状态下,这些信息应当被应用在企业的战略决策中。为了实现这个目标,公共关系人员必须参与到企业的战略决策制定当中。

当描述公共关系的管理职能时,"战略"一词经常被提及。这个词既指向组织的宏观大战略,包括决定组织的目标、战略安排、道德准则和与重要公众及环境中其他

---

① DOZIER D M. The organizational roles of communications and public relations practitioners [M] //J. E. Grunig (Ed.), Excellence in public relations and communication management: Hillsdale, NJ: Erlbaum, 1992.
② DOZIER D M, BROOM G M. The centrality of practitioner roles to public relations theory [M] // BOSTAN C H, HAZLETON V(Eds.), Public relations theory II. New York: Erlbaum, 2006.
③ DOZIER D M, EHLING W P. Evaluation of public relations programs: what the literature tells us about their effects [M] //GRUNIG J E(Ed.), Excellence in public relations and communication management. Hillsdale, NJ: Erlbaum, 1992.
GRUNIG L A, GRUNIG J E, EHLING W P. What is an effective organization [M] //GRUNIG J E(Ed.), Excellence in public relations and communication management. Hillsdale, NJ: Erlbaum, 1992.
④ DOZIER D M, GRUNIG L A. The organization of the public relations function [M] // GRUNIG J E(Ed.), Excellence in public relations and communication management. Hillsdale, NJ: Erlbaum, 1992.
⑤ WHITE J, DOZIER D M. Public relations and management decision making [M] // GRUNIG J E(Ed.), Excellence in public relations and communication management. Hillsdale, NJ: Erlbaum, 1992.
⑥ AULA P, MANTERE S. Strategic reputation management [M]. New York: Routledge, 2008.

力量之间的关系。也指在具体活动中的微观战略，包括部署资源、（在需要说服别人时）组织论证逻辑，以实现大战略的目标。与之相对的概念是战术，指的是公共关系人员在执行宏观和微观战略时做出的具体行为。由此可见，若想实现有效公关，公共关系人员必须对战略和战术都有所把控，而不仅限于从事战术性的具体执行工作。①②

在政治公共关系中，公共关系的管理职能也是实现有效公关的重要保障。在凯雷的经典著作《职业公共关系和政治权力》一书中，他引用一位政治公共关系从业人员的话说，"政治公共关系人如果想有任何价值的话，就必须出席所有的计划会议并参与事件选择"，并且"公共关系必须在政治活动事件的选择、决定和设计上有话语权，不然对于政治活动来说就一文不值"。他对此评论道："只有赋予公共关系人员制定决策的权力，他们才能影响到公众与政府之间的基本关系。"③

相比企业而言，政治组织，特别是持续参与政治并且受公众关注度较高的政治组织，将公共关系管理人员纳入战略决策层的需求会更加紧迫和重要。因为政治问题普遍具有公开性和争议性，同时，政治圈环境复杂，竞争激烈。因此，政治组织和个人会有更大的风险成为丑闻的主角，有时这些丑闻是真实存在的，有些是道德上的灰色行为导致的，有些则是被竞争对手或媒体设计出来的④。即使单单从危机的监控、预

---

① BOTAN C H. Grand strategy, strategy, and tactics in public relations［M］// BOTAN C H, HAZLETON V.(Eds.), Public relations theory II. New York：Erlbaum, 2006.
HALLAHAN K, HOLTZHAUSEN D, VAN RULER B, VERČIČ D, SRIRAMESH K. Defining strategic communication［J］. International journal of strategic communication, 1(1), 2007, 3–35.
PFAU M, WAN H–H. Persuasion：an intrinsic function of public relations［M］// BOTAN C H, HAZLETON V(Eds.). Public relations theory II. New York：Erlbaum, 2006.
② GRUNIG J E, REPPER F C. Strategic management, publics, and issues［M］// GRUNIG J E(Ed.), Excellence in public relations and communication management. Hillsdale, NJ：Erlbaum, 1992.
③ KELLEY Jr., S. Professional public relations and political power［M］. Baltimore, MD：John Hopkins University Press, 1956.
④ CASTELLS M. Communication power［M］. New York：Oxford University Press, 2009.
THOMPSON J B. Political scandal：power and visibility in the media age［M］. Cambridge, England：Polity, 2000.

警和防范角度考虑，政治公共关系都应该成为组织管理层的一部分[①②]。

除了风险防御和组织战略方面的考虑之外，公共关系管理人员如果不能参与战略决策，那么公共关系在组织中的作用很可能就被弱化。比如在竞选政治中，有产品型政党、销售型政党和市场型政党之分[③④⑤]。产品型政党专注发展自己的政治产品，诸如政治议案、候选人和政党形象等等，这些政治产品都是党内成员根据自己的意识形态发展出来的。这样的政党认为选民会发现自己的政治产品是最好的并最终投票给自己。销售型政党和产品型政党类似，但它意识到自己必须向选民推销自己的政治产品。市场型政党则调查选民的潜在需求，并据此推出一个能够满足选民的政治产品。在这三种类型的政党中，公共关系的职能必然是不同的，但决定政党是哪种类型，这是宏观大战略，如果公共关系人员不能参与其中，那他们的职能就可能被弱化。

六、政治公共关系中的公众

政治学、公共关系和政治传播都把公众放在非常核心的地位，根据瓦斯奎兹和泰勒的总结，公众的定义可以是最广义的普罗大众，也可以是依情境而定的[⑥]。在政治公共关系中，两种定义都适用。因为西方选举政治是以全体公民投票选举为基础的，所以大多数政治传播的理论研究都针对大众展开。虽然这其中也有许多研究以人口统计信息对选民进行了分类，但这和公共关系中对公众的划分有很大区别。

政治传播中较少有针对依情境而定的公众研究。根据德威[⑦]的定义，一个群体在

---

① COOMBS W T. Ongoing crisis communication: planning, managing, and responding [M]. Thousand Oaks, CA: Sage, 1999.
ULMER R R, SELLNOW T L, SEEGER M W. Effective crisis communication: moving from crisis to opportunity [M]. Thousand Oaks, CA: Sage, 2007.

② STACKS D W. Crisis management: toward a multidimensional model of public relations [M] // MILLAR D P, HEATH R L(Eds.). Responding to crisis: a rhetorical approach to crisis communication. Mahwah, NJ: Erlbaum, 2004.

③ LEES-MARSHMENT J. Political marketing: principles and applications [M]. London: Routledge, 2009.

④ LEES-MARSHMENT J, STRÖMBÄCK J, RUDD C. Global political marketing [M]. London: Routledge, 2009.

⑤ LILLEKER D G, LEES-MARSHMENT J. Political marketing: a comparative perspective [M]. Manchester, England: Manchester University Press, 2005.

⑥ VASQUEZ G M, TAYLOR M. Research perspectives on "the public." [M] // HEATH R L(Ed.), Handbook of public relations. Thousand Oaks, CA: Sage, 2001.

⑦ DEWEY J. The public and its problems [M]. Chicago, IL: Swallow, 1927.

面对共同问题时,知道问题的存在并且组织起来有所行动,即可称为公众。基于这三个标准,格鲁尼格和他的合作者[1]将公众细分为非公众、潜在公众、知晓公众和行动公众。对于任何组织,扫描环境,找到各种不同类型的公众并进行有针对性的沟通都是很重要的,对于政治组织而言这个任务往往比企业更为艰巨,因为潜在公众、知晓公众和行动公众的数量非常巨大。政党和政治家面对的复杂情况可以用"树欲静而风不止"来形容。因为他们在公共领域的高曝光度和对公共事务的责任,使得面临共同问题的潜在公众更容易发现他们的存在,并且组织起来,有所作为。同时,不同的政治组织会提醒公众他们在某一领域内发现的问题,并号召公众组织行动起来。由此可见,在错综复杂、瞬息万变并充满了斗争的政治环境中,政治组织会面临多种多样的公众。同时,他们也极度依赖与不同公众之间的关系来实现自己的政治目标,这使得政治公共关系策略和战略变得尤为重要。

七、政治公共关系中的关系

和大多数公共关系一样,政治公共关系的核心是与重要公众之间的关系。关系论和价值共创论的观点是密切相关的,即公共关系帮助组织和公众了解彼此的利益,一旦达成了彼此了解,双方可以做出努力去弥合差距,减少冲突对立[2]。关系论的兴起让公共关系的重心从影响公众意见转向建立和维护与公众的关系。但需要注意的是,说服和塑造公众意见与关系管理并不是矛盾的。建立良好的关系同样需要通过沟通去影响公众的印象、情感、认识和行为[3]。这可以理解为,关系论对公共关系提出了在直接传播效果之上更高层次的要求。

关系论同样适用于政治公共关系,只是因为政治问题富有争议性和斗争性,这让关系管理难度更大,也更重要。政治斗争通常是长期的,因为利益和价值观冲突很难弥合,当政治组织选择一个公众的时候,往往随之而来的是一个敌对公众。对于政治组织而言,选择哪些公众,如何与敌对公众沟通都面临很高的风险。当然,有时候政

---

[1] GRUNIG J E, HUNT T. Managing public relations [M]. Belmont, CA: Thomson Wadsworth, 1984. GRUNIG J E, REPPER F C. Strategic management, publics, and issues [M] // GRUNIG J E(Ed.). Excellence in public relations and communication management. Hillsdale, NJ: Erlbaum, 1992.
[2] HEATH R L. (Ed.). Handbook of public relations [M]. Thousand Oaks, CA: Sage, 2001.
[3] PFAU M, WAN H-H. Persuasion: an intrinsic function of public relations [M] // BOTAN C H, HAZLETON V(Eds.). Public relations theory II. New York: Erlbaum, 2006.

治组织甚至无法选择公众,因为公众会选择自己的政治代言人。在这样复杂的政治环境中,组织与不同公众的关系可能从互惠互利到完全敌对。尽管组织的目标是与重要公众建立和维护良好的关系,但政治组织必须对所有的关系进行恰当处理①。在这方面,公共关系理论中的权变理论②和卓越公关理论③都能为研究政治领域有策略的传播提供理论依据。

八、政治公共关系在中国的理论和应用

尽管在本章中我们反复强调,政治公共关系涉及政治生活的方方面面。但在中国,政治公共关系的主体仅限于政府和政府机构,政治公共关系研究仅限于政府公共关系。这一部分的研究和公共管理相交叉,研究主要集中在政府处理公共关系的一般原则方法以及危机处理等方面。另一个学界的热点话题是政府对内对外的形象塑造,尤其以对外形象、公共外交为主。这一部分研究与国际关系学科交叉较多,着重探讨中国对外传播的策略与方法、国家形象和软实力。除政府外的组织或个人,例如非政府组织、民间团体、宗教团体、个人等通过公共关系达到政治目的研究在中国非常有限。近年来随着互联网和新媒体的发展,民主意识的提升和政府透明度的提升,组织对通过营造信任、建立良好关系的需求不断增加④,民众对公共事务的参与度和参与

---

① SELLERS P J. Cycles of spin: strategic communication in the U.S. Congress [M]. New York: Cambridge University Press, 2010.

② CANCEL A E, MITROOK M A, CAMERON G T. Testing the contingency theory of accommodation in public relations [J]. Public relations review, 1999, 25(2): 171–197.
CANCEL A E, CAMERON G T, SALLOT L, MITROOK M A. It depends: a contingency theory of accommodation in public relations [J]. Journal of public relations research, 1997, 9(1): 31–63.
JIN Y, CAMERON G T. The effects of threat type and duration on public relations practitioner's cognitive, affective, and conative responses in crisis situations [J]. Journal of public relations research, 2007, 19(3): 255–281.
MITROOK M A, PARISH N B, SELTZER T. From advocacy to accommodation: a case study of the Orlando Magic's public relations efforts to secure a new arena [J]. Public relations review, 2008(34): 161–168.

③ GRUNIG J E, HUNT T. Managing public relations [M]. Belmont, CA: Thomson Wadsworth, 1984.
GRUNIG J E. Excellence in public relations and communication management [M]. Hillsdale, NJ: Erlbaum, 1992. GRUNIG L A, GRUNIG J E, EHLING W P. What is an effective organization [M] // GRUNIG J E(Ed.), Excellence in public relations and communication management. Hillsdale, NJ: Erlbaum, 1992.

④ 陈先红. 新媒介推动下公共关系理论范式的创新 [J]. 国际关系学院学报,2006(4): 72–76.

热情不断提高，为政治公共关系在中国的发展提供了良好的契机。未来政治公共关系研究也应考虑不同的政治主体对政治过程的参与。

此外，中国与西方因为政治体制差异很大，政治公共关系研究也是相对孤立的。毋庸置疑，许多政治公共关系的理论基础是基于西方的多党选举政治体制，因此照搬西方理论是不可取的。但我们相信，中国和西方的政治环境并不是没有任何相似之处。在目的上，参与政治的组织和个人同样需要认识公众，管理重要关系，作出重要决策。在环境上，不管是中国还是美国，政治环境中都充满了争议和冲突，都会吸引大量的媒体报道。在实践上，中外经济政治合作交流不断增多，跨国公司、利益集团和外国政府都可能成为政治公共关系的主体，因此，在政治公共关系领域进行比较研究，对整个领域理论和实践的发展意义重大。

［斯皮罗·丘希思（Spiro Kiousis），博士，佛罗里达大学新闻传媒学院教授；贾斯博·斯特伦贝克（Jasper Strömbäck），哥德堡大学新闻媒体与传播系教授］

第三十六章 国家形象研究

冷战结束后,全球化趋势日益加强,国家相互依存度日益提高,以国家形象为核心的软实力,在国家间的综合实力竞争中,发挥着越来越重要的作用。国家形象成为国内外学术界关注的理论热点之一。通过Scopus英文数据库和CNKI中文数据库,分别以"national image""country image"和"国家形象"作为篇名进行检索,获取检索数据如图36-1。总体上看,英文研究论文数量低于中文研究论文数量,关于国家形象研究的中文论文沿历时方向越来越多,这和中国20世纪90年代以来经济一直处于高速增长、综合国力不断上升、与世界各国交往持续增多、中国人民和政府对形象和信誉等软实力的关注程度持续提高等因素有关。但总体而言,关于"国家形象"研究的视角与理论基础相对封闭,缺乏创新。基于此,本章将对中西学界有关"国家形象"的思想与研究现状进行梳理与反思,以期较为全面地认识国内外相关研究成果。正如Bryant和Miron所说,对既有研究文献与理论资源的回顾和总结能及时为研究者指明方向。①

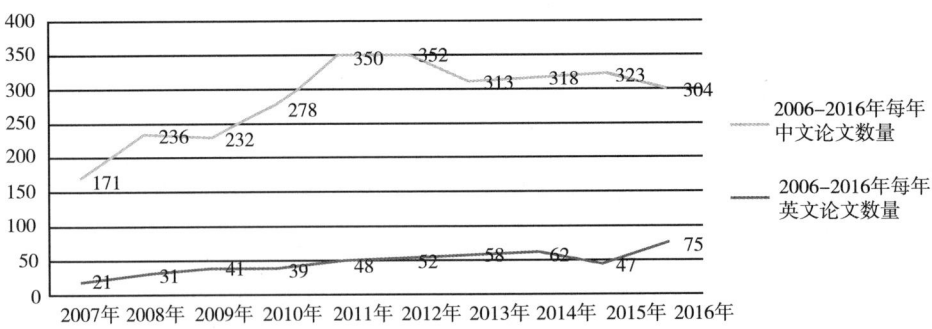

图36-1 2006—2016年每年标题含有"national image"或"country image"的英文论文数量和含有"国家形象"的中文论文数量

---

① BRYANT J, MIRON D. Theory and research in mass communication [J]. Journal of communication, 2004, 54(4): 662-704.

一、国家形象研究的古典传统

国家形象是伴随着国家而产生的。在不同的社会历史发展时期,形成了不同形式、不同内涵的国家形象思想。中西历史上有关国家形象的思想构成了国家形象研究的古典传统,该传统虽不是对国家形象的系统性研究,但为以后国家形象的研究奠定了基础。

(一)中国古代的国家形象思想

马克思主义哲学认为,国家是阶级统治的工具。依据这个角度,不同历史时期的王朝政权便可视为国家。考察中国古代的国家形象思想重在梳理各个时期思想家关于国家形象及其建构的认识与讨论。值得注意的是,关于国家形象问题的思考,中国历史上的知识精英未见超过先秦诸子所创立的高度。众所周知,先秦时期百家争鸣,其中儒家、道家、法家对当时社会影响最大,对后世影响也最为深远。因此上述三家的国家形象思想是本部分着重探讨的内容。

1. 儒家的国家形象观:"仁义德政"

儒家思想是中国封建社会的正统思想,它不仅深刻影响着中国古代的政治、经济与社会生活,而且促使周边国家甚至西方社会对古代中国形成相对稳定的评价。阐释儒家的国家形象观离不开对创始人孔子以及代表人物孟子思想的挖掘。

孔子的国家形象思想突出"德"的重要性。孔子认为,"正其名""德其政"是统治者维护统治地位与管理国家的核心原则。孔子说:"名不正,则言不顺;言不顺,则事不成;事不成,则礼乐不兴;礼乐不兴,则刑罚不中;刑罚不中,则民无所措手足。"[①]名分被认为是实现政治稳定与社会有序的前提与基础。孔子进一步强调"正名"的关键为一种朴素的责任论,即"君君,臣臣,父父,子子"。[②]在《论语·为政》篇中,孔子表达了德政教化的重要性。"为政以德,譬如北辰,居其所而众星共之。""道之以政,齐之以刑,民免而无耻。道之以德,齐之以礼,有耻且格。"[③]可见,孔子鼓励以柔性的教化管理国家,从而建构民众对国家秩序的内在认同。在与他国的交往中,孔子亦主张以德服人,《论语·季氏》篇中谈到:"故远人不服,则修文德以来之。既来之,则安之。"[④]在孔子看来,如果境外的"远人"不归服,那就再修仁义礼乐的政教来招致他们。一旦他们归服了,就应当设法使他们安心。

---

①-④ 杨伯峻. 论语译注[M]. 北京:中华书局,2011.

孟子则继承与发展了孔子的国家形象思想。孟子的国家形象观主要体现在他对于诸侯各国间关系的思考。孟子主张在处理诸侯国关系时应依靠仁德的力量。他依据诸侯国的对外行为是否具有道义性，将诸侯国分为王道国家和霸道国家。即"以力假仁者霸，霸必有大国。以德行仁者王，王不待大。汤以七十里，文王以百里。以力服人者，非心服也，力不赡也。以德服人者，中心悦而诚服也，如七十子之服孔子也。诗云：'自西自东，自南自北，无思不服。'此之谓也"。① 孟子认为，以最高的道德政治为中心施行仁政则为"王道"。与其他诸侯国交往时，孟子反对以大欺小，恃强凌弱的强权政治，认为应本着仁爱之心互相尊重，方为有道之举。如"惟仁者为能以大事小，是故汤事葛，文王事混夷；惟智者为能以小事大，故大王事獯鬻，勾践事吴。以大事小者，乐天者也；以小事大者，畏天者也。乐天者保天下，畏天者保其国。诗云：'畏天之威，于时保之。'"②

总的来说，儒家设想建构的国家形象是一个对内施行德政教化，对外崇尚秩序、重视"仁义"的大国，即"仁义德政"的国家形象观。

2. 道家的国家形象观："小国寡民"

道家思想是中国古代主要思想流派之一，其创始人老子"小国寡民"的核心理念体现了对国家独特的认识，道家的国家形象观也正是基于这一核心理念的思考。所谓小国寡民是一种基于自足自治的国家模式，它强调小的政治单元对国家稳定的积极意义。《老子·第八十章》中生动地反映了"小国寡民"的社会政治思想：

> 小国寡民，使有什佰之器而不用，使民重死而不远徙，虽有舟车，无所乘之。虽有甲兵，无所陈之。使民复结绳而用之，甘其食，美其服，安其俗，乐其业，邻国相望，鸡犬之声相闻，使民至老死，不相与往来。③

在"小国寡民"思想的影响下，老子认识到民之于国的重要性，强调执政为民，如"爱民治国，能无为乎？"④ 同时，老子认为"清静无为"的理念应贯彻于治理国家之中。《老子·第五十七章》中谈道："以正治国，以奇用兵，以无事取天下。"⑤ 老子用非常形象的说法进一步阐发了他"无为"的治国思想："治大国，若烹小鲜。"⑥ 老子将治理大国比作煎烹小鱼，告诫统治者不要总是搅扰人民，而应清静无为。老子

---

①② 杨伯峻. 孟子译注［M］. 北京：中华书局，2010.
②-⑥ 陈鼓应. 老子注释及评介［M］. 北京：中华书局，2009.

的国家形象观也涉及与他国关系的思考，即所谓"大国者下流"①，强调"谦虚处下"，虽自身地位重大却甘于处下，不自满自傲，自然会取得天下的信任和拥护。

"小国寡民"既是老子的治国思想，也代表道家的国家形象观。道家建构的理想国家形象主要包含三个方面：执政爱民的国家宗旨、清静无为的国家治理、谦虚处下的外交政策。

3. 法家的国家形象观："法治独立"

法家思想是中国古代政治思想的主干之一。法家思想的集大成者是韩非子，所以梳理韩非子的政治思想是考察法家国家形象观的重点。韩非子是战国晚期的思想家，他所生活的时代是一个"实力竞争"的时代，所谓"上古竞于道德，中世逐于智谋，当今争于气力"。②韩非子认为在实力竞争的时代，维护与扩大国家利益是国与国交往的核心，增强国家实力是一国存在与发展的根本，即"明君务力"③。针对如何增强国家实力，韩非子提出了明确建议。一方面，他认为"法治"是增强实力的根本途径。韩非子强调："国无常强，无常弱。奉法者强，则国强；奉法者弱，则国弱。"④也就是说，是否奉法与国家兴衰有着密切关系；另一方面，由于韩非子坚信国家自身实力的重要性，因此他反对结盟与过分依赖外交。正所谓："挟夫相为则责望，自为则事行。"⑤并详细阐述了不与他国结盟，保持独立的原因，如"救小未必有实，则起兵而敌大矣。救小未必能存，而交大未必不有疏，有疏则为强国制矣。出兵则军败，退守则城拔。救小为从，未见其利，而亡地败军矣。""事大未必有实，则举图而委，效玺而请兵矣。献图则地削，效玺则名卑；地削则国削，名卑则政乱矣。事大为衡，未见其利也，而亡地乱政矣。"⑥简言之，无论与小国还是大国结盟均不划算，与小国结盟，在其遇到侵犯时，不得不出兵相助；与大国结盟，则需承担领土损失与本国君主威望下降的风险。

韩非子的上述思想足以说明法家试图建构一个法治独立的国家形象，而这种思想对后世有着深刻影响，之后历代明君，乃至当今中国，均崇尚革新，通过建立健全规章制度增强自身实力与国际竞争力。

（二）西方历史上的国家形象思想

西方国家形象思想与国家学说密切相关，而一直以来"国家"是西方哲学史学说

---

① 陈鼓应. 老子注释及评介 [M]. 北京：中华书局，2009.
②-⑥ 高华平，等. 韩非子 [M]. 北京：中华书局，2015.

的主题。可以说,国家形象思想亦是西方哲学史的重要组成部分。因此,笔者将以不同历史时期西方哲学家的国家形象观为依据来考察西方历史上的国家形象思想。

1. 柏拉图的国家形象观:"理想国"

古希腊是西方国家学说的发源地,这一时期的国家学说已经涉及国家起源、阶级构成与所有制形式,从而开创了西方历史上国家形象思想的源泉。柏拉图是古希腊最伟大和最著名的哲学家与思想家之一,其代表作《理想国》系统阐述了柏拉图所期望建构的理想国家。首先,柏拉图认为,公民分工合作、各尽其能才是国家的正义,而这种国家也才是柏拉图所说的"真正的国家"和"健康的国家"。

> 人既各有所求,而又需多数之他人供给之,于是各本其愿欲而合群而成团体。凡由此群体团体联络而成之全部,即名之曰国家。
> 只要每个人在恰当的时候干适合他性格的工作,放弃其他事情,专搞一行,这样就会使每种东西生产得又多又好。①

其次,在柏拉图所设想的理想国中,应存在壁垒森严的等级划分制度,并需要所谓的哲学王来统治。柏拉图在《理想国》中指出:"国家与个人,不经哲学家治理,决无希望可言,而吾及之理想之国亦无实现之日。"②

可见,在柏拉图的国家形象思想中,一方面主张维持等级划分制度,另一方面又谋求各等级分工合作、各尽其能的团结统一。显然,这种国家形象思想存在自相矛盾之处,难以实现。

2. 亚里士多德的国家形象观:"多元和谐"

亚里士多德是柏拉图的学生,也是古希腊著名的哲学家和政治思想家。马克思称他为"古代最伟大的思想家"③,恩格斯也认为他是古希腊哲学家中"最博学的人物"④。与柏拉图不同,亚里士多德推崇"多元和谐"的国家形象观。在《政治学》第一卷第一章中,亚里士多德明确提出国家的目的是实现人类最大的"善业",以达到公民和谐、幸福为目的,也就是"行于中庸",即"善德就在行于中庸——则(适宜于大多数人的)

---

① 柏拉图. 理想国 [M]. 北京:商务印书馆,1986:60.
② 柏拉图. 理想国 [M]. 北京:商务印书馆,1986:99.
③ 马克思恩格斯全集(第27卷)[M]. 北京:人民出版社,1972.
④ 马克思恩格斯全集(第19卷)[M]. 北京:人民出版社,1972.

最好的生活方式就应该是行于中庸，行于每个人都能达到的中庸。"①由于亚里士多德坚持自然生存论，他理解的"中庸"主要是指顺其自然的发展。因此，亚里士多德国家形象思想的突出特色是"多元化"，表现为多角度发展、多层次需求、多阶级融合。

在国家阶级的构成上，亚里士多德并不赞成柏拉图等级森严的阶级论。他提出"六大阶级"划分论，但是这里的"六大阶级"是具有可变性的，变动的依据是公民的年龄与财产。可见，亚里士多德建构的理想国家讲求社会各阶级间的和谐，进而实现整个城邦的自由、平等。

亚里士多德的国家形象思想包含许多折中主义的观点，"多元和谐"是他试图建构的理想国家形象。然而，与柏拉图的"理想国"一样，这种"多元和谐"的国家形象思想是一种唯心主义的国家形象观。因为亚里士多德国家形象思想的最终目的在于挽救奴隶主统治的危机，巩固奴隶主阶级的统治。毋庸置疑，在当时那种奴隶主与民众之间矛盾激化的时代，"多元和谐"国家形象思想只能是一个幻想。

3. 马基雅维利的国家形象观："君主至上"的统一国家

作为近代西方政治学说奠基人之一，马基雅维利摆脱了宗教与道德的束缚，提出政治的实质是权力，重视国家、法律与权术。马基雅维利的国家形象思想深受其政治学说的影响，代表性著作《君主论》中则充分体现了他所建构的一个"君权至上"的统一国家形象。

马基雅维利的国家形象思想以"人性恶"为出发点，提出君主、法律、国家是实现人类和平的工具。马基雅维利赞同共和国的国家形式，崇尚建立一个统一的、中央集权的君主国，他认为只有建立强大的君权，对内才能克服国家的分裂状态，对外才能形成一个统一的民族国家，强有力地抵御外来入侵者。由于马基雅维利认为强有力的君主是建立一个强大王权的保障，因此在《君主论》中马基雅维利还具体阐述了他的君主形象思想。例如"被人畏惧比被人爱戴要安全得多"，因为"人们爱戴君主，是基于自己的意志，而感到畏惧则是基于君主的意志，所以明智的君主应当立足于自己的意志而不是别人的意志"；"一个具备'美德'的统治者既不是一个理想的人，也不是一个单纯的人，而是一个可以用'山饕'作为象征的半人半兽"等。②

在外交方面，马基雅维利特别强调军队的重要性，他提出要想捍卫君权，保障国家稳定，就应该以武力为后盾，建立一支自己的军队，依靠伦理与道德是难以纵横天

---

① 亚里士多德. 政治学［M］. 北京：商务印书馆，1981.
② 马基雅维利. 君主论［M］. 王伟，译. 北京：北京联合出版社，2014.

下的。此外，他还要求君主应有一颗对外扩张的野心，唯有这样，才能在国内外建构国家强盛的形象。

总之，马基雅维利的国家形象思想是以人性恶为根基，主张建立一个统一的、具有强有力君权的国家。从某种意义上看，马基雅维利的国家形象思想在西方国家形象思想史上影响深远，因为它说明了一个重要问题：国家是统治阶级意志的体现。

4.康德的国家形象观："人民主权"与"永久和平"

与马基雅维利的国家形象观截然相反，康德不仅重视伦理、道德在国家政治活动中的重要性，而且将其作为国家形象思想的根基，认为一个真正理想的国家是人民充分掌握国家主权，并与其他国家和平相处。

首先，康德的国家形象思想来源于其对国家概念的理解。他认为国家是人们立法意志的产物，即"凡具有共同利益的人们生活在一个法律的联合体之中，这个组织就叫国家，"[①]"国家是许多人依据法律组织起来的联合体"。[②]所以，康德所设计的国家形象蓝图是以充分代表人民立法意志为基础的；其次，康德深受卢梭思想的影响，他提出，在一个理想的国家里，制定法律的权利应该给予人民，而且国家的主权也只能是属于人民的联合意志。在《政治正义原理》中他提出三项原则："一是社会的每一个成员都是一个人，有自由权去使用他自己的方法寻求他自己的快乐；二是每一成员在法律面前都是平等的，而无世袭的特权；三是每一个国家的成员都是一个公民，有自决权去参与国家的主权。"[③]显然，在康德看来，这三项原则是塑造良好国内形象的基础；再者，康德视永久和平为衡量国际形象的主要标准。他在《永久和平论》中全面而详细地论证了"各个国家的联合体的世界大同是人类由野蛮步入文明的一个自然的而又必然的历史过程"。[④]康德还提出了"自由国家的联盟制度"概念，具体而言，它是指一个超越不同民族、不同文化，可以规范全人类，具有普世意义的道德法则。[⑤]

总的来说，康德主张真正理想的国家应该塑造一个人民掌握国家主权且与其他国家和平发展的国家形象。可以说，这是一种具有"理想意志"的国家形象观。

---

① 康德. 永久和平[G]//西方法学思想史编写组. 西方法律思想史资料选编. 北京：北京大学出版社，1983：417.
② 康德. 永久和平[G]//西方法学思想史编写组. 西方法律思想史资料选编. 北京：北京大学出版社，1983：419.
③ 孟云桥. 西洋政治思想史：第2版[M]. 台北：台湾编译局，1991.
④ 浦兴祖，洪涛. 西方政治学说史[M]. 上海：复旦大学出版社，1999.
⑤ 周凡. 康德的和平构想：自由国家的联盟制度[J]. 浙江社会科学，2003(6)：165-169.

基于上述分析，无论是中国古代的知识精英还是西方的哲学家们，他们多从自身的理论逻辑与现实需要出发，阐发关于国家形象问题的思考。显然，他们的观点缺乏科学的论证。但尽管如此，他们的国家形象思想对于之后的国家形象研究有着诸多裨益之处。

二、国家形象研究的现状

目前，国家形象研究作为国内外学术界关注的热点课题之一，内涵丰富，范围甚广。基于既有学术文献的梳理，笔者发现中西方学者的研究存在明显差异。为此，本部分将在梳理国家形象概念的基础上，分别阐述和分析中西方国家形象研究的基本路径。

（一）国家形象概念的界定

鉴于国内外学者研究视角的不同，国家形象概念的界定呈现出多元化的特点。国内学者对"国家形象"概念的界定，大致可以分为三种类型。一是实力偏向说，即认为国家形象主要来源于公众对一国实力的认知。例如管文虎提出："国家形象是一个综合体，它是国家的外部公众和内部公众对国家本身、国家行为、国家的各项活动及其成果所给予的总的评价和认定。国家形象具有极大的影响力、凝聚力，是一个国家整体实力的体现。"[①] 段鹏更直接地指出："国家形象作为综合国力的表现，包括硬软两种实力，硬实力指有形物质力量以及科教和人才实力，而软实力则是一国的政治动员力、文化渗透力、外交影响力和民族精神。"[②] 二是媒介偏向说，主张媒介是公众心目中构建国家形象的主要来源。刘继南、何辉等提出国家形象是"在物质本源基础之上，人们经由各种媒介，对一国家产生的兼具客观性和主观性的总体感知。"[③] 徐小鸽也认为"国家形象是一个国家在国际新闻流动中所形成的形象，或者说是一国在他国新闻媒介的新闻言论报道中所呈现的形象"。[④] 三是认知印象说，代表性学者李正国提出国家形象可分为我形象、他形象、错位形象三类，其中"'我形象'是形象塑造国主观追求却没有得到其他国际行为体认可的一种内在的自我形象；'他形象'作为'我形象'的对立面，是形象塑造国作为他者而被其他国际行为体塑造并认可的外在形象，是一种国际社会

---

① 管文虎. 国家形象论[M]. 成都：电子科技大学出版社，2000：23.
② 段鹏. 国家形象建构中的传播策略[M]. 北京：中国传媒大学出版社，2007：13.
③ 刘继南，何辉，等. 中国形象——中国国家形象的国际传播现状与对策[M]. 北京：中国传媒大学出版社，2006：5.
④ 徐小鸽. 国际新闻传播中的国家形象问题[J]. 新闻与传播研究，1996(2)：36-46.

的整体想象物;'错位形象'就是由于国家形象中的'我形象'与'他形象'断裂而形成的,介于两者之间的一种表现形态,即某国的国际形象受到强有力的第三方的认可或颠覆,而产生的短期形象。"①

西方学界对国家形象的直接研究并不多见,多是散布于政治、国际关系、广告、公共关系、品牌等领域。因而学者们多从自己学科的角度阐释国家形象的概念。国家形象研究的奠基人Kenneth E. Bolding从三个维度界定国家形象,即国家地理空间、国家的"敌意"或"友好"、国家的"强大"或"羸弱",并进一步提出良好的国家形象对内可加强各方的凝聚力;对外可提高一国在国际事务中的舆论领导力。②冷战后兴起的建构主义学派则认为国家形象是一个关系性的概念,国家形象是在与其他国家的交流与认同中被赋予的意义。同时,部分学者倾向于把形象作为一个认知心理学概念,从认知理论出发界定国家形象,即国家形象本质上是一种认知和话语的建构,国家形象不是简单地反映一国的客观存在,而是国内外公众对目标国的印象、态度和评价的总体反映。Papadopoulos进一步指出国家形象是人们对一国认知和印象的总和,其包含着大量的事实与情感信息。③Rusciano则把国家形象分为自我形象和他者形象两类,自我形象是指国家的感知或本国公众眼中的国家形象,而他者形象是他国公众所认知国家的国际形象。④且他国形象与自我形象之间通常存在差异,因为公众认知一国形象的主要途径之一是投射于媒体的国家形象,而投射于媒体的形象并非是对真实状态的"镜子式"反映。⑤

总之,中西方学者对国家形象概念的界定各有侧重。通过分析和比较,国家形象的概念主要由两个维度构成:一是国家的客观存在,包括一国的政治制度、历史文化、地理环境、经济发展、战略决策等因素,它是构成国家形象的基础。正如马基雅维利在《君主论》中谈到的:"君王必须依靠他的实际行动去赢得杰出与非凡的赞誉"⑥;二是本国公众和他国公众对一国形象的认知和评价,而这种认知与评价会受到

---

① 李正国. 国家形象建构[M]. 北京:中国传媒大学出版社,2006:30-32.
② BOULDING K E. National images and international system[J]. Journal of conflict resolution, 1959, 13(2):120-131.
③ PAPADOPOULOS N, HESLOP L A. Country equity and country branding:problems and prospects[J]. Journal of brand management, 2002, 9(4):294-314.
④ RUSCIANO F L. The construction of national identity:a 23 nation study[J]. Political research quarterly, 2003, 56(3):361-366.
⑤ ANNABELLE S M, KAARLE N, FRANK UGBOAJAH, ROBERT L S. Foreign news in the media:international reporting in 29 countries[M]. Paris:Unesco, 1985.
⑥ 尼科洛·马基雅维. 君主论[M]. 潘汉典,译. 北京:商务印书馆,2009.

认知主体、认知环境等因素的影响。

(二)中西方国家形象研究的基本路径

1. 西方学术界国家形象研究

西方学术界不断把政治学、心理学、传播学、社会学的概念和分析范式引入国家形象研究中,产生了一批优秀的研究成果。其内容主要涵盖三个领域:从国际关系学角度研究国家形象及其对外交政策的影响;关注国家形象与商业行为之间的关系;传播学视域下国家形象的研究。

首先,西方学界国家形象研究最早出现在国际关系学领域的现实主义理论当中,当时研究者只是在相关研究中提出了与"国家形象"相近的概念,如"威望""声望",并没有在理论层面上对国家形象进行系统的阐释。例如现实主义大师摩根索提出"威望政策",对国家而言,"威望政策的目的在于使别国对自己国家实际拥有的权力,或它自认为拥有的权力,或想使别国相信它拥有的权力产生深刻的印象"。[1] 国家威望是他国判断一国未来行为的基础,更是维护自身利益的重要手段。"冷战"期间,国家形象研究主要集中于美苏之间"敌国形象"的研究当中。其中代表性的研究是美国学者Holsti的相关研究,他通过分析美国前国务卿杜勒斯(John Foster Dulles)有关前苏联讲话和发言的文本,指出国际冲突与国家形象之间紧密的联系,"决策者不是根据客观现实做出反应,他们更像是根据头脑中对形势的印象认识做出决定。"[2]

冷战结束后兴起的建构主义学派进一步拓宽了而国家形象研究的视角。从社会学的角度出发,研究者提出国家形象不是与生俱来的,是在国际体系中与其他国家持续不断地互动中产生的,而国家认同便是在与他者的互动关系中形成的有个性且有区别性的形象。建构主义代表人物、美国学者温特在其著作《国家政治的社会理论》中提到,国家形象是正面还是负面取决于与有意义的他者之间的互动,而他者的价值体系对国家形象的塑造具有重要影响力。[3]

到了20世纪末,伴随着日益激烈的国际竞争,西方学者更多地关注国家形象对外交政策的影响。新自由主义学派代表人物约瑟夫·奈认为国家形象作为重要的软实

---

[1] 汉斯·摩根索. 国家间政治——寻求权力与和平的斗争 [M]. 北京:中国人民公安大学出版社,1990.

[2] HOLSTI. The belief system and national images: a case study [J]. The journal of conflict resolution, 1962(6): 244–252.

[3] 亚历山大·温特. 国际政治的社会理论 [M]. 上海:上海人民出版社,2008.

力资源，源自一国政治、文化和价值观念的吸引力，这种吸引力会对一国外交政策产生重要影响，如果一国的合法性被其他国家承认，文化与价值观念具有吸引力，其他国家愿意追随，那么该国对外政策无需做出改变。反之，如果一国国家形象较差，那么在对外活动中该国很难得到其他国家的尊重。①美国国家形象理论奠基人 Richard K. Herrmann 在《国际关系中的形象》一文中同样阐释了外交活动中国家形象的重要性。他认为在国际体系中一国的意图很难判断，一定程度上国家形象可作为判断其他国家意图的最直接依据。②可以说，国家形象是国际关系中决定合作与冲突的关键因素。

其次，不少西方学者着眼于研究国家形象与商业行为之间的关系。南京大学学者王海洲对 SSCI 和 A&HCI 中的国家形象相关文献进行梳理后发现：商学相关文献数量最多，占到了40%。③而商学视角下国家形象的研究最早开始于20世纪70年代 Schooler 围绕原产国（Country-of-Origin，COO）效应的研究，他提出消费者对不同国家生产的产品会有不同的态度和评价，进而会影响消费者的购买倾向。随着研究的不断深入，学者们开始关注消费者对不同国家产品有不同评价与偏好的原因。④Roth 与 Diamantopoulos 提出原产国形象研究可以分析原产国效应存在的原因。⑤Bilkey 和 Nes 对25篇有关原产国效应研究的文章进行归纳总结后提出，消费者对特定国家产品质量的总体认知即为原产国形象，⑥且在国际化市场上存在着国家固定观念效应（Country Stereotyping Effect），即消费者对原产国或制造国产生一种刻板印象，这种刻板印象在消费者购买决策过程中产生影响。⑦

在此基础上，学者们进一步探究影响原产国形象的因素。在宏观层面上，国家的

---

① JOSEPH S, NYE JR. Soft power: The means to success in world politics [M]. New York: Public Affairs, 2004.
② RICHARD K H etc. Images in international relations: an experimental test of cognitive schemata [J]. International studies quarterly, 1997(41): 403–433.
③ 王海洲. "国家形象"研究的知识图谱及其政治学转向 [J]. 政治学研究，2013(3): 3–16.
④ SCHOOLER R D. Product bias in the central American common market [J]. Journal of marketing research, 1965, 11(2): 394–397.
⑤ ROTH K P, D A. Advancing the country image construct [J]. Journal of business research, 2009, 62 (7): 726–740.
⑥ BILKEY W J, Nes E. Country-of-origin effects on product evaluation [J]. Journal of international business studies, 1982, 13: 89–99.
⑦ SAMIEE S. Customer evaluation of products in a global market [J]. Journal of international business studies, 1994, 25(3): 579–604.

经济状况、政治制度和科技发达程度被认为是塑造原产国形象的关键因素；①文化差异一定程度上也会影响原产国的形象的建构；②在微观层面上，企业培训、员工能力等都会成为影响原产国形象的重要因素。③

商学视角下的国家形象研究更着重于联系实际，以"旅游目的地"商品化为基础的目的地形象研究与服务于国家经济竞争的国家品牌研究备受关注。研究者认为旅游目的地作为一个特殊的产品会受到来自国家形象的影响，例如Nadeau et al.基于态度理论构建镶嵌模型，提出国家形象是目的地形象的前因，并指出目的地形象研究应考虑更深层次的国家和人民信念。④同时，在商学视角下相关学者提出国家本身就是一个品牌，并作为无形产品或资产在国际竞争中发挥重要作用。营销大师Philip·Kotler就提出国家能够品牌化，并存在国家品牌资产。还有一些学者以新兴市场经济国家为研究对象，提出在全球经济化条件下新兴市场经济国家实施品牌化战略，可以有效开展竞争、摆脱作为发达国家原料供应地的弱势地位。⑤在此基础上，国家品牌的构建被研究人员所关注。Dinne从文化角度分析了创建国家品牌的四种途径：文化产品传播、本民族特色文化、举办体育赛事和旅游者的个人体验。⑥且学者们提出，在塑造国家品牌时，自下而上的路径更有利于提高社会民众的参与意识，应把民众的努力纳入国家品牌建设之中。⑦

再者，在"软实力"概念被提出并被广泛接受的背景下，塑造国家形象被看作是治理国家的一项本领，而国家形象构建中传播机制的重要性不容忽视。西方学者开始将国家形象置于传播学视域下讨论，主要体现在两个方面：一方面，他们注重国家形象传播中认知背景的不同和跨国度传播的意识形态差异。例如Giffard与Rivenburgh指出，当中国、埃及与西方发达国家主办一样的联合国政府首脑会议时，发达国家获

---

① Martin I M, EROGLU S. Measuring a multi-dimensional construct: country Image [J]. Journal of business research, 1993, 28(3): 191-210.
② GURHAN CANLI, ZEYNEP, DURAIRAJ M. Cultural variations in country of origin effects [J]. Journal of marketing research, 2000(37): 309-317.
③④ NADEAU J, HESLOP L, O REILY N, LUK P. Destination in a country image context [J]. Annals of tourism research, 2008, 35(1): 84-106.
⑤ SIMON ANHOLT. Editor's foreword to the first issue [J]. Place branding, 2004, 1(1): 4-11.
⑥ KEITH DINNIE. Place branding: overview of an emerging literature [J]. Place branding, 2004, 1(1): 106-110.
⑦ GREGORY D, DAVID B. Students corners place brand architecture: strategic management of the brand portfolio [J]. Place branding, 2005, 1(4): 406-419.

得了更多的正面评价，中国、埃及两国却获得较多的负面评价。①Kang 和 Ramaprasad 认为国家形象传播中存在着马太效应，他们通过分析1998年和2002年两届世界杯的新闻报道发现，法国的国家形象获得最高的评价，其次是日本，最后是韩国，因此国家实力与国家形象呈正相关性，即强国愈强，弱国愈弱。②

最后，国外学者对国家形象传播的方式展开了广泛的讨论。研究者肯定大众媒体在建构"他塑形象"中发挥了关键作用。Rusi. A 在形象政治研究中提出，自20世纪70年代早期开始，大众媒体的统治力不断加强。③Don D. Smith 指出，个体从大众媒介上获取的他国信息决定、改变着他们头脑中的异国形象。④而穆茨提出的"非个人影响模式"进一步解释了在他国公众对一国的认知和评价中，大众媒体起着重要作用。穆茨提出，对于远离大多数公众直接经验范围的认知对象，非个人影响如大众媒介往往成为最稳定、最系统的认知信息来源。⑤与我国类似，国外不少学者基于内容分析法探究大众媒介构建的国家形象，例如Sreberny Mohammadiet 等人通过对29个国家有关国际报道的分析揭示了媒体中的异国形象；⑥Steenhoff 也系统分析了1991—1992年印度尼西亚媒体中的荷兰形象。⑦国外一些研究者还强调国家形象传播的多样化，如Lee Suman 通过实证研究建构了国际公关与国家形象关系之间的理论模型，即一个国家对形象输入国投入公共关系的成本愈多，其形象愈正面。⑧也有学者提出学校教

---

① C ANTHONY GIFFARD, NANEY K R. News agencies, national images and global media events [J]. J&MC quarterly, 2000, 77: 8-21.
② HYNMEE K, JYOTIKA R. Paper accepted for presentation to the public relations division of the International communication association for presentation at the annual conference, 2005 [C]. New York, 2005.
③ RUSI A. Image research and image politics in international relations: Transformation of power politics in television Age [J]. Cooperation and conflict, 1988, 23(1): 29-42.
④ DON D S. Mass communication and international image change [J]. The journal of conflict resolution, 1973, 17: 115-127.
⑤ DIANA C MUTZ. Impersonal influence: how perceptions of mass collectives affect political attitudes [M]. Cambridge: Cambridge University Press, 1998.
⑥ ANNABELLE S M, KAARLE N, FRANK UGBOAJAH, ROBERT L S. Foreign news in the media: international reporting in 29 countries [M]. Paris: Unesco, 1985.
⑦ STEENHOFF P. Decolonization completed: the role of the indonesian press in the image building of The netherlands between november 1991 and december 1992 [J]. International communication gazette, 1996, 55: 1-16.
⑧ LEE SUMAN. A Theoretical model of national image processing and international public relations, international communication association annual meeting, 2005 [C]. New York, 2005.

育、国家间的外交活动是传播国家形象的有效方法。①

综上所述，西方学者在不同学科视域下对国家形象的形成、传播及发展进行了广泛且深入的分析，对国内学术界的国家形象研究具有重要的参考价值。但是，西方学者更重视对国家形象的应用研究，理论层面上的系统研究有待加强。

2. 国内学术界国家形象研究

国内学术界国家形象研究的主要目的是扩大国际话语权、提升国际影响力，这是中国实现"和平崛起"的现实需求。因而国内的国家形象研究集中在政治学与传播学领域，内容主要涵盖三个方面：国家形象构建路径、国家形象传播策略与国家形象评估。

（1）国家形象构建路径

基于上述对国家形象概念的界定，国家形象是一个多维概念，它既不是单维的事实性概念，也不是线性的观念性概念，而是一个融合实体、反映和认知等多重内涵的结构性概念。为此，在研究国家形象构建时，学者们把视野集中在三个层面上：客观形象、媒介形象与认知形象。

第一，客观形象是国家形象最基本的层次。它是国家实际情况（包括一个国家政治、经济、文化、社会等各个相面的形状、性质、姿态、状况等）、国家内外的各项行为及作为之总和，是一个国家物质文化与精神文化的整体状况，有学者称之为"源像"。② 可见，客观形象或"源像"是国家形象的机械表达，是具体现实状况的机械式自然呈现，因此客观形象多表现为一些粗浅的、大体的且局部的形象轮廓。

第二，媒介形象是指媒体文本中呈现的具有象征性、隐喻性和代表性的形象群。国家的媒介形象是对国家客体形象的有机表征，其源于国家的客体形象，但并非国家客体形象的"镜式反映"。国家媒介形象的构塑包括"他塑"与"自塑"两种方式。"他塑"主要是指他国媒体建构另一国形象。实质上，"他塑"是以被塑造国的差异为考量来证明塑造国主流意识形态的存在合理性，从而满足为塑造国在国际行为中最大限度地谋求利益的需求。如刘小燕所讲："媒体塑造一国的国际形象，是国际行为中一国对其他国家施加影响的具体表现或一国对其他国家施行权力的延伸。"③ 20世纪90

---

① REIGROTSKI E, ANDERSON N. National stereotypes and foreign contacts [J]. Public opinion quarterly, 1960(23): 515-528.
② 张毓强. 国家形象刍议 [J]. 现代传播, 2002（2）: 27-31.
　刘继南, 何辉, 等. 镜像中国: 世界主流媒体中的中国形象 [M]. 北京: 中国传媒大学出版社, 2006.
③ 刘小燕. 关于传媒塑造国家形象的思考 [J]. 国际新闻界, 2002(2): 61-66.

年代以来李希光等一批学者通过大量研究西方媒体有关中国的报道，提出西方媒体有意敌视和妖魔化中国，极力渲染"中国威胁论""中国崩溃论"等，它们建构的中国形象有相当大的扭曲。因而国家形象的"他塑"研究离不开具体的社会历史语境、国家的价值取向、媒介组织不同的信息环境等，且有必要把国际关系、世界秩序也纳入到国家形象构建的视野中来。

与"他塑"相比，"自塑"中媒体对本国形象的塑造是主动的，国家可依据本国实际情况，按照自己的意愿建构一国的形象。整体来看，大多数国内学者均强调国家实力是国家形象"自塑"的基础，例如赵雪波认为："一个国家的国家形象是它自身实力和现实特征的表现，国家可以通过改变自己的实力和某些特征来达到改变自己在外界形象的目的。"[①] 杨冬云也提出，一国自身的发展会影响到人们对国家形象的认知与评价。中国的研究者多以政府和官方媒体作为国家形象"自塑"的主体，这种研究思路主要基于外国媒体，尤其是西方主流媒体在"他国形象"建构中容易出现误读和偏见的原因，因而提出应加强主流媒体对国家形象的"自塑"。[②]

第三，认知形象是国内外公众对一国形象的总体认识与评价。认知形象是基于客观形象与媒介形象建立的，但并不是两者的简单叠加。有学者指出，基于现实经验，公众对国家形象的认知多来源于媒介呈现的"镜像"，但是有两点需要注意：一是媒介形象并非现实世界的"镜式反映"；二是认知形象与媒介形象不是精确对应的关系，认知形象是公众对媒介形象进行接收、编码、存储和利用之后所建构的。[③] 匡文波、任天浩持有相同的观点，他们提出，国家形象是国家客观现实经过文化价值观、国家利益观、大众媒介三种偏曲后投射在国内和公众意识中的主观镜像。[④] 概括而言，国家认知形象受三方面因素的影响：一是媒体为公众呈现的有关国家面貌的信息，这些信息的内容、形态、数量、视角、态度、价值取向等影响着公众认知；二是信息传播的渠道、方式、频率、策略等；三是公众自身的情况，包括认知基础、文化和身份背景、认知习惯、接受媒介形象信息的语境等。[⑤]

---

① 赵雪波. 关于国家形象等概念的理解 [J]. 现代传播，2006(5)：63-65.
② 杨冬云. 国家形象的构成要素与国家软实力 [J]. 湘潭大学学报（哲学社会科学版），2008(5)：96-101.
③ 陈薇. 媒介化社会的认知影像：国家形象研究的理论探析 [J]. 新闻界，2014（16）：34-38.
④ 匡文波，任天浩. 国家形象分析的理论模型研究——基于文化、利益、媒体三重透镜偏曲下的影像投射 [J]. 国际新闻界. 2013(2)：92-101.
⑤ 刘丹凌. 论国家形象的三重内涵——基于三种偏向的分析 [J]. 南京社会科学，2014（5）：106-113.

综上分析，国家形象是一个需要多重手段构筑的系统工程。①因而，国家形象构建研究需突破现有的研究视角，向多元化的研究方向转变。可喜的是，目前国内一些学者已开始尝试从不同的角度探讨国家形象建构的路径，并取得了初步的成果。其中具有代表性的是基于营销学视角下从广告、品牌、消费者心理等方面分析如何塑造国家形象的研究。②

（2）国家形象传播策略研究

如何持续有效地传播中国形象是国内学界研究的一项重要课题。目前中国的国家形象传播面临困境：一方面，中国政府积极主动向外传播正面形象；另一方面，在世界范围中国的负面形象并未获得预期的改善。为此，国内不少学者开始重视国家形象传播策略研究。

一些学者从宏观层面上开展对策性研究。如段鹏（2007）的《国家形象建构中的传播策略》，刘继南、何辉等（2006）编写的《中国形象——中国国家形象的国际传播现状与对策》。2005年张昆教授的《国家形象传播》出版，其中明确提出：全球化背景下传播国家形象应树立全球传播的新观念，建设高信度、高质量的对外传播体系。李希光、周庆安（2005）也强调中国应建立和完善自己的对外新闻传播体系，在国际新闻传播、舆论传播中拥有话语权，从而与美国在国际社会上的软实力霸权相抗衡。

部分学者则从不同的学科领域具体阐述了国家形象的传播策略。首先，有研究者提出国家形象应进行多元化传播。例如明安香提出国家形象的大传播战略，即"一方面应充分运用新闻媒介与泛大众传播媒介的大传播；另一方面要高度重视国家政策和国家行为、实物传播和人际传播领域的大传播。"③范红则强调国家形象"立体传播"的必要性，通过整合多种媒介的传播方式，开展多元化的传播活动，分层次地传递国家形象。④其次，学者们对我国国家形象传播的"官方色彩""宣传色彩"展开了讨论。一方面，国家形象离不开意识形态宣传，意识形态有助于论证一国政治的合法性，为国家形象辩护；另一方面，一些学者对由政府主导、以单向宣传模式为主的国家形象传播提出质疑。"国家形象传播的实质是抱持多元利益动机和价值信念的对话

---

① 李正国. 国家形象构建［M］. 北京：中国传媒大学出版社，2006.
② 以"营销""国家形象"为主题在中国知网上搜索，2016年发表论文545篇，2015年599篇，2014年592篇。
③ 明安香. 关于中国国家形象大传播战略的思考［J］. 新闻爱好者，2009(1)：4-8.
④ 范红. 国家形象的多维塑造与传播策略［J］. 清华大学学报（哲学社会科学版），2013(2)：141-152.

主体，在跨文化的场域内相遇，为达成理解、共识与双赢而展开的双向对话过程。"[1] 程曼丽亦运用"二次编码"论的观点进一步论证了国家形象传播中开展双向交流的重要性。

（3）国家形象评估

评估国家形象，尤其是一国在海外的形象是目前国家形象研究中的重要内容。现在国内比较普遍的研究方法是结合传播学中的议程设置理论、框架理论、符码理论，对国外媒体，尤其是西方主要媒体中有关中国的新闻报道进行内容分析，从而评价国家形象塑造与传播的效果。此类研究成果较多，例如《框架建构理论透视下的英国〈卫报〉2005年关于中国的报道》《德国媒体中的中国形象——以〈焦点杂志〉为例（2007—2008）》《印度英文主流报纸的中国形象研究》《中国媒体中的美国形象》《中国媒体中的俄罗斯国家形象——以对〈中国青年报〉的内容分析为例》《冷战时期中国媒体上的美国形象——以〈人民日报〉为例》等。

然而一些国内学者提出，媒介呈现的形象不等同于国家形象，若忽略公众的认知与评价，则很难客观、准确地评估一国形象。鉴于此，国内一些研究人员开始借鉴国外经验，如皮尤研究中心的"全球态度与趋势调查"、BBC的"环球扫描"调查，开展类似的调查项目，这些调查项目包括中国外文局对外传播研究中心、察哈尔学会和华通明略自2012年起联合开展的"中国国家形象海外调查"，华中科技大学国家传播战略协同创新中心关于"中国人的世界观"的民意调查（2014—2015）、中美民众的"世界观念"调查（2015—2016）等。值得注意的是，目前我们迫切需要做的是将调查项目常规化，并建立自己的评价机制，这一方面有利于观察国家形象的嬗变，另一方面有利于促进国内学者关于国家形象评估思路的改变。

三、国家形象研究的前瞻

目前，中西方关于国家形象的研究取得了一系列重要进展，但鉴于上述研究存在的不足和局限性，国家形象研究的任重而道远。未来的国家形象研究既是民族国家增强国家实力、满足社会发展的需要；也是学科内在驱动力与惯性力的体现，多学科关照下的跨学科研究将日益强化。基于此，笔者认为国家形象研究的趋势主要体现在以

---

[1] 涂光晋，宫贺. 国家形象传播的前提、理念与策略［J］. 国际新闻，2008(11)：25-32.

下几个方面：

（一）实现历史性与发展性的统一

从纵向角度来说，国家形象研究是发展性和历史性的统一。所谓发展性是指国家形象研究的视角、内容、方法不是静态的、永恒不变的，而是运动的。因此面对绝对运动的国际社会与国家建设实践，国家形象研究需要不断地调整自身以符合不断变化的国内外环境。所谓历史性是指国家形象研究也有自身的延续性，研究者可合理继承前人优秀的国家形象思想与研究成果。本章通过探讨国家形象研究的古典传统后发现，先哲们的国家形象思想对当今构建国家形象是具有重要的参考价值和启示意义的。

（二）实现两个跨越——跨国界、跨学科

"两个跨越"是指国家形象的研究应跨越国界，加强学术交流、共享学术成果；跨越学科壁垒，总结出普遍、本质的规律。通过梳理中外研究成果后我们发现：一方面，国家形象的研究是相对封闭的，尤其是目前国内的研究处于初级阶段，研究视角相对单一，缺乏创新性，但是研究者并没有充分借鉴西方已有的研究成果来拓展研究思路；另一方面，国家形象是一个多维概念，受到多个变量的影响，这就要求在未来的研究中研究者应具有跨学科、跨专业的视角，真正把握国家形象塑造与传播的规律。同时，研究者应注重发挥各学科的优势，突出有特色的研究路径，研究方法应趋于多样化，既要包括内容分析、问卷调查、实验设计等量化研究，也要包括文本分析、访谈法、民族志观察等质化研究。值得欣慰的是，近些年一些学者在跨学科方面做出了尝试，如Simon Anholt提出六维度模式，他认为旅游业、品牌、政策、投资、文化、人民协调起来便能提升国家形象；[①]Alexander Buhmann & Diana Ingenhoff在传播学、政治学、心理学、营销学理论框架基础上，从传播管理的中观层面提出了国家形象研究的"4D"模式。[②]

[①] ANHOLT S. Competitive identity: the new brand management for nations [M]. Palgrave Macmillan: Cities and Regions, 2007.

[②] BUHMANN A, INGENHOFF D. The 4D model of the country image: an integrative approach from the perspective of communication management [J]. The international communication gazette, 2014, 0(0): 1–23.

(三) 实现理论研究与实践研究相统一

理论研究与实践研究相统一体现在两个方面：第一，基础理论研究与对策研究均衡发展。无论是国内还是国外，现有的国家形象研究表现出基础理论研究较少的问题。在国外，尤其是西方学界多从实用主义角度出发，侧重研究国家形象与外交决策的关系、国家形象对商业活动的影响。国内的研究也多停留在应用层面上，从新闻传播、公共关系与国际关系的视角出发，探讨国家形象的建构与传播策略。故未来研究者既需深化实践层面的研究，更应注重理论上的探讨与创新。第二，学术机构与实践主体之间应架起沟通的桥梁。国家形象构建与传播的实践主体是政府、媒体、企业等，而学术机构研究的目的是为国家形象的构建与传播提供建议与创新思想，脱离实践主体的学术研究只能是"纸上谈兵"。

(四) 实现政治性与科学性相统一

政治性与科学性相统一是指国家形象研究应在遵循客观规律的基础上，积极服务于国家发展的需要。学界需以客观的学术立场为基础，把握信息传播规律、尊重受众的接受心理，探讨国家形象的建构与传播；国家形象研究也应与一国的发展道路紧密结合，尤其是在中国这样一个迅速崛起的发展中国家，关注在全球化背景下，如何构建与提升国家形象是中国实现"和平崛起"的现实需求。

(五) 实现两方面的拓展

当今世界处于全球化时代，也处于互联网时代。这两个时代特征要求研究者在未来的国家形象研究中应实现在两个方面的拓展：第一，全球化时代下出现了超国家组织，如跨国公司、跨国资本，这些跨国公司、跨国资本对国家形象的影响是不容忽视的，但它们又不同于传统的民族国家，因此未来的研究应拓展研究视角，突破以国家为单位的分析模式。第二，网络社会对国家形象塑造与传播的影响力凸显，目前相关研究刚刚起步，且深度不够。因此，笔者认为网络社会与国家形象之间的关系是未来一个重要的研究方向。

(张昆，华中科技大学新闻与信息传播学院院长、教授、博士生导师；
崔汝源，华中科技大学新闻与信息传播学院博士研究生)

第三十七章 公共外交研究

如何理解公共外交的出现及其在现代国际传播和国际关系谱系中的意义,实际上是一个对人类现代性的理解过程。国家作为权力主体,与国际社会的舆论、对象国的公众面对面进行交流和传播,这一行为本身的出现,在国际传播的历史上就带有很强的冲击性。因此,考察公共外交的学术史,本身就需要对于其学术史的叙述方式进行一次重新调整和完善。

公共外交的历史研究,有着重要的学术价值。它是对公共外交思想来龙去脉的一种梳理,也是了解当代政策的一种管窥和镜鉴。在一段时间中,公共外交研究容易陷入当代视野,认为当下是公共外交的事业开端,而忽视了其决策过程的长期性和复杂性。但随着近年来现代性的祛魅和全球化的反思,一些著作的出版开始带有填补空白意义,甚至有一定的反思和批判性。以什么样的视角去看待公共外交这一行为本身,就成了叙述者直面的问题。我们应当认识到,在当前的话语体系下,公共外交既是一种政治手段,又是一种传播行为,但更应当将其放在现代外交和传播思想的大语境中来考察。

一、现代性的起源与公共外交的出现

应当说,公共外交是一种现代性的产物。现代性是一个复杂的历史进程。在文艺复兴开始之后,欧洲大陆逐渐走出中世纪的阴影。在这个过程中人类社会发生了巨大的变化,其中一个核心的变化就是新的世界体系的形成。一种在持续变化完善,并带有强烈目的性的理性历史进程一直持续到今天。在这个历史进程中,工业革命作为现代性极其重要的标志,不仅仅在技术层面上推动了人类社会的现代化,也在政治哲学和观念层面上对人类社会的现代化起到了极其重要的作用。同样,在这个过程中,传统外交在《威斯特伐利亚合约》的基础上形成。传统外交的形成是国家作为行为主体在世界体系当中发生关系和扮演作用的重要方式。而公共外交的形成尤其是20世纪公共外交的快速勃兴，则被认为是现代性加速的历史进程。

在西方学者的著作中，公共外交可以上溯到文艺复兴的历史阶段。如1580年，当时的荷兰国王威廉·奥兰治，就以法文、德文、英文和拉丁文向欧洲大陆主要国家的公众发布了《辩解书》，说明他为什么要起来反抗西班牙的统治。在英国内战后，克伦威尔曾经委任著名诗人约翰·弥尔顿作为其国会的拉丁秘书（又被称之为"外交口径秘书"），向欧洲的民众介绍英国的新政府，事实上弥尔顿也曾经撰写了许多观点鲜明的政治文章[①]。同时，西方学者普遍认为《独立宣言》自诞生之初，就富有十分明显的海外宣传任务。在当时美国要与欧洲大陆建立联系，就必须克服英国在欧洲对美国的负面宣传，因此《独立宣言》中有一句话，"Let facts be submitted to a candid world"（现将事实公之于世，让公正的世人作出评判）。1776年到1784年，本杰明·富兰克林以美国国务卿的身份在巴黎活动，他更像是一个演说家，他既关注于当时欧洲媒体对美国的评价，更致力于纠正报道中产生的误解，并因此结交了许多欧洲的知识分子。美国南加州大学的学者Nicholas Cull认为，本杰明·富兰克林和托马斯·杰弗逊是当时美国政治人物中相当重视国际舆论反应的代表。只不过随着美国"例外主义"政治的兴起，美国政府在18世纪末到19世纪初的相当长一段时间中，越来越不重视在国际舆论中发出自己的声音，直至第一次世界大战为止。因此，公共外交甫一诞生，其对象就十分清晰。它第一次超越国家行为体，以公众作为主要的传播对象。

公共外交的缘起有两个重要的路径。一个路径是以文化交流作为其基本形态。尽管我们注意到，伴随着现代化历史进程的公共外交，其文化交流曾经带有很强的殖民主义背景，但是也必须承认，公共外交中的文化交流，对于一个国家语言文化的对外推广起到了重要作用。1883年法语联盟在法国设立。法语联盟是一个语言文化推广机构，致力于传播法国的语言，到目前为止，该机构已经在全世界136个国家和地区建立了1040个法语联盟，并且接收了数以万计的学员。法语联盟的目的是让法国的语言和文化跨越地域限制在世界各个国家传播，它开创了公共外交的语言教育形态并一直延续到今天。17世纪法国构建的语言教育，成为了一种非常重要的公共外交模式。今天全世界不少人认为法语是世界上最美丽的语言或者是世界上最精确的语言，都是从那个时候开始逐渐地推广和传播出来的。之后很多国家都争相效仿，设立了专

---

① CULL N. "Telling America's Story to the World", American Propaganda and Public Diplomacy, 1945~2001, A History of the United States Information Agency, Unpublished, 9-45.

门的语言文化交流机构。比如说德国的哥德学院、西班牙的塞万提斯学院、日本的日语中心、韩国的世宗学院、中国的孔子学院，都是这种将语言学校模式作为公共外交形态的一种拓展和延伸。历史上早期的公共外交机构雏形就此形成。

公共外交雏形的另一个路径则是有目的、有战略地利用媒体，实现国家外交政策目标。18世纪60年代，当时的欧洲大陆还处在普法争雄的时期。尽管法国越来越难以干涉普鲁士的内部事务，但还是在1866年普奥战争之后，由拿破仑三世向普鲁士国王提出要求，要求普鲁士王室保证不会有人继承西班牙的王室。普鲁士国王威廉心平气和、理直气壮地拒绝了法国派来获取承诺的使臣，而历史没有忘记给这位国王安排了一个十分能干的首相，这位首相就是在欧洲近代政治史上赫赫有名的俾斯麦。威廉国王电告俾斯麦此事的经过，而俾斯麦将电文加以删节，"去掉用词比较客气委婉的部分……俾斯麦随即利用一种技巧，后世的政治家已经将其发展为一种艺术，即将所谓的埃姆斯密电（Ems Dispatch）透露给报界"①，经过删节之后的电文对法国极尽羞辱之能事，使得愤怒的法国公众在读报之后，纷纷要求与普鲁士一战。拿破仑三世回应了他们的请求，于1870年对普鲁士宣战。而此时枕戈待旦的普鲁士正需要这样一个机会，于是普法战争爆发，次年法国惨败。

虽然我们无法论证，埃姆斯密电是导致普法战争爆发的唯一因素。但是我们至少可以发现，在普法战争爆发的过程中，政府利用海外公众舆论帮助实现自己的政治需要。这是目前资料中可以找到的比较早的国与国之间公共外交的案例。俾斯麦利用舆论的动员能力，刺激法国公众的情绪，最终推动法国舆论向本国政府施压，而实现了普法战争中法国最先宣战的政治需要。上文中所说的"后世的政治家已经将其发展为一种艺术"，即指的是对于海外舆论的影响和引导，这也就是我们通常所说的公共外交的缘起。

二、制度成熟与公共外交的功能进化

1917年到1919年是美国克里尔委员会（公共信息委员会，Committee on Public Information, CPI）活动的高峰年代。在这一时期，克里尔委员会主要从两个方面展开工作。一方面，这个委员会制作了《官方公报》（*Official Bulletin*）等信息发布材料，

---

① 亨利·基辛格. 大外交［M］. 海口：海南出版社，1997：98.

另一方面，克里尔委员会制作了大量的宣传材料，包括报纸广告、张贴画、露天海报，以及各种宣传影片。在制作过程中，克里尔委员会云集了当时美国的一批历史学家、宣传家，后者后来成为了美国公共关系事业快速发展的主要动力。这一历史，被当今学术界公认为是第一次真正意义上的公共外交活动。

公共外交的出现，和现代性在20世纪的成熟有着必然的关系。从公共外交的意义上考察现代性，我们会看到现代性的优劣明显。作为走出中世纪蒙昧的人类理性进程，现代性自然具有很大的进步意义。哈贝马斯就曾经说过：现代性的意识是一种对古典传统的对立，是时代精神的现时性。更多学者也指出，现在性的过程，是把人类理性精神尽可能放大的历史进程，同自身建立起一种更加密切的历史关系。在新的历史进程中，值得肯定的是，对个体的尊重和对人类理性的进一步拓展，使得世界体系开始呈现出更加有现代秩序的形态，包括公平、民主、自由等现代价值，都是在中世纪之后的人文主义发展过程中逐渐形成的。由于对人的释放和理性的历史进程，现代性也凝结了现代社会与工业文明的精华，它涉及了制度、理念和态度等多个方面。安东尼·吉登斯将这些内容归结起来，认为现代性是一种基于人的理性对世界体系的设计和制作。由于在启蒙运动的历史进程中，在哲学上仍然有很多未完成的方案；因此在看待现代性的时候，人们更多的认为现代性的主要标志，正如马克斯·韦伯所说是一种祛魅，是以人本替代神本，是用科学道德共同价值替代统一的神学，这是现代性的最大价值所在。

在这个过程中，现代性为公共外交的发展奠定了重要的基础。公共外交的对象是人这样一个普通的客体，他在公共外交活动中成为重要的传播对象，是讨论公共外交核心理念的重要主体，他本身也是现代性的一种更加明确的表达。公共外交之所以能在20世纪的下半叶得到快速的发展，进而在21世纪初重新复兴，其重要的原因是在现代性的发展过程中，在快速工业化以及20世纪的两次世界大战之后，人文主义的精神得到了越来越多的弘扬，传播活动基于人本的讨论也就变得更加有价值。1963年，当时美国总统肯尼迪的撰稿人、发言人和著名的广播主持人，时任美国新闻署署长的爱德华·默罗（Edward Mullar）将公共外交定义为"一种着眼于外国政府，但更主要的是着眼于非政府个人和组织的相互作用，通常以政府观点加各种个人观点来表达"。[①] 这个定义在冷战阶段指导了美国公共外交事务的多种发展，甚至进一步为美

---

① LEONARD M. Public diplomacy [M]. London: UK Foreign Policy Center, 2002: 1.

国公共外交各个部门的设立奠定了基础。1965年，塔弗兹大学弗莱舍法学院的系主任埃德蒙德·古利恩（Edmund Gullion）的定义则是对"公共外交"较为准确的早期学术定义。他认为，"公共外交旨在处理公众态度对政府外交政策的形成和实施所产生的影响。它包含超越传统外交的国际关系领域，政府对其他国家舆论的开发，一国私人利益集团与另一国的互动，外交使者与国外记者的联络等。公共外交的中心是信息和观点的流通"。①

之后20世纪公共外交的学术史书写，基本上是对一部战争史和冷战史的重温。50年代初是冷战开始后美苏等大国尤其是美国公共外交成熟的时期，这种成熟的标志是公共外交作为美国向社会主义阵营输出西方价值观的阵地，真正进入美国国家领导人的决策视野，并且通过各个部门的合作来完成。50年代开始，美国公共外交的一些执行机构成立并履行其职能。随着越战的结束和20世纪60年代末文化运动在美国的兴起，双重因素开始影响公共外交的推广。一重因素是越战的失败，使得许多美国人质疑对外意识形态之战是否能够取得预想中的效果；另一重因素是批判主义和多元化意识在美国精英社会发展与传播。二者相辅相成，带来了美国公共外交思想的一次深层次革命，而革命的主体则是公共外交的政策制定者们自身。在尼克松和基辛格的外交思想中，主要进行意识形态传播之战的公共外交被弱化，而外交政策更加倾向以地缘为主导。

70年代末的卡特政府在体制和机构上加强了公共外交。卡特政府更加重视交流与沟通，而不是简单的信息发布。卡特政府对外交官们提出了新的任务，即"倾听外国公众的声音，了解他们的关注"。20世纪80年代是美国公共外交最为辉煌的历史时期。在里根政府任内，公共外交第一次在白宫椭圆形办公室落地。美国许多政治分析家甚至认为，这得益于里根曾经是一个演员，他深知形象在交往中的重要性。当时的美国新闻署署长查尔斯·威克（Charles Z. Wick）则致力于在全球范围内营造美国国家形象，以及里根本人的形象，他的主要目的仍然是打赢"与共产主义的战争"。在整个80年代中，美国新闻署不但获得了大量的经费支持，而且从1982年起开创了像青年国际交流项目（International Youth Exchange Program）这样的文化交流活动。这个案例说明了公共外交学术史构成中的一个重要因素，公共外交既是一种外交模式，又是一种传播模式，还是一种社会动员模式。这种基于国家利益层面的外交行为，通过媒体

---

① http://www.publicdiplomacy.org/1.htm.

这个重要的渠道来实现，其主要目的就是影响舆论、强化或者改变某种社会舆论。

公共外交的快速发展实际上是国家主权和个体民众的对话。在对话中，客观上个体民众的对话能力已经提升到可以与国家主体进行传播交流的程度。无论是领导人还是大使，或是公共外交明星，他们参与到其他国家的公共外交活动中，无形当中都已经将其他国家的民众视为在权力和价值体系上对等的对象。但也应当承认，公共外交在现代性的历史进程中也暴露出弊端。毕竟作为一个过程的现代性本身也是变动的。现代性代表的是走出中世纪蒙昧之后人类日渐理性的进程，这一过程可以划分为工业革命和后工业革命时代。在工业革命时代，理性更多地体现为集体意志。这个历史时期一直持续到第二次世界大战之后。在这一历史进程中的国家行使着替代集体进行决策的功能，在权力结构上仍然以主权作为最核心的表达方式。在这个阶段公共外交开始成熟但并没有更快速地发展，其中的核心因素在于公众作为公共外交的对象并没有明确地体现出来。

三、冷战后软力量与公共外交的学术书写

随着冷战的结束，三种趋势推动了公共外交研究的细分。首先是非政府组织主体地位上升，分担了以往政府主体完成的工作，全球化的人员和资源自由流动，使得更多的个体有权利介入公共外交的过程，公共外交的传播主体变得更加多样化；其次是全球性大众媒介的成熟，使得全球性的媒介权力和政治权力有了结合的可能，公共外交比冷战时代呈现出更多的传播形态；第三是国际公共舆论空间在冷战后规模更大，由于媒介技术的发展，使得公众接触信息的渠道更加广泛，公共外交的对象也变得更加复杂。因此全球性大众传媒和公众舆论拥有了一定的权力，得以在公共外交的过程中发挥自己的角色。

但总体来看，在后工业时代，公共外交的作用日趋明显，其中的核心因素就是个体被从集体工业中解放出来，变成越来越活跃的意见主体。尤其是1991年苏联解体之后，传统两大阵营以集体决策的方式进行对立的世界体系发生了变化。人们在思索所谓历史终结的过程中，不由自主地去考察国家作为主要行为体在20世纪90年代乃至更长一段后工业时代存在的价值。毋庸置疑，这一时期国家的价值受到了空前的挑战，也就是我们所说的全球化。但是在现代性的发展进程当中，技术理性仍然占据极为重要的地位，甚至马克斯·韦伯所说的祛魅更多的是用技术理性替代了神性。在现

代性的一段历史进程中，技术崇拜和生产力崇拜又成为了另外一种需要祛魅的对象。

基于现代性的公共外交实际上是国家体系进入到一个成熟阶段的新标志，在政治哲学意义上有所突破。从威斯特伐利亚体系开始一直到21世纪初全球化的历史进程，在现代性过程当中，尽管工业革命呈现出不同的形态，进而20世纪90年代末期的信息革命和信息技术开始替代工业革命，但国家作为现代性的重要产物仍然扮演着十分重要的作用。公共外交以民族国家作为主体的形态并没有发生根本的变化，但是由于全球化带来了对理性的重构，除了国家之外，跨国企业、个体、非政府组织也都在公共外交中扮演角色和发挥作用。公共外交得以在现代性的巅峰时期，开始真正进入世界体系。现代性的巅峰时期其实也是全球化浪潮波澜迭起之时。在此阶段国家不再是唯一的现代性行为主体，更多能够最大化体现人类理性、个体自由，以及释放生产力的是资源的快速流动和世界体系的相互依存。公共外交以其独特的对象、广泛的行为方式和开放的内在思维逻辑，成为现代性不可或缺的伙伴。从批判的意义上讲，在现代性的历史进程中，工业和科学都曾经有决定论的痕迹。西强我弱、南北矛盾也是现代性的客观产物。以一种绝对理性替代个体思维的阶段，部分意义上也抹杀了多样化的世界特点。冷战期间的公共外交，乃至20世纪90年代美国所理解的冷战中制度的胜利，从某种意义上说就是现代性的弊端的放大。

从这个意义上说，软力量在20世纪90年代初被约瑟夫·奈提出，其实并非全新的理论体系。我们更愿意将其视为这是以美国为代表的西方世界在获得了冷战胜利之后对原因的一种探究。冷战的胜利既有西方阵营意识形态渗透打压、两大阵营较量的成败得失的因素，也有20世纪80年代国际政治舞台波诡云谲的因素，但是更有苏联内部体制的因素。在多种因素的共同作用下，冷战以一种西方部分政治家甚至情报界都没有想到的方式结束，苏联国旗从克里姆林宫上空降下。在这样的历史进程中，西方理论界需要寻找一种完善的理论体系来覆盖冷战以来西方世界所作出的大量努力，并且将其以一种高度概括的方式凝练出来，形成对于世界体系的指导思想。

软力量正是在这样的体系之下诞生的。我们将软力量视为公共外交的一种重要理论基础和来源，实际上也就承认了现代性中基于人心的诱惑、吸引、感召的意识形态功能和思想力量。软力量在人类文明的数千年历史进程中，在不同的国家和不同的文明中，都以"攻心为上"的方式体现出来。在第二次世界大战之后核时代到来，战争成本空前高涨的情况下，在个体至上的人本主义和大规模杀伤性武器并存的国际形势中，各国势必要寻找一种成本最小的沟通方式，公共外交就是这种方式的产物。因此，软力量实际上成为了公共外交的思想来源。

尽管在整个20世纪90年代，这种思想来源和文化上的自由主义取得了包括部分东方国家在内的广泛认同，但是以信息革命为代表的一股潜流在最短的时间内，将全球化裹挟上快车道，并且走上全球化的巅峰时代。20世纪90年代末，基于自由市场作为主要核心思想的美国公共外交理念，虽然经历制度转型甚至在美国政治谱系中日渐式微，但是这恰恰代表了软力量在20世纪90年代取得辉煌之后，以无人企及的方式将制度进行了重大调整。公共外交的复兴，实际上意味着西方世界仍然认为现代性的进程应该覆盖包括有强烈反美主义倾向的中东地区，将中东地区带进一个现代性的快车道，需要公共外交的有所作为。这种情况一直持续到2008年金融危机的爆发。

公共外交的理论研究，至今仍然处于概念建构和模式划分的阶段。在这个阶段中的研究有两个重要的导向。一个导向是明确的实践导向，公共外交的基础理论研究，着眼于公共外交工作如何更加有效地开展，因此对于公共外交的分类，常常基于主要国家在公共外交中的活动进行；另一个导向是效果导向，公共外交的理论研究构建在效果的基础上，对于时间限度、范围限度的划分，往往都以效果为标准进行。

但从这个阶段开始，文明的冲突也随之出现，一直到2001年"9·11"事件。尽管90年代在西方世界，公共外交的重要性开始下降，相关机构也开始变迁，但是它所建立的基于现代性的对话和社会权力变迁，却深刻地影响到了政治传播和决策。"9·11"事件发生之后，在美国新保守主义思想界，重提公共外交成为一种时尚。美国公共外交顾问委员会成立54年以来，一直在对美国的公共外交进行研究，这是目前美国政府机构中从事公共外交咨询和研究的最主要部门。其在2002年末发表的《通过变革结构和附加资源构建美国公共外交》（*Building America's public diplomacy through a reformed structure and additional resources*），2003年末发表的《改变观念，赢得和平》（*Changing minds，Winning peace*）等，都被视为美国反恐战争的公共外交指导性文件，文件针对美国公共外交进行了全方位的回顾，并对反恐时期的公共外交发展提出新的理解。这一时期公共外交的学术变迁，有一个时代的必然性。正如Philip Seib在《公共外交、新媒体和反恐》一文中所强调的那样："提供一种能抵消敌意和暴力信息的对抗力量，是公共外交的基本任务之一。这项工作的一部分是建立对话，包含平等尊重领导人、温和的神职人员和其他人。但它必须是通过政策支持，才可以确保这种作出承诺的对话能成为现实。"①

然而，应当注意到的是，处于现代性不同阶段的世界，以一种文明冲突的形态爆发对抗，实际上是对现代性解释话语体系的一次巨大挑战。恐怖主义形成的土壤，代表了在现代性过程中被忘却的一个角落，也可以被描述为不能用现代性进行解释的一个世界。传统公共外交中的话语优势和价值高地，在这个过程中竟然无法得到发挥。2014年，从对巴基斯坦媒体报道的研究中，几位学者罕见地提出塔利班在巴基斯坦记者中塑造议程的能力要强于美国，这是因为随着反恐的深入，塔利班和其他宗教团体在巴基斯坦媒体上呈现了一种受损的弱势形象，同时还和巴基斯坦记者共享天然的语言、社会和政治文化。这一研究认为，反恐中公共外交需要构建文化和政治上的一致性，否则将会非常困难。②在这种情况下，对现代性的悲观情绪开始出现和蔓延。例如Martha Bayles的《透过黑暗的屏幕：流行文化、公共外交与美国的国家形象》一书在2015年持续带来关注，该书认为好莱坞电影等流行文化控制了美国公共外交，造成"公共外交缓慢死亡"，损害了国家利益③。类似的还有Stephen Brooks的《反美主义与公共外交的局限：赢得人心？》，作者发现公共外交在一个国家的对外交往中很少起到决定性的作用，一个重要原因是外国意见领袖的反美主义思想，作者认为对公共外交的期待应该更加现实，作为软实力的工具，公共外交只是对硬实力工具的一种替代和补充④。

四、现代性祛魅与公共外交的争论

2016年全世界看到的黑天鹅事件，包括英国脱欧和美国新总统唐纳德·特朗普当选。这二者被视为与全球化的整体思潮背道而驰。英国脱欧意味着地区一体化进程的一次重大挫折。从《马斯特里赫特条约》一直到英国脱欧，欧洲在地区一体化进程中建立的三大基础：价值观基础、安全基础和经济基础都面临着严峻的挑战。而以特

---

① SEIB P. Public diplomacy, new media, and counterterrorism [M]. Los Angeles: Figueroa Press, 2011.
② ARIF R, Mediated public diplomacy: US and Taliban relations with Pakistani media [J]. Media, war & conflict, 2014, 7(2).
③ BAYLES, MARTHA. Through a screen darkly: popular culture, public diplomacy, and America's image abroad [M]. Yale University Press, 2014.
④ BROOKS, STEPHEN. Anti-Americanism and the limits of public diplomacy: winning hearts and minds? [M]. London: Routledge, 2015.

朗普当选美国总统为典型代表的事件，恰恰正如他本人所说，他不是全世界的总统，他只是美国的总统。这种美国利益重新至上，带有强烈民族主义甚至民粹主义倾向的政治人物上台，政治道路右转，这一趋势在世界体系当中开始变得日渐明显。因此2015、2016年以来，公共外交出现的上述挑战，都给这个世界带来了新的问题，甚至可以将其形容为软实力在全球化巅峰之后的一次回调。

一些学者从宏观的角度倡导对公共外交理念进行重新思考，例如美国公共外交委员会的Donald M. Bishop在《公共外交：探讨变化、延续性与学说之时》一文中从实践的角度阐述了美国公共外交近年来的变化，包括美国公共外交在世界范围内影响力的下降、社交媒体的冲击等，认为美国公共外交受到较多挑战、需要重新审视公共外交原有理念的持续性，并以此呼吁公共外交需要理论学说的更新、开展专业化的讨论。①不少学者将这一变化了的公共外交称为"新公共外交"，并对其产生的原因和可能导致的后果做出了分析。Elena Gurgu、Aristide Cociuban认为"新公共外交"的产生有三个原因：一是全球化导致信息传播范围扩大；二是信息传播助长了公民在决策中的参与意愿和监督意愿；三是民主国家数量增多导致民众对政府决策的信任度降低，政府需要致力于关注国内舆论和推动公共外交②。

还有，一些研究从更具体的角度探讨公共外交概念的更新，其中，公共外交的行为主体是学者们探讨较多的方面。例如，传统上，公共外交的行为主体主要是国家、政府，近年来，随着全球化的发展，一些学者认为公民社会成员成为公共外交新的参与主体，公共外交概念朝着对话、网络的方向演进。学者La-Porte、Maria Teresa探讨了"非国家"参与者在公共外交中的合法性与有效性，希望对公共外交的传统概念进行更新。③

更多的学者则关注公共外交的叙事和语态变革。比如以色列海法大学的Ben D. Mor研究了2010年以色列特种部队袭击土耳其船只之后，以色列的政府修辞，并将这种修辞形容为"公共外交中的修辞防御"。他认为，这是指国家在外交活动中被指责时，用修辞进行自我辩护的一种策略。他认为逃避责任的修辞防御由真相、权利和

---

① BISHOP, DONALD M. Public diplomacy: time to debate change, continuity, and doctrine [J]. American diplomacy, 2015: 1.
② GURGU E, COCIUBAN A, New public diplomacy and its effects on international level [J]. Journal of economic development, environment and people, 2016(5): 46-56.
③ LA-PORTE, TERESA M. The legitimacy and effectiveness of non-state actors and the public diplomacy concept, 2015.

诚意组成，正如哈贝马斯在传播理论中所阐释的那样，在标准和语境中建立平衡。内塔尼亚胡使用了这些技巧来处理以色列袭击土耳其民船之后的舆论争议。①

这些变革是因为大量的新挑战引发的。尤其是2016年以来，日渐明确的国际政治挑战都在重新构建公共外交的叙述。毫无疑问的第一个挑战，就是以民主自由为典型代表的核心价值体系的变迁。2008年的金融危机是一次系统的危机，是对全球治理体系的一次重大挑战。传统的市场经济遭遇到一次严峻的拷问。自由市场的快速扩大和全球经济体系的高关联度使得这场金融危机的浪潮在短时间之内席卷各个国家，同时也带来了另外一个问题，政府是否需要更进一步扮演无形的手，更进一步参与到市场的治理过程当中。在这个过程中，传统的自由价值观念虽然没有受到根本性的挑战，但是不少以人道主义为核心的价值体系，正在面对新的历史局面。

在2009年之后，中东的局势发生了根本性的变化，以伊斯兰国为代表的恐怖主义快速崛起，席卷中东部分国家。叙利亚陷入空前内战中，伊斯兰国崛起的速度越来越快，也就制造了大量的中东和北非难民。这些难民进入欧洲之后，在几次恐怖主义袭击，以及与欧洲传统生活方式、就业机会、价值观的碰撞中产生了困惑。欧洲的价值制度第一次面对他者的挑战。在古希腊以来的欧洲文明进程当中，逐渐形成的古希腊文明、罗马体制和欧洲工业文明并存的欧洲中心主义，一度将域外地区和国家视为他者。这样的他者，一方面映衬出欧洲本身的强大与自信，另一方面也成为世界各个国家解释不发达国家的参照系。他者往往带来自身的身份认同，欧洲文明中的人道主义精神，作为欧洲统一体的核心价值理念，长期以来推动着欧洲外交政策的变化。尤其是在欧洲的公共外交中，人道主义一直都是重要的旗帜，直到近年来中东、北非难民进入欧洲之后，与欧洲文明发生了一系列碰撞。公共外交基于这些价值基础上的叙述也遭到了大量的批评。

几乎在2009年同一时间，对于全球化浪潮的反思和批判开始席卷全世界。先是"占领华尔街运动"作为全球金融危机中的反思力量开始出现，由于"占领华尔街运动"整体上规模小、群体有局限性，在很长一段时间中全球媒体并未将其视为一种重要思想。但是"占领华尔街运动"所带来的对于全球化弊端的高声批判，在后来很长的一段时间被逐渐地关注和放大。"占领华尔街运动"的核心，实际上批判的是全球化浪潮中贫富差距的逐渐拉大，是全球化浪潮下中产阶层的萎缩，以及阶层固化后带

---

① Mor B D. The structure of rhetorical defense in public diplomacy: Israel's social account of the 2010 Turkish flotilla incident, Media [J]. War & conflict, 2014, 7(2).

来的新的社会问题——税收福利、医疗养老等一系列问题。由于高度的相互依存,世界各个国家在全球金融危机中往往缺少能够适应本国特点的独特应对机制。虽然中国有其制度的独特性和优势,但是也因为全球化的相互依存,而受到不可避免的影响。对于全球化浪潮的反思和批判,为公共外交带来一个新的挑战。

公共外交的存在系于全球化的基础之上。但是冷战结束之后,公共外交从有着明确的对象和敌情意识,变得越来越具有普世性。这种普世性体现为以中心对边缘,而不是冷战时期的西方对东方。以西方文明、欧美的发达体系和治理方式为中心,对于发展中国家尤其是亚非拉其他区域作为边缘地带的公共外交行为,在这样的反思和批判中一夜之间成为了大家争相讨论的问题。

近年来公共外交所面对的另一个重大挑战,则是新媒体带来的信任缺失。在对现代性的归纳总结中可以看到一个现象,即碎片化的现代生活形态推动了乡村的城镇化。在新媒体的快速发展中,这种乡村的城镇化被投射于世界体系中,就成为了发展中国家所形成的发达幻想。近年来,维基解密成为了世界体系关注的焦点,因为维基解密在很短的时间之内连续曝光了大量美国外交文件和一些核心的传统外交素材。通过这些素材人们不难发现,维系世界体系运作以及全球多数国家共同信任的价值共识的核心政策,甚至决策者本身,都带有大量的利益考虑和两面性。新媒体以其碎片化、迅捷化和对话功能,在很短的时间内让全世界在现代性进程中形成的理性共识和信任产生了断崖式的下跌。

公共外交基于理性共识,为创造更多的国与国之间的信任做了大量、长期的努力,但是新媒体所带来的短平快的视野,以及被不少学者称之为政治群氓的网络舆论却在颠覆这种信任。有趣的是,公共外交实际上是将信息技术和现代性的进程更加包容地体现出来,网络外交、公共外交2.0等概念正是来源于此。但是基于信息技术的新媒体,又从另外一个方面体现了对公共外交的反制作用。不少Twitter和Facebook账号中的名人用个体表达的方式形成了大量的批判文字,内容直指西方核心价值体系和全球化进程,甚至包括特朗普本人。在这样的过程中,公共外交既创造了新媒体层面上的全球对话,带来了公共外交2.0时代的优势,但是又同样从意识形态根源上瓦解了人们在进行公共外交时的基本信任和理性共识。在这样的一个复杂的历史进程中,公共外交本身无疑成为了快速发展和变动的世界体系中的附属性产物。

(周庆安,清华大学新闻与传播学院副教授)

第三十八章 国家公共关系研究*

中国公共关系研究已有30多年历史，在对西方公共关系理论引入、消化、推广、发展的同时，逐渐形成了中国特色的公共关系理论与实践体系。近年来，随着中国经济、社会、文化、政治等领域发生的显著变化，尤其是全球化带来的国际关系变化，市场化和民主化带来的社会治理变革，以及媒介社会、风险社会、消费社会、大众社会等造成的社会关系转型，不断冲击并推动着中国公共关系事业的革命性转向——从早先的"生产—销售导向"和"市场—需求导向"向现代社会"社会—文化导向"转变[1]，从"工具理性"和"实利主义"向"社会终极价值存在"转变[2]。表现在实践领域，就是从企业公关逐渐走向政府公关[3]——公共关系从此跳出传统市场经济的狭窄视域，逐渐适应国家治理的重大现实需求[4]。本章将公关在后一领域的综合运用统称为"国家公共关系"，并将其作为"回望"中国公共关系30年发展历史的一个切入点。

一、国家公共关系：相关研究回顾

在我国，国家公共关系研究（以下简称"国家公关"）主要涉及两个方面：一是围绕公共关系的社会化、政治化、国际化展开的研究；二是直接针对（使用）"国家公关"的基础研究。

---

* 本章是教育部社科规划项目"基层政务新媒体的舆论引导及其对话机制创新研究"（17YJC860024024）的阶段性成果。
[1] 段京肃，杨魁. 二十一世纪中国公关蓝皮书［M］. 兰州：兰州大学出版社，1996.
[2] 杨魁. 后现代语境下的公共关系学转向［J］. 国际公关，2008(2)：80-81.
[3] 程曼丽. 中国本土公共关系发展的必由之路：从企业公关到政府公关［J］. 国际新闻界，2007(12)：28-33.
[4] 刘晓程. 理论与实践：国家公共关系基本问题研究［D］. 武汉：华中科技大学新闻与信息传播学院，2014.

前者涉及三个方面的研究议题。一是"大公关",认为"大公关"在改善人类生存环境,减少社会摩擦,协调社会关系,提高全民素质等方面应发挥更积极的作用,与此对应的是后来学者们提出的"强力公关"(Power Public Relation)理论①,强调公关在国家形象塑造上实现"凝聚力""影响力""协调力"和"参与力"四力并举。二是"政府公关",即以政府为主体处理政府部门与其社会公众之间的关系②,这一话题的讨论从早期的以概念定义和对策研究为主,后来延伸到政府形象塑造、组织管理、危机应对、新闻发布、公共传播等议题上来,从而丰富完善了公共关系的理论外延。三是"国际公关",一开始仅限于跨国公司的国际公关③,后来延伸到政府国际公关上来,强调公共关系在塑造国家形象上的作用④。

后者更多的是从特殊个案或实务角度理解"国家公关"。诸如胡百精结合"5·12"地震和北京奥运会等重大事件提出,国家公关以"制造认同"为目标,"是在权力、利益语境下,一国与其利益攸关者之间的对话关系"。周庆安从国际话语权的视角指出,国家公关是一种有明确国家利益指向的活动,它的对象是国际舆论或对象国民众,也包括对象国政府⑤。李洁等人从战略设计的角度,认为国家公关战略体系应包括新闻宣传、广告、新闻业务代理、公共事务、问题管理、院外游说活动、投资者关系、组织发展等⑥。陈先红从属性解读出发,认为国家公关是在全球范围内管理一个国家的"国际声誉和国际关系",是针对国内外民众的"关系生态管理"⑦。

在国外,国家公关并没有形成一个相对独立的知识概念,它更多的是在公共外交、国家品牌、国家软实力以及政策营销等理论的观照之下,展开涉及公共关系实务的一些研究讨论。

公共外交(Public Diplomacy)其实是反思冷战宣传的产物。美国在冷战结束以后,依然重视对国际社会的宣传,在总结冷战两极宣传带来的负面影响的同时,他们开始倡导一种更加依托民间和贴近民众的外交策略。在战略上,他们开拓政府(政治)外交之外的民间(公众)外交,在策略上,他们采取更加柔性的公共关系手段影

---

① 孟建. 以"软实力"为核心构筑"强力公关理论"[J]. 国际公关,2005(6).
② 熊源伟. 公共关系学:第3版[M]. 合肥:安徽人民出版社,2003:424.
③ 金君. 跨国公司的国际公共关系[J]. 外国经济与管理,1990(5):18-22.
④ 吴友富. 政府国际公关在塑造中国国家形象中的作用[J]. 探索与争鸣,2009(2):73-76.
⑤ 周庆安. 从国际语境变迁到话语权提升——试论中国国家公关的机遇和挑战[J]. 新闻与写作,2010(10):15-18.
⑥ 李洁,徐文婷. 国家公关战略体系研究[J]. 新闻界,2012(8):16-20.
⑦ 陈先红. 论国家公共关系的多重属性[J]. 对外传播,2014(3):43-45.

响民意，重视"观念和信息的跨国流通"，倡导"共性与合作"①。目前，公共外交与公共关系在观念与策略上相互支援、互补互利，业已是比较普遍的共识②。

国家品牌（National Brand）是上述公共外交公关化的一种表现，即倡导把国家像企业品牌一样加以经营和宣传。西蒙·安霍尔特（Simon Anholt）就认为，影响一个国家的品牌形成包括"出口、旅游、文化、国民素质、移民、政府职能管理、投资环境"等六大因素③。彼德·海姆（Peter van Ham）也认为，国家品牌"构成了外部世界对某个特定国家的概念"，以此强调国家形象和声誉在形成品牌国家中的重要性，甚至认为"树立品牌国家的努力正逐渐取代民族主义"④。

软实力（Soft Power）是一个更复杂的概念。约瑟夫·奈（Joseph Nye）将这个概念发展成具有广泛解释力和应用范围的一种理论。他强调国家的凝聚力、文化的认同力，以及国际社会的参与认可度等，是相对国家资源、经济、军事、科技等硬实力而言的一种软实力，它们在信息时代对国家实力的塑造同样重要。很快，这个概念从国家层面过渡到政府管理、企业文化等更具体的领域。在公共关系领域，软实力自然就是企业公关和政府公关的主要目标。因此，对国家而言，不论是内政还是外交领域，打造软实力都离不开公共关系的战略思维和创意策略。

政策营销（Policy Marketing），就是政府（或政党）在政策推广中使用商业营销的手段，它是使政府内部人员和外部服务对象，对正在商议或已经形成的政策产生"共识或共鸣"的动态性过程⑤。20世纪80年代，西方国家在"营销概念扩大化"和"新公共管理运动"两股潮流的影响下，提出"重塑政府""向企业学习"等口号，他们摒弃传统的官僚体制，将民众视为"顾客"，强调政府的服务职能和"以顾客为导向"的服务理念⑥。在此背景下，包括公共关系在内的市场营销手段被广泛应用于国家治理及其政治文化之中。因此以总统竞选为代表的政治公关现象成为西方国家最为常见的国家公关类型。

---

① 南方周末. 国家安全"不仅展示优点，也展示缺点"美国副助理国务卿史雯珊谈公共外交[EB/OL]. （2014-04-18）[2016-04-05]. http：//www.infzm.com/content/99938.
② 卜正珉. 公众外交——软性国力、理论与策略[M]. 台湾：允晨文化实业股份有限公司，2009：162.
③ ANHOLT S, HILDRETH J. Brand America：the mother of all brands[M]. 李阳，译. 香港：香港三联书店有限公司，2016：15.
④ 彼德·海姆著，诗颖编译. 品牌国家的兴起[J]. 国外社会科学文摘，2002(2).
⑤ 吴定. 公共组织营销的策略性规划[J]. 公训报导，1998(80).
⑥ 谭翀. "政策营销"：源流、概念、模式与局限[J]. 中国行政管理，2013(12)：28-32.

总体看，国家公关讨论受制于学科本身的局限性，更多的是从实务策略层面展开相关讨论，缺乏基础理论、历史研究和跨学科的理论创新。在本章中，我们站在对国家公关较为宽泛的理解基础上，就现代公关引入中国 30 余年来，在"国家公关"层面的实践表现及其历史演变进行梳理，希望以此为国家公关的基础理论研究提供一个资料性的参考。

二、30 年前：公共关系引入中国的两个节点

据最新的研究考证，公共关系引入中国有两个节点。

第一个节点是 20 世纪 20 年代（1928 年）和 30 年代（1934 年）。1928 年，《北京导报》（*Peking Leader*）刊登题为《艾维·李论宣传》（*Ivy Lee discourses on propaganda*）的文章，讨论宣传的目的与本质、如何获得公众信任、公众如何甄别宣传的真伪等问题。有学者考证，这是民国时期引入中国的第一篇公共关系理论文献[①]。1934 年，公共关系被确定为燕京大学新闻专业的必修课，同时开有《实用宣传与公共关系》（*Applied Publicity and Public Relations*）、《舆论调查与宣传》（*Public Opinion and Propaganda*）等课程。1936 年，时任燕京大学新闻学系主任的梁士纯教授出版《实用宣传学》一书，该书参考文献罗列了伯纳斯（Edward L. Bernays）的《舆论的结晶》（*Crystallizing Public Opinion*）、李普曼（Walter Lippmann）的《公共舆论》（*Public Opinion*）、郎（John C. Long）的《公共关系》（*Public Relations*）等西方经典著作[②]。从内容上看，当时公共关系的引入是以宣传学、舆论学、民意研究等为核心，强调公共关系的宣传功能。这种理论架构与同一时期美国新闻业和公共关系事业的发展境况几乎一致，具有浓郁的政治公关和政治传播色彩，蕴藏了丰富的国家公关思想。

中国港台地区的公共关系实践，无疑延续了 20 世纪 30 年代公共关系引入中国之时的理念，具有明显的"政治公关"色彩。有资料显示，早在 20 世纪中前期，统治香港的英国殖民当局和军方曾设有新闻处等机构，以沟通媒体、引领民风；20 世纪

---

① 王晓乐.《艾维·李论宣传》佚文及其学术价值——民国时期最早引进的公共关系专文考析[J]. 新闻与传播研究，2013(11): 117–125.
② 王晓乐. 民国时期公共关系教育创建始末——中国近代公共关系教育若干史料的最新发现[J]. 新闻与传播研究，2010(6): 55–60.

50年代，逃到台湾的国民党政府积极倡导政府公共关系。他们明确提出"各机关公共关系之建立至关重要，各部应指定专门人员担任新闻工作，随时与'当局发言人'办公室密切联系，以发挥宣传效果"。为此，国民党政府还专门颁布实施了《各级行政机关及公营事业推进公共关系方案》①。显然，港台地区当时的做法无疑就是一种政府公共关系的实践和尝试。

公共关系第二次从西方进入中国，先是在20世纪60年代进入港台地区，再到80年代进入中国大陆（余明阳，2007）。20世纪60年代，一大批跨国公司把国外企业的现代公共关系运作机制带入我国港台地区。1962年，韦达公关公司进入中国市场。1968年，台湾本土第一家公关公司——国业公关成立。此后经过近十年发展，港台公共关系逐渐进入职业化发展阶段。在香港，随着70年代的经济腾飞，政府、企业、NGO等都有日常化和制度化的公共关系管理。在台湾，随着经济全面起飞以及"解除戒严"，经济发展和政治民主为公关事业的成长开拓了空间，而后者又反哺到经济和政治领域，从此，公关事业在台湾日益兴盛起来。公共关系真正进入中国大陆是在改革开放以后。1983年，北京长城饭店率先开展一系列酒店公共关系策划活动，开启了中国大陆企业公共关系的先河。1984年，伟达公关公司（Hill & Knowlton）在北京设立办事处。1985年，深圳市总工会举办第一届公共关系培训班。同年，厦门大学和深圳大学分别开设公共关系课程和专业。此后，公共关系在中国蓬勃发展起来。

三、20世纪80年代：改革需要、制度关照与国家公关的萌动时期

公共关系从20世纪80年代传入中国大陆以后，很快就进入了以企业公关为主的商业化的"快车道"。然而，这一时期的公共关系事业并不缺乏来自"国家"层面的关照与思考。在改革开放春风的影响之下，公共关系在适应并推动市场经济建设的同时，兼顾了其参与政治改革的"原始想象"——既包括国家上层组织或领导对公共关系实践及其研究的"有意安排"，亦包括学界对公共关系制度合法性的"激烈争论"。

中国公共关系协会（CPRA）常务副会长李兴国教授曾介绍过一段有意思的"公关史话"②。1983年11月23—30日，胡耀邦访问日本，时由《经济日报》总编辑安岗同志率领访日新闻代表团"打前站"。安岗在考察中发现日本政府广泛存在公共关系

---

① 胡百精. 中国公共关系史 [M]. 北京：中国传媒大学出版社，2014.
② 李兴国在中国公共关系智库微信群（CPRA）中提到这段史话，2014年5月23日。

现象，并向胡耀邦同志汇报。胡耀邦随即表示——"公共关系好，我们也要搞公共关系"。显然，这里的"我们"一定不仅仅是指"我们的企业"，更多的是指包括政府部门在内的国家和社会公共机构；这里的"公共关系"也一定不是指当时渐兴的"酒店公关"之类的商业策略，而应更接近于今天的"政府公关"甚至"政治公关"的深层意涵——兼顾了国家治理层面公共关系的"想象"。这一判断可以从早期公共关系研究者那里获得些许印证。"中国大陆第一个公关研究组织"负责人明安香先生在回忆中指出，当时（1984年）组织开展公共关系研究是基于"新闻研究有必要与体制改革、与经济建设结合起来"的现实需要，是上级组织交给他们的一项研究"任务"[①]。这一年，明安香的课题组撰写出通讯《如虎添翼——记广州白云山制药厂的公共关系工作》，《经济日报》为其专门配发了社论《认真研究社会主义公共关系》。显然，这里"与体制改革结合"的初衷，以及研究社会主义公共关系的论调，都多少暗示了公共关系在"国家"层面的现实需要。

这种"国家"层面的"接触"还表现在两个更具体的方面：一是公共关系在发展自身事业的同时，不断追求国家层面的"官方"认可，从而获得整个行业的合法性身份；二是公共关系研究不乏社会制度层面的理论争鸣，不断探索中国公共关系理论与实践的社会主义特性，以此作为衡量中西方公共关系差异的标准。

1987年6月22日，中国公共关系协会（CPRA）成立，安岗任第一届主席。这标志着公共关系在中国得到了官方的确认。此后，包括薄一波在内的党和国家领导人以及社会知名人士担任协会的名誉主席，他们充分肯定了中国公共关系事业的成长。到1991年中国国际公共关系协会（CIPRA）成立，公共关系在体制内和职业化层面的"合法性"身份才得以建立起来。这一时期，中国公共关系协会主席安岗曾力主创办公共关系培训中心，并在全国掀起一场"公关员"培训热。他自己对中国公共关系事业寄予厚望，认为公共关系"是我国经济体制改革、政治体制改革和现代化建设的一个可以有较大作为的事业"[②]，"是中国社会主义生活的组成部分，它服务于社会主义建设，根植于中国的土壤内生长"[③]。这多少也包含了安岗本人对公共关系参与政治改革和社会管理的某种期待。

在理论界，当时讨论的一个焦点是——公共关系理论与中国社会主义制度相适应

---

① 沈纯. 辛勤耕耘结佳果——明安香先生访问记 [J]. 公关世界，1997(12)：21-23.
② 黄兵. 寄情新闻五十年——记一代名记者安岗的新闻生涯 [J]. 新闻研究导刊，2012(3)：71-73.
③ 安岗. 什么是中国特色的社会主义公共关系 [J]. 公共关系，1990(2).

的问题。一种观点认为①，西方"公共关系"是资本主义制度的产物，它有非常宽泛的适用范围，但不适合"社会主义关系学"的范畴。另一种观点认为，应该大力发展社会主义商业公共关系，并认为这是一项"重要的课题"。②也有研究认为，（资社）两种公共关系是由两种不同的社会制度所决定的，社会主义公共关系有其制度的优越性，而资本主义公共关系有其失败的必然性。③还有研究开始呼唤建立中国特色的公共关系学，但同时指出要"坚持四项基本原则"，并根据"政治体制改革的目标"，要求公共关系遵循"民主集中制"原则，正确处理"不同的社会利益和矛盾"，这里既要"加强党的领导"，又要促进"社会主义民主政治"。④这番理论争鸣一上来就将公共关系与社会政治制度联系了起来。

无论是公共关系引入中国之初的"高层关照"（这是公共关系"合法性"的一个重要依据），还是学术讨论中的所谓"制度关怀"（这也有一定的时代因素），都表现出本文意义上"国家公关"的一种"萌动"迹象。从思想层面看，这些表现"契合了人们对进一步推动政治文明和民主的深切焦虑和期待"，表现出"新启蒙"的理想主义情怀⑤。而在实践领域，这一时期各种公共关系策略已经开始运用于政府新闻发布、关系管理和危机管理等领域。1983年4月，中国正式宣布建立新闻发言人制度；1983年9月，沈阳市公开设立了第一部面向公众的"市长电话"；1985年，大亚湾核电站的危机公关"说明公共关系作为一种新兴的管理技术是富有成效的"；1986年，上海市委统战部部长毛经权在报纸上发表文章，提出"公共关系的主要功能是沟通信息，协调关系，扫除关系中的障碍，谋求合作和支持"，是"每个部门，包括各级政府部门和各种单位"的一项工作⑥，这在当时的政界属于比较领先的见识……可以说，这一系列的"公关故事"是中国政府部门与公共关系引入中国的某种"不谋而合"，也是中国国家公关"萌动"时期的一种真实表现。

---

① 于光远. 关于建立和发展"社会主义关系学"的理论和实践——问题的提出[J]. 南方经济，1985(4)：1-5.
② 曹厚昌. 关于社会主义商业公共关系若干问题的探讨[J]. 经济与管理研究，1985(5)：23-25.
③ 左理. 试论社会主义企业的公共关系[J]. 宁夏社会科学，1986(2)：33-36.
④ 彭伽民. 建立中国特色的公共关系学[J]. 新疆社科论坛，1990(2)：92.
⑤ 胡百精. 新启蒙、现代化与20世纪80年代中国公共关系史纲——中国现代公共关系三十年（上）[J]. 当代传播，2013(4)：4-9.
⑥ 胡百精. 中国公共关系史[M]. 北京：中国传媒大学出版社，2014：60.

四、20世纪90年代：理论建构、边缘实践与国家公关的探索时期

20世纪90年代是中国公共关系发展史上的一个特殊时期。在实践上，公共关系经历了90年代初的身份危机和中后期的快速发展两个阶段[①]。在理论上，公共关系突破了80年代"资社"制度层面的争论，进入了一个全新的"中国特色公共关系"理论建构的语境。这种讨论使公共关系研究继续保持了"国家"层面的学术关照。而在政府职能转型和社会治理改革等领域的探索性尝试，以及一系列重大国际事件的推动，亦悄然促进了中国国家公关的实践探索。

在理论研究上，这一时期学界对公共关系的"中国化"研究从之前的"社会制度之争"转向"中国特色化建构"，并一度出现所谓"中国特色公共关系"的理论热。在此之前，廖为建等人其实已经为"中国特色公共关系理论研究"指出了一个方向——以马克思主义为指导，结合实际，充分汲取"传统土壤中的养分"，建立一种"既区别于西方公共关系，也区别于古老伦理关系，具有东方文化色彩的公共关系学"[②]。由此，"中国特色公共关系"理论建构主要在两个方向上展开：一是公共关系与中国传统文化研究；二是中国公共关系特色属性建构研究。

对前者，有学者提出应研究现代公关与中国文化"同构与冲突"的深层机制[③]；有学者专门梳理中国古代社会不同时期与公共关系有关的文献，阐述古代公共关系思想的渊源、建立和发展问题[④]；有研究者从中国传统文化中的人际伦理、义利价值、民本思想、爱国主义、人道主义，以及中和思想等方面阐述二者的结合[⑤]；还有研究者直指中国传统文化中的"仁爱"，以及"义""信""礼"等价值观念，认为它们与现代公共关系强调的信誉为本、形象为重、公众利益至上、讲究公关礼仪等思想原则和实务要求基本一致，并指出"公共关系的哲学虽然兴起于西方，但它离东方的哲学却更近些"[⑥]。

对后者，学界主要通过召开专题会议进行专门研讨。1992年7月，"中国公共关

---

① 胡百精．中国公共关系30年的理论建设与思想遗产［J］．国际新闻界，2014(2)：27-41．
② 廖为建，李江涛．建立和发展具有中国特色的公共关系学［J］．学术研究，1987(2)：20-24．
③ 熊源伟，余明阳．关于现代公共关系与中国文化的研究构想［N］．公共关系报，1992-12-10．
④ 杨洪璋，狄姚馨．中国传统公共关系初探［M］．北京：中国物资出版社，1991．
⑤ 单爱珍．试析公共关系与中国传统文化［J］．上海交通大学学报，1993(2)：99-102．
⑥ 许斌．公共关系与中国传统文化的渊源——对构建中国公关理论体系的思考［J］．上海大学学报，1994(1)：56-59．

系特色初探"研讨会召开，会议界定了中国公共关系的"七大特色"，其中第一条就提出，中国公共关系要以马列主义、毛泽东思想、邓小平理论为指导，坚持"一个中心、两个基本点"。第四条强调中国公共关系须以"国家、组织、公众根本利益的一致"为前提[①]。1993年6月，"中国公共关系特色再探"研讨会举行，会议将"中国公关"表述为："社会组织通过沟通信息、协调利益、化解矛盾，理顺和改善人际、社际和国际间的各方面关系，调动一切积极因素，为社会主义的两个文明建设服务"[②]。显然，这两个研讨会指向的"中国公共关系特色"都直接面向了国家层面的考量，从政治制度关照到社会组织关照，遵循了公共关系政治化与社会化的基本思想。

在实践领域，由于"八九"动荡等因素，中国公共关系在90年代被阶段性地阻断了通往政治之路[③]，国家公共关系实践只能以"擦边球"的形式，在政府职能转型、社会治理改革，以及一些重大国际事件等领域不断做出职业化（如专门机构的成立）与职能化（政府职能转变中公共关系思维的出现）的尝试。1991年，国务院新闻办公室成立；1992年，湖南省双峰县成立"中国公关第一局"，将合作、接待、联络、招商引资、信息传播和形象塑造等职能融为一体，在政府公关领域积累了宝贵经验[④]；1993年，国务院出台《国家公务员暂行条例》，这一举措被学者认为是中国政府公关进入职业化发展道路的一项标志性政策[⑤]……与此同时，以1997年香港回归、1998年洪水灾害、1999年国庆阅兵和澳门回归为标志的全球重大事件的公共关系宣传，以及中国外交领域的一系列新举措（如开展"睦邻外交"的基本原则，与诸多大国之间建立伙伴关系等），成为推动这一时期国家公关发展的又一重要线索。

此外，随着公共关系事业的不断发展，其越发指向国家利益和国际关系等更宏观的国家治理层面。1991年，中共中央政治局常委李瑞环在一份贺词中指出，中国公共关系事业的发展，是中国改革开放的必然趋势，它以新兴的管理科学，协调各方面关系，密切党和广大人民群众的联系，调动各种积极因素，维护安定团结，促进社会主义建设。这是"公共关系"第一次被中国高层定义在"国家需要"的层面，并且明确到政府管理和党群关系等具体要求上来。在李兴国看来，"李瑞环把公共关系上升

---

① 泗人. 特色，在探索中显示——中国公关特色初探研讨会综述[N]. 公共关系报，1992-08-10.
② 章瑞华. 公关，再探中国特色[N]. 公共关系报，1993-06-17.
③ 胡百精. 中国公共关系30年的理论建设与思想遗产[J]. 国际新闻界，2014(2)：27-41.
④ 罗依平. 政府公关的有益启示——关于湖南省双峰县公共关系局运作情况的调查与思考[J]. 地方政府管理，1998(10)：34-35.
⑤ 余明阳. 中国公共关系史（1978-2007）[M]. 上海：上海交通大学出版社，2007.

到了国家利益"①。同时,为了更好地适应"改革开放、与国际交往和建立社会主义市场经济体制的需要"②,1996年,我国第一本《国际公共关系教程》出版。该书涉及对外经贸谈判、外事礼宾礼仪、国际市场营销、政府公共关系、危机公共关系等具体内容,对今天的国家公关和国际公关研究仍有重要的借鉴价值。

总之,整个90年代,无论是理论研究上的"中国特色"建构,还是社会实践中的边缘化探索,以及国家利益和国际交往方面的现实需要,公共关系依然在国家治理层面做出了大胆的尝试与探索,为下一阶段国家公关的全面发展奠定了一定的基础。

五、21世纪:社会转型、综合推动与国家公关的发展时期

21世纪以来,现代转型与风险社会、市场经济与消费文化、新媒体与话语权再分配、全球化与国际对话构成中国公共关系发展的宏观背景③。在社会转型的现实背景之下,国家公关"忽如一夜春风来",在国家治理领域中的风险管理、关系管理、媒介管理、形象管理、公共外交等方面形成整体性的影响,并在具体实践中不断发展出"公共关系促进民主沟通"的新尝试和新经验。

第一是风险社会的倒逼。随着危机事件频频发生,风险沟通变得越来越重要,由此引发各种个案反思、理论研究和制度跟进。在廖为建等人看来,2003年"非典"、2008年汶川地震和2011年温州动车事故是中国政府公关走向"自觉""专业化"和"新挑战"的三个标志④。其结果是国家公关逐步走向一种体制内的"建制化"实践,诸如全国系统的政府新闻发布制度,就是新世纪政府公关最重要的成果。这种"制度化"进一步推动了以信息公开为主的政治民主化进程,从而真正有效体现并保护了公民的知情权、参与权、表达权和监督权等基本权利。

第二是关系结构的转型。新世纪以来,国家—社会关系的关系生态继续调整。一方面,随着国家建设"有限型政府"和"服务型政府"的意识被强化,政府减政放权、面向社会的改革举措日益增多;另一方面,随着公民意识的觉醒,公众主动参与

---

① 胡百精. 合法性、市场化与20世纪90年代中国公共关系史纲——中国现代公共关系三十年(中)[J]. 当代传播, 2013(5): 4-14.
② 郭惠民. 国际公共关系教程[M]. 上海: 复旦大学出版社, 1996.
③ 胡百精. 社会转型、专业化与新世纪以来中国公共关系史纲——中国现代公共关系三十年(下)[J]. 当代传播, 2013(6): 12-17, 20.
④ 廖为建, 张宁. 政府公共关系[M]. 北京: 中国人民大学出版社, 2014.

政治、监督政府的意识也越发增强。政府—公众关系逐渐摆脱了传统"强国家、弱社会"的固有模式,开始强调对诸多新型关系的调整与适应。一些政府部门的外联、统战、工会、党政综合办等机构越发具有政府公关的性质,有的更直接设立了专门的公关机构,以适应并强化这方面的工作。诸如2005年深圳市南山公安分局成立警察公共关系室;2006年深圳市政府办公厅成立公共关系处;2014年四川郫县公安局成立警察公共关系办公室。

第三是媒介社会的影响。媒介社会既包括"人的媒介化",又包括"社会的媒介化"①,并随之带来国家公关与治理意义上的"媒介化":一方面,国家治理的内部公共关系必须在工具意义上适应"媒介化";另一方面,国家治理的内外公共关系必须在社会生态意义上适应"媒介化"的政治生态。新世纪以来,从国家大力提倡并发展"电子政务",到当下政府网站、政务微博、政务微信等媒介政治的发展;从各种政策营销中的媒介化策略实施,到国家大力开展的"互联网+"战略,国家公关中的媒介角色日渐从被动走向主动,并逐渐向政府治理与媒介治理相结合的传播共治格局转变。

第四是形象宣传的兴起。中国历史上似乎从来不缺"形象工程",但专业化的形象宣传却和公共关系有很大的关系。新世纪以来,城市形象宣传热的兴起使公共关系事业从传统的企业公关转向了城市公关和旅游目的地营销。诸如海南打造"健康岛""国际岛"品牌;北京打造"同一个世界,同一个梦想"的奥运新形象。中国西部的青海、新疆、西藏、云南等地推出"大美青海""大美新疆""壮美西藏""七彩云南"等公关宣传口号。一些地级城市,甚至特色乡村也都开始全力打造本地旅游目的地形象。形象宣传的兴起助推了"形象政治"的出现,从领导人形象宣传到政策营销传播,以及政府危机公关,公共关系的形象塑造功能越发重要而突出。

第五是公共外交的推动。新世纪以来,公共外交成为国家公关在国际社会形成影响的重要因素。2008年,因中国成功举办北京奥运会而被称为"国家公关元年";2009年,商务部推出的"携手中国制造"广告宣传片,被誉为国家公关的经典之作;2010年,上海世博会和中国国家形象宣传片的推出,又将国家公关议题带入

---

① 刘晓程. 媒介化风险社会对危机传播环境的改变[J]. 武汉理工大学学报, 2012(1): 43-46.

一个更加广泛的社会语境，不少媒体直接以"国家公关"为题进行专题策划报道①。除此以外，以各种文化交流活动为代表的公共外交活动，也将国家公关实践推向了前台。

在理论研究上，如本章开篇所述，新世纪以来的公共关系研究开始回到基础理论层面展开学术突围——讨论公共关系从"工具理性"和"实利主义"向"社会终极价值存在"的转变，探讨公关研究从企业公关向政府公关转型。亦有学者从公共管理的视角将公共关系作为政府公共管理的重要职能，指出政府公共关系的目标是实现民主政治，促进社会和谐，并以此推进和谐社会建设②。具体到国家公共关系理论研究方面，近年来有学者结合具体案例提出"国家公关"的基本概念，并指出国家公关的意义输出与传播对话本质③。亦有学者探讨国家公关的理论构成与实施策略，还有学者从总体面向上思考国家公关的基本属性④，并结合核心价值观传播等重大社会现实设计国家公关战略⑤。国家公关议题同时引起新闻学、传播学、政治学、管理学等不同学科传统的理论关照，并在"媒介治理""政治传播""对外传播""国家形象""公共外交"以及"文化软实力"等交叉性的理论语境中逐渐发展起来。

总之，新世纪以来的国家公关，从实践到理论，从默默耕耘到广泛热议，有其复杂的政治、经济、社会和文化等综合因素，这也是我们研究国家公关必须面对的外部环境问题。

六、新常态：国家公共关系的未来展望

100年前，公共关系作为"国家形象塑造"的艺术在美国率先诞生。今天，国际社会无论是政治竞选还是政策营销，抑或是外交战略的推进和军事战争的动员等都离不开公共关系的影响。对中国而言，由于制度、文化等各种因素影响，国家公关

---

① 晓冬. 政府民间同台唱戏中国国家公关时代来临［N］. 国际金融报，2010-08-17.
  崔晓火. 中国形象公关进入新时期"善良敦厚"到"淡定自信"［N］. 中国新闻周刊，2010-09-09.
  施芳，周晓荷. 中国向世界递出"名片"［N］. 人民日报，2010-09-27.
  郭一娜. 国家公关时代［N］. 国际先驱导报，2010-10-08.
② 孟宪琴. 民主和谐：地方政府公共关系的政治诉求［J］. 江西行政学院学报，2008(1)：9-11.
③ 胡百精. 权力话语、意义输出与国家公共关系的基本问题——从北京奥运会、拉萨"3·14"事件看中国国家公关战略的建构［J］. 国际新闻界，2008(5)：14-18.
④ 陈先红. 论国家公共关系的多重属性［J］. 对外传播，2014(3)：43-45.
⑤ 陈先红，刘晓程. 核心价值观传播的国家公共关系战略构想［J］. 现代传播，2015(6)：25-31.

还是一个比较新鲜的话题。但是，我们也看到，近年来各种带有国家公关色彩的现象确实非常普遍。首先，国家外交领域中的礼仪公关、活动公关、演讲公关、文章公关、谈判公关、夫人外交等公关策略的运用越来越多。其次，以领导人形象塑造为代表的"首脑公关"事例越来越多，例如"民间颂歌""吃包子""打伞照""领导人自拍""领导人卡通形象""主席新年献词""总理电视讲话"，等等。国外有媒体甚至认为，中国领导人的"做法"借鉴了西方官员的公共关系手册[①]。

此外，在更广泛意义上的政治生活与国家治理领域，借助现代媒介技术手段和公共关系传播管理理念的现代政治公关形式越发普遍。比如，2013年中纪委为反腐败而开通的中纪委网站，其已然超出了一般意义上的政府网站功能，逐渐显现出一种国家治理层面的政治公关色彩。同样，在2015年农历新年之初，由原中央电视台著名调查记者柴静拍摄完成的纪录片《穹顶之下》，也一度被坊间解读为"一场与国家环保政策有关的媒介公关之举"。至于各种涉及重大社会问题或突发事件的政府公关现象（尤其是危机公关）更是不胜枚举，几乎每一起重大事件背后都有涉及政治公关的话题讨论。如今，上至国家领导人，下至普通老百姓，从政府部门到企事业单位乃至非政府组织和个人，无不重视公共关系的作用，在诸如品牌管理、形象塑造、事件管理、议题管理、活动策划等方面积极开展公共关系实践，成为推动公共关系政治化、社会化的重要力量。

总之，随着中国治理文化的逐渐改变，尤其是政治社会化和政治民主化的不断推动，公共关系在国家治理中必将成为一种"新常态"，并表现出更加自信和更加开放的新趋势——社会化与政治化。在此背景下，中国国家公关乃至整个中国公关事业必将进入一个迅猛发展的重要黄金机遇期。

（刘晓程，兰州大学新闻与传播学院博士、副教授、硕士生导师）

---

① 参见香港《南华早报》网站2013年12月29日的报道。

第三十九章 政府形象管理

良好的地方政府形象既是执政能力的体现,更是提升公共服务水平的基础。随着新媒体时代的到来,普通民众掌握了更加便捷的信息发布工具,形成了影响力日益增强的网络舆论,地方政府及其公务人员的一言一行都可能成为影响政府形象的不利因素,甚至成为危机爆发的导火索。地方政府形象管理亟须成为常态化工作,如何形成有效的形象管理模式,运用何种形象管理策略是当前亟待解决的问题。

一、地方政府形象管理研究回顾

20世纪70年代末新公共管理运动兴起于西方,带来了一场声势浩大的"重塑政府"的改革浪潮。以企业家精神为核心,依靠市场力量对非营利组织特别是政府进行改革,也催生出了"服务型政府"的政府形象塑造目标。西方对于政府形象的研究也大多集中于公共关系与传播学领域。

我国的政府形象研究兴起于20世纪90年代。自1997年成立"中国政府形象战略"研究课题组开始,我国的政府形象研究进入了井喷时期,公共关系、传播学、行政管理、国际关系等学科的学者都在这一领域进行了研究。而对于地方政府形象管理的研究还非常少,根据中国学术期刊网络出版总库的搜索结果,篇名含有"政府形象管理"的期刊文章在2002—2015这十三年间仅有24篇,这一时间段也正是国内政府形象研究开始如火如荼大发展时期,篇名含有"政府形象"的期刊文章共975篇,是前者的40倍(见图39-1)。

国内学者对政府形象的研究主要集中在几个方面:对政府形象的概念、内涵进行界定;对政府形象的定位进行探讨;对良好形象管理路径的探索;结合某一问题或角度对政府形象进行探讨。其中,对网络时代背景下和公共危机影响下的地方政府形象进行研究的比例较大,这与近年来互联网深入人们生活方方面面的社会现实以及让地方政府应接不暇的公共危机密不可分。这也说明当前学界对地方政府形象的研究较多集中在对社会现实的解读和对地方政府当前形象建设工作的分析上，很少有为地方政府形象的建设与管理提供完整的理论体系和操作系统的指导性研究成果。

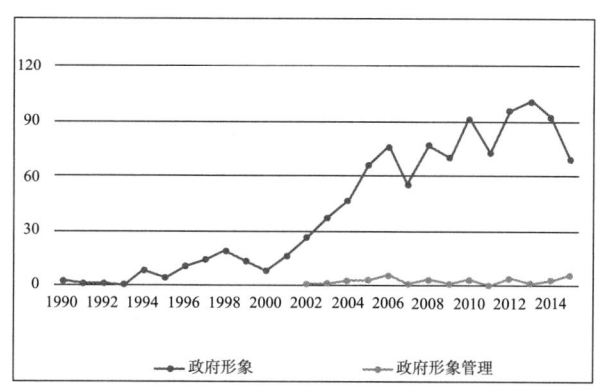

图39-1 "政府形象"与"政府形象管理"研究年份分布

以"政府形象管理"为篇名搜索得到的24篇期刊论文中，仅有6篇登载于核心期刊，其中4篇登载于新闻传播类专业期刊，如《新闻与传播》《中国报业》《新闻知识》《新闻爱好者》等；2篇登载于综合性社会科学类期刊，如《社会科学》和《社会科学研究》。研究主题集中在公共危机和网络时代背景下的政府形象管理，以及对政府形象管理概念、意义的探讨。

什么是政府形象管理？颜如春认为，政府形象管理是在政府总体形象设计的基础上，通过对政府工作质量、政府政策形象、公务员形象、环境形象、传媒形象等实施全面管理，提高政府的内在素质和外在表现，从而提高政府美誉度的现代管理活动和过程的总和①。颜如春将政府形象管理的框架设定为七个组成部分，包括政府总体形象设计、政府工作全面质量管理、政府政策形象管理、政府公务员形象管理、政府环境形象管理、政府传媒形象管理和政府危机管理。

张合斌将社会心理学中的印象管理概念引入了政府形象管理研究中，认为政府形象管理是指政府及其相关组织、部门、机构、系统在网络媒介传播情境下对自身的印象管理的一系列过程，包括获得性印象管理和保护性印象管理，以期改变不良的"刻板印象"和获得社会公众较好的社会评价等要素。政府形象管理的主体是政府及其相关机构、部门、官员、工作人员、媒介机构等，其中影响最大、最能代表政府形象的

---

① 颜如春. 地方政府形象管理初探[J]. 社会科学研究，2002(2): 14-16.

是政府官员，政府官员的形象又包括了角色形象、会议形象、视察形象、言语形象等。而根据政府行政行为模式相对稳定和重大突发事件随机性的特点，政府形象管理的客体可分为固定客体和随机客体，固定客体包含地区总体形象、中心城市形象和主要负责人形象。随机客体包含了地区重大事件、群体事件、危机事件等发生后政府与官员的处理与反应所形成的政府形象。随机客体的处理不当可能带来蝴蝶效应，不仅损害政府形象，还会对政府体系造成伤害[1]。

谢金林提出在网络时代，传播数字化对民主、法治、高效、公平的地方政府形象提出了更高要求，特别是"做"与"说"要统一[2]。同时，网络时代也给政府形象管理带来了难题，包括网络舆论的多元化和尖锐化、政治不信任和问责机制逆向选择等。

网络时代的到来改变了传统的媒体传播格局，更重要的是它改变了传播者与受众之间的关系，除了技术革新带来的传播速度加快和传播信息数量的巨大增长，新媒体凭借其对话与互动的根本特征，迅速将大量公众转变成为媒体信息的发布者和传播者，打破了地方政府对信息权和话语权的垄断，倒逼地方政府与公众就公共事务进行平等协商与对话，并开始主动寻求建立良好的地方政府形象，提升美誉度。公共关系也由此在地方政府形象管理上拥有日益广大的发挥空间，重视公众需求、尊重公众意见也逐渐成为一些地方政府官员的共识。我国一些地方政府开始尝试引入公共关系建立政府形象系统、处理危机事件，但总体上而言，这样的尝试还属凤毛麟角，也还未形成系统的、规律化的政府形象管理机制和模型。

1997年中央政府开展政府形象战略以来，对政府形象的重视在中央层面达到空前高度。对外的国家形象研究风生水起，我国政府也在国外一些传媒平台投放了国家形象宣传片作为塑造国家形象的重要手段之一。然而在地方政府层面，对政府形象却没有达到这样的火热状态。相反，由于缺乏政府公共关系意识和形象意识，对一些突发事件的处理没有满足公众预期，对地方政府形象造成了破坏。而伴随着网络时代自媒体的蓬勃发展，这些不良反应传播速度极快，其影响的深度和广度都大大增强。出于发展本地经济的考虑，一些旅游资源丰富的地区通过建立地区名片，在各类媒体投放广告来树立自身形象，如山西提出了旅游宣传口号"晋善晋美"，将自身旅游资源整合为南来北往知山西、华夏文明看山西、表里河山行山西

---

[1] 张合斌. 网络大众传播视阈下的政府形象管理研究[J]. 新闻知识，2012(1)：18-20.
[2] 谢金林. 网络时代地方政府形象管理：目标、难题与对策[J]. 社会科学，2010(11)：52-60.

和物华天宝品山西四个部分,以五台山、平遥古城、云冈石窟三大景点为支撑,推出了一系列的旅游宣传片。不仅是山西这样的旅游大省,一些古城、古镇甚至古村都推出了自己的旅游名片,如江苏吴江"江南何处好?乐居在吴江",四川阆中古城"我在这里等你"等等。然而这样的旅游名片并不能代替地方政府形象的塑造和管理工作,旅游部门推出的旅游名片也需要各部门协调统筹,否则就会出现2015年夏季青岛大虾事件后"好客山东"不好客的现象。"非典"以后,我国地方政府逐渐意识到公共危机处理中信息及时发布在树立政府责任形象上的作用,也建立起了一套信息发布系统,时至今日,大多数的地方政府部门都有了自己的新闻发言人和对外发布信息的专门机构。2015年天津特大爆炸案后,天津市政府在第一时间召开新闻发布会,并且确定此后每天都召开新闻发布会向社会公布最新的救援信息这一举动,就是十几年来的建设成果。但是数次新闻发布会上地方政府负责人和相关职能部门发言人的缺位,危险品信息和救援信息模糊不清等问题在微博、微信等网络媒体上受到网民的热议,暴露出了地方政府在公共关系上的无知和对地方政府形象的忽视。

二、我国地方政府形象管理存在的问题及分析

(一)形象管理意识缺乏

格鲁尼格认为,卓越公共关系的基础是双向沟通与具备良好的公关意识,通过组织与公众的双向沟通与信息共享与互通,从而实现组织与公众的全方位理解与支持[①]。组织全员公关意识也是公共关系工作的重要原则之一,它要求组织的全体成员包括管理层都具备维护组织形象、保持良好公众关系的思想,要求所有成员都意识到自身言行直接或间接地代表了组织形象,从而自觉约束自身行为。公关意识包含形象意识、公众意识、沟通意识、真诚意识、战略意识和危机意识,等等。没有公关意识,做不好公共关系工作,就不能长久地维护良好的地方政府形象。而目前我国地方政府负责人和其他官员普遍缺乏公关意识,其根本原因是对上负责的体制,以及社会和群众对地方政府的监督和问责效力不足。

---

① 格鲁尼格. 卓越公共关系与传播管理 [M]. 北京:北京大学出版社,2013.

（二）形象建设形式大于内容

卡特里普、森特认为公共关系工作的核心是形象，而地方政府形象的目标不应是固定不变的，必须要随着社会发展而进行调整[①]。1997年我国学界和政界开始对地方政府形象进行研究和实践之后，各地也出现了一窝蜂地群起效仿现象，各省、自治区、市、县、乡甚至村都开始了自己的形象建设，然而在建设的热潮过后，对于形象的维护却乏人问津了。形象的设计和推广不是简单的模仿就可以完成，所以我们今天会看到千篇一律的古城、古镇，没有特色的旅游景区，大同小异的市政建设。地方政府网站建设是政府信息化改革的重要组成部分，但许多地方政府网站建设也流于形式，成了走过场、应付上级检查的样子工程，出现了内容更新不及时、信息发布不准确、意见建议不回应等问题。

（三）形象管理缺乏部门间统筹

目前我国地方政府的形象管理工作处在各自为政的阶段，缺乏专门的公关部门来管理地方政府形象。政务微博出现于2009年，短短几年的发展已经使其成为了继政府网站、政府新闻发布会及新闻发言人制度之后的第三大官方权威信息发布平台[②]。人民日报新媒体中心、新浪微博和人民网舆情监测室联合推出的《2015政务指数微博影响力报告》显示，截至2015年底，新浪微博平台认证的政务微博达152 390个，其中政务机构官方微博114 706个，公务人员微博37 684个，发博量达2.5亿，阅读量为1 117亿。根据腾讯微信团队联合腾讯研究院发布的《"互联网＋"微信政务民生白皮书》显示，2014年全国政务微信总量已达40 924个，覆盖了全国31个省、自治区、直辖市（不含港澳台），其中省市级部门开通的政务微信总量占比84.7%，平均每个政务微信公众账号关注用户超过3.6万。然而已建立的政务微博的运营是各自为政的，相关各地方政府部门之间仍然缺乏构建一个地区地方政府的整体形象所必需的有效沟通和协调机制。

在2015年国庆节假期爆发出的"青岛天价虾"事件中，当地派出所和物价局接到报案后处理不力，派出所先是推脱没有执法权，物价局则称要过完节才能解决，最终报警后经过协调的解决办法仍是先要消费者按照"天价"付款。此事件经过微博广

---

① 卡特里普、森特. 有效公共关系学[M]. 北京：北京大学出版社，1996.
② 2013年10月15日，国务院办公厅发布《关于进一步加强地方政府信息公开回应社会关切提升地方政府公信力的意见》。

泛转发传播后，引起了媒体的注意并进行了广泛和持续的跟踪报道，最终引发了对山东旅游行业、餐饮行业以及山东政府职能部门的大规模网络声讨，促使当地政府对行业进行了集中整顿。但山东旅游一直营造的"好客山东"形象却因此受到了极大的损害。究其原因，根本上还是地方政府各部门之间缺乏统筹，旅游部门设计并传播的"好客山东"形象，并没有在地方政府各部门和基层部门中进行推广和培训，处理突发事件的一线地方政府工作人员不能将维护地方政府形象作为一项工作目标和工作原则，最终损害了政府的整体形象。

（四）形象塑造不能引起公众共鸣

我国地方政府形象塑造目标存在着几种误区，一是认为"地方政府形象就是旅游广告"，主要是对外宣传本地的特色旅游资源，吸引外地游客；二是地方政府形象主要应对上级政府，设定的目标形象"假大空"，不能反映所辖地区公众的真实需求。按照上述两种理念塑造的地方政府形象，自然无法引起公众的共鸣和好感，相反，还会损害公众对地方政府的信任度，为扭转政府不良形象设置障碍。出现上述误区的根本原因在于，我国地方政府职能部门负责人的产生和任命基本由上级党委决定，职能部门的工作实际是对上负责的，人民缺乏监督政府部门的有效途径和手段，因而也就缺乏对政府的影响力。地方政府对公众心理和需求的不重视所带来的后果，就是在塑造政府形象时考虑上级政府的喜好而非公众的需求，地方政府形象塑造的目标就会出现偏移。

（五）形象维护缺乏应对危机的有效机制

西方学者认为当今社会是一个风险社会，危机无处不在。在地方政府形象管理工作中，公共危机爆发既包含着失败的可能性，也蕴含着成功的种子，借助危机不失时机地塑造政府形象既是化解危机的需要，也可以扭转地方政府的不良形象。然而目前我国地方政府还缺乏应对公共危机的有效机制，危机爆发后难以灵活应对，导致公共危机扩散，次生事件频发。地方政府部门表现出手足无措和准备不足，部分政府官员的言行失当经由媒体（特别是新媒体微博、微信）广泛传播进一步引发公众的质疑和不信任，造成更大的危机。2012年陕西发生"8·26"特大道路交通事故，在事故处理现场，时任陕西省安监局局长的杨达才面露笑容的照片被记者抓拍并传送上网，引起舆论热议。很快，网友自发检索杨达才此前发布在网络的照片，发现他戴的手表、眼镜、皮带等都是价值不菲的名牌，网络上掀起更大的质疑声浪。不久杨达才即被撤职并接受纪委调查。2015年天津"8·12"特别重大火灾爆炸事故后，当地政府共举办了11场新闻发布会，但其中也暴露出种种问题，引起公众舆论的不满和质疑。例如官方信息的姗姗来迟，对网络上的流言不能及时作出回应，面对现场记者的诘问，官员的回答常常是"不知道""不清楚""下一场给答复"，显示出官员的准备不足。

一直以来我国地方政府对公共危机的处理也陷入了一个误区，认为危机可以通过"严防死守，不惜一切代价"的短期集中治理得到解决，这样的处理方式治标不治本，甚至在经历数次危机后，公众对地方政府应对危机时千篇一律的口号和动员也形成了抵触心理，这种处理方式在重塑政府形象上的效果也大打折扣。而更严重的问题是，短期集中治理流于形式，不能保证长期治理效果，也无法对治理结果进行持续追踪，危机爆发的问题根源无法得到解决。

三、新媒体环境下地方政府形象管理模式的建立

建构主义理论在20世纪社会科学研究中引起了传统理论范式的一场革命，这个最早诞生于心理学，广泛应用于社会学并在国际关系学中大展身手的理论也可指导地方政府形象管理模式的建设。

建构主义认为，人是在与周围环境相互作用的过程中，逐渐建构起关于外部世界的知识的，知识并非依赖他人传授获得，而是在一定的社会文化背景之下，借助他人帮助，利用必要的学习资料，通过意义建构达成的。人要将原有的知识经验生成意义、建构理解，在社会文化互动中完成。文化认同成为了人们彼此形成群体的重要标准和原则。通过达成社会身份和文化的认同，人们形成了对周围事物的独特认知体系，并以此作为看待世界的参照系，形成自己的意见和态度。拥有相同或类似参照系的人，更容易相互理解，形成友好关系，进而发展成某种利益相关的共同体。建构主义解释了为什么历经几百年战争的法德两国在两次世界大战后能够放下恩怨，携手共建一个经济共同体，并在此基础上发展出了高于民族国家认同的作为"欧洲人"的身份认同。

在公众与地方政府之间的互动中，也逐渐形成了公众心中的地方政府形象。不管地方政府设定了怎样的目标形象，进行了怎样的形象传播，只有这种公众与地方政府

之间直接的互动过程才是地方政府形象管理最为重要、持久的工作对象。在网络时代，这种互动更加便捷、快速，新媒体的出现也给地方政府提供了更为多元的互动平台。依据建构主义理论，在公众与地方政府之间反复进行的社会文化互动过程中，地方政府与公众之间逐渐形成一定的文化认同，甚至形成新的文化环境（许多政务微博和微信使用网络语言来拉近与公众距离，表现亲民，正是这一理论的实践证明，而这种语言使用现象在现实世界的政府工作人员和公众的交往中是难以想象的）。新的文化环境的诞生又会进一步强化地方政府与公众之间的认同和关系，只要双方持续不断进行互动，这种文化环境就会不断得到丰富和加强，形成地方政府与公众之间信任感、安全感的源泉。

在这个循环中，构建对地方政府形象进行有效管理的模式需要政府首先明确自身的目标形象定位。网络时代的到来改变了公众与地方政府之间沟通互动的途径、频度和方式，总体上说，新的时代要求地方政府更加民主、公正、高效和法治。除了树立一个长远的形象塑造和管理目标，更重要的是下决心将理念化为行动，将地方政府形象管理融入政府日常工作当中，成为政府工作人员的工作本能，真正做到"知行合一"。

地方政府形象管理是一个动态交互过程，我们可以将这个动态过程形成下面的模型。

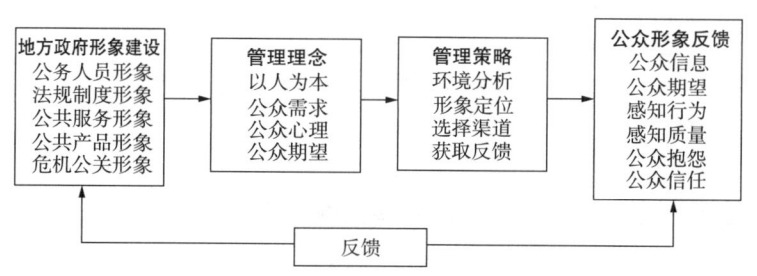

图39-2 地方政府形象管理模型

该模型主要包括：地方政府形象构建、管理理念、管理策略和公众形象反馈。

1.地方政府形象有多方面具体内容，包括公务人员形象、法规制度形象、公共服务形象、公共产品形象、危机公关形象，等等。公共服务形象和公共产品形象居于核心位置，是最能影响整体政府形象的要素。

2.管理理念强调以人为本，将公众需求放在管理地方政府形象的核心位置，以公众心理为导向，调整改进地方政府形象的传播方式，及时回应公众对地方政府形象的期望。

3. 管理策略是以管理理念为指导，通过对环境分析、地方政府形象定位，选择合理的传播渠道将地方政府形象传达至公众。公共关系工作中的四步工作法正可适用于此。通过对地方政府形象传播环境和公众需求、公众心理的分析，在此基础之上，以符合环境需要和公众需求为标准进行地方政府形象定位，选择合理的传播渠道，并获取公众反馈。

4. 公众形象反馈是通过各类信息搜集途径，评价公众对地方政府形象意见的动态反馈。站在公众角度建立地方政府形象满意度指标测评体系，可以借鉴美国顾客满意度指标体系ACSI体系。在ACSI体系中，包含一个目标变量——顾客满意度，三个原因变量——顾客期望、感知质量和感知价值，两个结果变量——顾客抱怨和顾客忠诚[①]。我们可将这个体系中的变量结合地方政府形象管理实际，调整为目标变量——公众满意度，原因变量——公众信息、公众期望、感知行为、感知质量，结果原因——公众抱怨和公众信任。具体模型如图39-3：

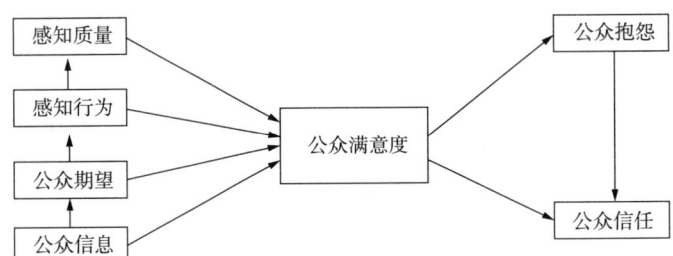

图39-3　地方政府形象公众满意度测评模型

四、新媒体环境下地方政府形象管理的系统性策略

在地方政府形象管理模型中，管理策略居于核心地位，只有选择适当的管理策略并切实实施，才能实现地方政府形象管理目标，形成地方政府形象管理模式的正向循环。

---

① 吴建南，张萌，黄加伟. 基于ACSI的公众满意度测评模型与指标体系研究[J]. 广州大学学报（社会科学版），2007(1)：13-17.

(一)区分地方政府形象的日常管理工作和危机管理工作,形成独立的形象建设与运营团队

新媒体时代的一个重要特点是,基于新媒体平台的地方政府与公众之间互动频度大大提高。新媒体如微博、微信为普通人提供了极为方便的参与公共议题的途径,也发展出了用户黏性非常高的产品特性。新媒体为用户提供了一个免费而威力巨大的麦克风,信息与知识摆脱了传统媒体的垄断,成为人人都可掌握、利用、传播的话语权。这意味着人民对地方政府的监督能力在变强,普通人也更加积极地参与到这个过程中来。在这个人人成为新媒体,争夺公众注意力的时代,要想掌握信息的发布权,形成与公众的长期密切沟通,必须要组建独立的形象建设与运营团队,进行专业的形象设计、建设、传播和管理工作。

同时要区分地方政府形象的日常管理工作和危机管理工作。目前大多数地方政府部门都在运营的政务微博和微信,需要根据技术发展不断进行版本更新,内容也需要紧跟社会热点和发展趋势,持续不断地吸引公众进行互动,才能维持公众对它们的持久关注,形成行为依赖和情感联系,为建立良好地方政府形象打下基础。而危机形象管理工作与日常管理工作是有区别的,需要提前做好危机事件的应急预案。特别是现今各类危机频发,形象运营团队可根据危机种类的不同提前做好相应的处置方案,避免政府公务人员由于缺乏危机公关意识和专业知识,延误处理时机,采用错误方式而引起更大的危机。

(二)转变传统形象定位,建立与时俱进、符合公众心理预期的形象目标

传统的地方政府形象定位偏向正统、威严的"衙门式"形象,建造豪华的地方政府办公大楼、宽阔的楼前广场等都是这种形象定位下的产物,大部分地方政府的网站设计也较为死板,使用便利性较差。政府公文用语往往晦涩,普通民众难以理解,也加深了人们与地方政府之间的距离感。不论是地方政府的物质环境还是网络门户,都是公众认知地方政府形象的第一途径,在上述传统形象中,无论怎样强调向"服务型"政府转变、建立亲民政府都无法改变公众印象中政府"高高在上"的衙门形象。新媒体所带来的网络舆论方式的革命,要求一个更加民主、公开、廉洁高效的地方政府形象,也更要求地方政府形象与时俱进,用民众能理解的语言进行交流。一些政务微博已经开始转变文风,吸引了大量年轻人的关注,如使用最新流行的网络语言发布信息,除了发布公务信息外,还有早安帖、晚安帖、节假日祝福、网络热点原创段

子，等等。这正是满足了公众对政府的"平民期待"。与此相似的是另一股"权威萌化"风潮，网友将印象中严肃、正经的社会权威覆上轻松、活泼、可爱的色彩。这一风潮的掀起并非来自权威自身的"亲民化"策略，而是公众的自发行为。这既是公众自身认知结构变化带来的对权威形象的重新解构，又是公众渴望与权威建立心理联系这一需求的外在行为表现。比如习近平与奥巴马散步的照片被网友比喻为动画形象中的"维尼熊"和"跳跳虎"，习近平亲自打字发微博的视频也被网友称赞"萌""可爱"。中国网互动中心抓住了这个趋势，发布了一系列Q版习近平漫画和动画视频，讲解中国领导人的晋升之路，得到了网络舆论的一片好评。这正是以公众心理和需求为导向，用公众的语言，讲公众听得懂的故事的体现。

（三）开拓以新媒体为主的多种形象传播渠道

新媒体的时代已经到来，今天的地方政府部门除了拥有自己的官方网站外，还要花大力气建设自己的新媒体传播平台——微博、微信公众号等。微博和微信公众号已经成为了地方政府最新、最便捷、传播最广泛的信息发布渠道。随着新媒体技术的不断发展，如今的政务微博和微信还发展出了新的功能，如公共事务缴费、政务办理、信息查询等一系列互动形式。

在努力开拓新媒体传播渠道的同时，传统媒体和地方政府网站的建设也应不断加强。传统媒体在今天仍然拥有强大的信息深度整合和处理能力，受众仍然数量众多，地方政府仍需重视传统媒体的力量，继续学习如何与媒体合作，打破彼此之间的不信任，更好地利用媒体展示自身形象。地方政府网站信息需要及时更新，从受众浏览习惯对网页进行设计，让网站真正成为地方政府形象的展示平台。

（四）整合形象传播策略，统筹地方政府各部门和形象管理各个环节的工作

传统媒体、地方政府网站和微博、微信并非各自独立的传播渠道，可以将它们进行内容和策略的双重整合。其一，根据受众群体的不同，对在不同传播渠道发布的信息内容、语言形式都进行相应调整，以达到使受众最大限度理解、接受信息的效果。其二，根据各传播渠道特点及信息传播周期的不同，制定整体传播策略，以达到传播广度和深度的最佳效果。其三，在形象管理工作和地方政府其他日常管理、服务工作之间构建有效沟通平台，使两者形成有机互动，地方政府日常工作成为形象管理工作的基础，而形象管理工作也为实现更顺畅的日常工作服务。要使形象管理工作与地方

政府其他部门之间的工作形成有效沟通和互动,就必须要将这一工作提升至地方政府决策层,保证形象管理成为地方政府一项常态化的重要内容。同时要建立一套社会舆论监测和预警机制,在危机可能发生或刚刚发生时,就能使地方政府决策层快速获取相关信息,以更好地把握时机、处理危机,扭转危机带来的不良影响。

(何娜,内蒙古财经大学公共管理学院教师;
李雪峰,内蒙古财经大学公共管理学院教授、副院长)

第四十章 科学传播研究

一、引言：科学传播研究与公共关系话语的分野

随着科学的高速发展及其对人们生活的不断渗透，科学传播和与之相关的健康和风险传播研究日益受到重视。[1]作为实务的科学传播，其核心使命就是提升公众科学素质和对科学事业的支持。尽管这一提法与公共关系的实践诉求不谋而合，但长期以来，鲜有学者从公共关系的视角审视科学传播。极少数涉及公共关系的科学传播学者，更多的是将科学传播的公关诉求作为批评的对象。[2]

如果我们秉承客观和全面的态度看待公共关系，我们就会看到健康的公关实践和公关理论的着眼点都是致力于同时服务于机构和公共利益。如1978年世界公关协会大会为公共关系做出的定义是：公共关系是一种艺术和社会科学，通过分析趋势、预测结果、与组织领导人协商和实施有计划的项目来同时服务组织和公众的利益。[3]这一点，与科学界希望提升公民科学素质，从而提高公众对科学的支持非常一致，都是着眼于双赢的结果。

本章第三节将要分析，科学传播领域的主流研究者秉承了对科学不断扩张及其在社会中的影响的批判态度。[4]但这种批判的一个默认前提是科学界在以公关手段侵蚀社会。如果我们秉持更加全面的公共关系的定义，我们就会看到，这些被批评的公关行为恰恰可以成为科学造福人类社会的努力的一部分，动态的科学传播恰恰可以看

---

[1] 朱巧燕. 国际科学传播研究：立场、范式与学术路径[J]. 新闻与传播研究，2015（6）：78-92.
[2] GÖPFERT W. The strength of PR and the weakness of science journalism[M] // Bauer M W, Bucchi M. Journalism, science and society: science communication between news and public relations. London and New York: Routledge, 2008: 215-226.
[3] CROPP F, PINCUS J D. The mystery of public relations: unraveling its past, unmasking its future[M] // HEATH R L. Handbook of public relations. Thousand Oak, CA: Sage, 2001: 189-204.
[4] SHEILA J. A mirror for science[J]. Public understanding of science, 2014, 23(1): 21-6.

成是包含这些被批评因素在内的、旨在同时促进科学与社会良好互动的公共关系的艺术。

同时，如果我们着眼于我国的科普与科学传播，我们会看到，我国科学传播活动在很大程度上承载了提升政府政治合法性的使命。[①]如果人们以偏见的眼光看待其中蕴含的公共关系，那么我国的科学传播将很难做到促进公众参与、提升公民科学素质的目标。但如果我们以更加双赢互动的视角来解读公关并做出相应的政策变更，我们国家的科学传播活动和效果也将得到显著提升。

尽管着眼于提升公共利益和科学形象的公共关系与科学传播有诸多不谋而合之处，但有关两者关系的研究在中文文献中完全是空白，在英文文献中除了上述的批评性话语外，也只有一些概述性研究。[②]这可能与长期以来，隶属于中科院、中国科协、科技部等专业科技部门的学者和专业科普人员是从事科学传播理论研究和实践的主力，公共关系与新闻传播领域学者对该学科的理论渊源并不熟悉有关。基于这种状况，本章将着眼于填补既有研究的空白，从公共关系的理论和实践的视角，梳理科学传播实务与理论的发展历史、审视批判的科学传播研究如何与科学界诉求融合、分析中国当代科学传播的发展，并在此基础上提出科学传播与公共关系两个领域的融合可能带来的研究机遇。

二、从科普到公众理解科学：科技界的公共关系溯源

作为一门学科的科学传播的发展，离不开多年来的科学普及的实践。然而科学传播的学术研究，早在近代科学发端之际，科学宗师们就认识到传播科学的重要性。例如，培根就指出，知识的力量不仅取决于其自身的价值，更取决于它是否被传播以及被传播的深度与广度。[③]科学普及作为一种有组织的实践，诞生于19世纪下半叶。[④]随着美国19世纪末20世纪初在科技上的迅速发展，包括莱特兄弟、爱迪生等在内的一

[①] 贾鹤鹏，范敬群. 科学传播——从普及科学到公众参与的挑战［M］//詹正茂. 中国科学传播报告（2013—2014）.北京：社会科学文献出版社，2014：91-107.

[②] BORCHELT R E, Nielsen K H. Public relations in science［M］// BUCCHI M, TRENCH B. Routledge handbook of public communication of science and technology, 2rd ed. London and New York：Routledge, 2014：58-69.

[③] 松鹰. 培根的三句名言［J］. 科普研究，2009，4（2）：80-84.

[④] 石顺科. 英文"科普"称谓探识［J］. 科普研究，2007（2）：62-66.

大批发明家开始频繁利用媒体发布新的发现与发明,并由此催生了科技人员通过媒体宣传科研进展的模式。① 这个阶段的科学传播,以用浅显的语言向公众报道和解释科技进展为主,科普正是对这些活动的贴切的描述。

从上面的描述不难看出,在科技作为产业初兴的年代,对科学技术的推广和普及与企业的公关活动并无本质不同,两者都致力于在带给公众讯息的同时,提升讯息发布者的公共形象。然而,以宣传私人研发的技术为特征的科学传播实践,很快让位于标榜公共性的举措。除了继承自启蒙运动的以科学挑战迷信和教权的这一使命不断赋予科学传播以道义正当性之外,科学传播具有的另一个特征就是其服从于科学界的高度组织化特征。美国科学史上就出现过科学家因为直接接受媒体采访而受到所在学会指责的案例。② 实际上,这样的案例所体现的恰恰是科学共同体正在不断发展出不依赖于社会认可,而依赖于同行评价的内部评判标准。科学社会学创始人、美国学者默顿(Robert Merton)从社会结构对科学的起源与发展的解释形象地说明了这种标准。他认为,四种规范——普适性、公有性、无私利性、有组织的怀疑主义——体现了现代科学的基本特征,确保了其真理性,并使它不同于社会其他的知识体系。③

从默顿对科学特性的概括我们可以看到,科学所遵循的普适性、公有性等原则让其不同于以实现组织目标为首要使命的公共关系。这种普适性从一开始就赋予科学传播以公共性形象。随着资本主义在西方的发展,各国纷纷建立起了非盈利性的国家科学院、研究型大学和公立研究机构,这些机构的公共性形象很快催生了同样是非盈利的公共科学传播机构,如英国的科学协会、美国科学促进会以及报业大亨斯克里普(E. W. Scripps)于1921年赞助成立的以向媒体和公众提供精确科学报道为使命的科学服务社(Science Service)。如果说英国科学协会以及美国科学促进会还具有科学界综合组织的特征,科学服务社则是一个专业的科学传播机构,其完全免费地向媒体提供科学信息服务的做法让科学传播的公共性被广泛接受。

但是,并没有任何一个机构可以代表科学界整体。科学和科学界总是由一个个具体的科学家和科技机构来组成,而传播科学福祉这一公共事业不可避免地与具体组织机构提升自身的形象融合在一起。这就让科学传播的实践与以服务组织(同时服务公

---

① 李大光. 发明家与美国文化[M]//《科学传播简史》. 北京:中国科技出版社,2015:165-181.
② DUNWOODY S. Science Journalism[M]// Bucchi M, Trench B. Handbook of public communication of science and technology, 1rd ed. London and New York:Routledge, 2008:15-26.
③ MERTON R K. The sociology of science: theoretical and empirical investigations[M]. Chicago: the University of Chicago Press, 1942:267-280.

众)为核心使命的公共关系不谋而合。这一点清楚地体现在二战后公众理解科学运动的发展中。

在两次世界大战中科学技术发挥的重要作用,让各国政府和科学界普遍认识到提高公民对科技事业支持的重要性,提高公民科学知识水平被普遍认为是提升民众拥戴科学的必经途径。如现代公民科学素养指标的奠基人米勒(Jon Miller)就指出,知识水平与人们理性认识世界,从而接受科学的指导有关。[①]而苏联在航天科技和基础教育指标上对美国的超越,更是让美国政府开始意识到加强科学普及和科学教育的重要性。从20世纪50年代开始,公众理解科学运动成为了美国和其他西方国家的一个重要社会潮流和政策优先性选项,其覆盖范围超越了科学界本身。

然而,学者们的研究则表明,公众理解科学运动与一系列机构的积极运作密切相关。这些机构包括美国科学促进会和美国科学作家协会等。对于世界上最大的综合性科学组织——美国科学促进会而言,各种专业性科学同业组织的迅速发展在二战后让其感受到了生存危机,而推动公众理解科学运动,恰恰可以体现该综合性科学组织超越于各专业学会的优势。美国科学作家协会的主体是科学记者和科普作家,通过积极推进公众理解科学运动,这些在媒体界与出版界通常处于较为边缘地位的专业人士可以在更大程度上维护自己的利益。美国政府各部门同样是公众理解科学运动的推动者和受益者,因为这一运动提升了各部门决策的科学形象,也让其更加容易赢得国会的拨款。[②]

无疑,公众理解科学运动在致力于提升全体公众科学素质的同时,也成了该运动创始和推动机构的有效的公共关系项目。在此,我们有必要澄清在科学传播语境下公共关系的含义。按照科学传播专家波切尔特(Borchelt)的说法,在科学传播情景下,公共关系应该包含如下要素:(1)向公众传递有关科学的信息;(2)与公众发展出有意义的关系以扩大其对该组织工作的支持;(3)但同时,科学传播情景中的公共关系与商业情景最大的区别在于其并不以对本组织的营销为主要目的,虽然营销可能是这种公共关系的组成部分之一。

---

① MILLER J D. Scientific literacy: a conceptual and empirical review [J]. Daedalus, 1983, 11(1): 29-48.
② LEWENSTEIN B V. The meaning of 'Public understanding of science' in the United States after World War II [J]. Public understanding of science, 1992, 1(1): 45-68.

波切尔特的说法，在英国皇家学会身上得到验证。① 与中国科学院等实体性科学院不同，英国皇家学会或美国科学院自身没有科研实体，因此它并不需要直接向公众宣传自己的成果。但英国皇家学会或美国科学院等机构经常需要通过宣传院士咨询报告的形式代表科学界发声，以说服公众支持科学界的共识，如气候变化的人为特征和灾难性后果，或转基因食品的安全性等。在这一过程中，公共关系必不可少。对于英国皇家学会或美国科学院而言，在代表科学界发声、树立和维护科学权威的同时，也强化了本机构的权威地位。这与美国科学促进会等通过推动公众理解科学运动而聚焦组织目标、凝聚组织力量和体现组织存在度非常类似。

三、重新审视和解构科学与公众参与：公共关系的视角

始于20世纪60年代末的环保、反核和反战运动，让越来越多的西方公众加入到质疑现代科学的阵营中。与此同时，科学传播的专业研究也在这种情况下得到迅速发展，并最终形成了一门有独立学术共同体的学科。科学传播自起步阶段起就对科学中心观进行挑战，认为科学传播应从科学界向公众传授知识的缺失模型（deficit model）向公众与科学家进行对话的公众参与科学模型（Public engagement with science）转变。②

科学传播学者批判性地指出，公众理解科学这一提法，要求公众理解的是科学的好处。科学界支持科学传播本意是鼓励科学家积极与公众沟通，改变他们不被公众信任的状况，但公众理解科学的提法却变成了要求公众去理解来自科学家的信息而不是相反方向。③ 学者们发现，尽管媒体报道了越来越多的科学不端事件，但这些报道传递的核心信息是科学具有自净功能。④ 尽管科学家们对媒体不能精确报道科学

---

① WARD B. The Royal Society and the debate on climate change [M] // BUCCHI M, TRENCH B. Routledge handbook of public communication of science and technology, 2rd ed. London and New York: Routledge, 2014: 159-72.
② BUCCHI M. Deficits, deviations and aialogues: theories of public communication of science [M] // BUCCHI M, TRENCH B. Handbook of public communication of science and technology 1rd ed. London and New York: Routledge, 2008: 57-76.
③ WYNNE B. Further disorientation in the hall of mirrors [J]. Public understanding of science, 2014, 23(1): 60-70.
④ NELKIN D. Selling science. how the press covers science and technology [M]. New York: Freeman, 1987.

抱怨不休，但在总体上，科学信息在从科学共同体流向媒体的过程中，总体上处于科学家一方的掌控之中。①不仅如此，实际上科学普及的概念划分了科学和在知识上低人一等的科普并把裁量权留给了科学家，从而让科学家可以掌控科学传播的过程。②案例研究也表明，在切尔诺贝利核事故污染的过程中，政府指派的专家对英国坎特伯雷地区绵羊受核污染的调研结论，并不比羊农的地方性知识更能反映实际情况。③

这些对科学传播过程的批判性反思，导致了贯彻民主精神的公众参与科学模型的诞生和发展。这一模型的核心在于强调，在科学发展问题上，公众与科学家具有同等资历参与决策，科学发展需要通过与公民的对话取得公众支持。在民主社会，科学并不比其他知识具有更高的发言权，因为科学总是关乎社会的。④科学传播学者深入探讨了科学传播的社会结构，特别是其中的权力构成，也解构了在科学传播过程中科学共同体具有的绝对权威。这些工作，为公众与科学家开展"平等"对话，提供了理论基础。

另一方面，科学传播学者的批判性反思，与现代公共关系理论的发展不谋而合。公共关系正在走向双向的传播模型，许多学者和实践者都越来越倾向于使用"对话"来描述执行公关行动的组织与其受众的关系。⑤尽管公共关系对话的形式多样，但其理论内涵却主要在于通过对话可以弥补组织与公众彼此知识的不足，而对话的过程也是增进信任的过程。实际上，尽管由于科学具有的崇高社会地位，批评性的科学传播学者主导性的意见，仍然是公关对话的基本原则。从实践而言，科研机构纷纷采纳与公众对话的形式组织其科学传播活动，而第三方的科学传播机构也频繁举办公民共识会议或科学听证会等形式的公众参与科学活动。所谓科学共识会议指的是就新兴技术或科学争议，选择毫无背景或相关利益的公众，让其在聆听各方观点后经过充分讨论

---

① LEWENSTEI B V. Science and the Media [M] // JASANOFF S, MARKLE G E, PETERSEN J G, PINCH T. Handbook of science and technology studies. Thousand Oaks, Ca.: Sage, 1995: 343-360.

② HILGARTNER S. The dominant view of popularization: conceptual problems, political uses [J]. Social studies of science, 1990, 20(3): 519-539.

③ WYNNE B. Misunderstood misunderstanding: Social Identities and public uptake of science [J]. Public understanding of science, 1992, 1(3): 281-304.

④ IRWIN A, WYNNE B. Introduction [M] // IRWIN A, WYNNE B. Misunderstanding science? the public reconstruction of science and technology, Cambridge, UK: Cambridge University Press, 1996: 1-17.

⑤ KENT M L, TAYLOR M. Toward a dialogic theory of public relations [J]. Public relations review, 2002, 28(1): 21-37.

达成共识。科学听证会与之类似,由公众充当模拟陪审团成员,让科学家一方举证说服他们。

这些活动的目的,显然也在于通过科学家与公众的对话,让后者理解和拥护科学。在调动公众参与、执行公众对话方面,公共关系理论与实践已经取得了很大成果,通过汲取公共关系理论与研究,公众参与科学模式也有可能进一步被发扬光大。

四、公众参与科学的公关解决方案

批判的科学传播研究奠定了公众参与科学模型在科学传播中的主导地位。有学者指出,"公众参与科学"已经成为了科学传播领域最时髦的用语。① 但是,这些学者没有从公共关系的角度、原则或实施手段方面去看待公众参与科学,这导致很多公众参与的倡议更多停留在道义合法性的层面。

实际上,公众参与科学无论在理论上还是在实践上都面临着诸多挫折与挑战。② 这方面的标志性事件是丹麦政府于2012年停止了对丹麦技术委员会(Danish Board of Technology)的资助。丹麦技术委员会以开创和频繁举办科学共识会议而闻名世界科学传播界。丹麦政府停止资助丹麦技术委员会的原因,是其举办的共识会议或其他科学对话在国内关注度和参与度不高。③

丹麦技术委员会的事件显示了一个尴尬的事实,即科学传播学者虽然热衷于公众参与,但公众对于与自己切身利益并不相关的科技议题却缺乏参与的动机。如何选择公众代表、何为恰当的公众参与的话题,以及如何通过网络实现公民有效参与科学都是公众参与科学模型面临的挑战。④

针对公众参与科学模型遭遇的挑战,批判性的研究者将现行的公众参与科学活动和科学界的公共关系举措联系起来,认为这些活动大多数由科学共同体发起,其

---

① BENSAUDE V B. The politics of buzzwords at the interface of technoscience, market and society: the case of 'public engagement in science'. [J]. Public understanding of science, 2014, 23(3): 238-253.
② 贾鹤鹏. 谁是公众,如何参与,何为共识?——反思公众参与科学模型及其面临的挑战 [J]. 自然辩证法研究, 2014(11): 54-59.
③ HORST M. On the weakness of strong ties. [J]. Public understanding of science, 2014, 23(1): 43-7.
④ STILGOE J, LOCK S J, WILSDON J. Why should we promote public engagement with science? [J]. Public understanding of science, 2014, 23(1): 4-15.

目的并非是真正贯彻公民平等参与原则,而是通过互动和对话让公众接受科学。^①真正的公众参与科学,应该抛弃科学的这种主导地位,让其与各种有意义的知识平等对话。^②

批判性的科学传播促使我们在更加深刻的层次上探讨公共关系与科学传播的关系。诚然,学者们的批判看起来更像在贬义上使用"公关"这一词汇,但是,公共关系实践的重要前提是其所服务的组织,在满足和促进社会公共利益的同时也能获得尽可能大的知名度或公众支持等效益。也就是说,学者们认为在科学对话中公众一方享有至高无上的权利,可以颠覆科学界及其规则,这从公共关系的角度是不可接受的。实际上,很多科学传播学者也认识到这一点,认为公众意见虽然很重要,但并不能颠覆科学结论,正如公众不能替中央银行决定利率或替政府决定财政政策一样。^③

站在公共关系的角度审视科学与公众的关系,我们发现两者实际上可以发展出一种互利关系,而不是像以往的科普做法一样,公众只是科学的受益者,也不是如一些比较激进的科学传播学者所批判的一样,公众的政治权利可以颠覆科学共识。如果从这个角度,我们可以说,公众参与科学不应该只是质疑科学中心主义,也应该确保公民们向往的技术能得到发展。^④公众有质疑科学的权利,但也同样有学习科学的权利。^⑤

我们强调,即便在公众参与科学这一民主框架下也要认识到,既然是探讨科学问题甚至是科学争议,那么科学知识不可避免地具有中心地位,这种中心地位本身并不意味着霸权。但是,对特定问题的解释权,并不意味着科学知识在制定政策上具有垄断地位。公众参与科学这一民主原则,首先应该体现为公众对科学议题的恰当关切和对科学议程的合理设定。公众参与科学的民主属性也应该体现为民众及其代表对科学组织和科学行为的监督,包括公民代表审批科研预算、衡量科学项目的民生收益、曝

---

① SHEILA J. A mirror for science [J]. Public understanding of science, 2014, 23(1): 21–6.
② WYNNE B. Public engagement as a means of restoring public trust in science – hitting the notes, but missing the music? [J]. Public health genomics, 2006, 9(3): 211–220.
③ MAZUR A. Media coverage and public opinion on scientific controversies [J]. Journal of communication, 1981, 31(2): 106–115.
④ JONES R A. Reflecting on public engagement and science policy [J]. Public understanding of science, 2014, 23(1): 27–31.
⑤ DAVIES S, MCCALLIE E, SIMONSSON E, et al. Discussing dialogue: perspectives on the value of science dialogue events that do not inform policy [J]. Public understanding of science, 2009, 18(3): 338–353.

光科学不端行为等。① 这些公众参与科学的民主属性，与公共关系视角中负责任的组织及社会或公众的关系并无不同。② 将公共关系的组织原则、组织与机构的辩证关系、在不同目标之间进行权衡以及相对成熟的各种执行细则应用到公众参与科学活动中，会让这类活动在实践中取得更好的效果。

五、我国的科学传播与公共关系

以上，我们以公共关系的视角梳理了国际科学传播领域的实务和理论发展。那么中国这方面的情况如何呢？本节我们将对中国科学传播的理论实践与公共关系的相关性进行梳理，并在此基础上分析，对于中国科研以及科学传播机构而言，如何从公共关系理论和实践中汲取养分，以促进我国科学传播事业的发展。

回顾我国的科学传播实践和理论发展，我们看到，与西方一样，我国的科学传播实践也起步于面向公众传递科学知识、提高公民科学素质的科学普及。但与西方不同，中国的科普从一开始就承担着宣传国家科技政策和科技成就的政治使命，并得到了国家的强力支持。③ 但是，在传统的科研体制下科学界至少在表面上看起来不需要通过游说来维系和增加资助机构对自己的支持。

这种情况，加上公共关系在中国经常被片面化理解，导致公共关系的视角至今尚未被科学传播界的决策者、学者和实践者所关注。但正如我们上文分析的，尽管科学传播或普及的是抽象的科学，但其实施无一不是通过具体的机构，其实施过程大多数情况下也有助于实施机构扩展其利益或推广其理念。这一点，在中国并无不同。

首先，中国的科学界是科学传播活动的主要受益者，这不仅仅体现在这些活动促进了公众对科学的拥戴并进而支持科技政策和研发活动，也体现在具体实施科学传播的科研院所往往可以提升其社会影响力，进而获得领导层的更多关注。虽然缺乏经验证据，但我们可以合理推测科学机构提升其影响力与其事业支持有相当关系。所以不难推定，科学组织的科学传播活动，与公共关系密切相关。

其次，各级政府既是科学传播活动的支持者也是主要的受益者。科学在中国拥有

---

① 贾鹤鹏，苗伟山. 公众参与科学模型与解决科技争议的原则 [J]. 中国软科学，2015（5）：58-66.
② CLARK C E. Differences between public relations and corporate social responsibility: an analysis [J]. Public relations review, 2000, 26(3): 363-380.
③ JIA H, LIU L. Unbalanced progress: the hard road from science popularisation to public engagement with science in China [J]. Public understanding of science, 2014, 23(1): 32.

的崇高社会地位与政府支持分不开，科学成就则一直是政府合法性的组成部分。近年来，通过宣传和推广决策科学化，各级政府也将施政的合法性奠基于科学之上。这表明，科学传播在一定程度上也是一种政府公共关系。实际上，近年来国内公共关系学界也广泛注意到政府公关的重要性，这既体现在一般意义的政府形象[①]上，也与公共危机相关[②]。

第三，随着研发能力的增加和国家战略由中国制造转向中国创造，中国的企业公共关系也将越来越多地与科学传播联系在一起。这并非仅仅意味着企业为自己的研发或商务活动增加科学的标签，更体现在随着企业原始创新能力的提升，维护科学形象，促进民众对科学的拥戴也有益于企业自身的发展。

第四，随着我国的经济进步和社会多元化的发展，公众对待科技的态度也日趋复杂，转基因、垃圾焚烧和PX化工厂建设等科技争议不断涌现，传统的科普研究越来越难以跟上时代的发展。在这种情况下，科技争议的相关方，特别是代表科学的一方，不得不采用各种公共关系的手段。通过积极吸纳公关学界的研究成果和业界的实践措施，科学界也可以扭转至少是减少自己在目前的科技争议中所处的被动局面。遗憾的是，这方面的工作远远没有展开。中国科技界雇佣公关公司或公关服务的案例仍然极为稀少。

当然，科技界与公关业的结合程度较低，也与后者对前者的行为逻辑和知识构成缺乏了解有关。这些情况说明，科学传播亟待与公共关系相结合，至少，科学传播学界应该与公共关系研究密切合作。这一重大问题并非本章有限的篇幅可以充分解决，但此处可以就一些原则性问题进行探讨。

首先，通过汲取公共关系的理论与实践，科学传播可以从中极大受益。这包括更加明晰地制定科学传播的战略和战术目标，甄别不同信息的受众差异，采取多样化的信息发布渠道，掌握信息发布的节奏，做好科学传播信息发布的效果评估，组织科学传播相关的活动，促进科学与公众的对话有序而有效地进行，以及做好为了以外部传播为目的的科学机构组织内部的有效沟通。实际上，上述的大部分手段，已经成为西方主要科学机构的常规活动，虽然西方主要科学机构并不必然雇佣外部公关公司，但其专业化的操作手法与公共关系的操作细则并无不同。而纵观我国的科学传播活动，

---

① 詹文都. 政府公共关系[M]. 广州：华南理工大学出版社，2004.
② 王晓成. 论公共危机中的政府公共关系[J]. 上海师范大学学报（哲学社会科学版）. 2003, 32(6)：23-27.

传统的单向的科普、教育和宣传仍然占据着主导性的地位。①

其次，科学传播研究可以和公共关系研究深入结合，细致探讨特定科学信息或信息传递方式对特定组织的公共形象的影响。前面分析过的公众与科学的对话所产生的公关效果，以及利用公关手段更好组织科学对话等也值得进行系统研究。另外，各种公共关系战略和手段在科学话语中如何得以实施也值得研究。传统的公共关系研究毕竟与科学机构结合不多，如何在科学传播的语境和科学规则下落实各项公关原则，也需要认真分析。这样的研究不但能丰富科学传播和公共关系的理论和实践，对于促进公众理解科学、科学获得公众的支持也大有裨益。

第三，在争议性科学议题上，科学界应该极大地吸收公关界已有的成果和操作手段。它们包括但不限于恰当地应对争议的举措、把握发言的恰当时机、如何更好地展现机构可信性、如何合理利用外部力量、如何调动组织资源应对外部挑战等。可以说，相当多的科技争议的升级和持续，与肇事机构不恰当的处理方式是有关的。如果科学界能够恰当地汲取公共关系领域的精华和资源，很多争议可能会得到较为妥善的解决。目前，包括中科院和科技部等政府科学机构已经通过邀请危机公关专家讲座的方式进行这方面的学习，但由于缺乏双方学者的协作，这方面的工作还远远谈不上系统化。

第四，科学传播也可以成为公共关系学术发展的重要资源。科学传播的核心要素之一，在于专业化体系与公众的交流，多年来的科学传播研究在这方面已经积累了大量经验和研究成果。很显然，专业化体系并不限于科技界。科学传播领域很多普及与交流专业知识的手段都可以通过公共关系学界扩散到其他专业领域的沟通中，如金融。②不仅如此，高新技术企业越来越成为科技创新主体，这既是科学传播关注的领域，也是公共关系研究的对象，③两个学科在该领域的合作大有可为。

---

① 贾鹤鹏，刘振华. 科研宣传与大众传媒的脱节——对中国科研机构传播体制的定量和定性分析[J]. 科普研究，2009，4（1）：17-23.
② ELIAS C. The use of scientific expertise for political PR: the 'Doñana' and 'Prestige' cases in Spain [M] // BAUER M W, BUCCHI M. Journalism, science and society: science communication between news and public relations. London and New York: Routledge, 2008: 227-238.
③ GREGORY J, AGAR J, LOCK S, HARRIS S. Public engagement of science in the private sector: a new form of PR? [M] // BAUER M W, BUCCHI M. Journalism, science and society: science communication between news and public relations. London and New York: Routledge, 2008: 203-214.

六、结论

作为探讨科学传播与公共关系学术关联的探索性文章,本章的重点是从公共关系的视角审视了科学传播学科的发展与理论建设。我们首先通过梳理科学传播的历史发展和理论渊源,讨论了如何从公共关系的视角看待科学传播,并在此基础上分析了科学传播的理论发展如何与公共关系相融合、科学传播的实务与理论的困境如何能通过引入公共关系的视角加以消解。最后,我们重点分析了中国的科学传播实务及其与公共关系领域进行协作的可能性和途径。

通过上述探讨,可以肯定,科学传播与公共关系两个学科具有很大的相互协作的空间,但目前,这种协作还处于襁褓状态,我们仍然缺乏大量基础性研究。下面是科学传播与公共关系两个学科开展协作研究的一些可能的方向。

首先,我们还缺乏对两门学科的协作及彼此之间的张力的系统分析。迄今为止,在中英文文献中,对此均没有系统的文献综述。

其次,基于两者协作的前景,我们可以秉持公共关系的理论与实务原则,系统审视科学传播的各个环节,在积极吸纳公共关系研究成果和经验的同时,探索两者可能的结合点。

第三,我们可以在科学传播的情景下大量开展公共关系研究,以此来验证公共关系的各种理论,是否可以应用于科学机构或科学传播情景。

第四,公共关系研究已经形成了系统的效果评估手段,而科学传播仍然缺乏以组织为核心对科学传播项目或活动进行效果评估,因而这也是亟待开展研究的内容。

科学传播与公共关系的协作与融合带来的研究方向,远不止上面列举的四个方面。毋庸置疑,任何一个方面的研究都会遭遇严峻的挑战,但这也同时意味着理论创新的学术机遇。而通过这样的理论创新,我们最终的目的是促进更加有效的科学传播并丰富公共关系学科的发展。

(贾鹤鹏,美国康奈尔大学传播学系博士候选人,
中科院《科学新闻》杂志原总编辑)

第四十一章　风险传播研究*

一、转型社会的风险景观与困惑

科学、技术、工业的进步一方面造福了社会，另一方面也对生态、环境甚至人类自身造成了威胁，催生了一系列"风险社会"景观[①]。日本福岛核电站泄漏、马来西亚航空公司飞机失联、全球范围内此起彼伏的邻避运动、转基因技术与各种食品安全大争论，都属于这种景观的代表性案例。

在Beck的定义中，风险社会意味着，"人类用预期技术发展的相同速度创造出无法测算的不确定性，我们都进入了一个不可预测、不可控制、不可言传的局面"。此时，风险已经代替物质匮乏，成为社会主题和政治议题的中心[②]。

随着我国的社会转型以及技术发展，"风险社会景观"密集出现，成为媒体报道的焦点，并时常造成民众恐慌与一定程度的社会对抗。风险社会的状态已然形成。

这些"风险社会景观"涵盖了众多的议题领域：环境风险（如水污染、土壤污染）、科技风险（如PX项目、垃圾焚烧项目、核电项目、电磁辐射、转基因技术）、健康风险（如食品安全、医疗、药品、保健、传染性疾病）、公共安全（如水灾、地震、恐怖主义袭击），以及气候变化风险（如温室气体、PM2.5）等。大量风险议题以越来越快的速度涌现——有的爆发在风险危害发生之后（如毒奶粉事件、毒胶囊事件），更多的事件则关乎潜在的风险（如各地民众反对PX项目、反对垃圾焚烧项目以及核电项目）。

由于这些议题往往牵涉民生安全，因此促使公众的风险意识迅速增长，然而现存

---

* 本章内容首先发表于《风险传播：通往社会信任之路》（清华大学出版社，2015年），是该书的导论部分）。

① BECK U. Risk society: towards a new modernity (Vol. 17) [M]. Los Angeles: Sage, 1992.
② BECK U. Risk society: towards a new modernity (Vol. 17) [M]. Los Angeles: Sage, 1992.

的风险沟通和公众参与机制建设却远远没有跟上步伐，导致了明显的沟通困境。这似乎成为当下中国的一个死结。

在中国众多风险事件中，最为民众所熟知的当属由"PX"项目（P-xylene，俗称"对二甲苯"的化工原料）引发的一系列大规模抗议活动。从2007年厦门民众反对PX项目开始，"PX毒性""选址""环评"等概念便成为媒体的焦点。此后，大连（2011年）、宁波（2012年）、昆明（2013年）、九江（2013年）、成都（2013年）又先后爆发了群众反对石化项目的群体性事件。2014年3月，广东茂名石化拟建芳烃（PX）项目再次激起了茂名市民众走上街头游行抗议，最终酿成暴力冲突，项目搁浅。

与此相似，多米诺骨牌的效应也出现在核电项目的发展过程中。中国的核电在建规模已经达到全球最大。目前在建核电站29所，且有大量的核电项目处于筹备阶段[①]。然而，各地的反核抗争风起云涌，近年发生的就有山东民众反对乳山红石顶核电项目（2007年）、安徽民众反对彭泽核电项目（2012年）、荣成居民反对石岛湾核电项目（2012年）、广东民众反对江门核燃料项目（2013年）等多起事件。在民众压力之下，多个核电项目暂停建设。

在这些风险事件的背后，我们看到一系列值得注意的现象：

首先，一个风险事件的实际风险与民众对风险的感知这两者之间并不存在显著的一致性[②]。以2013年江门市民反对鹤山核燃料项目为例。2013年7月，江门核原料加工基地项目引发民众的质疑和大规模抗议活动，并最终在民众反对声中下马。但据专家对此的风险评估，核燃料加工生产基地的任务是将天然的燃料经过各种工艺过程制成燃料元件，供核电站使用，并不涉及核反应和核裂变环节，因此也就完全不存在高辐射风险[③]。在以此为代表的一系列案例中，技术性风险评估和公众风险感知之间的鸿沟日渐扩大，并为风险沟通带来一定的难度[④]。

其次，不同风险话语展开争夺并导致分裂，共识无法达成。政府、企业以及相关专业人士有时也尝试进行沟通，却无法取信于公众，形成了两个话语空间（官方话语

---

① 王文嫣. 中国核电站在建规模保持世界第一[N]. 上海证券报，2013-05-28.
② COVELLO V, SANDMAN P M. Risk communication: evolution and revolution[M] // WOLVARST A (ed.). Solutions to an environment in peril. John Hopkins University Press，2001: 164-178.
③ 刘进胥、柏波. 广东江门开建核原料基地网友质疑为何动工后才公示[N]. 南方日报，2013-07-12.
④ SLOVIC P. Perceived risk, trust, and democracy[J]. Risk analysis, 1993, 13(6): 675-682.

与公众话语)的分裂状态①。在反对PX事件频发背后,虽有众多化工领域的专家为PX正名,但国内各地PX项目均陷入了"一闹就停""一闹就缓""一闹就迁"的困局②。大量重大项目的下马,对于整个社会经济产生了巨大的影响。

那么,在一个发展中国家,为何这么多的重大项目遭遇抵抗并且停建?为何一个地区的风险事件往往会带来多米诺骨牌效应?关于风险事件的沟通,是否可能得到公众的信任?沟通理性如何重塑?

二、不同的理论脉络

对于丰富多样的风险景观,学者们从不同的理论脉络展开了探讨。

(一)危机管理与危机传播

一些学者将各种风险事件认定为是社会运转的"危机",需要对其进行管理,而其中一个重要手段就是"危机传播"。

危机传播强调从公共关系的角度出发,探讨如何通过积极的媒体应对,为某个机构(如政府、企业或公益机构等)化解突发事件与负面新闻,以及展开机构的形象维护与修复③。

出于这样的学科偏向,如何把握危机发展的阶段性特点,并以最快速度、最大限度向公众以及媒体告知危机事件的信息就成为"危机传播"理论的关注重点④。于是,学者们提出了"3T原则""黄金处理时间"等重要的行业规范⑤。对于中国的观察,则往往强调危机管理者的反应迟缓,导致错过了化解危机的关口⑥。

随着各种风险事件的频发,许多政府部门与企业机构也运用危机传播的观念进行应对,并且注意开展前期的舆情分析,不断提前应对时机,但却仍然疲于应对,屡屡陷入被动。

---

① 何舟,陈先红. 双重话语空间:公共危机传播中的中国官方与非官方话语互动模式研究 [J]. 国际新闻界, 2010(8).
② 刘建华. 广东茂名PX事件调查 [J]. 小康, 2014(5).
③ 郭小平. 风险社会的媒体传播研究:社会建构论的视角 [M]. 北京:学习出版社, 2013.
④ 胡百精. 危机传播管理 [M]. 北京:人民大学出版社, 2014.
⑤ 3T原则是英国学者Regester Michael提出的:第一,Tell You Own Tale(以我为主提供情况);第二,Tell It Fast(尽快提供情况);第三,Tell It All(提供全部情况)。
⑥ 周敏. 阐释·流动·想象:风险社会下的信息流动与传播管理 [M]. 北京大学出版社, 2014.

(二)社会抗争

由于风险事件的频繁发生,与中国民众的社会抗争快速增长几乎同步[①],因此一批学者从社会抗争的理论脉络出发,将行动者作为研究主体。他们强调了行动者的理性特征,并运用"资源动员""政治机会""框架策略"等概念来探究中国民众进行集结与抗争的逻辑[②]。

这些社会抗争,往往获得学者们的同情与赞许,认为其代表了公民社会的崛起,并有利于社会的组织资源的丰富[③];与此同时,政府对于抗争事件的应急式管理,则被学者们批评为权宜之计,无益于问题的长远解决[④]。

然而,近年来的风险事件时常引发甚为激烈的社会对抗,甚至导致流血冲突。更重要的是,行动者虽然形成了一定的诉求,却也体现出"社会泄愤""骚乱"等特征——很多民众出于对风险的极端恐惧一拥而上,往往怀揣迥然不同的目标,采取了激烈的行动,旋即四处散去。他们以政府或利益集团的退让为抗争胜利的标志,并为各种风险项目的下马而欢呼,然而真正有效的沟通和公众参与机制没有得到推进,关于一项公共政策的理性评估与论辩也难以达成。比如,发生在2012年的江苏启东市民反对制纸排海工程项目、四川什邡市民反对钼铜项目,发生在2014年的广东茂名市民反对PX项目等,都是如此,这在相当程度上让社会抗争的理论观察陷入了迷茫。

三、新的视角:风险传播

媒介在风险社会中扮演了极为重要的角色。作为最早对于"风险社会"概念进行系统阐释的社会学家,Beck就特别强调"媒体"在"对抗风险"上的重要性[⑤]。而新媒体的出现,则彻底改变了"风险议题"的发展,它赋予了民众建构风险的权利,也

---

① 20世纪90年代以来,在环境保护、业主权益和公共卫生等领域持续出现各种各样的社会抗争。据历年《社会蓝皮书》统计,2007年的各类群体性事件为8万余起。
②③ 赵鼎新. 社会与政治运动讲义 [M]. 社会科学文献出版社,2006. CAI Y S. Collective resistance in China: why popular protests succeed or fail [M]. CA: Stanford University Press, 2010. READ B L. Assessing variation in civil society organizations: China's homeowner associations in comparative perspective [J]. Comparative political studies, 2008, 41(9).
④ 于建嵘. 抗争性政治:中国政治社会学基本问题 [M]. 人民出版社,2010. 俞可平. 治理与善治 [M]. 社会科学文献出版社,2000.
⑤ BECK U. Risk society: towards a new modernity [M]. Los Angeles: Sage, 1992.

使得"风险信息"快速扩散与放大，促使其成为公共舆论的焦点。

由于风险事件往往与科技发展引发的不确定性密切相关，其背后牵涉各种专业知识，所以不同群体对于具体事件的风险感知（risk perception）也不尽相同，甚至彼此冲突。风险传播的必要性，也是因之而来。自20世纪80年代中期风险沟通的概念被正式提出开始①，"风险传播"已成为传播学领域的重要研究主题②，其在决策制定、风险管理等领域越来越多地受到重视③。

1989年，美国风险认知与沟通委员会等机构将风险传播定义为"个人、团体、机构间交换信息和观点的互动过程"，并进一步指出，"它不仅直接传递与风险有关的信息，还包括风险性质的多重信息和其他信息，这些信息表达了对风险信息或风险管理合法的、机构的安排的关注、意见和反映"④。

一些学者对于风险传播的定义则更为简洁。有的将其界定为"将风险信息告知公众、协助决策制定和冲突解决的沟通行为"⑤；有的则强调风险传播主要是为公众提供充分的风险情境信息与背景数据，让大家有能力参与关于潜在风险的对话，甚至加入风险决策；而风险传播的最终目的则是创造一个参与的、理性且关心的、有问题解决能力的合作群体⑥。

概括而言，风险传播研究致力于观察风险信息在专家、风险管理部门、利益团体和民众之间的流动⑦，尤其强调"专家如何将真相告知民众"⑧，其最终目的在于引导

---

① LEISS W. Three phases in the evolution of risk communication practice [J]. The annals of the American academy of political and social science, 1996, 85–94.
② 郑和顺. 创建"世界风险社会"背景下环境传播的公共新闻模式 [D]. 重庆：重庆大学，2011.
③ PLOUGH A, KRIMSKY S. The emergence of risk communication studies: social and political context [J]. Science, technology, and human values, 1987, 12(3).
④ Committee on risk perception and communication, national research council. improving risk communication [M]. Washington, D. C.: National Academy Press, 1989.
⑤ PLOUGH A, KRIMSKY S. The emergence of risk communication studies: social and political context [J]. Science, technology, and human values, 1987, 12(3). BOHOLM Å. Speaking of risk: matters of context [J]. Environmental communication, 2009, 3(3), 335–354.
⑥ 郭小平. 风险社会的媒体传播研究：社会建构论的视角 [M]. 北京：学习出版社，2013.
⑦ FIORINO D J. Citizen participation and environmental risk: a survey of institutional mechanisms [J]. Science, technology & human values, 1990, 15(2), 226–243. LEISS W. Three phases in the evolution of risk communication practice [J]. The annals of the American academy of political and social science, 1996, 85–94.
⑧ OTWAY H. Experts, risk communication, and democracy [J]. Risk analysis, 1987, 7(2): 125–129. PLOUGH A, KRIMSKY S. The emergence of risk communication studies: social and political context [J]. Science, technology, and human values, 1987, 12(3).

政府、企业与民众之间建立新的伙伴关系，并促成良性对话①。当然，在这个风险建构、争夺与沟通的过程之中，社会的文化背景、公众的价值偏好，也会起到重要的作用②。

不难发现，风险传播与危机传播研究存在明显的不同③：风险传播强调通过公众的对话，实现社会共识，从而推动公共政策的制定，而不注重危机化解与形象维护；它吸收了来自心理学（比如强调对于风险的感知）、人类学以及公共政策研究的知识，而不侧重于公共关系的学理脉络。

与此同时，风险传播研究也跟社会抗争理论存在巨大的差异：虽然风险传播也强调由于公众拥有不同的文化观念与地方性知识④，因此形成的风险感知有所差异；而且风险政策的制定是各个参与者不断博弈斗争的结果，是不同群体和个体将自己的风险理解置于公共议程之中并试图说服他人接受的过程⑤。但是，对于如何化解不同群体之间的差异，它更重视参与、对话、合作以及彼此信任，而不是抗争。

在风险传播这个灰色议题领域之中，各方力量享有较大的活动空间，彼此竞争、拉锯，又相互对话沟通，往往对于民众心理与行为、政策安排乃至社会发展产生巨大的影响。因此，细致探究不同主体在风险议题当中的互动，可能超越一贯以来的"公民社会""社会抗争""公共关系""媒介社会学"等理论框架，发展出独特的理论内涵。

四、风险传播研究的中国问题

中国语境下的风险传播，虽然与西方风险传播理论并不全然契合，但它至少为我们提出了以下若干难以回避的问题：

---

① COVELLO V, SANDMAN P M. Risk communication: evolution and revolution [M] // WOLBARST A (ed.). Solutions to an environment in Peril. John Hopkins University Press, 2001: 164–178.
② LEISS W. Three phases in the evolution of risk communication practice [J]. The annals of the American academy of political and social science, 1996: 85–94.
③ 郭小平. 风险社会的媒体传播研究：社会建构论的视角 [M]. 北京：学习出版社，2013.
④ FISHER W R. Human communication as narration: toward a philosophy of reason, value, and action (Vol. 201) [M]. Columbia: University of South Carolina Press, 1987.KINSELLA W J. Reconceptualizing environmental risk communication [J]. Environmental risk communication, 2007(4).
⑤ 李明颖. 科技民主化的风险沟通：从毒奶粉事件看网路公众对科技风险的理解 [J]. 传播与社会学刊，2011(15).

（一）风险为何在这里被放大？

一个风险事件的实际风险与民众对风险的感知这两者之间并不一定存在显著的一致性①。近年我们目睹了越来越多"低风险"的风险项目引发了中国民众强烈的"风险感知"。尽管各种专业权威、行政权威以及媒体机构反复论证某些风险并不足以担忧，却无法取信于公众。这种风险认知的放大效应②，为何在中国形成，并表现得如此尖锐？

在信息传递过程中，中国媒体上特殊的"双重话语空间"现象③，无疑促进了风险话语的分裂，使共识形成尤为困难。一方面，由于媒体制度的框限，不少中国传统媒体（尤其是地方媒体，如地方的党报、电视台与广播台等）扮演了政府喉舌的角色，积极采用跟政府机构相近的立场对于风险议题进行建构，其话语方式往往难以得到公众的信任④；与此同时，中国的媒体类型开始出现分化，不少市场化媒体也参与风险话语的竞争，扮演"社会喉舌"的角色，提供不同的风险话语⑤。然而，各类传统媒体都缺少细分版面，对于风险议题的报道仍缺乏专业性⑥，难以为公众提供恰当的风险信息。另一方面，各种新兴社会化媒体提供的话语空间则较为极端地表达公众的风险意见⑦，弥漫着对于风险的恐惧、愤怒与抵触，与传统媒体形成了鲜明对立的双重话语空间⑧；更加复杂的是，专家、意见领袖在各种媒介平台的意见争夺，同样加深了民众的"潜在恐惧"⑨。

理解我国的风险沟通语境与逻辑，难以避开对宏观的制度结构层面进行分析。我

---

① COVELLO V, SANDMAN P M. Risk communication: evolution and revolution [M] //WOLBARST A. (ed.). Solutions to an environment in Peril. John Hopkins University Press, 2001: 164–178.
② KASPERSON R E, RENN O, & SLOVIC P, BROWN H S, EMEL J, GOBLE R & RATICK S. The social amplification of risk: a conceptual framework [J]. Risk analysis, 1988, 8(2): 177–187.
③ 何舟，陈先红. 双重话语空间：公共危机传播中的中国官方与非官方话语互动模式研究 [J]. 国际新闻界，2010(8).
④ 曾繁旭. 表达的力量：当中国公益组织遇上媒体 [M]. 上海三联书店，2012.
⑤ 曾繁旭，戴佳，郑婕. 框架争夺、共鸣与扩散：PM2.5议题的媒介报道分析 [J]. 国际新闻界，2013(8): 96–108.
⑥ 郭小平. 风险社会的媒体传播研究：社会建构论的视角 [M]. 北京：学习出版社，2013.
⑦ 乐媛，杨伯溆. 网络极化现象研究——基于四个中文BBS论坛的内容分析 [J]. 青年研究，2010(2).
⑧ 何舟，陈先红. 双重话语空间：公共危机传播中的中国官方与非官方话语互动模式研究 [J]. 国际新闻界，2010(8).
⑨ KASPERSON R E, RENN O, & SLOVIC P, BROWN H S, EMEL J, GOBLE R, & RATICK S. The social amplification of risk: A conceptual framework [J]. Risk analysis, 1988, 8(2): 177–187.

国现行的社会体制，缺乏制度化的公民参与渠道和方式①，在环境议题等以技术为基础的政策制定过程中，往往以专家和技术精英的作用为主，这就可能导致将民众排除在决策程序之外。与此同时，当下环境决策中的暗箱操作、信息控制等问题②，则加剧了民众对风险管理机构的不信任。这使得很多环境政策的制定，很难得到民众的认可，他们有可能产生对于风险的恐惧和逃避倾向，甚至用激烈对抗的方式应对环境风险③。值得注意的是，现存制度结构在一定程度上也限制了NGO等社会团体的独立发声和参与。

不难发现，这样的信息流动过程与制度结构，并不利于理性风险沟通的形成，从而为"风险放大"效应的形成提供了土壤。

（二）必然的沟通败局？

民众对于风险管理机构的持久而广泛的不信任，已经成为当下风险沟通的最显性难题④。而在中国，由于各种"社会丑闻、揭黑调查以及悲剧和灾害新闻"⑤高发，信任缺失已经深深植根于制度结构与社会心理之上，不同沟通主体之间存在着难以弥合的鸿沟⑥，往往导致了"无效沟通"或者说"仪式化沟通"的现象。

无效沟通，有时体现为政府、企业机构的沟通过程缺乏公开、关心与承诺⑦，或

---

① 于建嵘. 共治威权与法治威权——中国政治发展的问题和出路［J］. 当代世界社会主义问题，2008(4).
② 孙立平. 重建社会：转型社会的秩序再造［M］. 社会科学文献出版社，2012.
③ SANDMAN P M. Getting to maybe: some communications aspects of siting hazardous waste facilities［J］. Seton hall legislative journal, 1985(9): 437.
④ KASPERSON R E. Six propositions on public participation and their relevance for risk communication［J］. Risk analysis, 1986, 6(3): 275-281.BELLA D A. Engineering and erosion of trust［J］. Journal of professional issues in engineering, 1987, 113(2): 117-129.SLOVIC P. Perceived risk, trust, and democracy［J］. Risk analysis, 1993, 13(6): 675-682.
⑤ SCHUETZ H, WIEDEMANN P M. Framing effects on risk perception of nanotechnology［J］. Public understanding of science, 2008: 17.
⑥ ROWAN K E. Why rules for risk communication are not enough: a problem-solving approach to risk communication［J］. Risk analysis, 1994, 14(3): 365-374.BOHOLM Å. Speaking of risk: matters of context［J］. Environmental communication, 2009, 3(3): 335-354.
⑦ PETERS R G, COVELLO V T, MCCALLUM D B. The determinants of trust and credibility in environmental risk communication: an empirical study［J］. Risk analysis, 1997, 17(1): 43-54.

表现为不同风险故事的对立与分裂①，或双方对话与互动的缺失②，抑或消极、负面与非理性的公众回应③。

最终，无效沟通则导向越来越恶性的社会结果和难以避免的败局。

一方面，政府与企业机构固执地倚重"科技范式"，希望通过专家知识及专业权威的宣传，对公众进行单向灌输和说服，试图消解民众对于风险的恐惧和对抗④。一次次的沟通失败，则让他们心有余悸，害怕沟通。更糟糕的是，仍有一些部门与机构，对于运用传统的"行政管理"手段留存幻想，始终无法转向"民主范式"的风险沟通，积极与专家与民众互动、顺应民众心理、鼓励民众参与决策⑤。

另一方面，公众由于对于政府和企业等风险管理者缺乏足够的信任，固执地抱持非专业的直观判断⑥，以及更高程度的风险感知⑦。

这似乎是中国风险传播的一个死结。沟通败局，难道是一种必然？

（三）信任重建与新媒介机遇

增强信任的关键在于，各风险传播主体要致力于改善公众业已形成的对这些机构的刻板印象⑧，整合不同利益群体的风险感知与知识，形成具有建设性的风险沟通模

---

① 韦德曼，克劳伯格，舒茨. 领会复杂风险事件的放大：应用于电磁场案例的风险情景模式 [A]. //皮金，卡斯帕森，斯洛维奇. 风险的社会放大. 谭宏凯，译. 北京：中国劳动社会保障出版社，2010.
② SANDMAN P M. Getting to maybe: some communications aspects of siting hazardous waste facilities [J]. Seton hall legislative journal, 1985(9): 437.
③ 伍麟，王磊. 风险缘何被放大？——国外"风险的社会放大"理论与实证研究新进展 [J]. 学术交流，2012(1).
④ 郭小平，秦志希. 风险传播的悖论——论"风险社会"视域下的新闻报道 [J]. 江淮论坛，2006(2): 129-133. 郭小平. 风险传播研究的范式转换 [J]. 中国传媒报告，2006, 3(1). KINSELLA W J. Reconceptualizing environmental risk communication [J]. Environmental risk communication, 2007(4).
⑤ 郭小平，秦志希. 风险传播的悖论——论"风险社会"视域下的新闻报道 [J]. 江淮论坛，2006(2): 129-133. 郭小平. 风险传播研究的范式转换 [J]. 中国传媒报告，2006, 3(1).
⑥ 陆玮，唐炎钊，杨维志，赵宏中. 核电的公众接受性诊断及对策研究——广东核电公众接受性实证研究 [J]. 科技进步与对策，2003(9): 21-23.
⑦ GROTHUIS P A, MILLER G. The role of social distrust in risk-benefit analysis: a study of the siting of a hazardous waste disposal facility [J]. Journal of risk and uncertainty, 1997, 15(3): 241-257. SIEGRIST M, CVETKOVICH G, ROTH C. Salient value similarity, social trust, and risk/benefit perception [J]. Risk analysis, 2000, 20(3): 353-362.
⑧ PETERS R G, COVELLO V T, MCCALLUM D B. The determinants of trust and credibility in environmental risk communication: an empirical study [J]. Risk analysis, 1997, 17(1): 43-54.

式，在传播专业知识、保证专业权威的前提下，纳入公众意见并实现"兼容性的参与"，以加强公正性与完善决策①。这不仅需要更高质量的风险信息以及更多元的沟通渠道，也需要制度性的支持与保障②。

其中，各种新媒体平台（尤其是社交媒体）的发展，被认为带来了新的沟通可能，有利于双向沟通在中国的出现③。有成效的风险沟通，往往发生在多元、分散的社会沟通背景中④。新媒体的技术特性，正为企业与民众进行风险对话提供了一个这样的平台。但是，社交媒体如何实践真正的对话与分享，让风险承担者参与沟通与讨论，并确保参与渠道的开放性与资讯透明⑤，仍然是中国风险传播面临的难题。

正如一些学者指出，新媒体的出现，在一定程度上创造了另类声音的生存空间，为网民提供了多元资讯与个人经验，但也有可能为谣言提供生存土壤，为风险沟通带来更大障碍⑥。

五、结论：研究操作与理论潜力

本章阐释了研究中国式风险传播的语境，并梳理了若干相关的理论脉络，从而凸显风险传播的问题意识以及可能的核心问题。

为了回应以上的若干研究问题，应该将不同的风险传播主体纳入观察视野，对其互动逻辑进行动态还原。具体而言，媒体、公众、专家、政府、NGO、企业等都是重要的风险传播主体，它们形成了各自的风险论述，争夺对于"风险"的定义。

---

① FISCHER F. Citizens, experts, and the environment: the politics of local knowledge [M]. Duke University Press, 2000. FLYVBJERG B, BRUZELIUS N, ROTHENGATTER W. Megaprojects and risk: an anatomy of ambition [M]. Cambridge University Press, 2003.
② KASPERSON R E. Six propositions on public participation and their relevance for risk communication [J]. Risk analysis, 1986, 6(3): 275-281. BELLA D A. Engineering and erosion of trust [J]. Journal of professional issues in engineering, 1987, 113(2): 117-129.
③ 许静. 社会化媒体对政府危机传播与风险沟通的机遇与挑战 [J]. 南京社会科学，2013(5). 周敏. 阐释·流动·想象：风险社会下的信息流动与传播管理 [M]. 北京：北京大学出版社，2014.
④ KRIMSKY S, PLOUGH A. Environmental hazards: communicating risks as a social process [M]. Dover, MA: Auburn House, 1988.
⑤ 吴宜蓁. 运用网路社交媒体于风险沟通：以2009-2010年台湾政府H1N1防疫宣导为例 [J]. 传播与社会学刊，2011(15).
⑥ 李明颖. 科技民主化的风险沟通：从毒奶粉事件看网路公众对科技风险的理解 [J]. 传播与社会学刊，2011(15).

为了展现中国式风险传播的复杂逻辑与机制，也应探讨不同类型的风险议题。这其中，既涉及PX项目、核电项目等技术风险议题，也有转基因技术等健康风险议题，还有PM2.5等环境与气候变化议题。通过对各类议题的梳理，才可能提供一个复杂而全面的中国故事。

进一步而言，对于中国式风险传播的研究，还应该着重与西方风险传播理论进行对话，从而尝试归纳中国的特有逻辑与传播模式。在此基础之上，或能探寻风险化解与良性沟通之可能，并为政府、企业、专家与民众的风险沟通提供一定的理论启发。

（曾繁旭，清华大学新闻与传播学院副教授；
戴佳，清华大学新闻与传播学院副教授。）

第四十二章　企业社会责任研究

一、前言

社会对商业道德赋予关注可追溯至公元一世纪（Blowfield & Frynas, 2005），但直到20世纪90年代"企业社会道德"这一概念才得到了社会广泛的认同。这主要与过去50年经济的高速发展（Lantos, 2001），社会和商业的交织程度不断加深有关（Wood, 1991）。与此同时，这也与受企业社会道德影响的主要利益攸关者越来越重视（Abdeen, 1991）有关。社会公众越来越多地被不道德的企业商业行为所激怒，而这也导致公众对企业进行严格的审查。盘算了企业的长远发展之后，企业的持有者期望企业的运营能够在兼顾自己利益的同时，也能符合社会大众所能接受的道德准则（Wartick & Cochran, 1985）。

这些发展举措促进了"企业社会道德"这个概念在西方各国的传播。跨国组织，如联合国、世界银行以及经济合作与发展组织的出现进一步地促进了"企业社会道德"对商业行为的规范，以及"企业社会道德"在西方国家和发展中国家的传播。这些有影响力的角色参与设计了"企业社会道德"协议，将"企业社会道德"这一概念扩展到私人组织（Lee, 2008）。到了20世纪90年代末，差不多90%的世界五百强企业都接受了这一概念，并将其作为企业的目标之一，加入到了企业的年度报告中（Boli & Hartsuiker, 2001）。

然而，这些组织对如何将企业社会道德融入到他们的企业职能中的观点并不一致。有些组织将企业社会责任纳入到企业的商业战略决策中，将其视为提升企业长期发展能力的手段（Lantos, 2001）。而有些组织则将企业社会道德与企业的公关策略整合，用前者为后者服务（L'Etang, 1994）。这一举措也招致了一些批评，批评者认为企业社会责任的外衣只是"一场巨型企业公关策略运动"（Mintzberg, 1983）。

同样的，在过去的20年中，企业社会道德也在商业和传播的研究领域上有很多学术的发展（Lantos, 2001）。然而对于企业社会道德在商业领域上的讨论主要涉及一家组织的净利，而在传播研究上的讨论则更多的是与每个企业组织传播功能的核心形象建设有关。根据Argenti（2007）的研究，组织形象源自于利益攸关者对组织的认知，而这一认知反过来又源自于企业组织的传播沟通方式。一个组织呈现在其利益攸关者面前的整体形象构成了组织的声誉。Fombrun（1996）定义了声誉的六个层面：视野和领导力、财务业绩、产品或者服务质量、工作环境、公众形象和社会责任。这六个层面中的五个被欧盟委员会在2002年定义为企业社会道德活动。因此，我们可以看到企业社会道德和企业建立良好的声誉之间的紧密联系，它可以为企业在遭遇危机和处于社会责任行为压力的时候提供庇荫（Argenti, 2007）。

本章作为企业社会责任实践在海外发展过程的一个总览，包括了企业社会责任的定义、运用理由辩论、理论发展过程以及企业社会道德不同的约束方式等方面。本章也指出了当前企业社会责任研究领域的差距，同时突出展现了最近一些专注于公共关系视角的企业社会责任实践以及利益攸关者的参与。最后我们以未来企业社会责任研究的建议为结尾，检视了海外公司如何在大中华区以及东南亚实践企业社会责任的情况。

二、企业社会责任的定义

有关企业社会责任的定义五花八门（Dahlsrud, 2006）。这些定义中的每一个说法都承诺会为企业社会责任建立一个定义性的概念并捕捉到核心内涵。在这种情况下，企业社会责任真正的精髓反而变得模糊了，这是一个为很多学者所提出的基础问题（Garriga & Mele, 2004; Jamali, 2008）。企业社会责任缺少一个清晰的定义，这已经阻碍了它在学术领域上进行结构比较的能力，以及人们对这个领域的理解（McWilliams & Siegel, 2001）。

Bowen在1953年提出了企业社会责任最早的定义之一，他宣称商人有义务按照符合社会大众的期待来进行操作。通过将企业社会责任视为超越企业在经济和技术上的直接利益的责任性活动，Davis于1960年整合出了一个基础性的论点（第70页）。这些责任包括社会义务劳动、教育和雇员的福利（McGuire, 1963）。在1967年Walton进一步将公益性视为企业社会责任的重要组成部分。综合各种观点之后，Carroll在1979年提出了一个广义的定义，将企业社会责任分解为一系列的社会责任，包括经济、法律、道德和自由决定（自愿性或慈善的）的愿景（第500页）。

通过分析企业社会责任自1980年到2003年的定义，Dahslrud在2006年发现诸多定义包括五个反复出现的元素：环境、社会、经济、利益攸关者和自愿性，其中环境和社会元素是被提及得最多的，自愿性紧随其后，利益攸关者和经济性排在第四和第五位。被运用得最多的企业社会责任定义是由欧盟委员会在2001年提出的。欧盟委员会对企业社会责任所做的定义包含了以上所有的五大基本元素：公司需将社会和环境的考量纳入他们的商业操作当中，同时在一个自愿性的层面上与其利益攸关者进行互动。"（Dahslrud, 2006, 第7页）。Frederick于2006年在 *Corporation Be Good: The Story of Corporate Social Responsibility* 一书中描述了企业社会责任从20世纪50年代的管理权力到21世纪为全球公民和组织广泛运用的进化历程，包括：第一阶段（1950—1960年）：企业社会管理权力；第二阶段（1960—1970年）：企业的社会管理工作；第三阶段（1980—1990年）：企业或者商业道德；第四阶段（1990—2000年）：企业和全球公民。企业社会责任每一阶段的发展框架都标注出了推动者和指导政策。

表42-1　Frederick（2006）关于企业社会责任概念的发展

	CSR阶段	CSR驱动因素	CSR政策指引
CSR1 1950— 1960年	社会企业管理工作 ● 企业慈善行为 ● 经理作为公共信托的管理人 ● 平衡社会压力	● 行政良心 ● 公司形象/名誉	● 慈善基金 ● 公共关系
CSR2 1960— 1970年	企业的社会响应 ● 社会影响分析 ● 社会回应的优先战 ● 组织的重置与响应能力的培训 ● 利益攸关者的筹划与实现	● 社会动荡/抗议 ● 企业不当行为的重复 ● 公共政策/政府法规利益相关者的压力 ● 智库政策文件	● 利益攸关者战略 ● 政策性的妥协 ● 社会审计 ● 政策改革 ● 政治游说
CSR3 1980— 1990年	企业/商业道德 ● 培养道德的企业文化 ● 建立道德的组织氛围 ● 认同主流道德原则	● 宗教的/种族的信仰 ● 技术导致价值观的改变 ● 人权的压力 ● 道德规范 ● 道德委员会/办公室/法庭 ● 道德培训 ● 利益攸关者谈判	● 使命/价值观/愿景宣言 ● 领导力与伦理

续表

	CSR阶段	CSR驱动因素	CSR政策指引
CSR4 1990— 2000年	企业/全球公民 ● 利益攸关者、搭档 ● 整合社会财务和环境表现 ● 识别全球影响 ● 公司和环境的可持续发展	● 全球经济/贸易/投资 ● 高科技的传播网络政治的转变/竞争 ● 生态意识/关注 ● 非政府组织的压力	● 政府内部条款 ● 全球审计标准 ● 非政府组织对话可持续性审计/报告

然而，Dahslrud在2006年宣称，一个定义在实操的层面上来说是不够的，因为它不能指导组织如何将这个概念融入到他们的商业架构中去。Carroll在1999年提出，企业社会责任的定义应该根据组织所处的不同环境而有所改变。Jenkins在2004年再次提出了这个观点，同时指出了将同一个定义强加于所有组织会带来的偏颇。作为回应，Van Marrewijk在2003年提出，企业社会责任可以根据每个组织所面临的不同情景以及组织和其利益攸关者之间不同的关系来做出不同的解读，这样企业能根据自己不同的商业架构来制定不同的企业社会责任。

三、企业社会责任的理由

Lee在2008年指出，对企业社会责任的讨论已经从"道德导向"（第53页）（即集中在企业社会责任的社会效应）转移到了"以绩效为导向"（第54页）上（即专注于组织的盈利能力）。道德原理是最早的理论之一，而且它仍然是一个企业社会责任的核心理由。尽管它可能是一个非生产性事业，但组织仍被敦促着去履行其社会责任，坚持主流的社会道德观念（Jones, 1999）。因此，企业社会责任被视为是与积极向上的企业道德密切相关的、道德上正确的努力（Brown & Dacin, 1997）。这种"公共利益"的观点（Kempshall, 1999，第26页）认为，实现集体社会福利应该是企业社会责任的核心着眼点（Mahon & McGowan, 1991）。

然而，一些反对者认为，道德导向的观点从企业股东的角度来说是不合理的。因为企业股东的主要目标是盈利，而社会责任看起来是非盈利的（Lee, 2008）。从股东对企业社会责任相关操作底线的忧虑出发，Friedman在1962年提出产权理论，他认为组织不应该从事除追求企业经济利益最大化之外的其他活动。这一观点的核心被制度性权利的原理所概括。它假定企业社会责任受政府、宗教和民间机构的管辖，企业没有足够的能力涉足公共政策领域（Levitt, 1958）。

后来证明，股东可以从企业社会责任中获得好处（Baumol, 1970）。在20世纪70年代，股东们往往持有多个企业的股份，让企业去承担社会责任比通过牺牲其他企业的利益而让一个企业获得最大化的利润更符合他们的利益（Wallich & McGowan, 1970）。从长远来看，牺牲环境来获得利益不会使企业受益，因为这无异于消解了企业的支撑架构和客户基础（Davis, 1973）。

1984年，Freeman的利益攸关者管理理论对这个观点做了更深入的阐述，他认为组织的利益攸关者决定了这个组织的可持续性。为了在一个开放性的系统中发展，组织必须平衡好其所有利益攸关者的利益和企业的核心商业利益（Mitchell, Agle & Wood, 1997; Simmons, 2004）。社会责任因此被归入到一个组织赖以生存的核心要素当中（Lee, 2008）。Lee在2008年提出，利益攸关者理论促进了企业社会责任论述的形成，它使企业社会责任的范围扩大到了企业管理和员工福利等层面。

功利性地利用企业社会责任来为组织建立竞争优势的原理就是建立在Freeman于1984年提出的利益攸关者管理理论的基础上的。今天这个原理已经为广大学者所接受（Husted & Allan, 2003; McWilliams, Siegel & Wright, 2006），而这又反过来阐明了在组织间企业社会责任的概念。学者们认为履行企业社会责任将有利于提升企业的名誉和消费者的忠诚度（Kanter, 1999; Klein, Smith & John, 2004; Kotler & Lee, 2005），提升企业的市场价值（Mackey, Mackey & Barney, 2007），同时吸引更多的消费者（Porter & Kramer, 2002）。受到这些好处的吸引，越来越多的组织开始通过提倡"真正的金融市场和营销实力"来履行企业社会责任（Bloom & Gundlach, 2001）。

然而企业社会责任与商业利益之间的关系只限于理论上的阐释，实证角度的研究仍然徘徊不前（Margolis & Walsh, 2001）。Igalens and Gond在2005年将研究得不到结论归结为三个因素：难以量化收益和成本，难以为企业社会责任的含义作一个清晰的界定，供研究人员用来测试企业社会责任与（股东）底线之间关系的数据有限。

目前，无法从单一的原理上来解释组织的动机。组织由很多要素构成，例如：可利用的资源，联盟中占主导性的价值观和信仰（Lee, 2008），通过利益集团推动的社会发展（Davis & Thompson, 1994; Johnson & Greening, 1999）和监管力量（Campbell, 2007; DiMaggio & Powell, 1983; Galaskiewicz, 1985）。

四、履行企业社会责任的方法

任何商业活动的目标都是以负责任的方式维持商业增长。在欧洲，企业社会责任战略原则强调"以更有社会责任的方式获取商业利益以及帮助企业在整体上提升销量、劳动力和信赖"（Moir, 2001，第2页）。企业社会责任的支持者们将其定义的范围扩大到越来越多的话题上，如工厂倒闭、员工关系、人权、企业道德、社区关系和环境。事实上，在欧洲各大公司的会员制组织中，在企业社会责任的报告纲要中，人们着眼于以下几个方面，即工作场所（雇主）、市场（客户、供应商）、环境、社区、伦理和人权（Moir, 2001，第2页）。企业社会责任最初是着眼于企业内部事务的，因此，内部的企业社会责任（如员工福利和安全的工作环境）同外部企业社会责任（如环保和慈善事业）同样重要。

1971年，经济发展委员会采用了三个同心圆的方式来描述企业社会责任。最里面的一圈涉及的是公司经济和利润风险层面——"增长，产品和就业"。中间的那圈提倡组织的经济功能必须灵敏地追随不断变幻的社会价值观和优先事项。最外圈概述的是"新出现的，仍然清晰定义的责任，认为企业应该更加积极地改善社会环境的责任"。（Carroll, 1991，第40页）

Freeman在1984年提出，保护和促进各类企业利益攸关者的权利是经理的任务。根据他的说法，利益攸关者是能对公司的生存作出贡献的个人或团体，例如股东、员工、客户、供应商，当地社区和管理者自己。为了长期的利润，开明的管理者应该考虑员工的健康、安全和家庭需要，如日托、无条件退货政策与供应商保持长期稳定的关系以及本地社区的公民活动。通过这些方法，长远的利润可以被保护或者提高（Bowie, 1991）。管理利益攸关者面临的挑战是确保本组织的主要利益攸关者实现他们的目标，而其他利益攸关者也能感到满意。尽管这种双赢的结果并不总是能实现，但它代表了"通过追求合法的和理想的目标管理来保护其长远利益"的观点（Carroll, 1991，第43页）。

有时候企业因为来自内部或者外部的利益攸关者的压力而执行一些社会项目。这些利益攸关者可能是内部的或外部的，即社会的压力、竞争压力、活动组、股东/投资者、客户的员工、危机、各国政府、多边组织和慈善的要求。

Carroll在1991年提出了构成企业社会责任的四种社会责任：经济、法律、道德和慈善。这四个企业社会责任的组成部分，其基础即"经济表现能巩固一切"。紧随其后的是法律责任，它是以社会的方式来确定行为是对还是错。第三种是道德责任或者说是做什么是正确的、公正和公平的事情。最后处于金字塔顶端的是慈善责任，在某种程度上说，它与一个公司回馈社会的事项类似。

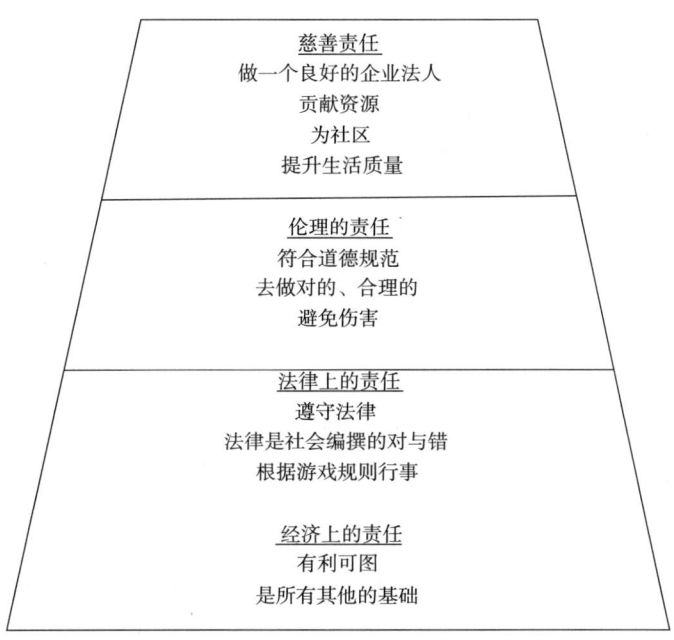

图42-1　企业社会责任金字塔模型（Carroll, 1991）

2006年，Mirvis和Googins提出企业社会责任发展的五个阶段，并认为这些阶段反映了一个组织随不断变化的社会景况来运作和确定与内部和外部利益攸关者沟通的性质。这五个阶段分别是：初级阶段、经营阶段、创新阶段、整合阶段以及转化阶段。

初级阶段，企业往往着眼于纳税、遵守法律，在很大程度上无法意识到大众能通过企业的商业表现而对其增加期待。在这个阶段，企业的沟通仍然主要是单向的、通用泛化的和回应式的。

经营阶段，企业开始在其商业策略中考虑慈善事业和一定程度的环境管理。业务经理在这个阶段也更加了解各种利益攸关者的利益，并主动与利益攸关者进行有限的沟通。当企业开始谈论他们对社会的最大贡献时，他们的着眼点是宣传和公关。

创新阶段，企业开始更加积极地回应利益攸关者的利益以及批评。他们开始更多地关注那些曾对自己的商业操作提出担忧的利益攸关者，确定这些利益攸关者的需求，并建立透明、负责任的沟通渠道。

整合阶段，指企业将他们的企业公民活动和商业模式的内核进行综合，换句话说就是Waddock和Bodwell在2008年提出的责任管理。

转化阶段，着眼点在于实现企业的信息和活动曝光的透明性。当企业的价值观是愿意在可持续发展、企业与社会的关系以及成为游戏规则的改变者等问题中成为一个"标杆"时，（企业）商业目标和责任被紧密地联系到了一起（Mirvis & Googins, 2006）。

五、填补企业社会责任研究与公共关系学科的差距

尽管这是一个不断发展的领域，许多利益攸关者，甚至负责对外交流的经理们仍然将企业社会责任误认为是慈善（即企业捐赠/慈善事业）和社会赞助而已。一个区分企业社会责任的方法就是，企业社会道德责任是需要拥有有道德观念的员工，是通过组织架构来操作的，是一个关乎个人和组织道德层面的东西。Lakin和Scheubel称这是公司之间的社区参与，是公司或政府或非政府组织在国家或地区或社区运营之间活跃的社区伙伴关系项目。（第4页）

现有几个问题困扰着在公共关系学科领域进行企业社会责任的研究。首先，尽管企业社会责任已经有了显著的发展，其学术上的论述仍然在很大程度上受制于大型组织。这是因为中小企业相对于那些具有世界性影响的大企业而言是可以忽略不计的（Hillary, 2004; Tilley, 1999）。然而鉴于全球有着数量巨大的中小型企业，所以不论它们的规模有多小，都对社会和环境有着影响（Hopkins, 2003; Williams, 2005）。在今天，在某些行业里，中小型企业约占企业总数的97%—99%，雇佣了50-80%的劳动力（European Commission, 2002; Jarvis, 2004）。

学者们已经指出了关于企业社会责任在中小型企业领域研究的不足之处。企业社会责任在中小型企业领域研究中最大的不足在于企业社会责任常常会被以大型组织的模式来衡量和定义（Jenkins, 2004）。企业社会责任在大型组织中的定义不能直接运用在中小型企业中，被用于了解大型组织的商业道德标准同样也不能运用在中小型企业中（Spence & Rutherfoord, 2001）。中小型企业并不是跨国集团的缩小版，它们有着自己不同的特质和管理架构（Spence, 1999）。这种固有的偏见可能导致"中小型企业在企业社会责任问题上参与得少"的误解，因此需要在不以跨国集团作为参考的情况下重新检视中小型企业在企业社会责任领域的参与情况（Aegerter, 2006）。

其次，关于企业社会责任的大部分研究都参考了公司网站和可持续发展报告

（Silberhorn & Warren, 2007; Snider, Hill, & Martin, 2003）。在形式化的模式泛滥的今天这是可以理解的趋势，它使许多组织遵守报告的格式，比如全球报告倡议（Global Reporting Initiative）（Fassin 2008）。然而，这样正式的可持续性报告远远不是与利益相关人群、消费者以及社会公众之间最有效的沟通方式。据Dawkins的研究，专业的社会报告仍未得到利益攸关者们很好的反馈，只有少数人真的会花时间阅读企业社会责任报告，这意味着企业社会责任的沟通在宣传模式上需要转变。

再次，即使检视主流的企业社会责任报告，相关内容分析文本仍停留在编码术语层次上，如它们是如何使用的，情感基调是积极的还是消极的，等等（Dickson & Eckman, 2008; Tench, Bowd, & Jones, 2007; Zhang & Swanson, 2006）。这种方法只触及了复杂问题的表面，难以有机会去深入理解企业社会责任的沟通在社会和关键利益攸关者，如记者、消费者、社运人士以及国内和东道国的社区成员之间的状态。

最后，学者们也高度强调了社会和文化在理解企业社会责任真正核心内涵的重要性。比如，Chapple & Moon、Golob & Bartlett分别在2005年和2007年提出，企业社会责任被如何定义、实践以及如何和世界不同的地区去交流是与特殊的文化和社会背景有关的。利益攸关者理论提出，企业在利益攸关者体系和特定的社会制度之中经营，需要对这些利益攸关者的利益和要求作出回应（Mele, 2008）。May & Zorn（2003）认为，"企业社会责任，其核心是组织和文化之间的关系，同时具有争议性和合意性。这样一来，为了更好地了解如何在区域的背景下运用企业社会责任功能，企业需要承认制度环境的影响，包括政治和法律制度、历史、文化和宗教的国家及他们对企业社会责任的影响（Doh & Duay, 2006; Lammers, 2003）"。

六、最近研究项目1：中小企业的企业社会责任

传统上，企业社会责任的研究范围都集中在大型组织或跨国集团上，而在中小型企业的研究上相对缺乏（Perrini, 2006; Schaper & Savery, 2004; Spence & Lozano, 2000）。鉴于中小型企业非正式的和创业型的本质特征，即使积极参与了企业社会责任活动，它们也很少提交社会责任报告，（Dickson, Weaver & Hoy, 2005）。另外，中小型企业是不太可能使用一般形式上的手段来进行内部的道德行为交流。（Graafland & Smid, 2004; Jenkins, 2004; Medina-Muñoz & Medina-Muñoz, 2001）。

因此，制定一个适当的研究方法，使企业能够表达它们的企业社会责任活动是

很关键的,因为中小企业和他们的利益攸关者之间非正式的关系几乎是无法量化的。这种关系往往容易被忽视,即使在这种关系中强调忠诚、开放和公平(Hornsby, Kuratko, Naffziger, Lafolette & Hogetts, 1994; Humphreys, Robin, Reidenbach & Moak, 1993; Lahdesmaki, 2005; Vitell, Dickerson, & Festervand, 2000; Vyakarnam, Bailey, Myers & Burnett, 1997)。这些特性是大多数企业社会责任活动的基本原则,例如透明的商业行为、机会平等、关爱员工(欧洲委员会,2002)。

为了解中小型企业如何兼顾企业社会责任和经济利益,Spence 和 Rutherfoord 于 2001 年在英国采访了 20 间小企业,他们发现这些企业会优先在四个方面实践他们的企业社会责任。第一,利润最大化。优先强调"利润"是企业的第一目标,而社会问题在很大程度上是从属于企业利润的。第二,维持企业的生计优先于任何的企业社会责任活动。第三,开明的利己主义优先认为,企业的社会责任活动将有利于企业的产出。第四,优先强调社会贡献在企业经营中比盈利更为重要。这一观点通常受到宗教或精神信仰的指导。必须指出的是,企业在企业社会责任上的决策可能受到不止一个的优先选择的影响(Spence and Rutherfoord, 2001)。

企业社会责任的理论发展主要集中在西方国家,其在亚洲的研究十分匮乏(Birch & Moon, 2004)。东南亚的研究在很大程度上被忽略了,也没有特别针对新加坡中小型企业的企业社会责任研究,即使这个独特的国家一直要求在企业社会责任上进行新的尝试(Haley & Low, 1998)。然而,在最近的几年,利益攸关者们期待亚洲的企业能够在企业社会责任中有更多的表现。Chapple 和 Moon(2005 年)认为,商业监管机构将为亚洲企业的企业社会责任发展提供关键动力。同样的,2006 年,一个有关利益攸关者的调查显示,企业社会责任在亚洲市场的消费者心目中变得越来越重要(Edelman, 2006)。

一个由新加坡中小型企业协会赞助的三角测量式的深度访谈和调查在新加坡举行(Lee, Lien, Poh & Soh, 2009; Lee, Mak & Pang, 2012),参与深度访谈的 15 位企业代表是从新加坡的五百强中小型企业中选出的。除此之外,在同一个样本中抽出的 113 位企业主和管理者参加了网络问卷的填写,其中回复率为 27.2%。通过调查,形成了四大发现:第一,这些中小型企业对企业社会责任的认知度不高。第二,中小型企业从事的企业社会责任活动很大程度上与他们的直接利益攸关者有关,而且一般通过非正式的方式开展活动。第三,中小企业主的个人价值观、与利益攸关者的良好关系以及政府的影响是驱动企业从事企业社会责任活动的主要因素。第四,资金、人力和时间的缺乏成为他们从事企业社会责任活动的主要障碍。这些主要的研究成果为企业社会责任领域提供了重要的含义和新的机会，也指出了公共关系、公共政策与中小企业内部环境的关系。

七、最近研究项目2：不同界别的企业社会责任计划和角色设定

行业性的企业社会责任研究主要集中在银行业、食品业、酒店业（Tsang, 1998）、咖啡业（Kolk, 2005）、石油和天然气行业等领域，它们之间存在明显的差异（Frynas, 2005）。然而仔细检视造成这些差异的因素，会发现差异更多地来自于这些行业制度上的不同（Schmitt, 2009）。虽然理解这些变量能够从微观的角度来了解企业社会责任的参与情况，但它却不能在更广阔的背景以及更加丰富的图景上提供驱动和塑造这些企业社会责任的因素。因此很难从这些研究的结果中找到各行业进行企业社会责任的实际目的的关联性，比如企业社会责任的相关活动是由哪些部分组成的。

Pang、Mak和Lee在2011年提出：第一，根据企业规模和营业额以及组织使命来分不同界别检视，将让我们接触到一系列影响企业社会责任的因素，让我们能够了解企业社会责任的内部因素和外部因素相互作用的结果。这些研究虽然能在具体的部门或者行业中发现有益的结论，但分区比较仍然面临着企业社会责任参与累计不同所造成的陷阱，以及未能将那些不具有行业特定性的企业社会责任因素纳入考虑之中的缺陷。第二，分行业来检查企业社会责任从微观的角度出发会在一定程度上限制对问题的整体理解，从而影响制定合适的政策所需的基础理论。一个包容而非排斥的方式是十分必要的。第三，企业社会责任是建立在大的政治、经济和社会背景下的，很少是独占的、分行业存在的。政策制定者通常会根据一个大的愿景和使命来制定政策，所提议的观点应该提供一个更严格的角度来审视企业社会责任的参与情况。

的确，企业的规模和营业额（跨国集团和中小型企业）以及愿景（企业和非政府组织和公共部门）为我们提供了研究企业社会责任的不同视角（Pang, Mak, & Lee, 2011）。从社会文化背景的角度出发，可持续性的意义以及维持它所需的要素在不同社会环境中都会发生变化，因为不同的文化会影响个人产生不同的观点和期望（Signitzer & Prexl, 2008）。这包含两个方面：首先，利益攸关者对组织的期待会有所不同。其次，商业决策者也会有选择的先后顺序，这会造成组织的企业社会责任参与动力的不同。虽然企业社会责任最初被定义为出于组织自身自愿的承诺，但很多国家

的政府实际上长期以来都通过公共政策的手段来推动企业社会责任的参与（Albareda, Lozano, & Ysa, 2007）。Doh 和 Guay 在 2006 年检视了一个国家的政策系统是如何在另一个层面上影响企业社会责任参与的。

从经济背景的角度出发，组织在多大程度上参与全球经济也对其企业社会责任参与产生影响。对于大型组织而言，高曝光度和竞争度可能促使他们将企业社会责任作为一种竞争优势和在社会中获得合法性的方式（Chapple & Moon, 2005; Porter & van der Linde, 1995）。对于更小一点的组织，如中小型企业，他们参与企业社会责任是由于跨国集团所带来的有关企业社会责任的标准扩散到了中小型企业，以及类似全球化的效应（Birch & Moon, 2004）。

推论到政治干预，在任何与企业社会责任有关的政策实施之前，都应该考虑到不同界别的差异（Pang, Mak, & Lee, 2011）。目前，似乎大多数政策的概念都基于一个放之四海而皆准的模板，而没有更多地考虑更大的组织，没有将企业的营业额、规模以及使命纳入考虑之中。

八、最近研究项目 3：企业社会责任的相互关联模型

为了对企业社会责任传播有一个全面的理解，"文化的回路"（Circuit of Culture）（Curtin & Gaither, 2005）被用于从理论的角度来研究跨国集团在亚洲发展中国家的企业社会责任参与。"文化回路"的五个组成部分或者说"节点"（moments）被用于诠释跨国集团和他们的利益攸关者之间的互动，特别是他们在企业社会责任方面的努力（Mak, Chaidaroon, & Pang, 2015）。首先是身份认同（identity），它包括在谈判的过程中与发展中国家的利益攸关者、其他网络成员共享利益，这主要为跨国公司所采用。其次是规范（regulations），它指的是，在一个特定的社区内调节交际行为的规范、规则和政策。这种规范可能包括来自总部的正式要求和地方政府以及当地社区的人认为是理所当然的"潜规则"。最后是生产（production）。它是指通过使用符号来产生价值和意义的过程，换句话说，就是跨国公司如何建立企业社会责任的相关信息。第四是陈述（representation），它是指使用符号和语言说明意识形态和价值，例如跨国集团在发展中国家有关企业社会责任的陈述讯息。最后是消费（consumption）。它是指个体采用符号作为日常生活的一部分并产生意义和价值的过程。在这种情况下，消费是指采用援助和受益于跨国公司的活动。

这个框架适用于分析跨国集团的企业社会责任活动，因为它提供了利益攸关者参与的整体情况。这五个"节点"被认为是一个回路，因为它们是相互依存、相互交织着营造文化潮流的一个完整的回路（Mak, Chaidaroon, & Pang, 2015）。它描绘了在发展中国家跨国集团和本土文化之间的相互依存的复杂关系。Curtin和Gaither认为，回路是五个节点相互重叠、创建衔接的过程，是在特定情况下的文化传递。根据五个节点的相互联系，这个衔接可以描绘出文化间或和谐或紧张的情况。总而言之，在这个框架内五个"节点"允许我们去确定它们在特定情况下产生的含义。

Mak, Chaidaroon, & Pang通过对21个定性的半结构化访谈验证了跨国集团通过"五个节点"在亚洲实施企业社会责任实践。在身份认同这个节点上，履行企业的实践还是满足在东道国中利益攸关者的需求，以总公司为导向还是以市场为导向是最受关注的两个方面。在规范这个节点上，达到国际标准还是按照东道国的经营环境（来调配），应对消费主义和其他社会政治壁垒的挑战是两大首要任务。它们包括跨国集团利用的证据基础与临时办法（生产），确定信息基调和选择的沟通方式（代表），通过管理技术转移和保持标准来提高产品质量（消费），制定措施以评估并调整其企业社会责任计划（消费）。跨国集团还面临着一系列矛盾的辩证关系（如遵守国家法律、员工缺乏对企业社会责任的理解、利益攸关者的阻力）。矛盾的辩证关系和企业社会责任的战略（如与关键部门以及合作伙伴的谈判、接受企业社会责任文化和制定有效的媒体策略、与非政府组织合作来传递消息）的模型见表42-2。

表42-2 相互关联模型研究摘要和策略（Mak, Chaidaroon, & Pang, 2015）

连接节点	相互关联矛盾	企业社会责任战略总结
生产—规定	倡导企业社会责任活动的规范	与关键部门合作伙伴谈判
规定—身份认同	遵守国家关于企业社会责任的法律	了解本地的体系是十分重要的
身份认同—生产	本地雇员缺少对企业社会责任的理解	接受企业社会责任文化和制定有效的媒体策略
生产—消费	设计企业社会责任的信息以及它们如何为东道国的文化所接受	与非政府机构合作去传递企业社会责任信息
消费—规则	管理当地的利益攸关者和社会规范的抵制	学习企业社会责任课程并不断进步

这一研究发现指出，跨国集团在企业社会责任实践中采取相互关联模型有以下几

个优点（Mak, Chaidaroon, & Pang, 2015）。首先，在跨国集团的背景下运作，企业社会责任实践的本质是**相互关联**的。研究结果证明，从业者必须在实践企业社会责任过程的五个"节点"中进行角力。其次，受访者被要求描述他们经历的矛盾关系时，这些**相互关联**的关系变得明显。这表明，企业社会责任从业者不注意紧张关系的产生。另外，值得注意的是，在所有五个"节点"之间、联系文化的回路中既能实现又能限制组织及其各种利益攸关者的互相合作。

九、最近研究4：企业社会责任新闻报道的媒体议程构建

组织在通过媒体将他们的企业社会责任传递给公众的时候，时常会面临着一些障碍。Pang、Mak和Lee在2014年通过搜集从业人员和记者对企业社会责任的新闻报道，研究了他们对运用议程构建模型（Media Agenda Building）（Qiu & Cameron, 2008）来传播企业社会责任的看法。什么类型的企业社会责任故事会得到媒体的报道以及如何在媒体上描述这些故事。

在议程构建的过程中，补贴信息是新闻的源头，可是将企业的信息传递给新闻机构的主要方式之一。议程构建被认为是一个合适的框架，因为它可以让我们跟踪从企业社会责任的主要信息源（从业者）到新闻制造者的整个传播流程（Pang, Mak, & Lee, 2014）。议程构建可以让记者和从业者找到共同点（Qiu & Cameron, 2008）。在分析了33家美国报纸和18家其他国家的报纸之后，Zhang和Swanson在2006年提出将企业社会责任术语的使用分成以下类别：目标使用、企业的社会成就、一个必要的业务功能、社会对企业的期望和认识。他们发现29%的故事客观地运用了这个术语、18%是"视为认可"、27%是"社会期望"、5%是"作为一个专业"，6%是"必要的业务功能"、15%是负面的报道。鉴于只有15%的报道是负面的，它表明媒体在很大程度上接受了有关企业社会责任的概念。

在研究企业社会责任的新闻议程构建之时，研究者对新加坡主流出版物——《海峡时报》《商业时代》《新报》的媒体报道进行了分析（Pang, Mak, & Lee, 2014）。调查结果说明了使从业者和记者产生差异的因素。这是每一方对新闻的基本理解以及更大范围内议题的不同理解所产生的反应。企业社会责任从业人员将新闻视为推进其组织利益的手段，而记者则通过新闻价值的角度来检视新闻。如何弥合二者之间的分裂呢？一个基于Pang's在2010年的"中介媒体模型"的媒体关系框架被提出来了。与

Shoemaker和Reese's在1996年提出来的模型类似，这个模型同样由五层同心圆组成，可描述为"层次结构的影响"，重要性和普遍性随着层次的扩大而扩张。在同心圆的最内层是记者的想法，其次是记者流程，然后是编辑部或组织的惯例。这些都是媒体关系内部的影响。外部媒体的影响形成下一个圈，其次是媒体的意识形态。在最外面的一圈，意识形态争论是对媒体关系最普遍的影响（Pang, Mak, & Lee, 2014）。

此外，15位媒体专业人士和企业社会责任参与者在澳大利亚进行了对企业社会责任传播过程中双方之间的关系、张力状态和挑战的调查（Mak, Hart, & Pang, 2015）。调查结果显示，议程建设缺乏效力是因为记者们在很大程度上没有留意到组织企业社会责任的信息。

企业社会责任的新闻能够被报道出来取决于对新闻意识形态的选择（Phillips, 2015）。记者们虽然能够理解企业社会责任的概念，但可能会因为时间的限制、占优势的其他新闻、警惕新闻的商业化、对追求细节缺乏兴趣以及不信任把公共关系作为信息的来源而忽略了企业社会责任的相关故事。特别是企业社会责任被从业者视为商业操作的一部分，而记者的采访动机是超越利润的。记者具有较高的认识水平，但对企业社会责任的理解度很低，并认为企业社会责任新闻（即组织的材料）只是一个新闻故事的跳板。在采访中，资深的记者也表达了对潜在利益的冲突、保持新闻独立性的担忧以及对企业社会责任动机的嘲讽。研究还表明，即使企业社会责任活动对记者来说是一个新的价值点，从业人员们在为企业社会责任活动寻求公关机会时仍应该避免使用"企业社会责任"（CSR）这个术语（Mak, Hart, & Pang, 2015）。

十、未来研究方向与结论

过去关于企业社会责任传播方面的研究，无论是研究传统媒体还是新媒体，都很少有人提出一个能将企业社会责任传播带入一个新的层次的综合方法。为了进一步研究企业社会责任实践者和记者之间的共生关系，并挖掘在新闻议程建构过程中的紧张关系，Pang、Mak和Shin提出了一个通过培养组织关系和透过数字媒体加强对话交流的并行互动过程。信息的"披露""准入""信息传播"和"参与"这四个维度被检视。披露，通常被称作"开放性"，指的是一个组织在一定的范围内披露有关组织的本质信息。访问是指一个组织对公众的可见性。信息传播，这是类似于"有用的信息"和"回访的一批公众"的对话传播研究的概念（Rybalko & Selzer, 2010; Taylor,

Kent, & White, 2001），也就是说一个组织在一定程度上为公众提供有用的信息。参与指的是一个组织在一定程度上积极地参与到了与公众的对话中，同时也吸收公众的看法。数字媒体仍然是组织向公众传播信息以及通过与利益攸关者加强谈话而建立良好关系的一个重要方式（Waters & Lemanski, 2011; Waters et al., 2009）。

通过扩展媒体构建议程（Qiu &Cameron，2008）来与利益攸关者进行对话，模型有以下的作用（Pang, Mak, & Shin）。首先，它能从跨文化的实证数据中识别出记者和企业社会责任从业人员在企业社会责任报告中常见的共同点和分歧点。其次，它整合了普及性越来越高的网络媒体。再次，它将媒体关系整合到了媒体议程构建的过程中，并开发了一个媒体的交互模型。在日益分散的市场和媒体环境下，组织应该利用在主流媒体以及自己的数字平台，以确保他们的企业社会责任信息能通过多个接触点传播。

最后，在企业运用社交媒体与其利益攸关者交流的时候，应使公共关系议题变得透明、真实、有影响力和参与度（McCorkindale & DiStaso, 2014）。考虑社交媒体的多维度的特性，明白文本、声音和图片是如何将企业社会责任故事传播给利益攸关者，并吸引他们参与有关企业社会责任的对话。在一个描述性的研究中，Chaidaroon、Mak和Mohammed分析了企业社会责任通过视频的形式在社交媒体平台上传播的情况。他们关注全球时尚品牌在孟加拉Rana购物中心发生坍塌之后的社会责任问题。这些时尚品牌将工作外包给孟加拉的服装工厂，并通过多种社交媒体渠道发布视频，展示他们的社会责任感。研究发现，企业社会责任故事在塑造观众对企业的看法的同时，还揭示了对话的价值，以及利益攸关者在叙述故事时所代表的价值或者道德观点（Curtin & Gaither, 2007）。因此公共关系的研究者和从业人员应更好地管理利益攸关者所代表的竞争或者冲突的价值观。

其它研究指出，有关特定行业的企业社会责任调查能够整合独特的挑战、机会以及东道国对企业社会责任参与的建议（Mak, Chaidaroon, & Pang, 2015）。研究需要更多地去学习每一个亚洲发展中国家以及中东、非洲等新兴市场特定的文化。通过了解这些企业接触东道国的利益相关人群所碰到的驱动因素以及障碍来研究部门内外语境的不同，可以和那些在社会责任领域领先的企业们去合作开发一个亚太地区的企业社会责任案例手册来供从业人员学习。这些案例研究可以将学者和从业人员共同连接到其他学科的项目中去，例如国家关系、可持续发展、社区发展以及企业道德。

为了更好地了解企业社会责任参与以及在中国市场的跨国公司同走出海外的本土公司之间的交流力度，可以通过专家访谈识别他们开展企业社会责任的理由、动机，实施企业社会责任的方式以及（企业社会责任）发展的阶段。这些对比能够为我们在国内外市场制定最佳的企业社会责任战略政策以及有效地管理利益攸关者提供更多的见解。

本章从理论发展以及实证研究驱动或者阻碍各部门企业社会责任参与的综合因素的角度，阐释了企业社会责任图景在过去50年来演进的历程。这里再次重申，角色的设置、企业的规模以及使命，让公共关系学者去计划他们与主要利益攸关者的企业社会责任参与是至关重要的。随着社交媒体的发展，也需要更多的研究者去找寻更好的方式来创造记者与企业社会责任传播共生的媒体关系。

参考文献

1. ABDEEN A M. Social responsibility disclosure in annual reports [J]. Business forum, 1991, 16(1), 23-26.

2. AEGERTER D. The SME owners' perception on corporate social responsibility: an approach based on cognitive mapping [J]. The young economists journal, 2006: 112-121.

3. ALBAREDA L, LOZANO J, YSA T. Public policies on corporate social responsibility: The role of governments in Europe [J]. Journal of business ethics, 2007, 74(4), 391-408.

4. ARGENTI P. Corporate communication [M]. 4th ed. Singapore: McGraw Hill, 2007.

5. BAUMOL W J. A new rationale for corporate social policy [M]. New York: Committee for Economic Development, 1970.

6. BIRCH D, MOON J. Journal of corporate citizenship [J]. introduction, 2004(13): 18-23.

7. BLOOM P N, GUNDLACH G T. Handbook of marketing and society [M]. Thousand Oaks, CA: Sage Publications, 2001.

8. BLOWFIELD M, FRYNAS J G. Setting new agendas: critical perspectives on Corporate Social Responsibility in the developing world [J]. International Affairs,

2005, 81(3): 499-513.

9. BOLI J, HARTSUIJKER D. World Culture and Transnational Corporations: Sketch of a Project. Conference conducted at International Conference on Effects of and Responses to Globalization [C]. Istanbul, Turkey, 2001.

10. BOWEN H R. Social responsibilities of the businessman [M]. New York: Harper & Row, 1953.

11. BOWIE N. New directions in corporate social responsibility [J]. Business Horizons, 1991, 34(4): 56-65.

12. BROWN T J, DACIN P A. The company and the product: Corporate associations and consumer product responses [J]. The Journal of Marketing, 1997, 61(1): 68-84.

13. CAMPBELL J L. Why would corporations behave in socially responsible way: An institutional theory of corporate social responsibility [J]. Academy of Management Review, 2007, 32(3): 946-967.

14. CARROLL A B A. Three-dimensional conceptual model of corporate social performance [J]. Academy of Management Review, 1979, 4(4): 497-505.

15. CARROLL A B. The pyramid of corporate social responsibility: Toward the moral management of organizational stakeholders [J]. Business Horizons, 1991, 34(4): 39-48.

16. CARROLL A B. Corporate social responsibility: Evolution of a definitional construct [J]. Business & Society, 1991, 38(3): 268-295.

17. CHAPPLE W, MOON J. Corporate Social Responsibility(CSR)in Asia: A seven country study of CSR website reporting [J]. Business & Society, 2005, 44(4): 415-441.

18. CHAIDAROON S, MAK A K Y, MOHAMMED R S. The tales of CSR by global fashion brands manufacturers in social media [M] // LINGREEN A, VANHAMME J, MAON F, WATKINS R. The use of effectiveness of CSR communications through digital platforms, Gower Publishing.Commission of the European Communities: European SMEs and social and environmental responsibility, Brussels: Enterprise Publications, 2001.

19. CURTIN P A, GAITHER T K. Privileging identity, difference, and power: The circuit of culture as a basis for public relations practice [J]. Journal of Public Relations

Research, 2005, 17(2): 91-115.

20. CURTIN P A, GAITHER T K. International public relations: Negotiating culture, identity, and power [M]. Thousand Oaks, CA: Sage, 2007.

21. DAHLSRUD A. How corporate social responsibility is defined: An analysis of 37 definitions [J]. Corporate Social Responsibility and Environmental Management, 2006, 15(1): 1-13.

22. DAVIS G F, THOMPSON T A. A social movement perspective on corporate control [J]. Administrative Science Quarterly, 1994, 39(1): 141-173.

23. DAVIS K. Can Business Afford to Ignore Social Responsibilities? [J]. California Management Review, 1960, 2(3): 70-76.

24. DAVIS K. The case for and against business assumption of social responsibilities. Academy of Management Journal, 1973, 16(2): 312-322.

25. DAWKINS J. Corporate responsibility: The communication challenge [J]. Journal of Communication Management, 2004, 9(2): 108-154.

26. DICKSON M, ECKMAN M. Media portrayal of voluntary public reporting about corporate social responsibility performance: Does coverage encourage or discourage ethical management? [J]. Journal of Business Ethics, 2008, 83(4): 725-744.

27. DICKSON P H, WEAVER K M, HOY F. Opportunism in the R&D alliances of SMEs: The roles of the institutional environment and SME size [J]. Journal of Business Venturing, 2005, 21(4): 487-513.

28. DIMAGGIO P J, POWELL W W. The iron cage revisited: Institutional isomorphism and collective rationality in organizational fields [J]. American Sociological Review, 1983, 48(2): 147-160.

29. DOH J P, GUAY T R. Corporate social responsibility, public policy, and NGO activism in Europe and the United States: An institutional-stakeholder perspective [J]. Journal of Management Studies, 2006, 43(1): 47-73.

30. EDELMAN. New study of Japanese stakeholders shows PR-earned media coverage is believed to be more effective than advertising-paid media coverage [M]. Japan: Edelman Japan, 2006.

31. European Commission. Promoting a European framework for corporate social

responsibility-Green Paper [R]. Luxembourg: Office for Official Publications for the European Communities, 2006.

32. FASSIN Y. SMEs and the fallacy of formalizing CSR [J]. Business Ethics: A European Review, 2008, 17(4): 364-378.

33. FREDERICK W C. Corporate be good: The story of corporate social responsibility [M]. Indianapolis, IN: Dog Ear Publishing, Inc., 2006.

34. FREEMAN R E. Strategic management: A stakeholder approach [M]. New York: Oxford University Press, 1984.

35. FRIEDMAN M. Capitalism and freedom [M]. Chicago: University of Chicago Press, 1962.

36. FOMBRUN C J. Reputation: Realizing value from the corporate image [M]. Boston: Harvard Business School Press, 1996.

37. FRYNAS J G. The false developmental promise of corporate social responsibility: Evidencefrom multinational oil companies [J]. International Affairs, 2005, 81(3): 581-598.

38. GALASKIEWICZ J. Professional networks and the institutionalization of a single mind set [J]. American Sociological Review, 1985, 50(5): 639-658.

39. GARRIGA E, MELÉ D. Corporate social responsibility theories: Mapping the territory [J]. Journal of Business Ethics, 2004, 53(1-2): 51-71.

40. GOLOB U, BARTLETT J. Communicating about corporate social responsibility: A comparative study of CSR reporting in Australia and Slovenia [J]. Public Relations Review, 2007, 33(1): 1-9.

41. GRAAFLAND J J, SMID H. Reputation, corporate social responsibility and market regulation [J]. Tijdchrift voor Economie en Management, 2004, 49(2): 271-308.

42. HALEY U C V, LOW L. Crafted culture: governmental sculpting of modern Singapore and effects on business environments [J]. Journal of Organizational Change Management, 1998, 11(6): 530 -553.

43. HEATH R L. Management of corporate communication: From interpersonal contacts to external affairs [M]. Hillsdale, NJ: Lawrence Erlbaum Associates, Inc., 1994.

44. HILLARY R. Environmental management systems and the smaller enterprise [J]. Journal of cleaner production, 2004, 12(6): 561-569.

45. HOPKINS M. The planetary bargain: Corporate social responsibility matters [J]. London: Earthscan Publications Ltd, 2003.

46. HORNSBY J S, KURATKO D F, NAFFZIGER D W, LAFOLETTE W R, HOGETTS R M. The ethical perceptions of small business owners: A factor analytic study [J]. Journal of Small Business Management, 1994, 32(4): 9-16.

47. HUMPHREYS N, ROBIN D P, REIDENBACH R E, MOAK D L. The ethical decision making process of small business owner/managers and their customers, Journal of Small Business Management, 1993, 31(3): 9-22.

48. HUSTED B W, ALLEN D B. Is it ethical to use ethics as strategy? [J]. Journal of BusinessEthics, 2000, 27(1-2): 21-31.

49. IGALENS J, GOND J P. Measuring corporate social performance in France: A critical review and empirical analysis of ARESE data [J]. Journal of Business Ethics, 2005, 56(2): 131-148.

50. JAMALI D. A stakeholder approach to corporate social responsibility: A fresh perspective into theory and practice [J]. Journal of Business Ethics, 2008, 82(1): 213-231.

51. JARVIS M. Can small be responsible? The possibilities and challenges of corporate social responsibility among small and medium enterprises [C]. WBI Series on Corporate Responsibility, Accountability, and Sustainable Competitiveness. Washington, DC: World Bank Institute, 2004.

52. JENKINS H. A critique of conventional CSR theory: An SME perspective [J]. Journal of General Management, 2004, 29(4): 37-57.

53. JOHNSON R A, GREENING D W. The effects of corporate governance and institutional ownership types on corporate social performance [J]. Academy of Management Journal, 1999, 42(5): 564-576.

54. JONES M T. The institutional determinants of social responsibility [J]. Journal of Business Ethics, 1999, 20(2): 163-179.

55. KANTER R M. From spare change to real change: The social sector as beta site

for business innovation [J]. Harvard Business Review, 1999, 77(3): 122-132.

56. KEMPSHALL M S. The common good in late medieval political thought [M]. Oxford: Oxford University Press, 1999.

57. KHANDKER M T, Mak A K Y. Fashion CSR by global brands vs social enterprises: A closer look after the Rana Plaza collapse in Bangladesh [J]. Media Asia.

58. KLEIN J G, SMITH N C, JOHN A. Why we boycott: Consumer Motivations for Boycott Participation [J]. Journal of Marketing, 2004, 68(3): 92-109.

59. KOLK A. Corporate social responsibility in the coffee sector: The dynamics of MNC responses and code development, European Management Journal, 2005, 23(2): 228-236.

60. KOTLER P, LEE N. Corporate social responsibility: Doing the most good for your company and your cause [M]. Hoboken, NJ: Wiley, 2005.

61. L'ETANG J L. Public relations and corporate social responsibility: Some issues arising [J]. Journal of Business Ethics, 1994, 13(2): 111-123.

62. LAHDESMAKI M. When ethics matters – interpreting the ethical discourse of small nature-based entrepreneurs [J]. Journal of Business Ethics, 2005, 61(1): 55-68.

63. LAKIN N, SCHEUBEL V. Corporate community involvement: The definitive guide to maximizing your business' societal engagement [M]. Stanford, CA: Stanford University Press, 2010.

64. LAMMERS J C. An institutional perspective on communicating corporate responsibility [J]. Management Communication Quarterly, 2003, 16(4): 618-624.

65. LANTOS G P. The boundaries of strategic corporate social responsibility [J]. Journal of consumer marketing, 2001, 18(7): 595-632.

66. LEE M D P. A review of theories of corporate social responsibility: Its evolutionary path and the road ahead [J]. International Journal of Management Reviews, 2008, 10(1): 53-73.

67. LEE M H, LIEN X W, POH Y Z, SOH A L. Bridging the gap: An exploratory study of corporate social responsibility among SMEs in Singapore [Z]. Unpublished manuscript, Wee Kim Wee School of Communication and Information, Nanyang Technological University, Singapore, 2009.

68. LEE M H, MAK A K Y, PANG A. Bridging the gap: An exploratory study of corporate social responsibility among SMEs in Singapore [J]. Journal of Public Relations Research, 2012, 24: 299-317.

69. LEVITT T. The Dangers of Social Responsibility [J]. Harvard Business Review, 1958, 36(5): 41-50.

70. MACKEY A, MACKEY T, BARNEY J B. Corporate social responsibility and firm performance: Investor preferences and corporate strategies [J]. Academy of Management Review, 2007, 32(3): 817-835.

71. MAY S, ZORN T. Communication and corporate social responsibility [J]. Management Communication Quarterly, 2003(16): 595-598.

72. MAHON J F, MCGOWAN R A. Searching for the common good: A process-oriented Approach [J]. Business Horizons, 1991, 34(4): 79-86.

73. MAK A K Y, CHAIDAROON S S, PANG A. MNCs and CSR engagement in Asia: A dialectical model [J]. Asia Pacific Public Relations Journal, 2015, 15(2): 22-36.

74. MAK A K Y, PANG A, HART E. Communicating corporate social responsibility: agenda building in Australia [J]. Australian Journalism Review, 2015, 37(1): 149-163.

75. MARGOLIS J D, WALSH J P. People and profits? The search for a link between a company's social and financial performance [M]. Mahwah, NJ: Lawrence Erlbaum Associates, 2001.

76. MCCORKINDALE T, DISTASO M W. The state of social media research: Where are we now, where we were and what it means for public relations [J]. Research Journal of the Institute for Public Relations, 2014, 1(1).

77. MCGUIRE J W. Business and Society [M]. New York: McGraw-Hill, 1963.

78. MCWILLIAMS A, SIEGEL D. Corporate social responsibility: A theory of the firm perspective [J]. The Academy of Management Review, 2001, 26(1): 117-127.

79. MCWILLIAMS A, SIEGEL D, WRIGHT P M. Corporate social responsibility: Strategic Implications [J]. Journal of Management Studies, 2006, 43(1): 1-18.

80. MEDINA-MUÑOZ D, MEDINA-MUÑOZ R. Small and medium-sized enterprises and sustainability: The case of the Canary Islands [J]. Greener Management International, 30: 114-124.

81. MELE D. Corporate social responsibility theories [M] // CRANE A, MCWILLIAMS A, MATTEN D, MOON J, SIEGEL D S. The Oxford handbook of corporate social responsibility, Oxford: Oxford University Press, 2008: 46-82.

82. MINTZBERG H. The case for corporate social responsibility [J]. Journal of Business Strategy, 1983, 4(2): 3-15.

83. MIRVIS P, GOOGINS B. Stages of corporate citizenship: A developmental framework, California Management Review, 2006, 48(2): 104-126.

84. MITCHELL R K, AGLE B R, WOOD D J. Toward a theory of stakeholder identification and salience: Defining the principle of who and what really counts, The Academy of Management Review, 1997, 22(4): 853-886.

85. MOIR L. What do we mean by corporate social responsibility? Corporate Governance, 2001, 1(2): 16-22.

86. PANG A. Mediating the media: a journalist-centric media relations model [J]. Corporate Communications: An International Journal, 2010, 15(2): 192-204.

87. PANG A, MAK A K Y, LEE M H. Significance of sector-specific corporate social responsibility initiatives: Status and roles of CSR in different sectors [M] // IHLEN O, BARLETT J, MAY S. The Handbook of Communication and Corporate Social Responsibility, 2011, 295-315.

88. PANG A, MAK A K Y, LEE M H. Communicating corporate social responsibility in Singapore: Towards more effective media relations [M] // NG P, NGAI C. Role of Language and Corporate Communication in Greater China: From Academic toPractitioner Perspectives. New York: Springer, 2015: 127-148.

89. PANG A, MAK A K Y, SHIN W. Integrated CSR communications: Toward a model encompassing media agenda building with stakeholder dialogic engagement [M] // LINGREEN A, VANHAMME J, MAON F, WATKINS R. The use of effectiveness of CSR communications through digital platforms, Gower Publishing.

90. PERRINI F. SMEs and CSR theory: Evidence and implications from an Italian perspective [J]. Journal of Business Ethics, 2006, 67(3): 305-316.

91. PHILLIPS A. Journalism in context: Practice and theory for the digital age [M]. NY: Routledge, 2015.

92. PORTER M E, KRAMER M R. The competitive advantage of corporate philanthropy [J]. Harvard Business Review, 2002, 80(12): 56-68.

93. PORTER M E, LINDE C. Green and competitive: Ending the stalemate [J]. Harvard Business Review, 1995, 73(9/10): 120-134.

94. QIU Q, CAMERON G T. Communicating health disparities: Building a supportive media agenda [M]. Saarbruecken, Germany: VDM Verlag, 2008.

95. RIFFE D, AUST C F, LACY S R. The effectiveness of random, consecutive day and constructed week samples in newspaper content analysis [J]. Journalism Quarterly, 1993, 70(4): 133-139.

96. RYBALKO S, SELTZER T. Dialogic communication in 140 characters or less: How Fortune 500 companies engage stakeholders using Twitter [J]. Public Relations Review, 2010(36): 336-341.

97. SCHAPER M, SAVERY L. Entrepreneurship and philanthropy: The case of small Australian firms [J]. Journal of Development Entrepreneurship, 2004, 9(3): 239-250.

98. SCHMITT D. CSR practices across four sectors: a synthesis of the surveys [M] // BARTH R, WOLFF F. Corporate Social Responsibility in Europe: Rhetoric and Realities. UK: Edward Elgar Publishing, 2009: 124-129.

99. SHOEMAKER P, REESE S D. Mediating the message [M]. NY: Longman, 1996. SILBERHORN D, WARREN R C. Defining corporate social responsibility: A view from big companies in Germany and the UK [J]. European Business Review, 2007, 19(5): 352-372.

100. SIGNITZER B, PREXL A. Corporate Sustainability Communications: Aspects of Theory and Professionalization [J]. Journal of Public Relations Research, 2008, 20(1): 1-19.

101. SIMMONS J. Managing in the post-managerialist era: Towards socially responsible corporate governance [J]. Management Decision, 2004, 42(3/4): 601-611.

102. SNIDER J, HILL R P, MARTIN D. Corporate social reponsibility in the 21st century: A view form the world's most succesful firms [J]. Journal of Business Ethics, 2003(48): 175-187.

103. SPENCE L J. Does size matter? The state of the art of small business ethics [J]. Business Ethics: A European Review, 1999, 8(3): 163-174.

104. SPENCE L J, LOZANO J F. Communicating about ethics with small firms: Experiences from the UK and Spain [J]. Journal of Business Ethics, 2000, 27(1/2): 43-53.

105. SPENCE L J, RUTHERFOORD R. Social responsibility, profit maximization and the small firm owner-manager [J]. Journal of Small Business and Enterprise Development, 2001, 8(2): 126-139.

106. TAYLOR M, KENT M, WHITE W. How activist organizations are using the Internet to build relationships [J]. Public Relations Review, 2001(27): 263-284.

107. TENCH R, BOWD R, JONES B. Perceptions and perspectives: corporate social responsibility and the media [J]. Journal of Communication Management, 2007, 11(4): 348.

108. TILLEY F. The gap between the environmental attitudes and the environmental behavior of small firms [J]. Business Strategy and the Environment, 1999, 8(4): 238-248.

109. TSANG E W K. A longitudinal study of corporate social reporting in Singapore: The case of the banking, food and beverages and hotel industries [J]. Accounting, Auditing and Accountability Journal, 1998, 11(5): 624-635.

110. MARREWIJK M. Concepts and definitions of CSR and corporate sustainability: Between agency and communion [J]. Journal of Business Ethics, 2003, 44(2-3): 95-105.

111. VITELL S J, DICKERSON E B, FESTERVAND T A. Ethical problems, conflicts and beliefs of small business professionals [J]. Journal of Business Ethics, 2000, 28(1): 15-24.

112. VYAKARNAM S, BAILEY A, MYERS A, BURNETT D. Towards an understanding of ethical behavior in small firms [J]. Journal of Business Ethics, 1997, 16(15): 1625-1636.

113. WADDOCK S, BODWELL C. From TQM to TRM [J]. Journal of Corporate Citizenship, 2008(7): 113-126.

114. WALLICH H C, MCGOWAN J J. Stockholder interest and corporation's role

in social policy [M] // BAUMOL W J. A new rationale for corporate social policy, New York: Committee for Economic Development, 1970: 39-59.

115. WALTON C C. Corporate social responsibilities [M]. Belmont: Wadsworth Pub. Co, 1967.

116. WARTICK S L, COCHRAN P L. The evolution of the corporate social performance model [J]. The Academy of Management Review, 1985, 10(4): 758-769.

117. WATERS R D, LEMANSKI J L. Revisiting strategic communication's past to understand the present [J]. Corporate Communications: An International Journal, 2011, 16(2): 150-169.

118. WATERS R D, BURNETT E, LAMM A, LUCAS J. Engaging stakeholders through social networking: How non-profit organizations are using Facebook [J]. Public Relations Review, 2009(35): 102-106.

119. WILLIAMS A. Consumer social responsibility? [J]. Consumer Policy Review, 2005, 15(2): 34-35.

120. WOOD D J. Corporate social performance revisited [J]. Academy of Management Review, 1991, 16(4): 691-718.

121. ZHANG Y, SWANSON D. Analysis of news media representation of corporate social Responsibility [J]. Public Relations Quarterly, 2008: 13-17.

（麦嘉盈，香港浸会大学传理学院副教授）

第四十三章　企业内部公关

良好的企业内部关系离不开有效的员工沟通,沟通与传播贯穿了企业的日常运作①。当企业的构架变得愈发庞大复杂,顺畅的内部沟通也就变得愈发重要。近年来,企业内部沟通,又称员工传播②或内部关系③,作为公共关系的重要职能之一,开始被越来越多的企业所重视。大量研究表明,高效的内部沟通与企业的成功密不可分。第一,通过内部沟通,员工可以获取有关其本职工作以及企业内外部环境的最新动态和资讯,了解企业的最新策略与方针。第二,内部沟通可以帮助企业向员工传递其价值观与理念,让员工更好地了解并适应企业文化④。第三,良好的内部沟通有助于建立员工与企业之间的信任,强化员工之间共同的身份认同以及员工对企业的忠诚度,提升其工作的积极性及有效性⑤⑥⑦。除此之外,企业内部沟通能够强化员工之间的协同合作,增强集体感与归属感。如同引擎的润滑油,卓越的内部传播确保了企业的有效运行,企业的决策制定、内部交流以及职能调控都离不开内部沟通。

---

① HARRIS T E. Applied organizational communication: perspectives, principles, and pragmatics. Hillsdale, NJ: Erlbaum, 1993.
② GRUNIG J E, HUNT T. Managing public relations [M]. New York: Holt Rhinehart & Winston, 1984.
③ BOWEN S A. Internal relations and employee communication. [M]// CUTLIP S M, CENTER A H, BROOM G M. Effective public relations. 9th ed. Upper Saddle River, NJ: Prentice Hall, 2005: 222-250.
④ BOWEN S A. Organizational factors encouraging ethical decision making: an exploration into the case of an exemplar [J]. Journal of Business Ethics, 2004, 52(4): 311-324.
⑤ JIANG H, MEN L R. Creating an engaged workforce: the impact of authentic leadership, transparent communication, and work-life enrichment [J]. Communication Research, 2017, 44 (2): 225-243.
⑥ MEN L R. Strategic employee communication: transformational leadership, communication channels, and employee satisfaction [J]. Management communication quarterly, 2014, 28(2): 264-284.
⑦ MEN L R. Why leadership matters to internal communication: linking transformational leadership, symmetrical communication, and employee outcomes [J]. Journal of public relations research, 2014, 26 (3): 256-279.

一、定义内部关系

内部关系的工作重点在于对企业内部利益攸关者进行策略性管理。通过内部调研、内部沟通、员工培训以及建立激励制度等方式，让内部利益攸关者的想法与需求在企业的日常运作中得到高度重视，并在此基础上保持内部利益攸关者与企业的良好关系。理想情况下，双方可以在此种良好关系中各获其利。尽管内部关系的定义莫衷一是，但正如前文所说，企业内部沟通是内部关系管理的主要实施方式。作为一种综合了媒体传播、人力资源和市场营销的跨学科管理方式，不同领域的学者对于内部沟通有着不同的认知[1]。在公共关系领域的文献中，内部关系又被称为"内部沟通"或"内部公共关系"，强调对内部利益攸关者（例如员工）的关系管理。从利益攸关者的角度出发，Welch和Jackson将内部沟通定义为"针对所有内部利益攸关者与企业之间的互动关系所进行的战略管理"[2]。除此之外，在市场营销领域，内部营销的概念亦被用于描述企业与员工之间的互动关系。在内部营销的概念体系中，员工被看作是内部客户。满足内部客户的需求与满足外在客户的需求同样重要[3]。企业需要先让员工感到满意，员工才能让客户感到满意。

由于内部沟通是一个跨学科领域，Kalla[4]提出了"整合性内部传播"的概念。此概念包含了四个相互关联的研究领域，即商务沟通（强调员工的沟通技巧）、管理沟通（强调企业领导的沟通能力）、企业传播（强调企业官方的正式对内沟通）以及组织传播（强调组织理念、理论领域的问题）。整合性内部传播的类型也根据不同的利益相关人群被分为四类，即直线经理传播、团队内部沟通、项目内部沟通以及企业内部传播。[5]

近年来，学者们又提出了一个更加主流的观点，认为内部沟通由分层传播、大众

---

[1] VERČIČ A T, VERČIČ D, SRIRAMESH K. Internal communication: definition, parameters, and the future [J]. Public relations review, 2012(38): 223-230.

[2] WELCH M, JACKSON P R. Rethinking internal communication: a stakeholder approach [J]. Corporate communications, 2007(12): 177-198.

[3] BERRY L L. The employee as customer [J]. Journal of retail banking, 1981(3): 25-28.

[4] KALLA H K. Integrated internal communications: a multidisciplinary perspective [J]. Corporate communication, 2005(10): 302-314.

[5] 同②.

媒体传播与社交网络传播三大基石组成①。

分层传播是指一种由上至下，从总裁或首席执行官（CEO）到经理，再到主管，再到非管理层员工的信息传递。各个层级的经理们负责将管理层的声音传达给每一个员工，再将员工的意见反馈至管理层。研究一致表明，相比于公司高管，直属上司是员工更加青睐、更加信任的信息来源②。然而，企业不能只依靠经理或高层领导和员工进行交流，因为经理们有着各异的人际沟通能力，并且不是每个管理者都愿意和员工分享信息。

组成内部沟通的第二个部分是大众媒体传播。此种传播方式通常由企业的宣传部门负责，并使用报纸、杂志、公告板、内部网络、电视、网络直播、电子邮件、社交软件等媒介向员工提供信息。相比于分层传播，大众媒体传播能够更好地控制信息发出的时间与信息措辞的一致性。

内部沟通的第三个主要组成部分是非正式传播网络。Berger指出，企业中的信息随着传播网络流动。在一个正式的企业传播网络中，信息通过层次分明（例如从高层到低层）的官方渠道（例如电子邮件、简报）流动。而在非正式员工网络传播中，信息流动呈水平方向。此类非正式的传播网络通常由员工之间的人际沟通构成（比如企业中同一级别员工的沟通）。员工间相互提供、获取、分享并且交换他们从经理、简报或者其他渠道得到的信息。尽管这些信息有时并不准确，但员工通常认为它们比正式渠道获取的信息更加真实可信③。

虽然关于内部沟通至今没有一致的定义，但研究者们通常认为其包含了企业中所有层级、所有形式的沟通。内部沟通是企业运作的中心环节之一，并广泛存在于企业的各项行为之中。内部沟通能够帮助企业建立与员工的联系，构建企业文化，促进决策制定。员工通过内部沟通共享信息，表达情感。综上所述，内部沟通对当代企业的运行与发展有着决定性的推动作用④。

---

① WHITWORTH B. Internal communication.［M］// GILLIS T. The IABC handbook of organizational communication. Jossey-Bass, Inc, 2011：195–206.

② LARKIN T J, LARKIN S. Communicating change：winning employee support for new business goals［M］. New York：McGraw-Hill, 1994.

③ BERGER B. Employee/organizational communications. institute for Public Relations.［EB/OL］（2008–02–03）［2016–07–06］. // http：//www.instituteforpr.org/topics/employee-organizational-communications/.

④ D'APRIX R. Communicating for change：Connecting the workplace with the marketplace［M］. San Francisco：Jossey-Bass, 1996.

二、内部沟通的发展：历史溯源

（一）起源：1930—1940年

W. Charles Redding 和 George A. Sanborn 在其著作《商业与工业传播》中指出，内部沟通的概念诞生于著名的霍桑研究。通过霍桑研究，来自哈佛商学院的 Elton Mayo 和他的同事首次对企业中的员工沟通问题进行了探讨，并得出以下结论：

（1）"就决定工作效率的因素而言，员工的态度比其客观环境更重要。"

（2）"通过车间及工作岗位上的直接观测可以得到大量员工私下互动以及相互非正式交流的记录。"

（3）"这项大型的访谈性研究可视为企业传播领域的开创之举"[1]。

到了1938年，Chester I. Barnard 在其著作《执行官的作用》里强调了内部沟通的重要性，并说道："执行官的首要职责便是建立和维持企业内部系统性的信息传播。"他指出，信息发出者的权威性并不是保证信息被受众接纳的决定性因素。此类信息必须清晰易懂，主旨与公司的目标相一致，并与员工的个人利益相契合。Alexander B. Heron 于1942年提出了促成良好内部沟通的几项标准，其标准具有先锋性与开拓性。他认为，面向员工的沟通不应该是宣传性或说服性的。内部沟通需要"信息的双向交流"以及"提出问题、寻求解答和交换观点的自由"（Hay, 1974, p.8）。对 Pigors 来说，内部沟通是一项需要员工和管理层共同参与的行为。1949年，Paul Pigors 进一步阐述了双向传播与双向参与的概念。这一概念至今仍是公共关系领域的研究重点。

（二）理论发展

内部沟通的理论与实践始于20世纪30年代到40年代。随着人们对企业结构的了解不断加深，内部沟通领域也得到了相应的发展。以下总结了五种有关企业结构发展、企业行为以及企业管理的理论。这些理论对内部传播的研究与实践有着重要的影响。

1.科学化管理

科学化管理的观点根植于经典的企业管理理论中，强调通过合理的企业结构、可

---

[1] HAY R D. A brief history of internal organizational communication through the 1940s [J]. The Journal of business communication, 1974, 11(4), 6–10.

控的企业行为、详细的劳动力分工和优化的职能设置来提升企业的效率和产出。三位20世纪的理论家对早期管理理论的形成与实践作出了贡献。

Frederick Taylor[①]指出，管理者应该负责为员工提供良好的工作环境，对员工进行指导，并向他们提供完成工作所需的资源。他认为通过科学化的职能分工，每一个员工都能发挥他们最大的工作能力。他还认为良好、合理的薪酬是促进员工工作表现的唯一因素。

Henri Fayol[②]是另一位在科学化管理领域具有代表性的理论家。Fayol认为企业若能做到理性管理的最大化，那么它的运作效率也将得到最大化。每个机构都应该拥有一个经典的阶层金字塔，命令从上往下层层执行。每个阶层都应该有其各自的行事规范、问责制度以及明确的指令。和军队的运作方式相似，Fayol呼吁建立一种信息从上至下流动，权力高度集中且管控严格的企业结构。然而他也指出，当紧急或意外情况发生时，经理需要将每一层级的员工联系起来以便进行适当的调控。这种早期的"水平传播"思想被称为"Fayol's bridge"。

杰出的社会学家Max Weber[③]也为科学化管理的理论发展与实践作出了贡献。他将科层制引入人类组织结构，并将其视作一种理性且高效的系统性管理方式。科层制是一种试图通过设置层级和标准化程序来提高企业运作效率的概念。Weber认为，员工的招聘与奖励都应该依照一套理性且系统化的标准来实施，此标准包括员工的工作能力、企业的特殊条例、政策与法规等。依靠徇私舞弊和裙带关系来招聘和奖惩员工只会损害公司的利益。

科学化管理的观点为企业的高效率、高产出以及合理地使用人力提供了重要的指导思想。若企业被看作是一台机器，那员工则是可更换的零件。在这种权力集中化的体系中，信息从高层向低层传播，并通常以传统的印刷制品为媒介。信息的内容大多是清晰的任务指令、高层的命令和决定。此类信息有助于提高企业的运作效率和生产力，这两点在企业进行大规模生产时尤为重要。总体来说，此时的内部沟通建立在分层架构之上，以单向传播为主，理性、正式、高度控制，且普遍用于命令的下达。

---

① TAYLOR F W. The principles of scientific management [M]. New York：Harper & Brothers. Chicago, 1911.
② FAYOL H. General and industrial management [M]. New York：Pittman, 1949.
③ WEBER M. The theory of social and economic organizations [M]. New York：Free Press, 1947.

2. 人性化管理

人性化管理的观点起源于霍桑研究①。研究人员发现，无论工作环境好坏，只要提高对员工的关注度且改善他们的工作态度便能提升生产效率。因此，员工之间的人际关系和他们在工作环境中的社交情况应该引起企业足够的重视。霍桑研究的结果对经典的科学化管理理论提出了挑战，金钱并不是促进高效工作的唯一动力。与企业结构、职能设置、规章制度相比，员工的工作动机、个人需求、工作态度等对企业的良好运作起着相同，甚至更加重要的作用。之后的研究表明，将人性化管理的观点与科学化管理的观点相结合能够创造更高效的工作环境。

以人为本的管理理念从此开始萌芽。管理者的职责之一便是让员工在工作中感受到自我价值并实现自我价值。当员工感到满意和快乐时，他们的工作效率也会随之提高。然而，一个悖论显示，快乐的员工并不总是最高效的。如同过度的控制会导致紧张和崩溃一样，太过强调管理中的以人为本将会降低生产效率。因为舒适会带来懒惰，个人需求也会逐渐凌驾于集体需求之上。之后的研究逐渐证明，科学化管理与人性化管理同样重要，不可偏颇。

由于概念的重心从以任务为导向转移至以员工为导向，此时的内部沟通更加强调建立员工之间的关系以及提升员工的满意度。虽然阶层式的、从上至下的信息传播仍是此时的主流，但管理者们变得更加重视员工的意见反馈，重视员工的所思所想。为了和员工建立更好的关系，除了运用内部网络或简报这类传统的交流渠道外，面对面的交谈也变得尤为重要，信息的内部传播也更加开放和轻松。总体而言，此时的内部沟通以企业人际关系和员工为中心，并多了一份轻松随意。由下至上的意见反馈和同级员工之间的沟通交流亦变得更加频繁。

3. 人力资源管理

建立在科学化和人性化管理的理论基础之上，人力资源管理的概念孕育于20世纪60年代。此概念认为，完善企业的结构性发展与满足员工的个人需求同样重要。McGregor②所提出的X-Y理论对人力资源管理的发展起到了开创性的作用。X理论认为，员工通常缺乏职业目标与工作动机。他们总是消极对待公司的任务，拒绝自我改变，渴望用最少的付出换取最大的利益。因此，信奉X理论的管理者通常更加武断

---

① SONNENFELD J A. Shedding light on the hawthorne studies [J]. Journal of occupational behavior, 1985: 125.

② MCGREGOR D. The Human side of enterprise [M]. New York: McGraw-Hill, 1960.

独裁，善于使用控制与强迫等手段来驱使员工完成企业所下达的任务。与之相反，Y理论将员工看作负责任且充满工作潜能的个体。信奉Y理论的管理者认为，只要给予员工适当的发展空间，他们将出色地完成公司所赋予的任务。此类领导通常尊重其员工，并给他们提供个人发展的机会与空间。

Likert[①]是另一位为人力资源管理理论作出主要贡献的学者。他也提倡企业应将科学化管理和人性化管理相结合。Likert认为，任务指令清晰且以员工为中心的管理模式会带来最高效的企业运作。其System 4理论指出，企业经理应当负责将不同层级的员工联系起来。企业还应该赋予员工更多的权利，并鼓励员工参与企业的决策制定。

人力资源管理理论指导下的内部沟通呈现出多维度的信息流动，企业与员工的交流变得更加平等开放。双向且开放的交流让员工与公司的关系变得更加紧密，同时也让公司更富有创造性。企业开始更多地关注员工的个人发展，员工的意见反馈也成为企业决策制定的重要参考因素。简而言之，信任员工，赋予员工更多的权力，并鼓励员工更多地参与企业发展成为管理和沟通领域的新风向。

4. 系统论

社会学家Niklas Luhmann认为，企业可被看作一个完整的系统。20世纪70年代的各大理论大多采用系统化的视角来看待企业的运作。系统论认为，一个企业即是一个错综复杂的系统。构成主体的子系统与企业的内外部环境相互依存[②]。任何企业都无法运作于真空之中，它需要从外界获取足够的人力和物质资源，再将其转化为产品或服务。系统论把企业看作一个有机生命体，它的存在离不开对外界物质资料的吸纳与转化。

当外界环境发生变化时，企业需要做出应对与改变以确保自身运行的平稳性。在一个开放的系统中，企业时刻监测它所处的环境，并从中获取对决策制定有益的资讯。在实际操作中，企业通常依靠公共关系部门主动从外界搜集信息，这些信息可被用来评估企业当前的运作是否高效。企业亦可知晓其所面临的机遇与问题，并以此做出面向未来的相应规划。当代公共关系理论强调维护企业和其外界战略伙伴及利益攸

---

① LIKERT R. The human organizations [M]. New York: MGraw-Hill, 1967.
② WEICK K E. The social psychology of organizing [M]. 2th ed. New York: Addison-Wesley, 1979.

关者的关系，这一观点同样脱胎于系统论[1]。

对于一个企业来说，良好的内部环境和外部环境缺一不可。部门、团队、执行委员会等皆可看作企业的内部子系统。各个层级的员工是企业最重要的利益攸关者，他们和企业相互依存。Rice（1963）指出，领导的首要任务便是管理企业与其所处环境的关系，而内部沟通是企业进行内部环境管理的重要工具（L. Grunig et al., 2002）。从系统论的角度来看，内部沟通的作用在于建立企业和内部利益攸关者（如员工、团队）的良好关系。因此，内部沟通的实施需要人力资源部门、公共关系部门和管理层的共同参与（Men & Stacks, 2014）。在此种多维度、多层级的传播系统中，信息的流动是双向的。系统论指导下的内部沟通更加注重员工与企业的情感联系，以员工为信息传播的中心，提倡平等、开放且透明的交流，分享、参与和合作逐渐成为主流的企业精神。

5. 企业文化

到了20世纪70年代，企业文化成为企业管理领域新的热点。如何建立企业文化至今仍是全世界公司共同面对的挑战和讨论议题。企业文化是一种集合企业价值、员工身份认同以及企业理念的综合性概念（Sriramesh, Grunig, & Buffington, 1992），被认为是"企业职员的黏合剂"[2]，员工是其企业文化的创造者、维护者以及实践者。

当下有两种角度解析企业文化。一种观点认为，企业文化需要被刻意创造；另一种观点则认为，企业文化是企业与生俱来的一种特质[3]。前一种观点被称作功能主义。功能主义注重鲜明的、切实的、表面性的文化展示，并认为企业的文化特征是可以被观察、更改、强化或者消除的。后一种观点则被叫做解读主义，它关注为何大众会对某一种事物产生共同的解读方式。此观点认为企业文化的产生是无意识的，是深层而无形的。

企业文化的塑造受到企业愿景、使命、核心价值、目标、策略等的影响。

---

[1] GRUNIG L A, GRUNIG J E, DOZIER D. Excellent public relations and effective organizations: a study of communication management in three countries [M]. Mahwah, NJ: Lawrence Erlbaum Associates, 2002.
[2] BAKER E L. Managing organizational culture [J]. Management review, 1980(6): 8-13.
[3] BORMANN E G. Symbolic convergence: organizational communication and culture [M] // PUTNAM L L, PACANOWSKY M E. Communication and organizations: an interpretative approach. Beverly Hills, CA: Sage, 1983: 99-122.

Kennedy[①]指出,有效的内部沟通能够帮助建立强有力的企业文化。Bowen[②]发现,企业文化是影响领导层制定决策的决定性因素。

Berger(2008)认为,内部沟通和企业文化存在一种相互影响的关系。企业文化中所蕴含的企业价值和企业理念也在很大程度上决定了企业内部沟通的开展方式。比如像谷歌这类有着开放性文化的企业会更加青睐双向而透明的内部传播,而美国西南航空这类服务型企业则致力于与员工开展友好而平等的对话。一个赋予员工更多权力,愿意让员工参与决策制定的企业文化有助于营造开放的内部沟通环境(L. Grunig et al., 2002)。公司创始人的价值观和他的沟通方式也会影响企业文化的塑造,一个绝佳的例子便是乔布斯创立的苹果公司及其创造性的企业文化。

(三)总结

简言之,内部关系的塑造与内部沟通密不可分。融洽的内部关系有助于形成强有力的、积极向上且符合企业自身特色的文化,而拥有优质的企业文化是企业成功的前提。内部沟通的内容通常包括企业的使命、价值观、当前目标以及其引以为傲的发展史。融洽的内部关系需要企业和它的员工共同缔造。通过对企业规章制度和价值体系的不断了解,新员工也将成为良好内部关系的建造者。内部关系的作用在于借助人际传播、管理层沟通、大众媒体传播以及非正式信息网络等多维度的传递方式来构建员工共同的身份认同。最终,一个积极向上的企业氛围将促进内部沟通的开展,从而使企业的运作更加高效。

上文所述的五种观点呈现了内部沟通在过去的发展与演变。这五种观点虽然并不完善,但在当今的企业实践与学术研究中起着重要的指导性作用。与此同时,新的学术思想和观点也在不断产生,比如强调性别、员工平等、多样性的批判学研究角度,变革管理沟通,以及沟通在学习型企业中的作用等成为研究者的新课题。虽然学者研究内部沟通的角度各异,但各家一致认为,有效的内部沟通需要根据不同的沟通需求、传播目的以及已有的资源来选取相应的沟通策略、渠道和内容,内部沟通是一种由企业和员工共同参与的行为。

---

① KENNEDY A. Back-fence conversations, new tools for quality conversations [J]. Communication world, 1983(3): 26.
② BOWEN S A. Elite executives in issues management: the role of ethical paradigms in decision making [J]. Journal of public affairs, 2002, 2(4): 270–283.

内部关系是对企业内部沟通的策略性管理，其目的在于创建和维护企业与员工之间的互利关系。为了达成这一目标，企业道德、企业价值、企业文化、企业结构与职能设置等因素都需要被纳入内部关系的策划与实施当中。

三、内部关系的实践与研究：发展趋势与待解决问题

世界上唯一不变的事情就是变化本身。由于企业需要面对风云变幻的外部环境，其内部沟通的方式与内容也时常随之进行相应的调整。当今的企业面临着许多新的挑战。为了在竞争中生存，它们需要有更强的主动性、适应性与创造性，敢于接受新鲜事物，并时刻追踪有可能影响企业运作的热点。下文将介绍与当今企业内部关系紧密相关的七种趋势与问题，可能会对未来企业内部沟通的研究和实践有所启发。

（一）员工敬业度

从20世纪90年代开始，如何让员工更加敬业且投入地工作成为了各大企业所面对的重要问题。如今，提升员工敬业度更是成为了公共关系和商业领域的重点研究课题。最近一项权威的调查指出，员工缺乏工作积极性是企业普遍面临的三大问题之一[1]。拥有高敬业度的员工"懂得自律且有很强的使命感"[2]，他们充满活力，勤于工作，乐于奉献，并善于吸纳他人的建议与意见[3]。这类员工与企业有着良好的情感联系。Gallup的敬业度研究显示，低敬业度员工的工作效率只有高敬业度员工的四成。毋庸置疑，拥有积极投入的员工是企业成功的必要前提。

那么，如何通过企业内部传播来提升员工的敬业度呢？首先，企业需要为员工营造一个开放、透明、双向的沟通氛围。真实且坦诚的信息交流有助于促进员工对企业的信任，从而和企业建立更融洽的情感联系。员工与企业的情感联系越紧密，他在工作中就会越投入[4]。除此之外，管理层应该和员工开展平等的对话，向员工表示尊重，

---

[1] GOODMAN M B, GENEST C, CAYO D, NG S Y. CCI Corporate communication practices and trends study [M]. NY: Corporate Communication International at Baruch College, 2009.

[2] KAHN W A. Psychological conditions of personal engagement and disengagement at work [J]. Academy of management journal, 1990(33): 692-724.

[3] MEN L R. CEO credibility, organizational reputation, and employee engagement [J]. Public relations review, 2011(38): 171-173.

[4] MEN L R. Internal reputation management: effects of authentic leadership and transparent communication [J]. Corporate reputation review, 2014(17): 254-272.

并鼓励其畅所欲言。保持企业言行的一致性也能有效提升员工的工作积极性。好的内部沟通还需要呼吁员工提供真实的意见反馈，鼓励他们更多地参与公司的决策制定。不断革新的传播技术，比如社交媒体，给企业领导和员工提供了更多的互动机会。他们之间的信息交流变得更加个性化，也更加亲密。总而言之，高效的内部沟通和高度的员工积极性密不可分。将来的研究应该更细致地探索不同的内部沟通策略、内容与渠道（如整合传统媒体或新媒体）对员工敬业度的影响，并对此类影响的机理进行更深入的理论分析。

（二）科技发展及新媒体

科技及新媒体的飞速发展将我们带入了大数据时代。越来越多的企业开始使用大数据来制定或优化其商业战略。与此同时，大数据也对企业的内部沟通方式产生了重要影响。通过对员工数据进行分析，企业可以将员工进行分类，并针对不同人群采用不同的传播渠道进行沟通。这些渠道包括传统的纸质刊物、面对面交流，以及博客、社交网络等新媒体。通过使用社交媒体，企业与员工的交流变得更加亲密，不同阶层之间的隔阂得到弱化，员工与管理层的沟通也更加频繁，一个和谐融洽的企业内部环境便孕育而生。

最近的研究显示，在日常运作中，只有很少一部分企业采用社交媒体与员工进行交流，主要因为企业希望规避风险，缺乏社交媒体策略，并且忌惮员工的负面反馈。然而，有效地使用数字化工具（如内部社交网络、博客、音频和视频）能够在很大程度上提高员工的工作积极性（Men，2014a）。总的来说，员工更加青睐能够使用新媒体与其进行双向沟通、平等对话的企业。对社交媒体的使用还能缩短企业领导与员工的距离，让领导层变得更加平易近人。笔者①的研究显示，尽管企业领导对社交媒体的使用并不频繁，但员工仍对他们持肯定的态度。受访者认为，社交媒体让领导更人性化、更易接近、更易交流，他们通过社交媒体展现出来的形象也更加真实。

尽管至今仍没有一种社交媒体可以称得上绝对的高效（不同的企业使用同一种社交媒体可能产生不同的效果），使用社交媒体给企业带来的影响也很难量化，但是这种正在不断发展的数字化平台不应该被企业所忽视。未来的研究需要聚焦员工使用企

---

① MEN L R. The internal communication role of the chief executive officer: communication channels, style, and effectiveness [J]. Public relations review. 2015, 41(4): 461–471.

业社交媒体的动机，以及社交媒体在员工招聘、企业管理、团队建设等方面对企业内部沟通的影响。除此之外，对企业社交媒体运用及其有效性的理论性研究也同样重要（例如有关社交媒体是否能给企业带来成功的深度解析）。

（三）企业道德与价值观

一个好的企业必须有其鲜明的企业道德与价值观。除了将这些理念传达给外部客户之外，企业道德和企业价值观的内部传播也变得越来越重要。[1]随着公关人员年龄、阅历、经验和责任的增长，他们会更加看重企业核心价值的塑造[2]。越来越多的企业开始向内部宣传其在社会责任方面作出的贡献。

研究表明，一个诚实、真诚、正直的企业更受内部群体（如员工）和外部公众（如顾客、媒体、社区等）的青睐。由于太多企业的欺骗行为和暗箱操作被曝光，公司的透明公开在公众的眼里也变得尤为重要。除此之外，社交媒体这类新科技的产生为企业保持自身的开放性提供了绝佳的途径。做到内部信息透明的前提，是要真实、及时、双向地向员工提供他们有权知道且渴望知道的所有信息（Rawlins，2009）[3]。拥有良好的企业道德和双向的内部沟通是企业能够做到信息透明的前提条件。

社交媒体的使用和发展带来了更加开放的信息交流环境，在这样的环境之下，企业的可靠性也更易受到公众的质疑。一个可靠的企业需要真诚地对待自己和其利益攸关者，杜绝弄虚作假以及对员工的操纵。最重要的是，企业的每一项行为都要符合它的价值观、使命和原则。换句话说，诚信的企业必须言行一致。若想保持自身的可靠性，企业需要与公众真诚地沟通。[4]一个真正可靠的企业不会向其员工隐瞒重要信息。面对任何可能违背其道德规范的行为，企业都应该三思而后行。企业道德和企业价值观的内部传播值得学者进行更深入的研究。

---

[1] BOWEN S A. A state of neglect: public relations as corporate conscience or ethics counsel [J]. Journal of public relations research, 2008, 20(3): 271-296.

[2] BOWEN S A. What communication professionals tell us regarding dominant coalition access and gaining membership [J]. Journal of applied communication research, 2009, 37(4): 427-452.

[3] RAWLINS B. Give the emperor a mirror: toward developing a stakeholder measurement of organizational transparency [J]. Journal of public relations research, 2009(21): 71-99.

[4] BOWEN S A. An examination of applied ethics and stakeholder management on top corporate websites [J]. Public relations journal, 2010, 4(1): 1-31.

（四）领导力沟通

企业的各级领导，包括高层，在内部沟通的过程中扮演着重要的角色[①][②]。许多学者和业界人士发现，使用新媒体能够给企业领导带来更加鲜活的外界形象。直接领导是员工最信任的资讯来源。他们的领导风格和交流方式，对交流渠道的选择，以及其沟通能力与技巧，都将直接影响员工的满意度、敬业度及工作表现[③]。除此之外，领导的行事风格与思想理念也会为企业的内部沟通定下不同的基调。企业高层，比如CEO，有着决定企业方向与战略的重要权力，他们也负责与关键的利益攸关者保持良好的关系。不仅如此，企业高层还需要管理其企业文化，走出办公室直接与员工进行交流（Men, 2015a）。由于社交媒体的诞生带来了更加民主、开放、亲近的沟通方式，企业内部沟通的层级性变得模糊，员工之间由于权力差异而产生的距离感也得到弱化。通过使用社交媒体，领导层可以用一种友好、真诚且随意的方式与员工进行交流。在人力资源部门、公共关系部门和领导的合作下，企业内部的凝聚力必将得到进一步的提高。

未来的内部沟通研究应该更多地聚焦企业高层的沟通方式和渠道，并探索这些因素对企业运作的影响（比如员工的工作满意度、员工与企业的情感联系，等等）。当今的企业环境正在变得更加多元化、全球化以及数字化。企业领导需要具备强大的交流能力、独特的沟通技巧，并抱以开放的心态才能跟上环境变化的脚步。企业管理领域有关领导力的理论可以为企业领导如何更好地参与内部沟通提供建设性的意见和建议。

（五）变革管理与传播

在瞬息万变的现代社会，企业通常需要随时应对各种变化与挑战。随着科技的发展、商业竞争的加剧和企业业务的全球化，变革管理成为了企业运营的关键词。成功

---

① MEN L R, STACKS D W. Measuring the impact of organizational leadership style and employee empowerment on perceived organizational reputation [J]. Journal of communication management, 2013(17)：171-192.

② MEN L R, STACKS D W. The effects of authentic leadership on strategic internal communication and employee-organization relationships [J]. Journal of public relations research, 2014(26)：301-324.

③ MEN L R. The role of ethical leadership in internal communication：influence on communication symmetry, leader credibility, and employee engagement [J]. Public Relations Journal, 2015, 9(1).

的企业变革离不开高效的信息沟通[①]。与企业内部变革有关的信息传播被称为变革传播。尽管学者与从业者一致认为，内部沟通对企业的策略性变革起着重要的作用，但对具体的传播方式与影响却研究甚少（Elving, 2005）。未来的探索领域包括变革传播的对象、变革传播的内容和影响、变革传播的渠道和策略、领导层在变革传播中的作用，等等。然而，如何从经历过变革的企业获取相关数据及信息是研究者所面临的一大问题。由于此类信息具有商业敏感性，企业通常不太愿意向外界公开。从业者与学者更紧密的合作将有助于推动变革传播领域的研究与实践。

（六）全球化及多元的企业环境

全球化是近几十年来不变的主题。如今，更加开放的经济合作，更加自由的贸易往来，更加频繁的人力流动以及更加先进的科学技术都促进了商业的全球化。相比于本国，很多企业在海外有着更大的商业规模与员工数量。与此同时，来自发展中国家、接受过良好教育且有一技之长的人才开始在全球范围内寻找更高薪、更优质的工作岗位，这一趋势也进一步促进了企业工作环境的全球化和多元化。文化多元有助于企业的成功，对企业的创新性有着积极的影响。然而，如何在企业文化与员工个人文化之间找到契合点是企业所面临的一大挑战，因为不同的员工有着不同的信仰、理念、文化背景以及交流方式。由于多元而全球化的员工组成对企业氛围的形成有着重要的影响，如何将他们融洽地捏合在一起成为了当代企业亟须解答的新问题。在管理层、人力资源部门、技术部门和传播部门的合作下，良好的内部沟通将有助于企业克服这一挑战。未来的传播学研究应该为全球化浪潮中的企业内部沟通提供有益的理论指导。

（七）效果评估

一套成功的沟通方案离不开对其效果的评估[②]。缺少对沟通效果的评估就无法确定之前制定的传播策略是否有效，也无法对已有的沟通方案进行优化。研究显示，拥有高效内部沟通的企业更善于对其传播效果进行总结与分析，此类企业的市场表现往往也更优秀。

---

① ELVING W J L. The role of communication in organizational change [J]. Corporate communications: an international journal, 2005, 10(2): 129–138.
② STACKS D W, DODD M, MEN L R. Public relations research and planning [M] // GILLIS T. The IABC handbook of organizational communication. 5th ed. Jossey-Bass, inc, 2010.

衡量内部传播效果的难点在于如何将直观的结果与企业的长期目标、员工的行为变化，以及投资回报联系起来。最常见的衡量方式包括计算内部刊物的数量和参与企业内部活动的人数。员工对企业社交媒体内容的转发和点赞情况也常常被传播部门看作衡量的标准之一。但是，以上种种衡量方式很难反映员工的态度和行为变化。学者应该从投入、产出等角度开展实证研究，并以此确立一个测量内部沟通效果的核心标准。除此之外，越来越多的企业开始使用年度员工调查问卷来衡量员工对其工作的满意程度和敬业程度。但是，此类调查问卷缺少统一的测量标准。通过大数据分析来制定细致的评估方案或许是解决此类问题的一种途径。总而言之，鉴于这一环节的空白，公关学者未来的工作重心之一便是建立一个兼具理论指导和数据支持的内部沟通评估体系。

诚然，以上内容并不能涵盖当今企业内部沟通的发展趋势和所有问题。像如何平衡职场工作和个人生活，如何促进企业内部的知识分享，如何实现员工的理念行为与公司战略的一致性（employee alignment）等问题都和内部沟通紧密相关。尽管没有放之四海而皆准的答案，但只要秉持理论与实践相结合的方针坚持探索，内部沟通领域的研究必将为企业内部关系实践和企业生存发展带来更美好的明天。

（门林娟，美国佛罗里达大学公共关系学系副教授）

第四十四章　性别与公共关系

研究性别的学者大多会同意，性别权力关系的不平等和由此产生的压迫是普遍存在的。由此出发，学者自然也会对公共关系领域的性别产生疑问。显然，公共关系学与性别的交叉研究非常重要。公关专业领域女性从业者大幅增加，使这一领域出现了所谓的"女性化"（feminisation 或 feminization）现象。1945—1972年间的美国，因为公关行业尚是一个入门门槛较低的新兴行业，女性开始被接纳进入公关行业（Gower, 2001）。Fitch（2016）总结道，"从20世纪80年代开始……在美国、英国、澳大利亚和欧洲的一些国家……以及一些非西方国家"（见Tsetsura，2010等）都出现了"公关行业女性在数量上占绝对优势的情况"[1]（54-55页）。在中国，公关行业也属于女性从业者较多的行业。根据"中国公共关系协会2010年度公关报告……中国的公关行业里有61.5%的从业者是女性"（岳岑，2013）。女性在公关行业内占比"……超过70%。这一行业内人口比例构成的变化……让研究者和从业人员都开始担心性别关系对这一行业的角色、组织功能和行业声誉的影响"（Aldoory, 2005, 668页）。就像女性从业者较多的护理和家政行业受到性别歧视一样，公关行业的女性化并没有给该行业带来行业地位的提升或者为女性在业内带来地位和收入的提升，反而使得公关行业的地位受到了负面影响。公关行业的整体发展也要求我们必须重新和深入地思考这一领域的性别问题。

与此同时，在公关行业内部，女性从业人员和其他各种行业的职业女性一样，也面临着待遇和机会是否公平的问题。1989年，美国公共关系协会（Public Relations Society of America，简称PRSA）的会长Lukovitz[2]曾在《公共关系学刊》（*Public Relations Journal*）上发文表示，公关没有"女人的问题"（a problem for women in

---

[1] 本文中标注带页数的原文的直接引语都是作者翻译的。
[2] Lukovitz（1989）指出，美国从20世纪70年代到80年代，公关行业的女性从业者从27%暴涨到58.6%（转引自Grunig, Hong & Toth, 2008/2013，第1页）。

public relations）（Grunig, Hong, & Toth, 2008/2013, P. 1）。Lukovitz说自己并没有意识到（not aware）有这样的问题存在。但许多学者的研究已经指出女性公关从业人员在待遇公平上存在三方面问题：玻璃天花板（glass ceiling）、性别收入鸿沟（gendered salary gap）和丝绒贫民窟（velvet ghetto），这三方面问题存在一定的交叉和重叠。

一、为业内女性从业者的平等而研究

迄今为止，公关和性别/妇女研究主要有三个方面：玻璃天花板、性别收入鸿沟和丝绒贫民窟研究。玻璃天花板指的是（Valdivia, 2013）"使得一个特定群体中的某些成员由于其性别、民族、国际和/或性取向而在任何的（包括媒体行业）工作中，在获取升迁机会上受到限制的、潜在的一系列规矩和障碍"。公关行业内的此类现象自然也被纳入其中。美国劳动部1991年对玻璃天花板的定义是："那些阻碍有资质的、能胜任更高职位的（qualified）个人升迁到工资更高、回报更多的管理性职位上的人工障碍，主要和性别及族裔有关"（69页）。1991年的玻璃天花板法案催生了美国在1995年成立玻璃天花板委员会。与此相关，妇女解放运动的元争论之一就是针对这样的性别不公的现象，即从事那些传统上认为是更有价值的工作的女性人数大大少于男性。这也包括女性的领导人和管理人员大大少于男性领导人和管理人员的现象。认为现有的性别制度合理的那些人将这种现象视作是女性劣等的现实证据，并据此认为社会应当继续维持性别等级制度。而女性主义（feminism, 后同①）学者从自身和自己了解到的周围的女性的经历出发，意识到女性在升迁中比男性遭遇更多、更大的障碍，并敏锐地发现这里面存在性别歧视。"美国公关协会妇女工作委员会（PRSA's Task Force on Women）的第二大贡献就是有关玻璃天花板的研究"（Grunig, Hong, & Toth, 2008/2013）。很多女性从业者自身的经验让她们有理由怀疑性别在她们的升迁道路上起到了负面作用。Wrigley（2002）的访谈表明，玻璃天花板仍然存在；"女性即使是对女权主义有反感，但是她们的现实经历也会让她们开始变得女权，即使她

---

① 在这里，我使用的女权主义和女性主义这两个名词，都指向feminism。

们不使用这个字眼"（48页）[①]。这类研究面临的挑战是，如何证明是性别原因而非其他原因，造成女性在升迁过程中遇到阻力，以及如何证明性别因素是负面的影响因素。关于玻璃天花板的重要研究有：Dozier（1988）、Wright 和 Grunig、Springston 及 Toth（1991）、Kern-Foxworth，Gandy，Hines 和 Miller（1994）、Buzzanell（1995）、Woo（2000）、Wrigley（2002）、Aldoory 和 Toth（2002）、Anderson（2006）、Hwang（2007）、Pompper（2011）等学者的论著。

公关领域的性别收入鸿沟指的是"不管年龄、经验或者从事工作的组织的类别，公关行业内女性的工资平均来说比男性的工资要更低"（Grunig, Hong, & Toth, 2008/2013, 197页）。这一工资差距不仅存在于公关行业内，也广泛存在于很多其他的行业内："美国女性职员更年轻，其工资平均只有男性的55%"（Bertrand 和 Hallock，2001）。Grunig 等人总结道，"工资差距可能是由于这三个方面的原因造成的：女性更年轻，经验更少；她们倾向于在工资更低的组织工作；她们更多担任的是工资更低的职位角色"（197页）。但是，同样"从业年限是20-29年的公关从业人员，男性的工资仍显著高于女性"（201页）。在"较低的执行性职位上，男女工资差距较小"（Tortorello, & Wihelm, 1993, 11页）。这一类研究的困难之处在于，证明性别身份作为一个单独的变量对收入产生多大程度的影响，以及从统计上来说，在大多数被调查者收入的中位数和平均数等数据中，哪一个可以证明性别因素确实造成了不同性别之间的整体收入差距。但是以往的研究已经清晰地表明了，虽然一个性别必然包含着不同年龄、经验和职业地位的人群，但在其他变量或身份因素相同的情况下，女性群体的收入平均数和中位数均显著低于男性群体。关于性别收入鸿沟的代表性研究有 Grunig 和 Hon、Toth（2008/2013）和 Pompper（2014）等人的著作。在玻璃天花板的研究中也常常会涉及性别收入鸿沟的研究。

玻璃天花板和性别收入鸿沟研究的是工作空间中的性别不平等问题，这两者也存在于其他行业之中。它们是社会科学中性别研究的两个主要议题。在探索性别

[①] 女性主义（一部分学者和社会活动家坚持使用女权主义一词，我认同她们的坚持），即 feminism，在英文语境里经历了被污名化的过程，因此很多女性后来并不愿意自称是女权主义者，不使用这个以"F"打头的污名化的单词。女权主义在中文语境里也经历了类似污名化的过程。这一方面是由于既有的父权社会结构对以往女权主义斗争的反扑，另一方面是因为女权主义过去的斗争，被主流话语简单化、妖魔化，而且其既往的斗争并没能在运动结束后一劳永逸地改善性别不平等的状况。相反，父权结构自身发生了一些适应性的发展和变化。从一些人的角度来看，过去的妇女解放运动是已经完成的运动，自己所受到的待遇已经变好；而另一些人认为已经结束的解放运动并未使性别不平等的状况消失，从而对这一运动失去了信心，转而努力适应现状。

和公关行业内待遇的公平性问题的领域，延伸出了有关职业角色（public relations roles）的研究。也就是说，学者们好奇的是，不同性别的从业人员的晋升渠道或者收入多少，是否是由于他们受到性别刻板印象或者其他原因的影响而在行业里更多地扮演不同的固定角色所造成的。Broom（1979，1982）"根据调查公关从业人员经常的职业活动总结出了四项主要角色：专家诊断者（expert prescriber）、传播促进者（communication facilitator）、解决问题过程促进者（problem-solving process facilitator）、传播技术人员（communication technician）"（Grunig, Hong, & Toth, 2008/2013, 221页）。"约半数的女性认为自己是传播技术人员，而半数男性认为自己是专家诊断者"；而后者（男性主要扮演的角色）的收入和地位都更高（Broom, 1982）。Dozier（1992）后来将这些角色缩减为两类：传播技术人员（communication technician）和管理性诊断者（managerial prescriber）。虽然Broom和Dozier（1986）后来的研究表明，经验相对于性别，是决定从业角色的更大因素。但也有研究表明（Toth & Grunig, 1993），即使女性是经理，她们也常常需要干"所有的活儿"，包括传播技术人员的工作，而传播技术人员级别的男性也常常做管理工作。关于公关职业角色的代表性研究有Broom和Smith（1979）、Broom（1982）、Toth和Grunig（1993）、Dozier和Broom（1995）等人的著作。

丝绒贫民窟的研究针对的是这样一种看法："认为女性在公关和组织传播领域的大量增加和集中，是为了实现平权，弥补女性在管理职位上占比过少的事实，而这造成了这些女性化的行业的倒退"（Rakow & Nastasia, 2009, 261页），也就是说公关行业成为了收容女性的贫民窟。Toth和Cline的开创性研究（1989）《超越丝绒贫民窟》指出："女性需要从自己身上寻找改变自身命运的方法，比如承认丝绒贫民窟是真实存在的、学会游戏规则、指定职业规划、定义何为成功、接受自己的局限性以及为自己的胜利进行庆祝以自我鼓励"（302-307页）。他们确认了女性失败有女性自身的原因（虽然这和女性的社会化有关系），从而把改变的责任转移到了女性的身上（Fitch & Third, 2010, 转引自Fitch, 2016）。虽然这种策略可以让女性通过正视现实和改变自己、追求上进来改变自己的工作状况，但它也可能削减针对结构的批判，转而认为遭受性别歧视的受害者是因为个人能力不足而遭受特定的个人境遇的。从这个意义上来说，这一方面的研究还需要更深入地挖掘造成丝绒贫民窟的社会结构问题和权力关系。丝绒贫民窟的代表性研究有1978年《商业周刊》出版的《平权法案的丝绒贫民窟》一文和Cline等（1986）、Ghiloni（1987）、Toth和Cline（1989）、Cline（1989）

等人的著作。

二、自由女性主义和激进女性主义的影响

性别和公关的交叉领域的研究主要受到自由女性主义（liberal feminism）和激进女性主义（radical feminism）的影响。Toth 和 Cline 关于丝绒贫民窟的研究（1989）具有自由女性主义的特征。Rakow 和 Nastasia（2009）总结过女性主义的几大流派的主要特征。其中，"自由女性主义认为：性别系统需要被最小化；女性和男性一样也是理性的个人；现有的社会结构需要进行修补，来达到竞争机会上的平等"（255页）。自由女性主义是妇女解放运动迄今为止的三次浪潮中的第一次浪潮在理论和意识形态上所取得的成果。"妇女解放运动的第一次浪潮的主要目的是获得女性选举权，而其主要的参与者是白人中产阶级妇女"（李沛然、周舒燕、朱顺慈，2014，410页）。而在公关行业内，"美国公关行业从业人员每5个人中就有4人是欧洲后裔"（Grunig, Hon, & Toth, 2008/2013, 199页）。因此，研究公关和性别的大部分学者在这一领域开展研究的初期，对自由女性主义产生广泛认同，也是可以理解的。自由女性主义强调的是不同性别之间的共性，并在此基础之上，提出应该对不同性别的人进行相同的对待，以达到公平的要求。在性别特别不平等的特定的历史时期和社会条件下，或者自由主义和个人主义受到广泛推崇的社会语境中，自由女性主义会比较受欢迎。但是，"自由女性主义会再生产高加索/白种的特权，因为它鼓励人们耐心等待工作环境中最终会发生的平等机会，但是如果没有激烈的、基础性的变化，这种平等可能永远不会到来"（Pompper，2014，81页）。

公共关系和性别研究的另一主要流派——激进女性主义则认为，"父权制的压迫无处不在；女性，由于其共同的生活经验，与男性有很大不同；需要彻底改变现有的社会结构，以终止对女性的暴力和禁言"（Rakow & Nastasia, 2009, 255页）。激进女性主义的观点批判道，"公关行业是围绕男性化的价值观而进行组织的，所以需要进行重构，需要更多地围绕诸如感觉和合作等女性的价值观来进行组织"（Grunig、Toth、& Hon, 2000; Hon, 1995, 转引自 Rakow & Nastasia, 2009, 257页）。比如，Grunig，Toth 和 Hon（2000）认为，女性主义价值观（feminist values）包括合作（cooperation）、尊重（respect）、关心（caring）、育人（nurturance）、联系（interconnection）、公正（justice）、平等（equity）、诚实（honesty）、敏

感（sensitivity）、富于感受力的（perceptiveness）、直觉的（intuition）、利他的（altruism）、公平（fairness）、讲道德（morality）、重承诺（commitment）等内容。Grunig 等人认为，应将这些价值观纳入公共关系的职业操作之中，通过重塑行业的价值规范（norms），从而促进性别平等。这一流派的研究认同男性和女性的相异性，认为：从女性的共同性上提取出来一套和男性的价值观对立的价值观体系来改变行业的价值观体系，就能够达到促进男女平等的目的。激进女性主义不再要求对现有的社会和行业结构修修补补，而是要求对其进行整体的修改。然而，在这些学者的讨论中，女性仍然是一个整体，她们对女性的看法是本质主义的。而这种本质性的"好"究竟来自于何处，是不明确的。从另一个角度来说，女性整体的好的品质，有时候和对女性的歧视和不平等对待是相辅相成的，而不是互相矛盾的。女性并不是因为其坏和恶而受到歧视。有时候，正是因为她们在本质上被认定了一些好的特征，而这些好的特征呼唤社会对她们进行特殊的对待。但这种特殊的对待阻碍了她们的多样性发展和个人进步，使其深陷歧视之中。

虽然激进女性主义的价值观是和女性的共同生活经验相关联的，但呈现出来的仍然是近似于对女性体验的本质主义认识，以及和自由女性主义一样的、男女二元分化的认识。但是，从女性身份和性别不平等出发而进行的研究已经有更新的进展，在下一小节中我们将具体阐述在自由女性主义和激进女性主义之后，女性主义研究发展出来的流派。

性别和公共关系的交叉领域的大多数既有研究表现出的是这一领域的两个母领域之间的关系，是性别研究服从于公共关系研究之框架和范围的关系。Rakow 和 Nastasia（2009）指出，"迄今为止有关女人和公共关系的问题都是有关'公共关系中女性的生活'（lives of women in public relations）的，而不是'公共关系在女人生活中'（public relations in the lives of women）的问题"（253 页）。Daymon 和 Demetrious（2014）进一步指出，"性别研究在公关研究中数量较少，而当学者们研究这些问题的时候，也倾向于关注这一行业的'女性化'和工作空间中的不平等问题"（4 页）。前述的玻璃天花板、性别收入鸿沟属于工作空间的不平等问题，丝绒贫民窟是行业的"女性化"和工作空间不平等问题的结合。而激进女性主义的研究则认为不平等问题的存在是因为公关行业还不够女性化；造成工作空间中性别不平等问题的是男性化的价值观和组织结构；通过纳入女性价值观，可以改变行业现状。

三、女性主义研究的其他流派：该领域未来发展方向

Toth（1988）、Cline（1989）、Kern-Foxworth（1989）、Rakow（1989）、Aldoory和Toth（2002）、Aldoory（2003, 2005）、Grunig（2006）、Rakow和Nastasia（2009）、Fitch（2016）等都曾总结过女性主义/性别与公共关系的交叉研究截至目前的现状和未来可能的发展方向。其中Grunig（2006）总结了公关和女性主义交叉研究经历的五大阶段：（1）男性学者的研究。（2）发掘公共关系中的杰出女性。（3）将两性分列为不同的但是平等的群体。（4）女性主义的概念化。（5）多焦点地、把人类经验放在一个连续光谱上来进行考察（转引自Rakow & Nastasia, 2009, 312页）。我国公关和性别领域的不多的研究多属于第二阶段（如陈沈玲，2009，岳岑，2013）。Rakow和Nastasia（2009）认为其中的第二和第三阶段对应的是自由女性主义，而第四和第五阶段对应的是激进女性主义。而Grunig设想的第六个阶段是更加整体化、语境化地研究传播从业者的生活经验，这也是Rakow和Nastasia建议的该领域未来的方向。

Rakow和Nastasia（2009, 255页）的论文较为全面地总结了过去的相关文献，展望了性别与公共关系领域未来发展的可能性。她们总结了包括自由女性主义和激进女性主义在内的女性主义理论的六大流派，并在此基础上推荐了以社会学家Dorothy Smith的理论体系为指导的、新的综合发展方向。除了自由女性主义和激进女性主义以外，另外四大女性主义流派是：社会主义女性主义（socialist feminism）、后现代女性主义（postmodernist feminism）、多元文化女性主义（multicultural feminism）和后殖民女性主义（postcolonial feminism）。社会主义女性主义发掘了女性在家庭内从事无偿劳动的事实，认为需要解决当前经济生产结构的问题才能实现平等。后现代女性主义解构了父权制度宏大叙事的神话属性，从话语生产的角度重新审视权力关系在符号中的生产和再生产。它"可以使得我们对诸如公共关系之类的权力话语如何刻画中心和边缘的社会关系、如何本质化性别和女人，有更加深刻的哲学理解"。但迄今为止，这一流派"在性别和公共关系的交叉领域还没能得到很好的运用"（258页）。多元文化女性主义"质疑了自由主义、马克思主义和后现代主义的欧洲起源"，认为在一些原住民文化和非西方文化中本来就有一些好的理论元素可以借鉴（259页）。后殖民女性主义的代表人物Gayatri Chakravorty Spivak（1988）认为，"第三世界的妇女是终极的他者（the ultimate other）"（259页），借鉴"后殖民女性主义，可以使得性别和公关的领域扩展至全球视野"（Rakow和Nastasia，2009，259页）。

在这些流派的基础上，Rakow和Nastasia（2009）推荐了加拿大社会学家Dorothy Smith的理论观点，认为Smith是各种女性主义流派的集大成者。以她理论观点为一个出发点，Rakow和Nastasia提出了性别和公关研究未来发展的几个方向。一是超越二元化。在性别问题上，公共关系的性别研究依旧认为男女二元分化的分类是理所当然的，但Smith的观点有助于我们认识到男性的女性主义者和女性的男权卫道士的存在，并对此加以分析（266页）。二是形成不同的、女性自己的话语体系。在妇女的单复数问题上，既有的文献基本在研究女性学舌"父系话语"（father tongue）的流利程度，而没有关注女性形成"母系话语"（mother tongue）的可能性（268页）。三是深化对权力关系和结构的批判。在权力问题上，既有的本领域文献关注的主要是可以观察到的领域（机构、公共场合等）的权力关系，而权力管理的关系网（relations of ruling）还没能被问题化（268-269页），也就是说我们应当进一步批判权力如何通过社会关系得以实现，而非研究权力框架实施的结果。四是找到新的、促进变革的方法。在不公平问题上，既有的本领域文献还没能脱离"男性圈子"、父权和资本主义的框架（270页）；在变革的问题上，既有的性别和公关交叉的文献主要关注的是强调女性在业内的存在感，而且主要完成的是设计一些方法来维持而非改变现有的统治工具（ruling apparatus），而Smith的理论能够使我们转向指认权力关系构建当中的缝隙和矛盾（Radway，1986），从而促进不一样的变革的发生（270-271页）。Rakow和Nastasia（2009）选择了Smith来指引性别和公共关系研究的未来方向，但是我们也能够从女性主义和性别研究领域的发展历程上找寻到突破现有研究范围的可能性。

四、超越身份政治：性别建构和权力话语

公关与性别交叉研究的文献大多数是有性别平等的政治期许的、基于身份的研究。基于身份的意思是，关于性别的大多数研究都是有关女性的。而这一女性的身份，基本上指的是生理女性。直到近几年，才有一些论文开始将其理论基础放置在20世纪80年代及之后的性别研究成果之上。

把生理上确定的女性作为调研和访谈的对象的这种方法存在一个问题，就是将性别等同于具体的女性。这种分类方法在早期的性别研究和社会运动中较常被采用（例如截至1920年的妇女解放运动的第一次浪潮）。然而，女性主义理论和运动从波伏娃的《第二性》（1949/2011）开始就指出了一点：没有人生来是女人，女人是被变成女人的。

后来在社会科学中分离出了生理性别（sex）和社会性别（gender）。现在性别研究普遍认同的是，社会性别是社会通过符号建构出来的。女性是慢慢被教导而拥有女性气质的，并在事业发展和各种资源的占有率上都处于劣势。这种女性气质和女人在社会上的相对劣势地位和性别化的政策待遇之间，是互相促成的；女性气质被用来解释后两者存在的合理性。女性主义和科技研究（science and technology studies）的交叉研究进一步指出，生理性别的确认也有社会的因素（例如 Fausto-Sterling, 2000 等）。

也有性别研究的学者，如巴特勒，从人文学科的哲学思辨的角度入手，借鉴了法国后现代思潮的成果，将自然身体的本质性去中心化、空洞化，转而将时序上的构建关系修正为行为的和具化的、由物质和能感知的身体的不断建构的操演（Butler, 1990, 1993）。通过操演这一概念的产生，身份从一个固定的、本质化的标签转化成为一种对身体行为的规范。身份不是自身自然拥有的，而是社会对人的一种规范，它通过某些行为的不断重复演练而得以加固。Yeomans（2014）就使用访谈法研究了英国公关咨询行业这一女性化行业中的性别操演。Yeomans 的结论是，"公关行业的女性化，不仅是由于女性从业者在数量上较多，还要从行业本身对于建立和维持关系的需要方面去理解"（103 页）。从业者不管是男性还是女性，在和客户交流的时候都需要按照对方的期许去进行一些性别气质等方面的表演（performance）。但与此同时，不管是男性还是女性，和 Williams（1993）所说的一样，又都被鼓励要和女性气质（femininity）保持距离。从而，Yeomans 进一步质疑了公关教育中的性别话语。

将身份政治中的身份打开到行为层面，是身份政治发展的一种方向。它发展的另一种方向，是各种身份的交叉研究（intersectional studies）。在妇女解放运动的最初阶段，虽然打着为所有女性谋取与男性一样的权利（如投票权）的旗号，但是其主要的参与者是白人中产阶级女性。这种越过了各种身份复杂性的同一的姐妹情谊（sisterhood）面临一个迷局，就是为什么女性大多和同一阶层或者种族的男性一起为他们的共同利益奋斗，而并不会跨越阶级和种族来和其他的女性一起结成牢固的妇女的统一战线。现在的性别问题和性别研究已经进入了一种状况，就是任何单纯的、简单的男女二元对立的解释都无法成立，这要求我们在研究中应用交叉性来应对实际问题的复杂程度。

在妇女解放的第二次浪潮中，出现了马克思主义女性主义（Marxist feminism）。从某种意义上来说，马克思主义女性主义认识到了阶级和性别的交叉性。但是马克思主义以阶级为主的讨论框架将马克思主义女性主义的研究范围限制在了工作空间上。

关于马克思主义和女性主义结合的问题，有 Hartmann（1979）的著名论述。而黑人女性主义者，以 Crenshaw（1991）为代表，在反思自己的种族和性别身份的基础上，提出了身份的交叉理论，认为"身份政治的问题在于忽略了同一身份群体内部复杂的身份问题，或者将其简单化、混杂化"（1242 页）。发展到现在，身份的交叉研究关注的不仅仅是两种身份的交叉，还包括性别、性取向、种族、阶级等不同身份如何在一个人或者一些人的身上交叉起作用，来影响这个人或者这些人的生活。Pompper（2014）的公关研究就借用了批判的种族理论（critical race theory）来考察种族和性别的交叉作用。Pompper（2005）曾提出，"公共关系短视地将差异性解释为黑对白、暴力和冲突"（转引自 2014，67 页）。她指出，特权和缺陷通过社会身份的等级体系得以加固（67 页）。系统的不平等不仅仅和性别有关，也不仅仅是社会身份之间的不平等，而是存在于社会身份之中（within）（80 页）。Pompper 认为，应该发掘体制化的基础设施和社会化的结果之中的问题，因为它们是工作中的不平等、偏见和歧视的中心问题（81 页）。也就是说，公共关系对性别（不平等）问题的研究，要深入到制造这些交叉的、基于身份的、不平等的等级关系的那些社会、政治和文化上的结构性问题中去。

现有的大多数公关和性别研究的文献还存在一系列问题，那就是：公共关系的研究为谁服务？公共关系的行业为谁服务？对公关和公关行业的认知，以及在公关行业的职业化过程中，是否隐含着特定的权力结构？ Demetrious（2008）和 Weaver、Motion 及 Roper（2006）认为，公共关系生产和影响我们在社会中的意义，完成话语的商品化，并产生共识（转引自 Daymon, & Demetrious, 2014, 3 页）。"公共关系的研究总是和生产联系得很紧密"（4 页），大多数的研究都是功能主义的（functionalist），想要生产有用的工具或者技术来向公众传递有效的话语共识（5 页）。我们需要反思的是，如果公关行业生产那些传递和促进话语层面共识的工具，那么这种工具在权力关系层面是在为谁生产什么样的话语？ Daymon 和 Demetrios（2014）将公共关系的定义和适用范围进行了扩展，将其定义为"一种传播活动，被组织用来介入互相竞争的话语，以促进自身获取在全球语境中令人有较好印象的位置"（Rakow，2014，2 页）。在这一扩大化的定义下，公共关系不仅可以是统治的工具，还可以是自下而上的草根社会运动的传播活动，成为其争夺话语霸权和在自身社会关系中获取较好地位的一种活动。这种工具能够为占主导地位的机构和结构服务，也能够为社会运动和草根组织所运用。Weaver（2014）考察了新西兰的社会运动组织采用策略传播来达到其目的的一个案例，发现：在使用女性身体来表达抗议的时候，不管是在审查、警察的控制和媒体的反应中，都存在着社会运动组织希望民众对裸露的女性身体进行解读和民众基于广泛认可的社会和伦理标准对其进行解读之间的矛盾。"社会运动曾经在公共关系的活动方式上领先于潮流"（126页），也一直在创造着很多新的公关举措。但是对这一类公关活动的研究，也应该将性别研究的成果纳入考虑之中，才能更好地理解公关活动中使用的符号，在社会文化语境中是如何被争夺的。此类的公共关系研究和话语研究、修辞学等学科领域有交叉。

五、结语：重构性别与公共关系的议题和边界

麦金农（Mackinnon）指出，"女性主义不是要抹掉性别差异而寻求性别同一，而是要消除性别等级制度（gender hierarchy）"（MacKinnon, 1987, 22-23页，转引自 Daymon & Demetrios, 2014, 2页）。消除性别等级制度，不可能简单地依靠脱离物质、现实和结构的一种态度，或者依赖既得利益者发善心施舍的、有限的权力范围。Bowden 和 Mummery 已经指出，"女性主义不应该自设边界（has no proper boundaries），因为妇女解放运动还在进行当中，还在对新的环境和问题做出反应"（2009, 8页，转引自 Daymon & Demetrios, 2014, 7页）。公共关系和性别研究的交叉领域应该被不断地反思，打破和重构既有的类别、范围、定义和认识方法，因为所有的这些既有的东西都不是纯粹的、非性别化的，都需要我们去考察它们是否对现有的性别压迫有所贡献。

性别问题不仅仅是女性主义的问题，也不仅仅是生理为女性的妇女们的问题。性别研究的进展在不断地拓展新的领域，以应对父权制压迫的不断变化和自我巩固。Jane Scott（1986/2006）说，性别研究的方法论"不仅仅暗含着一个新的妇女的历史（a new history of women），还有一个新的历史（a new history）"（1054页）。同样地，性别研究的进一步深入不仅将有助于社会生活中的性别平等进程，而且将重构整个公共关系研究。

参考文献

1. 波伏娃. 第二性［M］. 郑克鲁，译. 上海译文出版社.
2. 陈沈玲. 后女权主义视角下的女性公关地位［J］. 青年记者，2009(10)：24.

3. 岳岑. 中国公共关系女性从业者职业现状以及原因分析［J］. 今日中国论坛. 2013（17）：65.

4. 李沛然，周舒燕，朱顺慈. 女性主义对传播研究的影响［M］//洪浚浩. 传播学新趋势. 北京：清华大学出版社，2014.

5. ALDOORY L. The empowerment of feminist scholarship in public relations and the building of a feminist paradigm［J］. Communication Yearbook, 2003(27)：221-225.

6. ALDOORY L. A (re)conceived feminist paradigm for public relations: a case for substantial improvement［J］. Journal of Communication, 2005, 55(4)：668-684.

7. ALDOORY L, TOTH E L. Gender discrepancies in a gendered profession: a developing theory for public relations［J］. Journal of public relations research, 2002, 14(2)：103-126.

8. ANDERSON J. Pink collars, high heels and the glass ceiling: feminism in the field of public relations［J］. Public relations quarterly, 2006, 51(3)：30-31.

9. BERTRAND M, HALLOCK K F. The gender gap in top corporate jobs［J］. Industrial and labor relations review, 2001, (55)：3-21.

10. BROOM G M. A comparison of sex roles in public relations［J］. Public relations review, 1982, 8(3)：17-22.

11. BROOM G M, DOZIER D M. Advancement for public relations role models［J］. Public relations review, 1986, 12(1)：37-56.

12. BUTLER J. Gender trouble: feminism and the subversion of identity［M］. New York, NY: Routledge, 1990.

13. BUTLER J. Bodies that matter: on the discursive limits of sex［M］. New York: Routledge, 1993.

14. BUZZANELL P M. Reframing the glass ceiling as a socially constructed process: implications for understanding and change［J］. Communication monographs, 1995(62)：327-354.

15. CASSIDY L, FITCH K. "Parties, air-kissing and long boozy lunches?" public relations in the australian fashion industry［J］. Prism, 2013, 10(1).

16. CLINE C G. What now? conclusion and suggestions［M］// TOTH E L, CLINE C G. Beyond the velvet ghetto. San Francisco, CA: International Association of Business

Communications, 1989: 299-308.

17. CLINE C G, TOTH E L, TURK J V, et al. The Velvet Ghetto: the impact of the increasing percentage of women in public relations and business communication [M]. San Francisco, CA: IABC Research Foundation, 1986.

18. CREEDON P J. Public relations and "women's work": toward a feminist analysis of public relations roles [J]. Journal of public relations research, 1991(3): 67-84.

19. CRENSHAW K. Mapping the margins: intersectionality, identity politics, and violence against women of color [J]. Stanford Law Review, 1991, 43(6): 1241-1300.

20. DAYMON C, DEMETRIOUS K. Gender and public relations: critical perspectives on gender voices and identity [M]. London, UK: Routledge, 2014.

21. DEMETRIOUS K. The object of public relations and its ethical implications for late modern society – a foucauldian analysis [J]. Ethical space: the international journal of communication ethics, 2008, 5(4): 22-31.

22. DOZIER D M. Breaking public relations' glass ceiling [J]. Public relations review, 1988, 14(3): 6-14.

23. DOZIER D M, BROOM G M. Evolution of the manager role in public relations practice [J]. Journal of public relations research, 1995, 7(1): 3-26.

24. ERZIKOVA E, BERGER B K. Gender effect in russian public relations: a perfect storm of obstacles for women [J]. Women's studies international forum, 2016(56): 28-36.

25. FAUSTO-STERLING A. Sexing the body: gender politics and the construction of sexuality [M]. New York, NY: Basic Books, 2000.

26. FITCH K, THIRD A. Working girls: revisiting the gendering of public relations [J]. Prism, 2010: 7(4).

27. FITCH K, THIRD A. Ex-journos and promo girls: feminization and professionalization in the Australian public relations Industry [M] // DAYMON C, DEMETRIOUS K. Gender and public relations: critical perspectives on voice, image and identity. London, UK: Routledge, 2014:247-267.

28. FITCH K. Feminism and public relations [M] // L'ETANG J, MCKIE D, SNOW N, XIFRA J. The routledge handbook of critical public relations, Routledge:

2016：54-64.

29. GHILONI B W. Women, power, and the corporation: evidence from the Velvet Ghetto [J] // DOMHOFF G W, DYE T. Power elites and organizations. Newbury Park, CA: Sage, 1987.

30. GOWER K K. Rediscovering women in public relations: women in the public relations journal [J]. Journalism history, 2001, 27(1): 14-21.

31. GRUNIG L. Feminist phase analysis in public relations: where have we been? where do we need to be? [J]. Journal of public relations research, 2006, 18(2): 115-140.

32. GRUNIG L A, TOTH E L, HON L C. Feminist values in public relations. Journal of public relations research, 2000(12): 49-68.

33. GRUNIG L A, HON L C, TOTH E L. Women in public relations: how gender influences practice [M]. New York: Routledge, 2008.

34. HARTMANN H I. The unhappy marriage of marxism and feminism: towards a more progressive union [J]. Capital & Class, 1979, 3(2): 1-33.

35. HOLTZHAUSEN D R. Postmodern Values in Public Relations [J]. Journal of Public Relations Research, 2000, 12 (1): 93-114.

36. HON L C. Towards a Feminist Theory of Public Relations. Journal of Public Relations Research, 1995(7): 27-88.

37. HWANG M J. Asian social workers' perceptions of glass ceiling: organizational fairness and career prospects [J]. Journal of social service research, 2007(33): 13-24.

38. IHLEN Ø, RULER B, FREDRIKSSON M. Public relations and social theory: key figures and concepts [M]. New York, NY: Routledge.

39. JUDY M. Personal public relations: the interdisciplinary pitfalls and innovative possibilities of identity work [J]. Journal of communication management, 2000, 5 (1): 31-40.

40. KERN-FOXWORTH M. Public relations books fail to show women in context [J]. Journalism educator, 1989(44): 31-36.

41. KERN-FOXWORTH M, GANDY O, HINES B, et al. Assessing the managerial roles of black female public relations practitioners using individual and organizational

discriminants [J]. Journal of black studies, 1994(24): 416-434.

42. LUKOVITZ K. Women practitioners: how far, how fast? [J]. Public relations journal, 1989(5): 14-22.

43. MACKINNON C A. Feminism unmodified: discourses on life and law [M]. Cambridge, MA: Harvard University Press, 1987.

44. O'NEIL J. An analysis of the relationships among structure, influence, and gender: helping to build a feminist theory of public relations [J]. Journal of public relations research, 2003, 15(2): 151-179.

45. PLACE K R. Power-control or empowerment? how women public relations practitioner make meaning of power [J]. Journal of public relations research, 2012(24): 435-450.

46. POMPPER D. Difference in public relations research: a case for introducing critical race theory [J]. Journal of public relations research, 2015(17): 139-169.

47. POMPPER D. Fifty years later: mid-career women of color against the glass ceiling in communications organizations [J]. Journal of organizational change management, 2011(24): 464-486.

48. POMPPER D. Interrogating inequalities perpetuated in a feminized field: using critical race theory and the intersectionality lens to render visible that which should be disaggregated [M] // DAYMON C, DEMETRIOUS K. Gender and public relations: critical perspectives on gender, voice and identity. London, UK: Routledge, 2014:67-86.

49. PR. "The velvet ghetto" of affirmative action [J]. Business weekly, 1978: 122.

50. RADWAY J. Identifying ideological seams: mass culture, analytical method, and political practice [J]. Communication, 1986(9): 93-124.

51. RAKOW L F. From the feminization of public relations to the promise of feminism [M] // TOTH E L, CLINE C G. Beyond the velvet ghetto. San Francisco, CA: International Association of Business Communicators, 1989: 287-298.

52. RAKOW L, NASTASIA D I. On feminist theory of public relations: an example from Dorothy E. Smith [M] // RULER I, FREDRIKSSON M. Public relations and social theory: key figures and concepts, New York, NY: Routledge, 2009: 252-277.

53. RAKOW L. Gender and public relations: critical perspectives on gender, voice and identity. London, UK: Routledge, 2014.

54. SCOTT J. Gender: a useful category of historical analysis [M] // MORGAN S. The feminist history reader. Abingdon, UK: Routledge, 1986.

55. SPIVAK G C. Can the subaltern speak? [M] // NELSON C, GROSSBERG L. Marxism and the interpretation of culture. New York: Routledge, 1988: 271-313.

56. TORTORELLO N J, WIHELM E. Eighth annual salary survey: growth stalls but firms expect improvement [J]. Public relations journal, 1993, 49(7): 10-19.

57. TOTH E L. Making peace with gender issues in public relations [J]. Public relations review, 1988(14): 36-47.

58. TOTH E L, CLINE C G. Beyond the velvet ghetto [M]. San Francisco: International Association of Business Communicators, 1989.

59. TOTH E L, GRUNIG L A. The missing story of women in public relations [J]. Journal of public relations research, 1993.

60. TOTH E L. How feminist theory advance the practice of public relations. [M] // VASQUEZ G, HEATH R L. Handbook of public relations. London: Sage, 2001: 237-246.

61. TSETSURA K. Is public relations a real job? how female practitioners construct the profession [J]. Journal of public relations research, 2010(23): 1-23.

62. UMEOGU B, IFEOMA O. Gender domination in nigerian public relations [J]. Advances in applied sociology, 2012, 2(2): 149-154.

63. US Department of Labor. A report on the glass ceiling initiative [M]. Washington, DC: US Government Printing Office, 1991.

64. VALDIVIA. Introduction to Media Studies (e-text), 2013.

65. WEAVER C K. Mothers, bodies, and breasts: organizing strategies and tactics in women's activism [M] // DAYMON C, DEMETRIOUS K. Gender and public relations: critical perspectives on gender, voice and identity. London, UK: Routledge, 2014: 108-131.

66. WEAVER C K, MOTION J, ROPER J. From propaganda to discourse (and back again): truth, power, the public interest, and public relations [M] // J. L'Etang,

M PIECZKA. Public relations: critical debates and contemporary practice. London: Lawrence Erlbaum Associates, 2006: 7-22.

67. WILLIAMS C. Doing "women's work": men in nontraditional occupations [M]. London: Sage, 1993.

68. WOO D. Glass ceiling and asian americans: the new face of workplace barriers [M]. New York: Alta Mira Press, 2000.

69. WRIGHT D K, GRUNIG L A, SPRINGSTON J K, et al. Under the glass ceiling: an analysis of gender issues in American public relations [M]. New York: Public Relations Society of America Foundation, 1991.

70. WRIGLEY B J. Glass ceiling? what glass ceiling? a qualitative study of how women view the glass ceiling in public relations and communications management [J]. Journal of public relations research, 2002(14): 27-55.

71. WRIGLEY B J. Feminist scholarship and its contributions to public relations. [M] // HEATH R. The sage handbook of public relations. Thousand Oaks, CA: Sage, 2010:247-260.

72. YEOMANS L. Gendered performance and identity work in pr consulting relationships: a uk perspective [M] // DAYMON C, DEMETRIOUS K. Gender and public relations: critical perspectives on gender, voice and identity. London, UK: Routledge, 2014: 87-107.

（白玫佳黛，中山大学传播与设计学院讲师）

第四十五章 公关素养研究

一、公众公关素养：一个需要关注的问题

"素养"作为一个特定的研究领域，其研究传统，不论是媒介素养还是广告素养，都是以受众的素养为研究对象的，其最基本的目的是培养耳聪目明的阅听人。相应地，本研究主要探讨的是作为公众的普通个体的公关素养问题。

随着公关的发展，社会中的每一个人，不管其自身的主观意愿如何，都有可能被卷入各式各样的公关传播之中，都无法避免成为公关传播的目标公众和利益攸关者，这些普通的个体构成了公共关系实践的大环境。但这些生活在公共关系环境中的人们却对公共关系的认知和理解模糊不清或存在普遍的误解，国内外大量的研究证实，公共关系常常被当作负面意义的词语使用，常常与"破坏性的控制""隐瞒事实的行为""花哨的不务实行为""捏造事实"等行为挂钩，甚至常常被使用在与"公共关系"自身并没有多大关系的语境之中，只是纯粹作为一个贬义的形容词而已，比如公关伎俩、公关灾难以及"公关小姐"等。这些误解、曲解和模糊认知一方面会使人们对其生活的公关世界缺乏正确的态度，对其面对的公关行为缺乏正确的解读和行为反应；同时也会反作用于公共关系的社会实践、制约公共关系社会功能的发挥和社会价值的实现，进而阻碍公共关系的健康发展。

除此之外，随着"自传播"时代的到来，现代社会中的每一个独立的行动主体，在充当公共关系公众的同时，也都有可能成为公关的主体，为自己发声、为自己代言，新媒体的发展，更是大大激发了人们的参与热情。但是，当参与热情日益高涨、参与渠道日益便捷、参与效果日益强大的时候，另一个问题就显得更加重要，那就是，如果这种高涨的参与热情、便捷的参与渠道、强大的参与效果，遭遇的是不理性的参与行为，结果会怎么样？我们是不是会陷入多数人暴政、舆论绑架的困境？是否会与公共参与民主的初衷背道而驰？是否会陷入另一个极端的操控？

如果公共关系已经成为生活中一种"空气"似的存在，如何在这种"空气"中健康呼吸，也许会成为与如何净化这种"空气"同等重要，甚至更为重要的问题。换句话说，当公共关系进入大发展的洪流时代，如何让公共关系朝更有效、更伦理、更健康的方向发展固然重要，但生活在公关洪流时代的人们，是否具有与之相匹配的、足够的素养，去正确理解、应对他们所处的公关世界，也应该引起足够的重视，这既关系到公众在公关环境中的生存和自处问题，也关系到公共关系传播中的权力分配问题，还关系到公共关系的自身发展问题。公众的公关素养急需成为一个显性话题。

但遗憾的是，与媒介素养、广告素养已经获得研究者们广泛的学术关注并成为重要的社会运动的状况不同，公众的公关素养的研究尚未引起重视。公关素养对大家来说还是一个边界模糊、内涵不清的概念，关于公关素养是什么，大家既有自己的看法，又缺乏对这些看法的深入分析和论证。这种概念的模糊性、理解的差异性和使用的混杂性，导致现有的、零星的关于公关素养的讨论无法形成一个层面上的对话。概念是研究的基础，如果缺乏概念的清晰界定，研究者就会失去交流和对话的共同语言。

因此，作为公关素养领域的开拓性研究，本研究的主要目的是对公关素养的概念进行探讨和界定，采用理论加实证的方法，先通过思辨性分析提出公关素养的概念框架，然后借助实证研究对概念框架进行检验，以期开启公关素养的研究话题，并为这一话题的深入发展"抛出一块砖头"。

二、赋权主义：公关素养的研究视角

在探讨公关素养"是什么"的问题之前，我们首先要考虑公关素养的研究视角问题。因为不同的研究视角会将研究指向不同的路径和方向，研究视角将会直接决定哪些问题会成为我们考虑的重点。正如安德森所说："尽管研究的视角无所谓对错之分，但选择却不是小事。这些不同的视角决定了研究者会采用不同的理论，为他们的研究预设截然不同的问题，从而使他们从事各种各样的研究"。[1]

以媒介素养为例，媒介素养研究在其80年的发展过程中，经历了四种研究范式：从培养受众媒介免疫力的保护主义范式，到关注受众媒介选择使用能力的选择辨别范

---

[1] ANDERSEN P A. When one cannot not communicate: a challenge to Motley's traditional communication postulates [J]. Communication studies, 1991（42）: 309-325.

式，再到聚焦受众对媒介的批判性解读能力的批判主义范式以及强调受众媒介参与能力的赋权主义范式。与这四种研究范式相对应的媒介素养的不断演变与拓展，不仅反映了人们对媒介素养社会意义的不断充实和对媒介素养期待的不断提升；从更深层次上来说，还反映了近一个世纪以来从大众社会到公民社会的转变，从媒介是毒瘤到媒介是民主参与平台的媒介观的转变，从被动无知的大众到权利主体的受众观的转变（见表45-1）。

表45-1 媒介素养思想演变

四种范式	保护主义	选择辨别	批判解读	赋权主义
素养核心内涵	免疫力	辨别和选择力	批判性思考能力	公众参与能力
社会背景	大众社会、精英主义	流行文化运动	文化工业即意识形态工业	公民社会
媒介观	带菌者/毒瘤	文化的组成部分	真实建构与再现的潜力、主流意识形态的代表	公众参与和民主建构的平台
受众观	被动无知的大众	有限能动性的受众	作为意义生产者的主体	权利主体
传播效果观	刺激—反应、魔弹论	使用与满足	议程设置、框架理论等	
研究取向	文本中心取向		情境取向	受众中心取向

身处同样的传播世界，这四种范式可以为研究公关素养提供一种思路。陈先红教授曾在《要重视公关素养的研究》一文中指出，"公关素养的研究，可以在媒介素养研究的四种范式框架下深入开展"①。但通过对四种范式的基本假设进行比较，本研究认为，保护主义视角已经严重滞后于公关现状与公众的发展，选择辨别视角下的公关素养研究虽然有一定的意义，但其强调的公关传播的选择辨别能力在如何辨别和公众传播权两个方面都具有进一步提升的空间；批判主义视角鼓励受众在传播的情境中，对传播背后的符号—权力关系进行批判性的理解，强调在自主的批判性思维的基础上对传播形成理性的判断，这种批判性解读能力应该成为公关素养的核心组成，但与此同时，作为民主社会中的公民，不能满足于仅仅作为传播的接收者，作为解码过程中的意义再生产者，还应积极寻求传播权的回归、话语权的回归；不能仅仅满足于对现

---

① 陈先红. 要重视公关素养的研究 [J]. 国际公关，2012（6）：88-89.

状的一味批判，还应采取积极的行动发挥自身的影响力。因此，在批判性解读能力的基础上，公关素养的培养还应有更高的民主追求。

赋权思想则认为，现存的权力结构存在不平等，而这种不平等的权力结构是可以改变的，作为弱势群体的公众，通过持续的、主动的公共参与，可以逐渐增强对公共生活的控制能力和影响能力，从而获得"权力"，改变不平等的权力结构。公共参与是赋权的核心。因此，媒介素养的赋权主义范式认为公众的媒介参与应该成为媒介素养的重点，媒介素养教育的目的是帮助人们批判性分析媒介信息，运用媒介工具进行自我表达并参与对话，从而通过传播权的争取，实现公民自身的发展、促进传播生态的改善、实现民主制度对独立媒介的期许[1]。这种范式为现阶段的公关素养讨论提供了一种理想的路径。

从社会背景来看，公众参与意识越来越强烈、公众参与范围越来越广泛、公众参与渠道越来越便捷，我们处于一个参与式民主日益扩大的社会。

从公关功能来看，公共关系可以为多元利益的表达和协商提供渠道。卡特里普在纵观公共关系的发展历程后曾指出，"公共关系的历史，只有当它与这些权力斗争和反复发生的变革危机相联系的时候，才富有意义……每当各种商业利益集团的权势地位受到挑战和威胁的时候，它们都十分严肃地对待公共关系，这绝不仅仅是一种巧合；同时，每当不利于劳工的公众反应要具体化为管理的立法或减弱公众的支持的时候，劳工的各种公关活动安排就会大大增强，这也绝不是巧合"[2]。公共关系之所以总是在社会冲突和危机中找到蓬勃发展的土壤，是因为在各种矛盾冲突事件的背后是利益表达机制的缺失，而公共关系可以为多元社会下多元利益的表达和沟通提供一种方式。政府、企业等强势的支配性利益团体，凭借它们的资源优势可以通过公共关系传播自己的主张，但处于传统权力结构中劣势地位的挑战者利益主体，也可以通过实施有效的公共关系，找到一种避开自身经济和文化资源不足的出路，让自己的声音引起公共关注。公共关系因而具有民主的意义，在面对各种矛盾、冲突之时，公共关系可以成为比对抗、镇压、暴力等手段更好的解决方式[3]。

从公众发展的角度来看，从被愚弄的公众，到被告知的公众[4]，再到被争取的公

---

[1] 陆晔，等. 媒介素养：理念、认知、参与[M]. 北京：经济科学出版社，2010.
[2] 卡特利普，等. 公共关系教程[M]. 明安香，译. 北京：华夏出版社，2001：87.
[3] 胡百精. 公共关系的"元理由"与对话范式[J]. 国际新闻界，2007(12)：11-16.
[4] 卡特利普，等. 公共关系教程[M]. 明安香，译. 北京：华夏出版社，2001：95.

众，最后到与之进行沟通的公众，公众在公共关系中受到了越来越多的重视，公众的地位也在不断提升，现在的公众已经不是被动的客体，而是作为权利主体存在，是传播关系中的共生主体。①

既然参与式民主已经日益扩大，既然公众是独立的权利主体，既然公共关系是一种多元利益表达和协商的民主方式，把公关素养放在赋权主义视角下展开思考，应该是最符合公共关系发展、公众自身发展和社会环境要求的。从这一视角出发，公众就不仅是公关产品的接受者和消费者，更是公关传播的共同建构者和自我主张的表达者；公关素养教育超越了传统的培养耳聪目明的阅听人的目标，而转向培养具有民主意识的公民，从而让公关素养成为一种促进民主的方式。这时公关素养提升的重点就不再是"魔弹论"思想下的免疫力，也不仅仅是基于"使用与满足"而在传者设定范围内的有限选择力或在"解码"过程中的批判性理解力，还需要充分认识到如何帮助公众积极参与到公关传播过程中去，通过自我主张的正确表达，去影响和敦促公共关系向健康的方向发展。

三、公关素养的核心问题与概念框架

在素养研究中，知识和能力是素养概念的基本框架，依循这一框架，公关素养可以从知识和行为能力两个层面进行解读。知识水平决定人们是否能够对公共关系进行正确的解读，行为能力决定人们是否能够对公共关系采取正确的应对行为。

本研究将公关素养放在赋权主义的视角下进行讨论，赋权主义视角是对批判主义视角的补充与拓展，认为批判主义视角中所强调的独立自主的批判思维、批判性解读能力，是当代公民所应该具备的基本素养，同时赋权主义视角又认为，作为一个独立自主的当代公民，不能仅仅满足于理性的批判，还应该追求理性的参与，因此在批判理解的基础上，强调公共参与，强调为了实现目标采取行动的能力。因此，在赋权主义视角下，帮助公众对公共关系展开批判性思考，是公关素养在知识层面的要求；公众主动参与公关传播进而参与社会的能力，是公关素养在行为能力层面的要求。那么：

第一，在知识层面，哪些问题应该成为对我们对公共关系传播进行批判性思考的

---

① 单波. 评西方受众理论［J］. 国外社会科学，2002(1): 29-35.

本质问题，对哪些核心问题的批判性认知才能帮助我们从本质上更好的理解和把握具体的公关传播呢？

对公共关系批判性研究进行分析可以发现，学者们对公共关系的批判性审视主要是聚焦在对公共关系"伪公共性"的审视上，这种"伪公共性"的问题集中体现在两个方面：一是"伪公利性"，二是"伪对话性"。伪公利性的目标，借助伪对话性的方式，就会带来操控。具体来说，"伪公利性"反映的是一种利益关系，"伪对话性"反映的是一种传播关系。

就利益关系而言，公共关系的理想追求是个人利益与公共利益的协调，推崇的是对公共利益的倡导，但是现实中的公共关系却常常是"伪公利性"的。这里最具有代表性的论述就是哈贝马斯在《公共领域的结构转型》中对公共关系的批判，他指出，一些利益团体会通过公共关系将自己的商业或者政治意图，隐藏在一种关心公众福利的角色背后，把私人利益伪装成公共利益，而这种伪装是精心策划出来的，从而使私人利益隐藏在"公利"的表象之下，具有隐蔽性。[1]

就传播关系而言，公共关系倡导的是对话，通过对话寻求共识是公共关系的理想，但现实的公关实践中，并不全是对话性的。支配性利益主体可以凭借更为丰富的公共关系资源，将舆论环境引向对自己有利的方向，依靠经济的或者政治的特权消除反对意见，构建主流话语，主流价值，而不是通过合理的论证来掌握话语权；比如，总统可以通过指定自己属意的记者发问，轻易地影响新闻报道，政府部门的记者招待会也同样能够通过指定发问记者来限制其他人的参与或者不同声音的出现，甚至可以通过事先设计问题，将舆论引向自己需要的方向。这样一来，一些看似双向的沟通，实际上沦落为被设计好的表演，参与其中的人们只是扮演着被设计好的角色。以"我—它关系"和"我—你关系"的区别为基础，马丁·布伯曾把生命的形式区分为"独白的生命"和"对话的生命"，并进一步将人与人的互动区分为四种形式：独白（monologue）、技术性对话（technical dialogue）、伪装成"对话"的独白（disguised monologue）和真正的对话[2]。如果以马丁·布伯提出的四种互动形式为框架来分析公关实践的四模式时，可以发现，新闻代理和公共信息模式都是单向的传播，前者通过噱头宣传，后者通过只提供倾向性的正面信息，经由媒介，把信息按照自己的意愿传向公众，属于独白；双向不对称模式虽然关注公众信息，强调对公众的调研，但其目

---

[1] 哈贝马斯. 公共领域的结构转型[M]. 曹卫东，等，译，上海：学林出版社，1999：229.
[2] 李特约翰. 人类传播理论[M]. 史安斌，译，北京：清华大学出版社，2009：253-254.

的是为了形成更有效的劝服信息，实现组织的利益，而非真正将自己与公众放在平等的位置，属于"伪装成对话的独白"；只有双向对称模式才是真正的平等关系的对话。以双向不对称模式为代表的伪装成对话的传播活动，因为其表现出来的双向性、互动性而使得本质上的独白性和操纵性更加隐蔽并难以识别。如果不能识别这种伪公共性，人自然就会沦落成为哈贝马斯描述的失去批判理性的被愚弄的人。因此一个具有自主批判能力的人，需要具有能够识别公共关系的"伪公共性"的知识。对利益关系和传播关系的追问，应该成为公关素养的两个核心问题。

第二，在公关参与行为层面，哪些问题应该成为指导公关参与的核心问题？首先，公关参与是赋权范式下的参与，而赋权本身作为一种社会互动过程，体现的是一种对话关系，是一个社会政治框架与弱势群体的行动之间的相互作用的过程。其次，公关参与是公共参与的一种具体形式，旨在通过公关传播过程中自我主张的表达，实现公众在公共性问题上的主动性，而理性的对话是公共参与的核心。再者，公关参与是参与到公关传播中，而对话传播是公共关系传播的理想框架。因此，从赋权理论的分析来看，公众需要通过与企业、组织等利益主体之间的对话以及与其他公众个体之间的对话，才能完成"自我赋权"的过程，实现通过公共参与表达自我主张、影响公共事务的目标；从公共参与的核心来看，只有秉承"对话"的理念，公关参与才能成为促进民主的途径；从公关传播来看，参与公关传播就是参与对话传播的过程，因此，对话能力应该成为公关参与能力的核心问题。

利益关系辨识、传播关系的辨识以及对话能力，这三个公关素养的核心问题，是一种更高程度的批判性解读，也是一种更深层次的互动参与和一种更接近民主要求的素养。

通过对上面批判性理解的知识观和公关参与的能力观以及公关素养三个核心问题的分析，本研究提出：公关素养就是公众关于公共关系的知识和能力，具体来说，就是公众在理解层面，通过识别公关传播中利益的隐蔽性、方式的独白性，辨识其伪公共性，并在行动上通过积极的参与意向、对话性的参与立场和对话性的表达方式，表达自身主张的能力。进而提出概念框架的假设模型（图45-1），公关知识维度强调识别公共关系"伪公共性"的知识，在传播内容层面，通过对隐藏的利益关系的追问辨识是否存在"伪公利性"；在传播过程层面，通过对传播关系的追问辨识是否存在"伪对话性"。公关参与维度强调愿意并且能够以对话的立场和对话的表达在公关传播过程中表达自己的主张。

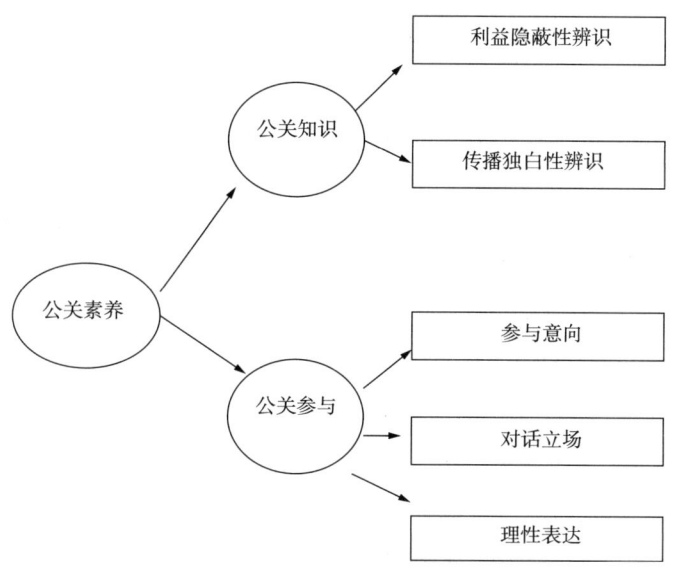

图 45-1 公关素养概念框架假设模型

四、概念框架的测量与检验

在上述思辨性研究基础上提出了公关素养概念框架假设模型之后，本研究进一步借助问卷调查，通过探索性因子分析和验证性因子分析对提出的公关素养概念框架假设模型进行检验。

（一）抽样

因为不对公关素养做总体性的描述和评价，而是旨在检验公关素养的概念框架，考虑到操作的便利性，本研究的实证检验主要以大学生为样本进行，借助问卷星调查平台，通过"滚雪球"的方式，历时半个月，针对大学生群体回收问卷411份。样本的基本分布情况见表45-2。

表45-2 被试样本分布情况

	分类	频率（人数）	百分比（%）
性别	男	135	32.8
	女	276	67.2
年级	本科一年级	70	17.1

续表

	分类	频率（人数）	百分比（%）
年级	本科二年级	67	16.3
	本科三年级	126	30.7
	本科四年级	77	18.7
	硕士一年级	34	8.3
	硕士二年级	12	2.9
	硕士三年级	8	1.9
	博士研究生	17	4.1

所有的样本一分为二，205个用于做探索性因子分析，剩下的206个做验证性因子分析。

（二）测量

在相关文献研究和专家非正式访谈的基础上设计"公关素养"的自编量表，并在正式测试前在大学生中开展小规模的预测试，预测试回收有效问卷35份，通过鉴别度分析和信度分析对题项进行筛选与调整形成正式问卷的量表。正式测试后，依据题项鉴别度和题总相关分析，对量表题项进行二次筛选以进一步优化量表，最后量表由15个题项组成，包括公关知识和公关参与两大维度。

测量公关知识的维度题项由6个问题组成："王老吉为地震灾区捐款不仅仅是为了帮助灾区重建（L1）"；"有时候明星参加慈善晚会不仅仅是为了做慈善（L2）"；"农夫山泉'你买一瓶水我捐一分钱'的活动是把销售目的与公益结合在一起（L3）"；"邀请哪些人参加新品发布会很多都是企业事先安排好的（L7）"；"有时候企业会利用巨额经济回报，如赞助、广告利润等，要求媒体封锁对自己不利的消息（L8）"；"很多时候，关于政府的媒体报道都是根据政府提供的材料来写的（L10）"。上述问题均采用五级量表，1=非常不同意，5=非常同意。这些问题的设计都围绕公关传播背后权力—利益关系展开，观察受访者对公关传播是否做简单化的接受。

公关参与维度的测量题项有9个，包括："政府关于抬高水价的听证会"（L11）、"学校宿舍空调安装计划的讨论会"（L12）、"学校优秀导师的投票评选"（L13）三个议题的公关活动的参与意向的考察（五级量表，1=非常不愿意参加，5=非常愿意参加)；"企业遭遇危机事件时，我们应该给企业说话的机会"（L16）、"即使不能马上改变现状，参加'低碳出行'的公益宣传也是有意义的"（L19）、"即使物业公司不会马上采纳我们的建议，在住户调查时向物业公司反映问题也是有意义的"（L20）（五级量表，1=非常不同意，5=非常同意）；"在观点发生冲突时，我一般能用得体的方式表达自己的观点"（L22）、"在网上转发消息之前我一般会先思考消息的真实性"（L23）、"跟他人沟通时，我经常会换位思考"（L26）（五级量表，1=非常不符合，5=非常符合）。

（三）分析结果

选取205个样本，采用主成分法在SPSS17.0程序下对公关知识和公关参与两个子量表进行因子抽取。

公关知识的子量表以主成分法抽取2个初始特征值大于1的因子，2个共同因子累计可解释总方差的64.787%，采用方差最大法进行旋转，得到旋转后的因子矩阵如表45-3所示。题项L1、L2、L3由第1个因子负载，L7、L8、L10由第2个因子负载，分别对应传播独白性辨识与利益隐蔽性辨识，所有题项的归属都与设想的一致。6个题项的内部一致性α系数为0.752，因子"利益隐蔽性辨识"的3个题项的内部一致性α系数为0.727，"传播独白性辨识"的3个题项的内部一致性α系数为0.705。

表45-3　旋转成分矩阵a

	成分	
	1	2
L1	.854	.170
L2	.808	.262
L3	.700	.082
L7	.206	.797
L8	.146	.794
L10	.129	.750

提取方法：主成分分析法。
旋转法：具有Kaiser标准化的正交旋转法。
a. 旋转在3次迭代后收敛。

公关参与的子量表以主成分法抽取3个初始特征值大于1的因子,3个共同因子累计可解释总方差的65.598%。采用方差最大法进行旋转,得到旋转后的因子矩阵如表45-4所示。题项L11、L12、L13由第1个因子负载,L16、L19、L20由第2个因子负载,L22、L23、L26由第3个因子负载,分别对应参与意向、对话立场和理性表达,所有题项的归属都与设想的一致。9个题项的内部一致性α系数为0.744,因子"参与意向"的3个题项的内部一致性α系数为0.758,"对话立场"的3个题项的内部一致性α系数为0.745,"理性表达"的3个题项的内部一致性α系数为0.653。

表45-4 旋转成分矩阵a

	成分		
	1	2	3
L12	.828	.266	.014
L13	.827	.037	.164
L11	.773	.099	−.016
L20	.021	.822	.213
L19	.156	.801	.058
L16	.227	.729	.149
L26	.083	−.016	.813
L22	.106	.167	.779
L23	−.046	.288	.658

提取方法:主成分分析法。
旋转法:具有Kaiser标准化的正交旋转法。
a.旋转在5次迭代后收敛。

在以上探索性因子分析的基础上,采用极大似然法在AMOS18.0程序下对未参加探索性因子分析的206个样本进行验证性因子分析。

验证性因子分析显示,公关知识的二元结构模型、公关参与的三元结构模型以及公关素养概念模型的基本适配度、内在结构适配度以及整体模型适配度良好,没有违反模型辨认规则,模型内在质量良好,理论模型与实际数据可以拟合。经检验的公关知识模型、公关参与模型和公关素养的概念模型分别如图45-2、图45-3、图45-4所示。

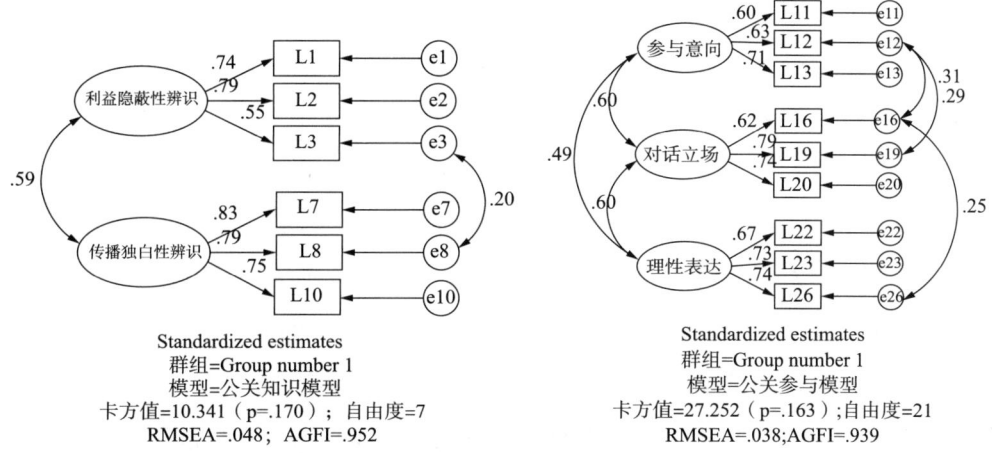

图2 公关素养–知识层面概念模型   图3 公关素养–参与层面概念模型

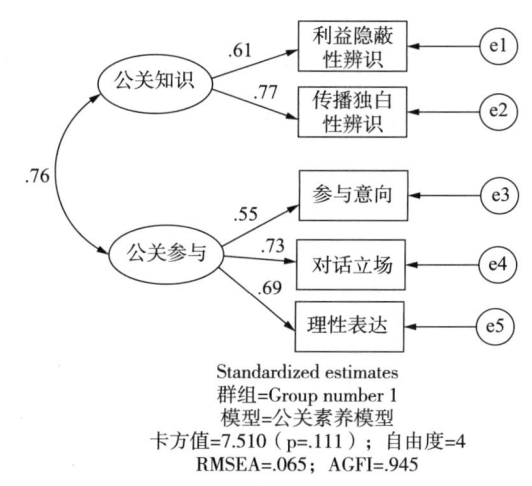

图4 公关素养概念模型

五、结语

本研究属于公关素养这一全新领域中的基础性概念研究，将公关素养聚焦于个体的公关知识与行为互动能力，采取实证研究路径，检验其结构维度。整个研究基于以下三个基本前提：

第一，本章中公共关系的逻辑起点是公共领域中的利益表达。由此，将公共关系放在权力和利益的语境中。这一方面意味着公共关系批判性的理解视角，让公共关系背后的权力—利益关系浮出水面，公共关系从本质上说是权力博弈和利益较量的工具；另一方面意味着将公共关系回归到对话，强调通过沟通、协商而非对抗来解决利益冲突,实现公共利益与私人利益的平衡。这样一来,公共关系背后利益关系的辨识以及权力较量下的操纵关系的辨识,就成为对公共关系本质把握的关键。

第二,本章中的素养是赋权主义范式下的个人识读水平与社会互动能力,强调独立自主的批判性思维以及为了实现目标采取行动的能力。这一范式中的个体可以通过自身的努力改变无权或者弱权的地位状况,通过积极参与实现在公共性问题上的主动性。从这个视角出发,公关素养的培养应该致力于探讨如何授人以渔、助人自助,如何让传统意义上处于信息和资源劣势地位的公众,通过积极的公关参与,影响公共关系中利益协商的过程和结果,促进资源不平等、传播权话语权不平等这一系列问题的解决,改变公共关系中"不对称"的状况和操纵的可能,进而实现民主沟通的理想。由此,在公共关系传播中积极、正确的表达自我主张的能力,应该成为公关素养的核心内容。

第三,本文中的公众不是"魔弹论"中毫无反抗力的散沙式的大众,也不是哈贝马斯笔下的失去批判理性的文化消费者,而是民主社会中独立自主的权利主体。他们既能对其所处的社会环境和权力系统保持基本的批判性态度,又具有在公共性问题上争取传播权话语权的意识,因而在纷繁复杂的公关世界中,他们具有承载赋权使命的潜能,问题的关键是如何将这种批判性思维和参与意识引向理性和有助于民主的方向。

总体来说,本研究认为公关素养是"公众关于公共关系的知识和能力,具体来说,就是公众在理解层面,通过识别公关传播中利益的隐蔽性、方式的独白性,辨识其伪公共性,并在行动上通过积极的参与意向、对话性的参与立场和对话性的表达方式表达自身主张的能力"。以此定义为基础操作化建构的公关素养概念模型,在探索性因子分析和验证性因子分析中得到了验证。

但是,本研究的逻辑起点、理论框架以及之后的操作过程可能都还有进一步讨论和检验的空间。由此而产生的不安与焦虑,只能在这样的解释中得到稍微的纾解,那就是:即使是发展了近一个世纪的媒介素养研究,时至今日仍然存在很多分歧。霍布斯总结的七大争论仍然存在于媒介素养领域,但这并不影响媒介素养研究的不断深入和发展,甚至可以说,正是这些争论的存在才促成了媒介素养研究的累累硕果。所以本章不奢望能为公关素养提出一个真理般的定义,事实上正如前文说过的,不同的视角和取向会将我们指引到素养问题的不同层面;笔者更不奢望能一次穷尽公关素养的各个方面,因为公关素养不仅仅是一个概念,更是一个开放性的研究领域。但是本章希望能真正开启公关素养这样一个已经呼之欲出的话题。从这个意义上说，如果能够引起大家对公关素养的关注，哪怕抛出的是一块被大家质疑甚至攻击的石头，也是好的，它至少竖起了一个靶子，而以此为开始的多元讨论，必然会帮助我们发现更多值得深入探讨的问题，这些问题将为今后的研究引出更多的可能。

与此同时，本研究的分析呈现出一个基本的特征，即立足于公众，在个体层面进行。但是对公关素养的理论探讨，包括公关素养教育的社会运动，都不应该仅仅停留在公众个体的微观层面。公关素养与公众个体有关，但也同样与公众所在的社会结构、所面对的专业组织有很大的关系。本研究产生于个体的微观层面，但其与宏观社会之间的关联，也应该成为今后公关素养研究的一个重要方向。

（陈欧阳，华中师范大学新闻传播学院讲师）

第四十六章　整合营销传播理论

一、IMC的理论模式及核心概念

整合营销传播（Integrated Marketing Communication，简称IMC）最早源于美国，由美国西北大学教授Don E. Schultz、Stanley Tannenbaum以及北卡罗莱那大学教授Robert F. Lauterborn提出。早在1989年，美国广告代理商协会——"4A"（American Advertising Agency Association）组织曾给整合营销传播下过一个定义，认为IMC是从事营销传播的概念，其附加价值在于通过策略思考，考量不同工具的角色及功能，例如：通过有效整合广告、直效营销及公共关系，提供一致的沟通讯息，以达到最大的传播效益。这个定义在Duncan（1993）和Caywood & Ewing（1991）看来，过度强调了执行的过程，忽略了目标受众的效益。

20世纪90年代，美国大众媒体产业竞争日趋白热化，传统广告手法逐渐受到环境的挑战及广告主对广告效果的质疑，许多新形态的营销手法，如：直效营销、促销及通路活动，让大众传播所设定的目标大众逐渐被以区隔小群体的营销模式所取代，许多高度自主的消费者，随着媒体愈加的细分化，传统的大众营销模式愈不符合资讯时代的需求，在这样的环境下，传统的广告以大量广告预算投入大众媒体的操作模式，逐渐不受广告主及广告代理商的青睐，于是，整合营销传播开始吸引广告学术及实务界的瞩目。

根据刘美琪（2001）的研究，整合营销传播的概念与应用，在Caywood与Ewing（1991）于 Public Relations Reviews 期刊上发表专文之前并没有正式文献。因此，由美国4A组织和ANA（Association of National Advertisers）资助美国西北大学的研究，应该是有关整合营销传播定义最早的文献。西北大学的Medill School对整合营销传播的定义为："管理所有顾客或对象所能接触到关于产品或服务的信息来源，以达成销售以及维护客户忠诚的过程。"当产品或企业的讯息被策略性地协调在一起，其效益将大于广告、促销、直效营销、公共关系等传播工具独立企划与执行的效果，产生一加一大于二的综效（synergy）。简单而言，便是使用所有与现有及潜在顾客相关、并可能接受的传播形式以直接或间接影响特定传播受众的行为。

Schultz、Tannenbaum与Lauterborn于1993年出版了《整合营销传播》（Integrated marketing Communications）一书，书中强调整合营销传播必须进行长期的关系营销。他们同时也预测未来的营销组合4Ps（product, price, place, promotion）已不适用于未来的营销竞争场域，并提出4Cs的概念，也就是以消费者（consumer）为中心、消费者满足欲求或需要的成本（cost）、消费者购物的便利性（convenience）以及沟通（communication）。此外，Duncan（1993）则提出双向沟通对话（Two-way communication）的概念，鼓励企业组织与消费者或利益关系人展开对话，借以创造互惠的关系。Duncan的理论在于将潜在目标扩大，强调品牌建立长远的关系，与利益关系人展开良好的互动，着重公共关系的经营与建立品牌忠诚度。显然，Duncan的整合营销传播架构仰赖公共关系作为一种重要的沟通工具。

Schultz等人（1993）的论述着重于外在顾客的观点，进而到内部企业的营销目标与商品概念，也就是以"outside-in"取代"inside-out"的策略，强调品牌与消费者的连接，Schultz认为，整合营销传播的成败关键在于消费者的行为反应。整合营销传播是长期与顾客及潜在消费者的互动，通过不同形式的说服传播计划达到沟通的目的，以此直接影响目标消费者的行为，当目标消费者接触到讯息时能直接对企业品牌有好的印象，这个说服传播所发展的方法与形式便是整合营销传播的主要手段。Oliva（1993）进一步补充了整合营销传播的理论，增加了数据库营销的概念，认为企业或组织必须把握目标顾客的行为信息，在双向沟通的过程中传送适当的讯息形式，在对的时间，用对的广告促销手法，将品牌的讯息传送给目标对象。

1997年，美国科罗拉多大学Tom Duncan和Sandra Moriarty两位教授修改了Duncan较早的定义，他们认为，整合营销传播是策略性地控制或影响所有相关的讯息，鼓励企业组织与消费者和利益关系人双向沟通，以此创造双赢互惠的长久关系。在实务上他们建议企业着手并策略性地采用新的数据库技术与传播科技，直到能够产生效益、有效控管及产生有形的成长。Duncan与Moriarty二人更提出以下几点供实务界参考：（1）形象整合、声音一致（Unified image, consistent voice）；（2）影响行为（Affect behavior）；（3）由现有及潜在消费者出发（Start with customers or prospects）；（4）使用所有工具进行接触（Use all forms of contact）；（5）达成综效（Achieve synergy）；（6）建立关系（Build relationship）。

此外，他们二人认为同质化商品营销过程，传播媒体的使用殆尽，整合营销传播的思考即是将整合企划模式的焦点置于现有或潜在消费者身上，其真正的价值在于循环本质——双向沟通（Two-way Communication）。

20世纪末，整合营销传播已被业界采用超过十年之久，无论是理论还是实务都不断被修改与讨论，此时，整合营销传播的理论也日臻完备。在整合营销传播策略下，出现了以消费者为主导的促销游戏规则——"生命周期促销术"，即针对消费者购买决策和形式（消费者生命周期）、消费者生活形态转变（家庭生命周期）和产品在市场上的营销状况（产品生命周期）三合一考量，强调类别、产品形式和品牌概念的整合沟通。

数据库营销（Database Marketing）、关系营销（Relationship Marketing）、品牌营销（Brand Marketing）、通路营销（Channel Marketing）在后期IMC的操作过程中成为几项核心战术。此外，通路和媒介也有了新的诠释：通路整合的概念，意味着对通路（channel）和媒介（media）定义的重新思考，即在传统的营销传播架构下思考媒体（四大媒体：电视、报纸、杂志和广播），纳入同样肩负传播产品讯息功能的新兴媒体宠儿——配销通路，针对不同通路的定位和不同的传递讯息功能，做不同的选择，例如，国际化营销的品牌商品Gucci、Guess、Haggen-Dazs等，纷纷设立旗舰店或专卖店，彰显其品牌形象。传统媒体也因形式和科技进步，衍生出第五大媒体革命，如在线互动媒体中的网络或电视节目的资讯式广告（informercial）和购物频道等。它们同时执行广告、处理交易和搜集信息等任务，并帮助消费者记忆或记录，更兼具信息服务、娱乐和通路服务的功能，例如，意大利乐锅（Lagostina）品牌初入台湾市场，在购物频道中示范产品烹调料理过程，直接接受消费者订购和问题询问等。因此，一旦通路被视为一种传播媒体，而传播媒体同时也被视为一种通路，那么两者之间的协调就愈发重要。

Shimp（2000）认为IMC最重要的概念涵盖以下各点：影响消费者或潜在消费者的行为、从消费者或潜在消费者开始沟通、使用所有营销工具与消费者接触、达成综效、建立长远的关系。2010年，Shimp针对IMC新的定义认为IMC是一个传播的过程，并将营销传播中各种沟通的方式（广告、促销、媒体露出、活动……），从企划、创意到执行的过程中整合起来。IMC的目的在于影响消费者的行为，不论通过任何渠道或点对点的讯息传达，都要将品牌的特点传递给目标消费者或潜在消费者。IMC需要持续、不断地将品牌概念告知、说服或直接导入购买的行为（Shimp, 2013）。

在实务操作上，Shimp以百事可乐在中国市场的营销为例。为了争取中国广大年轻网民对百事品牌的喜爱，百事举办了影片创意大赛，这个活动请到周杰伦代言，参赛者只要交出200字的创意脚本并在网上提交，其他网友只要上去阅读及评分就完成了竞赛，这个竞赛总共收到超过27 000件的广告脚本，最后由周杰伦与百事可乐公司的执行长，从100件最高票的作品中挑选5件最佳广告脚本。根据Shimp（2013）的看法，百事在中国成功的营销活动重点在于让广大民众有机会可以参与，选择了他们喜欢的广告脚本。在数字时代的影响下，传统的IMC的任务不只是传递讯息，还要注重与消费者维持关系，这也是IMC要达成的目标。

综观以上所述，从20世纪末开始，历经20余年的发展与改变，整合营销传播具体的概念就是"通过有系统的策划（planning），将讯息一致且有效地传递给目标消费者"（Percy, 2008）。Percy的概念为IMC做了最佳的注解，从表46-1中我们能够很清楚地看出IMC理论的发展脉络和演变的过程。

表46-1　整合营销传播IMC的演变过程

年代	作者	主要概念与理论
1989	美国广告代理商协会	IMC是一项带有创造价值的营销传播计划，并且在不同的传播渠道中都能够提供清晰且一致性的广告讯息。
1989	Shearson-Lehman Hutton（投顾公司）	提出消费者广告应该在讯息上有一致性整合。
1993	Don Schultz与同僚	出版第一本IMC著作（*Integrated Marketing Communication*）。强调整合营销传播必须进行长期的关系营销。预测4Ps（product, price, place, promotion）已不适用未来的营销竞争场域，并提出4Cs的概念：以消费者（consumer）为中心、消费者满足欲求或需要的成本（cost）、消费者购物的便利性（convenience）以及沟通（communication）。
1993	Duncan and Everett	认为企业或组织与消费者的对话，是建立在双向沟通的基础上，而非传统的单向沟通上。
1993	Oliva	补充整合营销传播的理论，增加数据库营销的概念，认为企业或组织必须把握目标顾客的行为信息，在双向沟通的过程中传送适当的讯息，在对的时间，用对的广告促销手法，将品牌的讯息传送给目标对象。

续表

年代	作者	主要概念与理论
1999	Kolter	将IMC的理论加入顾客关系的经营（Customer Relationships），认为除了整合所有传播管道，并保持讯息沟通一致性外，还要长远地经营与顾客的关系。
2000	Shimp	IMC的目的在于影响消费者的行为，不论通过任何渠道或点对点的讯息传达，都要将品牌的特点传递给目标消费者或潜在消费者。IMC需要持续、不断地将品牌概念告知、说服或直接导入购买的行为。
2002	Tom Duncan	一位任教于科罗拉多大学的广告教授，从品牌管理的角度，认为顾客关系的管理有赖于为顾客创造附加价值，Duncan建议通过不同功能的平台建立顾客数据库，长远地经营顾客关系管理，并策略性地建立顾客与利益攸关者的对话机制。
2008	Percy	整合营销传播具体的概念就是"通过有系统的策划（planning），将讯息一致且有效地传递给目标消费者"。

二、整合营销传播IMC实务与品牌经营管理

在企业品牌经营与管理上，美国科罗拉多大学教授Duncan与Moriarty（1998）认为，IMC是经营品牌关系的一种交互策略，率领企业与客户共同维持品牌沟通策略上的一致性，并加强顾客、企业与关系利益人之间积极的对话，以推动并增进品牌信赖度。

两位学者将IMC定义为："策略性地控制或影响所有相关的讯息，鼓励企业组织与消费者和利益关系人双向沟通，创造双赢互惠的长久关系。"即，IMC是企业或品牌通过发展与协调战略传播活动，借助各种媒介或其他接触方式与员工、顾客、投资者、公众等利益关系人建立建设性的关系，继而进一步加强他们之间互利关系的过程。美国生产力与质量中心（American Productivity and Quality Center）认为，"IMC是一种策略性经营流程，用于长期规划、发展、执行与评估可衡量的、协调一致的、有说服力的品牌传播计划，并以消费者、顾客、潜在顾客和其他内外部的相关目标为受众。"

在品牌管理方面，不管是David Aaker（1991）的"品牌权益模型"，Kevin Lane Keller（1993）的"以顾客为基础的品牌权益模型"（CBBE,Customer-Based Brand

Equity），还是Don E. Schultz（2004）的"品牌承诺模型"，都一致认为，品牌与顾客的关系是品牌权益的重要来源。在Keller的品牌权益模型中，甚至把品牌共鸣放在最顶端，来凸显品牌与顾客的和谐关系和品牌所努力追求的目标。Schultz也认为品牌承诺反映了品牌与顾客之间的关系及忠诚度，是构成品牌权益的元素之一。在资本市场中，品牌影响着投资者。B2B的交易中，供应商会挑好的客户，同样，客户也会挑好的供应商。一个知名品牌所追求的目标就是与所有利益关系人和谐共处，这跟IMC的目标不谋而合。

"关系"成为IMC与品牌管理的重要交集。品牌管理在近数十年来，已成为热门的显学，IMC与品牌管理的最终目的都是"经营长期关系"。可以把企业品牌当作主品牌、背书品牌、联合品牌或做品牌授权。品牌的建立需要可信度，需要快速扩散，这些都是IMC擅长的工作。Philip Kotler的著作《营销管理学》（*Marketing Management*）一书，自1967年发行第一版至今第十四版，一直是影响全球营销观念最重要的书籍之一。该书认为，整合营销沟通的价值与扮演的角色，在对品牌权益持续做贡献，在创造品牌知晓度、正确的品牌联想和品牌形象，并导引出正面的品牌评价或感觉以及促进更强的消费者关系与品牌之间的连结（如图46-1）。

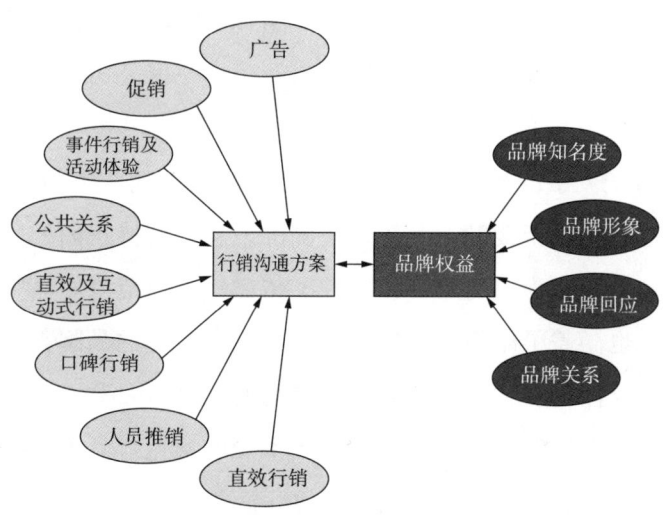

图46-1　整合营销传播建立品牌权益图

资料来源：Kolter, P. & Keller, K.（2010）

经营关系的"接触点"（contact point, or touch point, experience point），在品牌与IMC研究中也被提出来，消费者通过接触点接收到品牌传递的种种讯息，这些讯息就像线索，提供给消费者并让它们拼凑出品牌印象。能和关系人接触的任何人、事、物，都可能是品牌接触点。利益关系人累积所有的接触点上的印象度，最后构成企业品牌印象，同时，这些印象度也影响了顾客忠诚度以及长久而稳定的关系。

Lisa Fortini-Campbell（1999）是最早提出"品牌接触点"的学者，她认为顾客可归因至品牌的任何经验要素，在任何时间接触到产品或服务整体内容的任何面向，甚至如果顾客将某件事的好坏归功或归咎于这个品牌，那这件事就是品牌的接触点。

Scott M. Davis 与 Michael Dunn（2004）提出了"品牌接触点"的定义，即，该品牌能够与顾客、员工、股东及其利害关系人互动并留下深刻印象的各种方法。每一个品牌所操控的行动、战术与策略，不论是通过广告、收银员、顾客服务中心还是推荐者，能撼动顾客的，都代表着一种接触点。

Don E. Schultz and Heidi Schultz（2004）则把"品牌接触点"定义为顾客在体验全套产品或服务时，隶属于该品牌的一切要素。它泛指一切顾客或潜在顾客在购买前、使用时以及实际体验产品后可能接触到的产品或服务方式。

Dawn Iacobucci & Bobby Caldar（2007）则认为，"品牌接触点"是整合营销方法的特征，也就是品牌概念的转化，不只是广告讯息和其他协同营销组合决策，而是化为特定的顾客接触点，其目标是在创造传导品牌概念的经验，而且品牌经验依赖特定的接触点，不论是隐性或显性，这些接触点能确立一家公司与其目标顾客或消费者之间的互动。

接触点研究为"关系的衡量"提出了一个全新的角度，也为IMC指引了一条新路。传播工作者可以专注于接触点，传递正确的讯息并维持正面的印象。接触点也打破了公关传统以大众媒体为主的局限，扩大了传播的工作范围。品牌不仅代表公司的产品或服务，同时也涵盖了印象、属性与声誉。一个成功的品牌，除了产品与服务必须拥有独特性与差异性之外，也必须让消费者的使用经验一致。因此，对品牌营销与沟通管理者而言，品牌接触点管理扮演着相当重要的角色。品牌印象与顾客关系的经营，企业必须从每一个品牌接触点开始，一点一滴累积建立。

由于品牌接触点可能源自数千个不同地方，所以接触点的分类方式也有很多，如：Scott M. Davis, Michael Dunn（2002）以购前、购中、购后来分；Carbone（2005）以功能、人员、机器设备等营销线索来分；Barrera（2006）以产品、人际、系统来分。以Scott 的购前、购中、购后顾客经验接触点来看，购买前有广告文宣、公关活动、网站社群、口碑评价、保证方案等和消费者有所接触的讯息；购买中则包含商店展示、产品设计与包装、服务流程、顾客代表或销售人员的互动；购买后包含付款方式、忠诚方案或消费者满意度，或是客服专线、售后保养维修、未来的新产品服务等。

而现今在IMC的实务操作中，常分为大众媒体营销、实体活动营销与数字社群营销，如果对应品牌接触点来看，则可分成大众传媒接触、实体活动接触与数字社群接触，如图46-2所示。

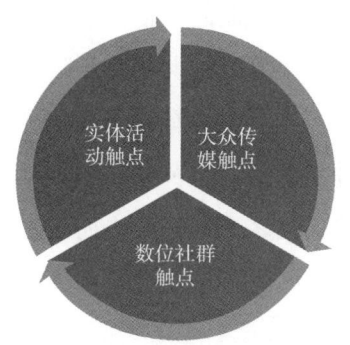

图46-2　整合营销传播的三大品牌接触点

以关系与形象建立的观点来看，公众除了从大众媒体获得品牌讯息，由企业所提供的产品和服务以及来自亲朋好友的口碑，也是公众接触讯息最重要的渠道。特别是在网络普及后，论坛、博客、数字社群中各种讨论产品优劣及使用心得的文章，都是公众获悉信息及决策参考的重要来源。而企业要想在每个接触点做得更好，使品牌与关系利益人在一次又一次的接触中增长关系、加深好感，这是相当大的考验。

1. 大众传播媒体接触点

大众传播媒体作为与公众接触的渠道，是最常见的公众沟通形式。比较常见的表现方式是广告与公关，这两者虽然在行销传播效果的追求上相近，但在本质上仍有很大的差异。广告与公关不仅在本质意义上不同，在运作的模式、讯息传播的性质上，也都有很大的差异。

公众由大众传媒所接触的讯息，可被归类为"传递保证"（promise）。企业通过电视、广播、报纸、杂志所散布的讯息，不外乎是产品上市、企业动态及财报信息，这些讯息均强烈传递出企业正在做或是打算做的事情，这些讯息主要在强调这家企业是可被信任，可以被消费者、投资者及求职者信任，所以企业可能获得销货收入、资金及人才。

虽然可信度常常在公众体验之后才能被验证，但由于广告是出自企业本身并通过广告代理商制作而被公开播放的，所以企业容易因"投机主义"而故意夸大产品效果。相对而言，经过媒体守门人而被报道出来的新闻，被一般人认为可信度比较高，因此，同样大小的版面，公关价值往往是广告价值的若干倍。

但新闻报道最大的局限是，一经某家媒体报道，该媒体就不会再重复报道，广告反而可以根据预算购买媒体来反复播放，增加触及率及记忆度。广告的播出量甚至会引发"广告战"——竞争品牌在同一期间均大量投放广告，例如每年的空调、啤酒广告。虽然公众未必相信广告内容，但他们相信有能力投放大量广告的厂商，认为它们势必财力雄厚，是市场的领导者。所以，大量广告曝光常常是形成竞争优势的途径。

所以用"非广告"来定义公关，虽然有助于在实务工作上区分两者，但如果从公众在接触点上一点一滴累积对企业的印象及关系的观点来看，广告在增加企业形象与促进与公众关系上仍有其贡献；反之，不实广告所引发的客诉危机、公平交易委员会的制裁危机，甚至是带有歧视性广告所引发的特殊团体抗议危机，仍有赖于企业公关人员接手处理，进行企业形象修复。

一般来说，大众传媒的接触点有：

（1）电视

电视是极具影响力的接触点，比起其他大众传媒，电视的影音效果，常能造成深刻的印象。但不论是新闻或广告，都有一个"门槛"，这个门槛来自于守门人机制及预算限制，所以能在电视上曝光的品牌，至少证明其财力不错，符合某种资格。

除了新闻、广告之外，在节目中巧妙的植入产品，常常会引发观众的消费动机。目前当红的韩剧中，许多拍摄景点会瞬间成为热门旅游景点。某一家台湾无线台的戏剧中主角因为是卖猪脚的，因而猪脚也成为该台的热卖商品；而综艺节目赠品也常是品牌植入的舞台，如近年美容、美食的节目，成为新的植入战场。

（2）报纸

对一般企业而言，报纸比电视的传播投资门槛低，因此报纸也是重要的接触点之一。虽然阅报的人口有逐年降低的趋势，但每天出刊的报纸，仍是许多人的信息来源，与电视相比，报纸可自行反复阅读拥有更谨慎处理的新闻内容。近年来，媒体跨域界线开始模糊，许多电视的晨间新闻常直接播报报纸的头条，或者以报纸的报道为由头，再做深入报道；甚至常见从YouTube等网络视频媒体引用的趣味内容，FaceBook、微博等数字社群媒体的热门议题讨论都可以作为新闻报道的源头。

以资讯接收的观点来看，电视常常是人被动地接收讯息，报纸则是读者主动阅读，读者挑感兴趣的新闻或广告仔细阅读文字，甚至可以边思考边比对，如许多热门

3C电子通路品牌就经常把促销讯息放在报纸内,吸引消费者保存或采购。

（3）杂志

杂志与报纸都是平面媒体,但杂志的分众性较强,例如,汽车杂志是给想买车或喜欢车子的人看,母婴杂志是给新手妈妈看,健康医药杂志给注重健康的族群看,时尚生活杂志给喜欢追求流行者看。另外,因杂志印刷相对其他传媒更精美,常广受奢侈品品牌的青睐,如汽车、珠宝钟表商长期关注传播预算;另外,由于有比较长的作业时间,杂志能针对一些新闻议题做深入的追踪与探讨。

对于目标市场很明确的品牌,杂志是成本效益较高的接触点。另外,杂志也是产品植入的重要平台,因为杂志喜欢帮消费者做产品的性价比评测,对一个新进品牌而言,如能在测评中表现突出,且能跟知名品牌放在一起比较衡量,常常会令消费者刮目相看。

（4）广播

广播有很强的地域性特性,因为只有声音没有影像,许多没办法看电视画面的公众会选择广播,像驾驶员、摊贩、作业员、学生或老人。广播最特别的部分是,有些节目主持人还会兼播广告讯息,如许多药品常通过这样的渠道来接触消费者。

2. 实体接触点

实体接触点是指消费者与人、产品或服务通过渠道或活动安排直接接触,并亲自体验品牌所传达的理念、形象认知与信息。如许多汽车品牌会举办车友会,通过车友的社群活动来凝聚顾客忠诚度,其试用体验活动能让潜在消费者在不用支付费用之前就能感受到产品和服务。

实体接触点通常代表着企业的"履行保证",公众得以真实地接触到企业的人、产品、服务,传递承诺给公众的一些期望,实体接触能带给公众实际的感受,但当实际感受大于或等于期望时,公众就会产生正面的印象与满意度;反之,实际感受比期望差,就会产生负评与不满意,甚至投诉。实体接触点的范畴或许不如大众传媒接触点,可用不同的媒介载具来划分,但在以下举例中,对亲自体验与感受的诉求宗旨是不变的。

（1）产品

产品是非常重要的接触点,消费者使用产品时,产品的功能优劣与外形设计构成消费者的主要印象,如苹果的iPhone、iPad、iPod,都因产品的独特设计令公众为之惊艳,产生了许多粉丝。而产品的使用年限愈长,产品接触点的影响也愈长,像一般的耐用性产品,如台湾大同电锅,是许多人成长记忆中的长寿商品,给人耐用、品质好的印象。

然而,如果大众媒体对接触点过度夸大,消费者在实际接触产品时,就容易产生期望落差,从而造成对此触点的负面印象。当产品产生人身安全问题时,也会造成消费者纠纷,像电器产品因不良设计可能导致漏电、自燃,食品在制造过程中被污染或渗入塑化剂,被吃入人体而产生健康问题。虽然传播人员未必能在产品研发设计阶段参与,但传播前有必要多关注产品接触点涉及的安全质量问题,以避免后续的负面危机。

(2)卖场与实体通路

许多消费者常在购买产品前就已经在网络上做足了功课,但也许很多人都有这样的经历:就是到卖场后,却找不到该产品,或经过卖场人员的解说推销之后,换带另一个品牌的产品。卖场通路的陈列摆设及销售人员的解说,通常是消费者的第一手讯息来源,但卖场的品牌形象陈列与销售员的教育训练,因通过第三方非直接管理,常是企业较容易忽视的接触点。

产品在卖场的陈列,可观察出品牌本身的畅销程度与卖场欲推销的程度,大部分商品都是在两者角力之下被陈列在货架上的。所以当消费者想买的品牌没出现时,大部分人的第一念头是"这品牌是不是没什么名气",从而产生负面的假设。而有些卖场销售人员也会因为产品利润或个人喜好,去鼓励或打消消费者原先准备购买的品牌,从而造成原本因创意广告或精彩公关报道所勾起的购买欲望,因经销接触点印象观感不佳而完全消失。

(3)服务

客服及保固维修,是近年来企业在产品同质化竞争愈来愈严重之后,来增加差异化的一种做法。其中,客服中心及维修人员成为购买产品后的重要接触点。许多原本单纯的投诉,常因被处理不当的客服人员激化成严重的媒体危机。所以,与其事后让公关人员忙于媒体灭火,不如对于已经可能变成投诉的案件提高接触点管理意识,及早介入处理,使不满意的顾客获得满意的体验,甚至愿意再次购买并将该产品推荐给他人。

对服务业而言,服务就是商品,服务就是形象。像酒店订房登记时服务人员的回应方式,有可能让消费者留下正面或负面的印象。越是高价的服务与商品,消费者的期待越高。大到饭店服务人员的服装、服务场所的实体设施,小到将卷筒式卫生纸的末端摺成尖形等，都能让使用者感受到清洁的用心。

在服务行销领域中，Normann（1992）提出"关键时刻"（moment of truth）的说法，认为"关键时刻"是满意与服务质量的基石，Lovelock（2003）举例说："斯堪的纳维亚航空公司（Scandinavian Airline System，简称SAS）的总裁Jan Carlzon曾这样描述：去年一千万个旅客当中，每位旅客约与5位SAS的服务人员接触，平均每次约持续15秒钟。因为，SAS被创造出每年5千万次，每次15秒的接触。这5千万个'关键时刻'接触点，将是最后决定SAS成败的时刻。这些时刻也是SAS向顾客证明SAS是他们最佳选择的时刻。"

（4）实体活动

消费者活动，可以促进消费者试用或购买。如哈雷机车车友会之类的活动能凝聚顾客的忠诚度。研讨会是高科技产业接触顾客惯用的方式，通过教育的方式来介绍新产品或接触潜在顾客。参加展览也是企业接触陌生顾客最常用的手段，特别是B2B企业。法说会及筹资路演是吸引投资者的活动，校园征才活动是借助招募新人扩大宣传的活动，家庭日、尾牙、运动会是凝聚员工向心力的活动……这些实体接触点可能是由财务、人资、福委会等部门去执行，但事关各类利益关系人，企业更应该关心活动的成果是否能促进关系的增长。

参展是企业扩展业务常用的方法，透过展览主办单位的宣传产品，参展商常常可以得到许多新的商机，特别是国际业务的拓展。所以许多厂商会装潢摊位、设计活动，来表现实力，并让参观者在众多参展商中愿意驻足并深入商谈。

（5）户外广告、车厢内广告、车体广告、站内广告

这几个实体接触点都是以广告的方式来呈现。如果目标顾客是有区域性的或有固定搭乘运输工具的自驾者，这几种广告形式就能很有效地接触到消费者。像在都会区，许多上班族、学生群体都搭乘公交，所以在车站内、车厢外或车厢内都可以使用实体广告来接触公众。

特殊的创意户外广告更能引发话题，例如很多年前的Ford Escape就曾将广告悬挂在大楼外而引发媒体报道。这种本身是广告性质的内容，却利用公关议题设定与操作促成大众媒体的报道，以公关形式来强化其广告宣传效果，也是一种灵活的营销传播形式。

3. 数字与社群接触点

随着行动数字时代的来临，IMC面临大幅的改变，网站、博客、论坛、微网志、

社交媒体及电子商务，都成为极重要的接触点，许多人通过网络讨论成为粉丝，以此了解企业及产品。消费者从被动变为主动，带动企业与公众之间的双向沟通。沟通模式出现了对营销者来说难以察觉，但对消费者则是显而易见的"隐形沟通"状况（Finne & Strandvik，2012），并造就了"消费者共创整合"新趋势（Johansen & Andersen，2012），营销传播的整合已不只是协调外部利害关系人的印象，更包含整合市场声音到企业策略的过程，企业也开始强化聆听市场声音的能力，加强自我反省，并和利害关系人共同发展整合沟通传播行为。

如同网络口碑营销，其数字平台所能涵盖的对话容量以及网络社群内接触频繁、讯息密集、匿名性等特质，都使得此接触点变成IMC中越来越重要的一环。一般常见的几种数字与社群接触点为：

（1）官网

企业的官方网站，是公众取得企业与产品完整信息的地方，例如品牌故事、公司简介、产品介绍、财报或社会责任、最新消息等。企业为了让官网提高在Google、Yahoo、百度等搜索引擎的排名，进行搜索引擎最佳化（Search Engine Optimization，简称SEO）与关键字营销，通过了解搜索引擎的运作规则来调整容易被公众搜寻到的网页程序与内容，并经常持续更新网站讯息，促使公众更容易接触官方媒体。

然而，企业在操作SEO与关键字时，若使用不当也很容易触犯法律。曾有某知名健身中心，因购买竞争对手关键字，使民众搜寻竞争对手资料时出现负面营销文字，且附上自己健身中心的讯息，并连接导流官网，导致违反《公平交易法》而遭到处罚。

由于企业维护官网需要技术、人力，所以一些中小企业用博客或社群来取代官网，但也有不少企业是同时使用这些。

（2）博客

博客可以由企业建立，也可以由私人建立，官方博客通常扮演与官网类似的角色。博客通常是制式格式，没办法有太多变化，但是却方便更新，尤其是更新文章，所以成为许多中小企业营销宣传的重要工具。

私人博客可以因个人兴趣而选材。有些人喜欢美食、旅游，女生则对美妆、美容有兴趣，也有人写汽车、3C产品。许多人只是单纯地把消费经验写在博客上，供好友分享。但因为博客是对大众开放的，所以通过搜索引擎，可以把一些文章找出来，这些文章常常也会影响某些人的消费决策。经验品或信任品，尤其是价格不低、使用年限很长却影响很大的商品，就愈需要参考别人的经验。

（3）讨论区（或称论坛）

许多人在选购品牌与产品之前会询问他人，以前没网络时，是询问亲朋好友，现在有了网络，只要在讨论区大胆地问问题，就会有人热心回答。网友中肯的回答，常常令发问者获益，许多营销传播人员也发现了讨论区的力量，于是热烈参与讨论，并提供建议。

然而，有些品牌为争取更多公众关注度，找网民匿名吹捧自家品牌，攻击其他品牌，造成乱象，网友必须自己能分辨谁的话是可信的。2013年，某知名手机品牌就发生了"写手门"事件，该品牌因聘请写手与自家员工假装是网友分享使用心得，企图影响网络舆论，打击竞争对手的品牌形象，最后因被揭发造成重大危机。

（4）社群媒体（如Facebook、Twitter）

目前全球最大社群媒体Facebook（简称FB或称"脸书"），2015年已有超过14亿用户，许多人在"脸书"上用真实姓名与自己亲朋好友分享讯息。"脸书"上面的品牌可以建立粉丝团，像博客一样，也可以发表图文，但与博客最大的不同在于，最新的影音与图文讯息会直接出现，不必再链接到别的网址，但文字讯息容纳量却不及博客。

社群媒体对品牌、企业的影响力与日俱增，许多企业纷纷将"脸书"当成自营通路、自营媒体，通过此新媒体触点，直接了解消费者并进行情感互动，进行跨数字媒体整合与串联，如在博客发表文章，然后由"脸书"通知大家，再与网络新闻媒体结合，在"脸书"上引用新闻。

（5）电子商务（或称网购平台）

随着电商的蓬勃发展，购物平台触点成为消费者比较产品的重要来源。有些企业没有成立自己的官网，而将自家产品上架在购物平台，作为产品曝光管道，如亚马逊、淘宝网、阿里巴巴、Yahoo购物中心等。

根据笔者20多年来协助Microsoft、Kellogg's、HP、IKEA、Bayer、Barbie等全球知名品牌在亚洲进行整合营销传播，以及辅导华人企业自创品牌的经验，我们发现，如果企业品牌在IMC策略实施中有较全面的品牌接触点管理，其综效与品牌表现通常都会更卓越。

IMC的绩效表现，也能反应在目前全球最有公信力的品牌价值评鉴报告中。如Interbrand、BrandZ、Brand Finance与Eurobrand，每年都会发表全球百大品牌的价值。而德国的 BBDO、日本的 Hirose、北京名牌、世界品牌实验室、北大商业评论等，也有各自的品牌价值评判。它们共同构成多元且不同面向的品牌价值衡量标准。

举例来说，笔者曾服务一家成立五十年、超过三十个关系企业的台湾集团，十年前该集团从 B2B 跨进 B2C 市场，开始主打自有品牌。一开始，该集团以多产品品牌的方式去推动市场，后来发现，市场上的营销资源过于分散，品牌心占率毫无起色。后来在顾问团队协助下该集团导入品牌管理、IMC 整合观念后，重新调整品牌策略，将集团旗下无论是食品、光电、塑化或家电事业产品，统一整合改为单一品牌名，并重新建立新识别，整理品牌组合，将原先产品、成本导向的理性诉求转型至品牌、顾客导向的感性诉求，着重于品牌价值与顾客价值的提升，将所有营销资源集中火力，使品牌能量更大。除此之外，我们导入品牌接触点管理机制，大量采用 O2O 传递企业品牌的价值主张，学习与顾客共创价值，并将企业价值主张用在征才广告上，以吸引更多年轻人加入。很快，该品牌在短短五年内，就顺利拿下品牌心占率与市占率第一的成绩。

三、整合营销传播 IMC 理论的挑战与蜕变

整合营销传播的理论与实务发展在 20 世纪末到 21 世纪初时达到了最高峰。特别是当 Web 2.0[①]的概念席卷全球，消费者生成内容（User generated contents）的网络平台越来越多，如：博客（blog）、影音上传平台（Youtube）、讨论区（Forum）、搜寻引擎（Google、Baidu），等等。内容的生产由广告主转换到消费者手中，消费者依照需求上网搜寻想要的讯息，再到社交平台上分享自己的心得。于是，新的广告沟通模式俨然形成，过去广告人耳熟能详的说服模式 AIDMA，逐渐转变成 AISAS 的广告消费模式，日本电通的 AISAS[②]的模式也一直被使用至今，衍生出关键字广告营销、口碑营销（e-Buzz Marketing）及新形态的直效营销模式。由此，传统的整合营销传播理论模式受到了挑战，许多学术与实务界人士开始着手修正 IMC 的概念，进而提出

---

① 这个概念最早由 Tim O'Reilly 和 Dale Dougherty 在 2004 年底 O'Reilly Media Web 2.0 的会议中提中，其主要的内容是指网络运用的新时代，网络成为了新的平台，内容因为每位使用者的参与而产生，参与所产生的个人化内容，借由人与人的分享，形成了 Web 2.0 的世界。

② AISAS 广告概念于 2004 年由日本电通广告公司提出，他们主张，过去 AIDMA 的说服效果已不适用于网络时代，改由注意商品或服务（Attention），进而产生兴趣（Interest），借网络搜寻商品讯息（Search），产生购买行为（Action），最后进一步将使用心得分享给其他消费者（Share）。

新的主张。

奥美广告（O&B）一直以专业品牌管家自居，IMC风行后期，奥美在自身品牌管理的基础上结合IMC的概念，将自家的品牌管理进化为"360度品牌传播"，在这个概念下，消费者无论从哪个角度接触到品牌，都能很准确地接收到品牌完整的讯息，而且取得的渠道更容易，讯息也比以往更完整（Blair, Armstrong, & Murphy, 2003）。另一方面，由于互联网Web 2.0的蓬勃发展，除了造就影音平台、搜寻广告的风潮外，社群媒体也在此波变革中孕育而生，成为下一波广告的新宠。

"脸书"（Facebook）原本是加州Menlo Park一家在线社群服务公司，创办人Mark Zuckerberg与他的哈佛室友们Eduardo Saverin, Andrew McCollum, Dustin Moskovitz and Chris Hughes于2004年2月4日创立这家公司时，他的概念相当简单，只为哈佛的学生提供通讯联络簿，后来这家公司的服务扩大到波士顿地区的学生。由于这项服务广受学生们的欢迎，演变到后来所有的学生都可以上网注册。"脸书"将社交媒体的特性与商机扩展开来，以台湾为例，目前使用人口已超过上网人数的一半，用户直逼千万，使用人口也从学生族群扩展到上班族，现在连五十岁以上的使用者也急速增多。"脸书"的成功也带动了其他社交平台，例如：Twitter, Flickr, Linkedin等，这些社交网络的雄起，也让营销传播真正落实到点对点的沟通（Touch Point Communication）。

于是，IMC整合营销传播的理论与模式受到前所未有的考验，新的媒体打破了过去传统媒体壁垒分明的态势，媒体使用的改变自然影响广告主营销沟通的思维与策略，新的理论与模式纷纷诞生，如营销3.0、消费者行为2.0、长尾理论、消费者生成内容（内容2.0），等等，令人应接不暇。市场快速的变迁与移动，让人重新思考IMC理论的价值与意义。

四、数字化之策略传播

2007年，美国苹果公司第一代iPhone问世，搭载iOS系统，正式宣告苹果公司跨足到通讯产业，这个变革也为苹果公司成为全球第一大品牌铺好了道路，隔年搭载Android系统的HTC Dream问世，两大系统几乎囊括了智能手机的市场。2010年后，手机市场急速攀升，SoLoMo（Social, Local, Mobil）的营销概念也于2011年由创业投资家John Doerr提出来，其中，So指的是Social（社交），Lo是指Local（在地），

Mo则是指Mobile（行动），也就是"在地化的行动社交活动"，许多行动应用服务的概念由此衍生而来（Yahoo, 2012）。以中国的"豆瓣电影App"为例，消费者可以通过App购票选位，若是使用iPhone的消费者，购票后电子票会自动送到Passbook中，自动提醒电影进场时间。从这个案例中，我们可以看到SoLoMo早已不是天马行空的论坛主题，而是真实应用在生活各式活动与消费中。此外，Google Map的地图服务更是SoLoMo的代表案例，新的技术、概念与服务，不断推陈出新，过去IMC的理论也进化成一个以数字传播为骨干的策略营销传播新思维。

2010年后，以John Markoff为首的《纽约时报》正式喊出Web 3.0的概念，有别于先前消费者生成内容的Web 2.0，Web 3.0强调广告营销场域虚实整合及运用大数据搜寻的概念，所以Web 3.0的场域不再只是计算机的场域，只要有能上网的载具，包括智能型手机、平板计算机、笔记本电脑、互联网电视等，都是它所触及的平台。举例来说，今天的消费者想去一个陌生的商店，他们只要通过手机搜寻，不仅可以有完整的地图提供到达商家的信息，甚至商家有何特色商品或是正在进行何种促销活动等，消费者都可以获得相应的讯息，甚至先前顾客的口碑与使用经验也可以搜寻得到。

于是，虚拟与实体交叉混合，成为一种新型的体验经济，这种形态的广告营销手法已超越过去IMC的范畴。美国一位广告人Watts Wacker曾表示，现阶段他们广告实务界在操作营销广告时，是没有新、旧媒体之分的，顶多只是"online"与"offline"，即线上与线下媒体的差异而已。这一概念他们称为"Transmedia"，即"穿越媒体"的讯息手法，何谓"Transmedia"？就是在A媒体看到广告后（例如：电视广告），然后到B媒体（Facebook）去加入讨论，或到C媒体（iPad或iPhone）去下载coupon。百事可乐的数字总监Shiv Singh曾说："在被调查的18-34岁的主要客户中，有2/3的人会用智能型手机看转播，59%会用E-mail或简讯谈论球赛，另外18%的人会用手机上网看广告产品，百事可乐在2012年砸下重金在iPad上购买Super Bowl的球赛广告，或许这就是未来广告的趋势，载具（platform）也兼具媒体的特色。"（usatoday.com，2012）

五、结语

整合营销传播发展至今，许多营销传播实务界的人士觉得，IMC有很强的理论架构，但缺乏充分的实务验证，但历经几十年的蜕变，它在学术界已有不可磨灭的价值，尽管在数字传播的变革中，IMC实务操作常遭受到质疑，但它的核心理念"媒介整合与讯息一致"一直被引用至今。

在教育界，整合营销传播的观念已经得到认可。以美国广告教育的老字号伊利诺大学香槟校区为例，它们的广告教育围绕在七大核心领域：消费者洞察（Insights）、叙事（Storytelling）、互动体验（Interactive）、资料分析（Analytics）、内容产制（Contents）、社群接触（Contacts）及网络连接（Connections）。这些概念都是在数字化的模式中进行的，从它们的课程设计看，如今的广告教育已经不再强调单一媒介的训练，取而代之的是跨媒介与跨平台的整合思想。

从公共关系的视角看，"整合营销传播"与"品牌管理"的交集在于"关系"。这两方面的研究为公共关系研究提供了另一种延伸视野，值得公关学术界进一步深究探讨。而"衡量关系"的品牌接触点管理工具，在近年品牌管理与IMC实务操作的成功，则为公共关系研究提供一个全新的角度，也为IMC的未来发展指引了一条新路。

过去，商学院较活跃的关系管理、关系营销、服务行销课程以及品牌鉴价相关的研究，近来逐渐被跨域整合至传播教育之中，横跨了策略管理与数字策略领域所带来的这些新变革，也值得我们深思未来传播教育的方向。

参考文献

1. 刘美琪. 整合营销传播在国内广告代理业的应用情形研究［J］. 广告学研究：83-114.

2. 台湾国际营销传播经理人协会. 2014台湾营销传播白皮书,《营销传播篇》：8-15.

3. AAKER A D. Brand Portfolio Strategy：Creating relevance, Diffenentiation, Energy, Leverage, and Clarity［M］. New York：Free Press, 2004.

4. BLAIR M, ARMSTRONG R, MURPHY M. The 360 Degree Brand in Asia：Creating More Effective Marketing Communications［M］. John Wiley & Sons Inc, 2003.

5. CAYWOOD C, EWING R. Integrated Marketing Communications：A New Master's Degree Concept［J］. Public Relations Review. 1991, 17(3)：237-244.

6. DUNCAN, TOM. Integrated marketing? It's synergy, Advertising Age［M］. 1993, 64(10)：22.

7. DUNCAN T R, MORIARTY S. Driving Brand Value: Using Integrated Marketing to Manage Profitable Shareholder Relationships [M]. Publisher: McGraw-Hill, 1997.

8. KELLER, KAVIN L. Strategic Brand Management: Building, Measuring, and Managing brand equity [M]. Pearson Education, Inc, 2008.

9. PHILIP K, KEVIN L K. Marketing Management [M]. 14th ed. Publisher: Pearson, 2013.

10. OLIVA R. Brand equity and extendibility of brand names. International Journal Research Marketing, 1993(10): 61-75.

11. SCHULTZ D E, TANNENBAUM S I, LAUTERBORN R F. Integrated marketing communications [M]. Lincolnwood, IL: NTC Business Books, 1993.

（赖建都，台湾政治大学广告学系教授；
吴秀伦，智策慧营销顾问公司总经理／资深品牌顾问）

第四十七章 形象修复理论

一、引言

形象是社会交往与互动的产物,受个体和他者言语行为影响,是自我认知与他者认知博弈的结果。形象对组织(包括企业、政府、非营利团体等)声誉和个体社会关系建构至关重要,是公共关系领域的核心概念之一。尤其在风险社会,形象管理已经成为社会科学重要的研究主题之一。

班尼特(Benoit)的"形象修复理论"(Theory of Image Restoration Strategies)结合修辞批判学和社会心理学,为形象管理提供独特视角。本章基于对国内外形象修复理论文献的研究,对形象和形象修复的内涵,形象修复理论的提出、应用、缺陷和发展演化进行系统性梳理和总结,并在此基础之上,探析国内外形象修复理论的研究现状及发展趋势。

二、基本概念

(一)形象的内涵

《现代汉语词典》将"形象"界定为"能引起人的思想和感情活动的具体形状或姿态"。这一定义表明了"形象"的基本功能,即"能引起人的思想和感情活动",但并未说明"形象"是如何形成的以及它与实际事物的关系。英文中的"image"一词与中文的"形象"一词可以大体对应。按照《韦氏大百科辞典》(*Wesbster's Ency Clopedic Unabridged Dictionary*)的解释,"形象"最基本的三个含义分别是:第一,通过照相、绘画、雕塑或其他方式制作的人、动物或事物的可视的相似物;第二,通过镜子反射或光线折射而成的物体的图像;第三,大脑的反映、观念或概念。英文的定义很清楚地区别了"形象"与其所代表的对象之间的关系，即二者具有相似性，但不可等同，后者通过物质的或心理的媒体获得再现。西方学者科特勒（Philip Kotler）正是从这一角度对"形象"做出了恰当的界定："形象指人们所持有的关于某一对象的信念、观念与印象。"①

由此可知，"形象"是人们对其所代表的对象的主观感知，是个体或组织在他人认知（perception）中形成的印象（impression）。形象既受个体言语和行为的影响，也受其他人言语和行为的影响。②而人们的信念、观念和印象与对象的客观属性可能一致，也可能不同。

（二）相关概念

1. 个人形象

个人形象是一种人际知觉，是人与人之间进行交往互动的准则，良好的个人形象有利于促进和谐人际关系的建立与发展。保持良好的个人形象是人的基本需求。尤其对于具有一定社会知名度和影响力的公众人物（public figure）而言，如政治、经济、文化、体育等社会领域的知名人士，个人形象是其重要的社会资产，良好的个人形象有助于提升公众人物的公信力和号召力，获得更多的关注和社会资本。但与此同时，公众人物作为一种社会文化符号，具有整体象征性和代表性，一旦陷入个人危机事件，其所具有的符号象征性极易将"个人形象危机"转化成"组织形象危机"。危机情境中，公众人物及时采取有效的形象修复策略非常重要。另外，从跨文化视角来看，中国语境中的"面子"与西方语境中的"形象"是一个典型的跨文化现象。国内学者胡先缙最先对"面子"下定义，认为"面子"是"人因为社会成就而拥有的声望"③。台湾学者黄懿慧进一步指出，"面子"是他人所认可的、具有社会赞许性质的自我心象。作为描述个人处理人际关系时心理过程的重要概念，"面子"同样在个体社会交往中起着促进或延缓人际关系发展的作用，但"面子"的社会赞许特质也会因

---

① PHILIP KOTLER. Marketing management, analysis, planning, implementation and control［M］. 9th ed. Upper Saddle River, NJ: Prentice Hall International, Inc., 1997: 607.
② BENOIT W L, BRINSON S L. Queen Elizabeth's image repair discourse: insensitive royal or compassionate queen?［J］. Public relation review, 1999, 25(2): 145-156.
③ 胡先缙. 中国人的面子观［M］//黄光国. 中国人的权力游戏. 台北：巨流图书公司，1989：57-78.

东西方文化与价值观的不同而产生差异。①

2. 企业形象

关于企业形象的界定，学者们主要从三个方面切入：第一，从形象的主观心理结构角度，将企业形象解释为一种心理现象。例如，马蒂诺（Martineal）认为企业形象是人们对企业各方面态度的总和，是企业被赋予的心理意义。②布罗姆利（Bromley）认为企业形象是人们对企业的断言和信念。③第二，从形象所包含的物质内容界定，在承认企业形象主观性的同时强调企业形象的物质基础。例如，布雷特（Abratt）认为，企业形象是公众知觉到的员工行为、消费者服务、产品、企业名称、理念及口号等。④第三，从形象的效用角度，将企业形象界定为"无形资产"和"潜在业绩"。⑤总之，企业形象是基于一定物质基础上的主观心理现象，企业声誉（reputation）是建立企业形象的总体过程和最终结果，二者相互关联，但又有着本质区别：企业形象可以通过商标、广告和公关等企业沟通手段在较短的时间内获得，而企业声誉是对企业特点的价值判断，塑造良好的企业声誉是一个长期的过程，需要企业有持续的、长时间的优异表现。⑥

3. 国家形象

美国政治学家布丁（Boulding K E.）认为，国家形象是一个国家对自己的认知以及国际体系中其他行为体对它的认知的结合，是一系列信息输入和输出产生的结果，是一个"结构十分明确的信息资本"。管文虎等国内学者在《国家形象论》一书中首次正式界定这一概念："国家形象是一个综合体，它是国家的外部公众和内部公众对国家本身、国家行为、国家的各项活动及其成果所给予的总的评价和认定。"⑦孙有中进一步指出，国家形象是一国内部公众和外部公众对该国政治、经济、社会、文化与

---

① HUANG Y. Values of public relations: effects on organization-public relationships mediating conflict resolution [J]. Journal of public relations research, 2001, 13(4): 265–301.

② MARTINEAL P. Motivaton in advertising: motives that make people buy [M]. London: McGraw-Hill Book Company, 1957: 23.

③ BROMLEY DB. Reputation, image and impression management [M]. Oxford, England: John Wiley & Sons, 1993: 33.

④ ABRATT R. A new approach to the corprate image management process [J]. Journal of market management, 1989, 5(1): 63–76.

⑤ 加藤邦宏. 企业形象革命 [M]. 台北：台湾艺凤堂编译出版，1989：221.

⑥ EDMUND R, GRAY, BALMER. Managing corporate image and corporate reputation [J]. Journal of brand management, 1998, 31(5): 242–256.

⑦ 管文虎，等. 国家形象论 [M]. 成都：电子科技大学出版社，1999：23.

地理等方面状况的认识与评价。① 国家形象在根本上取决于国家的综合国力，但不能简单地等同于国家的实际状况，它在某种程度上可以被塑造。综上，国家形象是社会交往与互动的产物，是自我认知与国际认知博弈的结果。在国际关系中，国家形象至关重要。国与国之间的关系通过形象形成，良好的形象起着至关重要的作用和影响力。②

三、形象修复理论发展

（一）形象修复的内涵

人的形象对人的社会交往和情感生活至关重要。同样，企业、政府机构、非营利组织也越来越关注其社会形象、声誉和口碑。无论任何时候，当个体或组织认为其形象受到威胁时，都会采取修复策略应对形象问题，形象修复的目的即化解危机事件带来的声誉危机。③从公共关系学的角度讲，形象修复是处理社会个人或组织公共关系的过程。

形象管理是组织或个体为建立和维护其形象而采取的一系列活动，是宏观管理层面的系统化措施，一般的形象管理模式主要基于社会心理学研究。④近年来，危机传播研究者发现，组织决策者在危机发生之后的言说反应对危机管理的成败有着关键性影响。美国学者班尼特的"形象修复理论"结合修辞批判学和社会心理学，从修辞角度探讨危机发生后组织的形象管理与危机反应策略，为形象管理提供更为综合的研究视角。

形象修复理论由班尼特于1995年首次系统地提出。"形象修复"的英文为"Image Restoration"，班尼特在后期研究中更倾向于使用"Image Repair"，即"形象修护"这一概念，认为"修复"行为当中，形象不一定处于破损状态，也可能已恢复原状（Benoit，2000）。形象修复理论关注的重点是当形象、声誉或"面子"受到攻击时的话语防御，通过危机情境下受指控者的危机言说（crisis discourse）或信息选择（message options）来化解危机和挽救形象，是微观层面具体的修护措施。较之传统的"辩解"

---

① 孙有中. 国家形象的内涵及其功能[J]. 国际论坛，2002(3)：14-21.
② BENOIT W L, BRINSON S L. Queen Elizabeth's image repair discourse: insensitive royal or compassionate queen? [J]. Public relation review, 1999, 25(2): 145-156.
③ GOFFMAN E. Interaction ritual: essays in face-to-face behavior [J]. Journal of biomedical materials research, 2005, 55(4): 661-668.
④ 廖为建. 公共危机传播管理[M]. 广州：中山大学出版社，2010：331.

（apologia）或"负责"（accounts）等策略理论，形象修复理论在关照面上更为周延。[①]

（二）形象修复研究取向

班尼特的形象修复理论主要受新修辞学研究和社会学研究两方面的启发，以辩解理论为代表的形象修复修辞批判学研究和应对指责的社会心理学研究，为班尼特的形象修复理论的提出与发展奠定了基础。

1. 形象修复修辞批判学取向研究

修辞批判学视角下的形象修复策略在传播学研究中较为流行，主要有三大理论：（1）罗森菲尔德的道歉话语理论（Rosenfield's theory of apologetic discourse），提出了辩解话语的四个特征；（2）瓦雷和林库格尔的辩解理论（Ware and Linkugel's theory of "apologia"），提出了四种形象修复策略；（3）伯克的戏剧理论（Burke's theory of dramaticism）和脱罪策略理论。另外，还有赖安（Ryan）提出的"替罪羊——致歉方式"等研究。这些策略研究主要基于对公众人物的公开演讲的内容分析，在研究方法和策略类型上均对班尼特的形象修复策略研究具有一定的启示（见表47-1）。

表47-1　形象修复修辞学代表理论

代表人物	主要理论及贡献
罗森菲尔德 （Rosenfield，1968）	从模仿（Analog）角度归纳辩解话语的四个特征：简洁但不是激烈的辩论；着力攻击对手；演讲中注重数据运用，应有三分之二的数据做支撑；近期演讲中材料的再运用
瓦雷和林库格尔 （Ware & Linkugel，1973）	Apologia（自我辩解）的四种策略：否认（Denial），即通过言论表示自己与事件无关；获取支持（Bolstering），即演说者竭力向受众传达有关自己的积极正面形象；区别化（Differentiation），即通过演讲技巧将公众对事件的关注从消极环境中转移到积极背景中；超然性处理（Transcendence），即直接将事件置于广阔且更显积极的背景中
伯克（Burke，1982）	Purification（净化免责）：负罪感（Guilt）是行动的最主要动力；两种消减负罪感的方式：牺牲品（Victimage），即寻找别人作为罪责担负者，以使受指责人脱离困境——人的本性选择倾向；戒忍（Mortification），即承认错误、自我责罚
赖安（Ryan，1982）	指控（Kategoria）和辩解（Apologia）：要有针对性地进行辩解；归纳总结17种修辞学方法丰富其理论研究

[①] BENOIT W L. Accounts, excuses and apologies: a theory of image restoration strategies [M]. Albany NY: State University of New York Press, 1995: 27-35, 58-67.

2. 形象修复社会心理学取向研究

关于形象修复的社会心理学理论研究存在一定的继承性和发展性，相关研究成果较多，众多学者关于"负责"（accounts）理论的研究为班尼特的形象修复理论奠定了基础。例如，应用最广泛的舍巴赫模型（Schonbach）细分了100种不同类型的策略，赛克斯和玛札（Sykes & Matza）的五大基本手段、戈夫曼（Goffman）的三个步骤等。学者们提出的应对指责的借口和理由策略对班尼特的形象修复理论的最终归纳和延伸产生了重要影响（见表47-2）。

表47-2 形象修复社会学研究理论

代表人物	主要理论及贡献
赛克斯和玛札（Sykes & Matza, 1957）	责任否定；损失否定；伤害否定；攻击指控者；宣称忠诚
斯科特和莱曼（Scott & Lyman, 1968）	借口（意外、可行性、本性驱使、寻找替罪羊）；自我辩解（否认损失、否认伤害、攻击指控者、宣称忠诚、叙述悲伤故事、达成自我愿望）。
戈夫曼（Goffman, 1971）	辩解：否认，即否认事件的发生，拒绝承认事件，重新定义事件的无害性，弱化担负能力，强调无心之失；致歉；请求。
舍巴赫（Schonbach, 1980）	让步，即承认意识到过失，节制使用借口，表示忏悔，进行赔偿；借口，即主观缺陷，自身的不足，努力弥补和关怀，客观原因的过失，同别人类似的过失进行对比，寻找替罪羊；自我辩解，即否认造成的损害，最小化损害，受害者角色，达成自我愿望的权利，忠诚，积极正面的行动动机，别人的过失；拒绝。

（三）班尼特"形象修复理论"的主要内容

班尼特的形象修复理论建立在"个人或组织最重要的资产是它的声誉"的假设之上，其重要的前提在于：（1）组织被指控应该为某件事或某种行为负责；（2）社会大众对责任的看法比真相本身来得重要。也就是说，公众对组织责任的知觉是影响组织形象的最关键因素，这些公众是形象修复的主要目标对象。在其专著《说明理由、辩解与致歉——形象修复理论》（Accounts, Excuses, and Apologies: A Theory of Image Restoration Strategies）中，班尼特将之前学者所提的防御策略加以整合，在"攻击—防御""刺激—反应"的动力学基础上，提出了危机情境下五大修辞言语反应策略以及十四种细分策略（见表47-3）。

班尼特认为，形象修复策略的使用应注意以下几点：第一，准备危机应急预案；

第二，危机发生后，应先明确危机性质、相关受众群体以及危机严重程度；第三，识别与危机相关的受众，必要时按照不同受众群体的重要程度排序，有针对性地进行回应；第四，如果危机是被多数人认知，或被指控者反复提出，组织应严正面对这一指控。班尼特还提出了有效修复形象的七大建议：（1）避免虚假言语和信息；（2）确定有错应立即承认错误，但认错可能导致法律诉讼，企业需予以权衡；（3）受指控者事实上是清白时，可采取直接否认策略；（4）转移责任有时是可行的，但有时并不奏效；（5）在伤害性行为存在时，最重要的策略是纠正行为，但若无法履行承诺则会适得其反；（6）减小负面影响的策略并不总是有效，试图使严重问题看起来没那么严重可能会导致公众强烈的不满；（7）多种策略可以结合使用，道歉和纠正行为不仅是两种最有效的表达和被接受方式，二者的组合也是较为有效的策略组合[①]。

表47-3 班尼特的形象修复策略

主策略	子策略	主要特征
否认（Denial）	直接否认（Simple Denial）	否认做过，或否认事件发生过。
	转移责任（Shifting Blame to Another）	将问题转移给他人。
推卸责任（Evasion of Responsibility）	自卫行为（Provocation）	强调是为了反击他人的侵犯性行为。
	无力控制（Defeasibility）	缺乏信息或控制能力。
	事出意外（Accident）	并非有意造成不好的结果。
	纯属善意（Good Intention）	本意是善意的。
降低危机攻击性（Reducing Offensiveness of Event）	获取支持（Bolstering）	强调好处。
	减小负面影响（Minimize）	问题并不严重。
	区分（Differentiation）	与伤害性更大的行为类别作区别。
	超脱（Transcendence）	还有更重要的价值与考虑。
	反击指控者（Attack Accuser）	降低攻击者的信用。
	补偿（Compensation）	补偿受害者。
后悔道歉（Mortification）	认错、道歉、请求原谅。	道歉，表达悔意。
纠正行为（Corrective Action）	承诺解决或预防。	计划解决问题或承诺防止问题复发。

---

① SELLNOW T, ULMER R, SNIDER M. The Compatibility of corrective action in organizational crisis communication [J]. Communication quarterly, 1998, 46(1): 60-74.

（四）形象修复理论应用范围

班尼特将个人层面的自我防御论述扩展应用到组织层面的形象修复，其形象修复策略不仅适用于个体的辩解，也适用于企业、政府、非营利团体等组织的形象管理。班尼特通过对大量美国社会政治、经济、名人等危机事件的个案研究，充分证明了形象修复策略的可行性。

1. 政治家与政府形象修复

形象修复理论应用在政治领域的研究相当多，关于政治家的危机事件通常可以分为以总统为主体的辩解行为，例如布什总统在卡特丽娜飓风中的形象修复，[①]以及以其他政治官员为主体的辩解行为，例如美国国会议员加里·康迪特（Gary Condit）受审事件。[②]关于政府机构的形象危机多涉及国际关系与国家形象，例如中国政府面对"中国威胁论"时的应对与形象修复。[③]在政治危机中，政治人物常因不愿道歉、不愿为错误承担责任而加剧形象危机，并损害所在政治团体的声誉和形象。

2. 企业形象修复

在企业危机事件中，常常是多种形象修复策略结合使用，事实证明，这种方式能够实现更好的效果。通过这些策略的组合使用，企业能够减少应承担的责任，并且还能有可能将公众的指责转移到某个管理者或是底层工作人员身上。很多成功的企业形象修复案例都表现出这样一个规律：让第三者成为替罪羊，同时提供赔偿并表明纠正行为的立场，维护企业合法性。例如，美国电话电报公司长途通信服务故障事件等。[④]

3. 名人形象修复

名人包括娱乐明星、运动员、社会领域知名人士等。针对名人的形象危机事件更多的是直接针对个人，并不像组织危机一样需要采取政策性维护措施。例如，在"召妓门"事件中，休·格兰特将事件上升至影响个人及家人隐私的社会道德层面，收到了良好效

[①] BENOIT W L, HENSON J R. President Bush's image repair discourse on Hurricane Katrina [J]. Public relations review, 2009, 35(1): 40–46.

[②] MARRA E LEN-RIOS, BENOIT W L. Gary condit's image repair strategies: determined denial and differentiation original research article [J]. Public relations review, 2004, 30(1): 95–106.

[③] CAI PEIJUAN P J, LEE P T, AGUSTINE P. Managing a nation's image during crisis: a study of the Chinese government's image repair efforts in the "Made in China" controversy [J]. Public relations review, 2009, 35(3): 213–218.

[④] BENOIT W L, BRINSON S L. AT&T: "Apologies are not enough" [J]. Communication quarterly. 1994, 42(1): 75–88.

果。[①]名人辩解更多地讲求对于个人品质的维护，更倾向于采取认错策略，并结合其他措施进行形象修复。但有时，即便是名人自身的形象危机问题，也不能仅仅当作个人问题来解决，这在美国体育运动员中尤为明显。例如洛杉矶道奇队投手萨顿（Sutton）在俱乐部斗殴事件中，不仅使自身声誉受损，道奇队的整体形象也受到了威胁。

通过现有研究发现，个人和企业在形象修复策略使用方面存在以下差异：与个人相比，企业可以吸引更多资源用于形象修复，因而会使用不同的形象修复策略，或者将形象修复策略进行组合使用，企业的代理人也会建议企业规避某些策略以降低诉讼风险。但对个人和企业形象修复而言，尽管形象修复策略的选择、组合或采用有差异，形象修复的基本策略是一致的。[②]另外，虽然有重要的共同特征，但名人、政客、企业在形象修复策略的使用方面存在一些重要差异：第一，名人不太可能有第三方替罪羊，或者攻击媒体报道；第二，虽然承认错误行为并道歉并非易事，但名人可能比政客更容易承认错误；第三，与名人或政客相比，企业面临法律诉讼风险的几率更高，使用羞愧策略意味着承认有过错，这一策略可能有助于企业修复形象，但可能会导致法律诉讼。

（五）形象修复理论的缺陷

班尼特的形象修复理论跳出企业组织或政治团体辩护等自说自话的狭隘境地，转而进入了一个更加广阔的应用范围，组织和个人都可以运用该策略进行形象修复。该理论主要集中于形象和声誉受损时个人和组织的口头防御策略，为危机情境下的形象管理战略提供了很多细节和措施。但也存在一定的理论缺陷，主要表现在：

第一，没有考虑组织或个人所面临的社会环境因素，忽略了危机发生前、危机发生时所特有的社会背景和危机情境，并没有解释何种情境之下采取何种策略更有效。这种忽视社会环境因素和时机的做法，本身就存在很大风险。

第二，形象不是单一的和均匀的，而是动态的、异构的、多元的，产生于信息接收者脑海中，班尼特的形象修复理论将复杂的过程简化为"刺激—反应"事件，说服性强于沟通性，独白性多于对话性，显示的是一种不对等的世界观以及单向传播特

[①] BENOIT W L. Hugh Grant's image restoration discourse: an actor apologizes [J]. Communication quarterly, 1997, 45(3): 251-267.

[②] BENOIT W L. Image repair discourse and crisis communication [J]. Public relation review, 1997, 23(2): 177-186.

性，忽视了接受者的主动性理解。

第三，作为危机传播的重要方式，班尼特的形象修复理论更重视危机事件发生及发展中信息的沟通，缺少对危机整个环节的关照，从这一点而言它带有强烈的实用主义色彩。以修辞学作为理论来源将形象修复理论定性为针对事件发生时如何进行信息传递方式的研究，形象修复策略只是一种分类方法，并没有预测能力，也不是显示因果关系的指示性理论，因此只能作为应急措施来看待。

（六）形象修复理论延伸

在危机情境中，很多因素会影响形象修复策略的选择与使用效果：第一，文化因素。主要涉及跨文化研究，例如，对人际协作中跨文化差异对三种信任修复策略（沉默、道歉、解释）的影响研究发现，对于高宿命论者，解释比沉默有效，对于低宿命论者，道歉比解释重要。①另外，"面子问题"也是影响形象修复效果的重要文化因素。②第二，信息因素。研究发现，信息来源与信息类型、信息参考点之间的交互作用影响公众态度的改变，进而影响企业形象修复效果。③第三，其他多维度因素。研究者建构多维度企业形象修复研究框架，包括事件因素、企业因素、企业利益攸关者因素和企业外部环境因素。④李华君认为，网络舆情危机中政府形象修复的影响维度包括媒体、政府和公众，价值重塑、事实修复和对话沟通是其可选的对策路径。⑤

这些因素会影响班尼特形象修复理论的适用性，之后的研究者结合高度复杂性的社会语境和危机情境，不断对该理论进行修正，以推动形象修复理论的发展。

1. 危机传播作为关系管理：语境视角

组织在应对危机时，会根据危机的类型、发生的时机、媒体的压力等种种情境的不同采取不同的策略，危机情境与危机反应策略之间的关联性逐渐成为学者研究的重点。

---

① WILDMAN J. Cultural differences in forgiveness: fatalism, trust violations and trust repair efforts in interpersonal collaboration [D]. Orlando: Univ. of Central Florida, 2011.
② Wen W C, Yu Tzu-hsiang, BENOIT W L. The failure of "scientific" evidence in Taiwan: a case study of international image repair for American beef [J]. Asian journal of communication, 2012, 22(2): 121-139.
③ 杜志刚，徐艳，等. 信息框架对公司形象修复的影响分析——信息来源、信息类型、参考点的协调作用 [J]. 情报杂志，2011，30(11): 177-182.
④ Jing D, Dong X H. Corporation Reputation A multilevel multidimensional framework for the study of reputation repair [J]. International conference on e-business & e-government, 2011: 1-4.
⑤ 李华君. 网络舆情危机中政府形象修复的影响维度与路径选择 [J]. 现代传播，2013，35(5): 69-72.

(1) 库姆斯的"情境式危机传播"理论

在这一方面颇有建树的学者是库姆斯（W. Timothy Coombs），他的一系列研究都在探讨危机反应策略在不同危机情境中的运用情况。

库姆斯的"情境式危机传播理论"（Situational Crisis Communication Theory）引入"利益关系人"概念，以危机责任为出发点，把危机分为受害型、无意事故型和有意错误型三种，并以表明立场（posture）为切入点，总结出否认型、淡化型、重塑型和支持型四种传播策略。针对不同的危机类型和危机责任程度，库姆斯就如何进行有效的危机传播提出了应对策略，从而最大限度地提高组织声誉。基于班尼特的形象修复策略和"理由说辞"（accounts）概念，库姆斯归纳出七项危机应对策略：攻击指控者、否认、借口、合理化、迎合、纠正行动、完全道歉。① 在危机应对策略中结合一系列管理、组织、社会、心理情境，库姆斯提出解释框架：情境式危机传播理论超越了基本危机应对策略，以检验危机情境如何影响危机应对策略的选择和有效性。修辞学者在这一关联性建构上的探究，是危机传播研究走向理论建构最具成果性的表现。

(2) 危机传播策略的双重连续性矩阵模型：基于中国语境

由于东西方文化差异、受众接受心理不同，对于形象的认知、形象修复策略的使用存在较大差异。形象修复理论这一成长于西方社会的理论如何应用于东方语境及受众心理一直是华人学者研究的重点。

台湾学者黄懿慧对来自台湾五百强企业的公共关系和公共事务管理者进行了调查，并根据华人社会情境，结合跨文化理论，对形象修复理论进行了修正。② 其验证了西方研究的结论，即危机传播策略类型主要包括让步（concession）、理由（justification）、借口（accounts）和否认（denial）四种。黄懿慧的研究因东西方文化差异而有新的发现：第一，不同于现有危机传播策略研究的范畴，新的策略类型——分散注意力（diversion）包含以下类目：表示问候或同情但不道歉（showingregards/sympathy without apology）、区分（differentiating）、建立新的议题（building a new agenda）。第二，斯特奇斯（Sturges）的信息策略（information providing）没有作

---

① COOMBS W T. The value of communication during a crisis: insights from strategic communication research [J]. Business horizons, 2015, 58(2): 141-148.
② Huang Yi-hui, Lin Ying-hsuan, Su Shih-hsin. Crisis communicative strategies in Taiwan: Category, continuum, and cultural implication [J]. Public relations review, 2005, 31(2): 229-238.

为一个单独类型出现,而是与纠正行动(corrective action)、补救(remediation)共同被划分到让步(concession)范畴。研究进一步整合危机传播策略措施、范畴和连续性,建立双重连续性矩阵模型,即"防御—适应"(defense – accommodation)和"详述—模糊"(specification – ambiguity)矩阵(见图47-1),以探讨危机传播策略的实践应用和理论延伸。

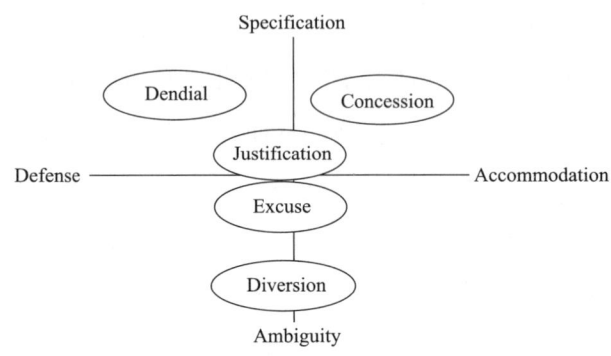

图47-1　危机传播策略的双重连续性矩阵模型

2.修辞话语场理论:一种多重发声的方法

班尼特的形象修复理论基于文本视角,专注于形象受损时修辞者在其观众面前发表演说,忽视了与其他危机参与者的沟通。库姆斯的情景式危机传播理论基于语境视角,专注于组织和利益攸关者之间的关系历史以及危机归因,但仍局限于组织的危机应对策略。二者均无法满足危机传播高度复杂性和动态性的需求。

在上述理论基础之上,弗兰德森(Frandsen)和约翰森(Johansen)结合博弈论(game theory)和混沌理论(chaos theory),以话语定义危机传播方式,通过介绍"多重声音法",结合语境(context)、媒体(media)、体裁(genre)、文本(text)四项主导策略,提出"修辞话语场理论"(见图47-2),将危机情境中所有参与危机传播的利益攸关者纳入研究范畴,结合历时维度(危机发生前、中、后期危机传播和关系管理)和共时维度(多重声音在话语修辞场中的碰撞、竞争、合作),全面呈现危机传播图景。①"修辞话语场理论"以班尼特的形象修复策略在口语传播中的运用为出发点,被认为是综合考虑组织危机的复杂性和动态性的危机传播新模式,能更详尽地描述和解释危机演变过程,有助于制定危机传播策略。

---

① FRANDSEN F, JOHANSEN W. Crisis Communication and the Rhetorical Arena:A Multi-Vocal Approach[C]. Paper presented at the Annual Meeting of the International Communication Association, TBA, San Francisco, 2007.

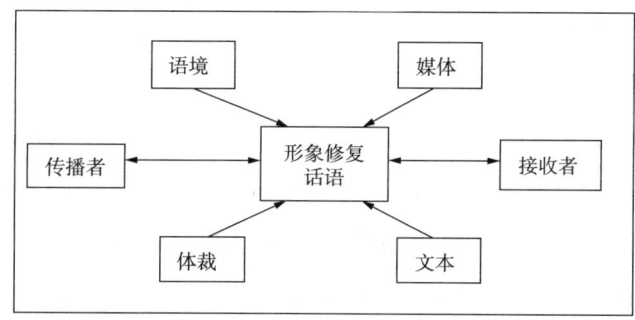

图47-2 修辞话语场理论模型

3.形象修复其他策略研究

作为修辞性话语回应策略，班尼特的形象修复理论侧重于修辞视角的口语辩解策略。之后的研究者在班尼特理论研究的基础之上，结合媒介环境和危机情境变化，又提出了组织行为策略、多方位策略、新媒体策略、第三方策略、制度策略等一系列形象修复策略，丰富了该领域的研究。

（1）组织行为策略

组织行为策略主要基于归因理论。汤姆林森和迈耶（Tomlinson & Mayer）在韦纳（Weiner）的情绪和动机归因模型基础上，提出了信任修复归因模型和一系列信任修复策略。[①]信任者对被信任者行为的归因主要分为四大类：被信任者的能力、善心、正直及其他原因。深层次归因主要包括三个维度：原因源（locus of causality）、可控性（controllability）和稳定性（stability）。除了认知层面的信任修复策略，归因模型还明确指出，情感因素在信任修复过程中的作用及其对信任修复效果的影响。研究认为，信任者对某一消极结果产生的负面情绪（例如气愤、恐惧）是促使其对该结果实施归因的重要因素。其中，气愤往往与对结果的可控性归因有关，而恐惧则与对结果的稳定性归因存在直接联系。负面情绪会影响信任者对被信任者可信性的认知，从而阻碍被信任者对双方信任关系的修复。研究者以国际高科技公司为例，基于迈耶的信任理论，分析影响企业形象修复的因素，包括能力、诚信和爱心的违背，并提出早期的违背影响更加显著。[②]另有研究以行为理论为指导，建立了声誉修复过程模型，并分析名誉类型、组织年龄、市场多样性、第三方如何影响公

---

① TOMLINSON E C, MAYER R C. The role of causal attribution dimensions in trust repair [J]. Academy of management review, 2009, 34(1): 85–104.

② BELL G G, OPPENHEIMER R J, BASTIEN A. Trust deterioration in an International buyer-supplier relationship [J]. Journal of business ethics, 2002, 36(1): 65–78.

司处理声誉事件的能力等。①

（2）多方位策略

形象修复是一个复杂、动态的过程，受多方因素的影响。徐彪整合了归因理论、社会平衡理论、制度理论，提出了政府公共危机信任修复的四阶段：即兴反应阶段（及时交流）、口头反应阶段（对负面事件进行归因）、行为反应阶段（恢复社会和大众心理/关系的平衡）以及制度反应阶段（防止负面事件再次发生的制度调整）。武（Wu Y）结合认知情感理论、归因理论、风险感知理论、公平感知理论建构形象修复模式，提出了三种信任修复策略：减少归因责任、降低风险感知、提高公平感知。丹尼尔（Daniel RY）发现信任修复并不是一个过程驱动现象，可靠的修复性信息的提供、组织变革的证据、组织高层领导特征以及沟通方式对于利益攸关者的信任修复有重要影响。②

（3）其他策略

①新媒体策略（政府网站、政务微博）。研究者从流程、特性、机构三方面分析电子政务对于恢复公众信任的作用③，并基于服务质量评价结构设计原则，对647家电子政务网站进行分析，证实了高质量政务网站有助于建立公众信任④。

②第三方策略。研究者探讨第三方在企业信任修复中的作用，相关研究检测了第三方在不同方面发挥的作用和得到的效果，发现第三方能够消除因强权行为和法律纠纷所导致的信任危机。

③制度策略。主要包括宏观政府管理、制度建设、国际关系、公共关系等策略，研究聚焦于政治、社会管理等领域。

---

① RHEE M, VALDEZ M E. Contextual factors surrounding reputational damage with potential implications for reputation repair [J]. Academy of management review, 2009, 34(1)：146-168.
② DANIEL R Y. Promises to keep：exploring organizational trust repair from a stakeholder perspective [D]. Ohio：Univ. of Case Western Reserve, 2008.
③ TAN C W, PAN S L, LIM E T K. Towards the restoration of public trust in electronic governments：a case study of the e-filing system in Singapore [C]. Hawaii International Conference on System Sciences, 2005.
④ TAN C W, BENBASAT I, CENFETELLI R T. Building citizen trust towards e-government services：do high quality websites matter? [C]. Hawaii International Conference on System Sciences, 2008.

四、国内形象修复理论研究现状

形象修复理论的批评与修正要基于西方学者,尤其是美国学者的建构。近年来,以黄懿慧为代表的台湾学者结合跨文化理论探究形象修复理论在中国语境中的适用性,成果也较为丰硕。大陆学者多从实务角度探讨形象修复策略,在理论建树上较为薄弱。综观国内形象修复理论研究,主要呈现出以下特点:

第一,研究视角。相较于国外研究聚焦市场,尤其是以企业为研究主体,国内该领域的研究多基于管理学视角,聚焦危机事件中政府部门的危机应对和形象管理,研究集中于政府方面、媒体方面的策略性、应对性,以公众为角度的研究较少。部分研究关注企业、组织或名人的形象修复,但主要基于宏观层面的危机公关视角。

第二,研究议题。关于政府形象修复的研究主要聚焦于以下议题:突发事件与政府形象的关系,包括突发事件对政府形象的影响、突发事件中政府形象的分类研究;媒体报道与政府形象的关系,包括媒体对政府形象的建构、媒体在政府形象报道中的误区与策略;政府形象建设和管理策略,包括政府信息公开、新闻发言人制度、电子政务建设;政府形象评价研究,多基于政府在媒体中的形象分析,少数关注突发事件中公众对政府形象的认知。部分研究关注公众人物的形象修复活动,包括以下议题:名人广告代言中的危机公关;从公众人物、媒体、公众角度分析公众人物在危机传播中存在的问题;公众人物危机传播策略与形象修复策略。

第三,研究方法。与大多数形象管理模型基于实验研究不同,国内形象修复策略研究大多采用定性研究的方法,尤其以个案分析为主,且不少定性研究属于实践应对层面的讨论,实证研究较少,理论研究相对不足。就个案分析的研究视角而言,国内研究多聚焦于灾难性、突发性危机事件中政府形象、官员形象问题以及食品安全、健康医疗等公共卫生事件中企业、组织的形象问题。少数研究使用修辞批判法,对组织危机策略运用提出了批评并进行反省。近年来,黄懿慧、吴宜蓁等台湾学者采用调查法等科学实证研究方法,对危机反应策略使用及其影响因素和效果测量进行了实证研究,推动了形象修复理论的科学化发展。

五、形象修复理论研究趋势

在风险社会和移动互联网时代,随着社会转型与媒介生态环境的变化,形象修复理论不断发展演化，其研究呈现出以下趋势：

第一，形象修复策略的多种组合运用研究。传统的危机传播研究是基于组织危机发生后使用的反应策略，但已有研究表明，形象修复策略可以用于各种各样的组合，从而模糊策略类别间的界限，且多种策略的组合使用可能会收到更好的修复效果。[①]进一步的研究应检验不同危机情境中形象修复策略各种潜在的组合形式和这些组合形式对恢复组织合法性的作用。

第二，在社交媒体兴起的背景下，形象修复理论如何发展以适应新的传播环境值得思考。已有研究表明，在危机情境中使用社交媒体会产生新的形象管理问题，并且当照搬传统媒体传播环境下的形象修复策略时，社交媒体的使用在形象修复方面的效果比较有限。[②]对于移动互联网时代而言，传统的形象修复理论过于线性化和静态化，在应用社交媒体进行形象修复时，研究者应考虑如何对原有理论进行修正和提升，将形象修复理论延伸到社交媒体领域。另外，危机主体基于不同媒体类型使用不同形象修复策略，受众反应基于不同媒体类型也可能有所不同，分析社交媒体和传统媒体在形象修复信息传播中的互动关系，也将是一项有趣的研究。

第三，受众认知是决定组织声誉与形象的关键因素，而情绪和情绪评估是导致个体认知和行为改变的关键。[③]尤其在新媒体语境下，负面情绪快速传播影响公众对危机性质、危机归因和组织危机反应策略的认知。危机情境中，公众的情绪反应应受到重视，并探索情绪对利益攸关者行为意图的影响。

第四，在经济全球化和文化多样化的今天，不同文化背景主体间认知的偏差和碰撞极易引发冲突危机，整个世界处于高风险社会中。跨国危机涉及多个国家和地区文化，反映的不只是一次危机事件，而是事件背后关乎价值观和意识形态的"社会共识"（Social Consensus）。[④]组织如何基于文化折扣和价值观差异等因素，进行差异化形象修复，重塑声誉，成为全球化时代形象修复理论未来发展所不容回避的

---

① TIMOTHY L S, ROBERT R, ULMER MICHELLE S. The Compatibility of corrective action in organizational crisis communication [J]. Communication quarterly, 1998, 46(1)：60-74.

② MURALIDHARAN S, DILLISTONE K, SHIN J H. The gulf coast oil spill：extending the theory of image restoration discourse to the realm of social media and beyond petroleum [J]. Public relations reviw, 2011, 37(3)：226-232.

③ Yi M, CAROLYN A L. Communicating food safety via the social media：the role of knowledge and emotions on risk perception and prevention [J]. Science communication, 2014, 36(5)：593-616.

④ LIU B F, FRAUSTINO J D. Beyond image repair：suggestions for crisis communication theory development [J]. Public relations review, 2014, 40(3)：543-546.

问题。

第五,形象修复理论作为修辞性危机反应策略,适用于个体、组织、国家等不同危机主体,且不同主体间存在策略选择差异。在新的媒介生态和复杂危机情境中,政府、媒体、公众三者间处于危机话语争夺和博弈的动态过程中,如何基于互动关系选择形象修复策略,建构形象修复策略有效实施的"话语空间"值得我们深入研究。

六、小结

形象是公共关系领域的核心概念之一,形象管理已经成为社会科学重要的研究主题之一。班尼特的形象修复理论结合修辞批判学和社会心理学,为形象管理提供了独特视角。本章从形象的内涵和相关概念谈起,引出形象修复的含义,对班尼特"形象修复理论"的理论基础、主要内容、适用范围、理论缺陷和理论延伸进行了系统性梳理和总结,完整地呈现形象修复理论的发展演化框架。最后,本章概述了国内外形象修复理论研究现状,并结合当前实际,探析形象修复理论未来研究的发展趋势。

(陈虹,华东师范大学传播学院副院长,教授、博士生导师;
秦静,华东师范大学传播学院博士)

第四十八章 品牌理论*

一、前言

"品牌"这一概念自20世纪50年代被正式提出以后,成为市场营销、公共关系和广告等领域受重视程度较高的词汇之一,越来越多的专业领域开始把"品牌"纳入研究视野,其定义也是多种多样。有的学者强调符号化的有形要素对品牌识别的作用。David Ogilvy(1955)认为,品牌是一种错综复杂的象征,它是品牌的属性、名称、包装、价格、历史、声誉、广告风格的无形组合[①]。美国市场营销协会(AMA)在《营销术语词典》(1960)中将"品牌"定义为:品牌是一种名称、术语、标记、符号或设计,或是它们的组合,其目的是用于识别一个供应商或一群供应商的产品或服务,并且使之与其他竞争者的产品或服务区别开来。还有一些学者注重品牌与消费者之间的心理联系,强调品牌有形要素在顾客心目中建立起来的品牌意识和品牌联想,以及由此引起的顾客对其产品的感觉、评价并产生购买行为的综合。Aaker D.A和Erich Joachimsthaler(2001)认为,"品牌就是产品、符号、人、企业与消费者之间的联结和沟通"[②]。也就是说,品牌是一个全方位的架构,涉及消费者与品牌沟通的方方面面,并且品牌更多地被视为一种"体验",一种消费者能亲身参与的更深层次的关系,一种与消费者进行理性和感性互动的总和,旨在与消费者结成亲密关系。Philip Kotler和Gary Armstrong(2007)认为,品牌表达了消费者对一种产品(或服务)以及其性能的认知和感受,表达了这个产品(或服务)在消费者心中的意义,最终,品牌存在于消费者头脑中。[③]有的学者将品牌认知拓展到"组织"与"公众"之

---

* 本文是国家社会科学基金项目"中国品牌跨文化传播战略研究"(12BXW038)和北京市哲学社会科学规划重点项目"北京老字号品牌营销创新案例研究"(13JDJGA019)的阶段性成果。

① OGILVY D. 一个广告人的自白[M]. 林桦,译. 北京:中国物价出版社,2003.
② AAKERD A, JOACHIMSTHALER E. 品牌领导[M]. 欧帅,译. 北京:机械工业出版社,2001.
③ KOTLER P, ARMSTRONG G. 市场营销原理[M]. 楼尊,译. 北京:清华大学出版社,2007.

间，而不是局限于产品与消费者之间，如余明阳和戴世富（2009）认为，"所谓品牌，就是公众对于组织及其产品认识的总和"①。

经历了近百年的历史嬗变，品牌理论研究日臻丰富与完善，国内外相关研究者对品牌理论的发展做出了不少贡献，成果丰硕，品牌理论的分支也越来越多，有必要对其进行一个学术史梳理。笔者在查阅相关研究时发现，关于对品牌理论的梳理，不少研究聚焦于某一领域或某种品牌方面的理论进展，例如：《我国区域品牌研究综述》（江振娜，2005）、《品牌资产研究综述》（姚作为，2007、2010）、《文化品牌研究综述》（马哲明，2014）等，鲜见品牌研究总体脉络的梳理。何佳讯（2009）通过对SSCI数据库34年间（1975—2008）品牌理论有关文献的整理，指出了品牌科学研究的核心领域与知识结构，②但其主要关注国外的研究成果，没有涉及国内期刊的研究成果。笔者将国内外该领域的相关研究进行整理，找出近年来国内外品牌理论研究的热点领域，为深化和拓展我国的品牌研究提供参考。

二、品牌理论嬗变及阶段性特征

（一）国外品牌理论研究脉络与阶段性特征

对于品牌的研究可以追溯到18世纪。品牌理论发展阶段年代划分是根据各个理论或观点被提出的年代，并不说明某理论只在那段时期内被研究。某个理论自被提出以来总是有一些持续的研究，只是不同时期研究侧重点不同。笔者对国外品牌理论发展阶段的划分是根据品牌从产生到发展的过程中，在一个时间段内产生的重大突破，并在品牌理论的发展中具有标志性。

1. 品牌意识产生（18世纪—20世纪初）

广告的发展推动了品牌的发展，品牌意识伴随着广告意识的产生而产生。17世纪在英国首先出现了广告公司，广告业务的增加产生了运用广告传递品牌信息的需求。18世纪初，关于品牌的意识和理念开始萌发。

2. 品牌概念提出（20世纪中期）

对"品牌"的概念在理论上进行归纳和阐释，最早由美国市场营销协会于1960

---

① 余明阳，戴世富. 品牌战略［M］. 北京交通大学出版社，2009.
② 何佳讯，胡颖琳. 何为经典？品牌科学研究的核心领域与知识结构——基于SSCI数据库（1975-2008）的科学计量分析［J］. 中国营销科学学术年会暨博士生论坛，2009：807-824.

年在《营销术语词典》中提出,是所谓"狭义品牌概念"的代表,主要从"符号""标识"的角度说明品牌在竞争者中的区分意义,一直沿用至今。

3. 品牌形象理论(20世纪60年代)

这一时期是注重品牌个性、品牌形象的时期。David Ogilvy于20世纪60年代中期首次提出了"品牌形象论",有两点主要思想:第一,品牌必须要有自己的个性;第二,树立品牌形象的长期性,保持品牌形象的一致性。Levy(1978)认为,品牌形象是人们在心中对品牌的各种要素及概念集合体的认知。①

4. 品牌定位理论(20世纪70年代)

1969年,Ries Al和Jack Trout提出了"定位概念",并于1979年出版了专著《品牌定位:攻心之战》,形成了品牌定位理论。其主要观点是:随着竞争的日益激烈,品牌同质化、相似化的现象日益严重,需要创造心理差异、个性差异,主张品牌在消费者心目中占据一个有利位置,以取得核心竞争优势。

5. 品牌资产理论(20世纪80年代)

这一理论始于20世纪80年代,由广告公司最早提出,随着西方国家企业兼并浪潮引发了学术界的广泛关注,90年代该理论迅速发展,美国市场营销协会于1994年将品牌资产列入其五大研究重点,促进了市场营销学界在该领域的研究。Michael E.Porter(2005)认为,品牌的资产主要体现在品牌的核心价值上。②品牌资产理论有基于消费者心智、基于竞争战略和基于财务绩效三个研究视角。Keller(1993)从顾客的角度提出了品牌资产概念,认为品牌资产是消费者由于品牌知识的不同对品牌的市场营销行为的不同反应。③Shocker(1994)提出品牌资产包括品牌影响力和品牌价值。而品牌影响力可以使该品牌拥有特定持久的竞争优势。④Simon(1993)在品牌资产驱动因素中加入了一些对品牌资产有影响的营销变量,包括广告开支、销售队伍和市场调研成本等。⑤

---

① LEVYS J. Marketplace behavior: its meaning for management [M]. New York: Amacom, 1978.
② MICHAEL E. 竞争战略 [M]. 陈小悦, 译. 北京: 华夏出版社, 2005.
③ KELLER K L. Conceptualizing, measuring, and managing customer-based brand equity [J]. Journal of marketing, 1993(57): 1-22.
④ SHOCKER D A, RAJENDRA K S, ROBERT W R. Challenges and opportunities facing brand management: an introduction to the special issue [J]. Journal of marketing research, 1994(31): 149-158.
⑤ SIMON C A, SULLIVAN M W. The measurement and determinants of brand equity: a financial approach [J]. Marketing science, 1993(1): 25-28.

6. 品牌整合营销传播理论（20世纪90年代）

这一理论于1989年被正式提出以来受到很大关注，经历了多个视角演变，起先是简单的信息传递，如美国广告协会、Shearson-Lehman Hutton（1989）、Shimp（2000）、Percy（2008），继而关注消费者和关系营销，如，Don Schultz（1993）、Duncan（1993）、Kolter（1999），后来加入数据库营销（Olivia，1993）、财务视角、品牌管理视角（Tom Duncan，2002）、企业战略视角（Bronwyn Higgs，2007）。品牌整合营销传播注重的不是简单的渠道整合和信息传递，而是过程、关系与消费者的双向沟通、策略、企业利润、财务价值、最终的实施效果以及传播方案的投资报酬率。

7. 品牌关系理论（21世纪初至今）

品牌关系理论自提出以来，目前在学术界主要有三个研究领域：品牌关系的形成、品牌关系的断裂和品牌关系的再续。Dyson等（1996）认为品牌与消费者关系并非静态的，而是动态变化的，进而构建了品牌动态金字塔模型。[1]Perrin-Martinenq（2004）应用品牌隔离概念对品牌关系断裂的过程进行了解释。他发现品牌隔离对消费者品牌的选择、品牌承诺及消费者重复购买行为会产生显著负面影响。[2]Tokman等（2007）研究指出品牌关系的再续与初次建立是不同的，再续品牌关系时，需要让消费者感知到返回价值。[3]品牌关系理论可以视作"广义品牌概念"的代表，注重从品牌与消费者的心理联系出发。

（二）国内品牌理论研究脉络与阶段性特征

我国很早就有以某种标识命名的商铺，一般以个人名字或个人名字加经营项目命名的居多，还有一些是个人名字中的某个字与具有某种积极意义的元素混合命名。作为品牌的初始形态，或者"半品牌"经营的代表，我国的老字号可以说是这种品牌的代表。根据王成荣，李诚，王玉军（2012）的研究，我国老字号的发展史比现代国际品牌平均100年左右的成长历史要长得多。如鹤年堂（始建于1405年）、万全堂（始建于1410年）、永安堂（始建于1416年）、便宜坊（始建于1416年）、六必居（始建

---

[1] DYSON P, FARR A, HOLLIS N. Understanding, Measuring, and Using Brand Equity [J]. Journal of Advertising Research, 1996, 36(6)：9–21.

[2] PERRIN-MARTINENQ D.The Role of Brand Detachment on the Dissolution of the Relationship between the Consumer and the Brand [J]. Journal of Marketing Management, 2004, 20(9/10)：1001–1023.

[3] TOKMAN M, DAVIS L M, LEMON K N. The WOW Factor：Creating Value Through Win-back Offers to Reacquire lost Customers [J]. Journal of Retailing, 2007, 83(1)：47–64.

于1436年）和聚庆斋（始建于1458年），都是有500年以上历史的老字号，同创于1669年的同仁堂与王致和，也都有300多年的历史了。①从首批认定的430家中华老字号情况看，这些老字号的平均年龄有140多岁。其中，不足百年的占57.3%，100-200年的占28.0%，200-500年的占12.7%，500年以上的占2.0%。②可以说，流传至今的"中华老字号"是我国民族品牌的滥觞。这些老字号在早期的经营虽然以小作坊或行商起家，有的甚至至今尚未开展现代意义上的品牌经营，但是早期的经营基本上奠定了其核心经营理念和具有核心竞争力的独特手工制作技艺。"同仁堂""全聚德""同升和"等中华老字号在命名中不仅体现了品牌独特的经营理念，而且蕴含浓郁的民族文化元素，具有中华民族普遍认同的价值观，因而它们还是中国文化的符号表达。从现代品牌管理角度看，这些流传至今的老字号，大部分是从企业名称角度"品牌化"了，只有为数不多的老字号在开展现代意义上的品牌经营。由于早期相关学术研究极其有限，文献资料存储稀少。中华人民共和国成立以后，起初恢复国民经济，继而发生"文化大革命"，品牌实践受到极大制约，更不用谈品牌理论的研究了。因此，上述阶段的有关研究没有纳入本章考查范围。

笔者通过中文社会科学引文索引（CSSCI）数据库③和中国知网（CNKI）对1998—2015年间收录的品牌理论研究文献分别进行了检索，获得了每年品牌理论研究的发文数量，作为分析国内品牌理论研究发展趋势的依据之一（如图48-1）。

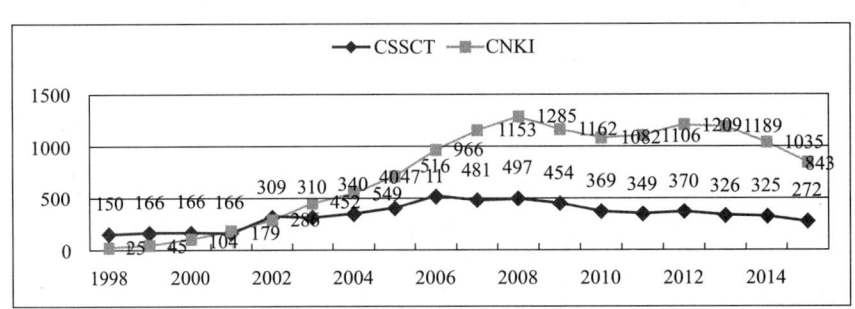

图48-1　国内品牌理论研究文献数量及发展趋势（1998—2015）

图48-1主要反映了1998年以来品牌研究文献的变化情况。实际上，改革开放后，在品牌的实践和理论上的探讨就逐步启动了。根据社会环境变化及历史演进中品

---

① 王成荣，李诚，王玉军．老字号品牌价值［M］．中国经济出版社，2012：118．
② 商务部商业改革发展司，中国商业联合会．2006年老字号发展报告［R］．2006(12)．
③ 注：由于CSSCI只显示1998年之后的文献，因此，本文统计了1998-2015年间的相关文献，但这并不代表第一阶段从1998年开始。

牌理论与品牌实践的跟进与互动情况，笔者以1978年改革开放为起点，结合图48-1中文献的发展脉络，将国内品牌研究划分为四个阶段。

1. 品牌意识觉醒阶段（1978—1992）

改革开放的推进使国外品牌陆续进驻中国市场，推动了品牌意识的觉醒，海尔、华为、联想等品牌都成立于这个阶段，消费者在此阶段对品牌也日益敏感。不少学者关注到，由于"名牌效应"的存在，企业需要通过打造品牌来提高产品销售量，如牟润玲（1985）在研究如何提高商店销售额时提到了消费者心理问题，提出有的消费者主要追求名牌，这就需要企业通过打造品牌来提高产品销售量。[1]在这一阶段，关于品牌的学术研究很少，大多是结合时代背景对品牌进行简单介绍和阐述。

2. 初步探索阶段（1993—2001）

这一时期，我国确立了社会主义市场经济体制，对企业开展品牌经营起到了积极推动作用，企业纷纷实施名牌战略。在学术研究领域，涌现出大量关于名牌战略的研究。如，王新新（1998）提出名牌战略的本质就是培养顾客的品牌忠诚度。[2]朱文渊（1998）认为，企业要想建立品牌，必须首先确定名牌的市场定位，建立品牌知名度，提高消费者的品牌忠诚度，积极实施品牌延伸策略。[3]在这一阶段学者们的研究开始由名牌战略向品牌战略研究过渡。

3. 快速发展阶段（2002—2007）

加入WTO之后，中国企业以自主品牌参与国际市场的实践日益增多，海外品牌也加大了进入中国市场的力度，企业国际化受到极大关注。基于上述品牌发展的情况，学术研究领域的焦点集中于品牌战略、品牌形象、品牌管理等方面。代表性成果如，范秀成（2003）研究了跨国公司的联合品牌战略，[4]王兴元（2006）对高科技企业的品牌形象传播策略进行了研究，[5]阎志军（2007）从国家品牌与企业品牌的关系角度开展了研究。[6]

4. 拓展创新阶段（2008—2015）

这一时期，国内外经济形势发生了巨大变化，世界金融危机的冲击，使中国经济

---

[1] 牟润玲. 商店扩大销售应解决的几个问题[J]. 北京商学院学报, 1985(1): 74-75.
[2] 王新新. 创名牌与顾客关系营销[J]. 经济管理, 1998(51): 50-51.
[3] 朱文渊. 拥有品牌还是拥有工厂——品牌营销面面观[J]. 商业经济研究, 1998(5): 23-25.
[4] 范秀成, 张彤宇. 论跨国公司的联合品牌战略[J]. 外国经济与管理, 2003, 25(9): 2-6.
[5] 王兴元, 陈勇. 高科技品牌企业形象塑造策略[J]. 科技管理研究, 2006, 26(8): 93-96.
[6] 阎志军. 企业品牌国际化中的国家品牌效应[J]. 国际经济合作, 2007(9): 29-32.

也受到了较大影响，产能过剩严重，品牌变为企业经营管理的核心竞争力。2008年奥运会、2010年上海世博会在中国举办，带动了品牌在城市形象和国家形象等领域的应用研究，品牌国际化成为新的研究热点，网络媒体品牌研究受到很大关注。从图48-1可以看出，2008年CNKI期刊中品牌研究文献数量达到了顶峰，成为研究热点。张昆（2007）认为国家形象具有系统性和多维性、动态性和相对稳定性、对内对外的差异性等特点，国家形象的打造需要牢牢把握这三个特点。[①] 孟建（2011）提出通过视觉文化传播可以改造国家形象，纵观2010年世博会，以"城市"为议程设置，以"和谐"为传播理念，直观地向世界展示了中国"和"的智慧，同时构建者中国的国际形象。[②] 陈先红（2008）提出运用公共外交来塑造国家形象，通过文化节庆活动的海外传播来塑造文化中国的形象；[③] 张景云（2012）关注了品牌跨文化传播中的心理距离问题；[④] 涂荣庭等（2008）认为网络对企业品牌产生了重大影响，提出虚拟体验是建设网络品牌的有效措施。[⑤]

三、品牌理论研究的热点主题

对品牌理论热点主题的统计旨在发现中外品牌学界近年来聚焦于哪些研究话题，通过国内外热点的对比，也可以启发国内学者需要关注哪些方面的研究，以促进国内品牌理论研究的发展。

笔者检索了大量管理类、新闻传播类、广告传播类、公共关系类学术期刊，发现在新闻传播和公共关系类期刊中品牌研究相关文献很少，如 *Communication Research* 在15年间只有2篇相关文献，公共关系类的3个权威期刊及相关研究的分布分别为 *Public Relations Review*（7篇）、*Public Relations Research Annual*（0篇）和 *Journal of Public Relations Research*（1篇）。为了使研究具有代表性，笔者选取国外4个学术期刊——*Journal of Marketing Research*、*Journal of Brand Management*、*Journal of*

[①] 张昆，徐琼. 国家形象刍议［J］. 国际新闻界，2007(3)：11-16.
[②] 孟建. 2010上海世博会"中国国家形象建构"分析——基于视觉文化传播理论的世博诠释［J］. 现代传播，2011(2)：86-89.
[③] 陈先红. 运用公众外交塑造"文化中国"国家形象［J］. 国际新闻界，2008(11)：52-57.
[④] 张景云，杨彬，何昕. 基于传播心理距离理论的品牌跨文化传播策略［J］. 现代传播，2012，34(6)：133-134.
[⑤] 涂荣庭，朱华伟. 顾客导向的网络品牌建设之路［J］. 管理学报，2008，5(3)：385-390.

Advertising 和 *Journal of Advertising Research*（其中包括了2个广告类期刊，以弥补新闻学科中品牌研究方面的不足）；国内选取管理类期刊（《管理世界》和《南开管理评论》）和新闻传播类期刊（《国际新闻界》和《现代传播》），就这些期刊在2000—2015年间发表的品牌领域的文献进行统计，梳理品牌研究方面的热点研究主题。统计结果见表48-1和表48-2。

表48-1 英文期刊品牌研究主题分布

主题	Journal of Marketing Research		Journal of Brand Management		Journal of Advertising		Journal of Advertising Research		Total
	No.	%	No.	%	No.	%	No.	%	
品牌与消费者	14	14.4	54	12.3	11	17.2	9	11.1	88
品牌与心理学	10	10.3	43	9.8	14	21.9	8	9.9	75
品牌战略	16	16.5	43	9.8	2	3.1	7	8.6	68
品牌资产	12	12.4	39	8.9	3	4.7	12	14.8	66
品牌与营销	16	16.5	25	5.7	12	18.8	12	14.8	65
品牌国际化	2	2.1	33	7.5	3	4.7	3	3.7	41
奢侈品品牌	1	1.0	27	6.2	1	1.6	1	1.2	30
品牌+新媒体	2	2.1	16	3.6	3	4.7	8	9.9	29
国家与区域品牌	7	7.2	17	3.9	2	3.1	2	2.5	28
服务品牌	—	—	14	3.2			1	1.2	15
文化品牌	1	1.0	6	1.4			3	3.7	10
其他	16	16.5	122	27.8	13	20.3	15	18.5	166
总计	97		439		64		81		681

说明："No."为某主题的文章在某期刊的数量；"%"指某主题的文章占某期刊品牌类文章数量的百分比。

从表48-2可见，相关外文文献中出现频率较高的关键词是"品牌战略""品牌与营销""品牌与消费者""品牌资产""品牌与心理学"，其次是"品牌国际化"，而"奢侈品品牌""国家与区域品牌""服务品牌"及"品牌+新媒体"的研究相对较少。另外，从期刊分布来看，专门的品牌类期刊 *Journal of Brand Management* 发表相关论文最多，基本涉及品牌研究的所有话题；*Journal of Marketing Research* 次之，相关文献基本聚焦于品牌战略和消费者相关的研究。*Journal of Advertising* 和 *Journal of Advertising Research* 对于"品牌与营销"关注较多。

表48-2 国内品牌理论热点研究主题

主题	管理世界		国际新闻界		南开管理评论		现代传播		Total
	No.	%	No.	%	No.	%	No.	%	
品牌战略	5	12.2	4	16.7	10	14.9	21	20.8	40
品牌与消费者	7	17.1	—	—	19	28.4	4	4.0	30
品牌与营销	7	17.1	5	20.8	3	4.5	10	9.9	25
品牌国际化	3	7.3	4	16.7	6	9.0	8	7.9	21
品牌+新媒体	—	—	4	16.7	1	1.5	15	14.9	20
品牌资产	7	17.1	—	—	12	17.9	1	1.0	20
国家与区域品牌	4	9.8	3	12.5	3	4.5	6	5.9	16
品牌与心理学	2	4.9	1	4.2	1	1.5	2	2.0	6
服务品牌	1	2.4	—	—	4	6.0	—	—	5
文化品牌	—	—	—	—	2	3.0	3	3.0	5
奢侈品品牌	—	—	1	4.2	1	1.5	—	—	2
其他	5	11.9	2	8.3	5	7.5	31	30.7	43
总计	41		24		67		101		233

说明:"No."为某主题的文章在某期刊的数量;"%"指某主题的文章占某期刊品牌类文章数量的百分比。

从表48-2可以看出,国内相关研究中,"品牌战略""品牌与消费者"出现频率最高;"品牌国际化""品牌与营销""品牌+新媒体""品牌资产"的研究次之;"国家与区域品牌""服务品牌""奢侈品品牌""文化品牌""品牌与心理学"的研究文献比较少。从期刊分布来看,《现代传播》发表相关文献最多,《国际新闻界》虽然相关文献最少,但是与国外新闻传播类期刊相比,发表比例也不算低。

由图48-2可以看出,从发文总体数量来看,国外相关研究远多于国内,理论成果也较为成熟。主要体现在以下几方面:首先,品牌战略无论在国内还是国外都是学者研究的热点;其次,品牌与心理学在国外是研究热点,但在国内并没有太多的文献,差距较大;再次,对于"品牌资产"和"品牌+新媒体"的研究在国内外都处于中等位置;最后,从总数来看,对于"奢侈品品牌""国家与区域品牌""服务品牌""文化品牌"的相关研究,国内外都较少。相对而言,国内外差距比较大的相关研究是"品牌与心理学""奢侈品品牌""文化品牌"的研究。笔者选取了"品牌与消费者""品牌与营销""品牌国际化""品牌与心理学"等几个角度,对其中有代表性的成果及其主要观点进行分析。

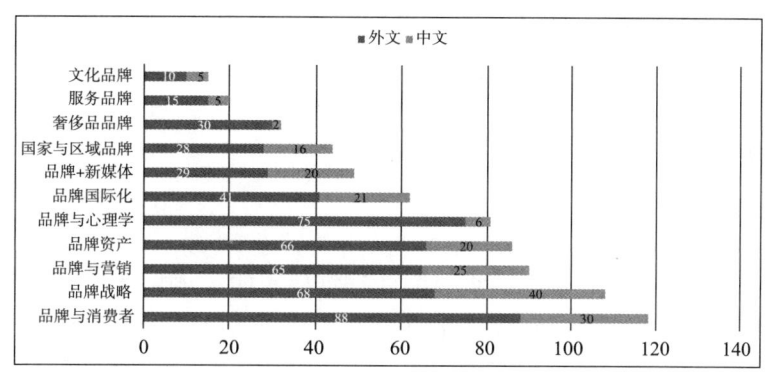

图48-2 各研究热点外文文献与中文文献对比

(一)品牌与消费者

1. 品牌与消费者的关系研究

品牌关系理论是将关系营销理论引入品牌领域中的研究,品牌与消费者的关系(CBR)是核心问题。Marc Fetscherin 和 Daniel Heinrich(2014)研究了消费者品牌关系状态,提出了两种理论框架并对CBR进行分类研究[1]。何佳讯(2007)利用本土人际关系理论对品牌与消费者的关系进行了理论构建,将品牌与消费者的关系分为四类,揭示了品牌与消费者关系的差异性[2]。

2. 基于消费者的品牌资产研究

关于品牌资产的研究,最初学者都将目光聚焦于品牌资产的评估、品牌资产模型的构建问题,后来转向消费者与品牌资产之间的互动与联系。Florian Stahl 等(2013)基于顾客生命周期的理论探讨了品牌资产与赢得顾客、顾客维系、利润率之间的关

---

[1] FETSCHERIN M, HEINRICH D. Consumer brand relationships: a research landscape [J]. Journal of brand management, 2014, 21(5): 366–371.
[2] 何佳讯,卢泰宏. 中国文化背景中的消费者—品牌关系:理论建构与实证研究 [J]. 商业经济与管理,2007(11): 41–49.

系，发现品牌资产对三者具有可预测的影响作用。① 王海忠（2006）研究了品牌资产的消费者模式与产品市场产出模式的关系。② 卫海英（2007）认为企业与消费者之间的互动行为可以影响品牌资产的产生路径。③

3. 消费者品牌态度研究

一些学者对消费者品牌态度影响因素进行了研究，如 Bernard L.Simonin 等（1998）表示品牌联盟会对消费者品牌态度产生重大影响。④ 田虹等（2013）研究了企业的社会责任匹配性会对消费者品牌态度产生重要作用。⑤

（二）品牌与营销

1. 品牌营销策略研究

企业的生存之道，要紧紧围绕企业的品牌推广策略，无论何种营销方式，都是对自己企业品牌的植入传播，这也体现了品牌营销的重要性，同时，也引出了学者最关注的一个问题——品牌营销策略问题。M.Berk Ataman 等（2010）通过研究提出了一个营销组合模型，可以帮助品牌找到适合自己营销组合。⑥ 冯丙奇（2015）研究了杜蕾斯的病毒式品牌传播策略（VMC），认为 VMC 具有不可控性，在启动 VMC 的过程中要注重相关因素的整合作用。⑦

2. 品牌整合营销

近 10 年来，学者们在 IMC 领域的研究，侧重于应用研究，突显了 IMC 的实践价值。Timothy Dewhirst 等（2005）研究了帝国烟草公司（ITL）的整合营销策略，将

---

① STAHL F, HEITMANN M, LEHMANN D R, NESLIN S A. The impact of brand equity on customer acquisition, retention, and profit margin [J]. Journal of Marketing, 2013, 76(4)：44–63.

② 王海忠，于春玲，赵平. 品牌资产的消费者模式与产品市场产出模式的关系 [J]. 管理世界，2006(1)：106–119.

③ 卫海英，冯伟. 品牌资产生成路径：基于企业与消费者互动行为的研究视角 [J]. 管理世界，2007(11)：164–165.

④ SIMONIN B L. RUTH J A. Is a company known by the company it keeps? assessing the spillover effects of brand alliances on consumer brand attitudes [J]. Journal of marketing research, 1998, 35(35)：30–42.

⑤ 田虹，袁海霞. 企业社会责任匹配性何时对消费者品牌态度更重要——影响消费者归因的边界条件研究 [J]. 南开管理评论，2013, 16(3)：101–108.

⑥ ATAMAN M B, HEERDE H J V, MELA C F. The long-term effect of marketing strategy on brand sales [J]. Journal of marketing research, 2010, 47(10)：866–882.

⑦ 冯丙奇，王罡，杨婷婷，等. 病毒式营销传播受众品牌认知情形——杜蕾斯"雨夜鞋套"微博传播案例研究 [J]. 现代传播，2015, 37(4)：119–125.

理论应用到了实践。①Shafiulla. B 和 Babu. P.P（2014）研究了 Ra.One（一部印度电影）创新性的16条IMC策略。②吴友富等（2012）提出企业在进行整合营销传播过程中要注重对组织结构进行调整，混合型组织结构更有利于企业的整合营销传播。③

（三）品牌国际化

1．品牌营销理论视角

国内外文献主要探讨品牌国际化中的标准化与本土化问题，Sindy Liu等（2015）认为外国奢侈品品牌进入中国市场需要衡量全球性的本土困境问题，他们收集了22个活跃在中国市场的奢侈品品牌的数据，揭示了营销策略决策过程。④韩中和（2010）探讨了企业内外部环境因素、品牌国际化战略与企业绩效满意度之间的关系，结果显示企业的国际化营销能力对企业绩效有显著的直接影响。⑤

2．品牌战略理论视角

这个视角聚焦于我国品牌在国际市场的竞争力以及品牌国际化战略选择问题。张世贤（2000）认为企业提高国际竞争力就要找到不同产品在市场中提高品牌竞争力的最佳路径⑥。吴晓云（2005）阐述了跨国公司的全球标准品牌战略与本土化运作管理模式，提出跨国企业品牌战略及其本土化管理对其战略绩效和销售业绩具有积极的影响作用。⑦Plavini Punyatoya等（2014）探讨了品牌国际化与新产品品牌战略之间的关系，认为消费者对具有扩展能力的全球品牌具有更加正面的态度和更强烈的购买意向。⑧

---

① DEWHIRST J, DAVIS B. Brand strategyand integrated maeketing communication (IMC)［J］. Journal of advertising, 2005(34)：81-92.

② SHAFIULLA B, BABU P P. Innovative Integrated Marketing Communication Strategies Used to Market Ra.One: A Critical Analysis［J］. Iup Journal of Marketing Management, 2014(13)：133-146.

③ 吴友富，吴炎燕. 整合营销中的组织制度构建［J］. 复旦学报，2012(4)：135-140.

④ LIU S, PERRY P, MOORE C. The standardization-localization dilemma of brand communications for luxury fashion retailers' internationalization into China［J］. Journal of business research, 2015, 69(1)：45-60.

⑤ 韩中和，胡左浩，郑黎超. 中国企业自有品牌与贴牌出口选择的影响因素及对出口绩效影响的研究［J］. 管理世界，2010(4)：114-124.

⑥ 张世贤. 略论品牌国际竞争力的提高［J］. 南开管理评论，2000, 3(1)：20-23.

⑦ 吴晓云，卓国雄，邓竹箐. 跨国经营：全球品牌战略与本土化管理——以摩托罗拉手机全球品牌和60家相关公司的实证资料为案例［J］. 管理世界，2005(10)：139-146.

⑧ PUNYATOYA P, SADH A, MISHRA S. Role of brand globalness in consumer evaluation of new product branding strategy［J］. Journal of brand management, 2014, 21(2)：171-188.

3. 品牌传播理论视角

这方面的研究主要是品牌跨文化传播研究。有的成果关注了品牌国际化中品牌名称的翻译问题，如，Dong, Lily. C 等（2001）研究分析了品牌名称翻译的"电流模式"，重点研究了美国品牌在中国的译名，并为国际品牌的初步建设提出了建议①。胥琳佳（2014）发现再命名的名称在语音尽可能与原名称相近的基础上，涵义比发音更重要。②张景云（2013）从传播心理距离视角研究了品牌跨文化传播中的空间关系处理问题，提出品牌跨文化传播过程中，不仅需要跨越空间（地理）距离，更要处理各种复杂的空间关系及由此导致的社会和心理问题。③

（四）品牌与心理学

1. 品牌忠诚度

国内外学者对品牌忠诚度的研究成果众多，多集中于定量研究和影响因素研究。Allan L. Baldinger 等（1996）提出了"Brand Builder"模式，将品牌忠诚分为态度和行为两个层面。④陈功焕等（2008）提出利用模糊综合评价法对品牌忠诚度进行测量。国内外学者对品牌忠诚度的测量主要可以分为三类：一是关注行为指标；二是关注态度指标；三是关注行为—态度指标。⑤大多数研究片面关注行为或态度指标，只有少数相关成果将二者综合考虑。关于品牌忠诚度影响因素的研究，Fornell（1992）⑥、Mckinsey（1993）⑦、Blackwell（1999）⑧分别提出品牌形象、顾客满意、顾客价值对顾客忠诚会产生重大影响。马宝龙（2006）通过产品（服务）对客户参与程度的调节

---

① DONG L C, HELMS M M. Brand name translation model: a case analysis of us brands in china [J]. Journal of brand management, 2001, 9(2): 99–115.
② 胥琳佳，刘建华. 跨国传播中品牌名称再命名的修辞研究 [J]. 国际新闻界，2014(7): 71–83.
③ 张景云，庞毅. 品牌跨文化传播中的空间关系处理：传播心理距离视角 [J]. 国际新闻界，2013(9): 92–101.
④ BALDINGER A L, RUBINSON J. Brand loyalty: the link between attitudeand behavior [J]. Journal of advertising research, 1996, 36(6): 22–34.
⑤ 陈功焕，王凯，刘小珍. 基于模糊综合评价法对品牌忠诚度测量的研究 [J]. 企业经济，2008(12): 71–73.
⑥ FOMELL C. A national customer barometer: the swedish experience [J]. Journal of Marketing, 1992, 56(1): 6–21.
⑦ MCKINSEY. Crossing the zone of indifference [J]. Marketing management, 1993, 3(2): 33–41.
⑧ BLACKWELL S A, SZEINBACH S L, BARNES J H. The antecedents of customer loyalty [J]. Journal of service research, 1999, 1(4): 362–375.

作用研究了回报计划、感知价值对品牌忠诚的影响。① 徐彪等（2011）通过研究发现顾客满意、顾客信任不仅对品牌忠诚有直接影响，还通过顾客承诺的中介作用间接影响品牌忠诚。②

2. 心理契约

关于心理契约的研究，国外主要是针对传统雇主品牌，而国内则更多的将心理契约引入到对消费者品牌关系的研究中。如：Paille（2013）③和Chambel（2015）④研究了员工的心理契约，认为如果公司没有实现与员工的心理契约，员工会产生离职意向。游士兵等（2007）将心理契约引入到了消费者品牌关系研究中。⑤ 余可发（2009）认为在品牌消费者关系中违背消费者心理契约会对品牌关系产生重大影响，相应消费者对此有不同的行为反应。⑥

3. 心理距离

"心理距离"最早是一个文艺心理学概念，后来被纳入到社会认知心理学研究视野中，然后应用于教育、政治选举及消费者行为等多个领域。将心理距离应用于品牌研究，各个学者角度各异。如：Liberman和Trope（1998）提出了解释水平理论，即人们对事件的解释会随着对事件心理距离的知觉而发生改变，从而影响人们的反应。⑦Kyeongheui Kim等（2008）探讨了时间距离和社会距离（心理距离的两个维度）如何共同影响消费者对产品的评价。⑧Choi和Winterich（2013）指出，如果能够有效

---

① 马宝龙，李金林，李纯青. 回报计划、感知价值及其计划忠诚和品牌忠诚的关系研究［J］. 南开管理评论，2006(5)：44-51.

② 徐彪，李心丹，张珣. 基于顾客承诺的IT业品牌忠诚形成机制研究［J］. 管理学报，2011(11)：1675-1681.

③ PAILLE P, DUFOUR M. Employee responses to psychological contract breach and violation：intentions to leave the job, employer or profession［J］. Journal of applied business research, 2013, 29(1)：101-109.

④ CHAMBEL M J, FORTUNA R.Wage reduction of portuguese civil servants and their attitudes：the psychological contract perspective［J］. International journal of human resource management, 2015, 26(22)：2853-2871.

⑤ 游士兵，黄静，熊巍. 品牌关系中消费者心理契约的感知与测度［J］. 经济管理，2007(22)：30-35.

⑥ 余可发. 消费者—品牌关系维系：基于心理契约的研究［J］. 当代财经，2009(4)：72-76.

⑦ LIBERMAN N, TROPE Y. The role of feasibility and desirability considerations in near and distant future decisions：a test of temporal construal theory［J］. Journal of personality and social psychology, 1998, 75(1)：5-18.

⑧ KIM K, ZHANG M, Li X P. Effects of temporal and social distance on consumer evaluations［J］. Journal of consumer research, 2008, 35(4)：706-713.

缩短心理距离，就能够增加消费者对群外品牌的偏好。[1]汪旭晖（2005）认为心理距离可以对市场临近程度进行衡量，对国际零售商选择海外市场具有积极作用。[2]张景云等（2013）从传播心理距离入手，通过中粮收购澳大利亚Tully糖业进行案例研究，探索企业跨国并购沟通中的心理距离问题。[3]

四、结论与建议

（一）基本结论

第一，国外品牌理论研究的脉络走势，从概念模型、单一概念、理念的构建向整合研究拓展，形象理论、定位理论和资产理论基本可以归为单一理论，后来演进到整合营销传播和品牌关系理论，体现了各种视角的融合。

第二，国内品牌研究的数量与热点与国内外环境密不可分，尤其是与我国经济体制改革进程互动比较紧密。研究的理论基础和研究方法基本是借鉴国外成熟的理论和方法，结合中国的实践开展。

第三，品牌理论的热点主题有以下几个特点：其一，大部分与企业切身利益紧密相关，消费者、营销、战略、国际化等都直接关乎企业绩效，而文化品牌、国家与区域品牌等研究相对较少；其二，在涉及企业的品牌研究中，"服务品牌""奢侈品品牌"和"雇主品牌"研究从总量来看很少，国内理论界的相关成果也相对滞后；其三，从研究的理论依据看，国外原创理论较多，学科视角比较开阔，比如"品牌与心理学"从社会心理学、传播学等视角切入，成果较多，而国内研究相对而言理论依据比较窄。

第四，研究方法方面，在权威期刊发表的品牌相关研究，以计量统计的实证研究方法居多，案例研究方法偏少。国内的管理学领域学者由于研究方法比较成熟或者在研究理论上的跨学科性，在国外相关期刊的发表比较多。笔者对 *Journal of Advertising* 和 *Journal of Advertising Research* 两个传播学期刊的148篇品牌相关文献

---

[1] CHOI W J, WINTERICH K P. Can brands move in from the outside? how moral identity enhances out-group brand attitudes [J]. Social science electronic publishing, 2012, 77(02): 261-269.

[2] 汪旭晖. 国际零售商海外市场选择机理——基于市场邻近模型与心理距离视角的解释 [J]. 中国工业经济, 2005(7): 119-126.

[3] 张景云, 刘畅, 杜新建. 跨国并购沟通中的心理距离策略——中粮收购澳大利亚Tully糖业案例研究 [J]. 管理案例研究与评论, 2013(6): 488-500.

作者进行分析发现，其中华人作者发表8篇，但其中6篇文章的作者来自管理学领域。

第五，从期刊分布来看，国外除了有专门的品牌研究杂志聚焦了相关研究文献外，在营销和广告类期刊中分布较多，新闻传播和公共关系类杂志分布稀少。国内尚没有专门的"品牌类"学术期刊，在新闻传播和管理学这两个领域的学术期刊中，对品牌类研究成果的接纳度差异比较大。

（二）对深化与拓展我国品牌研究的建议

尽管国外期刊中也有部分我国学者的相关研究成果，但总体上而言，我国学者品牌研究成果主要发表于国内学术期刊，研究成果与国际水平存在不少差距。我国要成为品牌强国，需要有相应的品牌理论研究作为支撑。基于上述分析，笔者从研究者创新和学术期刊改革两个方面对深化与拓展我国品牌研究提出建议：一方面，从品牌研究者角度，加强原创理论及其应用方面的研究，加强跨学科研究，对接实际需求开展应用研究并从"中国问题"入手开展特色研究；另一方面，从学术成果评估及期刊改革方面鼓励品牌创新。

1. 加强原创理论及其应用方面的研究

原创性基础理论不足，品牌研究基本是"跟风"和"跟班式科研"。国外有什么新的名词、新的研究，很快被应用于国内相关议题。不少成果对国外已经成熟多年的理论进行应用或无关紧要的补充。国外的"原创性"成果，往往善于造新词，比如"战略传播""解释水平"等。国内学者为了能够发表学术成果，往往跟进以便"创新"。其实，有很多新的现象、新的矛盾和问题可以自己界定，然后加以应用性研究，不断发展并完善。笔者提出并论证了"传播心理距离"理论，在后续研究中不断完善，并取得了初步进展。

2. 加强跨学科研究

品牌研究主要分布在管理学和新闻传播学两个领域，它的研究基础非常宽泛，可以从哲学、社会学、心理学、美学、符号学等人文社会学科中汲取营养，还可从生物、医学、神经学等数理学科中获得启发。在品牌研究中，首先需要打破"管理学"与"新闻传播学"之间的藩篱，鼓励开展这两个学科间"交叉学科"的研究，比如，"新媒体+品牌""品牌整合传播"等选题，主要是这两个学科之间的交叉在这两个学科类别都有适应性；其次是开展"多学科"型的跨学科研究，比如，"品牌跨文化传播"类的选题，至少跨越3个学科，不仅可以拓展研究视角和研究主题，增强研究的创新价值，在专业类和综合类学术期刊中也有适应性。

随着全球经济一体化的发展，全球文化交流也日益加深。由于文化品牌、国家与区域品牌的研究相对不足，需要加强对这方面的重视。这类研究也可以结合企业品牌的跨文化传播开展。新媒体、大数据应用是品牌实践的新趋势，需要在理论上得到反映、跟进与指导，因此，"新媒体+品牌"还有广阔的发展空间。

3. 对接实际需求开展应用研究

品牌研究是一种应用研究。各种社会组织的品牌、营销、企划或公关部门的人员也在寻求相关理论，希望能够应用到实际工作中，对业务上的创新有所帮助。然而，从实际部门的反馈来看，国内外理论界的成果和实际应用之间的差距很大，品牌研究成果很难对实际工作提供指导。冈崎茂生（2016）认为，在开展品牌全球化实践中，由于产品门类、市场区隔更加复杂，不同产品与不同市场之间会形成不同的矩阵，开展品牌管理时需要进行品牌审计，对品牌运行情况进行测量，一般的认知度、好感度、购买意向调查就很难支撑，需要开发动态分析模型来解决。他建议企业开展这方面的研究，并吸纳咨询公司的力量。[①] 其实，学者们也可以和企业或咨询公司对接开展应用型模型研究，所得出的一般结论，抽象为一般普遍的模式，供更多组织变通性地采用。

适当增加案例研究可以增强品牌研究的实际应用价值。案例研究虽然是聚焦于某个或某几个案例，但依然可以归纳出比较具有普适性的规律，供具有类似情况的企业参考。不过，在权威学术期刊，可以接纳的品牌类成果的研究方法主要是实证研究法，理论方面的推演论证成果比较少。在实证研究法中，样本调查居多，实验法次之，案例研究方法比较少。不少学术期刊对采用案例研究方法的刊载非常谨慎，它们认为国家和区域品牌方面的案例研究比企业的案例研究更加"安全"，担心企业的案例研究有"做广告"之嫌。企业是品牌的主要实践者，通过对它们的品牌实践进行研究，不仅可以推进某些理论，对实际业务也具有指导价值，也希望相关学术期刊支持品牌方面的案例研究成果。即使案例研究对企业品牌有一定的"广告"作用，这对于支持学者开展案例研究的企业也是必要的"馈赠"，况且传播一些优秀的品牌，也是对企业开展品牌创新的一种激励。当然，研究者承担的各种项目，也有大量应用研究，切实开发出有价值的东西，真正使其在相关领域发挥作用，而不是仅仅停留在论

---

① 冈崎茂生. 中国品牌全球化［M］. 赵新利，译. 北京：中国传媒大学出版社，2016.

文发表层面。

品牌研究者最好能够实际参与或辅导企业的品牌建构，这能发现企业各类型品牌研究题目，例如要改变老化品牌形象，得先进行企业变革；工业品牌需要强化员工的消费者思维；集团企业面临家族企业下一代接班等问题。品牌研究题目常常藏于实际建构品牌需克服的问题里，通过"问题导向"，从实际需求中发现问题，才能作出有价值的研究，避免"空对空"式的研究。

4. 从"中国问题"入手开展特色研究

随着全球化的进一步深化，中国日益受到更多的关注，"中国问题""中国特色"类选题不仅在国内学术期刊获得关注，也日益受到国外期刊的关注。在品牌领域，无论是国家品牌、城市品牌还是企业品牌，我国学者都具有独特的研究优势。一些老字号品牌，具有更加鲜明的"中国特色"，其研究成果也会得到学界的重视。

要想在品牌研究中鼓励创新，需要改进学术成果及期刊评估标准。学术成果要创新，首先要鼓励学者发表与众不同的成果。然而，一些期刊在研究是否发表某个稿子时，要考虑该选题被引用的可能性或某个作者之前的成果，因为这决定期刊的影响力。这就造成一些新选题的扎堆研究，而某些独特的、新视角的选题往往被"打入冷宫"，尤其是这一成果不是出自"大家"之手时。2017年某些质量高的期刊被移出CSSCI（依然为扩展版），主要是引用转载率的问题。其次，对已有理论的推进也是学术期刊关注的一个重要方面，因为编辑们出于"风险"和"创新"之间平衡的考虑，一般会看中这类成果。最后，审稿人和编辑都非常关注参考文献的质量，一般要求这些参考文献中要有相当数量的英文文献，中文文献也要求采用自权威性强的杂志或权威性强的学者，这势必抑制了一些学者学术创新成果的发表。凡是原创的东西，往往是与现有的认识不同，甚至是对权威的挑战。学界鼓励这方面的研究，才能涌现出更多原创新成果。

增加品牌研究议题在相关期刊的比重，也是增强品牌研究的一个重要方面。在外文期刊中，除了有专门的期刊（如 *Journal of Brand Management*）供相关学者发表研究成果外，营销类、广告类等相关期刊也为品牌研究学术成果的发表提供专栏。而在中文期刊中，不但没有专门的品牌理论研究学术期刊，在管理类和传播类的期刊中，设置品牌专栏的期刊也十分有限，品牌类研究成果基本是"散户"。总的来看，管理类比新闻传播类学术期刊发文数量大。因此，笔者提出以下建议：第一，培育专门的品牌类学术期刊。要想成为"品牌强国"，需要有权威品牌学术期刊支撑；第二，相关学术期刊最好设置专门的栏目发表品牌类成果，综合类期刊、专业类期刊（如新闻传播类期刊）可根据自身定位，适当增加品牌研究相关栏目；第三，已有的品牌期刊亟待提高学术分量。《中国品牌》《国际品牌观察》《品牌研究》等期刊目前还是以实战型为主，可以逐步提升品牌研究的学术性和应用价值。

五、本研究的局限性

在样本选择方面，本章选取了国内外各4本权威期刊进行统计，期刊的选择主要集中在管理学和新闻传播学两大学科领域，心理学、法学和综合性期刊（含各种学报的社会科学版）的相关文献，使得表48-1、表48-2中的数据可能存在一定偏差。尤其是国内期刊中心理学领域的期刊，比如《心理学报》和《心理科学研究的进展》这两个学术期刊，对于品牌研究也有一定数量的成果发表，因此，上述相关结论还有一定待修正的地方。由于样本选择的局限性，上述统计中，对于一些聚焦特殊类别的品牌研究成果可能关注不到足，比如，"雇主品牌"方面的研究，国外的相关研究多发表在 *Employment Relations*、*Personnel Psychology*、*Journal of applied psychology* 等期刊中，相关成果在国内主要发表在人力资源方面的期刊中，这些期刊均不在本章选取的样本中。因此，关于雇主品牌的研究国内外成果的数量及其在总成果中的比例还可以更高一些。再如，关于区域（含城市）品牌和国家品牌方面的成果，专业的英文期刊是 *Public Diplomacy and Place Branding*，中文期刊中，这类议题在新闻传播、国际政治、外交等类期刊有所涉及，这里没有关照到。

热点选题内容方面，由于品牌理论研究涉及范围繁杂，研究成果较多，在进行热点话题观点介绍时，主要基于文献的下载量和转载量进行筛选，难免挂一漏万。

此外，由于品牌研究相关成果大都具有跨学科特点，为了避免重复统计，议题热点统计时笔者尽可能按照议题的主要聚焦或贡献领域进行归类。因此，表48-1、表48-2中的数据也存在一定偏差。

（张景云，北京工商大学商学院教授；

张希，北京工商大学商学院硕士研究生；

吴秀伦，台湾智策慧营销顾问公司总经理，台湾世新大学讲师）

第四十九章 抗争型公共事件研究

一、研究背景与问题提起：抗争作为一种社会关系互动

在我国大中型城市里，转型期的社会矛盾和意识冲突越来越多地通过抗争型群体行动表现出来，继而发展成社会瞩目的公共事件。"城市抗争型公共事件"指发生在大中型城市中，由带有明确政治、经济或社会诉求的组织者动员并实施的群体型抗争性事件。在大中型城市里，抗争型公共事件的行动者往往具有实施行动的优势，如行动的动员和组织，具有议题设置策略，懂得利用媒体尤其是网络新媒体，容易得到社会呼应和媒体广泛报道，最终成为公共事件的几率也很大。

抗争型公共事件是指由带有明确政治、经济或社会诉求的组织者动员并实施的群体型抗争性事件，这些事件常常是媒介报道的焦点。抗争型公共事件有别于"新媒体事件"，以线下行动和突发事件为主要特点；也有别于"社会运动"，因其规模有大有小，组织形态各异，利益诉求也不同，在我国更具国情色彩。本研究所指的抗争型公共事件具体是指发生在大中城市里、有具体的政治和利益诉求，并有明显的组织化行动和"新闻事件"形态的抗争型公共事件。

抗争型公共事件在社会学领域里多从"社会运动"或者"抗争型公共事件"的角度被研究，国外研究者有斯梅尔赛[1]（1962）、奥尔森[2]和勒庞[3]等，国内有赵鼎新[4]、

---

[1] SMELSER, NEIL J. Theory of collective behavior [M]. New York: Free Press: 1962.
[2] 奥尔森. 集体行动的逻辑 [M]. 陈郁, 郭宇峰, 李崇新, 译. 上海: 上海人民出版社, 1995.
[3] 勒庞. 乌合之众——大众心理研究 [M]. 冯克利, 译. 北京: 中央编译出版社, 2005.
[4] 赵鼎新. 社会与政治运动讲义 [M]. 北京: 社会科学文献出版社, 2006.

刘能[①]、曾鹏、罗观翠[②]等，这些研究成果考察了行动的动员过程、行动框架和集体认同感等，也指明了抗争型公共事件与新闻媒体的联动共生关系。以往的中外研究多从社会学和传播学的角度展开，例如Gamson和Modigliani[③]（1989）发现媒体易于报道具有文化共鸣、支持者的行动和媒体实践优势的抗争行动；国内学者孙玮[④][⑤]对我国部分城市的维权行动做过案例分析，指出媒体多以"以私人诉求企望制度变革""去政治化"和"联系过去问题"的框架来表现抗争议题。尤其是传播学的相关研究多基于"公共突发事件与大众媒体"的角度，关注媒体的社会责任、突发事件的报道特点和规律、危机下的舆论引导等媒介自身问题（史安斌，2008）[⑥]，部分研究缺乏政治学、社会学的中层分析和宏观视野。

纵观上述研究可以发现，已有研究多立足于西方社会背景中的理论和个案，多以国外相关理论对照分析我国案例；抗争型公共事件的社会学研究和媒体突发事件报道的传播学研究各立门户，缺乏与其他学科例如政治学、社会学、公共关系学、社会心理学的共同问题意识以及研究方法的借用；缺乏对当今新旧媒体融合的生态环境中社会人群之间、社会个体与政治组织之间的关系的宏观考量，新媒体传播形态解构并重构了社会关系，这种新型的社会关系如何在一定的空间中互动、博弈，基于国家—社会、政府—个人的关系的考量和研究并不多见，比较容易形成表面化的研究。

本研究是针对抗争型公共事件的研究，主张在我国的社会语境中，抗争型公共事件多数情况下是一种政治沟通失灵的结果，也是一种特殊的社会表达方式，亦呈现了我国政治社会关系的互动特点。本研究的主要内容有两个部分：第一，梳理与"抗争型公共事件"有关的先行文献并作详细的梳理，从政治学、社会学和传播学的学科角度描绘先行研究的学术地图和学术发展脉络，通过对现行文献的逻辑分析论证本研究

[①] 刘能. 怨恨解释、动员结构和理性选择——有关中国都市地区集体行动发生可能性的分析[J]. 开放时代，2004(4)：57–70.

[②] 曾鹏，罗观翠. 集体行动何以可能？——关于集体行动动力机制的文献综述[J]. 开放时代，2006(1)：111–123.

[③] GANSON W A. MODIGLANI A. Media discourse and public opinion on nuclear power: a constructionist approach[J]. American journal of sociology, 1989(2): 1–37.

[④] 孙玮. "我们是谁"：大众媒介对于新社会运动的集体认同感建构——厦门PX项目事件大众媒介报道的个案研究[J]. 新闻大学，2007(3)：140–148.

[⑤] 孙玮. 中国"新民权运动"中的媒介"社会动员"——以重庆"钉子户"事件的媒介报道为例[J]. 新闻大学，2008(4)：13–19.

[⑥] 史安斌. 危机传播研究的"西方范式"及其在中国语境下的"本土化"问题[J]. 国际新闻界，2008(6).

的研究假设：即抗争型公共事件是一种社会关系处于紧张状态下社会沟通失灵的结果，现代社会里社会关系的互动和博弈会因议题的性质而采取抗争行为达到快速有效沟通的目的，抗争将会成为一种常态化的社会关系；第二，针对上述研究假设，选取有代表性的案例进行定性、定量研究，进一步证实本研究假设的实证意义。

二、文献综述梳理：抗争型公共事件的多学科审视

迄今为止，抗争型公共事件的相关研究在政治学、社会学、传播学有较多积累，也为今后的相关研究提供了丰富的研究视角和学术启示。

（一）政治学的抗争政治研究

抗争政治学的研究起源于国外，由社会运动和革命运动研究发展而来，在社会运动和革命运动研究的过程中，一些学者不满抗争型公共事件的研究由这两个学科分割开来，因此发展出了抗争政治学，从此将抗争型公共事件的研究置于同一框架和逻辑下。随着社会发展，中国社会的抗争事件日益增多，学者裴宜理甚至认为，中国是世界上研究抗争性政治最好的实验室，中国的抗争性政治至少可以上溯到公元前3世纪——陈胜和吴广那里，并一直延续到今天，抗争性政治在不同的地点找到了许多不同的表达方式。20世纪八九十年代，国内学者开始着手研究抗争政治，借鉴了国外的研究如东南亚的"底层政治研究"（Subaltern Studies）与西方的"抗争政治学"（Contentious Politics）。这里先回顾西方政治学的发展，再综述近年来中国学者在抗争政治运动领域的研究。

1. 西方的抗争政治研究

西方抗争政治学的研究兴起于20世纪90年代中期，查尔斯·蒂利、麦克亚当和塔罗在斯坦福大学的行为科学高等研究所组织了一个名为"抗争性政治的无形学院"（invisible college of contentious politics）的新项目，并邀请了另外四名学者包括裴宜理加入到他们中来，试图研究社会运动的新的途径。首次采用"抗争性政治"（contentious politics）这个词来突出国家的重要性，强调抗争是政治性的，而国家是卷入其中的关键行为体之一。抗争政治理论的基本出发点就是要超越以往理论研究的局限，将社会运动、革命等集体抗争行为的研究置于一个分析框架之下，以相同的概念、分析方法和相似的结论来说明抗争型公共事件的内在逻辑，从而打通了不同抗争

形式之间的研究壁垒，并且通过动态的方法观察社会抗争的整个过程，在其中寻找相似的抗争机制。因此，抗争政治理论具有普遍适应性，它的理论框架适用于任何一种政权类型与发展水平的国家。

西方抗争政治学的集大成者是查尔斯·蒂利，1978年他出版了他的代表作之一《从动员到革命》，提出了著名的"政体模型"和政治过程方法，这个方法从20世纪90年代以来开始流行于国际学术界，成为一种主导性方法。他的政体模型包括两类人：政体内成员和政体外成员。政体内成员包括政府和一般成员，一般成员能通过常规的、低成本的渠道对政府施加影响，而政体外成员则没有这种能力。因此，政体外成员即挑战者要么设法进入政体，要么设法改变政体以便把自己包括进去，要么致力于打破这个政体，这就形成了社会运动或革命。蒂利认为，像社会运动这样的抗争型公共事件不会独立于政治之外而形成，也不会在政治之外自行壮大与消失，政体模型表现了抗争型公共事件与政治之间存在着不断相互塑造的关系。蒂利对抗争政治的定义是：在提出要求者（makes of claims）和他们的要求对象（objects）间偶尔发生的、集体的相互作用。这种相互作用发生的条件是：至少某一政府是提出要求者或被要求的对象，又或者是要求的赞成方；所提出的要求一旦实现，将会影响到提出要求者中至少一方的利益。

2. 中国的抗争政治研究

与国外相比，中国学者对于抗争政治的研究起步较晚。在理论上，中国学者对抗争政治的研究从研究主体看可以分为城市市民（业主）抗争和工人、农民抗争，其中对农民的抗争研究较多。近年来，对城市业主的维权抗争研究也不少，城市居民的集体行为也是研究抗争政治的重要部分。抗争政治的研究可以分为性质研究，指研究抗争政治的内涵、外延和功能；抗争的动因研究，即研究抗争的生发原因和动力机制；社会抗争的治理研究，指研究社会抗争应该如何应对、预防和化解。

在抗争政治的性质和功能方面，学者们的意见相对一致，即底层社会表达利益诉求时，因使用合法渠道有障碍而转向抗争方式，抗争主要面向政府，也主要依赖政府解决。功能方面，学界普遍承认社会抗争对于底层民众和政府都有一定的积极作用，微观上，个人、集体抗争是维护和实现自身权益的"最后武器"，是公民人权得以保证的最后砝码；宏观上，抗议性政治对民主和体制进步有一定的推进作用，但控制不好也会对政治生活产生一定冲击。

在社会抗争的治理研究方面，学界的研究结论也较为类似，即发展有序的政治参与，推进协商民主，构建制度化的利益表达渠道，使抗争行动制度化，促进抗争的积极作用的发挥。近年来，也有学者关注网络抗争的治理，如谢金林通过研究网络草根政治动员，提出了网络治理的措施，包括加强立法，从根源上减少公民非制度化维权抗争的发生，加强政治参与的制度化建设，以平等对话理念为指导，提升政府网络舆论引导能力和新闻执政能力，培育公民理性精神，提升网民政治表达能力，加强网络立法，依法治网，打击非法网络行为。

学界产生争论较多的主要在抗争政治的动因方面，学者们给出了各种各样的解释，代表性的主要有民众角度的抗争分析和国家角度的抗争分析。其中有关城市抗争的研究有如下观点：

（1）都市抗争型公共事件与"怨恨"框架

刘能提出了一个都市抗争型公共事件的理论解释框架，用函数表达为：$F(P)=f(G, A, C)$，其中P是因变量，表示抗争型公共事件发生的可能性或个体参与某个抗争型公共事件的可能性。G、A和C是自变量，它们的不同取值将直接影响因变量P的取值。其中G表示"怨恨的产生和解释"，包括怨恨产生的规模和频率，这是利益表达和需求保卫的导火索。A表示"积极分子及其组织能力"，即抗争型公共事件的组织和动员结构变量以及战术和战略的选择，然而由于政治机遇结构和政治法律压制等因素，都市积极分子的供给和持续性相对不足；C则指示了潜在参与者的一个理性选择模型，即他们对参与的收益和成本的计算。这个理性选择模型中的成本—收益计算受PO和E这两个因素的影响，其中PO是"政治机遇结构"的缩写，指示可能付出的成本的界限，E则代表"对成功的预期"，指示抗争型公共事件带来预期收益的可能性。这个理论模型各变量之间相互影响，变量下的子变量也会相互影响，构成一个复杂体系。在此基础上产生了一个有关中国都市地区抗争型公共事件的类型学，以考察各种形式的抗争型公共事件未来发生的可能性。作者认为，政治机遇结构是解释中国都市地区抗争型公共事件发生的最有力的一个自变量，因为它代表了促进或阻碍社会运动或抗争型公共事件的动员努力的几乎所有外部政治环境因素。

（2）以死抗争

徐昕根据对大量发生在城市里的农民工自杀式讨薪现象的研究，指出转型期农民工为权利而自杀的现象频繁发生，其深层的原因是社会的严重不公。当农民工合法的权益受到损害时，他们有三种类型的抗争行动：忍气吞声、诉诸制度以及极端抗争，但正式的法律作用有限，农民工在抗争方式的选择上受到"成本—收益"的约束。因此，为权利而自杀，即农民工自杀式讨薪，是属于典型的通过自损行为实施的私力救济，即通过针对本人的自损行为而给他方施压，强制其接受自己提出的纠纷解决方案，抗争的结果取决于利益的政治化博弈。

（3）都市业主维权研究

黄卫平、陈家喜认为新社会阶层如民营企业家、自由职业者以及离退休的老年人日渐成为维权行动的主体。业主维权的特点是作为中产阶级在维权行动以及与政府的博弈中体现出较强的理性，通常选择在法律和制度的框架内为自己争取利益，援引法律和政策当中有利于自己的条款来和政府讨价还价，善于运用斗争的策略，有能力调动更多的资源，借助于在政府内部政治精英的社会关系网，进而运用体制内的资源进行游说等。

而地方政府由于地方治理人和自主性利益主体的双重角色，针对不同的业主维权，不同类型的维权精英以及不同的维权策略，采取了区分性回应策略。对于那些理性、与政府合作的业主精英，围绕环境污染这一带有"正义性"的议题所进行的维权行动，地方政府采取吸纳与合作的回应策略，将维权精英吸纳到体制中来，让他们在制度框架内进行利益表达；对于由专家型业主所进行的技术型维权行动以及具有较大国际影响或者新闻价值的议题，地方政府采取在制度框架内对话、召开专家听证会协商以及动员组织资源嵌入社会，让党员、公职人员去说服群众，瓦解抗争型公共事件；而对于对抗争型的维权行为，其涉及的局部利益型议题，则采取压制与分化的策略。

（4）法权抗争模式

陈鹏通过研究城市业主维权运动，提出了法权抗争框架，并将之具体化为"上访维权""诉讼维权""立法维权"三个基本类型。他认为业主的维权抗争不仅具有典型的"依法"和"以法"特征，而且表现出更具超越性的"通过促进立法来维权"的倾向和趋势。在维权抗争的整个过程中，"法"成为贯穿始终的中心枢纽，不断学法、懂法、用法、护法，从而在实践中重建了公民与国家之间的法律契约关系。所谓城市业主维权运动主要是指业主们通过成立临时维权小组、业主委员会或业主委员会协会，组织业主与开发商、物业公司和地方行政主管部门等进行斗争以维护自身合法权益的运动形式。所谓的"法权抗争"主要是指业主凭借对法律的恰当了解和巧妙运用维护和捍卫自身合法权益的抗争实践活动。

（5）底线正义

黄振辉、王金红在用斯科特道义经济学的"生存伦理"解释中国农民工维权抗争行动中遭遇困境时，提出了底线正义的解释框架，作为生存伦理框架的补充。他们认为，并非所有的农民工维权抗争行为都是从生存伦理出发的，"底线正义"被践踏是农民工抗争行为尖锐化的根本原因。由于农民工代与代之间的观念和意识不同，新生代农民工比传统农民工有更强烈的权益意识，对身份有更多的关注和要求。在生存伦理中，农民抗争是为了"恢复道义"，"恢复道义"背后的逻辑是理性的利益计算。在底线正义中，农民工的抗争是纯粹地"为道义而道义"，其背后的逻辑是道义本身；抗争为了道义，仅此而已。这是道义经济学与道义政治学，也即生存伦理和底线正义最为本质的差别与分歧。在生存伦理中，"道义"是抗争的武器（手段），而在底线正义中，"道义"是抗争本身（目的）。

（6）表演式抗争

黄振辉还从如何有效的抗争角度出发研究珠三角的城市抗争，提出转型期珠三角的底层抗争是"表演式抗争"。"表演式抗争"展现了底层抗争的动态过程，但表演仅仅只是利益诉求的一种方式，因为只有通过"表演"才能将自身的利益诉求政治化，利益诉求才能进入政策议程；只有通过表演才能将社会问题公开化，才能形成舆论对政府监督。在舆论监督之下，这些社会问题（利益诉求）才能得到公平公正的解决。他提出，只有具有新闻价值的表演才能使抗争者达到预期效果；假如抗争行为戏剧性不足，越不可能具有新闻价值，越不可能被媒介化、焦点化，也就越不可能达到预期效果。相反，如果数量巨大的行动者加入到抗争行动之中，即使是平淡无奇的抗争行为也能引起新闻媒体的关注，进而引起相关部门的重视，达到满足诉求的预期效果。因此，越是个体化的抗争行为，其行为似乎表现得越为极端离奇，如跳楼、跳桥、杀人、自焚；越是大规模的群体性抗争，其抗争行为表现得越为平淡无奇，如静坐、堵塞公路、示威游行。而政治势能则是表演式抗争实际效果的决定性因素。

（7）以理抗争

朱建刚通过研究广州某社区的业主抗争事件，提出了以理抗争的框架，他认为"以理抗争"与依法抗争的框架类似，都指行动者在现有的法律框架内赋予自身维权意义，但以理抗争的框架受到多重逻辑的影响，比如遵守着深入日常生活的道德平衡和规则等。由于都市社区维权中的主要力量是退休在家的老人，因而抗争会激发他们对人民抗争的信仰，从而为抗争型公共事件提供文化动力，使得以理抗争的策略有着以往的社会主义政治文化的深刻烙印。这种都市抗争型公共事件使社区治理开始向以权利为基础转变，某种程度上也训练了公民的权责意识，推动了中国城市社区治理结构的转变。

（8）策略性均衡

尹利民从国家与民众互动的视角进行分析，认为抗争政治中是一个策略均衡的利益博弈机制。大部分有关维权抗争的研究不同程度地立足于"维权"的价值关怀，即把国家预设为恶，带有很强的西方话语研究范式，因此研究最终均指向了国家政治的维系与重构，从而有可能遮蔽事实本身和问题根本。策略性均衡即国家与民众之间的策略性行动以及两者之间的动态平衡。抗争事件中，国家与民众之间各自都会随着不断变化的局势，利用既有的政策和法律提供的支持，竭力寻找可能留下的空隙，以决定采用何种策略来处理相互之间的关系，以最好的方式达到各自最理想的目标。在此过程中，他们各自的行为策略相互影响，在民众与国家之间，不自觉地形成了一种动态平衡。但这种平衡只是一种低水平的平衡，需要进行政治的结构性变迁从而走向一种制度性的均衡。

3.小结：强国家弱社会中的多元博弈

总的来说，目前中国学界对抗争政治的研究争论主要在动因和解释框架这一块，诸多学者在研究的时候都是以某些抗争事件为案例，作为解释框架的实例支撑，因而不难看出每个解释框架都有案例的特殊环境和背景。某种程度上讲，也许正是中国地缘辽阔，各地政治环境、经济环境、风土人情差异甚大，造成抗争框架和解释模型不一，很难用一个框架总述所有，多种多样的解释框架正是中国多种多样抗争模型的表现。有些学者试图以一个框架解释所有，难免会有不适用的地方，因此难免引起各派的争论。并且，每一个抗争事件的过程都不是能概括的，为达到维权的目的，抗争中民众可能综合运用了几种方式，不同阶段也可能会运用不同的解释框架。

（二）社会学角度的社会运动与抗争型事件研究

抗争型公共事件和社会运动，早已成为西方社会学界的重要研究分支，所谓collective action，就是指"有许多个体参加的、具有很大自发性的制度外政治行为"。而社会运动（social movement）则是指"许多个体参加的、高度组织化的、寻求或反对特定社会变革的制度外政治行为"[①]。无论是自发性强的抗争型公共事件还是组织程度高的社会运动，抗争型公共事件者在行动过程中所进行的符号互动、动员以及对各种文化符号资源的调用都是社会运动研究中的重要课题。那么，从传播学的角度出发，我们应当如何理解社会运动中的传播现象和传播行为？显然，从符号互动论进行解释，"传播"必然是抗争型公共事件者进行意义生产、流通和交换的重要方式，那么社会运动中的传播现象到底具有哪些因素，这些因素对于社会运动的开展、变化，成功或失败而言意味着什么？要回答这些问题，我们必须对已有的社会运动文献进行梳理和回顾，从现有学者对于社会运动研究中的传播现象和传播行为的论述中建构相应的范畴。

自勒庞始，抗争型公共事件和社会运动开始进入欧美社会心理学家和社会学家的视野之中。从20世纪初到20世纪末，100年的时间内，社会运动理论经过了三次转型。从20世纪20年代到60年代是以社会心理学家对怨恨感、剥夺感等因素的强调为主的情感型研究，而70年代以后，社会运动的研究逐渐从社会心理学领域转移到社会学领域，社会学学者更多地关注情感以外的影响人们参与社会运动的因素，如社会运动组织所拥有的各种资源、政治结构和社会动员结构等；而90年代以来，在资源动员范式的框架内，符号学和社会心理学的因素被重新纳入社会运动理论的研究中，只是研究者们不再纠缠于怨恨感和剥夺感等因素，而是将关注点集中在社会运动中的意义生产和流通过程，如微观动员、共意、集体认同感等。

1. 抗争情感研究

首先是关于抗争型公共事件中的情感因素的研究。在最早关于抗争型公共事件的论述中，勒庞认为"自觉的个性的消失以及感情和思想转向不同的方向，是变成组织化群体的人所表现出的首要特征"，这些心理特征一旦形成便具有普遍性。群体中的个人具有以下特点：无意识和低智商，而在感情方面，群体中的个人会变得更加英勇，也更容易犯罪，这要针对具体的情境而定。

勒庞在对抗争型公共事件的群体以及群体意见和信念的研究中也强调了传播和符号的重要性。在论及群体意见和信念的形成时，他认为形象而不是推理对于说服群体

[①] 本研究认为可以把抗争型公共事件与社会运动都看作是抗争型公共事件者进行的一种集体性的社会行动，以达到其政治目的或诉求，为了方便行文，以下本研究将用"社会运动"一词涵盖社会运动和抗争型公共事件。在具体的研究梳理过程中，本研究会根据研究者的自身研究对象（社会运动或抗争型公共事件）分别使用这两个词。

更为有效,群体意见和信念形成的直接因素,包括形象、套话和词语、幻觉、经验。其中,作为符号的词语的意义在于激起群体成员对于形象、幻觉的认知。

在群体传播的机制中,暗示和传染是主要的手段。勒庞认为传染决定着群体发展的倾向,在群体中,每种感情和行动都有传染性,其程度足以使个人随时准备为集体利益而牺牲个人利益。勒庞认为暗示是一种催眠状态,群体中的个人也处于这种状态之中,他们不能意识到自己的行为,"在某种暗示的影响下,他们会因为难以抗拒的冲动而采取某种行动"。

随着美国的社会学家将抗争型公共事件引入社会学研究领域,学者们逐渐摈弃了勒庞对抗争型公共事件的精英式偏见。其中最具代表性的是斯梅尔赛(Smelser,1962)的加值理论,他认为抗争型公共事件的产生是由以下六个因素共同决定的:结构性诱因、结构性怨恨、一般化信念、触发性事件、有效的动员、社会控制能力的下降。他认为这六个因素是集体行为发生的必要条件。斯梅尔赛认为,在一定的结构性因素下,人们会产生相应的结构性怨恨、剥夺感和压迫感。当然仅有此二种因素是不足以引发抗争型公共事件的,在抗争型公共事件发生前,人们的结构性怨恨必须转化为某种一般化的信念。在这六个因素中,斯梅尔赛认为最重要的是一般化的信念,他保留了传统社会心理学对集体行为的观点,即集体行为是一种"不耐心者的冲动";这些人之所以会发起这样一个运动是因为他们有一种"一蹴而就的观念"。在斯梅尔赛的模型中,参加集体行为的是非理性的,而一般化信念的产生也是一种非理性的过程。

无论是勒庞还是斯梅尔赛,他们对抗争型公共事件的研究都有以下两个假设:参与抗争型公共事件的个人是非理性的和完全基于情感的。个人参与抗争型公共事件的原因是因为受到了情感上的刺激,如怨恨、被剥夺感等因素,如格尔(Gurr)的"相对剥夺感"概念,他认为每个人都有某种价值期望,而社会则有某种价值能力。当这种社会价值能力,即社会提供给人们某种资源的能力不能够满足人们的价值期望时,人们就会产生相对剥夺感。相对剥夺感或者感受到的不公正感越强烈,人们参与抗争型公共事件的可能性也就越大。

2. 资源动员范式

进入20世纪70年代,美国社会学学者开始对这种强调个人情感因素的社会心理学解释机制进行批判,如奥尔森提出的"搭便车理论",他认为集体中的个体是一种形式上的纯理性个体,追求自身利益的最大化。而个人利益的最大化往往会影响集体利益的最大化,因为集体对公共物品的争取既是一个人需要公共物品,也是其他人都有机会获益的过程。所以集体中的个体往往会产生"搭便车"的心理，奥尔森认为"有理性的、寻求自我利益的个人不会采取行动以实现他们共同的或集团的利益"。奥尔森以经济学家的观点强调了个人参与抗争型公共事件是为了获取公共物品，争取集体利益是为了满足个人利益的最大化，这就使得个人可以以较小的代价获得对公共物品的同等享受，因此之前社会心理学的那种范式所强调的个人情感因素在这里被质疑，一个理性行动者将期待着他或她只需要作出微不足道的贡献，便能获得公共物品的供应。"搭便车理论"让社会运动研究者们看到了一种新的理论模型的建构视角，参与社会运动的个人或组织不再是基于感情的，而是以理性的"经济人"为特征，为了满足特定目标和自身利益而投入社会运动之中。

资源动员范式强调了各种不同类型的资源及其来源，社会运动和媒体、权威机构以及其他各方之间的关系和各方之间的互动。由此，资源动员范式取代了古典的社会心理范式，社会运动组织能够获得各种资源，成为影响社会运动能否成功的关键所在。针对社会运动组织的资源动员，McCarthy和Zald[①]提出了11项命题：（1）当大众和精英公众自由支配的资源（包括时间、金钱等）增加，适用于社会运动的各种绝对资源增加；（2）当整个社会运动领域的绝对资源增加时，新的社会运动组织会增加对这些资源的竞争；（3）无论资源是否对潜在的利益拥护者有效，运动的道义上拥护者获得资源越多，其要求进行社会运动的几率就越高；（4）社会运动组织对独立支持者的依赖程度越高，其获得稳定资源的几率就越小；（5）试图通过联盟式的结构，将道义上的支持者和利益上的拥护者连接在一起的组织，其联盟的团结性也往往面临着高度紧张和冲突；（6）成立、成长时间较长的社会运动比新成立的社会运动组织更能够抵抗来自社会运动发展周期中的萧条；（7）当社会运动之间存在竞争时，新成立的社会运动组织将会缩小其目标和策略；（8）社会运动组织的收入越高，其组织内部的成员的专业程度也就越高，组织的规模也越大；（9）社会运动组织的规模越大，其具体部门规模越大，社会运动事业发展的机会越大；（10）社会运动组织对独立支持人的依赖程度越高，对以利益为目的的追随者的招募更多的是为了策略性上的目的（扩大影响），而并非是为了组织的工作（提供各项资源），社会运动组织的工作者的自由支配时间越多，其自动调配团队的能力越强；（11）社会运动组织的支持者以及工作人员可支配的时间越多，他们组成临时团队的基础就越强。

---

① MCCARTHY J D, ZALD M N. Resource mobilization and social movements: a partial theory [J]. american journal of sociology, 1977(82): 1212-1241.

与勒庞等学者不同,资源动员范式更多地是从集体行为的利益和理性的角度进行分析的,认为抗争型公共事件并非是一种社会性的病理行为,而是人们对严酷的现实的与压制性政治体制的一种挑战。在描述抗争型公共事件的参与者心态时所用的词汇也从以前的剥夺感、挫折感、压抑感转变为利益、代价和机会。决定集体行为和社会运动消长的因素是社会运动组织能够获取的资源总量或者政治机会的多少。如梯利的抗争型公共事件的动员模型认为一个成功的抗争型公共事件是由以下因素决定的:运动参与者的利益驱动、运动参与者的组织能力、社会运动的动员能力、社会运动发展的阻碍和推动力量、政治机会或威胁、社会运动群体所具有的力量。梯利认为,一个社会运动的动员能力取决于该社会运动成员所控制的资源的多少,这由运动成员所控制的生产因子(包括土地、人力、资本和技术等资源)总量以及社会成员把他们所控制的生产因子转化为抗争型公共事件的资源的能力决定。而这种把生产因子转化为运动资源的能力则取决于运动参与者的利益以及他们的组织能力。

资源动员范式给我们的启示是,当社会运动组织或抗争型公共事件者在进行抗争、挑战现有社会权威时,其拥有的传播资源有哪些,如社会运动组织能够在多大程度上获得大众媒体的支持。此外,社会运动组织或抗争型公共事件者主要是通过哪些方式或传播工具来进行动员的,以争取更多的第三方组织以及旁观者对其进行支持。资源动员范式指出了社会结构对运动发展的影响,即不同社会位置和抗议方式下的抗争型公共事件者能够动员到的资源是不一的。

3. 新社会运动理论

到了20世纪60年代,新社会运动理论和社会心理范式开始复兴。20世纪60年代的西方,随着新左派运动的发展,涌现了女权运动、环境运动、人权运动、和平运动、同性恋运动等一大批社会运动。与一些传统的社会运动相比,这些社会运动有着如下的特点,因而被称为新社会运动。

第一,在新社会运动中一个人加入某个社会运动的主要动机往往是为了实现一些非物质性的价值,而不是因为经济和物质上受剥削和受压迫。第二,新社会运动的背后没有传统社会运动中的那种宏大的意识形态。新社会运动想要改变的仅仅是社会上的某一种主流价值观和行事方式(所以新社会运动又被称为"单议题行动"),其成员之间的凝聚基础往往是对一种共同身份的认同。因此,新社会运动有时候又被称为认同感政治(identity politics)。第三,新社会运动的政治目标往往并非政权,而是某一具体政策议题或公民社会本身,新社会运动提倡一些后现代的价值观,并要求社会真正容纳和接受他们的价值观,把他们当做完全正常的公民社会成员。第四,在组织形式上,许多新社会运动采取了一种大民主性的、平等的组织形态。

新社会运动的出现使得社会运动的研究学者们发现原有的资源动员范式在许多方面已经无法对这一社会事实进行解释,他们发现资源动员范式已经在经济理性上走得太远以至于忽略了价值观、意识形态、认同感等因素。

从社会建构论的角度看,抗争型公共事件的过程就是行动者借以生产、维系意义、相互沟通、协商和制定决策的过程。克兰德曼斯认为社会运动是一个建构过程,社会运动中的表意、解释和意义建构过程是社会性的,它们发生于个体之间的互动中,因而它们被概念化成对抗议活动的社会建构。

(三)传播学角度的抗争传播研究

1. 社会运动与大众媒体

大众媒体在社会运动中扮演着日益重要的角色,如果没有媒体的报道,那么抗争型公共事件者的倡议可能根本无法被社会公众所知。

吉特林(Gitlin)应属这一领域的开拓者,在《The Whole World is Watching》[①]中,他运用"霸权"理论作为对媒体如何报道新左派运动的一个解释框架,他认为,霸权对媒体新闻报道的控制体现在新闻组织内的政策和规范、广告、政府管制、政治压力、记者—消息来源的关系、新闻价值、新闻运作等因素上。在新左派运动中,媒体对运动的功败垂成起着不可替代的作用,他运用框架来解释媒体是如何通过选择、排除和强调的方式来丑化新左派运动的。吉特林总结认为,正是因为美国社会存在一套稳定的"霸权",使得媒体从业者更认可原有的主流价值观,而将新左派运动视为是"异类"。

多位学者的研究发现,大众媒体与抗争型公共事件在很大程度上是相互依赖的,一方面抗争型公共事件者需要大众媒体来传达声音,而媒体也需要抗争型公共事件作为其生产新闻的来源,然而从权力依赖理论(Power Dependency Theory)来看,二者的依赖程却是不对等的,抗争型公共事件对于大众媒体的依赖程度远远超过后者对前者的依赖程度。Gamson和Wolfsfeld[②]认为,抗争型公共事件对大众媒体的需要主要体

---

① 吉特林. 全世界都在看:新左派运动的媒介镜像 [M]. 北京:华夏出版社,2007.
② GAMSON W A, WOLFSFELD G. Movements and media as interacting systems [J]. The annals of the American academy of political and social science, 1993, 528(1): 114-125.

现在三个方面：动员、确认和扩大规模。动员指的是抗争型公共事件需要通过一定形式的公共话语，尤其是具有广泛影响力的媒介话语来获得支持；确认，即通过大众媒体的关注来获得名望和影响力，甚至得到公众的承认，并借此设置议题；扩大规模即抗争型公共事件为了实现一定的目的和利益，必须扩大自己的行动规模，借此调整与对手之间的权力上的差距，并将第三方拉入冲突中，使其成为仲裁人或调停人。

2. 社会中心范式

社会中心范式注重从抗争型公共事件者所拥有的权力角度出发进行研究，学者们把媒体视作一个符号争夺的"战场"，在这一战场中，抗争型公共事件者与其对手运用各种话语策略来争夺公共话语的主导权。然而正如前文所言，从权力交换理论看，每一方的相对权力——每一个既定的新闻媒介和既定的对手——取决于它所提供的价值除以它依赖的对方提供的价值。因此，新闻媒介做出的选择往往是依据不同的消息来源所能提供的消息的价值，而抗争型公共事件者为了满足新闻媒介的需求，也不得不按照媒体的"剧本"来进行表演。

具体而言，渥夫斯菲尔德认为有四大元素提升了各种竞争对手的内在新闻价值：他们的政治与社会地位层次，它们的组织与资源层次，他们实施异常行为的能力以及他们对政治环境的控制水平。[①]对于社会运动者而言，由于其竞争对手往往是政府，因此在很大程度上其缺少稳定的、有效地接近媒体的渠道，梯利曾提出一个政体模型，该模型由政体内成员和政体外成员组成。政体内成员包括政府和一般成员，一般成员能够通过常规的、低成本的渠道对政府施加影响，而政体外成员则没有此能力。不难发现，抗争型公共事件者往往是政体外成员，他们缺少足够的结构性资源。因此，他们不得不以实施"异常行为"的方式来吸引媒体的注意力，如奇装异服、暴力行为等。

应该说，抗争型公共事件者之所以对媒体如此依赖，一方面是因为缺少利用政治影响力的其他渠道；另一方面，则是需要寻求外部的支持，他们必须通过大众媒体来向社会公众传递信息，获得同情。除了结构上的媒介接近权以外，对于大众媒体与社会运动的关系还涉及意义的争夺，Hall等人认为尽管政府拥有着更具有优势的媒介接近权，但是对于社会真实的解释是一个需要提出"主导解释"的过程，这一过程政府能否充当事件的主要"定性者"取决于其能否制造出一套具有广泛社会认同感的意义

---

① 渥夫斯菲尔德. 政治竞争模式［M］// COTTLE S. 新闻，公共关系与权力. 上海：复旦大学出版社，2007：111-132.

体系。[1]而抗争型公共事件者也可以通过"怪异"的行为来获得媒介的注意，并通过提出一系列的符号体系来对媒介领域的意义进行争夺。Ryan也指出，媒介充其量是次级的界定者，初级的界定者应该是社会组织这样的消息源。[2]

因此，关于作为消息来源的抗争型公共事件者是如何与大众媒体进行文化上的互动，从而争夺"意义"上的主导权的，也就成了学者们关心的重点之一。在这种互动中，抗争型公共事件者与其对手都试图推销自己对事件的解释框架，但是新闻媒介要的不是"观点"意识形态，而是一个具有新闻价值的事件，因此在建构事件的意义图景中，"框架"就成了一个重要的概念。

框架是媒介话语的核心组织原则[3][4]（Gamson，1992），能够使不同的事件被填充进特定的包裹中，从而将这些日常生活中流动的片段连续起来，使人们获得理解事件的意义。应该说，框架与图式（schema）等心理学概念存在很大的相关性，然而其区别在于图式仅仅是基于之前知识的认知结构，这种认知结构可以将复杂的信息填充到一系列主要的框架中去以便人们理解、诠释社会现实；[5]而框架在此基础上还是人们对于协商或竞争后的意义的共享，[6]并能够提出问题的具体解决方法。抗争型公共事件框架帮助抗争型公共事件者了解到需要确认的问题、情境和条件以及需要改变的现实是什么，从而激发群体成员的不公正感和受剥夺感（在很大程度上，不公正框架是始终存在于抗争型公共事件者的话语策略和微观动员之中的）以及对集体的认同感。

Gamson用"包裹"这一概念来分析媒介话语，他认为媒介话语能够容纳一系列的理解性包裹，这些包裹能够将议题的意义凸显出来，而每一个包裹也拥有其内部结

---

[1] HALL S, CRITHER C, JEFFERSON T. Policing the crisis: mugging, the state, and law and order [M]. London: Mcamillan, 1978. 转引自艾伦. 新闻文化 [M]. 北京：北京大学出版社，2008.

[2] RYAN C, CARRAGEE K M, SCHWERNER C. Media, movements, and the quest for social justice [J]. Journal of applied communication research, 1998, 26(2): 165–181.

[3] GAMSON W A, CROTEAU D, HOYNES W. Media images and the social construction of reality [J]. Annual review of sociology, 1992, 18(18): 373–393.

[4] GAMSON W A, STUART D. Media discourse as a symbolic contest: the bomb in political cartoons [J]. Sociological forum, 1992, 7(1): 55–86.

[5] GHANEM S. Filling in the second level of agenda setting [M] // MCCOMBS M, SHAW D L, WEAVER D. Communication and democracy: exploring the intel-lectual frontiers in agenda theory. Mahwah, NJ: Lawrence Erlbaum. 1997.

[6] BENFORD R D, SNOW D A. Framing processes and social movements: an overview and assessment [J]. Annual review of sociology, 2003, 26(1): 611–639.

构，其中其核心组织概念或框架使得其他相关符号元素产生意义。他运用了8项工具进行框架分析，包括了两个部分：框架工具和推理工具。其中，框架工具包括隐喻、榜样、标语、描述和视觉图像；推理工具包括根源或原因、结果和围绕核心原则所进行的倡导。这八项工具中，框架工具是为了分析具体的符号因素，而推理工具则是分析包裹的组织原则——框架。

他们认为影响框架变化过程的根本因素是议题文化，议题文化下具体的三个维度影响着媒介话语中包裹的变化：文化共鸣、倡导人的行动和媒体操作。文化共鸣决定着社会抗议者与其对手的哪种包裹的"表征"能够与更广义的文化具有一致性。一般说来，媒介框架建基于那些在周遭文化中可获得的框架，它们还被设计来满足记者的特定需求。新闻媒介企图把接收到的信息填充到一个在专业上有用、在文化上熟悉的包裹之中，从而建构解释各种冲突的框架，如"推进框架"就与更广泛的文化中的技术进程相关，因为美国社会强调技术是解决各种社会问题的有效手段，所以通过"推进框架"，推进者强调了核能技术为社会带来的各种福利和好处。

倡导人的行动则是在文化变迁过程中发挥着重要作用，文化共鸣可以说是"添加新的价值"的初级阶段，而在文化的变迁中，倡导者会提出新的主张，来提出一个可以替代性的框架。对于核能议题而言，公共部门自然是主要的倡导者之一，如美国核能委员会，他们提出了"推进框架"，同时社会运动组织也是重要的倡导者，作为一个"符号生产机构"，他们通过架构问题来获得社会各方面的支持，在反核运动中，"地球之友"就是主要的反核框架的提出者。正是因为有反核运动倡导者的活动，才会使三里岛事件中的媒介话语存在多元性。

媒体的日常实践是影响媒介话语的第三个因素，这首先体现在媒体从业人员的实践存在一套规范的价值体系，如客观性、与常规性消息来源的互动等。如前所言，社会运动组织或抗争型公共事件者常常会因为缺乏权威的社会地位和稳定的渠道而失去媒介接近权，但是社会运动组织也可以通过产生领袖或是培养新闻发言人等方式来培养常规的渠道（Gamson，Wolfsfeld，1993），同时，挑战者或许没有直接影响媒介话语的方法，他们提出的替代性框架也许会被媒体忽略，但是他们可以通过提出各种替代性框架来创造更具有批判性的舆论环境，从而争夺媒介主导权。根据Gamson的观察，"当抗议者在Seabrook公园被捕后，记者们开始向相关的政府部门询问原因"。

包裹通过以上三个因素而存在于媒介话语之中，随着时间的推移和文化的变迁，抗议者的行动不断改变着框架，而记者则往往横跨于意义的生产者与消费者之间，为竞争者提供一个符号战场。

以上学者的研究思路可以被认为是"社会中心范式"的，在这种范式中，媒体往往是一个"因变量"，受政府和其他社会组织的影响，不断以"传声筒"的形式呈现竞争各方的观点。

3. 媒介中心范式

另有许多学者从媒介组织的日常新闻生产，对媒体的抗争型公共事件报道进行了分析，他们从媒介内部的日常操作机制入手，对媒介与消息来源之间的互动进行研究，并对媒介选择消息来源的"偏向性"以及媒介话语如何建构符号真实进行了分析。

这种研究取向可以称为"媒介中心"范式，这里强调的媒介中心，指的是研究者会从媒体的视角出发，强调媒体在社会运动中的主动性。这种研究范式同社会中心相比显得有些不足。本研究认为最有代表性的当属塔奇曼在《做新闻》[①]一书中，关于媒体如何报道女权主义运动的研究部分。塔奇曼认为由于新闻生产存在着"新闻事实网"，媒介组织会将"网线"吐向社会中的合法机构，因为这些机构能够提供稳定的、具有权威性的消息。因此，那些掌握了合法权利的人比其他人更容易接近媒体，社会底层阶级几乎被排除在媒体的消息来源之外。

（1）动员策略

微观动员关注的是抗争型公共事件者如何运用符号和话语策略来进行象征层面的意义构建，并获得支持者的共鸣以及旁观者和公众舆论的同情。[②③]这一过程涉及两个方面：共意动员和行动动员。前者彰显了抗争型公共事件者建立共享意义的"亚文化"的努力，这意味着抗争型公共事件者要获得社会态度和意识形态的认可和支持；而后者则意味着激活抗争型公共事件的参加者，使得行动目标和行动方式合法化。

（2）共意动员

克兰德曼斯将动员区分为共意动员（Consensus Mobilization）和行动动员（Action Mobilization），其中，共意动员指的是这样一个过程：通过它，社会运动组织能够获得社会各方对于组织观念的支持。它包括对公共物品的宣称、运动的策略、

---

① 塔奇曼. 做新闻[M]. 北京：华夏出版社，2008.
② SNOW D A, ROCHFORD E B, WORDEN S K. Frame alignment processes, micromobilization, and movement participation. [J]. American sociological review, 1986, 51(4)：254-258.
③ 克兰德曼斯. 抗议的社会建构和多组织场域[M]//莫里斯，缪勒. 社会运动理论的前沿领域. 刘能，译. 北京大学出版社，2002：90-120.

确定对手、预期取得的结果。目标公共物品和具体的行动设定并非固定，而是不断随着运动的开展而变化，从而也影响着共意动员的不断变化。

（3）框架整合

Snow和他的学生在"框架整合"概念提出时，将"框架整合"作为微观动员的一种策略，包括框架搭桥（Frame Bridge）、框架扩大（Frame Amplification）、框架延伸（Frame Extension）和框架转换（Frame Transformation），认为微观动员过程会对多种互动和传播过程中的框架整合产生影响。不但如此，他们扩大了微观动员概念的外延，将其视为社会运动组织（SMOs）设计和运用的互动传播策略，以此来动员和影响目标团体对集体或共同利益的追求。这些目标团体包括了抗争型公共事件的追随者（adherents）、委托人（constituents）、旁观者（bystander public）、媒体（media）、潜在的联合者（potential allies）、对手（antagonists）和政策制定精英（elite decision-makers）。对不同的类型的团体，抗争型公共事件者会可能采取不同的框架联合方式或微观动员方式。

（4）集体认同感

集体认同感对于抗争型公共事件者来说，其核心作用在于，抗争型公共事件中的"我们"得到了具体的阐释并被赋予了意义。集体认同感在空间位置上从属于文化层次，它是经由公开表达的语言和符号而得以显示的，"我们"是通过那些用集体认同感的人们所展示的文化偶像和文化制品而认识集体认同感的。

首先，抗争型公共事件者是扎根于一定的社会网络之中的，并由此获得集体认同感，这一集体认同感是由一定的社会位置和文化背景决定的；其次，集体中的个人以自身的社会位置为基础对接收到的文化材料进行解读，生产出相关意义，以此形成对一致性信念的共享，并构建出集体认同感。这就涉及群体中的个人在解码构成中如何生产意义并与他人进行互动以形成一致意见；再次，这种"我们"往往是抗争性的并具有不公正感，所以对于具体议题，这种不公正感具体的表述、抗争方式和策略的提出都与集体认同感相伴，即集体意识塑造后如何转化为具体的行动；最后，集体认同感的形成与相应的文化相关，抗争型公共事件者用于塑造自身意义的符号来自于文化环境，它涉及特定文化语境中的符号、意识和意识形态。

（四）公共关系角度的抗争行为与传播策略研究

从公共关系学角度出发审视社会运动的组织形态和传播策略，分析其抗争传播过程中的多种关系的互动以及这种互动带来的后果的研究也有不少。前些年有台湾一些学者从媒介框架的角度,探讨新闻媒体的报道如何受到社会团体的影响,后来一些国内学者也开始关心社会组织近用媒体的策略,这是一种明显的公共关系学的研究取向。

1. 媒体近用与传播策略

曾繁旭从社会运动组织(尤其是NGO)的媒体接近策略角度来对此问题进行探讨的。在对绿色和平组织的抵制云南金光林事件的考察中,曾繁旭分析了社会运动组织是如何根据中国的具体国情设置议题、建构议题意义的,并尽量通过这一议题建构过程扩大支持,如提出"信任政府"框架,以争取政府对自身的支持。然而,同西方有所不同,中国当下的社会运动往往没有社会组织居中动员,往往由公民自发行动,而互联网和大众媒体往往在其中扮演着"推动者"的角色。

2. 抗争与互联网表达

Yongnian Zheng和Guoguang认为中国的政治社会是一种"自由型的威权社会",即政治精英容许底层民众进行一定的集体行为和社会运动,但是这种行为是具有一定边界的,如果触犯了国家的底线,那么社会抗议者将要受到惩罚,由于底层民众的声音很难上传到上层政治精英,在传播渠道资源匮乏的情形下,新媒体在其中就扮演了越来越重要的作用,他们将互联网对抗争型公共事件的影响分为三个层面并进行了分析:作为传播工具的互联网,作为公共领域的互联网以及作为一种集体行为方式的互联网。通过对国家对互联网的控制以及抗争型公共事件运用进行"声音"的表达的策略的分析,他们认为这种国家与集体行为之间的互动是一种合作式的互动,这种互动方式介于冲突式互动与调和式互动之间,互联网成为底层民众表达不满和意见的渠道,以引起上层精英的关注。[1]我们或者可以把这种"合作式互动"看作是一种"合法抗争",即在国家允许的范围内进行利益的。

3. 抗争、社会关系与都市媒体

根据赵月枝[2]对"孙志刚事件"的观察,孙志刚之死在一开始就被网民架构为"大学生孙志刚之死",强调了孙志刚的城市中产身份,由于原有的城市收容制度主要针对的是"三无人员"或者说是弱势群体。因此,当这种制度伤害到了其他阶层时,就引发了中产阶级的不满,而在孙志刚事件中,无论是知识分子还是网民以及大众媒

---

[1] ZHENG Y, WU G. Information technology, public space, and collective action in China [J]. Comparative political studies, 2005, 38(5): 507–536.

[2] ZHAO Y Z. Communication in China [M]. Rowman&Littlefield Publishing Group, Inc, 2008.

体如《南方都市报》《北京青年报》等都强调了"公民权利"这样的框架，而忽略了改革带来的城乡二元分化这种根本的原因。因此赵月枝认为市场导向下的媒体、都市知识分子和网络用户针对"孙志刚事件"进行的抗议是从城市的公民权利的角度出发，而并非是从农民工的角度出发，这种抗议并没有触及国家的现代化策略。

4. 城市抗争与报道管制

众所周知，在中国，新闻媒体被纳入国家体制之内，新闻业在市场化的同时，依然保持着党的领导，即"事业性质，企业管理"。然而，近年来，中国媒体对于抗争型公共事件的报导往往是一种积极介入式的，如厦门的"PX事件"、广州的"番禺垃圾焚烧厂事件"等，并倾向于揭露社会问题。对此，学者们从以下四个方面分析了这种"积极介入式"的抗争型公共事件报道的形成原因。

首先，"现实主义"意识形态没有能够设定一个具有高度社会认同感的价值体系，在霸权文化缺失的背景下，[①] 媒体在国家和社会中扮演的角色也在重新定位，大多数媒体都面临着经济效益和竞争压力等因素，加剧了对新闻价值的追逐，同时新闻专业主义的兴起，使得新闻工作人员倾向于突破禁区，对敏感话题进行常规报道。其次，社会转型带来了中央与地方关系的利益分化、部门之间的利益分化，导致了权力体系中的缝隙，并给媒体赋予抗争型公共事件或社会运动以"合法性"带来了空间，媒体通过"打擦边球"，成为草根阶层表达民意，传递声音的重要渠道。再次，媒介话语权的争夺也日益多元化，除了有传统的国家控制外，日益兴起的其他社会话语也纷纷争取媒介空间来反映他们的政治要求。[②] 最后，抗争型公共事件者在进行利益争取的动员时，表达方式也逐渐理性化、策略化，往往是"踩线而不跨线"[③]，有效地动员了各种资源，如媒体、政府、社会公众等来获得同情和社会影响，以引发政府的关注，倾听他们的"声音"并与权威基层形成"合作性互动"，从而保证社会抗议在合法或

---

① 林芬，赵鼎新. 霸权文化缺失下的中国新闻和社会运动 [J]. 传播与社会学学刊，2008(6)：93-119.

② TONG J. Press self-censorship in China: a case study in the transformation of discourse [J]. Discourse & society, 2009, 20(5): 593-612.

③ 蔡禾，李超海，冯建华. 利益受损农民工的利益抗争行为研究 [J]. 社会学研究，2009(1)：139-161.

争议性领域内进行。①②

大众媒体在抗争型公共事件过程中扮演的角色越来越为重要。首先，大众媒体为抗争型公共事件定下了抗争基调，并在一定程度上塑造了抗争型公共事件者的集体认同感，根据孙玮的观察，在"厦门PX事件"中，大众媒体的报道会对抗争型公共事件者的身份认同形成直接的影响，塑造了厦门抗争型公共事件者关于"我们是谁"的认知，这主要包括三个方面：地方共同体（厦门人）、环保主义者和公民。同时，孙玮也发现媒体在建构集体认同感的过程中颇具"中国特色"，这主要体现在三个方面：第一，强调问题的严重性和社会意义；第二，问题的归因指向地方政府；第三，与其他社会问题建立联系，大众媒介会有意识地结合同一时期发生的其他社会问题进行报导。这三点，都表明了大众传播媒介的抗争报道对抗争行为的重要建构作用。

三、实证分析：抗争型公共事件中的媒体互动与议题博弈

在大中型城市里，抗争型公共事件的行动者往往具有实施行动的优势，如行动的动员和组织，具有议题设置策略，懂得近用媒体尤其是网络新媒体，容易得到社会呼应和媒体广泛报道，最终成为公共事件的几率也很大。本节关注发生在番禺的垃圾焚烧事件，重点关注分析抗争者的议题表达方式以及大众媒体对事件的报道框架，并结合政府方的回应来分析反焚烧议题在现实传播中的对立、互动变化和博弈结果。

为了解焚烧事件中抗争者议题与媒体报道议题的互动状况，本节设置了几个研究假设作为量化分析的目标进行深层分析。

1. 议题设置层面

假设一：抗争议题越具有公共性，涉及公众范围越大，越容易被大众媒体所报道。

假设二：抗争议题越具有"事件性"而非"政治性"，越容易被大众媒体所报道。

假设三：抗争议题越具有"时代意识"（如公正公平、信息公开、环保、权益维护、人权、知情等），越容易被大众媒体所报道。

假设四：抗争议题越容易引起制度质疑或反思精神，越容易被大众媒体所深入报道。

---

① 柳建文. "行动"与"结构"的双重视角：对中国转型时期群体性事件的一个解释框架［J］. 云南社会科学，2009(6)：53-56.
② 应星. 草根动员与农民群体利益的表达机制——四个个案的比较研究［J］. 社会学研究，2007(2)：1-23.

2. 传播渠道层面

假设五：最初通过网络媒体（网络论坛，网络社区、博客、微博等）树立议题的抗争事件，容易被传统大众媒体所报道。

假设六：获得多种媒体之间呼应程度越大的抗争事件，越容易被广泛报道。

假设七：知名人士呼应讨论程度越大的抗争事件，越容易被大众媒体报道。

2009年底，广州市媒体报道了"番禺垃圾电厂将开听证会"的新闻，引发了一场媒体上的官民博弈。11月23日，超过500名民众在广州市政府某出口处抗议番禺区大石建设垃圾焚烧发电厂。这个案例的行动者是积极利用网络媒体进行议题传播的几个知名社区的居民及其代表，而广州市的6家媒体也都先后程度不同地参与了相关议题的报道。

本章主要分析广州市6家媒体[①]的相关报道文本，试图了解和分析6家都市媒体相关报道的框架数量、各种框架的不同媒体分布和强弱样态以及主要报道框架与都市媒体的相关关系。虽然选择了6家报纸媒体为主要分析对象，但是网络媒体也是本章的分析重点，由于网络媒体传播的特性，尚未有合适的比较方法能将之与传统媒体直接做比较，因此本章将网络媒体上的都市抗争型公共事件框架及其传播样态做定性分析。分析时期定为2009年9月25日—2010年1月25日，这是本次事件的核心时期。分析样本从6家报纸的电子版上摘取，样本选取情况如下：

表49-1　广州市6家报纸媒体的相关报道

报纸	新闻数量（条）	报道时期
《南方都市报》	96	2009年9月25日—2010年1月11日
《新快报》	72	2009年9月25日—2010年1月25日
《信息时报》	32	2009年10月31日—2010年1月20日
《广州日报》	26	2009年10月11日—2010年1月25日
《羊城晚报》	75	2009年10月24日—2010年1月24日
《南方日报》	35	2009年10月27日—2010年1月20日
合计	336	

---

① 都市媒体一般是指以城市人群为受众对象的大众传媒。如果按这个定义，广州市6家重要报纸媒体都是都市媒体，其中《南方日报》《广州日报》和《羊城晚报》属于党报，《南方都市报》《新快报》和《信息时报》是党报集团属下的报纸。

（一）框架种类和报道频率

表49-1显示，广州市6家报纸媒体都对"焚烧事件"做了报道，其中《南方都市报》《新快报》和《羊城晚报》的报道数量比较多，《南方日报》《广州日报》和同属广州日报集团的《信息时报》的报道量相对较少。而事实上，《南方都市报》和《新快报》在这次都市抗争型公共事件中发挥的参与和推动作用也是有目共睹的。

表49-3是对6家媒体相关报道的框架分析总结，显示了都市媒体对这次集体事件的报道框架，从数量上看，"反对框架"下的子框架数量和种类较多，"说明框架"下的子框架数量其次，这说明了反对的声音和主张在都市媒体的总体报道中占了优势，而政府相关部门的应对行为也相当积极，在媒体上不断进行说明和解释。"反思框架"下的子框架总量最多，这显示媒体对事件整体的概括最终归结到对垃圾问题的环保解决上来了。"支持框架"的数量较少，其他导向则是媒体对同城相关问题和行动、他国同类问题决策的介绍和报道。从时间上看，反对导向的框架最早，说明框架其次，支持框架和反思框架随后，这也说明了番禺垃圾焚烧厂选址问题的框架从时间逻辑上来看是从"反对"到"说明"再到"支持"，最后归结于"反思"。

在反对导向下的各种框架中，"反对选址"和"不信任"框架的数量最多，这明显是番禺业主设置的、得到了媒体认可的框架。说明导向下的框架内容以"接访听取意见"和"如多数反对则不开工"两个框架数量居多，显示了理性温和的政府应对态度，说明这次政府部门的应对是考虑到民声和媒体舆论的。但是，反对导向下的框架内容数量不多但显得强硬，既说明了部分政府官员和部门的态度，也表明了政府部门间的议题不一致。

表49-2 番禺垃圾焚烧场选址事件的框架种类和数量

导向	框架种类	框架主要观点	框架总体数量
反对框架 457	反对选址	垃圾焚烧发电厂选址周围居住着七十万至一百万的居民，近十年番禺已成为中国炙手可热的房地产开发区域，包括丽江花园、碧桂园、祈福新村、南国奥园等多个大型居住小区。大量因焚烧垃圾可能导致系列污染的证据令人担心。调查显示百分之九十七的受访居民反对建垃圾发电厂，其中半径二公里内的居民反对率更是达到百分之百。	102

续表

导向	框架种类	框架主要观点	框架总体数量
反对框架 457	不信任	广州市环卫局有关负责人郑重澄清番禺垃圾焚烧发电厂项目尚在编制环评报告阶段，还未进行上报，近期开工的可能性不大。但此番澄清并未能打消居民疑虑，番禺各小区居民纷纷展开集会、签名等抗议活动。	98
	垃圾焚烧非环保	垃圾焚烧已在世界各地停产，这种焚烧方式不环保。	76
	背后利益与广日集团	"十一五规划"对垃圾焚烧项目的财政补贴只剩下明年一年，抢时间上马垃圾焚烧发电项目让财政补贴落袋为安的冲动，这是全国垃圾焚烧电厂大量上马的根本原因。	62
	焚烧致癌	网络流传一篇《建垃圾焚烧发电厂前后的李坑村民癌症统计数据》的文件披露了广州李坑垃圾焚烧发电厂附近村民在发电厂投产前后呼吸道癌症的发病名单，统计显示，建厂后李坑癌症发病率是建厂前的19.87倍。	73
	抗议行动	番禺居民上访，但一小时才接访九人的缓慢进度激怒了楼下等候的民众，在高呼口号无果后，民众走向百米外的广州市政府。	46
说明框架 396	尊重环评结果	10月10日广州市环卫局有关负责人郑重澄清，番禺垃圾焚烧发电厂项目尚在编制环评报告阶段，还未进行上报，近期开工的可能性不大，环评如果通不过就不会开工，更不会强行开工。	87
	接访听取意见	城管委主任透露将于11月23日局长针对广州垃圾处理方式和番禺拟建垃圾焚烧发电厂广泛收集民意。自由作家连岳呼吁这是合法的群体表达意见的大好机会，号召广州市民踊跃前往接访，展示民众力量。番禺各小区论坛纷纷发动业主于当日群体上访。	99
	如多数反对则不开工	约100名业主代表受邀来到番禺区洛浦街道办事处与区长楼旭逵进行首次对话。楼旭逵承诺："环评不通过绝不开工，我再补充一句，绝大多数群众反应强烈也绝不开工。"	112
	呼吁市民献计	广州市副市长对选址问题主动作出响应："番禺的垃圾只能就地处理，至于选择哪个点要广泛听取市民意见。"在同一场合，城管委主任李廷贵透露，将于11月23日城管委成立后首次进行局长接访，针对广州垃圾处理方式和番禺拟建垃圾焚烧发电厂广泛收集民意。	98

续表

导向	框架种类	框架主要观点	框架总体数量
支持框架 162	焚烧后果可接受	广州市政府召开了新闻通报会。市政府副秘书长吕志毅称，垃圾焚烧和垃圾分类是广州垃圾处理坚定不移的发展方向；垃圾焚烧产生的二噁英不会对环境造成影响，是可以接受的；番禺将开展垃圾处理全民大讨论，再进行决策。	87
	焚烧厂必须建	广州市城管委副主任孙金龙在接访时称："垃圾焚烧厂铁定要建，不但要建，而且要多建。"	75
反思框架 587	垃圾应该分类处理	番禺业主在反对建垃圾焚烧厂的同时，开始理性思考生活垃圾的出路。丽江业主论坛网友认为，我们今天反对在自己家门口兴建焚烧厂，如果是在别人家门口兴建，我们还会如此热烈吗？如果这场博弈的最后，只是把垃圾焚烧厂从番禺会江移走了，移到了别人的门口，那么在这场轰轰烈烈的纷争中，我们都是输家。只要不建垃圾焚烧厂，我们愿意带头做垃圾分类。	145
	建立分类试点	广州市市政协委员韩志鹏11月6日向市政协上交一份题为《走出垃圾围城：建议番禺分类处理垃圾》的提案，呼应民众的呼声。李廷贵亦在9日表示，将利用11、12月做广州垃圾分类现状的专题调研，预计于明年1月1日出台广州垃圾分类的标准，并在白云区和番禺区先试点垃圾分类。	156
反思框架 587	垃圾问题应公众参与	多位专家表明，垃圾问题应重视公众意见，公众应该积极参与垃圾问题的解决。	190
	公共管理应尊重民意	反思政府部门的单方决策，呼吁重视民意，充分收集居民意见和建议。	96
其他框架 98	其他区域的相关行动	广州市其他区域也有关于垃圾处理的相关舆论和行动产生，多家小学开始实施垃圾分类教育。借鉴国外同类做法。	98

（二）议题设置层面的框架特征

在上述被6家媒体较多呈现的框架中，可以明显看出有议题越具有公共性，涉及公众范围越大，就越容易被大众媒体所报道。"反对选址""多数反对则不开工""垃圾应该分类处理""建立分类试点"和"垃圾问题应公众参与"这些框架都涉及到多个大型社区的公众，垃圾处理这个与每个家庭都有关的问题应该是大多数公众关注的话题，从公共管理的角度呼吁公众参与讨论垃圾处理问题，也是一个具有公共关注度的议题,因此,假设一得到证实。

从新闻专业主义和媒体生产的角度来看,具有突发性、事件性的议题容易得到报道,在上述框架中,2009年11月23日市政府门前抗议事件应该具备这个特性,那天番禺居民集合上访,但一小时才被接访九人,缓慢的进度激怒了楼下等候的民众,在高呼口号无果后,民众走向百米外的广州市政府。这个事件被行动者中的领袖人物微博直播。但是反映在都市媒体的报道上,这个框架的数量并不是很多,"抗议行动"的框架数量只有46。这是否说明即使从新闻价值角度看这个框架值得报道,但是现实中媒体会遭到管制的压力,最终并不能顺利呈现出来?在本节中,假设二并未得到证实。

假设三认为议题越具有"时代意识"(如公正公平、信息公开、环保、权益维护、人权、知情等),越容易被大众媒体所报道。这个假设在上述框架中得到证实。媒体报道频度较高的框架集中在"反思框架"中,所属的子框架都强调、体现了爱护环境、垃圾分类处理和公民公共参与的意识。

同时"反对框架"中的"不信任""焚烧致癌"和"背后利益与广日集团"等子框架,也体现了对官方的不信任和对制度、体制的质疑;同时,在"反思框架"中多个子框架体现了反思精神,如"丽江网友"的言论,这说明质疑精神和反思态度是容易被大众媒体所深入报道的框架类型,假设四得到证明。

(三)传播渠道中的框架设置者

研究者按框架的种类观察了框架设置者的身份,发现各种不同框架的设置者有着明显的身份区分(见表49-3)。从媒体选择信息源的频度来看媒体对框架设置者的喜好,可以发现《南方都市报》、《新快报》和《羊城晚报》多采用番禺业主、抗争型公共事件者、行动主导者、意见领袖和网友的观点,同时,这三家报纸也是明显认同上述设置者的框架的,它们在自己的社论中也都显示了同样的框架。而《广州日报》和《南方日报》则多选择来自政府部门、政府官员和政府专家的框架,这也显示了这两家报纸的信息源偏向。在反思框架的设置者中,媒体也表示出了同样的选择:《南方都市报》《新快报》《羊城晚报》多选择番禺业主(抗争型公共事件者)等的框架,广州日报和南方日报等多选择政府方面的框架。同时,《南方都市报》《新快报》对信息源的选择面相对宽,例如在其他框架中,这两家报纸还报道了环保组织和城外媒体的相关框架。例如《新快报》10月27日报道了中央电视台《朝闻天下》栏目的新闻"垃圾场将建居民贱卖楼",表明央视对这个事件的关注。11月11日《人民日报》的"人民时评"的文章《决策不能千里走单骑》，这个评论也被《南方都市报》和《新快报》《羊城晚报》所报道。

"番禺垃圾焚烧事件"可谓是一次由番禺业主成功设置的抗争型都市事件议题。这次抗争型公共事件的议题最初在番禺几个社区论坛中得到热烈关注和讨论，由于广州市几个知名社区的论坛一直是都市媒体的重要关注点，这个议题立刻被转载扩大，社区论坛的代表人物和其他网友、居民纷纷接受媒体的采访，发布自己的意见和建议，并举行了签名活动，要求和当地政府官员对话。从这个角度来看，番禺垃圾焚烧厂选址事件其实是一次引发于网络论坛、都市媒体积极介入报道、网络媒体和都市媒体不断互动的一次传播行为。报道的高潮时期，不但有报纸媒体的报道，南方网、金羊网、大洋网、奥一网还有专门的网上互动型联合报道。尤其是番禺业主论坛的议题设置力量比较明显，如上表中的抗争型公共事件者、意见领袖和人大代表、网民，都成为传统媒体上的议题设置者。假设五可以由此证实。

表49-3 框架的设置者和媒体采用情况

框架种类	设置者身份与呈现数量	作为信息源较多使用的媒体
反对导向类框架：反对选址、不信任、垃圾焚烧非环保、背后利益与广日集团、焚烧致癌、抗议行动。框架总数457个。	番禺业主，抗争型公共事件者，202人	《南方都市报》《新快报》《羊城晚报》
	行动主导者，145人	《南方都市报》《新快报》《羊城晚报》
	意见领袖，46人	《南方都市报》《新快报》
	网友，52人	《南方都市报》《新快报》《羊城晚报》
	媒体，（社论）12家	《南方都市报》《新快报》
说明导向框架：环评结果至上、接访听取意见、如多数反对则不开工、呼吁市民献计。框架总数：396个。	政府相关部门，176人	《广州日报》《南方日报》《信息时报》
	官员，87人	《广州日报》《南方日报》《南方都市报》《新快报》《羊城晚报》
	政府专家，133人	《广州日报》《南方日报》《南方都市报》《新快报》《羊城晚报》
支持导向框架：焚烧后果可接受、焚烧厂必须建。框架总数：162个。	政府相关部门，119人	《广州日报》《南方日报》《南方都市报》《新快报》《羊城晚报》
	官员，43人	《广州日报》《南方日报》《南方都市报》《新快报》《羊城晚报》

续表

框架种类	设置者身份与呈现数量	作为信息源较多使用的媒体
反思导向框架：垃圾应该分类处理、建立分类试点、垃圾问题应公众参与解决。框架总数：587个。	番禺抗争型公共事件者，124人	《南方都市报》《新快报》《羊城晚报》
	意见领袖，98人	《南方都市报》《新快报》《羊城晚报》
	学者，53人	《南方都市报》《新快报》《羊城晚报》
	人大代表，71人	《南方都市报》《新快报》《羊城晚报》
	中央媒体，13家	《南方都市报》《新快报》《羊城晚报》
	政府官员，107人	《广州日报》《南方日报》《南方都市报》《新快报》《羊城晚报》
	网民，121人	《南方都市报》《新快报》《羊城晚报》
其他框架：其他区域的相关议论、行为等。框架总数：98个。	广州其他地区市民，46人	《南方都市报》《新快报》《羊城晚报》《广州日报》《南方日报》《信息时报》
	社区，22个	《南方都市报》《新快报》《羊城晚报》《广州日报》《南方日报》《信息时报》
	环保组织，14个	《南方都市报》《新快报》
	城外媒体，6家	《南方都市报》《新快报》
	意见领袖，10人	《南方都市报》《新快报》

在这次事件中，抗争型公共事件者的议题设置首先靠网络媒体，可以说网络媒体的议题设置力量在都市报纸上得到了较大程度的体现。这个话题的引爆来自于当地知名社区丽江花园的网络论坛，其代表人物"巴索风云"多次出现在报纸媒体上发表自己的见解。同时，网络意见领袖通过博客、微博、社区论坛来发布议题和见解，这些观点都得到了《南方都市报》、《新快报》和《羊城晚报》的转载或报道。假设七可以由此证实。

另外一个明显的例子就是，上述三家报纸的相关报道中，网友作为一种信息源和意见提出方反复出现，番禺相关社区论坛和社区网友也一直是这三家报纸报道的重点对象。而报纸媒体的积极介入和全面报道，也促进了网络论坛议题的进一步深入和扩展。因此可以认为，网络媒体（网络论坛、网络社区、博客、微博等）在抗争型事件的树立议题方面，容易与传统大众媒体形成议题互动。同时，人民日报和人民网的相关报道都被都市媒体积极转载。《南方都市报》和《新快报》还积极关注其他发言、行动者的框架，如《南方都市报》报道了环保组织"自然之友"的主张。因此，假设六得到证实。

都市媒体积极与网络媒体进行议题互动，展开相关报道，是这次抗争型公共事件中传播行为的突出特点，网络媒体开放、把关程度低的特性让网络议题的形成和设置相对容易，一些在都市报纸媒体上被视为敏感话题的议题可以在网络论坛上轻易形成势头，《南方都市报》积极反映番禺社区业主的心声和思考，《新快报》多次报道这次抗争型公共事件的代言者"巴索风云"，都市媒体的报道让更多的城市人开始关注与声援这次行动，也让网络社区论坛更具议题设置的力量。尤其是一些城内的意见领袖或知名媒体人，他们拥有自己的网络议题设置场所，如博客、微博、知名网络社区，也在都市媒体上开设专栏，这样，同一议题的网上纸上的互动就非常及时了。①

（四）框架博弈中的多元关系互动

广州市是一个媒体报道程度相对开放、对公共领域影响较大的城市，三大报旗下的三家都市小型报纸在与民生有关的公共话题上更是活跃，番禺垃圾焚烧厂选址事件在媒体上出现各种框架，正表现出广州这个城市特有的公共舆论氛围特征，即与民生有关的公共话题容易得到都市媒体的关注，即使是网络社区的议题，只要有知名性、重要性并引人关注，就有很大可能成为报纸媒体上的议题，都市媒体是城市公共舆论的重要引发场所和展示场所，而得到展示的框架也不会单一。例如政府首先拿出的说明框架反映了对公共舆论一定程度上的关注，番禺业主主张的框架，也并未一味坚持反对焚烧，而是渐渐转向反思和垃圾分类。框架的多样化表明了这个城市的公共舆论相对宽松的氛围。

可以看见，围绕这个抗争型事件，多种框架在媒体上呈现相互博弈的状态，从数量上说，反对导向框架的强势迫使说明框架和支持渐渐转向反思框架，反对框架本身也有反省，最终也像反思框架过渡，反思框架中的"试点垃圾焚烧"最终成了一种得到公共认同的框架，也促使这件事情趋于平息。也就是说，这种反思框架是一种意义高尚而宏观的道德框架，框架中的责任、义务和结果都没有严格规定，时间也相对模糊，因此这种框架会令事态走向平静和理性。

番禺垃圾焚烧厂选址事件的多种框架是如何博弈的？分析框架背后的社会组织利

---

① 《南方都市报》上有陈扬的《陈扬发言》，《南方都市报》和《新快报》上有李公明、赵竞元、王则楚、郭巍青、彭澎、信力建等意见领袖的相关文章。

益和资源状况，就可以了解其博弈机制，这种机制体现在各个框架主体拥有的象征资本、政经资本、传播资本和社会资本上。首先，数量上占优势的框架，其政经资本就是框架提出者具有较高的政治地位，拥有较为雄厚的经济实力和社会资源。在番禺垃圾焚烧厂选址事件中，两个从数量上看有优势的框架"反对框架"和"反思框架"都是番禺业主（抗争型公共事件者）提出来的，番禺是广州市中产阶级的重要居住地，居住者大多是收入中上、有较高专业知识和参与公共管理积极性的人群，因此他们的框架设置从一开始就有较高的社会显现度。

所谓框架的传播资本是指设置者的传播策略和媒体沟通运作能力。上述两个重要框架的提出者是番禺业主，其中积极运用网络自媒体来设置议题的人为数不少，番禺的丽江花园业主论坛一直都是广州市报纸媒体关注的对象，在这次事件中，丽江花园业主论坛发挥了积极的议题设置作用；同时番禺各大楼盘社区里居住着较多的媒体工作者，他们在这次报道中积极关注这个议题，使这个议题在都市媒体更容易地被呈现出来。① 这些情况都体现了优势框架的设置者在近用媒体（access to）的竞争中拥有的优势。

框架的社会资本体现在框架设置者的社会关系网络、舆论领袖的声援、框架内容与都市文化内涵和公共舆论的同向性的一致上，这也是上述"反思框架"最终成为优势框架的重要原因。这个事件最初的框架设置者是番禺多个大型楼盘的业主，都市中产阶层人士，继而引发多位人大代表、评论家、媒体人和公共知识分子的关注讨论，这些舆论领袖的声援和议题引导也是反对框架最终转化成反思框架的关键。同时，广州是一个公众积极参与公共管理讨论并发表意见、媒体活跃而关注民生、公共舆论对公共政策决策有一定影响力的城市，这样的城市和政府、市民、媒体在思考公共建设问题时都会表现一种相对长远的眼光，因此，最终反思框架成为抗争型公共事件者、政府、舆论领袖、媒体和其他公众都认可的优势框架。

在这个事件中，网络新媒体的作用如何？从框架的角度分析这一事件的传播过程，可以看见明显的新旧媒体框架联动机制，网络框架被都市报纸媒体大量报道，形成影响力后促进网络框架的数量增长和发展，这种发展和趋势再次让报纸媒体进一步报道，网络社区话题和行动、网友的观点和言论、网友的线上行为和线下行为都成为报纸媒体的报道内容。网络媒体的作用明显在于议题设置，尤其是对报纸媒体来说相

---

① 这是笔者采访多位媒体工作人员形成的印象，也是多位事件观察者的共同认识。

对敏感的议题，成为网络议题后顾虑就会少很多。其次，网络媒体的议题也要靠报纸媒体来正当化，成为正式的公共议题。如果报网密切联动，某个议题的传播力度就会大大增长。

同时，网络社区论坛的议题设置或框架提起的作用不能忽视，例如番禺丽江、祈福、南奥等小区的业主开设相关论坛，不断坚持通过网络传播自己的主张，通过网上展示收集到的反焚烧专家言论以及国外法规与失败案例，呼吁网络签名；一方面还通过实际行动来表明立场，如汽车标语、宣传单、印制T恤、考察李坑、改编歌词等，来呼吁政府尊重民意，争取官民能够良性互动、平等对话，这些实际行动也成为引起媒体关注和报道的新闻事件。

现代都市的媒体融合环境给都市集体情绪和群体意见的公共表达提供了传播渠道和表达、博弈的场所，由于匿名性和把关程度相对低，网络媒体可能是这类议题设置的始作俑者。但是网络媒体往往是都市特定层次人群的言论场所，只有这类议题得到传统媒体的大量报道后，才能真正成为都市公共领域里的正式议题，成为一个社会话题。因此，关注新旧媒体融合环境中的框架传播和博弈状况是具有现实意义的。

参考文献

1. 赵鼎新．社会与政治运动讲义［M］．社会科学文献出版社，2006．
2. 吉特林．全世界都在看：新左派运动的媒介镜像［M］．华夏出版社，2007．
3. 林芬，赵鼎新．霸权文化缺失下的中国新闻和社会运动［J］．传播与社会学学刊，2008（1）．
4. 应星．草根动员与农民群体利益的表达机制——四个个案的比较研究［J］．社会学研究，2007（2）．
5. 曾繁旭．国家控制下的NGO议题建构：以中国议题为例［J］．传播与社会学学刊，2009（2）．
6. 曾繁旭．NGO媒体策略与空间拓展——以绿色和平建构"金光集团云南毁林"议题为个案［J］．开放时代，2006（6）．
7. 斯诺，本福特．主框架和抗议周期［M］//莫里斯，缪勒．社会运动理论的前沿领域．刘能，译．北京：北京大学出版社，2002．
8. 勒庞．乌合之众——大众心理研究［M］．冯克利，译．北京：中央编译出版社，2005．

9. 奥尔森. 集体行动的逻辑 [M]. 陈郁, 郭宇峰, 李崇新, 译. 上海人民出版社, 1995年.

10. 弗里德曼, 麦克亚当. 集体认同感和行动主义: 网络、选择和社会运动的生命历程 [M]//莫里斯, 缪勒. 社会运动理论的前沿领域. 刘能, 译. 北京大学出版社, 2002年.

11. 塔奇曼. 做新闻 [M]. 北京: 华夏出版社, 2008.

12. 柳建文. "行动"与"结构"的双重视角: 对中国转型时期群体性事件的一个解释框架 [J]. 云南社会科学, 2009 (6).

13. 蔡禾, 李超海, 冯建华. 利益受损农民工的利益抗争行为研究——基于珠三角企业的调查 [J]. 社会学研究, 2009 (1).

14. 孙玮. "我们是谁": 大众媒介对于新社会运动的集体认同感建构 [J]. 新闻大学, 2007 (3).

15. 孙玮. 中国"新民权运动"中的媒介"社会动员"——以重庆"钉子户"事件的媒介报道为例 [J], 2008 (4).

16. 甘姆森. 集体行动的社会心理学 [M]//莫里斯, 缪勒. 社会运动理论的前沿领域. 刘能, 译. 北京: 北京大学出版社, 2002.

17. 克兰德曼斯. 抗议的社会建构和多组织场域 [M]//莫里斯, 缪勒. 社会运动理论的前沿领域. 刘能, 译. 北京: 北京大学出版社, 2002.

18. 费里. 理性概念的政治脉络: 理性选择理论和资源动员视角 [M]//莫里斯, 缪勒. 社会运动理论的前沿领域. 刘能, 译. 北京大学出版社, 2002.

19. 泰勒, 维提尔. 社会运动社区中的集体认同感: 同性恋女权主义的动员 [M]//莫里斯, 缪勒. 社会运动理论的前沿领域. 刘能, 译. 北京大学出版社, 2002.

20. 渥夫斯菲尔德. 政治竞争模式 [M]// SIMON C. 新闻, 公共关系与权力. 上海: 复旦大学出版社, 2007.

21. 臧国仁, 钟蔚文. 框架概念与公共关系策略——有关运用媒介框架的探析 [J]. 广告学研究, 1997.

22. 臧国仁. 消息来源组织与媒介真实之建构——组织文化与组织框架的观点 [J]. 广告学研究, 1998.

23. 童静蓉. 中国语境下的新闻专业主义社会话语 [J]. 传播与社会学刊, 2006.

24. JOHN D, CARTHY M, MAYER N. Resource Mobilization and Social

Movements: A Partial Theory [J]. The American Journal of Sociology, 1997, 82(6): 1212-1241.

25. SWIDLER A. Culture in Action: Symbols and Strategies [J]. American Sociological Review, 1986, 51(2): 273-286.

27. DAVID A, SNOW E, BURKE R. Frame Alignment Processes, Micromobilization, and Movement Participation [J]. American Sociological Review, 1986, 51(4): 464-481.

28. DEANA A. Rohlinger. Framing the Abortion Debate: Organizational Resources, Media Strategies, and Movement-Countermovement Dynamics [J]. The Sociological Quarterly, 2002, 43(4): 479-507.

29. WILLIAM A, GAMSON, GADI W. Movements and Media as Interacting Systems [J]. Annals of the American Academy of Political and Social Science—Citizens, Protest, and Democracy, 1993(528): 114-125.

30. WILLIAM A, GAMSON, DAVID S. Media Discourse as a Symbolic Contest: The Bomb in Political Cartoons. Sociological Forum [J]. Special Issue: Needed Sociological Research on Issues of War and Peace, 1992,7(1): 55-86.

31. ZHENG Y N, GUO G. Information Technology, Public Space, and Collective Action in China [J]. Comparative Political Studies, 2005(38): 507.

32. WILLIAM A, GAMSON, DAVID C, et al. Media Images and the Social Construction of Reality [J]. Annual Review of Sociology, 1992(18): 373-393.

33. KLANDERMANS B. Mobilization and participation: Social psychological expansions of resource mobilization theory [J]. American Sociological Review, 1984(49): 583-600.

34. ROBERT D, BENFORD. "You Could Be the Hundredth Monkey": Collective Action Frames and Vocabularies of Motive within the Nuclear Disarmament Movement [J]. The Sociological Quarterly, 1993, 34(2): 195-216.

35. TONG J R. Press self-censorship in China: a case study in the transformation of discourse [J]. Discourse Society, 2009(20): 593-612.

36. LEE C-C, HE Z, HUANG Y. "Chinese Party Publicity Inc." conglomerated: the case of the Shenzhen Press Group. Media Culture Society, 2006(28): 581.

37. LEE C-C, HE Z, HUANG Y. Party-Market Corporatism, Clientelism, and Media in Shanghai [J]. The Harvard International Journal of Press/Politics, 2007(12): 21.

38. TONG J R. Guerrilla tactics of investigative journalists in China [J]. Journalism, 2007(8): 530.

39. ZHAO Y Z. Communication in China [M]. Rowman&Littlefield Publishing Group Inc, 2008.

40. 刘能. 怨恨解释，动员结构和理性选择——有关中国都市地区集体行动发生可能性的分析 [J]. 开放时代，2004(4): 57-70.

41. 曾鹏，罗观翠. 集体行动何以可能？——关于集体行动动力机制的文献综述 [J]. 开放时代，2009(7).

42. WILLIAM A, GAMSON, GADI W. Movements and Media as Interacting Systems [J]. Annals of the American Academy of Political and Social Science—Citizens, Protest, and Democracy, 1993(528).

43. ENTMAN R M. Framing: Towards clarification of a fractured paradigm [J]. Journal of Communication, 1993, 43(4): 51-58.

44. BENFORD R D, DAVID A, SNOW. Framing Processes and SocialMovements: An Overview and Assessment [J]. Annual Review of Sociology, 2000(26): 611-639.

（张宁，中山大学传播与设计学院副院长、教授、博导，中国新闻史学会公共关系分会副会长；王博，中山大学传播与设计学院公共关系专业研究生）

第五十章　情境危机传播研究

一、引言

由于全球化、科技发展及社交媒体普及等多种原因，组织不得不面对来自环境的各种挑战，[1]这些挑战被公众感知为"危机"[2]。一旦公众感知到危机的存在，组织的声誉、合法化及执行目标的能力均会受到负面影响。因此，组织必须对危机进行有效管理，以最大限度地降低危机带来的危害。危机管理的目的在于使组织从危机中重回正轨，有效的危机管理应该涵盖良好的危机传播过程，[3]因为危机传播是其中与公众沟通的部分，侧重维护组织形象。[4]

西方学术界对危机管理及危机传播的研究始自1982年强生公司的"泰诺事件"[5]。迄今为止，危机传播研究领域大约形成了八个特征明显的研究主题：危机辩解研究、危机阶段研究、形象修护研究、情境危机传播研究、危机归因研究、危机博弈研究、危机回溯性释意研究与危机混沌研究。[6]

情境危机传播研究由美国学者W.T.库姆斯于1995年首次提出，主要以归因理论、组织声誉理论及修辞理论作为理论基础，还大量吸收其他危机传播研究的成果，如危机形象修护研究及危机辩解研究中的回应策略等。情境危机传播研究的基本思想是，危机是利益攸关者对组织危机责任的感知，这种感知就是组织所处的危机情境，危机情境会损害组织声誉，进而影响到公众对组织的行为倾向。因此，组织必须根据自身

---

[1] 吴宜蓁. 危机传播 [M]. 苏州：苏州大学出版社，2005.

[2][3][5] TOMSIC L P. Effectiveness of Blog Response Strategies to Minimize Crisis Effects [M]. ProQuest LLC. 789 East Eisenhower Parkway, PO Box 1346, Ann Arbor, MI 48106, 2010.

[4] FEARN-BANKS K. Crisis communication theory and ten businesses hit by news for making crises [J]. Global business trends, 1996: 55-62.

[6] LEGG K L. Crisis communication in the local church: A macro look at church crises and application of chaos theory [M]. Regent University, 2008.

所处的危机情境，使用不同的危机回应策略与利益攸关者进行沟通，承担与利益攸关者感知相符的危机责任，从而达到保护组织声誉的目的。情境危机传播研究主要由三个主题构成：以危机责任为判定标准的危机情境、危机情境对企业带来的负面影响、企业的危机回应策略以及情境与回应策略的匹配。

经过二十余年的发展，在企业的危机传播领域，情境危机传播研究和形象修护研究成为两大主流研究范式。[1][2] 本章从危机情境、负面影响、回应策略及情境与策略的匹配三个方面对情境危机传播研究相关成果进行系统回顾与梳理，并展望未来发展方面，以期对本土学者有所启发。

二、危机情境的构成

（一）什么是危机情境？

"危机情境"（Crisis Situation）由 Coombs 和 Holladay 于 1995 年提出，这个概念也是情境危机传播理论的核心所在。情境危机传播理论属于象征路径的研究，[3] 发源于修辞学观念中的辩解学说、形象修护、企业印象管理和企业辩解都是情境危机传播研究的理论基础。[4] 因此，"危机情境"中的"情境"来自于修辞学的"情境"。Coombs（1998）曾批评危机形象修护、印象管理和辩解研究，认为这些研究一味探讨企业如何使用策略回应，却不考虑针对情境的特殊性，有选择地使用策略。[5]

从修辞学的角度来看，"危机情境"就是危机所具有的特殊性和发生危机的社会环境，但仅从这个角度理解"危机情境"过于宽泛，无法进行实证研究。Coombs（1995, 1996）于是将归因理论纳入到对危机情境的认识之中，指出从归因的角度，一个事件发生以后，公众都会倾向于去寻找原因，与一般的事件相比，危机事件对原

---

[1] KIM S, LIU B F. Are all crises opportunities? a comparison of how corporate and government organizations responded to the 2009 flu pandemic [J]. Journal of public relations research, 2012, 24(1): 69-85.

[2] AVERY E J, LARISCY R W, KIM S, et al. A quantitative review of crisis communication research in public relations from 1991 to 2009 [J]. Public relations review, 2010, 36(2): 190-192.

[3] COOMBS W T. Choosing the right words the development of guidelines for the selection of the "appropriate" crisis-response strategies [J]. Management communication quarterly, 1995, 8(4): 447-476.

[4][5] COOMBS W T. An analytic framework for crisis situations: better responses from a better understanding of the situation [J]. Journal of public relations research, 1998, 10(3): 177-191.

因的探寻更紧迫、更必要。①② 而公众追问原因的过程就是分配危机责任的过程，企业被归因的危机责任越多，对公众社会期望的破坏程度越严重，声誉损害也就越严重。因此，他提出，企业处于何种危机情境，是和公众的危机归因及责任感知密切关联的，企业在危机中被公众归因的责任程度决定危机情境。

（二）危机情境包含哪些因素？

既然危机情境是由公众的危机归因所决定，那么分析公众如何在危机中归因十分必要。为了更清楚地梳理研究成果，本章将危机归因划分为两个类别：初级危机归因与次级危机归因。初级危机归因是指，公众通过分析危机产生的原因，分配危机责任，从而决定危机的类型。相对而言，公众进行初级危机归因以后，会形成比较客观的危机类型判断。然而，有些因素，尽管不能影响到公众对危机类型的判断，但是仍然能够在既定的危机类型的基础之上，强化或者弱化公众对危机责任的感知。这个基于危机类型的强化或者弱化过程就是公众的次级危机归因。

1. 初级危机归因

在初级危机归因阶段，归因的三个维度——可控性、内在性和持续性——仅有可控性与内在性影响到危机类型的划分。③ Coombs（2007）最终总结了10个危机类型，并依据危机责任程度归纳入三个危机群集中：第一，受害者危机群集的危机责任极少，包含四个小类型，分别是自然灾害、谣言、工作场所暴力、产品篡改；第二，意外危机群集的危机责任较低，包含三个小类型，分别是质疑、技术过失意外、技术过失产品伤害；第三，可预防危机群集的危机责任最高，包含三个小类型，分别是人为过失意外、人为过失产品伤害、组织错误行为。④

Lee（2005）证实，危机的内部性及可控性越高，公众的危机责任感知程度就越

---

① COOMBS W T. Choosing the right words the development of guidelines for the selection of the "appropriate" crisis-response strategies [J]. Management communication quarterly, 1995, 8(4): 447-476.

② COOMBS W T, HOLLADAY S J. Communication and attributions in a crisis: an experimental study in crisis communication [J]. Journal of public relations research, 1996, 8(4): 279-295.

③ COOMBS W T. An analytic framework for crisis situations: better responses from a better understanding of the situation [J]. Journal of public relations research, 1998, 10(3): 177-191.

④ COOMBS W T. Protecting organization reputations during a crisis: the development and application of situational crisis communication theory [J]. Corporate reputation review, 2007, 10(3): 163-176.

高，这支持Coombs危机类型划分的依据。[1]Park和Reber（2011）也通过实验研究证实，公众感知到危机越具备内在性，对企业的危机责任归因程度越高。[2]

Oyer S.（2008）研究在线媒介类型与危机类型对公众对组织信任的影响时，通过检验发现Coombs W.T.划分的危机类型非常实用，能够很准确地体现危机归因的程度。多项研究都直接使用这个危机分类。[3][4][5][6][7]

但是，这个危机类型的划分实际上存在很多问题，如归因的两个维度交叉，最终会形成四种不同程度的危机群集，但Coombs（2007）这个分类中，只有三个群集，且对危机类型的命名表述含混。[8]此外，很多在实践中经常发生的危机类型并没有被涵盖进去。因此，作为基础研究的危机类型划分仍然有很大的完善空间。

2. 次级危机归因

影响公众次级归因的因素可以归纳为两个个类别：危机的严重程度和卷入危机的企业在危机前与公众的关系状态。

（1）危机的严重性程度

Coombs（1998）发现，危机严重程度与危机责任之间并不存在正相关关系，在

---

[1] LEE B K. Hong Kong consumers' evaluation in an airline crash: a path model analysis [J]. Journal of public relations research, 2005, 17(4): 363–391.

[2] PARK H, REBER B H. The organization–public relationship and crisis communication: The effect of the organization–public relationship on publics' perceptions of crisis and attitudes toward the organization [J]. International journal of strategic communication, 2011, 5(4): 240–260.

[3] VLAD I, SALLOT L M, REBER B H. Rectification without assuming responsibility: testing the transgression flowchart with the Vioxx recall [J]. Journal of public relations research, 2006, 18(4): 357–379.

[4] KIM J, KIM H J, CAMERON G T. Making nice may not matter: the interplay of crisis type, response type and crisis issue on perceived organizational responsibility [J]. Public relations review, 2009, 35(1): 86–88.

[5] CLAEYS A S, CAUBERGHE V, VYNCKE P. Restoring reputations in times of crisis: an experimental study of the situational crisis communication theory and the moderating effects of locus of control [J]. Public relations review, 2010, 36(3): 256–262.

[6] PACE K M, FEDIUK T A, BOTERO I C. The acceptance of responsibility and expressions of regret in organizational apologies after a transgression [J]. Corporate communications: an international journal, 2010, 15(4): 410–427.

[7] UTZ S, SCHULTZ F, GLOCKA S. Crisis communication online: how medium, crisis type and emotions affected public reactions in the Fukushima Daiichi nuclear disaster [J]. public relations review, 2013, 39(1): 40–46.

[8] COOMBS W T. Attribution theory as a guide for post–crisis communication research [J]. Public relations review, 2007, 33(2): 135–139.

不同的危机类型中，公众对危机严重性的影响评价不同；在意外危机类型中，危机越严重，企业形象越正面，公众危机责任感知越少；在违法危机中，危机越严重，企业形象越负面，但对公众责任感知没有影响。[1] Lee（2005）的研究针对坠机事件中香港消费者的反应指出，危机越严重，公众的责任感知越多。[2] Lee从中西文化差异的角度解释了相反的研究结论。Claeys和Vyncke（2010）研究发现，公众感知到的危机越严重，对组织声誉的负面影响越严重；他们的研究没有直接探讨危机严重性与危机责任的关系。[3]

尽管没有直接研究危机严重程度的影响，但Schwarz（2012）在探讨公众卷入程度对危机责任归因影响的过程中提出，公众在危机中的卷入程度实际上就是公众直接感知危机与自己的关联程度[4]。从这种意义上讲，危机的严重性程度有没有可能与危机的卷入程度相关呢？会不会产生下面这样一个疑问：卷入程度高，客观来看，不是很严重的危机也会被公众视为很严重的危机；而客观上较严重的危机，由于卷入程度低，公众却觉得无足轻重呢？

（2）危机前，企业与公众的关系

危机并非发生在真空之中，危机爆发之前，企业在运营过程中的各种表现均会在公众感知中留下印象。目前研究者最关注企业与公众的关系史。

企业与公众的关系史是指企业与公众的关系状态。组织与公众之间的关系一旦建立起来就会比较稳定。公众对企业的正面看法会使它们自动忽略与正面声誉相矛盾的信息。良好的关系史影响利益攸关者对危机的感知（危机责任感知）。[5] 当组织利益攸关者拥有正面关系史，利益攸关者会将危机视为组织的反常行为，危机是企业在正面

---

[1] COOMBS W T. An analytic framework for crisis situations: better responses from a better understanding of the situation [J]. Journal of public relations research, 1998, 10(3): 177–191.

[2] LEE B K. Hong Kong consumers' evaluation in an airline crash: a path model analysis [J]. Journal of public relations research, 2005, 17(4): 363–391.

[3] CLAEYS A S, CAUBERGHE V, VYNCKE P. Restoring reputations in times of crisis: an experimental study of the situational crisis communication theory and the moderating effects of locus of control [J]. Public relations review, 2010, 36(3): 256–262.

[4] SCHWARZ A. How publics use social media to respond to blame games in crisis communication: the love parade tragedy in duisburg 2010 [J]. Public relations review, 2012, 38(3): 430–437.

[5] COOMBS W T, HOLLADAY S J. An extended examination of the crisis situations: a fusion of the relational management and symbolic approaches [J]. Journal of public relations research, 2001, 13(4): 321–340.

行为中的一个误操作。①与企业有正面危机关系的公众更少因危机而谴责组织，正面关系会降低公众对企业危机责任的感知。②

关系史影响公众对危机及危机中组织的感知，负面关系史令公众认为组织对危机负有更多责任。③负面关系史强化公众对组织的危机责任感知④。Jeong（2009）研究BP的石油泄漏危机时也发现，相对于正面关系史或无任何关系状态，当处于负面关系史状态时，公众就会对石油泄漏事故产生更高的内部归因和更低的外部归因（即危机责任感知更高）。⑤因为，假如关系史不佳，危机就是组织恶劣行为的有一个范例，利益攸关者就会提高危机责任归因，但是，中立关系史与正面关系史对公众危机责任感知的影响差异不明显。⑥

关系史除了通过强化危机归因来影响组织声誉以外，还会直接影响公众对危机中组织声誉的评价，这部分内容放在归因与组织声誉部分探讨。

除了关系史以外，也有其他一些危机前企业的表现在研究中涉及，如危机前组

---

①⑥ COOMBS W T, HOLLADAY S J. An extended examination of the crisis situations: a fusion of the relational management and symbolic approaches [J]. Journal of public relations research, 2001, 13(4): 321-340.

②③ BROWN K A, WHITE C L. Organization–public relationships and crisis response strategies: impact on attribution of responsibility [J]. Journal of public relations research, 2010, 23(1): 75-92.

④ COOMBS W T, Holladay S J. The negative communication dynamic: Exploring the impact of stakeholder affect on behavioral intentions [J]. Journal of Communication management, 2007, 11(4): 300-312.

⑤ JEONG S H. Public's responses to an oil spill accident: a test of the attribution theory and situational crisis communication theory [J]. Public Relations Review, 2009, 35(3): 307-309.

织声誉[1][2][3][4]、危机前CSR[5][6]、危机史[7][8][9][10]，但从目前已有的研究成果来看，尚难达成较为一致的结论。此外，危机前的组织声誉评价、CSR、危机史都与关系史密切关联，或者是企业公共关系工作中的构成部分，或者是公共关系的评价标准，而将其从关系史中单独析出，另行讨论，这样是否合理？这还需要进一步的研究来说明。

三、危机情境的影响

由公众的初级归因和次级归因形成的危机情境给企业带来的影响以负面为主。从认知心理学的思路来看，这种影响产生的过程为感知、学习、态度。在企业危机中，公众的感知和学习过程就是初级归因与次级归因，而后形成态度。态度包含了三个层面：认知上的评价、情感上的感受和行为上的倾向。[11]有关危机情境对企业的影响的

---

[1] KRIYANTONO R. Measuring a company reputation in a crisis situation: an ethnography approach on the situational crisis communication theory [J]. International journal of business and social science, 2012: 3(9).
[2] HELM S, TOLSDORF J. How does corporate reputation affect customer loyalty in a corporate crisis? [J]. Journal of contingencies and crisis management, 2013, 21(3): 144–152.
[3] TIMOTHY COOMBS W, HOLLADAY S J. Unpacking the halo effect: reputation and crisis management [J]. Journal of communication management, 2006, 10(2): 123–137.
[4] TIMOTHY COOMBS W, FRANDSEN F, HOLLADAY S J, et al. Why a concern for apologia and crisis communication? [J]. Corporate Communications: an international journal, 2010, 15(4): 337–349.
[5] KIM H K, YANG S U. Cognitive processing of crisis communication: Effects of CSR and crisis response strategies on stakeholder perceptions of a racial crisis dynamics [J]. Public Relations Journal, 2009, 3(1): 1–39.
[6] KIM J, KIM H J, CAMERON G T. Making nice may not matter: the interplay of crisis type, response type and crisis issue on perceived organizational responsibility [J]. Public relations review, 2009, 35(1): 86–88.
[7] COOMBS W T, HOLLADAY S J. Communication and attributions in a crisis: an experimental study in crisis communication [J]. Journal of public relations research, 1996, 8(4): 279–295.
[8] COOMBS W T. An analytic framework for crisis situations: better responses from a better understanding of the situation [J]. Journal of public relations research, 1998, 10(3): 177–191.
[9] COOMBS W T. Impact of past crises on current crisis communication: insights from situational crisis communication theory [J]. The journal of business communication (1973), 2004, 41(3): 265–289.
[10] COOMBS W T, HOLLADAY S J. An extended examination of the crisis situations: a fusion of the relational management and symbolic approaches [J]. Journal of public relations research, 2001, 13(4): 321–340.
[11] 符国群. 消费者行为学 [M]. 北京：高等教育出版社，2010.

研究成果也主要围绕着这三个方面，分别为危机情境对企业声誉的损害、危机情境带来的情感反应、危机情境带来的负面行为的倾向。

目前的研究表明，这三方面的负面影响并非只是简单并列关系。简而言之，这三者与危机归因的关系为，危机归因降低企业声誉评价、危机归因带来复杂的情感反应、负面情感（如愤怒）也会降低公众对企业的声誉评价，负面声誉评价和负面情感一起导致公众负面行为倾向。

（一）危机情境与组织声誉

1. 危机归因对组织声誉的影响

组织声誉是公众对组织的感知结果，[1][2][3]即公众对组织满足社会期望程度的感知。公众对企业声誉的评价主要通过其接触到的有关企业的信息而形成。公众对危机责任归因越多，声誉损失的风险也就越大。[4]危机责任感知与组织形象之间呈负相关。[5]随着危机责任感知的提高，组织声誉受到的损害就越严重。[6][7]并且，危机责任感知与组织声誉的负相关关系在每一个危机类型中都成立。[8][9][10]Kim和Yang（2009）也证实了

---

[1] COOMBS W T, HOLLADAY S J. Helping crisis managers protect reputational assets: initial tests of the situational crisis communication theory [J]. Management communication quarterly, 2002, 16(2): 165-186.

[2] COOMBS W T. Attribution theory as a guide for post-crisis communication research [J]. Public relations review, 2007, 33(2): 135-139.

[3] COOMBS W T. Protecting organization reputations during a crisis: the development and application of situational crisis communication theory [J]. Corporate reputation review, 2007, 10(3): 163-176.

[4] COOMBS W T, HOLLADAY S J. Communication and attributions in a crisis: an experimental study in crisis communication [J]. Journal of public relations research, 1996, 8(4): 279-295.

[5] COOMBS W T. An analytic framework for crisis situations: better responses from a better understanding of the situation [J]. Journal of public relations research, 1998, 10(3): 177-191.

[6] COOMBS W T. Information and compassion in crisis responses: a test of their effects [J]. Journal of public relations research, 1999, 11(2): 125-142.

[7] COOMBS W T, HOLLADAY S J. An extended examination of the crisis situations: a fusion of the relational management and symbolic approaches [J]. Journal of public relations research, 2001, 13(4): 321-340.

[8] COOMBS W T, HOLLADAY S J. Helping crisis managers protect reputational assets: initial tests of the situational crisis communication theory [J]. Management communication quarterly, 2002, 16(2): 165-186.

[9] COOMBS W T. Impact of past crises on current crisis communication: insights from situational crisis communication theory [J]. The journal of business communication (1973), 2004, 41(3): 265-289.

[10] TIMOTHY COOMBS W, HOLLADAY S J. An exploratory study of stakeholder emotions: affect and crises [M]//The effect of affect in organizational settings. Emerald Group Publishing Limited, 2005: 263-280.

危机归因与组织声誉的负相关关系。[1]

2. 关系史对组织声誉的影响

关系史也会直接影响危机中的企业声誉。即使在危机发生以后，好的组织与公众关系仍然使公众对组织倾向于正面评价。[2]好关系史就像声誉银行账户一样。过去的努力被存进这个账户，发生危机以后，取出一部分出来使用。[3][4]

关系史对负面声誉的效应也明显存在。[5]Coombs将这种负面效应命名为"魔术扣效应"（velcro effect）。组织—公众关系正如魔术扣，它吸引或者勾住额外的声誉损失。[6]当组织有危机史或者负面声誉，受害者危机导致的声誉威胁与意外危机是一样的。同样，关系史会使意外危机导致的声誉威胁和故意危机是一样的。[7]

没有关系或者拥有中立关系史，参与者会进行正面猜测，假设正面关系史的存在，晕轮效应显示出正面的效应。[8]也就是说，在公众看来，中立的关系史与正面的关系史，对组织声誉的影响是一样的。

（二）危机情境与情感及组织声誉

公众对危机进行归因的同时会分配危机责任，而危机责任的分配，除了带来比较客观的声誉评价，也会带来的主观的情感反应。[9]公众将危机责任归因到组织的程度越高，就越表现出对危机更强烈的情感反应。[10][11]

---

[1] KIM H K, YANG S U. Cognitive processing of crisis communication: effects of CSR and crisis response strategies on stakeholder perceptions of a racial crisis dynamics [J]. Public relations journal, 2009, 3(1): 1-39.

[2] ARPAN L M, ROSKOS-EWOLDSEN D R. Stealing thunder: analysis of the effects of proactive disclosure of crisis information [J]. Public relations review, 2005, 31(3): 425-433.

[3] DRUCKENMILLER B. Crises provide insights on image [J]. Business marketing, 1993, 78(8): 40.

[4][7][8][9] SIOMKOS G, SHRIVASTAVA P. Responding to product liability crises [J]. Long range planning, 1993, 26(5): 72-79.

[5] COOMBS W T. Protecting organization reputations during a crisis: the development and application of situational crisis communication theory [J]. Corporate reputation review, 2007, 10(3): 163-176.

[6] COOMBS W T, HOLLADAY S J. An extended examination of the crisis situations: a fusion of the relational management and symbolic approaches [J]. Journal of public relations research, 2001, 13(4): 321-340.

[10] KIM H K, YANG S U. Cognitive processing of crisis communication: effects of CSR and crisis response strategies on stakeholder perceptions of a racial crisis dynamics [J]. Public relations journal, 2009, 3(1): 1-39.

[11] SIOMKOS G, SHRIVASTAVA P. Responding to product liability crises [J]. Long range planning, 1993, 26(5): 72-79.

危机中的情感主要表现为愤怒和幸灾乐祸。①Jin（2009）进一步研究发现，针对危机的预测性（表明确定性的程度）及可控性（公众对危机情境控制的自我效能），公众主要产生的情感包括愤怒、哀伤、害怕和兴奋。②Choi和Lin发现，危机责任是愤怒、害怕、震惊、担心、蔑视、放松等情感的有效预测因素，这几种情感被称为"归因依赖情感"；该研究还发现，最频繁出现的"归因独立情感"是警惕和迷惑，前者是指由于责任归因带来的情感，后者是指非责任归因带来的情感，也就是说，前者针对卷入危机的组织，后者针对危机本身。③Tomsic（2010）对博客发帖进行内容分析发现，除了愤怒以外，还有其他类型的情感，包括警惕、震惊、担心、害怕、困惑、解脱、蔑视、厌恶等。④

研究者共同发现的危机情感包括愤怒、震惊、害怕、警惕。随着危机情感研究的深入，越来越多的情感类型被提出，由此说明，危机中出现的情感非常复杂，原因也各有差异。同时，研究者还认为，危机情感中的愤怒，其程度越强烈，对组织声誉的损害越严重。⑤⑥⑦

（三）公众的行为倾向

行为倾向是指危机发生以后，公众对组织潜在行为后果产生的行为变化，包括口碑传播、重购行为、股票持有、态度支持、持续互动等各个方面。

---

① SIOMKOS G, SHRIVASTAVA P. Responding to product liability crises [J]. Long range planning, 1993, 26(5)：72-79.
② JIN Y. The effects of public's cognitive appraisal of emotions in crises on crisis coping and strategy assessment [J]. Public relations review, 2009, 35(3)：310-313.
③ CHOI Y, LIN Y H. Consumer responses to mattel product recalls posted on online bulletin boards: Exploring two types of emotion [J]. Journal of public relations research, 2009, 21(2)：198-207.
④ TOMSIC L P. Effectiveness of blog response strategies to minimize crisis effects [M]. ProQuest LLC. 789 East Eisenhower Parkway, PO Box 1346, Ann Arbor, MI 48106, 2010.
⑤ COOMBS W T. Attribution theory as a guide for post-crisis communication research [J]. Public relations review, 2007, 33(2)：135-139.
⑥ PACE K M, FEDIUK T A, BOTERO I C. The acceptance of responsibility and expressions of regret in organizational apologies after a transgression [J]. Corporate communications: an international journal, 2010, 15(4)：410-427.
⑦ CHOI Y, LIN Y H. Consumer responses to mattel product recalls posted on online bulletin boards: exploring two types of emotion [J]. Journal of public relations research, 2009, 21(2)：198-207.

潜在支持性行为是组织声誉的一个功能性体现,^①表现为公众的惩罚性意见和惩罚性行为。^②危机责任会通过情感和声誉两个方面影响到行为倾向。^③组织声誉如果受到损害,那么也会影响到行为倾向。^④在危机中,组织声誉受损,公众的支持性行为倾向也会降低;公众的负面情感越强烈,对组织声誉评价越负面;公众的负面情感反应越强烈,对企业的负面支持行为倾向越高。^⑤

总而言之,研究者认为,危机发生之后,公众对企业的行为倾向有三种不同的影响路径:第一,公众对企业的声誉评价直接影响其对企业的行为倾向;第二,公众产生的负面情感通过声誉评价影响行为倾向;第三,负面情感也会直接对行为倾向产生影响。

四、危机回应策略及其应用

危机回应策略是指,危机发生之后,组织针对危机情境,为降低公众对组织的责任感知、保护组织声誉而使用的策略性沟通信息。[6]也就是危机管理中企业与公众沟通的具体内容。情境危机传播中的危机回应策略主要借鉴自 Benoit 等提出的形象修护理论以及 Hearit 等提出的企业辩解理论。这两类研究最大的局限就在于,尽管提出了许多沟通策略,但是,并没有研究该在何种情境下使用这些策略,而情境危机传播研究正好弥补了这个缺陷。情境危机传播研究不仅研究了危机情境及其影响,而且还整理了已有的沟通策略,并探讨如何使策略与情境相匹配以最好地保护企业形象。因此,相关的研究可以被划分为三类:危机回应策略的类型、策略与情境的匹配、论证

---

① COOMBS W T, HOLLADAY S J. An extended examination of the crisis situations: a fusion of the relational management and symbolic approaches [J]. Journal of public relations research, 2001, 13(4): 321–340.

② JEONG S H. Public's Responses to an oil spill accident: a test of the attribution theory and situational crisis communication theory [J]. Public relations review, 2009, 35(3): 307–309.

③ COOMBS W T. Protecting organization reputations during a crisis: the development and application of situational crisis communication theory [J]. Corporate reputation review, 2007, 10(3): 163–176.

④⑤ KIM H K, YANG S U. Cognitive processing of crisis communication: effects of CSR and crisis response strategies on stakeholder perceptions of a racial crisis dynamics [J]. Public relations journal, 2009, 3(1): 1–39.

⑥ COOMBS W T. Choosing the right words the development of guidelines for the selection of the "appropriate" crisis-response strategies [J]. Management communication quarterly, 1995, 8(4): 447–476.

回应策略的有效性。

（一）危机回应策略

Coombs（2007）提出了两大类别的危机回应策略：首要回应策略和次级回应策略。首要回应策略中又包含否定（子策略：攻击控诉者、否认存在、替罪羊）、缩小（子策略：借口、合理化）、重建（子策略：补偿、道歉）三个二级策略，三者的抗辩性由强到弱；次级回应策略中包含提醒、迎合、受害者三个二级策略，主要作用为补充首要策略，不单独使用。①

Bruce和Tini（2008）在分析体育业公共关系和危机应对的过程中提出，因为体育产品的特殊性，可以发展"分散注意力"回应策略。②Marsh（2010）提出新修辞主义的"分离与限制"策略，以应对组织内部出现"叛徒"的危机。③Kim和Liu（2012）发现医疗企业频繁使用"提高"和"移情"两种策略。④

Huang，Lin和Su（2005）通过对台湾的前500企业的公共关系及公共事务经理的调查了解他们处理危机的真实经历。进行因子分析以后形成五个核心策略，包括否认、转移、借口、合理化、承认。⑤张依依（2009）提出，华人社会的文化背景中，特别值得探讨的是回应策略中之"提高层次"策略。⑥Lee（2004）研究香港的组织对危机的回应方式，发现有六种方式被使用得最频繁：不做评价、最小化、转移责难、道歉、补偿、矫正行为。⑦

研究者提出的各种回应策略的类型，命名称呼相近，含义也相近，但仔细思考，

---

① COOMBS W T. Crisis management and communications [J]. Institute for public relations, 2007, 4(5)：6.
② BRUCE T, TINI T. Unique crisis response strategies in sports public relations：rugby league and the case for diversion [J]. Public relations review, 2008, 34(2)：108-115.
③ MARSH C. The national review "fires" Christopher Buckley：image restoration and the rhetoric of severance and restraint [J]. Public relations review, 2010, 36(4)：376-382.
④ KIM S, LIU B F. Are all crises opportunities? a comparison of how corporate and government organizations responded to the 2009 flu pandemic [J]. Journal of public relations research, 2012, 24(1)：69-85.
⑤ HUANG Y H, LIN Y H, SU S H. Crisis communicative strategies in Taiwan：category, continuum, and cultural implication [J]. Public relations review, 2005, 31(2)：229-238.
⑥ 张依依. 危机传播新策略——以框架理论重探三哩岛核电和饮料厂肠病毒危机案例 [J]. 传播与社会学刊, 2009(8)：55-65.
⑦ LEE B K. Audience-oriented approach to crisis communication：a study of Hong Kong consumers' evaluation of an organizational crisis [J]. Communication research, 2004, 31(5)：600-618.

其内涵其实差异较大。因此，进一步的研究需要整合这些相近的回应策略类型，使之简化精炼，便于使用。此外，Coombs的思路非常好，他不仅提出回应策略，还根据抗辩程度对回应策略进行排序，用以对应企业在危机中的责任程度。这一点在Huang、Lin和Su（2005）和Lee（2004）的研究中也得到了很好的体现。

（二）策略与情境的匹配

提出危机回应策略的最终目的是使之匹配企业所处的危机情境，用以保护企业声誉。因此，探讨如何匹配策略与情境是情境危机传播研究的最终落脚点。

Coombs和Holladay根据自己的研究成果，提出以下匹配建议：

第一，总体原则：保证危机回应策略的一致性，不能随意混用回应策略；任何情况下，只要危机对受害者造成严重伤害，都必须使用补偿策略；提醒及迎合策略可被用来补充任何其他的回应。第二，在受害者危机中：在无类似危机史或拥有中立及正面的关系史的情况下，自然灾害、工作场所暴力及产品篡改这三个小类，单独使用指导性信息（指导公众如何尽量较低危机伤害）及调节性信息（表达遗憾与同情）就已足够，谣言小类采用否认策略，这几个小类都可结合使用补充策略中的受害者策略；在拥有负面危机史及关系史的情况下，采用缩小策略。第三，在意外危机群集中：在无类似危机史或拥有中立及正面的关系史情况下，可使用缩小策略或在有类似危机史或负面危机前关系史情况下，需要采用重建策略。第四，在可预防危机中：不管是否有危机史或关系史情况如何，都应当使用重建策略。[1][2]

总而言之，在次级危机归因中立或者正面的情况下，只需将初级危机归因所属的危机类型与回应策略一一对应；在次级危机归因负面的情况下，要降低回应策略的抗辩性。[3][4]

Kim和Yang（2009）研究组织公众关系史中的CSR史对危机回应策略效果的影响，结果发现，因为CSR史不佳，导致Coombs研究中所提出的、与初级危机归因（危机类型）对应的匹配策略均无法达到预期效果，如矫正策略及道歉策略，因为公

---

[1][4] COOMBS W T. Attribution theory as a guide for post-crisis communication research [J]. Public relations review, 2007, 33(2): 135-139.

[2] COOMBS W T. Crisis management and communications [J]. Institute for public relations, 2007, 4(5): 6.

[3] LEE B K. Audience-oriented approach to crisis communication: a study of Hong Kong consumers' evaluation of an organizational crisis [J]. Communication research, 2004, 31(5): 600-618.

众会认为组织缺乏诚意。①这说明，在选择回应策略时，尤其是抗辩性程度较低的回应策略时，必须重点考虑次级危机归因因素的影响。这个结论支持了Coombs的匹配系统。

Kim和Liu（2012）探讨当没有责任归因或者责任归因较少的情况下，单独使用强化策略（reinforce）不会产生负面影响；它是否能够建立组织与利益攸关者之间积极的关联。②这一点与Coombs的观点不同，Coombs认为次级回应策略不应当单独使用，因为它们太过于以组织为中心。

对于在危机回应中最常见的道歉策略，研究者进行了深入的探讨。Frandsen和Johansen（2007）分析了体育教练道歉策略为何失败，从而对Hearit的辩解策略里的道歉进行深入研究，他们认为，并不是只要使用道歉就能得到理想的效果，道歉还有其自身的规律。③Lin（2007）认为道歉能够降低愤怒，但同时会提高内部危机责任，从而提高公众的愤怒程度。所以，对于管理者而言，应当谨慎使用道歉策略。④

（三）回应策略的有效性

Coombs和Holladay（1996）发现，相比不回应或者不恰当的回应，匹配的危机回应策略能够让公众对企业形象产生更积极的关联。⑤Claey、Cauberghe和Vyncke（2010）证实，与危机情境相匹配的回应策略确实对能够保护企业声誉。⑥Pace、Fediuk和Botero（2010）的研究表明，企业通过使用危机回应策略接受危机责任，确

---

① KIM H K, YANG S U. Cognitive processing of crisis communication: effects of CSR and crisis response strategies on stakeholder perceptions of a racial crisis dynamics [J]. Public relations journal, 2009, 3(1): 1-39.
② KIM S, LIU B F. Are all crises opportunities? a comparison of how corporate and government organizations responded to the 2009 flu pandemic [J]. Journal of public relations research, 2012, 24(1): 69-85.
③ FRANDSEN F, JOHANSEN W. The apology of a sports icon: crisis communication and apologetic ethics [J]. Hermes: journal of language and communication Studies, 2007, 38(1): 85-104.
④ LIN Y H. Testing the effects of apology and compassion response in product-harm crises in situational crisis communication theory [D]. Dissertation paper of master degree of Michigan state university, 2007.
⑤ COOMBS W T, HOLLADAY S J. Communication and attributions in a crisis: an experimental study in crisis communication [J]. Journal of public relations research, 1996, 8(4): 279-295.
⑥ CLAEYS A S, CAUBERGHE V, VYNCKE P. Restoring reputations in times of crisis: an experimental study of the situational crisis communication theory and the moderating effects of locus of control [J]. Public relations review, 2010, 36(3): 256-262.

实会降低危机给企业带来的声誉损害。[1]Park和Reber（2011）也证实，公共关系的培养与有效地使用危机回应策略，两者一起促成成功的危机管理。[2]Weber、Erickson和Stone（2011）检验得出结论，Coombs和Benoit的回应策略对保护企业声誉都有效。[3]但是，包括Coombs在内，还没有学者探讨危机回应策略对情感及潜在支持性行为的影响。

五、未来研究展望

上文从危机情境的构成要素、危机情境的影响、危机回应策略及其应用三个方面梳理了情境危机传播研究的脉络，并展现该理论的发展现状。结果显示，尽管该研究有较高的实践价值，也得到了国外学术界的关注，但是毕竟发展时间有限，远未到达成熟阶段。在分析现有研究不足的基础上，本章认为，可以从以下几个方面进一步推进该理论的发展。

（一）基础性研究的完善

危机类型、次级归因因素、回应策略以及相关的匹配系统是情境危机传播研究的最基础部分，十分关键。上文的文献分析与述评显示，这些方面存在许多欠缺，因此，本章认为，研究者首要的任务是完善基础研究。

1. 危机类型

情境危机传播的理论架构建立在危机类型的分类基础之上，而危机类型的划分是以组织在危机中承担的责任作为依据。但组织应当对危机事件承担多大的责任，普通公众如何知道呢？公众主要通过大众传播媒介得知危机，大众传播媒介的信息，部分是独立报道，部分受到消息来源（其中包括牵涉到危机的企业）的影响。独立报道的

---

[1] PACE K M, FEDIUK T A, BOTERO I C. The acceptance of responsibility and expressions of regret in organizational apologies after a transgression [J]. Corporate communications: an international journal, 2010, 15(4): 410–427.

[2] PARK H, REBER B H. The organization-public relationship and crisis communication: the effect of the organization-public relationship on publics' perceptions of crisis and attitudes toward the organization [J]. International journal of strategic communication, 2011, 5(4): 240–260.

[3] WEBER M, ERICKSON S L, STONE M. Corporate reputation management: citibank's use of image restoration strategies during the US banking crisis [J]. Journal of organizational culture, communication and conflict, 2011, 15(2): 35.

作者是记者，我们假设记者会尽可能报道与危机事件相符的客观事实；而消息来源则毫无疑问会代表自己的利益，会从自己的角度给危机定性。如企业厂区所在的区域发生泥石流，导致村庄居民受到巨大的财产生命损失（2008年发生在印度尼西亚的真实事件），各方如何反应呢？媒介报道，某公司厂区所在地发生泥石流，导致严重伤亡；企业会说，这是自然灾难；公众则认为，这是企业破坏该地环境导致。这种感知上的巨大差异，对企业和公众而言，导致形成对危机责任的一致看法是一件困难的事情。

Coombs（2007）提出的危机分类具有较强的概括性，相对其他的类型而言，证据充足、事实简单、时间短暂、卷入责任方有限的危机，判定危机责任比较容易。但是一牵涉到复杂的危机，这个危机分类就不再适用。[①]并且，Coombs（2007）这个被广泛引用的危机类型本身存在很多问题，述评部分已经提出，此处不再赘述。

2. 次级归因因素

目前得到重点关注的次级归因因素是危机的严重程度及企业与公众的关系史。对于关系史的影响作用，结论较为一致，但是，危机的严重程度是否影响到归因，尚无一致结论。此外，其他的因素，如企业的CSR状况、企业在危机前的组织声誉、企业的危机史、企业的能力，都有少量研究涉及，但无法形成一致结论。并且，述评部分也提出疑问，除了企业能力以外，其他几个因素与关系史高度关联，是否能够从关系史中析出？

因此，未来对次级归因因素的研究，首先，要进一步检验这些已经提出的因素，其影响程度以及这些因素之间的关系；其次，还需要探究其他可能影响公众感知危机责任的因素，尽可能把握所有的次级归因因素。

3. 回应策略及其匹配系统

现有的危机回应策略类型多样，但是命名相近，内涵重叠，欠缺梳理及精简。此外，危机回应策略是一种言说技巧，根植于文化，而目前常见的危机回应策略主要为美国学者提出。因此，本章建议未来研究着重于从文化的角度探讨危机回应策略，主要从两个方面着手：首先，差异化的文化背景下，是否存在未曾被归纳的回应策略？其次，相同的回应策略在差异化的文化背景下，是否有相同的作用？

另外，尽管研究者探索危机情境并归纳回应策略，但是对于何种情境使用何种危

---

① COOMBS W T. Protecting organization reputations during a crisis: the development and application of situational crisis communication theory [J]. Corporate reputation review, 2007, 10(3): 163–176.

机回应策略的研究非常少。对于企业危机管理实践而言，情境与策略的匹配研究最有价值，因为，企业能够以此为依据，选取危机传播中的回应策略。Coombs（2006）也指出，迄今为止，仅有少量研究关注危机情境与回应策略的匹配。这也需要未来研究重点关注。

（二）危机归因的循环模型

研究者证实了危机回应策略对于保护企业声誉的有效性，即匹配的危机回应策略提高了公众对企业声誉的评价。但是，回应策略也会影响到公众业已形成的危机责任判断，也就是说，当企业使用了危机回应策略以后，就已经或多或少改变了危机情境。当企业使用与危机情境相匹配的回应策略时，公众的危机责任感知就会降低，从而保护组织声誉。[1]企业正确的回应策略会影响到参与者对企业危机责任的判断。[2]危机责任具有动态性，危机回应策略使用以后，公众改变了对危机的最初理解。[3]

这表明，危机归因是动态变化的。因此，本章提议未来研究建构一个感知者危机责任循环往复的过程：责任归因——危机责任判断——企业危机回应——危机责任判断。这是一个感知者归因过程模式。这有助于理解归因的动态性及感知者原因归因的非直线型本质。

（三）危机中的公众

情境危机传播研究探讨的是企业与公众的沟通，但是，现存的研究重点始终在企业，对公众的关注有限。Benoit和Coombs都明确表明，公众认为一个事件是危机，那么它就是危机，如果公众不认为它是危机，那么它就不算危机。可见，公众感知对危机有决定性的意义。本章建议从以下三个方面展开危机公众研究：

---

[1] COOMBS W T. Choosing the right words the development of guidelines for the selection of the "appropriate" crisis-response strategies [J]. Management communication quarterly, 1995, 8(4): 447-476.

[2] LEE B K. Hong Kong consumers' evaluation in an airline crash: a path model analysis [J]. Journal of Public relations research, 2005, 17(4): 363-391.

[3] PARK H, REBER B H. The organization-public relationship and crisis communication: The effect of the organization-public relationship on publics' perceptions of crisis and attitudes toward the organization [J]. International journal of strategic communication, 2011, 5(4): 240-260.

1. 公众的分类

对公众进行分类，对判断公众愤怒程度、信息加工及搜寻过程都很有价值。[1]目前受到关注的公众分类标准有两个：一是公众在危机中的卷入程度，二是公众对危机的了解程度。[2][3][4]

对公众进行分类的最终目的是了解如何与不同的公众沟通。因此，未来研究除了完善公众分类以外，还需要进一步探讨，这些不同类别的公众，在危机中的情感反应如何？责任归因如何？危机感知如何？进而探讨如何对不同的公众使用不同的回应策略以及策略的效果如何等。

2. 公众情感及其影响

根据认知心理学的理论，人在受到刺激时，都会首先产生认知，然后产生态度，与态度相伴产生的是情感，最后态度与情感导致行为。态度代表人对刺激物反应的理性一面，而情感代表人对刺激物反应的感性一面。情感和态度相互作用影响行为，情感也会单独影响行为，情感在人的认知行为中无处不在，影响深远。

公众对危机事件同样会产生情感反应，且这种情感反应甚至远甚于其他事件，因为危机往往具有巨大的破坏性且出人预料，所以其带来的情感反应当然更强烈。目前，虽然有一些研究者已经关注到危机中的情感，但这方面的研究尚处于初级阶段。然而，危机中的情感研究却是未来最有价值的研究方向。原因在于：第一，将危机传播的研究视角从组织转向公众；第二，从对公众表面的行为研究转向导致行为的深层心理和情感因素的研究。

研究危机中的公众情感，可以从两个方面切入：第一个方面，危机会让公众产生哪些情感？为什么不同的公众会产生不同的情感？产生不同情感的公众可能采取哪些不同的行为对危机进行反应？第二个方面，针对不同情感反应的公众，组织应当使用何种危机回应策略进行应对，从而使其行为发生有利于组织的变化？

---

[1] KANG J A, AN S K, KWAK K Y. Anger as a predictor of active public protest: extended application of the situational theory of publics to a health crisis [J]. Journalism and mass communication, 2013(3): 199–211.

[2] CHOI Y, LIN Y H. Consumer responses to mattel product recalls posted on online bulletin boards: Exploring two types of emotion [J]. Journal of public relations research, 2009, 21(2): 198–207.

[3] SCHWARZ A. How publics use social media to respond to blame games in crisis communication: the Love Parade tragedy in Duisburg 2010 [J]. Public relations review, 2012, 38(3): 430–437.

[4] TOMSIC L P. Effectiveness of blog response strategies to minimize crisis effects [M]. ProQuest LLC. 789 East Eisenhower Parkway, PO Box 1346, Ann Arbor, MI 48106, 2010.

（四）危机所处的社会环境

危机发生在复杂的社会环境中，因此，卷入危机的企业除了必须了解与危机直接相关的危机情境以外，还需要探讨外在的社会环境对公众感知危机的影响以及对企业回应策略的影响。目前的研究只涉及社会环境中影响最大的力量——政府。危机之中，各种组织之间的相互依存关系，尤其是政府与企业，探讨两者之间的危机传播如何互相影响十分必要。[1]政府的影响在企业危机传播中不容忽视。[2]

其实，对危机产生影响的社会力量除了政府以外还有很多，如压力集团、行动主义者、公益组织、行业协会、政党等。危机不可能只是企业的事，如果能够影响众多公众，从而令其感知到威胁，政府及以上提到的这些力量不可能坐视不管，他们的介入使危机变得复杂，企业相对所采纳的策略也必然发生变化。此外，媒介是公众了解危机的渠道，公众对危机的感知主要来自于媒介传递的信息，因此，媒介充当着重要的影响角色。另外，还有一个更为宏观且无形的影响因素，即社会文化，其不仅影响公众如何感知危机，还会影响到回应策略的类型及有效性。

（温琼娟，武汉科技大学管理学院副教授）

---

[1] SCHULTZ F, RAUPP J. The social construction of crises in governmental and corporate communications: an inter-organizational and inter-systemic analysis [J]. Public relations review, 2010, 36(2): 112-119.

[2] WEBER M, ERICKSON S L, STONE M. Corporate reputation management: Citibank's use of image restoration strategies during the US banking crisis [J]. Journal of organizational culture, communication and conflict, 2011, 15(2): 35.

第五十一章　媒介化危机与危机公关

作为一个具有两千多年历史的词汇,"危机"在早期医学、美学和史学领域中主要用来描述社会个体所面临的巨大损失和挑战。① 在广泛应用于社会科学领域之后,"危机"所指的主体从独立的个体向社会结构中的单元偏移,更多用于指代组织(包括政府、企业、社会组织等)和其利益攸关者所遭遇的威胁与打击。② 由于危机在政治、经济、社会文化各实践领域中的特殊性,各领域对危机的界定凸显出不同的认知框架。1975—1976年在耶路撒冷举行的危机问题研讨会,从国际政治与外交角度提出危机的四个条件:外交主体外部或内部发生变化、形成了对基本价值的威胁、卷入军事敌对行动的可能性极大、对威胁作出反应的时间有限。③ 在公共管理领域,危机是对社会系统的基本价值和行为准则的一种破坏,并使得决策主体面临时间高压和极大的不确定性。④ 在企业管理中,危机被认为是对一个组织、公司或其产品、声誉等产生潜在负面影响的事故。⑤

从危机的不同定义可以看出,以往在不同领域中造成威胁与损害的客体、对象、机理各不相同,因而各个生产、服务、管理领域对危机的认知与化解,往往根据自身行业的结构特点和运行规律平行开展。然而,原本各自为战的危机研究由于一个共同

---

① 哈贝马斯. 合法化危机 [M]. 刘北成,等,译. 上海人民出版社,2009:3-4. 来向武,王朋进. 缘起、概念、对象:危机传播几个基本问题的辨析 [J]. 国际新闻界,2013(3):67-68.

② COOMBS T. Ongoing crisis communication: planning, managing, and responding [M]. CA: SAGE Publications Ltd., 2015:3.

③ BRECHER M. Toward a theory of international crisis behavior: a preliminary report [J]. International studies quarterly, 1977(21):39-74. 薛澜,张强,钟开斌. 危机管理——转型期中国面临的挑战 [M]. 清华大学出版社,2003:25.

④ ROSENTHAL U, CHARLES M T, HART P. Coping with crises: the management of disaster, riots and terrorism [M]. MA: Springfield, 1989:10.

⑤ BARTON L. Crisis in organization [M]. Cincinnati: Southwestern Publishing Company, 1993:38. FEARN-BARKS K. Crisis communication: a casebook approach [M]. New Jersey: Lawrence Erlbaum Association inc., 2007:8.

面临的社会奇观产生了交集：现代化社会信息技术飞速发展，媒介影响力对社会全方位进行渗透，社会机构的运行与社会个体的思维意识都烙上了媒介的烙印。①在社会全面媒介化的趋势中，不同的危机类型开始呈现出共同的媒介化特征，一方面推动着危机研究吸取不同学科智慧形成独立的研究领域，另一方面也揭示出危机研究的新方向。

一、媒介化理论

媒介化（mediatization）概念兴起于2000年代中期，区别于中介（mediation）和媒体化（medialization），媒介化特指媒介内容与平台在社会实践和日常生活中无所不在的广泛效应。②使用这一概念的学者主张，媒介对政治、经济、社会生活所造成的深刻影响，已经超出以往媒体政治经济学、议程设置、受众使用等传统认知的媒介效果，在微观上开始促使与媒介有互动的个体观念行为和社会机构运行发生质变，③催生了社会互动新模式的制度化，④在宏观上影响了社会与文化的变迁。⑤具体来说，微观媒介化研究主要通过个案讨论"媒介逻辑"在各专业实践领域的渗透。原本"媒介逻辑"只是指媒介信息的生产习惯，它定义、选择、组织、呈现并确认了信息以何种形式传播。⑥随着媒体的蓬勃发展，媒介已不再仅仅是技术、文本或机构，而是社会权力交会的角力场。⑦"媒介逻辑"被用来解释媒介如何通过赋权、限制、结构公共

---

① 马凌. 媒介化社会与风险社会［J］. 中国传媒报告, 2008(2): 41.
② COULDRY N, HEPP A. Conceptualizing mediatization: contexts, traditions, arguments［J］. Communication theory, 2013(23): 191-202.
③ STRÖMBÄCK J, ESSER F. Shaping politics: Mediatization and media intervenetionism［M］// LUNDBY K. Mediatization: concept, changes, consequences. New York: Peter Lang, 2009: 205-224. LIVINGSTONE S. On the mediation of everything: ICA Presidential Address 2008［J］. Journal of communication, 2009(59): 1-18.
④ 夏瓦. 媒介化：社会变迁中媒介的角色［J］. 刘君, 范艺馨, 译. 山西大学学报, 2015(5): 59-69.
⑤ HEPP A, HJARVARD S, LUNDBY K. Mediatization-empirical perspectives: An instruction to a special issue［J］. Communication, 2010(35): 223-228. HEPP A, HJARVARD S, LUNDBY K. Mediatization: Theorizing the interplay between media, culture and society［J］. Media, culture & society, 2015(27): 314-324.
⑥ ALTHEIDE D L, SNOW R P. Media logic［M］. Beverly Hills, CA: Sage, 1979: 9-11.
⑦ MARVIN C. When old technologies were new: Thinking about electric communication in the late nineteenth century［M］. New York, NY: Oxford University Press, 1988.

与人际传播方式深刻影响人类的社会经验。①媒介力量通过"专业信息只有遵循了媒介逻辑才能获得有效的传播"的方式得以实现。

中观媒介化研究强调对媒介影响的理解不能将媒介、社会、文化分离看待,而是应该认识到媒介一方面越来越多地成为其他社会机构必须顺应的独立机构,另一方面开始成为其他机构赖以正常运转的组成部分。②有学者提出"型塑力"概念来连接媒介宏观与微观的影响力,将媒介作用归纳为传播制度化和具体化的两个过程,认为建构化的现实正是由多种媒体形塑作用累积而成。③宏观媒介化理论避免讨论媒介是否有统一的、固定的逻辑,而是把媒介与社会变迁之间的互动关系看作是一个元过程。④在这一元过程中,媒介扮演了四种关键角色:延伸人类沟通能力、部分取代社会行为和社会机构、融合专业实践领域、使专业领域接纳媒介运行规则。⑤宏观媒介化理论描述的是一个长期、复杂、多种媒介综合作用的过程,认为媒介化对社会与文化的影响不是单向的因果关系,是参与媒介互动的人、群体与机构的共同选择和综合运用媒介的结果。

由于媒介基于其与社会个体和机构之间的互动来发挥其影响,因而媒介在不同领域参与的变化也各不相同,经验主义流派分别探讨了媒介与政治、媒介与经济、媒介与文化艺术、媒介与日常生活等各实践领域以及媒介与整个社会的互动过程。在政治领域,媒介化所产生的影响被归纳为四个阶段:第一阶段媒介成为政治机构和政治人物与大众之间最重要的信息来源和交流载体;第二阶段媒介对政治的传播相对独立于政府或其他政治组织,更多地体现媒介逻辑而非政治逻辑;第三阶段媒介获得更多独立地位,统治者和政治人物开始接受并顺应媒介;第四阶段政治人物不仅在政治宣传中使用媒介,甚至在政治决策中也开始考虑媒介因素。⑥在政治媒介化程度较深的阶

---

① HJARVARD S. The mediatization of religion: theorising religion media and social change[J]. Culture and religion, 2011(12): 119–135.
② HJARVARD S. The mediatization of religion: theorising religion media and social change[J]. Culture and religion, 2011(12): 119–135.
③ HEPP A. The communicative figurations of mediatized worlds: mediatization research in times of the "mediation of everything"[J]. European journal of communication, 2013(28): 615–629.
④ KROTZ F. Mediatization: A concept with which to grasp media and societal change[M]// LUNDBY K. Mediatization: concept, changes, consequences. New York: Peter Lang, 2009: 21–40.
⑤ SCHULZ A. Reconstructing mediatization as an analytical concept[J]. European journal of communication, 2004(19): 87–101.
⑥ STRÖMBÄCK J. Four phases of mediatization: an analysis of the mediatization of politics[J]. The international journal of press/politics, 2008(13): 228–246.

段，人们关注的焦点从媒介如何依赖于政治转变为政治如何依赖于媒介。在经济领域，媒介与经济的互动分为三个方面：首先，媒体产业发展产出GDP，贡献经济增长率，激活消费，并创造了互联网产业等新经济模式；其次，媒介作为信息知识的资源载体，是经济发展的生产要素和动力之源；最后，媒介通过对社会个体的影响，将媒介的影响传递到经济领域，例如提高人力资本、推动创新扩散、增加经济媒介化风险等。①

在文化艺术方面，大众媒介的诸多特点进入当代文化的深层结构，使当代文化呈现出打破时空、跨越地域、内容风格兼容并蓄、价值多元、市场化浓重等一系列的媒介化特征。②当"媒介逻辑"介入艺术领域后，艺术创作开始关注媒介语言，艺术创作群体走向"非精英化"，艺术通过媒介进行复制和流通，艺术的传播性与原创性变得同等重要，公众获得了艺术价值判断的权利，媒介资本成为艺术再生产的基本要素。③在日常生活方面，社会个体越来越依赖于媒介，新一代甚至无法想象没有电话、电视、互联网的工作与生活。④人们的衣食住行、工作休闲、社会交往与接人待物都越来越依赖于媒介信息的指导，社会个体在媒介传播中不知不觉地学习、模仿媒介所渲染和构建的生活观念、消费方式和人际交往方式。⑤

随着生活在现代信息环境中的每个人都被逐步媒介化，由人所构成的社会也开始具有越来越浓重的媒介化色彩。⑥所谓媒介化社会，是指媒介影响力向社会全方位渗透的现象与趋势，其可以追溯到19世纪30年代大众媒介的兴起，互联网技术的快速发展和广泛应用促使社会媒介化进程大大加速。⑦有学者参照媒介化政治的"四段论"将媒介化社会的发展也同样分为四个阶段⑧：在初级媒介化阶段，媒介主要是社会个体获取信息、社会组织与利益攸关者沟通的渠道和工具；在中级媒介化阶段，媒介获得了独立地位，开始按照独立的媒介逻辑运行；在高级媒介化阶段，媒介逻辑开始影

---

① 郑维东. 媒介化社会与经济增长 [M]. 北京：中国传媒大学出版社，2013：1-21.
② 夏文蓉. 论当代文化的媒介化趋势 [J]. 南京大学学报，1997(4)：152-158.
③ 王可越. 艺术的传媒化：当代媒介与艺术的共生 [J]. 现代传播，2016(1)：104-109.
④ LUNDBY K. Introduction: "mediatization" as key [C] // LUNDBY K. Mediatization: Concept, Changes, Consequences. New York: Peter Lang, 2009：1.
⑤ 杜仕勇. 个体与社会的媒介化建构 [J]. 西南民族大学学报，2014(9)：163-165.
⑥ 林爱珺，张晓锋，童兵. 我国社会的媒介影响与媒介依赖 [J]. 新闻界，2007(6)：10.
⑦ 孟建，赵玉珂. 媒介融合：粘聚并造就新型的媒介化社会 [J]. 国际新闻界，2006(7)：26.
⑧ 孙少晶. 媒介化社会：概念解析、理论发展和研究议题 [M] // 童兵. 媒介化社会与当代中国. 上海：复旦大学出版社，2011：7.

响社会个人思维逻辑和组织运行逻辑，越来越多的社会生活、社会事件和社会关系都在媒介上展露，媒介所营造的"虚拟世界"与"真实世界"的界限变得模糊，人们甚至无法脱离媒介理解什么是"真实"①；随着媒介化程度加深，社会进入完全媒介化阶段，最终人与人之间、社会机构内部、机构与机构之间甚至整个社会的互动都将通过媒介来进行，媒介逻辑内化为社会机构运行规则。②

中国自新中国成立后首先经历了媒介化社会的初级阶段。于2003年爆发的SARS风波是媒介逻辑脱离政治和经济逻辑造成广泛社会影响的起点。此后在2008年汶川地震以及一系列公共事件中，主流媒体的媒介逻辑开始发挥一定作用，媒介传播（尤其是商业媒体）获得了一定的独立地位，标志着我国步入了媒介化社会的中级阶段。③近几年来，信息技术飞速发展、应用广泛，城市社会的媒介化持续向深度和广度发展，同时媒介的影响投射到乡村经济发展、社会结构与文化变迁之中，④并且为边缘化族群获得"信息赋权"提供了路径，⑤整个社会迈向高级媒介化阶段。

二、危机"媒介化"

媒介化理论除了在以上结构功能论范畴讨论媒介影响之外，同时被运用到冲突范式的社会研究中。有学者指出，当下媒介化社会与风险社会的特征相叠加，媒介成为社会风险的"发动机"与"助推器"，导致了"媒介化风险社会"的形成。⑥首先，风险社会是指自20世纪后半期后工业社会伊始，由于工具理性的滥用、信任结构的破坏、秩序标准的模糊，人类社会开始面临着各种各样一触即发的风险。⑦与此同时，媒介技术与平台为风险的传播与扩散提供了快速便捷的路径，使得这种根植于现代化结构中的变异力量在媒介化环境下不停地修饰变换与自我生成，形成"媒介化风

---

① 马凌. 媒介化社会与风险社会[J]. 中国传媒报告，2008(2)：41.
② 张宏莹. "媒介化"词源探析[J]. 青年记者，2013(27)：48.
③ 邵培仁. 危机传播推动中国媒介制度的变迁——从汶川地震看危机事件与媒介制度创新的内在关联[J]. 现代传播，2008(4)：56-58.
④ 孙信茹，杨星星. "媒介化社会"中的传播与乡村社会变迁[J]. 国际新闻界，2013(7)：87-93.
⑤ 孙信茹，杨星星. 媒介化社会中的少数民族村民传播实践与赋权[J]. 现代传播，2012(3)：23-28.
⑥ 庹继光. 拟态环境下的"媒介化风险"及其预防[J]. 西南民族大学学报，2008(4)：102-104.
⑦ 贝克. 风险社会[M]. 何博文，译. 北京：译林出版社，2004.

险"。① "媒介化风险"的广泛传播极易引发恐慌与不信任，导致危机的爆发。事实上，自现代化媒体技术诞生并广泛应用后，媒介在"危机"的酝酿、爆发、衍变、消解的各个环节始终扮演着不可或缺的角色。② 当社会发展进入到高级媒介化阶段，组织与其利益攸关者③开始严重依赖于媒介进行沟通和关系维护，自然灾害、意外事故、人为过失或违法犯罪都面临着被"媒介化"的风险，即媒介在危机发生发展的具体过程、社会结构及文化背景中所起的作用被空前地凸显和放大，危机呈现出"媒介化"趋势。

首先，在微观层面上，媒介逻辑开始渗透到专业的危机管理领域，管理逻辑一旦与媒介逻辑相冲突可能会导致危机加剧，使得责任主体遭受前所未有的挑战和损失。例如，2012年11月16日，贵州省毕节市5名10岁左右的男孩被发现因生火取暖而闷死在垃圾箱内。第二天当地记者报道了此事，引起了一定的舆论关注。政府相关部门在公安侦查得出这是一次意外事故的结论后，判断该事件的责任主体为死亡儿童的监护人，不属于公共管理范畴，因而没有立即对舆论进行回应。然而，事态的发展远远超出了当地政府部门的意料，舆论很快将矛头指向中国社会福利制度的不健全，国外媒体和政客以此事件为话柄指责中国贫富差距，对当时新上任的中国中央领导班子施加压力；国内媒体也纷纷报道与转载，引发了关于我国儿童福利社会责任划分的争议。从某种角度来说，当地政府之所以对该事件的媒介化风险做出错误判断，与不熟悉媒介逻辑、未能紧跟媒介化社会的节奏有关。

媒介逻辑是媒介内容生产的内在法则与规范，包括媒介内容的定义框架、选择标准、组织结构、呈现方式和媒介语法，是描述和解读社会变化的重要思考路径。④ 在社会媒介化的高级阶段，媒介逻辑进入危机领域，使得危机管理面临着以下挑战：

---

① 全燕，申凡. 媒介化生存下"风险社会"的重构与反思［J］. 国际新闻界，2011(8)：63-67. 刘晓程. 媒介化风险社会对危机传播环境的改变［J］. 武汉理工大学学报，2012(1)：43-46.
② FINK S. Crisis management: planning for the inevitable［M］. New York, NY: American Management Association, 1986: 15-19. 周葆华. 突发事件中的舆论生态及其影响：新媒体事件的视角［J］. 中国地质大学学报，2010(3)：17.
③ "利益攸关者"是指在针对组织拥有一种或多种权益，能够影响组织行动、决策、政策、做法和目标的个人或群体. 参见罗尔，巴克霍尔茨. 企业与社会：伦理与利益攸关者管理［M］. 黄煜平，等译. 北京：机械工业出版社，2004：45.
④ 孙少晶. 媒介化社会：概念解析、理论发展和研究议题［M］//童兵. 媒介化社会与当代中国. 上海：复旦大学出版社，2011：1-16.

第一，即使在行政规制下，负面消息仍然比正面信息更容易获得媒介传播，[①]当传统媒介（电视、报纸）受限时，新兴媒介（PC端和移动互联网）会弥补这一项社会功能；[②]第二，一些危机事件由于包含了特定要素（例如新闻要素[③]和引发公共喧哗的风险要素[④]，具体参考表51-1，因而比其他事件更容易引发媒介传播，冲击着传统危机管理中的重要性排序；第三，媒介传播内容影响大众对危机的认知和态度，"被感知的事实比事实本身更重要"[⑤]；第四，媒介时间作用于人的精神世界，使得大众产生"即时性"期待，[⑥]要求责任主体在危机引发剧烈的媒介传播后立即做出回应并随时报告危机管理进展；第五，在危机被媒介化的情况下，如果危机管理措施未能通过媒介广而告之，那么相当于没有采取有效措施，使得危机的发展陷入失控状态。[⑦]毕节市5名儿童闷死在垃圾箱的案例包含了多名未成年人丧生的敏感要素和闷死在垃圾箱的离奇情节，让人痛心的同时也让人好奇，即使政府对死亡儿童没有直接的监管责任，也应预期事件引发媒介化舆论的热度，从而采取主动的危机公关措施。

表51-1　容易引发媒介化的事件要素

	新闻要素		引发公共喧哗的风险要素
1	事件发生的概率越小越有新闻价值。	1	事件包含了非自愿承担的风险。
2	事件不确定性越大越有新闻价值。	2	事件的后果不公平，一部分人承受苦果，却令某些人受益。
3	事件与受众利益越相关越有新闻价值。	3	事件产生的损失即使采取了个人防护措施也不能避免。
4	事件影响力越大越有新闻价值。	4	事件的风险来自与一个新颖的、不熟悉的事务或现象。

[①] 张威. 中西比较：正面报道和负面报道[J]. 国际新闻界，1999(1)：48-56.
[②] 谢耘耕，荣婷. 微博舆论生成演变机制和舆论引导策略[J]. 现代传播，2011(5)：70-74.
[③] 陈力丹. 新闻理论十论[M]. 复旦大学出版社，2011：35-47.
[④] BENNETT P, CALMAN K, CURTIS S, FISCHBACHER-SMITH D. Understanding public responses to risk: issues around policy and practice [M]// BENNET P, CALMAN K, CURTIS S, FISCHBACHER-SMITH D. Risk communication and public health. Oxford University Press: Oxford, 2010: 3-22.
[⑤] 喻国明. "关系革命"背景下的媒体角色与功能[J]. 新闻大学，2012(2)：27.
[⑥] 卞冬磊，张稀颖. 媒介时间的来临——对传播媒介塑造的时间观念之起源、形成与特征的研究[J]. 新闻与传播研究，2006(1)：32-44.
[⑦] 陈运动. 政府危机管理中的信息公开问题探讨——以贵州瓮安"6·28"群体性事件为例[J]. 科技创业月刊，2008(9)：83-84.

续表

	新闻要素		引发公共喧哗的风险要素
5	事件与受众心理距离越近越有新闻价值。	5	事件是人为的而非自然的原因。
6	越是著名的人物和地点发生的事件越有新闻价值。	6	事件造成隐蔽的、不可逆转的灾难。
7	凡是含有冲突的事件都具有一定新闻价值，冲突越大越有新闻价值。	7	事件有远期效应，对儿童、孕妇或后代造成特殊的危害。
8	越是能表达人情感的事件越有新闻价值。	8	事件具有死亡威胁的风险。
9	越是离奇、伟大或等具有心理替代性的事件越有新闻价值。	9	事件受害者是可识别的，而不是匿名的受害者。
10	事件包含的反差越大越有新闻价值。	10	事件难以用科学解释和预测。
		11	受众从同一消息来源获得矛盾的信息。

其次，在中观层面上，媒介化社会的效应带来了危机的网络化发展和所依存的社会权力结构的改变。互联网技术的高速发展和广泛应用，造成社会联系的强度与密度超越了任何以往的时代，相应的生产生活、权力分配和人类经验发生了一连串实质性变革。① 在"网络化"的社会中，人们采取的活动和交往方式表现为一种"行动的网络结构"，即行为者以参与各种活动的形式构成了一种网络结构，网络通过"问题式议题"不断扩展，更多的行动者以提供解释方法或解决方案的方式不断加入，最终导致行动者参与的过程变成问题衍生的过程，增加了活动后果的影响范围和不确定性。② 在这种社会网络结构中，危机事件在一个信息网络节点上"爆发"后往往会迅速扩散，导致"雪崩效应"③，牵连多个利益攸关者群体。除了可能引发公众对于事件责任主体的不信任感，还会影响公众对其他组织甚至整个行业的认知和态度。例如，2008年三鹿奶粉污染事件最终导致了国产奶制品行业危机全面爆发；2012年酒鬼酒塑化剂事件引发白酒行业整体被质疑。

另外，随着传统媒体与网络媒体深度融合、社交媒体迅速普及，媒介极大地改变了影响危机存在和变化的社会权力结构。这一变化体现在以下两个方面：第一，媒体（传播机构）的权力激增。当媒体发现个别组织或个体违反社会普遍认可的事实议

---

① 郑中玉，何明升. 网络社会的概念解析［J］. 社会学研究，2004(1)：13-21.
② 张峰，高科技风险与社会责任［J］. 自然辨证法研究，2006(12)：57.
③ 马凌. 新闻传媒在风险社会中的功能定位［J］. 新闻与传播研究，2007(4)：43.

程或价值秩序时，会依据新闻价值的判断，对该组织或个体进行舆论监督，敦促其重回共识轨道，其动员的舆论力量异常强大，甚至可以动摇其生存和发展的基础。[1]第二，媒介赋权于公众，为基于Web2.0媒体技术的群体对话、决策分享、社会讨论提供了机会与平台。[2]以往在危机事件中只能"忍受"和"抱怨"的公众开始通过媒体和法律的手段汇聚成巨大的力量，与组织抗衡，大幅度消解了组织相对个体的强势地位。[3]具体来说，媒体机构和公众的主观认知在定义危机是否存在的方面逐步取得了决定性的作用，"当媒体和公众认为组织发生了危机，那么危机就存在了"[4]；同时，一旦危机责任主体所采取的危机管理措施没有取得媒体和公众的认可，危机就难以平息。[5]例如，7·23动车事故中车头被就地掩埋引发了公众不解和媒体争议，责任部门新闻发言人做出的解释没有获得公众与媒体的认可结果导致了危机的升级。

最后，在宏观层面上，媒介与社会、文化互动的元过程潜移默化地改变了危机存在的生态。具体来说：第一，随着社会媒介化程度的提高，社会的信息透明度和公开度不断增加，一个危机事件的发生要想完全避免媒介传播，需要付出的政治经济成本大大提升；[6]第二，在媒介化程度较高的社会中，人们严重依赖于媒介获取信息从而满足生产和发展的需求，媒介越来越多地替代了人们直接观察和自主研判外界环境的能力，频频出现由谣言和误解引发的危机事件；[7]第三，媒介延伸了人的感官，重置了时空，使"远在天边"变成"近在眼前"、将彼时彼刻变成此时此刻。以往地域接近性在危机传播中的作用被弱化，心理接近性的规律凸显，人们共同"亲历"了东南亚海啸、焦虑着日本地震核泄漏、关心难民危机等全球重大危机事件。这意味着，危机一旦被媒介化，不仅具有举国皆知的风险，还面临着全球化发展的挑战。[8]更为重要

---

[1] 胡百精. 危机传播管理［M］. 中国人民大学出版社，2009：176.

[2] PALENCHAR M. Historical trends of risk and crisis communication［C］// HEATH R L, O'HAIR H D H. Handbook of risk and crisis communication. New York：Routledge, 2009：31.

[3] GRUNIG J E. Two-way symmetrical public relations：past, present and future［M］// HEATH R L. Handbook of public relations. CA：Sage, 2001：11-30；胡百精. 互联网、公共危机与社会认同［J］. 山东社会科学，2016(4)：5-12.

[4] COOMBS T. Ongoing crisis communication：Planning, managing, and responding［M］. CA：SAGE Publications Ltd., 2015：3.

[5] 胡百精. 危机传播管理［M］. 中国人民大学出版社，2009：112-130.

[6] 李凌凌. 微博时代：舆情挑战与政府应对［J］. 中州学刊，2012(5)：203-206.

[7] 王国华，方付建，陈强. 网络谣言传导：过程、动因与根源——以地震谣言为例［J］. 北京理工大学学报，2011(2)：112-116.

[8] 刘晓程. 媒介化风险社会对危机传播环境的改变［J］. 武汉理工大学学报，2012(1)：43-46.

的是，在媒介化程度较高的社会中，公民的权利意识增强，在危机事件的权利冲突中不再向强势一方轻易妥协，而是选择以媒介传播为武器和平台维护与争夺自身权益。①

三、媒介化危机

随着社会媒介化程度的提高，媒介不断改变危机发生发展的社会文化生态和社会权力结构，媒介逻辑严重渗透到危机形成和消解过程中，一种区别以往灾难、事故、冲突等问题的新型危机频频发生。与传统的危机类型不同，"媒介化"的危机往往会引发剧烈集中的媒介传播，其爆发与发展难以用各领域传统的理论框架进行判断、解释与化解，迫切需要新的认知框架和方法路径。学者们指出，媒介传播在高级媒介化社会阶段逐步回归为关系构建和参与者互动的本质，②社会正在进行着一场社会单元之间重新分配"社会资本"的重大"关系革命"。③新型媒介事件所展现的冲突不仅仅是事实关系的直接反应，而是各利益相关方通过策略性叙事争夺权益、重构关系的产物。④从"关系理论"的角度出发，"媒介化"的危机比起传统危机类型的特殊危害，正是在于媒介传播对个人或组织与其利益攸关者之间的关系所造成的扩大化损害和威胁，这一损害和威胁可能会危及其生存与发展的基础。

这里的扩大化"关系性"损害是指除了危机事件本身造成的人员伤亡、财产损失、秩序紊乱、停工停产等"物质性"危害以外，责任主体所遭受的由于媒介传播所产生的一系列"放大效果"⑤，包括政府严厉的查处、合作伙伴纷纷解约、消费者大量抵制、银行加紧追贷等。换言之，在"媒介化"的危机中，即使没有直接受到危机损害的利益攸关者，在接收了媒介化的危机信息之后，出于自我保护也可能会对组织做出了疏离背弃、批判对抗的关系解构。危及组织生存的，往往并非是事件造成的"物质性"的危害，而是大规模的关系断裂。虽然在没有广泛媒介传播的情况下，危机也会造成一定的"关系性"损害，但相比之下"媒介化"危机所产生的"关系性"断裂

---

① 任孟山. 从魏则西、雷洋事件看社交媒体时代舆论新生态［J］. 传媒，2016(10)：37-38.
② 陈先红. 论新媒介即关系［J］. 现代传播，2006(3)：54-56.
③ 喻国明. "关系革命"背景下的媒体角色与功能［J］. 新闻大学，2012(2)：27-29.
④ 宋祖华. 从共识性仪式到冲突性实践：新媒体环境下"媒介事件"的解构与重构［J］. 新闻与传播研究，2015(11)：27-40.
⑤ 皮金，卡斯帕森，斯洛维奇. 风险的社会放大［M］. 谭宏凯，译. 北京：中国劳动社会保障出版社，2010：5.

往往波及范围较大、后果超出常规。例如，2015年8月12日天津港发生一起危险品仓库起火爆炸案，截止到9月6日，162人在这场事故中丧生，超过500人受伤，1.7万户居民房屋不同程度受损，港口停放的上万辆新车被毁。除了惨重的人员伤亡和巨额的经济损失，该事故还给天津市带来了一连串"关系性"的负面影响，政府部门相关责任人因涉嫌贪腐渎职被依法立案侦查，天津市交通运输委员会等六大部门被指责监管不力，政府形象严重受损；天津市高速发展石化工业的产业布局遭到各界质疑；企业入驻天津自贸区的积极性可能因此受到打击，天津市的城市品牌蒙上污点……这些损失超过了"物质性"损失，对天津市的发展有着深远的影响。

由此可见，从微观层面上，"媒介化危机"可以被归纳为一种由于剧烈集中的媒介传播，导致个人或组织暴露在公众和政府严密高压的监察之下，使得事件的发展超出常规，所产生的负面影响极大地破坏个人或组织与其利益攸关者之间的关系，从而危及责任主体生存与发展根本的危机类型。① 在中观层面上，"媒介化危机"则是通过社会网络迅速扩散其影响、危机各相关方在媒介场域激烈争夺权利的一类社会现象，每一次"媒介化危机"的爆发都是社会网络结构的启用和发展，其激化与消解都是一种从权利冲突到权利平衡的过程。② 最后，在宏观层面上，"媒介化危机"是逐渐开放、赋权民众的社会文化对传统危机管理观念与机制的冲击。③ "媒介化危机"所形成的社会变革力量，根源在于社会个体作为"信息人"，④ 不断地提高自身获取和使用信息以及取得生产与发展资源的能力，相应地要求社会和组织的管理者抛弃固有观念、革故鼎新，重新调整与利益攸关者之间的权利关系，尽快适应媒介化社会的新生态。⑤

四、危机公关

危机媒介化和媒介化危机推动着危机化解路径方法的演变。在媒介化社会的初级阶段，各个实践领域理解和应对危机造成的信息紊乱与关系冲突，往往以传播者、传播内容、传播渠道为对象，因而"控制理论"占据上风，只要控制了传播者和传播渠道，危机形成的舆论压力自然就迎刃而解了。不可否认，"控制理论"的逻辑和方法在媒介仅作为信息传递中介的初级阶段是行之有效的，组织可以通过"媒体封口

---

① 胡悦. 媒介化危机公关效果评估研究［J］. 暨南学报，2015(11)：90.
②③⑤ 胡悦. 危机媒介化与媒介化危机［J］. 现代传播，2017(3)：49.
④ 胡翼青. 传播学：学科危机与范式革命［M］. 首都师范大学出版社，2004：2.

第五十一章 媒介化危机与危机公关

令""内紧外松""报喜不报忧"等策略尽量不受外界干扰地解决灾害与事故。① 随着媒介化社会的发展，传播者和传播内容不仅变得难于控制，反过来对组织具有强烈的制约性和不确定性。② 进入21世纪以来，每年借由社会热点事件被创造出来的"网络流行语"（例如"躲猫猫""欺实马""俯卧撑"等），便是对单向传播和言论控制的柔性反抗，标志着"控制理论"的失效。③

从社会发展到媒介化的中级阶段开始，危机管理形成了一个细分学科，特指责任主体在危机发生前、中、后期所采取的一系列管理措施，用以制止、减少危机对个体或组织所造成的损害。④ 在危机管理中，有些学者专家将组织作为本体，把舆论管理的对象定义为的"品牌"和"声誉"，⑤ 另外一些学者专家把利益攸关者作为本体，将舆论管理的对象界定为"印象"和"信任"。⑥ 然而，无论是品牌声誉管理，还是印象信任构建，单单依靠管理学的路径方法都无法指导管理者准确地判断和理解媒介逻辑或有效地避免、减少媒介化危机造成的关系性损害。以公共关系作为学科视角、以组织与利益攸关者关系为研究对象的危机公关应运而生，并在实践领域得以广泛的传播和践行。

早期学界对危机公关的认知经历了"工具论"⑦ "类别论"⑧ "机制论"⑨ 的三个阶段。随着媒介化引发整个社会环境的重大变迁、媒介逻辑渗透到危机管理领域，危机公关被定义为以避免、缓解和修复"媒介化危机"对个人或组织与其利益攸关者之间所

---

① 吴廷俊，夏长勇. 我国公共危机传播的历史回顾与现状分析 [J]. 现代传播，2010(6)：32.
② 伍新明，许浩. 新媒体条件下群体性事件中危机传播的信息博弈 [J]. 贵州社会科学，2010(10)：93-97.
③ 刘国强，袁光锋. 论网络流行语的生产机制——以"躲猫猫"事件为例 [J]. 现代传播，2009(5)：54-56. 张晋升，谢璇. 网络政务监督流行语解读——"躲猫猫"事件的符号特征与传播意义 [J]. 国际新闻界，2010(3)：90-94. 张琳娜. 从公民参与视角看网络流行语的正功能 [J]. 青年记者，2013(4)：70-71.
④ 希斯. 危机管理 [M]. 王成，等译，北京：中信出版社，2001.
⑤ 李国峰，邹鹏，陈涛. 产品伤害危机管理对品牌声誉与品牌忠诚关系的影响研究 [J]. 中国软科学，2008(1)：108-134.
⑥ 徐彪. 公共危机事件后的政府信任修复 [J]. 中国行政管理，2013(2)：31-35.
⑦ 何志武，贾荣治. 政府危机管理述评 [J]. 学术论坛，2004(1)：70-71. 杨安华. 近年来我国公共危机管理研究综述 [J]. 江海学刊，2005(1)：80.
⑧ 唐钧. 政府公共关系 [M]. 北京：北京大学出版社，2009：32. 詹文都. 政府公共关系 [M]. 华南理工大学出版社，2009：234-235. 夏琼，周榕. 我国政府危机公关中媒体角色的发展与变迁 [J]. 社会科学论坛，2012(4)：222.
⑨ 杨魁，刘晓程. 危机传播研究新论 [M]. 中国社会科学出版社，2011：总序二. 孟建，钱海红. 危机公关：融入中国社会发展的新战略 [J]. 国际新闻界，2008(6)：17.

造成的关系破坏为核心工作目标的传播与沟通努力。① 这一项全新的工作以"去媒介化""消除关系性损害"和"化危为机"为三大目标。② 首先,"去媒介化"是指在遵循新闻报道规律的基础上,引导媒体报道和公众舆论保持在一个理性和适度的范围,一方面尽可能地化解风险于媒介化之前,另一方面对于已经被媒介传播的危机事件积极应对,防范和化解敏感的"关系性议题"(例如不当态度、人为过失、不当处置等),避免"次生危机"或沉寂后再度被炒热。其次,在有效的危机管理基础上,危机公关可以通过从有利于责任主体和利益攸关者双方的角度定义危机的属性和危害,充分介绍和解释危机管理措施的合法性与合理性,避免利益攸关者对责任主体产生误解或负面情绪,促使利益攸关者理解、接受并支持责任主体的危机应对决策,甚至采取行动辅助和配合责任主体执行危机管理措施(例如帮助运送伤员、捐款等)。最后,一些学者呼吁组织不要忽略危机中蕴藏的机遇,应该通过卓越的公关与管理的努力,取得了利益攸关者的大力支持,在灾难的废墟上重建家园,从而获得了更好的发展机遇。③

关于危机公关的方法原则,在格鲁尼"双向对称模式"④的指导下,危机公关中快速主动公布真相、态度积极真诚、勇于承担责任、不断沟通构建议题等原则被业界和学界所推崇。⑤ 胡百精提出"事实与价值对立统一"原则,主张危机公关除了事实层面上的应急救困、化解矛盾、赔偿损失和改进革新,还要在价值情感层面取得利益攸关者的价值认可、信念共识、意义分享、信任重建。⑥ 另外,卡尔·伯坦提出"意义共建"理论,为化解媒介化危机关系提供了符合媒介化社会趋势的价值选择。⑦ 该理论主张任何社会现象的意义都是由组织和其利益攸关者共同构建的。这一理论假设在危机情境中的应用,意味着危机存在、危机损失、危机责任、危机管理效果的含义

---

① 胡悦. 媒介化危机公关效果评估研究[J]. 暨南学报,2015(11):89-98.
② 胡悦. 媒介化危机与危机公关[M]//朱仁显. 公共关系理论与实务. 2016:204-206.
③ 详见SEEGER M W, ULMER R R. Virtuous responses to organizational crisis: Aaron Feuerstein and Milt Cole [J]. Journal of business ethics, 2001(31): 369–376. SEEGER M W, ULMER R R. A post-crisis discourse of renewal: The cases of Malden Mills and Cole Hardwoods. Journal of applied communication research, 2002(30): 126–142.
④ GRUNIG J E, WHITE L. The effects of worldview on public relations theory and practice [M] // GRUNIG J E. Excellence in public relations and communication management. Hillsdale, NJ: Lawrence Erlbaum Associates, 1992: 31–64.
⑤ 吴宜蓁. 危机传播:公共关系与语艺观点的理论与实证[M]. 苏州大学出版社,2005:36-40.
⑥ 胡百精. 危机传播管理[M]. 北京:中国人民大学出版社,2009:111-130.
⑦ BOTAN C H, TAYLOR M.Public relations: state of the field [J]. Journal of communication, 2004(54): 645–661.

不应由任何一方单独决定,而是应该由责任主体与其利益攸关者共同构建。

关于危机公关的策略选择,"形象修复理论"(Image Repair Theory)从实践案例中总结归纳了危机形象修复的否认、推诿责任、降低危机冲击性、后悔道歉、修正行为五大典型策略,五大策略又具体分为14个小类别。① "危机情境理论"(Situational Crisis Communication Theory),将危机反应策略依据承担责任的轻重程度,分为否认、降低伤害和善后处理三个主策略群组,主张危机公关的策略选择应该与危机情境相对应,责任主体在选择危机沟通策略时需要考虑危机类型、危机责任、组织的危机历史、组织与利益攸关者的关系历史。② 在"事实与价值对立统一"原则框架下,胡百精分别在"事实"和"价值"两个维度上论证了一级、二级、三级路径,一方面整理已有的事实层面的沟通策略,另一方面创新性地提出价值重建的具体方法选择。③

不过,无论是"形象修复理论""危机情境理论",还是"事实与价值对立统一理论"所提出的策略体系,都仅仅是针对于危机发生时关系问题的化解方法。为弥补已有研究的不足,本章提出危机公关的周期模型(详见图51-1),主张危机公关的沟通与传播在牢牢把握"意义共建"原则之下,应贯穿于危机前、危机中、危机后的始终,周而复始,不间断地构建维护与利益攸关者之间的关系,与利益攸关者共同参与到问题的预防、发现与化解过程中去。在这一机制下,责任主体在危机前、危机中、危机后具体可以采用的策略包括但不仅限于④:在危机前大力发展自媒体、构建传播资源网络、监测并化解关系风险、制定预案定期演练、在媒介化危机爆发时刻及时预警;在危机中积极参与危机意义构建、界定危机管理措施的合法性与有效性并广而告之、通过不断的沟通避免或减少关系性损害、争取利益相关方的理解与支持;在危机后解决遗留的沟通障碍、宣传工作改进和防范措施、争取利益相关方彻底的谅解、重构信任、争取新的支持、持续监测舆情、防范新的危机发生等。

---

① BENOIT W L. mage repair discourse and crisis communication [J]. Public relations review, 1997(23): 177–186.
② COOMBS T W. Choosing the right words: the development of guidelines for the section of the "appropriate" crisis-response strategies [J]. Management communication quarterly, 1995(8): 447–476.
③ 胡百精. 危机传播管理 [M]. 北京:中国人民大学出版社,2009:131–163.
④ 胡悦. 危机公关理论述评 [J]. 现代广告,2016(3):9.

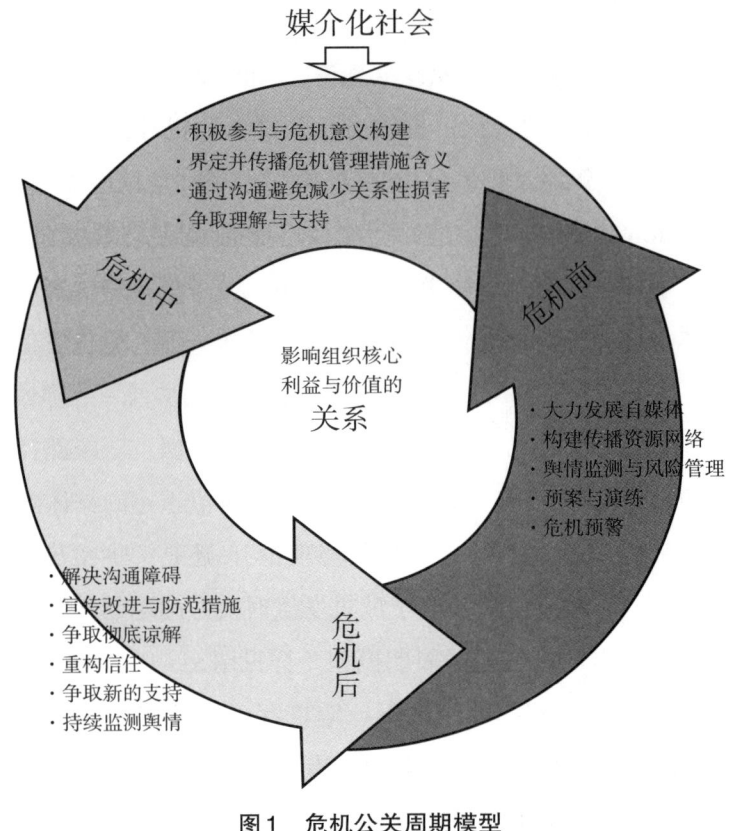

图1 危机公关周期模型

五、小结

"媒介化危机"和"危机公关"的概念和理论假设是近几年来危机研究领域一个全新的方向,特别强调了在媒介化程度较高的社会里,"关系问题"是危机爆发、蔓延和消解的关键性环节。未来在这一方向上的研究,应深入探讨关系冲突和矛盾在媒介化危机中的作用机理和化解方法,在危机公关媒介化与非媒介化的策略、应用技术等不同层面开展进一步的理论构建和实证检验。

(胡悦,厦门大学新闻传播学院助理教授、硕士生导师)

主要作者简介（按姓氏首字母排序）

冈特·班特乐（Guenter Bentele）：德国莱比锡大学公共关系学荣誉教授，德国首位公共关系学教授。柏林自由大学双学位博士。曾担任欧洲公共关系教育研究协会（EUPRERA）主席、德国传播科学协会主席。主要研究领域：信任和声誉、媒介关系、企业媒体、公共关系的职业与伦理挑战等。在公共关系、传播理论、新闻学、符号学等领域出版著作约40部，发表论文、书籍章节200余篇。

白玫佳黛：中山大学传播与设计学院公共传播系讲师、硕士研究生导师。美国伊利诺伊大学香槟分校传播学研究所传播学博士。主要研究领域：媒介与性别、流行媒介文化和受众研究、媒介审查史、批判话语研究。

格伦·卡梅伦（Glen Cameron）：美国密苏里大学哥伦比亚分校新闻学院教授和Maxine Wilson Gregory主席。主要研究领域：公共关系、新闻制作研究以及健康传播等。曾在国际权威期刊上发表多篇学术论文，是公共关系领域中"权变理论"创始人之一。曾多次获美国和国际传播或公关组织颁发的各类奖项。

陈虹：华东师范大学教学委员会委员，教授，博士研究生导师，华东师范大学传播学院副院长。兼任教育部戏剧与影视学类教学指导委员会委员，上海市学位委员会第五届学科评议组成员，中国新闻史学会舆论学研究委员会副会长，中国新闻史学会公共关系分会常务理事，《新媒体与社会》《舆论学研究》辑刊主编。

陈霓：澳门大学传播系副教授兼任研究生项目主任，美国俄亥俄大学新闻学博士。曾先后任教于美国的北卡罗来纳大学、马里兰大学和陶森大学，后转任香港浸会大学传理学院、香港城市大学媒体与传播系（兼任"整合营销传播"硕士项目部主任）。主要研究领域：制度公共关系、危机传播。

陈欧阳：华中师范大学新闻传播学院讲师，硕士研究生导师，华中科技大学公共关系学博士。主要研究领域：公共关系、危机传播。著有《公关素养：赋权主义视角下的概念探讨》《中国企业海外危机传播典型案例研究报告》。

陈先红：华中科技大学新闻与信息传播学院教授、博士研究生导师，华中科技大学管理学博士，中国首个二级学科公共关系学博士点学术带头人，中国新闻史学会公共关系分会会长，澳门科技大学兼职教授和博士生导师。主要研究领域：公共关系与战略传播、新媒体与品牌传播。主持教育部哲学社会科学重大课题攻关项目"讲好中国故事与提升中国国际话语权和文化软实力研究"，国家社科基金项目"讲好中国故事的元叙事传播战略"与"政府调控新媒体的公共关系策略研究"等3项，出版著作教材近20部。主要著作有《公共关系生态论》《现代公共关系学（第二版）》《关系范式下的公关研究》《广告策划与创意（第三版）》等。

陈怡如：香港浸会大学传理学院副教授，美国公共关系研究所（Institute for Public Relations）行为洞察中心研究员，*International Journal of Strategic Communication*及《传播与社会学刊》专刊主编。主要研究领域：战略传播。著有《企业政府事务管理在中国》，发表于*Journal of Public Relations Research*等国际权威期刊。获国际传播协会公关组Robert Heath最佳论文奖。

陈子霏：美国迈阿密大学传播学博士，美国旧金山大学传播学系助理教授。主要研究领域：公共关系、社交媒体、企业社会责任、危机传播、消费者心理学。

程杨：美国密苏里哥伦比亚大学新闻学博士，工商管理硕士，北卡莱罗那州立大学（North Carolina State University）公共关系助理教授。主要研究领域：危机沟通、关系管理、社交媒体传播等。其研究多次发表于*New Media and Society, Public Relations Review*等国际权威期刊。曾多次获美国、中国和国际传播研究组织授予的研究基金和奖项。

W. 提摩西·库姆斯（W. Timothy Coombs）：美国得克萨斯A&M大学教授和丹麦奥尔胡斯大学荣誉教授，著名危机情境理论（SCCT）创始者，*Corporate Communication: An International Journal*主编。毕业于美国普渡大学。曾获得多个学术奖项，包括美国公共关系协会颁发的Jackson, Jackson & Wagner行为科学奖，以及Institute for Public Relations颁发的开拓奖。

戴鑫：华中科技大学管理学院副教授、博士、硕士研究生导师、院长助理，美国UIUC访问学者。主要研究领域：整合营销传播、危机管理等。主持国家自科项目3项，国家社科重大项目子课题1项，获全国MBA教指委百优案例3次。出版《绿色广告传播策略与管理》《中国企业营销变革实践研究》等专著。

戴佳： 清华大学新闻与传播学院副教授。主要研究领域：环境传播、媒介社会学、传播与社会变革。著有《风险传播：通往社会信任之路》《环境传播：议题、风险与行动》等。

邓理峰： 中山大学传播与设计学院副教授、公共传播学系主任。清华大学与美国宾夕法尼亚大学联合培养文学博士（传播学）。主要研究领域：传播与社会理论、科学传播、风险治理与沟通，以及传播与企业社会责任管理。著有《声音的竞争：解构企业公共关系影响新闻生产的机制》（中国传媒大学出版社2014年版），该书曾获2016年度中国新闻史学会"新闻与传播学会奖"以及PRSC优秀学术著作奖。

董天策： 重庆大学新闻学院院长、教授、博士研究生导师，中国网络传播学会会长，教育部"新世纪优秀人才"，国家新闻出版广电总局"全国新闻出版行业领军人才"。主持教育部重大攻关项目等国家级、省部级课题十余项，获教育部、广东省、重庆市社科成果奖5项。

杜智涛： 中国青年政治学院新闻传播学院副教授，管理学博士，北京大学互联网发展研究中心兼职研究员。主要研究领域：新媒体与网络传播。承担国家社科基金、教育部人文社科基金等国家级、省部级课题多项。曾作为主要参与人获得2014年高等学校科学研究优秀成果奖（科学技术）科技进步奖一等奖。

范红： 清华大学新闻与传播学院教授，博士研究生导师，英国牛津大学跨文化传播博士。担任清华大学公共关系与战略传播研究所所长、城市品牌研究室主任、清华大学国家形象传播研究中心主任、中国新闻史学会公共关系学会（PRSC）副会长、国际区域品牌学会（IPBA）常务理事。代表著作：《国家形象研究》（主编）、《国家形象多位塑造》（主编）、《营销传播：理论与实践》（译著）、《新闻写作与采访》（译著，美国密苏里大学新闻经典教材）。

冯丙奇： 中国传媒大学广告学院副教授。主要研究领域：媒体关系、视觉传播等。出版《媒体关系：策略与操作》《北京地区报纸广告视觉传播模式：类型与转变》《病毒式传播研究》等著作，翻译《营销公关与实践》。

詹姆斯 E.格鲁尼格（James E. Grunig）： 美国马里兰大学传播学荣誉退休教授，为创建现代公共关系学理论的主要学者。*Journal of Public Relations Research* 的创始主编之一，并在秘鲁、罗马尼亚、土耳其、加拿大等地大学获得荣誉博士学位。他提出的公共关系情境理论、卓越公共关系理论，以及组织—公众关系理论奠定了现代公共关系学理论的基石。出版著作:《管理公共关系》(Managing Public Relations)、《公共关系技术》(Public Relations Techniques)、《卓越公关与沟通管理经理指南》(Manager's Guide to Excellence in Public Relations and Communication Management)、《卓越公关与有效组织:三个国家的沟通管理研究》(Excellent Public Relations and Effective Organizations: A Study of Communication Management in Three Countries)、《公共关系:理论,语境与关系》(Public relations: Theory, context, and relationships)、《卓越公共关系与沟通管理》(Excellence in Public Relations and Communication Management),发表超过250篇论文。他赢得了公共关系领域的六大奖项,包括美国Institute for Public Relations开拓奖和美国公共关系协会的Jackson, Jackson & Wagner行为科学奖。

拉丽莎·A.格鲁尼格(Larissa A. Grunig):美国马里兰大学退休教授,美国马里兰大学大众传播学院博士。Journal of Public Relations Research的创始主编之一。主要研究领域:女性及公共关系及公关操守。曾获得美国Institute for Public Relations杰出研究开拓奖和Jackson, Jackson & Wagner行为科学奖,以及美国公关协会杰出教育奖。发表学术论文、书籍章节、会议论文等超过200篇。出版Women in Public Relations: How Gender Influences Practice(合著)。曾访问十多个国家并对大学及专业人士讲授公共关系。

郭小安:重庆大学新闻学院院长助理,研究员,博士研究生导师。主要研究领域:政治传播。在《新闻与传播研究》《国际新闻界》《现代传播》《新闻大学》等刊物发表学术文章40余篇,其中CSSCI论文30余篇,多篇论文被人大复印资料或《新华文摘》转载。出版个人专著2部,参编、参译其他著作3部。连续获得国家社科基金2项(2010、2015),并主持省部级及其他课题12项。

洪君如:毕业于美国马里兰大学传播系,现为新西兰梅西大学商学院副教授。担任国际传播学会(International Communication Association)公关组的首位华人领导及中国新闻史学会公共关系分会海外秘书长,Journal of Public Relations Research, International Journal of Strategic Communication编辑委员会委员。曾获美国阿拉巴马大学领导力与传播中心(The Plank Center for Leadership in Public Relations)2014 Educator Fellow、2015—2017年美国Arthur W. Page Center Legacy Scholar。主要研究领域:企业社会责任、关系管理、社交媒体。研究成果发表于Journal of Public Relations Research, Journalism and Mass Communication Quarterly, Public Relations

Review 等国际权威期刊。论文曾获 ICA 最佳论文奖。

侯正晔：新西兰梅西大学新闻传播与市场营销学院助理教授，澳大利亚昆士兰大学博士，2017 年美国 Plank Center for Leadership in Public Relations 全球顶尖公关教育者之一。主要研究领域：批判学派公共关系研究，制度社会学与组织传播，数字时代的战略传播。论文发表于 Public Relations Review, Journal of Business & Technical Communication, PRism 以及 Organization Science，合编 Global Foundations of Public Relations: Humanism, China and the West。

胡百精：中国人民大学新闻学院执行院长，教授，博士研究生导师。主要研究领域：传播学与公共传播。代表著作有《说服与认同》《中国公共关系史（中英文版）》《危机传播管理（第三版）》《公共关系学》等，译著有《宣传》《每一分钟诞生一位顾客》《取悦公众》《舆论的结晶》，主编"中国危机管理研究年度系列报告"。

胡悦：厦门大学新闻传播学院助理教授，厦门大学公共传播战略研究所副所长。美国乔治梅森大学传播学博士，美国韦恩州立大学传播学硕士，吉林大学新闻学学士。主要研究领域：媒介化危机、危机公关、战略传播。发表《危机媒介化与媒介化危机》《危机公关理论述评》《媒介化危机公关效果评估研究》等论文。

黄懿慧：香港中文大学新闻与传播学院教授，美国马里兰大学大众传播学院博士。曾任教于台湾政治大学传播学院。主要研究领域：传播与沟通管理、公共关系管理、危机管理、冲突与谈判，以及跨文化关系研究等。为 Journal of Communication, Communication Theory，Journal of Business Ethics，Public Relations Review，Journal of Public Relations Research，Asian Journal of Communication，International Journal of Strategic Communication 及 Communication Studies 等多个主要国际 SSCI 学术期刊编委。

欧依芬·英（Øyvind Ihlen）：挪威奥斯陆大学媒体传播系教授，POLKOM 政治交流研究中心联合主任，欧洲公共教育与研究协会（EUPRERA）主席。出版著作《公共关系与社会理论：关键数据与概念》《传播与企业社会责任手册》等。

季浥：美国迈阿密大学传播学博士，弗吉尼亚联邦大学公共关系学助理教授。主要研究领域：基于社交网络的公共关系，在网络环境中的大众决策心理，大数据在公共关系中的应用，以及大众在网络传媒上的参与性。

贾鹤鹏：康乃尔大学传播学系博士候选人。中科院《科学新闻》杂志原总编辑，主任编辑。主要研究领域：科学传播、科学新闻、健康与风险传播。中国专业科学新闻事业的开创者之一，曾连续两届代表亚洲当选为世界科学记者联盟的执行理事。

迈克·L.肯特（Michael L. Kent）：美国田纳西大学传播与信息学院教授，美国普渡大学博士。主要研究领域：对话理论、新技术、国际传播和互联网传播。著有《公共关系写作：修辞学方法》（Public Relations Writing: A Rhetorical Approach）、《公共演讲梗概》（Bare Bones Public Speaking）等。在Communication Studies, Gazette, International Journal of Communication, Journal of Public Relations Research, Management Communication Quarterly, Public Relations Review等国内外期刊上发表文章。

斯皮罗·丘希思（Spiro Kiousis）：美国佛罗里达大学新闻与传播学院教授、执行副院长，美国得克萨斯大学奥斯汀分校博士。主要研究领域：政治公共关系、政治传播和数字传播等。任International Journal of Strategic Communication，Journalism and Mass Communication Quarterly等期刊编委会委员。曾发表论文数十篇，合作编著Political Public Relations，The News and Public Opinion: Media Effects on Civic Life。

赖祥蔚：台湾艺术大学广播电视学系教授，中华传播管理学会理事长，博士。曾任广电节目主持人、系主任、所长、学刊主编，武昌首义学院讲座教授，元智大学特聘研究员。著有小说、剧本及专著十多部，获得十多项奖励。

约翰·A.勒丁汉（John A. Ledingham）：美国俄亥俄州首都大学传播学荣誉教授，美国佛罗里达大学博士。主要研究领域：关系管理及咨询。在公共关系学及广告学的权威期刊发表学术论文多篇。主要著作包括Public Relations As Relationship Management: A Relational Approach To the Study and Practice of Public Relations第一版及第二版。

赖建都：台湾政治大学广告学系荣休教授，福建工程学院教授，美国宾州州立大学艺术与设计博士，台湾广告与公关学会理事长。台湾知名的广告学者。主要研究领域：广告营销与品牌设计发展研究。

赖正能：台湾世新大学公共关系暨广告学系副教授兼任全媒体中心主任，中山大学公共事务管理研究所博士，香港城市大学访问学者。主要研究领域：公关与公共事务、社会营销、社会资本、品牌策划、顾客关系、服务质量。著作发表于Public Relations Review、《新闻与传播研究》《公共行政学报》等知名期刊。

雷霞：中国社会科学院新闻与传播研究所副研究员，国家社科基金项目新闻与传播学评审组学科秘书。主要研究领域：新媒体传播、组织文化传播及谣言传播等。出版专著《新媒体时代抗议性谣言传播及其善治策略研究》等2部,发表文章40余篇。

李雪峰:内蒙古财经大学公共管理学院教授、地方政府管理中心主任、公关实验室首席专家。主要研究领域:行政管理。著有《贫困与反贫困》《民族地区地方政府治理研究》等。曾荣获第三届内蒙古哲学社会科学政府奖。

李贞芳:华中科技大学新闻与信息传播学院副教授,经济学博士。美国俄亥俄州立大学、韩国国立首尔大学、香港城市大学访问学者。主要研究领域:广告与公共关系效果。著有《公共关系调研与评估》。

刘晓程:兰州大学新闻与传播学院副教授,硕士研究生导师。兰州大学社会舆论调查与舆情研判中心研究员,兰州大学边疆安全研究中心研究员,中国新闻史学会公共关系委员会(PRSC)常务理事兼副秘书长,香港城市大学访问学者。主要研究领域:危机传播、对外传播、公共关系等。近年主持国家社科基金项目1项,参与国家社科基金项目2项;主持中央高校基本金项目4项,参与省部级社科项目5项。出版学术著作3部,发表学术论文20余篇。

罗蔚:美国印第安那—普渡大学韦恩堡分校传播系终身任职副教授。主要研究领域:传媒、中国女性、女权、消费主义与跨文化传播。目前致力于研究中国市场经济深化改革下的男女身份、阶层、民族等社会构建中出现的问题。

吕琛:香港中文大学传播学博士,香港恒生管理学院传播学院助理教授。主要研究领域:公共关系、危机沟通与管理、企业社会责任等。其研究曾多次发表于《传播与社会学刊》、*Public Relations Review* 等权威中英文期刊。

麦嘉盈:香港浸会大学传理学院副教授,并兼任传播系副系主任和公关课程主任。首位于美国修读博士主修公共关系的香港人,并曾在美国、新加坡和澳洲著名传播学院任教十多年。

门林娟:美国佛罗里达大学公共关系副教授,美国公共关系研究所企业传播研究中心主编。主要研究领域:员工沟通、企业信誉及关系管理及社交媒体传播等。曾在国际权威期刊上发表学术论文30余篇,著有《卓越企业内部沟通管理》。曾获美国和国际传媒或公关组织颁发的16项学术或最佳论文奖。

牛静:华中科技大学新闻与信息传播学院副教授,博士研究生导师,中国新闻史学会媒介法规与伦理研究委员会常务理事,武汉大学媒体发展研究中心研究员。主要研究领域:媒介伦理、传播法等。主持国家社科基金2项、教育部和其他项目10余项。著有《网络传播法制与伦理》《新闻传播伦理与法规:理论及案例评析》《媒体权利的保障与约束研究》《传播法》等著作。

唐仕达（Don W. Stacks）：美国佛罗里达大学博士，迈亚密大学战略传播学教授。国际公共关系研究会议（International Public Relations Research Conference）的创始人之一和首席执行官。主要研究领域：企业与政府公共关系及咨询。撰写超过200篇学术文章、章节和论文。主要著作包括 Primer of Public Relations Research（获美国国家传播协会PRIDE奖）、A Practitioner's Guide to Public Relations Research, Measurement and Evaluation（获美国国家传播协会PRIDE奖），以及 Dictionary of Public Relations Measurement and Research。

贾斯博·斯特伦贝克（Jasper Strömbäck）：瑞典哥德堡大学新闻媒体与传播系教授，瑞典大学客座教授。瑞典国防部战略委员会、瑞典广播委员会委员。权威期刊 Political Communication 副主编。主要研究领域：政治传播、政治媒体化。合作编著相关著作14部，发表期刊论文60余篇。

孙琪：澳门科技大学人文艺术学院副教授，美国犹他大学传播学博士。主要研究领域：符号资源的日常使用、视觉研究方法、性别角色的社会建构等。在国内外重要期刊上发表多篇相关领域的学术论文。

莫林·泰勒（Maureen Taylor）：美国田纳西大学广告和公共关系学院主任，美国普度大学博士。Arthur S. Page Society 的成员，Public Relations Review 的联合编辑。主要研究领域：国家构建和公民社会、对话、参与以及新技术。在 Public Relations Review、Journal of Public Relations Research、Public Relations Journal 等期刊上发表论文多篇。2010年，凭借"为公共关系知识和实践做出重大贡献的独创学术研究项目"，荣获公共关系学会授予的开拓者荣誉。

伊丽莎白·L.托斯（Elizabeth L. Toth）：美国马里兰大学教授。Journal of Public Relations Research 的前主编。曾在公共关系领域发表期刊论文、书籍章节、专题论文和会议论文等超过80篇。合著、合编了 Women in Public Relations: How Gender Influences Practice, The Gender Challenge to Media: Voices from the Field 等8本著作。

温琼娟：武汉科技大学副教授，硕士研究生导师，华中科技大学传播学博士。主要研究领域：危机传播与品牌管理。

吴秀伦：智策慧营销顾问公司总经理/资深品牌顾问，台湾政治大学传播学硕士，商业总会品牌创新加速中心行销长，广告公关学会执行长，国际公关协会理事，台湾世新大学公广系讲师。

杨爱梅：美国南加州大学安伦堡传播新闻学院教授，美国传播学协会(NCA)公共关系协会副主席。主要研究领域：公共关系学、管理学及市场营销学等。担任 *Public Relations Review, Journal of Public Relations Research* 学术期刊委员会委员并主持编撰多期核心期刊专刊。著有40多篇SSCI学术论文。

姚正宇：美国伊利诺伊大学厄巴纳—香槟分校媒体学院副教授（终身教职）。毕业于美国加州大学圣塔芭芭拉分校，获得心理学、电影学双学士及传播学博士。曾在香港城市大学任教9年，并负责其线上行为及眼动研究实验室。其学术研究跨社会心理、网络传播、信息科技、以及市场营销等多个领域；具体包括人机互动、线上行为、计算广告及网络营销等前沿课题。现任知名SSCI国际学术期刊 *Journal of Computer-mediated Communication* 副主编（ISI传播学领域排名2/89），以及SSCI期刊 *Communication Research Methods and Measures*，*Journal of Media Psychology* 的编委会成员。

曾繁旭：清华大学新闻与传播学院副教授。主要研究领域：政治传播、公共传播、环境传播。著有《表达的力量：当中国公益组织遇上媒体》《媒体作为调停人：公民行动与公共协商》《风险传播：通往社会信任之路》《环境传播：议题、风险与行动》等。

安斯格·策法斯(Ansgar Zerfass)：德国莱比锡大学传播与媒体研究学院的教授兼系主任，挪威BI商学院教授，美国 *International Journal of Strategic Communication* 主编，美国阿拉巴马大学领导力与传播中心（The Plank Center）学者。European Communication Monitor系列研究的主要项目领导。主要研究领域：组织传播、测量与评估、数位传播以及国际/比较传播等。出版34部不同语种的专著，发表各类学术文章300余篇。

张景云：北京工商大学商学院教授，传播学博士。主要研究领域：品牌管理、公共关系和传播理论。近年主要开展品牌跨文化传播和中华老字号品牌创新研究。代表作有《大众传播距离论：一种心理学视角》《品牌跨文化传播：理论与实践》等。

张昆：华中科技大学新闻与信息传播学院教授、博士研究生导师、院长，国务院学位委员会新闻传播学科组成员，教育部新闻学科教学指导委员会副主任，中国新闻史学会副会长，中国传播学会副会长，中国新闻教育学会副理事。

张宁：中山大学传播与设计学院教授、博士研究生导师、副院长，中山大学公共传播研究所所长，中山大学互联网与治理中心副主任，日本筑波大学社会学博士。主要研究领域：政治传播、互联网与公共管理、危机管理与传播等。担任中国新闻史教育学会公共关系史分会副会长、中国国际公关学会学术委员会副主任委员等学术、社会兼职。

张荣显：澳门易研研究咨询机构及珠海博易数据技术创始人兼总裁，传播学博士，曾在澳门大学传播系任教。主要研究领域：网络大数据解决方案、公众咨询、民意研究、智慧政府规划及策略等。曾获"世界民意研究学会"伊利莎伯—尼尔森年度最佳论文奖。

张天铎：美国佛罗里达大学传播学专业博士生。主要研究领域：国际政治公共关系、公共外交和社交媒体。新近研究课题包括政府官方媒体在公共外交中的策略和道德、官方媒体社交媒体策略等。论文发表于 *Journal of Public Relations Research*, *Chinese Journal Communication* 等期刊。

张依依：台湾世新大学公共关系暨广告系副教授，美国俄亥俄大学传播学院新闻系公共关系组博士，财团法人"公共关系基金会"创办人。主要研究领域：公共关系、文化创意、叙事与说故事。著有《公共关系理论的发展与变迁》《新世纪营销——公关、趋势，行销》《世纪老招牌》（获金鼎奖），以及《我所爱我所爱的大中华》等。2006年获"中国公关教育二十年杰出贡献个人奖"。

周庆安：清华大学新闻与传播学院副院长、博士研究生导师、副教授，中国新闻史学会公共外交与全球传播委员会副会长，中国公共外交协会媒体研究委员会委员，中国国际公共关系学会学术委员会委员，《全球传媒学刊》副主编。著有《软力量与全球传播》等。

后　记　　POSTSCRIPT

当这本《中国公共关系学》（上、下册）被沉甸甸地放在案头，准备交付出版之际，我把玩着手里的"白瓷杯"，不禁陷入了沉思……

如何挑选一件好瓷器呢？

经验研究表明，拿一件好瓷器去碰撞另一件瓷器，如果发出来的声音，如同手中瓷器一样悦耳动听，就是好瓷器，否则就是差瓷器；如果手中瓷器品质差，所挑选的瓷器也会越来越差，因此，只有好瓷器才能遇到好瓷器。

作为一个情系公关的学者，我一直坚信，好公关如同好瓷器一样，价值连城，而好公关的学术价值则源自"求真""求是"与"经世致用"相结合的理论贡献，源自公关学科的"学术性"和"学术力"是否充分或足够。一个理论、一套丛书、一群学者，这样的学术集群能够形成良好的学术合力，我们以之与其他学科对话，做出自己独有的贡献。

其实，我把公关比喻为瓷器，还有另一层涵义：公关是易碎品，因为公共关系学是一门具有居间性的阈限学科，在公关理论和实践中，如果我们不能坚守"信任与对话"的核心价值观，就很容易变成"骑墙的蝙蝠"，失去"信任代理"的中间立场，从而导致公共关系实践的污名化，导致公共关系学科的"碎片化"，导致公共关系行业的"去公关化"。

2015年8月，中国第一个国家级二级学会组织——中国新闻史学会公共关系研究会（PRSC）正式成立，本人荣幸当选为首任会长。在成立大会上，我提出未来五年PRSC的"六大工程"，其中一个首要学术使命，就是出版一本兼具综合性与创新性的公共关系理论读本，以增强中国公共关系学科的学术力和对话性。自此开始，PRSC每年举办1-2期"公共关系与战略传播"工作坊，广泛邀请国内外著名的专家学者，就某一公关理论或与之相关的研究议题，展开以"回顾与展望"的学术史研究，以期将相关成果结集出版。这项工作历时2年，辗转数校，总有新作者加入来，皆属国内外著名学者，因此不忍截稿。2017年初，我们集青年学子和学生数人，翻译之、校对之，其间又几经作者修改，而终成此书。所选篇目虽有遗珠之憾，权作引玉之砖，或许能够为中国公共关系学术研究奠定一块基石，能够为中国新闻传播学科增添一抹异彩，也算是无愧于时代，无愧于学会，无愧于自心。

本书是一部奠基性理论工具书，主要有三大特色：中西互补、自成一体、名家云集。

第一，中西互补的理论格局。

本书取名为"中国公共关系学"，实则为融贯中西的公共关系理论研究读本。诚如李大钊先生把中西文化比作"two strong men"，主张"竭力以受西洋文明之特长""而立东西文化调和之基础"，梁启超所倡导的"不中不西，既中既西"中西互补的新文化一样，本书遵循"融贯中西"的学术路径，统合了中外公共关系学术研究成果，反映了中国公共关系学在理论体系建构中，融"外部本土化"和"内部本土化"于一体的双向选择取向。

本书的目的就是试图回答：能够更好地服务于学术、服务于社会、服务于中国乃至世界的公共关系理论体系到底是什么？本书的目标不限于对中国学者说清楚中国公共关系学的特色，其更高的理论目标和学科目标是，我们希望与世界对话与互动，并力促两者融为一体。

第二，自成一体的理论系统。

目前，国内大多数公共关系教师从未研修过专门的博士级别的公关理论课程，从未接受过这一学科领域的系统学术训练，而仅从大众传播、新闻学或是组织传播的视角理解进而教授公共关系学，并未把公共关系看作一个拥有自身理论体系并日渐丰富完备的学科领域，这样导致的一个后果就是公共关系教学、理论和研究良莠不齐。本书的出版在一定程度上可以弥补这种缺失。正如我在本书前言《公共关系学的想象：视域·理论·方法》中所说的，虽然现代公共关系学已经有多达45种理论，应用研究领域更加广阔。但是，"公共关系领域的知识仍是碎片化的，就像一张浮点图，孤零零的知识点漂浮在各个位置上，缺乏一个将它们有序串联起来的理论网络"。因此，本书根据公共关系学术研究的三个理论层次"操作研究"（Research in Public Relations）、"本体研究"（Research on Public Relations）、"建构研究"（Research for Public Relations），建构了一套相对系统的公共关系理论体系，并以此为章节安排，有针对性地邀约国内外著名学者，就某一专长理论进行深入系统的研究，通过博采旁收，融合中外，既实现了用西学"补阙""起疾"的愿望，也建立了中西互补的学术基础，并试图建构起中国公共关系学独有的知识体系。

《中国公共关系学》一书，分上、下两册：基础理论和应用理论。包括前言在内，全书共收录52篇论文，主要包括元理论、基础研究、方法论和应用研究四个部分。对于希望系统地了解和把握公共关系的基本理论及其发展脉络的初学者而言，本书无疑是一本案头必备书。对于中国公共关系研究领域的专家学者而言，本书更是一本系统性、基础性的理论参阅读本。

第三，名家云集的作者队伍。

本书的大部分论文都是由国内外举足轻重的著名学者撰写而成，包括美国、德国、挪威、新西兰以及中国的香港、台湾、澳门和内地。其中有以当今世界最著名的公关学术泰斗格鲁尼格（Gruning）夫妇、国际著名危机沟通专家库姆斯（W. Timothy Coombs）为代表的来自美国13所大学的19位学者；以欧洲公关学者Günter Bentele教授、德国战略传播学者Ansgar Zerfass为代表的来自欧洲3所大学的5名学者；以中国香港黄懿慧、澳门陈霓、台湾张依依等为代表的来自港澳台地区9所大学的12名学者；以中国内地胡百精教授为代表的来自15所国内高校的28位学者，共计64位。

在这个庞大的作者队伍中，大部分是海内外著名公关学者，小部分是拥有公关博士学位的青年才俊。书中所论及的50多种公关理论和研究成果，皆是作者们各自擅长的理论议题和最新研究成果，基本上能够反映当今世界公共关系研究的学术水平和研究现状。

本书是对《公共关系学的想象：视域理论方法》前言中提出的"中国公共关系学是什么？可以如何想象"这一重大学术问题的一个具体回答。这是公共关系学想象的开始，本书只是第一本，而不会是最后一本。因为时间仓促，还有很多理论专题尚未涉及，比如，语艺修辞理论、公关伦理、国际公关、新媒体公关、公关人类学、公关叙事学等理论专题，以及多元文化的理论流派，都需深入研究和补充完善。

在本书的编写过程中，PRSC海外秘书长、新西兰梅西大学洪君如博士，香港浸会大学陈怡如副教授，为国际学者邀约做了大量工作。PRSC副秘书长、兰州大学刘晓程副教授，为国内学者联络和初稿整理编辑付出了辛勤的劳动，还有PRSC的副会长们，如胡百精、张明新、张宁、杨魁、姚曦、于运全、游昌乔、何春晖、杨晨等，都给予了大力支持，在此我对所有参与本书编写、翻译的同仁们表示衷心的感谢。

中国传媒大学出版社慧眼寻珠，热忱有加，使得本书能够及时出版，以飨读者，惶恐之余，再致谢忱。

陈先红

2017年7月15日于喻家山．不是斋

图书在版编目(CIP)数据

中国公共关系学：全2册 / 陈先红主编. —北京：中国传媒大学出版社，2017.11
ISBN 978-7-5657-2163-2

Ⅰ.①中… Ⅱ.①陈… Ⅲ.①公共关系学—研究—中国 Ⅳ.① C912.3

中国版本图书馆 CIP 数据核字（2017）第 249631 号

中国公共关系学：全2册
ZHONGGUO GONGGONG GUANXIXUE : QUAN ER CE

主　　编	陈先红
副 主 编	刘晓程　洪君如
责任编辑	欧丽娜　姜颖昳　黄松毅
特约编辑	李克俭　张　静
装帧设计	卡古鸟
责任印制	阳金洲

出版发行	中国传媒大学出版社
社　　址	北京市朝阳区定福庄东街1号　邮编：100024
电　　话	86—10—65450528　65450532　传真：65779405
网　　址	http://www.cucp.com.cn
经　　销	全国新华书店
印　　刷	艺堂印刷（天津）有限公司
开　　本	787mm×1092mm　1/16
印　　张	57.5
字　　数	1021千字
版　　次	2018年3月第1版　2018年3月第1次印刷
书　　号	ISBN 978-7-5657-2163-2/C · 2163　　定　价　198.00元

版权所有　　翻印必究　　印装错误　　负责调换